Quellen zur lothringischen Geschichte
Herausgegeben von der Gesellschaft für lothringische Geschichte
und Altertumskunde

===== Band VI =====

DIE METZER BANNROLLEN
DES
DREIZEHNTEN JAHRHUNDERTS

ZWEITER TEIL

HERAUSGEGEBEN VON
DR. KARL WICHMANN

1910
VERLAG VON QUELLE & MEYER IN LEIPZIG

Quellen
zur
lothringischen Geschichte

Herausgegeben
von der
**Gesellschaft für lothringische Geschichte
und Altertumskunde**
Band VI.

Documents
de
l'Histoire de la Lorraine

publiés
par la
Société d'Histoire et d'Archéologie lorraine
Tome sixième.

1910
Verlag von Quelle & Meyer
in Leipzig.

Die Metzer Bannrollen
des
dreizehnten Jahrhunderts

Zweiter Teil

Herausgegeben

von

Dr. KARL WICHMANN

1910
Verlag von Quelle & Meyer
in Leipzig.

Druck von Gebr. LANG, Metz.

Inhaltsverzeichnis.

                                                   Seite

I. Beschreibung der Bannrolle 1277 VII
   Beschreibung der Rollen 1281—1298 IX

II. **Die Bannrollen:**   Seite

      1277 . . . . 1*—54*
      1281 . . . . 1—84
      1285 . . . . 85—170
      1288 . . . . 171—259
      1290 . . . . 260—355
      1293 . . . . 356—468
      1298 . . . . 469—579

Beschreibung der Bannrolle 1277.

Der Druck des vorliegenden Bandes war fast beendet, da fand ich bei der Prüfung der Rollenbruchstücke, die als solche des 14. Jahrhunderts galten, eines von beträchtlichem Umfang, mit neun erhaltenen Blättern, das die mir wohlbekannten Schriftzüge der Schreiber 3 und 7 trug. Es fehlen an der Rolle die Einträge des Osterbanntages und von dem Banntage im August die der Mairie Porte Moselle, also mindestens vier Blätter, mit dem Kopf der Rolle aber auch die Jahreszahl und die Namen des Schöffenmeisters und der Maier.

Die Art der Arbeitsverteilung, dass nämlich der Schreiber 3 alle Einträge für die Mairien Porte Moselle und Porsaillis, der Schreiber 7 die für die Mairie Outre Moselle geschrieben hat, findet sich nur in diesem Bruchstück und in den Rollen der Jahre 1278 und 1279. Das ist Grund genug anzunehmen, dass es aus der Zeit kurz vorher oder kurz nachher stammt. Der Inhalt des Bruchstücks erlaubt zunächst den weiteren Schluss, dass es der Zeit nach 1279 nicht angehört. Denn sires Jaikes Roucels, der 1279, 518 und 1281, 233 schon als gestorben angeführt ist, nimmt in dem Eintrag 366 Bann, lebt also noch, und ebenso steht es mit Willame Honech, der im 13. Eintrag als Bannehmer auftritt, während es 1279, 41 seine Witwe tut. Zu demselben Schluss führt ferner der Vergleich des Eintrags 12 mit 1278, 544: In jenem kauft Steuenins li telliers erst das Haus neben der Heiligkreuzkirche, das in diesem schon sein anerkannter Besitz ist. Derartige Beweisstellen lassen sich mehren, man vergleiche nur 41 mit 1278, 124 und 59 mit 1279, 515 und 74 mit 1279, 511 und 460 mit 1278, 599. Daran also, dass das Bruchstück älter ist als die Rolle von 1278 lässt sich nicht zweifeln. Es ist aber aus dem Jahr 1277. Das macht schon der Umstand wahrscheinlich, dass die Einträge 467 und 468 sich 1278, 203 und 204 wörtlich wiederholen. Die Vergesslichkeit des Schreibers, der nicht mehr daran dachte, dass er sie schon eingetragen hatte, oder ein Versehen ähnlicher Art wird die erneute Eintragung der zwei Anmeldungen am nächsten Banntage veranlasst haben. Den Ausschlag gibt aber Folgendes: Es decken sich die im Bezirksarchiv liegenden Schreinsbriefe H 4200,[1] (22. VII. 1277), H 3118 (30. XI. 1277), Metzer Pfarrbrüderschaft Nachtrag (23. XI. 1277) mit den Einträgen 76, 293 und 308. Sind aber die Briefe aus dem Jahre 1277, so muss es auch die Rolle sein.

Demnach ist zu ändern, was in dem I. Teil der Bannrollen, Einleitung S. VIII, und was bei Prost, Régime ancien de la propriété S. 80, gesagt ist: Es sind aus dem 13. Jahrhundert nicht 17, sondern 18 Rollen ganz oder teilweise erhalten, dagegen aus dem 14. Jahrhundert nicht 19, sondern nur 18. Zwischen 1275 und 1278 ist 1277 einzuschieben.

Der erhaltene Teil der Rolle befindet sich, wenn man von einigen Rissen am linken Rande der beiden ersten Blätter und von einigen Wasserflecken auf der rechten Seite des dritt- und vorletzten Blattes absieht, in gutem Zustande. Die Blätter sind mit weissem Faden in engen Stichen fest aneinander genäht. Der verlorene Teil ist offenbar mit Gewalt abgetrennt. Stückchen des durchgeschnittenen Fadens hängen noch in den Stichlöchern des vordersten Blattes.

Mairie	Eintrag	Blatt	Länge	Breite	Schreiber	
PM[1]		I fehlt				
PS[1]		II "				
OM[1]		III "				
PM[2]		IV fehlt				
PS[2]	1*— 83	V	78	51	3	9 verbessert 84.
PS[2]	84—107	VI	24[5]	51[5]	3	
OM[2]	108*—162	VII	44—47	52[5]—51	7	
PM[3]	163*—227	VIII	64—65[5]	50—51	3	5 schreibt einen Teil von 233.
PM[3]	228—235	IX	13—12	51—50[5]	3	
PS[3]	236*—320	X	73—72[5]	51	3	
PS[3]	321—383	XI	43—45	52	3	
OM[3]	384*—466	XII	60—61	52—51[5]	7	5 verb. 401.
OM[3]	467—474	XIII	8—9	51	7	
			4,11 m			
Nicht ausgeführt: 27, 161, 234, 474.						
Durchgestrichen: 27, 28, 106, 234, 298, 333, 421.						

Ausgewiesene (forjugiet) sind nicht genannt. Vielleicht ist in diesem Jahre niemand ausgewiesen worden, aber da bei der Rolle von 1278 die Namen auf der Rückseite des III. Blattes stehen, so ist es nicht ausgeschlossen, dass die Namen der im Jahr 1277 Ausgewiesenen mit einem der ersten Blätter verloren sind.

Beschreibung der Bannrollen 1281—1298.

1281

Dreizehn Pergamentblätter sind erhalten, es fehlt der Anfang der Rolle mit den Einträgen des Ostertermins von Porte Moselle. Das Erhaltene ist in zwei Teile auseinandergerissen und ausserdem am rechten Rand vielfach beschädigt, besonders stark das erste Blatt. Der kleinere Teil besteht aus zwei nur noch lose aneinanderhängenden Blättern mit den Ostereinträgen von Porsaillis, der grössere enthält alles andere bis zum Schluss des dritten Termins von Outre Moselle. Die Nahtlöcher der getrennten Teile entsprechen einander so genau, dass ein Zweifel an ihrer Zusammengehörigkeit nicht möglich ist.

Also nur der Kopf der Rolle, wohl nur ein Blatt, ist verloren gegangen, aber mit ihm die Jahreszahl und die Namen des Schöffenmeisters und der drei Maier, und daher ist die Rolle bisher angesehen als „un fragment sans date". Prost zählt dieses Bruchstück unter den Rollen des 13. Jahrhunderts auf,[1] eine Aufschrift, die im vergangenen Jahrhundert mit roter Tinte auf die Rückseite des letzten Blattes gesetzt ist, weist es dem Ende des 13. oder dem Anfang des 14. Jahrhunderts zu, das Jahr der Rolle lässt sich aber genau bestimmen. Denn die Einträge 278, 286, 430, 548 entsprechen den in der Einleitung, Teil I, S. LXIII ff. abgedruckten Schreinsbriefen 12-15 aus dem Jahre 1281,[2] und diesem Jahre gehört demnach die Rolle an. Schöffenmeister war 1281 Pieres Graicecher. Den verlorenen Anfang der Rolle wird der Schreiber 3 geschrieben haben, der für die Mairie Porte Moselle beim 2. und 3. Termin 1281 wie bei allen drei Terminen der älteren Rollen von 1275, 1278 und 1279 gearbeitet hat. Nach dem Wortlaut dieser Rollen ist der Anfang, ohne die unbekannten Namen der drei Maier, folgendermassen zu ergänzen: En l'an ke li miliares corroit per M et cc $\frac{XX}{IIII}$ et un an, quant li sires Pieres Graicecher fut maistres eschavins de Mes, ... maires de Porte Muzelle etc. Ce sont li bans de paikes. En la mairie de Porte Muzelle.

Die Rolle von 1281 ist eingeteilt und ausgearbeitet wie die vorhergehenden von 1275 an. Es ist also nur die Vorderseite des Pergaments beschrieben. Bei jedem der drei Termine der drei

---

[1] Prost, Régime ancien de la propriété, Paris 1880, S. 80.
[2] v. auch die Anmerkung auf der ersten Textseite des vorliegenden Teiles.

Mairien fing der Schreiber ein neues Blatt an. Mindestens neun waren erforderlich, mehrmals musste aber an das erste, weil es für die Zahl der Einträge nicht ausreichte, ein zweites angenäht werden, so jedesmal bei der Mairie Porsaillis. Beim dritten Termin hat der Schreiber von Outre Moselle drei Blätter verwendet, die aber zusammen nicht so lang sind wie die zwei von Porsaillis. Die Mairie Porsaillis hat immer die meisten Einträge. Jede Mairie hat ihren besonderen Schreiber, Porte Moselle den Schreiber 3, Porsaillis den hier zum ersten Mal erscheinenden Schreiber 11, Outre Moselle wie bisher Schreiber 7, beim ersten Termin ist er aber von Schreiber 12 vertreten, dessen Handschrift in den erhaltenen Rollen nicht wiederkehrt. Bei allen ist u und n deutlich zu unterscheiden, nur nicht bei 11.

Wie in den früheren Jahren Schreiber 2 so hat jetzt, wie die Verbesserungen bei 11 und 7 zeigen, Schreiber 3 die Leitung der ganzen Arbeit in Händen. Zweimal ist die verbessernde Hand des schon 1278 in gleicher Weise tätigen Schreibers 10 erkennbar.

Die Schrift ist im Anfang des Termins bei jedem Schreiber gleichmässig, gegen Schluss wechselt sie. Daraus folgt, dass der Schreiber erst dann beginnt zu schreiben, wenn er genügend Arbeitsstoff vor sich hat, und dass er später einlaufende Anmeldungen in kleineren Absätzen hinzufügt.

So schreibt z. B. beim ersten Termin von Porsaillis Schreiber 11 von 1 bis 73 mit einem Zeilenabstand von 6 mm, dabei ist die Schrift ganz gleichmässig, nur 28 hat ein wenig grössere Buchstaben; von 74 an wird der Zeilenabstand zu 8 mm erweitert und die Schrift entsprechend vergrössert. Die zwei letzten Einträge 95 und 96 zeigen wieder engere Schrift, 82 ist nachträglich von Schreiber 3 unten auf dem Hauptblatt, 83 von Schreiber 11 oben auf dem angenähten Hülfsblatt eingeschoben. Beim zweiten Termin von Porsaillis sind die Einträge 199—227 wieder sehr eng geschrieben, zum Teil mit einem Abstand von nur 5 mm, 228—265, 270—286 weitläufiger und mit heller Tinte, 266—269 mit dunkler Tinte; und genau so ist es beim dritten Termin, 411—493 zeigen kleine, 494—553 grössere Schriftzüge, von 523 an wechselt die Tinte, sie ist dunkel von 523 bis 531 und von 543 bis 549, sonst hell.

Mit dem Pergament ist man 1281 nicht so sparsam gewesen wie bei den älteren Rollen. Unten auf Blatt IV sind 22 mit Blei gezogene Linien freigeblieben, bei VII 9, bei VIII 6, bei IX 7 und bei XI 15 Zeilen.

— XI —

Mairie	Eintrag	Blatt	Länge	Breite	Schreiber	
PM[1]		I fehlt				
PS[1]	1*—83	II	64^5—62^5 cm	50^5 cm	11	3 schreibt 83.
„	84—96	III	21—19	50^5	11	3 verb. 88 u. 92.
OM[1]	97*—155	IV	77—78	51—51^5	12	3 schreibt 155.
PM[2]	156*—197	V	42—41	51—51^5	3	
PS[2]	198*—269	VI	60—58	51—50	11	
„	270—286	VII	27^5—30	51	11	10 verb. 266.
OM[2]	287*—342	VIII	55—53	51	7	
PM[3]	343*—410	IX	70	52—51	3	10 verb. 401.
PS[3]	411*—507	X	63—64	49^5—51	11	3 verb. 479, 505, 507.
„	508—553	XI	59	49—51^5	11	3 schreibt 553.
OM[3]	554*—593	XII	35^5	52^5—51^5	7	
„	594—621	XIII	24	51—52	7	
„	622—645	XIV	21—20	52	7	3 schreibt 645.
			6,19 m			

Durchgestrichen: 140 (= 108), 149, 166, 194, 335, 339, 351, 393, 514, 536, 546, 580, 585, 618, 622, 624 (= 341).

1285

Fünfzehn Pergamentstücke von sehr ungleicher Grösse, in engen Stichen mit weissem Faden aneinandergenäht, in wenigen weiten Stichen ist nur Blatt XI an X angeheftet. Die Rolle ist gut erhalten, Blatt I hat am linken Rande vom 14. bis in den 9. Eintrag einen Riss, die Blätter I, II und VI sind am rechten Rande von Feuchtigkeit geschwärzt.

Schreiber 3 hat die Arbeit für die Mairie Porte Moselle bei dem Banntage von Ostern an Schreiber 7, bei den Banntagen von August und Weihnachten an Schreiber 11 abgetreten, dafür schreibt er beim ersten und dritten Banntage den grösseren Teil der Einträge für die Mairie Porsaillis, ausserdem greift er oft verbessernd und aushelfend ein. Schreiber 7 übernimmt im August und zu Weihnachten wieder seine regelmässige Arbeit für Outre Moselle. Schreiber 13, dessen eckige aber deutliche Schriftzüge in dieser Rolle zum ersten und letzten Male erscheinen, arbeitet zusammen mit Schreiber 3 für Porsaillis, er hat noch keine ausgeschriebene Hand; wenn er von neuem anfängt, so schreibt er anders als vorher, gerade als ob er noch Versuche und Übungen machte.

Mairie	Eintrag	Blatt	Länge	Breite		Schreiber
PM¹	1*—38	I	38 cm	49—53 cm	7	13 schreibt 35; 3: 37, 38.
PS¹	39*—70	II	74⁵	52	3	
„	71—87	II			13	3 schreibt 83, 84. 87.
„	88—95	III	15⁵	51⁵	13	3 schreibt 93/5, verb. 89.
OM¹	96*—142	IV	66	51⁵—53⁵	11	3 schreibt 100, 123, 141/2, verb. 97.
„	143—145	V	9	45—47	13	3 schreibt 145; 14 verb. 145.
PM²	146*—179	VI	56	54	11	3 verb. 159, 165c.
PS²	180*—181	VII	57	50⁵—51⁵	3	3 verb. 200, 207.
„	182—238	VII			13	3 schreibt 226, 230, 236/7.
„	239—247	VIII	11	51⁵	13	3 schreibt 243—247.
OM²	248*—295	IX	41⁵	55	7	3 schreibt 291/4, verb. 261.
PM³	296*—350	X	74	54	11	3 schreibt 333, 343, verb. 313, 320c, 332.
„	351—356	XI	11	54	11	3 schreibt 355/6
PS³	357*—413	XII	78⁵	52	3	3 verb. 425/6, 458.
„	414—435	XII			13	3 schreibt 440/1, 445, 449/51, 459/60, 464/7.
„	435—467	XIII	40⁵	52	13	
OM³	468*—530	XIV	44	55	7	3 schreibt 561, 563, 567, 569/70.
„	531—570	XV	37⁵	53—54⁵	7	13 schreibt 562, 564/6.
			6,63 m			

Durchgestrichen: 131 (= 35), 134 (= 38), 350, 418, 432 (= 343), 448, 458, 543 (= 145), 544.

Daher lässt sich an dem Wechsel seiner Schriftzüge und der wiederholten Ablösung des Schreibers 3 besonders gut erkennen, was schon bei den Rollen 1275 und 1281 von der Art der Arbeitseinrichtung gesagt ist, dass nämlich die Schreiber bei jedem neuen Termin erst dann mit der Arbeit beginnen, wenn sie so viel vor sich haben, dass sie glatt durchschreiben können, aber doch schon, ehe ihnen alle Anmeldungen vorliegen, und dass die nachher einlaufenden Anmeldungen in Gruppen oder einzeln, so wie sie kommen, eingetragen und die letzten, wenn am Ende des Pergaments kein Platz mehr ist, gelegentlich sogar zwischen die vorigen Einträge eingeschoben werden. Beim dritten Termin von Porsaillis z. B. schreibt 3 die Einträge 357—413, dann löst ihn 13 ab und schreibt 414—439, von da bis zum letzten Eintrag 467 wechseln sie mehrmals ab, 3 schreibt 440/1, 445, 449/51, 459/60, 464/7, Schreiber 13 die Zwischennummern. Eingeschoben sind von 3 die Einträge 100 und 123, 333 und 343, 445 und 460; von dem Eintrag 467 hat er, nachdem das Blatt XIV von Outre Moselle schon an XIII von Porsaillis angenäht war, eine Zeile auf dieses, die andere auf jenes Blatt geschrieben.

1288

Siebzehn Pergamentstücke von verschiedener Grösse. Das I. Blatt ist an den Rändern stark beschädigt, die Ecke rechts oben fehlt ganz, mit 16 cm am oberen und 24 cm am Seitenrande, daher die Lücken bei 1*—7. Ausserdem ist am oberen Rande ein Stück abgerissen, es ist aber erhalten und mit einer Nadel wieder festgesteckt. Die übrigen Blätter zeigen wohl hie und da Risse, sind jedoch sonst gut erhalten. Da sie aber meist nur mit weiten Stichen nachlässig aneinandergeheftet sind, so ist an mehreren Stellen die Verbindung sehr locker geworden. Nur die Hülfsblätter von PM und OM sind mit engen Stichen fest angenäht. Schreiber 16 hat oben auf Blatt III, seinem ersten Hülfsblatt, vermerkt „de paikes li secons", und auf Blatt VI und VII, seinen Hülfsblättern beim zweiten Termin, „de la mei awast" und „de mei awast", was nicht nötig gewesen wäre, wenn er sie wie die anderen Schreiber gleich angenäht hätte. Der Eintrag 575 ist erst durchgestrichen, nachdem alle Blätter zu einer Rolle vereinigt waren, also wohl erst um oder nach Ostern 1289. Der Eintrag steht auf Blatt XV, der Abklatsch des dicken Striches, mit dem er gelöscht ist, zeigt sich deutlich auf der Rückseite des Blattes XVI. Schreiber 15 hat ganz gegen die Regel, da ja vom Jahre 1275 an nur die Vorderseite beschrieben wurde, den Eintrag 162 auf die Rückseite des Blattes V gesetzt, dabei aber für nötig gehalten oben darüber zu schreiben „De la mey awast MCC_{IIII}^{XX} et VIII ans." Derselbe Schreiber hat bei jedem seiner Termine den ersten Satz mit einem roten Buchstaben angefangen, was vor ihm nur in der Rolle von 1269 die Schreiber 4 und 6 getan haben, während sonst der erste

Buchstabe wohl grösser und auch schöner, aber immer mit schwarzer Tinte geschrieben ist.

Mairie	Eintrag	Blatt	Länge	Breite		Schreiber
PM¹	1*—24	I	37⁵ cm	55 cm	15	
PS¹	25*—73	II	77	53	16	17 verb. 38.
„	74—81	III	22	53⁵	16	7 schreibt 81.
OM¹	82*—107	IV	34	54	7	
PM²	108*—152	V	62	54⁵ 55	15	152 steht auf der Rückseite.
PS²	153*—209	VI	75	54⁵	16	
„	210—227	VII	40	54	16	
OM²	228*—274	VIII	47	54⁵	7	
„	275—293	IX	22	54⁵	7	
PM³	294*—328	X	47	55	15	
„	329—353	XI	39	54	15	
„	354—370	XII	33	54⁵	15	
PS³	371*—425	XIII	71	53⁵—54	16	
„	426—487	XIV	74	54	16	
„	488—494	XV	17⁵	54	16	18 schreibt 493/4.
OM³	495*—552	XVI	63⁵	51⁵—54	7	
„	553—578	XVII	32⁵	53—54	7	
Porjugiet	579	I Rücks.	7,94 m		18	
Durchgestrichen: 274, 405, 490, 575.						

1290

Fünfzehn Pergamentstücke von sehr verschiedener Grösse. Die ersten Blätter sind schlecht erhalten, sie haben von Feuchtigkeit gelitten. Das äusserste Blatt der Rolle, Blatt I, ist mit Wasserflecken bedeckt; es fehlt ein Teil des oberen Randes, ein Stück aus der Mitte der Zeilen 4—7 und die Ecke links unten. Hier ist der linke Rand in einer Ausdehnung von 17 cm zerstört und 19 cm weit erstreckt sich ein Loch, allmählich spitzzulaufend, in das Blatt hinein. Gleiche Löcher von dreieckiger Form, nur immer kleiner werdend, 13 ausser dem obersten, hat die Feuchtigkeit durch entsprechend viele Lagen der Rolle hindurchgefressen, die letzten

— XV —

Löcher hat Blatt VIII, sie sind nur noch 5 zu $3^1/_2$ und 3 zu $2^1/_2$ cm gross. Die Blätter IX—XV sind tadellos erhalten. Schreiber 16 hat für die Mairien Porte Moselle und Porsaillis, Schreiber 7 für die Mairie Outre Moselle gearbeitet. Die Arbeit ist auch in dieser Rolle und in den zwei folgenden so ausgeführt, wie bei der Beschreibung der Rolle 1281 im vierten und bei der von 1285 im dritten Absatz angegeben ist. Unten auf Blatt V sind 8, auf VII und X je 5 Zeilen freigeblieben. Die Bleistiftlinien sind auf den

Mairie	Eintrag	Blatt	Länge	Breite	Schreiber	
PM[1]	1*—27	I	42 cm	54^5 cm	16	
PS[1]	28*—79	II	64	54	16	7 verb. 52 und 65.
„	80—91	III	17	54^5—48	16	
OM[1]	92*—132	IV	41	50—53	7	
PM[2]	133*—164	V	45	54—54^8	16	
PS[2]	165*—215	VI	64	55—54	16	
„	216—239	VII	30	51—54	16	
OM[2]	240*—281	VIII	45^5	52—54	7	16 schreibt 281.
PM[3]	282*—343	IX	74	52—54	16	
„	344—351	X	18	52^5	16	
PS[3]	352*—411	XI	73—72	54	16	
„	412—457	XII	65	51^5—54	16	
„	458—496	XIII	54—56	52—54	16	
OM[3]	497*—569	XIV	67—66	52—53	7	
„	570—590	XV	27	52	7	
	591 dou cens	XV Rücks.	7,27 m		18	
Durchgestrichen: 120, 259.						

ersten zwei Blättern verwischt, auf den anderen überall gut sichtbar. Schreiber 7 beginnt bei den Einträgen 116, 120, 243, 248 und 512, ebenso bei einigen Einträgen der früheren und späteren Rollen, nicht vorn am Rande des Pergaments, wie sonst Regel ist, sondern mit einem Merkzeichen gleich hinter dem Schluss des vorhergehenden Eintrags, mitten in der Zeile. Von der Hand 18 ist auf der Rückseite von Blatt XV 591 eingetragen, da wo gewöhnlich die Namen der Ausgewiesenen stehen. Die Blätter sind mit blauschwarzem Faden in engen, einige Male auch in weiten Stichen aneinandergenäht, weisser Faden ist nur gebraucht zwischen den Blättern IX—X und XIV—XV.

1293

Siebzehn Pergamentstücke verschiedener Grösse. Das erste Blatt ist sehr fleckig und hat mehrere Risse am linken Rand. Die rechte obere Ecke ist ganz abgerissen, herunter bis zum 12. Eintrag, ist aber vorhanden. Die anderen Blätter sind unversehrt,

Mairie	Eintrag	Blatt	Länge	Breite		Schreiber
PM^1	1*—32	I	57 cm	52-54 cm	16	
PS^1	33*—79	II	76	51^5—53	16	
”	80—115	III	53	53^5	16	
OM^1	116*—170	IV	47	54^5—55	7	3 verb. 199.
”	171—182	V	15	55	7	
PM^2	183*—213	VI	71	52—54	16	
PS^2	214*—283	VII	79	55	16	
”	284—314	VIII	54—56	52—54	16	
OM^2	315*—354	IX	45^5	55	7	
”	355—362	X	15—18	55	7	
PM^3	363*—413	XI	74	54^5	16	
”	414—435	XII	34	55	16	
PS^3	436*—507	XIII	80	53^5—54^5	16	
”	508—572	XIV	74	54^5—55	16	
”	573—585	XV	26—27	55	16	
OM^3	586*—667	XVI	63—66	52—54^5	7	19 verb. 651.
”	668—697	XVII	28^5—30^5	54^5	7	
Forjngiet	698	XVI Rücks.	8,97 m		16	
Durchgestrichen: 298, 608.						

hängen jedoch, weil sie mit weiten Stichen schlecht aneinandergeheftet sind, zum Teil nur noch lose zusammen. Nur der Schreiber 7 hat jedesmal die zwei Blätter seiner Mairie (OM), also IV mit V, IX mit X und XVI mit XVII, sorgfältig mit feinen Stichen verbunden. Benutzt ist immer weisser Zwirn.

— XVII —

Der Schreiber 16 hat am Ende von Blatt III 6 Zeilen freigelassen, bei VI 14, bei XII 9, der Schreiber 7 am Schluss der ganzen Rolle 4 Zeilen. Sie arbeiten wie früher, Schreiber 16 fängt jeden Termin mit einem roten Buchstaben an. Die Linien sind gut sichtbar.

1298

Zwanzig Pergamentstücke sehr verschiedener Grösse. Das erste Blatt ist fleckig, aber sonst gut erhalten, wie es auch alle übrigen

Mairie	Eintrag	Blatt	Länge	Breite	Schreiber	
PM[1]	1*—30	I	41 cm	55 cm	20	
„	31—38	II	10	54	20	
PS[1]	39*—84	III	74	54	16	
„	85—125	IV	68—66	54	16	
OM[1]	126*—168	V	46	55^5	7	
„	169—203	VI	44	54^{5-8}	7	
PM[2]	204*—235	VII	$43—40^5$	55	20	
PS[2]	236*—280	VIII	76	54^5	16	
„	281—298	IX	$29—27^5$	52—54	16	
OM[2]	299*—333	X	47	54^5	7	
„	334—348	XI	$21—22$	$53^5—54^5$	7	
„	349—350	XII	$4^5—5$	54^2	7	Schreiber 3 schreibt 350
PM[3]	351*—389	XIII	41^5	55	20	
„	390—409	XIV	32	55^5	20	
PS[3]	410*—464	XV	73—72	$54^5—55$	16	
„	465—525	XVI	72	55	16	
„	526—558	XVII	55	54^5	16	
OM[3]	559*—631	XVIII	$61^5—64$	$54^3—55$	7	
„	632—681	XIX	$49^5—48$	55	7	
„	682—685	XX	$9^5—10$	$55^2—55^7$	7	
Porjngiet	686	XVIII Rücks.	8,97 cm		7	

Durchgestrichen: 298, 608.

Blätter sind. Für die Mairie Porte Moselle ist ein neuer Schreiber (20) tätig, er schreibt sorgfältig und gut, den ersten Buchstaben

2*

des Termins malt er, wie der Schreiber 16, rot und umgibt ihn ausserdem mit blauen Schnörkeln. Die Hülfsblätter näht er wie Schreiber 7 mit feinen Stichen an das Hauptblatt an, während Schreiber 16 bei seinen wenigen weiten Stichen bleibt. Die fertig gestellten Stücke einer Mairie sind mit denen der anderen Mairien weder so fein noch so grob zusammengenäht, die Stiche halten sich in der Mitte. Das wird also ein anderer Schreiber besorgt haben. Es ist wieder nur weisser Zwirn benutzt. Vom Schreiber 3 rührt Eintrag 350 her. Auf den Blättern der Mairie Porsaillis sind freigeblieben am Schluss von IV 2 Zeilen, von IX 5 und von XVII 5, auf denen der Mairie Outre Moselle bei VI 5 und bei XX 5 Zeilen.

1277 ¹)

1* Ce sont li bans dou mei awast. En la mairie de Porsaillis:
1 Li sires Willames, chanones de Homborc, p. b. sus I jornal de vigne en Saint Clochamp et sus v s. de cens et sus II jornals de terre areusse, et sus LIII lb. de mt. sus la maison Sainte Creux de Teheicort, ke li sires Jehans Boinvallas li clars d'Outre Saille li ait mis en waige, por IIII lb. de mt. de cens k'il li doit chesc'an a sa vie, e. com l. e. en l'ai. l. dv. ²)
2 Garsas Rabowans p. b. sus tout lou signeraige de Bamey et sus kant ki apant, et sus kant ke Bauduyns, li fils Nicolle Mairasse ke fut, i avoit en preis, en boix, en terres, ens homes et en femes et sus kant k'il i avoit en tous us et en tous prous, k'il ait aquasteit a Bauduyn devant dit, e. con l. e. en l'ai. l. d., sans les xxx s. de cens ke Jehans Mairasse, ces freires, i ait.
3 Collins li Roucels, li janres Houdiate, p. b. sus I stal ke Marguerons, li femme Jenin Blanche ke fut, avoit en la halle des tanors ou Champ a Saille, k'il ait aquasteit a Margueron devant dite, e. c. l. e. en l'a. l. d.
4 Poinses de Strabor p. b. sus I chakeur ke siet en Maizelles et sus tout lou ressiege ki apant, k'il ait aquasteit a Garsat Rabowan, permei IIII d. de cens, et e. com l. e. en l'ai. l. dv.
5 Gerardins Soture p. b. sus une piesse de vigne ke geist en Habertclos, k'il ait aquasteit a Simonat Bolande, k'est tiers meus a Nostre Dame as Chans, et e. com l. e. en l'ai. l. dv.
6 Lowias Awilluele de S. Clemant p. b. sus une maison ke siet a S. Clemant, k'il ait aquasteit a Jenin de S. Clemant, per mey IIII s. et demey de cens, et e. c. l. e. en l'ai. l. d.
7 Jenas Ribous p. b. sus une maison ke siet en Chapponrue, ke fut Matheu lou Gros, k'il ait aquasteit as enfans Matheu devant dit, per mei VII s. et demey de cens, et e. c. l. e. en l'ai. l. d.
8 Et si p. b. ancor sus VI s. de mt. de cens ke geissent sus ceste maison meymes, k'il ait aquasteit a Widresco de Flaistranges et a Watrin, son janre, e. c. l. e. en l'ai. l. dv.

---

¹) *Der Anfang der Rolle fehlt, mindestens vier Blätter, mit den Einträgen des Ostertermins aller drei Mairien und mit dem Augusttermin der Mairie Porte-Moselle. Vgl. die Beschreibung am Anfang dieses Bandes S. VII.*
²) e. com l. e. en l'ai. l. dv. = ensi com li escris en l'airche lou deviset. *Weiter unten ist* a. = ansi, l'a. = l'arche, d. = dist, dvz. = devizet, div. = diviset, c. *ist abgekürztes* com *oder* con.

9 Matheus Bellebraisse p. b. sus une piece de vigne ke geist en Ospreis, k'il ait aquasteit a Colate, la feme Weirion Malnouel, ki est quairs meus S. Pol, per mey une angevine de cens, e. c. l. e. en l'a. l. d.
10 Ethelo de Bousperon p. b. sus une maison ke siet en Chapponrue, k'il ait aquasteit a Watrin d'Arencort, per mey v s. de cens, e. c. l. e. en l'ai. l. d.
11 Gillas Coias p. b. sus vi lb. de mt. de cens ke geissent sus tout l'eritaige ke Herbins Wachiers ait ou ban de Chiney et d'Airs deleis Colanbeirs, en touz us, k'il ait aquasteit a Herbin devant dit, e. c. l. e. en l'a. l. dv.
12 Steuenins li telleirs p. b. sus une maison ke siet encoste Sainte Creux, k'il ait aquasteit a Jaikemin, lou fil Guerebode, permey xviii s. de cens, e. com l. e. en l'ai. l. dv.
'3 Willames Honech p. b. sus une maison en la cort de Pawillon, k'il ait aquasteit a Hennillo lou Buef, per mey xii s. de cens, e. c. l. e. en l'ai. l. dv.
14 Jaikemins li Xours de S. Piere as Harennes p. b. sus demey jornal de vigne ke geist sus Culloit, k'il ait aquasteit a Mertin, lou fil Gillat de S. Piere, per mey ii d. une poujoise moins de cens, et e. com l. e. en l'ai. l. dv.
15 Coenrairs li Moinnes de la Nueve rue p. b. sus une maison ke siet en la Nueve rue, k'il ait aquasteit a dame Saire, la meire Chiuallat, permei xii s. de mt. de cens, et e. c. l. e. en l'ai. l. dv.
16 Perrins li clers, li fils Coustan, p. b. sus la maison Jenat Conversat, ke siet a S. Arnout, k'il ait aquasteit a Thiebaut, per mei teil cens com li maison doit, e. c. l. e. en l'ai. l. dv.
17 Pieresons, li fils Rogier, p. b. sus la maison ke fut Goudefroit l'olieir, k'il ait aquasteit a Colin, son fil, per mey xiiii s. de mt. de cens, et e. com l. e. en l'ai. l. dv.
18 Jaikemins Bellegree p. b. sus la maison ki fut Jaikemin Bague, ensom l'osteil Thiebaut Bataille, k'il ait aquasteit a Nicolle Merchant, per mei iiii d. de cens, et e. c. l. e. en l'ai. l. d.
19 Et si p. b. ancor sus une tavle en Nues Chenges, k'il ait aquasteit as hoirs Guenordin lou Grais et as hoirs Hanriat Bataille, per mei teil cens com il en doit, e. c. l e. en l'ai. l. d.
20 Renmonins de Malleroit p. b. sus la maison ke fut Willemat lou foullon en la rowe des molins a Saille, k'il ait aquasteit a Gerardat dou Waide lou Gronnaix, permei xii s. iiii d. moins de cens, e. c. l. e. en l'ai. l. dv.

21 Berterans de Genestroit p. b. sus la moitiet de vi jornalz et demey de terre areusse et sus lou tiers d'une maison et sus lou tiers d'un preit, k'il ait aquasteit a Weiriat et a Aileit, sa suer, per mei teil cens com il en doit, e. con l. e. en l'ai. l. dv.

22 Warrels de la Nueve rowe p. b. sus une maison ke siet ensom l'osteit Buevelat lou corvexeir, k'il ait aquasteit as anfans Hanriat Gillin et a ces mainbors, per mey xvii s. de cens, et e. c. l. e. en l'a. l. d.

23 Hanrias Musairs li cordueneirs p. b. sus la maison ke fut Theiriat Chamuxi, ke siet en la rowe S. Gigout, k'il ait aquasteit as dames de la Vigne, permei xxviiii s. de cens, e. c. l. e. en l'ai. l. d.

24 Lietaus li permanteirs p. b. sus la maison ke fut Jenat Petresco, ke siet en S. Martinrue, encoste la maison Ailexate Thiecelin, k'il ait aquasteit a Martenel et a Jaikemate, les ii filles Jenat Petrecol, permei vi d. de cens ke li maison doit, et a. c. l. e. en l'a. l. d.

25 Colignons Nerlans p. b. sus la grainge ke fut Jehan Wachier, ke siet devant la maison Geliat lou feivre en la rowe S. Arnout, k'il ait aquasteit a Jehan devant dit, permei vii s. de cens, e. c. l. e. en l'ai. l. d.

26 Simonins li meutiers p. b. sus vi jornals de terre areure¹) ke geisent sus les preis de Montigney, k'il ait aquasteit a Jaikemin dou Paire,²) per mei teil cens com il en doit, et e. c. l. e. en l'ai. l. d.

27 ³) Herbins li meuteirs p. b.

28 ³) Burtingnons Paillas p. b. sus une pesse de vigne ke geist en Burleivigne, areis la soie meymes,⁴) k'il ait aquasteit a Aburtin, lou fil Burtadee, en alluet, et e. com l. e. en l'a. lo d.

29 Burtignons Paillas⁵) p. b. sus une maison ke siet ensom l'osteit Poincin lou boucheir ou Champ a Saille, k'il ait [aquasteit]⁶) a Colin Jaikier por Jaikemin Steuene, permei teil cens com ille doit, e. con l. e. en l'ai. l. d.

30 Burtignons Paillas p. b. sus une maison ke siet ensom l'osteit Theiriat Crokelat ou Champ a Saille, k'il ait aquasteit as oirs

---

¹) sus bis areure *auf Rasur.*
²) *Vorlage* Pairge *mit einem Punkt unter dem g, der es als falsch bezeichnet.*
³) *27 und 28 sind durchgestrichen.*
⁴) areis la soie meymes *übergeschrieben.*
⁵) Burtignons Paillas *auf Rasur,* p. b. *übergeschrieben.*
⁶) aquasteit *ist vom Schreiber ausgelassen.*

Jenin lou torceleir, permei teil cens com il en doit, et e. c. l. e. en l'a. l. d.

31 Simonins li torneires p. b. por lui et por Theiriat et Willemin, ses ıı freires, et Sezeliate et Colate, ces ıı serors, sus la maison et sus tout lou resaige ki apant daier ke siet en Visignuel entre la maison les anfans devant dis et la maison Poinsairt de Visignuel ke fut, permei ııı lb. ıı s. et demey de cens ke ceste maison doit, k'il ont aquasteit a Jehan, lou fil Jehan lou tornor ke fut, e. com l. e. en l'ai. l. dv.

32 Poinsignons, li fils Jaikemin lou Gornaix ke fut, p. b. por ces anfans k'il ait de Louvate, sa femme ke fut, sus teil encheute com il lor est encheus de pair lou signor Bauduyn Louve et de pair lou signor Nicolle Burlevaiche ki furent.

33 Stenenins Gouvions p. b. sus une grenge ke siet en coste lui meymes, ke fut Poinsat Facon, k'il ait aquasteit a Jehan, son [fil?][1]), per mei ıııı d. une angevine moins de cens, e. com l. e. en l'ai. l. d.

34 Jenas, li fils Howignon l'aman ke fut, p. b. sus 1 jornal de vigne ke geist en la Haute Mallemairs, k'il ait aquasteit a Jenin Cristine, permei 1 d. de cens, e. com l. e. en l'ai. l. dv.

35 Simonins Bobilles[2]) p. b. por lui et por ces compaignons les maistres de la grant compaignie des texerans de drais sus v s. de mt. de cens ke geisent sus la maison Watrin d'Arencort en Chaponrue, k'il ont aquasteit a Mathion Roguenel, e. c. l. e. en l'ai. l. d.

36 Simonins Bobilles p. b. por lui et por ces compaignons les maistres de la grant compaignie des texerans de drais sus v s. de mt. de cens ke geisent sus la maison Lorin lou clarc, ke siet en S. Martinrowe, k'il ont aquasteit a Lorin lou clarc devant dit, e. com l. e. en l'ai. l. d.

37 Li sires Jehans de la Cort et Willames, ces freires, p. b. en alluet sus lou four et sus tout lou ressiege ki apant ke siet ou Champel ke fut Jenin Chaie lou boulangier, ke lor est delivree per droit et per jugement, por XL s. de mt. de cens k'il i avoient.

38 Gillas Haike p. b. sus teil partie com Marguerate, li femme Jaikemin Quaille, avoit en la maison Jaike Grantdeu, ke siet

---

[1]) *Das Wort ist vom Schreiber ausgelassen. Ein Sohn des* Poinsat Facon *heißt* Simonin *(1278, 108),* Jehan *wird nur hier genannt. Ein* Jennas *ist Sohn des* Jaikemin Facon *(1262, 393).*

[2]) Simonins Bobilles *auf Rasur.*

encoste la maison ke fut Nenmerit Lohier, k'il ait aquasteit a Marguerate devant dite, permei teil cens com ille doit, et e. c. l. e. en l'ai. l. d.

39 Willemins li Hungres p. b. sus demee une tavle ke siet en Vies Chainges, encoste la tavle ke fut Poinsat Roucel, k'il ait aquasteit a Mathiate, la fille Poensat Chaneveire, permei teil cens com il en doit, e. c. l. e. en l'ai. l. dv.

40 Jenas Barangins p. b. sus teil partie com li anfant Burtignon [et.....]¹), li fis Guenordin lou Grais, avoient sus une maison ke siet ancoste S. Seplixe, k'il²) ait aquasteit a ous, permei teil cens com ille doit, et e. c. l. e. en l'ai. l. d.

41 Ferrias, li fils Steuenin de Coloigne ke fut, p. b. sus la grant maison ke siet entre la maison Remion de Coloigne et Lanbelin lou pezour, k'il ait partit encontre Poince de Coloigne en leu de Jenat et encontre Thiebaut, lo fil Steuenin de Coloigne, et encontre Abriat lou Xauing, e. com l. e. en l'ai. l. dv.

42 Boinvallas, li fis Joiffroit lou Mercier ke fut, p. b. sus L s. de mt. de cens des x lb. de mt. de cens ke Maheus et Burtemins et Joiffrois, li anfant Joiffroit Boinvalat, ont aquasteit a Arnout lou Roi, ke Maheus et Burtemins et Joiffrois ont mis en waige a Boinvallat devant dit, et k'il li sont encheus, e. c. l. e. en l'ai. l. dv.

43 Collairs Mourelz p. b. sus la vigne ke Thomessins Bovairs et Jenas Cornixelz et Jenas Mennelz et Renniers de Sairley et Colignons Rabairs tenivent de Bauduyn Mairasse a tiers meu, k'il ait aquasteit a Bauduyn devant dit, en alluet, et e. c. l. e. en l'ai. l. d.

44 Et si p. b. ancor sus la pesse de vigne k'il ait aquasteit a Marguerate, la feme Thomessin Bouairt, k'elle tenivet de Thomessin, son mairit, k'estoit tiers meus de Bauduyn Mairasse, k'il ait aquasteit a Merguerate devant dite, e. c. l. e. en l'ai. l. d.

45 Theirions Barons p. b. sus II pesses de vigne ke geissent ou ban de Montigney, k'il ait aquasteit a Abertin Porteabay, lou fil Jenin Belamin ke fut, permei v s. et demei³) de mt. de cens ke li pesse ke geist deilay Montigney ke fut Colin lou perman-

---

¹) *Der Name ist vom Schreiber ausgelassen. Die Kinder des* Burtignon lou Grais *sind genannt 1267, 80, sie heißen* Symonat, Samonate, Martenate. *Der Sohn von* Guenordin lou Grais *kommt sonst nicht vor.*

²) k'il ait aquasteit *bis* escris *auf Rasur.*

³) et demei *übergeschrieben.*

teir de S. Nicolaisrue doit a Colin Flamandel et xii d. a Sainte Glossenne, et li autre pesse de vigne ke geist deisai Montigney ke fut les oirs Hanriat lou Saive en alluet, e. com l. e. en l'ai. l. dv.

46 Maithions Roguenels p. b. sus une pesse de vigne ke geist ou clo S. Pol a chief de Chapponrue, k'il ait aquasteit a dame Ysaibel, la feme Colin Graisneis ke fut, permei viii s. de mt. de cens k'ille doit, et e. com l. e. en l'ai. l. dv.

47 Gerairs li bolangeirs de la Creuxate p. b. sus la grainge ke fut Forke, lou janre d'Espinalz, ke il ait aquasteit a Felipin, lou fil Felipin Tiguienne, en alluet, et e. c. l. e. en l'ai. l. d.

48 Lampres de Mommestorf p. b. sus une maison en la Nueve rue, ke siet ensom l'osteil Matheu lou rekevrour, k'il ait aquasteit a Jaikemin de Mairley, per mey viiii s. de cens, e. c. l. e. en l'ai. l. d.

49 Coenrairs li Moinnes de Sallebour p. b. sus une maison en la Nueve rue, ke fut Robenat lou permanteir, k'il ait aquasteit a dame Saire de Cronney, per mey xii s. de mt. de cens, et e. com l. e. en l'ai. l. d.

50 Jenas Nerlans p. b. sus la maison ke fut Steuene lou tuxeran devant l'osteil Brehel, k'il ait aquasteit a Aurowin Fovilain, son fil, per [mey] xviii d. de cens, e. c. l. e. en l'ai. l. d.

51 Adans li merchans de Braibant de Sanerie p. b. sus la maison Coense lou vieceir, ke siet en S. Martinrue, devant l'osteil ke fut Garsire de Gorze, k'il ait aquasteit a Coence devant dit, permei teil cens com elle doit, et e. com l. e. en l'ai. 1 d.

52 Wicherdins Berbelz d'Aiest p. b. sus une piece de terre areure ou om contet ii jornalz,. ke geissent ou ban de Maiclive, c'on dist en Ansoimont, k'il ait aquasteit a Jakemin Sarrazin de Champelz et a Watrin, son freire, permei ii d. de cens, et e. c. l. e. en l'ai. lo d.

53 Bernairs li cherpantiers p. b. sus une maison ke siet devant la maison dame Lorate Chabosse, k'il ait aquasteit a Gerairt lou tonneleir, per mey xxx s. de mt. de cens.

54 Jehans li tonneleirs p. b. sus une maison ke siet devant la maison Colin de Chanpelz, k'il ait aquasteit a Bernairt lou cherpanteir, per mei xvii s. de mt. de cens.

55 Watrins, li fis Theiriat de Bu de S. Clemant, p. b. sus la moitiet d'une maison a S. Clemant, k'il ait aquasteit a Coenrairt, lou

fil la Rosse d'Outre Saille, permei v d. et ı chappon de cens,
et e. com l. e. en l'ai. l. d.

56 Jaikemins Ruedanguels li clars p. b. sus les xx s. de mt. de
çens ke Widrecos li maires avoit sus la maison Thomessin de
Pierevilleirs, k'il ait aquasteit a Widrecol devant dit, e. con l.
e. en l'ai. l. d.

57 Jehans Grillas et Vguignons Danielate p. b. sus la maison ke
fut Jenat Huveit, ke siet ou Baix Champel, ke lor est delivree
per droit et per jugemant, por tant con il ont paiet por Jenat
devant dit, per escrit en airche, et per mei teil cens com li
maison doit.

58 Bauduyns Ysambairs p. b. sus II jornalz de terre ereure I quart
moins ke furent Vguignon de Lieons, ke geissent en la Pertelle,
k'il ait aquasteit as anfans Vguignon de Lieons, per mei teil
cens com elle doit, et e. c. l. e. an l'ai. l. d.

59 Jaikemins li telleirs et Poinsignons Simons p. b. sus la maison
ke fut Werneson Xeudetreue, ke siet devant la Fontenne, ke
lor est delivre per droit et per jugemant, por tant com sa femme
lor doit, per escrit en airche.

60 Jaikemins li telleirs p. b. ancor por les dames de la Belle
Stainche sus lou meis a la Chanal ke Jaikemins li Rois lor ait
aquiteit en plait et en justice por les vı s. de cens k'elles
avoient sus.

61 Jehans de S. Polcort p. b. sus la maison et sus tout lou ressaige
ki apant ke siet encoste sa maison meymes, k'il ait aquasteit
a Gerardin Jallee, per mei teil cens com il en doit, et e. com
l. e. en l'ai. l. d.

62 Colins Berrois dou Champel p. b. sus la maison Abriat lou
Xauing ke siet en S. Polcort, et sus vıı s. de mt. de cens ke
geissent sus une maixeire encoste lou chakeur S. Laidre, et sus
vıı s. de mt. de cens ke geissent sus la maison Simon l'Alle-
mant, apres [les.. s. k'elle doit de davanterien cens][1]) et sus
xıı d. de cens ke geissent sus la maison Abillate Burdine en
S. Polcort, k'il ait aquasteit a Abriat lou Xauing, per mei IIII
lb. de mt. de cens k'il en doit a Abriat lou Xauing, et xIII s.
k'il en doit a Anel, la fille signor Boinvallat de Porsaillis, et
permei vIII d. a S. Pol.

63 Poinsignons li Gros de Raigecort p. b. por la chieze Deu de
Chaherey sus la maison ke fut Hanriat, lou fil signor Ferrit

---

[1]) *Vom Schreiber vergessen, v. Eintrag 68.*

de Porte Serpenoise ke fut, et sus tot lou ressaige ki apaut, k'il ait aquasteit a Ferrit[1]) et a Yzaibel et a Perrin, les anfans Hanriat, lou fil signor Ferrit de Porte Serpenoise ke fut, en alluet, et e. c. l. e. en l'a. l. d.

64 Ferrias de Montois p. b. por lui et por Steuenin, son serorge, sus terres areures ke geissent entre Mes et Molins, k'il ont aquasteit a Renmonin de Malleroit, et e. c. l. e. en l'ai. l. dv.

65 Colins Boukel li taneires de Chaponrue p. b. sus teil partie com Jenas Ribout de Chapponrue avoit en la maison k'il eit en Chaponrue, ke siet encoste lui meymes, k'il ait aquasteit a Jenat Ribout, permei teil cens con celle partie doit, et e. c. l. e. en l'a. l. d.

66 Steuenins li bolangeirs p. b. sus une maison ke siet daier S. Mamin, ke fut Willame lou Duc, k'il ait aquasteit a Gillat de Valz, per mei IIII s. de mt. de cens, et e. c. l. e. en l'ai. l. d.

67 Matheus Migomairs et Thiebaus Bugles p. b. sus la maison ke fut Jenin Bugle, ke siet a la porte des Allemans, k'il ont aquasteit a Dousate, la feme Jenin Bugle ke fut, et a Theiriat Bugle, permei teil cens com elle doit, et e. c. l. e. en l'ai. l. d.

68 Abertins, li filz Joiffroit Pietdeschaus ke fut, p. b. sus XVI s. de mt. de cens ke geisent en Chaureirue sus la maison ke fut Watrin Henmignon, k'il ait aquasteit a Watrin Henmignon, apres les XIIII s. k'ille doit de davanterien cens, et des XVI s. redoit il VII s. de mt. de cens, e. c. l. e. en l'ai. l. d.

69 Simonins li chanberlains p. b. sus III jornalz de terre ke geissent en Hem, k'il ait aquasteit a Hanriat l'uxier, e. com l. e. en l'ai. l. dv.

70 Lowis de Lussambour p. b. sus II s. et demey de cens ke geissent sus la maison Domangin[2]) Haudecuer, ke fut atour de Sainte Glossenain, k'il ait aquasteit a Clairiet Domate, e. com l. e. en l'ai. l. dv.

71 Jaikemins, li fils Jakemin lou Gornaix ke fut, p. b. sus XXXII s. de mt. de cens ke geissent a la Posterne sus l'osteit Garsat Guepe, et sus XXII s. et demei de mt. de cens ke geissent en Chaipeleirue sus la maison ke fut maistre Bernairt lou cavsin, k'il ait aquasteit a maistre Adan l'avocat, dont il redoit[3]) des

---

[1]) *Auf Rasur stehen die Einträge 63 von* a Ferrit *an, 64 ganz, mit Ausnahme der zwei letzten Wörter* lou deviset, *und 65 von* Colins Boukel *bis* avoit.

[2]) Domangin *übergeschrieben.*

[3]) *Hinter* redoit *ist* amais, *der Anfang von* a maistre, *durchgestrichen.*

xxii s. et demey xii d. a S. Laidre et xii d. a l'ospital ou Nuef-
borc et vi d. [a] Jehan de la Cort.

72 Domate, li fille Burtignon de la Tour ke fut, p. b. por lei et
por sa meire et por ces freires et por ces serors sus xlviiii s.
de mt. iiii d. moins de cens, s'en geissent xxxi [s.] et ii d. sus
ii maisons ke sient outre Saille et sus une pesse de vigne ke
geist en Mallemairs, en Longe Roie, k'est contrewaiges a ii mai-
sons, dont om redoit viii d. a la Belle Stainche, et s'en geist
v s. de mt. sus une vigne a la bairre en Maizelles, et s'en geist
vi s. de mt. sus la maison Arnout lou feivre en Maizelles, et
xviii d. en Maizelles sus une maison devant la Triniteit, et v s.
de mt. sus une maison ou Chanpel, dont om redoit iii d. et i
chapon a signor Cunon d'Airs, et tous cist cens devant dis est
premiers cens, k'elle ait aquasteit a Joiffroit, l'avelet[1]) signor
Burteran de Jeurne ke fut, e. com l. e. en l'ai. l. dv.

73 Colate, li fille Thomessin de Champels ke fut, p. b. sus les ii
maisons ke furent Yzabel, sa suer, c'est a savoir sus la grant
maison ke fut Thomes de Champelz, devant la maison lou signor
Poenson d'Espenges, et sus l'autre maison encoste ke fut Geradon,
et sus touz les ressaiges ki apandent, k'il ait aquasteit a Hanriat,
lou fil lou signor Abert de Champelz ke fut, permei teil cens
com il en doit, et e. c. l. e. en l'ai. l. d.

74 Et si p. b. ancor sus une tavle ke siet en Chainges en Visignuel,
deleis la tavle Vguignon Roucel, et sus lou leu devant et sus
kant ki apant, k'il ait aquasteit a Colin lou maistre, per mei
vi s. de mt. de cens, et e. c. l. e. en l'ai. l. dv.

75 Garsas Donekins p. b. sus la maison Vguin Blancgrenon ke siet
ou Champ a Saille, k'il ait aquasteit a Lorate, sa fille, et a
Jenat, son fil, per lou crant des mainbors, permei teil cens com
elle doit, et e. c. l. e. en l'ai. l. d.

76 Poinsignons Graicecher p. b. por les Cordelieres sus l s. de mt.
de cens et i d. ke geissent sus l'osteit ke fut Rogier, lou fil
Liebert de Heu, ou Nuefborc, et sus une plaice de terre ke geist
as Chenges, et sus i jornal de vigne ke geist ens Abowes outre
Saille, k'elles ont aquasteit a Forkignon lou clarc, lou fil Garsat
Rosse ke fut, et a Margueron, sa nesce, la fille Jehan Mole ke
fut, et e. com l. e. en l'ai. l. dv.

77 Et si p. b. ancor por les Cordelieres sus tout l'eritaige ke Douce,
li feme Jenin Bugle ke fut, avoit ou ban de Gerey et aillors,

---

[1]) l'avelet *übergeschrieben*, lou fil *durchgestrichen*.

en toz us, ou k'il soit en la marie de Porsaillis, et sus une maison ke siet outre Saille devant la rowelle de la Vigne S. Auol, et sus II pesses de vigne ke geissent en Peuerelle, et sus I staul ke siet en la halle des bolangeirs, ke dame Douce¹) devant dite lor ait doneit por Deu et en amosne, e. com l. e. en l'ai. l. dv.

78 Burtemins li Allemans devant S. Thiebaut p. b. sus XVIII d. de cens ke geisent sus une maison ke siet en la rowe Ripigney, k'il ait aquasteit a Weiriat, lou maior de Vignueles, e. c. l. e. en l'ai. l. d.

79 Jaikemelz li celliers p. b. sus une maison ke siet atour de Staixons, k'il ait aquasteit a Steuenin Roucel, permei XL s. de mt. de cens, et e. c. l. e. en l'ai. l. d.

80 Theirias Sibille d'Oixey p. b. sus la maison ke fut Pauiate la Poulue en la rue S. Eukaire, k'il ait aquasteit a preste de S. Eukaire, e. c. l. e. en l'ai. l. d.

81 Jenas Chauresons p. b. sus I preit ke geist ou ban de Cuverey, c'on dist en Chipautelle, ke fut Maheu Jeuwet, k'il ait aquasteit a Garsat Donekin et a Colin Baical et a Thomessin Sauaige, e. com l. e. en l'ai. l. d.

82 Yzabelz de Moielen p. b. sus C s. de mt. de cens et sus une charree de vin et sus une quarte de pois ke Jaikemins de Airey li doit, ke geissent sus la grenge et sus lou meis en Tronchis, et sus tout l'eritaige et sus toutes les sances ke Jaikemins ait ou ban d'Airey, et sus tout l'eritaige k'il ait ou ban de Joiey, et sus kant k'il ait d'eritaige en tous us en la marie de Porsaillis, k'elle ait aquasteit a Jaikemin devant dit, e. con l. e. en l'ai. l. d.

83 Colins dou Tour li cordueniers de Staixons p. b. sus teil partie d'eritaige com il est encheus a Colignon lou clarc, lou fil Cuxin, en toz us, ke li [est] escheus de pair peire et de pair meire, k'il ait aquasteit a Colignon lou clarc devant dit, permei teil cens com li eritaiges doit, et e. con l. e. en l'ai. l. d.

84 Colignons, li filz Joiffrignon Vilain ke fut, p. b. por la chieze Deu de Nostre [Dame] as Chans sus la maison ke fut Watrin²) Henmignon, ke siet en Chaureirue, ki est escheute a la chieze Deu devant dite por teil cens com il avoient sus.

85 Colate, li feme Weirion Malnouel ke fut, p. b. sus tout l'eritaige ke fut Jenat Blanchairt, son freire, dont il estoit tenans, ke Ailexate, li feme Jenat devant dit, li ait aquiteit por tant com elle ait paiet por ous, per escris en airche.

---

¹) Douce *übergeschrieben*, Lorate *durchgestrichen*.
²) Watrin *übergeschrieben*, Thiebaut *durchgestrichen vom Schreiber 9*.

86 Seffiate, li feme Perrin Mairasse, p. b. sus demei jornal de vigne ke geist en Cherdenoit, k'elle ait aquasteit a Jenat Boukerel, permei I d. de cens, et e. com l. e.. en l'ai. l. dv.

87 Weirias de S. Clemant p. b. sus une maison ke siet a S. Clemant, encoste Nostre Dame as Mairtres, k'il ait aquasteit a Jenat lou cherpanteir, permei teil cens com il en doit, et e. c. l. e. en l'ai. l. d.

88 Li prestes de S. Seplixe p. b. sus IIII s. de mt. de cens ke geissent [sus] la grenge Poinsignon Chalon, ke siet a S. Piere as Arainnes, k'il ait aquasteit a Jaikemin Graitepaille, e. com l. e. en l'ai. l. d.

89 Herbins li meuteirs p. b. sus une grenge ke siet a Montigney, ke fut Noblat, et sus II s. de mt. de cens ke geissent sus une vigne ancoste la soie meisms, k'il ait aquasteit a Theiriat, lou janre Noblat, e. com l. e. en l'ai. l. d.

90 Jaikemins li Rois p. b. sus teil partie d'eritaige com Garsas Robowans avoit a Colanbeirs de pair Wiborate, sa femme, k'il ait aquasteit a Garsat devant dit, e. com l. e. en l'ai. l. d.

91 Simonas Hunguerie p. b. sus teil partie com Colignons et Theirias, sui dui freire, et Marguerite, lor suer, avoient en la maison ke fut Rembaut Morre, ke siet deleis la maison Zondac, daier l'ospital ou Nuefborc, k'il ait aquasteit a ous, permei teil cens com il en doit, et e. c. l. e. en l'a. l. d.

92 Marguerate, li fille Simonin de Hunguerie ke fut, p. b. sus I jornal de vigne a Pumeruel, et sus VI omees dezour lou clos, et sus VIII omees a Avignuel, et sus I jarding et sus la vigne ki apant et sus VI omees de plante et sus II omees et demee
5 en Rolevigne, et sus III omees et sus une piece de preit en Praielz, et sus jor et demei de terre dezous la creux, et sus la moitiet de la maison¹) et de la grenge et kant ki apant ke geist ou ban de Bouxeires, k'elle ait aquasteit a Jenat, lou fil Weirit Blondel de Bouxeires, permei teil droiture com tous cist
10 eritaiges doit, et k'elle li ait relaiet por v moies de vin de cens, et e. c. l. e. en l'ai. l. d.

93 Jaikemins, li maires de S. Vincent, p. b. por la chieze Deu de S. Vinsant sus les XX s. de mt. de cens ke maistres Adans li avocas lor ait doneit por Deu et en amosne des LX et X s. de mt. de cens k'il ait en Visignuel sus la maison Baical lou mercier ke fut.

---
¹) de la maison et *übergeschrieben*.

94 Jaikemins li prevos p. b. por la chieze Deu de S. Vinsant sus les VIII s. de mt. de cens ke geissent sus une piece de vigne sus Saille, k'il ait aquasteit a Abillate de Chaizelles, dont il redoit I d. de cens arier, e. com l. e. en l'ai. l. d.
95 Li sires Jaikes, prestes de S. Medairt, et li sires Weiris, prestes de S. Leuier, p. b. por ous et por tous les prestes barrochalz de Mes sus la maison ke fut Burtemin d'Abigney, ke siet areiz S. Eukaire, ke lor est delivree per droit et per jugement, por les XXVI s. de cens k'il avoient sus, et ke Anelz, li femme Burtemin devant dit, lor ait aquiteit, e. c. l. e. en l'ai. l. d.
96 Jaikemins de Pairgney p. b. sus la maison ke siet encoste la maison Thiebaut de Moielen, ke fut Poinsignon Brehel, k'il ait aquasteit a Willemin, son fil, permei teil cens com li maison doit, et e. c. l. e. en l'ai. l. d.
97 Vguignons Cunemans p. b. sus III jornalz de vigne ke geissent outre Saille devant l'ospital des Allemans, ke li sont delivreit per droit et per jugemant encontre dame Marie, la feme Watrin Gaillairt, permey teil cens com li eritaiges doit.
98 Colins Mallebouche p. b. por lui et por Collin lou Grant sus la grenge et sus lou jarding et sus tout lou ressaige ke fut Hanrit de Valz, ke siet outre Saille, k'il ont aquasteit a Vguignon Louvate, permei teil cens com il en doient, et e. con l. e. en l'ai. l. d.
99 Perrins li clars de S. Julien p. b. sus II maisencelles ke sient en Borguignonrowelle, entre lou meis Matheu Migomairt et lou meis Mertignon de Porte Serpenoise, ke li sont delivrees per droit et per jugemant, permei teil cens com il avoit sus.
100 Jaikemins de S. Laidre p. b. sus II stalz ke sieent en la halle des draipiers en Visignuel, ke li sont aquiteit por les XX s. de mt., de cens k'il avoit sus, e. com l. e. en l'ai. l. dv.
101 Howins li clars de Sainte Glossenne p. b. por la chieze Deu de Sainte Glossenne sus XII s. de mt. de cens ke geissent sor la maison Richairt, lou preste de S. Gengout, k'elles ont aquasteit a Lukin Chameure, e. c. l. e. en l'ai. l. d.
102 Li sires Thomais, li prestes de S. Euchaire, p. b. sus la maison Alexandre, lou fil Hazairt de Maixeroit ke fut, et sus lou ressaige ki apant, ke siet devant lou chakeur S. Pol en la rue S. Eukaire, k'il tenoit a cens dou signor Thomes et k'il l'arait aquasteit a Alexandre devant dit, e. com l. e. en l'ai. l. d.

103 Hanrias, li valas lou grant doien de la Grant Eglise de Mes,
p. b. sus la maison et sus la grenge et sus tout lou ressaige
ki apant ke siet a Buxi, k'il ait aquasteit a Ameline, la suer
Faukin de Buxit, permei I d. de cens ke tous cist eritaiges
doit, et e. c. l. e. en l'ai. l. d.

104 Simonins Papemiate p. b. sus xxxv s. de mt. de cens ke geisent
sus l'osteit Jaikemin Perraixon a Quartal, k'il ait aquasteit a
Jenat Aixiet, e. com l. e. en l'ai. l. d.

105 Jehans de Vandieres, li maires de S. Saluor, p. b. por la chieze
Deu de S. Saluor sus kant ke Jaikemins li Rois avoit d'eritaige
ou ban de Mairuelles, en toz us, ou k'il soit, et en toutes
manieres, en manoirs, en toz les ressaiges ki apandent, en
toutes les terres areures, en preis, en vignes et en sances et
en kant ke Jaikemins li Rois avoit ou ban de Mairuelles, en
toz us et en toz prous, k'il ont aquasteit a Jaikemin lou Roi
devant dit, permei XIIII s. de mt. de cens et I portairaige[1]) ke
toz cist eritaiges doit, et e. c. l. e. en l'ai. l. d.

106 [2]) Poences de Coloigne p. b. sus les VIII lb. de mt. de cens ke
geissent sus l'osteit Garsat Donekin a la Posterne, ke fut dame
Leucairt de Verduns, ke sont venus consuiant Jenat Bon de
pair Steuenin de Coloigne, son seur, ke sont delivres a Poince
de Coloigne per droit et per jugement, por tant com Jenas Bon
li doit, per escrit en airche.

107 Poences de Coloigne p. b. ancor sus les XII lb. de mt. de cens
ke geissent sus la maison Guenordin, lou fil Felisate, ke siet
en Visignuel, ke sont venus consuiant Jenat de Coloigne de
pair Steuenin de Coloigne, son peire ke fut, dont om redoit
LXIII s. de mt. et IIII d. de cens a ceulz de Hamerode, ke sont
delivres a Poince de Coloigne per droit et per jugement, por
tant com Jenas de Coloigne li doit, per escris en airche.

108* Ce sont li ban de la mey awast. En la mairie d'Outre Moselle:
108 Li sires Matheus, chapelains de la chapelle S. Pou de Mes,
prant bans sus une maison ke fut Colignon, lou fil Thieriat
l'escrivain, et sus tout lou resage, ke siet en la rue lou Voweit,
encoste l'osteil Frankin lou drapier, k'il ait aquasteit a Colignon
desor dit, permey XVI s. de mt. de cens k'elle doit chesc'an.

---

[1]) portairaige *übergeschrieben*, portuaige *durchgestrichen*.
[2]) *Der ganze Eintrag ist durchgestrichen.*

109 Colignons Honguerie li clers p. b. sus teil partie d'eritage com il est escheut a Contasce, la femme Steuenin Beart, de part Werion, lou fil signor Vgon lou voweit, ke geist ou ban de Saney, c'est a savoir lou seizime de l'eritage ke part a Poinsate, la fille Otin Bon, k'il ait aquasteit a Contasce davant dite, permey teil cens et teil droiture com tous li eritages doit, et e. c. l. e. en l'a. l. div.

110 Et si p. b. ancor sus teil partie d'eritage com il est escheut a Sibiliate la Vadoise, l'avelate signor Vgon lou voweit, ke geist ou ban de Saney, c'est a savoir lou septime de l'eritage ke part a Poinsate, la fille Otin Bon, k'il ait aquasteit a Sibiliate davant dite, permey teil cens et teil droiture com il doit, et e. c. l. e. en l'a. l. d.

111 Guerbode li Petis de Chapeleirue p. b. sus la moitiet dou champ en Genivals ke part a lui meimes, et sus la piece de vigne en Chermel, et sus teil partie com Gerars de Doncort et Abillate, sa femme, ont en Planteres, et sus la piece de vigne en Brueres, k'il ait ai ous aquasteit, permey teil cens et teil droiture com il en doit, et e. c. l. e. en l'a. l. div.

112 Engebers Berbels de Chambres p. b. sus une maison ke siet en Nikesinrue, davant l'osteil Jennat lou cherpentier, k'il ait aquasteit a l'arcediacre Jehan, permey xvi s. de cens, e. c. l. e. en l'a. l. d.

113 Steuenins Forcons p. b. sus une charreie de vin de cens ke geist ai Ansey sus tout l'eritage ke fut Martin lou Diavle et Crestenon, sa femme, k'il ait aquasteit ai Yngrant Forcon, son frere, e. c. l. e. en l'a. l. d.

114 Richars, li serorges Weriat de Goens, p. b. sus une maison ke siet sus lou cours ensom Viez Bucherie et sus tout lou resage, k'il ait aquasteit a Jakemin de Vigney, permey xxv s. de cens, e. c. l. e. en l'a. l. d.

115 Jennas li Flamans p. b. sus tot l'eritage ke Simonins de Sorbey avoit ou ban de Geramont et ou ban de Doncort, en chans, en preis, en bos, en censes et en totes atres choses, k'il ait aquasteit a Colignon et a Thiebat, les II fils Simonin desor dit, e. c. l. e. en l'a. lo d.

116 Abillate, li suer Gerardin lou Kair, p. b. sus I gerdin a Plapeuille ke siet desous lou sien jardin, k'elle ait aquasteit a Colin lou Grant de Chambieres, en aluet, e. c. l. e. en l'a. l. d.

117 Colate li wanpliere p. b. sus une maison en la Wade davant les Proichors, k'elle ait aquasteit a Bertran Gemel, permey viii s. de cens, e. c. l. e. en l'a. l. d.

118 Alixandres Boinvallas li clers p. b. sus la maison ke fut Thierion lou Vel, lou frere signor Matheu de Marley, et sus tot lou resage, k'il ait aquasteit a dame Nicole, la femme signor Jehan lou Trowan, permey teil cens com elle doit, e. c. l. e. en l'a. l. d.

119 Pieresons, li seurs Burtignon Wiel, p. b. sus x s. de cens k'il ait aquasteit a l'abeit et a convant de S. Simphorien, k'il lor dovoit sus lou champ k'il ait aquasteit as hoirs Jennat Billo de S. Martin, e. c. les letres en l'a. l. dient.

120 Colate Mine p. b. sus iii s. de mt. de cens ke geisent en la rue des Proichors sus la maison Jakemate Rainnare, k'elle ait aquasteit a l'abause et a convant des Cordelieres, e. c. l. e. en l'a. l. d.

121 Li sires Thiebaus, li prestes de Brionne, p. b. sus une piece de vigne ke geist en la coste S. Quintin ou ban de Longeuille, ou leu c'on dist en Glise, entre la vigne Felipe Faxin et Hanriat Burnekin, k'il ait aquasteit as hoirs Vguignon de Lieons, e. c. l. e. en l'a. l. d.

122 Richars Xuflas p. b. sus une maison ke siet en la rue dou Benivout et sus tot lou resage, k'il ait aquasteit a Jennat Gurdin de Staisons, permey vii s. de mt. de cens k'elle doit, e. c. l. e. en l'a. l. d.

123 Gerardas, li fils Martin de Maleroit, p. b. sus une maison ke siet sus lou Rone defuers Chambieres, k'il ait aquasteit ai Ancillon, lou fil Simonin Amion, permey teil cens com elle doit, et e. c. l. e. en l'a. l. d.

124 Hermans de S. Geure p. b. sus la maison ke fut Wiborate, la femme Howart la Ueule, ke siet en la rue lou Voweit, ensom l'osteil Willemin lou frutier, et sus tout lou resage, k'il ait aquasteit a Jaikemin Noixe, permey xxxiii d. de cens, e. c. l. e. en l'a. l. d.

125 Mathions Mathelo p. b. sus tout l'eritage ke Abertins Porteabay avoit ou ban de Wapey, k'il ait aquasteit a Colignon de la Cort, permey teil cens et teil droiture com toz li eritages doit, et e. c. l. e. en l'a. l. d.

126 Roillons, li fils Gerart Piat de Longeuille, p. b. sus une maison ke siet a Longeuille, davant lou mostier, et sus tout lou resage, k'il ait aquasteit as hoirs Vguignon de Lieons, permey xxii d. de cens k'elle doit, e. c. l. e. en l'a. l. d.

127 Bertrans Piedeschals p. b. sus une maison ke siet en Chambieres, ke fut Wescelin de Haueconcort, permey ɪ d. de cens a la S. Remey et ɪ chapon a noiel, k'elle doit de premier cens a Colin Fransois, ke Bertrans ait releveit contre Colin, cui elle estoit delivree per droit contre Wescelin.

128 Alixandres de Maixeroit, li maistres des bolengiers, p. b. por les bolengiers sus vɪɪ s. de cens ke geisent sus une maison en Anglemur, ke fut Warin lou tonnelier, k'il ait aquasteit a Colin, lou fil Warin desor dit, e. c. l. e. en l'a. l. d.

129 Jaikemate, li femme Poinsignon Coiawe, p. b. sus vɪɪ jornals et demey de terre ke geisent ou ban de Maixeres, en v pieces, k'elle ait aquasteit a Thieriat Groueit, permey teil cens com li terre doit, et e. c. l. e. en l'a. l. d.

130 Thierias Bitenas p. b. sus teil eritage com il ait aquasteit a Lowiat Xarrant de Chezelles, ke geist a Haboinville ou ban Ste Marie et ou ban l'Eveke a Siey, en preis, en vignes, en censes, e. c. l. e. en l'a. l. div.

131 Jehans Malclers de S. Priveit p. b. sus une maison ke siet en S. Vicentrue, encoste la maison Simonin Sarpate, et sus tout lou resage, k'il ait aquasteit a Rainnier de Namur, permey teil cens com elle doit, e. c. l. e. en l'a. l. d.

132 Maheus Bertadons p. b. sus ɪ preit davant Plaigne ou ban de Maixeres, k'il ait aquasteit a Jennin Cabo et a Wendremate, sa suer, e. c. l. e. en l'a. l. div.

133 Renmonins de Maleroit p. b. sus la moitiet d'un chakeur a Molins, ke part a Thiebaut, lou fil Poinsignon de Chastels, ke Rainmonins ait en contrewage de Steuenin de Chastels et de Ferriat, son serorge, e. c. l. e. en l'a. l. d.

134 Jaikemins Bernages li clers p. b. sus vɪɪ moies de vin de cens ke Renals de Chainney ait ai Ansey, ke Renals li ait mis en contrewage por les xxv s. de cens k'il li doit, l'escrit en l'arche.

135 Boinvallas, li janres Arnolt lou Roi, p. b. sus ʟ s. de mt. de cens k'il ait aquasteit a Maheu et a Burtemin et a Jofroit, ces ɪɪɪ freres, des x lb. de mt. de cens k'il ont aquasteit ai Arnolt lou Roi, e. c. l. e. en l'a. l. d.

136 Willames de la Cort p. b. sus tout l'eritage ke fut Jakemat lou Couperel de Siey, et ke fut wagiere Thiebat de la Cort, dont Willames est mainbors et dont Willames est tenans, permey teil cens et teil droiture com toz li eritages doit.

137 Steuenins de Chastels p. b. sus ii pieces de vigne ke geisent entre Molins et Ste Rafine, k'il ait aquasteit ai Abertat de Rouserueles, permey teil droiture com elles doient, e. c. l. e. en l'a. l. d.

138 Et si p. b. ancor sus la vigne en Chermel ke fut Vguignon de Lieons, k'il ait aquasteit as enfans Vguignon desor dit, e. c. l. e. en l'a. l. div.

139 Li sires Simons, li clostriers de S. Sauor, et li sires Martins, li prestes, p. b. sus iii s. de cens ke geisent sus une maison et sus tot lou resage ke siet arreis l'osteil Lorancin lou corduenier, k'il ont aquasteit ai Avrart lou corduenier, apres les vii' s. et demey de davanterien cens k'elle doit, e. c. l. e. en l'a. l. d.

140 Et si p. b. ancor sus iii s. de cens ke geisent sus une maison et sus lou resage en la rue lou Voweit, pres de l'osteil Gerart Chadiere, k'il ont aquasteit a Weriat lou corduenier, apres les x s. et demey k'elle doit de davanterien cens, e. c. l. e. en l'a. l. d.

141 Domate, li fille Burtignon de la Tor, p. b. por ley et por sa meire et ces freres et ces serors[1]) sus xvi s. de mt. de premier cens ke geisent sus iii maisons davant outre l'osteil Werrel de Porte Serpenoise, k'elle ait aquasteit a Jofroit de Chastels, l'avelat signor Bertran de Jeurue, e. c. l. e. en l'a. l. d.

142 Lowias, li fils Burtignon de la Tor, p. b. sus tout l'eritage ke Lowis de Lucembor avoit ou ban de Turey et ou ban d'Escey, ke li est venus conseuwant de part Abrion Domate, son seur, k'il ait a lui aquasteit, en alluet, e. c. l. e. en l'a. l. d.

143 Jaikemins Claries p. b. sus xxx s. de mt. de cens k'il ait aquasteit a signor Gerart de Nonviant, l'avelat Nicole Sclariet, sus son eritage, e. c. l. e. en l'a. l. d.

144 Jehans Jeuwes li avocas p. b. sus vi s. de mt. de cens ke geisent sus la maison ke fut Renalt outre Moselle, ensom S. Jehan lou Petit, k'il ait aquasteit ai Ancillon, lou fil Howillon Bowel de Felieres, e. c. l. e. en l'a. l. d.

145 Jehans de Vanderes p. b. por la chiese Deu de S. Sauor sus la maison et sus tout lou resaige ke siet encoste l'osteil Simonin Guizelate lou bolengier, en la voie dou pont des Mors, ke li doiens et li chapitres de S. Sauor ont aquasteit a Jehan et a Biatrit, les enfans Bertadeie, permey xx s. et vi d. et i chapon de cens k'elle doit, e. c. l. e. en l'a. l. div.

---

[1]) *por ley bis serors ist übergeschrieben*, premier *steht unter der Zeile.*

146 Et si p. b. ancor por la chiese Deu desor dite sus lou demme de Haboinville et de S. Steule et de Bethtilley et sus can ki apant, ke part a l'abeit de S. Simphorien, k'il ont aquasteit a signor Simon de Ste Marie, e. c. l. e. en l'a. l. d.

147 Villains de Chambres p. b. sus vii s. et demey de mt. de cens ke geisent sus une piece de vigne desor Longeawe a la Roche, k'il ait aquasteit a Thieriat, lou fil Jehan Lowit ki fut, e. c. l. e. en l'a. l. d.

148 Bertrans Borrials p. b. sus une maison a Plapeuille et sus tout lou resage ki apant, k'il ait aquasteit a Soibert de Plapeuille, permey 11 d. d'amosne k'elle doit a l'eglise de Plapeuille, e. c. l. e. en l'a. l. div.

149 Felepins li Gronais p. b. sus tout l'eritage ke Simons Chatebloie avoit ou ban de Noweroit et aillors, en toz us, lou keil eritage il li ait relaiet, permey xl s. de mt. de cens et permey teil cens et teil droiture com il doit, e. c. l. e. en l'a. l. d.

150 Jaikemins Marions p. b. sus iii jornals de terre ke geisent sus Moselle, k'il ait aquasteit ai Ancillon, lou fil Howillon de Felieres, en alluet, e. c. l. e. en l'a. l. div.

151 Arnols Aixies p. b. sus vi hommeies de vigne ke geisent ou ban de Juxey, k'il ait aquasteit a Felepin, lou fil Thiefroit de Juxey, e. c. l. e. en l'a. l. d.

152 Vguignons d'Oisey p. b. sus une maison ensom Viez Bucherie, ke fut Rainnier Tiguienne, k'il ait en wage de Jaikemate la vieseire, per escrit en arche,[1]) et dont il est tenans.

153 Maistres Nicoles de Bormont li avocas p. b. sus la maison et sus tout lou resage ki apant ke fut signor Richier Facon, doien de S. Thiebat, ke siet en la rue S. Vy, ensom l'osteil maistre Guersire de Moielain, k'il ait aquasteit a doien desor dit, permey xxxiiii s. de cens, e. c. l. e. en l'a. lo d.

154 Li arcediacres Jehans,[2]) li fils signor Richart, p. b. sus une maison en Nikesinrue, davant l'osteil Guersat lou clerc, et sus tot lou resage, k'il ait aquasteit a signor Jaike, lou preste de Retonfayt, permey xx s. de cens, e. c. l. e. en l'a. l. d.

155 Dame Pantecoste, li femme Piere Thomas, p. b. sus iii s. et demey et 1 chapon de cens k'elle meimes dovoit sus sa graingeoutre Moselle, k'elle ait aquasteit a Poinsignon de Haikelanges et a Odiliate, sa femme, la fille Abert Cabaie, e. c. l. e. en l'a. l. d.

---

[1]) per escrit en arche *steht hinter* tenans, *ist aber durch ein Zeichen mit* vieseire *in Verbindung gebracht*. [2]) *Zwischen* Jehans *und* li *steht ein* p.

156 Li sires Coenrars, li prestes de S. Jaike, p. b. sus x s. de mt. de cens ke geisent ensom Bucherie sus la maison ke fut Aquiton, k'il ait aquasteit a Willame, lou fil Brehel, apres IIII s. de cens ke li maisons doit davant, e. c. l. e. en l'a. l. d.

157 Simonins li chamberlains p. b. sus III jornals de terre ke geisent ou ban de Longeuille, k'il ait aquasteit a Hanriat l'uxier, e. c. l. e. en l'a. l. d.

158 Nicoles li Gronais et Jaikemins, li mares S. Vicent, p. b. sus II pieces de vigne en la coste S. Quintin, ou an contet IIII jornals, k'il ont aquasteit a Colignon Wachier, en alluet,[1] e. c. l. e. en l'a. l. d.

159 Maheus Hessons p. b. sus IIII jornals de terre encoste la croweie Ste Creus, k'il ait aquasteit a Jaikemate, la femme Poinsignon Coieawe, permey II s. de cens c'on doit a sous de Villeirs, e. c. l. e. en l'a. l. d.

160 Ancillas de Staisons p. b. sus tot l'eritage ke Avrairs, li fils Jordenat de Wapey, avoit a Wapey et ou ban, en preis, en vignes, en bos, en maisons, en censes et en tot atre eritage, ke li est delivreis per droit et per jugemant contre Avrart desor dit, permey teil cens et teil droiture com li eritages doit.

161 Jaikemins li prevos p. b.

162 Domangins de S. Vicent p. b. sus la vigne et sus la maison Mariate Poterelle, ke geisent outre Moselle, k'elle li ait delivreit en plait, por tant com elle li doit, per escris en arche, et permey teil cens com li eritages doit.

163* Ce sont li bans dou vintyme jor. En la mairie de Porte Muselle:

163 Yngrans Forcons et Hanrias de Champelz p. b. por la maison des Bordes dezour Vallieres sus une pesse de vigne ou om contet II jornals, ke geissent en Coignes dezour Vallieres, k'il ont aquasteit a Bertadon lou Xauing, per mei teil cens com li pesse de vigne doit, et e. com l. e. en l'ai. l. d.

164 Simonins Monnaire de Vallieres p. b. sus la maison ke fut Willermin, lou fil Poensignon Brehel ke fut, ke siet a Vallieres, et sus kant ki apant, et sus tout l'eritaige ke Willemins ait ou ban de Vallieres et ou ban S. Vansant a Vallieres et ou ban lou signor Thierit de Laibrie, ke fut les chauforniers, areis ke les sances c'om li doit ens bans devant dis, k'il ait aquasteit

---

[1] en alluet *übergeschrieben*.

a Willermin desor dit, e. c. l. e. en l'ai. l. d., por ansi¹) ke cist heritaiges doit faire alluet lou meiz ke Thomessins Rechelas ait aquasteit a Willemin Brehel, a. c. l. e. en l'ai. l. deviseit.
165 Theirias Joute p. b. sus demey jornal de vigne ke geist ens Alluez sus Muzelle, encoste lui meymes, k'il ait aquasteit a Poinsignon Haizairt et a Aurowin, son freire, e. c. l. e. en l'ai. l. dvz.
166 Guios de Porte Muselle p. b. sus II s. de mt. de cens ke geisent sus la maison Marserion lou faixeir, ensom la maison Wernier lou chavreteir, apres les XVI s. de mt. de cens ke Guios meymes i ait davanterienemant, k'il ait aquasteit a Marserion devant dit, e. c. l. e. en l'ai. l. d.
167 Theirias, li fis Watier de Nowilley ke fut, p. b. sus I jornal de terre ereure ke geist en Gremilleipesse, areis les anfans Jehan de Burey ke fut, k'il ait aquasteit a Gerardin Guelemant, son serorge, en alluet, et e. c. l. e. en l'ai. l. d.
168 Garsas Wixairs p. b. por lui et por ces freires et por sa suer sus demey jornal de vigne ke geist en Froideterre, k'il ait aquasteit a Poinsignon Hazairt et a Aurowin, son freire, permei demei quarte de bleif ke li vigne doit, et e. c. l. e. en l'ai. l. d.
169 Aburtas Guicerit de S. Julien p. b. sus la maison ke fut Abertin Preuostel, ke siet a S. Julien, encoste la soie maison meymes, k'il ait aquasteit a Hanriat, lou doien de S. Julien, et a Colignon Ceruel, permei teil cens com li maison doit, et e. c. l. e. en l'ai. l. d.
170 Aburtins, li fils Cherdel de S. Julien, p. b. por lui et por ces freires sus une maison ke siet devant l'osteit lou preste de S. Julien, permei II s. de mt. de cens, et sus I jornal de vigne ke geist en la Nowe, ke geist encoste la vigne Renaldin Poignel, moiterasse Nostre Dame as Chans, k'il ont aquasteit a Jenat Sennate et a Ydete, la fille Perrin Jacob ke fut, e. com l. e. en l'ai. l. d.
171 Roillons, li fils Willame de Vantous ke fut, p. b. sus jour et demey de terre ke geist dezour lou Chauol de Vantous, k'il ait aquasteit a Steuenat, lou fil Vguin de la Cort de Vallieres, en alluet, et e. c. l. e. en l'ai. l. d.
172 Hanrias Vilains, li fils lou signor Matheu de Chambres ke fut, p. b. sus les c s. de mt. de cens ke Mathions, li fils Jenat la Peirche ke fut, et Mertenate et Suffiate et Odeliate et Yzaibel,

---

¹) *Die Worte* por ansi *bis* deviseit *stehen zwischen den Zeilen von 163 und 164, über den Worten* et sus tout l'eritaige *bis* les chauforniers, *das* p *von* por *trennt* apant *von* et. *Schreiber 3 hat den Satz nachträglich eingeschoben.*

ces III serors, et Jenas Paneguelz, lor serorges, avoient sus la maison dame Aileit, la feme signor Jaike de Chambres ke fut, ke siet en Chambres, et sus tout lou ressaige ki apant,[1]) ou elle maint, k'il ait aquasteit a ous, et k'il puent racheteir, e. com l. e. en l'ai. l. d.

173 Li sires Ottes, li prestes de S. Girgone, p. b. por l'eglise de S. Girgone et por les signors de S. Piere a Vout sus XIIII s. de mt. de cens ke geisent sus la maison Remion lou permanteir en Hunbertcort, k'il ont aquasteit a Jaikemin Graitepaille, e. c. l. e. en l'ai. l. d.

174 Gillas Haikes p. b. sus I jornal de vigne ke geist encoste sa vigne meysmes, k'il ait aquasteit a Garsat Ponxon de S. Julien, en alluet, et e. com l. e. en l'ai. l. d.

175 Burtadons Pietdeschaus p. b. sus tout l'eritaige ke Hanrias de l'Aitre ait ou ban de Nowilley et ou ban de Nowesseville, k'il ait aquasteit a lui, a. com l. e. en l'a. lo d.

176 Et si p. b. ancor sus tout l'eritage ke Colins, li fils Theiriat lou Bruant de Nowesseville, avoit, en tous us, por teils dates com Colins devant dis li doit, per escris et sens escris.

177 Hanrias Rikeus p. b. sus XIIII s. de mt. de cens ke geissent sus une maison en Bucherie a Porte Muselle, k'il ait aquasteit a Jaikemin, lou fil Besselin dou Rait, e. c. l. e. en l'ai. l. d.

178 Odelie li Blanche et Colins, ces fils, p. b. sus la moitiet de la maison ke fut Renaldin lou tainor, ke siet devant S. Hylaire, c'est a savoir la pertie encoste la maison Cristinate la chandeleire, k'il ont aquasteit a Mariate et a Jenat, les anfans Renadin, et a Odin lou feivre, lo marit Mariate devant dite, permei XIII s. et I d. de cens, et e. c. l. e. en l'ai. l. d.

179 Vguignons, li filz Watier Bellegree, p. b. sus demey jornal de vigne ke geist en la Waite a S. Julien, k'il ait aquasteit a Marguerate, la fille Hawit de S. Julien ke fut, e. c. l. e. en l'ai. l. d.

180 Goudefrins li Allemans li vieceirs p. b. sus I stal ke siet en la halle des vieceirs en Chambres, k'il ait aquasteit a Coince lou vieceir, per mei teil cens com li stalz doit, et e. c. l. e. en l'ai. l. d.

181 Burtadons Xauins p. b. sus une maison et sus tout lou ressaige ki apant ke siet a la Sause a S. Julien, k'il ait aquasteit as maistres de la maison des Bordes, permei IIII d. de cens k'il en doit, e. c. l. e. en l'ai. l. d.

---

[1]) *Vorlage* apaint.

182 Lowias Pioree de S. Julien p. b. por lui¹) et por Colignon, son freire, sus la maison ke fut Jakemin de Xueles, ke siet a S. Julien, et sus une pesse de vigne ke geist ou ban de S. Julien, et sus kant ke Jaikemins ait d'eritaige en la marie de Porte Muzelle, por tant com Lowias et Colignons ont paiet et sont ancor acombreiz por lui, per escris en arche, et permei teil cens com li eritaiges doit.

183 Martins Meche d'Outre Saille p. b. sus une maison ke siet a Antilley et sus kant ki apant, k'il ait aquasteit a Perrin Vrtrie et a Colin Vailat, son nevout, en alluet, et e. c. l. e. en l'ai. l. d.

184 Theirias, li fils Jenin Josterel de S. Julien ke fut, p. b. sus une pesse de vigne ke geist en Lambelinchamp, ke Colins Louus et Colignons Pioree ont aquasteit a Collate, la femme Simonin Bigois, por Theiriat devant dit, en alluet, et e. c. l. e. en l'ai. l. d.

185 Jenas, li fils Pachin de S. Julien p. b. sus I jornal de vigne ke geist en Mabelienvigne ke fut Burtemin Lorance k'il ait aquasteit a Lowiat Pioree, per mei teil droiture com il en doit, et e. c. l. e. en l'ai. l. d.

186 Thiebaus Lambers de Porte Muzelle p. b. sus V jornals de vigne en III pesses ke geisent sus Champonfontenne ou ban de S. Julien, k'il ait aquasteit a Burtadon lou Xauing, lou fil Abert lou xaving de la Place en Rimport ke fut, en alluet, et a. c. l. e. an l'ai. l. d.

187 Mathias Michelas de S. Julien p. b. sus une pesse de vigne ke geist a Weitro en Mabelienvigne, k'il ait aquasteit a Garsat de Mons, per mei VI s. de mt. de cens, et e. c. l. e. en l'ai. l. d.

188 Matheus li laveires p. b. sus la maison ke fut Piereson Peire et sus lou meis daier, ansi com li maison se portet, ke siet en Dairangerue, encoste la maison Jenat Spillebone, k'il ait aquasteit a Colignon, lou fil Piereson Peire ke fut, permci teil cens com li maison et li meis desor nommeiz doit, e. c. l. e. en l'ai. l. dv.

189 Jenas, li fils Ancillon de Vigey ke fut, p. b. sus I jornal de vigne moiterasse S. Vausant ke geist en Sourelz,, k'il ait aquasteit a Perral lou feivre, e. c. l. e. en l'ai. l. dv.

190 Jenas, li fils Lowit Wesselin ke fut, p. b. sus une pesse de vigne ou om contet II jornals ke geist sus Muzelle, et sus la pesse de terre areure ke geist ensom, encoste la vigne dame Nicolle de Sanerie, k'il ait aquasteit a Otenat lou poxour, permei II d. de cens ke cist eritaiges doit, et e. com l. e. en l'ai. l. d.

---

¹) por lui *auf Rasur.*

191 Steuenas Tornemiche et Lorate, li feme Poinsignon de la Paillole,
p. b. sus la moitiet de la vigne Odewain Flairehaiste, ou om
contet ii jornals, ke geist en Deseirmont ou ban Perrin lou Vaske,
k'il ont aquasteit a Odewain devant dit, en alluet, et e. c. l.
e. en l'ai. l. d.

192 Steuenas Tornemiche ancor et Jenas Cocenlorge p. b. por les
anfans Watrel Tornemiche sus ii pesses de vigne ke geissent
en Lambertvigne, k'il ont aquasteit a Garsat de Maixeroit, per
mei vi s. de mt. ii d. moins de cens, et e. c. l. e. en l'ai. l. d.

193 Steuenins li Gronnais de Vallieres p. b. sus une pesse de vigne
ke geist en Domange a Vallieres, k'il ait aquasteit a Hanriat
Naie, permei teil droiture com li pesse de vigne doit, et e. com
l. e. en l'ai. l. d.

194 Li sires Jehans, li prestes de Vallieres, p. b. sus i xamel de
vigne ke geist daier l'eglise de Vallieres, encoste la vigne lou
signor Howon lou preste, son davanterien, k'il ait aquasteit a
Colate, la feme Colin Meudevin ke fut, permei vi d. d'amosne
ke li vigne doit a l'aglixe de Vallieres, et permei ix d. de cens
ke li vigne dovoit a signor Jehan devant dit.

195 Dame Marguerite, li fille Alexandre de Weiure ke fut, p. b. sus
les xxxiii s. de mt. de cens iiii d. moins ke geisent sus l'osteit
ke fut Baudoche, ke siet devant l'osteit lou signor Abrit Yn-
grant, dont om redoit viii d. de cens a S. Laidre, et sus xiiii s.
⁵ de cens ke li feme Brehier doit, ke geissent sus une maison ke
siet ensom ley, et¹) sus xv s. de mt. de cens ke Howins Serkeurs
doit sus sa maison a pont des Mors, et des xv s. et des xiiii s.
devant nommeiz redoit om ix s. a signors dou Grant Mostier,
et sus les xi s. de mt. de cens iiii d. moins ke Gerardins li
¹⁰ boucheirs doit, sus une maison ki est en la ruelle Nicolle Remey
ke fut, areis l'osteit Nicolle Remey meymes, k'elle ait aquasteit
a dame Wibor, la priose des Grans pucelles de la Vigne, et a
covant de celui leu meymes, et e. c. l. e. en l'ai. l. d.

196 Androwas, li maires de l'ospital ou Nuefborc, p. b. por l'ospital
devant dit sus v s. de mt. de cens ke geixent sus la maison
Collate Rayx a Porte Muzelle, ke li prestes de S. Jehan a Nuef-
mostier lor ait doueit por Deu et en amosne, e. c. l. e. en l'ai. l. dv.

197 Et si p. b. ancor Androwas por l'ospital devant dit sus iiii s. de
mt. de cens ke geissent sus la maison Troueit lou chavreteir,

---

¹) *Von* et sus xv s. *au bis* Nicolle Remey meymes *auf Rasur*.

ke siet en Chieuremont, ke Abertins Conchions dou Quartal lor ait doneit por Deu et en amosne, e. c. l. e. en l'ai. l. d.

198 Abrias li muneirs des moulins a Saille p. b. sus une maison ke siet en Chaudeleirue devant les molins S. Pol, k'il ait aquasteit a Perrin, lou fil Theiriat l'Alemant ke fut, permey XIIII s. de mt. et II chappons de cens, et e. c. l. e. en l'ai. l. d.

199 Theirias Bawiers li corrieirs de Sanerie p. b. sus la maison ke fut Gillebin lou cherpanteir et sus tout ceu ki apant, ke siet ensom l'osteit Rikairt ke fut, k'il ait aquasteit as pucelles de Sus lou Mur, permey XVIII s. de mt. de cens, et e. c. l. e. en l'ai. lo d.

200 Maitexelz li vignieres daier S. Hylaire p. b. sus la maison ke fut Belion, sa suer, et sus kant ki apant, ke siet daier S. Hylaire encoste l'osteit Hennelo Rochat, k'il ait aquasteit a Belion devant dite, permei XIIII s. de mt. et IIII chapons de cens, et e. c. l. e. en l'ai. lo d.

201 Poinsignons Domate p. b. sus teil partie d'eritaige com il est encheus [a] Abrion, son freire, de pair lor meire, k'il ait aquasteit a Abrion devant dit, e. com l. e. en l'ai. l. d.

202 Hawis de Stoixey et Steuenas, ces filz, p. b. sus la maison ke fut Odeliate de Mons, ke siet en Stoixey, k'il ont aquasteit a Burteran lou clarc, lou fil Odeliate devant dite, per mei teil cens com li maison doit, et e. com l. e. en l'ai. l. d.

203 Lowias¹) Rikairs de Chambeires p. b. sus une piece de vigne ou om contet II jornalz et demei, ke geist sus Muzelle, dezous lou collanbeir a Mons, et sus lou tiers dou daimme ke ceste vigne meymes doit, k'il ait aquasteit a Marguerate et a Collate, les II filles Nicolle Marcout ke fut, en alluet, et e. c. l. e. en l'ai. l. d.

204 Li sires Cuenes li prestes, chanones de S. Piere a Vout, p. b. sus la maison ke fut Collate Abrit, ke siet devant la halle des tennors en Chambres, k'il ait aquasteit a Roillin lou cherpanteir, permey XV s. de mt. de cens ke li maison doit, et e. c. l. e. en l'ai. l. d.

205 Li sires Matheus, li prestes de S. Hylaire, p. b. sus XVI s. de mt. et IIII d. de cens ke geisent sus la maison les Guerlaides en Grans Meises, et sus XII s. de cens ke geixent sus la maixon la feme Tellehuve en Dairangerowe, et sus XII s. de cens sus la maison Jenin Mercille, et sus XII s. de cens ke geissent en Stoixey sus la maison ke fut Mile lou cherpanteir, et sus III mailles de cens ke geissent sus la maison Besselin lou clarc, k'il ait aquasteit toute sa vie a Simonin Jagin, son nevout, e. c. l. e. en l'ai. l. d.

---

¹) Lowias *übergeschrieben,* Jenas *durchgestrichen.*

206 Simonas de S. Julien, li fils Roubert lou muneir ke fut, p. b. sus une piece de vigne ke geist a la creux a S. Julien, k'il ait aquasteit a Goudefrin de Nowilley, per mei teil droiture com il en doit, et e. c. l. e. en l'ai. l. d.

207 Theirias, li filz Wessel de Vantous, et Aileis, sa suer, p. b. sus III jornalz de terre areure en une pesse ke geissent entre Dous chamins ou ban de S. Martin, k'il ont aquasteit a Mertenate, la fille Jenat la Peirche, et a Soiffiate et a Yzaibel, ces II serors, en alluet, et e. c. l. e. en l'ai. l. d.

208 Domanjas li cordueniers d'Anglemur p. b. sus VII s. de mt. de cens ke geissent sus les II maisons Wernier lou naitenier, ke sient as Roches en Chambres, k'il ait aquasteit a dame Jaikemate, la femme Simonin Gaillairt ke fut, e. com l. e. en l'ai. l. d.

209 Ferrias, li fils Steuenin de Coloig[n]e ke fut, p. b. sus la maison et sus kant ki apant ke fut Cherdat lou poxour, lou fil Blocketel lou poxour ke fut, ke siet as Roches, entre la maison maistre Jehan lou masson et la maison Eurit, k'il ait aquasteit a Cherdat devant dit, permei XV s. de mt. de cens, et e. c. l. e. en l'ai. l. d.

210 Theirias, li fils Wernier lou vies maior de Vallieres ke fut, p. b. sus jor et demey de terre ke geist dezour Seneival, areis lou plantelt Burtemin Manegal, et sus son demey jor de vigne ke geist ens Abowes, k'il ait aquasteit a Ancel la Wegne de Vallieres, en werance, et e. c. l. e. en l'ai. lo d.

211 Goudefrins, li fils Richairt de Nowilley, ke maint a S. Julien, p. b. por lui et por ces II freires sus toutes les vignes et sus toutes les terres ke Hanrias, ces serorges, li fils Aileit de Chieuremont, avoit ou ban de Nowilley et ou ban de Nowesseville, en touz us, ke li vint de pair sa femme, k'il ait aquasteit a Hanriat devant dit, son serorge, per mei teil droiture com tous cist eritaiges doit, et e. com l. e. en l'ai. l. d.

212 Collins Teste p. b. sus teil partie de maison et de tot lou ressaige ki apant ou Colins devant dis maint, ke siet en Aiest, ke vint Jenat Teste, son freire, de pair peire et de pair meire, et sus de kant ke Jenas avoit d'eritaige, en tous us, soit ens maisons, soit en chans, soit en vignes et en sances, k'il ait aquasteit a Jennat Teste, son freire, ki est desor dis, per mey teil cens com tous cist heritaiges doit chesc'an, et e. com l. e. en l'ai. l. d.

213 Ancor p. b. Colins Teste sus teil partie d'eritaige com il est venus consuiant Theiriat Geliat, son serorge, en toz us, ou k'il

soit, de pair Mariate, sa feme,[1]) c'est a savoir en la maison ou Colins meymes maint et ens vignes et ens sances, k'il ait aquasteit a Theiriat Geliat devant dit, permei xl s. de mt. de cens, et e. com l. e. en l'ai. l. d.

214 Mariate, li fille Garserion Teste ke fut, p. b. sus xiiii s. de mt. de cens ke geissent sus la maison ke fut Ote lou corvexier, ke siet desor Spairnemaille. encoste l'osteit Colin Crojus ke fut, et sus une pesse de vigne ke geist en Chanalz dezous pairt lou sorbeir, k'il ait aquasteit a signor Oton, lou preste de S. Hylaire, et a Jenat Teste, les ii mainbors dame Kathelie, e. c. l. e. en l'a. l. dv.

215 Watrins li Haiche de Chanbres p. b. sus une maison ke siet en Chanbres, devant sa maison meymes, k'il ait aquasteit a Jaikemin Faxin, permei xiii s. de mt. de cens.

216 Ferrias de Chailley. p. b. sus i jornal de vigne ke geist en Chanpelz dezour lou colanbeir Thiebaut Fakenel, k'il ait aquasteit a Garsat, lou fil Jakemin dou Weit ke fut, et a Thiebaut Ruteure de Chailley, en alluet, et e. c. l. escrit en l'a. lo devisent.

217 Ferrias p. b. ancor sus i jornal de vigne ke geist en Deseirmont, encoste la vigne Jenat Peskier, k'il ait aquasteit a Colignon Vairnetel, lou fil Wesselin ke fut, en alluet, et e. com l. e. en l'ai. l. d.

218 Ferrias p. b. ancor sus une grenge et sus lo meis daier et sus tout ceu ki apant ke siet a Ostelencort, encoste la maison Watrin Lopairt ke fut, et sus iiii pesses de preit, k'il ait aquasteit a Jenat, lou fil Simon d'Ostelencort ke fut, et a Guizebor, sa serorge, per mei iii d. de cens ke tous cist eritaiges doit, et e. com l. e. en l'ai. l. d.

219 Ailexate, li fille Nicolle Aixiet ke fut, p. b. sus xxxv s. de mt. de cens ke geissent sus la maison Colin Vizekin et sus tout lou ressaige ki apant, k'elle ait aquasteit a Jenat, son freire, e. c. l. e. en l'ai. l. d.

220 Jenins Groignas p. b. sus la meite dou mur de la maison dame Aileit, la feme Colin Gueperon d'Allexey ke fut, encoste Versteule, et sus lou meis ki est Versteule, k'il ait aquasteit a dame Aileit devant dite, e. con l. e. en l'ai. l. d.

221 Aurowins Xordel de Vantous p. b. sus i jornal de terre ereure ki est entre Vallieres et Vantous, areis lou champ S. Pol, k'il ait aquasteit a Ancel la Wegne de Vallieres, en alluet, et e. com l. e. en l'ai. l. d.

---

[1]) de pair Mariate sa feme *übergeschrieben*.

222 Clemignons et Lowias, ces freires, li dui fil Lowit lou Mercier
de Visignuel ke fut, p. b. sus une piece de vigne ke geist en
Chenals, encoste la vigne Lowit, lor peire ke fut, k'il ont aqua-
steit a Thomes lou corretier de la Vigne S. Avol, permei xx d.
de cens, et e. c. l. e. en l'ai. l. d.

223 Pierelins et Garsas li olieirs p. b. por Colin l'Esclaive de Vigey
et por Odeliate, sa feme, sus une piece de vigne ke geist en
Deseirmont ou ban de S. Julien, encoste la vigne Burtemin
Jornee, k'il ont aquasteit a Jehan Haike, en alluet, et e. c. l. e.
en l'ai. l. d.

224 Ancillons li cherpanteirs p. b. sus une maison ke siet sus Muzelle,
ke fut Steuenin Bureteil, et sus kant ki apant, ke siet encoste
la maison Matheu lou boweir, k'il ait aquasteit a Thomessin
Richelat et a Watrin Noixe, permei xxvi s. de mt. de cens, et
e. c. l. e. en l'ai. l. d.

225 Wichairs de la Tour p. b. sus la maison Colin Borgnairt lou
cherpanteir, ke siet en Sanerie, encoste l'osteil Jenat Cowerel,
et sus tout ceu ki apant, ki est sa wageire, et dont il est bien
tenans, permey teil cens com li maison doit.

226 Jenas Houdebran p. b. sus tout l'eritaige ke Colate Rays, sa
seure, ait en la marie de Porte Muselle, ke li est delivres per
droit et per jugemant, permei teil cens com tous cist eritai-
ges doit.

227 Vguignons, li fils Thiebaut de l'Aitre ke fut, p. b. por lui et
por Burnekin et por Jenat, ces II freires, sus kant ke li maistre
et li freire de l'ospital S. Jehan en Chambres avoient a Muscey
et ou ban, en tous prous et en tous us, et sus les homes et
femes et sus les mainiees d'alluet k'il avoient ou ban devant
dit, k'il ont enchaingiet as maistres et as freires de l'ospital
devant dit, e. com l. e. en l'ai. l. d.[1])

228 Joiffrois, li fils lou signor Abrit Yngrant, p. b. sus la moitiet
dou quairt dou pois de Porte Muselle ke fut Theirion lou Janre,
ke pairt a signor Remey de Jeurne et a ceulz ki ont pairt,
k'il ait aquasteit a Yngrant Goule, e. c. l. e. en l'ai. l. d.

229 Hanrias Burnekins p. b. sus II jornalz et demei de vigne ke
geisent sus Muzelle, entre la vigne les dames de Fristorf et la
vigne ke fut Matheu de Chairley, k'il ait aquasteit a Ancillon
Bakillon de S. Julien, permei III mailles de cens, et e. c. l. e.
en l'ai. l. d.

---

[1]) r. 1277, 332.

230 Willames li bolangeirs p. b. sus une maison ke siet en Stoixey dezour Spairnemaille et sus lo meis daier et sus kant ki apant, k'il ait aquasteit a Thielo Louce, permey XIIII s. de mt. III d. moins et I chapon de cens, et e. com l. e. en l'ai. l. d.

231 Thiebaus Bernaige p. b. sus VIII s. de mt. de cens ke geissent sus la maison Bauduyn Gillebert, ke siet devant la stuve ou Tonboif, k'il ait aquasteit a Baudowin Gillebert, e. com l. e. en l'ai. l. d.

232 a) Colignons Poietel p. b. sus jor et demei de vigne ke geist a Antilley, et sus lou quairt d'une maison a Antilley, k'il ait aquasteit a Burtignon Quaremel, en alluet, et e. c. l. e. en l'ai. l. d.
b) Et si p. b. ancor sus jor et demei de terre ke geist a Antilley en Chanpaigne, et sus lou quairt d'une maison a Antilley, et sus la moitiet de la maison ke pairt a cestey maison meymes, k'il ait aquasteit a Soiffiate, la feme Corssensairme, et a Perrin lou Vadois, a. c. l. e. en l'ai. l. d.

233 Jaikemin Faukenel p. b. sor la moitie de la maison ki fut Effrignon, ke siet ensom l'ostel Sclariet Domate,[1] k'il ait aquasteit a Odeliate, la fille Effrignon, et se li ait relaissiet per mey XX s. de mt. de cens, e. com l. escriz en l'ai. l. devise.

234 Poinsignons Graicecher et Colignons, li filz Thiebaut Bernaige, les maistres de l'ospital de Porte Muselle,[2]

235 Jenas Bataille et Jehans Rafalz p. b. sus tout l'eritaige ke Jehans Mathelie ait en la mairie de Porte Muselle, en tous us, c'est a dire XX s. de mt. de cens ke geisent sus la maison Burteran de Chailley, ke siet en Stoixey, et X s. de mt. de cens
5 ke geissent sus la maison Colate Rayx, ke siet a la rive as Poxons, et sus les trois pairs de la maison ke fut Roillon Laudis, ke siet encoste la maison Jehan Jagin ke fut, et sus lou quart de la grant maison ke fut Forkignon lou Xauing, ke siet en la plaice en Rimport, por tant com Jehans Rafalz l'ait en waige,
10 per escrit en airche, et dont Jehans Rafaus en ait doneit la moitiet a Jenat Bataille, per escrit en airche.

---

[1] *p. b. bis* Domate *ist geschrieben von dem Schreiber 5.*

[2] *Derselbe Schreiber 5 hat, indem er sich in der Zeile versah, hinter die Namen der Bannnehmer von 234 den Schluss des Eintrags 233 gesetzt, mit dem er hätte hinter* Sclariet Domate *fortfahren sollen. Der Schreiber 3 hat dann die Sache in Ordnung gebracht, indem er den Eintrag 233 richtig beendete und 234, da die Bannnahme nicht ausgeführt wurde, von Anfang bis Ende durchstrich. Bemerkenswert ist, dass er, durch die Schriftzüge des Schreibers 5 beeinflusst, dessen abweichende Schreibungen* escriz *und* devise *in den Eintrag 233 übernommen hat.*

236* Ce sont li bans dou vintisme jour. En lai mairie de Porsaillis:
236 Colignons Nerlans p. b. sus I jornal de vigne ke geist en Sainte Maritchamp ou ban de S. Arnout, k'il ait aquasteit a Jenat Malglaive, en alluet, et e. c. l. e. en l'ai. l. d.
237 Simonins li meuteirs p. b. sus XVI jornals de terre areure ke geist ou ban de Molins et ou ban de Mairley, k'il ait aquasteit a Thiebaut de Chastels, permei X d. et maille de cens, et e. c. l. e. en l'ai. l. d.
238 Et si p. b. sus II jornalz de terre areure I quarteron moins, k'il ait aquasteit a Simonat,[1]) permei teil cens com il en doit, e. com l. e. en l'ai. l. d.
239 Herbins li meuteirs p. b. sus V jornals de terre areure ke geissent devant la grenge de Fristorf, k'il ait aquasteit a Jaikemin, lou maior d'Awigney, permei teil cens com il en doit, et e. c. l. e. en l'ai. l. d.
240 Watrins de Noweroit p. b. sus I stal en la halle des tanors ou Champ a Saille, k'il ait aquasteit a Abertin Pallefroit, en alluet, et e. c. l. e. en l'ai. l. d.
241 Burtignons Paillas p. b. sus III pesses de preit ke geisent en Genestroit, dezous la maison les dames de Fristorf, k'il ait aquasteit a Gilin, lou fil Poinsignon de Chaistelz, permei XII d. de cens, et e. c. l. e. en l'ai. l. d.
242 Li sires Matheus, li prestes de S. Hylaire, p. b. sus XL s. de mt. de cens ke geissent sus la maison ke fut Piere Languedor en Sanerie, k'il ait aquasteit toute sa vie a Simonin Jagin, son nevout, e. c. l. e. en l'a. l'. dv.
243 Colignons Malpes p. b. sus demey jornal de vigne ke geist en Wastenoit, k'il ait aquasteit a Rennier de Sairley, e. com l. e. en l'ai. l. dv.
244 Jaikemins, li filz Gilon de Heu ke fut, p. b. sus une piece de vigne ke geist outre Saille, de coste la vigne Watremant, et sus une autre piece de vigne ke fiert sus celey meymes, encoste la vigne ke fut Vguin Blancgrenon, k'il ait aquasteit a Yzaibel, la feme Hanrion Petier, en alluet, et e. c. l. e. en l'ai. l. dv.
245 Renaldins li taillieres de S. Clemant p. b. sus une pesse de vigne ke geist entre S. Laidre et S. Clemant, k'il ait aquasteit a Vguin Mordant d'Outre Saille, per mei une angevine de cens k'il en doit, et e. c. l. e. en l'ai. l. d.

---

[1]) a Simonat *ist später in eine reichlich gross bemessene Lücke mit grösseren Buchstaben eingefügt.*

246 Gerairs Lucion dou Waide p. b. sus teil eritaige com il ait aquasteit a Hosel et a Gerardat, son freire, et a Berteran, lor serorge, ke geist ou ban de Bu, per mei 1 d. de droiture, et e. com l. e. en l'ai. l. dv.

247 Michiez Charrue p. b. sus une piece de terre areure ke geist ou ban de Borney, k'il ait aquasteit a Jenat, lou freire Colin Lietal, permei 1 d. de cens, et e. c. l. e. en l'ai. l. d.

248 Jenas Meneit et Steuenins Ydate p. b. sus iiii jornalz de terre areure 1 quart moins ke geisent en la fin de Grixey, et sus demey jornal de vigne ke geist en Rollantmont, k'il ont aquasteit a Jakemin Herbert, per mei teil cens com il en doient, et e. c. l. e. en l'a. l. d.

249 Jenins de Chaistelz p. b. sus 1 jornal de vigne en 11 pesses ke geist en Coignes, k'il ait aquasteit a Aurowin de Vallieres, permei 1 d. de cens, et e. c. l. e. en l'ai. l. d.

250 Colignons, li fils Aurowin de Vallieres, p. b. sus jor et demei de terre areure ke geist ou ban de Bourney, k'il ait aquasteit a Domanjat et a Otin, son serorge, permei une maille de cens, et e. com l. e. en l'ai. l. d.

251 Abertins Souflairs p. b. sus une piece de vigne ke geist a Nuef chamin a la Baire, k'il ait aquasteit a Adenat de Quencey, per mei iiii s. de mt. de cens.

252 Watrins, li fils Wernier lou maior de Vallieres, p. b. sus une piece de terre areure ke geist ou ban S. Vansant a Borney, k'il ait aquasteit a Perrin Malleerbe de S. Julien, permei 1 d. de cens, et e. c. l. e. en l'ai. l. dv.

253 Pieresons li forneirs d'Outre Saille p. b. sus une grenge ke siet en Hulouf, k'il ait aquasteit a Matheu Maguelo, permei v s. de mt. de cens, et e. com l. e. en l'ai. l. d.

254 Et si p. b. ancor sus iiii s. de mt. de cens ke geisent sus la maison Simonin Frixure, k'il ait aquasteit a Jehan de S. Nicolais, e. c. l. e. en l'a. l. dv.

255 Colins Kakerons p. b. sus 1 jornal de vigne ke geist a Rowal outre Saille, k'il ait aquasteit a Jaikemin Chenal dou Waide, ki est moiterasse S. Saluor, e. c. l. e. en l'ai. l. dv.

256 Jehans, li fils Otignon de S. Clemant, p. b. sus demey jornal de vigne ke geist a S. Lorant, et sus la moitiet d'une maison a. S. Clemant, k'il ait aquasteit a Watrat, lou fil Lanbelin la Staiche, permei teil cens com il en doit, et e. c. l. e. en l'a. l. d.

257 Nenmeris Tauerne de S. Clemant p. b. sus une maison et sus
ɪ meis ou ban S. Clemant, k'il ait aquasteit a Watrat, lou fil
Lanbelin la Staiche, per mei teil cens com il en doit, et e. com
l. e. en l'ai. l. d.
258 Marguerons Blanche p. b. sus une demee maison ke siet en la
rowelle dou Nuef pont, k'elle ait aquasteit a Weiriat Alairt et
a Jehan, son freire, per mey ɪɪɪɪ s. et demei de mt. de cens,
et e. c. l. e. en l'ai. l. d.
259 Et si p. b. ancor sus ɪ stal ke siet ou Champ a Saille en la
halle des tanours, k'elle ait aquasteit a Colignon Foville, en
alluet, et e. com l. e. en l'ai. l. d.
260 Et si p. b. ancor sus ɪɪɪ jornals de terre areure ke geisent en
la fin de Grixey, k'elle ait aquasteit a Adenat de Quencey,
permei ɪɪɪ d. de cens, et e. con l. e. en l'ai. l. d.
261 Goudefrins Moutas de S. Clemant p. b. sus une piece de terre
areure ke geist ou ban S. Clemant, k'il ait aquasteit a Roillon
de Staixons, permei ɪ d. de cens, et e. com l. e. en l'ai. l. d.
262 Gehenne, li fille Poensat lou Bague de S. Clemant, p. b. sus
ɪɪɪ jornalz et demey de terre areure et sus xɪɪɪ s. et ɪɪɪ d. de
mt. de cens ke geissent a S. Clemant, k'elle ait aquasteit a
Poinsignon lou cherpantier, e. c. l. e. en l'ai. l. d.
263 Jaikemins, li fils Jenin Beudin, p. b. sus ɪɪ jornalz de terre
areure ke geissent ou ban de S. Clemant, k'il ait aquasteit a
Yzaibel et a Lorate, sa fille, en alluet, et e. c. l. e. en l'ai. l. d.
264 Poinsignons Lucie p. b. sus la moitiet d'une maison[4]) ke siet
encoste la soie maison meymes, k'il ait aquasteit a Domangin
de Sairley lou tanor, permei ɪɪɪ mailles de cens, et e. com l. e.
en l'ai. l. d.
265 Bauduyns li cherreirs et Theirias Briselete p. b. sus ɪɪɪ jornalz
de terre areure ke geissent a Belvoir, k'il ont aquasteit a Jenat
lou Vake, permei ɪɪɪ d de cens, et e. com l. e. en l'ai. l. d.
266 Bauduyns li cherreis p. b. ancor sus jor et demei de terre
areure ke geist a Belvoir, k'il ait aquasteit a Theiriat Briselete,
per mei ɪɪɪ mailles de cens, et e. com l. e. en l'ai. l. d.
267 Bauduyns, li fils Lowion de Lussey, p. b. sus une maison ke
siet en Maiselles, k'il ait aquasteit a Arnout de Pairgney, per
mey xvɪ s. de mt. de cens, dont il est bien tenans.
268 Renmonins de Malleroit p. b. sus vɪɪɪɪ s. de mt. de cens ke
geissent sus une vigne en Herbertclos, et sus xxɪɪɪɪ s. de mt. de

---

[1]) *Vor* la moitiet d'une maison *ist* une demee maison *durchgestrichen*.

cens de contrewaige, k'il ait aquasteit a Garserion Bouchat, e. c. l. e. en l'ai. l. dv.

269 Jenins li Rouscelz de Chaminat p. b. sus II maisons ke sient sus Saille, devant les molins vers lou champ Nenmerit, et sus tout lou ressaige ki apant, k'il ait aquasteit a Jenat Aixiet, per mey XIII s. et demei de mt. de cens, et e. com l. e. en l'ai. l. d.

270 Renmonins de Malleroit p. b. ancor sus VI s. de cens ke geissent sus une vigne en Cortes Roies, a chamin, k'il ait aquasteit a Steuenin Ydate, e. com l. e. en l'ai. l. d.

271 Guerserias de la Tour p. b. sus XV s. de mt. et IIII d. de cens ke geisent sus jor et demey de vigne en Maiteney, k'il ait aquasteit a Gilat de Valz, dont il en redoit IIII d. de cens, e. c. l. e. en l'ai. l. d.

272 Et si p. b. ancor sus une pesse de vigne ke geist a Grant Chavol, encoste Garseriat meymes, k'il ait aquasteit a Geinecat, lou fil Jenat Dantdaine, permei I d. de cens, et e. com l. e. en l'ai. l. d.

273 Jenas Boukerel et Ailexate, sa suer, p. b. sus tout l'eritaige ke fut Jaikemin, lor freire, en toz us, k'il ont aquasteit a lui, e. com l. e. en l'ai. l. d.

274 Burtemins Rimilles de Maizelles p. b. sus I jornal de vigne ki est tiers meus S. Pol, k'il ait aquasteit a Mahout, la femme Pierexel Briate, e. con l. e. en l'ai. l. d.

275 Et si p. b. ancor sus une piece de terre areure ke geist ou ban de Pertes, k'il ait aquasteit a Wiairt Cher, permei III d. de cens, et e. com l. e. en l'ai. l. d.

276 Lietaulz et Colignons de Chapponrue p. b. sus jor et demei de vigne k'est tiers meus S. Pol, ke geist sus Maiselles, k'il ont aquasteit a Burteran Janremaire, e. c. l. e. en l'ai. l. d.

277 Gillas li vieceirs p. b. sus teil fiez et sus teil droiture com il ait aquasteit a Yzaibel la verriere et a Colignon, son fil, ke geist a S. Martin a la Glandeire, e. c. l. e. en l'ai. l. d.

278 Et si p. b. ancor sus une maison et sus tout lou resaige ki apant ke siet atour S. Saluor, k'il ait aquasteit a Sebeliate, la feme maistre Howe, permei teil cens com ille doit, et e. c. l. e. en l'ai. l. d.

279 Jenas Paraige p. b. sus I jornal de vigne moiterasse S. Pol, ke geist ou clo S. Pol, k'il ait aquasteit a Gerairt la Molle, e. com l. e. en l'ai. l. dv.

280 Theirias Raville p. b. por les pucelles de Sus lou Mur sus XI s. de mt. de cens ke geisent sus la maison Mathion Roguenel en

Chapponrue et sus tout lou ressaige ki apant, k'il ait aquasteit a Mathion devant dit, apres x d. de cens k'ille doit, e. c. l. e. en l'ai. lo d.

281 Li sires Weiris li prestes, li fils Theiriat Raville, p. b. sus une pesse de vigne ke geist en Mertinchamp, dezous Luckignon Wade, quairs meus S. Pol, k'il ait aquasteit a Jenat Brusadel, permei teil cens com ille doit, et e. com l. e. en l'ai. l. d.

282 Willames de la Cort p. b. por lui et por la chieze Deu de Nostre Dame as Chans sus la maison ke fut Abillon la Noire, ke siet en la Mercerie a Porsaillis, devant les chapponneirs, ke lor est delivre per droit et per jugement por les L s. de mt. de cens k'il i avoient.

283 Anel [de] Flanville p. b. sus I jornal de terre areure ke geist entre Montois et Flanville, k'elle ait aquasteit a Goudefrin Quarteron de Montois, permei I d. de cens, et e. con l. e. en l'ai. l. d.

284 Gillas Haike p. b. sus I stal ke siet en la vies halle¹) ensom la halle des permanteirs en Visignuel, k'il ait aquasteit a Colignon de Rommebac, e. com l. e. en l'ai. l. dv.

285 Et si p. b. ancor Gillas Haike sus les LX et X s. de mt. de cens k'il ait racheteit a Richier Grantdeu, k'il li dovoit sus la maison ke fut Jaike Grantdeu et sus tout lou ressaige ki apant, e. com l. e. en l'ai. l. dv.

286 Gillas li Bels, p. b. sus I jornal de terre ke geist en Virkilley, encoste Lorate Baizin, k'il ait aquasteit a Jenat Chabouscel, en alluet, et e. c. l. e. en l'ai. l. d.

287 Odins, li fils maistre Watier de Rains, p. b. sus une maison ke siet en Forneirue, ke fut Cunin et Felepin, son freire, les anfans de Virdun, k'il ait aquasteit a Garseriat Danielate, permei L s. et II d. de cens, et e. c. l. e. en l'ai. l. dv.

288 Colins, li fis la Rousce, p. b. sus demei jornal de vigne ke geist a Grant Chauol, qu'il ait aquasteit a Bietrexate, la feme Watrin lou Four ke fut, permei II d. de cens, et e. com l. e. en l'ai. l. dv.

289 Jenins li Picairs p. b. sus la vigne ke fut Steuenin Bobon, ke geist en Cherdenoit, k'il ait aquasteit a Martin et a Yzaibel, sa suer, les II anfans Stevenin Bobon, permei II d. de cens, et e. c. l. e. en l'ai. l. d.

290 Clemignons, li filz Lowit lou Mercier de Visignuel ke fut, p. b. sus les XII lb. de mt. de cens ke furent Jenat, lou fil Steuenin de Coloigne ke fut, ke geissent sus les II maisons en Visignuel

---

¹) *Vorlage* en halle vies, *über* en *steht* la.

ke furent Steuenin de Coloigne, son peire, k'il ait aquasteit a Poince de Coloigne, dont il redoit LXIII s. de mt. et IIII d de cens a ceulz de Hamerode, e. con l. e. en l'ai. lo d.

291 Simonins li bolangeirs devant S. Eukaire p. b. sus une pesse de vigne ke torne sus la fontenue a Borney, k'il ait aquasteit a Jaikemin Berrel, per mei XVI d. de cens, et e. c. l. e. en l'ai. l. d.

292 Dame Belle Chabosse p. b. sus une pesse de vigne ke geist sus Maizelles, apres la paireire Jenat de Mercey, k'elle ait aquasteit a Wiborate, la fille Jenat Romaicle ke fut, et a dame Sebile de Vy, en alluet, et e. c. l. e. en l'ai. l. dv.

293 Jakemins Graitepaille p. b. por la chieze Deu des Proicherasses dou pont Thiefroit sus tout l'eritaige ke Amee, li fille signor Ferrit de Porte Serpenoise ki fut, avoit a Mairuelle de pair lou signor Ferrit, son peire, ke Amee devant dite ait doneit por Deu et en amosne a la chieze Deu devant dite, e. c. l. e. eu l'a. lo d., permei teil tens et teil droiture com li eritaiges doit.[1])

294 Theirias Dediest p. b. sus une maison ke siet en Chapeleirue, devant l'osteit sa meire, k'il ait aquasteit a Gerardin d'Atorf, permei XIII s. et demey de mt. de cens, et e. c. l. e. en l'ai. l. d.

295 Guerserias, li fils signor Felipe Faixin, p. b. sus v s. et demey de mt. de cens ke geissent sus l'osteit Matheu l'ercenor, k'il ait aquasteit a Willemin Brehel, e. com l. e. en l'ai. l. dv.

296 Theirias Louvelz p. b. sus une pesse de vigne ke geist en Herbertclos, k'il ait aquasteit a Jaikemin Berrel, per mei v s. de mt. de cens, et e. com l. e. en l'ai. l. d.

297 Jenas Creature p. b. por lui et por Jehan et por Thomais sus lou tiers de la maison ou il maint, ke fut Gerairt de Sirkes, dont Jenas est bien tenans, et l'ont racheteit a Erfe de Sanerie et a Guizelin, son janre, e. c. l. e. en l'ai. l. dv.

298 [2]) Colins Baikals p. b. sus la maison ke fut Colin lou poxour, ke siet a la Posterne, encoste la maison Magin, ke li est escheute por les XVII s. et demey de mt. de cens ke li maison li dovoit, et dont il est bien tenans, permei III d. de cens ke li maison doit devanteriennemant.

299 Warins, li esxavins de S. Clemant, p. b. sus une piece de vigne ke geist en champ Lowit ou ban S. Clemant, k'il ait aquasteit a Willemin Languedor, permei une malle[3]) de cens ke li vigne doit, et a. c. l. e. en l'ai. l. d.

---

[1]) *Von* permei *an übergeschrieben.* [2]) *Durchgestrichen.* [3]) *Vor* malle *steht auch noch das Abkürzungszeichen für* maille, *ein durchstrichenes* o (= obole).

300 Jenas Bredins de Maigney p. b. sus III jornalz de terre ke
geissent ou ban S. Clemant, encoste Colignon Vaillon, k'il ait
aquasteit a Colate et a Lorate, les II filles Colignon lou Hongre,
e. com l. e. en l'ai. l. d.

301 Jenas li Flamans p. b. sus III jornalz de vigne c'om dist dou
Redeme de Planteires, k'il ait aquasteit a Arnoudat Dornan,
permei teil cens com il en doit, et e. com l. e. en l'ai. l. d.

302 Joiffrois, li fis Jenin Gerairt, p. b. sus une maison ke siet en
Chapeleirue, daier la maison Jehan lou Merceir ke fut, ke li
est delivre per droit et per jugemant por tant com Jenas
Chicheus¹) li doit, les escris en l'airche, per mei teil cens com
li maison doit.

303 Benoitins, li fils Collin Lowit, p. b. por Piereson de la Porte
et por Cunin, lou fil Aileit, ke sont de Champelz sus Mozelle,
sus VI quartes de wayn moitenge et sus VI gelines, k'il ont
aquasteit as pucelles de la Vigne, ke li sires Garcilles de Moie-
len lor ait doneit por Deu et en amosne, e. com l. e. ke sont
en l'ai. l. devisent.

304 Jenas, li fils Jenin Gerairt, p. b. sus I jornal de vigne ke geist
a Chesne outre Saille, ensom la vigne ke fut Jenin Blanche,
k'il ait aquasteit a Jenat, lou fil Jenin lou Borgne, per mei
XII d. de cens, et e. con l. e. en l'ai. l. d.

305 Colairs Mourelz p. b. sus teil partie con Jenas Cornixelz avoit
en la vigne a Chamin outre Saille, k'il tenivet des oirs Nicolle
Mairasse, k'il ait aquasteit a lui, e. c. l. e. en l'ai. l. d.

306 Et si p. b. ancor sus teil partie com Jenas Mennelz avoit en
celle vigne meymes, k'il ait aquasteit a Jenat Menne, e. com l.
e. en l'ai. l. d.

307 Et si p. b. ancor sus teil partie com Renniers de Sairley avoit
en celle vigne meymes, k'il ait aquasteit a Rennier devant dit,
e. c. l. e. en l'ai. l. d.

308 Li sires Simons, clostriers de S. Saluor, et li sires Ottes, prestes
de S. Girgone, maistre de la frairie des prestes de Mes, p. b.
por ous et por les confreires de la frairie des prestes devant
dite sus XIII s. de mt. de cens III d. moins ke geissent sus la
maison Euriat de Villeirs en la Vigne S. Avol, k'il ont aquasteit
a dame Abillate, la feme Simonin Bouvel ke fut, permei VIIII d.
de cens c'ons en doit a S. Avol, e. c. l. e. en l'ai. l. dv.

---

¹) Jenas Chicheus *übergeschrieben,* il *durchgestrichen.*

309 Li sires Alexandres, chanones de Nostre Dame la Ronde de Mes, p. b. sus viii s. de mt. de cens ke geissent sus l'osteit Jehan de Danpiere devant l'ospital des Allemans, k'il ait aquasteit a Gillat de Valz, e. com l. e. en l'ai. l. d.

310 Lowias, li filz Burtignon de la Tor[1]) ke fut, p. b. sus v s. de mt. de cens ke geisent sus la maison ke fut Domangin Hautdecuer, ke siet[1]) ator de Sainte Glossenain, k'il ait aquasteit a Lowit, lou janre Abrion Domate ke fut, e. c. l. e. en l'ai. l. dv.

311 Ferrias de Montois et Steuenins, ces serorges, p. b. sus une maison ke siet devant l'osteit ke fut signor Ferrit de Porte Serpenoize, k'il ont aquasteit a dame Sebilie, la feme Gerairt de Merdeney, e. c. l. e. en l'ai. l. d.

312 Collins Manegous p. b. sus viii jornals de terre areure ke geissent a Colanbeirs, ke Colins Boilawe avoit aquasteit a Felepin Manegout, ke sont delivres a Colin Manegout per droit et per jugemant.

313 Alexandres li taneires dou Champel p. b. sus une maison et sus tout lou ressaige ki apant ke siet ou Champel, k'il ait aquasteit a Hanriat de Chievremont lou tanor, permei xxv s. de mt. de cens, et e. c. l. e. en l'a. l. d.

314 Li sires Werris Bairbe p. b. sus Weiriat lou Bossut, lou freire Hanrekel ke fut,[2]) de Montois, ki fut de l'alluet Bauduyn Mairasse, k'il ait aquasteit a Bauduyn devant dit, e. c. l. e. en l'ai. l. dv.

315 Colignons de Vy p. b. sus xx s. de mt. de cens k'il meymes dovoit a Garsat Donekin, ke geissent sus la maison Grosserre lo vieceir x s., et sus la maison Thierion lo permanteir apres x s., k'il ait aquasteit a Garsat Donekin, dont il redoit a S. Piere as nonnains v s. de cens, e. c. l. e. en l'ai. l. d.

316 Colignons Tristans li permanteirs p. b. sus i stal ke siet en la halle des coteleirs en Visignuel, k'il ait aquasteit a Coence lou vieceir, permei teil cens com il en doit, et e. c. l. e. en l'ai. l. d.

317 Aileit, li fille Piere Thomes, p. b. sus teil partie com Gerardas de Desmes et Colins Loichas d'Outre Muselle avoient en l'osteil dame Ysaibel la Rouce, ke siet a Porsaillis, ke fut a veule lor femes, k'elle ait aquasteit a ous, e. c. l. e. en l'ai. l. d.

318 Thomes, li fis Burtemat lou masson de S. Clemant, p. b. sus une pesse de vigne ke geist en la crowee S. Clemant, ki est

---
[1]) de la Tor *und* ke siet *übergeschrieben.*
[2]) ke fut *übergeschrieben.*

tiers meus S. Clemant, et sus une pesse de meis,[1] k'il ait aquasteit a Watrat, lou fil la Staiche, e. c. l. e. en l'ai. l. d.

319 Bernairs de Villeirs p. b. sus une maison ke siet en la perroche S. Euchaire, encoste lou pux Michiel Charrue, k'il ait aquasteit a Burtemin lou Vadois, permey VIII s. et demey de mt. de cens, et e. c. l. e. en l'ai. l. d.

320 Simonas, li fils Pallerin, p. b. por la chieze Deu de la Craste sus une piece de terre ke geist entre la maison de la Craste et la vigne d'Awigney, k'il ait aquasteit a Burtemin, lou fil Marcout d'Awigney, e. c. l. e. en l'ai. l. d.

321 Jaikemins Faixins et Colins Badaires, ces freires, p. b. sus toutes les vignes ke sient outre Saille, k'il ont aquasteit a dame Sebelie, la feme Nicolle lou Conte ke fut, per mei VIIII d. de cens ke celles vignes doient, a. com l. e. en l'ai. l. d.

322 Poinsate et Yzaibel, les II filles Jacob de Jeurue, p. b. sus la maison ke fut Jenat Bouchate et sus la cort daier[2]) et sus tout lou ressiege ki apant, antieremant, ke lor est delivree per droit et per jugemant.

323 Li sires Willames, li prestes de S. Jehan deleis S. Clemant, p. b. sus la maison ke fut Steuenin, lou peire Weiriat lou maior, et sus tout lou ressiege ki apant et daier et davant, k'il ait aquasteit a Weiriat, lou maior de S. Clemant, permei VII s. de mt. de cens, et e. c. l. e. en l'a. l. d.

324 Steuenins Wikelans li chaponniers p. b. sus une maison ke siet en Chapeleirue, encoste l'osteit Jenat Blondelat, et sus tout lou ressaige ki apant, k'il ait aquasteit a Jehan Grillat, per mei XL s. de mt. et I d. de cens, et e. c. l. e. en l'ai. l. d.

325 Dame Yzaibelz, li femme Howairt Jallee ke fut, p. b. sus XII d. de cens k'elle meismes dovoit sus une piece de terre ke geist en Hem, k'elle ait aquasteit a Jaikemin Mandewerre, e. c. l. e. en l'ai. l. dv.

326 Thiebaus Henmignons et Willames, ces fils, p. b. por lui et por Marguerate et por Sebeliate, ces II serors, sus une piece de terre ou om contet XVI jornalz, ke geist sus les preis de Blorut, k'il ont aquasteit a Jehan Colon, chanone de Mes, et a Joiffroit, son freire, et a Colate, sa suer, per mey XXIII d. et maille de cens ke toz cist eritaiges doit, et e. c. l. e. en l'ai. l. d.

---

[1]) et sus une pesse de meis *übergeschrieben*.
[2]) *Vorlage* daieres.

327 Hanrias Borons p. b. sus une maison ke siet en Maizelles, k'il ait aquasteit a Odeliate, la feme Warin Novelat, per mei vi s. de mt. de cens, et e. com l. e. en l'ai. l. d.

328 Colignons li freires p. b. sus une maison ke siet devant la Craste, ke fut Theiriat Nion, k'il ait aquasteit a Marguerite, la fille Colin lou Conte ke fut, permei xvi s. de mt. de cens, et e. c. l. e. en l'ai. l. d.

329 Jehans de Metri p. b. sus trestout l'eritaige ke Jenins Vigey ait en la mairie de Porsaillis, en tous us, ke li est delivreiz per droit et per jugement por tant com il li doit, per escris en airche, et por xx lb. de mt. per defuers, per mei teil cens com li eritaiges doit.

330 Pierexelz li frutiers p. b. sus tout l'eritaige ke Theirias Renairs avoit en la fin d'Awigney, k'il ait aquasteit a Theiriat Renairt, per mei teil cens com il en doit, et e. com l. e. en l'ai. l. d.

331 Gerairs de Vallieres p. b. sus jor et demey de terre areure ke geist ou ban de Colanbeirs, k'il ait aquasteit a Hanriat de Colanbeirs, en alluet, et e. c. l. e. en l'ai. l. d.

332 Freires Jehans, maistres de l'ospital en Chambres, p. b. por l'ospitaul devant dit sus xxx s. de mt. de cens ke li anfans Thiebaut de l'Aitre, Vguignons et Burnekins et Jenas, li ont assiz sus les maisons k'il ont a pont a Saille, ke furent Simonin Bovel, apres les iiii d. de cens ke celles maisons doient davanteriennement por l'eschenge de l'eritaige de Muscey ke li maistres devant dis lor ait eschengiet, e. com l. e. en l'ai. l. dv. ¹)

333 ²) Poinsignons Graicecher et Colignons Bernaige, li maistre de l'ospital de Porte Muselle, p. b. por l'ospital devant dit sus xl s. de mt. de cens, ke geissent sus la maison Maheu Cowerel sus lou Mur, k'il ont aquasteit a Maheu devant dit, e. com l. e. en l'ai. l. d.

334 Theirias Strillecheval, li valas Felipe Faixin, p. b. sus la maison ke fut Weiriat lou Boistous, ke siet ancoste la stuve en la Nueve rue, k'il ait aquasteit a Jaikemin Bellegree, permei xx s. de mt. de cens ke li maison doit a l'ospital ou Nuefborc, et e. c. l. e. en l'a. lo d.

335 Poinsate, li fille Jakemin la Peirche, p. b. sus la maison et sus lou meis ke siet en Andrevalz defuers Porte Serpenoize, ke fut lou signor Howon lou Bague, k'elle ait aquasteit a Jenat Aixiet, e. com l. e. en l'ai. l. d.

---

¹) v. 1277, 227. ²) Durchgestrichen, v. 1277, 234.

336 Guerserias, li fils Hanrit Luckin, p. b. sus lou preit et sus lou sausis ke siet sus lou port et sus lou weit d'Airs, k'il ait aquasteit a Wernier Lohier, per mei I d. de cens, et e. com l. e. en l'ai. l. d.

337 Li sires Jaikes de Nonviant p. b. sus teil eritaige com il li[1]) est encheus de wageire de pair lou signor Gerairt Gadat, ke geist ou ban de Nonviant, dont li sires Jaikes devant dis est bien tenans.

338 Witiers Torche p. b. sus une piece de vigne k'est tiers meus Sainte Glossenain, ke geist en Rollantmont, k'il ait aquasteit a Otenat, lou fil Moysel, e. com l. e. en l'ai. l. d.

339 Jehans Kanelle et Burtemins, ces serorges, p. b. sus teil partie com li sires Nicolles li prestes, li fis Theirion Canelle, avoit en la maison et ou ressaige ki apant ke siet outre Saille encoste l'osteil Boton, k'il ont aquasteit a signor Nicolle devant dit, per mei teil cens com celle partie doit, et e. c. l. e. en l'ai. l. d.

340 Vguignons, li fis Thiebaut de l'Aitre ke fut, p. b. sus la maison ke fut Weirion Alairt, ke siet en la rue dou Nuef pont a Saille, k'il ait aquasteit a Abillate, la feme Clodat ke fut, permei xx s. de mt. de cens, et e. c. l. e. en l'ai. l. d.

341 Goudefrins de la Porte p. b. sus II s. de mt. de cens ke geissent sus une maison en la rue des Allemans, k'il ait aquasteit a Jaikemin lou Bague d'Oixey, e. com l. e. en l'ai. l. d.

342 Berte, li suer Goudefrin de la Porte, p. b. sus I jornal de vigne ke geist en la Haute Pretelle, k'elle ait aquasteit a Simonin Anguenel, et k'elle li ait relaixiet a tiers meu, e. com l. e. en l'ai. l. d.

343 Thiebaus de Moielen p. b. sus la maison ke fut Willame Brehel, ke siet encoste la soie maison meismes et sus les VI d. de cens ke li maison Willemin Licherie doit, k'il ait aquasteit a Jaikemin de Pairgney, e. com l. e. en l'ai. l. d.

344 Thiebaus de Moielen p. b. ancor sus la maison ke fut Bauduyn lou Roi, ke siet a Porsaillis, ki est sa wageire, dont il est bien tenans, et ke li est delivre per droit et per jugemant por tant com Pierols de Jeurue li doit, l'escrit en l'arche, et dont Pieros li ait doneit et aquiteit la date et la wageire des CC lb. de mt. ke Joiffrois li Bagues li doit, e. com l. e. en l'ai. l. dv.

345 Vguignons Henneborjas p. b. sus XV s. et demei de mt. de cens, dont VIII s. geissent sus la maison ou Androwas Burnas maint,

---
[1]) li *ist übergeschrieben.*

et v s. sus la vigne ensom Keloit ke fut Bauduyn Chaingnairt, et li dui s. et demei geissent sus II maisons outre Maizelles et sus I jornal de vigne sus Maizelles, k'il ait aquasteit a Simonin Chaingnairt, e. com l. e. en l'ai. l. d.[1])

346 Allexandres li bolangeirs p. b. sus I staul ke siet en la halle des bolangierz en Visignuel, k'il ait aquasteit a Alexandrin lou Stout de Rimport, per mei II s. et demey de mt. de cens, et e. c. l. e. en l'ai. l. d.

347 Weiris li feivres de Sus lou Mur p. b. sus une maison ke siet sus lou Mur, encoste la maison Wernier lou feivre, k'il ait aquasteit a ceulz de l'ospital ou Nuefborc, permei xxv s. de mt. de cens, et e. c. l. e. en l'ai. l. d.

348 Colignons de Lupey p. b. sus une piece de vigne ke geist en Martinchamp, encoste Jaikemin Willebour, k'il ait aquasteit a Willame, lou fil Theiriat Buderit, permei une maille de cens, et e. c. l. e. en l'ai. l. d.

349 Et si p. b. ancor sus une piece de vigne ke geist a Grant chamin outre Saille, ke fut Gerardin lou charreir, k'il ait aquasteit a Jenat, lou fil Gerardin lou cherreir, per mey I d. de cens, et e. c. l. e. en l'ai. l. d.

350 Weiris de Chapeleirue p. b. sus la maison Rennaire, ke siet ensom la maison Colignon Mertenate, en la rowelle, k'il ait aquasteit a Rennaire devant dit, per mei VIII s. de mt. de cens, et e. c. l. e. en l'ai. l. d.

351 Li sires Allexandres de Sus lou Mur p. b. sus XL s. de mt. de cens ke geissent sus l'osteit ke fut Hanriat[2]) Eurairt a Porsaillis, et sus xv s. de mt. de cens ke geissent sus l'osteit Roillon lou cordeir a Quartal, k'il ait aquasteit a Jenat Aixiet, e. com l. e. en l'a. l. d.

352 Colignons Chabosse de Borney p. b. sus II pesses de terre areure ke geissent ou ban de Colanbeirs, k'il ait aquasteit a Steuenin, son serorge, permei teil droiture com il en doit, et e. com l. e. en l'ai. l. d.

353 Dame Nicolle, li femme lou signor Jehan lou Trowant ke fut, p. b. sus XX s. de mt. de cens ke geissent sus la nueve stuve en la Nueve rue, k'elle ait aquasteit a Simonin lou Bague lou cherpanteir, e. c. l. e. en l'ai. l. d.

---

[1]) *Nachträglich eingefügt. Der Anfang steht in der zweiten Zeile von 344, das Ende hinter den Einträgen 346, 347 und 348, die ihre Zeilen nicht ganz füllen.*

[2]) *Vorlage Hawiat, verschrieben für Hanriat.*

354 Et si p. b. ancor sus vii s. de mt. de cens ke Poinsignons, ces fils, avoit aquasteit a Garsat Donekin, k'elle ait aquasteit a Poinsignon, son fil, e. com l. e. en l'ai. l. dv.

355 Androwas, li maires de l'ospitaul ou Nuefborc, p. b. por la chieze Deu de l'ospitaul ou Nuefborc sus la maison ke fut Burteran Osson, ke siet outre Maizelles, encoste la maison Boukerel, k'il ont aquasteit a Mathelie, la fille Gerairt lou bolangeir d'Aiest, permei teil cens com li maison doit, et e. c. l. e. en l'ai. l. d.

356 Et si p. b. ancor Androwas por l'ospital devant dit sus la maison ke fut Abillate Burdine, ke siet outre Saille en S. Polcort, per mei teil [cens] com li maison doit, et sus x s. de mt. et iii d. et maille de cens ke geisent sus une maison et sus i meis ke siet daier S. Mamin, ou Hawit Brusade maint, et sus x s. et iii mailles de cens ke geissent sus une vigne en Bietritrowelle, et sus vi s. de cens ke geissent sus la maison Colin Xallebouton ou Waide, k'il ont aquasteit a Abillate Burdine, et permei teil cens com il en redoient, et e. c. l. e. en l'ai. l. d.

357 Et si p. b. ancor Androwas por l'ospital devant dit sus v s. de mt. de cens ke geissent sus la maison Jenat Baical en Visignuel, ke maistres Adans, li fils la wanteire, lor ait doneit por Deu et en amosne, e. com l. e. en l'ai. l. d.

358 Li sires Joiffrois Aixies, chanones de Mes, p. b. sus la terre k'il ait aquasteit a Lanbelin Chaufelawe de Pontois, ke geist ou ban de Gerey, per mei teil cens com li terre doit, et e. com l. e. en l'ai. l. d.

359 Matheus Granscolz p. b. sus vii cesteires de vin de cens k'il meymes dovoit sus sa piece de vigne k'il ait a Feyt, k'il ait aquasteit a Gerardin, lou fil Watrin lou ranclus de Nonviant, et e. c. l. e. en l'ai. l. d.

360 Li priors de Nostre Dame as Chans p. b. sus vii s. et demey de mt. de cens ke geissent sus vii omees de vigne et sus iii jornalz de terre areure et sus ii jornalz de terre ke geissent en Pous ou ban d'Awigney, k'il ait aquasteit a Jenat Facon, e. c. l. e. en l'ai. l. d.

361 Lowias li Vilas p. b. sus une piece de vigne ke fut Jenat Daiguenel, ke geist a Grant chamin en la rowelle de Pertes, ke li est delivre per droit et per jugement

362 Et si p. b. ancor sus teil aquast com Perrins Bagairs et Jenins de Chaistelz ont fait a Jenat lou Vaske de la Vigne S. Auol, si com de la piece de vigne ke geist en Glairueles et de la

piece de terre ke geist a la mairs a Belvoir et de la piece de terre ke geist daier¹) la Belle [Stainche] et de la piece de terre k'il ait sus lou rut de Maizelles, per mei teil cens com tous cist eritaiges doit, et e. con l. e. en l'ai. l. dvz.

363 Pallerins de Cronney p. b. sus les II pairs de l'eritaige a Manit ke fut les senexaulz d'Ancerville, k'il ait aquasteit a Jaikemin et a Jenat et a Luckin, les anfans Abert de Vallieres c'on dist de la Cort, et a Jehan Malclarc de Chauillons, e. com l. e. en l'ai l. d.

364 Dame Martenate, li femme Jaikemin Jallee ke fut, p. b. sus XX s. de mt. de premier cens ke geissent sus la maison Wikelan lou chapponnier, ke siet en Chaipeleirue, k'elle ait aquasteit a Jehan Daniel, e. com l. e. en l'ai. l. d.

365 Poinsate, li fille Colin Burtadon, p. b. sus IX jornalz et demey de terre ke geissent ou ban S. Vincent a Borney, per pesses, k'elle ait aquasteit a Ydate, la feme Colignon Beradel ke fut, permei teil cens com il en doit, et e. c. l. e. en l'ai l. d.

366 Li sires Jaikes Roucelz p. b. sus tout l'eritaige ke fut Sallemon, lou fil Ancel Boilawe de Colanbeirs ke fut, ke geist ou ban de Mes et ou ban de Maigney et ou ban de Colanbeirs, en tous us, k'il ait aquasteit a Sallemon devant dit, permei teil cens com cist eritages doit, et e. c. l. e. en l'ai. l. d.

367 Theirias Burelute p. b. por lui et por Goudefrin et por Simonin, ces II freires, et por Ailexate, lor suer, sus une maison ke siet en S. Martinrue, k'il ont aquasteit a ceulz de S. Laidre, per mei XXXII s. de mt. de cens, et e. c. l. e. en l'ai. l. d.

368 Jenas Bataille et Jehans Rafaus p. b. sus tout l'eritaige Jehan Mathelie ke geist en la mairie de Porsaillis, s'en geisent XX s. de mt. de cens sus la maison Poinsignon de Jalacort davant S. Mamin, et XX s. de mt. de cens sus la maison Poinsignon, lou fil Stevle Grantneis, daier S. Eukaire et sus tout lou ressaige ki apant, et IIII s. de mt. de cens ke geixent sus une maison en Visignuel, ke les dames de S. Ahout tiennent, por tant com Jehans Mathelie doit a Jehan Rafaut, l'escrit en l'airche, et dont Jehans Rafaus en ait doneit la meite a Jenat Bataille, e. c. l. e. en l'ai. l. d.

369 Thiebans Faukenelz p. b. sus II jornals de vigne ke geissent en la Pretelle et sus lou tiers dou chamenel, k'il ait aquasteit a Jenat lou Vaske, en alluet, et e. com l. e. en l'ai. l. d.

¹) daier übergeschrieben, ein a vor la Belle durch einen untergesetzten Punkt als falsch bezeichnet, Stainche fehlt.

370 Thiebaus Fakenelz p. b. ancor sus une piece de vigne ke geist ou clo de Maigney, encoste la soie vigne meysmes, k'il ait aquasteit a Ermenjatte, la feme Hoton ke fut, permei i d. de cens, et e. com l. e. en l'ai. l. d.

371 Jaikemins de Pairgney p. b. sus la maison et sus la grenge encoste et sus tout lou ressiege ki apant ke fut Arnout Chaneueire, ke siet[1]) ancoste la maison Bernairt lou cavsin, k'il ait aquasteit a Joiffroit, lou fil Arnout Chaneuiere, permei teil cens com li maison doit, et e. com l. e. en l'ai. l. dv.

372 Hanrias Marrie et Lowias, li filz Jaikemin lou tanor, et Marguerons Blanche p. b. por les anfans Colin Blanche, dont il sont mainbors, sus x s. de mt. de cens ke geissent sus la maison Jaicat Perraixon a Porsaillis, et sus ii chappons et iiii d. de cens ke geissent [sus] la maison ke fut Ailexon Noixe, et sus iiii s. de mt. de cens ke geissent sus la pesse de vigne ke fut Jenin Marrie, e. com l. e. en l'ai. l. d.

373 Li sires Jaikes, prestes de S. Medairt, et li sires Weiris, prestes de S. Leuier, p. b. por ous et por tous les prestes barrochas de Mes sus iii s. de mt. de cens ke geixent sus une maison ke siet devant S. Jehan a S. Clemant, k'il ont aquasteit a signor Willame, lou preste de S. Jehan, apres vii s. k'elle doit de premier cens, et e. c. l. e. en l'ai. l. d.

374 Richairs, li filz Cunin Fillouze de Nonviant, p. b. sus une piece de vigne ke geist vers Wazeges ou ban de Nonviant, k'il ait aquasteit a Abillon, la feme Jenin lou Turelat ke fut, per mei ii cestieres de vin de cens, et e. com l. e. en l'ai. l. d.

375 Gerairs Guidat de Pairgney p. b. sus vii jornalz de terre areure ke geissent ou ban d'Alenmont, k'il ait aquasteit a Burtignon et a Jaikemin et a Hanrit, les anfans Simonin de Pairgney, per lou crant de lor mainbors, e. com l. e. en l'ai. l. d.

376 Marguerite, li fille signor Jehan Papemiate, p. b. sus xxxiiii s. de mt. de cens ke geissent sus la maison Jenat de Loixey en la Vigne S. Auol, k'elle ait aquasteit a Vguignon, lou fil Rembaut lou tanour de la Vigne S. Avol ke fut, e. com l. e. en l'ai. l. d.

377 Dame Marguerite, li feme signor Thierit d'Oixey ke fut, p. b. sus teil wageire et sus teil contrewaige com elle ait dou signor Poinson d'Espenges, por les xx quartes de wayn moitenge ke li sires Poinces li doit chesc'an por lou molin d'Espenges, a. com l. e. en l'ai. l. d.

---

[1]) ke siet *bis* cavsiu *übergeschrieben*.

378 Li sires Thomes, li prestes de S. Euchaire, p. b. por l'eglise de
S. Euchaire sus les III s. de mt. de cens ke dame Merguerite,
li femme Luckignon de la Porte ke fut, avoit sus la maison
Abriat Moien defuers la porte des Allemans, k'il ait aquasteit
a dame Merguerite devant dite, e. c. l. e. en l'ai. l. d.

379 Li abbauce et li covans de Sainte Marie as nonnains de Mes,
p. b. sus une piece de boix c'om dist ou Cuig[1] ansom Doumont
ou ban de Sulligney, ke Weirias de Mairuelles lor ait mis en
contrewaige por les xv s. de mt de cens ke li devant dis
Weirias lor doit sus teil eritaige, e. c. l. e. en l'ai. l. d.

380 Wichairs de la Tour p. b. sus tout l'eritaige ke Colins Borg-
nairs li cherpanteirs de Sanerie ait [a] Roveroit et ou ban, en
toz us, c'est a savoir en maisons et en grainges, en chans, en
preis et en jardignes, ke li est delivres per droit et per juge-
mant, dont il est bien tenans, permei teil cens et teil droiture
com tous cist eritaiges doit.

381 Felipins, li fils Felipe Tiguienne, p. b. por la chieze Deu de
S. Pieremont sus IIII lb. et xv s.[2] et demei de cens, s'en geisent
x s. sus la maison as loies devant la grenge Lowit lou Mercier,
et XLVIII s. sus les II grenges ke furent Jaikemin Facol, daier
sa maison vers lou Preit, et XXIIII s. sus II maisons apres celles
grenges, et XIII s. et demey sus la grenge ke fut Jaikemin lou
Gornaix deleis lou Preit, k'il ait aquasteit a dame Contasse,
la femme signor Vgon Coulon, e. com l. e. en l'ai. l. d., et cist
cens est li premiers.

382 Pieresons Bronvalz p. b. sus une maison ke siet ou Champel,
encoste la maison Jenat lou Traiant, k'il ait aquasteit a Ancel
lou tanor, permei XXIIII s. de cens, e. c. l. e. en l'ai. l. dv.

383 Poinces de Coloigne[3] p. b. sus IIII lb. de mt. de cens k'il mey-
mes dovoit sus sa maison ou il maint, ke fut Nicolle Burle-
vaiche, k'il ait racheteit a Hanriat Thomessin et a Jehan, son
freire, e. com l. e. en l'ai. l. d.

384* Ce sont li ban dou vintisme jor de noiel. En la marie d'Outre
Moselle:

384 Dame Colate, li femme Howignon l'aman, p. b. sus II pieces de
vigne desous lou lairis de Vals, k'elle ait aquasteit a Hawit et
Anel, ces II serors, en alluet, e. c. l. e. en l'a. l. d.

---

[1]) *Vor* Cuig *ist ein Buchstabe ausgewischt.*
[2]) *Verbessert aus* XIII. [3]) *Hinter* Coloigne *ist* li *durchgestrichen.*

385 Abertins et Jehans, li enfant Tumelouf de Nonviant, p. b. sus une piece de vigne en l'Aweur ou Pairous et sus tout l'eritage, k'il ont aquasteit a Simonin lou corvesier, lou janre lou Villat, permey demei meu de vin de cens, e. c. l. e. en l'a. l. d.

386 Lowias, li fils Burtignon de la Tor, p. b. sus ii jornals et demey de terre en Luxeires ou ban de Turey, encoste lui meimes, k'il ait aquasteit ai Ancillon, lou fil Rainnier de Felieres, en alluet, e. c. l. e. en l'a. l. div.

387 Simonins Pages, li fils dame Wilant, p. b. sus demey meu de vin en l'axe de cens ke geist sus iiii jornals de vigne daier lou mostier a Wapey et sus iii d. de cens, k'il ait aquasteit a Baduyn, lou fil Werneson lou Blanc, e. c. l. e. en l'a. l. d.

388 Poinsignons Mauesins p. b. sus c s. de mt. de cens k'il ait aquasteit a Jaikemin Mandewerre, sus ces ii maisons et sus la cort et sus tot lou resage ki apant, ke sient daier S. Sauor, e. c. l. e. en l'a. l. div.

389 Guersirias, li fils Jennat de Molins, p. b. sus une piece de vigne a S. Pofontainne, lonc l'ordineire Pierexel de Vals, et sus une atre en Flastrainvigne, deleis Steuenin de Chastels, k'il ait aquasteit a Gerardin, lou janre Hawit de Molins, permei xiii sestieres et demei de vin de cens, e. c. l. e. en l'a. lo d.

390 Jennins Formeis de Chastels p. b. sus une piece de terre en Vals desoz S. Germain, entre sa terre meimes, k'il ait aquasteit a Cunin, lou fil signor Poinson de Chastels, en alluet, e. c. l. e. en l'a. l. d.

391 Werias li Roucels de Chezelles p. b. sus ii moies et demeie de vin de cens ke Jehans, li fils Jaikemin Graitepaille, avoit sus la vigne en Chennes, daier lou mostier a Siey, ke furent Howignon Willerit, k'il ait aquasteit a Jehan desor dit, e. c. l. e. en l'a. lo d.

392 Jennins Seriate de Molins p. b. sus une piece de vigne ke geist an S. Alancevigne a Siey ou ban l'Eveke, et sus une atre piece en Praelle ou ban signor Geruaise, k'il ait aquasteit ai Arnolt Maletrace de Ste Rafine, e. c. l. e. en l'a. l. d.

393 Waterins li berbiers p. b. sus xii d. de cens ke geisent sus la maison Alardin en la Vigne S. Marcel, k'il ait a lui aquasteit et a sa femme, apres v s. de cens k'il meimes i ait davant, e. c. l. e. en l'a. l. d.

394 Steuenins de Chastels et Ferrias, ces serorges, p. b. sus une maison et sus i chakeur a Molins, k'il ont aquasteit a Thiebaut

de Chastels, permey teil cens com cist eritages doit, e. c. l. e. en l'a. l. div.

395 Jaikiers de Nonviant, li amans de S. Vy, p. b. sus une piece de vigne en Jovenat ou ban de Nonviant, arreis sa vigne meimes, k'il ait aquasteit a Jaikier la Pezeire de Nonviant, en aluet, et sus can k'il ait d'eritage ou ban de Nonviant, et k'il li ait relaiet, permey LX s. de cens et permey teil cens et teil droiture com il doit, e. c. l. e. en l'a. lo d.

396 Colignons Muxis p. b. sus une piece de vigne ke geist en Routemont ou ban de Nonviant, k'il ait aquasteit a Cunin, lou fil Werion dou Pux, permey demey sestier de vin de cens, e. c. l. e. en l'a. l. div.

397 Colignons de la Cort p. b. sus une piece de preit ke geist ou ban de Wapey, encoste lou box Ste Creus, k'il ait aquasteit ai Abertin Porteabay, permey VI d. de cens, e. c. l. e. en l'a. l. div.

398 Thiebas li Mares p. b. sus XIIII hommeies de vigne ke geisent ou ban de Nonviant, k'il ait aquasteit a Felepin, lou fil Meffroit de Nonviant, permey teil cens com elles doient, e. c. l. e. en l'a. l. d.

399 Jennas, li fils signor Thierit de Nonviant, p. b. sus XIIII hommeies de vigne ke geisent ou ban de Nonviant, k'il ait aquasteit a Simonin lou corvesier de Nonviant, permey III sestieres de vin de cens, e. c. l. e. en l'a. l. d.

400 Jehans d'Erlons li vieseirs p. b. sus une maison en Couperelrue, encoste l'osteil Willame lou cherpentier, et sus tot lou resage, k'il ait aquasteit a Piereson lou cherpentier, permey VI s. de mt. de cens, e. c. l. e. en l'a. l. d.

401 Martins Bouxons li espiciers p. b. sus la maison et sus les voltes et sus tot lou resage ke sient davant lou Grant Mostier, encoste Martin l'imagenier, k'il ait aquasteit ai Odin l'espicier, permey LXVI s. de mt. de cens, e. c l. e. en l'a. l. d., sauf[1]) lou devanterien cens ke les maisons doient.

402 Colins li corriers de Sanerie p. b. sus tot l'eritage ke Durans, ces freres, avoit ou ban de Chastels et en la marie d'Outre Moselle, en vignes, en maisons et en tote atre maniere, k'il ait a lui aquasteit, e. c. l e. en l'a. l. d.

403 Colate, li fille Poinsignon lou Grant d'Outre Saille, p. b. sus une maison en la rue lou Voweit, ensom la Triniteit, et sus tout lou resage, k'il ait aquasteit a Richardin de Chambres lou chanone, permey XVI s. de cens, e. c. l. e. en l'a. l. d.

---

[1]) *Von* sauf *bis* doient *Zusatz des Schreibers 5.*

404 Jennas de Croney p. b. sus xv hommeies de vigne ke geisent en Aignienvigne ou ban de Siey, encoste la vigne signor Abrit Yngrant, k'il ait aquasteit a Simonin l'Aleman, lou fil Poinsignon de Chastels, en alluet. e. c. l. e. en l'a. l. d.

405 Howairs d'Arnaville p. b. sus la chamineie et sus la maison et sus lou meis daier ke sient en l'aitre ai Ansey, k'il ait aquasteit a Jennat la Paie d'Ansey et a Colin, son frere, permey teil cens, com il en doit, e. c. l. e. en l'a. l. d.

406 Thierias Bitenas p. b. sus demey jornal de vigne en Brueres, lonc la vigne S. Arnolt, k'il ait aquasteit as enfans Vguignon de Lieons, en alluet. e. c. l. e. en l'a. l. d.

407 Et si p. b. ancor sus une piece de vigne ens Akes daier lou mostier a Molins, ke part a lui meimes, et sus II jornals de terre en II pieces ke geisent en Preire davant lou chakeur S. Gergone, k'il ait aquasteit a Jehan de Jerney, e. c. l. e. en l'a. lo d.

408 Rocins de Jerney p. b. sus I jornal de terre en la Perchie, lonc lou chaminal, et sus une piece de preit sus la cluse en Aron, k'il ait aquasteit a Jehan de Jerney, permey teil cens com il en doit, e. c. l. e. en l'a. l. d.

409 Guersirias de Wapey p. b. sus IIII hommeies de vigne ke geist a la Plantere ou ban de Wapey, arreis la vigne Gerart lou doien, k'il ait aquasteit ai Abertin Huchat, permey IIII sestieres de vin de cens, e. c. l. e. en l'a. l. d.

410 Maheus Bertadons- p. b. sus la vigne en Pierevigne et sus lou chapon en l'Aluet ke furent Charle de Maranges, ke li sont delivreit per droit et per jugemant encontre Charle desor dit.

411 Alixate, li fille Nicole Aixiet, p. b. sus xx s. de mt. de cens ke geisent sus la maison Colin Centmars a Porte Serpenoise et sus tout lou resage, k'elle ait aquasteit a Jennat Aixiet, son frere, e. c. l. e. en l'a. l. d.

412 Jaikemins Xuflas p. b. sus une maison en S. Vicentrue, ke fut Jennat Boudat, k'il ait aquasteit a Thiebaut Navel, permey VII s. de cens, e. c. l. e. en l'a. l. d.

413 Li sires Simons, li clostriers de S. Sauor, p. b. por tous les prestes parrochals de Mes sus xx s. de cens ke geisent sus la maison Colignon dou Rait en Chambieres et sus tot lou resage, k'il ait a lui aquasteit, apres I d. k'elle doit de premier cens, e. c. l. e. en l'a. l. d.

414 Li sires Rainniers, li prestes de S. Vy, p. b. sus une maison en la rue S. Vy et sus lou resage, ke fut Simonin lou perman-

tier, k'il ait aquasteit a signor Willame lou preste, lo fil Simonin desor dit, permey xxii s. de cens, e. c. l. e. en l'a. l. d.

415 Matheus Bellebarbe p. b. sus x jornals de terre ke geisent a Sommerey, encoste Jehan Barbe, k'il ait aquasteit a Richardin Burewel et a Renaldin, lou fil Odiliate de Valieres, permey teil cens com il en doit, e. c. l. e. en l'a. l. d.

416 Jaikemins, li fils Remion de Coloigne, p. b. sus une piece de terre ke geist sus Lietietpreit ou ban de Wapey, encoste lui meimes, k'il ait aquasteit a Jennat Willemat et as enfans Arnolt de Wapey, en alluet, e. c. l. e. en l'a. l. d.

417 Hanrias Rekeus p. b. sus iii jornals de terre ke geisent ou ban de Turey, encoste lui meimes, k'il ait aquasteit ai Otenat lou poxor de Chambieres, permey viii d. de cens, e. c. l. e. en l'a. l. d.

418 Jennas Lowias p. b. sus la maison ke fut l'official Weirit, ke siet a puix davant outre l'osteil Jehan Noise, et sus tout lou resage, k'il ait aquasteit a Gerart lou chanone, son nevout, permey teil cens com elle doit, e. c. l. e. en l'a. l. d.

419 Witiers Lambers p. b. sus teil rante et sus teil droiture com Poinsignons Lambers, ces freres, avoit a Ste Rafine, k'il ait a lui aquasteit, e. c. l. e. en l'a. l. div.

420 Et si p. b. ancor sus x s. de mt. de cens ke geisent sus la maison Geradon lou cherpentier outre Moselle, k'il ait aquasteit a Bertadon lou Xauing, e. c. l. e. en l'a. l. div.

421 [1]) Alixandres Boinvallas li clers p. b. sus v s. de mt de cens ke geisent sus la maison Arnolt lou permantier en la rue lou Voweit, k'il ait a lui aquasteit, apres xvi s. de cens k'elle doit davant, e. c. l. e. en l'a. l. div.

422 Goudefrin li Vadris p. b. sus une maison ke siet en la rue lou Vowei davant l'osteil Colin Fessal, et sus tout lou resage ki apant k'i. ait aquasteit a Howignon de l'Aitre et a Baduyn Barekel, permey viii s. de cens, e. c. l. e. en l'a. l. d.

423 Jehans, li niez Thiebaut lou Maior, p. b. sus une piece de vigne ke geist davant lou chakeur la Rine, sus la Haie, ke fiert sus la soie meimes, k'il ait aquasteit a Jaikemate la Vadoise, la fille Bescelin de Chambieres, en alluet, e. c. l. e. en l'a. l. d.

424 Jennas dou Mont d'Ars p. b. sus une maison ke siet ai Ars et sus tout lou resage, k'il ait aquasteit a Simonin Ferrant, lou fil Graiceteste d'Ars, e. c. l. e. en l'a. l. div.

---

[1]) *Durchgestrichen.*

425 Ferrias Jeuwes p. b. sus xxxv jornals ke terre ke box ke geisent ou ban d'Angodanges, k'il ait aquasteit a Waterin Poignant de Sueleuanges, permey teil droiture com li terre doit, e. c. l. e. en l'a. l. d.

426 Et si p. b. ancor sus 1 meu de vin de cens, k'il ait aquasteit a Charle de Maranges, sus une piece de vigne a Malpartux, entre Maranges et Pierevillers, e. c. l. e. en l'a. l. div.

427 Vguignons et Burnekins et Jennas, li troi fil Thiebat de l'Aitre, p. b. sus teil demme com Renals de Chenney avoit ou ban de Lorey deleis Saney, ke li vent de part Colate, sa femme, et sus teil contrewage com il lor en ait mis, k'il ont a lui aquasteit, e. c. l. e. en l'a. l. d.

428 Li sires Abris Yngrans p. b. sus la maison Pierabay, encoste Otenat lo poxor, et sus la maison davant ou li stainche est, et sus les II pieces de vigne eu rowe desor Tignomont, arreis Moreton, et sus can ki apant, k'il ait en wage de Pierabay, per escrit en arche, et permey teil cens com li eritages doit.

429 Li sires Thiebas Fakenels p. b. sus la maison Joffroit de Chastels en la Vigne S. Marcel, ke siet ensom l'osteil Thierit Corpel, et sus tot lou resage, et sus lou meis davant la maison, k'il ait a lui aquasteit, e. c. l. e. en l'a. l. d.

430 Et si p. b. ancor sus une piece de vigne en Foillut ou an contet II jornals, et sus une piece desoz Tignomont encoste Thiebat Pierabay, et sus une atre en Planteit encoste Matheu de Plapenille, ke Colins Batals fait a moitiet et sus une atre e Planteit encoste Abillate Jornee, et sus II xamels de vigne en la Chalaide encoste Chanpion, ke Thiebas Burrie fait a moitiet, et sus 1 jardin a Plapeuille et sus ceu ki apant, permey VII d. et une angevine de cens ke li moiterasce doit, k'il ait aquasteit a Poinsate, la fille Colin Moreton, e. c. l. e. en l'a. l. d.

431 Et si p. b. ancor li sires Thiebas desor dis sus tot l'eritage ke Waterins Boieus ait ou ban de Clowanges.

432 Et si p. b. ancor sus II[1]) jornals de vigne ou ban de Cloanges, encoste sa vigne meimes, k'il ait aquasteit a signor Thierit de Hatanges, en alluet, e. c. l. e. en l'a. l. d.

433 Lowias d'Abes p. b. sus x jornals de terre en IIII pieces ou ban de Marley, k'il ait aquasteit a signor Balduyn, lou preste de Nostre Dame as Martres, permey x d. de cens, e. c. l. e. en l'a. l. div.

---

[1]) II *verbessert aus* III.

434 Colins, li fils Matheu Marroit, p. b. sus la moitiet dou chakeur ke geist a Rongueuille ou ban d'Ansey, k'il ait aquasteit a Clemant, lou fil Arnolt lou Clope d'Ansey, en alluet, e. c. l. e. en l'a. l. d.

435 Poinsate, li fille Colin Bertadon, p. b. sus une maison en la rue lou Voweit, ke fut la marasce de Jerney, k'elle ait aquasteit as hoirs la marasce, permey demey meu de vin de cens.

436 Alars li corvesiers de Staisons p. b. sus i jornal de vigne ou ban de Vignueles, encoste Renaldin de Valieres, k'il ait aquasteit a Martin lou Barroit, permey teil cens com il en doit, e. c l. e. en l'a. l. d.

437 Jennas li Paie d'Ansey p. b. sus une maison ke siet ai Ansey, ou ban Arnolt Aixiet, et sus tot lou resage, k'il ait aquasteit a Piereson lou clerc, permey demey meu de vin de cens et une angevine.

438 Bertrans, li fils Malakin d'Ansey, p. b. sus une maison et sus une grainge ai Ansey, davant son osteil, et sus II jornals de vigne ou ban d'Ansey, k'il ait aquasteit a Jennat Noixe et a ces enfans, permey IX sestiers de vin de cens, e. c. l. e. en l'a. l. d.

439 Arnols li fils Gerart lou Riche d'Ansey, p. b. sus une maison ke siet en l'aitre ai Ansey, k'il ait aquasteit ai Aileit, la meire Jehan la Paie, et a Jehan, son fil, permey teil cens com elle doit, e. c. l. e. en l'a. l. d.

440 Hanrias li cordueniers p. b. sus demey jornal de vigne en Velleires et sus II jornals et demey de terre en Bordes, k'il ait aquasteit a Felepin, lou fil Thiefroit de Juxey, en alluet, e. c. l. e. an l'a. l. d.

441 Colins de Ste Rafine, li fils Abertin Danalleglise, p. b. sus une maison a Ste Rafine, ou ban signor Remey, k'il ait aquasteit a Thieriat de Molins lou pontenier, en alluet, e. c. l. e. en l'a. l. d.

442 Matheus Bouas et Marguerite, sa suer, p. b. sus une maison davant la porte S. Vicent, ke fut Waterin Borjois, et sus tot lo resage, k'il ait aquasteit ai Vgat, lo fil Thiebat de S. Vicentrue, permey XII s. IIII d. moins de cens, e. c. l. e. en l'a. l. d.

443 Odiliate, li fille Perrin de la Fosce, p. b. sus I jornal de vigne en Fairecort ou ban de Siey, ke li est delivreis en plait contre Gerardin, l'avelat signor Jehan Hochedeit d'Ars.

444 Arnols Maletrace de Ste Rafine p. b. por lui et por ces compaignons sus tot l'eritage k'il ont en waige de Richardin la Vaichate de Siey, ki lor est delivreis per droit et per jugemant.

445 Renaldins, li fils signor Geruaise de Lescey, p. b. por Jennat et Steuenin et Domangin, les III fils lou Poscant de Lescey, sus II pieces de vigne ou ban de Lescey, k'il ont aquasteit as hoirs Colate de Lescey, en alluet, e. c. l. e. en l'a. l. d.
446 Gocewins de Namur p. b. sus une maison ke siet a S. Arnolt, enson Champignueles, k'il ait aquasteit a Colignon de Marley, permey VII s. et demey de cens, e. c. l. e. en l'a. l. d.
447 Marguerite, li fille[1]) Alixandre de Weure, p. b. sus les XXX s. de cens ke Sibilie, li femme Simonin[2]) Bardel, li doit sus les maisons ator S. George, et[3]) sus XV s. de cens ke geisent sus l'osteil Howin Serkeu a pont des Mors, et sus les XIII s de cens sus l'osteil Waterin Marion en Franconrue, et sus VI s. et I·d. de cens ke geisent sus lou meis Harsant,[4]) la femme Renalt lou cherpentier, otre Moselle, et sus VIII s. de cens sus une maison et une grainge en Pousalrue, et sus III d. de cens sus l'osteil Jennat Denixe otre Moselle, k'elle ait aquasteit a dame Wibor, la priouse des Grans pucelles en la Vigne, et a convant, e. c. l. e. en l'a. l. div.
448 Li sires Jaikes de Nonuiant p. b. sus XI jornals de terre et sus I meu de vin de cens ke geist sus la maison Malevoie ou ban de Nonuiant, k'il ait aquasteit a Burtemin d'Onville, son serorge, e. c. l. e. en l'a. l. d.
449 Et si p. b. ancor sus teil eritage com il li est escheut de wagiere de part lou signor Gerart Gadat, ke geist on ban de Nonviant, dont li sires Jaikes est tenans.
450 Pieresons, li fils signor Ancel de Nonviant, p. b. sus la piece de vigne ke geist a S. Pierechamp ou ban de Nonviant, k'il ait aquasteit a Burtemin d'Onville, et sus tot l'eritage k'il ait a lui aquasteit, e. c. l. e. en l'a. l. d.
451 Felepins de Juxey p. b. sus une maison a Juxey et sus tot lou resage, k'il ait aquasteit a Biatrit, la femme Poinsin de la Vigne, et a Jaikemate, la fille Warin de Juxey, permey teil cens com elle doit, e. c. l. e. en l'a. l. d.
452 Jennas Geucels p. b. sus une maison a Lescey et sus une piece de vigne, et sus teil partie com Poinsenas, li avelas Colate de Lescey, ait en Boneviz, k'il ait a lui aquasteit, e. c. l. e. en l'a. l. d.

---

[1]) fille *übergeschrieben*, femme *durchgestrichen*.
[2]) Simonin *übergeschrieben*.
[3]) et *bis* pont des Mors *durchgestrichen*.
[4]) Harsant *übergeschrieben*.

453 Balduyns Barekels p. b. sus III jornals et demey de terre en Bordes ou ban de Juxey, k'il ait aquasteit a Felepin, lou fil Thiefroit de Juxey, en alluet, e. c. l. e. en l'a. l. d.
454 Li sires Esteuenes li prestes p. b. sus une piece de vigne ou an contet I jornal, ke geist en Brie ou ban S. Martin, k'il ait aquasteit a Marguerite et a Mathiate, les II filles Domangin Burchiet, perméy I sestier de vin de cens, e. c. l. e. en l'a. l. d.
455 Millas de Nonviant et Gerardins, ces freres, p. b. sus tot l'eritage ke Burtignons Paillas avoit ou ban de Nonviant, en vignes, en censes, en maisons, en meis, k'il ont a lui aquasteit, permey teil cens et teil droiture com il en doit, e. c. l. e. en l'a. l. d.
456 Androwas Jaleie p. b. sus les II pars d'un jornal de vigne ke geist ou ban de Plapeuille, k'il ait aquasteit a Poinsignon Moreton, permey VIIII d. de cens, e. c. l. e. en l'a. l. d.
457 Pieresons Chastelas p. b. sus une maison en Franconrue et sus tout lou resaige, et sus la grainge encoste Guersirion, k'il ait aquasteit a Jennate Blanche, permey XIIII s. de cens, e. c. l. e. en l'a. l. d.
458 Vguas li chandeliers p. b. sus une maison ke siet a pont des Mors, encoste l'osteil Jennat Brehier, k'il ait aquasteit a maistre Remey l'escolier, permey XIII s. de cens, e. c. l. e. en l'a. l. d.
459 Yngrans Forcons p. b. sus une piece de terre en Bordes desouz Vals, k'il ait aquasteit a Colignon, lou fil la marliere de S. Clemant, e. c. l. e. en l'a. l. d.
460 Guersirias, li fils Hanrit Lukin, p. b. sus tout l'eritage ke Vguignons, ces freres, ait ou ban de Lescey et de Chastels, ke li est delivres per droit, por tant com il ait paiet por Vguignon et por tant com il est an poinne por lui.
461 Herbins li meutiers p. b. sus VII s. de cens ke geisent sus une maison en la rue lou Voweit, ensom Jenin Charrate, k'il ait aquasteit a Jennat Tortehuve, e. c. l. e. en l'a. l. d.
462 Maheus Morels p. b. por la chiese Deu dou Tample sus Cunegate de Reseruelles et sus ces enfans, k'il ait aquasteit a Jaikemin Grifon, e. c. l. e. en l'a. l. d.
463 Et si p. b. ancor por la chiese Deu desor dite sus Heiluyt de Lescey, la femme Bescelin Wandelart, et sus ces enfans, et sus Gerart, lo frere Heiluyt, et sus la moitiet de ces enfans, et sus Ailison, la suer Heiluyt, et sus la moitiet de ces enfans, k'il ait aquasteit a Wernier Lohier et a dame Aileit d'Ansey, e. c. l. e. an l'a. l. d.

464 Et si p. b. ancor por la chiese Deu desor dite sus ceu ke li
dame de l'Aitre ot en Mateu, lou fil Chardenel, k'il ait aquasteit a Hanrit de Strabor et a Palerin de Croney, e. c. l. e.
en l'a. l. d.

465 Nicoles li Gronais p. b. por l'eglise de Gorze sus la moitiet
dou ban de Burey, ke siet ou ban de Wauille ou val de Mait,
k'il ait aquasteit a Warneson, lou fil Warin de Wauille, e. c.
l. e. en l'a. l. d.

466 Matheus Baicheleirs p. b. sus II jornals et demey de terre ke
geisent ou ban d'Escey, k'il ait aquasteit a Simonat lou potier
de Franconrue, en alluet, e. c. l. e. en l'a. l. div.

467 Colignons Facols p. b. sus II pieces de vigne dont li une geist
en la Bruere arreis sa vigne meimes et li atre arreis Drowat
Guepe ou ban d'Ars, k'il ait aquasteit a Poinsignon Chaneviere
d'Ars, en aluet, e. c. l. e. en l'a. l. d.

468 Et si p. b. ancor sus I jornal de vigne ou ban S. Martin c'on
dist ou Preit, et sus demey jornal en Mont, deleis Thomessat
lou Noir, et sus demey jornal en Bernartxamelle, k'il ait aquasteit a Belleamie, la femme Richart Mauaiseteste d'Ars, permey
XIIII sestieres de vin de cens, e. c. l. e. en l'a. l. div.

469 Li sires Aubers li Xauins et Aubrias, ces freres, p. b. sus LX s.
de mt. de cens XII d. moins ke geisent ou ban de Moulins et
de Siey, k'il ont aquasteit a signor Meneschiet de Forchiet, e.
c. l. e. en l'a. l. d.

470 Jaikemins Fakenels p. b. sus tout l'eritage ke Cunemans d'Ennerey avoit ou ban de Haueconcort et de Talanges et de
Maxeres et de Moncort, en chans, en preis, en censes et en tot
atre eritage, k'il ait a lui aquasteit, e. c. l. e. en l'a. l. d.

471 Colins d'Espinals p. b. sus teil partie com Colins Facans et
Marguerons, sa femme, et Pieresons Pillaisce et Jehans, ces
freres, li dui fil Margueron, avoient en la halte maison a
Maxeres et en la maixere encoste, et en totes les terres et en toz
les preis ke furent Jehan Soupe, ke geisent ou ban de Maixeres,
k'il ait aquasteit ai ous, permey VII d. et maille et demey
bichat de bleif de cens, e. c. l. e. en l'a. l. div.

472 Ysambars Truillars p. b. sus la maison ke fut signor Richart
lou preste, lo fil Piereabay, ke siet en Chambieres, encoste
l'osteil Abertin Miole, ke li est delivreie per droit et per
jugement, por tant com li sires Richars et Thiebas, ces freres,
avoient a fare ay signor Ysambart Gouion et a dame Amie,

sa femme, per escris en arche, dont li escrit sont delivre a Ysambart devant dit.
473 Jaikemins Faxins p. b. sus XXII s. de cens ke geisent sus II jornals de vigne a Plapeuille, s'an doit Mateus de Plapeuille XI s. et Pierexels li tonneliers XI s., k'il ait aquasteit a Jaikemin Xolare, e. c. l. e. en l'a. l. d.
474 Steuenins Gouions p. b.[1]

[1] *474 ist nicht ausgefüllt.*

1281 [1])

1* Ce sont li. ban de paikes. An lai mairie de Porsaillis:
1 Jennins Bolande prant ban sus la mason Paillairt, lou fil Jennat Gohier, ke siet a Maiselles, qu'il ait aquasteit a lui maismes, per mei v s. de cens, e. com l. e. en l'ai. l. dv.[2])
2 Perrins de Saint Clemant p. b. sus demei jornal de vigne ke siet a S. Clemant, qu'il ait aquasteit a Theiriat Houwat, per mei teil sans com il an doit, e. com l. e. en l'ai. l. dv.
3 Brillairs de Courcelles p. b. sus II jornas de terre ke geisent a la Ronxe, et sus I jornal ke geist an Retonchamp, et sus demei jor sus Rouseire et sus demei jor a la Ronxe, qu'il ait aquasteit a Sefiate, la femme Lowiat lou cherpantier dou pont [de]s Mors ke fut, per mei teil [dr]oiture co[m tou]s cist eritages [doit, e. c. l. e. en l'ai. l. dv.][3])
4 Geilas li Bels p. b. sus III jornals de terre airure ke geisent sus lou chaimin Saneras, ancoste Joffroit Boilawe, qu'il ait aquasteit a Merguerate, la femme Jennin Couvee ke fut, en alluet, e. com l. e. en l'ai. l. dv.
5 Morisas de Hulou p. b. sus une piece de vigne ke geist devant Glaruielle, ancoste Aurouwin Herbet, per mei IIII d. de sans, et sus III jornas de terre, dont li une geist ancoste Pierexel Bontedeu, et li autre ancoste Badouwin Bugle, et li autre ancoste Colin lou Borgne, per mei III d. de cens, qu'il ait aquasteit a Lowiat lou Vilain, e. com l. e. en l'ai. l. dv.

---

[1]) *Es ist die Rolle, die Prost, Régime ancien de la propriété, S. 80, als „un fragment sans date" des 13. Jahrhunderts bezeichnet. Es fehlen ihr die Ostereinträge von Porte Moselle, also nur das erste Blatt, aber gerade dasjenige, das am Kopf die Jahreszahl trug. Nun sind zu den vier Einträgen 286 und 430, 278 und 548 die Kaufverträge im Original oder in alter Abschrift erhalten, zu den zwei ersten in der Pariser Nationalbibliothek, Lorr. 971 No. 23, 24, 25 (gedruckt bei De Wailly, Notices et extraits No. 219, 220, 221) und zu den zwei anderen im Metzer Bez.-Archiv, G. 860 und Coll. Phil. Nachträge. Da die Verträge 1281 geschlossen sind, gehört auch die Rolle diesem Jahre an. Schöffenmeister war damals sires Pieres Graicecher.*

[2]) e. com l. e. en l'ai. l. dv. = ensi com li escris en l'airche lou deviset. *Weiter unten ist* a. = ansi, l'a. = l'arche, d. = dist, div. = diviset, c. *ist abgekürztes* com *oder* con.

[3]) *Die rechte Seite des Pergamentblattes ist stark beschädigt.*

6 Gerardins Mouxins p. b. sus une mason ke siet an la rouwe dou Preit, qu'il ait aquasteit a Vguignon Renoiedeu, per mei xv s. de met. de cens, e. com l. e. en l'ai. l. dv.

7 Jaikelos de Courlandac p. b. sus une mason ke siet devant les Cordelieres, ke li est ancheute per droit et per jugemant, per mei xxx s. de met. de sans, et pour tant com il est randeires, per escrit en airche, por Ansillon, son janre, et por tant com il li doit, per escris en airche et sans escrit.

8 Maithias, li janres Roboan, p. b. sus une mason ke siet an la Grant rouwe d'Outre Salle, devant l'osteil Jehan Courbel, qu'il ait aquasteit a l'abbeit et a covant de Saint Clemant, per mei xl s. de met. de sans, e. com l. e. en l'ai. l. dv.

9 Jennas dou Mont d'Airs p. b. sus les v meues de vin ke Hanrekelz de Joiey, li filz Milat ke fut, dovoit a Idate la Vadoise, ke Jennas desour dis ait aquasteit a Idate desour dite, e. com l. e. en l'ai. l. dv.

10 Gerardins li Bagues, li sergens Thiebaut Fakenel, p. b. sus jor et demei de vigne ke siet an Montain, ancoste Jennat lou Mossu, qu'il ait aquasteit a Jennat Quequier, per mei v s. de met. de sans, et e. com l. e. en l'ai l. dv.

11 Felepins, li filz Jennin de Moince, p. b. sus une mason ke siet ancoste lai grainge Berteran Gemel, qu'il ait aquasteit a Burtemin Mouretel et a Houwin d'Aioncourt, per mei xiii s. de met. de sans, et e. com l. e. en l'ai. l. dv.

12 Escelins li chaivriers de la Vigne S. Auol p. b. sus viii s. de met. de sans ke geisent sus la mason Thiele lou covresey, ke maint an Chaponruwe, et sus i stal ke Thieles devant dis ait an Visegnues, qu'il ait aquasteit a lui maismes, en alluet, e. com l. e. en l'ai. l. dv.

13 Jehans li massons de Taisey p. b. sus une grainge et sus tout lou resaige qui apant ke fut Steuenin Fransoi, ke siet ou Champel ancoste la stuve, qu'il ait aquasteit a signor Hanrit, lou preste de S. Eukaire, et a Sebeliate, la femme Steuenin Fransoi lou mairexal, per mei vi d. de sans et ii chapons, et e. com l. e. en l'ai. l. dv.

14 Li sires Jehans li prestes, li saleriers l'arcediacre Bertoul, p. b. sus les iii partie d'un jornal de vigne ke geist an Peluchegeline, ansom la vigne Lowiat d'Aubes lou boulangier, qu'il ait aquasteit a Benoitin de Saint Thiebaut, per mei iii s. de cens, et e. com l. e. en l'a. l. dv.

15 Colate d'Ozey p. b. sus I jornal de vigne ke geist a Coincey, ancoste Hawit la Hireciee, qu'il ait aquasteit a Xandrin Jaikemat, en alluet, et e. com l. e. en l'ai. l. dv.

16 Colignons, li filz Willame de Cuuerey, p. b. sus une mason ke siet a S. Arnoult et sus tout lou resaige qui apant, que fut Eurion de Haistrise, qu'il ait aquasteit a Theiriat Champignuelle lou covresier de S. Arnoult, per mei teil sans com ille doit, et e. com l. e. en l'ai. l. dv.

17 Perrins Jacob p. b. sus III quarterons de vigne ke geisent ou ban Saint Clemant, c'on dist an Planteit d'Ernauille, qu'il ait aquasteit a Thiebaut Bernaige, en alluet, et e. com l. e. en l'ai. l. dv.

18 Poinsignons et Aidenas d'Abigney p. b. sus une mason en la ruwe des Allemans, qu'il ait aquasteit a Burtemin de Witoncourt, per mei IIII s. de sans, et e. com l. e. en l'ai. l. dv.

19 Ansillons Chopairs p. b. sus une piece de vigne ke geist an la crowee Saint Syforijen ou ban de Montigney, et sus XII d. de sans ke Poietes de Montigney li doit sus la piece de meis ensom la vigne, qu'il ait aquasteit a Bueuat devant dit,[1]) per mei IIII s. de met. de sans, et e. com l. e. en l'ai. l. dv.

20 Et ce prant ancor ban sus I jornal de vigne que geist an Andreuat, qu'il eit aquasteit a Coinrairt Piat, per mei VII s. de met. de sans, et a. com l. e. en l'ai. l. dv.

21 Felepins Gueile li vieciers p. b. sus une mason ke siet devant l'osteil signor Ferrit de Porte Cerpenoise que fut, qu'il ait aquasteit a Maitheu Maithelo, per mei XV s. de met. de sans, et e. com l. e. en l'ai. l. dv.

22 Goudefrins Boilawe p. b. sus une piece de vigne ke Colignons Boilawe, ces freres, avoit a Coincey, apres la vigne lou signor Nicolle Fakenel, k'il ait eschaingiet a Colignon, son frere, per mei II et maille[2]) de[3]) sans, an teil maniere ke Coligno[n]s redoit avoir ancontre les XX s. et II et maille de sans ke Goudefrins avoit sus une piece de vigne an Glaruielle, ke dame Bietris de Pertes tient, et e. com l. e. en l'ai. l. dv.

---

[1]) Buevat *ist vorher nicht genannt. Der Name kommt sonst nicht vor, wohl* Buevelat. *Ein* Bouas *ist erwähnt 1262, 361, und 1275, 220. Ueber Gleichheit oder Verschiedenheit der Personen lässt sich eine Angabe nicht machen.*

[2]) *Das* d*-Zeichen fehlt, wie gleich darauf und 1281, 75.*

[3]) *Vorlage* dej, *das* j *ist deutlich und nachträglich hinzugefügt.*

23 Poinsignons Fakenelz p. b. sus lai moitiet de la mason et de tout lou resaige qui apant ke siet devant la fontainne,[1]) ke fut Steuenin, son peire, qu'il ait espartit ancontre ces hoirs, per mei teil sans com li moitiet de la mason et dou resaige doit.

24 Et ce prant b. ancor sus l'autre moitiet de lai mason devant dite et de tout lou resaige qui apant, qu'il [ait] aquasteit a Jehan, son frere, per mei teil sans com celle meisme mason doit, et e. com l. e. en l'ai. l. dv.

25 Idate et Perrate, les II filles Steuenin Fakenel ke fut, p. b. sus VII jornal de vigne, en une piece, ke geisent an Planteires an Abertrouelle, et sus XXX s. de met. de sans ke geisent sus la mason Hanriat de Vyterei lou tainour an la Vigne S. Auol, k'elles ont espartit ancontre lour hoirs, per mei teil sans com li VII jornals de vigne desour dis doient.

26 Jaikemate et Marguerel, les II filles Jaikemin Bicheir, p. b. sus la mason ke fut Watrin Hainmignon, ke siet an Chaiuerelruwe, k'elles ont aquasteit a frere Richairt de la court de Vileirs, per mei XIIII s. de premier sans ke li masons doit a Roienate, la fill[e] Arnoult lou Roi, et per mei v s. ke cis de Vileirs i ont, et per mei II s. ke li eglise de Saint Martin en Curtis i at, e. com l. e. en l'ai. l. dv.

27 Dame Bietris de Thionville prant b. sus une mason ke siet an Chaiuerelruwe, k'elle ait aquasteit a Jennat Mourel ke fait les pourpoins, per mei XX s. de met. de sans ke li masons doit a Nostre Dame aus Chans, et e. com l. e. en l'ai. l. dv.

28 Lorans de Xanuille dou Champel p. b. su[s] la mason ke fut Ruecelin lou boulangier, ke siet ou Haut Champel, devant l'osteil lou freire Warrel, qu'il ait aquasteit aus anfans Ruecelin devant dit, per mei VIIII s. ke li ospitas dou Nuefbourc i ait, et e. com [l. e.][2])

29 Jennas Tallelaigne p. b. sus la mason ke fut lou signor Watier lou preste, ke siet ancoste Nostre Dame as Chans, k'il eit aquasteit aus maistres et aus freires de l'ospital S. Nicolais ou Nuefbourc, per mei XVI s. de met. de sans k'il lour an doit, et e. com l. e. l. [dv.]

30 Androuas li maires p. b. pour l'ospital S. Nicolais ou Nuefbourc sus XXX s. de met. de sans ke geisent sus II masons ke sieent

---

[1]) ou Nuefbourc, v. *1281, 418.*
[2]) *Schluss fehlt, Zeile zu Ende, v. 1281, 52.*

outre Salle, devant l'osteil signor Felippe d'Aix, ke li maistre
et li frere de l'ospital ou Nuefbourc ont aquasteit a dame Drude,¹)
la femme signor M[a]the[u de] Chambre ke fut, qu'il maismes li
dovoient, e. com l. e. en l'ai. l. dv.

31 Symonas et Loransas p. b. sus une piece de vigne ke geist an
la Pretaille ancoste la vigne signor Thiebaut Fakenel, qu'il ont
aquasteit a Lowiat et a Perrenat et a Theiriat et a Gueperate,
les IIII anfans Allexandre Bouxon, per mei III s. de met. de sans,
et e. c[om l. e. en l'ai. l. dv.]

32 Houwas de Conmercey p. b. sus II staus an lai vies halle des
permantiers an Visegnues, qu'il eit aquasteit a Donmangin
Boucherel, en alluet, e. com l. e. en l'ai. l. dv.

33 Maithions Maitelos li permantiers p. b. sus XL s. de met. de cens
ke geisent sus la mason Maithion maismes ou il maint, ke siet
an S. Martinruwe, qu'il ait aquasteit a Geilat lou viecer de
Saint Martinruwe, e. com l. e. en l'ai. l. dv.²)

34 Theirias, li filz Lambelin lou tornor, p. b. sus III s. de met. de
cens ke geisent sus lai mason Jennat Caillefairt an Maizelles,
et sus tout lou resaige qui apant jusc'a Saille, qu'il ait aqua-
steit a Colignon lou Vake lou covresier, e. com l. e. en l'ai.
[l. dv.]

35 Willermins, li filz Lambelin lou tornour ke fut, p. b. por lui et
por Theiriat et Symonin, ces II freres, et por Cezeliate et Colate,
ces II serours, sus XV s. de met. de sans ke geisent sus la
mason ke fut Weirit lou courrijer de Sanerie, ke siet devant
la vote .... ancoste Goidemant l'awillier, qu'il ont
aquasteit a signor Hanrit, lou preste de S. Eukaire, et a
Sebelia[te], la femme Steuenin Fransoi lou mairexal ke fut, e.
com l. e. en l'ai. l. dv.

36 Abertins Gallios p. b. sus une mason ke siet ancoste lui meismes,
k'il eit an waige de Jaikemin Roboan, per mei teil sans com
li masons doit, et e. com l. e. en l'ai. l. dv.

37 Geilas li vieciers p. b. sus XL s. de met. de sans ke geisent sus
l'osteil Maithion Maitelo lou permantier,³) et sus une mason an
Anglemur, k'il eit eschaingiet a l'abbeit et a covant de S. Martin
a la Glandere, e. com l. e. en l'ai. l. dv.

---
¹) Drude *übergeschrieben*, Douce *durchgestrichen*.
²) v. 1281, 37.
³) v. 1281, 33.

38 Li sires Nicolles de Strabourc et Hanris et Jehans et Thiebaus, li IIII enfans signor Poinson de Strabourc, p. b. sus la mason Poujoise Trullairt, lou fil Jehan Trullairt ke fut, et sus tout lou resaige ki apant, ke siet antre l'osteil Burnekin et l'osteil ...., k'il ont aquasteit a lui, en alluet, et e. com l. e. en l'ai. l. dv.

39 Lowias Chaimeure p. b. sus une tavle an Vies Chainges, qu'il ait aquasteit a Wichairt de lai Court, per mei XXXII d. de sans, et e. com l. e. en l'ai. l. dv.

40 Jaikemins Jalee p. b. sus XI s. de met. de sans ke geisent sus II stas an lai halle des permantiers, ancoste l'ostel Poinsignon lou Gronnaix, qu'il ait aquasteit a Jaikemin Barroit, et e. com l. e. en l'ai. l. dv.

41 Steuenins Fourkons p. b. sus teil partie com Thiebaus, ces freres, avoit ou grant pois de Porsallis, qu'il eit aquasteit a Thiebaut devant dit, et e. com l. e. en l'ai. l. dv.

42 Remions Ruece p. b. sus une vies tavle an Vies Chainge et sus tout lou resaige ki apant, qu'il ait aquasteit a Perrin lou Moinne, per mei VI s. de met. de sans, et e. com l. e. en l'ai. l. dv.

43 Symonas Bobille p. b. sus les XX s. de met. de cens ke geisent sus la grainge ke fut Steuenin Fransoi, ke siet ou Champel, de coste la stuve, qu'il ait aquasteit a signor Hanrit, lou preste de Saint Eukaire, et a Sebeliate, la femme Steuenin Fransoi lou marexal ke fut, et e. com l. e. en l'ai. l. dv.

44 Et ce prant p. b. ancor sus XVI d. [de] met. de sans ke geisent sus II jornal de terre airure deleis lou Chenol an Maillemairs, qu'il ait aquasteit a Geilat, lou nevout Perrignon ke maint a Vy, et e. com l. e. en l'ai. l. dv.

45 Jennas li Creusies, li maistre des drapours, p. b. pour lui et pour ces conpaignons sus V s. de met. de sans ke geisent sus une mason ke siet ancoste l'osteil Collin¹) d'Airs, et sus tout lou resaige qui apant, k'il ont aquasteit a la femne Mennekin ke fut, e. com l. e. en l'ai. l. [dv.]

46 Maitheus Migomairs p. b. sus les II masons ke furent Jaikemin dou Paire, ke sieent ancoste la sienne mason maismes, qu'il ait aquasteit a Aubert, lou janre Jaikemin devant dit, per mei XXIIII s. de met. de sans, et e. com l. e. en l'ai. l. dv.

---

¹) Collin *auf Rasur, die für zwei Buchstaben mehr Platz hat.*

47 Jaikemins Frankignons p. b. sus xx s. de met. de cens ke geisent sus lai mason ke fut Steuenin Fakenel, ke siet devant la fontainne,¹) et sus lai grainge daier et sus kant ki apant, et sus une tavle an Nues Chainges, ke li sont venut conxeuwant de pair Steuenin Fakenel, son seur, et per mei teil cens com li tavle ²) doit.

48 Dame Saire, li meire Symonin Cheualat, p. b. sus III s. de cens ke geisent sus la mason ke fut Jehan lou lavor, ke siet an la Nueve ruwe, qu'il ait aquasteit a Hanriat, lou fil Jehan lou lavor, apres v s. et demei de cens k'ille i ait devanteriennemant, et e. com l. e. en l'ai. l. dv.

49 Symonins Chiualas p. b. sus la mason ke fut Clodin Rouel, ke siet apres la mason dame Saire, la meire Symonin devant dit, qu'il ait aquasteit a Haiche lou chavrier, per mei VII s. et demei de cens, et e. com l. e. en l'ai. l. d.

50 Symonins li meutiers p. b. sus x jornals de terre, ke geisent an Hem, an II pieces, qu'il ait aquasteit a Werneson chivelier de Gorze, per mei teil sans com il doient, et e. com l. e. en l'ai. l. dv.

51 Jennas de Rouzeruelle p. b. por la chieze Deu de Moremont sus xx s. de met. de cens ke geisent sus la mason ke fut Jehan l'Alemant, apres VI s. de cens ke cil de S. Auol i ont, qu'il ont aquasteit a dame Abillate, la fille Jehan l'Alemant, et e. com l. e. en l'ai. l. dv.

52 Et ce prant anco[r] ban sus x s. de met. de sans ke geisent sus la mason Coinrrart de la stuve ou Champ a Salle, k'il ont aquasteit a Jennat Mourel, et e. com l. e. ³)

53 Et ce prant ancor ban sus VIII s. III d. moins de cens, s'an geisent sus la mason Lietair de la Stuve IIII s. III d. moins, et sus la mason Theirion lou cherpantier ke fut IIII s., qu'il ait aquasteit a Jaikemin Pallerin, et e. com l. e. en l'ai. l. dv.

54 Et ce prant ancor bans sus XII s. de cens ke geisent sus une vote ke geist an Sanerie, ke Bertes li courrijers tient, qu'il ait aquasteit a Idate et a Contasse, sai suer, les II filles Chalongel, et e. com l. e. en l'ai. l. d.

55 Jennas li Erbiers p. b. sus III jornals de terre airure ke geisent an la fin d'Abigney, deleis 1 boix Colin Hunebor c'on dist an

---

¹) ou Nuefborc, *v. 1281, 418.*
²) *Vor* tavle *ist* mason doit *durchgestrichen.*
³) *Mit* escris *ist der Satz mitten in der Zeile abgebrochen.*

Thomessairt, qu'il ait aquasteit a Hanrit de Sallebruche, ke maint a Burney, et a Armaujate, sa femme, en alluet, et e. com l. e. en l'ai. l. dv.

56 Li sires Jehans de S. Polcourt p. b. sus une part an lai halle an Visegnues et sus kant ki apant, ke siet ancoste Phelepin lou xaving, k'il ait aquasteit a Hanriat de Noweroit et a Marguerate, sai suer, et e. com l. e. en l'ai. l. dv.

57 ¹) Maitheus, li aveles Jaikemate, la femme Gerardin Traicoixe, p. b. sus une mason ke siet a Porsallis, ancoste la mason Callemiche ke fut, qu'il ait aquasteit a Poinsignon Chalon, per mei xxxvııı s. de met. de sans, et e. com l. e. en l'ai. l. dv.

58 Poinsignons li prestes, li filz signor Huon Graicecher ke fut, p. b. por les Cordelieres sus vıı s. ııı d. moins de cens ke geisent sus ıı masons an Chaponruwe, ke furent signor Otton de Coligney, k'il ait aquasteit a Arnoult, lou fil Watier de Nowilley, e. com l. [e.] en l'ai. l. dv,

59 Burtemins Mouretels p. b. sus xxx s. de met. de cens de premier cens ke geisent sus la mason ancoste sa mason meisme, ke fut Joffroit Malcheual, qu'il ait aquasteit a Boilo de Lieons, lou fil Robin de Lieons ke fut, e. com l. e. en l'ai. l. dv. ²)

60 Et si p. b. ancor sus xx s. de met. de cens k̇e geisent sus l'osteil Thonmaissin Fernagut, et sus ı jornal de vigne an Mallemairs, et sus xıı d. de cens ke geisent sus ı jornal de terre an Mallemairs, qu'il ait aquasteit a Poinsignon, lou fil Poinsignon Mine ke fut, e. com. l. e. en l'ai. lo d.

61 ³) Vguignons Hunebor p. b. sus tout l'eritage ke Bietris, sai suer, ait de pair lei et de pair Poujoise, son marit ke fut, en tous us, ou qu'il soit, por tant com Poujoise desour dis li doit, per escris en airche, et pour tant com Poujoise doit a autrui,
5 per escris en airche, dont li escris sont delivreis a Vguignon desour dit, et pour tant com Bietris desour dite doit a Vguignon, per escris en airche, et pour tant com Vguignons ait paiet por lei, per escris en airche, et por tant com elle doit a atrui, per escris en airche, dont li escris sont delivreis a Vguignon desour
10 dit, ke li est delivreis per droit et per jugemant, et dont il est tenans per mei sai delivrance.

---
¹) *Durchgestrichen.*
²) *v. 1281, 253; 1293, 80.*
³) *= 1281, 148.*

62 Richairs de Soignes p. b. sus une mason ke siet an la Vigne
S. Auol, ancoste l'osteil Jennat Xairo, qu'il ait aquasteit a
Guenordin lou tainor de la Vigne S. Auol, per mei xx s. ke li
ospitalz i ait de premier cens,[1]) et e. com l. e. en l'ai. l. dv.

63 Lowias Monins p. b. sus une piece de terre airure ke geist an
Virkilley, ancoste lui meismes, qu'il [ait] aquasteit a Sansonat,
lou fil Adan lai Vaille, en alluet, et e. com l. e. en l'ai. l. dv.

64 Baduwins de Jussey p. b. sus une mason an Maiselles, ancoste
l'osteil Jennat Boukerel, qu'il ait aquasteit a Lowiat de Bason-
court, per mei xvii s. de cens, et e. com l. e. en l'ai. l. dv.

65 Theirias, li baillis dou Val, p. b. sus jor et demei de terre
airure ke fiert sus lou champ Bugliat, a Grant Fouceit, qu'il
[ait] aquasteit a Maitheu de Mairley, en alluet, et e. com l. e.
en l'ai. l. dv.

66 Witiers, li filz Martin Torche, p. b. sus une piece de vigne et
sus i champ ancoste la vigne meisme ke geist an Challosit,
ancoste Houwignon lou feivre, qu'il [ait] aquasteit as oirs Jennin
de Nancey, per mei i d. de cens, et e. com l. e. en l'ai. l. dv.

67 Thieles de Chaponruwe p. b. sus lou tiers d'une mason et sus
tout lou ressaige qui apant ke siet an Chaiponruwe, qu'il [ait]
aquasteit a Jennat, lou fil Renbaut ke fut, per mei teil cens
com cist tiers doit, et e. com l. e. en l'ai. l. dv.

68 Joffrois Bonnairs p. b. sus vi s. de cens ke geisent sus la
mason Jennat Crafillon, ancoste la mason Hanelot Tribolat, an
Sanerie, qu'il ait aquasteit a Jennat devant dit, apres les xxv s.
de cens ke li masons doit a signor Cunon devantriennemant, et
e. c. l. e. en l'ai. l. dv.

69 Jehans, li filz Eurion lou saiblier, p. b. por lui et por ces
freres sus teil partie com Hanrias Bouchiers avoit en l'eritaige
Euriat lou saiblier, son seur, qu'il ait aquasteit a lui, e. com
l. e. en l'ai. l. dv.

70 Renals li clers, li filz Fakignon de Vy, p. b. sus xxxviii s. et
demei de sans, dont il an geist viii s. sus une piece de vigne
et x s. lai meisme sus ii pieces de vigne ke Boinvallas li olijers
tient, et viii s. sus une piece de vigne ke siet a Chene et [vi
s. sus] une piece de vigne a Chene devant dit, et vi s. sus une
autre piece de vig[n]e, et vi d. sus un quarteron de vigne, qu'il
ait aquasteit a Berteran lou clerc et a Aileit et a Marguerate

---

[1]) ke li ospitalz *bis* cens *übergeschrieben*.

et a Ansillon et a Weirion, les enfans Avrouwin Chaiboce ke fut, et e. [com l.] e. en l'ai. [l. dv.]

71 Jaikemins li taileirs p. b. por l'abbeit et por lou covant de l'Ile an Barois sus xv s. de met. de sans ke geisent sus une grainge et sus une maison ancoste S. Estene lou Depaineit, après II s. de met. de sans ke li grainge et li masons doient a sous de S. Auol, de premier sans, qu'il ait aquasteit a dame Abillate, la femme Bonnel, ke fut fille Jehan l'Alemant, e. com l. e. en l'ai. l. dv.

72 Jennas Ferris et Colins, ces freres, p. b. sus teil partie com Ferris, lour freres, avoit an XII s. de cens ke geisent sus II staus an la halle des tainours ou Champ a Salle, et sus teil partie com il avoit d'airitage a S. Avol, et sus teil partie com il avoit d'er[itage] ou ban de Malvileirs et ou preit d'Altewilre, qu'il ont aquasteit a Ferrit devant dit, per mei[1]) teil sans com il an doit et teil droiture, e. com l. e. en l'ai. l. dv.

73 Li sires Escelins, prestes de Nommeney, p. b. sus tout l'eritage ke Lorans li aboulestriers de Merdeney ét Lowiate, sa femme, ont ou ban de franc mon signor Jehan de Morey et ou ban signor Renalt de Jandelaincort, an tous us et an toutes manieres, qu'il ait aquasteit a ous, per mei teil sans com il an doit, et e. com l. e. en l'ai. l. dv.

74 Berthelos p. b. pour la chiese Deu de S. Martin a la Glandeire sus XL s. de met. de sans ke geisent sus la maison Geilat lou viecier, ke siet an S. Martinruwe, et sus tout lou resaige ki apant, et sus tout l'eritaige k'i[l] ait ou ban de S. Martin a la Glandeire, e. com l. e. en l'ai. l. dv.

75 Jennas Chaiuresons p. b. sus II pieces de vigne ke geisent a Maircey ou ban S. Sauour, k'il ait aquasteit a Abillate la Novelate, per mei II et maille c'on an dovoit a Jehan devant dit, e. com l. e. en l'ai. l. dv.

76 Et ce prant bans ancor pour lui et pour lou signor Rigaut, lou coustre dou Grant Moustier, sus tout l'eritage Renalt, lou fil signor Arnoult de Porsallis ke fut, k'il avoit ou ban de Courcelle et ou ban S. Remey, por tant com Jennas dovoit a Nicolle Gemel, l'escrit en l'airche, dont li escris lour sont delivres, et dont il sont bien tenans.

77 Jehans, li nies Theiriat lou chasour, p. b. sus une mason ke siet an lai plaice, devant l'ostel Jaike Grandeu ke fut, k'il ait

---

[1]) *Vorlage* per meil.

aquasteit a Theiriat, son oncle, per mei teil sans com il an doit, et e. com l. e. en l'ai. l. dv.

78 Jennetes p. b. sus vii chapons et une geline et sus l'eutime dou molin ke siet a Abecort, qu'il ait aquasteit a Burthemin de S. Eiure, lou fil lou signor Willame d'Alexei ke fut, en aluet, et e. c. l. e. en l'ai. l. dv.

79 Perrins, li nevous Willame lou Lonbairt, p. b. sus une mason ke siet a Porsallis, ke ciet an coste l'osteil ke fut Godignon l'especier, qu'il ait aquasteit a Willermin lou gaieneir, per mei teil sans com [li masons] doit, et e. c. l. e. en l'ai. l. devise.

80 Li sires Pieres, preste de S. Supplise, p. b. sus une mason ke siet a l'antree dou Champel, ke fut Theiriat Mordant, qu'il ait aquasteit pour l'eglise S. Suplise aus oirs Theiriat devant dit, e. c. l. e. en l'ai. l. dv.

81 Poinsignons, li filz Colin de Champelz ke fut, p. b. sus ii jornals de vigne ke geisent en Ospreis, et sus xvi jornals de terre ke geisent an Belvoit, et sus vi s. de cens ke geisent sus la mason Anelin de lai Chainal, et sus iiii s. et demei de cens ke geisent sus une vigne an Keuleu, k'il ait aquasteit a dame Martenate, la femme Jennin Bellegoule ke fut, e. com l. e. en l'ai. l. dv.

82 Luckins Chameure p. b. sus tout l'eritage ke Thiebaus, li filz Jaikemat¹) Lohier, eit ou ban de Fais et ou ban de Cronney et ou ban de Sommey et ou ban de Mairley, ke li est venus conxevant de pair Ainel, sai femme, ke li est delivres an plait, per mei teil sans et teil droiture com tous cist eritaiges doit.

83 ²) Perrins, li filz Alexandre lou permanteir, p. b. sus une maison ke fut Aileit la Burlewainne, ke siet an la rowe des Boins Enfans, encoste la maison maistre Poence, ke Likate, li fille Hanrit de Bunees, li ait aquiteit en plait, por teil cens com li maisons li dovoit.

84 Ansels de Valiere p. b. sus les iii pairs d'une mason ke siet a Airs, ancoste la mason Theiriat Ferrant, qu'il ait aquasteit a Poinsignon Poulain, per mei i d. de sans, e. c. l. e. en l'ai. l. dv.

85 Peccate, li fille Arnoult Chaineueire, p. b. sus vii ³) jornals de vigne et sus ii chakeurs et sus xviiii s. et iiii chapons de sans ke Idate, sai suer, avoit ou ban de Joiey, k'elle ait aquasteit

---

¹) *Vorlage* Jaikemas.

²) *Der Eintrag 83 fängt in der zweiten Zeile von 82 an, er ist von Schreiber 3 hinzugefügt.*

³) Peccate *bis* vii *auf Rasur.*

a lei, per mei teil sans et teil droiture com tous cist eritages doit, et e. com l. e. en l'ai. l. dv.

86 Idate, li fille Arnoult Chaineueire, p. b. sus c s. de met. de cens et sus v meues de vin ke Peccate, sai suer, li doit, toute sai vie, sus tout l'eritage qu'il[le] ait aquasteit a Idate devant dite, et sus iiii lb. de met. de sans, dont il an geist xl s. sus la mason ke fut Maiheut des Airuolz, et xx s. sus la mason Aidenat de Porte Cerpenoise, et xx s. sus une mason a pont Rainmont, et sus tout l'eritaige ke Peccate eit, en tous us, ou qu'il soit, e. c. l. e. en l'ai. l. dv.

87 Dame Clemance, li femme Thiebaut Lohier ke fut, p. b. sus les ii jornals de vigne ke furent Bellegoule, ke geisent an Keupoi, ancoste la vigne Martin Meche, et sus iii jornals de terre airure ke geisent a Grant chamin, deleis la terre lou Bel, ke furent Bellegoule, k'il[le] ait aquasteit a dame Martenate, la femme Bellegoule, per mei teil sans com cist eritages doit, et e. c. l. e. en l'ai. l. dv.

88 Sefiate, li femme Perrin Mairasce ke fut, p. b. sus la mason ou ille maint et sus tout lou resaige qui apant, ke li est delivre per droit et per jugemant ancontre lou signor Willame de la Court, pour lou sans de quaitre estaies et pour les adras k'elle en ait paiet a signor Willame desour dit, et pour tant com li sires Berterans de Montois li doit, per escrit en airche, et permey xl s. et ii d. de cens ke li maison doit a signor Willame de la Court.[1])

89 Paitairs p. b. por la chiese Deu de Nostre Dame de Villeirs sus les c s. de met. de sans ke geisent sus la mason dairier Ste Creux, ke fut Euriat lou saiblier et Jennin, son frere, ke Jennas [ait] doneit a la chiese Deu devant dite, e. c. l. e. en l'ai. l. dv.

90 Colignons, li filz Colenat de Vy ke fut, p. b. sus les xxvii s. de met. de sans k'il meisme dovoit sus iiii masons ke sieent ancoste la soie mason²) meisme, k'il ait aquasteit a Hanriat de l'Aitre, e. c. l. e. en l'ai. l. dv.

91 Dame Marguerate,³) le suer signor Jehan de Ragecort, p. b. sus vi lb. de met. de sans, s'an geisent iiii lb. sus l'ostel Colin Fransoi an Visegnues, et xl s. sus l'osteil Willermin Licherie

---

¹) *Von* et permey *an Zusatz von Schreiber 3.*
²) *v. 1275, 341,* iii maisons sus Saille.
³) *Vor* Marguerate *ist* Maithiate *durchgestrichen.*

ancoste, k'elle ait an waige dou signor Symon de Brades et de dame Ide, sa femme, per escris en airche, et dont il est tenans.

92 Symonins Paipemiate p. b. sus la maison ke siet dairier Ste Creux, ke fut Symonin Chaiteblowe, ke li est delivre per droit et per jugemant, por les xx s. de met. de sans k'il avoit sus la mason devant ditte, sauf les xx s. de cens ke li sire Jehans de la Cort i ait davanterienement.[1]

93 Jehans Louue p. b. sus les xx s. de met. ke li prious et li freres de S. Nicolais dou Preit de Mes dovoient a Alardin, lou fil Pieron de Cligney ke fut, chesc'an, toute sai vie, qu'il ait aquasteit a Alairt desour dit, e. c. l. e. en l'ai. l. dv.

94 Thiebans Hainmignons p. b. sus la piece de terre ke siet ou ban de Mairley, deleis la femme Badouwin Louve, et sus la piece ke siet deleis la femme Jaikemin Berteran, et sus lou jor et demei ke siet deleis Hawiate de S. Clemant, et sus lou demei jornal ke siet deleis Colin, lou fil Arnoult, et sus lou demei jornal ke siet desour Olerey deleit Jennat Pichole, qu'il ait aquasteit a Colin Cowat et a Arnoult, son frere, et a Izabel, la serorge Burthemin, et a Abrit d'Awigney et a Jennat Xonekin, per mei I d. de cens ke li jornas doit a ban de Mairley, et e. com l. e. en l'ai. l. dv.

95 Nicolles Fakenels p. b. su[s] un jornal de vigne ke siet en Mallemairs, et sus III jornals de vigne ke geisent an Xames a Awigney, ke li sont delivre per droit et per jugemant encontre Jennat Fakenel, por tant com Jennas li doit, per escris en airche.

96 Jennas Fakenelz p. b. sus tout l'eritaige ke Colins Burtadons ait a Bourney et aillours, ou qu'il soit, an tous us, ke li est delivreis per droit et per jugemant ancontre les oirs Colin Burtadon, por tant com il dovoit a Colignon Moretel.

97* Se sont li bans de paikes. De la marie d'Outre Muselle:

97 [2]) Androwas, li maires de l'ospital dou Nuefborc, prant bans por l'ospital devant dit sus III s. et demey de met. de cens ke geisent sus une maison ke siet an la rowe lou Voweit, ancoste la maison Colin Fessal, ke li maistre et li freire de l'opital desus dit ont aquasteit a Maheu, lou nevot Pierexol l'Effichiet, et a. c. l. e. en l'a. l. d.

---

[1]) *Von* sant *an Zusatz von Schreiber 3.*
[2]) *Das Zeichen ... steht links von den Einträgen 97—101, 103—105, 107, vor 102. 106, 108—113, 115—118, 133, nur ein Punkt vor 120, 126, 132, † .. vor 114.*

98 Et se prant ancor bans Androwas por l'ospital devant dit sus
la maison ke fut Colignon Martignon, ke siet an la rowe lou
Voweit, ancoste l'osteit Colin Fessal, ke lor est delivre per droit
et per jugemant por vi estaies de iii ans, chescune de vii s. et
demey de met.

99 Et se prant ancor bans Androwas desus dis por l'ospital devant
dit sus tot l'aritaige ke Thiebaus, li filz Kayn de Waipey, ait
ou ban de Waippey,[1]) an toz us et an tous prous, an chans,
an preis, an vignes et an tout autre heritaige cil i estoit, ke
li maistres et li freire de l'ospital desor dit ont aquasteit a
lui meimes, permey teil cens et teil droiture com toz li eritaiges
doit, et a. c. l. e. an l'ai. l. d.

100 Domangins Spillait d'Airs prant bans sus ii maison ke sient
a Airs an Bousmont, ancoste lai mason Renadin Partlaichar,
et sus les meizes ki apandent, ke sont devant et daier, et sus
toz les ressaiges ki apandent, ke furent Jenat dou Mont, per-
mey iii sestieres de vin de cens ke les maisons et les meizes
et toz li ressaiges doient.

101 Poinsignons Troiexins de Sainte Rafine prant bans sus iii
jornalz et demey de terre areuce ke geisent ou ban de Juxey,
an Bordes, sus lou Peckit a la Salz, ancoste la terre Poinsignon
meimes, k'il ait aquasteit a Baduyn Barekel, an alluet, et a.
c. l. e. an l'ai. lo d.

102 Jaikemas Doucerons de Vignuelles prant bans sus une maison
et sus de kan ki apant ke fut Gerait Lanbert de Vignuelles,
ke siet deleiz la fontainne de Vignuelles ou ban de Lorey,
ancoste la grainge signor Jehan de la Cort, et sus ii pieces de
terre ke geisent daier la maison devant dite,[2]) permey teil
cens et teil droiture com cist heritaiges doit.

103 Warins Buignas de Longeauwe prant bans sus une grainge et
sus tot ceu ki apant ke siet anmey la ville de Mollins, ke
fut Fraillin de Mollins, k'il ait aquasteit a Thieriat lou
pontenier de Mollins, permey iiii s. de met. de cens, et a. c.
l. e. an l'ai. l. d.

104 Gillas Coias prant bans sus une maison ke siet a Airs et sus
lou ressaige ki apant, ke siet ancoste la maison Jenat, lou
fil[3]) Rainnier lou prevost d'Airs, k'il ait aquasteit a Jenat,

---
[1]) de Waippey *übergeschrieben*.
[2]) *Vorlage* tite.
[3]) *Vorlage* filz.

lou fil Ysanbairt Haichate d'Airs ke fut, an alluet, et a. c. l. e. an l'ai. l. d.

105 Thibaulz Donas de Waipey prant bans sus une maison et sus lou ressaige ki apant ke siet a Waippey, ke fut Domaniat Panceron, k'il ait aquasteit a Maheu Hesson, permey teil[1]) cens et teil droiture com cist heritaiges doit, et a. c. l. e. an l'ai. l. d.

106 Jaikemins, li prevos d'Outre Muselle, prant bans sus xx s. de met. de cens ke geisent sus lou mollin a Waippey et sus tot lou ressaige ki apant, k'il ait aquasteit a Colin Haisart et a Domangin et a Jenin, les III anfans Ysanbairt de Bixe ke fut, et a. c. l. e. an l'ai. l. d.

107 Jaikiers de Nonuiant li amans prant bans sus la maison et sus la grainge et sus tous les ressaiges ki apandent ke sient deleiz la maison Jaikier meismes et an Coperelrowe, k'il ait aquasteit a Ruece d'Airey, la feme Otthignon de Prenoit ke fut, permey XXVI s. de met. de cens ke li maisons et li grainge doient, et a. c. l. e. an l'ai. l. d.

108 [2]) Jenas Faukenelz prant bans sus une pesse de vigne ke geist a Airs daier sa maison, c'on dist a Stoc, k'il ait aquasteit a Belleamie, la feme Richairt Mauaixeteste d'Airs ke fut, et a Jenat, son fil, permey teil cens com li pesse de vigne doit, et a. c. l. e. an l'ai. l. d.

109 Gilbers, li mairis Marguerate ke vant lou pain devant Saincte Croux, prant bans sus les VII quartes de wain moitenge de rante ke geisent a Gerney et ou ban et a Droitamont et ou ban, k'il ait aquasteit a signor Thierit lou preste, son oncle, et a. c. l. e. an l'ai. lo d.

110 Poinsignons Peuchat prant bans sus une pesse de boix ke geist desor Geniualz, ancoste lou boix Renaut de Lonbu, k'il ait aquasteit a Jaikemin lou Prouencel de Chastelz, an alluet, et a. c. l. e. an l'ai. l. d.

111 Maheus Bertaudons prant bans sus xx s. de met. de cens k'il ait aquasteit a Pierol,[3]) lou fil Raiunier de Namur, ke geisent sus tout son aritaige ke geist an la fin de Sainte Marie as Chenes, et a. c. l. e. an l'ai. l. d.

---

[1]) *Vorlage* teilz.
[2]) = *1281, 140.*
[3]) Pierol *wahrscheinlich aus* Pierexel *verbessert.*

112 Et prant ancor bans sus xii jornalz de terre areuce ke geisent ou ban de Waipey, k'il ait aquasteit ai¹) Abertel lou Xourt de Waipey, permey teil droiture com li terre doit a ban, et a. c. l. e. an l'ai. l. d.
113 Goudefrins, li filz Jaikemin la Briche de Longewille ke fut, et Olleniers, ces nies, li filz Jenat Waizon ke fut, prannent bans sus une pesse de vigne ke geist ou Chaipaige ou ban de Syei, desor Longeville, ke part a Colignon Brixechamin, ki est tercerasse S. Pol, k'il ont aquasteit a Poinsignon chevellier, lou fil Waterin Gaillairt, et a. c. l. e. an l'ai. l. d.
114 Jaikemins, li filz Lowion lou charpantier de Chanbeires, prant bans sus une maison et sus tout lou ressaige ki apant ke siet defuers la porte de Chanbeires, sus lou Rone, ancoste la maison Gillat Soifrignon, k'il ait aquasteit a Poinsignon, lou fil Clodat Faillo, permey vii s. de met. de cens, et a. c. l. e. an l'ai. l. d.
115 Li maistres de la frairie Nostre Dame la Tiaxe dou Grant Mostier prannent bans sus v s. de met. de cens de premier cens ke geisent sus une maison ke siet an Franconrowe outre Muselle, an la rowelle c'on dist a l'Ormixel, anson l'osteit Thomessin Baiegoule, k'il ont aquasteit a Burteran, lou fil Martin de Piereuilleirs, et a. c. l. e. an l'ai. l. d.
116 Werions li cordeweniers de Noweroit, ke maint an Staixon, prant bans sus une maison ke siet an Romesale, ancoste la maison Thiebaut Malaixiet, et sus tot lou ressaige ki apant, k'il ait aquasteit a Richart et a Clemensate, sa suer, les anfans Wiart ke fut, permey xvi s. de met. de cens, et a. c. l. e. an l'ai. l. d.
117 Symons li tuxerans prant bans sus une maison et sus tot lou ressaige ki apant ke siet daier S. Marc, daier la maison ke fut Colin Waichier, k'il ait aquasteit a Aurowin de Failley, permey xi s. de met. et iiii d. et maille de cens, et a. c. l. e. an l'ai. l. d.
118 Colins Douwaire prant bans por la chiece Deu de S. Symphorien sus une pesse de vigne ke geist desor Roul ou ban de Plaipeville, ke fut Thiebaut Piereabay, ke li est delivre per droit et per jugemant, por teil cens com li pesse de vigne dovoit a la chie[ce] Deu devant dite.

---

¹) *Für* ai *steht hier und ferner in 146 und 148 dasselbe Abkürzungszeichen wie für* et. *Vor* Oiriat *in 123 ist es umgeändert worden in* a.

119 Goudefrins, li filz Lorant lou charpantier, prant bans sus une
pesse de vigne ke geist ou ban d'Airs, c'on dist an la Foce,
ancoste la vigne Maheu Cowerel et la vigne Perrin Babol, k'il
ait aquasteit a Robelat, lou maior d'Airs, an alluet, et anci
c. l. e. an l'ai. l. d.

120 Howins li tondeires, li freires maistre Guerrit, prant bans sus
vi mues de vin de cens ke geisent a Ancey sus l'aritaige
Arnoult lou Clope, ke li sont venues consuant de part Colate,
sa feme, la fille Collin Collon.

121 Pierexel Cuitepoire de Chastelz prant bans sus une pesse de
vigne ke geist devant l'ux lou voweit an Vaizelles a Chastelz,
k'il ait aquasteit a Willame Guillebert, lou maior S. Saueor,
moiterasse, dont il est tenans.

122 Jenins, li filz Watherin de Porchies ke fut, prant bans sus
tot l'aritaige ke Willemins, li filz Thieriat Billeron de Chastelz
ke fut, ait et avoit ou ban d'Amanuilleirs, an chans, an preis,
an boix, an toz us, et sus une pesse de vigne ke geist ou ban
de Siey a Ferrecort, et sus une pesse de vigne ke geist devant
lou molleu¹) an Chaipes ou ban de Chastelz, et sus kan²) ke
Willemins devant dis³) avoit d'aritaige ou ban de Wernain-
ville, an toz us et an toz prous, k'il ait aquasteit a Willermin
devant dit, permey teil droiture com toz li aritaiges doit, et
a. c. l. e. an l'a. lo d.

123 Watherins, li filz Morel de Chastelz, prant bans por lui et por
Gerairdin et por Poinsignon et por Jenat, ces iii freires, sus
vi s. de cens ke geisen[t] sus la maison Durant lou corvesier
a Chastel et sus tot lou ressaige ki apant, et sus tote la terre
areuce ke Oirias li Chiens d'Apilley ait et avoit au ban de
Chastelz, an toz us, k'il ait aquasteit a⁴) Oiriat d'Apilley davant
dit, an alluet, et a. c. l. e. an l'ai. l. d.

124 Colignons Gerais prant bans sus iii pesse de vigne ou om
conte demey jor, ke geisent antre Siey et Lescey, c'on dist a
Ferrecort, k'il ait aquasteit a Colignon Ruillemaille, permey
ii sestieres de vin ke les iii pesse de vigne doient, et a. c. l.
e. an l'ai. l. d.

---

¹) *Vorlage hat deutlich* molleu, *nicht* mollin.
²) *Vorlage* kant, *Punkt unter* t.
³) s *aus* t *verbessert*.
⁴) a *geändert aus dem Abkürzungszeichen für* et.

125 Esselin de Vignuelles et Jenas Crailechet, ces fillaistres, prannent bans sus II pesses de vigne[1]) ke furent Jenat Trailin de Vantous, ke geisent an l'Anoit ou ban de Lorey, k'il ont aquasteit a Jaikemin Pallerin, permey teil droiture com les II pesses de vigne doient, et a. c. l. e. an l'ai. l. d.
126 Li sires Nicoles de Preney, chanones de Mes, prant bans sus une grainge et sus tot lou ressaige ki apant, ke siet daier sa maison meimes an Nikesierrowe, k'il ait aquasteit a Sefiate, la feme Loransat lou bollangier ke fut, an alluet, et a. c. l. e. an l'ai. l. d.
127 Simons li feivres, li janres Sturbat d'Outre Muselle, prant bans sus III pesses de terre areuce [2]) ke geisent ou ban d'Escey, ou om contet x jornalz, k'il ait aquasteit a Jenin Chiotel, permey teil droiture com li terre doit, et a. c. l. e. an l'ai. l. d.
128 Harmans li clers de S. Jeure prant bans sus II pesses de vigne ke geisent an Rainnierchanp, ou ban de S. Martin, desous Saincte Rafine, k'il ait aquasteit a Thierion et a Jenin Foutat, son freire, de Chaizelles, permey IX d. de cens, et a. c. l. e. an l'ai. l. d.
129 Thierias Raffalz prant bans sus lou meiz ke geist outre Muselle, ancoste sa maison meimes, ke fut Hanriat Bernairt, et sus tant de la maison com il muet dou sansal dont li meiz muet, k'i[l] ait aquasteit a Jenat Bernairt et a Winat lou feivre, permei teil cens com cist heritaiges doit .... [3])
130 Colignons, li filz lou Gemel de Lessey, prant bans sus I jornal de terre ke geist an Huwalchanp, aus Allues de Houwalville, k'il ait aquasteit a Houdion, la feme Cherdignon lou Kamus d'Eurecort ke fut, an alluet, et a. c. l. e. an l'ai. l. d.
131 Thiebaulz Aixies prant bans sus une maison et sus tot lou ressaige ki apant ke siet an Romesale, devant l'osteit maistre Fescant lou masson, k'il ait aquasteit a Belleneie, la fille Ancillon Chopairt lou chandelier, permey XVI s. de met. de cens, et a. c. l.· e. an l'ai. l. d.
132 Lanbelins li Gemelz de Lessey prant bans sus lou chanp ke geist a Longeauwe, ancoste lou sien chanp meimes, k'il ait aquasteit a Abertin de Mairley, permey teil cens com li chans doit, et a. c. l. e. an l'ai. l. d.

---
[1]) *Vorlage* vignes.
[2]) *Vorlage* areuces.
[3]) *Schluss nicht lesbar, Pergament abgeriehen.*

133 Et se prant ancor bans sus v pesse de terre areuce ke geisent an la fin d'Oirecort, k'il ait aquasteit a Houdion, la feme Cherdignon lou Camus d'Oirecort ke fut, et a ces oirs, an alluet, et a. c. l. e. an l'ai. l. d.

134 Androwas Jaileie prant bans sus une pesse de vigne ke geist an Braimant ou ban de Plapeuille, ancoste la pesse de vigne Androwat[1] meimes, k'il ait aquasteit a Colin lou Grant de Chanbeires, permey II s. de cens, et a. c. l. e. an l'ai. l. d.

135 Colins Douwaire prant bans por la chie[ce] Deu de S. Sinphoriem sus une pesse de vigne ke geist ou ban de Plapeville, ke fut Thiebaut Piereaubay, ki est atainte a ban, por lou cens ke li vigne doit.

136 Maheus Hessons et Clemignons li Merciers et Forkignons Xavins prannent bans sus tot l'eritaige ke fut Jenin de Bixe de Waippey, partout ou k'il soit, an toz us et an toz prous, permey teil[2] cens et teil droiture com toz li heritaiges doit, por tant com Jenins desor dis lor doit et por tant com il ont paiet por lui, les escris an airche, et dont li escris lor sont delivre.

137 Maheus Hessons prant bans sus II jornalz et demey de vigne ke geisent desor l'aitre de Waippey, k'il ait aquasteit a Burtran Grenille lou poixor et a Weriat et a Bauduyn, ces II filz, permey III s. et demey de met. de cens, et a. c. l. e. an l'ai. l. d.

138 Poinsignons li Gornais prant bans sus tot l'aritaige ke Winas, li feivres tenivet, ke fut Symon lou clerc, lo fil mastre Bernait, k'il partivet a Poinsignon meimes,[3] ke Winas li ait aquiteit, a. c. l. e. an l'ai. l. d.

139 Colins Cuerdefer prant bans sus III pesses de terre et sus une pesse de preit ke geisent ou ban d'Escey, permey teil droiture com cist heritaiges doit, et sus I meiz ke geist ancoste la maison lou grawour lou poxor de la Mars, permey II s. de cens ke li meis doit chesc'an, ke furent Rainnier Waxey, ke li sont delivre per droit et per jugemant.

140 [4] Jenas Faukenelz prant bans sus une pesse de vigne ke geist a Airs, daier sa maison, c'on dist a Stoc, k'il ait aquasteit a

---

[1] *Vorlage* oudrowat.
[2] *Vorlage* teilz.
[3] a Poinsignon meimes *auf Rasur*.
[4] *Durchgestrichen,* = 1281, 108.

Belleamie, la feme Richairt Mauaixeteste d'Airs ke fut, et a Jenat, son fil, permey teil cens [com] li pesse de vigne doit, et a. c. l. e. an l'ai. l. d.

141 Poinsignons, li filz Jehan de Metry ke fut, prant bans sus tot l'eritaige k'il ait aquasteit a Hanriat de Gandres, son oncle, ke li vint consuant de part dame Florate de Rinport, sa tante ke fut, ke partivet a Poinsignon meimes, permey teil cens et teil droiture com toz li heritaiges doit chesc'an, et a. c. l. e. an l'ai. l. d.

142 Poinsignons li Oie prant bans sus tot l'eritaige Perrin Mallant ke geist ou ban de Lessey et ou ban de Chastelz, an toz us et an toz prous, ke Perrins Mallan desor dis li ait delivreit et aquiteit an plait, por tant com il doit et por tant [com] Poinsignons li Oie ait paiet por lui, les escris an airche, permey teil cens et teil droiture com touz li heritaiges doit, dont Poinsignons li Oie est tenans.

143 Jaikemins, li freires Thierion Baron, prant bans sus une pesse de vigne ke geist an Tignoumont, et sus VI s. de cens ke Werias Borgancelz de Longeuille doit sus I jornal[1]) de vigne, k'il ait [aquasteit] a Maheu, lou fil Jenin de la Tor ke fut, et a. c. l. e. an l'ai. l. d.

144 Yngrans Goule prant bans sus teil partie com Jaikemins Dainne et Bietris, sa suer, ont an la maison d'Anout et en la bergerie et en fosseiz et ou porpris entor, et en teil aquast et en teil eschenge et en teil commouteit com Yngrans ait fait a Jakemin et a Bietrit desor dis, et e. c. l. e. an l'a. lo d.

145 Ancor prant bans Yngrans Gole et Thiebaus Forcons sus teil partie com Ailexate, li femme Bauduyn Marasce, et li sires Ysambars li prestes, ces freires, avoient en toz les hommes d'aluet ke lor sont venues de part signor Forcon de Lescey et de part sa feme, k'il ont aquasteit a ous, enci c. l. e. an l'a. lo [d.]

146 Freres Jehans, li mastres de l'ospital an Chanbre, prant bans sus la piece de vigne ke Abertins, li filz signor Maiheu de Marley ke fut, ait an Wakon, ke geist ancoste la vigne Jenin lo wasteley, por l'aichainge des III s. de cens ke freres Jehans devan[t] dis ait fait ai Abertin desor dit, e. c. l. e. an l'a. lo d.

---

[1]) *Hinter* 1 *ist* z *ausgekratzt.*

147 Jehans, li filz Jenat de Maigney, prant bans sus II¹) jornalz
de vigne ke geisent desour Mollins, permey XIII sestieres de
vin an l'aixe ke li uns des jornalz doit, et sus V s. de cens
ke geisent sus lou meiz a II fosseiz a Mollins, k'il ait aquasteit
a Anel, la feme Poinsignon Billeron de Chasteilz, et a. c. l. e.
an l'ai. l. d.

148 ²) Vguignons Hunebors prant bans sus tot l'aritaige ke Bietris,
sa suer, ait de pair lei et de par Poujoise, son marit ke fut,
an toz us, ou k'il soit, por tant com Poujoise desor dis li doit,
per escris an arche, et por tant com Poujoise doit a atrui,
per escris an arche, dont li escris sont delivres a Vguignon
desor dis, et por tant com Bietris desor dite doit a Vguignon,
per escris an arche, et por tant com Vguignons ait paiet por
lei, per escris an arche, et por tant com elle doit ai atrui,
per escris an arche, dont li escris sont delivres a Vguignon
desor dit, ke li est delivres per droit et per jugemant, et dont
il est tenans permey sa delivrance.

149 ³) Thierias Raffalz prant bans sus teil partie com les Corde-
lieres avoient an la chanbre ke siet ancoste l'osteit Thieriat
Raffal meimes, et sus la corcelle ancoste, et sus la moitiet
dou mur ke siet antre la chanbre et la maison devant, k'il ait
aquasteit a Cordelieres, permei XII d. et I chapon de cens ke
Thierias desor dis an doit paier a S. Thiebaut por les Corde-
lieres, et a. c. l. e. an l'ai. l. d.

150 Jenas Rouzeruelle prant bans por la chiece Deu de Moremont
sus VII s. de met. de cens, k'il ait aquasteit a Jenat, lou fil
Raieboix ke fut, ke geisent sus une grainge a Porte Ser-
penoize, ancoste la maison Colin Chiotel, et sus lou ressaige
ki apant, dont on redoit III mailles aier de cens, a. c. l. e.
an l'ai. l. d.

151 Thierias, li bailis de Mollins, prant bans sus tot l'aritaige k'il ait
aquasteit a signor Oirit de Merevalz et a Lowiat Xarrant, ke
geist aus bans de Ciey et de Chasailles, et a. c. l. e. an l'ai. l. d.

152 Simonins Mersire et Arnoulz, ces sero[r]ges, et Steuenas Cuerde-
fer prannent bans sus tot l'eritaige ke fut Symon Chaipeblowe,
ke geist ou ban de Noweroit et de S. Remey, an chans, an
vignes, an sances et an totes autres apandixes, k'il ont aquasteit

---

¹) *Verbessert aus* III.
²) = *1281, 61.*
³) *Durchgestrichen.*

a Philippin lou Grant, permey XLII s. de met. de cens, et dont il sont tenant.

153 Dame Poince, li fame Thomessin Paienal ke fut, prant bans sus III pesse de vigne ke geisent a Ancey an Xowalplanteit, ancoste les anfans Boiemont, et sus III pessate de vigne an Genereualz, desour lou xart les anfans Boiemont, et sus lou jornal de vigne ke geist ancoste ceous de l'ospital, et sus la maison ke siet a Ancey, ancoste la grainge dame Marguerite, la fille signor Simon d'Airs, et sus tot lou ressaige ki apant, ke li est delivres per droit et per jugemant ancontre Hesseline, la feme Gerairt de Rezonville ke fut, por tant com elle doit a Thomessin Paiemal, son marit, et dont dame Poince est tenans.

154 Maheus Morelz prant bans por la chiece Deu dou Tanple sus les LX et X s. de met. de cens ke geisent sus une pesse de preit ke geist ou ban de Pierevilleirs, et sus I clo de vigne ke geist a Mairanges, et sus IX s. et demey de met. de cens ke geisent a Mairanges, et sus autres heritaige ke geist ou ban de Mairanges et de Pierevilleirs, k'il ait aquasteit a signor Wathier lou Louf, et ke li sires Wathiers puet raicheteir, a. c. l. e. an l'ai. l. d.

155 [1]) Jaikemins, li maires de S. Vincent, p. b. por la chieze Deu de S. Vincent et por Arnout Aixiet sus les III meues de vin de cens k'il ont aquasteit a Collate d'Oixey, ke geixent a Ancey, e. com l. e. en l'ai. l. d.

156* Ce sont li ban dou mey awast. En la mairie de Porte Muzelle, quant Ferrias Gos fut maires de Porte Muselle, Thiebaus li Grónais maires de Porsaillis, Clemignons li Merciers maires d'Outre Muzelle.

156 Joifrois li feivres p. b. sus une maison et sus ceu ki apant ke siet devant Longeteire sus Muzelle, encoste la maison ke fut Willemat lou stuvor, k'il ait aquasteit as oirs Herman, permey VIIII s. de mt. de cens, et a. com l. e. an l'ai. l. d.

157 Dame Lorate, li femme Vilain Quarteron ke fut, p. b. sus une maison ke siet a Porte Muselle, encoste l'osteit Theirit Domate, k'elle ait aquasteit a Colignon, lou fil Baudowin lou bolangeir, permey XXV s. de mt. de cens, et a. c. l. e. an l'ai. l. d.

---

[1]) *Von Schreiber 3 eingetragen.*

158 Collate Bugnon p. b. sus les x s. de mt. de cens k'elle meymes dovoit sus sa grainge an Dairangerowe, encoste l'osteit Roillon de Mascres, k'elle ait aquasteit a Dame Wibor, la priouze des Grans pucelles de la Vigne, et a tot lou covant, et e. c. l. e. en l'ai. l. d.

159 Maistres Gerairs de Verton p. b. sus la maison et sus kant ki apant ke fut preste Priueit, ke siet a la Herdie Piere, encoste la maison lou signor Willame de la Cort, k'il ait aquasteit a Jennat l'Erbier, permey xx s. de mt. de cens, et a. c. l. e. en l'ai. l. d., et permey teil cens con li maison doit.[1])

'160 Jaikemins et Joiffrois, ces freires, li dui fil Xandrin Morekin ke fut, p. b. sus xx s. de mt. de cens ke geisent an Sanerie sus une maison devant la posterne, encoste ous meymes, ke muevent dou censal lou signor Fillipe d'Aixe, k'il ont aquasteit a Gillat et a Simonat, son freire, les ii filz Baudowin Gilbert ke fut, et e. com l. e. en l'ai. l. d.

161 Jennas Baitaille p. b. sus les c s. de mt. k'il meymes dovoit sus sa maison ou il maint, k'il ait racheteit a Jenat Deuamin, e. c. l. e. an l'ai. l. d.

162 Et si p. b. ancor sus iiii s. de mt. de premier cens ke geixent sus la maison Theiriat Chamaigne, ke siet an Chadeleirowe, k'il ait aquasteit a dame Collate Bugnon, e. c. l. e. en l'ai. l. d.

163 Vguignons Louvate p. b. sus toute la terre areure ke Remeis, li filz Mallegoule de Vigey, ait ou ban de Bui, an toz us, k'il ait a lui aquasteit, permei teil droiture com cist eritaiges doit, et a. com l. e. en l'ai. l. d.

164 Perrins Baizins et Contasse et Collate, ces ii serors, p. b. sus la maison ke fut Willame Baizin, lor peire, et sus tout lou ressaige ki apant ke siet an Aiest, antre les ii maisons Ysanbairt Xauing, permei x s. et demei de cens ke li maison doit a S. Laidre.

165 Witiers Lambers p. b. sus ii jornalz de vigne ke geixent ans Allues, ancoste la vigne Poinsignon Jornee, k'il ait aquasteit a Theiriat Joute, permey xii d. de cens, et a. com l. e. en l'ai. l. d.

166 [2]) Colignons Marcous, li filz Richelin Romaicle, p. b. sus une piece de vigne ou om contet jor et demei, ke Wiberate, li feme Wernesson de Nowilley ke fut, avoit ou ban de Villeirs

---

[1]) *Von* et *permey bis* doit *später hinzugefügt.*
[2]) *Durchgestrichen.*

a l'Orme, k'il ait aquasteit a Wiberate devant dite, en alluet, et e. c. l. e. en l'ai. l. d.

167 Hanrias li bolangeirs de la rive a Poxons p. b. sus une maison ke siet a la rive as Pouxons, ke fut Watrin Hessel, k'il ait aquasteit a Watrin Hessel et a ces oirs, permey xxviii s. et iiii d. de cens, et a. com l. e. en l'ai. l. d.

168 Jehans li Dus dou Viueir p. b. sus une maison ke siet ou Viuier et sus ceu ki apant, k'il ait aquasteit a Veuion lou cherpanteir dou Viueir, permei ix s. de mt. de cens, et a. com l. e. an l'ai. l. d.

169 Li sires Jehans Forcons, chanones de Nostre Dame la Ronde de Mes, p. b. por lui et por tous les chanones de Nostre Dame devant ditte sus x s. de mt. de cens ke geixent sus la maison Geliat et Colignon, les ii filz Roillon de Chambres, ke siet an Chambres, ke fut Roillon, lor peire, k'il ait aquasteit a Geliat et a Colignon devant dis, apres x s. de mt. de cens ke li maison doit davanterienemant, et e. com l. e. en l'ai. l. d.

170 Willemins, li filz Lambelin lou tornour ke fut, p. b. por lui et Theiriat et Symonin, ces ii freires, et Sezeliate, lor seror, sus x s. de mt. de cens ke geixent sus jor et demei [de vigne] an une piece en Orsain ou ban de S. Julien, ancoste la vigne Filippin lou maior per d'une pairt et Roillon lou corvexeir per d'autre, apres v d. ke ciste vigne doit de premier cens, k'il ont aquasteit a Renadin de S. Julien, lou fil Jennin Josterel ke fut, a. c. l. e. an l'ai. l. d.

171 Dame Odelie de Meirvalz p. b. sus i jornal de vigne ke geist an Oicelinvigne, ke Hanrias li Tawons et Jaicos, ces freires, tenivent de ley, permei xx s. de mt. de cens, et sus jor et demey de vigne ke geist an Cortes vignes, ki estoit contrewaiges a jornal de vigne devant dit, ke Hanrias et Jaicos devant nommeis li ont aquiteit an plait, por les xx s. de cens devant dis, et permey iii angevines de droiture ke li jors et demey de vigne doit.

172 Jaikelos, li freires Willame lo bolangeir de Stoixey, p. b. sus la maison et sus kant ki apant ke fut Ancillon de Wirmeranges, ke siet an Stentefontenne, k'il ait aquasteit a Ancillon devant dit, permei x s. et iii d. de cens, et a. com l. e. en l'ai. l. d.

173 Li sires Rous li clers de Chambres p. b. sus la maison ke fut Waterin Gaillairt, ke siet au Chambres, ancoste la maison

Thiebaut lou Maior, et sus tot lou ressaige ki apant devant et daier, k'il ait aquasteit a signor Jehan de la Cort, an alluet, et a. c. l. e. en l'ai. lo d.

174 Rikewins li corvexeirs p. b. sus une maison ke siet sus Muzelle devant Longeteire, k'il ait aquasteit a Aileit, la feme Perrin lou muneir ke fut, permey IX s. de mt. de cens, et a. c. l. e. an l'ai. l. d.

175 Remions li bolangeirs de Porte Muzelle p. b. sus tot l'eritaige Lietal lo bolangeir, son serorge, ke partivet a lui meymes, et sus la maison devant Longeteire ke fut Lietal lou boweir, ou Botons li muneirs maint, k'il ait aquasteit a Lietal devant dit, permei teil cens com toz cist eritaiges doit, et a. c. l. e. an l'ai. l. d.

176 Hanrias Hertowis p. b. sus la maison ke fut Steuenin Roucel, ke siet sus Pairnemaille et sus kant ki apant, permey teil cens com li maison doit, et sus VIIII s. de mt. de cens ke geixent sus la maison lou Borgon, ke siet sus Pairnemaille, ancoste la maison des loies, k'il ait aquasteit a Gillat Haike, e. com. l. e. en l'ai. l. d.

177 Garcerias li gippieres p. b. sus une maison et sus kant ki apant ke siet an la plaice an Humbecort, k'il ait aquasteit a Mariate la Vadoize, la fille Paikin, permey XX s. de mt. de cens, et a. com l. e. en l'ai. lo d.

178 Jaikemins li clars, li filz Willemat de la Stuve ke fut, p. b. sus une maison et sus kant ki apant ke siet an la rowelle c'on dist an Tancul, a descendre de Bucherie a Porte Muselle, encoste la maison Wernier lou chavretour, k'il ait aquasteit a Mercilion lou meutier, lou janre Abertin lou meutier, permei teil cens com li maison et touz li ressaiges ki apant doit, et a. com l. e. en l'ai. l. d.

179 Forkignons de Rimport li arceneires et Ancillons, li serorges Gillat lou draipeir, p. b. sus la maison Hanelo lou tuxeran, ke fut Gerardat Chauin, ke siet an la rowelate an Rimport, por tant com il ont paiet por Hennelo devant dit, dont il ont la maison an waige, et permey teil cens com li maison doit.

180 Hanrias Baizins p. b. sus la demee maison et sus kant ki apant ke fut Willemin Baizin, ke siet an Aiest, devant l'osteit Matheu Makaire, k'il ait aquasteit a Colignon, lou fil Thiebaut Bernage, permey III d. de cens, et a. com l. e. an l'ai. l. d.

181 Ancillas de Staixons p. b. sus jour et demey de vigne ke geist a Chaistillons, ke pairt a lui meymes, k'il ait aquasteit a Poinsignon Morel, permey teil cens com il an doit, et a. com l. e. an l'ai. lo d.

182 Maheus Morels et Clemignons li boulangeirs p. b. por Hanriat l'orfeivre et por Merguerate, sa femme, sus les x s. et demei de mt. de premier cens ke Colins Brixechamin avoit sus la maison Jennat Strontpont lou muneir, ke siet sus Muzelle, k'il ont aquasteit a Brixechamin, a. com l. e. an l'ai. l. d.

183 Goidelos li boucheirs dou pont Renmont et Hanris, ces conpans, p. b. sus la maison et sus kant ki apant ke fut Odeliate, la suer Jennin Guelemant, ke siet devant outre lou pont Remont, ancoste la maison Marcilion lou corvexeir, k'il ont aquasteit a Jennin Guelemant, permey IIII s. de mt. de cens, et a. com l. e. an l'ai. l. d.

184 Hanrias li Tawons de S. Julien p. b. sus teil partie d'eritaige com Sebeliate, li fille Freirion de S. Julien ke fut, avoit, ke pairt a Roillon, son freire, an toz us, k'il ait aquasteit a Sebeliate devant dite, permei teil cens et teil droiture com toz li eritaiges doit, et a. c. l. e. en l'ai. l. d.

185 Li sires Lowis, li prestes des Repanties, p. b. por la priouze et por lou covant des Repanties de Mes sus VI s. de mt. de cens ke geixent sus la maison Theiriat lou Vadois de Chanbres et Clemansate, sa femme, et sus tout lou ressaige ki apant, ke siet an Chanbres, arreis la maison Ysaibel la vieceire, k'il ait aquasteit a Theiriat et a Clemansate devant dis, apres XI s. de mt. de premier cens ke li maison doit, et a. com l. e. an l'ai. l. d.

186 Jennas Cowerelz p. b sus une maison et sus kant ki apant ke siet an Chaudeleirue, ansom la maison Hanrit lou masson ke fut; k'il ait aquasteit a Martin lou vignor et a Mergueron, sa serorge, permey teil cens com li maison doit, et a. com l. e. an l'ai. l. d.

187 [1]) Jenas Tarteleis p. b. sus tout l'eritaige ke fut Weiriat lou feivre de Stoixey, an toz us, an preis, an chans, an vignes et an maisons, ke li est delivres por tant com il ait[2]) racheteit, lai ou il gexivet an waige, per escris an airche, dont il estoit

---

[1]) = *1281, 275.*
[2]) *Vorlage* il lait.

randeires por Weiriat devant dit, et por XLII s. et VII d. de
mt. k'il an ait paiet a signor Willame de la Cort, ke li sires
Willames avoit mis en l'eritaige, et por XIII lb. de mt. ke
Jenas devant dis ait puis mis en cest eritaige; c'est a savoir
a Lukin Chameure c et x s. por lou cens de IIII estaies k'estoient
demorees a paier, et xv s. por une ambaneure as signors de
Mairley, et la remanance an la faiture de l'eritaige et an
vestures et an cences, et permey teil cens et teil droiture
com li eritaiges doit.

188 Jenas Chaderons p. b. sus une maison et sus kant ki apant
ke siet en Chadeleirue, encoste la maison ke fut Joiffroit
Malrowairt, ki est Jenat Chaderon, k'il ait aquasteit a dame
Odelie, la feme Hanrit de Strabor ke fut, permey xx s. de
mt. de cens, et e. c. l. e. en l'ai. l. d.

189 Jehans Bairbe p. b. sus xx s. de mt. de cens ke geixent sus
lou chakeur et sus la vigne ke fut lou xenexal a Montois, ke
Baudowins Pieros li ait delivreit et aquiteit, por la date k'il
li dovoit sus, per escris en airche, et a. c. l. e. an l'ai. l. d.

190 Thiebaus, li filz signor Nicolle lou Gornaix ke fut, p. b. sus
Auancey et sus kant ki apant, por teil wageire et por teil
don com li sires Renalz dou Nuefchaistel ait fait a Thiebaut
devant dit et a Colignon, son fil, e. c. l. e. ke geixent en l'ai.
l. devisent.

191 Abillate, li feme Poincin lou Creuxiet de Vallieres ke fut,
p. b. sus tout l'eritaige Colin lou clerc de Vallieres, ke li est
delivres per droit et per jugemant encontre Colin devant dit.

192 Nenmeris ke maint devant Ste Creux p. b. sus une maison et
sus tot lou ressaige ki apant ke siet ancoste lui meymes, k'il
ait aquasteit a Wichairt de la Cort, permey XLVIII s. de mt.
de cens ke li maison et toz li ressaiges ki apant doient.

193 Poinsignons li celleirs, li janres Lietal lou permanteir, p. b.
sus une maison et sus tout lou ressaige ki apant ke fut Otin
lou celleir, ke siet en Forneirowe, encoste l'osteit Guerairt
l'avocat, permey XL s. de mt. de cens ke li maison et toz li
ressaiges ki apant doit, et sus la grenge ke fut Jaikemin Ottin
et sus kant ki apant, et sus la corcelle et sus lou praiel ancoste
la grenge, et sus teil uzewaire com il ait an la cort c'on dist[1])
ke fut Jaikemin Raibustel, permei XL s. de mt. de cens, k'il

---

[1]) v. *1285, 156,* c'on dist Raibustel.

ait aquasteit a signor Nicolle Otin, doien de S. Sauour, et a. com l. escrit en l'ai. l. devisent.

194 ¹) Maheus Morelz p. b. por la chieze Deu dou Tample sus teil partie com Jenas, li filz Thiebaut Makerel ke fut, avoit ou menut daimme de Vantous et an decant ki apant, k'il ait a lui aquasteit, a. c. l. e. an l'ai. l. d.

195 Yngrans Goule p. b. por lou chaipistre dou Grant Mostier sus la maison Engebert Berbel, ke siet en Chanbres, encoste l'osteit Nicolle dou Nuefchaistel, k'il ait aquasteit a Engebert desor dit, permei iii s de cens ke li maison dovoit a chapistre meymes, et e. c. l. e. en l'ai. l. d.

196 Wiberate, li femme Wernesson de Nowilley ke fut, p. b. sus une piece de vigne ke geist dezous la vigne Semonaire, lo fil Gerairt de Villeirs ke fut, ke li est delivre per droit et per jugement contre Theiriat Daigairt, por tant com elle ait paiet por lui, per escris au airche, dont li escrit li sont delivre.

197 Hanrias, li maris Mertenate la paingnerasse, p. b. sus une demee maison et sus ceu ki apant ke siet an Rimport, entre la maison Sallemon et la maison Jaikemate la vieceire, k'il ait aquasteit a Sallemon ke Rimport, permey vi s. de mt. et ii d. et demey i chappon de cens, et e. com l. e. en l'ai. l. d.

198* Ce ²) sont li bans dou mei awast. An la mairie de Porsaillis: ³)
198 Willermins li cherpantiers p. b. sus la mason et sus tout lou resaige qui apant ke siet an la rowelate ancoste S. Martin, ke fut Martin lou cherpantier, dont Willermins est tenans, pour les dates dont li escris li sont delivre, per mei teil sans com li masons et li resaiges doit.

199 Berterans li taineires de Brehen de la Vigne S. Auol p. b. sus une mason ke siet an la Vigne S. Auol, qu'il ait aquasteit a la fille Robert de Criencort lou tainor, per mei xxvi s. de met. de cens iii d. moins, et e. com l. e. en l'ai. l. dv.

200 Merguerate, li fille Abertin de Vy, p. b. sus L s. de met. de cens sus la mason et sus la grainge ke fut Jennin Bellegoule, qu'il ait aquasteit a dame Mertenate, la femme Jennin Bellegoule, apres vii d. ⁴) et maille de devantrien cens, e. com l. e. en l'ai. l. dv.

---
¹) *Durchgestrichen.*
²) *Vor* Ce *steht als Merkzeichen ein noch grösseres* C.
³) an la mairie de Por *auf Rasur.* ⁴) d. *auf Rasur.*

201 Adans li warcoliers dou Quertal p. b. sus une mason ke siet
a Quertal, qu'il ait aquasteit a sous de S. Benoit et a sous
de la Craste, per mei LX s. de cens, e. com l. e. en l'ai. l. dv.
202 Jennas li Alemans p. b. sus une mason ke siet devant la Semei-
teire de l'ospital, qu'il ait aquasteit a signor Symon, lou clostrier
de S. Sauour, per mei XII s. de cens, e. com l. e. en l'ai. l. dv.
203 Poincignons Choibelos p. b. sus la mason ke fut Abillon la
Noire, ke siet en Visegnuel, et sus quant qui apant, qu'il ait
aquasteit a priour de Nostre Dame as Chans et a signor
Nicolle, lou procurour de Nostre Dame as Chans, et a signor
Willame de lai Court, per mei XL s. de met. de cens, et e. com
l. e. en l'ai. l. d.
204 Pieresons li cherpantiers de la rouwe dou Preit p. b. sus II
pieces de vigne ke geisent a Chene, qu'il ait aquasteit a Jehan,
lou fil Perrin de Mainin, et a Colignon, son frere, per mei
VII s. de met. de cens, et e. com l. e. en l'ai. l. dv.
205 Jehans, li maires de l'ospital dou Nuefbourc, p. b. sus II s. de
met. de cens ke gesent sus une mason ke ciet ancoste Nostre
Dame as Chans, ke fut Howignon lou clerc, ke li maistre et
li freres de l'ospital desour dis ont aquasteit a Lorant lou
clerc, e. com l. e. en l'ai. l. d.
206 Colignons Merlo, li filz Weirit de S. Arnoult, p. b. sus l'osteil
ke fut Piereson lou cherpantier, ke siet an la rouwe dou Preit,
ancoste la grainge Pierexel l'Effichiet, qu'il ait aquasteit a
Piereson devant dit, per mei XIIII s. de met. de cens, et e. com
l. e. en l'ai. l. dv.
207 Li sires Raouls li clers de Chambres p. b. sus III jornals de
vigne ke geisent outre Salle sus la rouelle devant l'ospital des
Allemans, ke furent Watrin Guallairt, qu'il ait aquasteit a
signor Jehan de lai Court, per mei I meu de vin en l'axe de
cens ke li III jornals de vigne doient, e. com l. e. en l'ai. l. dv.
208 Jennas li olijers d'Outre Salle p. b. sus demei jornal de vigne
pres la rouelle de Pertes, qu'il ait aquasteit a Abertin Malroit,
per mei teil cens com il doit, et e. com l. e. en l'ai. l. dv.
209 Li sires Girairs, li prestes de la chaipelle, et Weirias, li filz
Bertemin Roucel, prant bans sus la mason ke fut Ansel de
Taney, sus lou tour outre Salle, k'il ont aquasteit a Weiriat,
lou fil Colin Fancin, per mei XI s. de met. de cens ke cil de
l'ospital i ont de premier sans,[1]) et e. com l. e. en l'ai. l. dv.

---
[1]) ke cil *bis* sans *übergeschrieben*.

210 Badouwins li Flaimans, li filz Colin lou Flaimant, p. b. sus une maison ke siet darier S. Eukaire, k'il ait aquasteit a Poincin, lou fil Steuene Grantneis, et a Hanemant, son serorge, per mei xiiii s. ii d. moins de cens,. e. com l. e. en l'ai. l. dv.

211 Watrins, li filz dame Poince de Croney, p. b. sus une vigne ke fut Piereson Galopin, ke geist ou ban de Nonuiant, qu'il ait aquasteit aus enfans Piereson Galopin, per mei teil sans com il an doit, et e. com l. e. en l'ai. l. dv.

212 Dame Poince de Cronney p. b. sus iiii jornals de terre et sus i preit ke geisent ou ban de Mairley, qu'il ait aquasteit a Theiriat Fusel d'Airs, per mei teil sans com il an doit, et e. com l. e. en l'a. l. dv.

213 Pieresons Plaites p. b. sus une maison outre Salle, ou il meisme maint, qu'il ait aquasteit a dame Ydate, la femme lou Traiant, per mei teil sans com il an doit, et e. com l. e. en l'ai. l. dv.

214 Steuenins li courriers p. b. sus une maison que siet an Sanerie, qu'il ait aquasteit a Jennat Watron, per mei l s. de met. de cens, e. com l. e. en l'ai. l. dv.

215 Jennas li Nains li permantiers p. b. sus une maison ke siet an lai rouwe S. Gengout, qu'il ait aquasteit aus hoirs Wichairt d'Amors, per mei viiii s. de met. de sans, et e. com l. e. en l'ai. l. dv.

216 Goudefrins li Allemans p. b. sus une maison ke siet an la rouwe S. Gengout, ansom la soie meisme, qu'il ait aquasteit a Heilouwit, la femme Jennat de Baizaille, per mei xii s. et iii d. de sans, et e. com l. e. en l'ai. l. dv.

217 Symonas li texerans p. b. sus une maison ke siet an lai Nueve ruwe, k'il ait aquasteit a Gerairt et a dame Jaikemate, per mei xvi s. de cens, et e. com l. e. en l'ai. l. dv.

218 Jaikemins li clers de la Stuve p. b. sus une maison ke siet an la rouelle de la Stuve, qu'il ait aquasteit a sous de Saint Laidre, per mei x s. de cens, et e. com l. e. en l'ai. l. dv.

219 Willermins, li filz Lambelin lou tornor ke fut, p. b. por lui et por Theiriat et Symonin, ces ii freires, et Cezeliate, lour serour, sus xi s. de met. de cens ke geisent sus les ii masons Rolant l'olier, l'une ancoste l'autre, ke sieent ancoste l'osteil Jenna lou soiour, per devers S. Gengout, qu'il ont aquasteit a Willermin, lou fil Poinsignon Brehel, et a Lorate, sai femme ke fut, e. com l. e. en l'ai. l. dv.

220 Thiebaus d'Essey p. b. sus une mason que siet an la rouwelate de la stuve ou Champ a Saille, qu'il eit aquasteit a Thiebaut lou clerc, son oncle, per mei xv s. de met. de sans.
221 Gerardins Chacey p. b. sus une mason ke fut Walleran, ke siet sur Salle, qu'il ait aquasteit a Jaikemin de Heu et a Bel, son freire, per mei xxiiii s. de met. de sans, et e. com l. e. en l'ai. l. dv.
222 Lowias, li filz Bueuelat d'Aubes, p. b. sus une grainge ke siet a Aubes et sus tout lou resaige qui apant et sus ii jornals de terre, qu'il ait aquasteit a Sefiate, la femme Lowiat d'Aubes ke fut, per mei teil sans com il an doit, et e. com l. e. en l'ai. l. dv.
223 Colignons Chaizee p. b. sus la mason ke siet ou Champ a Saille et sus tout lou resaige qui apant ke fut Guersat Bellegree, qu'il ait aquasteit a Arnoult Coulon, lou janre Guersat devant dit, per mei iiii lb. de met. de sans ke le masons doit, et e. com l. e. en l'a. l. d.
224 Donmangins de S. Nicolais p. b. sus la moitiet d'une mason ke siet a Porte Cerpenoise, qu'il ait aquasteit a Jennat lou chandeleir et a Clemansate, sai suer, per mei xx s. de met. de sans, et e. com l. e. en l'ai. l. dv.
225 Jennas Poires d'Outre Salle p. b. sus la moitiet d'une mason ke fut lou janre Halouwit[1]) lou feivre ke fut, ke siet an la rouwelate Repigney, qu'il ait aquasteit a Symonin Flairejoute, per mei teil sans com le masons doit, et e. com l. e. en l'ai. l. dv.
226 Maiheus Falijers li torneires p. b. sus une mason ke siet antre l'osteil Maiheu Mourel et la chambre Colin Grantcol an Visegnues, qu'il ait aquasteit a Vguignon Loüuate, per mei iiii lb. de cens chesc'an, et e. com l. e. en l'ai. l. dv.
227 Abertins li maingniens p. b. sus la moitiet d'une mason ke siet a Porte Cerpenoise, qu'il ait aquasteit a Jennat lou chandeler, per mei xx s. de met. de cens, et a. com l. e. en l'ai. l. dv.
228 Li sires Nicolles, li prestes de Baizaille, ki maint a Nostre Dame as Chans, p. b. por la chiese Deu de Nostre Dame aus Chans sus iii s. de met. de sans ke geisent sus la mason Poinsignon Boucherue de la Nueve ruwe, qu'il ait aquasteit et eschaingiet a Poinsignon devant dis, e. com l. e. en l'ai. l. dv.

---

[1]) v. 1262, 355, Symonin, lou janre Hallowit.

229 Jennas Baitaille p. b. sus les LX et x s. de met. de sans ke
geisent sus l'osteil ke Jennas Chaiuresons tient, ke siet an la
plaice a Porsallis, ke li vient de pair Watier Bellegree, son
seur, k'il ait aquasteit a Guerceriat Poterel, lou janre Watier
Bellegreie, et e. com l. e. en l'ai. l. dv.

230 Renaldins, li filz signor Geruaise de Lescey ki fut, p. b. sus
teil eritage com il est escheus a Forkignon, son fil, de pair
Baduwin Ysambairt, c'est a savoir sus la grainge ke siet darier
S. Eukaire, per mei IIII s. de met. de sans, et sus les XVI s.
5 de met. de cens ke geisent sus tout l'eritage le[s] enfans Vguignon
de Lieons ke fut, et sus les III jornals de terre airure ke geisent
a l'orme a Montois, ancoste Bertadon Piedechaus, en alluet, et
sus jor et demei de terre an la Pertelle, ancoste Jaikemin lou
10 Roi, per mei teil sans com il an doit, et sus la chambre ke
siet daier S. Eukaire, ancoste son osteil meismes, qu'il ait
aquasteit a Perrin, lou fil Theiriat Yzambairt, per mei XI s.
de met. de cens, e. c. l. e. en l'ai. l. dv.

231 Watrins de Chalons et Allexandres li boulangiers d'Outre Saille
p. b. por Lietairt lou boulangier de Maizelles et por Mairiate,
sa femme, la fille Watrin devant dit, sus I jornal de terre
airure ke geist darier la Belle Stainche, ancoste lou champ
5 Jennat Siruant, per mei I d. de cens k'il doit, et sus XII d.
de cens ancor ke geisent sus IIII pieces de preit, ke geisent ou
ban de Grysey, li une an Haistes ancost[e] lou preit Don-
mangin de Grisey, et li autre ancoste lou preit Jennat Grant-
col apres, et li autre ancoste lou preit ke fut Jennat lou
10 Bossut de Maizelles, et li autre ancoste lou preit Baduwin
Bugle, k'il ont aquasteit a Colignon, lou fil Jennin le Villat
d'Outre Salle, e. com l. e. en l'ai. l. dv.

232 Rollons de la Porte p. b. sus teil partie com il ait an tel
aquast com Burtemins meismes et Symonins de Morinville et
Martignons ont fait a Luckignon Wade, k'il ait aquasteit a
Burtemin Froimondel, per mei teil sans com cille partie doit,
et e. com l. e. en l'ai. l. dv.

233 Dame Bietris, li femme Jaike Roucel ke fut, p. b. sus tout
l'eritage ke Sallemons, li filz Ansel Boilawe de Coulambeirs
ke fut, ait an la mairie de Porsallis, an tous us, ou k'il soit,
ke li est delivreis per droit et per jugement, por teil sans com
dame Bietris avoit sus l'eritaige devant dit, et per mei teil
sans et teil droiture com li eritaiges doit devantriennemant.

234 Hanrias, li filz Colin de Champelz ke fut, p. b. sus tout l'eritaige ke Colignons Boilawe, li filz Ansel Boilawe de Coulambeir ke fut, ait an lai mairie de Porsallis, an tous us, ou k'il soit, ke li est delivreis per droit et per jugemant, por tant com Colignons devant dis li doit, per escris en airche, et per mei teil sans et teil droiture com li eritages doit.
235 Steuenins, li mairis Clairice, p. b. sus une mason ke siet devant la stuve ou Tonboy, et sus lou meis ke fut Joffroit Malrouwairt, qu'il ait aquasteit a Abertin, lou fil signor Abert de Champes, per mei xxxv s. de met. de cens, et e. com l. e. en l'ai. l. dv.
236 Theirias Bawiers de Sanerie p. b. sus lou meis ke fut Wernier lou courijer de Sanerie, ke siet an Chadeleirruwe, k'il ait aquasteit a Fransoi, son fil, per mei vii s. et demei de cens, e. com l. e. en l'ai. l. d.
237 Thiebaus Bourgans d'Outre Salle p. b. sus la mason ke fut Colin de Kulewille, k'il ait aquasteit a lui, per mei x s. de met., et e. com l. e. en l'ai. l. dv.
238 Jennas Menneis p. b. sus une mason ou Waide, ke siet apres la soie, k'il ait aquasteit a Thonmaissin, son serorge, per mei vii s. de met. de sans a Nostre Dame as Chans, e. c. l. e. en l'ai. l. dv.
239 Ansillons de Venize, li aiveles¹) dame Marguerite, la suer Jehan Paipemiate ke fut, p. b. sus xxv s. de met. de cens ke geisent sus la mason Godignon l'espicier an Forneyruwe, k'il ait aquasteit a Jennin, lou fil Androuwat Mourat d'Outre Salle, e. c. l. e. en l'ai. l. dv.
240 Jennins Poires d'Outre Salle p. b. sus la mason ke fut Symonin Flairejoute, ke li est delivreie per droit et per jugemant, por tant com il est randeires por lui, per escris en airche.
241 Pierexels Bontedeu p. b. sus demei jornal de vigne ke geist an Haute Riue, ancoste la soie vigne meisme, k'il ait aquasteit a Maiheu d'Erey et a Heilouwate, la suer Pierexel devant dit, per mei i d. de cens, et e. com l. e. en l'ai. l. dv.
242 Guercerias Noize p. b. por la chiese Deu de S. Arnoult sus xx s. de met. de cens ke geisent sus l'osteil ke fut Steuenin lou bouchier et sus l'osteil Poinsignon lou bouchier et sus l'osteit ²) Willemat lou foulon ke fut, dont la chiese Deu devant dite est bien tenans.

¹) *Vorlage* aivelete, *v. 1281, 435.*
²) *Die Häuser layen* sus Saille, *r. 1269, 475.*

243 Thiebaus Doumal p. b. sus tout l'eritaige ke li est ancheus de pair peire et de pair meire, et sus les XLVIII s. de sans ke geisent sus la grant mason Berteran Doumal ke fut, ke siet an Staisons, et sus teil aquast com il ait fait a Roboan, son frere, et a Hanriat de Chacey, son serorge, e. com l. e. en l'ai. l. dv.

244 Poinsignons, li filz Steuenin de Chaistes, p. b. por lui et por ces freres et por ces serours sus XXX s. de met. de sans ke geisent sus la mason devant ditte, e. com l. e. en l'ai. l. dv.

245 Jennas Patrouwes li recuvreires p. b sus une mason ke siet an la ruelle,[1]) k'il ait aquasteit a signor Thomes, lou preste de S. Eukaire ke fut, per mei teil sans com il an doit, e. c. l. e. en l'ai. l. dv.

246 Houwins de Prenoi li cherretons p. b. sus une mason ke siet an la rouwe dou Preit, k'il ait aquasteit a Jennat Marcouairt,[2]) per mei XV s. de met. de sans, et e. com l. e. en l'ai. l. dv.

247 Jaikemins li taileirs p. b. por l'abbeit et por lou covant de l'Isle an Barrois sus une mason ke siet an Chaiuerelruwe, ancoste l'osteil Watrin Hainmignon, ke li est delivre per droit et per jugemant contre les oirs Vaichate, per mei teil sans com li masons doit, et e. com l. e. en l'ai. l. dv.

248 Et ce p. b. ancor por l'abbeit et por lou covant devant dit sus X s. de met. de sans ke geisent sus une mason darier S. Eukaire, devant la mason ke fut Ysambairt Burley, apres III s. de met. de sans ke li masons doit devantrienemant, qu'il ait aquasteit a Bawier lou courrijer et a Hawiate de Retonfais, e. com l. e. en l'ai. l. dv.

249 Fourkignons dou Pont p. b. sus une mason ke siet an S. Polcort, et sus les VII s. de met. de sans ke geisent sus la mason Symon l'Alemant outre Maizelles, et sus la maixeire ke siet antre la mason Symon devant dit et lou chakeur S. Laidre, et sus XII d. de sans ke geisent sus la mason Aibillate Burdine an S. Polcort, k'il ait aquasteit a Jaikemin Berroit dou Champel, per mei teil sans com li grans masons et li resaiges doit, et e. c. l. e. en l'ai. l. dv.

250 Aierons, li femme lou Drut ke fut, p. b. sus la mason ke fut Maitheu Lieurit et sus tout lou resaige qui apant, qu'il ait

---

[1]) daier S. Eukaire? v. 1251, 28 nud 1290, 56.
[2]) r. 1279, 66.

aquasteit a Maitheu devant dit, per mei teil sans com elle doit, et e. c. l. e. en l'ai. l. dv.

251 Badesons, li janres dame Poinse Dediet, p. b. sus la moitiet de la grant mason ke fut dame Poinse Dediet, qu'il ait aquasteit a Colignon, son serorge, per mei teil sans com celle partie doit, et e. c. l. e. en l'ai. l. dv.

252 Ailesate, la fille Piere Thome ke fut, p. b. [sus] teil partie com Colate, li fille Jennin Aurair, avoit an la mason dame Izabel la Rouce, ke siet a Porsallis, ancoste la mason Perrenat, k'elle ait aquasteit a Colate desour dite, en alluet, et e. c. l. e. en l'ai. l. dv.

253 Thiebaus Bernaige p. b. sus xxx s. de met. de sans ke geisent sus la mason Boilos de Lyeon, ke fut Malcheual, qu'il ait aquasteit a Burthemin Mouretel, e. c. l. e. en l'ai. l. dv.[1])

254 Et ce prant bans ancor sus la moitiet de IIII lb. de sans ke geisent sus la mason Odin l'espicier, ke siet an Forneiruwe, qu'il ait aquasteit a Jennat Joute, e. c. l. e. en l'ai. l. dv.

255 Et ce prant bans ancor sus LX et XIII s. et demei de sans, s'an geisent LX s. de mt. sus la mason Abillate[2]) Dediet, ke siet ancoste la mason Arnoult Chaineueire ke fut,[3]) et x s. sus lai mason Jaikemin de Pairney ou il maint, et III s. et demei sus la mason Hainelo lou mortelier, qu'il ait aquasteit a Theiriat Joute, e. com l. e. en l'ai. l. dv.

256 Jennas Buerney p. b. sus I stal ke siet an la halle ou Champ a Salle, qu'il ait aquasteit a Jaikelo de Corlandac lou tainour, en alluet, e. c. l. e. en l'ai. l. dv.

257 Hanrias Burnekins p. b. sus la mason ke fut Berteran Domal, ke siet an Staison, et sus tout lou resaige qui apant, et sus les xxx s. de met. de sans ke geisent sus la mason Alairt lou cordewenier, ke siet ancoste la mason desus ditte, qu'il ait aquasteit a Gerardin, lou fil Waterin Mairasce ke fut, per mei teil sans com tous cist eritaiges doit, e. com l. e. en l'ai. l. dv.

258 Et ce prant bans ancor sus x s. de met. de sans ke geisent sus la mason ke fut Berteran Domal, ke siet an Staison, k'il meisme dovoit a Gerardin, lou fil Watrin Mairasce ke fut,

---

[1]) v. 1281, 59 und 1293, 80.
[2]) Vor Abillate ist Abertin durchgestrichen.
[3]) en Chapillerrue v. 1241, 155; 1269, 105.

qu'il ait aquasteit a Mairguerate, la fille Berteran Doumal ke fut, e. c. l. e. en l'ai. l. dv.

259 Et ce prant bans ancor sus xx s. de met. de sans¹) qu'il meisme dovoit sus sai mason ou il maint, qu'il ait aquasteit a Boinvallat, lou fil Jehan Soupe ke fut, e. c. l. e. en l'ai. l. dv.

260 Wicherdins Berbes p. b. sus une mason ke siet ancoste la grainge Monin et ancoste la soie meisme, qu'il ait aquasteit a Hanriat, lou fil Symon Boiat de Maicliue, per mei I d. de sans, et e. c. l. e. en l'ai. l. dv.

261 Jaikiers pour Jaikemin, son serorge, et Marguerate, le fille signor Filippe de Ragecort, p. b. sus la mason et sus lou resaige qui apant ke siet an Visegnues, ke Colins Fransois lour ait aquiteit, per mei lou sans k'il i avoit.

262 Symonins li meutiers p. b. sus II jornals de terre ke geisent en Buheruet,²) qu'il ait aquasteit a Hawiate la hardeire de Moulins, per mei II d., et e. com l. e. en l'ai. l. dv.

263 Perrins Baguairs p. b. sus LX s. de met. de sans k'il meismes dovoit sus sai mason ou il maint, qu'il ait aquasteit a Burthemin Mouretel, son serorge, e. com l. e. en l'ai. l. dv.

264 Vguignons, li filz Thiebaut de l'Aitre p. b. sus une mason ke siet an Staisons, ke fut Burthemel Durelat, ke li est delivre per droit et per jugemant, per mei teil sans com ille doit, et por tant com il ait paiet por lui, l'escrit en airche.

265 Li sires Jehans li Gronnais p. b. sus lou quart³) d'une tavle ke siet an Nues Chainges, qu'il ait aquasteit a Perrin, lou fil Willermin Besin ke fut, et a Contasse et a Colate, ces II serours, e. com l. e. en l'ai. l. dv.

266 ⁴) Ferrias Chielairon p. b. sus tout l'eritage Jennat [de] lai Bairre, son serorge, ke geist an lai mairie de Porsallis, partout ou k'il soit, ke li est delivres per droit et per jugemant, et dont il est bien tenans, en teil mainiere ke sist bans ne sont neant nusans ai l'airitaige ke Jennat tiet de pair sai femme. ⁵)

267 Et ce p. b. ancor sus la piece de terre et de preit ke geist an lai Rayee ou ban de Lorey, k'il ait aquasteit a Fakignon

---

¹) *Hinter* sans *folgen die unterstrichenen Worte* ke geisent sus la mason *und die nicht unterstrichenen* ke fut k'il meismes. *Der Schreiber hat zweimal verkehrt angesetzt.*

²) Buheruet *übergeschrieben, darunter ist* Hunbert rut *stehen geblieben.*

³) lou quart *auf Rasur.*

⁴) *v. 1281, 311 und 405.*

⁵) en teil mainiere *bis* femme *Zusatz von Schreiber 10.*

de Merdeney, per mei teil sans et teil droiture com tous cist eritages doit, et e. c. l. e. en l'ai. l. dv.

268 Jaikemins Bellegree et Sefiate, le fille Colin Chinelier, p. b. sus teil partie com Thiebaus Pieros avoit an XXIII[1]) s. et demei de cens, k'il ont acheteit, ke Jaikemins et Sefiate li dovoient por la sote de l'eritaige d'Ancerville, k'il ont partit a lui, k'il poient racheter a lui, e. c. l. e. en l'ai. l. dv., et sus les V s. et VII et maille k'il meismes li dovoient por les sotes des homes d'alluet, k'il ont racheteit a lui, e. c. l. e. en l'ai. l. dv.

269 Nicolles li Gronnais et Jaikemins, li maires de S. Vincent, p. b. sus XLIII s. et III d. de cens k'il ont aquasteit a Colignon Bouton, l'aivelet signor Nicolle dou Puix, dont il an geisent XXIIII s. sus la mason Abrit lou fournier dou Champel, dont ans an redoit arier XII d. a l'eglise S. Eukaire, et XVIII s. et III d. sus IIII masons an la ruelle Canelle k'Aberons, li filz l'Ameral, tient, k'il ont aquasteit, e. c. l. e. en l'ai. l. dv.

270 Burtignons Paillas p. b. sus VIII lb. et III s. et II chapons de cens qu'il ait aquasteit a signor Cunon, lou janre Baizin, dont Burtignons l'an dovoit IIII lb., sus sai mason meismes ou il maint, et XXIII s. et II chapons an geisent sus la mason ke fut
5 Nainmeriat lou maistre outre Salle, et XX s. sus l'osteil Guiot l'especier devant lou Moustier,[2]) et XX s. sus la grainge ke fut Arnoult Chaineveire, ke siet devant Ste Mairie au Boix, et XXVIII s. et IIII d. sus l'osteil Jennin de Sanerie ou Champ a Saille, dont ons an redoit arier XIII s. et IIII d. et V s. sus les
10 molins de l'ospital et de S. Laidre, qu'il ait aquasteit a signor Cunon, e. com l. e. en l'ai. l. dv.

271 Et ce prant bans ancor sus une piece de terre airure ke geist antre S. Priueit et lou gibot, qu'il ait aquasteit a Poinsignon et a Guenordin, les enfans la dame de Buneie, per mei II s. et demei de cens, e. c. l. e. en l'ai. l. dv.

272 Perrins, li filz Willermin Baizin, p. b. pour lui et pour Contasce et pour Colate, ces II serours, sus les preis de Chainney et de Frontigney, ke furent Willame Baizin, lour peire, ke lour sont ancheus de pair Willame devant dit, en alluet.

273 Jehans Burterans p. b. sus la mason ke fut Houwin l'Alemant, ke siet sus lou Mur, ancoste l'osteil Eurit lou sablier, qu'il ait

---

[1]) XXIII *verbessert aus* XXXII.
[2]) = Grant Moustier.

aquasteit a Jaikelo de Corlandac, per mei xxx s. de met. de sans, et e. c. l. e. en l'ai. l. dv.

274 Dame Aileit Fackolz, li femme Lowit lou Mercier ke fut, p. b. sus les LX et X s. de met. de cens ke geisent sus la mason les oirs Bouchate a Quartal, dont ons an redoit arier XIII s. et IIII' d. a l'eglise de S. Thiebaut, et sus XII s. et VIII d. et maille de cens ke geisent sus la mason dame Ainel Brisepain an Chaipelerruwe, qu'il ait aquasteit a Colin Bouton, l'avelet Nicolle Judes ke fut, e. com l. e. en l'ai. l. dv.

275 [1]) Jennas Tairteles p. b. sus tout l'eritaige ke fut Weiriat lou feivre [de Stoixey],[2]) an tous us, an preis, an chans, an vignes, an masons, [ke li est delivres] por tant com il ait[3]) raicheteit, lai ou il gesivet an waige, per escris en ai[r]che, dont il estoit
5 randeires pour Weiriat devant dit, et pour XLII s. et VII d. [de mt.] k'il [an] ait paiet a signor Willame de lai Court, ke li sires Willames avoit mis en l'eritaige, et pour XIIII lb. de met. ke Jennas [devant dis] ait pues mis an cest eritage; c'est a savoir a Lukin Chaimeure c et x s. por lou sans de IIII estaies
10 ki erent demourees a paier, et xv s. por une anbaineure a[s] signor[s] de Mairleit, et la remenance an lai faiture de l'eritage et an sances et an vestures, et per mei tel sans et tel droiture com tous cist eritages doit.

276 Burterans Gemelz p. b. sus tout l'eritaige ke Joffrois, li aiveles signor Berteran de Jueruwe, ait an la mairie de Porsallis, an tous us, ke li est delivre per droit et per jugemant, por tant com Joffrois desour dis ait a faire a lui, per escris en airche.

277 Jennas de Rouzeruelle p. b. pour la chiese Deu de Moremont sus XVIII s. de met. de sans ke geisent sus III masons an lai Nueve ruwe, k'il ait aquasteit a Abert lou feivre de Porte Cerpenoise, e. c. l. e. en l'ai. l. dv.

278 Et ce prant bans ancor sus xx s. et IIII d. de met. de cens ke geisent sus la mason Feleppin Pannon et sus la mason Hanrit l'arcenor de Buedanges, ke sieent ou Haut Champel et ou Bais Champel, k'il ait aquasteit a Felepin et a Hanriat desour dit, e. c. l. e. l. dv.[4])

---

[1]) = *1281, 187.*
[2]) *Was in Klammern steht, hat der Eintrag 187 mehr als 275.*
[3]) *Vorlage* il lait.
[4]) *Urkunde erhalten, M.-Bez.-A., G. 860.*

279 Poinsignons li Gronnais et Maiheus Haisons p. b. sus xv meues de vin, et sus x d. ke chescuns meus doit de contrevin, et sus xx s. de met. de sans ke geisent a Loreit desour Merdeneit, k'il ont aquasteit a Steuenin Wachie, e. c. l. e. en l'ai. l. dv.

280 Pieres li Gronnais de S. Arnoult p. b. sus une mason ke siet a S. Arnoult et sus tout lou resaige qui apant, et sus lou quairt de la vigne S. Benoit, qu'il ait aquasteit a Jennat lou Roucel, lou fil Hanriat de Montigney, per mei tel sans com il an doit, et e. c. l. e. en l'ai. l. dv.

281 Fakons, li filz Watrin Kaithelie ke fut, p. b. sus la mason Colin Merchant, ke siet ou Nuefbourc devant la fontainne, et sus la grainge dairier et sus tous les resaiges qui apandent, et sus v jornals de vigne c'on dist a la Vanne outre Salle,
5 apres la vigne signor Abert de Champels ke fut, es sus IIII jornals et demei de vigne ke geisent an Refinclo, apres les vignes Jennin de Chastelz, qu'il ait aquasteit a dame Sefie, la femme Colin Merchant ke fut, per mei IIII d. de sans ke li masons doit a signor Jehan lou Trouwant, et per mei x s. de
10 sans ke le grainge doit a Izabel, la fille Badouwin d'Espinals, et per mei II d. de sans ke li v jornals de vigne doient a Ste Glosenne, et per mei une maile de sans ke li IIII jornals et demei an Refinclo doient a Ste Glocenne, et per mei x lb. de sans ke tous cist eritaiges doit a Jaikemin Bellegree et a
15 Allexandre, son serorge, e. c. l. e. en l'ai. l. dv.

282 Maistre Jehans Jeuwes li clers p. b. sus une mason ke siet a Porte Cerpenoise, ancoste la mason Houwignon lou permantier, qu'il ait aquasteit a Jaikemin lou courrijer, per mei XII s. de met. ke li masons doit a Cordelieres de Mes, e. c. l. e. en l'ai. l. dv.

283 Poinsignons de Metri p. b. sus une piece de terre airure ou an contet I jornal, k'est ou ban de Maigney, arreis son champ meisme, qu'il ait aquasteit a Steuenin lou Hailleit de Florei, per mei I d. de sans, et a. c. l. e. en l'ai. l. dv.

284 Thonmais de Chainey p. b. sus[1]) la mason et sus la grainge et sus lou meis daier ke siet a Chainney, devant la soie mason meismes, et sus LX s. de met. de sans ke geisent sus tout l'eritaige ke Clodins ait ou ban de Chainey, an tous us, et sus

---

[1]) sus la mason *bis* LX *übergeschrieben. Hinter* p. b. sus *Rasur von zwei Ziffern,* sus *steht zweimal, in und über der Zeile.*

tout l'eritage k'il ait ou ban de Maicline, an tous us, et sus tout l'eritage k'il ait ou ban de Pertes, an tous us, qu'il ait aquasteit a Clodin¹) devant dit, e. c. l. e. en l'ai. l. dv.

285 Li sires Jehans Courbes p. b. sus viiii s. de met. de sans ke geisent sus la mason Hanrit de Buneie, ke siet a pont a Porsallis, ancoste l'osteil maistre Goudefroit, k'il ait aquasteit a signor Abert, lou preste de Chacey, e. c. l. e. en l'ai. l. dv.²)

286 ³) Maiheus Mourelz p. b. por la chiese Deu dou Tample sus les vi s. de met. de sans ke geisent sus les estaus de la halle des permantiers an Visegnues ke Lietaus tient, et sus les viii s. et demei⁴) de met. de sans ke geisent sus ii masons an la rowelate devant la mason Saint Laidre, et sus les iiii s. de met. de sans ke geisent sus la mason⁵) Perrin, lou fil Gerardin lou sainour ke fut, qu'il ait aquasteit a Thiebaut d'Airs, e. c. l. e. en l'ai. l. dv.

287* Ce sont li ban dou mey awast. En la marie d'Outre Muselle:

287 Hanrias Chiueliers de Longeuille prant bans por Yngrant, son serorge, sus une piece de vigne ke geist en Taneires, desoz Vals, k'il ait aquasteit a Poinsignon, lou fil Steuenin [de la Cort]⁶) de Vals, e. c. l. e. en [l'a. l. d.]

288 Rolins li clers de Chambres p. b. sus i jardin et sus la maison dou jardin ke siet daier Longeuille et sus ceu ki apant, en alluet, et sus xxiii d. de cens ke geixent sus l'osteil Hanrion Berbel a Longeuille, k'il ait aquasteit a signor Jehan de la Cort, e. c. l. e.⁷)

289 Perrins a cul li bouchiers p. b. sus une maison ke siet en la ruelle ensom Viez Bucherie et sus tot lou resaige ki apant, ke fut Lowion de Nommeney, k'il ait aquasteit a signor Jehan Corbel, permei xxvii s. iiii d. moins de cens, e. c. l. e. en l'a. l. d.

290 Ydate, li fille dame Poince la Bague de Rimport ki fut, p. b. en alluet, sus ii jornals de vigne en Foillut ou ban de Plape-

---

¹) Clodin *übergeschrieben*, Colin *durchgestrichen*.
²) *v. 1281, 541,*
³) *Urkunde erhalten. v. De Wailly, Notices et extraits, Paris 1878 No. 219.*
⁴) et demei *übergeschrieben.*
⁵) *Vorlage* sus la mason ancoste la mason Perrin. De Wailly: iiii s. de cens ke Perrins li berbiers doit sus sa mason.
⁶) *v. 1281, 314. Rand beschädigt.*
⁷) *Zeile zu Ende.*

uille, ke li sont venut de part dame Florate, sa tante, e. c. l. e. en l'a. des parsons l. div.

291 Filipes li Lous li nateniers p. b. sus une maison et sus la grainge daier et sus lou meis ke siet en Anglemur, ver l'osteil Piereson lou charreton, k'il ait aquasteit a Drudelan, la femme Jennin de la Folie, permei xx s. de cens, e. c. l. e. en l'a. l. d.

292 Xandrins Boinvallas li clers p. b. sus une piece de vigne et sus une piece de jardin ke geisent ou ban de Lescey, ki estoient seu contrewaige, k'il ait aquasteit a Gerardat, lou fil Colate de Lescey, en alluet, e. c. l. e. en l'a. l. d.

293 Remias, li fils Guersire lou parfeit, p. b. sus une maison sus lou Rone et sus lou meis encoste et sus tout lou resaige ki apant, ke fut Guersire, k'il ait aquasteit a Thiebat Bertadon, permei teil cens com elle doit, et e. c. l. e. en l'a. l. d.[1]

294 Willermins, li fils Herbillon de Conflans, p. b. sus teil pertie com dame Ysabel, li femme Garnier lou Borgon, ait en la maison ou elle maint, en la rue lou Voweit, et sus tout lou resaige ki apant, et sus toutes les censes k'elle ait en la mairie d'Outre Muselle, k'il ait a ley aquasteit, permei teil cens com li eritages doit, et permei xii d. de cens k'il l'an doit, et e. c. l. e. en l'a. l. div.

295 Luckins li espiciers, li fils Jennin Graitepaille ki fut, p. b. sus une maison et sus la chambrate encoste et sus toz les resaiges ke sient davant S. Sauor, encoste l'osteil Hanrit l'espicier, k'il ait aquasteit a Jaikemin Gratepaille, permei lx s. de cens, e. c. l. e. en l'a. l. d.

296 Jaikemins, li fils Poinsin de la Creux ki fut, p. b. sus une maison ke siet outre Muselle, davant l'osteil Thiebat de la Creux, k'il ait aquasteit a Thomessin Cuertouche, permei viii s. de cens k'il en doit a S. Vincent, e. c. l. e. en l'a. lo d.

297 Robins d'Onville li bolengiers p. b. sus une maison ke siet en Couperelruelle, encoste Palerin, k'il ait aquasteit as mainbors Aileit Mandewerre, permei xvi. s. et demei de cens, e. c. l. e. en l'a. l. d.

298 Mahowas li taneres d'Outre Muselle p. b. sus une maison en S. Vincentrue, encoste l'osteil Gerardin lou Car, k'il ait aquasteit a Ferriat Jeuwet, permei xxv s. de mt. de cens, e. c. l. e. en l'a. l. d.

---

[1] v. *1278, 189.*

299 Gerardas, li niez maistre Gerart, li cherpentiers p. b. sus une maison ke siet en S. Vincentrue, ensom l'osteil Cuerdefer, k'il ait aquasteit as mainbors maistre Gerart, permei xvi s. de cens, e. c. l. e. en l'a. l. d.
300 Hanrias Boudas li wasteliers p. b. sus une maison ke siet ensom Viez Bucherie, encoste l'osteil la Picarde, et sus tout lou resaige ki apant, k'il ait aquasteit as hoirs Domangin Empoizekeuce, permei xxiiii s. de cens, e. c. l. e. en l'a. l. d.
301 Thomessas li cordueniers de S. Arnolt p. b. sus tout l'eritage ke Bernowains de Ville sus Yron avoit en celui ban, ke li est delivres per droit et per jugemant, por tant com il li doit et por tant com il est randeres por lui, per escris en arche, et permei teil cens com il doit.
302 Jaikemins Bureis li clers p. b. sus une maison ke siet en Nikesinrue, arreis la soie, paroit ai¹) paroit, k'il ait aquasteit a Milat et a Poinsate, sa femme, permei viii s. de cens, e. c. l. e. en l'a. l. div.
303 Lowias Chameure p. b. sus une piece de vigne ou an contet iiii jornal et sus lou triex ke geixent ou Rowal de Frieires, entre la vigne Goubillon de Vignueles et la vigne Simonat Facol, en alluet, et sus lou preit desoz, permei une angevine de cens, k'il ait aquasteit a Jennat Clemignon, e. c. l. e. en l'a. l. d.
304 Jennas de Monfacon p. b. sus une maison en la rue lou Voweit, encoste l'osteil l'arcediacre Werrit, ke fut Arnolt de Forpac, k'il ait aquasteit a Marguerite d'Aix, permei teil cens com elle doit, et e. c. l. e. en l'a. l. d.
305 Jehans li Affichies p. b. sus la maison Warin Chiotel en Franconrue et sus tot lou resaige, k'il ait en wage, per escrit en arche, permei teil cens com elle doit.
306 Martins li soieres p. b. sus une maison ke siet davant lou pux des pucelles en la Vigne, et sus une eire de meis daier la maison, k'il ait aquasteit a Waterin lou berbier de Chambres, permei viiii s. de mt. de cens, e. c. l. e. en l'a. l. d.
307 Jennas Buerneis li taneres p. b. sus i stal ke siet en la halle des tanors en Chambres, k'il ait aquasteit ai Ancillon de Wermeranges lou tanor, permei teil cens com li atre stal de la halle doient, et e. c. l. e. en l'a. l. d.

---

¹) *In der Vorlage das Abkürzungszeichen für* et.

308 Jaikemins Godeires p. b. sus une maison ke siet davant S. Vincent et sus tout l'eritage, k'il ait en waige d'Arnolt de Wapey, per escrit en arche, et dont il est tenans, et permei teil cens com li eritages doit.

309 Perrins Baguars p. b. sus une maison ke siet en Coperelruelle, et sus tout lou resaige ke siet encoste l'osteil Goudefrin lou permantier, k'il ait aquasteit a Tieriat de Molins, lou janre Gerart Chadiere, permei xviii d. de cens, e. c. l. e. en l'a. l. d.

310 Renals li chamberlains p. b. por la chiese Deu des Grans pucelles en la Vigne S. Marcel sus une piece de terre ou an contet iii jornal, ke geist outre Muselle, k'il ait aquasteit a Pantecoste et a Katerine, les ii filles Jaikemate la telliere de Chambres, en alluet, et e. c. l. e. en l'a. l. div.

311 Ferrias Chielaron p. b. sus tout l'eritage ke fut Jennat de la Barre, par tout ou k'il soit, ke li est delivreis per droit et per jugemant, permei teil cens com il doit.[1]

312 Lowias Burtignons p. b. sus une piece de terre ou an contet ii jornals, ke geist davant la Mars, entre la terre lou signor Alixandre et la terre c'on dist de la Corcerie, k'il ait aquasteit a Pierexel Marasce, en alluet, e. c. l. e. en l'a. lo d.

313 Poinsignons Bolande p. b. sus la grainge et sus lou meis daier et sus la cort davant et sus can ki apant ke siet a Warnainville, ensom Gerardin Malecoronne, k'il ait aquasteit a Richart, son fil, permei xii d. de cens k'il en doit, e. c. l. e. en l'a. l. d.

314 Abertins, li fils Steuenin de la Cort de Valz, p. b. sus tout l'eritage ke Poinsignons, ces freres, ait a Geramont, permei teil cens et teil droiture com il doit, k'il ait eschaingiet a Poinsignon, son frere, e. c. l. e. en l'a. l. d.

315 Jennas li Boins Crestiens de S. Marcel p. b. sus la maison et sus tout l'eritage ke Jennins Gaidas ait ou ban de S. Marcel, k'il ait a lui aquasteit, permei teil cens et teil droiture com il doit, e. c. l. e. en l'a. l. div.

316 Maheus Cokenels p. b. sus iiii s. de mt. de cens ke furent Herbin Wachier, ke geixent sus la petite maison Jehan lou feivre a pont Thiebat, et sus lou meis et sus lou jardin ke vait per daier les ii maisons Jehan, dont Maheus est tenans.

---

[1] v. 1281 266 und 405.

317 Lowias, li fils Lowit lou Mercier ki fut, p. b. por lou signor Eurit de Fontois sus cant ke li sires Poinces Troixins avoit ai Anxievilleirs et ai Anxeranges et a Fontois, en chans, en preis, en vignes, en censes, en rantes, en hommes, en femmes, en bos, en droitures et en tot atre eritage, ke li sires Euris ait aquasteit a signor Poinson desor dit, e. c. l. e. en l'a. l. div.

318 Colignons, li fils Jennat Roubelat, p. b. sus II maisons et I meis ke sieent ai Ars, ensom l'osteil Ysabillon de Rozerueles, k'il ait aquasteit a Willemin et a Thomessin, son serorge, permei VI s. de mt. de cens, e. c. l. e. en l'a. l. d.

319 Et ce p. b. ancor sus une atre maison ke siet ai Ars, encoste Poinsat, lou fil Abertel, k'il ait aquasteit a Jennat la Kainne, permei VI d. d'amosne, e. c. l. e. en l'a. l. d.

320 Colignons Wandars p. b. sus teil partie com Poinsignons Grillas de Ste Rafine avoit en XL quartes de bleif de cens ke Adenas de Longeawe doit sus son molin sus Longeawe, k'il ait aquasteit a Poinsignon desor dit, e. c. l. e. en l'a. l. d.

321 Et ce prant bans ancor sus II pieces ke terre ke preit ou an contet III jornals, ke geixent ou ban de Doncort, k'il ait aquasteit ai Yderon, la femme Robert de Doncort, e. c. l. e. en l'a. l. d.

322 Pieresons Gouions d'Ars p. b. sus une maison ke siet ai Ars sus Mancien, k'il ait aquasteit a Clemant lou permantier d'Ars, permei teil cens com elle doit, e. c. l. e. en l'a. l. d.

323 Simonins Facons p. b. por la chiese Deu de S. Thiebat sus III pieces de vigne ou an contet VI jornals et demei, ke geisent ou ban de Siey et de Molins et de Chazelles, ke li sont delivreit per droit et per jugemant, por XLVI s. de mt. de cens et demei meu de vin ke toz cist eritages doit a la chiese Deu desor dite.

324 Gillas li Bels dou Nuefborc p. b. sus une maison et sus lou meis daier ke siet ai Ars, et sus totes les vignes ke Tierias Fezels ait ou ban d'Ars, k'il ait a lui aquasteit, et k'il li ait relaiet permei X s. de mt. et IIII sestieres de vin de cens, e. c. l. e. lo d.

325 Colins Colemels et Mathions Cunemans p. b. sus lou meis et sus ceu ki apant ke fut Jennat Lowiat, ke siet defuers lou pont des Mors, k'il ont a lui aquasteit, permei XVIII d. de cens, e. c. l. e. en l'a. l. d.

326 Guios li espiciers p. b. sus la maison et sus lou resaige ki apant ke fut Jennat Lowiat, ke siet davant lou Grant Mostier, k'il ait a lui aquasteit, permei iiii lb. de mt. de cens, e. c. l. e. en l'a. l. d.

327 Jaikemins, li fils signor Jaike Rabowan, p. b. sus lou quart de tout l'eritage ke Odiliate, li femme Jofroit Corbel, avoit ou ban de Wapey et ou ban de Turey et de Staples, et sus lou quart d'un jornal de vigne ke geist en Ferrecort desoz Siey, ke Ancillons Bouxenas fait a moitiet, et sus lou quart de ii pieces de vigne ou ban de Chastels c'on fait a moitiet, et sus lou quart de tout l'eritage ke li sires Vgues, li prestes de Chastels, tient a cens, et sus lou quart des xxiiii s. de cens k'il en doit, k'il ait aquasteit a Lorate, la fille Odiliate desor dite, permei teil cens et teil droiture com li eritages doit, e. c. l. e. en l'a. l. d.

328 Jehans Barbe p. b. sus xxiii s. de cens ke geisent sus la maison lou Roi en Chambieres, ke Baduyns Pierols li ait aquiteit, por tant com il les avoit en waige, per escris en arche, et e. c. l. e. en l'a. l. d.

329 Bertrans Gemels p. b. sus tot l'eritage ke Jofrois, li voweis d'Amanvilleirs, ait ai Amanvillers et ou ban, en toz us, et ou ban de Chastel, ke li est delivres per droit, por tant com Jofrois ait a fare a lui, per escris en arche.

330 Colins Dowares p. b. por la chiese Deu de S. Simforien sus i meu de vin a mostage de cens, ke Jennas Pichars doit sus tot l'eritage ke li est escheut de part sa meire, k'il ait a lui aquasteit, e. c. l. e. en l'a. l. d.

331 Et ce p. b. ancor por la chiese Deu desor dite sus la moitiet de Jennat Pichart meimes, k'il ont eschaingiet ai Abert lou Xauing, e. c. l. e. en l'a. l. d.

332 Nicoles li Gronais et Jaikemins, li mares S. Vincent, p. b. sus xx s. de mt. de cens des xl s. de cens ke Jehans de Weure avoit sus les vignes ke Poinsignons li Gronais tient, ke geisent ou ban de Wapey et de Felieres, ke furent Simon Bernart lou clerc, k'il ont aquasteit a Jehan de Weure por Poinsignon et por Contasce, sa femme, e. c. l. e. en l'a. lo d.

333 Poinsignons li Gronais p. b. sus les xx s. de mt. de cens k'il ait aquasteit a Jehan de Weure des xl s. de cens k'il meimes li dovoit sus les vignes ou ban de Felieres et de Wapey, ke furent Simon Bernart lou clerc, e. c. l. e. en l'a. l. d.

334 Colins Sodas p. b. sus II pieces de vigne a Mesnit, s'an geist une sus lou rut et li atre encoste la vigne les enfans signor Forcon, k'il ait aquasteit a Jennat Josillon, permei teil cens com elles doient, e. c. l. e. en l'a. l. d.

335 [1]) Li sires Abrias d'Ars, chanones de Nostre Dame la Ronde, et Gillas li clers p. b. sus tout l'eritage ke Jennas Lowias ait en la marie d'Outre Muselle, k'il ont en waige de lui, per escris en arche, et dont il sont tenans, permei teil cens com li eritaiges doit.

336 Jehans Rafaus p. b. sus la maison et sus tout lou resaige ki apant ke fut Bertadon Roucel, son frere, ke siet daier S. Jorge, k'il ait aquasteit a Perrin, lou fil Bertadon desor dit, permei teil cens com elle doit, e. c. l. e. en l'a. l. d.

337 Jennins, li fils Waterin de Chastels, p. b. por lui et por son frere sus I jornal de vigne en Wacon, k'il ait aquasteit a Bueuin, lou fil Cardate de Chastels, permei teil cens com il doit, e. c. l. e. en l'a. l. d.

338 Lorancins de Serouville p. b. sus teil partie com li hoir Jennat Denixe avoient en la maison ke fut Eurit d'Ames en S. Vincent-rue, k'il ait ai ous aquasteit, permei teil cens com elle doit, e. c. l. e. en l'a. l. d.

339 [2]) Maheus Morels p. b. por la chiese Deu dou Tample de Mes[3]) sus les II s. et demei de mt. de cens ke geisent sus lou jardin a sorbey a Plapeuille ke Palerins tient, et sus les II s. de mt. de cens sus lou jardin as peirches ke Gerardins Malchacies tient, et sus les XVIII d. de cens ke Lorate li proicherasce et Tierias li Xermois doient sor lor II maisons a Plapeville, k'il ait aquasteit a Jennat Makerel, e. c. l. e. en l'a. l. d.

340 Li sires Gerars Barons, chanones de S. Sauor, p. b. sus les VIII s. de mt. de cens k'il meimes dovoit ai Andreu, lou janre maistre Gui, sus sa maison defuers lou pont des Mors, k'il ait a lui aquasteit, e. c. l. e. en l'a. l. d.

341 [4]) Poinsignons li Gronais et Maheus Hessons p. b. sus tout l'eritage ke Steuenins Wachiers ait ou ban de Mairanges et de Pierevilleirs, en preis, en chans, en vignes, en maisons, en jardins, en cences, en bos, k'il ont a lui aquasteit, permei lou

---

[1]) *Durchgestrichen. Der Abklatsch ist auf der Rückseite der Rolle sichtbar.*
[2]) *Durchgestrichen.*
[3]) de Mes *übergeschrieben.*
[4]) *Der Eintrag ist 1281, 624 wiederholt, aber dort durchgestrichen.*

tiers de xv sestieres de vin de cens ke les vignes et li jardins daier les maisons a Maranges doient, et iii chapons c'on doit a la femme Simonin Bardel, e. c. l. e. en l'a. l. d.

342 ¹) Hanrias Rekeus p. b. sus i jornal de terre ke geist ou ban d'Essey, encoste sa terre meimes, k'il ait aquasteit a Jennin lou Cortois, en alluet, e. c. l. e. en l'a. l. div.

343* Ce sont li ban dou vintisme jour de noiel. En la mairie de Porte Muzelle:

343 Dame Guertrut, li femme Lowiat de Chailley ke fut, p. b. sus une maison et sus tout lou ressaige ki apant ke siet devant S. Hylaire a pont Renmont, ke Werniers, li fils Nicolle lou meuteir de Stoixey, li ait aquiteit por. lou cens et assolut an plait, apres une maille de cens ke li maison doit a Nostre Dame la Ronde.

344 Domanjas li celleirs p. b. sus une maison ke siet atour de Staixons, devant son osteit meymes, k'il ait aquasteit a Howisson Polin, per mei teil cens con li maison doit, et e. c. l. e. an l'ai. l. d.

345 Renals li chanberlains p. b. por la chieze Deu des Grans pucelles de la Vigne sus la maison Thiebaut Blocketel, ke siet a pont des Mors, ke li est delivre ancontre Thiebaut devant dit, por les estaies trespassees dou cens ke li maison doit a la chieze Deu devant dite, et permei ii s. et demei de cens ke li maison doit davanterienemant.

346 Vguignons Marcowairs p. b. sus la maison ke fut dame Bietrit, son avuelle, ke siet an Chieuremont, encoste la maison Jenin Giruaixe, k'il ait releveit ancontre Colignon Bouchate lou clarc, lou maior de la chieze Deu de Nostre Dame a Chans, per mey les xv s. de mt. de cens ke li maison doit, ke Wichairs de la Cort et Perrins li Moennes et Jehans, li filz Bertelo lou boulangeir de Chapponrue, avoient aquiteit a la chieze [Deu] devant ditte.

347 Howignons li cherpanteirs de Chambres p. b. sus ii maisons ke sieent sus Muzelle, dont li une siet ancoste la maison Ancillon lou boweir et li autre devant la posterne as molins, deleis lou tour, k'il ait aquasteit a Matheu lou bouweir, permey teil cens com elles doient, et a. con l. e. en l'ai. l. d.

---

¹) *Auf ausgelöschter und ausgekratzter Schrift.*

348 Jehans li Borgons dou pont des Mors p. b. sus une maison et sus kant ki apant ke siet a pont des Mors, k'il ait aquasteit a Jehan Malgurdit, per mey xxx s. de mt. de cens, et a. c. l. e. an l'ai. l. d.

349 a) Hanris, li filz Perrin lou Vake, p. b. sus vi lb. de mt. de cens ke geixent sus la grant maison et sus la grenge et sus lou meis daier et sus kant ki apant ke siet en Rimport ke fut Abertin Faconvers, k'il ait aquasteit a dame Bietrit la femme signor Abert d'Otonville ke fut, et a. com l. e. an l'ai. l. d.

b) Et si p. b. ancor sus tout lou meis ke geist daier la grenge Gillat Faconuers, ke siet an Rimport, ke fut Abertin Faconuers, son peire, tout kant ke fuers dou mur de la grenge an geist, k'il ait aquasteit a Gillat Faconuers, por les vi lb. de mt. de cens ke Hanris devant nommeis ait aquasteit a dame Bietrit, la feme signor Abert d'Ottonville ke fut, ke geixent sus la grant maison et sus la grenge, et a. com l. e. an l'ai. l. d.

350 Vguignons Griuelz p. b. por lui et por Hanriat lou Tawon de S. Julien sus tos l'eritaige Vguin, lou fil Jenin Boukechaingne de S. Julien, por tant com il ont[1]) an waige, per escrit an airche, et dont il sont tenant, et per mey teil cens com li eritaiges doit.

351 [2]) Witiers Lambers p. b. sus tout l'eritaige ke Colins li Grans li poxieres avoit a Ruxit, en toz us, k'il ait a lui aquasteit, e. c. l. e. en l'ai. l. d.

352 Et si p. b. ancor sus ii chappons et sus vi d. de cens ke geixent sus la maison Formeir Vermeco et sus la maison encoste, k'il ait aquasteit a Petitmaheu, lou fil Jennin de la Tour, et e. com l. e. en l'ai. l. d.

353 a) Colignons Pioree et Lowias, ces freires, p. b. sus xx s. de mt. de cens ke geixent sus ii jornalz et demey de vigne, s'an geist i des jornalz an Orsain et li autres an Lanbelinchamp, et li demeis jornalz an l'anverscousteit d'Orsain, k'il ont aquasteit a Ysambairt de Xuelles, et a. com l. e. an l'ai. l. d.

b) Et si p. b. ancor sus trestout l'eritaige ke Yzambairs de Xuelles avoit ou ban de Xuelles, en chans, an preis, en cences et en boix, k'il ont a lui aquasteit, e. com l. e. en l'ai. l. d.

---
[1]) *Vorlage* il lont.
[2]) *Durchgestrichen.*

354 Perrins li Moinnes p. b. por la chieze Deu de Ste Creux devant
Mes sus x s. de mt. de cens des xxvi s. de mt. de cens ke
Ancillons de Saney li cherpantiers doit a Matheu lou bouweir
sus la maison ou il maint, ke siet sus Muzelle, encoste la maison
Baret ke fut, k'il ait aquasteit a Matheu devant dit, apres
viiii s. et vii d. de cens ke Matheus an doit davanterienemant,
et a. com l. e. en l'ai. l. d.

355 [1]) Thiebaus Lambers p. b.' sus les iiii lb. de mt. de cens k'il
ait aquasteit a Jaicat et a Renadin et a Sezeliate, les enfans
Teirion Raieboix ke fut, k'il li ont assis sus la maison ke fut
Teirion Raieboix, lor peire, ke siet devant l'osteit Jenin
Giruaixe,[2]) et sus la piece de vigne ke geist antre Longeville
et Siey, c'on dist an Gondalvigne, ke fut Theirion Raieboix,
lor peire, apres ii d. et maille ke li maison doit de premier
cens, et a. com l. e. ke geist an l'ai. l. d.

356 Girairs, li filz Abert lou celleir ke fut, p. b. sus viiii s. de mt.
de cens, ke geixent sus la grenge Burtignon Wiel as Roches
iiii s. et demey, et sus la grenge Ferriat Go ancoste celle
grenge meymes iiii s. et demey, k'il ait aquasteit a Lowiat,
lou fil Amarriat d'Airey ke fut, e. c. l. e. en l'ai. l. d., les
keilz viiii s de cens devant dis om puet tous racheteir, xii d.
por xx s., ades kant Burtignons Wielz et Ferrias Gos vorront.

357 a) Burtignons Wielz p. b. sus la maison ou il maint, k'il ait
aquasteit a Wicherdin Berbel et a Colignon Xordel, en alluet,
et e. con l. e. en l'ai. l. d.
b) Et si prant bans ancor sus vi s. et iiii d. de mt. de cens
ke geixent sus teil partie d'eritaige com Matheus, ces freires,
ait de pair dame Aileit, sa seure, la feme Adan Brixechamin
ke fut, k'il ait aquasteit a Hesselat, lou fil dame Aileit devant
ditte, e. com l. e. en l'ai. l. d.

358 Arnous de Porsaillis p. b. sus teil wageire com il ait dou signor
Thiebaut de Luestanges, son oncle, ke geist an la chaistelerie
de Luestanges, an toz prous et an tous us, e. c. l. e. en l'ai.
l. d., et dont il est tenans.

359 Watrins, li filz Wernier lou maior de Vallieres, et Burtemins,
ces freires, p. b. sus une piece de vigne ke geist ou ban de
Vallieres, a Petit chamin, et sus une piece de terre ke geist an

---
[1]) = *1281, 564.*
[2]) an Chieuremont, *v. 1281, 346.*

Saivechamp, arreis lou champ Burtemin devant dit, et sus une piece de terre ke geist as Peirches, dezour Vantous, k'il ont aquasteit a Mairiate, la femme Theiriat, lou fil Siguairt de Vallieres, permei II s. et demey de droiture ke toz cist eritaiges doit, et a. com l. e. en l'ai. l. d.

360 Thiebaus, li filz Wernier lou maior de Vallieres, p. b. sus une piece de terre ke geist deleis lou molin Mabeliate, deleis Nowesseville, k'il ait aquasteit a Simonel, lou fil Florance de Montois, en alluet,[1]) et a. c. l. e. an l'ai. l. d.

361 Girbeirge d'Awigney p. b. sus une maison ke siet an Burey et sus de cant ki apant, k'elle ait aquasteit a Vguignon Champenois, permei III s. de mt. et II chappons de cens ke li maison doit a preste de Ste Seguelenne, et permei III d. d'amone a preste de S. Julien, et a. c. l. e. an l'ai. lo d.

362 Symonas Chaitalz de Vantous p. b. sus la moitiet d'une maison et sus kant ki apant ke siet a Vantous, ou ban S. Pol, k'il ait aquasteit à Burtemin, lou fil Mateu lou corvexeir ke fut, permei III d. de cens, et a. com l. e. an l'ai. l. d.

363 Colins li Esclaiue de Vigey p. b. sus une grenge et sus ceu ki apant ke siet ancoste lui meymes, et sus III pieces de terre arreure ou om contet IIII jornalz, ke geixent ou ban de Vigey, k'il ait aquasteit a Otin, l'avelet Oirit de Vigey ke fut, en werance, et a. c. l. e. en l'ai. lo d.

364 Wateras Hallegoutins et Colins Coupeit p. b. por la frairie Ste Lucie de Vallieres sus IIII s. de mt. de cens ke geixent sus la maison Colin Burlehaie, ke siet a Vallieres, k'il ont aquasteit a Aurowin lou chafornier, et a. c. l. e. en l'ai. l. d.

365 Burtadons d'Outre Muzelle p. b. sus XXV s. de mt. de cens ke geixent sus la stuve a la rive as Poxons, k'il ait aquasteit a Matheu lou charboneir et a Sairiate, sa serorge, la suer sa femme, et e. com l. e. en l'ai. l. d.

366 Vguignons Louvate p. b. sus XIII jornalz de terre areure ke geixent ou ban d'Antilley et ou ban de Strapes, k'il ait aquasteit a Lowiat d'Antilley, lou fil Rennier d'Antilley ke fut, en alluet, et e. com l. e. en l'ai. l. d.

367 Jaikemins, li filz Mennat d'Ercancey, et Lorate, sa femme, p. b. sus III pieces de terre areure ke geixent ou ban d'Ercancey, s'an geist une piece en Longe Roie, entre la terre Robin dou

---

[1]) an alluet *übergeschrieben.*

Pont et la dame de Maixerey, et li autre piece entre la terre Jakemin de S. Vincent et Robin dou Pont, et li autre piece encoste la terre Androwat, lou freire lou Bague, k'il ont aquasteit a Yzambairt, lou fil Xilleromans ke fut, en alluet.

368 Jaikemins Picho li boulangeirs dou pont a Muzelle p. b. sus une maison ke siet a pont a Muzelle, ansom la maison les anfans Howelo, k'il ait aquasteit a Jennat Jallee lou boulangeir, permey L s. et demei de mt. de cens, et a. com l. e. en l'ai. l. d.

369 Li sires Thiebaus, li prestes c'on dist de Brione, p. b. sus I jornal de terre arreure ke geist dezour Vantous, arreis lo champ Symonin Monaire, k'il ait aquasteit a Renbaut lou Gornaix de Vallieres, an alluet, et a. com l. e. en l'ai. l. d.

370 Jehans Oilescos li tenneires p. b. sus la maison et sus de cant ki apant ke fut Richier lou cherpanteir, ke siet an Stentefontenne, ancoste lui meymes, k'il ait aquasteit a Thielo Lonce, permey VI s. de mt. de cens, et a. com l. e. en l'ai. l. d.

371 Theirias Quatremaille li muneirs p. b. sus une maison ke siet sus Muzelle an Glaitigney, encoste la maison Chaignairt lou muneir ke fut, k'il ait aquasteit a Jaikemin Guerairt, permey VI s. et II d. de cens, et a. c. l. e. en l'ai. l. d.

372 Godins de Hunbecort li permanteirs p. b. sus une maison ke siet en Hunbecourt, ancoste la maison Troueit ke fait la chavrate, k'il ait aquasteit a Garcille lou gippour, permey XI s. de mt. de cens, et a. com l. e. en l'ai. l. d.

373 Thiebaus Renairs p. b. sus la moitiet de la maison ke siet an Chambres, devant la maison Nommeney ke fut, k'il ait aquasteit a Matheu lou boweir, permey III s. de mt. de cens, et a. com l. e. en l'ai. l. d.

374 Thiebaus Renairs et Lietaus li bolangeirs p. b. sus la moitiet dou molin ke fut Matheu lou bouweir, ke siet devant l'osteit Thiebaut devant dit, k'il ont aquasteit a Matheu devant dit, permey XLIIII quartes de bleif chesc'an, et e. com l. e. en l'ai. lo d.

375 Jenins de Chaistelz et Martins Meche et Yzaibelz, li fille Theiriat de Chaistelz, p. b. sus VI jornalz de terre arreure et sus une piece de preit et sus I jornal de vigne ke geixent an la fin de Charley, k'il ont aquasteit a Abillate, la fille Burteran de Cuxey ke fut, permei teil cens com cist eritaiges doit, et a. c. l. e. en l'ai. l. d.

4*

376 ¹) Perrins Aierons p. b. sus une piece de vigne ke geist ens Allues, encoste la vigne Bertelo lo bolangeir, k'il ait aquasteit a Hanrion Cokin de S. Julien, permei teil cens com ille doit, et a. c. l. e. en l'a. lo d.
377 Colignons Marcous, li fis Richelin, p. b. sus I jornal de terre arreure ke geist ou ban de Vairney, daier Rouwelle, encoste la terre Lowiat Wesselin, k'il ait aquasteit a Howignon de Villeirs, ke maint a Vallieres, en alluet, et a. com l. e. en l'ai. l. d.
378 Perrins, li filz Anchier Mague, et Colins, li filz Jaikemin lou vies maior d'Allexey, p. b. sus une piece de vigne ke geist ou ban d'Ercancey, outre Teule, et sus une chaneviere ki apant, k'il ont aquasteit a Burteran Clairanbaut et a Jenat Bolesse d'Alexey, permey II s. et demei de cens, et e. c. l. e, en l'ai. lo d.
379 Jehans Lowis, li maires de l'ospital S. Nicolais ou Nuefborc, p. b. por l'ospital devant dit sus X s. de mt. de cens ke geixent sus I jornal de vigne ke geist an Cugnes devant Vallieres, ancoste la vigne des Bordes, ke li maistre et li freire de l'ospital devant dit ont aquasteit a dame Merguerite, la femme Clemant de S. Julien ke fut, et a Jenat, son fil, et a. com l. e. an l'ai. l. d.
380 Et si p. b. ancor por l'ospital devant dit sus IIII s. de mt. de cens ke geixent sus une piece de vigne ou om contet les III pairs d'un jornal de vigne, ke geist a piet de la creux ou ban de S. Julien, ancoste la vigne signor Thiebaut Fakenel, ke cil de l'ospital devant dit ont aquasteit a Jenat, lo fil Colairt lo herdeir de S. Julien ke fut, apres II d. de premier cens ke li vigne devant dite doit, et e. com l. e. an l'ai. l. d.
381 a) Et si p. b. ancor por l'ospital devant dit sus II s. de mt. de cens ke geixent sus une piece de vigne ke geist an Orsain, en mey la vigne Colin Pircepiere, ke li maistre et li freire de l'ospital devant dit ont aquasteit a Burtemat de S. Julien, lou fil Jenin Bonnel, et a. c. l. e. en l'ai. l. d.

b) Et si p. b. ancor por l'ospital devant dit sus IIII s. de mt. de premier cens ke geixent sus une piece de vigne ke geist ou ban de S. Julien, antre Dous chamins, ancoste la vigne Ancillon de Puligney, ke dame Odelie de Meirvalz doit a Renadin, lou fil Jennin Josterel, ke cil de l'ospital devant dit ont aquasteit a Renadin devant dit, et a. com l. e. an l'ai. l. d.

---
¹) *376 beginnt mitten in der Zeile ohne ein Merkzeichen.*

382 Et si p. b. ancor por l'ospital devant dit sus vɪɪɪ s. de mt. de
premier cens ke geixent sus jor et demey de vigne ke geist
ou ban de S. Julien, dezour Vallieres, encoste la vigne Burteran
Clairanbaut, ke li maistre et li freire de l'ospital devant dit
ont aquasteit a Thiebaut et a Nenmerit, son freire, les anfans
Garciriel ke fut, et a. com l. e. en l'ai. l. d.

383 a) Ancelz li Wegne de Vallieres p. b. sus ɪɪ pieces de vigne
dont li une geist ou ban de Vallieres et li autre ou ban de
Maiey, k'il ait aquasteit a Colin, lou fil Burtemat de Vantous,
en alluet.

b) Et si p. b. ancor sus une piece de vigne ke geist ou ban
de Vallieres, et sus une piece de terre ke geist an Grossavles
ou ban S. Vincent, et sus une piece de vigne an Orsain ou
ban de S. Julien, et sus la piece de terre ensom, k'il ait aqua-
steit a Weiriat, lou fil Mateu de Vantous, permei ɪɪɪ d. de
cens ke cist eritages doit, et a. c. l. e. en l'ai. l. d.

384 Xandrins Galdewalle p. b. sus la maison Steuenin lou faixeir
et sus kant ki apant, ke siet daier la grenge Perrin lou
Moenne, ke li est delivre per droit et per jugemant, por tant
com Steuenins li doit, per escris an airche, et permei teil cens
com li maison doit.

385 Hanrias Murdissons p. b. sus la maison et sus kant ki apant
ke fut Poensignon Coieawe, ke siet an Bucherie a Porte Muzelle,
ancoste la maison Piereson Rikeut ke fut, k'il ait aquasteit a
Boinvalat lo Mercier de Visignuel, permei ʟ s. de mt. de cens,
et a. c. l. e. en l'a. lo d.

386 Jehans Tacons li clers p. b. sus la maison ke fut Hanriat lo
cherpanteir, ke siet an l'angle devant l'ospital an Chanbres,
ensom l'osteit Haroigniet, k'il ait a lui aquasteit, per mei vɪɪɪ
s. de mt. de cens, et a. c. l. e. en l'ai. l. d.

387 a) Jenins Groignas p. b. sus xɪɪ jornalz de terre areure ke geixent
ou ban d'Ercancey, s'en geixent ɪɪɪ jornals as Mors Homes, et
jor et demey as Jardignes arreis la dame de Maixerey, et vɪɪ
jornalz et demey an une pesse as Saus, ke pairtent a Wicherdin
Groignat, k'il ait aquasteit a dame Louve, la femme lou signor
Jehan Gouverne ke fut, en alluet, et a. c. l. e. en l'ai. l. d.

b) Et si p. b. ancor sus une piece de terre areure de ɪɪ jornalz
ki est ou ban d'Ercancey, arreis lou champ Jaikemin Mainnat,
et sus une piece de terre areure ki est ou ban d'Anerey, en
Brais, arreiz lou champ Robin dou Pont, k'il ait aquasteit a

Mergueron la Vadoize, la fille Piereson Xerreit lo poxor de Chambeires ke fut, en alluet, et a. com l. e. en l'ai. l. d.

388 Jakemins, li filz mon signor Fillippe d'Aixe, p. b. sus la maison Odelie, la femme Renalt lou muneir ke fut, ke siet sus Muselle devant Longeteire, k'il ait aquasteit a Odelie devant dite, permei teil cens com li maison doit, et a. c. l. e. en l'a. lo d.

389 Maistres Jehans Doulossignor li clers p. b. sus la maison ke fut Adan Brixechamin, ke siet an Chambres, ancoste la maison Symonin Gaillairt ke fut, k'il ait aquasteit a Mateu, lo fil Nicolle lo Conte ke fut, permey L s. de mt. de cens, et a. c. l. e. en l'ai. lo d.

390 Et si p. b. ancor maistres Jehans devant dis sus la maison ke siet an Chanbres, deleis la porte a la Stuve, devant la maison ke fut Piere Buxey, encoste la maison Poencete la forniere, k'il ait aquasteit a signor Cunon, chanone de S. Piere a Vout, per mey XV s. de mt. de cens, et a. com l. e. en l'ai. l. d.

391 Jennas Gerneis li muneirs p. b. sus la maison et sus kant ki apant ke fut Matheu lou boweir, ke siet sus Muzelle, encoste la maison la feme Howairt Jallee, k'il ait aquasteit a Matheu lou boweir, per mey XX s. et IIII d. et maille de cens, et a. c. l. e. en l'ai. l. d.

392 Burterans Clairambaus p. b. por lui et por Colin, lou fil Jakemin lo maior d'Allexey, sus tot l'eritage ke Lowias Kairo d'Allexey ait ou ban de Bui et ou ban d'Ercancey, en toz us, k'il ait aquasteit a Lowiat devant dit, permei teil cens et teil droiture com cist eritaiges doit, et e. com l. e. an l'ai. l. d.

393 [1]) Burterans Gemelz p. b. sus tot l'eritaige ke Thiebaus Facolz ait en la mairie de Porte Muselle, an toz us, ke li est delivres per droit et per jugemant, por tant con il est enconbreis por Thiebaut desor dit, dont ces cors· est livreis, et por tant com il ait paiet por lui, per escris an airche.

394 Heilowis, li fille Thiebaut Mairasse ke fut, p. b. sus tout l'eritaige ke Joiffrois, li filz signor Gerairt de Sorbeis ke fut, ait an la fin d'Oixey et de Coligney et de Maixerey et de Quencey et de Mercilley, en grenges, an maisons, an chans, an preis, an terres arreures, k'ille ait aquasteit a Joiffroit devant dit et a Yzaibel, sa feme, per mei teil cens et teil droiture com toz cist eritaiges doit, et a. com l. e. en l'ai. l. d.

---

[1]) *Der ganze Eintrag steht auf Rasur und ist durchgestrichen, v. 1281, 536 und 622.*

395 Maheus Hessons p. b. sus xii s. de mt. de cens ke geixent sus une maison devant Longeteire, et sus une maison ke siet an Chambres, ou Ancillons li cherpanteirs maint, k'il ait aquasteit a Mateu lo boweir, apres xii s. iii d. moins et i chappon ke li maison devant Longeteire doit, et apres xix. s. et vii d. ke li maison ou Ancillons li cherpanteirs maint doit davanterienemant, et a. com l. e. en l'ai. l. d.

396 ¹) Thiebaus li boucheirs, li fillaistres Mennel, prant bans sus la maison ke fut Domanjat lou tripier, ke siet an Bucherie a Porte Muselle, ansom la maison Lambelin lou tripier, k'il ait aquasteit a Guiot de Porte Muzelle, per mey xxx s. de mt. de cens, et a. com l. e. en l'ai. l. d.

397 Theirias Brizee li massons p. b. sus une maison et sus kant ki apant ke siet en Chaudeleirue, devant les molins S. Pol, encoste l'osteil Jaikemin lou poxor, k'il ait aquasteit a Gillat Haike, permey x s. de mt. de cens, et dont il an puet racheteir vi s. dou cens, et e. c. l. e. en l'ai. l. d.

398 Perrins li xavins, li fis signor Pieron Tomes ke fut, p. b. en alluet sus une piece de vigne, k'il ait aquasteit as anfans Brokairt, lo freire Howignon de Chaistillons ke fut, ke geist ancoste la vigne lou signor Bertal Pietdeschaus, en Aranbatro sus Muzelle, et a. com l. e. en l'ai. l. d.

399 Burterans de Nowilley p. b. sus une piece de terre arreure ou om contet ii jornalz, ke geist a Tornailles en Thiecelinpiece ou ban de Nowilley, k'il ait aquasteit a Arnout, lou fil Watier de Nowilley ke fut, en werance, et e. com l. e. en l'ai. l. d.

400 Jenas Rouzeruelles p. b. por la chieze Deu de Moremont sus v s. de mt. de cens ke geixent sus la maison Renbaut lou corvexeir, ke siet en Stoixey, k'il ait aquasteit a Rembaut devant dit, apres viiii s. et iii d. de cens ke li maison doit davanterienement, et a. c. l. e. en l'ai. lo d.

401 Jakemins, li filz signor Jaike Rabowant ke fut, p. b. sus une piece de vigne ou om contet jor et demei, ke geist a chafor desoz Nowesseville, arreis la vigne lo signor Jehan Corbel, k'il ait aquasteit a Ermanjate, la feme Wesselin de Nowilley ke fut, per mey teil sans et teil droiture com li airitaiges doit, ²) et e. c. l. e. en l'ai. l. d.

---

¹) *396 beginnt mitten in der Zeile ohne ein Merkzeichen.*

²) *permey bis doit ist ein Zusatz von Schreiber 10. permey steht auf Rasur, wahrscheinlich an Stelle von* en alluet, *das andere ist übergeschrieben.*

402 Ysanbairs, li filz lou signor Abert lou xaving ke fut, p. b. sus teil partie com Burtadons, ces freires, avoit en la grant maison a Glatigney, et ou daimme, permei teil cens com cist eritaiges doit, et sus une piece de vigne ke geist ou Waide ou ban de S. Julien, en alluet, ke li est delivres per droit et per jugement, por tant com il ait paiet por Burtadon devant dit, per escris en airche, dont li escrit sont delivre a Ysambairt devant dit.

403 Amee, li fille signor Nicolle Gouvion ke fut, p. b. sus VIII quartes de fromant IIII d. moins, vaillant la quarte dou plus bel dou merchiet, chesc'an, k'elle ait aquasteit, tant com elle vikerit, a Jenat, lou fil Weirion Crohairt de Chairley ke fut, sus tout l'eritaige ke Jenas devant dis ait, en toz us, ou k'il soit, et a. c. l. e. an l'ai. l. d.

404 Clomansate, li fille Colin Quadit ke fut, p. b. sus une piece de terre areure ke geist en Houdewapreit ou ban de Sanrey, encoste la soie terre meymes, k'elle ait aquasteit a Colignon Vairnetel, en alluet, et e. c. l. e. en l'ai. l. d.

405 Ferrias Chielairon p. b. sus tot l'eritaige Jennat la Bairre, ke geist en la mairie de Porte Muzelle, pertot ou k'il soit, ke li est delivres per droit et per jugement, por tant com il ait paiet por lui, per escris en airche, et permey teil cens com li eritaiges doit.[1]

406 Symonas Odairs p. b. sus une maison ke siet devant les molins de Boweteiteire, encoste la maison ke fut Matheu lou boweir, qu'il ait aquasteit a dame Yzaibel, la femme Howairt Jallee ke fut, permei XIII s. de mt. de cens, et a. c. l. e. en l'ai. l. d.

407 Nenmeris de Davant Sainte Creux p. b. sus une piesse de vigne ke geist an Rowes, encoste la vigne Colin Xalle, lou maior de S. Julien, k'il ait aquasteit a Lowiat Pioree, permey teil cens com ille doit.

408 Garcerias de Moielain p. b. sus VII s. de mt. de premier cens ke geixent sus la maison ke fut Herman, lou janre Poinsate la forneire de Chambres, ke siet ou Viuier, k'il ait aquasteit a Symonat, lou fil Maheu Malakin, et a. c. l. e. en l'ai. lo d.

409 Burteran Gaielas li clars p. b. sus II pieces de preit ke geixent an Coupereit dezous Mons, k'il ait aquasteit a Collate, la femme Symonin Bigois ke fut, an alluet, et e. c. l. e. en l'ai. l. d.

---

[1] v. 1281, 266 und 311.

410 Burterans li clars, li filz dame Odelie de Mons ke fut, p. b. sus une maison ke siet devant la cort lou princier, encoste la maison Yzaibelat la huveire, k'il ait aquasteit a prior de Nostre Dame a Chans et a Jenin, lo fil Colin Facan de Plapeville, permei xx s. de mt. de cens, et e. c. l. e. en l'ai. lo d.

411* Ce son li bans dou vintisme jor. An la mairie de Porsaillis:
411 Watrins Grifons p. b.[1]) sus une piece de vigne ke geist an Planteires, ancoste la vigne lou signor Felippe d'Aix, qu'il ait aquasteit a Jaikemin Sairiate, en alluet, e. com l. e. en l'ai. l. dv.

412 Dame Izabels, li femme Lowiat Baguairt, p. b. sus ii jornals de terre airure ke geist an Verkilley, ancoste Chaiureson, qu'il ait aquasteit a Pierexel Bontedeu, per mei iii d. de sans, e. com l. e. en l'ai. l. dv.

413 Colins li Flamans p. b. sus xx s. de met. de sans et v et maille ke geisent sus la mason Pairesel ke fut, lou fournier, a tour dou Waide, qu'il ait aquasteit a Colignon, lou fil Colin Bouton, e. com l. e. en l'ai. l. dv.

414 Houwignons et Watrins, ces freres, p. b. sus une mason ke siet an Chaponruwe, qu'il ont aquasteit aus maistres et aus freres de l'ospital et a Poinsignon Weixe lou bouchier, per mei viiii s. de met. de sans, e. com l. e. en l'ai. l. dv.

415 Colignons, li filz lou Gouge de la Nueve ruwe, p. b. sus une mason ke siet an la Nueve ruwe, qu'il ait aquasteit a Hanriat, lou fil Jennin lou lavour ke fut, permei viii s. et demei de sans, e. com l. e. en l'ai. l. dv.

416 Jaikemins de Chanbille p. b. sus une mason ke fut Theiriat Roucel, ke siet an lai Nueve ruwe, qu'il ait aquasteit a lui maismes, per mei xviii s. de met. de sans, e. com l. e. en l'ai. l. dv.

417 Dame Ailesate li Mouretelle p. b. sus vii s. iii mailles moins de sans que geisent sus une grainge devant Nostre Dame as Chans, qu'il ait aquasteit a priour et a covant des Praichours, e. com l. e. en l'ai. l. dv.

418 Poinsignons Fakenels p. b. sus vi d. de sans qu'il meisme dovoit a Jennat de la Baire, sus sai mason ou Nuefbourc, devant la fontainne, qu'il ait aquasteit a Jennat devant dit, e. com l. e. en l'ai. l. dv.

---

[1]) Watrins Grifons p. b. *auf ausgelöschter Schrift.*

419 Jennas Mainneual p. b. sus une mason ke siet a S. Arnoult, ancoste la grainge Jaikat Perraison, qu'il ait aquasteit a la chiese Deu de S. Syphorien, per mei v s. de sans, e. com l. e. en l'ai. l. dv.
420 Dame Mergueron, li femme Poinsignon Fernagut, p. b. sus II staus ke geisent an lai halle des draipeirs an Visegnues, que li sont delivreis per droit et per jugemant encontre Houwignon Fernagut, por tant com elle ait paiet por lui, per escris en airche.
421 Jennas Hertouwit p. b. sus la moitiet d'une mason ke geist an Sanerie, qu'il ait aquasteit a Lienairt lou chaivriel de Chambres, per mei xxv s. de met. de sans, e. com l. e. en l'ai. l. dv.
422 Perrins, li filz Jehan Petitveske, p. b. sus demei jornal de vigne ke geist sus Maizelle, an la vigne les Prestes, qu'il ait aquasteit a Roillon, lou frere Colleson de lai Chainal, per mei VI d. de sans, e. com l. e. en l'ai. l. dv.
423 Jennas de Lukennesey p. b. sus une mason que siet an Sanerie, qu'il ait aquasteit a Watrin de Brehain et a Symonat de Frainoy et a Colignon de Retonfays et a Rembaut de Frainoy, per mei XXVIII s. de met. de sans, e. c. l. e. en l'ai. l. dv.
424 Li sires Jehans, li prestes de S. Estene lou Depaneit, p. b. sus III s. de met. de sans ke geisent sus la mason Hanrit, lou fil Jehan ke fut, ke siet a Poncel, qu'il ait aquasteit a Hanrit devant dit por l'eglise, e. c. l. e. en l'ai. l. dv.
425 Burtemins Remilley p. b. sus un jornal de vigne ke geist a Chaimin, qu'il ait aquasteit a Berteran Berrel, per mei I d. de sans, e. com l. e. en l'ai. l. dv.
426 Feleppins, li filz Felippe lou xaiving, p. b. sus la mason ke fut Abertin d'Ernauille, ke siet devant la court de Fristol, ke Berterans Bourias lour eit aquiteit, por teil sans com il avoient sus.
427 Gerairs, li filz Lowiat d'Aubes, p. b. sus tout l'eritaige qui est ancheus a Jehan, lou janre Lowiat d'Aubes, an la fin de Flurey, et sus I stal an lai halle des boulangiers an Visegnues, en tous us, e. com l. e. en l'ai. l. dv.
428 Ansillons Salleanbien de Montois p. b. sus toute la terre airure ke Guersas, ces freres, avoit, an tous us, et sus II omeies de vigne que geisent devant Chanjoie ou ban de Montois, qu'il ait aquasteit a Guersat, son frere devant dit, per mei teil sans com il an doit, et e. c. l. e. en l'ai. l. dv.

429 Colins li Grans p. b. por lui et por Poinse de Coulougne et por Willame lou cowecin et por Maithion, lou serorge Godignon, sus la mason ke fut Godignon l'espicier et sus tout lou resaige qui apant, ke siet a Porsallis, ke lour et delivree per droit et per jugemant, pour tant com il ont paiet pour lui, per escris en airche.

430 [1]) Ainel, la fille signor Jaike Boilawe, p. b. sus xiiii s. et iiii d. de sans ke geisent sus les menandies a pont a Salle, devant l'osteil Jennat Chaiuerson, k'elle eit aquasteit a Vguignon Rainbaut lou tainor, e. com l. e. en l'ai. l. dv.

431 Hanris, li filz lou signor Poinse de Strabourc, p. b. sus ii jornals de vigne que geisent a Paireit ou mont a Montois, qu'il eit aquasteit a Robelin lou cherpantier de Montois, en alluet, e. c. l. e. en l'ai. l. dv.

432 Jaikemins de Pairgney p. b. sus tout l'eritage ke dame Guepe, li femme Martignon de Porte Cerpenoise ke fut, avoit a Pumeruel et ou ban, an tous us, et sus kant k'elle avoit a Apilley et ou ban, an tous us, ke li est delivreis per droit et per jugemant, por tant com elle li doit, per escris en airche, et s'an est bien tenans.

433 Pierexels Bouchate p. b. sus les ii pairs d'une mason ke siet a Quairtal, ancoste l'osteil Jennat Chadron, ke fut Jennat, son frere, qu'il ait aquasteit a Jehan lou Borgne, son serorge, per mei teil sans com il an doient, e. com l. e. en l'ai. l. dv.

434 Symonas Sanshuue p. b. sus une mason ke siet an Chaponruwe, an coste Rognenel, qu'il ait aquasteit a Colate, la feme Rainnillon,[2]) et a Abertin, son fil, per mei vii s. et iii d. de sans ke li masons doit, e. c. l. e. en l'ai. l. dv.

435 Poinsignons Symons et Ansillons de Venise, li aveles dame Marguerite, lai suer signor Jehan Paipemiate ke fut, p. b. sus la moitiet d'une pairt et sus tot ceu qui apant an la halle des drapiers, qu'il ont aquasteit a l'abbeit et a covant de Ste Creux, e. c. l. e. en l'ai. lo dv.

436 Et p. b. ancor sus une demeie pairt et sus tout ceu qui apant qui est an la halle devant ditte, qu'il ont aquasteit a Hanriat de Noweroit et a Marguerate, sai suer, e. com l. e. en l'ai. l. dv.

---

[1]) *Urkunde erhalten, v. De Wailly, Notices et extraits, Paris, No. 220, 221.*
[2]) *v. 1281, 454,* la femme Rainnillon lou vignor de Chaponruwe.

437 Ansillons de Venize p. b. sus x s. de met. de sans ke geisent sus la mason Hanriat, lou janre Viuion lou vieceir, ke siet desor pairt l'ospital des Allemans, qu'il ait aquasteit a Joffroit, lou fil signor Nicolle Coulon ke fut, e. com l. e. en l'ai. l. dv.

438 Aidins li cherbonniers p. b. sus une mason ke siet an Chaiuerelruwe, qu'il ait aquasteit a Colignon Marchant, per mei xxvi s. et demei de mt. de sans, e. com l. e. en l'ai. l. dv.

439 Abertins Graindamor p. b. sus une piece de vigne ke geist daier S. Maimin, qu'il ait aquasteit a Colate, la femme Rainillon ke fut, et a Burthemin, son fil, en alluet et sans deme, e. com l. e. en l'ai. l. dv.

440 Watrins de Taney p. b. sus une mason ke siet sus lou tour dou Champel, qu'il ait aquasteit a Weiriat, lou fil Burthemin Roucel ke fut, et a signor Gerairt, preste de lai chaipelle, per mei xi s. de met. de sans, ke cil de l'ospital i ont de premier sans,[1]) e. com l. e. en l'ai. l. dv.

441 Abers de S. Nicolais p. b. sus une mason ke siet a Porte Cerpenoise, qu'il ait aquasteit a Mairiate la Grosse, per mei xii s. de met. de sans, e. com l. e. en l'ai. l. dv.

442 Willermins, li filz Herbillon de Conflans, p. b. sus les xxiii s. de met. de sans, s'an geisent xi s. sus la mason Baiselenate devant la court de Vileirs, et xii s. sus i stal an la halle an Visegnues, qu'il ait aquasteit a ma dame Izabel, la femme Garnier lou Bourgon, e. com l. e. en l'ai. l. dv.

443 Guerecols li covresiers p. b. sus la moitiet de la mason ke siet desour l'ospital des Allemans, qu'il ait aquasteit a Colin, lou fil Nikelo de Moledanges, per mei x s. de met. de sans ke celle partie doit, e. com l. e. en l'ai. l. dv.

444 Jaikemins Willebour p. b. sus une piece de vigne ke geist sus Salle, ancoste la vigne Watreman, qu'il ait aquasteit a Androuwat Burnat, per mei vi d. de sans, e. com l. e. en l'ai. l. dv.

445 Odelie, li femme Mounin, p. b. sus v s. de met. de sans ke geisent sus la mason Colignon Bossel, qu'il ait aquasteit a Colignon devant dit, e. com l. e. en l'ai. l. dv.

446 Weirions Bertoul p. b. sus une mason ke fut Berteran Bairrel, ke siet outre Salle an la Grant ruwe, et sus une vigne ke geist an Bais Pame, qu'il ait aquasteit a Berteran Bairrel devant dit, la mason per mei teil sans com elle doit, et la vigne en alluet, e. com l. e. en l'ai. l. dv.

---

[1]) ke cil *bis* sans *übergeschrieben*.

447 Et ce prant bans ancor sus un jornal de terre ke geist a Belvoit, qu'il ait aquasteit a Marguerate, la femme Thonmaisin Bouvairt, en alluet, e. com l. e. en l'ai. l. dv.

448 Li sires Weiris li prestes, li filz Rauille, p. b. sus II s. de met. de sans que geisent sus la mason Thiebaut Bourgant, an Chaponruwe, qu'il ait aquasteit a Colignon Dantdaine, e. com l. e. en l'ai. l. dv.

449 Pieresons li feivres de Moulins p. b. sus I jornal de terre ke geist ou ban de Mairley, qu'il ait aquasteit a Martin, lou fil Mallefin, per mei I d. de sans, e. com l. e. en l'ai. l. dv.

450 Joffrois Jonte p. b. sus II staus ke geisent an Visegnues, qu'il ait aquasteit a Maiheut l'aillier, per mei VI d. de sans, e. com l. e. en l'ai. l. dv.

451 Heilouwis, le femme Symonin lai Griue de S. Clemant, p. b. sus une piece de terre ke geist ou ban S. Clemant, qu'il ait aquasteit a Watrin, lou janre Thonmaisin Mallebeste, per mei XII d. de sans, e. com l. e. en l'ai. l. dv.

452 Theirias Briselaite et Steuenins, li fil Idate, p. b. sus kant ke li femme Colin Panseron eit an lai mairie de Porsallis, sus masons et sus vignes, ke lour est delivreis an plait et an justice, por tant com elle lour dovoit, per escris an airche.

453 Theirias li stuveires, ke maint devant la xipe ou Champ a Salle, p. b. sus II masons ke sieent ancoste l'ostel Luckin Chaimeure ou Champ a Salle, qu'il ait aquasteit a Colignon Chaisee, per mei XL s. de met. de sans, e. com l. e. en l'ai. l. dv.

454 Jennas, li filz Moiens, p. b. sus un jornal de vigne ke geist an Esteitchaimin, qui est moiterasce as[1]) signors de Nostre Dame, qu'il ait aquasteit a la femme[2]) Rainnillon lou vignor de Chaponruwe ke fut, e. c. l. e. en l'ai. l. dv.

455 Maistre Abers Gruces p. b. sus jor et demei de vigne ke geist ou ban de Vantous, et sus IIII jornals de terre airure ke geisent a moulin a vant ou ban de Vantous, et sus XI s. de met. de sans ke geisent an Chaponruwe, et sus III s. de met. de sans ke geisent sus lai mason Ailesate lai Vadoise, et sus XII d. de sans qu'il ait sus la mason la femme Tornecul et sus kant k'il ait d'eritage ou ban de Crepey et de Pertes, an tous us, qu'il ait aquasteit a Odeliate, la suer Badouwin Ysambairt ke fut,

---

[1]) *Zwischen* moiterasce *und* as signors *ist* Saint Pol *durchgestrichen.*
[2]) *v. 1281, 434 und 439,* Colate la femme Rainnillon.

per mei teil sans et teil droiture com tous cist eritaiges doit,
e. com l. e. en l'ai. l. dv.

456 Richairs Wairenel p. b. sus III jornals de terre airure ke geisent an Virkilley, qu'il ait aquasteit a Colate, la femme Weirion Malnouel ke fut, per mei teil sans com cist III jornals doient, e. com l. e. en l'ai. l. dv.

457 Jennas, li filz Drouwignon de S. Thiebaut, p. b. sus demei jornal de vigne ke geist en la close desour Montigney, qu'il ait aquasteit a Jennat, lou fil Hanriat de S. Arnoult, per mei teil sans com cist eritages doit, e. c. l. e. en l'ai. l. dv.

458 Wernesons de Gorze p. b. sus II s. de premier sans ke geisent sus un meis an Andevas, arreis lou meis S. Laidre, qu'il ait aquasteit a Abert lou feivre, e. com l. e. en l'ai. l. dv.

459 Jennas Boukerelz p. b. sus I jornal de terre ke geist an Virkilley, qu'il ait aquasteit a la femme Weirion Malnouel, per mei III d. de sans, e. com l. e. en l'ai. l. dv.

460 Symonins de Retonfais p. b. sus la moitiet d'une mason ke siet ancoste l'ostel Goudefrin lou tonnelier, qu'il ait aquasteit a Lorant d'Aurecort, per mei III s. et demei de sans ke cille partie doit, e. com l. e. en l'ai. l. dv.

461 Jehans, li filz Euriat lou saiblier, p. b. sus teil partie com Jehans, ces oncles, avoit an la mason Euriat, son peire, ke siet ancoste la mason Nicolle Creton, qu'il ait aquasteit a Jehan, son oncle devant dit, per mei x s. de met. de sans, e. com l. e. en l'ai. l. dv.

462 Watrins et Baicelins, ces freres, de Chaponruwe p. b. sus une piece de vigne ke geist an lai Haute Pretelle, qu'il ont aquasteit a Martignon lou tainour, e. com l. e. en l'ai. l. dv.

463 Coinces li taineres de Chaponruwe p. b. sus une mason ke siet an Chaponruwe, qu'il at aquasteit a Goidelo de Guenewilre, per mei VI s. de met. de sans, e. com l. e. en l'ai. l. dv.

464 Mahous, li femme Maithion de Conmercey, p. b. sus VI s. de met. de sans ke geisent sus I stal an la halle des permantiers, ancoste l'ostel Poinsignon lou Gronnaix, qu'il ait aquasteit a Richerdin, lou fil Colate la Mauaise, e. c. l. e. en l'ai. l. dv.

465 Rollons de la Porte p. b. sus demei jornal de vigne ke geist delai lou Grant Cheuol, qu'il ait aquasteit a Jennat Brusadel, per mei I d. de sans, e. com l. e. en l'ai. l. dv.

466 Jennins li Charrois p. b. sus une piece de terre ke geist a l'ixir de la rouwelle de Pertes, qu'il ait aquasteit a Ainel,

la fille Rainbaut de Lupey, per mei ɪ d. de sans, e. com l. e. en l'ai. l. dv.

467 Panthecouste, li fille Jaikemin lou Gronnaix ke fut, p. b. sus xɪɪ d. de sans ke geisent sus une mason an la Vigne S. Auol, qu'il ait aquasteit a Ansillon, lou fil Jehan l'Alemant, e. com l. e. en l'ai. l. dv.

468 Thiebaus, li filz lou maiour de Valieres ke fut, p. b. sus ɪɪɪɪ pieces de terre airure, s'an geisent les ɪɪ ou ban Saint Piere, et les autres ɪɪ ou ban S. Vinsant, qu'il ait aquasteit a Abertin de Coulanber, per mei ɪɪ d. de sans, e. com l. e. en l'ai. l. dv.

469 Watrins, li filz Wernier lou maiour de Valieres, et Thiebaus, ces freres, p. b. sus une piece de terre airure ke geist ou ban de Coulanbey, qu'il ait aquasteit a Izabel la Noire, per mei ɪɪɪ mailles de sans, e. com l. e. en l'ai. l. dv.

470 Martignons Repigney p. b. sus ɪ jornal de vigne ke geist a Grant Cheuol, de coste Abertin Murdepain, qu'il ait aquasteit a Jaikemin Clabairt, en alluet, e. com l. e. en l'ai. l. dv.

471 Goudefrins Repigney p. b. sus une piece de preit ke geist an la fin de Montois, et sus une vigne ke geist an Stac, ancoste la vigne de S. Aignien, et sus ɪ preit ke geist ancoste lou signor Badouwin d'Ozey, qu'il ait aquasteit a Aidenat, son oncle, per mei ᴠ angevines de sans et une pinte de vin, e. c. l. e. en l'ai. l. dv.

472 Jennas, li filz Watrat de Coencey, p. b. sus ɪɪɪ jornals et demei de terre airure ke geisent ou ban de Coulanbeir, k'il ait aquasteit a Abertel de Coulanber, per mei ɪɪɪ mailles de sans, e. com l. e. en lai. l. dv.

473 Steuenins li boucheirs p. b. sus la moitiet d'une mason ke siet a Porsallis, qu'il ait aquasteit a Steuenin Chermat, per mei teil sans com il an doit, et e. com l. e. en l'ai. l. dv.

474 Richairs de Soignes p. b. sus ɪ stal ke siet an lai halle des tainours ou Champ a Salle, qu'il ait aquasteit a Goudefrin de Wainvas, per mei ɪɪ s. de met. de sans, e. com l. e. en l'ai. l. dv.

475 Watrins de Chalons et Allexandres li boulangiers p. b. por Lietairt et por Mairiate sus ɪ jor et demei de terre ke geist ou ban de Grisey, antre lou champ Jennat Grantcol et lou champ ke fut Thiebaut de Grisey, qu'il ont aquasteit a dame Wibor de Grisey.

476 Et ce prannent ancor bans sus vi s. et iii angevines de sans ke geisent sus la mason Symonat Poullon an Maizelles, ancoste l'ostel Rollon de Demes, qu'il ont aquasteit a Symon l'Alemant.

477 Et ce prannent bans ancor sus iiii s. de sans que geisent sus une piece de vigne an la ruelle de Pertes, ancoste la vigne Guersirion Beuderit, apres i d. de sans a S. Pol k'elle doit, qu'il ont aquasteit a Lowiat, lou fil Adan lou clerc de Bazoncourt.

478 Et prannent bans ancor sus ii jors et demei de terre ke geisent ou ban de Grisey, ancoste lou champ Poinsignon Lucie, per mei ii d. de sans ke li jors et demei ke geist vers Mes doit, qu'il ont aquasteit a Donmangin de Grisey.

479 Lowias li clers de Sanerie p. b. sus lxi s.[1]) de met. de sans, dont il an geisent xxviii s. de met. sus la mason Alardin lou courijer ke fut, et xxx s. sus la mason Donmangin Panceapois, dont om redoit vi s. arrier,[2]) et xxxii s. ke geisent sus l'ostel Jaikemin de Donpiere, dont om redoit viii s. davanterienemant,[2]) et tous cist sans geist an lai Baice Sanerie, qu'il ait aquasteit a Fransoi lou courrijer, lou fil signor Warnier ke fut, e. com l. e. en l'ai. l. dv.

480 Li sires Hanris, li prestes de S. Eukaire, p. b. sus xxxiii d. de cens ke geisent sus la vigne Halonwit a Sorbeit, qu'il ait aquasteit a Gerairt la Molle, e. com l. e. en l'ai. l. dv.

481 Erfe de Sanerie p. b. pour Peccate, son aivelete, la fille Weiriat, lou fil la Teirande, sus x s. de met. de sans ke geisent sus la mason Nicolle Coulon sus lou Mur, qu'il ait aquasteit a Poinsignon, lou fil Abertin Faconuers ke fut, de premier sans, e. com l. e. en l'ai. l. dv.

482 Witiers Lambers p. b. sus ii staus ke sieent an la halle des tenours ou Champ a Salle, qu'il ait aquasteit a Roillon Ysantrut, per lou crant de ces ii serours, et e. com l. e. en l'ai. l. dv.

483 Goudefrins de la Porte p. b. sus ii jornals de terre ke geisent en Closures sus lou Grant Fonceit ou ban S. Vincent, k'il ait

---

[1]) *Die Summe ist verkehrt angegeben. Vielleicht muss es heissen 90 (= 28+30+32), oder 70 (= 28+20+22), dann sind auch die Teilzahlen nicht richtig angegeben.*

[2]) dont om redoit vi s. arrier *und* dont om redoit viii s. davanterienemant *übergeschrieben von Schreiber 3.*

aquasteit a Hanriat Sallebruche de Burney, per mei ı d. de cens ke li ıı jornals doient chesc'an, e. com l. e. en l'ai. l. dv.

484 Et ce p. b. ancor sus ıııı jornals de terre airure ke geisent sus Grant Preit ou ban S. Vincent, k'il ait aquasteit a Jaikemate, la femme Jennat le Rot, per mei ıı d. et maille de cens k'elles doient chesc'an, e. c. l. e. en l'ai. l. dv.

485 Et ce p. b. ancor sus ıı jornals de terre airuse ke geisent en Bouzonmairt, ke fierent sus les ıı jornals de terre Goudefrin devant dit, ke geisent ou ban S. Piere, k'il ait aquasteit a Jaikemin, lou fil Symon de Pontois, ke maint a Burney, per mei ı d. de cens k'ille doit chesc'an, et e. com l. e. en l'ai. l. dv.

486 Et ce p. b ancor sus ı jornal de terre airure ke geist en Rouvel ou ban S. Vincent, apres les ıı jornals de terre ke furent Jaikemate, la femme Jennat le Rot, k'il ait aquasteit a Abertin de Glatigney, lou janre Symon de Pontois, ke maint a Burney, per mei ı d. de cens k'ille doit, et e. com l. e. en l'ai. l. dv.

487 Et ce p. b. ancor sus ı jornal de terre ke geist en Rouvel an mei la terre Goudefrin meismes, ou ban S. Vincent, k'il ait aquasteit [a] Odeliate, la femme Richairt Beral, per mei une maile de cens k'ille doit, e. com l. e. en l'ai. l. dv.

488 Et ce p. b. ancor sus vııı s. de met. de cens ke geisent sus la mason Jennin Friandel et sus tout lou resaige ki apant, ke siet an la ruwe des Allemans, apres l'osteil Abriat Moien, k'il ait aquasteit a Jennin Friandel devant dit, e. com l. e. en l'ai. l. dv., et per mei ıııı s. et demey de premier cens.

489 Jehans Lowis, li maires de l'ospital S. Nicolais ou Nuefbourc, p. b. pour l'ospital devant dit sus tout l'eritaige ke geist ou ban de Grisei et de Girey, ou k'il soit, an tous us, ke fut Houwin, lou fil Gloriate, et sus tout l'eritage, ou k'il soit, an tous us, ke fut Houwin, lou peire Thiebaut de Grisey, et sus une piece de terre ke geist sus les Waisues ou ban de Grisey, deleis la terre Nostre Dame as Chans, ki est tous delivres a Jehan devant dit per droit et per jugemant, por les xv quairtes et demeie de wain mointainge de cens ke tous cist eritaiges devant dis doit a l'ospital devant dit chesc'an, et pour les adras.

490 Et ce p. b. ancor por l'ospital devant dit sus ıııı s. de met. de cens ke geisent sus la mason ke fut Jennat d'Onville lou boulangier, ke siet an la ruwe de Porte Cerpenoise, devant

l'osteil S. Laidre, ke li maistre et li freres de l'ospital devant
dit ont aquasteit a Wairin, lou maiour de Wauille, apres VIII s.
de premier cens ke cil de l'ospital devant dit i ont, et e. c.
l. e. en l'ai. l. dv.

491 Et ce p. b. ancor pour l'ospital devant dit sus XII s. de met.
de cens ke geisent sus II pieces de terre airure, dont li une
geist an la crouweie S. Clemant daier S. Andreu, et li autre
piece geist daier S. Andreu, ancoste la terre Steuenin, lou fil
lou maiour de S. Clemant, et sus demei jornal de vigne ke
geist an Veudebource, ancoste la vigne S. Clemant, ke cil de
l'ospital devant dit ont aquasteit a Colin Quaitremaille de S. Cle-
mant, apres IIII d. de premier cens ke tous cist eritaiges devant
dis doit, et e. com l. e. en l'ai. l. dv.

492 Et ce p. b. ancor por l'ospital devant dit sus III s. de met. de
cens ke geisent sus la mason Colin Xourdel et sus tout lou
resaige ki apant, ke siet an Maizelles, ancoste l'ostel Lorate
Xourdelle, ke cil de l'ospital devant dit ont aquasteit a Colin
Xourdel, apres II d. et I chapon de premier cens ke li masons
devant dite doit, et e. com l. e. en l'ai. l. dv.

493 Et ce p. b. ancor por l'ospital devant dit sus XIII s. et demei
de met. de premier cens ke geisent sus la grainge ke siet an
la rouwe dou Preit, ke Jennas Aizies tient, ke fut Jaikemin
Fackol, ke li maistre et li freres de l'ospital devant dit ont
aquasteit a Poinsignon Faconuers, et e. com l. e. en l'ai. l. dv.

494 Willermins, li filz Lanbelin lou tournour ke fut, p. b. por lui
et por Symonin, son freire, et por Cezeliate et Colate, ses II
serours, sus XX s. de met. de sans qu'il dovoient pour l'eritaige
ke fut Symon lou tornor, qu'il ont aquasteit a Jennin lou tour-
nor et a Sebeliate, sai femme, e. com l. e. en l'ai. l. dv.

495 Donmangins li Gronnais li quairtiers p. b. sus une mason ke
siet an S. Nicolaisruwe, qu'il ait aquasteit a Jaikemate et a
Marguerate, sai suer, per mei XVI s. de met. de sans, et e. com
l. e. en l'ai. l. dv.

496 Merguerons Blanche p. b. sus III quairterons de terre airuce ke
geisent an lai Chanpenee, qu'il ait aquasteit a Colate Malnouelle,
per mei une maille de sans, et e. c. l. e. en l'ai. l. dv.

497 Pieresons Petre de Chaipeleirruwe p. b. sus I stal ke siet an
Visegnues, ou li cordeweniers vandent, et sus tout lou resaige
qui apant, qu'il ait aquasteit a Baiscelin, lou fil Otthe lou
Roucel, per mei I d. de cens, et e. com l. e. en l'ai. l. dv.

498 Jehans Symairs li clers p. b. sus x s. de met. de sans ke geisent sus une mason ke siet devant la cort de Vy, qu'il ait aquasteit a Maitheu de Gorze, e. com l. e. en l'ai. l. dv.

499 Colignons Barrois de Visegnues p. b. sus teil partie com il est ancheus a Abertin Aquilee, son serorge, de pair Poince de Strabour, son awel, qu'il ait aquasteit a Abertin devant dit,[1]) e. c. l. e. en l'ai. l. dv.

500 Jaikemins Symairs p. b. por les enfans Jaikemin l'ardour ke fut sus teil partie com il lour est ancheus de pair lour awele.

501 Dame Colate Symairt p. b. sus teil partie com il li est ancheus de pair dame Aileit, sa meire.

502 Colignons de Lupey p. b. sus L s. de met. de sans k'il meisme dovoit, qu'il ait aquasteit a Marguerate, la fille Abertin de Vy, e. com l. e. en l'ai. l. dv.

503 Jehans, li filz Willame de Lupey, p. b. sus une grainge et sus une mason et sus I jardin et sus III pieces de terre ke geisent ou ban de Lupey, qu'il ait aquasteit a Hescelin de Lupey, e. c. l. e. en l'ai. l. dv.

504 Xandrins Caldewalle p. b. sus une mason ke siet sus lou Mur et sus tout lou resaige qui apant, et sus la grainge ke siet ancoste, qu'il ait aquasteit a l'abbeit et a covant de Vileirs, e. c. l. e. en l'ai. l. dv.

505 Et ce prant b. ancor sus un jornal de vigne ke geist sus Haute Rive,[2]) qu'il ait aquasteit a Jehan, lou fil Richelin ke fut, en alluet, et e. com l. e. en l'ai. l. dv.

506 Steuenins, li mairis Clairisce, p. b. sus une mason ke siet an Forneyruwe, devant l'osteil les Noirons, qu'il ait aquasteit a Howeson Polin, per mei teil sans com li masons doit, et e. c. l. e. en l'ai. l. dv.

507 Jaikemins, li maires de S. Vincent, p. b. por la chiese Deu de S. Vincent sus VII s. de met. de sans k'il ont aquasteit a Jehan Roboan, k'il meismes dovoient sus une maison[3]) ke fut Lowiat lou mairexal, e. c. l. e. en l'ai. l. dv.

508 Fourkignons Dainielate p. b. sus une tavle an Vies Chainges et sus une tavle an Chambres, qu'il ait aquasteit a Vguignon, son freire, per mei VI s. de met. de sans ke li tavle an Vies Chainge doit, et e. c. l. e. en l'ai. l. dv.

---

[1]) qu'il *bis* dit *übergeschrieben*.

[2]) sus Haute Rive *übergeschrieben von Schreiber 3*, an Mallemairs *durchgestrichen*. [3]) maison *übergeschrieben von Schreiber 3*.

509 Ansillons Mainchelos p. b. sus la moitiet d'une mason que siet a[n]coste la mason Symonin Mallebouche, qu'il ait aquasteit a Colate, la femme Jaikemin lou Moinne, per mei teil sans com il an doit, et e. c. l. e. en l'ai. l. dv.

510 Lietaus li permantiers et Jaikemins li taileirs et Vguignons Rouces et Colignons Merchans p. b. pour la confrairie de Saint Piere aus Airainnes sus III s. de met. de sans ke geisent sus la mason Jote la chandeliere, qu'il ont aquasteit a Hanriat, lou fil Jennin lou lavour, e. com l. e. en l'ai. l. dv.

511 Theirias, li bailis de Moulins, p. b. sus tout l'eritage qu'il ait aquasteit a signor Eurit de Meruals et a Lowiat Xerrant de Chaiselles, e. com l. e. en l'ai. l. dv.

512 Willermins li laveires p. b. sus une mason ke siet an la Nue ruwe, qu'il ait aquasteit a Feleppin, lou fil Pielin lou lavour ke fut, per mei XII s. de met. de sans, e. com l. e. en l'ai. l. dv.

513 Li sires Richiers Facons, doiens de Saint Thiebaut, p. b. sus III s. de met. de premiers sans ke furent Symonat l'escuier, lou fillaistre Weirit de S. Arnoult, ke geisent sus les II masons Remey lou meuteir ke fut, ke sieent outre Salle, ou Baduwins Bugles maint, qu'il ait aquasteit a signor Thonmes, chainones de S. Thiebaut de Mes, e. com l. e. en l'ai. l. dv.

514 ¹) Guersas Donkins p. b. sus II jornals de vigne ke geisent a Rollantpaireit, delai lou Nuefchaistel, ou ban de Montigney, deleis la soie vigne meisme, qu'il ait aquasteit a Basceline, la femme Jennat Stokainne de Fays, et a Howignon, lou fil Hanrion Lousot,²) son janre, ...a.. Martin, et e. com l. e. en l'ai. l. dv.

515 Pieresons, li filz Maifroit³) de Nonuiant, p. b. sus V omeies de vignes ke geisent vers Wasaiges, an II pieces, qu'il ait aquasteit a Airmanjate, la femme Bawier de Nonuiant.

516 Willermins, li filz Arnoult d'Aweigney ke fut, p. b. sus jor. et demei de terre airure ke geist a la Mouxelle, an som lou Rouwal, qu'il ait aquasteit [a] dame Aileit, la femme Watrin de l'Aitre d'Awigney ke fut, et a Colin, son fil, e. c. l. e. en l'ai. l. dv.

517 ¹) Abertins Gallios p. b. sus jor et demei de vigne ke geist an Mallemairs, et sus I jornal de vigne ke geist sus Saille, darier

---

¹) *Durchgestrichen.*
²) lou fil Hanrion Lousot *übergeschrieben.*
³) *Vor* Maifroit *ist* Maitheu *durchgestrichen.*

la Folie, qu'il ait aquasteit a Colignon lou Maigre, lou fil·
Watrin Maltranpeit ke fut, per mei teil sans com les dous
pieces doient, e. com l. e. en l'ai. l. dv.

518 Clemignons li Merciers p. b. sus v s. de met. de sans ke geisent
sus la mason Steuenin Chermat a Porsallis, qu'il ait aquasteit
a Steuenin devant dit, apres XLV s. de premier sans ke li
masons doit a Clemignon devantriennemant, et e. c. l. e en
l'ai. l. dv.

519 Durans li boulangiers p. b. sus II pieces de terre ke geisent an
la fin d'Orgney, an reprochant, ancoste lui meisme, k'il ait
aquasteit a Theirion, lou fil Gerardin lou Moinne, per mei I d.
de sans, e. c. l. e. en l'ai. l. dv.

520 Geilas li Bels, li filz Geilon de Heu ke fut, p. b. sus une
grainge ke siet an Hulou, ancoste la maiseire Thiebaut Baitaille,
k'il ait aquasteit a Colate, la femme Weirion Malnouel ke fut,
per mei XVIII d. de sans, et e. com l. e. en l'ai. l. dv.

521 Jaikemins, li filz Geilon de Heu ke fut, p. b. sus XLV s. de
met. de sans ke geisoient sus sai mason meisme, ke siet ou
Cham a Salle devant la xippe, qu'il ait aquasteit a Marguerate,
la fil[l]e Jennin L'Alemant ke fut, e. com l. e. en l'a. l. dv.

522 Jaikemins Mouretels p. b. sus XV s. de met. de sans qu'il ait
aquasteit a Panthecouste, la fille Poinsignon Myne ke fut, ke
geisent sus la mason Thonmaisin Fernagut ke fut et sus tout
l'eritaige, k'il ait de par son peire, ke Jaikemins devant dis
ait aquasteit a lei, e. com l. e. en l'ai. l. dv.

523 Symonas Bellegree p. b. sus une piece de vigne ke geist an
Mallebeste ou ban S. Clemant, ke li est delivre per droit et
per jugemant encontre Abrion lou Bague, pour les v s. de cens
ke li vigne li doit.

524 Et ce prant bans ancor sus tous les preis ke Gerardins, li filz
Watier lou ranclus de Nonuiant, et Cunins, ces serorges, avoient
ou ban de Fays, k'il ait aquasteit a ous, per mei III mailles
de cens ke tuit li preis doient, et e. c. l. e. en l'ai. l. dv.

525 Burtignons Paillas p. b. sus tout l'eritage ke Jennas Grantcols
avoit ou ban de Grisey et ou ban de Virkilley, an grainges
et an masons, an terres, an preis et an toutes autres manieres,
k'il ait aquasteit a lui, per mei X s. et VII d. ke tous cist
eritages doit de cens et de droiture, et e. com l. e. en l'ai. l. dv.

526 Et ce prant bans ancor sus tout l'eritaige ke Willermins li
voueys avoit ou ban de Pawilley, ou signerage et an la vouwerie,

an grainges, ans masons, an preis, an chans, an boix, an vignes et an jardins et an droitures et an toutes antres mainieres, an kel maniere ke ce fust, qu'il ait aquasteit a Merguerite, la femme Willermin devant dit, e. com l. e. en l'ai. l. dv.

527 Et ce prant bans ancor sus v s. de met. de cens qu'il ait aquasteit a Jennin lou wercollier dou Quertal, sus sai mason dou Quertal, e. c l. e. en l'ai. l. dv.

528 Vguignons Paitairs p. b. por la chiese Deu de S. Clemant sus xxv s. de met. de cens ke Gerardins Migomairs de Nonuiant doit a l'abbeit, et au covant, sus tout son eritage, qu'il ont aquasteit a lui, et k'il li ont relaiet pour les xxv s. de cens, e. com l. e. en l'ai. l. dv.

529 Et ce prant bans ancor por la chiese Deu de Vileirs sus la mason et sus tout lou resaige qui apant ke siet an la Nueve ruwe, ke fut Xandrin lou permantier, ke li est delivre an plait, por lou sans ke li[1]) chiese Deu ait sus la mason devant ditte.

530 Li sires Jehans li Gronnais p. b. sus la mason et sus la voie darier ke vait fuers an Visegnues, et sus la grainge ancoste la mason, et sus tous les resaiges qui apendent ke sieent a Porsallis, ke fut lou signor Vgon Coulon, qu'il ait aquasteit as II filles lou signor de Verey, per mei v d. de cens ke tous cist eritaiges doit, et e. com l. e. en l'ai. l. dv.[2])

531 Thiebaus li Maires p. b. por la chiese Deu de S. Clemant sus la moitiet de la vouwerie d'Alainmont et de ceu qui apant, et sus tout l'eritaige ke Vguignons Wachies avoit ou ban d'Alainmont, an keil maniere ke ce fust, ke Thiebaus ait aquasteit a lui por la chiese Deu devant dite, e. com l. e. en l'ai. l. dv.

532 Et ce prant bans ancor sus la charree[3]) de foin taixerasse ke Jennins Paingne avoit an preis l'Eueske, qu'il ait aquasteit les dous pairs a Maitheu, lou fil Willermin Baizin, et lou tiers a Willermin Gillebert, e. c. l. e. en l'ai. l. dv.

533 Dame Heilouwis li Vadoise p. b. pour lei et pour Jehan Malgourdit et pour Gerardin lou clerc et pour Izabel, sai suer, les oirs Gerairt lou sailier, sus une mason ke siet ancoste Sainte Creux, ke Pieros de Jueruwe tenivet des oirs desour dit, pour xv s. de met. de sans, dont Aburtins Lohiers, li janres Pieros,

---

[1]) *Vorlage* le.
[2]) *v. 1288, 74.*
[3]) charree *übergeschrieben,* chairouweie *durchgestrichen.*

lour ait aquiteit an plait, pour les xv s. k'il an dovoit aus oirs desour dis, et dont il sont tenans.

534 Guercerias Faixins p. b. sus les viii s. de met. de sans ke geisent sus la grainge Jehan Daniel ke fut, ke siet an la ruwe don Preit, k'il ait aquasteit a Poinsignon Faconuers por l'agleise S. Vitoul, et e. c. l. e. en l'ai. l. dv.

535 Jennins Gerairs p. b. sus les xxvii s. iii d. moins de sans k'il meisme dovoit sus sai mason ou il maint, ke siet ancoste la mason Clemignon lou Mercier, qu'il ait aquasteit a Poinsignon, lou fil Abertin Faconvers, e. c. l. e. en l'ai. l. dv.

536 [1]) Berterans Gemel p. b. sus la halle dairier les Chainges, et sus tout l'eritaige ke Thiebaus Facols ait an tous les bans de Bourney, et sus tot l'eritaige qu'il ait an la mairie de Porsallis, an tous us, ke li est delivreis per droit et per jugemant, et por tant com il est anconbreis por lui, dont ces cors est luiteis, et por tant com il ait paiet pour lui, per escris en airche.

537 Jehans li Moinnes, li filz lou signor Poinson de Straboure, p. b. sus les liii s. de sans ke dame Aleit, sai seure, avoit sus la mason Jennin Jerairt an Visegnues et sus la mason ke fut Colin Coulon, son peire, ke siet sus lou Mur, per mei xii s. de met. de sans ke li masons doit, ke li sont delivre per droit et per jugemant contre dame Aileit, por tant com il ait paiet por lei, per escris en airche et sans escris.

538 Jennas, li [2]) maires de la mason S. Priueit, p. b. por les malades de S. Priueit sus une piece de terre ke siet ou ban de Mairley, ancoste la grainge Vguignon Dainielate, qu'il ait aquasteit a Jennat, lou fil Hanrit de Montigney, per mei xii s. et demei de sans, et e. c. l. e. en l'ai. l. dv.

539 Perrins li xaivins, li filz signor Pieron Thomes ke fut, p. b. an alluet sus la mason et sus la grainge et sus tout lou resaige ki apant ke fut Pierol de Jueruwe, k'il ait aquasteit a Abertin, [3]) lou fil Thiebaut Lohier ke fut, ke siet ancoste lui meisme, e. c. l. e. en l'ai. l. dv.

540 Jaikemins, li filz lou signor Jaike Roboan ke fut, p. b. sus lou quairt de la mason ke fut Joffroit Courbel, ke siet outre Salle, ancoste l'osteil Poinsignon Corbel, qu'il ait aquasteit a Lorate,

---

[1]) *Durchgestrichen, v. 1281, 393 und 622. Statt* luiteis *steht dort* livreis.
[2]) Jennas li *auf Rasur.*
[3]) Abertin *übergeschrieben*, Burthemin *durchgestrichen.*

la fille Joffroit' devant dit, per mei teil sans com sis quairs de la mason doit, et e. c. l. e. an l'ai. l. dv.

541 Et ce prant bans ancor sus XII s. et demei de met. de sans ke geisent sus la mason Hanrit de Buneie à pont a Porsallis, ancoste l'ostel maistre Goudefroit, k'il ait aquasteit a Poinsignon de Chaucey, l'avelet Hanrit de Bunee, e. c. l. e. en l'ai. l. dv.[1])

542 Li sires Joffrois Aizies, chainones de la Grant Eglise de Mes, p. b. sus XLV s. de met. de sans ke geisent sus l'osteil Boukeson a la Posterne, ke Nicolles Aizies, ces peires, avoit an waige de Jennïn, lou fil Arnoult, dont li sires Joffrois est mainbours, et dont il est tenans per mei la mainburnie, e. c. l. e. en l'ai. l. dv.

543 Ansels de Valieres p. b. sus jor et demei de terre, s'an geist ou ban de Ste Seguelainne I jornal et ou ban S. Vincent demei jor, qu'il ait aquasteit a Hanriat de Colanbeir et a Pierel, son serorge, per mei I d. de sans, e. c. l. e. en l'ai. l. dv.

544 Et ce prant bans ancor sus II eires de meis ke geisent an Chaponruwe, ancoste son meis meismes, qu'il ait [aquasteit] a Burthemin Manegoul de Valiere, an alluet, e. c. l. e. en l'ai. l. dv.

545 Joffrois, li filz signor Abrit Engrant ke fut, p. b. sus IIII jornals de terre airure ke geisent antre la grainge de Haute Riue et la grainge de Malpais, ke Euriais, li filz Willame de Cnuerey, ait aquasteit por Joffroit devant dit a Jenat, lou fil Theirion Raieboix ke fut, e. c. l. e. en l'ai. l. dv.

546 [2]) Weirias Gueppe p. b. sus la mason Abert des Airuolz et sus tout lou resaige qui apant ke siet an Visegnues, ou Joffrois Euries maint, ke li est delivre per droit et per jugemant a[n]contre Abert desour dit, por XXIII lb. de met.

547 Colairs Moures p. b. sus tous les preis de Cons ke furent monsignor Jehan de Mouaville, qu'il ait aquasteit a Werrion, lou fil lou chaistelain de Perpont, per mei teil sans et teil droiture com li preis doient, et e. c. l. e. en l'ai. l. dv.

548 Maiheus Mourels p. b. por la chiese Deu dou Tample sus les VIII s. de met. de sans ke geisent sus la mason Abertin Caienat, ke siet an la rouwe dou Saic outre Saille, qu'il ait aquasteit a Poinsignon Peldanwille, e. c. l. e. en l'ai. l. dv.[3])

---

[1]) v. 1281, 285. [2]) Durchgestrichen.
[3]) Urkunde erhalten, M.-Bez.-A. Templer Nlrg. — v. Teil I, Einl. Anh. II, 15.

549 Et ce prant b. ancor por la chiese Deu dou Tample sus les xii s. de met. et les ii chapons de sans ke geisent sus la mason Jaikemin lou permantier ou Waide, qu'il ait aquasteit a Jaikemate, la suer Burtignon Gueppe, e. c. l. e. en l'ai. l. dv.

550 Jaikemins Frankignons p. b. sus tout l'eritaige k'il ait aquasteit a Gerardin Hairouwel, an preis, an chans, an vignes, an masons, an grainges et an terres, an tous us, dont li escris geist en l'airche, k'il ait aquasteit a Gerardin desor dit, per mei teil sans et tel droiture com tous cist eritages doit, et ke Jaikemins ait relaixiet a Gerardin desour dit per mei xv quairtes de wain mointainge, chesc'an, a la vie Poinsate, la fille Nainmeriat Lohier ke fut, e. c. l. e. en l'ai. l. dv.

551 Jennins Piedechaus p. b. sus la mason et sus tout lou resaige qui apant ke fut Pierol,[1]) ke siet an lai plaice an Jueruwe, ke li est venue conxevant de pair Poinsate, sa femme.

552 Poinsignons li prestes, li filz signor Huwon Graicecher ke fut, p. b. por la chiese Deu des Cordelieres dou covant de Mes sus vi s. de met. de sans k'il ait aquasteit a Thiebaut lou Gronnaix, lou proveor de freres Menors, ke geisent an la halle des permantiers an Visegnues, ke li freres Menors i avoient, et e. c. l. e. en l'ai. l. dv.

553 [2]) Dame Poince, li feme Robin dou Pont ke fut, et Baudowins, ces fillaistres, p. b. sus une piece de vigne ke geist a Bazoncort, encoste lor vigne meymes, k'il ont aquasteit a Bauduyn de Bazoncort, lou fil signor Andrev de Bazoncort ke fut, a. c. l. e. en l'ai. l. d.

554* Ce sont li ban dou vintime jor de noel. En la marie d'Outre Muselle:

554 Lowias Ricars prant bans sus ii jornals de terre ke geixent ou ban d'Escey, k'il ait aquasteit a Colignon dou Rait, en alluet, e. c. l. e. en l'a. l. d.

555 Gerars li bolengiers d'Ansom Viez Bucherie p. b. sus une maison ke siet ensom l'osteil Jaikemat lou Porcel, delai Viez Bucherie, et sus tout lou resaige, k'il ait aquasteit a signor Nicole, doien de S. Sauor, permëi xii s. de cens, e. c. l. e. en l'a. l. d.

556 Poinsignons Simons p. b. sus une piece de vigne en Dales ou an contet iii jornals et demei, permei iii d. de cens, et sus

---

[1]) = Pierol de Jueruwe.
[2]) *Eingetragen von Schreiber 3.*

xxvii s. et demei de mt. de cens ke geisent sus iii maisons a la creux outre Muselle, et sus tot l'eritage Marguerite, sa serorge, la fille Maheu Jeuwet, k'il ait a ley aquasteit, e. c. l. e. en l'a. l. d.

557 Perrins Badoche p. b. sus une maison encoste l'osteil S. Laidre et sus tout lou resaige, k'il ait aquasteit as enfans Forcedeu lou permantier, permei xx s. et demei de cens, e. c. l. e. en l'a. l. d.

558 Thiebas li Mares p. b. sus demei jornal de vigne ke geist en Ansienchamp ai Ars, permei i sestier de vin de cens, et sus demei jornal de terre ke geist daier lou molin Weriat de Croney, ki maint ai Ars, deleis Colignon Facol, en alluet, k'il ait aquasteit a Gerardin Barbe d'Ars, e. c. l. e. en l'a. l. d.

559 Baduyns Barekels p. b. sus une piece de vigne encoste Jehanvigne, k'il ait aquasteit a signor Pieron Noixe, prevost de S. Sauor, e. c. l. e. en l'a. l. d.

560 Jaikemins, li fils Remion de Coloigne, p. b. sus ii jornals et demei de vigne ke geixent en Rouechamp[1]) ou ban de Wapey, k'il ait aquasteit a Jennat Clemignon, permei teil cens com il en doit, e. c. l. e. en l'a. l. d.

561 Jaikemins Frankignons p. b. sus tout l'eritage ke Odiliate, li femme maistre Hanrit Bernart, avoit a Lescey et a Siey et a Warnainville et aillors, en toz us, por tant com elle li doit et com il ait paiet por ley, per escris en arche, et dont il est tenans.

562 Pieresons Gouions d'Ars p. b. sus i meis ke siet daier son osteil sus Mancien et sus ceu ki apant, k'il ait aquasteit as hoirs Waterin Haichate, en alluet, e. c. l. e. en l'a. l. d.

563 Jennins de Gorze, li amans,[2]) p. b. sus une demeie maison et sus la cort daier ke siet en Rommesale, k'il ait aquasteit a Jehan, lou janre Lambelin Boinsuel, et ai Ailixate, sa femme, permei iii s. de mt. de cens, e. c. l. e. en l'a. l. d.

564 [3]) Thiebas Lambers p. b. sus les iiii lb. de mt. de cens k'il ait aquasteit a Jacat et a Renaldin et a Seziliate, les enfans Tierion Raiebox, k'il li ont assis sus la maison ke fut Tierion, lor peire, davant l'osteil Jennin Geruaise,[4]) et sus la piece de

---
[1]) l *hinter* e *ausgekratzt*.
[2]) li amans *übergeschrieben*.
[3]) = *1281, 355.*
[4]) en Chieuremont, v. *1281, 346.*

vigne entre Longeuille et Siey, c'on dist en Gondalvigne, ke fut Tierion, lor peire, apres II d. et maille ke li maison doit de premier cens, e. c. l. e. en l'a. l. d.

565 Colins Cuerdefer p. b. sus II jornals de terre en II pieces ou ban Ste Marie, en la feste¹) S. Steule, k'il ait aquasteit a Werneson et a Domangin, son frere, les fillaistres Chaderon, permei II d. de cens, e. c. l. e. en l'a. l. d.

566 Et ce p. b. ancor sus une piece de terre ke geist ou ban Ste Marie a Chene, k'il ait aquasteit ai Abertin, lou fil Abert de Champels ki fut, et a Weriat, son frere, permei XII d. de droiture, e. c. l. e. en l'a. l. d.

567 Simonins Ferrans d'Ars p. b. sus une maison et sus tout lou resaige ke siet ai Ars, k'il ait aquasteit as hoirs Waterin Hachate, en alluet, e. c. l. e. en l'a. l. d.

568 Thiebaus Bertadons p. b. sus la maison ke fut maistre Hanrit Bernart et sus la forge daier, ke siet en Franconrue, encoste lui meimes, k'il ait aquasteit a la priouse et a covant des Proicherasce, e. c. l. e. en l'a. l. d.

569 Et ce p. b. ancor sus VIII s. de mt. de cens ke Perrals li taillieres et Richardins Charexey doient a Pierexel Failletel, ke sont delivre a Thiebat per droit et per jugemant, por tant com Pierexels li doit, les escris en l'arche.

570 Pieresons de Chastels, li mares S. Sauor, p. b. sus une maison et sus une grainge et sus lou meis daier et sus tot lou resaige ke sieent a Chastels, k'il ait aquasteit a Perrin, lou fil Gerardin de Chastels, permei teil cens com il en doit, e. c. l. e. en l'a. l. d.

571 Gigans, li mares de Chastels, p. b. sus une pessate de terre ke geist ou ban de Chastels ou Dos, k'il ait aquasteit a Jofroit de Marley, e. c. l. e. en l'a. l. d.

572 Jehans Lowis, li mares de l'ospital ou Nuefborc, p. b. por l'ospital sus la maison Gocewin lou marchant, ke siet a S. Arnolt, ke fut Piereson Vilain, ke li est delivreie per droit et per jugemant, por les VIII s. de mt. de cens ke li maisons doit a l'ospital chac'an, et por II estaies, chacune de IIII s. et demei, et por les adras.

573 Simonins Cayns d'Ars p. b. sus une piece de vigne ke geist a Lampon ou ban d'Ars, k'il ait aquasteit a Colin lou Cair, en alluet, e. c. l. e. en l'a. l. d.

---

¹) en la fin S. Steule? *S. Steule = St. Ail.*

574 Colignons li cherpentiers, li fils Tierion, et Tierias, li fils Jehan Fauate de Piereuilleirs, p. b. sus toutes les terres ke Vguignons et Jaikemins, li dui fil Poinsignon Coieawe, et Hanrias li taneres, lor serorges, ont ou ban de Maixeres, arreis demei jornal ke geist encoste Gerardin de Maixeres, davant lou Jurietbox, permei xiii d. et maille de cens ke toz li eritages doit, k'il ont ai ous aquasteit, e. c. l. e. en l'a. l. d.

575 Jennins Formeis de Chastels et Pierexels, ces freres, p. b. sus iii jornals et demei de vigne ke geisent a Chastels ou ban l'Eueke, k'il ait aquasteit a Mahout, la fille Colignon Barroit de Vesignuels, permei v s. et demei de cens c'on doit a S. Vincent, e. c. l. e. en l'a. l. d.

576 Li arcediacres Wathier p. b. sus une maison ke siet davant la cort de Cleirleu, k'il ait aquasteit a Willame, ke fut ces officials, permei xiiii s. de mt. de cens k'elle doit, e. c. l. e. en l'a. l. div.

577 Li sires Jehans de S. Pocort p. b. sus xxxi s. de mt. de cens ke geixent sus lou tiers de la maison ke fut Jaikemin lou Doien, davant S. Sauor, ke Filipins Filio doit, k'il ait aquasteit ai Arnolt Josel, son janre, et c'on puet racheteir, xii d. dou cens por xx s.,[1]) e. c. l. e. en l'a. l. d.

578 Howignons li cellieres p. b. por lui et por Thomessat, son frere, sus la piece de vigne en Felieres, ke Matheus li bolengiers ait mis en waige a Renaldin Poignel et a Simonin, lou fil Formeron, per escrit en arche, dont li escris est delivres a Howignon et a Thomessat desor dis, et permei teil cens et teil droiture com elle doit.

579 Waterins, li fils Morel de Chastels, p. b. por lui et por ces freres sus tot l'eritage k'il ont aquasteit a Drowignon de Chastels, en alluet, e. c. l. e. en l'a. l. d.

580 [2]) Jehans, li fils Colin lou cherpentier de Rimport, p. b. sus la moitiet de la maison et de la grainge et de la croweie et des fossei entor et de decant ki apant ke Peskins, li fils Godin de Haueconcort, ait ou ban de Maixeres, k'il ait a lui aquasteit, permei iiii s. de mt. de cens, e. c. l. e. en l'a. l. d.

581 Pieresons li feivres de Molins p. b. sus i jornal de terre en Preire ou ban de Molins, k'il ait aquasteit a Tierion Foutat et a Jennat, son frere, en alluet, e. c. l. e. en l'a. l. d.

---

[1]) et c'on puet *bis* xx s. *übergeschrieben.*

[2]) *Durchgestrichen.*

582 Thierions Barons p. b. sus IIII moies de vin de cens ke geisent a Dornant, ke li sont delivre per droit et per jugemant contre signor Andreu de Moieuvre, por tant com Perrins Trabuchas, ces davanteriens, li doit, per escris en arche.

583 Pierons li permantiers p. b. sus une maison ke siet en la rue de Porte Serpenoise, entre l'osteil Jennat lou cherpentier et Gerardin Rennare, k'il ait aquasteit a Thiebat Clemignon, permei xv s. de mt. de cens, e. c. l. e. en l'a. l. d.

584 Li doiens et li chapitres de S. Sauor p. b. sus xi s. de mt. de cens ke geixent[1]) sus jor et demei de vigne, ke geist ou ban de Plapeuille, k'il ont aquasteit a signor Pieron, lor conchanone, et a maistre Gobert, son frere, en alluet, e. c. l. e. en l'a. l. d.

585 [2]) Marguerons, li femme Poinsignon Fernagut, p. b. sus toutes les vignes en Dales ke furent Howignon Fernagut, ke li sont delivre per droit et per jugemant, por tant com elle ait paiet por lui, per escris en arche, et permei teil cens com elles doient.

586 Hanrias li vieseirs de Herney p. b. sus la moitiet de la maison ke fut Steuenin Pome, ke siet sus lou tor de Nikesinrue, k'il ait aquasteit a Tieriat Pome, permei teil cens com elle doit, e. c. l. e. en l'a. l. d.

587 Gerars et Simonins, li dui fil Lowiat d'Abes, p. b. sus v s. de mt. et IIII d. de cens ke geixent sus l'osteil Lowiat, lor peire, k'il ont aquasteit a Maheu, lou fil Simonin d'Ajoncort, e. c. l. e. en l'a. l. d.

588 Coenrars li clers de S. Julien p. b. sus une maison ke siet davant l'osteil l'arcediacre Werrit, ke fut Arnolt de Forpac lou permantier, k'il ait aquasteit a Jehan de Monfacon, permei xxIII s. de mt. de cens, e. c. l. e. en l'a. l. d.

589 Waterins de Remilley li cherpentiers p. b. sus une maison ke siet davant l'osteil l'arcediacre Werrit et sus tot lou resaige, k'il ait aquasteit a Coenrart de S. Julien lou clerc, permei xxIII s. de mt. de cens, e. c. l. e. en l'a. l. d.

590 Li sires Pieres, li marleis de S. Sauor, p. b. sus une maison ke siet en Rommesale davant lou pux et sus tot lou resaige, k'il ait aquasteit a maistre Facan lou masson et a Piereson Hawiate, permei xII s. de mt. de cens, e. c. l. e. en l'a. l. d.

---

[1]) sus xi s *bis* geixent *übergeschrieben.*
[2]) *Durchgestrichen.*

591 Simonins li vieseirs de Chieuremont p. b. sus une piece de terre
ke geist a la creux desor Trezauille, ou an contet iiii jornals,
ou ban de Haboinville, k'il ait aquasteit a Hawiate la Corte
de Chastels, permei i d. de cens, e. c. l. e. lo d.
592 Pieresons Denloufist, li janres Rembat de Chambres, p. b. sus
une maison en Chambieres, ke fut Jennate, la fille Afelixil,
et sus tot lou resaige, k'il ait aquasteit a Hanriat de Noweroit
et a Richart lou poxor, permei iii d. et maille de cens, e. c.
l. e. en l'a. lo d.
593 Gerars, li fils Lowiat d'Abes, p. b. sus tout l'eritage ki est
escheut a Jehan, son serorge, lou janre Lowiat, de part peire
et de part meire, k'il ait a lui aquasteit, permei teil cens com
il en doit, e. c. l. e. en l'a. l. d.
594 Colins, li fils Jaikemin lou maior S. Vincent, [p. b.] sus jornal
de terre ke geist a Mesnit ou ban de Plapeuille, k'il ait aqua-
steit a Xandrin lou Vetre, en alluet, e. c. l. e. en l'a. l. d.
595 Poinsignons de Ste Rafine p. b. sus lou planteit Filipin, son
serorge, ke geist ou ban de Juxey, et sus la moitiet de toute
sa terre en Borde, k'il ait a lui aquasteit, permei teil cens et
teil droiture com li eritages doit, e. c. l. e. en l'a. l. d.
596 Tieris de Ste Rafine p. b. sus i meis ke siet a Ste Rafine,
encoste sa maison meimes, k'il ait aquasteit a Pieron, lou fil
Escelate, en alluet, e. c. l. e. en l'a. l. d.
597 Guersas li bolengiers, ki maint en Chambieres, p. b. sus viii s.
et iii d. de mt. de cens ke geisent sus une chambrate ke siet
encoste son osteil meimes, k'il ait aquasteit a Jennat Fardel,
e. c. l. e. en l'a. l. d.
598 Gillas li Bels dou Nuefborc p. b. sus vi jornals de terre ke
geisent en la fin de Graviers, k'il ait aquasteit ai Ermanjart
de Gorze et a Jehan, son fil, permei v d. de cens, e. c. l. e.
en l'a. l. d.
599 Jehans Soigne, li fils Chalon, li avelas signor Wernier Pilaitre,
p. b. sus xvii s. de mt. de cens ke Lukins Chameure li doit,
sus une maison a Siey et sus la vigne encoste et sus can
k'apant a la maison, permei demei meu de vin en l'axe, ke li
xvii s. doient chac'an a l'eveke de Mes, ke li sont escheut
de part dame Jaikemate, sa meire, k'il ait partit contre Poin-
sate, sa suer.
600 Marguerons, li fille Bertadon d'Outre Moselle, p. b. sus tot
l'eritage ke Lowias Oizelas ait ou ban de Wapei, en preis, en

chans, en vignes, en maisons, ke li est delivres per droit et per jugemant, por tant com il li doit et com il li est randeres, per escris en arche, permei teil cens com li eritages doit.

601 Li sires Bertals Piedeschalz et Yngrans Goule p. b. sus les III pars de la moitiet de la wowerie de Pupinville et de cant ki apant, k'il ont aquasteit a Thomes de Chenney, e. c. l. e. en l'a. l. d.

602 Vguignons de Bui p. b. sus une maison ke siet a pont des Mors, ensom l'ospital, et sus tot lou resaige, k'il ait aquasteit a Stuvart, lou marit Jakemate la frutiere, permei XIII s. de mt. de cens, e. c. l. e. en l'a. l. d.

603 Wichars de la Cort p. b. sus une piece de vigne ke geist a Wapei ke Colins Turey tenivet, k'il ait releveit contre Yngran Goule,[1]) permei teil cens com elle doit.

604 Wiberate, li fille Jennin Bruainne, et Filipins Filio p. b. sus IIII jornals et demei de vigne ke geisent en Frieres, en II pieces, k'il ont aquasteit a maistre Hanrit Jordain, permei I meu de vin de cens ke li piece de vigne desoz doit, e. c. l. e. en l'a. l. d.

605 Jennas Graisneis li clers p. b. sus une maison ke siet en Chambieres, desor lou cours, et sus tout lou resaige, k'il ait aquasteit a Jaikemin, lou fil Lowiat dou Pux en Chambieres, permei XI s. de mt. de cens, e. c. l. e. en l'a. l. d.

606 Pantecoste, li fille Piereson Mellart dou Pont, p. b. sus VIII quartes de wain moitange de rante ke geisent a Lescey sus l'osteil Colignon Wandart, et sus lou jardin encoste, et sus les III pars de la grainge davant outre, et sus I jornal de vigne a la Sals, et sus demei jornal en Vairines, et sus une piece ou Tonboit, k'elle ait aquasteit a Colignon desor dit, sa vie, e. c. l. e. en l'ai. l. d.

607 Sigars li bolengiers p. b. sus la maison et sus can ki apant ke fut Gerart de Nonuiant, ke siet en la rue de Porte Serpenoise, k'il ait aquasteit as hoirs Gerart desor dit, permei XXIIII s. de mt. de cens, e. c. l. e. en l'a. l. d.

608 Thiebaus Henmignons et Willames, ces fils, p. b. sus toutes les droitures ke li hoir Steuenin de Chastels avoient ou ban de Moncels et de Louaincort, k'il ont ai ous aquasteit, e. c. l. e. en l'a. l. d.

---

[1]) Yngran Goule *übergeschrieben*, Forkignon lou maior de Wapey *durchgestrichen*.

609 Vgues d'Oixey p. b. por la chiese Deu de S. Vy sus une maison ke siet en la rue lou Voweit, et sus I stal en la halle des bolengiers en Chambres, ke Lowions li Noirs et Heilnys, sa femme, ont doneit por Deu et en amone a la chiese Deu desor dite, permei teil cens com li masons et li stals doient.

610 Hawiate d'Onville, li seure Migomart de Nonviant, p. b. sus la grainge et sus lou meis daier et sus la cort davant ke sieent a Nonviant, k'il ait aquasteit a dame Ysabel, la femme signor Tierit de Nonviant, permei demei meu de vin de cens, e. c. l. e. en l'a. l. d.

611 Jennins, li fils Waterin de Chastels, p. b. sus une vigne en Ste Marievigne, arreis dame Bietrit, k'il ait aquasteit a Drowignon de Chastels, en alluet, e. c. l. e. en l'a. l. d.

612 Felipins, li fils Filipe Tygienne, p. b. por la chiese Deu de S. Pieremont sus III pieces de preit ke geixent ou ban de Fremeicort, s'an geixent les II en Arsebanne,[1]) et li atre desor lou molin de Jailley, ke freres Nicoles li pitanciers ait aquasteit por la chiese Deu desor dite a Simonat Brisepain et a Bietrit, sa femme, en alluet, e. c. l.· e. en l'a. l. d.

613 Jaikemins Marchandels et Alixandres, ces fils, p. b. sus la maison ke fut Gerart Chadiere en la rue lou Voweit et sus ceu ki apant, et sus une piece de vigne ke fut Gerart desor dit, ke siet a Rozerueles, ke lor est delivre encontre signor Poinson lou preste, lou fil Gerart Chadiere, por tant com il lor doit, per escris en arche, permei teil cens et teil droiture com li eritages doit.

614 Jaikemins, li fils Colat de Malencort, p. b. sus une maison ke siet davant S. Vincent et sus tot lou resaige, k'il ait aquasteit a Ferrit, lou fil Jehan de Fontois, permei xx s. de mt. de cens, e. c. l. e. en l'a. l. d.

615 Jaikemins, li fils Piereson de Clostre, li bolengiers, p. b. sus une maison en Coperelrue et sus tot lou resaige, k'il ait aquasteit a Werneson de Gorre, permei VIII s. et demei de mt. de cens, e. c. l. e. en l'a. l. d.

616 Pierels li Gronais de S. Arnolt p. b. sus demei jornal de vigne en Maretelclo, deleis lou clo S. Simforien, k'il ait aquasteit ai Abertin, lou fil Jennin Pistal, permei II s. et demei de mt. de cens, e. c. l. e. en l'a. l. d.

---

[1]) s *aus* b *verbessert.*

617 Gersanne de Chastels, li fille Viuion ki fut, p. b. sus tot l'eritage ke li sires Abers, li prestes de S. Ferruce, avoit en la fin de Chastels et d'Amanvilleirs et de Chanterainne, k'il ait a lui aquasteit, permei viii s. de mt. de cens, e. c. l. e. en l'a. lo d.

618 ¹) Matheus Bellebarbe p. b. sus la maison et sus tot lou resaige ke fut dame Lucie la Vadoise, ke siet davant l'osteil Colin Cuerdefer,²) ke li est delivre per droit contre dame Lorate de Vignueles, permei ii d. de cens k'elle doit a S. Vincent.

619 Goudefrins, li fils Lorant lou cherpentier, p. b. sus lou four et sus la maison ou li fours est et sus tot lou resaige ke fut Howeie d'Ars, k'il ait aquasteit a dame Anel, la femme Poinsignon de Chastels, en alluet, e. c. l. e. en l'a. l. d.

620 Colignons Wandars p. b. sus les xii quartes et demee de bleif de cens ke geisent sus lou molin a coupels, ke siet sus Longeawe, k'il ait aquasteit as hoirs Steuenin de Chastels, e. c. l. e. en l'a. l. d.

621 Steuenins li tixerans de S. Arnolt p. b. sus une maison ke siet en la rue dou Benivout, ensom la grainge Lowiat d'Abes, et sus tot lou resaige, k'il ait aquasteit a Lambert lou tixeran, permei x s. de mt. de cens, e. c. l. e. en l'a. l. d.

622 ³) Bertrans Gemels p. b. sus toutes les censes et sus tout l'eritage ke Thiebas Facols ait en la marie d'Outre Muselle, ke li est delivre per droit et per jugemant, por tant com il est encombreis por lui, dont ces cors est livreis, et por tant com il ait paiet por lui, per escris en arche.

623 Et ce p. b. ancor sus une grainge ke siet enmey Molins et sus tout lou resaige ki apant, k'il ait aquasteit a Buignat de Longeawe, e. c. l. e. en l'a. l. d.

624 ⁴) Poinsignons li Gronais et Maheus Hessons p. b. sus tout l'eritage ke Steuenins Wachiers ait ou ban de Maranges et ou ban de Piereuilleirs, en preis, en chans, en vignes, en maisons, en jardins, en censes, en bos, k'il ont a lui aquasteit, permei lou tiers de xv sestieres de vin de cens ke les vignes et li jardins daier les maisons a Maranges doient, et iii chapons c'on doit a la femme Simonin Berdel, e. c. l. e. en l'a. l. d.

---

¹) *Durchgestrichen.* ²) en S. Vincentrue, *v. 1285, 259.*
³) *Durchgestrichen von p. b. an. v. 1281, 393 und 536.*
⁴) *Der Eintrag ist durchgestrichen, weil er schon im Augusttermin eingetragen war. v. 1281, 341.*

625 Poinsignons Bolande p. b. sus lou tiers dou meis a Warnainville entre l'osteil Jennin Folei et la chambre Gerardin Malekoronne, et sus I jornal de terre en Pezeires, arreis sous de Chaherey, k'il ait aquasteit a Tieriat et a Colart, les II fils Gerardin Malekeronne de Warnainville, en alluet, e. c. l. e. en l'a. l. d.

626 Rous Morels et Wiennas li feivres p. b. sus la maison et sus la grainge et sus lou meis daier et sus can ki apant ke sieent entre lor II osteils, et sus les VIII s. de mt. de cens ke geisent sus la cort ke Wiennas tient, entre sa maison et la grainge, k'il ont aquasteit a Pantecoste, la femme Colin Domate, permei XXX s. de mt. de cens ke li maisons et li grainge et li VIII s. de cens doient a S. Vincent, e. c. l. e. en l'a. l. d.

627 Poinsignons li Gronais p. b. sus les XX s. de mt. de cens ke Jaikemins de Coloigne avoit sus I jornal et demei de vigne a Wapey, ke li sires Hanris Blondels, ces seurs, laieit a Simon Bernart lou clerc, et c'on poit racheteir, e. c. l. e. en l'a. l. d., k'il ait aquasteit a Jakemin desor dit, e. c. l. e. en l'a. l. div.

628 Werias Guepe p. b. sus teil partie de cens de vin et d'argent com Waterins Mauexins ait espartit contre dame Bietrit, la femme signor Forcon de Chastels, et contre Gerardin de Moielain, ke geist ou ban de Chastels, k'il ait aquasteit a Waterin desor dit, e. c. l. e. en l'a. l. d.

629 Jennas Aixies p. b. sus la moitiet dou molin de Chapes, k'il ait en waige de Jofroit, lou fil Poince Richart, e. c. l. e. en l'a. l. d.

630 [1]) Li sires Thiebaus Fakenels p. b. sus II pieces de vigne ke Pieresons li cherpentiers de Chastels ait ou ban de Chastels, k'il ait en waige de lui, per escrit en arche, et dont il est tenans.

631 Werias de l'Aitre p. b. por la chiese Deu de S. Eivre de Toul sus XIII s. de mt. de cens ke geisent sus maisons ke sieent en la rue lon Voweit et en Chambres et en Anglemur, k'il ait aquasteit ai Vgat Verton, e. c. l. e. en l'a. l. d.

632 Li sires Rous Morel p. b. sus XX s. de mt. de cens k'il ait aquasteit a Xandrin, lou fil Roillon de Haueconcort, ki maint a Maixeires, sus sa maison et sus ces II grainges et sus tout

---

[1]) *Der Eintrag steht auf Rasur.*

lou resaige ki apant, ke siet ensom la ville, entre les II chamins
a Maixeires, e. c. l. e. en l'a. l. d.

633 Jennas de Rozerueles p. b. por la chieze Deu de Moremont
sus III s. de mt. de cens ke geisent sus l'osteil Ysabel Rossin
et sus tout lou resaige, ke siet en la rue lou Voweit, k'il ait
a ley aquasteit, apres les XI s. de mt. de cens ke li maisons
doit davanteriennemant, e. c. l. e. en l'a. l. d.

634 Li sires Vgues, li prestes de Chastels, p. b. sus X s. de mt. de
cens ke geisent sus XII jornals de terre et sus II pieces de preit
ou ban de Haboinville, k'il ait aquasteit as hoirs Steuenin de
Chastels, e. c. l. e. en l'a. l. d.

635 Colars Morels p. b. sus tout l'eritage ke li signor dou Tample
ont ou ban de Vals, en toz us, en vignes, en jardins, en maisons,
en menoirs, en rantes de vin et d'argent, en hommes, en fem-
mes et en tout atre eritage, ou k'il soit, en toz us, et sus teil
droit et sus teil raison com il ont ou molin a Waigneville et
en la vigne daier lou mostier a Siey et en V quartes de bleif
ke geisent sus lou molin a Longeawe, k'il ait en waige des
signors desor dis, per escrit en arche, et permei teil cens et
teil droiture com il doit.

636 Et ce p. b. ancor sus teil droit et sus teil raison com li signor
dou Tample ont en tot l'eritage de Baignuels, en toz us, et
com il ont ou demme de Nonwesceville et en decant ki apant,
k'il ait en wage, per escrit en arche, et permei teil cens et
teil droiture com il doit, sauf lou douware dame Ysabel de Vals.

637 Colars Morels p. b. ancor sus *la maison a Siey ou Geradons
maint, et sus can ki apant, k'il ait aquasteit a Matheu Chardenel
de Rouzerueles, e. c. l. e. en l'a. l. d.

638 Maistres Nicoles Morels li avocas p. b. sus tout l'eritage ki
est escheus a Jennat Jaikier, son serorge, de part dame Mar-
guerite, sa seure, ke geist en la marie d'Outre Muselle, k'il
ait aquasteit a lui, permei teil cens com il doit, e. c. l. e. en
l'a. lo d., et do[n]t il est tenans.

639 Et ce p. b. ancor sus II jornals de vigne ke geisent ou ban de
Dornant a la Meize, et sus la piece de vigne deleis lou clo
l'aibeit de Gorze, et sus I jornal de vigne encoste la maison
Weriat Bouchart ki fut, et sus une piece de vigne en Houdre-
5 mont encoste la vigne Thomes la Kengne ki fut, et sus une
piece de vigne sus la rowelle encoste la vigne Gerardin la
Chiche, et sus une piece de vigne encoste dame Borgoigne ki

fut, et sus une atre piece desor lou santier, et sus une piece desor la Meize, et sus une atre piece deleis dame Borgoigne, ancor en l'Erbier, et sus une piece ou Halt Erbier ou ban de Dornant, k'il ait aquasteit a dame Marguerite, la femme Jennin Baron ki fut, et k'il li ait relaiet permei v moies de vin a mostaige de cens chac'an, e. c. l. e. en l'a. l. div.

640 Maistres Nicoles Morels p. b. ancor sus tout l'eritage ki est escheus ai Ysabel et a Sibiliate, ces II serors, de part dame Marguerite, lor meire, k'il ait ai elles aquasteit, permei teil cens com il doit, e. c. l. e. en l'a. l. d., et dont il est tenans.

641 Jehans, li fils Piere Thomes ki fut, p. b. sus jor et demei de terre areure ke geist en Soilerit, ou ban S. Arnolt ai Ars, ke fut Gerardin, lou janre la prevoste de Molins, k'il ait aquasteit ai Aurowin, lou fil Gerart des Rowes d'Ars, en alluet, e. c. l. e. en l'a. l. d.

642 Abertins de Taixey li bolengiers p. b. sus la moitiet de la maison¹) et de ceu ki apant ke siet encoste l'osteil Jennin de Gorre,²) k'il ait aquasteit a Lambelin, son frere, permei teil cens com elle doit, e. c. l. e. en l'a. l. d.

643 Colignons, li fils Jaikemat lou maior d'Ansey, p. b. sus I meu de vin de cens ke geist sus VI pieces de vigne ou ban d'Ansey, k'il ait aquasteit ai Aileit, la femme Ernalt de Dornant, e. c. l. e. en l'a. l. d.

644 Tierias Buglels p. b. por la chiese Deu de S. Benoit en Weure, sus XXI s. de mt. de cens II d. moins, dont on redoit aier X d. a S. Laizre, ke geisent sus la maison Jennin Xaixol en Viez Bucherie, k'il ait aquasteit a l'abase et a covant de Droitevals, e. c. l. e. en l'a. l. d.

645 ³) Matheus de Plapeville p. b. sus I jornal de vigne ke geist où ban de Siey an Pumeroit, encoste Abertin Caynat, k'il ait aquasteit a Poinsate la juvlerasse et a signor Barangier, son freire, lou preste, permei une maille de cens c'on doit a S. Pol, et e. c. l. e. en l'a. lo d.

---

¹) *Hinter* maison *steht ein* l, *wohl der Anfang von* Lambelin.
²) en Rommesale, *v.* *1281, 563.*
³) *Eingetragen von Schreiber 3.*

1285

1* En l'an ke li miliares corroit per M et CC et $\frac{XX}{IIII}$ et cinc ans, kant li sires Jaikes li Gronais fut maistres eschevins de Mes, Thiebaus Gerars maires de Porte Muselle, Jehans Rafaus maires de Porsaillis, Jehans Bertrans maires d'Outre Muselle. Ce sont li ban de pasques. En la mairie de Porte Muselle:

1 Gillas Macaire prant bans por la chiese Deu de Chastillous l'aibie sus les IIII lb. de mt. de cens ke geixent sus la maison et sus lou resaige ki apant ke fut Colin l'Aifichiet, ke siet en Rinport, davant l'osteil Jaikemat lou Stout, et sus une piece de vigne en Herbeclo k'apant a la maison, k'il ait aquasteit a Colignon Facol, e. c. l. e. en l'a. l. d.[1]

2 Marguerons, li fille Jehan Berbel ki fut, p. b. sus une piece de vigne ke geist en Gienvals, encoste ley meimes, en la fin de Maiey, k'elle ait aquasteit a Jakemate, la fille Thiebat Bernage, en alluet, e. c. l. e. en l'a. l. d.

3 Goudefrins Godins li permantiers p. b. sus XIIII s. et demei de mt. de cens ke geixent sus une maixon en Humbercort, k'il ait aquasteit a Mariate la Vadoize, la fille Peskin, e. c. l. e. en l'a. l. d.

4 Howairs Groignas p. b. sus jor et demey de terre en Peisuelle ou ban d'Arcansey, arreis la terre Guiot Claradine, k'il ait aquasteit a Steuenin Troixin d'Arcansey, e. c. l. e. en l'a. l. d.

5 Hanrias de Noweroit, li mares de l'ospital ou Nuefborc, p. b. por l'ospital desor dit sus la maixon Margueron, la fille Jehan Xauing ki fut, ke siet a Porte Muselle, et sus les II petites maixons daier et sus tout lou resaige ki apant ke li maistre et li frere de l'ospital ont aquasteit a Margueron desus dite, permei II chapons de cens, e. c. l. e. en l'a. l. d.

6 Jennas Friandels de Chambieres p. b. sus I jornal de vigne ke geist desour la sante en Sorel, desoz la vigne signor Thiebat de Moielain, et sus demei jornal en la Wate en Geiselinchamp, arreis Jennat Peskier, k'il ait aquasteit a Marguerite, la fille Lowiat d'Abes lou bolengier, e. c. l. e. en l'a. l. d.

7 Jehans de Hessanges li bolengiers p. b. sus teil partie com Bescelins, li fils Alart, ait en la maixon ke fut son peire, ke

---

[1] e. c. l. e. en l'a. l. d. = ensi com li escris en l'arche lou dist. *Weiter unten ist* a. = ansi, l'ai. = l'airche, dv. = deviset, div. = diviset, c. *ist abgekürztes* com *oder* con.

siet a pont a Muselle, k'il ait aquasteit a Bescelin desor dit, permei teil cens com elle doit, e. c. l. e. en l'a. l. d.

8 Coenrars de Chacey, ki maint a S. Julien, p. b. sus les III pars d'un jornal de vigne a Meurpareit ou ban de S. Julien, k'il ait aquasteit ai Ysabel, la fille Colin Joutelate, permei teil droiture com elle doit a S. Vincent, e. c. l. e. en l'a. l. d.

9 Jehans Pesnis de S. Julien p. b. sus demei jornal de vigne en Orsain ou ban de S. Julien, k'il ait aquasteit a Colignon Pioreie et ai Ysambart de Xueles, permei une maille de droiture, e. c. l. e. en l'a. l. d.

10 Mathias, li freres Formeit de Vantous, p. b. por Formeit, son frere, et por Ermangete, sa femme, sus IIII jornals de terre en III pieces, s'an geixent ou ban de Vantous III jornals, et I jornals ou ban S. Vincent, en la Petite Grosaule, k'il ait aquasteit a Symonat lou poxour, lou janre Howeson, permei teil droiture com li terre doit, e. c. l. e. en l'a. l. d.

11 Hanrias li Tawons de S. Julien p. b. sus les IIII s. de mt. de cens des X s. et demei de cens ke Ancillons Puligney doit sus ces II pieces de vigne en Orsain et sus lou contrewaige, k'il ait aquasteit a Tieriat Josterel, e. c. l. e. en l'a. l. d.

12 Belfils li abolestreis p. b. sus une maixon et sus can ki apant ke siet en Chambres, k'il ait aquasteit a Jennin lou feivre de Chambres, permei XVIII s. de mt. de cens k'elle doit, e. c. l. e. en l'a. l. d.

13 Werniers li Vels li faixiers p. b. sus une maixon ke siet en Rimport, ke fut Thieleman Brouc, et sus can ki apant, k'il ait aquasteit a Gerart d'Aix et ai Ameliel lou taillor, permei XXV s. de mt. de cens, e. c. l. e. en l'a. lo d.

14 Jaikemins li massons, li fils Jehan lou Vadois ki fut, p. b. sus X s. de mt. de cens ke geixent sus l'osteil Raimbat Raule en Chieuremont, k'il ait aquasteit ai Andreu, lou janre maistre Gui, apres les XVIII s. de cens k'elle doit, e. c. l. e. lo d.

15 Jehans Barbe et Jennas Aixiez p. b. por Violate, la fille signor Werrit Troixin, et por ces enfans sus XXXVIII s. de mt. et VI d. et X chapons de cens ke geixent en Dairangerue, ke muevent dou censal Roirit, et sus XXX s. de mt. et VI d. et une maille de cens ke geixent sus les eires de Gran Meizes et sus can ki apant, k'il ont aquasteit ai Erart, lou fil Nicole de Weure ki fut, e. c. l. e. en l'a. l. d.

16 Mathias Michelas de S. Julien p. b. sus une maixon et sus can

ki apant ke siet a S. Julien, encoste l'osteil Jennat Peskier, k'il ait aquasteit a Hanriat, lou maior de S. Julien, et a dame Jaikemate, la femme Filipin de Maleroit, permei vi s. de mt. et iiii d. d'amone, e. c. l. e. lo d.

17 Poinsignons d'Abigney, li janres lou Verderet, p. b. sus teil partie com Jennas li Hureses ait en la grainge a Quensey, la partie devers Oixey, ke fut Colate de Quensey, k'il ait a lui aquasteit, en alluet, e. c. l. e. en l'a. l. d.

18 Thiebas, li janres Waterin Creature, p. b. sus les iiii s. de mt. de cens k'il ait aquasteit a Jennin lou cherpentier, lou frere Symon lou Blanc, sus sa maison en Sanerie, apres les xv s. de cens k'elle [doit] davant, e. c. l. e. en l'a. l. d.

19 Roillons de Macres li cordueniers p. b. sus une maixiere ke siet daier sa maixon en Dairangerue, k'il ait aquasteit a Jaikemin de Grais et a Tieriat, son frere, e. c. l. e. en l'a. l. d.

20 Perrins Anchiers p. b. sus une maixon ke siet en l'aitre ai Arcansey et sus lou resaige et sus une chaneviere ke fut Clariet d'Arcansey, permei vi d. de cens ke li maixons et li chaneviere doient a l'eglixe, ke Tierias Maledanreie ait eschengiet ai Ancillon l'official d'Antilley, e. c. l. e. en l'a. l. d., et ke Perrins Anchiers ait en waige de Tieriat Maledanreie, e. c. l. e. en l'a. l. d.

21 Jehans li Alemans li chaverteires p. b. sus une maixon ke siet en Chambres, encoste l'osteil Colin Rogier, k'il ait acensit a Marguerite, la femme Colin Badaire ki fut, permei v s. et demei de cens k'elle doit davantriennemant a S. Laizre et a dame Jaikemate la Gaillarde, et xiiii s. et demei a Marguerite desor dite, e. c. l. e. en l'a. l. d.

22 Arnols et Tierias, li dui fil Watier de Nowilley, p. b. sus tot l'eritage k'est escheus a Poinsate et a Margueron, les ii filles Colignon dou Rait, de part lor meire, ke geist ou ban de Nowilley et de Nonwesceuille, k'il ont ai elles aquasteit, permei teil cens com il doit,¹) e. c. l. e. l. d.

23 Lowias, li fils Perrin Grignon d'Antilley, p. b. sus tout l'eritage ke fut Symonat Leudin, ke geist ou ban d'Antilley, k'il ait aquasteit a Jakemin de Grais et a Tieriat, son frere, permei teil cens et teil droiture com il doit, e. c. l. e. en l'a. l. d.

24 Dame Burtemate, li femme Roillon de Strabor, p. b. sus xiii s. et demei de mt. de cens ke geixent sus l'osteil Bertran lou

¹) permei *bis* doit *übergeschrieben*.

tonnelier en Rinport, k'elle ait aquasteit a Jaikemin, lou fil Colignon de S. Arnolt, e. c. l. e. en l'a. l. d.

25 Dame Wiberate de Weiure p. b. sus xxviii d. de cens ke geixent sus ii jornals de vigne ou ban de Valieres, k'elle ait aquasteit ai Erart de Weiure, son nevout, e. c. l. e. en l'a. l. d.

26 Jofrois, li fils signor Abrit Yngrant ki fut, p. b. sus ii jornals de vigne ke geixent daier lou molin a vant, ke furent Howart de Sirvigney, ke li sont delivre en plait et en justice, por teil cens com li vigne li dovoit.

27 Colins Bacals p. b. sus teil partie com Abillate, li femme Guersirion lou Sauaige ki fut, avoit en la maixon ke fut signor Pieron lou chapelain et en kan ki apant, ke siet outre l'outclostre, k'il ait a ley aquasteit, permei teil cens com celle partie doit, e. c. l. e. en l'a. l. d.

28 Colignons de la Court p. b. sus la moitiet de Repigney et de decant ki apant, en toz us, k'il ait aquasteit a signor Renalt de Jandelaincort et a signor Symon de Luverdun, son frere, e. c. l. e. en l'a. l. d.

29 Thielos Louce p. b. sus tout l'eritaige ke Werris de Bethanges ait a Bethanges, en toz us, k'il [ait] en waige de lui, per escris en arche et per lettres saieleies, et dont il est bien tenans.

30 Maheus Vogenels, li fils Abert Clariet,[1]) p. b. sus les xxx s. de mt. de cens des lx s. de cens, s'an geist xxx s. sus l'osteil Lukin d'Aiest, et xxx s. sus les meizes Frowin daier l'osteil Rennier Wacemois, k'il ait aquasteit a Colignon de Weure, e. c. l. e. en l'a. l. d.

31 Et ce p. b. ancor sus xv s. de mt. de cens des lx s. de cens, s'an geist xxx s. sus l'osteil Lukin d'Aiest, et xxx s. sus les meizes Frowin daier l'osteil Rennier Wascemois, k'il ait aquasteit a Colignon, son serorge, lou fil Rogier de Heu, e. c. l. e. en l'a. lo d.

32 Nainmeris Coences de Dauant Ste Creux p. b. sus ii jornals et demei de terre en ii pieces ke geixent entre Alixey et Maleroit, k'il ait aquasteit a Matheu, lou fil Filipin de Maleroit, en alluet, e. c. l. e. en l'a. l. d.

33 Ysambars Xauins p. b. sus viiii s. de mt. de cens ke geixent sus l'osteil Willame Baizin en Aest, k'il ait aquasteit a Contasse, la femme Olivier des Aruols, apres les x s. k'elle doit davant a S. Laizre, e. c. l. e. en l'a. l. d.

---

[1]) li fils Abert Clariet *auf Rasur*.

34 Nicoles Fakenels et Jaikemins de Heu p. b. sus xv s. de mt. de cens des LX s. de cens, dont il en geist xxx s. sus l'osteil Lukin d'Aiest, et li atre xxx sus les meizes Frowin, et sus v s. de mt. de cens ke geixent ai Antilley sus tout l'eritage ke Maheus Vogenels i ait de part sa femme, k'il ont a lui aquasteit, e. c. l. e. en l'a. l. d.

35 ¹) Li sires Jehans Baitaille p. b. sus une pesse de vigne ou on contet II jornalz, ke geisent desour lou molin a Vallieres, et sus une pesse de vigne ke geist an Longe Roie desor Vallieres, ke furent Herbin Wachie, ke li sont delivre por les c s. de met. de cens ke Herbins Wachies li doit, et por les L s. de met. de cens d'une estaie trespassee, et dont li sires Jehans Bataille est tenans.

36 Jaikemins Bernaiges li clers et Poinsignons Bolande p. b. por l'ospital de Porte Muselle sus lou cinkime d'une maixon ke siet encoste l'ospital, k'il ont aquasteit a Marguerate, la femme Jennat Martin, et a Wiberate et a Clemansate, ces II filles, permey lou cinkime de III d. de cens, ke toute li maixons doit, e. c. l. e. en l'a. l. d.

37 ²) Ancillons, li filz Jehan lou Grant de Poirs, p. b. sus une pesse de vigne ou lairis, encoste la vigne lou preste de Failley, k'il ait aquasteit a Cherdel, lou serour fil Howin Gaivel de Failley, an alluet, et a. com l. e. an l'ai. l. d.

38 ²) Li sires Thiebaus de Moielen p. b. sus la maixon Symon lou Borgne, ke siet an Bucherie a Porte Muzelle, ke li est delivre, por les xx s. de mt. de premier cens ke li maixons li doit, et por III estaies trespassees et por les adras, et dont li sires Thiebaus desor dis est tenans.

39* Ce sont li ban de paikes. An la mairie de Porsaillis:

39 Colins Hermenelz prant bans sus une maixon ke siet an la rowelate devant la xippe, arreis la stuve, k'il ait aquasteit a Thiebaut d'Escey lou vieceir, permey xv s. de mt. de cens, et a. c. l. e. an l'a. lo d.

40 Poinsate, li fille signor Abert de Chanpelz ke fut, p. b. sus la maixon ke fut lou signor Poinson de Strabor, et sus la grenge

---

¹) *Erst irrtümlich bei OM als 131 eingetragen, dann dort gestrichen und von Schreiber 13 hier eingefügt. 131 hat zu* Baitaille *den Zusatz* de Porte Muzelle.

²) *37 und 38 geschrieben von Schreiber 3; 38 erst irrtümlich bei OM als 134 eingetragen, dann dort gestrichen und hier eingefügt.*

ancoste, et sus la chanbre et sus lou praiel daier, et sus toz les ressaiges ki a la maixon apandent, ke siet outre Saille ancoste la maixon Hanriat Thomessin, k'elle ait aquasteit a Jaikemin Faixin, a. com l. e. an l'ai. l. d.

41 Rollins li clers de Chambres p. b. sus xvi s. de· mt. de cens ke geixent sus teil aquast com Stenenas Maillas de Lorey ait fait a Bauduyn Bademaire, l'escrit an l'airche, et sus une piece de preit k'il ait aquasteit a Weiriat, lo clerc de Lorey, ke fut Fillippin de Merdeney, et sus une piece de preit ke geist arreiz Weiriat devant dit, k'il ait aquasteit a Steuenat Maillat, e. c. l. e. en l'a. lo d.

42 Lowions de Boulay et Abris, ces seurs, p. b. sus une maison ke siet an la rowe des Allemans, k'il ont aquasteit a souz de l'ospital des Allemans, permey xvi s. de mt. de cens, et a. com l. e. an l'ai. l. d.

43 Baudowins li Flamans p. b. sus la maixon et sus lou ressaige ki apant ke fut Colin d'Ars, ke siet outre Saille, entre la maixon Colignon Boilawe et la maixon la femme Melekin, k'il ait aquasteit a Jakemin Jallee, permey II d. de cens, et a. com l. e. an l'a. l. d.

44 Jakemins de Donpiere, li fis Jennin Mallegoule, p. b. sus une maixon ke siet a dexandre de Sanerie, ancoste la maixon Jennat Drudel, k'il ait aquasteit a Lowiat, lou fil Burteran de Donpierre, permey xx s. de mt. de cens, et a. c. l. e. en l'ai. l. d.

45 Li sires Jehans Nerlans li prestes p. b. sus la maixon Thomessin Mallebeste, ke siet a S. Clemant, et sus la grainge daier et sus lou meis et sus toz les ressaiges ki apandent, et sus la grant piece de vigne ou om contet II jornalz ke Thomessins ait devant
5 S. Laizre, et sus III jornalz de terre ke geixent dezous S. Andreu, et sus tot l'eritaige, keilz k'il soit, ke Thomessins ait ou ban de S. Clemant et aillors, par tout ou k'il soit, an toz us, k'il ait aquasteit a Thomessin devant dit, permey teil cens et teil droiture com tous cist eritaiges doit, et tout cest eritaige devant
10 dit li ait li sires Jehans relaixiet permey teil cens et teil droiture com si dezour est devis et permey II meues et demee de vin a moustaige chac'an, ke Thomessins an doit chesc'an paier a signor Jehan devant dit, a. com l. e. an l'ai. l. dv.

46 Burterans li tenneires, li janres Vaille, p. b. sus toutes les terres areures ke Fillippins Vailles avoit a Abigney, arreis la rante k'il i ait, k'il ait aquasteit a Fillippin devant dit,

permey IIII d. et une angevine k'elle doit chesc'an, et a. c. l. e. an l'ai. lo d.

47 Jennas Mathelie, ke maint a S. Arnout, p. b. sus une pesse de vigne ke geist dezous Montigney, devant lou jardin Poincin Bellegree ke fut, k'il ait aquasteit a Colignon Xolaire, permei XII s. et III cesteires de vin de cens, et e. con l. e. an l'ai. lo d.

48 Watrins Burtelos de Hulouf p. b. sus une maixon ke siet ou Waide, ancoste la maixon Jakemin Mustel, k'il ait aquasteit a Jennat lou Moussut dou Waide, permey VIII s. de mt. de senz, et a. com l. e. an l'ai. l. d.

49 Rikewins, li quarteirs de l'ospital, p. b. sus la maixon et sus tot lou ressaige ki apant ke fut Jakemin Fillaistre, ke siet an Chaureirue, k'il ait aquasteit a Jaikemin devant dit, permey XXXII s. IIII d. moins de cens, et a. com l. e. an l'ai. l. d.

50 Ailexate et Afelix, les II filles Thiebaut Fernagut ke fut, p. b. sus les XL s. de mt. de premier cens ke Jehans, lor freires, avoit sus III osteis sus lou Mur, l'un apres l'autre, s'an geixent XX s. de cens sus la tour ancoste la petite posterne ke fiert sus lo Mur et an Sanerie, et XIII s. sus la maixon ke fut Symon lo feivre ancoste la tor, et VII s. sus la maixon Theiderit Yzangrin sus lo Mur, k'elles ont aquasteit a Jehan, lor freire desor dit, a. com l. e. an l'ai. l. d.

51 Watrins li feivres, li filz Matheu, p. b. sus la maixon ke fut Saire, ke siet sus lou Mur, arreiz lou cors, k'il ait aquasteit a Howairt Groignat, permei XIII s. de mt. de cens, et a. com l. e. an l'ai. lo d.

52 Vguignons Rembaus p. b. sus X s. de mt. de cens des L s. de mt. de cens k'il et Burterans de Brehem doient de la maixon ke li sires Poences de Strabor laixeit a cens a Roubert de Criencort et a Piereson, lou fil Plaixance de Gerey, et sus kant ki apant, ke siet an la Vigne S. Auol, ke Vguignons Renbaus ait aquasteit a Ferriat de Florehanges, a. com l. e. an l'ai. l. d.

53 Theirias, li baillis dou Val, p. b. sus les IIII jornalz de vigne ke furent lou signor Theirit Brixepain, ke geixent a Cronney, ke li sont delivre per droit et per jugemant encontre Symonat Brixepain, ansi com li plais lou tamoignet.

54 Hanrias de Noweroit, li maires de l'ospital S. Nicolais ou Nuefbourc de Mes, p. b. por l'ospital devant dit sus la maixon ke fut Hanriat Bouvenat, ke siet devant S. Martin, ke Hawiate, li femme Hanriat Bouvenat devant dit, ait aquiteit an plait a

5 Hanriat de Noweroit, lou maior de l'ospital, por les VIII s. de
mt. de cens ke li maixon doit a l'ospital, et por les estaies
trespassees et por les adras et por les XX s. de mt. ke Hawiate
dovoit de somme as Trazes, ke cil de l'ospital paiont por ley,
et por les XII s. de mt. de bastairs cens ke li maixon doit a la
10 femme Pierexel de Valz, et por les estaies trespassees dont elle
ait defaillit de paiemant, et ansi com li plais lou tamoignet.
55 Et ce p. b. ancor por l'ospital devant dit sus les II jornalz de
terre areure ke ne doient point de demme, et sus la moitiet
dou fousseit, ke geixent a la Cloweire ancoste lou meis de
l'ospital desor dit et ancoste lou meis Gillat Haike, ke li maistre
et li freire de l'ospital desor dit ont aquasteit a l'abbausse et
a covant de Saint Piere[1]) as nonnains de Mes, permey XII s.
de mt. de cens, et ansi com les lettres saielees ke geixent an
l'airche lou devisent.
56 Poinsate et Yzaibel, les II filles Jaicob de Jeurue ke fut, p. b.
sus IIII s. de mt. III d. moins de cens ke geixent sus une maixon
an Sanerie, ke fut preste Borsate, k'elles ont aquasteit a Perrin
Marcout, e. com l. e. en l'ai. l. d.
57 Jennas, li filz Vguignon d'Oixey, p. b. sus IIII s. et demey de
mt. de cens ke geixent sus une maixon et sus kant ki apant
ke siet an Rommesalle, ancoste la maison maistre Facan, k'il ait
aquasteit a Colate, la fillaistre Warrel, et e. c. l. e. an l'ai. l. d.
58 Maheus Malakins p. b. sus v jornalz de terre areure ke geixent
a la fontenne a Burtamont ou ban de Feyt, k'il ait aquasteit
a Wesselat de Feyt, an alluet.
59 Richairs Warenelz d'Outre Saille p. b. sus jor et demey de terre
areure, s'an geist demey jornal sus Vguignonrut ancoste la
terre Baizin d'Aiest, et I jornal an Mallemairs ancoste la terre
Symonat Coillairt, k'il ait aquasteit a Jehan, lou fil Rembaut
Morville, ke c'est a savoir lou demey jornal an alluet, et lou
jornal permey III d. de cens, et a. c. l. e. an l'ai. l. d.
60 Anel de Flanville p. b. sus les v s. de mt. de cens ke Leudins,
li janres Symonin Brehel, avoit sus la maixon Abriat Brehel, ke
siet ou Waide, apres la maixon Lanbelin lo bolangeir, k'elle ait
aquasteit a Leudin devant dit, e. c. l. e. an l'ai. l. d.
61 Baudowins Bademaires p. b. sus une maison et sus une grenge
et sus tot lou ressaige ki apant devant et derrier ke siet a

---

[1]) Piere *übergeschrieben*, Marie *durchgestrichen, unter dem* e *von* Sainte *vor* Marie *steht ein Punkt.*

Merdeney, et sus I jornal de terre ke geist ans Andanges, ancoste lui meymes, k'il ait aquasteit a Hanriat de Noweroit et a Hawiate de Merdeney, la feme Colin ke fut, permei teil cens com cist eritages doit, et a. c. l. e. an l'ai. lo d.

62 Jaikemins de Pairgney p. b. sus lou chakeur et sus la grenge et sus la maixon et sus touz les ressaiges ki apandent ke Colignons, li filz lou signor Werrit Barbe, avoit, ke sieent a Apilley, et sus toutes les terres areures ke Colignons devant dis
5 avoit ke geixent ou ban d'Appilley et ou ban de Chamenat et ou ban de Morville et ou ban de Racourt et ou ban de Nommeney, c'est a savoir I jornal de terre deleis Yzaibel de Nommeney an la voie de Chamenat, et I jornal dezour deleis Faixin, et I jornal ancoste lui deleis les anfans Martenate, et I jornal
10 an la voie de Chamenat deleis Gueperon, et I jornal de la terre Jenin deleis Colignon Mertignon an la voie de Chamenat, et demey jornal a Fosseit deleis Margueron Paignate, et demei jornal a Fosseit deleis Weiriat, lou fil Thomessin de Laualz, et I jornal an Veleirs deleis Theiriat lou charpantier, et I jornal
15 an Veleirs deleis lou signor Symon lou preste, et I jornal an Bonevixe deleis Matheu Migomairt, et jor et demei en Boneuixe deleis Martignon Picheron, et I jornal a Pomier deleis Domangin de Mairuelles, a Corfontainne deleis lou fil Wairin de Chieuestree demey jornal, ai¹) la Vignate deleis Jennin de Fraine I jornal,
20 an Corlu deleis Pierat, lou fil Luciate, I jornal, an Molonchamp deleis Buevelat de Prays jour et demei, en Hadainperchit deleis les oirs Vguin de Moiueron I jornal, et I jornal ou chamin de Mes deleis Houwin de Rouvre, et une piece deleis Stuvairt dou Trol, et une piece an Manripairier deleis Colignon Martignon,
25 dont les II contienent demey jornal, et demei jornal an la Waruelle deleis Renal lou Tendut, et I jornal an Baconchamp deleis Jennin de Fraine, a Corfontainne I jornal petit deleis Symonin Paitairt, et demey jornal deleis Mathelie a Contour, et I jornal deleis Lowiat, lo fil Martenate, an la voie de Sal, et
30 I jornal ou chamin de Hamanrue deleis lou signor Symon lou preste, et demey jornal an la Valiere deleis Jennat Caignon, et demey jornal petit an la Fortterre deleis Colin de la Cort, et I jornal a la Stenche deleis Theiriat Graichol, et sus les preis de la Toie I jornal, et demey jornal deleis Pierel Mallepote, et
35 I jornal deleis Thiebaut lou Chien, et I jornal a Awillonfontenne

---
¹) Für ai *ist das Abkürzungszeichen für* et *gebraucht.*

deleis Burtignon de Pairgney, et sus lou quairt dou boix de
la Boneuixe, ki est dou ban de Nommeney, en alluet, et sus I
jornal de vigne de la vigne Jennin, et sus III jornalz des vignes
Burtignon Guepe, et sus demey jornal de boix ou ban d'Aipilley,
40 et sus II pieces de preit ke lievent III cherres de foin, dont li
une des pesses geist ou ban de Morville et li autre ou ban
d'Apilley, ke furent Burtignou Guepe, ke Jaikemins de Pairgney
desour dis ait aquasteit a Colignon, lou fil lou signor Werrit
Bairbe desor nommeit, permey teil cens et teil droiture com
45 tous cist eritaiges doit, et a. com l. e. an l'ai. l. d.

63 Jennas Xerdas li bolangeirs de S. Martinrowe p. b. sus II maisons
et sus touz les ressaiges ki apandent ke sieént en la Nueve
rowe, entre la stuve Pestal et la maixon ke fut Pierexel de
Romme, et sus I stal an la halle des boulangeirs an Visignuel,
k'il ait aquasteit a Hanriat de Flurey lou boulangeir de la
Nueve rowe, c'est a savoir les II maixons et les ressaiges permey
XXXI s. de mt. de cens, et lou stal permey teil cens com il doit,
et e. com l. e. an l'ai. l. d.

64 Renalz li clers de S. Mamin p. b. sus une maixon ke siet an-
coste la grenge Maheu Morel outre Maizelles, et sus une grenge
ke siet an Hulouf, et sus XVIII s. et demey de mt. de cens ke
geixent sus vignes outre Saille, k'il ait aquasteit a Margueruelle,
la fille lou signor Symon de Chailley ke fut, e. com l. e. an
l'ai. l. d.

65 Et si p. b. ancor sus la maison et sus la grenge daier et sus
tout lou ressaige ki apant ke siet outre Maizelles, ancoste la
maixon Bauduyn Chaipal de Frontigney, k'il ait aquasteit a
Collate, la feme Weirion Malnovel ke fut, permei VI s. et VII d.
de cens, et e. c. l. e. an l'ai. l. d.

66 Li sires Jehans, li prestes de S. Estene lou Depaneit, p. b. sus
les II s. de mt. de cens ke dame Ermanjairs, li femme Euriat
de Villeirs ke fut, avoit sus la maixon ke fut lou signor
Domange, lou preste de Sairley, ke siet an la Vigne S. Avol,
k'il ait aquasteit a signor Pieron de Gorze, lou chaipelain
l'abbeit de S. Simphorien, et a Jennat Chauresson et a Forkignon
Danielate, les mainbors dame Ermanjairt desor dite, et e. com
l. e. an l'a. l. d.

67 Et si p. b. ancor por l'esglixe de S. Estene lou Depaneit sus
II s. de mt. de cens k'il ait aquasteit a dame Ermanjart, la
femme maistre Esselin, sus sa maixon ou elle meymes maint, ke

siet ou Petit Waide, apres la maixon les filles Nenmeriat lo maistre ke fut, et a. c. l. e. an l'ai. l. d.

68 Yngrans Goule p. b. sus une maixon et sus tout lou ressaige ki apant ke siet an la Vigne S. Avol, encoste la maixon Pairexon la Vadoize, k'il ait aquasteit a signor Richairt, chanone de S. Sauour, lo fil lou signor Matheu de Chanbres ke fut, permei vi d. de premier cens ke li maixon doit, et permei vi d. de cens k'elle doit a l'agleixe de S. Estene lou Depaneit, et permey v s. de mt. de cens k'elle doit ancor a S. Estene lou Depaneit por une lampe devant Nostre Dame, et permey ii s. de mt. de cens ke li maixon doit ancor a dame Ermanjairt, la feme Euriat de Villeirs ke fut, et a. com l. e. an l'ai. l. d.

69 Sezeliate, li fille Jehan l'ardour ke fut, p. b. sus la grant maison ke siet ancoste la Monoie sus lou Mur, et sus la volte dezous ke fiert sus Sanerie, permey xxvi s. et iii mailles de cens ke li maixon doit, k'elle ait anchaingiet ancontre Yzaibel, sa suer, por les ii voltes ke Sezeliate avoit dezous la grant maixon ke fut dame Aileit, sa meire, et por les vii s. et iii d. de cens k'elle avoit sus la grant maixon desor dite, et e. com l. e. an l'ai. l. d.

70 Yzaibel, li fille Jehann l'ardour ke fut, p. b. sus les ii voltes ke sieent dezous la grant maixon ke fut dame Aileit, sa meire, ke siet ancoste l'osteil Jehan Petitvake, et sus les vii s. et iii d. de cens ke geixent sus la maixon dame Aileit, sa meire ke fut, k'elle ait anchaingiet a Sezeliate, sa suer, por la grant maixon ancoste la Monoie et por la volte dezous ke fiert an Sanerie, et e. com l. e. an l'ai. l. d.

71 Jakmins Faixins p. b. sus les xxxv s. de met. de cens k'il meymes devoit sus la petite maison outre Saille ke li vint de pair son seur,[1] k'il ait aquasteit as maistres et as malades de S. Priueit, a. c. l. e. en l'ai. l. d.

72 Jennins Graicialz prant ban sus teil partie et sus teil droit com Symonins Anguenelz avoit an la vigne ke geist an la Pertelle, ke Berte de la Porte et Sebeliate, sa suer, li ont laiet a tiermeu, k'il ait aquasteit a Symonin devant dit, e. com l. e. an l'ai. lo d.

73 Domangins li berbiers, li fis Jennate la Gemerasse ke fut, p. b. sus la stuve ke fut Lietal lou stuvour, ke siet an la Nuewe

---

[1] *Vorlage* souer.

rowe, k'il ait aquasteit a Lukin Chameure, permey LX et X s. de met. de cens, et e. c. l. e. en l'ai. l. d.

74 Jehans Burterans p. b. sus la maisonselle ke siet daier sa maison, k'il ait daier Ste Cruix, k'il ait aquasteit a Mateu de Frainoit, permei teil cens com li maison meymes li dovoit, et permey VI s. de cens c'on an doit a Vguignon Danielate, et e. c. l. e. en l'ai. l. d.

75 a) Hanrias Burnekins p. b. si com por waigeire sus tot l'eritaige ke Pellerins d'Awigney ait ou ban de Cronney, an toz us, por[1]) tant com Pellerins li doit, per escris an airche, et permey teil cens et teil droiture com li eritaige doit.

b) Et si p. b. ancor sus les XXI s. de met. de cens k'il meymes dovoit sus sa maison, ke fut Burteran Demal, ke siet an Staixons, k'il ait aquasteit a Thiebaut Demal, et e. c. l. e. en l'ai. l. d.

76 Thiebaus Bugle p. b. por Jehan et por Perrin[2]) et por Francois, ces III filz, dont il est mainbors, sus tot l'eritaige ke lor est escheus de pair dame Mathelie, lor awelle, permey teil cens et teil droiture com toz li eritaige doit.

77 Goudrefrins, li fis Ancel Boilawe ke fut, p. b. sus une pesse de terre areure ou om conte II jornalz, ke fut Clemant d'Airs, et sus une pesse de preit dezous et sus les II grans preis an la Raiee, et sus toutes les pesses de boix ke furent Ancel Boilawe, son peire, et sus une pesse de terre ou Paixit ou om conte II jornalz, ke fut Watrat de Quencey, et sus la moitie de la pesse de terre an Chesnoit ke fut Thiebaut Stroitcul de Quencey, ou on conte I jornal et I quarteron, k'il ait aquasteit a Colignon Boilawe, son frere, permey III mailles de cens ke li cowe dou preit an la Raiee doit, et la remanance an alluet, et e. c. l. e. en l'ai. l. d.

78 Colins, li fis Matheu Malroit[3]) ke fut, p. b. sus tot l'eritaige ke li sires Nicolles Ottins, doiens de S. Sauour, avoit ou ban de Prenoit deleis Orcevalz et ou ban d'Orceualz et ou ban de Vrigney et ou ban de Charixey, an terre areures, an preis, an maisons, an cences et en autre eritaige, keilz eritaiges ke ce soit, k'il ait aquasteit a signor Nicolle devant dit, permey teil cens et teil droiture con tos[4]) li eritaiges doit, et e. c. l. e. en l'ai. l. d.

---

[1]) *Vorlage* pro.   [2]) *Vorlage* Perrins.
[3]) Colins li fis Matheu Mal *auf Rasur*.
[4]) tos *verbessert aus* tot.

79 Jaikemins Bellegree li amans p. b. sus xxIIII s. de met. de cens,
s'an geissent xIII s. sus II stalz et I quairt ke sieent an la halle
des permantiers an Visignuel, et x s. de met. sus la maison et
sus lou resaige ki apant ke Jaikemins Quaremelz ait daier lo
mostier S. Nicolais lou Petit, ancoste l'opital, k'il ait aquasteit
a Watreman lou mairexal, et a. c. l. e. en l'airche l. d.

80 Weirias de l'Aitre p. b. sus de kant ke Howissons, li fis
Deudeneit de Merdeney ke fut, ait d'eritaige ou ban de Lorey
et ou ban de Merdeney, an toz us, an maisons, en chans, en
preis, en vignes, an bois, an jardignes, en cences et en toz
autres eritaiges,[1] keil k'il soit, ke li est delivres em plait, por
tant com Howissons li doit, per escris an airche, et por tant
com Weirias ait paiet por lui, per escris an airche, et dont il
est tenans, permey teil cens et teil droiture com toz cist eri-
taiges doit.

81 Matheus Granscolz p. b. sus de cant ke Wesselas de Fayt ait
de preis en Trezapreit ou ban de Fayt, an coste Matheu meymes,
k'il ait aquasteit a Wasselat devant dit, an alluet, et e. c. l.
e. en l'ai. l. d.

82 Colignons Moutas p. b. por lui et por ces suers sus une maison
ke siet daier S. Sauour, an coste la maison Domangin de la
Porte lou vieceir, k'il ont aquasteit a Colignon lou vieceir, per
mey xII s. de met. de cens, et e. c. l. e. en l'ai. lo d.

83 Dame Wiborate, li suer Willame de la Cort, p. b. sus xxx s.
de mt. de premier cens ke geixent sus la maixon maistre Vgue
lou masson et sus tout lou ressaige ki apant, ke siet an la rue
de la Craste, devant la maixon Frankignon Migomairt, k'elle
ait aquasteit a Perrin Graitepaille, en alluet, et a. com l. e. en
l'ai. l. dv.

84 Dame Wiborate, li suer Willame de la Cort, p. b. ancor sus
xx s. de mt. de premier cens ke geixent sus la grainge et sus
la maixiere et sus tout lou ressaige ki apant ke Burtignons
Paillas tient, ke siet deleis la porte des Repanties, k'elle ait
aquasteit a Maheu Domal, an alluet, et a. com l. e. an l'ai. l. dv.

85 Colignons Merchans dou Nuefbour p. b. sus la maison ke fut
Domangin de Toul, ke siet an la rowelate daier S. Martin, ke
li est delivree per droit et per jugemant, por tant com Doman-
gins doit a Colin Merchant, lou peire Colignon[2] devant dit, les

---

[1] h vor eritaiges *durchgestrichen*.
[2] *Vorlage* Colignous.

escris en l'airche, dont li escrit sont delivre a Colignon, permey teil cens com li maison doit.

86 Li sires Jehans Bataille p. b. sus tot l'eritaige Herbin Wachier, kant k'il an avoit a Hadanges, ke li est delivres por les c s. de met. de cens ke Herbin Wachiers li devoit, et por une estaie trespassee de L s., et dont li sires Jehans Bataille est tenans.

87 Renalz li clers d'Outre Saille p. b. sus l'osteil et sus tout lou ressaige ki apant devant et daier ke fut Pairexat lou cherpanteir, ke siet ou Grant Waide outre Saille, en coste la maison Steuenin Idatte, k'il ait aquasteit a Violate, la feme Pairexat desor dit, e. c. l. e. an l'ai. l. d.

88 Jennins Pierairs p. b. pour lui et por ces freires et por ces sirors sus les xxv s. de met. de cens ke Jakemins, ces serorges,¹) li filz dame Pavie, avoit an III leus, c'est a savoir xv s. sus la stuve Herbin an Chambres, et VI s. sus lou four Poinsaite la forniere, et IIII s. ke Colignons li bolangiers doit sus II stalz an la halle des bolangiers an Visignuel, k'il ait aquasteit a Jakemins desour dit, et a. c. l. e. en l'airgche l. d.

89 Jaikemins Gratepaille p. b. por la chieze Deu des Proicheraisses sus les VI lb. de met. de premier²) cens, k'il ait aquasteit a Renaldin lou Baigue, sus la maison ou il maint, ke siet au la corcelle pres de la plaice a Porsaillis, arreis la maixon Maheu Malekin, et sus la grenge et sus lou chakeur et sus kant ki a la maison et a la grenge et a chakeur apant, et a. c. l. e. en l'ai. l. d.

90 Remions Ruese p. b. sus une piese de vigne an la Hate Pertelle, ou on contet jor et demey ke vigne, ke fut Thierias de Chastels, ke geist an coste la vigne Jennin de Chastelz ke fut, et sus les II ordres de vigne ke vont fuers a chamin de var les chans, et sus teil droit et teil raison com la vigne de l'aquast desor dit ait an tos les chamenelz de la Pertelle, k'il ait aquasteit a Colignon Boilawe, a. com l. e. en l'ai. l. d.

91 Jennas li Ameras p. b. sus une piese de vigne an la Baice Pertelle, ou an conte I jornal, et sus tot lou resaige ki apant, ke geist ancoste la vigne Jennin des Chastels ke fut, k'il ait aquasteit a Colignon Boilawe de Colambeir, a. c. l. e. en l'ai. [l.] d.

---

¹) *Hinter* serorges *sind etwa 5 Buchstaben ausgekratzt.*

²) premier *übergeschrieben von Schreiber 3.*

92 Vguignons Hunebors p. b. sus xi jornas et demey de terre ke
geisent ou ban et an la fin d'Awigney, et sus teil droit et teil
raison com Aileit, li fille lou signor Baduin Love ke fut, ait an
la foce a fomeroit ou Rowat, k'il ait aquasteit a Aileit la devant
dit[e], permey v d. de cens ke tote li terre desor dite doit
chesc'an, a. com l. e. en l'ai. l. devizet.

93 Filippins li Baigues,[2]) li freires Rennillon, p. b. sus la moitiet
de tout l'eritage ke Lambelins Briate et Jennate, sa feme, ont
an la fin de Borney, an toz us, k'il ait espartit a Lowiat
Noiron et a Colignon Chazee, per escrit an airche, et ke li est
delivres per droit, por tant com Jennate devant dite doit a
Colignon Chielairon, lou fil Arnout Briate, et a Colignon de
Chaistelz, l'escrit an l'airche, dont li escris est delivres a
Felippin devant dit, et permei teil cens et teil droiture com li
eritaiges doit.

94 Theirias Bugles p. b. por la chieze Deu de S. Benoit en Weiure
sus la maison ke fut Thiebaut de Liewons, ke siet devant
l'osteil Jaike Fakenel, k'il ait aquasteit a Thiebaut devant dit,
permey I d. de cens, et a. c. l. e. an l'ai. lo d.

95 Vguignous, li filz Watier Bellegree ke fut, p. b. sus toutes les
vignes et sus toutes les terres areures ke li anfant Romaicle
d'Awigney et li Apostoles et Jennas li berbiers et Jennas, li
filz Fillippin, et Bertrans Chauressons' et Jennas Longeville et
5 Richairs de Rixonville et Jakemins, li maires Badoche, et Ar-
noulz, li fis Colate, et Colins Rafine et Jennas Killier et
Watrels li Curles tenivent a cens de Vguignon desor dit, ou
ban d'Awigney, et sus une piece de preit ke geist an Viniers
dezous Ollerey, et sus demey jor de terre an la voie dou
10 chastel, arreis la vigne signor Cunon, et sus I jornal de terre
ke geist antre Ameires, et sus demey jor an Genestroit, et sus
la maixon ke siet deleiz l'osteil Herman d'Awigney, ke furent
Watrel desor dit, k'il li ont aquiteit an plait, por teil cens com
li eritaiges li dovoit, et por tant com il l'ait an waige, per
escris an airche, et dont il est tenans.

96* Se sont li ban de paikes. An la mairie d'Outre Muselle:
96 Thierions Barons prant ban sus demei meu de vin de cens
k'il ait aquasteit a Wiriat, lou fil Richairt d'Onville ki

---

[1]) *Schreiber 13 hat nur* Filippins li Baig, *Schreiber 3 alles andere von* ues *an geschrieben.*

fut, ke Prious de l'Aitre d'Ansei li dovoit, et a. c. l. e. an l'a. l. dv.

97 Gillas Maikaire prant ban por lai chieze Deu de Chaistillons l'abbie sus vi s. de met. de cens, dont on redoit iii d. aier a S. Siforien,¹) ke geisent sus la maxon Symonin lou Roucel ke fut, ke siet sus lou Terme outre Muzelle, ke sont a paier la moitiet a feste S. Jehan Baptistre et l'autre moitiet a noiel, ke dame Jaikemate Regnaire lour ait donneit por Deu et an amone.

98 Tierias Betenas, li bailis de Molins, prant ban sus la vigne an Rouwes, et sus la vigne an Taixey, et sus lou petit planteit an Taixey, et sus la vigne a santier lonc Clemance, et sus la piece sus lou rut a Pairier lonc Clemance, et sus lou planteit selonc Aburtin, et sus la vigne ou Rouwal lonc lou signor Remey, et sus lou gerdin daier la ville ke partet a Jennat Lorey, et sus ii jornalz de terre an Morchamp, et sus la pesse de vigne desous la maxon Colin, lou fil Aburtin, ke furent Arnout Malletraixe, k'il ait aquasteit a Badewin Bairekel, per mei teil cens et teil droiture com tous cist eritaiges doit, et a. c. l. e. an l'a. l. dv.

99 Gererdins Abbeiville prant ban sus lou jornal de vigne ke geist daier lou moustier a Siey, et sus lou demey jornal de vigne ke geist an Chainnes daier lou moustier a Siey, et sus demey jornal de vigne ke geist a Chans an la voie de Lescey, et sus la maxon et sus lou resaige ki apant ke siet daier lou moustier de Siey, k'il ait aquasteit a Colin, lou fil Houdebrant de Siey, ke Gererdins desour dis li ait relaieit, permei teil cens et teil droiture com tous li eritaiges doit, et permei x s. de met. de cens ke Colins desour dis l'an doit paier chesc'an, a. c. l. e. an l'a. l. dv.

100 ²) Lambelins li Gemelz de Lessey p. b. sus une pesse de vigne ke geist an Ferrecort, k'il ait aquasteit a Jenin de Chazelles et a Theirion, son freire, an alluet.

101 Colignons Bourrialz prant ban sus la pesse de terre ke geist ou Closel a Longeuille, deleis lou gerdin Rolin lou clerc, k'il ait aquasteit, an alluet, a Stenenin lou Poiure de Longeuille, et a. c. l. e. an l'a. l. dv.

---

¹) a S. Siforien *übergeschrieben von Schreiber 3.*

²) *Von Schreiber 3 auf dem freien Platz der letzten Zeile von 99 eingetragen, wahrscheinlich gleichzeitig mit 123, 141, 142, 145 erst beim Terminschluss.*

102 Colignons Xocourt li parmantiers prant ban sus les xv s. de
met. de cens ke geisent sus la maxon Arnout lou draipier
davant S. Sauour, ke li sont venus an sa pairt de pair sa
femme, a. c. l. e. an l'a. l. dv., et k'il ait espartit ancontre
ces oirs.

103 Jehans Bairbe d'Outre Muzelle et Jennas Aixies prennent ban
por Violette, la fille signor Werrit Troexin, et por ces enfans
sus xl s. de met. de cens ke geisent sus la grainge et sus
tout lou resaige ki apant ke siet ancoste la maxon Jennat
Bernairt outre Muselle, ke dame Brie tient, k'il ont aquasteit
a Erairt, lou fil Nicolle de Weiure ki fut, a. c. l. e. an
l'a. l. dv.

104 Hanrias li tailleirs, ke maint daier S. Sauour, prant ban por
waigeire sus ii pesses de vigne ke geisent a Mennit a Juxey,
ou ban S. Arnout, ke li sont delivre per droit et per juge-
mant ancontre Jennat de Juxey, lou fil Colin de Juxey ki fut,
por tant com Jennas desour dis li doit, per escris an arche, et
dont Hanrias est tenans.

105 Jaikemins, li filz Jozel ki fut, prant ban sus xl s. de met. de
cens ke geisent sus la maxon ke fut Jaikemin lou Doien,[1])
ke siet ancoste dame Guizelate, et sus i jornal de vigne ke
geist a Alexey, an planteis davant les molins, et sus xii s.
de met. de cens ke geisent a Alexey sus une grainge et sus
i gerdin et sus une vigne, ke Maheus Poietelz li doit, et sus
vi s. de met. de cens ke geisent a Alexey sus une pesse de
terre ke Guerars d'Alixey tient, et sus une pesse de terre
areure ou on contet vii jornalz, ke geist ou ban d'Alexey,
c'on dist an Abespine, ke Jaikemins desour dis ait aquasteit
a Arnout Jozel, son freire, a. c. l. e. an l'a. l. dv.

106 Poincignons Fakenelz prant ban sus lou meis et sus la fosse
a Ruit ke siet a Ansei, et sus de kan ki a meis et a la fosse
apant, k'il ait aquasteit a Ailexon et a Merguerite, les ii
filles Yzabel d'Onville ki fut, permei v steires de vin de cens
ke cist eritaige doit d'amone a ban S. Vincent, et a. c. l. e.
an l'a. l. dv.

107 Martins de Doncort prant ban sus ii jornalz de terre ke geisent
sus Soitrut, et sus i jornal ke geist davant Malleroit, ans
Allues, et sus i jornal an Howairtchamp an la fin de Doncort,

---

[1]) *v. 1288, 531, dort auch in OM. Der grösste Teil des Eintrags 105 gehört aber wegen Alexey zu PM.*

k'il ait aquasteit a. Poinsate, la femme Thieriat Riole, et a Colignon, son fil, permei teil cens et teil droiture com cist eritaiges doit, et a. c. l. e. an l'a. l. dv.

108 Jennas, li filz Martin de Mait, prant ban sus les II moies et demaie de vin de cens ke Doignes, li filz Steuenat, dovoit a Jennat lou cherpantier de Nikesieruwe, k'il ait aquasteit a Jennat lou cherpantier davant dit, a. c. l. e. an l'a. l. dv.

109 Toullouze de Sainte Rafine prant ban por ley et por ces enfans sus la pesse de vigne lonc lou champ deleis la vigne Thomessat, ou on contet demei jornal, et sus la pesse de vigne ke geist an Bruwieres lons Colignon, et sus lou planteit ke geist an Brexeires, et sus la vigne a Saivelon lons Colignon, et sus la foureire sus la planteire, et sus la moitiet dou champ ke geist an la coste an Geniualz, ke fut Poinsin, k'elle ait aquasteit a Robin, lou freire [?] de Sainte Rafine, permei teil cens et teil droiture com tous cist eritaige doit, et a. c. l. e. an l'a. l. dv.

110 Joffrignons, li nies[1]) Roillon de la Porte, prant ban sus une pesse de terre arreure ke geist ou ban de S. Martin davant Mes, ancoste la maistre eschavignerasse ki fut, c'on dist ou champ signor Wichairt, k'il ait aquasteit a Hawit, la feme Drowin d'Anglemur ki fut, an allnet, et a. c. l. e. an l'a. l. dv.

111 Pierons de Puxues prant ban sus tout l'eritaige ke Pierons d'Ansei, li filz Adelin de Puxues ki fut, avoit, ke geist ou ban et ou fenaige de Puxues, k'il ait a lui aquasteit, permei teil cens et teil drouture com tous li eritaiges doit, et a. c. l. e. an l'a. l. dv.

112 a) Jennas de Cronney, ke maint a Porte Serpenoize, [prant ban] sus XII d. de met. de cens ke geisent sus II jornalz de terre ke geisent deleis Corbonfousseit ou ban de Mairlei, apres XII d. de cens ke li dui jornal de terre a Jennat devant dit [doient] davanterieunemant, k'il ait aquasteit a Ferriat lou herdeir de Porte Serpenoize.[2])

b) Et ce prant ancor ban por lui et por ces freires et por ces suers et por tous ces oirs sus tout l'eritaige Wiriat de Houzain d'Airs, lou fil Domangin de Graiueirs, soit an preis, soit an chans, soit an vignes, soit an maxons, soit an grainges, soit an molins, soit an gerdins, soit an tout autre eritaige, an keil

---
[1]) nies *übergeschrieben*, filz *durchgestrichen*.
[2]) Von k'il *an übergeschrieben*.

maniere ke se soit et ou k'il soit, delai Mozelle, k'il ait aquasteit a Wiriat davant dit, parmei teil cens et teil droiture com tous li eritaiges doit, et a. c. l. e. an l'a. l. dv.

113 Hermans li clers de S. Jeure, ke maint davant S. Vy, prant ban sus II s. de met. de cens ke geisent sus la maxon Symonin lou cordeweneir, lou fil Baron, et sus ceu ki apant, ke siet an Anglemur, apres XII d. de cens ke li maxon et ceu ki apant doit davanteriennemant, k'il ait aquasteit a Symonin davant dit, a. c. l. e. an l'a. l. dv.

114 Jehans, li filz Aurowin de Nonviant, li janres la Murle de Gorze, prant ban sus [?] moies a moustaige de vin de cens ke Abers Trois de Nonuiant dovoit a Maheu Malaikin, sus tout l'eritaige k'il tient de Maheu davant dit, ke Jehans desor dis ait aquasteit a Maheu desor nommeit, a. c. l. e. an l'a. l. dv.

115 Jennas Fezelz d'Airs prant ban sus la pesse de vigne ke geist an Braies ou ban d'Airs, an coste la vigne Colignon Facol, k'il ait aquasteit a Roubelat, lou maior d'Airs, permei demei meu de vin de cens an axe ke li pesse de vigne doit, et a. c. l. e. an l'a. l. dv.

116 Thomessins, li filz Lambert d'Airs ki fut, prant ban sus demei jornäl de vigne ke geist an Bourdes ou ban d'Airs, a coste la vigne Mergueron, la femme Lorant lou cherpantier ki fut, k'il ait aquasteit a Roubelat, lou maior d'Airs, permei III steires de vin de cens, et a. c. l. e. an l'a. l. dv.

117 a) Jennas dou Mont d'Airs et Symonins Cayns d'Airs prannent ban sus demei jornal de vigne en la Breueire, deleis la vigne Colignon Facol, et sus I tiers d'un jornal ke geist an Restutpaireir, deleis la vigne S. Martin, k'il ont aquasteit a Gererdat Baixat d'Airs, permei III steires de vin de cens ke ces II pesses de vigne doient a ceulz de S. Arnont, a.¹) c. l. e. an l'a. l. dv.

b) Et se prannent ancor ban¹) sus une pesse de vigne ke geist a Liedewitmennit, deleis la vigne Thomessin Lambert, k'il ont aquasteit a Roubelat, lou maior d'Airs, permei III steires de vin de cens, et a. c. l. e. an l'a. l. dv.

118 a) Howignons et Roubelas, li dui fil Hanrion dou Mont d'Airs, prennent ban sus une pesse de vigne ke geist an Aijenchamp desous lou santier, k'il ont aquasteit a Roubelat, lou maior d'Airs, permei une quarte de fromant de cens ke li pesse de

---

¹) ansi bis ban übergeschrieben, vor sus ist et irrtümlich stehen geblieben.

vigne doit a Sainte Marie de Verdun, et a. c. l. e. an l'a. l. dv.
b) Et se prannent ancor ban sus une pesse de vigne ke geist au Tiesonclo sus lou santier, et sus une pesse de vigne ke fut Bouton ke geist an Vairennes, et sus une pesse de vigne ke geist an Vairennes, et sus une pesse de vigne ke geist a la Sainte Fontainne, k'il ont aquasteit a Gererdat Baixat d'Airs, permei steir et demei ke les II pesses de vigne doient, et a. c. l. e. an l'a. l. dv.

119 Richairs Ospenelz d'Outre l'aclostre prant ban sus II s. de met. de cens ke geisent sus la maxon Soibillon lou chaivretour, ke siet davant les Proichours, ancoste l'osteit dame Blanche ki fut, k'il ait aquasteit a Soibillon desor dit, a. c. l. e. an l'a. l. dv.

120 Katherine, li fille Jennin Yzambairt ki fut, prant ban por lai chieze Deu de Fristor sus les III s. de mt. et II d. de cens ke geisent sus I jornal de vigne ke geist an Wacons, ke Jenas li Bouwas et Symonas de S. Martin tienent, et sus VII s. de
5 met. de cens ke sont essis sus la maxon ke siet an la rowelle an Chambeires, apres II chapons de cens ke li maxon doit davanteriennemant, et ke sont essis sus les IIII s. de met. ke dame Guepe, li fille signor Poinson lou chivelier d'Outre Muselle ki fut, ait sus la maxenate davant sa grainge, et ke
10 sont essis sus la maxenate ancoste sa grainge, permei teil cens com elles doient davantrienemant, ke Katherine ait ~~aquasteit~~ a dame Guepe davant dit[e], a. c. l. e. an l'a. l. dv.

121 Aburtins, li filz Jennat Roubelat d'Airs, prant ban sus une maxon ke siet a Airs, an coste l'osteit Jennat de Puxues, et sus lou meis davant et sus ceu ki apant, et sus III s. de met. de cens ke Thomessins Lambers d'Airs avoit sus la maxon Jennat Vguignon et sus lou meis an coste, k'il ait aquasteit a Thomessin Lambert d'Airs, permei teil cens com tous cist eritaiges doit, et a. c. l. e. an l'a. l. dv.

122 Ferrias, li filz Colin Fessal, et Hermans li clers, ces serorges, prannent ban sus lou tiers de la maxon et dou resaige ki apant ke siet an la ruwe lou Vouweit, antre la maxon Colin Fessal et Gerairt Chadeire ki fut, k'il ont aquasteit as oirs Jaikemin de Nommeney ki fut, permei lou tiers de XVIII s. de met. de cens, et a. c. l. e. an l'a. l. dv.

123 [1]) Lanbelins li Gemelz de Lessey p. b. sus II jornalz de terre

---

[1]) *Von Schreiber 3 auf dem freien Platz der zweiten Zeile von 122 eingetragen, wie 100 hinter 99.*

ke geixent a Eurecort, k'il ait [aquasteit] a Martin d'Eurecort, e. c. l. e. an l'ai. lo d.

124 Colignons, li filz Jennolle Mallebouche, prant ban sus une pesse de vigne ke geist a W.essues, antre la vigne Jehan Burtal et la vigne Colignon Facol, permei IIII steires de vin de cens an l'axe et permei XVIII d. d'aisize, et sus une pesse de vigne ke siet ou Corxame, ke fut Jehan de Lorey, k'il ait aquasteit a Fakignon de Lorey, lou fil Jehan desour dit, a. c. l. e. an l'a. l. dv.

125 Dame Burtemate, li femme Roillon de Strabour ki fut, prant ban sus II s. de met. de cens k'elle ait aquasteit a Willemin Berdel lou natenier d'Anglemur, ke geisent sus ces II parties de II maxon ke sieent en Anglemur, ou Willemins desor dis maint an l'une, k'elle ait aquasteit a Willemin desour dit, permey XVI d. et II chapons de premier cens ke les II parties des II maxons doient, et a. c. l. e. an l'a. l. dv.

126 Wiborate, li fille Jennat Merlo ki fut, prant ban sus I jornal de vigne ke siet an Leubinpreit, an coste la vigne les filles Jacob de Jeuruwe,[1]) ke Colins Laches d'Outre Muzelle fait a tiers meu, k'elle ait aquasteit a Erairt, son nevout, lou fil Nicolle de Weiure, an alluet, a. c. l. e. an l'a. l. dv.

127 Jennins Berdins d'Ansey prant ban sus tout l'eritaige k'il ait aquasteit a Vguin lou Pettairt d'Ansey, permei teil cens et teil droiture com tous li eritaiges doit, et a. c. l. e. an l'a. l. devisent.

128 a) Wirias de l'Autre[2]) prant bans sus lou meu de vin de cens a moustaige ameu d'Ernauille, ke Golins, li filz Jaikemat Rogier, doit sus III omees de vigne ke geisent a Cuig et sus V omees ou Teheit, et sus III steires de vin de cens ke Bueuelas Boucelz doit sus une pesse de vigne ke geist ou Teheit, k'il ait aquasteit a Maheu Malekin, a. c. l. e. an l'a. l. dv.

b) Et se prant ancor bans sus tous les preis ke Burtins d'Ernauille, li filz Poinsat ki fut, et Colins, ces nevous, li filz Jaikemat Rogier, ont an Boudainleu, an keil maniere ke se soit, et sus la pesse de vigne ke geist daier l'aitre a Ernauille arreis Howeson, et sus la pesse de terre arreure an Brousalt arreis Gerairt, lou janre Huon, et sus la pesse de terre ke geist an Joiei lonc lai haie, et sus la pesse de terre ke geist arreis lai

---

[1]) Poinsate et Yzaibel, v. 1285, 56.
[2]) = Aitre, v. 1285, 80.

plante Esselin, lou fil Howairt, d'une pairt l'awe et d'autre, et sus la moitiet dou preit ke partet a Jaikemat Rogier, k'il ait aquasteit a Aburtin et a Colin desour dis, an alluet, et a. c. l. e. an l'a. l. dv.

129 Renalz li clers d'Outre Saille prant ban sus III s. de met. et II d. de cens ke Adans li formeirs doit sus sa maxon, ke siet a Vignuelles, et sus tout lou resaige ki apant, k'il ait aquasteit a Symonat Paitin de Maizelles, a. c. l. e. an l'a. l. dv.

130 ¹) Thierias Cheualleirs prant ban sus la maxon ke fut Symonin as XI doies et sus tout ceu ki apant, ke siet ou Veueit an Chambres, ancoste l'osteit Ueuion lou cherpantier, k'il ait aquasteit a Jehan Bairbe d'Outre Muzelle, permei x s. de cens, et a. c. l. e. an l'a. l. dv.

131 ²) Li sires Jehans Baitaille de Porte Muzelle prant bans sus une pesse de vigne ou on contet II jornalz, ke geist desor lou molin a Vallieres, et sus une pesse de vigne ke geist an Longe Roie desour Vallieres, ke furent Herbin Wachier, ke li sont delivre por les c s. de met. de cens ke Herbins Wachies li doit, et por L s. de met. de cens d'une estaie trespasse, et dont li sires Jehans Baitaille est tenans.

132 Colignons de la Cort prant bans sus kan ke Poujoizes Trullairs avoit d'eritaige ou ban de Saney, an tous us, permei teil cens et teil droiture com tous li eritaige doit, et ansi com les parsons et li escris ke geisent an l'arche lou devisent.

133 Collairs Mourelz prant ban sus teil eritaige com Jennas li Lous d'Airs, li filz lou signor Symon ki fut, aquasteit a Vguin lou Pettairt d'Ansey, ke geist an bans d'Ansei et aillours, per tout ou k'il soit, ke Collairs desor dis ait aquasteit a Jennat desor nommeit, per mei teil cens et teil droiture et teil rante com tous li eritaige doit, et a. c. l. e an l'a. l. dv.

134 ²) Li sires Thiebaus de Moielain prant ban sus la maxon Symon lou Borgne, ke siet an Bucherie a Porte Muselle, ke li est delivre por les xx s. de premier cens ke li maxons li doit, et por III estaies trespassees et por les esdras, et dont li sires Thiebaus desor dis est tenans.

135 Poincignons Pedanwille prant ban pour lai chieze Deu des Proicherasses de Mes sus les XVI s. de met. de cens ke Jaikas

---

¹) *Irrtümlich hier bei OM eingetragen, gehört zu PM. v. 1281, 168.*

²) *131 und 134 sind durchgestrichen, weil sie irrtümlich hier bei OM eingetragen waren, und als 35 und 38 bei PM eingefügt.*

et Renadins, li enfant Raieboix, et Sezeliate, lour suer, dovoient a Suffiate, la femme Perrin lou Moinne, et ke Suffiatte desour dit[e] ait donneit por Deu et en amone a la chieze Deu des Proicherasses desour dites, per lou crant de Perrin lou Moinne, son mairit, a. c. l. e. an l'a. l. dv.

136 Vguignons Hennebors prant ban sus une maxon a Anglemur, ke fut Gerairt lou boulangier d'Anglemur, por tant com il l'ait an waige de Jennat, lou janre Gerairt desor dit, per escrit an arche, et permei teil cens com Douce, li fille Jaikemel Chiere, i ait.

137 Gillas li Belz dou Nuefborc et Jennas li Lous d'Airs prannent [ban] sus tout l'eritaige ke Richairs d'Onville avoit a Airs, ke lour ait delivre per droit et per jugemant, por tant com il lour doit et k'il ont paieit por lui, et dont il sont ancor ancombreis por lui, per escris an arche, et dont il sont tenant, permei teil cens et teil droiture com tous li eritaiges doit, et ansi com li plais lou tesmoignet.

138 Jennas Aixies et Jaikemas Couperelz de Siey prannent ban sus une pesse de vigne ke geist ou ban de Siey, deleis Rembavigne, k'il ont aquasteit a Badewin Bairekel, an alluet, a. c. l. e. an l'a. l. dv.

139 Poincignons li Gornais et Maheus Hessons prannent ban sus une maxon et sus tout lou resaige ki apant ke siet outre Mozelle, antre lour II maxons meymes, k'il ont aquasteit a Luckin Chaimeure, permei xx s. de met. de cens, et a. c. l. e. an l'a. l. dv.

140 Maheus Hessons prant ban sus xviii jornalz de terre ke geisent an la fin de Weppei et an S. Martinchamp, et sus demei meu de vin de cens ke Pierecenelz, li freires Jennetel de Waipei, doit, et sus teil partie de boix ke partet a veulz Maheu meymes, et sus lou tiers don meis ke partet a Maheu meymes ke geist devant l'osteit lou maior de Bixe ke fut, ke li est delivrés per droit et per jugemant ancontre les enfans Yzambairt de Bixe ki fut, por tant com Maheus desor dis ait sus, per escris an arche, et dont il est tenans, permei teil cens et teil droiture com cist eritaige doit.

141 [1]) Watrins Morelz de Chaistelz p. b. sus une pesse de vigne ke geist an Orsieres, k'il ait anchengiet a Abertin de Mairley, permey une tierce de vin chac'an, et a. com l. e. an l'ai. l. d.

[1]) *141, 142 und 145 von Schreiber 3 eingetragen, 143, 144 von Schreiber 13.*

142 Yzaibel d'Airs, li feme Wernier lou boulangeir ke fut, p. b. sus une maison et sus kant ki apant ke siet a Airs, ancoste la maixon d'Orvals, k'elle ait aquasteit a Paikignon d'Ars, la femme Martin ke fut, permei xvi d. d'amone a l'aglixe d'Airs, et permei demee une geline a ban S. Arnout d'Airs, et a. c. l. e. an l'ai. lo d.

143 Dame Bietris, li suer Maheu Clairiet, p. b. sus la maixon ke fut lou signor Lowit lou preste, ke siet outre Muselle an coste l'osteit Maheu Hesson, k'elle ait aquasteit a signor Weirit, lou preste de S. Livier, et a signor Abert de Lesces et a signor Doreit, moinne de S. Vincent, ke sont mainbors signor Lowit desor dit, permey x s. de met. de cens, et a. c. l. e. an l'ai. l. dv.

144 a) Drowas Guepe p. b. sus x s. de met. de cens ke Weirias, li janres Guersat Guepe ke fut, li doit sus tot l'eritaige k'il tient ai Airs sus Muselle, kil k'il soit, k'il ait espertit encontre Weriat desor dit, e. c. l. e. des parsons ke geist en l'ai. l. d.

b) Et ce p. b. ancor sus can ke Mathiate Chaneviere et Thierias, ces serorges, avoient en toz les bans de Rozerueles, en toz us, et sus i jardin a Noweroit, k'il ait ai ous aquasteit, permey teil cens et teil droiture com toz li eritaiges doit, e. c. l. e. en l'ai. l. d.

145 Li sires Jaikes d'Ames li clers p. b. sus une maixon et sus lou meis daier et sus kant ki apant ke siet an la rue des Preechors, entre signor Arnout lou preste et l'osteil S. Mor, k'il ait ascensit a Fillippe Tiguiainne, permey 11 s. de mt. de cens k'elle doit a Nostre Dame as Chans, et a. com l. e. an l'ai. l. d., et permey XLV s. de met. de sans k'il en doit a Philippe Teguienne, k'il puet racheteir, e. com l. e. en l'ai. l. d.[1])

146* Se sont li ban de la mei awast, an la mairie de Pormuzelle, a tans ke li sires Jaikes li Gornais estoit maistre eschavins, et Colignons Merlolz maires de Porte Muzelle, Perrins Louve maires de Porsaillis, et Drowas Guepe maires d'Outre Mozelle.

146 Li sires Burtalz Piedechalz de Jeurue prant ban sus une pesse de vigne ke geist an Orsain, ancoste la soie vigne meymes, k'il ait aquasteit an alluet a Joffroit Macheual, a. c. l. e. an l'a. l. dv.

---
[1]) *Von* et permey *an Zusatz von Schreiber 14.*

147 Roubelins et Jaikemins, ces freires, li enfant Burtemeu de
Flanville ki fut, prannent ban sus vii homees de vigne ke
geisent an bans de Flanville, ke Perrins Cheualleirs lour ait
laieit, permei x s. de met. de cens, et permei ɪ d. k'elle doient
a maior de Montois, et a. c. l. e. an l'a. l. dv.

148 Steuenins, li maris Clairisse de Sanerie, prant ban sus demei
jornal de vigne ke geist sus la cherriere de Vantous, arreis la
vigne Willemin de Meirualz, k'il ait aquasteit a Hanriat, lou
fil Jennat de Vallieres, an alluet, et a. c. l. e. an l'a. l. dv.

149 Yzaibelz, li fille Colin Joutelate ki fut, ke maint daier Sainte
Creux, prant ban sus tout l'eritaige ke fut Poinsate et Mer-
gueron, les ii filles Colignon dou Rait, ke geist ou ban de
Nowesseuille et de Nowillei, ou k'il soit, k'elle ait aquasteit a
Arnout, lou fil Watier de Nowillei ki fut, permei teil cens et
teil droiture com tous li eritaige doit, et ke Yzabelz davant
dite li ait relaieit permei iiii quartes de wayn moitainge et
demei quarte de blans pois, ke Arnoulz davant dis l'an doit
chesc'an, et a. c. l. e. an l'a. l. dv.

150 Poincignons, li filz lou signor Huwon Graicecher ki fut, prant
ban por lai chieze Deu des Cordelieres de Mes sus les ʟ s. de
met. de cens ke geisent sus l'osteit Symonat Groignat, lou
janre Thieriat Raifal, ke siet davant lai posterne an Sanerie,
ancoste l'osteit Arnout Cowerel, k'il ait aquasteit a Ameline
et a Jennate et a Katherine, les iii filles Colin Poirel de la
premiere femme, a. c. l. e. an l'a. l. dv.

151 Petres li clers, li filz Lowion lou prevost de Wolmeranges ki
fut, prant ban sus ɪ jornal de vigne ke geist desour Nowillei,
c'on dist an Mainbuef, ancoste la vigne Steuenin lou Bague de
Glaitigney, et sus la moitiet dou grant preit ke fut Watier de
Nowillei, ke geist sus Vallieres deleis lou molin Regnier, et
sus jor et demei de terre areure ke geist daier la maxon
Arnout, lou fil Watier de Nowillei ki fut, ke Petres ait aqua-
steit a Colin, lou fil Watier de Nowillei ki fut, et ke Petres
li ait relaieit permei v quartes de wayn moitainge et demei
quarte de blans pois, ke Colins an doit paier chesc'an, tant
com Petres vikereit, et a. c. l. e. an l'a. l. dv.

152 Clairies Domate prant ban sus iii s. de met. de cens ke geisent
sus une maxon an Chadeleiruwe, ke fut Abert lou sodour, et
sus v s. de met. et iii angevines de cens ke geisent sus la
maxon Waterin lou chaponier a S. Julien, et sus iii s. ii d.

moins de met. de cens ke geisent sus la [maxon] Matheu Noblat
a S. Julien, ke li sont delivre per droit et per jugemant an-
contre Thiebaut Clemignon, por dates ke Clairies ait paieit
por lui, et dont li escris et les waigeires li sont delivres, et
a. c. l. e. an l'a. l. d.

153 Katherine, li fille Jennin Yzambairt ki fut, prant ban sus I
jornal de vigne, an alluet,¹) ke geist an Baiennowe ou ban de
Nowilley, ancoste la vigne Symonin, lou fil Guersat ki fut, et
sus II jornalz de terre ke geisent an Baiennowe, an coste la
⁵ vigne desour dite, ke doient II s. de cens a signor Pieron, lou
fil dame Nicole de Sanerie ki fut, k'elle ait aquasteit a Goude-
frin, lou maior de Nowilley, lou fil Wairin ki fut, et a Poin-
cignon, son fil, et k'elle lour ait relaieit permei II moies et
demaie de vin a moustaige de cens, ke Goudefrins et Poin-
¹⁰ cignons desor dis l'an doient paier chesc'an toute sa vie, et
a. c. l. e. an l'a. l. dv.

154 Wiborate, li fille Jennat Merlo ki fut, [prant ban] sus LX et
x s. de met. de cens k'elle ait aquasteit a Maheu Merlo, son
freire, et ke Maheus Merlolz li ait essis sus ces IIII jornalz de
vigne ke geisent an l'Awillon, et sus ces II jornalz de vigne
ke geisent ou Cuignat, et sus son jornal de vigne ke geist
davant lou Cuignat, ke doit I d. de cens, et a. c. l. e. an
l'a. l. dv.

155 Jehans, li filz Arnout de Malencourt, prant ban sus III stalz
ke geisent an la halle des tennours an Chambres, k'il ait aqua-
steit a Colin de Chieuremont, ke maint ou Champel, permei
ceu ke li autre stalz de la halle doient communavlemant, et
a. c. l. e. an l'a. l. dv.

156 ²) Poinsate, li fille Piereson Kairetal ki fut, prant ban sus LX
et x s. de met. de cens k'elle ait aquasteit a Poincignon l'Oie,
et ke Poincignons li ait essis sus sa maxon et sus lou resaige
ki apant ke siet an Staixons, an la cort c'on dist Raibustel,
⁵ apres xx s. de cens ke li maxon doit a S. Piere as nounains,
et sus sa piece de vigne outre Saille, ke geist an Rufinclo,
ou on contet v³) jornalz, c'om fait de Poincignon a tiers meu,
apres VI d. de cens ke ceste vigne doit a S. Pol, et sus les
LX et x s. ke Poincignons l'Oie ait sus la stuve Lowiat lou

---
¹) an alluet *übergeschrieben.*
²) = *1285, 186.*
³) *1285, 186* VI jornalz.

10 stuvoir, ke siet as Roches davant l'osteit¹) Ferriat Gol, k'elle ait aquasteit a Poincignon l'Oie, a. c. l. e. an l'a. l. dv.

157 Perrins Porchieres li clers, li filz Doreit d'Aiest ki fut, prant ban sus une maxon et sus lou resaige ki apant ke siet a Stintefontainne, ancoste l'osteit Bairangier ki fut, k'il ait aquasteit a maistre de l'ospital de Porte Muzelle, permei x s. de met. de cens, et a. c. l. e. an l'a. l. dv.

158 Gilles li meuteirs, ke maint an la rowelle davant S. Ferruce, prant ban sus une maxon an la rowelle davant S. Ferruce, antre la maxon ke fut Gillat desor dit et la maxon ke fut Arnout Hedore,²) k'il ait aquasteit a Jennat lou corvexier, lou nevout Jaikemin lou Borgon, lou boulangier de Chambres, permei viiii s. de met. de cens, et a. c. l. e. an l'a. l. dv.

159 Lowias Waistelz de Flanville prant ban sus ii pesses de vigne et sus toute la terre areure ke geist a Flanville, c'on dist ou meis Wesselin, ke fut Gerairt Uidat de Montois, ke li est delivre per droit et per jugemant, por tant com Lowias ait paieit por Gerairt davant dit, permei teil droiture com li terre doit,³) l'escrit an l'arche, et dont Lowias est tenans.

160 Li sires Alixandres, chanones de Nostre Dame la Ronde de Mes, prant ban sus x s. de met. de cens ke geisent sus la maxon Waterin lou berbier de Chambres et sus tout ceu ki apant, ke siet ancoste l'osteit Watrin Gaillairt de Chambres ki fut, apres xlv s. de cens ke li maxon doit davantrienemant, et sus ii maxons ke sieent as Roches, daier l'osteit Waterin meymes, ke furent Waterin Gaillairt, apres iiii s. de cens ke les ii maxons doient davantrienemant, et a. c. l. e. an l'a. l. dv.

161 Perrins, li filz Anchie Mague ki fut, et Renadins, li filz la mairasse d'Alixey, prannent ban sus jor et demei de terre arreure ke geist ou ban de Malleroit, ancoste la terre Jennat Murlin, et sus i jornal de terre areure ke geist ou ban de Malleroit, ancoste la terre Jenneson, k'il ont aquasteit a Nenmerit lou draipier, ke maint davant Sainte Creux, an alluet, et a. c. l. e. an l'a. l. dv.

162 Veuions li cherpantiers, li maris Clemansate, prant ban sus une maxon et sus ceu ki apant ke siet ou Veueit, ancoste l'osteit Coustan lou jouteleir, ke fut Veuion meymes, k'il ait

---

¹) *1285, 186* la grenge.
²) *v. Anhang II, 8.*
³) permei *bis* doit *übergeschrieben von Schreiber 3.*

aquasteit a Jehan lou Duc lou cherreton, permei viiii s. de met. de cens, et a. c. l. e. an l'a. l. dv.

163 Jennas, li filz Mathion de Xuelles ki fut, et Gererdas, ces serorges, prannent ban sus la maxon ke siet ancoste l'osteit ke fut Mathion desor dit, k'il ont aquasteit a Jaikemin, lou fil Gererdin de Grais ki fut, et a Thieriat, son freire, permei teil cens com li maxon doit, et a. c. l. e. an l'a. l. dv.

164 a) Vguignons Grinelz prant ban por la chieze Deu des pucelles de Manse sus XL s. de met. de cens ke geisent sus la maxon et sus lou resaige ki apant ke fut dame Belle, ke siet a monteir de S. Ferruce, k'il ait aquasteit a Maheu Merlo, lou fil dame Belle davant dite, permei I d. de cens ke li maxons et li resaige ki apant doit davantriennemant, et a. c. l. e. an l'a. l. dv.

b) Et se prant ancor ban por Yzabel, l'avelette Colin Grancol ki fut, ke maint a pucelles de Manse, sus XL s. de met. de cens ke Symonins Facons dovoit a Colin Grancol[2]) davant dit, sus tout son eritaige, ke li sont venus an sai pairt de pair Colin Grancol, son aveul, ansi com les parsons ke sont an l'arche lou devisent.

165 a) Hanrias de Noweroit, li maires de l'ospital S. Nicolais ou Nuefborc, prant ban por l'ospital davant dit sus les x s. de met. de cens ke Poinces li Gros de Raigecort avoit sus la halle des vieseirs an Chambres, ke Poinces ait doneit por Deu et en amone a l'ospital davant dit, a. c. l. e. an l'a. l. dv.

b) Et se prant ancor ban por l'ospital davant dit sus la maxon Rikewin de Rimport, lou janre Villain, ke lour est delivre per droit et per jugemant, ansi com li plais lou tesmoignet.

c) Et se prant ancor ban por l'ospital davant dit sus la maxon Lowiat Pioree et sus tout lou resaige ki apant, ke siet a S. Julien, ancoste l'osteit Renadin Josterel, ke li maistre et li freire de l'ospital davant dit ont aquasteit a Colignon[3]) Pioree, permei II d. et maille de cens, a. c. l. e. an l'a. l. dv.

d) Et se prant ancor ban por l'ospital davant dit sus une piece de vigne ke geist an Orsain, ancoste la vigne Hanrekel Muzeraigne, et sus teil voie com li vigne ait permei[4]) lou trex Colin

---

[1]) *Hinter* sus *ist* la moitiet des *durchgestrichen.*

[2]) *Vorlage* Colins. *Vor* Grancol *ist* Facon *durchgestrichen.*

[3]) a Colignon *übergeschrieben von Schreiber 3,* a Lowiat *durchgestrichen.*

[4]) permei *übergeschrieben,* sus *durchgestrichen.*

Ruece, ke li maistre et li freire de l'ospital davant dit ont aquasteit a Colignon Pioree de S. Julien, a. c. l. e. an l'a. l. dv.

166 Jennas Chainois prant ban sus la maxon et sus ceu ki apant ke siet arreis l'uxelat de l'ospital an Chambres, k'il ait aquasteit a Jaikemate lai fruteire de Chambres, permei XIII s. de met. de cens, et a. c. l. e. an l'a. l. dv.

167 Hanrias de l'Aitre et Roillons de la Porte prannent ban sus II pesses de vigne ke geisent an Betalterme, desour lou molin a Uallieres, et sus lou demme ke fut lou signor Thierit Descors, ke geist a Retonfaijs, k'il ont aquasteit a Euriat Trauaille, an alluet, a. c. l. e. an l'a. l. dv.

168 Steuenins Boillis et Goudefrins Bontedeu li tenneires de la Vigne S. Auol prannent ban por Ancillon Chopairt lou chandeleir et por Poinsate, sa femme, sus la pesse de vigne et sus la pesse de terre veude ke fut Werneson de Nowilley, ke geist en Baiennowe, ancoste la vigne Mertin de Nowilley, k'il ont aquasteit a Wiborate, la femme Werneson¹) desor dit, a. c. l. e. an l'a. l. dv.

169 Colins, li filz Jennin Chacemal ki fut, prant ban sus une pesse de preit ke geist a Chailley, antre lou bruel lou signor et lou champ Yzabel Chandelate, k'il ait aquasteit an alluet a Burtran de Chaillei lou tennour, ke maint an Stoxey, a. c. l. e. an l'a. l. dv.

170 Perrins, li filz signor Jehan de la Cort, prant ban sus une pesse de vigne ke geist antre Douz chamins ou ban de S. Julien, k'il ait aquasteit a Badewin Piero, an alluet, et a. c. l. e. an l'a. l. dv.

171 Li sires Jehans de la Cort et li sires Willames, ces freires, prannent [ban] sus la maxon ke fut Jehan d'Ainerey et Hawit, sa femme, ke siet an Glaitigneiruwe daier S. Hylaire a pont Renmont, por lour cens des estaies trespassees k'il i ont et por les esdras, et dont il sont bien tenant, et sus les II eires de meis ki apandent a la maxon et ke geisent daier la maxon, permei XVI d. de cens ke les II eires de meis doient.

172 Petres Haivelins de S. Julien li boulangiers prant ban sus la maxon et sus ceu ki apant ke siet a S. Julien, en coste lui meymes, ke fut Howin lou feivre, k'il ait aquasteit a Poincignon

---

¹) *Vorlage* Waterin. *Das ist aber wohl ein Schreibfehler.* v. *1281, 166 und 196* Wiberate, li feme Wernesson de Nowilley ke fut.

Walleran de S. Julien, permei vııı s. de mt. de cens, et a. c. l. e. an l'a. l. dv.

173 Jehans Burtrans de Jeurue prant ban sus teil partie com Joffrois Macheualz avoit ou pois c'on dist de Porte Muzelle, c'est a savoir sus les ıı pairs dou quart, permei xııı s. de mt. de cens ke li meite de cestui aquast doit, et a. c. l. e. en l'a. l. dv.

174 Guercerias Faixins prant ban sus les xıı s. de met. de cens ke geisent sus l'osteit Sebeliate l'escolliere, ke siet davant les Cordelieres, k'il ait aquasteit as enfans Maheu des Aruolz ki fut, a. c. l. e. an l'a. l. dv.

175 Jaikemins Faixins prant ban sus la grainge a Chailley et sus ceu ki apant, et sus lou gerdin ancoste, et sus xxııı jornalz de terre arreure, et sus tous les preis ke Arambalz Mouxins avoit ou ban de Chailley, et sus ıııı jornalz de vigne et sus ıı s. de met. de cens et sus tot l'eritaige, k'il ait aquasteit a Arambalt Mouxin, permei ıı quertelles de bleif ke tous cist eritaige doit a ban de Chailley, et a. c. l. e. an l'a. l. dv.[1])

176 Jaikemins li prevos, ke maint davant S. Vincent, prant ban sus la maxon et sus ceu ki apant ke siet daier S. Hylaire a pont Renmont, ke fut Hennelo Waze, por les xx s. de met. de cens ke li maxon li doit, et por lou cens de ııı ans ke li sont demoreis a paier des estaies trespassees et por les esdras, et dont il est tenans, permei teil cens com li maxons doit davanteriennemant, et ansi com li plais lou dist.

177 a) Poincignons de Metri prant ban sus les xvııı s. de met. et ıı chapons de cens ke geisent sus la maxon ke Borcairs li erceneires, li janres Burnat ki fut, tient, ke siet an Rimport davant l'osteit Clairiet Domate, k'il ait aquasteit a Maheu Vogenel, lou fil Abert Clairiet ke fut, ki est mainbors Colin Clairiet, son freire ke fut, cui li cens dezour nommeis estoit, et a. c. l. e. an l'a. l. dv.

b) Et se prant ancor ban por l'eglixe de S. Ferrusce sus [2]) xıı d. mt. de cens ke geisent sus la maxon lou signor Richairt lou prestre, ke siet ancoste l'osteit Poincignon de la Bairre ki fut, k'il ait aquasteit a signor Richairt desor dit, apres xvı s. de met. de cens ke li maxons doit davanteriennemant, et a. c. l. e. an l'a. l. dv.

---

[1]) *v. 1290, 340 c.*
[2]) *Hinter* sus *Rasur mit Platz für zwei Buchstaben oder Ziffern.*

178 Thiebans li Maires prant ban sus ıı s. de met. de cens ke geisent sus une maxon ke siet ou Veueit, daier son osteit meymes, dont il an ait aquasteit a la femme Mertin lou Gous xıı d. et'a Colignon Chainoit lou parmantier xıı d., et a. c. l. e. an l'a. l. devisent.

179 Vguignon Hennebors prant ban sus les xıı s. de met. de cens ke geisent sus ıı maxons a S. Julien, davant l'osteit Lowiat Pioree, ou Burtemin Paikeir et Luciate, li femme Doreit, mainnent, k'il ait aquasteit a dame Wibor, la femme Hanriat l'Aimiral ke fut, e. c. l. e. an l'a. l. dv.

180* Ce sont li ban de la mey awast. En la mairie de Porsaillis:

180 Baudowins, li fils Robin dou Pont ke fut, p. b. en alluet sus la maixon et sus tout lou ressaige ki apant ke siet outre Saille, entre la maison lou signor Bauduyn lo Roi ke fut et la maixon Jehan de S. Pocort, k'il ait aquasteit a Colignon Facol, en alluet, et e. com l. e. en l'ai. l. d.

181 Clairies Domate p. b. sus xıı s. de met. de cens ke geixent sus vı eires de meis ke geixent daier S. Thiebaut, ke Lowias de S. Thiebaut et Theirias Paikiers et Thiebaus Drowignons tienent, dont om redoit vı s. de mt. arrier as signors de S. Thiebaut, et sus ıı eires de meis¹) ke geixent an Andrevalz, encoste lou meis S. Laidre, et sus ııı s. de met. de cens sus la maixon Durant an la rowe dou Vies Saic, ke sont delivres a Clairiet desor dit per droit ancontre Thiebaut Clemignon,²) por les dates ke Clairies ait paiet por Thiebaut, et dont li escrit l'an sont delivres, et dont li eritaiges geist an waige, e. c. l. e. an l'a. lo. d.

182 Howignons, li fis Ancel de S. Arnout, prant ban sus ıııı eires de meis ke geixent an la Rauine, ancoste lou meis S. Belin, k'il ait aquastei a Colignon Martignon, en alluiet, et e. c. l. e. en l'a. l. d.

183 Eurias,³) li fis Weiriat lo maior de Mairuelles ke fut, prant ban sus ııı jornalz de terre areure ke geixent ou ban de Mairuelles, k'il ait aquastei a Weiriat Blondel, per mey ııı cesteire de vin de cens, et e. c. l. e. en l'ai. l. d.

184 Andreus li arceneires dou Champel prant ban sus une maison ke geist ou Champel, an coste Richerdin Xauville, k'il ait

---

¹) *Von* et sus ıı eires *bis zum Schluss später hinzugefügt.*
²) *v. 1285, 271.* ³) *Vorlage* Eeurias.

aquastei a l'abasse de Sainte Glossine et a Philippin lou xaving, per mey XII s. de cens, et e. c. l. e. en l'ai. l. d.

185 Weirions Burtous de Maizelles pran ban sus III s. et demey de cens ke geisent sus la maison ke fut Goudefrin Burnat, ke siet outre Salle, ancoste la maison Weiriat lou natener, k'il ait aquastei a Howignon lou feivre,[1]) et e. c. l. e. en l'ai. l. d.

186 [2]) Poinsate, li fille Piereson Karetal, prant ban sus LXX s. de met. de cens k'elle ait aquastei a Poinsignon l'Oie, et ke Poinsignons li ait assis sus sa maison et sus lou resaige ki apant ki siet an Staixons, an la cort c'on dist Raibustel,
5 apres XX s. de cens ke li maison doit a S. Piere as nonnainz, et sus sa pesse de vigne outre Saille, an Rufinclos, ou an contet VI[3]) jornalz, c'on fait de Poinsignon a tiers meu, apres VI d. de cens ke ceste viegne doit a S. Pol, et sus les LXX s. de cens ke Poinsignons ait sus la stuve Lowiat lou stuvor, ke
10 siet as Roches devant la grenge[4]) Ferriat Go, k'il[le] ait aquasteit a Poinsignon l'Oie, et e. c. l. e. en l'ai. l. d.

187 Ruecelins de Maigney prant ban sus la maison Veuion de Maigney et sus lou jardin daier et sus kant ki apant, k'il ait aquasteit a Adan et a Lowion, ke sont de Maigney, et per lou crant de Veuion devant dit, permei teil cens com cist eritaige doit, et e. c. l. e. en l'ai. l. d.

188 Jennas Guizelate prant ban sus la maison Willemin Sibode et sus kant ki apant, ke siet devant lou Sac, k'il ait aquastei a Willemin Sibode devant dit, permey LX s. de met. de cens, et e. c. l. e. en l'ai. l. d.

189 Jennas li Gronais li corrieirs prant ban sus la maison Jehan Hanekin lou corrieir, ke siet an Sanerie, por tant con Jehans Hanekin li doit, per escris an airche, et per mey XXV s. de cens ke li maison doit, et e. c. l. e. en l'ai. l. d.

190 Pieresons, li fis Jennin lo mairleir de S. Clemant, prant ban sus une maison et sus kant ki apant ke siet a S. Clemant, entre la mason Jehan Werrel et la maison Martin, lou fil lou Jal, k'il ait aquasteit a Neinmerit, lo fil Colin Tauerne, permey VI s. de cens k'elle doit a Steuenin lou maior, et e. c. l. e. en l'ai. l. d.

---

[1]) *Vorlage* feunire.
[2]) = *1285, 156.*
[3]) *1285, 156* v jornalz.
[4]) *1285, 156* l'osteit.

191 Jennas Bruillairs de Corcelles, ke maint an la rowe des Allemans, prant ban sus jor et demei de terre an II pesses, s'an geist une pesse an Grant champ et li autre an Aurairtboix, k'il ait aquasteit a Ancillon, lou fil Hessat lou berbier, per mei III mailles de cens, e. c. l. e. en l'a. d.

192 Thierias Grenelz de Maizelles prant ban sus une maxon et sus kant ki apant ke siet an la Chanal, en coste Ernelin, k'il ait aquasteit a Thieriat Soiba, permey VII s. II d. moins de cens, et e. c. l. e. en l'ai. l. d.

193 Paikas, li fil¹) Jennat Kize, prant ban sus une maison ke siet desor l'opital des Allemans, k'il ait aquasteit a Jehan, lou fil Poinsignon Chalons, et Alexandre, son freire, et a Hawit, lor suer, per mey XII s. de cens, et e. c. l. e. en l'ai. l. d.

194 Watiers, li fis Lowiat Saikat de Maigney prant ban sus tot l'eritaige ke fut Garceriat lou bordour et Clemansate, sa femme, ke geist ou ban de Maignei et ou ban de Flurey, per tot ou k'il soit, k'il ait aquasteit a Xandrin Galdewalle de Porte Muselle, per mey IIII s. et demey de cens ke toz cist eritaige doit, et e. c. l. e. en l'ai. l. d.

195 Thierias Brixelete prant ban sus les XII s. et demey de cens k'il meymes dovoit a Thiebaut Joute, sus demey jornal de vigne k'il ait an Culloit, k'il ait aquasteit a Thiebaut Joute, et a. c. l. e. en l'ai. l. d.

196 Watrins li corvexeirs de la Vigne S. Auol prant ban sus les III²) pars de la maison ke siet an la Vigne S. Auol, ke fut Ermanjairt, la femme Euriat de Villiers ke fut, k'il ait aquasteit a Aurairt de Villiers et a Pairixat, son frere, et a Burteran, lou fil Doumangin de Villiers, et Wibour, sa suer, per mey tel cens com ces III pars doient, et e. c. l. e. en l'ai. l. d.

197 Burterans Faicons prant ban sus IIII jornalz de vigne sus lou rut de Maicelle, k'il ait aquastei a signor Thomas lou preste, chaunone de S. Thiebaut, an alluet, et e. c. l. e. en l'ai. l. d.

198 Brokairs li cordewanniers de Sanrey prant ban sus une maison a la porte an Maizelles, an coste lou chakeur S. Clemant, k'il ait aquasteit a prestes barrochas de Mes, permey XXIII s., et e. c. l. e. en l'ai. l. d.

199 Werins li charpantiers de S. Arnout prant ban sus une maison ke siet de fuers Porte Serpenoize, ke fut Simonat lou bolangier,

---

¹) v. Anm. zu 222.
²) Hinter III sind etwa drei Buchstaben ausgekratzt.

k'il ait aquasteit a Jehan, lou fil Symonat lo bolangier, per mey xiii s. de cens, et e. c. l. e. en l'ai. l. d.

200 Hanrias de Noeroit prant ban por l'aspital ou Nuefborc¹) sus les xxv s. et demei²) de met. de cens ke geisent sus l'oste Veureu lou wasteleir, anson Vies Bucherie, ke Poinsignon de Raigecort li Gros ait donéit por Deu et an amosne a S. Laizre et a l'ospital devant dit, a. c. l. e. en l'ai. lo d.

201 Collins li boulangiers de Maizelles prant ban sus la maison Lietairt de Maizelles, son oncle ke fut, et sus la vigne daier, ke geist an Maizelles, k'il ait aquasteit a Fakignon, lou janre Lietairt devant dit, permey³) xlv s. de cens, et e. c. l. e. en l'ai. l. d.

202 Jenas li Uakes prant ban sus une pesse de terre ke geist deleis lou preit a Beluoir, dexous lou planteit Chabosse, k'il ait aquasteit a Jehan, lou fil Rainbaut Moruille, per mey ix d. de cens, et e. c. l. e. en l'ai. l. d.

203 ⁴) a) Poinsignons de Metri p. b. sus xii s. de met. de cens ke geixent sus une tavle an Vies Changes, ke Symonas Bellegree tient, ke furent Colin Sclairiet, k'il ait aquasteit a Maheu Vogenel, ki est manbors Colin Clairiet, son freire, et a. c. l. e. en l'ai. l. d.

b) Et si p. b. ancor sus les vi d. de cens k'il meymes dovoit a Renaldin lou Bague, sus une piece de terre k'il ait ou ban de Trugnuet, k'il ait aquasteit a Renadin devant dit, et a. c. l. e. en l'ai. l. d.

204 Colle li cordeweneirs prant ban sus une maison ke siet an Chapeleirue, devant la maison de la Craste, k'il ait aquasteit a Frankignon Migomairt, permey v d. k'il an doit a Sainte Glossenne, et permey xx s. de cens k'il an doit a Frankignon devant dit, et e. c. l. e. en l'ai. l. d.

205 Anel de Flanville prant ban sus les xi s. de met. et iiii d. et maille de cens ke Burterans li tenneires, li janres Collin Vaille, avoit sus la maixon ke fut Collin Vaille, ke siet daier

---

¹) ou Nuefborc *ist übergeschrieben von Schreiber 3, das auf* l'aspital *folgende, von Schreiber 13 geschriebene* devant dit *ist nicht durchgestrichen.*

²) et demei *übergeschrieben von Schreiber 3.*

³) sus la vigne *bis* permey *auf Rasur.*

⁴) *203 steht mit beiden Zeilen auf Rasur und ist nachträglich geschrieben. Die Buchstaben sind grösser als vorher und nachher, genau so wie bei dem Zusatz von 211 und von 221 an. Auch ist* prant ban *zu* p. b. *abgekürzt wie von 215 an.*

S. Eukaire, k'elle ait aquasteit a Burteran devant dit, et e. c. l. e. en l'ai. l. d.

206 Bauduyns de Lussey li cherreis et Thierias Brixelete prannent ban por Lowiat, lou fil Jenat lou texerant de Nommeney, et por Florion, sa femme, sus une pesse de vigne ke geist an Nortain, tier meu les dames de Ste Glossenne, k'il ont aquasteit a Jenat lo Mossut dou Waide, per lou crant de Renalt lou clerc d'Outre Saille, permey I d. de cens, et e. c. l. e. en l'ai. l. d.

207 Colignon Nerlans prant ban sus une pesse de[1]) vigne ke geist a Pux,[2]) ancoste la vigne lo Godour, ke fut Mariate la mairleire, k'il ait aquasteit a Piereson, lou fil Jenin lou mairleir de S. Clemant, permei III d. de cens, et a. c. l. e. en l'ai. l. d.

208 Perrins li masons, li fil[3]) maistre Thierit de Wadonville ke fut, prant ban sus une maison ke siet daier S. Sauour, an coste la grenge Hanriat de Noieroit, k'il ait aquasteit a Sufiate, la fille Pierexel de Chastelz ke fut, permey XXVII s. III d. moins de met. de cens, et e. c. l. e. en l'a. d.

209 Pieras de Chambre[3]) prant ban sus lou preit ke fut Arnout Colon, ke geist an l'ille desouz Pumerues, an coste lo Colignonpreit Mertignon, k'il ait aquasteit a Arnout Colon, an alluet, et e. c. l. e. en l'ai. l. d.

210 Thierias Bouchate prant ban sus une pesse de vigne a Poimont dezous lou Chauol de Pertes, k'il ait aquasteit a Howat Stondee, permey XVIII d. de cens, et e. c. l. e. en l'ai. l. d.

211 Renalz li chamberlains prant ban por la chieze[4]) Deu de Moremont sus XXII s. de met. de cens ke geissent sus une maison et sus tot lou ressaige ki apant ke siet ou Vaide outre Saille, ancoste l'osteil de[3]) Bordes, k'il ait aquasteit a Guepe, la femme Wiriat dou Waide ke fut, apres I d. de cens ke li maison doit a S. Clemant, et e. c. l. e. en[5]) l'ai. l. d.

212 Goudefrins, li fis Ancel Boilawe ke fut, prant ban sus une maison et sus I jairdin ke fut Colairt d'Abigney, k'il ait aquasteit a Burtemin Morel d'Abigney, permei IIII s. de cens, et k'il puet racheteir, et e. c. l. e. en l'ai. l. d.

---

[1]) pesse de *übergeschrieben von Schreiber 3.*

[2]) a Pux *ist auf den von Schreiber 13 freigelassenen Platz von Schreiber 3 geschrieben. v. 1285, 384* vigne ou ban S. Arnout c'on dist a Puix.

[3]) *v. Anm. zu 222.* [4]) *Vorlage* chiezee.

[5]) a S. Clemant *bis* en *auf Rasur.*

213 Li sires Richiers Facons, doiens de Saint Thiebaut, prant ban sus XVIII s. de cens k'il ait aquasteit a signor Thomes, chanoine de S. Thiebaut, ke geisent sus l'osteil Gennin Besselin ke fut, et sus toz¹) lou resaige ki apant ke siet devant S. Thiebaut, et e. c. l. e. en l'ai. l. d.

214 Hunbers de Dauant Nostre Dame as Chans prant ban sus une maison ke siet an la rowe de Nostre Dame a Chans, apres l'osteil Belin lou cordeweneir, k'il ait aquasteit a Jennin Raiguelenel, permei teil cens com elle doit, et e. c. l. e. en l'ai. lo d.

215 Li sires Nicolles Ottins, doiens de S. Sauour, p. b. sus teil aquast com il ait fait a Thierion d'Orgney, lo fil Gerardin lo Moienne ke fut, et sus III jornalz de terre aruice k'il avoit a Fraine, an II piesses, an la fin de Prenoy, et sus les autres terres ou on contet pertout XIIII jornalz de terre aruce, an celle fin meimes, et sus une piece de preit ke geist desous Orgney, a. c. l. e. en l'ai. lo devise.

216 Thiebaus Bugles p. b. sus X s. de met. de cens k'il ait aquasteit a Jote, la femme Jallat lou boucheir, sus tot l'eritaige ke li est venus de pair Jennin Winoble, son peire, k'il ait aquasteit a Jote devant dite, e. c. l. e. en l'ai. l. d.²)

217 Deu de Forneirue, ke fait les tavles, p. b. sus une maison et sus tot¹) lou resaige ki apant ke siet an Forneirue, ke fut Witier lo clerc, k'il ait aquasteit a freire Jehan de Chaistelz, lo priour de la chieze Deu dou Preit, c'on dist Vdun, apres ceu ke Jaikemins Kukelujalz an tient, permey XXVIII s. de met. de cens, et e. c. l. e. en l'ai. l. d.

218 Arnous Richelas et Jehans li saibleis p. b. sus la maison ke fut Euriat³) lo sableir, et sus tot lo resaige ki apant, ke siet daier Ste Creux, k'il ont aquasteit a Aburtin Pietdechas, et e. c. l. e. en l'ai. l. d.

219 Jaikemins Moretelz p. b. sus XL s. de met. de cens k'il ait aquasteit a Perrin Bagairt, son oncle, et k'il li⁴) ait assis sus decant k'il ait d'eritaige, an tot¹) us, ou k'il soit, apres⁵) teil cens com li eritage doit, et e. c. l. e. en l'ai. l. d.

---

¹) toz *statt* tot, *in 217 ist* toz *in* tot *verbessert, in 219 dagegen* tot *statt* toz *geschrieben.* ²) *v. 1290, 366.*
³) Euriat *auf Rasur.*
⁴) li *übergeschrieben.*
⁵) apres *übergeschrieben,* permey *durchgestrichen.*

220 Jaikemenels, li fis Clodaiche lo bocheir, p. b. sus une maison ke siet an son la Bucherie a Porsaillis, an coste la maison Chermat ke fut, k'il ait aquasteit as maistres des chainjors, permey XL s. de met. de cens, et e. c. l. e. en l'ai. l. d.

221 Thiebaus li Maires p. b. sus la piece de preit ke dame Izaibel, li femme Symonat de Valz ke fut, avoit devant Airs sus Muzelle, ke geist en Cunonpreit, arreiz lou preit Colignon Facol, k'il ait aquasteit a dame Izaibel devant dite, an alluet, et e. c. l. e. en l'ai. l. d.

222 Gillas Haikes p. b. sus II pesses de terre arure et sus ceu ki apant ke geixent dezous S. Andreu, ou on conte XXVI jornalz, ke furent Pierol de Jeurue, k'il ait aquasteit a Abertin, lo fis[1]) Thiebaut Lohier ke fut, an alluet, et e. c. l. e. en l'ai. lo d.

223 Jaikemins Bellegree li amans, p. b. sus une piece de vigne ke geist sus Saille, ou om conte II jornalz et demey, ke siet an coste la vigne Poinsignon Lucie, k'il ait aquasteit a Watreman lo mairexal, per mey XV s. de met. de cens ke li moitiet de ceste vigne doit, li partie ke fut achetee a Bernairt, et e. c. l. e. en l'ai. lo d.

224 a) Symon[1]) li meuteis p. b. sus III quarterons de terre ke geissent an coste lui meymes an Longe Roie, desai lo grant orme an la voie de Joiey, k'il ait aquasteit a Thieriat lo Hourset de Molin,[1]) per mey teil cens et teil droiture com li eritaige[1]) doit, et e. c. l. e. en l'ai. l. d.

b) Et si p. ban ancor sus II jornals de terre areure ke geissent an coste lo chamin de Joiey, entres[1]) les II ormes, k'il ait aquasteit a Alexandre, lo fis[1]) dame Poinse d'Amanse ke fut, et a Poinsignon, lo fis[1]) Steuenins[1]) de Chastel,[1]) per mey teil cens et teil droitures[1]) com li eritages doit, et e. c. l. e. en l'ai. l. d.

225 Nicolles li Gronais p. b. sus la moitiet de l'osteit ke fut la dame de la Bairre[2]) ke fut et de toz les resaiges ki apandent, ke siet an coste l'osteit Jaikemin lou Gronaix ke fut, lo peire Nicolles[1]) lou Gronaix devant dit, k'il ait aquasteit a Perrin,

---

[1]) fis *steht für* fil. *Der Schreiber 13 lässt mehrmals das Schluss-s weg, wo es stehen sollte, bei* Chambre *209,* Symon, Molin, eritaige *224ᵃ und* Chastel *224ᵇ, und setzt es, wo es fehlen sollte, bei* entres, fis, Steuenins, droitures *224ᵇ,* Nicolles *225. v. 231 ff. Schreiber 13 hat die Einträge 182—242 geschrieben, Schreiber 3 die Einträge 226, 230, 236/7, 243/7.*

[2]) an Chaipeleirue, *v. 1288, 373.*

lou fil Willemin Baizin ke fut, per mey teil cens com li meite de ceste maison doit, et e. c. l. e. en l'ai. l. d.

226 [1]) Et se p. b. ancor sus les XII s. de mt. de cens ke Contasse, li femme Olliuier des Airvolz ke fut, avoit sus la moitiet de la maixon ke fut la dame de la Bairre ke fut, ke Nicolles li Gronais devant dis ait aquasteit a Contasse devant ditte, e. c. l. e. en l'ai. lo d.

227 Jennas Granscos et Matheus, ces freres, p. b. sus la grant maison ke fut Colin Grantcol, lor awel, ke siet ou Nuefbour, devant la maison Jaikemin Bellegree, ke lor est escheute de pair Colin Grantcol, lour awel, et permei teil cens com li maison doit.

228 Jennas Granscolz p. b. sus teil escheute com il est escheus a Symonat Guevadre de pair Colin Grantcol, son awel, ke li est delivres am plait, por tant com Simonas li doit, per escris an airche, et permey teil cens com ceste partie doit.

229 Vguignons Grivelz p. b. por les pucelles de Mances an coste S. Marcel, sus teil partie d'eritaige con il est escheus a Yzaibel, l'avelate Colin Grantcol, de pair Colin Grantcol, son awel.

230 a) Burterans Papemiate p. b. sus tout l'eritaige antieremant de kant ke Thiebaus de Feyt, li filz Jaikemat Lohier ke fut, an ait espartit ancontre Burtignon de Suligney, ke fut Jakemin, lou fil lou signor Lowit Beudin, lou devanterien Thiebaut desor dit, ke li est escheus et venus conxeuwant de pair Bietris, sa fillaistre, ke geist ou ban de Mairley et de Molins, en toz us.

b) Et se prant bans sus Liebor de Molins et sus ces hoirs, k'il ait aquasteit a Thiebaut desor dit, permey teil cens et teil droiture com touz cist eritaiges doit, et a. com l. e. an l'ai. l. dit.

231 Liebourate, li femme Jennat lo boulangier de S. Arnout ke fut, p. b. sus la moitiet de la grenge et de tout lo resaiges [2]) ki apant ke siet a S. Arnout, ancoste lei [3]) meymes, et sus la moitiet de la maison et dou resaige ki apant ke siet a S. Arnout, devant lou mostier S. Ozable, et sus la moitiet d'un jornal

---

[1]) *Von Schreiber 3 eingetragen, und zwar bis* Bairre *auf Rasur, auch der Rest der zweiten Zeile zeigt Rasur.*

[2]) resaiges *statt* resaige, *v. Anm. zu 222.*

[3]) *Vor* lei *ist* lui *durchgestrichen.*

de terre ke geist a Montigney, et sus la moitiet dou preit et dou boix ke geist an la Proile, ke fut les anfans Gerairt de Lorey, et sus la moitiet de vii sestieres de vin de cens ke geissent ou ban de Lorey, k'elle ait aquasteit a Colignon, son serorge, et a Josselin lou boulangier et a Jennat lou cherpantier de S. Arnout, per mey teil cens et teil droiture com toz cist eritaige[1]) doit, et a. c. l. e. en l'ai. l. d.

232 Symonis, li fil[2]) lou maior de Gorze, p. b. sus ii pesses de vigne ke geixent deisai Muzelle ou ban de Nonviant, k'en tenivet de lui a cens, k'il ait eschengiet ancontre Thiebaut Baillat de Nonviant, por ii autres pesses de vigne k'il avoit deisai Muzelle ou ban de Nonviant, permey teil cens con les ii pesses de vigne doient, et a. c. l. e. en l'ai. l. d.

233 Garcirias Faixins p. b. sus les x s. iiii d. moins de cens, dont il an geist v s. sus la maixon Wichairt l'uzerier an la rowe dou Preit, et v s. iiii d. moins sus la maixon Pierexel, lou filz[2]) Jehan de Doneivre, an la rue S. Laidre, k'il ait aquasteit as anfans Maheu[3]) des Airvolz, et a. c. l. e. en l'ai. l. d.

234 Herbins li merciers p. b. sus xii d. de cens ke geixent sus la maison Jehan l'Olemant lou corvexies,[4]) ke siet a S. Arnout, an coste la maixon Gerairt lou Borgon ke fut, k'il ait aquasteit a Jehan l'Olleman devant dit, apres vi s. de met. de cens ke li maixon doit davanterienemant, et a. c. l. e. en l'ai. l. d.

235 Fillipe Tiguiainne li eschavins p. b. por Jehan, lou filz[2]) Pierexel de Valz, et por Collate Roienate, sa femme, et por lour anfans sus vi s. de met. de cens ke geixent sus la maixon Fillipin Guelle lou vieceir de la Nueve rowe et sus tout lou resaige ki apant, ke siet an coste l'osteil Howin Nerlant, k'il ait aquasteit a Filipin Guele devant dit, et a. c. l. e. en l'ai. l. d.

236 Colignons de Lupey p. b. sus tout l'eritaige ke Goubers li cherpanteirs ait ou ban de Luppey, an toz us, ke li est delivres per droit et per jugemant, por tant com Colignons ait paiet por lui, et dont il ait lou plait, et permey teil cens et teil droiture con li eritaiges doit.

---

[1]) eritaige *statt* eritaiges, *ebenso 187, 194, 208, 219, v. Anm. zu 222.*
[2]) *232* li fil *statt* li filz, *ebenso 193 und 208; 233 und 235* lou filz *statt* lou fil, *v. Anm. zu 222.* [3]) Maheu, t *vor* h *ausgekratzt.*
[4]) corvexies *statt* corvexier, *v. Anm. zu 222.*

237 Thiebaus, li filz Jaikemin lou Gornaix ke fut, et Pieresons, li maires de Chamenat, p. b. sus la piece de terre ke Garcerias, li filz Jaikemel Chiere ke fut, avoit an Gaillairtmont lonc l'Espine, et sus la paisse de terre ke geist lonc lou broil mon signor Ferrit et Wernier de Port, et sus la pesse de terre ke geist lonc la voie de l'estanc mon signor Ferrit, et sus la grainge k'il ait a Morville, k'il ont aquasteit a Garceriat devant dit, permey teil cens et teil droiture com toz cist eritaiges doit, et a. com l. e. an [l']ai. l. d.

238 Colins Hunebour p. b. sus tout l'eritaige ke Ydate, li femme Theirion de Waixey, ait a Florey et a Pauwilley, et ens bans desor ditz, an preis, an chans et an touz autres prowaiges, k'il ait a ley aquasteit, permei teil cens et teil droiture, com li eritaige¹) doit, et a. c. l. e. en l'ai. l. d.

239 Filippins li Gronais p. b. sus les VII s. et demey de met. de cens ke Perrins Marcous avoit sus II stalz devant l'osteil Poinsignons²) lou Gronaix, ke Poinsaite li jouteleire de Porsallis tient, k'il ait aquasteit a Perrin devant dit, et a. c. l. e. en l'ai. l. d.

240 Li sires Jakes, li prestes de S. Mardart, et li sires Hanris, li prestes de S. Eucaire, et li sires Willames, li prestes de S. Clemant, p. b. por ous et por toz les prestes parrochalz des³) Mes sus une maison et sus tout lou resaige ki apant ke siet a la porte a Maizelles, en coste lou chaukeur S. Clemant, k'il ont aquaste a Crestenaite, la fille dame Amie ke fut, permey teil cens com elle doit, e. c. l. e. en l'ai. l. d.

241 Weirias Meutenaires p. b. sus une piese de vigne ou on conte II jornalz, ke geissent a Grant Chavol desai les Bordes, k'il ait aquasteit as dames de Lutres, permey teil cens com il lor en doit, ensi com les laitres saielaies de lor saielz lou devisent.⁴)

242 Filipes Thiguienne li eschavins p. b. sus une pesse de vigne ke geist ens Aluez,⁵) ke fut Thiebaus⁶) Viei, ke siet desor la vigne Perrin Bagairt, k'il ait aquasteit a Colignon de Romebauc, an alluet, et a. c. l. e. en l'ai. l. d.

---

¹) eritaige *statt* eritaiges, *v. Anm. zu 222 und 231*.
²) Poinsignons *statt* Poinsignon, *v. Anm. zu 222*.
³) des *statt* de, *dagegen* de *statt* des *211, v. Anm. zu 222*.
⁴) *Vorlage* devisant.
⁵) *Vorlage* enssaluez.
⁶) Thiebaus *statt* Thiebaut, *v. Anm. zu 222*.

243 Ailexons, li femme Lowion de Luscey, p. b. sus une pesse de terre areure ke geist an Crowees dezour Ferreires ou ban de Claivine, k'elle ait aquasteit a Pierel, lou fil Jennin Prevostel de Macleve, permey une maille de cens, et a. c. l. e. an l'a. l. d.

244 Poinces de Raigecort p. b. por lui et por lou signor Jehan, son freire, sus lou chakeur Peckate, la fille Arnout Chaneueire, et sus tout lou ressaige ki apant, k'elle avoit a Joiey, k'il ont a ley aquasteit, an alluet, et a. c. l. e. an l'ai. l. d.

245 Wichairs, li filz Colin Groignat ke fut, p. b. sus la maixon ke fut Vinat l'escollier et Theiriat, son freire, et sus tot lo ressaige ki apant, haut et baix, ke siet devant l'osteil Colin Groignat ke fut, permei xv s. de mt. de cens ke li maixon doit.

246 Paikate Chaneueire p. b. sus la maixon Jennat des Airvolz et sus tot lou ressaige ki apant, ke siet daier S. Seplixe, ke li est delivre per droit et per jugemant, por III estaies dou cens ke li sont demorees a paier, chescune de xx s., et por les adras.

247 Jaikemas de Weñualz, ke maint ou Champel, p. b. sus une pesse de vigne an la Baixe Pertelle, et sus demey jornal de vigne ke geist a Pallerin, k'il ait aquasteit a Colin, lou fil signor Burteran dou Champel, permey teil cens com elles doient, et a. c. l. e. an l'ai. lo d.

248* Ce sont li ban de la mey awost. En la marie d'Outre Moselle:

248 Jennins Cornenierans d'Ars p. b. sus II pieces de terre ke geisent ou ban de Graiviers, k'il ait aquasteit a Jennat Jacob d'Ars, permei III d. de cens, et e. c. l. e. en l'a. l. div.

249 Gerardins Aibeyville p. b. sus la grainge et sus lou meis et sus l'estainche daier et sus tout lou resaige ki apant ke siet en S. Vincentrue, ke fut Willermin lou voweit de Maigney, k'il ait aquasteit a Jehan Jeuwet lou clerc, en alluet, e. c. l. e. en l'a. l. d.

250 Jennins, li fils Waterin de Chastels, p. b. por la maison de Longeeawe sus une piece de terre ke geist encoste la maison desor dite, k'il ait aquasteit a Piereson la Treue de Siey, en alluet, e. c. l. e. en l'a. l. d.

251 Et ce p. b. ancor por la maison desor dite sus une atre piece de terre ke geist encoste celey meimes, k'il ait aquasteit a Jaikemin, lou fil Weirit de S. Arnolt ki fut, en alluet, e. c. l. e. en l'a. l. d.

252 Burtemins Damas de Gorze p. b. sus I meis ke siet a Belleawe, encoste lou meis la femme Freirit ki fut, ou ban de Gorze, k'il ait aquasteit a Guibert c'on dist de Nonviant.
253 Gillins, li fils Matheu de Longeuille ki fut, p. b. sus III pieces de terre ke geixent ou ban de Siey, en Preires, k'il ait aquasteit a Colin Fessal, en alluet, et e. c. l. e. en l'a. l. d.
254 Collignon Custantins p. b. sus la maixon et sus can ki apant ke fut Bescelin Hure, ke siet en Chambieres, entre l'osteil Custantin et Burtemin lou Grant, k'il ait aquasteit a Colignon, lou fil Bescelin desor dit, permei I d. de premier cens et XX s. de cens a la frarie des prestes de Mes, e. c l. e. en l'a. l. d.
255 Jennas Noirons p. b. sus II pieces de vigne ke geixent ou ban de Molins, s'an geist une en Wauroivigne et li atre en Quarels, k'il ait aquasteit a Mahout et ai Yderon, les II filles Steuenat de Rozerueles, cele en Wauroivigne permei X d. de cens et celle en Quarels permei II sestieres de vin en l'axe, e. c. l. e. en l'a. l. d.
256 Yngrans Forcons p. b. sus l'entisme de la vowerie de Vals dou ban Ste Glosanne et de decant ki apant, ke pairt a lui meimes, k'il ait aquasteit ai Vguignon et a Burnekin, les II fils Thiebat de l'Aitre, e. c. l. e. en l'a. l. d.[1])
257 Jennas de l'Aitre d'Ars p. b. sus III pieces de vigne ke geixent ou ban S. Arnolt ai Ars, k'il ait eschaingiet contre Clemance, la fille Willame lou malaide de Ste Rafine, permei teil cens com elles doient, e. c. l. e. en l'a. l. d.
258 Maistres Jehans Jeuwe[2]) li clers p. b. sus la maixon et sus la grainge et sus la court et sus la voie ke vait sus les murs, ke siet outre Moselle, et sus can ki apant, entre l'osteil dame Brie et Roillon Morel, k'il ait aquasteit a Jennat Bernart, en alluet, et e. c. l. e. en l'a. l. d.
259 Domangins li bolengiers de S. Vincentrue p. b. sus une maixon et sus tout lou resaige ki apant ke siet en S. Vincentrue, encoste Colin Cuerdefer, ke fut Odiliate la Vadoize, k'il ait aquasteit a l'aibeit et a convant de S. Vincent, permei XII s. de mt. de cens, e. c. l. e. l. d.
260 Abertins, li fils Jennat Roubelat d'Ars, p. b. sus II pieces de vigne ke geixent en Bordes ou ban d'Ars, k'il ait aquasteit a

---
[1]) v. 1278, 195.
[2]) Vorlage Jeuwes, mit einem Punkt unter dem s, der das s als verkehrt bezeichnet.

Jaikemin, lou fil la Nonne d'Ars, permei une quarte de vin de cens, e. c. l. e. en l'a. l. d.

261 Colignons, li fils Jennat Roubelat d'Ars, p. b. sus une piece de vigne [1]) ke geist sus la ferreie ou ban d'Ars, et sus une piece de terre ou Cliton, k'il ait aquasteit a Jennat Jacob d'Ars, permei demei sestier de vin de cens, e. c. l. e. en l'a. l. d.

262 Pieresons Chastelas p. b. sus les IIII s. de mt. de cens k'il meimes dovoit sus sa maixon ou il maint et sus lou resaige ki apant, apres les x s. de cens k'elle doit davant, et sus la maixon encoste ke part a celey meimes, k'il ait aquasteit a Filipe Tiguienne et a Jofroit Bellegreie, les mainbors Jennate Blanche la Vadoize, e. c. l. e. en l'a. l. d.

263 Li sires Symons d'Arnaville, chanones de Mes, li niez lou prevost de S. Arnual, p. b. sus une piece de vigne en Merelchamp, sus la fontainne en Palon ou ban d'Arnaville, dedans mur et dedans haie, k'il ait aquasteit ai Abertin, lou fil Poinsat d'Arnaville, permei demey meu de vin de cens k'elle doit a S. Gergone de Gorze, et e. c. l. e. en l'a. l. div.

264 Li sires Gerars li prestes, li fils Guersat d'Espenges, p. b. por lui et por Ermangete et Ameline et Hawiate, les III filles Jehan Descours, sus une maixon et sus can ki apant davant et daier ke siet en la Vigne S. Marcel, entre l'osteil Graitepaille et Ailixate la Boistouse, k'il ait aquasteit a Steuenin, lou fil Ferriat Troixin, permei VIII s. de mt. de cens, e. c. l. e. en l'a. l. d.

265 Gillins et Pieresons, li dui fil Rollan de Lescey, p. b. sus une maixon et sus can ki apant ke siet ou Mesnit de Lescey, et sus une piece de vigne en Ripel, et sus une piece en Corbelvigne, k'il ont aquasteit a signor Pieron lou Xiet, lou fil dame Nicole, permei teil cens et teil droiture com toz cist eritages doit, e. c. l. e. en l'a. l. d.

266 Clemignons li bolengiers, li serorges Jaikemin de Vigney, p. b. sus une maixon et sus can ki apant ke siet ensom l'osteil Richart lou bolengier, arreis Viez Bucherie, k'il ait aquasteit a Burtemin Baichelier, permei XVIII s. de mt. de cens, e. c. l. e. en l'a. l. d.

267 Guersirias, li fis Yderate de Molins, p. b. sus la maixon et sus can ki apant ke fut Fraillin de Molins, k'il ait pris a cens

---

[1]) vigne *von Schreiber 3 übergeschrieben,* terre *durchgestrichen.*

de Arnolt lou Roi, permei xii s. de mt. de cens, e. c. l. e. en l'a. l. d.

268 Bertrans d'Ansey, li fils Colart lou bourel, p. b. sus une maixon ke siet ai Ansey, ou ban lou signor Renalt dou Nuefchastel, k'il ait aquasteit a dame Poince, la femme Thomessin Paiemal, permei demei sestier de vin de cens k'il en doit a la cort lou signor Renalt desor dit, e. c. l. e. en l'a. l. d.

269 Clemance, li femme Willame de Ste Rafine ki fut, p. b. sus iii jornals de terre ou ban de Marley, s'an geist i jornals en Robertnowe et ii jornals encoste Colin lou Flaman, k'elle ait aquasteit a Poinsignon, lou fil Steuenin de Chastels, permei iii d. de cens k'ille an doit a ban de Marley, et e. c. l. e. en l'a. l. div.

270 Ermantrus li Vadoize p. b. sus une maison et sus can ki apant davant et daier ke siet en Franconrue, et sus i jornal de vigne a Leubinpreit, encoste Jaikemin Marion, k'elle ait aquasteit a Colin lou tixeran de Franconrue, et k'elle li ait relaiet permei teil cens com il en doit, et por ii moies et demee de boin vin fromanteil, e. c. l. e. en l'a. l. d.

271 Claries Domate p. b. sus viiii s. de mt. de cens ke geixent sus la maixon Jennin Pesteit en la rue lou Voweit, ke li sont delivreit per droit contre Thiebaut Clemignon, por les dates ke Claries eit paiet por lui, dont il escrit l'an sont delivre, et dont li eritaiges geist en waige, e. c. l. e. en l'a. l. d.[1])

272 Jennas li permantiers de Menville p. b. sus i jornal de vigne ke geist a la mars ou ban de Siey, ki est tiercerasse S. Pou, k'il ait aquasteit a Weriat lou Borgancel de Longeuille, e. c. l. e. en l'a. l. d.

273 Chardas de Champignueles p. b. sus une maixon ke siet en Anglemur, encoste l'osteil Bosserel, et sus can ki apant, k'il ait aquasteit a Steuenin lou Rocel de Valieres, permei xi s. de mt. et v d. de cens, e. c. l. e. en l'a. l. d.

274 Renals li chamberlains p. b. por la chiese Deu de Moremont sus xxvii s. de mt. de premier cens ke Jaikemins Guerbode dovoit ai Abillate la Vadoize, sus sa partie de la maixon en la rue des Proichors, k'il ait a ley aquasteit, e. c. l. e. en l'a. l. d.

275 Vguignons Louate p. b. sus tout l'eritaige ke dame Esceline, li femme signor Matheu de Marley, avoit ou ban de Vezon,

---
[1]) v. 1285, 497.

entre Marueles et Bertamont, et sus lou jardin daier la Sals a
Lescey, et sus la maixiere entre Waterin d'Oixey et Messat, ou
ban de Siey, k'il ait a ley aquasteit, e. c. l. e. en l'a. l. d.

276 Bertrans, li fis Symon Papemiate, p. b. sus II jornals et demei
de vigne ke geixent ou ban de Siey et de Chazelles, k'il ait
aquasteit a Thiebat de Fayt, lou fil Jakemat Lohier, permei
teil cens et teil droiture com il doient, e. c. l. e. en l'a. l. d.

277 Thielos Louce p. b. sus tout l'eritaige ke Jaikemate Coieawe
et Vguignons, ces fils, avoient ou ban de Talanges, ke li est
delivres per droit et per jugemant, permei teil cens et teil
droiture com li eritaiges doit.

278 Hanrias Burnekins p. b. sus une piece de terre ou an contet
VI jornals, ke geist sus Muselle, encoste les enfans Piere
Thomes, k'il ait aquasteit a Matheu Pesnit, lou fil Tierit
Domate, permei XVIII d. de cens k'il en doit a Thiebat Cabaie,
e. c. l. e. en l'a. lo d.

279 Et ce p. b. ancor sus XVIII d. de cens k'il meimes dovoit sus
la piece de terre desus dite, k'il ait aquasteit a Thiebaut Cabaie,
e. c. l. e. en l'a. l. d.

280 Maheus Bertadons p. b. sus tout l'eritage ke li est eschens de
part Bertadon, son peire, ke il ait espartit contre ces freres
et sa seror, permei teil cens com il doit, e. c. l. e. en l'a. l. d.

281 Jehans Bertadons p. b. sus tot l'eritaige ke li est eschens de
part Bertadon, son peire, k'il ait espartit contre ces freres et
sa seror, e. c. l. e. en l'a. l. d.

282 Thiebaus Bertadons p. b. sus tot l'eritaige ke li est escheus
de part Bertadon, son peire, k'il ait espartit contre ces freres
et sa seror, e. c. l. e. en l'a. l. d.

283 Marguerate, li fille Bertadon, p. b. sus tout l'eritaige ke li
est escheus de part Bertadon, son peire, k'elle ait espartit
contre ces freres, e. c. l. e. en l'a. l. d.

284 Colins Cuerdefer et Ferris Cokenels p. b. sus lou tiers dou
molin a chene sus Muselle, k'il ont aquasteit a Thiebaut
Baizin, permei XVI d. de cens ke cil tiers doit, e. c. l. e. en
l'a. l. d.

285 Colins li Mares et Jofrois, li fils Steuenat Cuerdefer, et Abrions
de la Tor, seu dui serorge, p. b. sus teil partie d'eritaige com
il est escheus a Marguerite, la fille Jaikemin lou Maior, de part
son peire, k'il ont a ley aquasteit, e. c. l. e. en l'a. l. d.

286 Jennas Goule p. b. sus toz les hommes et les femmes¹) d'alluet
ke dame Guepe, li fille signor Poinson d'Outre Moselle, avoit
a Bethilley et aillors ou k'il soient, k'il ait a ley aquasteit,
e. c. l. e. en l'a. l. d.
287 Poinsignons li Gronais et Maheus Hessons p. b. sus demei
jornal de vigne ke geist en Geuchamp, encoste ous meimes, k'il
ont aquasteit a Colin de Chieuremont lou tanor, en alluet, et
e. c. l. e. en l'a. l. d.
288 Clemance, li fille Guersat Guepe, p. b. sus la maixon et sus
can ki apant ke siet entre l'osteil les Thomesses et Gueperate
Lowit, k'elle ait aquasteit a Martin de Troies et a l'abause des
Cordelieres, e. c. l. e. en l'a. l. d.
289 Et ce p. b. ancor sus IIII s. et demei de mt. de cens k'elle
dovoit ai Ermantrut la Vadoize, sus celle maixon meimes, k'elle
ait aquasteit ai Ermantrut desor dite, e. c. l. e. en l'a. l. d.
290 Thiebas Hainmignons p. b. sus la maixon et sus lou meis ke
furent Werion Sabine, ke sieent daier l'osteil Houdebran, k'il
ait aquasteit a Hanriat de Noweroit, permei xx s. et demei
de mt. de cens, dont les dames de l'Estainche l'an redoient
VI d. de cens, sus la grainge Weriat de l'Aitre ensom, e. c. l.
e. en l'a. l. d.
291 Poinsignons, li filz lou signor Howon Graicecher ke fut, p. b.
sus tont l'eritaige k'il ait aquasteit a Colairt, lou fil Richier
de Flauigney ke fut, keilz eritaiges ke ce soit et ou k'il soit,
permey teil droiture et teilz chaiteiz com toz li eritaiges doit
a la cort dont il muet, et ke Poinsignons desor dis li ait
relaixiet permei IIII quartes de wayn moitenge, ke Colairs
desor dis l'an doit paier chesc'an, et a. con l. e. des aquas ke
geixent an l'ai. l. devisent.
292 Maheus Clairies li clers p. b. sus une grenge et sus la maixon
et sus lo meis ke sieent an Franconrowe, k'il ait aquasteit a
la femme Poensignon de la Barre, permey xx s. de mt. de
cens, et a. c. l. e. an l'ai. l. d.
293 Thiguienne, li fille Howairt Jallee ke fut, p. b. sus la maixon
ke fut Rennier Tiguiainne, k'elle ait aquasteit a dame Jaike-
mate la vieceire, permei LXV s. de mt. de cens ke li maixon
doit a l'ospital dou Nuefborc, et a. con l. e. an l'ai. l. d.
294 Colignons, li maistres xavins de S. Martin, p. b. sus les IIII
jornalz de terre areure ke Weirias Mallelangue de Brunville

---

¹) et les femmes *übergeschrieben.*

ait an Penouchamp, et sus lou preit ansom, et sus II jornalz de terre an Raiee, et sus I jornal de terre an Bertalsals, et sus III jornalz de terre an Meheiville, et sus II jornals de vigne ke geixent ou ban de Brunville, et sus une maixon et sus une grenge et sus lo meis et sus tot lou ressage ki apant ke sieent a Brunville, k'il ait aquasteit a Weiriat Mallelangue de Brunville, permei teil cens et teil droiture com cist eritages doit, et a. c. l. e. an l'ai. lo d.

295 Jehans, li fils Ancel de la Tor, p. b. sus III jornals et demei de terre ke geixent outre Lixieres, arreis la terre Tieriat Domate, k'il ait aquasteit ai Abriat Domate, permei III d. et maille de cens, ce tant en doit, e. c. l. e. en l'a. l. d.

296* Se sont li ban dou vintisme jor de noiel. An la marie de Porte Muzelle:

296 a) Jennas li clers,[1]) li filz Jennin Burtemate ki fut, prant ban sus les VI lb. de met. de cens ke geisent sus tout l'eritaige Colate de Vigey, la femme Jacob ki fut.

b) Et se prant ancor ban sus teil partie de frut com Jennins Pillebones avoit an l'arbre ke siet an la vigne daier la maxon Gerairt, lou vies maior de Geurey.

c) Et se prant ancor ban sus lou meu et demei de vin a moustaige de cens et sus lou voiterier ke Jennas, li filz Gerairt davant dit, doit, k'il ait aquasteit a Jennin Pillebone desor dit, et a. c. l. e. an l'a. l. dv.

297 Poincignons, li janres lou Verderet de Collambeirs, prant ban sus une maxon ke siet a Quensey, ancoste la maxon Haibert, et sus lou meis daier et sus tout lou resaige ki apant, et sus II pesses de preit an Andainvalz, et sus une pesse de preit ke geist ou Rouwal ou ban de Quensey, ancoste lou preit Wiriat Watrusse, k'il ait aquasteit an alluet a Gerairt lou Bague, lou fil Aieron de Quensey, a. c. l. e. an l'a. l. dv.

298 Philippins li Vackes prant ban sus les c s. de met. de cens ke Colignons Remions avoit de pair sa femme sus la maxon ke siet an Jeuruwe, ke fut Jaikemin Burtran, ke Philippins desor dis ait raicheteit a Colignon desour dit, a. c. l. e. an l'a. l. dv.

299 Gillas Haike prant ban sus une pesse de vigne ke geist an Hals Allues, ancoste la vigne Gillat meymes, ou on contet les

---

[1]) In der Vorlage is clersi geändert in clerli statt in clers li.

III pairs d'un jornal, k'il ait aquasteit a Burtemin Jornee de Stoxey, an alluet, et a. c. l. e. en l'a. l. dv.

300 Gererdins li boulangiers de Nowesseuille prant ban sus tout l'eritaige Thierion lou boulangier de Wairc ki fut, ki est encheus a Colin, lou fil Monier de Hermeiville ki fut, de pair Colate, sa femme, k'il ait aquasteit a Colin desour dit et a Colate, sa femme, et a Symonin, lor fil, permei teil cens et teil droiture com tous li eritaiges doit, et a. c. l. e. an l'a. l. dv.

301 Li sires Abers Xauins et Maheus Vogenelz, li filz Abert Clairiet ki fut, prannent ban sus la grant maxon Perrin d'Oxey et sus ceu ki apant, et sus la grainge et sus la buverie et sus de can ke Perrins desor dis ait d'eritaige a Oxey et ou ban et aillours, an tous us, ou k'il soit, ke li vient de pair lui et de pair ces oirs, k'il ont aquasteit a Perrin desor dit, permei teil cens et teil droiture com tous li eritaiges doit, et a. c. l. e. an l'a. l. dv.

302 Colignons Louveus de S. Julien prant ban por la maxon S. Nicolais ou Nuefborc sus tout l'eritaige, per tout ou k'il soit, ke fut Perrin Malerbe, ki est censalz a la maxon de l'ospital desour dite, por les c s. de cens ke Perrins lor doit, a. c. l. e. an l'a. l. d., ki est delivre a Colin desor dit an plait por la maxon de l'opital desor dite, permei teil cens et teil droiture com. tous li eritaiges doit, et a. c. li plais l. dv.

303 Aingebour, li femme Ferriat Gerba d'Aiest ki fut, prant ban por contrewaige sus I jornal de terre ke geist an Maixeruelles a Terme, et sus une maxon ke siet a Champillon, c'on dist an la Nueve ruwe, et sus demei jornal de terre ke geist an Maixeruelles, et sus demei jornal an Boinrut, ke Colins Clowairs de Champillons li ait mis an contrewaige, por les II quartes de wayn moitainge et por les II quartes de tramois ke Colins desor dis li doit chesc'an, a. c. l. e. an l'a. l. dv.

304 Hanrias, li maires de S. Julien, et Aurowins, li filz Symonin Monaire de Vallieres, prannent ban sus une pesse de vigne ke geist an Desermont, ancoste la vigne Jennat Paikiet, ke fut Odewignon Flairehaiste de Stoxey, ke Symonins[1]) Monaires de Vallieres lour ait delivreit an plait, por LX s. de met. k'il ont paiet por lui, a. c. l. e. an l'a. l. dv., et dont il sont tenans.

305 Burtemins Hertewis, ke maint defuers la porte a Pairnemaille, prant ban sus la maxon et sus lou resaige ki apant et sus lou

---
[1]) Symonins *auf Rasur*.

meis daier ke fut Otte lou cordeweneir, ke siet ancoste lui
meymes, k'il ait aquasteit a signor Jehan, lou prestre de Dro-
wenei, permei xiii s. de met. de cens.

306 Poincignons, li filz Colin Pairtecher ki fut, et Poinsate, sa
suer, prannent ban sus la maxon ke siet daier S. Hylaire a
pont Renmont, antre l'osteit Heilewi Jhesu et Perrin lou
recovatour, k'il ont aquasteit a Wiriat Jornee, permei xii s.
et demei de met. et ii chapons de cens, et a. c. l. e. an l'a. l. dv.

307 Guersas, li filz Hanrion lou Maiansois de Vallieres ki fut,
prant ban sus une pesse de terre arreure ke geist desour la
cherreire de Valliere, ancoste Jehan Roillon, et sus demei jornal
de vigne ke geist ancoste la vigne Symonin Monaire de Val-
lieres, k'il ait aquasteit a grant maistre et as freire de l'ospital
ou Nuefborc, an alluet, et a. c. l. e. en l'a. l. dv.

308 Jennins, li maires de Sainte Barbe, prant ban sus i jornal de
terre ke geist sus la fontenne an Tancrepraie, ou ban de Reton-
faijs, ancoste Jennin meymes, k'il ait aquasteit a Thieriat, lou
bailit de Retonfaijs, permei ceu ke li jornalz de terre doit, et
a. c. l. e. an l'a. l. dv.

309 Li doiens et li chapistre de la Grant Eglixe de Mes prannent
ban sus la maxon ke fut Poincignon Coieawe et sus lou
resaige ki apant, ke siet an Bucherie a Porte Muselle, ke
Thieles Lousce lour ait aquiteit an plait, por les xxxv s. de met.
de cens ke li maxon desor dite lour doit chesc'an, et por
toutes les estaies trespasee dont on lor ait defaillit de paie-
mant, et por les esdras de chescune estaie, et a. c. li plais l. d.

310 Wilemins, li filz signor Gerairt de Sorbei ki fut, prant ban
sus la maxon ke siet ancoste l'osteit lou prestre de S. Girgone,
ceu ke Willemins desour dis an tient, k'il ait aquasteit a signor
Willame, chanone de Hombor, ke maint ou Four de Clostre,
permei xiii s. de met. de cens, et a. c. l. e. an l'a. l. dv.

311 Renadins Josterelz de S. Julien prant ban sus i jornal de
vigne ke geist an Chainestraie, an coste la vigne Colignon
Louveus, k'il ait aquasteit a Thieriat Jostere, son freire, et a
Colignon Chierelate d'Outre Muselle, permei une maille de cens,
et a. c. l. e. an l'a. l. dv.

312 Aburtins, li filz signor Jehan Baitaille de Porte Muzelle, prant
bans sus les viii lb. de met. de cens k'il ait aquasteit a dame
Collate Beugnon d'Aiest, et ke dame Colate li ait essis, les
viii lb. de met. de cens desor dites, sus sa maxon ou elle

5 maint ke siet an Aiest, an coste l'osteit dame Kathelie ki fut,
et sus sa pesse de vigne ou on contet v̇ jornalz ke geist sus
Mozelle, et sus sa pesse de terre ke geist davant la grainge
signor Remey a Chaistillons, ou on contet viiii jornalz, et sus
pesse de terre arreure ke geist sus Mozelle en droit Mons,
10 desous la grainge signor Thiebaut Fakenel, antre les vignes
et l'awe, ou on contet ii jornalz, et sus sa pesse de terre
arreure ou on contet vi jornalz ke geisent sus Mozelle ou ban
d'Escey, et sus sa maxon et sus lou colambier et sus la tour
et sus tous les resaiges k'elle ait ke sieent a Mons, et sus ces
15 viii s. de met. de cens k'elle ait sus l'osteit Symonat lou
meuteir an Stoxcy, et sus xviii d. de cens k'elle ait sus une
pesse de vigne ke geist an Abouwes ou ban de S. Julien, ke
li dame de Meirvalz tient, et sus xviii d. met. de cens k'elle
ait sus une pesse de vigne ke geist an Abouwes ou ban de
20 S. Julien, ke Renadins Pognelz de Vesignuelz tient, et sus
vi s. de met. de cens ke geisent sus iii jornalz de terre arreure
ou ban de Mons, ke Benois de Xueles tient, et sus les v s.
de met. de cens k'elle ait sus iiii jornalz de terre arreure ke
geisent antre Alexei et Malleroit, ke Philippins de Malleroit
25 tient, et sus la pesse de preit k'elle ait ke geist an Prawons
desous Chaistillons, et sus vi s. de met. de cens k'elle ait ke
geisent sus une pesse de vigne et sus i planteit ke geisent ou
ban de Nowesseuille, et sus les v chapons de cens ke geisent
sus la maxon les enfans Melotin, et sus les v chapons de cens
30 ke geisent sus la maxon Odaie a Nowesseuille, et sus toute sa
terre arreure k'elle ait ke geist ou ban de Nowesseuille, et tout
e. c. l. e. de l'aquast ke geist an l'a. l. dv.

313 Colignons, li filz Philippin Marcout ki fut, prant ban sus la
maxon Thierion lou mairexal ki fut, ke siet an Aiest, ancoste
l'osteit Lorant d'Erkansei ki fut, et sus tout[1]) lou resaige ki
apant, k'il ait aquasteit a Bietrit, la femme Theirion devant
dit,[2]) permei xxx s. de met. de cens, a. c. l. e. an l'a. l. dv.

314 a) Goudefrois de Maigney prant ban sus une pesse de vigne
ke geist ans Abouwes desor Vallieres, ou on contet i jornal,
k'il ait aquasteit a Wiriat Jornaie, an allues, et a. c. l. e. an
l'a. l. dv.

---

[1]) sus tout *auf Rasur*.
[2]) a Bietrit *bis* dit *übergeschrieben von Schreiber 3*.

b) Et se prant ancor ban sus ɪ stal ke siet an la halle des draipiers en Chambres, k'il ait aquasteit a dame Collate, la femme Poincignon Grenon ki fut, permei teil [cens] com a stal effiert, et a. c. l. e. an l'a. l. dv.

315 Gillas Maikaire prant ban sus la maxon ke fut Pairaige et sus ceu ki apant, ke siet atour de Humbecort, davant l'osteit Perrin Raibue, k'il ait aquasteit a Thiebaut Baizin, an alluet, a. c. l. e. an l'a. l. dv.

316 Wirias Marrois de Vallieres prant ban sus demei jornal de vigne ke geist lonc lai sante de Genochamp, lonc la tercerasse ke Rembalz li Dowesies tient, et sus vɪɪɪɪ d. met. de cens ke geisent sus lou champ Merguerate, la femme Waterat Licherie ki fut, ke geist sus lou weit, ancoste les trezes Sainte Lucie,. k'il ait aquasteit a Thierit, lou fil Watier lou maior de Siruigney ki fut, permei teil droiture com li vigne doit, et a. c. l. e. an l'a. l. dv.

317 ¹) Li sires Nicolles li Gornais et Philippes Tiguienne prannent ban sus tout l'eritaige ke Colins Grancolz avoit ke siet an la mairie de Porte Muzelle, permei teil cens et teil droiture com tous li eritaige doit, ke lour est delivres per droit et per jugemant, por tant com il lour doit, per escrit an arche, et dont il ont l'eritaige an waige, et dont il sont tenant, et a. c. li plais l. d.

318 Li sires Thiebaus de Moielain prant ban sus tout l'eritaige ke Colignons Cretons, li filz Thiebaut Maikerel ki fut, avoit ou ban de Villeirs a l'Orme, an chans, an preis, an vignes, an gerdins, an maxons, an chakeurs, an droitures, an rantes et ans apandixes et an tous autres eritaiges, an keil maniere ke se soit, k'il ait aquasteit a Colignon desour dit, an alluet, et a. c. l. e. an l'a. l. dv.

319 Thierias Xallewins et Colignons Pioree, ke sont de S. Julien, prannent ban sus toute la terre arreure ke geist ou ban de S. Julien et sus toute la terre arreure et sus toutes les vignes ke geisent ou ban de Nowilley ke furent Perrin Mallerbe de S. Julien, ke lor est delivre per droit et per jugemant, por tant com il ont paieit et dont il sont ancor ancombreit por lui, et dont il sont tenant, et a. c. li plais l. d.

320 a) Jaikemins Faixins prant ban sus les xxvɪɪɪ jornalz de terre arreure et sus lou preit ke Lietalz li boulangiers avoit ou ban

---
¹) v. 1285, 450 und 520.

de Chaillei, ke Jaikemins Faixins ait aquasteit a Lietal davant dit, an alluet, et ke tous li remenans de l'eritaige Lietal desour dit li doit desonier de toutes desertes.

b) Et se prant ancor ban sus x quartes de fromant de cens chesc'an, ke Lietalz desor dit li ait essis sus kan k'il ait d'eritaige ou ban de Chailley.

c) Et se prant ancor ban sus II moies et demaie de vin a moustaige de cens chesc'an ke geisent sus l'eritaige Paiviate la Vadoize,[1]) ke geist ou ban de Chailley, k'il ait aquasteit a Lietal lou boullangier, et a. c. l. e. an l'a. l. dv.

321 Arnoulz Bairbe, li filz Jehan Bairbe d'Outre Muzelle, prant ban sus XXVIII s. de met. et VI d. de cens k'il ait aquasteit a Jennat Nauel et a Matheu, lou fil Wairin, et a Goudefrin, son freire, ke sont de Nowillei, ke geisent sus maxons et sus terres et sus preis et sus vignes en bans de Nowillei, et e. c. l. e. an l'a. l. dient.

322 Jennas, li filz Jennin Wesselin ki fut, prant ban sus une pesse de vigne ou on contet II jornalz, ke geist an Cuignes ou ban de Vallieres, ancoste lui meymes, k'il ait aquasteit a Lowiat Wesselin, son oncle, permei teil cens et teil droiture com li pesse de vigne doit, et e. c. l. e. an l'a. l. d.

323 Jennas, li filz Lowit Wesselin ki fut, prant ban sus tout l'eritaige ke fut Jaikemate, la femme Cunin d'Ainerey ki fut, ke geist ou ban de Vairney et de Roupeney et de Xuelles et de Villeirs et de Failley, ki est enscheus a Jaikemin, son fil, k'il ait aquasteit a Jaikemin desour dit, permei teil cens et teil droiture, com tous li eritaiges doit, et a. c. l. e. an l'a. l. dv.

324 Colins, li filz Matheu Drowat ki fut, et Badewins, li filz Thieriat lou Gornaix de Vallieres, prannent ban sus une pesse de vigne ke geist a monteir de Desertmont, daier l'osteit Jehan Pairain, k'il ont aquasteit a Weiriat Jornee, permei x s. de mt. de cens, et a. c. l. e. an l'a. l. dv.

325 Guercerias d'Ainerey, ke maint an Stoxei, prant ban sus une pesse de terre arreure ou on contet v quertelles, ke geist ancoste lou champ ke fut Baisel, a l'uxir de Ruxit, k'il ait aquasteit a Steuenin Troexin d'Alexey, an alluet, et a. c. l. e. an l'a. l. dv.

---

[1]) la Vadoize *übergeschrieben von Schreiber 3,* Bourraiche *durchgestrichen.* v. 1285, 348 Paiuiate Bourraiche de Chaillei.

326 Waterins li traifilliers de Mirabel, ke maint an Sanerie, prant ban sus la maxon ke fut Mathion Cornat, ke siet an Sanerie, davant l'osteit Symonat Groingnat, k'il ait aquasteit a signor Pieron, lou prestre de Sainte Seguelenne, permei XIIII s. de cens, et a. c. l. e. an l'a. l. dv.

327 Wirias, li filz Jennin Murie de Vallieres, et Matheus, ces freires, prannent ban sus la maxon et sus ceu ki apant ke siet ancoste lai grainge Symonat Facol, ancoste la barre a Vallieres, k'il ont aquasteit a Howignon, lou fil Remion l'Apostole, permei xv d. de droiture, et a. c. l. e. an l'a. l. dv.

328 Thierias Formerons prant ban sus la maxon et sus ceu ki apant ke siet a la chainne davant les Cordelieres, k'il ait pris a cens des prestres parrochalz de Mes, permei XI s. de met. de cens k'il lor an doit paier chesc'an, et a. c. l. e. an l'a. l. dv.

329 Colins, li filz Jennin Chacemal ki fut, et seu compaignon prannent ban sus les XX s. de met. de cens ke geisent sus la maxon ke siet ancoste l'osteit lou signor Estene l'ermitte, daier S. Hylaire a pont Renmont, k'il ont aquasteit a Ottin, lou janre Aburtin Boutecorroie ki fut, apres xv d. et IIII chapons de cens ke li maxon doit davanteriennemant, et a. c. l. e. an l'a. l. dv.

330 Jehans, li filz Colin lou cherpantier de Rimport ki fut, prant ban sus une pesse de vigne ke geist ou ban d'Erkansei, sus lou rut, ancoste Renalclo, arreis la vigne lou prestre, k'il ait aquasteit a Hanriat, lou fil Gererdin Chopairt d'Erkansei ki fut, an alluet, et a. c. l. e. an l'a. l. dv.

331 Badewins de Vallieres et Poincignons Yuenelz de S. Julien prannent ban sus jor et demei de vigne ke geist an la Cumine, ancoste la vigne les enfans Buevin, et sus une pesse de vigne ou on contet jor et demei, ke geist en Orsain desor pairt la vigne Plaitel, et sus une maxon ke siet an la Salz ancoste lai grainge Thomes, permei teil cens com li maxons doit, ke lour est delivre per droit et per jugemant, por tant com il ont paieit por Jennat Bomere de S. Julien, et por tant com il lour doit, et [dont il] sont ancor ancombrei por lui, et dont il sont tenans, et a. c. l. plais l. d.

332 Thomessas li muniers de S. Julien prant ban sus une pesse de vigne ke geist ancoste la vigne Colin Chaireteit, desor Vallieres ou ban de S. Julien, ou on contet les III pairs d'un jornal, k'il ait aquasteit a Arnout de Nowesseuille, lou fil Watier ki

fut, et a Jaikemin, lou fil Joutelate d'Outre Muzelle, an alluet, et a. c. l. e. an l'ai. l. d.[1])

333 Howignons Thomes p. b. sus III pesses de [1]) vigne ou om contet VII jornalz, ke geixent sus Muzelle, k'il ait aquasteit a Jehan de Maigney, son nevout, permey teil cens com les III pesses de vigne doient, et a. c. l. e. an l'ai. l. d.

334 Renadins, li filz Jaikemin lou maior d'Alexei ki fut, prant ban sus une pesse de vigne ou on contet XIIII homees, ke geisent an Pot ou ban d'Erkansei, ancoste les enfans Anchie Mague, k'il ait aquasteit an alluet a Steuenin Troexin d'Erkansei, a. c. l. e. an l'a. l. dv.

335 Waterins li draipiers et Jennas Wesselins prannent ban sus la moitiet de la maxon ke siet an Stoxei, ancoste l'osteit Guersat Maisue, et sus II jornalz de terre arreure ke geisent a Ruxei, sus Bevart, et sus lou meis ke siet daier Parnemaille, ancoste lou meis Steuenin Werràte lou clerc, k'il ont aquasteit a Cherdat Mennegout, permei teil cens et teil droiture com tous cist eritaiges doit, et a. c. l. e. an l'a. l. dv.

336 Dame Lorate, li femme Poincignon de la Paillole ke[2]) fut, prant ban por waigeire sus la maxon ke fut Eurairt lou chaivretour, ke siet a Porte Muselle, et sus ceu ki apant, por tant com Eurairs desour dis li doit, l'escrit an l'arche, et dont dame Lorate desor dite est tenans.

337 Aburtelz Morelz de Nowesseuille prant ban sus une pesse de terre arreure ke geist an Gremilleipesse, ancoste lou prestre de Nowesseville, ou on contet jor et demei, k'il ait aquasteit a Jennat Naivel de Nowillei et a Odeliate, sa serorge, an alluet, et a. c. l. e. an l'a. l. dv.

338 Haibers, li freires Aburtel Morel de Nowesseuille, prant ban sus teil partie d'eritaige com il li est encheus de pair Merguerite, sa femme, la fille Euriat lou Moinne ki fut, ke geist an la fin de Nowesseuille et aillours per tout ou k'il soit, et dont il est tenans.

339 a) Aburtins Hartous li cordeweniers de Staixons prant ban sus teil partie com Rembalz de Retonfaijs, ces serorges, avoit an la pesse de preit ke geist an Ruet ou ban de Retonfaijs, et

---
[1]) *Die Worte* alluet *bis* dist *hatte Schreiber 11 an den Anfang der zweiten Zeile von 332 geschrieben, Schreiber 3 hat sie dort ausgekratzt und sie dann über dem Ende der ersten Zeile von 332 eingeschoben. In die freigemachte Zeile schrieb er 333,* Howignons *bis* de *auf die Rasur. Dieser Eintrag, der zugleich mit 356 oder noch später angemeldet war, hätte sonst keinen Platz gefunden.*

[2]) Dame Lorate *bis* ke *auf Rasur.*

sus une pesse de terre arreure ke geist an lai crowaie, et sus
une pesse de terre arreure ke geist a la barre ou ban de Reton-
faijs, ke partivet a Aburtin meymes, k'il ait aquasteit a Rem-
balt desor dit, permei teil droiture com cist eritaiges doit, et
a. c. l. e. an l'a. l. dv.

b) Et se prant ancor ban sus i jornal de terre arreure ke geist
lonc la sante a Besonsfontainne, et sus lou demei jornal de
terre arreure ke geist lonc lou champ les enfans Mouxel, ke
partivet a lui meymes, k'il ait anchaingiet a Rembalt desor
dit, permei teil droiture com tous cist eritaiges doit, et a. c.
l. e. an l'a. l. dv.

340 Renalz li chamberlains prant ban por lai chieze Deu de
Moremont sus x s. de met. de cens des xl s. de cens ke Thie-
baus Moutas doit sus sa maxon, ke siet a Porte Muzelle, k'il
ait aquasteit a Bietrit, la fille Colin Graineis ki fut, a. c. l.
e. an l'a. l. dv.

341 Burtignons Wielz prant ban sus iiii s. de met. de cens ke
geisent sus la maxon ke fut Symon Facol, ke siet ou Veueit,
et sus demaie une maxon ke siet. as Roches, davant l'osteit
maistre Jehan lou masson, ki fut Colin Brixechamin, por teil
avenant com Colins desor dis li doit des dates ke dame Aileit,
sa meire, dut a Burtignon desour dit, per escris an arche, et
dont Burtignons desour dis est de tout ceu tenans.

342 Gerairs, li filz Abert lou cellier ki fut, prant ban sus l s. de
met. de cens ke geisent sus la maxon maistre Jehan Dolosignor,
ke siet an Chambres, et sus lou resaige ki apant, et sus la
maxon ke siet as Roches, ancoste lai grainge Burtignon Wiel,
k'il ait aquasteit a Forkignon, lou fil lou signor Estene lou
Roi, et a Hanriat Bellegoule et a Ailexate, lour serorge, per-
mei lx s. de met. de cens ke li oir signor Philippe Faixin i
ont, et permei vii s. de met. de cens ke Burtignons Wielz i
ait, et permei teil cens com Forkignons et Hanrias et Ailexate
i ont de remenant, et e. c. l. e. an l'a. lo d.¹)

343 ²) Lowias, li fis dame Wielant d'Aiest,¹) p. b. sus tout l'eri-
taige ke Jaikemins, li filz Ferrit de Nowesseville, [ait] an toz

---

¹) et ensi *bis* dist *übergeschrieben von Schreiber 3*, Lowias *bis* d'Aiest *auf Rasur*. *Wie bei 332 und 333 hat Schreiber 3, um für den später eingelaufenen Antrag 343 Platz zu gewinnen, die letzten Worte von 342 ausgekratzt und in die freigewordene Zeile 343 eingetragen.*

²) = 1285, 432.

us ou k'il soit, ke li est delivres per droit et per jugemant, por tant com Jaikemins devant dis li doit, per escris [en airche], et por tant com Lowias devant dis ait paiet por lui, per escris an airche, dont li escrit li sont delivre, et permey teil cens et teil droiture com li eritaiges doit.

344 Symonins Paipemiate prant ban sus de kan ke Poujoize Trullairs ait an la vowerie de Malleroit, et an l'awe de Malleroit, et ou preit an Luxure, et sus vii s. et ii chapons de cens ke Waterins, li filz Roubelin de Malleroit, doit sus demei jornal de vigne davant les molins d'Alexey, et sus vi jornalz de terre arreure et sus de kan ke Poujoizes Trullairs ait ou ban de Malleroit, an keil maniere ke se soit, k'il ait aquasteit a Poujoize Trullairt, a. c. l. e. an l'a. l. dv.

345 Et se prant ancor ban sus la pesse d'awe c'on dist an Ancrefose, ke duret des les molins d'Alexey an jusc'a bonnes desour a l'antreir de Malleroit, et sus de kan ke Jennas, li filz Thierit Murlin, ait an ceste awe, an keil maniere ke se soit, et sus de kan ke Jennas ait ou brais an coste l'awe, ke partet a Arnout Poujoize, k'il ait aquasteit a Jennat desor dit, a. c. l. e. an l'a. l. dv.

346 Hanrias Burnekins prant ban sus une pesse de terre arreure ou on contet v jornalz, ke geisent desous la maxon des Cordelieres sus Mozelle, permei xviii d. de cens ke li pesse de terre doit, k'il ait aquasteit a dame Yzabel, la femme Poinsegairt ki fut, et a. c. l. e. an l'a. l. dv.

347 Hanrias Lambers prant ban sus lou demei molin ke siet a Alexey, ke partet a Guiot de Porte Muzelle, ke fut Colin Clairiet, k'il ait aquasteit a Maheu Vogenel, lou fil Abert Clairiet ki fut, ki est mainbors de la devise Colin Clairiet, son freire, a. c. l. e. an l'a. l. dv.

348 Ailexate, li femme Burtran de Chaille lou tennour ki fut, prant ban sus tout l'eritaige ki fut Burtran de Chaille[1]) desour dit, ki est encheus a Burtemin Vetrekin de S. Julien et a Perrin l'Alleman et a Colin de Ruxit [et] a Paiuiate Bourraiche de Chaillei, permei teil cens com tous cist eritaige doit, a. c. l. e. an l'a. l. dv., c'est a savoir vi d. a signor de[1]) S. Pol et L s. a prestres parrochalz de Mes.

349 Jaikemins, li filz Thomessin Sauaige, prant ban sus la maxon et sus ceu ki apant ke siet a monteir de Chieuremont, davant

¹) tout *bis* Chaille *und* cens *bis* de *auf Rasur.*

Sainte Creux, ke fut Colin Cobel, k'il ait aquasteit a Colin desor dit, permei teil cens com li maxons doit, et a. c. l. e. an l'a. l. d.

350 [1]) Vguignons Hennebors et Symon Paipemiate et Jennas Goule prannen[t] ban sus tout l'eritaige ke li sires Huwes Bairbe ait an Mes [2]) et fuers de Mes, ou k'il soit, por tant com li sires Huwes desor dis lou[r] doit, per escris an arches, et por tant com il ait a faire a oulz, per escris an arche, dont li escris lour sont delivre, et por tant com il sont randours por lou signor Huon desor dit, per escris an arche, c'est a savoir Symons et Jennas por toute la moitiet, por oulz et por lour compaignons, et Vguignons Hennebors por toute l'autre moitiet.

351 Philippins li Gornais prant ban sus teil droit et teil raixon et teil aquast com dame Colate, li femme Burtignon Odewain ki fut, ait on gros deimme de Virey et ou redeimme de Virey et sus les xv quartes de wayn moitainge et sus les xv quartes d'avoinne ke dame Colate desor dite ait aquasteit a signor Jehan des Estans, lou fil lou signor Jaike dou Nuefchaistel ki fut, ke sont delivre a Philippin desor dit an plait et an justice, et dont Philippins est tenans, permei sa delivrance. [3])

352 Contasse et Katherine, sa suer, les II filles signor Jehan de la Cort, prannent ban sus les deimmes de Vantous et de Maiey, gros et menu, et sus ceu ki apant, tant com por lour dous vies, entieremant, k'elles ont aquasteit a l'abbeit et a covant de S. Martin outre Mozelle, ansi com les lettres saiellees de de lour saielz ke geisent an l'arche lou devisent.

353 Jehans, li filz Jaikemin Roillon ki fut, prant ban por waigeire, dont il est tenans, sus tout ceu ke li sires Jehans de Heis, li filz signor Yzambairt ki fut, ait a Heis et ou ban et ans apandixes, an tous us et an tous prous, por tant com li sires duit et doit a signor Roul Maikerel, son aveul ki fut, per escris an arche, dont li escris li sont delivre, et por tant com li sires Jehans doit a Jehan desor dit, per escris an arche.

354 Nenmeris li draipiers, ke maint davant Sainte Creus, prant ban sus une pesse de vigne ou on contet I jornal, ke siet sus lou preit a S. Julien, k'il ait aquasteit a dame Jaikemate de

---

[1]) *Durchgestrichen wie 1285, 458 und 544.*
[2]) Mes *bis* soit *übergeschrieben,* lai mairie de Porte Muzelle *durchgestrichen.*
[3]) *v. 1279, 404.*

S. Julien, ke fut femme Philippin de Malleroit, et a. c. l. e. an l'a. l. dv.

355 Jaikemins Faixins p. b. sus la maixon et sus tot lou ressaige ki apant ke fut chivalleir Gaillairt, ke siet antre la posterne an Chambres et la maixon Waterin lou berbier, permey vi s. et demey de mt. de cens ke li maixon doit, et sus la moitiet de la petite maixon ke siet as Roches, ke pairt a Burtignon Wiel de Chambres, ke Jaikemins ait eschengiet a Thiebaut, lou fil Vguignon Cunemant, a. com l. e. an l'ai. l. d.

356 Gerardins li Bagues de Maigney p. b. sus la maixon et sus tout lou ressaige ki apant ke fut chivalleir Gaillairt, ke siet antre la posterne an Chambres et la maixon Watrin lo berbier, k'il ait aquasteit a Jaikemin Faixin, permei vi s. et demey de met. de premier cens ke li maixon doit, et permey xxx s. de mt. de cens k'il an doit chesc'an paier a Jaikemin Faixin, et a. c. l. e. an l'ai. l. d.

357* Ce sont li ban dou vintisme jour de noiel. En la mairie de Porsaillis:

357 Ancillons li feivres de la rue des Allemans prant bans sus une maixon ke siet an la rowe des Allemans, apres lou chakeur S. Piere, k'il ait aquasteit a signor Nenmerit, lou preste de S. Martin, permei xviii s. de mt. de cens, et a. c. l. e. an l'a. lo d.

358 Hanelos li feivres de la rue des Allemans p. b. sus une maixon ke siet an la rowe des Allemans, apres la maixon Richairt Moufle, k'il ait aquasteit a Colignon Lekate, permey x s. de mt. de cens, et a. c. l. e. an l'ai. l. d.

359 Jehans li orfeivres p. b. sus la maixon ke fut Jennat de Mercilley, ke siet an la rowelle Repigney, et sus demei jornal de vigne ke geist an la Douceawe, k'il ait aquasteit a Symonat, lou fil Arnoudat Dornant, permei teil cens com cist eritaiges doit, et e. c. l. e. en l'a. lo d.

360 Jehans Coustans de S. Arnout p. b. sus une pesse de vigne an Andrevalz, ke geist ancoste la vigne la femme Remion l'olieir, k'il ait aquasteit a Colin, l'avelet Colairt de Mairley, permey iii s. de cens, et a. c. l. e. an l'ai. l. d.

361 Burterans Guerlas de S. Arnout p. b. sus i jornal de vigne ke geist ou ban de Montigney, ancoste la vigne Burteran Gemel,

k'il ait aquasteit a Vlriat Burnel de Waippey, permey vi s. et iiii d. de mt. de cens, et e. c. l. e. an l'a. l. d.

362 Jakemins Beudins de S. Clemant p. b. sus demey jornal de vigne ke geist an la crowee S. Clemant, tier meu S. Clemant, k'il ait aquasteit a Pairexat, lou nevout Alainme, a. com l. e. an l'ai. l. d.

363 Androwas, li janres Yzanbairt lou corvexeir dou Quartal, p. b. sus teil partie com Wernessons et Howessons et Hanrias et Jennate, li anfant Yzambairt dou Quartal, avoient an la maixon Yzambairt, lor peire, ke siet a Quartal, k'il ait aquasteit a Warnesson et a Howesson et a Hanriat et a Jennate devant nommeiz, permey teil cens com li maixon doit, et a. com l. e. an l'ai. l. d.

364 Jennas Spenas de S. Clemant p. b. sus v quarterons de terre ke geixent sus la sante de Blorut, k'il ait aquasteit a Theiriat Howat et a Paikin, son freire, et a Jakemin, lor serorge, permey viii d. de cens, et a. c. l. e. an l'ai. l. d.

365 Symonas li quartiers de l'ospital p. b. sus une maixon ke siet an S. Nicolaisrowe, ancoste la maixon Yzaibel la Raietaille, k'il ait aquasteit a Domangin lo Gronaix lou quarteir, permey xvi s. de cens, et a. com l. e. an l'ai. l. d.

366 Perrins li berbiers p. b. sus une maixon ke siet ancoste lui meymes, k'il ait aquasteit a Hanrit Gouion lou taillor, permey xxi s. de mt. de cens, et e. c. l. e. an l'ai. l. d.

367 Weirions Burtoulz de Maizelles p. b. sus vi jornalz de terre areure, s'an geixent iiii jornalz sus Vguignonrut, et ii jornalz sus lou chamenel de Grixey ke fiert sus lo Grant chamin de Mes, k'il ait aquasteit a Hanriat Bellegoule, permei iiii d. et maille de cens, et e. c. l. e. an l'ai. l. d.

368 Poinsignons Peldanwille p. b. por la chieze Deu des Proicherasses sus une pesse de terre ke geist devant lor grenge a Pairuel, k'il ait aquasteit por la chieze Deu devant dite a Ferrit, lou fil Hanriat Ferrit, et a Howignon, son serorge, a. c. l. e. an l'ai. l. d.

369 Jennas Morisas p. b. sus demey jornal de vigne ke geist a S. Clemant, daier lo chakeur S. Thiebaut, ancoste la vigne S. Laizre, k'il ait aquasteit a Odeliate, la femme Jennat Laffrairt que fut, permei vii s. et iiii d. et maille de cens, et e. c. l. e. an l'a. l. d.

370 Theirias Manegairs de S. Piere p. b. sus la moitiet de la vigne
Wiairt lou Fransois, ke geist an Veudeborce, moiterasse S. Cle-
mant, k'il ait aquasteit as oirs Wiairt devant dit,[1]) a. com l.
e. an l'ai. l. d.
371 Abris li bolangeirs dou Champel p. b. sus une pesse de terre
ke geist an la fin d'Airs ou ban de Chaigney, k'il ait aquasteit
a Gueperate, la fille Gerairt Patillon, permey II d. de cens, et
e. c. l. e. an l'ai. l. d.
372 Richairs Wairenelz p. b. sus une pesse de terre areure ou om
contet jor et demei, ke geist an Wirkilley, ancoste la terre
Fillippin lou Gronaix, k'il ait aquasteit a Jennat, lo fil Burteran
de Chaistelz ke fut, permei VII angevines de cens, et e. c. l.
e. an l'ai. lo d.
373 Pieresons, li fis Luciate de S. Clemant, p. b. sus II jornalz de
terre areure ke geixe[n]t devant Blorut, antre Weiriat lou
maior de S. Syphorien, et sus demei jornal de vigne an Patil-
louze, ancoste German, k'il ait aquasteit a Anel, la femme
Jennin lo marleir, permei teil cens com cist eritaiges doit, et
e. c. l. e. en l'a. lo d.
374 Heilowis, li femme la Grive, p. b. sus une pesse de terre ke
geist an la sante de Blorut, k'il ait aquasteit a Jehan Otig-
non, permey VII d. et maille de cens, et e. com l. e. an l'ai. l. d.
375 a) Jaikemins de Pairgney li tenneires de la Vigne S. Auol
p. b. sus la maixon ke fut Colignon Bousuevle de Maigney, ke
siet a Maigney, ancoste la maixon Gerardin Wesse, k'il ait
aquasteit a Colignon Bousuevle devant dit, permey XXVI d. de
cens, et e. c. l. e. an l'ai. lo d.
b) Et si p. b. ancor sus la maison ke fut Burteran lo cor-
vexeir, ke siet daier lo four a Maigney, k'il ait aquasteit a
Burteran devant dit, permey XXVIII d. de cens, et e. c. l. e.
an l'ai. l. d.
376 Ermanjairs, li femme Jaikemin Godin, p. b. sus une maison ke
siet a S. Clemant, ancoste la maixon Heilowit la Grive, k'elle
ait aquasteit a Watrin lou Polut, permey V d. et I chappon
de cens, et a. c. l. e. an l'a. l. d.
377 Thomessins, li filz Jenin Kaneuelle, p. b. sus une maixon ke
siet ou Grant Waide, ancoste la maixon Watrin Burtelo, k'il
ait aquasteit a Jakemin Mustel, permey teil cens com elle doit,
et a. com l. e. an l'ai. lo d.

---
[1]) *Hinter* dit *ist* et a Filippin lo Gronaix *durchgestrichen.*

378 Burterans Dowaires et Theirias, ces janres, p. b. sus une pesse
de terre et de vigne ke geist a Grant Chauol outre Saille, en-
coste la vigne Theiriat meymes, k'il ont aquasteit as II filles
Jennat Dantdaine, permey III s. de mt. de cens, et e. c. l. e.
an l'a. lo d.
379 Symonins Corssanzairme p. b. sus demey jornal de vigne ke
geist an la Haute Pertelle, encoste la vigne Jennat Boukerel,
k'il ait aquasteit a Steuignon, son freire, permey I d. de cens,
et a. c. l. e. an l'ai. l. d.
380 Guizelins, li janres Erfe de Sanerie, p. b. sus la maixon ke fut
Hennelo l'awilleir, ke siet an Sanerie, apres la maixon Jennin
Creature, k'il ait aquasteit a Hanelo l'awilleir, permey XL s.
de mt. de cens, c'est a savoir XX s. a Joiffroit Bonairt et XX s.
a Leukart, et e. c. l. e. an l'ai. l. d.
381 a) Dame Gehenne, li femme Eurion lou maignien ke fut, p. b.
por ces oirs k'elle ait de Eurion, son marit, sus la moitiet ke
Jehans li clers, ces fillaistres, avoit ou jornal de terre ke geist
antre lou demey jornal ke fut Nenmerit et la terre Gerairt,
5 lou fil Weiriat de S. Clemant, ke pairt a Lorate, sa suer, et
sus la moitiet dou jornal ke geist a chief de l'orme an la voie
de Maigney, sus lou chamin, ke part a Lorate, sa suer, et sus
la moitiet k'il avoit ou jor et demey ke geist devant Molenel
ou ban de Gerney, ke part a Lorate, sa suer, et sus la moitiet
10 k'il avoit ou champ sus lo Rowavle ou ban de Gerney, ke part
a Lorate, sa suer, k'elle ait aquasteit a Jehan lou clerc, son
fillaistre devant dit, por ces oirs k'elle ait de Eurion, son
marit desor dit, permey teil cens et teil droiture com tous cist
eritaiges doit, et a. com l. e. an l'ai. l. d.
b) Et si prant bans ancor dame Gehenne desor dite por ley
et por ces oirs k'elle ait d'Eurion, son marit, sus la moitiet
ke Lorate, sa fillaistre, avoit an la maixon ke fut Eurion lou
maignien, son peire, ke siet dezour Viez Bucherie, et sus teil
5 eritaige com elle ait, ou k'il soit, ke pairt a Jehan, lou freire
Lorate devant dite, et sus kant k'elle ait d'eritaige ou k'il soit,
an touz us, et keilz k'il soit, an Mes et fuers de Mes, k'elle
ait aquasteit a Lorate devant ditte por ley et por ces oirs
k'elle ait d'Eurion, son marit, permey teil cens et teil droiture
10 com toz cist eritaiges doit, et a. c. l. e. an l'ai. l. d.
382 Pieresons de Longeville deleis Chamenat p. b. sus une pesse
de terre areure ke geist au Fouceiz, arreiz Jennat, lou fil

Agatte, et sus une pesse de terre ke geist an Rowes, arreis la terre Matheu Migomairt, k'il ait aquasteit a Cunin lou Duc de Chamenat, permey teil cens et teil droiture com les II pesses de terre doient, et a. com l. e. an l'ai. l. d.

383 Hawiate, li femme Theirion Alairt ke fut, p. b. sus demey jornal de vigne ke geist sus Maizelles, quairs meus S. Pol, k'il ait aquasteit a Poinsignon, son freire, permey une angevine de cens, et a. c. l. e. an l'ai. l. d.

384 Colignons Nerlans p. b. sus une piece de vigne ke geist ou ban S. Arnout, c'on dist a Puix, arreis la vigne Colignon meymes, k'il ait aquasteit a Steuenin de S. Clemant et a Hanriat lou Vel, son freire, permei XIII d. de cens, et a. c. l. an l'ai. lo d.

385 Lowis, li filz Colin Panceron, p. b. sus I jornal de vigne ke geist an Forches, ancoste la vigne Symonin de Chaistelz ke fut, ki est moiterasse les confreires de S. Germain, k'il ait aquasteit a Arnout Briate, e. com l e. an l'ai. l. d.

386 Symonins li boulangeirs de Davant S. Eukaire p. b. sus I stal an mei leu de la halle des bolangeirs au Visignuel, k'il ait aquasteit as oirs Besselin Raivetel ke fut, permey teil cens com il doit, et a. com l. e. an l'ai. l. d.

387 Otignons li Roncelz de S. Clemant p. b. sus la moitiet de la pesse de vigne ke fut Wiairt lou Fransois, ke geist an Veudeborce, moiterasse S. Clemant, k'il ait aquasteit as oirs Wiairt devant dit, a. c. l. e. an l'ai. l. d.

388 Matheus Besselins de S. Clemant p. b. sus une maixon ke siet dezous l'orme a S. Clemant et sus kant ki apant, ke fut Wiairt lou Fransois, k'il ait aquasteit as oirs Wiairt devant dit, permey XII s. et III d. de cens, et a. c. l. e. an l'ai. lo d.

389 Wairins, li filz la Grive de S. Clemant, p. b. sus une pesse de vigne tier meu S. Clemant ke geist an la crowee ou ban S. Clemant, encoste la vigne Jennin de Lay, k'il ait aquasteit a Pieresat Couvairt de S. Clemant, a. c. l. e. an l'ai. l. d.

390 Hanrias lou Vel[1]) de S. Clemant p. b. sus II pesses de terre ke geixent ou ban de S. Clemant, s'an geist une pesse dezous lou colanbier et li autre dezous S. Andreu, k'il ait aquasteit a Poinsignon Chamaigne et a Ermanjart, sa serorge, a. c. l. e. an l'ai. l. d.

391 a) Jehans Otignons de S. Clemant p. b. sus une pesse de vigne ke geist ancoste la soie vigne meymes, ke fut Watrin Daboree,

¹) v. 384 Hanriat lou Vel, 1288, 451, 1298, 515 Hanrias. li Velz de S. Clemant.

k'il ait aquasteit a Watrin devant dit, permey IIII s. de mt. de cens, et e. c. l. e. an l'ai. lo d.

b) Et si p. b. ancor sus les II pesses de vigne ke li anfant Thomes, lou fil lou Fransois, avoient an Quatre Queires, k'il ait aquasteit as anfans Thomes devant dit, permei III angevines de cens, et e. c. l. e. an l'ai. lo d.

392 Jaikemins, li filz Gehenne de S. Clemant, p. b. sus une pesse de terre [ke geist entre?] Jehan lou Mercier et Besselin Mallevaiche, k'il ait aquasteit a Anel, la femme Jennin lou mairleir, en alluet, et e. c. l. e. an l'a. l. d.

393 Weirias, li filz Gehenne, p. b. sus une pesse de vigne ke geist an Haiois, tiers meu S. Clemant, k'il ait aquasteit a Colin Quatremaille, e. com l. e. en l'ai. l. d.

394 Burterans, li filz Symon lou maior de Pontois, p. b. sus une maison et sus lou meis et sus tout lou ressaige ki apant ke siet an Wackeron, ke fut Gerairt Quentin de Pontois, k'il ait aquasteit a Gerairt devant dit, permey teil cens com cist eritaiges doit, et e. con l. e. an l'ai. lo d.

395 Poinsignons Symons et Ancillons de Venixe, ces nies, p. b. sus une pairt an la nueve halle des marchans an Visignuel, ou om contet II stalz, et sus ceu ki apant, k'il ont aquasteit a Jaikemin lou tellir, e. c. l. e. an l'ai. l. d.

396 Goudefrins Moutas de S. Clemant p. b. sus IIII eires de meis ke geixent a la fontenne S. Aman, k'il ait aquasteit a Colin Quatremaille, permei XVII d. de cens, et a. c. l. e. an l'ai. l. d.

397 Burterans li taneires de la Vigne S. Avol p. b. sus III jornals de terre et sus une fauciee de preit ke geixent ou ban de Brehein, k'il ait aquasteit a Collate, la femme Symonat de Maizelles ke fut, e. com l. e. an l'ai. l. d.

398 Ailexate, li femme Gerairt lou bolangier de la Vigne S. Avol, p. b. sus une maixon ke siet an la Vigne S. Avol, ancoste la maison Thomes lou corretier, k'elle ait aquasteit a Jaikemate, la fille Jennin Merrie ke fut, et a Poinsignon, son nevout, permei XXI s. de mt. de cens, et a. c. l. e. an l'a. lo d.

399 Steuenins Ydate p. b. sus II jornalz et demey de vigne ke geixent sus Saille, an droit la Follie, encoste la vigne Poinsignon Lucie, k'il ait aquasteit a Jaikemin Bellegree l'aman, permey XV s. de mt. de cens, et e. c. l. e. an l'ai. l. d.

400 Jennas li berbiers dou Quartal p. b. sus la stuve ke fut Theiriat lou stuvour, ke siet devant la xippe, et sus tout lou

ressaige ki apant, k'il ait aquasteit a Theiriat devant dit, permey vi lb. et demee de mt. de cens, c'est a savoir xl s. iii mailles moins a Sainte Glossenne et iiii lb. et demee a Theiriat devant dit, et e. c. l. e. an l'a. lo d.

401 Jenas li Vakes p. b. sus i jornal de vigne ke geist sus Haute Riue, k'il ait aquasteit a Adenat de Quencey, permei v s. de cens, et a. c. l. e. an l'a. l. d.

402 Jennas li Vakes et Jaikemate, li femme Burtemin Remilley, p. b. sus i jornal de vigne ke geist an Cherdenoit, et sus i jornal de vigne an la Corte Roie, et sus i jornal de vigne ke geist a Saneraschamin, et sus i jornal de vigne ke geist an Glairuelles, k'il ont aquasteit a Burteran Berrel, permey teil cens com touz cist eritaiges doit, et e. com l. e. an l'ai. l. d.

403 Jennas Mouxins p. b. sus la maixon Jennat Cral de S. Clemant, ke siet ancoste la maixon lou signor Willame, lou preste de S. Jehan, ke li est delivre per droit et per jugemant, por tant com Jennas Cralz li doit, per escrit an airche, et permei teil cens com li maison doit.

404 Jaikemins, li nies Herbin lou meuteir, p. b. sus la maison ke fut Weirion lou meuteir, ke siet ou Paire, arreiz la maixon lou Bague de Nonviant lo meuteir, k'il [ait] aquasteit a Baudowin Flocort, permey teil cens com li maixon doit, et e. c. l. e. an l'ai. lo d.

405 Howins Nerlans p. b. sus les xx s. de mt. de cens k'il meymes dovoit sus sa maixon ou il maint, kil ait aquasteit a Jehan, lou fil Jakemin l'ardour ke fut, e. con l. e. an l'ai. l. d.

406 Colins Dowaires p. b. por la chieze Deu de S. Symforien sus tout l'eritaige ke Colins de Racort et Aileis de Morey, sa femme, et Jehans, ces filz, avoient ou ban de Racort et ou ban de Nommeney et ou ban de Rouvre et ou ban de Resencort et ou ban d'Aipilley et ou ban de Mailley, an toz us et an toz prous, ke li abbes Garcilles de S. Symphorien ait aquasteit a Colin et a Aileit, sa femme, et a Jehan devant nommeiz, permei teil cens et teil droiture com toz cist eritaiges doit, et e. c. l. e. en l'a. lo d.

407 Et si p. b. ancor por la chieze Deu de S. Symphorien desour dite sus de cant ke Jehans, li fis Aileit de Morey, ait d'eritaige ou ban de Racort, en tous us et an tous prouz, ke li abbes Garcilles de S. Symphorien ait aquasteit a Jehan devant

dit, permey teil cens et teil droiture com li eritaiges doit, et e. com l. e. an l'ai. l. d.

408 a) Hanrias de Noeroit, li maires de l'ospital S. Nicolais ou Nuefbourc, p. b. por l'ospital devant dit sus tout l'eritaige ke Gerairs Lucion de Bui et sa suer avoient ou ban de Bui et aillors, par tout ou k'il soit, ke Gerairs et sa suer ont doneit por Deu et an amosne a l'ospital devant dit, permey teil cens et teil droiture com touz cist eritaiges doit, et e. com l. e. an l'ai. l. d.

b) Et si p. b. ancor por l'ospital devant dit sus la maixon Colin Bouton, ke siet outre Saille, et sus kant ki apant, ke li Treze lour ont delivreit por les xxxv s. de mt. de cens ke li maixon lor doit, et por les estaies trespassees, ke montent a c et xiii s. et demey de mt.

409 Et si p. b. ancor pour l'ospital devant dit sus les lx s. de mt. de cens ke Sebiliate, li fille Perrin lou Mercier, ait sus la maison Fillippin lou Mercier et sus tout lou ressaige ki apant, c'on puet racheteir, et sus les lxv s. de mt. ke Renadins li Merciers doit a Sebeliate devant ditte sa vie, ke Sebeliate devant dite ait doneit por Deu et an amosne a l'ospital devant dit, et e. com l. e. an l'ai. l. d.

410 Jaikemas de S. Arnout p. b. sus une grenge et sus i four et sus la moitiet d'un meis et sus la moitiet d'une chaneveire daier la grenge, ke sieent a Longeville ou ban de Chamenat, k'il ait aquasteit a Jennat, lou fil Arnout lou Brehon, permei teil cens et teil droiture con toz cist eritaiges doit, et a. c. l. e. an l'a. lo d.

411 Colignons Cunemans et Burtignons Wielz de Chanbres p. b. sus lv s. de mt. de cens ke geixent sus toute la terre areure et sus tout l'eritaige ke Renadins, li filz lou signor Giruaixe de Lessey ke fut, aquasteit a dame Beliairt, la femme lou signor Estene lou Roi, ke geist a Malpais, k'il ont aquasteit a Forkignon, lou fil lou signor Estene lou Roi, e. com l. e. an l'ai. l. d.

412 Jaikemins Moretelz et Jennas li soieres p. b. por Colin lou Gornaix lou cherpanteir de S. Clemant et por Ailexon, sa femme, sus une maixon ke siet an S. Jehanrowe a S. Clemant, k'il ont aquasteit a Gerairt et a Ermanjon, les anfans Thomes de S. Clemant ke fut, permey vi s. de mt. de cens, et a. c. l. escriz an l'a. l. d.

413 Gerairs, li filz Weiriat lou maior de S. Clemant, p. b. sus une
pesse de vigne ke geist an Paitillouze ou ban S. Clemant, en-
coste la vigne German, k'il ait aquasteit as anfans Thomes,
les aveles lo Fransois de S. Clemant, permey une angevine de
cens, et e. con l. e. en l'a. lo d.
414 Poinsignons, li fis Weiriat lou maior de S. Clemant, p. b. sus
une pesse de vigne ou ban S. Arnout, an coste la vigne S. Laidre,
c'on faisoit de lui a tiers, k'il ait aquasteit a Colin Quartre-
maille,[1]) e. c. l. e. an l'ai. l. d.
415 Pieras de Chambre p. b. sus la maison et sus lo meis et sus
tous les resaiges ki apandent ke siet a Maigney, ancoste la
maison Ainglebert, k'il ait aquasteit a Arambor, la femme
Gerardin Wesse ke fut, et a ces anfans, permey III mailles
de cens, et e. c. l. e. en l'ai. lo d.
416 Abertin d'Agiencort li permanteirs p. b. sus une maison ke siet
an la rowe don Preit et sus tot lo resaige, k'il ait aquasteit
a l'abbeit de Belpreit, permey x s., et e. c. l. e. en l'ai. l. d.
417 Perrins, li fis signor Jehan de la Cort, p. b. sus II pesses de
terre areure ou on contet XII jornalz, ke geixent an la fin de
Maigney, k'il ait aquasteit a Maheu Lowit, an alluet, et e. c.
l. e. en l'ai. l. d.
418 [2]) Jaikemins Bernages li clers p. b. sus la mason Gilbert lo
tanor, ke siet an Chapponrne, et sus tot l'eritaige ke Gilbert
ait, an toz us, ou k'il soit, ke li est delivres an plait, por
tant com il li doit, l'ecrit en l'airche, et permey teil cens et
teil droiture com li eritage doit.
419 Dunexate, li feme Steuenin Corsenzarme, p. b. sus la maison
Gerardin lo Baigue, lo fil Ainglebert de Maigney, ke siet ou
Waide Bugle, k'elle ait aquasteit a Gerardin lo Baigue devant
dit, permey v s. de cens, et e. c. l. e. en l'ai. lo d.
420 Jennas li clers, li fis Ruecelin dou Champel ke fut, p. b. sus
la moitiet dou jornal de vigne[3]) ke Colignons, li fis Jennat
Dantdaine, ait a Grant Chanol, deisai les Bordes, ke geist an-
coste la vigne ke fut Garceriat de la Tor, celei partie devers
Mes, k'il ait aquasteit a Colignon devant dit, per mey III ange-
wene de cens, et e. c. l. e. en l'ai. l. d.

---

[1]) *Es folgt* per, *Anfang eines mit* permey *beginnenden aber ausgelassenen
Zusatzes, oder verwechselt mit* et.

[2]) *Durchgestrichen.*

[3]) *Vorlage* vigney.

421 Symonas Bellegreie p. b. sus une maison ke sieit davant la
cort dou Moreir, ke fut Badeson Dedieist et Merguerate, sai
femme, et sus une maixon ke siet en coste les Proicherases,
ke lour vint consuant de pair dame Poinse Dediest, ke sont
delivres a Symonat daivant dit per droit et per jugemant, por
tant com Badesons et Merguerate, sa femme, li doient, per
escris an airche, et por tant con Symonas ait paieit por ous,
per escrit an airche, permey teil cens com toz sist eritaiges
doit, et e. c. l. e. en l'ai. lo d.

422 Gillas Haikes p. b. sus III grais chappons et VIIII d. de cens
ke geixent sus la maison Simonat Bobille ou Haut Champel,
ke Gillas meymes dovoit por les XXII s. et II d. de cens ke
Gillas ait sus la maison Symonat Bobille desour ditte, k'il ait
aquasteit a Jehan, chanone de S. Thiebaut, lo fil lo signor
Cunon dou Nuefchaistel, et e. c. l. e. en l'ai. lo d.

423 Symonas Groignas p. b. sus la moitiet de toute la maixon et
de tout lou resaige ki apant ke Collignons, li fil¹) Guiot de
Porte Muzelle, avoit daier Ste Creux, devant la maison Arnout
Aixiet, ke fut Jacob de Jeurue, ke pairt a Willemin, lo freire
Colignon devant dit, k'il ait aquasteit a Colignon devant dit,
et e. c. l. e. en l'ai. l. d.

424 Hanrias Roucelz, li fis Colin de Champelz ke fut, p. b. sus
XIII lb. de mt. de cens de premeir cens ke geixent sus tout
l'eritaige ke Jennas de Magney ke fut avoit ou ban de Trug-
nuet, an chans, an preis, an bois, en vignes, en droitures, en
censces, en maison,¹) en grenges, an colaubeirs, an awe, et sus
toz les resaiges ki apandent a toz ces leus devant dis, et sus
la maison et sus lou resaige ki apant ke siet ou ban S. Cle-
mant a Maigney, an coste la maison Mariate la taverneire,
et sus la maison et sus lo resaige ki apant ke siet atour
S. Sauour, devant la maison Gerardin de Moielen, k'il ait
aquasteit a Jehan, lou filz¹) Jennat de Magney ke fut, et e. c.
l. e. en l'ai. l. d.

425 Gerairs li bolangiers de la Creuxate p. b sus la moitiet de
la grenge ke fut lo janre d'Espinalz, ke siet ancoste sa
maison ou il maint, la partie devers lou Nuefbour, k'il ait
aquasteit a Yzabel, la femme Colignon Vilain ke fut, permey
XIII s. de mt. de cens, c'est a savoir XX s. d[av]anteri[n]ement
k'il an doit a Jaikemin de Heu et a Watrin et a Forkignon,

---

¹) v. Anm. zu 1285, 222.

ces II serorges, et a Bietrexate, sa serorge, et XXII s. a Yzaibel devant dite,¹) et e. c. l. e. en l'ai. lo d.

426 Thiebaus, li filz dame Lorate Baizin, p. b. sus une piece de preit ke geist ou Saisis ou ban de Grixey, an coste lo preit dame Lorate Baizin, k'il ait aquasteit a Thieriat Wibor de Grizey, permei II d. de cens,²) et a. c. l. e. en l'ai. l. d.

427 Lietalz li permanteirs p. b. sus VIII s. de met. de cens ke geixent sus I stal an la halle des permanteirs, an coste l'osteil Poinsignon lo Gornaix, k'il ait aquasteit a Colignon Xocort, et a. c. l. e. en l'ai. lo d.

428 Li sires Jehans li prestes, li fis Piereson lou taillor³) ke fut, p. b. sus une piece de vigne ke geist an Paitillouze ou ban S. Clemant, k'il ait aquasteit a Henmonat, l'esxaving de S. Clemant, permey X d. une angevine moins de cens, et a. c. l. e. en l'ai. lo d.

429 Ocdins li armoiers de Frenerue p. b. sus la maison et sus tout lo resaige ki apant ke siet an Frenerue, ke fut Vguignon de Lieons, k'il ait aquasteit a Joiffroit et a Collate, sa suer, les anfans Vguignon de Lieons, permey C s. de met. de cens ke li maison et li resaiges doit, et permey XVI s. de met. de cens ke li maixon et li resaiges doit as oirs Bauduyn Yzambairt, k'an puet racheteir por XVI lb. de met. ades kant on vorront, et e. c. l. e. en l'ai. l. d.

430 a) Thiebaus Kaibaie p. b. sus une maison ou Waide, ke fut Domangin Noxout, et sus lou resaige ki apant.
b) et se prant ancor bans sus une maixon devant Ste Glosenne, ke fut Bertemin Cugnefestut, ke li sont delivres et aquitees, por tant con les II maixons li dovoient de cens, et dont il est bien tenans.

431 Garcerias Faixins p. b. sus la maixon et sus tout lou resaige ki apant dezour et desouz ke siet an Visignuel antre l'osteil Bairekel et l'osteil Jennat Moxin, k'il ait aquasteit a Jaikemin lou Jal, lou fil Collenat de Vy ke fut, permey C s. de met. de cens ke li maixon et li resaige doit a Jehan, lo fil Collenat de Vy, les keilz om puet ades racheteir kant om vorront, XX s. de cens por XX lb., et a. c. l. e. en l'ai. l. d.

---

¹) permey bis dite übergeschrieben von Schreiber 3.
²) permei bis cens übergeschrieben von Schreiber 3, an alluet durchgestrichen.
³) Vorlage tailleire.

432 ¹) Lowias, li filz dame Wielant d'Aiest, p. b. sus tout l'eritaige
ke Jaikemins, li filz Ferrit de Nowesseville, ait, an tous us,
ou k'il soit, ke li est delivres per droit et per jugemant, por
tant com Jaikemins devant dis li doit, per escris an airche, et
por tant com Lowias ait paiet por lui, per escris en airche,
dont li escrit li sont delivre, et permey teil cens et teil droi-
ture con tous li eritaige doit.

433 Perrins Baigairs p. b. sus la maixon Guenordin lou tanor ke
fut, ke siet an la Vigne S. Anol, ke li est delivres per droit
et per jugemant, por tant com Guenordins disour dis li doit,
l'ecrit en l'airche, et permey teil cens com li maixon doit.

434 Bietris, li fille Colin Baiairt, p. b. sus une maixon ke siet an
la rowelate ancoste S. Mamin, k'elle ait aquasteit a Olliue
Sauegrain et a Clemansate, sa suer, permey XXIIII s. de met.
de cens ke li maixon doit, et a. c. l. e. en l'ai. lo d.

435 Et si p. b. ancor sus tout l'eritaige ke li sires Gerairs, li
prestes de Mauwert, avoit a Mauwert et allors par tout ou
k'il soit, an maixons, an granges, an jardins, an chans, an
preis, an tous autres eritaiges, kelz k'il soit, k'elle ait aqua-
steit a signor Gerairt, lou preste devant dit, permey teil cens
com cist eritaige doit, et anci c. l. e. en l'ai. l. d.

436 Hawiate, li fille Millat, p. b. sus II jornalz de terre ke geis-
sent a Chesne daier lou Grant chamin, antre les vignes outre
Saille, k'elle ait aquasteit a Jakemin, son freire, permey XXVI
d. de cens, et a. c. l. e. en l'ai. lo d.

437 Willemins Licherie li orfeivres p. b. sus la maison ke fut
Jennat de Verdun l'orfeivre, ke siet a Porsaillis, k'il ait aqua-
steit a sous de Willeirs, permey XXXVIII s. de met. de cens, et
a. c. l. e. en l'ai. l. d.

438 Et si p. b. ²) ancor sus teil partie com dame Bietris, li feme
Jaike Roucel, avoit an la maison Jennat de Verdun, ke siet
a Porsaillis, k'il ait a ley aquasteit, permey XXIIII [s.] de met.
de cens, et a. c. l. e. en l'ai. l. d.

439 Hanrias de Noweroit, li maires de l'ospital S. Nicolais ou
Nuefbour, p. b. por l'ospital devant dit sus la maison ke siet
a Porsaillis devant l'osteil Chamuxit, por les XIII s. de met.
de cens de l'estaie de noiel, ke Garcerias Danielate doit a

---

¹) *Durchgestrichen.* = *1285, 343.*
²) Et si p. b. *stand zuerst am Ende der Zeile von 437, ist aber dort aus-
gestrichen und an den Anfang der neuen Zeile über* ancor *gesetzt.*

l'opital, et por les xviiii s. et vii d. de cens por les estaies trespassees des xxvi s. de met. de cens ke li maixon doit a l'ospital, ke Garcerias Danielate ait delivreit a Hanriat lo maior desour dit, a. c. l. plais lou tamoignet.

440 Collas, li filz Jennin lou Vilat, p. b. sus une piece de vigne ou om contet i jornal, ke geist ou clo de Maigney, ke fut Wairin, son freire, ke li est delivree per droit et per jugemant, por tant com Wairin desor dis avoit a faire a Lowiat, son freire, per escris an airche, dont li escrit sont delivre a Collat devant dit, et permey teil cens com li piece de vigne doit.

441 Burtemins, li janres Kanelle, p. b. sus tout l'eritaige Lambert d'Oixey, par tout ou k'il soit, ke li est delivres per droit et per jugemant, por tant com Lambers d'Oixey li doit, per escris an airche, et permei teil cens et teil droiture, com li eritaiges doit.

442 Jennas Aixies p. b. sus la maixon ke fut Steuenin Creton, ke siet daier Ste Creux, ancoste l'osteil Arnout Aixiet, k'il ait aquasteit a l'abbasse et a covant des Cordelieres, permey L s. et demey de cens, et a. c. l. e. en l'ai. l. d.

443 Jehans li clers, li fis Alairt lou gaieneir ke fut, p. b. sus la moitiet de la maixon ke Adans, ces freires, avoit, ke siet an Forneirue, sus lou tour de Goubecort, k'il ait aquasteit a Adan desor dit, permey teil cens com ceste moitiet doit, et a. c. l. e. en l'ai. lou dit.

444 Goudefrins Bouchas et Pierairs et Thierias, sui dui freire, p. b. sus la grenge et sus tout lou resaiges[1]) ki apant ke fut Jennin Bellegoule, ke siet devant l'osteil Hanriat de Champelz, k'il ont aquasteit a Clemansate, la fille Jennin Bellegoule, permey teil cens com elle doit, et a. c. l. e. en l'ai. l. d.

445 [2]) Vguignons Hennebors p. b. sus x s. de mt. de cens ke geixent sus une maixon, ke siet ancoste l'osteil Steuenin Hunebor, k'il ait aquasteit a Jennat Suerate, a. c. l e. an l'a. l. d.

446 a) Ferrias Chielairon p. b. sus la tour et sus la maisonnaite devant[3]) ke fut Arnout lou vieceir, k'il ait aquasteit a Willame de la Court, permey xxviii s. de met. de cens, et a. c. l. e. en l'ai. l. d.

---

[1]) v. Anm. zu 1285, 222.

[2]) Von Schreiber 3 auf den freien Platz der 2. Zeile von 444 nachträglich geschrieben.

[3]) v. 1288, 488 c.

b) Et si p. b. ancor sus xx s. de met. de cens k'il ait aquasteit a Jennat Chielairon de Merdeney, sus tout l'eritaige ke Jennas ait ou ban de Lorey et de Merdeney, et a. c. l. e. en l'ai. l. d.

c) Et si p. b. ancor sus la pesse de terre ke geist an Blochamp, et sus une pesse de boix ke geist an Mailliees, arreis Jennat Chielairon, k'il ait aquasteit a Fakignon de Merdeney, permey teil cens et teil droiture com cist eritaige doit a ban de Lorey, et a. c. l. e. an l'ai. l. d.

447 Yngrans Goule et Jennas, ces freires, p. b. sus la maixon et sus toz les ressaiges ki apandent ke Joiffrois de Chaistelz, li aveles lou signor Burteran de Jeurue ke fut, avoit daier Sainte Croix, an coste la maixon ke fut Symon Chaitebloe, k'il ont aquasteit a Joffroit devant dit, an alluet, et a. c. l. e. en l'ai. l. d.

448 [1]) Burtignons Paillas p. b. sus la maixon Richier Grantdeu ke siet a la Posterne, et sus son autre maison ke siet atour,[2]) et sus toz les resaiges ki apandent, ke li sont delivres an plait et per lou crant de Richier devant dit, pour VII estaies, chascune de XLV s. de mt., por les IIII lb. et demee de cens ke Burtignons ait sus les II maixon desor dites et por les adras.

449 Jaikemins, li filz Thomessin Sauaige, p. b. sus la grenge ke Colins Cobels avoit a Awigney, k'il ait a lui aquasteit, an alluet, et a. con l. e. an l'ai. l. d.

450 [3]) Nicolles li Gronnais et Filippe Tiguiainne p. b. sus tout l'eritaige ke Colins Granscolz avoit an la mairie de Porsaillis, ke lor est delivres per droit et per jugemant, permey teil cens et teil droiture con li eritaiges doit, por tant com il lor doit, per escris an airche, dont il ont l'eritaige an waige, et dont il sont tenant.

451 Dame Bietris, li femme Jaike Roucel ke fut, p. b. sus les XXX lb. de mt. de cens k'elle ait aquasteit a signor Werrit Bairbe, et ke li sires Werris Bairbe li. ait assis, les XXX lb. de met. de cens desor dittes, sus tout kant k'il ait a Chaucey et an tous les bans et as apandixes, et sus tout kant k'il ait a Birlixe et ou ban et as apandixes, et sus tout kant k'il ait a

---

[1]) *Durchgestrichen.*
[2]) *v. 1278, 89.*
[3]) *v. 1285, 317 und 520.*

Bazoncort et ou ban et as apandixes, et tout a. com l. e. de l'aquast ke geist an l'ai. l. d.

452 Jennas Bobilles p. b. sus la maison et sus tout lou resaiges[1]) ki apant ke siet a Mangney, k'il ait aquasteit a Steuenin Beudin de Maigney, permey xviii d. de cens, et a. c. l. e. en l'ai. l. d.

453 Pieresons, li filz Rolier de Fayt, p. b. sus ii jornalz de terre areure ke geixent desous Soumeis ou ban de Groxues, k'il ait aquasteit as oirs Champion, permey iii s. de met. de cens, et a. c. l. e. en l'ai. l. d.

454 Poinsignons Claries, li janres Burtel de Visignuel, p. b. sus une maison ke siet an Visignuel, devant la tranchie des Chainges ancontre S. Seplixe, k'il ait aquasteit[2]) a Boilo de Liewons, permey v s. de cens, et a. c. l. e. en l'ai. l. d.

455 Et si p. b. ancor sus une maison ke siet antre la maixon Boilo de Liewons et la maison Contaise, la suer Nicole lou Gronaix, et sus la voie ki vait an Visignuel devant S. Seplise, k'il ait aquasteit a Suffiate, la fille Nicole Cheualier ke fut, permey i d. de cens ke li maixon devant dite doit, et permey v s. de met. de cens ke li voie doit, et a. c. l. e. en l'ai. l. d.

456 Stevenins, li fis Ferriat Troexin, p. b. sus une vote ke siet an Sanerie, antre la vote Jaike Roucel et la maixon Clowat, k'il ait aquasteit a Jehan Petivake, permey xxiiii s. de met. de cens, et a. con l. e. en l'ai. l. d.

457 Filippins li Gronais p. b. sus la grant maison Symonat Fakol et sus tout lou resaige ki apant devant et derrier, ke siet devant S. Martin, ancoste la soie maison meymes, k'il ait aquasteit a Simonat Facol devant dit, permey lxii s. de met. de cens, c'est a savoir xxviiii s. de cens as pucelles de la Vigne S. Marcel, ancoste la maison ke fut maistre Lambert, et xxiiii s. de cens a l'abeit[3]) de S. Pieremont, et viiii s. de cens a l'aglixe de S. Martin, et a. c. l. e. en l'ai. l. d.

458 [4]) Symons Papemiate et Jenas Goule et Vguignons Hunebors p. b. sus tot l'eritaige ke li sires Hues Barbe ait an Mes[5]) et

---
[1]) v. Anm. zu 1285, 222 und an arches 458, 4. Zeile.
[2]) Vorlage aquastieit.
[3]) Vorlage allabeit.
[4]) Durchgestrichen, = 1285, 350 und 544.
[5]) an Mes et fuers de Mes auf Rasur geschrieben von Schreiber 3, ou k'il soit übergeschrieben von demselben.

fuers de Mes, ou k'il soit, por tant com li sires Hues desor
dis lour doit, per escris an arches, et por tant com il ait a
faire a ous, per escris an airche, dont li escris lor sont delivre,
et por tant com il sont randor por lou signor Huon desor dit,
per escris an airche; c'est a savoir Symons et Jenat desor dit
por tote la moitiet, por ous et por lor compaignons, et Vguignon
Hunebor por tote l'atre moitiet.

459 Theirias Xallowis de S. Julien et Ferrias Moyxelz, li janres
Matheu Migomairt, p. b. sus la piece de vigne ke Roillons de
Montois, li freires Luckignon de la Porte ke fut, avoit ou
clos de Montois, et sus une pesse de vigne ke geist dezour la
 5 vigne lou signor Hanrit de Montois, ancoste la vigne Symonin
de Chaistelz, et sus la moitiet de toz les preis ke Roillons ait
an Frainoit dezour Flanville, et sus III jornalz de terre areusse
de la piece de terre ke Roillons ait an la fin de Flanville, a
rowe, et sus XVIII d. mt. de cens des II s. de mt. de cens et
10 II chappons ke Howignons dou Weit de Montois si doit sus
sa vigne an la Chaipe a Montois, k'il ont aquasteit a Roillon
devant dit, permey XVIII d. de cens ke li pesse de vigne ou
clos doit, et toute la remanance an alluet, et a. c. l. escriz
an l'ai. l. d.

460 [1]) Filippins li Gronais p. b. sus une tavle ke siet an Chenges,
k'il ait aquasteit a Jehan de la Bairre, permei teil cens com
elle doit, et a. c. l. e. an l'a. lo d.

461 Thiebaus Moufle p. b. sus I jornal de vigne ke geist an Abert-
rowelle, de coste la vigne Jennat Traualle, k'il ait aquasteit
a Burtemin, lou fil Abertin de Virey, an alluet, et a. c. l. e.
en l'ai. l. d.

462 Collairs Mourels p. b. sus lou tiers dou stal ke siet devant
la halle a l'uxuwe des boulangiers, k'il ait aquasteit a Jaike-
min lou permantier, lou janre Muneir lou vicier, dont il meymes
est tenans.

463 Werrias Pietdeschaus p. b. sus VIII s. de met. de cens ke
geixent sus l'osteil Thieriat Dediest an Chapeleirue, k'il ait
aquasteit a Badesson, lo serorge Thieriat devant dit, et a
Marguerate, sa femme, et a. c. l. e. an l'ai. l. d.

464 Goudefrins et Theirias et Pierairs, li III anfant Garcerion
Bouchat ke fut, p. b. sus XVIIII jornalz de terre areuré ke

---

[1]) *Zwischen 459 und 461 eng hineingeschrieben von Schreiber 3, obwohl in der
letzten Zeile von 459 Platz genug gewesen wäre.*

geixent ou ban de Pertes et ou ban de Maigney et ou ban de
Grixey, et sus ɪ jornal de vigne ke geist ou clos, ke fut Jennin
Bellegoule, k'il ont aquasteit a Clemansate, la fille Jenin Belle-
goule, permey teil cens et teil droiture com toz cist eritaiges
doit, et a. com l. e. an l'ai. lo d.

465 Hanrias de Bair, li serorges Nicolle lou Gronnaix, p. b. sus la
moitiet de la maixon et de tout lou ressaige ki apant ke siet
an Visignuelz, arreiz la maixon les anfans Lambelin lou tornor,
k'il ait aquasteit a signor Jehan Baizin, chanone de S. Thie-
baut, lou fil lou signor Cunon d'Airs, permey v s. de mt. de
cens ke ceste moitiez et li ressaiges doit, et a. com l. e. an
l'ai. l. d.

466 Boinsvalas, li aveles Boinvallat lou Merceir ke fut, p. b. sus
teil partie com Hanris d'Ameleicort avoit an une pesse de
vigne ke geist outre Saille, k'en dist de Forkeranges, ancoste
la vigne Michiel Charrue, k'il ait aquasteit a Hanrit devant
dit, e. con l. e. an l'ai. l. d.

467 Drowas Guepe p. b. sus les xvɪɪɪ s. de mt. de cens ke geixent
sus tot l'eritaige ke Weirias Guepe et Jehans et Colignons, li
dui fil Garsat Guepe, ont ou ban de Chacey et de Corcelles
et de Landonvilleirs et de Chavillons et de Frecourt et de
Maixeroit et d'Eurville, et sus kant¹) k'il ont deilei S. Aignien,
an toz us, ke li sont venus conxeuwant de pair Colin Guepe,
son peire, et a. c. l. e. des parsons ke geist an l'ai. l. d.

468* Ce sont li. ban dou vintime jor de noiel. En la mairie d'Outre
Moselle:

468 Perrins Jacob prant bans sus la maison et sus can ki apant
ke siet a chief de Rommesale, ke fut signor Bertran de Werme-
ranges, k'il ait aquasteit a Marguerate, la fille Jennin de Gorze,
permey xxɪ s. et ɪ d. de cens, e. c. l. e. en l'a. l. div.

469 Et ce p. b. ancor sus ɪɪ maixons et sus can ki apant ke sieent
en Rommesale, daier la maixon desor dite, permei vɪ s. et
demei de cens, k'elles doient vɪ s. a sous de Murewal et vɪ d.
a S. Vy, k'il ait aquasteit a signor Willame de Gorze et a
signor Martin, son frere, e. c. l. e. lo d.

---

¹) *Von* kant *an auf Blatt XIV geschrieben, was beweist, dass* 467 *erst einge-
tragen ist, nachdem der Schreiber von XIV (O.M.) sein Blatt abgeliefert hatte und
dieses angenäht war.*

470 Goudefrins, li fils maistre Lorant, p. b. sus une maixon ke siet ai Ars et sus can ki apant, permei III s. de mt. et VII quartes de vyn de cens, et sus II pieces de vigne as Bordes, permei VI sestieres et demeie de vin de cens, k'il ait aquasteit a Crestenat Noirart, e. c. l. e. en l'a. l. d.

471 Matheus Bellebarbe p. b. sus tout l'eritage ke Jennas Morelas d'Ansey ait ou ban d'Ansey et aillors, ou k'il soit, k'il ait a lui aquasteit et k'il li ait relaiet permey x moies de vin de cens, e. c. l. e. en l'a. l. d.

472 Jehans de Weiure p. b. sus une maixon ke siet en Anglemur et sus can ki apant, k'il ait aquasteit a l'aibeit et a convant de la Chalaide, permei teil cens com elle doit, e. c. les letres saielees et l. e. en l'a. l. dient.

473 Colins Merlo p. b. sus meu et demei de vin de cens k'il ait aquasteit a Jaikemin, lo fil Colignon de S. Arnolt, ke geist sus I jornal de vigne en Neireterre a Longeville, et sus une piece de vigne en Henmerichamp, ki est contrewaiges, e. c. l. e. en l'a. l. d.

474 Guersas li bolengiers, li maris Ermanjart, p. b. sus la maixon et sus lou meis daier et sus can ki apant ke siet en la Vigne S. Marcel deleis la porte, k'il ait acensit as pucelles de Mances, permei XXIIII s. de mt. de cens, e. c. l. e. en l'a. l. d.

475 Li sires Jaikes, li prestes de S. Madart, et li sires Hanris, prestes de S. Eucaire, et li sires Willames, prestes de S. Jehan de S. Clemant, p. b. por ous et por toz les prestes parrochals de Mes sus x s. de mt. de cens ke geixent a Plapeuille, k'il ont en waige de Hanriat lou corduenier de Porsaillis, per escrit en arche, et dont il sont bien tenant.

476 Jennas, li fils Colin Mennegout, p. b. sus la moitiet de la maixon ke siet otre Moselle, encoste Geradon, k'il ait aquasteit a Margnerate, sa suer, permei XI s. III d. moins de cens, e. c. l. e. en l'a. lo d.

477 Burtemins de Gerney li celliers et Colins, ces freres, p. b. sus III jornals de terre en III pieces ke geixent en la fin de Jerney, k'il ont aquasteit a Gelion de Jerney, la femme Olivier, permei teil cens et teil droiture com il doient, e. c. l. e. en l'a. l. d.

478 Pieresons de Buxey, ki maint a Longeuille, p. b. sus une piece de vigne en Brueires ou ban de Longeuille, ki est moiterasse S. Pou, k'il ait aquasteit a Symonat lou Soignet, e. c. l. e. en l'a. l. d.

479 Perrins, li fils Jehan Dousat, et Jennins, li fils Coweit de
Siey, p. b. sus une piece de terre en Hanonstap ou ban de
Wernainville, ke Renals de Rozerueles ait aquasteit por ous
a Matheu de Siey, lou fil Chardenel, en alluet, e. c. l. e. en
l'a. l. d.
480 Jennas Fezels d'Ars p. b. sus une piece de vigne en Verennes
ou ban d'Ars, desoz lou box signor Cunon, k'il ait aquasteit a
Gerardat Baixat d'Ars, permei III sestieres de vin de cens, e.
c. l. e. en l'a. l. d.
481 Thomessins Lambers p. b. sus II pieces de vigne ke geixent
en Verennes ou ban d'Ars, desoz lou box signor Cunon, k'il
ait aquasteit a Roubelat, lou maior d'Ars, permei II sestieres
de vin de cens, e. c. l. e. en l'a. l. d.
482 Mariate, li femme Jennat Thiebat de Daier S. Jehan, p. b.
sus I jornal de terre an la Dorne ou ban S. Martin, et sus
VI d. de cens ke geixent sus demei jor de terre a Poncel ou
ban S. Martin, k'elle ait aquasteit a Hawit, sa suer, e. c. l. e.
en l'a. l. d.
483 Domangins Zondac p. b. sus tot l'eritaige ke Bulewains de
Ville sus Yron ait ou ban de Ville sus Yron, en toz us, keils
k'il soit, k'il ait en waige de lui, per escrit en arche, permei
teil cens et teil droiture com il doit.
484 Thiecelins d'Ancey p. b. sus une piece de vigne as Roches, et
sus une atre piece desor l'orme en Lairiee, et sus une piece
daier les Aweurs, k'il ait aquasteit a Jaikemin, lou fil maistre
Gerart, et ai Arnolt, lou fil Pichon, permei demei sestier de
vin ke li piece as Roches doit, e. c. l. e. en l'a. l. d.
485 Symonins Cayns p. b. sus une maixon et sus can ki apant
davant et daier ke siet ai Ars, encoste Jennat dou Mont, k'il
ait aquasteit a Hodiart, la seure Cornenierant, permei une
maille de cens, e. c. l. e. en l'a. l. d.
486 Waterins, li fils Perrin de Juxey, p. b. por lui et por Abertin
et Jennat, ces II freres, sus jor et demei de terre ke geist ou
ban de Howauille, en II pieces, k'il ait aquasteit a Domangin
lou Sturlet de Howauille, permei la rante k'i[l] doit a la cort,
e. c. l. e. en l'a. l. d.
487 Colignons, li fils Jennat Roubelat d'Ars, p. b. sus une maison
et sus can ki apant ke siet ai Ars, entre l'osteil Facol et
Deuamin, k'il ait aquasteit á Jennat Blanchart d'Ars, permei

sestier et demei de vin de cens a la court S. Arnolt, e. c. l.
e. en l'a. l. d.

488 Baduyns Barekels p. b. sus une piece de vigne ke geist outre
lou rut ou ban S. Arnolt, k'il ait aquasteit a Heilowate, la
femme l'Amiral de Ste Rafine, e. c. l. e. en l'a. l. d.

489 Et ce p. b. ancor sus une atre piece de vigne ke geist delai
lou rut ou ban S. Arnolt, k'il ait aquasteit a Remiat, lou fil
Parixat de Ste Rafine, e. c. l. e. en l'a. l. d.

490 Maistres Wesses d'Ars, li fissiziens, p. b. sus II pieces de vigne
ke geixent an Bordes, li une encoste lui meimes et li atre
deleis Jennat Robelat, k'il ait aquasteit a Rennier ke fut
prevos d'Ars, e. c. l. e. en l'a. l. d.

491 Poinsignons, li fils Jaikemat de Ste Rafine, p. b. sus IIII pieces
de terre ke geixent ou ban de Juxey, k'il ait aquasteit ai
Abertin, lou frere signor Renalt de Rozerueles, permei teil
droiture com cist eritaiges doit, sans cens, e. c. l. e en l'a. l. d.

492 Rolas de Juxey p. b. sus demei jornal de vigne ke geist a
Mesnit ou ban S. Arnolt, k'il ait aquasteit a Drowat, lou fil-
laistre Renmon de Juxey, por lui et por Robin et Baduyn, ces
II freres, permei III sestieres de vin et III pojoizes de cens, e.
c. l. e. en l'a. l. d.

493 Li sires Jaikes, li prestes de S. Madart, p. b. sus x d. et
maille de cens ke geixent sus l'osteil Flore de Franconrue ki
fut, apres les XL d. de cens k'elle doit davanteriennemant, k'il
ait aquasteit a Marguerate, la fille Gerart Bonefoit de Mercey
ki fut, e. c. l. e. en l'a. l. d.

494 Thierions Barons p. b. sus v moies de vin de cens, k'il ait
aquasteit a Jaikemin Chetburnat d'Ansey, sus tout son eritage,
e. c. l. e. en l'a. l. d.

495 Marguerons li merciere, li fille Rolin ki fut, p. b. sus une
maixon et sus lou jardin et sus can ki apant ke siet davant
lou Grant Mostier, encoste losteil maistre Amile, k'elle ait
aquasteit a maistre Nicole Morel, permei xxx s. de mt. de cens,
e. c. l. e. en l'a. l. d.

496 Luciate, li niesse Hawiate Samonate, p. b. sus une maixon
ke siet davant S. Marcel, k'elle ait aquasteit a signor Pieron,
lou preste de S. Marcel, permei x s. de mt. de cens, e. c. l.
e. en l'a. l. d.

497 Renals li chamberlains p. b. por la chiese Deu de Moremont
sus VIIII s. de mt. de cens ke geixent sus l'osteil Jennin Pesteit,

en la rowe lou Voweit, k'il ait aquasteit a Thiebat Climignon, apres les v s. de cens k'elle doit davanteriennemant, e. c. l. e. en l'a. l. d.[1])

498 Gillas Macaire p. b. sus II jornals de vigne et II pieces de preit et une maixon et sus les jardins et III s. de mt. de cens ke geixent a Maranges, ke furent Colignon Wachier, k'il ait aquasteit a Thiebat Baizin, permei teil cens et teil droiture com cist eritages doit, e. c. l. e. l. d.

499 Jaikemins Picos de Siey p. b. sus I jornal de vigne en II pieces ke geist desor la mars a Siey, k'il ait aquasteit a Matheu lou Curla de Croney, permei teil cens com il doit, e. c. l. e. en l'a. l. d.

500 Poinsignons li Oie p. b. sus tout l'eritage ke Jaikemins Beudins avoit ou ban de S. Martin, k'il li ait delivreit en plait, por tant com il li doit, per escris en arche, et dont il est tenans, permei teil cens com il doit.

501 Jehans Maclers de Saint Priveit p. b. en alluet sus teil partie com Gerardas, li fils Jennin lou tupinier, avoit ou box de Grant Piere, et sus la piece de vigne ou an contet demei jor ke Baduyns de S. Priveit avoit a Wapey desor l'aitre, permei xv d. de cens, k'il ait ai ous aquasteit, e. c. l. escrit en l'a. lo dient.

502 Bertrans Facons p. b. sus demei jornal de vigne ke geist en la voie de Lorey, k'il ait aquasteit a Steuenat lou Bague de Lorey, permei IIII s. de mt. de cens, e. c. l. e. en l'a. l. d.

503 Thierias Bitenas, li baillis dou Val, p. b. sus tot l'eritaige ke Domangins li escheveres avoit en bans de Warnainville, et sus la meite de la maixon a Haboenville, et sus lou tiers dou preit en Richartpreit, k'il ait a lui aquasteit, e. c. l. e. en l'a. lo d.

504 Et ce p. b. ancor sus lou tiers de Richartpreit, et sus demei jor de terre a Wernainville, en la voie de Noweroit, ke part a lui meimes, k'il ait aquasteit a Weriat lou clerc de Wernainville, en alluet, e. c. l. e. en l'a. l. d.

505 Symonins et Remias, li dui fil Thomessat de Lescey, p. b. sus une piece de vigne ke geist en Roberquarteis en la fin de Lescey, k'il ont aquasteit a Sefiate, la fille Nicole Chivalier, en alluet, e. c. l. e. an l'a. l. d.

---

[1]) v. 1285, 271.

506 Poinsignons Rekeus p. b. por Jaikemin de Maixieres, lou maior
S. Vincent, sus ıı jornals de terre ke geixent en la fin de
Maixieres, k'il ait aquasteit a Bescelat de Maixieres, en alluet,
e. c. l. e. en l'a. l. d.

507 Werias de Sorbey p. b. sus demei jornal de vigne en Frieres,
ke fut Martin de Pierevilleirs, k'il ait aquasteit a Bertran,
son avelet, permei ɪ d. de cens k'elle doit a S. Madart, e. c.
l. e. en l'a. l. d.

508 Colins Bacals p. b. sus teil partie com Jennas Morelas et
Colignons, ces freres, avoient ou chakeur ai Ansey, ke part
a lui meimes, k'il ait ai ous aquasteit, en alluet, e. c. l. e. en
l'a. l. d.

509 Gelins, li fils Rollant dou Mesnit de Lescey, p. b. por lui et
por Piereson, son frere, sus ɪ jardin ke siet en Andaille en la
fin de Lescey, k'il ait aquasteit a Marguerite, la fille Jennin
lou Vassal de Siey, permei ɪɪɪɪ d. de cens k'il doit a S. Gergone
de Lescey, e. c. l. e. en l'a. l. d.

510 Jennas de Tignoumont, li fils Werion de Flabay, p. b. sus
ɪɪɪɪ pieces de vigne et sus ɪ jardin ke geixent a Tignoumont,
k'il ait aquasteit a Bertran Piedeschals, en alluet, e. c. l. e.
en l'a. l. d.

511 Jennas, li fils Jennat dou Mont, et Lambelins, li fils Symonin
Cayn, ke sont d'Ars, p. b. sus vɪɪ jornals de terre ke geisent
en vɪ pieces ou ban de Graiviers, k'il ont aquasteit a Gerardat
Baixat d'Ars, permei v d. de cens as voweis de Graviers, e. c.
l. e. en l'a. l. d.

512 Jennate, li fille signor Abert de Verey, p. b. sus une charreie
de vin de cens, a sa vie, k'elle ait aquasteit as maistres de
la frarie d'Ancey, sus tot l'eritaige k'il ont ai Ancey et aillors,
en toz us, e. c. l. e. en l'a. l. d.

513 Colignons, li fils Lowiat Trabuchat, p. b. sus la maixon et sus
lou cellier desoz et sus can ki apant dou meis daier ke siet
davant la Folie, ke fut Tieriat Grosveit, k'il ait aquasteit a
l'aibeit Rennier de S. Vincent, permei xɪɪ s. de mt. et ɪɪɪ chapons
de cens, e. c. l. e. en l'a. lo d.

514 Jehans Bertrans p. b. sus une piece de vigne ou an contet
ɪɪɪ jornals et demei entre Ste Rafine et Juxey, ou ban S. Ar-
nolt, k'il ait aquasteit a Poujoize Truillart, permei ɪɪɪ ange-
vines de cens, e. c. l. e. en l'a. l. d.

515 Ferrias Fessals p. b. sus la maixon et sus tot l'eritaige ke Gerardins li borrels ait ou ban de Techiemont et aillors, k'il ait a lui aquasteit, et k'il li ait relaiet permei I quartal de wayn de sans¹) chac'an, e. c. l. e. en l'a. l. d.
516 Pieresons de Nonviant p. b. sus tot l'eritage Tieriat lou pator de Nonviant, ke li doit L s. de mt. de cens, ke li est delivres per droit et per jugemant, permei teil cens com il doit.
517 Jaikiers de Nonviant p. b. sus II pieces de vigne ke geixent ou ban de Nonviant, encoste lui meimes, k'il ait aquasteit a dame Ysabel, la femme signor Tierit de Nonviant, et a Guibert, son janre, permei III sestieres de vin de cens, e. c. l. e. en l'a. lo d.
518 ²) Jehans Ancels p. b. sus III jornals et demei de terre otre Lixieres, arreis la terre Tieriat Domate, k'il ait aquasteit ai Abriat Domate, permei III d. et maille de cens, ce tant en doit, e. c. l. e. en l'a. l. d.
519 Li sires Richars, li prestes de S. Jehan a Nuefmostier, p. b. sus une maixon ke siet encoste S. Jehan, ke fut Gerart de Duese, k'il ait releveit contre lou maior de Moremont, por les II s. de cens k'elle li dovoit, et permei teil cens com li maisons doit.
520 ³) Nicoles li Gronais et Filipes Tiguienne p. b. sus tot l'eritaige ke fut Nicole Grancol en la marie d'Otre Muselle, ke lor est delivres per droit et per jugemant, por tant com il l'ont en waige, per escris en arche, et permei teil cens et teil droiture com li eritages doit.
521 Wichars de la Cort p. b. sus tot l'eritage Abert Marie de Lorey, dont il est tenans, permei teil cens et teil droiture com il doit.
522 Abertins, li fils signor Jehan Bataille de Porte Muselle, p. b. sus les VIII lb. de mt. de cens k'il ait aquasteit a dame Colate Beugnon d'Aiest, et ke dame Colate li ait assis, les VIII lb. de mt. desor dites, sus sa piece de terre areure ou an contet VI jornals ke geixent sus Muselle ou ban d'Escey, et tout e. c. l. e. de l'aquast ke geist en l'a. l. div.
523 Douce, li fille Jakemel Chiere, p. b. sus tout l'eritage ke Jennins, li fils lou Camus, avoit ou ban d'Eurecort, k'elle ait

---

¹) tre *vor* saus *durchgestrichen*.
²) *Durchgestrichen, schon am Ende des 2. Termins, 1285, 259, eingetragen*.
³) *v. 1285, 317 und 450.*

a lui aquasteit, permei teil cens com il doit a ban, e. c. l. e. en l'a. l. d.

524 Abers Brasdeu p. b. sus tout l'eritage ke Odiliate et Marguerite et Bietris, ces iii serors, avoient en Vals, k'il ait aquasteit ai elles, en alluet, e. c. l. e. en l'a. l. d.

525 Symonas Bellegreie p. b. sus toutes les vignes ke Clemance Bellegreie avoit en toz les bans de Vals et de Juxey, et sus can k'elle ait d'eritage, ou k'il soit, de part peire et de part meire, k'il ait a ley aquasteit, permei teil cens et teil droiture com il doit, e. c. l. e. en l'a. l. d.

526 Poinsignons, li fils Jennat Roubelat d'Ars, p. b. sus i jornal de terre ke geist en Bordes ou ban d'Ars, k'il ait aquasteit a Baduyn, lou janre lou maior d'Ars, permei une angevine de cens, e. c. l. e. en l'a. l. d.

527 Poinsignons de Champignueles p. b. sus la maixon Poirel de Champignueles, ke siet en Anglemur, et sus can ki apant, k'il ait en wage, per escrit en arche, et dont il est tenans, permei teil cens com elle doit.

528 Howignons, li fils Hanrion dou Mont d'Ars, p. b. sus une piece de terre ke geist ou ban de Graiviers sus lou preit, k'il ait aquasteit a Gerardat Baixat d'Ars, permey i d. de cens, e. c. l. e. en l'a. l. d.

529 Andreus, li janres maistre Gui, p. b. sus iii pieces de terre et une piece de vigne ke geixent ou ban de S. Martin, en iiii pieces, k'il ait aquasteit a Howignon Taillefer de S. Martin, la terre en alluet, et la vigne permei v sestieres et une tierce de vin et iii mailles de cens, e. c. l. e. en l'a. lo d.

530 Et ce p. b. ancor sus une piece de vigne en Clozels ou ban S. Martin, encoste lui meimes, permei v sestieres et une tierce de vin de cens, et sus une atre piece en Prenoit, permei ii sestieres de vin et iii mailles de cens, k'il ait aquasteit a Jennat Guiot, e. c. l. e. l. d.

531 Jehans Barbe d'Otre Moselle p. b. sus une maixon et sus can ki apant ke siet en Rommesale, encoste lou pux, k'il ait aquasteit a Colate, la fillaistre Werrel, permei viii s. de mt. de cens, e. c. l. e. en l'a. l. d.

532 Jennas li Xours p. b. sus une piece de vigne en Genestroit, ou an contet i jornal, ou ban de Plapeuille, ke geist encoste la vigne Colate de la Porte, k'il ait aquasteit a Colin Xandrin, permei xii d. de cens, e. c. l. e. en l'a. l. d.

533 Yngrans de Vals p. b. sus une piece de terre ke geist en Vals, encoste lou maior de Vals, k'il ait aquasteit a dame Ysabel de Vals, en alluet, et e. c. l. e. en l'a. l. d.
534 Colins Rayx p. b. sus iii jornals et demei de terre et iiii danreies de preit, et x d. de cens ke Petis li bergiers doit, ke geisent ou ban de Maixieres, en pluxors pesses, k'il ait aquasteit a Jaikemin lou feivre de Maixieres, permei teil cens et teil droiture com il en doit, e. c. l. e. en l'a. l. d.
535 Et ce p. b. ancor sus ii jornals de terre ke geixent en la fin de Bronvals, en ii pieces, k'il ait aquasteit a Weriat Poirel de Bronvals et ai Ozenate, sa seure, et a Gillat, son fil, en alluet, e. c. l. e. en l'a. l. d.
536 Li sires Ancels li prestes, li freres Ruedol de Longeuille desoz S. Martin a la Glandere, p. b. sus une maison ke siet en Anglemur desoz des Proichors et sus can ki apant, k'il ait aquasteit a maistre Jehan Jeuwet et a Colin lou bolengier, permei vii s. de mt. de cens, e. c. l. e. en l'a. lo d.
537 Jennas li Box de Juxey p. b. sus i jornal de vigne en Fromejon, ke siet desoz la vigne signor Willame d'Aspremont, k'il ait aquasteit a Poinsignon de Ste Rafine, permei iiii sestieres de vin de cens, e. c. l. e. en l'a. l. d.
538 Jennas Clowanges, li mares de la frarie des massons dou Tample, p. b. sus ii s. de mt. de cens ke geixent sus une maixon en Anglemur et sus can ki apant, encoste l'osteil Howin Nerlant, k'il ait aquasteit a Hawit, la femme Drowin de Vanderes, apres les vi s. de premier cens k'elle doit a sous de la Craste, et vi d. d'amone a preste de S. Alaire a Xauleur, e. c. l. e. en l'a. l. d.
539 Li sires Bertals Piedeschals p. b. sus viii jornals de terre en v pieces ou ban de Wapey, k'il ait aquasteit a Jennat et a Poinsignon, les ii fils Fackan de Plapeuille, permei iii d. de cens et la menue droiture k'il doient, lou keil aquast' il ait fait des deniers Thiebat Buglel et Wiberate, sa femme, e. c. l. e. en l'a. l. d.
540 Howignons, li fils Brokart de Chastels, p. b. sus i jornal de vigne ke geist en Blauigney a Lescey, k'il ait aquasteit a Sefiate, la femme Perrin de Cligney, en alluet, e. c. l. e. en l'a. l. d.
541 Et ce p. b. ancor sus ii pieces de vigne en la Cumune, ke furent Symonin Viot, k'il ait aquasteit a Xandrin Boinvallat lou clerc, en alluet, e. c. l. e. en l'a. l. d.

542 Jaikemins, li fils Herbin d'Ancey, p. b. sus une maixon et sus can ki apant ke siet ai Ancey a Rut, k'il ait aquasteit a Jennat Chenon et a Werion, lou fil Marsabile, et a Colin la Pointe et a Martin, lou fil Amiat, et a Doigne dou Rut, ke sont escheving dou ban dou Rut, permei v sestieres de vin de cens et les chateis a la cort, e. c. l. e. l. d.

543 ¹) Li sires Jaikes d'Ames li clers p. b. sus une maixon et sus lou meis daier et sus can ki apant ke siet en la rue des Proichors, entre signor Arnolt lou preste et l'osteil S. Mor, k'il ait asansit a Filipe Tiguienne, permei II s. de mt. de cens k'elle doit a Nostre Dame as Chans, e. c. l. e. en l'a. l. d.

544 ²) Symons Papemiate et Jennas Goule et Vguignons Hunebors p. b. sus tout l'eritage ke li sires Howes Barbe ait en Mes et fuers de Mes, ou k'il soit,³) por tant com il lor doit, per escris en arche, et por tant com il ait a fare ai ous, per escris en arche, dont li escris lor sont delivre, et por tant com il sont randors por lui, per escris en arche, c'est a savoir Symons et Jennas por tote la moitiet, por ous et lor compaignons, et Vguignons Hunebors por toute l'atre moitiet.

545 Pieresons de Nonviant p. b. sus III moies de vin de cens, k'il ait aquasteit a Colin Carlete de Nonviant, sus sa maixon et sus tout lou resaige ki apant, et sus VI pieces de vigne ke geixent ou ban de Nonviant, e. c. l. e. en l'a. l. d.

546 Hermans li taneres d'Otre Muselle p. b. sus II jornals de terre en Houdiarttriex, k'il ait aquasteit a Poirel, lou fil Abert Fezee, permei I de de cens,⁴) e. c. l. e. en l'a. l. d.

547 Et ce p. b. ancor sus VI jornals de terre ke geixent ou ban de Roncort, en pluxors pesses, k'il ait aquasteit a Colat, lou fil lou tupenier, et a Manjat, son frere, permei II d. de cens, e. c. l. e. en l'a. l. d.

548 Poinsignons, li fils Jennin lou wastelier de Chastels, p. b. sus IIII jornals de terre en la fin de Chastels, et sus I jornal de terre en la fin de Champenois, et sus I meis et I jardin a

---

¹) *Durchgestrichen, mit einem Zusatz schon 1285, 145 eingetragen.*

²) *Durchgestrichen wie 1285, 350 und 458.*

³) Mes et fuers de Mes ou k'il soit *übergeschrieben von Schreiber 7 selbst,* la marie d'Otre Muselle *durchgestrichen.*

⁴) a Poirel *bis* cens *übergeschrieben,* a Jennat Wichart, lou fil Colin Judes de S. Priveit, en alluet *durchgestrichen.*

Charigney de Chastels, k'il ait aquasteit a signor Nicole, son frere, en alluet.

549 Jehans, li fils Arnolt Aixiet, p. b. sus ı meu de vin de cens ke geist ou ban de Dornant, k'il ait aquasteit a Tieriat, lou maior de Dornant, et a Werneson et Colin et Lanbert, a Colignon la Pointe et a Drowat, les eschevins de Dornant, e. c. l. e. en l'a. lo d.

550 Jaikemins, li fils Thomessin Sauaige, p. b. sus ııı moies et demeie de vin de cens ke Colins Cobel avoit ai Airs sus Muselle, k'il ait a lui aquasteit, e. c. l. e. en l'a. l. d.

551 Vguignons Grivels p. b. sus ı quart de box ke geist en Tailleu de Vals a Wapey, k'il ait aquasteit a Symonin et a Jennin, les enfans Barran de Wapey, et a Steuenat Jordenat, en alluet, e. c. l. e. en l'a. l. d.

552 Hermans li clers de S. Geure p. b. sus les ıı pars de la maixon ke fut Ailixon, la dame de Nommeney, ke siet entre l'osteil Fessal et Gerart Chadiere,[1]) k'il ait aquasteit a signor Jehan de Vrigney et a Ferriat, son serorge, permei xıı s. de mt. et vııı d. de cens, e. c. l. e. l. d.

553 Maheus Bertadons p. b. sus ıı maixieres ke sieent daier S. Marc, ke furent Baduyn don Marax, k'il ait aquasteit a Weriat, lou fil signor Abert de Champels, e. c. l. e. eü l'a. l. d.

554 Gillas li Bels de Heu et Vguignons Roucels p. b. sus une piece de vigne ou an contet ııı jornals et sus la wairde ke siet a Chastels en Tros, ke fut Jofroit, l'avelet signor Bertran de Jeurue, k'il ont aquasteit a Bertran Gomel, en alluet, e. c. l. e. l. d.

555 Waterins Chipos p. b. sus une piece de vigne ke geist ou Sauelon ou ban de Longeuille, k'il ait aquasteit a Roillenat de Longeuille, permei vııı d. de cens et lou tiers d'une pinte d'oile, e. c. l. e. en l'a. l. d.

556 Guersirias de Moielain p. b. sus une piece de vigne en Grant champ desoz Bachieterme ou ban de Longeuille, ou an contet ı jornal, k'il ait aquasteit a Poinsin, lou fil Michiel de Longeville, permei ıı s. et demei de cens, e. c. l. e. en l'a. l. d.

557 Jennins, li fils Waterin de Chastels, p. b. sus une piece de vigne en Corroit, et sus ıııı jornals de terre ke geixent ou ban de Warnenville, deleis Burewalpreit, k'il ait aquasteit a Drowignon de Chastels, en alluet, e. c. l. e. en l'a. lo d.

---

[1]) v. *1285, 122* an la ruwe lou Voweit.

558 Li sires Jehans li Gronais p. b. sus une maixon et sus can ki apant ke siet a Gorze, arreis l'osteil Grillat, k'il ait aquasteit a Steuenin de Wauille, permei teil cens com elle doit, e. c. l. e. en l'a. l. d.

559 Et ce p. b. ancor sus une piece de vigne ke geist desoz la rowelle et sus la piece desor la rowelle, arreis dame Aileit la crowiere, et sus la piece en Awartchamp où ban de Dornant, k'il ait aquasteit a Poinsignon, lou fil Jaikemin lou baillit de Dornant, permei v sestieres et demee de vin de cens et II sestieres d'aicrowe, e. c. l. e. en l'a. l. d.

560 Hanrias de Noweroit, li mares de l'ospital ou Nuefborc, p. b. por l'ospital sus tout l'eritage ke Renaldins li Merciers ait en la marie d'Otre Muselle, ki est contrewaiges des LXV s. de mt. de rante ke Renaldins dovoit a Sebiliate, la fille Perrin lou Mercier, sa vie, sans plux, k'elle ait doneit a l'ospital desor dit, e. c. l. e. en l'a. l. d.

561 a) Poinsignons Custantins de Chambeires p. b. sus V s. et III d. de mt. de cens ke geixent sus une maixon sus lou Rone, ancoste la maixon Colignon, lo fil Pieron Foutat, k'il ait aquasteit a Jaikemin et a Jehan, les II filz Lowion Mallewegne, et a Weirion, lor serorge, a. con l. e. an l'ai. l. d.

b) Et si p. b. ancor sus la maixon an Chanbeires ke fut Gerardat Custantin, son peire, et sus tot lou ressage ki apant, k'il ait aquasteit a Jennat et a Colignon, ces II freires, permei teil cens com ciste maixon doit, et a. com l. e. an l'ai. l. d.

562 Poinsignons Mauexins p. b. sus une maixon ke siet a Nonviant, et sus IIII pieces de vigne ou ban de Nonviant, et sus II pieces de vigne ou ban de Wasages, k'il ait aquasteit a Ailixon, la feme Cunin dou Molin, et k'il li ait relaiet permey x s. de met. de cens chac'an, et permey teil cens et teil droiture com cist eritaiges doit, et e. c. l. e. en l'ai. l. d.

563 Willames d'Asperc, prevost de Lussanbor, p. b. sus teil daimme com il ait aquasteit a Lowit Papemiate et a Jehan, son freire, ke lor est venus conxeuwant de pair lor peire, ke geist a Rymeranges, et sus toutes les cences k'il avoient a Ramus, ke lor est venus conxeuwant de pairt lor peire, k'il ait a ous aquasteit, e. c. l. e. an l'a. l. d.

564 Hanris de l'Aitre p. b. sus une maixon ke siet ai Onville et sus lou scellier et l'aitre, et sus VI hommees de vignes ke geissent ou ban d'Onville, k'il ait aquasteit a Drowin, lou

janre lou maior d'Elbauille, permey teil cens et teil droiture com cist eritaige doit, e. c. l. e. en l'ai. l. d.

565 Li arcediacres Lowis de Jandelaincort p. b. sus II maixons ke furent dame Cunegon, ke sient en la rue des Proichors, et sus toz les resaiges ki apandent, k'il ait aquasteit a Jehan, lou janre Saifrignon de Nommeney, et a. c. l. e. en l'airge l. d.

566 Ysabels, li feme Poinsignon Peuchat ke fut, p. b. sus totes les vignes ke Colignons Pierels avoit ou ban de Siey, k'elle ait en wage, per escris en airche, et dont elle est tenans.

567 Burterans, li filz Malaikin d'Ansey, p. b. sus teil eritaige con il ait aquasteit as oirs Gerardin d'Ancey, ke fut Gerardin d'Ancey, ke geist a Ancey, en vignes, et a. c. l. e. an l'ai. l. d.

568 Poinsignons Graicecher p. b. por la chiese Deu des Cordelieres sus les XVI s. de mt. de cens ke Wiberate et Hawiate, les II suers Filipin Filio, et Willemins li clers, li mainbor Filipin, avoient sus la maixon Colin Muchewal en Chambieres, k'il ont doneit por Deu et en amone a la chiése Deu desor dite, e. c. l. e. en l'a. lo d.

569 Howignons Thomes p. b. sus IIII pieces de terre areusse ou om contet XX jornalz, ke geixent antre Turey et la Grenge as dames, et sus une maixon et sus kant ki apant ke siet sus lou Rone an Chanbeires, et sus V s. de mt. de cens ke geixent sus II eires de meis an Chanbeires, k'il ait aquasteit a Jehan de Maigney, son nevout, permey teil cens com li eritaiges doit, et a. com l. e. an l'ai. l. d.

570 Ailexate, li fille signor Pieron Thomes ke fut, et Jehans, ces freires, p. b. sus une maixon ke siet an la rowe des Proichors, ancoste l'osteil dame Mertenate Jallee, k'il ont aquasteit a Soibillon lou chavretour, permey XXIIII s. de mt. de cens, et e. c. l. e. an l'ai. l. d.

1288

1* En l'an kant li miliares corroit per M et CC et $\overset{XX}{IIII}$ et VIII ans fut li sires Thiebaus Fouras maistre eschevins de Mes, et Xanderins Papemiate mair[es de Porte-Muzelle, et .... maires de Porsaillis, et][1]) Abertins Baitaille maires d'Outre Muzelle.

Ce sont li bans de paikes. En la mairie de Porte Muzelle:

1 Li sires Jehans, li prestes de S. Astene lou Depaneit, p. b. sus tout l'eritaige ke Thierias Zinguewins, ces freires, avoit ou ban de Baitanges sus Niet, et aillors, an toz [us .... et sus] tous atres eritaiges, ou k'il soit et queil k'il soit, k'il ait aquasteit a Thieriat Singuewin desor dit, per lou crant de maistre Jehan de Kaistre lou fezizien, em waigeire ceu estoit perm[ey .... et a.] con l. e. en l'ai. l. d.[2])

2 Poincins Jornee p. b. sus la maxon et sus lou resaige ki apant ke siet a Stentefontenne, erreis la maxon Eulecol ki fut, k'il ait aquasteit a Lowiat lou Mercier de Vesignuels, permey teil cens com li maxon[s doit, et a. c. l. e. en l'ai. l. d.]

3 Guelemans de Devant S. Ferruce p. b. sus II pieces de terre arreure ou an contet XXIIII jornals, et sus lou preit ke geist en meileu d'une des pesses meimes, ke geixent ou ban de Kiers, k'il ait aq[uasteit a ....] Warnesper ki fut, permey teil cens et teil droiture com tous cist eritaiges doit, et a. c. l. e. en l'ai. l. d.

4 Thiebaus de la Fontenne et Aileit, sa niese, ke sont de Vantous, p. b. sus II pieces de vigne ou an contet I jornal, et sus II jornals de terre areure, en II pesses, ke geixent ou ban de Vantous, k'il ont aquasteit a A[........... de Vallie]res, permey teil cens et teil droiture con tous cist eritaiges doit, et a. c. l. e. en l'ai. l. d.

5 Houwignons, li fils Gerairt de Vallieres, p. b. sus II pieces de vigne ke geixent ou ban de Vallieres, dont li une geist ou Vigniet, en coste Renbaut Gouboie, et li atre piese geist en meizes en coste Howignon meimes, k'il ait [aquasteit a Steuenin?][3]) Roucel

---

[1]) *Die Ecke rechts oben ist abgerissen und verloren.*

[2]) a. con l. e. en l'ai. l. d. = ansi còn li escris en l'airche lou dist. *Weiter unten ist* e. = ensi, l'a. = l'arche, dv. = deviset, div. = diviset, c. *ist abgekürztes* com *oder* con.

[3]) *Es fehlt ein Name von etwa 8 Buchstaben. v. 1251, 174* Poences Rouscels, grant maison en Staison; *1267, 367* Steuenin Roucel, maison antor de Staixons.

de Staixon, permey teil cens et teil droiture com elles doient, et a. c. l. e en l'ai. l. d.

6 Pieresons li boulangiers et Abertins, li fis Thieriat dou Tro de Nowesseville, et Colins, ces freires, et Haicelas, li fis Renal d'Auancey, p. b. sus vii jornals de terre areure ke geixent en vii pesses ou ban de Nowesseville, k'il on[t aquasteit a Thieriat] ¹) et a Heilowit et a Burtemin et a Jehan et a Hawiate et a Izaibel et a Ermanjate, les anfans Colin Watier de Nowilley ki fut, permey iii mailles de cens ke tous cisti eritaiges doit chesc'an, et a. c. l. e. en l'ai. l. d.

7 Jennas dou Weit de S. Julien p. b. sus tout l'eritaige ke fut Garsat de Mons, ke pairtet a Jennat devant dit meimes, k'il ait aquasteit a Ferriat Chiere et a Werriat et a Thiebaut, son freire, les ii fils Vguignon C[unemant ²) ...... et] a Poinsignon Facondoers, lor serorge, permey teil cens con tous cist eritaiges doit, et a. c. l. e. en l'ai. l. d.

8 Wirias Marois de Vallieres p. b. sus vi s. de mt. de cens k'il meimes devoit sus sa maxon ou il maint, k'il ait aquasteit a Symonin Pajat, lou fil dame Wilant d'Aiest, et a. c. l. e. en l'ai. l. d.

9 Wirias Marois de Vallieres p. b. sus jor et demey de vigne ke geist ou ban de S. Julien, ancoste Poinsignon Chawaistel, k'il ait aquasteit a maistre et as confreires de l'ospital S. Nicolais ou Nuefbor, permey iiii s. de mt. de cens ke li jors et demey de vig[ne doit ches]c'an, et a. c. l. e. en l'ai. l. d.

10 Colignons, li fis Jennin Chasemal ki fut, p. b. sus la grainge et sus lou meis ancoste et sus tout lou resaige ki apant ke siet a Chailley, ancoste la maxon Bertran lou tanor de Chailley ki fut, et sus la piese de vigne ke geist an rouwelle ancoste [la vigne?] Pierelin, ke geixent ou ban de Chailley, k'il ait aquasteit a Crestenne, la femme Hunbert de Chailley ki fut, en alluet, et a. c. l. e. en l'ai. l. d.

11 Hanrias d'Airs li formegiers p. b. sus la maxon et sus tout lou resaige ki apant ke siet daier l'ospital an Chanbres, permey x s. de mt. de cens chesc'an, k'il ait asancit a dame Jaikemate la frutiere, ke maint a pont des Mors, et a. c. l. e. en [l'ai. l. d.]

¹) v. 1288, 16.
²) v. 1285, 355.

12 Guertrut li Vadoize de Bunaies p. b. sus la moitiet d'une maxon et don meis daier et de ceu ki apant ke siet a Stentefontainne, ancoste la maxon Lowion lou tanor, k'il ait aquasteit a Symonin Baiselate de Montois, permey II s. de mt. de cens ke li m[eite de] la maxon et de ceu ki apant doit chesc'an, et a. c. l. e. en l'ai. l. d.

13 Roillons, li fis Willame de Vantous, p. b. sus III jornals et demey de terre areure ke geixent en III pieces desous Grumont, s'an geist I jornal ancoste Colin Godel, et jor et demey devant Grumont, ancoste Jehan de Helfedanges, et I jornal deleis lou moulin a vant, k'il ait aquasteit a Ancel la Waigne de Vallieres, permey I reis d'avoinne et I denier mt. de cens ke li jors et demey de terre ke geist devant Grumont doit, et a. c. l. e. en l'ai. l. d.

14 Maitheus li retondeires p. b. sus une piese de vigne ou an contet les III pairs d'un jornal, ke geist entre la vigne Jenat Cowerel et Waterat Licherie, ou ban de Vallieres, k'il ait aquasteit a Jaikemin, son freire, en alluet, et a. c. l. e. en l'ai. l. d.

15 Willames Mairasse p. b. sus I jornal de vigne ke geist an Sourels desor Vallieres, k'il ait anpertit ancontre Evrewin et Renadin de Macres, ke sont oir Burtemin dou Pux ki fut, et ke li est delivres per droit et per jugemant ancontre Howignon, lou fil Lanbert d'Oxey, por tant com Howignons li doit, per escris en airche, et dont Willames est tenans com oir, permey demey meu de vin en l'aixe de cens ke li jornals de vigne doit, et a. c. l. e. en l'ai. l. d.

16 Steuenins li Bagues de Glaitigney p. b. sus II pieces de vigne et sus une piese de preit ke geixent desor lou rut de Uals, ou ban S. Pol et ou ban lou sainexal, en la fin de Nowilley, d'une pairt et d'atre la vigne Steuenin desor dit, k'il ait aquasteit a Thieriat, lou fil Colin Watier de Nowilley, et a Bertran et a Jehan, ces II freires, et a Heilowit et a Hawiate et a Izaibel et a Ermanjate, lor IIII serors, permey teil droiture com toz cist eritaiges doit, et a. c. l. e. en l'ai. l. d.

17 Symonas dou Paireit p. b. sus III s. de mt. de cens chesc'an ke geixent sus la maxon ke pairt a Gilliat, lou fil Roillon, ke siet ancoste Befil l'aboulestrer, apres XX s. de mt. de premier cens ke li maxons doit devantriennemant, k'il ait aquasteit a Colignon, lou fil Roillon lou feivre de Chanbres ki fut, et a. c. l. e. en l'ai. l. d.

18 Gerardins Romebair de Malleroit p. b. sus les v s. de mt. de cens ke geixent sus ɪ jornal de terre a Tonboit ou ban de Malleroit, ke dame Jaikemate Maibelie de Rinport laiet a Jennat, lou fil Colin Saillat de Malleroit ki fut, k'il ait racheteit a dame Jaikemate devant dite, et a. c. l. e. en l'ai. l. d.

19 Hanrias Lanbert p. b. sus la vigne a Ranpant, ke siet a chief de la Paisture a S. Julien, k'il ait aquasteit a Wiriat Jornee, permey x s. de mt. de cens ke li vigne meimes li devoit, et k'il li ait delivreit en plait, et a. c. l. e. en l'a. l. d.

20 Vguignons, li fis Jordenat lou tanor, p. b. sus la maxon, et sus tout lou resaige ki apant ke siet an Stoxey, ancoste la maxon Jaikemin Pigort, k'il ait aquasteit a Ancillon, lou fil Hanrit lou bouchier dou pont Rengmont ki fut, permey xɪɪɪ s. de mt. de cens ke li maxons et tous li resaiges ki apant doit a signors dou Tanple, et ɪɪɪ s. de cens ai¹) Ancillon desor dit, et a. c. l. e. en l'ai. l. d.

21 Hanrias Burnekins p. b. sus la maxon ou Jaikelos li awilliers de Sanerie menut, ke siet en Sanerie. ke Jaikelos li ait laieit por lou cens ke li maxons doit a Hanriat desor dit, por les estaies trespaisaies et por les edras.

22 Perrins Raibues p. b. sus les ɪɪ maxons ke furent Garsat de Mons, et sus lou meis et sus la vigne daier et sus tout lou resaige ki apant, et sus jor et demey de vigne en Lanbelinchamp, et sus demey jornal de vigne desor Vallieres, por xʟ s. de mt. de cens ke tous cist eritaiges desor dis li doit chesc'an, et por les estaies trespaisaies, et permey teil cens et teil droiture com tous cist eritaiges doit devantriennemant, et dont il est tenans.

23 Jennecas Goule p. b. sus les ɪɪɪɪ s. de mt. de cens ke geixent sus teil partie com Allixandres de Herney li vieciers avoit en la petite halle des vieciers an Chanbres, ki Ailesate²) li Vadoize tenivet, k'il ait aquasteit a signor Jehan, lou preste d'Orcevals, et a. con l. e. en l'ai. l. d.

24 Arnous, li fis Jehan Bairbe d'Outre Muzelle, p. b. sus la maxon et sus tout lou resaige ki apant ou li fours est, ancoste la stuve ou Tonboit, k'il ait aquasteit a signor Gerairt, lou preste d'Ercancey, permey vɪ s. de mt. de cens ke li

---

¹) *In der Vorlage ist das Abkürzungszeichen für* et *gebraucht.*

²) *Vorlage* Aiselate. *v. 1281, 455,* Ailesate lai Vadoise.

maxons et tous li resaiges ki apant doit chesc'an, et a. con l. e. en l'ai. l. d.

25* Se sont li ban de paikes. An lai mairie de Porsaillis:

25 Li sires Lowis de Cligney, chanones de Monfacon, prant ban sus lai maxon et sus tout ceu ki apant ke siet daier S. Sauour, ancoste l'osteit lou signor Gerairt Baron, ke fut Alerdin de Cligney, ke li est encheute de pair Alerdi[n] desor dit, et por les date k'i[l] li dovoit, permei xvi s. de mt. de cens ke li maxon doit as signour de S. Thiebaut.

26 Thierias Brixelaite et Badewins, li filz Bueuelat lou cherreir ki fut, p. b. sus les xiii s. de mt. de cens ke geisent sus lai maxon ki fut Badewin lou cherreir, ke siet an lai rue dou Nuef pont, ancoste l'osteit Thiebaut lou boulangier, k'il ont aquasteit a Jennate, lai femme Aurowin Herbel ki fut, a. con l. e. an l'ai. l. dv.

27 Maistres Viuiens li clers p. b. sus une pesse de terre arreure ke fut Piere de Lay, ke¹) [geist] ou gerdin ou ban de Moruille, et sus une pesse de terre arreure ke fut Piere de Lay, ke geist an Thieberchamp ou ban de Moruille, k'il ait aquasteit a Douce lai Vadoize, lai fille Jaikemel Chiere ki fut, a. c. l. e. an l'ai. l. dv.

28 Abertins li corretiers de Rembeuilleirs p. ban sus lai maxon et sus ceu ki apant ke siet davant l'osteit Thiebaut Baitaille an S. Thiebautrue, an coste l'osteit Colignon Roillon, k'il ait aquasteit an alluet a signor Jehan, lou prestre de S. Martin an Curtis, et a tous les mainbors Gerairt de lai Creuxate lou boulangier ki fut, a. c. l. e. en l'ai. l. dv.

29 Gererdas li Bagues de Maig[n]ey, ke maint an Chambres, p. b. sus une pesse de vigne ou on contet les iii pairs d'un jornal, ke geist an Bailifontainne ou ban de Maignei, ancoste lai vigne lou prestre de Maigney, k'il ait aquasteit a Lowiat et a Symonat et a Adenat, les enfans Bertran lou Jal de Maignei ki fut, permei xxi d. et maille de cens, et a. con l. e. an l'ai. l. dv.

30 Jaikemins Mustelz et Symonas Pancerons et Mertins Longuelz p. b. por waigeire sus lai maxon et sus [ceu] ki apant ke siet davant S. Mamin, ancoste lou chakeur Poterel, ke lour est delivre an plait per droit et per jugemant, por tant com il sont randours por Steuenin Panceron, et por tant com il ont paieit

---

¹) Vor ke ist vigne durchgestrichen.

por lui, et por tant com il sont ancor ancombreit por lui, et dont il sont tenant.

31 Mertins Longuelz p. b. sus lou demei jornal de vigne ke geist ans Abouwes outre Saille, an coste lai vigne Colignon Benoit, k'il ait aquasteit a Jennat Suerate, a. c. l. e. an l'ai. l. dv.

32 Wirias, li serorges Pierat de Chambres, p. b. sus teil partie com Jennins li parmantiers et Thomessas Crafillons, ces freires, avoient an lai pesse de vigne ou on contet i jornal ke siet au coste lou mostier de Maicliue, et sus tout ceu ke lour est encheus de pair Heilewate de Maicliue, lour meire, k'il ait aquasteit a Jennin et a Thomessat desour dit, a. c. l. e. an l'a. l. dv.

33 Lowias d'Antillei, li janres lou Grant Boinson p. b. sus une pesse de vigne ke geist an Forchelz, an coste lai vigne Colin de Champelz ki fut, k'il ait aquasteit a Renmonin de Malleroit, permei demei meu de vin a retrait[1]) de premier cens, lou jor de paikes, et permei xxiiii s. de mt. de cens k'il an doit a Renmonin desour[1]) dit, et ke Lowias pnet raicheteir, et a. con l. e. an l'a. l. dv.

34 Thierias li salleriers de Porte Serpenoize p. b. sus lai maxon et sus ceu ki apant ke siet a Porte Serpenoize, ancoste l'osteit Jennat de Cronnei, k'il ait aquasteit a Badewin Bademaire, permei vii s. de mt. et iii d. de cens, et a. c. l. e. an l'a. l. dv.

35 Willemins, li filz signor Gerairt de Sorbey ki fut, et Matheus li clers, ces fillaistes, p. b. sus iiii jornalz de terre arreure ke geisent ou ban de Virkilley, sus lai rowelle a Lieures, k'il ont aquasteit as enfans Jaikemel lou bouchier de Porsaillis, permei teil cens et teil droiture com cist eritaiges doit, et a. c. l. e. an l'ai. l. dv.

36 Jaikemins, li filz Gerairt lou boulangier de lai Vigne S. Auol ki fut, p. b. sus lai maxon et sus ceu ki apant ke siet an lai Vigne S. Auol, ancoste l'osteit Mainchelo, k'il ait aquasteit a Merguerite, lai femme Guiot de Porte Moselle. permei xxxiii s. de mt. de cens, et a. con l. e. an l'ai. l. dv.

37 Jehans Burtous d'Outre Saille p. b. sus la moitiet de lai maxon ke fut Jehan Waistel et sus ceu ki apant, ke siet outre Saille ancoste lui meymes, k'il ait aquasteit a signor Jehan Berbate, l'arceprestre de S. Mamin, permei teil cens com elle doit, et a. con l. e. an l'ai. l. dv.

---

[1]) a retrait *und* a Renmonin desour *steht auf ausgelöschter Schrift.*

38 Thierions Bouchas p. b. sus une pesse de vigne ke geist outre Saille an planteit Marroit, ancoste lui meymes, k'il ait aquasteit an alluet a Jehan Louve, per meï XXI d. de sans kil le paise de vigne doit a Perrins Raibeuf,[1]) a. c. l. e. an l'ai. l. dv.

39 Abertins, li filz Colin d'Escei de Nonviant, p. b. sus une homaie de vigne ke geist a Waisaiges, ancoste lou preit S. Girgone, k'il ait aquasteit a Burtemin d'Airei, lou fil Richairt lai Loutre de Nonviant ki fut, permei teil cens com elle doit, et a. con l. e. an l'ai. l. dv.

40 Symonas Martins de S. Arnout p. b. sus III eires de meis ke geisent a S. Arnout, antre l'osteit Robin et Gerairt lou Borgon, ke furent Colignon Wachie, k'il ait aquasteit a Vgnignon Roucel, an alluet, et a. c. l. e. an l'a. l. dv.

41 Jennelz d'Espinalz li chaivreteires p. b. sus lai maxon et sus ceu ki apant ke siet an lai Nueue rue, an coste l'osteit Hanriat de Fraine, k'il ait aquasteit a lai priouze et a covant des Repanties de Mes, permei XV s. de mt. et III d. de cens, et a. con l. e. an l'a. l. dv.

42 Renalz de S. Arnoult et Jehans Ottignons p. b. sus les III jornalz de vigne ke geisent a Haute Riue, ancoste lai vigne lou signor Willame, lou prestre de S. Jehan a S. Clemant, k'il ont aquasteit a Jehan, lou fil signor Cunon d'Airs, chanone de S. Thiebaut, permei teil cens con li III jornalz de vigne doient, et a. con l. e. an l'ai. l. dv.

43 Jaikemins Jaillee p. b. sus les VII s. de mt. de cens ke geisent sus lai maxon ke siet a Montigney, sus lou tour davant lou puix, ancoste lou signor Jaike lou Gornaix, k'il ait aquasteit a Jacob Perraixon, a. c. l. e. an l'a. l. dv.

44 Rolas li corretiers dou Quertal .p. b. sus lai maxon et sus ceu ki apant ke siet an Chainreirue, ancoste l'osteit Abertin lou corretier, k'il ait aquasteit a mainbors Gerairt de lai Creuxate lou boulangier ki fut, permei XXII s. de mt. de cens, et a. con l. e. an l'a. l. dv.

45 Badewins, li filz Colin lou Flaman ki fut, p. b. sus lai grainge et sus ki apant ke fut Colin d'Airs, ke siet an lai rowe a chief dou Waide, antre l'osteit Jehan lou Vadois et lai grainge Colignon Boilawe, k'il ait aquasteit a Colignon Marcout, lou fil

---

[1]) *Von* per meï *bis* Raibeuf *übergeschrieben von Schreiber 17 in grossen aber flüchtigen Schriftzügen;* kil le paise = ke li pesse = que la pièce.

Richelin Remaicle ki fut, permei xxii s. de mt. et iii mailles de cens, et a. con l. e. an l'ai. l. dv.

46 Pieresons, li filz signor Ancel de Nonviant ki fut, p. b. sus ii pesses de preit ke geisent ou ban de Nonuiant, k'il ait aquasteit an alluet a Colignon, lou fil signor Thierit de Nouiant ki fut, a. con l. e. an l'ai. l. dv.

47 a) Martins de Troies p. b. sus ii eires de meis ke geisent daier S. Thiebaut, ancoste lui meymes, k'il ait aquasteit a Badat lou mesuer, permei teil cens com elles doient, et a. con l. e. an l'a. l. dv.

b) Et se prant ancor ban sus xiiii d. de cens ke li une des eires dovoit a Jennat lou masson de Sus lou pont a Saille, k'il ait aquasteit a Jennat davant dit, a. con l. e. an l'ai. l. dv.

48 Remias Menneit p. b. sus une pesse de vigne ke geist ou Cherdenoit, an coste lui meymes, k'il ait aquasteit a Symonin Corssansarme, permei viii s. de mt. et iii poujoizes de cens, dont on on¹) puet raicheteir iii s., a. c. l. e. an l'a. l. dv.

49 Melas li muniers de Nonviant p. b. sus iiii pesses de vigne ke geisent ou ban de Waizaiges, s'an geist une pesse ancoste lui meymes, et une pesse ancoste lai vigne la femme Thieriat Tumelouf, et une pesse ancoste lai vigne Piereson, lou fil Meffroit, et une pesse ancoste lai vigne Steuenin, lou fil Mairiate lai Vadoize, k'il ait aquasteit a Burtemin, lou fil Richairt lai Loutre de Nouiant ki fut, permei demei meu de vin a retrait et i d. de chaiteit, et a. c. l. e. an l'a. l. dv.

50 Lowias Chaimeure p. b. sus vi lb. et v s. de mt. de cens des xii lb. et demaie de cens k'il doit a Jaikemin Plaitel, son freire, et dont il puet ancor raicheteir les autres vi lb. et v [s] k'il ait aquasteit a Jaikemin Plaitel, a. c. l. e. [an l'a. l. dv.]²)

51 Lambelins li mairliers d'Airey p. b. sus lai grainge et sus lou vies meis daie[r] et sus l'usewaire davant ke siet a Airey, k'il ait aquasteit a signor Jaike lou prestre, lou fil Jeudon d'Airei ki fut, permei i steir de vin de cens, et a con l. escrit an l'a. l. dv.³)

52 Hanrias li Uelz de S. Clemant p. b. sus une pesse de terre ou on contet jor et demei, ke geist an S. Jehancumenelle, antre lai terre Wairenel et lai terre ke fut Euriat lou maignien, k'il

---

¹) *Das zweite* on = en, *v. 1281, 397* dont il an puet racheteir vi s.

²) *Der Schluss fehlt, weil in der Zeile kein Platz mehr war.*

³) *In der Vorlage* deviset *trotz des Pluralis* li escrit.

ait aquasteit a Armangete lai Petite de S. Clemant, permei IIII d. de cens, et a. con l. e. an l'ai. l. dv.

53 Jennas, li filz Waterat de Quensei ki fut, p. b. sus une pesse de terre ou on contet VI jornalz, ke geisent an Grosaule ou ban de Borney, ancoste lai terre Poincignon Chalon ki fut, k'il ait aquasteit a Symonin Monaire de Vallieres, permei VI d. de cens, et a. c. l. e. an l'a. l. dv.

54 Jennas, li janres Yzambairt d'Outre Saille, et Jaikemate, sa femme, prannent ban sus I stal ke siet an lai halle des boulangiers an Vesignuelz, k'il ont aquasteit a Odelie, lai femme signor Chaie ki fut, et a Jaikemin, son fil, permei teil cens còm li stalz doit, et a. c. l. e. an l'a. l. dv.

55 Bertrans li massons, li freires Abrit lou boulangier dou Champel, p. b. sus lai maxon et sus ceu ki apant ke siet ou Champel, ancoste l'osteit dame Yzaibel, lai femme Chauin ki fut, k'il ait aquasteit a dame Yzaibel desour dite, permei X s. de mt. de cens, et a. c. l. e. an l'a. l. dv.

56 Guercires Monins, li seurs[1]) Colignon Bellegoule, p. b. sus teil partie de preit con Hanrias Bellegoule avoit an Chardonpreit, ke partet a Poinsate, sai cerorge, lai femme Jaikemin Bellegoule ki fut, et sus les III jornalz de terre arreure ke fierent sus lou Saneratchamin ancoste lai terre Perrin Raibue, et sus lou tiers de la pesse de terre ke fiert sus Chadronpreit, ke partet a Richerdin, lou freire Hanriat desour dit, k'il ait aquasteit an aluet a Hanriat desus dit, a. c. l. e. an l'a. l. dv.

57 Jehans Bresaie li draipiers de Rimport p. b. sus lou quairt d'une pairt d'un stal ke siet an la halle des draipiers an Vesignuelz et sus ceu ki apant, ke fut Abillate, lai suer Ferriat Haizairt, k'il ait aquasteit a Ferriat desour dit, permei teil cens com il doit, et a. con l. e. an l'ai. l. dv.

58 Li sires Jehans li Gornais prant ban sus teil partie com Steuenins, li maires de Wauille, et Jaikemins, li filz Wairin de Wauille ki fut, et Drowins, li janres Wairin desour dit, avoient an lai maxon et an lai grainge arreis ke siet an lai rue S. Laidre, et an X s. de mt. de cens ke furent Wairin desour dit, k'il ait aquasteit a Steuenin et a Jaikemin et a Drowin desour nommeit, a. c. l. e. an l'ai. l. dv.

59 a) Lowias Noirons d'Outre Maizelles p. b. sus IIII d. de met. de cens ke Colins li Borgnes doit sus une pesse de vigne an

---

[1]) v. 1283, 408 Guercires Monins de Maiselles, li filz Colignon Bellegoule.

Mallemairs, et sus les IIII d. mt. de cens ke Thierias Turuille doit sus une pesse de vigne an Mallemairs, et sus lou denier met. de cens ke Pierexelz Melas doit sus une vigne an Mallemairs, k'il ait aquasteit a Fransois, lou fil Wernier lou corrier de Sanerie ki fut, a. c. l. e. an l'ai. l. dv.

b) Et se p. ancor b. sus lai grainge et sus ceu ki apant ke siet an Hulouf, ancoste l'osteit Thieriat lou vignour, k'il ait aquasteit a Piereson, lou fil Burtelo de Hulouf,[1]) permei VIII s. de met. de cens, et a. c. l. e. an l'ai. l. dv.

60 Jehans Foureis, li filz Willame de Luppey, p. b. sus II[2]) pesse de vigne ke geisent ai Bui ou ban de Luppey, k'il ait aquasteit an alluet a Odeliate, lai femme Lowit de Bui ki fut, a. c. l. e. an l'ai. l. dv.

61 a) Robins li clers, c'on dist de lai Barliere, p. b. sus la moitiet de [3]) lai maxon et sus ceu ki apant ke fut maistre Jehan lou masson, ke siet outre Moselle,[4]) et sus I jornal de terre ke geist a Chafour, et sus III querterons de terre ke geisent sus Lixeires, et sus lou preit an Lixeires, k'il ait espartit ancontre Ameline et Armengete, ces II serorges.

b) Et se prant ancor ban sus lou demei jornal de terre ke geist an Sterleichamp, ke fut lou signor Jerairt, lou prestre d'Espainges, a. c. l. e. an l'a. l. dv.

62 Vguignons Pettairs p. b. sus la mason et sus tout lou resaige ki apant ke fut Jennin Gerairt, [ke geist] antre l'osteit Clemignon lou Mercier de Vesignuelz ki fut et lai maxon Lowiat, son freire, ki est delivre a Vguignon desus dit an plait, por tant com Jennins Gerairs li doit, per escrit an airche, et dont Vguignons desour dis est tenans, permei LIII s. de mt. et IIII d. de cens ke li maxon et ceu ki apant doit.

63 Roillons, li filz Berrel de Maigney, p. b. sus lou jornal de terre arreure ke geist desous lai vigne lou Voweit, et sus lou demei jornal deleis Poincignon de Metri, et sus lai pesse de terre an Herdoustoc, et sus teil partie con Jaikemins, ces freires, avoit an lai maxon a Maigney, ke siet davant lai grainge lou maior, ki fut lour peire, k'il ait aquasteit a Jaikemin desus dit, per-

---

[1]) *In der Vorlage steht* Hulous, *aber der Querstrich des* f *ist wohl von dem Schreiber nur vergessen.*

[2]) II *übergeschrieben.*

[3]) la moitie de *übergeschrieben.*

[4]) *Wahrscheinlich ist zu lesen* outre Saille.

mei teil cens et teil droiture com tous cist eritaiges doit, et a. c. l. e. an l'ai. l. dv.

64 Li sires Badewins, li prestres de Sainte Marie, p. b. sus lai pesse de vigne et sus ceu ki apant ke geist desous Montigney, ou on contet III jornalz, et sus lai fose defuers, k'il ait aquasteit an alluet a Poinsate et a Yzaibel, sai suer, les II filles Jacob de Jeurue ki fut, a. con l. e. an l'ai. l. dv.

65 Colignons Tristans p. b. sus lai maxon et sus ceu ki apant ke siet an S. Martinrue, ancoste lui meymes, k'il ait aquasteit a Hanriat et a Katerine, sai suer, les II enfans Colin Moutat, et a Colin Raijs, lour cerorge, permei teil cens com elle doit, et a. c. l. e. an l'ai. l. dv.

66 Willemins li follons de lai Nueueuille, ke maint ou Champel, p. b. sus lou meis ke siet an Chaponrue, daier l'osteit Ferrit lou boulangier de Teheicort, an teil maniere ke Ferris ait sai voie ou meis et Willemins ait sai voie permei l'osteit Ferrit desus dit, por aleir ou meis, tant com il ne porreit aleir per l'awe a piet, k'il ait aquasteit a Ferrit desus dit, permei III s. de mt. de cens, et a. c. l. e. an l'ai. l. dv.

67 Colignons, li filz Matheu Drowat d'Aiest ki fut, p. b. sus lai maxon et sus ceu ki apant ke fut Jehan Gurdin, ke siet an Staixons, ancoste l'osteit Waterin Waisel, ke li est delivre an plait, por XXIIII s. de mt. de cens et por les adras, et dont il est tenans.[1]

68 Li sires Jehans Nerlans, li prestres, et li sires Hanris, li prestres de S. Eukaire, et li sires Jaikes, li prestres de S. Medairt, et li sires Willames, li prestres de S. Jehan a S. Clemant, p. b. por lai commune frairie des prestres de Mes et por les eglixes de Mes sus XXVIII s. de mt. de premier cens ke geisent sus l'osteit Matheu lou boulangier, ke siet an Chadeleirue, an lai teire var Saille, k'il ont aquasteit a Fransois lou corrier, a. c. l. e. an l'ai. l. dv.

69 Dame Flour, li meire Willame lou Lombairt, p. b. sus lai maxon et sus ceu ki apant ke siet an Chaipeleirue, ke fut Waterel lou cowesin, k'elle ait aquasteit a signor Poinson de Colloigne, permei LIIII s. de mt. de cens k'elle an doit a signors de lai Grant Eglixe de Mes, et permei IIII lb. de mt. de cens k'elle an doit a signor Poinson desus dit, k'elle puet raicheteir, et a. c. l. e. an l'ai. l. dv.

---

[1] v. 1290, 372.

70 Li sires Jehans Forcons, doiens de lai Grant Eglixe de Mes, et li sires Jehans, c'on dist li cerchieres, p. b. sus les VI s. de met. de cens ke geisent sus lai maxon et sus ceu ki apant ke siet a Porsaillis, sus lou tour de Ranseires, ke fut partie ancontre lou doien et lou chaipistre desus dit, apres les XIII s. de mt. de premier cens ke li maxon doit, k'il ont aquasteit por lai chieze Deu de l'Aiglixe de Mes a Guerceriat Denielate, et a. c. l. e. an l'ai. l. dv.

71 Li sires Jehans, c'on dist li cerchieres, p. ban sus les III s. de mt. de cens ke geisent sus lai maxon Ailexate, la feme Blanchairt ki fut, ke siet an Chaponrue an lai rowelle davant Deseirmont, ancoste l'osteit Meutenaire, k'il ait a lei aquasteit por lai cheize Deu de l'Aiglixe de Mes, apres II s. et demei de premier cens, et a. c. l. e. an l'a. l. dv.

72 Renalz li clers d'Outre Saille p. b. sus I jornal de terre arreure ke geist sus Vguignonrut, an lai fin de Virkilley, antre lou chamin et lai terre lai Basteniere ki fut, k'il ait aquasteit a Jennat, lou fil Wibor de Grixei ki fut, permei II d. de cens, et a. c. l. e. an l'a. l. dv.

73 Et p. ancor b. sus VI s. de mt. et VII d. de cens k'il meymes dovoit sus lai maxon ke fut Collate, la femme Weirion Manouel ki fut, ke siet outre Maizelles, ancoste l'osteit Badewin Chaipal lou boulangier, k'il ait aquasteit a Collate, lai fille Wairin de Jallacort ki fut, et a. c. l. e. an l'a. l. dv.

74 Thiebaus li Gornais li Jones p. b. sus lai maxon ke fut signour Vgue Colon, ou il meymes maint, ke siet a Porsaillis,[1]) et sus ceu ki apant, et sus lai voie daier ke vait an Vesignuelz, k'il ait aquasteit a signor Jehan lou Gornaix, son freire, permei v d. de cens k'elle doit a chaipistre de l'Aiglixe de Mes, et a. c. l. e. an l'a. l. dv.[2])

75 Coinrairs li peséires, li janres Weiri Meutenaire, p. b. sus lai maxon et sus ceu ki apant ke siet ou Champ a Saille, antre l'osteit ke fut Vguin Blangrenon et lai maxon ke fut Guersat Donekin, k'il ait aquasteit a Jaikemin lou taillour, lou fil Matheu ki fut, et a Joffroit, l'avelet dame Hawit lai telliere, et a Jaikemin Clemignon de Vesignuelz, permei XLII s. de mt. de cens, et a. c. l. e. an l'ai. l. dv.

---
[1]) ke siet a Porsaillis *übergeschrieben.*
[2]) *v. 1281, 530.*

76 Li sires Joffrois Aixies, chanone de Mes, p. b. sus lai maxon
et sus ceu ki apant ke fut Abert des Airuolz, ke siet an Vesig-
nuelz, ancoste lai halle des draipiers, et sus les c s. de mt. de
cens ke geisent sus l'osteit Baiselignon, ke siet en Vesignuelz,
por tant com Abers desour dis dovoit a Nicolle Aixiet, son
peire, per escrit en airche, dont li sires Joffrois est mainbors,
et dont il est tenans.

77 Li sires Thiebaus de Moielain p. b. sus lai maxon et sus ceu
ki apant ke fut Petre lou Buef, ke siet ou Nuefborc, ancosté
l'osteit signor Cunon d'Airs, ki est sai waigeire et dont il est
tenans, por tant com dame Kaiterine, li femme Petre lou Buef,
li doit, l'escrit an l'airche, et por tant com Petres li Bues, ces
maris, doit a Werriat, lou fil signor Burtal Piedechalz, l'escrit
an l'airche, dont li escris et li waigeire est delivre a signor
Thiebaut desour dit.

78 Perrins, li filz signor Jehan de lai Court ki fut, p. b. sus I
jornal de vigne ke geist a Montigney, k'il ait aquasteit a lai
femme Howignon, lou fil Ancel ki fut, permei teil cens com il
doit, et a. c. l. e. an l'ai. l. dv.

79 Jehans li Effichies p. b. sus tout l'eritaige ke fut Jehan
Winoble et Suffiate, sai femme, ki est encheus a Symonin de
Blammont et a Abillate, sai femme, et a Jaikemin et a Arnoult,
les II filz Abillate davant dite, k'il ait a oulz aquasteit, permei
teil cens et teil droiture com tous cist eritaiges doit, et a. c.
l. e. an l'ai. l. dv.

80 Poincignons de Metris p. b. sus lai maxon Jennin Gerairt et
sus ceu ki apant ke siet an Vesignuelz, antre l'osteit Joffroit
Bellegree et lai maxon Yzaibel Lukin, ke li est delivre en plait
per droit et per jugemant, permei XIII s. de met. et IIII d. de
cens k'elle doit a Wicherdin Groignat, et permei VIII s. de mt.
de cens k'elle doit a Jehan Chadron, et por tant com Jennins
Gerairs doit a Poincignon desour dit, per escris an airche, et
dont Poincignons est tenans.

81 Hanrias Roucels, li fils Collin de Champels ke fut, p. b. sus XV
lb. de mt. de premier[1]) cens ke geisent sus la maison Abert
des Aruols ke fut, k'il ait aquasteit a Collignon, lou fil Jennole
Maleboche, a. c. l. e. an l'a. l. div.

82* Ce sont li bans de paiques. En la marie d'Outre Muselle:

---

[1]) premier *ist übergeschrieben.*

82 Cunins d'Onville prant bans sus vIIII jornals de terre areure ke geisent en la fin de Puxuels, k'il ait aquasteit a Gerardat Jarrier de Xonville, permei teil cens et teil droiture com il doient, et a. com l. e. an l'a. l. d.

83 Hanons, li fils lou Liejois, p. b. sus une maixon ke siet an Chambieres, ancoste Martin Bosseron, k'il ait aquasteit a Forkignon Brochat, permei III s. de cens, e. c. l. e. an l'a. lo d.

84 Poinsate, li fille Abertat ke fut, p. b. sus x s. de mt. de cens ke geixent sus II maixons a Longeuille, ke furent dame Aileit, sa meire, dont an redoit v s. de mt. aier, k'elle ait aquasteit a Barangin, son serorge, e. c. l. e. an l'a. lo d.

85 Thiebaus Ancels p. b. sus une piece de vigne ke geist ou Halt preit ou ban de Plapeuille, ancoste Renaldin lou Mercier, et sus lou triex ancoste, et sus demei jornal de vigne ke geist an la Fortterre a Plapenille, ke Jaikemins li bochiers fait a tiers, ke li sont delivreit per droit et per jugemant contre Rabowan Domal, por tant com Rabowans li doit, per escris an arche, et dont il est tenans.

86 Mariate, li femme Jennat Thiebat ke fut, p. b. sus une maison ke siet daier S. Jehan an S. Vincentrue, k'elle ait aquasteit a Martenate, la meire Gourdat lou clerc, permei teil cens com elle doit, et e. c. l. e. an l'a. l. d.

87 Thiebaus, li fils Jennat Goceneie, p. b. sus la moitiet¹) d'une piece de vigne ou an contet vI jornals, ke geist sus Lubipreit, ancoste la vigne Jehan lou Gronaix, k'il ait aquasteit a dame Poince et ai Yssabel, les II filles Jacob de Jeurue, an alluet, a. c. l. e. an l'a. l. d.

88 Cunins d'Onville p. b. sus tot l'eritage k'il ait aquasteit a Steuenin, lou maior de Wauille, c'est a savoir sus XIIII hommees de vigne et sus demei meu de vin de cens ke geisent ai Onville et ou ban, et sus lou quart dou parier de Bemont, et sus lou
5 quart dou cellier an l'aitre, et sus lou jornal de terre daier S. Piere, et sus I jornal de terre ke li est escheus de part dame Hawit, et sus teil partie com il ait an bos d'Onville, et sus vI jornals de terre davant Bolant, et sus les vI nowiers dedans, et sus jor et demei de terre davant lou moulin a Bolant, et sus
10 lou jornal davant lou Vantal a Bolant, et sus teil partie com il ait ou Grant preit ke fut signor Cunon, permei teil cens et teil droiture com toz cist eritaiges doit, et a. c. l. e. an l'a. l. d.

¹) v. 1288, 105.

89 Jennas Kayns p. b. sus une maison et sus can ki apant ke siet
an Chambieres, ancoste l'osteil Colin Piebeu, k'il ait aquasteit
a Thieriat, lou janre Colart Ruille, permei III s. de mt. k'elle
doit de cens, et a. c. l. e. an l'a. l. d.

90 Hanris li feivres p. b. sus une maixon et sus cant ki apant ke
siet an la rowe S. Vy, k'il ait aquasteit a Sibiliate, la femme
Bertran Poillate ke fut, et a Steuenin, son marit, permei XIIII s.
de mt. de cens, et a. c. l. e. an l'a. l. d.

91 Jaikemins de Noweroit, li celeriers l'aibeit de S. Vincent, p. b.
sus une maixon ke siet ou clo S. Marcel et sus can ki apant,
ancoste l'osteil preste Gerart, k'il ait aquasteit a Jaikemate de
Geuville et a Gerardat, son fil, permei teil cens com elle doit,
a. c. l. e. an l'a. lo d.

92 Jehans li Gronais p. b. sus tout l'eritaige ke Steuenins, li mares
de Wauille, et Drowius, ces serorges, ont a Bouxieres et ou
ban, et a Charey et ou ban, et sus tot l'eritage ke Jaikemins, li
fils Warin de Wauille, et Wernesons, ces freres, ont a Bouxieres
et ou ban, an toz us, k'il ait ai ous aquasteit, e. c. l. escrit
an l'a. l. dient.

93 Poinsignons Peldanwille p. b. por les pucelles de Sus lou Mur
sus XVI s. et demei de mt. et IIII chapons de cens, s'an geist
VI d. et II chapons sus la maixon Strubat an Franconrue, et
X s. et demei sus la forge daier et sus lou jarding et sus can
ki apant, et XXXIII d. et I chapon sus l'osteil Hawiate Wessel,
et XXXIII d. et I chapon sus l'osteil Heiluyt, la suer Wessel,
k'il ait aquasteit a dame Marguerite de Weiure, e. c. l. e. an
l'a. l. d.

94 Jehans li Ynglois li potiers de Franconrue p. b. sus une maison
et sus can ki apant ke siet an Franconrue, k'il ait aquasteit a
Domangin de Malencort lou chavreir, permei teil cens com elle
doit, et a. c. l. e. an l'a. l. d.

95 Esselins, li fils Howart d'Arnauille, p. b. sus II pieces de terre
areure, s'an geist une a Pareit, arreis Jenat Bueuelat, et li
atre sus lou rut de Chenal, et sus III pieces de vigne desour
Pallons, k'il ait aquasteit a Colin Chazee, permei teil cens com
elle doient, e. c. l. e. an l'a. l. d.

96 Jaikemins, li fils Howart d'Arnauille, p. b. sus II jornas de
terre ke geisent an Werrelcommune, arreis Jaikemin Gebolier,
et sus une chaneuiere an Lauals, k'il ait aquasteit a Pierat de
Chambres, an alluet, et a. c. l. e. an l'a. l. d.

97 Poinsignons Geudas p. b. sus une maixon ke siet an Chambieres, sus l'awe, ancoste Bertran Huchetel, sus la partie davant, k'il ait aquasteit a Thieriat, lou janre Collart Ruille, permei vi s. de mt. et une angevine de cens, e. c. l. e. an l'a. 1 d.

98 Domangins Preuostels de Ste Rafine p. b. sus une piece de vigne ke geist a Ste Rafine an la Laie, k'il ait aquasteit a Colignon Poirel, permei demei meu de vin de cens an l'axe k'elle doit as Tampliers, et xi d. et une angevine a l'ospital,
5 et permei la taille ke li signor i font, et sus une piece de vigne ke geist desor la chapelle ou ban de Rouzerueles, et sus totes ces vignes an Montan, et sus sa vigne deleis lou preit les Moinnes, et sus sa vigne a Chafour, et sus sa maixon anmei la ville de Rozerueles, et sus cant k'il ait d'eritage
10 an bans de Rozerueles, ke Colignons Poirels li ait mis an contrewaige por la piece de vigne desor dit, et a. c. l. e. an l'a. l. d.

99 Li sires Gerars li Lombars, chanones de Mes, p. b. sus la corcelle et sus les menoirs bais et halt et sus ceu ki apant ke sieent daier la maixon signor Symon lou preste an Nekesierue, k'il ait aquasteit a Collate et a Perrate, les II serors signor Symon desor dit, permei xviii s. de mt. de cens, et a. c. l. e. an l'a. l. d.

100 Jaikemins Barons li clars p. b. sus tout l'eritaige ke Gerardins, li fils Colin d'Escey, avoit ou ban de Nonviant de part sa meire, k'il ait aquasteit a Gerardin desor dit, permei teil cens com li eritages doit, et a. c. l. e. an .l'a. l. d.

101 Baduyns, li fils Hanriat Hakerel de Viez Bucherie, p. b. sus une maison et sus cant ki apant ke siet atour de la rowelle de Viez Bucherie, k'il ait aquasteit a Domangin, son serorge, lou fil la Picarde, permei xxi s. de mt. II d. moins de cens, et e. c. l. e. an l'a. lo d.

102 Jaikemins Palerins p. b. sus une pessate de vigne ke geist ai Ars, daier lou mostier, tiercerasse S. Pou, k'il ait en waige de Sygardin d'Ars, per escrit an arche, et dont il est tenans.

103 Vguignons de Bioncort li clers p. b. sus teil partie com Poinsate, li femme Jennin Cabutel de Chieuremont, avoit an la maixon et ou resaige ki apant ke siet an la rue de Porte Serpenoize, ke fut Ruecelin lou bolengier, c'est a savoir l'eutime, k'il ait a ley aquasteit, permei teil cens com li eutimes doit, et a. c. l. e. an l'a. l. d.

104 Remions Burnekins p. b. sus une maison et sus cant ki apant ke siet ator de Nikesierue, ancoste l'osteil Jehan de Vandeires et Hanriat lou vieceir, ki est partie contre Hanriat, k'il ait aquasteit a Jehan et a Hanriat desor dis, les mainbors Marguerate, la fille Vion, permei teil cens com elle doit, et a. c. l. e. an l'a. l. d.

105 Jennins Bruleuille et Jaikemins de Pargney p. b. sus la moitiet [1]) de la piece de vigne ou an contet vi jornals, ke geist sus Lubipreit, k'il ont aquasteit a dame Poince et ai Ysabel, les II fille Jacob de Jeurue, an alluet, et a. c. l. e. an l'a. l. d.

106 Warenas, li maires de Nonviant, p. b. sus les v hommeies de vigne ou Pairous, et sus vii hommees de vigne ou ban de Nonviant, k'il ait aquasteit a Poinsate, la fille Werion dou Pux, et a signor Bertran, son oncle, et a Garceriat Danielate, e. c. l. e. an l'a. l. div.

107 Steuenins, li fils Ferriat Troixin ke fut, p. b. sus xv s. de mt. de cens ke geisent sus la maison Crestien an la Vigne S. Marcel, ke dame Marguerite, li femme Herbin Wachier ke fut, li ait aquiteit an plait, por tant com elle li doit, per escris an arche, et por les x lb. de mt. k'elle doit a Herbin Baillat, l'escrit an l'arche, dont li escris est delivres a Steuenin desor dit.

108* Ce sont li bans de la mey awast. En la mairie de Porte Muzelle:

108 Colignons Cunemans p. b. sus lou tiers de la maxon ke fut lou signor Druwe de Porte Muzelle et sus tout lou resaige ki apant, ke siet erreis la maxon Gairciriat Poterel, k'il ait aquasteit a Gillat, lou fil Colignon Drowat ki fut, en alluet, et a. con l. e. en l'ai. l. d.

109 [2]) Thiebaus Gemels, li fis Nicole Gemel ki fut, p. b. sus les ç sodaies de terre ke Poinsignons, li fis Jaikemin la Peirche ki fut, avoit ou grant tonneur de Mes, k'il ait a lui aquasteit, a. c. l. e. en l'ai. l. d.

110 Xanderins Papemiate p. b. sus xx s. de mt. de cens k'il ait aquasteit a Jennat Jallee lou boulangier, sus les maxons Jennat Jallee ke sieent a pont a Muzelle, apres les IIII lb. de mt. de

---

[1]) v. *1288, 87.*

[2]) v. *1288, 206 und 229.*

cens et II waistels ke les maxons doient devantriennement a Xanderin desor dit, et a. c. l. e. en l'ai. l. d.

111 Goibles li covrexiers de Porte Muzelle p. b. sus lou daier des III chainges et sus les loies desor et sus lou soulier et sus lou selier desous ke sieent a Porte Muzelle, antre la maxon Jehan Clairaidine, ou Raikesanges maint, et lou chainge Houwairt Groignat, k'il ait asancit a Wichairt, lou fil Colin Groignat ki fut, et a Colignon, lou fil Jehan Groignat, permey xxv s. de mt. de cens k'il lor en doit chesc'an, et a. c. l. e. en l'ai. l. d.

112 Jehans Abrions et Abrions, ces nies, p. b. sus II estals ke sont en la halle des draipiers en Chanbres, ke furent dame Aileit, la femme Poinse de Raigecort ki fut, k'il ont aquasteit a Vgat, ke fut vailes les Proichors, permey teil cens com il doient, et a. c. l. e. en l'ai. l. d.

113 Hanrias Herralz, li fis lou signor Jaike de Chanbres ki fut, et Jennas Xordels p. b. por Colignon Xordel et por Mahout, sa femme, sus la moitiet dou moulin et de ceu ki apant ke siet sus Muzelle en Souverainneteire, ke pairtet a Mercirion lou munier, k'il ont aquasteit a Jaikemin Pallerin, permey xv s. de mt. de cens ke cist demey moulins doit a la chiese Deu de S. Vincent, et a. c. l. e. en l'ai. l. d.

114 Jennas li Bagnes, li fis Aidelate de Vallieres, p. b. sus la maxon et sus lou meis daier et sus tout lou resaige ki apant ke siet deleis lai baire a Vallieres, ke fut Poinsignon lou Creuxiet, et sus lou jornal de vigne ke fut lou Creuxiet desor
5 dit, ke geist a Bremeirowairt, en III pieces, et sus une eire de meis ke geist ou ban les oirs lou signor Thierit de Laibrie, ancoste Roillon lou Gornaix, ou ban de Vallieres, k'il ait aquasteit a Symonin Monaire de Vallieres et a Ancel, lou xaving de Vermiey, et a Jennat et a Lowiat, les anfans Baicelin, lou
10 vies maior de Repigney, permey teil cens et teil droiture com toz cist eritaiges doit, et a. c. l. e. en l'ai. l. d.

115 Jehans Paininc de S. Julien p. b. sus la maxon et sus lou meis daier et sus lou resaige ki apant ke siet a pux a S. Julien, ancoste la maxon Jaikemin Corjeu, k'il ait aquasteit a Perrin Aieron de S Julien, permey XII s. de mt. de cens ke li maxons et ceu ki apant doit chesc'an, et a. c. l. e. en l'ai. l. d.

116 Perrins Aierons de S. Julien, p. b. sus la maxon et sus lou meis daier et sus la moitiet dou meis daier les murs en

jusc'ai sus l'awe ki apant a la maxon meimes ke siet a
S. Julien, ancoste la maxon Perrin Raibuet, k'il ait aquasteit
a Hanrekel Muzeraigne et a Jehan, son freire, ke sont de
S. Julien, permey II d. et maille de cens ke li maxons et ceu
ki apant doit chesc'an, et a. c. l. e. en l'ai. l. d.

117 Gaircirias li Roucels et Jehans Jerney, ke sont maistres de la
conpaignie des muniers desus Muzelle, p. b. por ous et por
tote la conpaignie devant dite sus la maxon et sus ceu ki
apant ke siet a Chievremont, ancoste la grainge Filippe Faixin
ki fut, k'il ont aquasteit a Xanderin, lou fil lou signor Pieron
Tomes ki fut, permey VIIII s. de mt. et II chapons de cens
ke ciste maxon doit a la conpaignie desor dite, et a. c. l. e.
en l'ai. l. d.

118 Merguerate, li femme Thieriat Raville ki fut, et li sires Weiris
li prestes, ces fis, p. b. sus jor et demey de vigne ke geist
an Baienout, en II pieces, et sus I jornal de terre an Baienout;
et sus la maxon et sus lou resaige ki apant ke siet sus lou
rut de Cornaille a Nowilley, et sus II s. de mt. de cens sus
demey jornal de vigne ke siet arreis la vigne Otenat de
Sirvigney, a Landrifontainne, k'il ont aquasteit a Goudefrin,
lou fil Wairin de Nowilley, permey teil cens et teil droiture
com toz cist eritaiges doit, et a. c. l. e. en l'ai. l. d.

119 Thiecelas li chaivreis, ke maint as Roches, p. b. sus la maxon
et sus lou resaige ki apant ke siet as Roches, devant la grainge
Burtignon Wiel, ke fut Ancillon lou chaivreir ki fut, k'il ait
aquasteit a Jehan et a Colignon, son freire, les II filz Ancillon
desor dit, permey XXIIII s. de mt. de cens ke li maxons et toz
li resaiges ki apant doit chesc'an, c'est a savoir XII s. a signors
de S. Thiebaut, et XII s. a Sibiliate Contasse, la fille Wiel
desor dit, et permey VI d. d'amone a S. Victor, et a. c. l. e.
en l'ai. l. d.

120 Jehans, li fis Perrin lou Vake ki fut, p. b. sus IIII lb. V s.
moins de mt. de cens ke geixent sus la maxon les freires
Nostre Dame dou Kairme, ke fut Jennat Haike, et sus lou
preit de Pouligney de cant ke Perrins li Vakes, ces peires,
5 tenoit, et dont il fut mors tenans, et sus la piese de vigne ke
geist a Chene, en la voie de Chaistillons, ke fut Jennat Haike,
et sus IIII chapons de cens dont Abertins, li fis Jehan Baitaille,
en doit II, ke geixent sus IIII jornals de vigne sus Muselle, an-
coste lai grainge lou signor Thiebaut Fakenel, ke fut Colate

10 Beugnon, et dont Jennas Geude, li fis Hanrit l'Alemant de
S. Julien, en doit les atres II, ke geixent sus III jornals de
vigne sus Muzelle, permey teil cens et teil droiture com tous
cist eritaiges doit, et dont il est tenans.

121 Maistres Richairs li feziziens p. b. sus la maxon et sus tout
lou resaige ki apant ke fut Loransat lou draipier, ke siet an
Chanbres, ke li est delivres per droit et per jugemant ancontre
Loransat, por tant com Loransas devoit a Jaike lou prevost,
les escris[1]) en l'airche, et dont li escris li sont delivres, permey xxxvii s. de mt. de cens ke li maxons et li resaiges ki
apant doit, et a. c. l. e. en l'ai. l. d.

122 Goudefrins Godelz de Nowilley p. b. sus lou meis et sus lou
maizel ancoste ke siet a Nowilley, deilay lou chakeur dame
Aileit de Sus lou Mur, k'il ait aquasteit a Jehan l'ardour, en
alluet, et a. c. l. e. en l'ai. l. d.

123 Abertels Gueceris de S. Julien p. b. sus la grant maxon Colin
Xalle ki fut, ke siet a S. Julien, ancoste l'osteit Odelie, la
fille Colin Xalle desor dit, et sus lou-meis daier et sus lou
resaige ki apant, en jusc'ai sus l'awe, k'il ait aquasteit a
Symonin Pajat, lou fil dame Wilant, permey v s. de mt. de
devantrien cens, et permey xxx s. de mt. de cens ke li maxons
et li meis daier et toz li resaiges ki apant doit, et a. c. l. e.
en l'ai. l. d.

124 Jaikemins et Joiffrois, li II fis Xanderin Mourekin ki fut, p. b.
sus la maxon et sus lou resaige ki apant ke fut Colin Ruece,
ke siet an Sanerie, ancoste la maxon Jaikemin et Joiffroit desor
dit meimes, k'il ont aquasteit a Colignon de la Cort, permey
xx s. de mt. de cens ke ciste maxon et ceu ki apant doit a
Jaikemin et a Joiffroit desor dit, et a. c. l e. en l'ai. l. d.

125 Ferris de S. Auol, p. b. sus la moitiet de la maxon et de ceu
ki apant ke fut Lieverit, lou seur Burtignon de Wermeranges,
ke siet ancoste la maxon Izanbairt de Xueles a lai baire a
Stentefontenne, k'il ait aquasteit a Hennemant et a Symonat,
son freire, li anfans Hertewit de S. Avol ki fut, et a Symont,
lor serorges, et sus III s. de cens ke geixent sus une grainge
ke fut Lieverit desor dit, permey II s. de mt. de cens ke li
moities de la maxon doit, et a. c. l. e. en l'ai. l. d.

---

[1]) *In der Vorlage stand zuerst* lescrit, *der Singularis statt des Pluralis* les
escris, crit *ist aber durchgestrichen und dann ist mit* escris *fortgefahren.*

126 Martins li aipeciers p. b. sus II s. de mt. de cens ke geixent sus la maxon Luckin lou tonnelier, ke maint en Chanbres, apres xx s. de mt. de devantrien cens ke li maxons doit, k'il ait aquasteit a Luckin desor dit, et a. c. l. e. en l'ai. l. d.

127 Colins Muzairs et Jennas Boulesse et Renadin, sui II freires, li III fis Jaikemin lou maior d'Allexey ki fut, p. b. sus la moitiet des XXXVI s. de mt. de cens ke geixent sus une piese de terre an Conroy desous Allexey, et sus la moitiet des XII s. de mt. de cens ke geixent sus la piese de terre arreure a pont de piere,¹) entre Maiheu Pairetel²) et Jennin Fulekel, k'il ont aquasteit a Jennin Oson, et a. c. l. e. en l'ai. l. d.

128 Jennas Boulesse, li maires d'Ercancey, p. b. sus I demey moulin ke siet a Allexey, k'il ait aquasteit a Maitheu Baicheleir et a Perrin, son freire, permey VI s. de mt. de cens ke li meite dou moulin doit a signors d'Ercancey, et a. c. l. e. en l'ai. l. d.

129 Gerairs li quairtiers p. b. sus une maxon k'il ait anchaingiet a Goudefrin Raieboix, ke siet devant Pairemaile, ancoste la grainge Colin lou cherpantier, permey III mailles et demey I chapon ke li maxon doit a maior de S. Julien, et permey III s. de mt. de cens a prestes parrochals, et permey III s. de mt. de cens a preste de S. Ferruce, et permey IIII d. a preste de S. Ilaire a pont Rengmont, et a. c. l. e. en l'ai. l. d.

130 Jennas Rikens et Poinsignons, ces freires, p. b. sus teil partie com Jaikemate et Hawiate, sa suer, les II filles dame Odelie de S. Pocort, ont en la maxon et ou resaige ki apant ke siet an Chievremont, antre la maxon Costantin lou permantier et la maxon Facon, ke pairt a Jennat et a Poinsignon desor nommeis, k'il ont aquasteit a Hawiate et a Jaikemate desor dite, permey teil cens com li partie de la maxon et dou resaige ki apant doit, et a. c. l. e. en l'ai. l. d.

131 Li maistres et li conpaignons des clers de la fraterniteit S. Nicolais de l'aiglixe de S. Ilaire a pont Renmont p. b. sus VII s. de met. [de cens] ke geixent sus la maxon Ancillon Grawe lou clerc et sus tout lou resaige ki apant, ke siet daier S. Ilaire a pont Renmont, ancoste la maxon dame Houdiete, la femme Thierion Boneraixon ki fut, k'il ont aquasteit a Ancillon Grawe

---

¹) *Brücke über den Bach von Olgy, v. 1293, 419* pont de piere a Alexey.
²) Pairetel *ist wohl ein Schreibfehler für* Poietel, *v. 1293, 419*.

desor dit, apres II chapons de cens ke li maxons doit devantriennemant, et a. c. l. e. en l'ai. l. d.

132 Ingrans Forcons et Vguignons Hunebour p. b. sus IIII s. et demey de mt. de premier cens ke geixent sus la maxon Eurit, lou somenour dou pairaige de S. Martin, li queile maxon siet a Roches an Chanbres, ancoste l'osteit Colin l'oxelour, k'il ont aquasteit a Eurit desor dit, et a. c. l. e. en l'ai. l. d.

133 Vguignons Hunebour p. b. sus IIII s. et demey de mt. de cens ke geixent sus la maxon Eurit, lou somenor dou pairaige de S. Martin, ke siet an Chanbres, ancoste l'osteit Colin l'oxelour, k'il ait aquasteit a Eurit desor dit, apres les IIII s. et demey de mt. de premier cens ke li anfans Remion Rnece ki fut i ont, et a. c. l. e. en l'ai. l. d.

134 Thiebaus Guelins p. b. sus I jornal de terre areure ke geist ou ban de Vallieres, ancoste Thiebaut desor dit, k'il ait aquasteit a Colin Boucleir lou taillor dou pont Renmont, en alluet, et a. c. l. e. en l'ai. l. d.

135 Dame Guertrut, li femme Lowiat de Chailey ki fut, p. b. sus une piese de vigne ke geist a S. Julien, a Sorbey sus lou rowal d'Orsain, ançoste la vigne Colin Xalle ki fut, k'elle ait aquasteit a Jennat, son nevout, lou fil Ferrit de S. Avol, en alluet, et a. c. l. e. en l'ai. l. d.

136 Dame Ailixate li Vakenasse p. b. sus une maxon ke siet davant S. Ilaire a pont Renmont, ke fut Renadin lou tanor, lou mairit Poinsate, dont elle est bien tenans, apres XIII s. de mt. de cens et I d. ke li maxon doit a Jehan Roillon devantriennement.[1])

137 Arnous li formegiers de Sanerie p. b. sus les II petites maxons ke furent Hanrit lou covrexier, ke sieent sus lou Mur, devant la maxon Maiheu Cowerel, k'il ait asancit a signor Jaike, lou preste de S. Maidairt, et a signor Willame de S. Jehan a S. Clemant, permey XII s. de mt. de cens chesc'an, et a. c. l. e. en l'ai. l. d.

138 Steuenins Werrate li clers, ke maint desous Pairemaille, p. b. sus la maxon et sus lou meis daier et sus cant ki apant ke siet en Rinport, encoste la maxon Euriat d'Aipilley, k'il ait aquasteit a Jennat Official, l'avelet Soibert ki fut, permey teil

---

[1]) *136 ist von p. b. an später als 137 eingetragen. Denn* devantriennement *weicht mit der letzten Silbe dem über die Zeile geschriebenen Schluss von 137 en* l'airche lou dist *nach oben aus.*

cens et teil droiture com li maxons et li meis daier et ceu ki apant doit chesc'an, et a. c. l. e. en l'ai. l. d.

139 Li sires Hanris, li prestes de Failley, p. b. sus xv s. de mt. de cens ke geixent sus la maxon Poinsate la forniere de Chanbres, ke siet ancoste la maxon Abertin lou berbier, k'il ait aquasteit [a] Rolin lou clerc de Chanbres, et a. c. l. e. en l'ai. l. d.

140 Jehans Brizaie p. b. sus la moitiet d'un stal en la halle des draipiers an Chanbres, k'il ait aquasteit a Ferriat Haizairt, permey teil cens com li moitiet dou stal doit, et a. c. l. e. en l'ai. l. d.

141 Steuenins Troiexins d'Ercancey p. b. sus une piese de vigne ou an contet viiii omees, ke geixent ou ban d'Ercancey, ancoste Steuenin desor dit, k'il ait aquasteit a Lorate, la fille Forkignon d'Ercancey, en alluet, et a. c. l. e. en l'ai. l. d.

142 Waterins, li fis Hanriat la Curle, et Thiebaus, li fis Wernier lou maior de Vallieres ki fut, et Goudefrins, li fis Cherde de Nowilley, p. b. sus iiii pieces de vigne ke geixent ou ban de Nowilley, et sus la maixeire ke siet arreis Jennat Naivel, k'il ont aquasteit a Odeliate, la fille Aileit de Nowilley ki fut, en alluet, et a. c. l. e. en l'ai. l. d.

143 Li sires Maitheus, li prestes de Warmeranges, p. b. sus la maxon et sus lou meis daier et sus tout lou resaige ki apant ke siet daier S. Ilaire a pont Rengmont, k'il ait aquasteit a Gerardat Dator et a Jennat, son serorge, permey vii s. et demey de mt. de cens ke li maxons et li meis daier doit a Gillat lou draipier, et permey viii d. et iii chapons de cens ke li maxons et li meis daier doit chesc'an a dame Mairie Forcon, et a. c. l. e. en l'ai. l d.

144 Guizelins, li janres Erfe de Sanerie ki fut, p. b. sus la maxon et sus ceu ki apant ke siet an Dairangeruwe, ancoste l'osteit Pierelin de Chailley, k'il ait aquasteit a Jaikemin lou Vogien, ke maint devant l'osteit Maiheu Cokenel outre Muzelle, et a Mergueron, sa serorge, permey ii d. et i chapon de cens c'on doit a Yngrant, lou fil lou signor Abrit Yngrant ki fut, et permey xii s. de mt. de cens c'on doit a prestes parrochalz de Mes, et a. c. l. e. en l'ai. l. d.

145 Jennas, li fis Baicelate de Ruxi, p. b. sus iiii pieces de preit ke geixent desous les vignes de Ruxit, ke pairtent a Hanriat, lou serorge Jennat Baissey d'Ercancey, permey iii d. et maille

de mt. de cens ke li une des pieces de preit¹) doit chesc'an, [et] sus une des pieces de vigne ou an conte III homees ke geist ou ban de Ruxit, ancoste la,²) vigne Burtignon, lou freire Jennin Pillebone, k'il ait aquasteit a Jennat, lou fil Baicel d'Ercancey ki fut, en alluet, et a. c. l. e. en l'ai. l. d.

146 Li quaitres maistres de l'eglixe S. Ilaire a pont Renmont p. b. sus la maxon et sus tout lou resaige ki apant ke siet ancoste lou pont Renmont, ke lor est delivre per droit et per jugemant ancontre Aincelo lou bouchier, et dont il sont tenans, et a. c. l. delivrance l. d.

147 Gillas Maicaire p. b. por la chiece Deu de l'abbie de Chaistillons sus XVIIII s. de mt. de cens, dont on redoit IIII d. a S. Seforien, ke geixent sus II maxons a la rive a Pouxons, ou li fours est, en coste la stuve Weirit et en coste la maxon Raix l'olieir, k'il ait aquasteit a dame Jaikemate Maibelie de Rinport, et a. c. l. e. en l'ai. l. d.

148 Nicoles li Gornais p. b. si con por waigeire sus de cant ke li sires Jehans, li fis mon signor Jaike dou Nuefchaistel ki fut, ait d'eritaige en tous les bans de Burtoncort, au toz us, et sus de cant ke li sires Jehans, li fis mon signor Jaike dou Nuefchaistel devant dis, ait d'eritaige en toz les bans de Virey, en tous us, por tant com li sires Jehans dou Nuefchaistel devant dis doit a Nicole lou Gornaix, a. c. l. e. en l'ai. l. dv.

149 Poinsignons de Metri p. b. sus la maxon et sus lou resaige ki apant ke siet an coste lui meimes, k'il ait aquasteit a Idate, la feme Jennat Geude de S. Julien ki fut, permey I d. de cens ke li maxons doit a S. Vincent, et a. c. l. e. en l'ai. l. d.

150 Gillas Haike p. b. sus les LX s. de mt. de cens ke geixent sus la maxon Wicherdin Berbel ki fut, ke siet en Aiest, ke furent Colin Ruece, ke li sont delivres per droit et per jugemant ancontre Yngrant Borgon, lou fil lou signor Abrit Yngrant ke fut, por tant com Colins Ruece doit a Gillat, l'escrit en l'airche, dont li LX s. desor dis en sont en waige, et dont il est tenans.

151 Thiebaus li Maires, ke maint en Chanbres, p. b. sus VI s. de mt. de cens ke geixent sus une maxon et sus tot lou resaige ki apant ke fut Burtemin Pin lou permantier ki fut, ke siet ou Vivier, daier la maxon Thiebaut desor dit, k'il ait aquasteit a Pierel lou boulangier de Chanbeires et a Colate, sa femme,

---
¹) *Vorlage* vigne.
¹) *Vorlage* li.

permey vi s. de mt. de devantrien cens ke li maixons et ceu
ki apant doit a Thiebaut de Florehanges, et a. c. l. e. en
l'ai. l. d.

152 ¹) Elies et Colignons, ces freires, li anfans Maibelie de Villeirs
a l'Orme, p. b. sus la piese de vigne ou an contet jor et demey
ke geist desous Awigne, ou ban S. Girgone de Gorze, daier
lou moulin a vant, an coste la vigne Badewin Burelute ki
fut, k'il ont aquastèit a Joiffroit, lou fil signor Abrit Yngrant
ki fut, en alluet, et a. c. l. e. en l'ai. l. d.

153* Se sont li bans de lai mey awast. An lai mairie de Porsaillis :
153 Li sires Nicolles dis Othins, doiens de S. Sauour, p. b. sus LX
s. de mt. de cens, k'il ait aquasteit a Thierion, lou fil Gererdin
lou Moinne d'Orgney ki fut, et ke Thierions desour dis li ait
essis sus can k'il ait d'eritaige, a. c. l. e. an l'ai. l. dv.

154 Jennas li Gouges et Colignons, ces filz, p. b. sus lai moitiet de
lai maxon et de ceu ki apant ke fut Lowiat Toulate, ke siet
davant S. Martin an Curtis, ke siet ancoste signour Guersire de
Gorze ki fut, k'il ont aquasteit a Badewenat, lou fil Rouse-
ruelles, ²) et a Aileit, sai femme, a. c. l. e. an l'ai. l. dv.

155 Arnoulz, li filz Jaikemin Colon ki fut, p. b. sus lai maxon et
sus tout lou resaige ki apant ke fut dame Peskate Grancol,
ke siet atour de Chaiureirue, k'il ait aquasteit as enfans
Richier Granden, permei xxi s. de mt. et iiii d. et une maille ³)
k'elle doit a lai femme Thiebaut Lohier, et permey xii s. k'elle
doit a lai chieze Deu de Nostre Dame as Chans, et permei ii
s. et demey k'elle doit as chainjours de cens, et a. c. l. e. an
l'ai. l. dv.

156 Thierias Bouchate p. b. sus i jornal de vigne ke geist sus
Maizelles, ancoste sai vigne meymes, ki est quar meu ⁴) S. Pol,
k'il ait aquasteit a Jehan, l'aivelet Raiuetel, a. c. l. e. an
l'ai. l. dv.

157 Hanris, li filz lou signor Poinson de Strabour ki fut, p. b. sus
une tavle ke geist an Nues Chainges an Vesignuelz, k'il ait

---

¹) *152 steht oben auf der Rückseite von Blatt* v, *darüber:* De la mey awast
MCC $\frac{XX}{IIII}$ et VIII ans. *Schreiber 15, der unten auf der Vorderseite keinen Platz
mehr hatte, hat sich gegen die Regel auf diese Weise zu helfen gesucht.*

²) *Personenname fehlt. v. 1290, 572* Baduyn, lou fil Jennat de Rozeruelas
ke fut.

³) maille *übergeschrieben,* angevine *durchgestrichen.*

⁴) qu *verbessert aus* tic, *dem Anfang von* tier meu.

aquasteit a Jehan, son freire, permei xxxii d. de cens ke li
tavle doit, et a. c. l. e. an l'ai. l. dv.

158 Colins Boukelz li tenneires de Chaponrue p. b. sus tout l'eritaige antieremant ke Howignons d'Outre Saille, li filz Arnoult de Sallebour, avoit ou ban de Herney et ou ban de Hans et ou ban de Villeirs deleis Hans, ke muet dou ban d'Abecourt, an tous us, ou k'il soit, et sus tout l'eritaige antieremant ke Howignons desour dis ait delai Niet, an tous us, ou k'il soit et keilz il soit, ke li vient de pair Hawiate, sai femme, k'il ait aquasteit a Howignon desour dit, permei teil cens et teil droiture com tous cist eritaiges doit a lai cort dont il muet, et a. c. l. e. an l'ai. l. dv.

159 Howignons de lai Creux, li filz Burtemin Roucel ki fut, p. b. sus lai maxon et sus tout lou resaige ki apant ke siet davant S. Eukaire, ancoste l'osteit Thierit Hurel ki fut, k'il ait aquasteit a Symonin de Retonfaijs, lou fil Richelat ki fut, permei xxxv s. de mt. et iii mailles de cens, a. c. l. e. an l'ai. l. dv.

160 Yderon, li femme Aburtin Braikillon de Sainte Raifine ki fut, p. b. sus iii jornalz de terre arreure ke geisent a Puxat ou ban de Mairley, ancoste lai terre les malaides de Longeawe, k'elle et Abertins, ces mairis, ont aquasteit a Colignon lou Roucel d'Airs, permei teil cens com cist eritaiges doit, et a. c. l. e. an l'ai. l. dv.

161 Yngrans Goule et Jennas, ces freires, p. b. por lai commune frairie des prestres de Mes sus xiiii s. et demei de mt. de premier cens des xxviii s. de mt. de cens ke li maxon Waterin Grefon doit a Gererdat, lou fil Burtran Champel lou parmantier ki fut, et a Burtemat lou Gros, ke siet ou Champel, ancoste l'osteit Gererdat desour dit, k'il ont aquasteit a Gererdat desour dit, a. c. l. e. an l'ai. l. dv.

162 Jaikemins Mourelz, li janres Adan de Maigney, p. b. sus lai grainge et sus tout ceu ki apant ke siet a Maigney, ancoste l'osteit Clemignon lou Blancgornaix ki fut, k'il ait aquasteit a Veuion de Maigney, permei xviii d. de cens k'elle doit as signours de S. Sauour, et a. c. l. e. an l'ai. l. dv.

163 Abrahans li clerreirs de Maiselles, li filz Odelie de Badrecourt, p. b. sus lai maxon et sus ceu ki apant ke siet an Maizelles, var Saille, ancoste l'osteit Matheu Cunegont, k'il ait aquasteit a Mergueron,[1])

---

[1]) v. 1285, 402; 1288, 460 Jaikemate, lai femme Burtemin Remilley.

lai feme Burtemin Remilley ki fut, permei xi s. de mt. de cens, et a. c. l. e. an l'a. l. dv.

164 Pierexelz li fruteirs p. b. sus lai maxon et sus ceu ki apant ke siet anson Vies Bucherie, davant l'osteit Renadin lou Mercier, ke fut Thiebaut de Siey, k'il ait pris a cens dou signor Thiebaut de Moielain, permei LX s. de mt. de cens k'il an doit chesc'an, a. c. l. e. an l'ai. l. dv.

165 Jaikemins, li filz Jennin de Gorze, p. b. sus lai maxon et sus ceu ki apant ke siet ou Champel, ancoste lui meymes, k'il ait aquasteit a Jaikemin Berrois, permei XXXII s. de mt. de cens k'elle doit a Vguignon Lovate,[1]) et a. c. l. e. an l'a. l. dv.

166 Steuenins, li filz Thieriat lou Gornaix de Mairuelles, p. b. sus lai maxon et sus ceu ki apant ke siet a Mairuelles, an Chardonrowelle, ancoste l'osteit Weiriat Blondel ki fut, k'il ait aquasteit a Aburtin, lou fil Hanriat Roucel, permei II gelines de cens, et a. c. l. e. an l'a. l. dv.

167 Steuenins Pourrate li boulangiers p. b. sus lai maxon et sus ceu ki apant ke siet a Porte Serpenoise, ancoste l'osteit Jaikemat lou boulangier, k'il ait aquasteit a Clemansate, lai femme Lowiat lou hairanguier, permei XXX s. de met. de cens, et a. c. l. e. an l'ai. l. dv.

168 Bueuelas, li nevous lou prestre d'Airs, p. b. sus I stal ke siet an lai halle an Vesignuelz, k'il ait aquasteit a Thieriat lou boulangier de lai ruwe des Allemans, permei teil cens com li stalz doit, et a. c. l. e. an l'ai. l. dv.

169 Burtemins de Geuancey p. b. sus tout l'eritaige ke Roillons de lai Porte avoit ou ban de Remilley, an tous us, ou k'il soit, k'il ait a lui aquasteit, a. c. l. e. an l'ai. l. dv.

170 Hanris li feivres de S. Arnout p. b. sus lai maxon et sus ceu ki apant ke siet a S. Arnout, ancoste lai grainge Colignon Nerlant, k'il ait aquasteit[2]) a Jehan de Trechiecort, permei teil cens com elle doit, et a. c. l. e. an l'a. l. dv.

171 Abers Sewindac p. b. sus lou gerdin ke siet sus les fouseis de Saille daier son osteit meymes, ancoste Colin Jaikier, k'il ait aquasteit a Thieriat de lai Stuve ke vant lou mairien, permei XX s. de mt. de cens, et a. c. l. e. an l'a. l. dv.

172 Li sires Jaikes, li prestres des Proicherasses, prant b. sus lai maxon et sus ceu ki apant ke fut Buevin, ke siet an Chaipelei-

---

[1]) Lovate *übergeschrieben*, de l'Aitre *durchgestrichen.*
[2]) *Hinter* aquasteit *ist* a Jehan Chadron et *durchgestrichen.*

rue, atour Drowat Guepe, davant les Proicherasses, k'il ait aquasteit a Abertin, lou fil Erlat de Gorze ki fut, permei xxii s. de mt. de cens, et a. c. l. e. an l'ai. l. dv.

173 Poinsate, li fille Piereson Kairetal ki fut, p. b. sus les xlv s. de mt. de cens ke geisent sus lai maxon Gererdat lou boulangier, ke siet a Porsaillis, ancoste l'osteit Guerceriat Denielate, k'elle ait aquasteit a Mairiate, lai fille Burtignon Hairewain ki fut, a. c. l. e. an l'a. l. d.

174 Thierias li awilleirs p. b. sus lai maxon et sus ceu ki apant ke fut Coinse, ke siet an Sanerie, ancoste l'osteit Goideman l'awilleir, davant lai vote signour Richairt, k'il ait aquasteit a Coinse lou vieseir et a Poinsate, sai femme, permei xxx s. de mt. de cens, et a. c. l. e. an l'ai. l. dv.

175 Li sires Jehans, li grans prestres de S. Mamin, p. b. sus lai maxon et sus ceu ki apant ke fut Jennate de Badrecort, ke siet ancoste lou chakeur Poterel,[1]) k'il ait aquasteit a Jennat Boukerel et a Mathiat et a Sancenat, les enfans Adan lai Vaille, et a Jaikemin Berrel et a Mertignon, lou janre Adan davant dit, permei teil cens com li maxon doit, et a. c. l. e. an l'ai. l. dv.

176 Ancillons de lai Horgne, li filz Abert, p. b. sus lai maxon et sus ceu ki apant ke siet a S. Clemant ancoste Wiborate, et sus lai pesse de vigne ke siet ancoste lai vigne Steuenin lou Bague daier S. Andreu, k'il ait aquasteit a Waterin, son freire, et a Abillate, sai femme, lai fille Jaikemin Waistel ki fut, permei teil cens com tous cist eritaiges doit, et a. c. l. e. an l'ai. l. dv.

177 Guersins Pestalz p. b. sus lai maxon et sus ceu ki apant ke siet an lai Vigne S. Auol, ancoste lou chakeur S. Clemant, k'il ait aquasteit a Hanrekel lou tennour de Pairgney, ke maint an lai Vigne S. Auol, permei iiii s. et demei de mt. de cens, et a. c. l. e. an l'ai. l. d.

178 [2]) Perrins li Lombairs, li janres dame Poinse, lai fille signour Matheu de Chambres ki fut, p. b. sus la moitiet de lai maxon et de ceu ki apant ke fut Waterel lou cowesin, ke siet an Chaipeleirue, ke dame Flour, li meire Willame lou Lombairt,
5 aquasteit a signor Poinson de Colloigne, ke Perrins ait aquasteit a dame Flour desour dite, permei la moitiet de liii s. de

---
[1]) davant S. Mamin, v. *1288, 30*.
[2]) v. *1288, 69*.

mt. de cens k'il an doit a chaipistre de lai Grant Eglixe de Mes, et permei la moitiet de IIII lb. de mt. de cens k'il an doit a signour Poinson desour dit, et dont Perrins puet raicheteir la moitiet des IIII lb. de cens desour dites, et .a. c. l. e. an l'ai. l. dv.

179 Watremans, li filz Syuerel de Chaponrue, p. b. sus la moitiet de lai maxon et de ceu ki apant ke siet sus lou tour dou Waide, ancoste l'osteit Goudefrin de lai Porte, k'il ait aquasteit a Steuenin lou Xairt, permei teil cens com li moitiet de lai maxon et de ceu ki apant doit, et a. c. l. e. an l'ai. l. dv.

180 Jennas Beudins et Jennas, li filz Berrel, ke sont de Maigney, p. b. por Roillon, lou fil Berrel de Maigney, et por Sebeliate, sai femme, sus les III jornalz de terre arreure ke geisent an l'Alluet ou ban de Maigney, ancoste lai terre ke fut Gerairt lou Vadois, k'il ont aquasteit por Roillon et por Sebeliate desour nommeis a Renmonin de Malleroit, an alluet, a. c. l. e. an l'ai. l. dv.

181 Gererdins Morelz de Chaistelz p. b. por lui et por ces freires sus lai maxon et sus ceu ki apant ke siet an lai rue S. Vy,[1]) ancoste l'osteit Jehan Gervou, k'il ait aquasteit a Jehan Ferrit de Porte Serpenoize, permei teil cens com elle doit, et a. c. l. e. an l'a. l. dv.

182 Maistres Symons Stokairs et Abillate, sai femme, p. b. sus lai maxon ke fut Xaloigne et sus ceu ki apant, ke siet davant S. Martin an Curtin, ancoste l'osteit ke fut Hanriat Bouenat lou boulangier, k'il ont aquasteit a maistre et a freire dou Temple, permei XLIIII s. de mt. de cens, et a. c. l. e. an l'ai. l. dv.

183 Colignons li oliers, ke maint a l'antreir dou Waide, p. b. sus la moitiet de lai maxon et de ceu ki apant ke fut Maanson, ke siet ancoste lui meymes, k'il ait aquasteit a Gererdat, l'avelet Maanson desour dite, permei teil cens com elle doit, et a. c. l. e. an l'ai. l. dv.

184 Anelz, li fille Robin dou Pont ki fut, et Olive Saivegrain p. b. por la maistrasse et por les pucelles de Vy sus lai maxon ke fut Bietri lai Saive de Maiselles, ke siet ancoste l'osteit lai mairasse de Pertes,[2]) et sus can k'elle avoit d'eritaige ou ban de Virkeley et ou ban de Grixey et ou ban de Maigney et ou

---

[1]) lai rue S. Vy *gehörte zu der Mairie Outre Moselle, nicht zu Porsaillis.*
[2]) ke siet *bis* Pertes *ist übergeschrieben.*

ban de Pertes, et sus decan ke Bietris li Saive avoit d'eritaige ou k'il soit, et sus toutes les vignes k'elle avoit ans Abouwes.

185 Burtignons Burnas et Anelz, li fille Robin dou Pont ki fut, et Olive Saivegrain p. b. sus lai maxon et sus tout ceu ki apant ke fut Colin Soture, ke siet atour dou Waide, ancoste Colin Crestenne, ke lour est delivre per droit et per jugemant an plait, por les XLII s. de mt. de cens ke li maxon lour doit, et dont il sont tenans.

186 Thierions Mertenate de lai rowelle de Chaipeleirue p. b. sus lai maxon et sus ceu ki apant ke siet an Chaipeleirue, ancoste l'osteit Badewin, lou gran maistre, davant l'osteit Poincignon Symon, k'il ait aquasteit a dame Colate lai Symairde, permei LVII s. et demei de mt. de cens, et a. c. l. e. an l'ai. l. dv.

187 Jennas Aierons de Chaipeleirue p. b. sus lai maxon et sus ceu ki apant ke siet an Chaipeleirue, ancoste l'osteit dame Merguerate Symon, davant l'osteit Poincignon Symon, k'il ait aquasteit a dame Collate Symairde, permei XLII s. de mt. de cens, et a. c. l. e. an l'ai. l. dv.

188 Guerairs, li janres Wernier lou feivre ki fut, p. b. sus lai maxon ke fut lai Crochate et sus ceu ki apant, ke siet ancoste lai posterne sus lou Mur, devar Porte Moselle, k'il ait aquasteit a prestres parrochalz de Mes, permei XIII s. de mt. de cens, et a. c. l. e. an l'ai. l. dv.

189 Odins li armoieires de Furneirue p. b. sus la moitiet de lai maxon et de ceu ki apant ke siet an Furneirue, ancoste l'osteit Herman lou furbour, ke siet davant son osteit meymes, k'il ait aquasteit a Jaikemate et a Merguerel, ces II cerours, permei teil cens com li moitiet de lai maxon doit, et a. c. l. e. an l'ai. l. dv.

190 Thierias Hurelz p. b. sus la moitiet de lai maxon et de ceu ki apant ke fut Thieriat Hurel, son aviel, ke siet davant S. Eukaire, k'il ait aquasteit Kaiterine et a Jehan, les II enfans Jennat Teste ki fut, permei teil cens com li moitiet de lai maxon doit, et a. c. l. e. an l'a. l. dv.

191 Burtemins de Gorney li celliers, ke maint an Furneirue, et Colins, ces freires, p. b. sus les x s. de mt. de cens k'il meymes dovoient sus lour maxon ke siet an Fnrneirue, ancoste l'osteit Domanget lou cellier ki fut, k'il ont aquasteit a Jennat Bokel lou cordeweneir de Staixons, a. c. l. e. an l'ai. l. dv.

192 Howignons Oxelas de lai Chenal p. b. sus III pesses de terre arreure ke geisent an Corchebuef, k'il ait aquasteit a Burtemin Boufat dou Champel, permei VI s. de mt. et I d. de cens, et a. c. l. e. an l'ai. l. dv.

193 Ancillons, li janres Deu de Furneirue ki fut, p. b. sus lai maxon et sus ceu ki apant ke siet a l'antree de lai Nueue rue, ancoste l'osteit Hanriat Xillepaiste, k'il ait aquasteit a Wairenat lou wercolleir et a Badewin lou page et a Matheu Montenat, ces II freires, permei XVI s. de mt. de cens, et a. c. l. e. an l'ai. l. dv.

194 a) Colignons Symairs de Chaipeleirue p. b. sus lai maxon et sus ceu ki apant ke siet an Chaipeleirue, antre l'osteit Lowiat Blondel et l'osteit Jennat Blondelat, permei XIII s. de mt. et V d. de cens, et sus les IIII s. de mt. de cens ke geisent sus lai maxon ke siet an lai rowelle an Chaipeleirue, an coste l'osteit Abertin lou Gornaix, k'il ait aquasteit a Colignon Regnaire, a. c. l. e. an l'ai. l. dv.

b) Et se prant ancor b. sus lai maxon et sus ceu ki apant ke siet sus lou tour de lai rowelle an Chaipeleirue, ancoste l'osteit Colignon Gouget, k'il ait aquasteit a Perrin, lou fil Philippe lou Clope ki fut, permei XXXIIII s. de mt. de cens, et a. c. l. e. an l'ai. l. dv.

195 a) Lowias Chaimeure p. b. sus les XX s. de mt. de cens ke geisent sus I stal ke siet an lai halle des draipiers an Vesignuelz, et sus I jornal de vigne ke geist desour lai Follie, k'il ait aquasteit a Colignon Xocourt lou parmantier, a. c. l. e. an l'ai. l. dv.

b) Et se prant ancor b. sus les XX s. de mt. de cens, dont on redoit VIIII s. de mt. de cens aier, ke Contasse, li femme Lukin Chaimeure, doit sus une maxon ke siet an Chaipeleirue, davant lai grainge lou signor Thiebaut Fakenel ki fut, k'il ait aquasteit a dame Anel de Chaistelz, lai femme Poincignon Billeron ki fut, a. c. l. e. an l'ai. l. dv.

196 Bietris et Odeliate, sai suer, les II filles Nicolle Braideu ki fut, p. b. sus XII s. de mt. de cens ke geisent sus II maxons ke sieent en Hulouf, ancoste lou gerdin Thiebaut Baitaille, dont on redoit aier XVIII d. de cens a dame Mergueron des Bordes, k'elles ont aquasteit a Lowiat lou tennour de lai Vigne S. Auol, lou fil Jaikemin lou tennour, a. c. l. e. an l'ai. l. dv.

197 Lambelins, li filz Weiriat de Maizelles, p. b. sus demei jornal de vigne ki est tier meu S. Clemant, ke siet ou clo S. Jehan a S. Clemant, ancoste lai vigne Thierion Budin, k'il ait aquasteit a Steuenin, lou janre maistre Abrit de S. Clemant, a. c. l. e. an l'ai. l. dv.
198 Perrins Badoche, p. b. sus une pesse de boix c'on apelle lou boix S. Jehan, ke siet daier Awigney, et sus une pesse de terre arreure ou on contet IIII jornalz, ke siet davant lou boix desour dit, et sus une pesse de preit ke geist desous lou champ meymes, et sus une quarte de vin de cens, k'il ait aquasteit a Arnout lou Roi, permei VI d. de cens ke tous cist eritaiges doit, et a. c. l. e. an l'ai. l. dv.
199 Hanris, li filz Roillon de Strabour ki fut, p. b. sus les L s. de mt. de cens k'il meymes dovoit a Richairt, lou fil Jehan Soupe ki fut, sus les II maxons ke sient ancoste l'osteit Hanriat Burnekin, ke furent dame Yderate, lai meire Richairt desor dit, et sus XX s. de mt. de cens des XL s. de mt. de cens ke Hanrias Burnekins li dovoit, dont Hanris davant dis ait jai les autres XX s. de cens, et ke Hanrias Burnekins puet raicheteir, a. c. l. e. an l'ai. l. d., ke Hanris desor dis ait aquasteit a Richairt desour nommeit, a. c. l. e. an l'ai. l. dv.
200 Jennas Grancolz p. b. sus une maxon et sus tout lou resaige ki apant ke siet ou Nuefborc, ancoste l'osteit Colignon Merlo, ke fut Berneson dou Nuefborc, k'il ait aquasteit a Mertin et a Jaikemin, son freire, les II filz Berneson desor dit, permei XXV s. de mt. de cens ke Jennas lour an doit chesc'an paier et k'il puet raicheteir, et permei XVIIII s. et VI d. de mt. de davanterien cens ke ceste maxon doit, c'est a savoir XVII s. a Colignon Poirel et II s. a Nostre Dame as Chans et VI d. as hoirs Jehan lou Trowant, et a. c. l. e. an l'ai. l. dv.
201 Dame Guertrus, li femme Lowiat de Chailley ki fut, p. b. sus les VI s. de mt. de cens ke Jehans Maillate doit, ke geisent sus I stal ke siet an lai halle des tennours ou Champ a Saille et sus ceu ki apant, k'elle ait aquasteit a Colin, son nevout, lou fil Ferrit de S. Auol ki fut, a. c. l. e. an l'ai. l. dv.
202 Hanrias, li filz signor Abert de Champelz ki fut, et Reguillons li Bagues, ces cerorges, p. b. sus lai pesse de vigne ke fut Guersat Donekin, ke geist ou ban de Pertes, ou on contet III jornalz, k'il ont aquasteit an alluet por Abert Braideu et por Tiguienne, sai femme, a Jehan Chainreson et a Colin Baical, a. c. l. e. an l'ai. l. dv.

203 Lambelas li chaponiers p. b. sus les xii s. de met. de cens ke Weirias li waisteleirs doit sus sai maxon, ke siet a Porsaillis, et sus lai maxon Mairiate lai Gornaixe, ke siet ancoste ceste maxon meymes, ke furent Thierit Lucambalt, k'il ait aquasteit a Jennat lou Vetre, apres les c s. v s. moins ke les ii maxons desour dites doient de cens davanteriennemant, et a. c. l. e. an l'a. l. dv.

204 Renalz li chamberlains p. b. sus ii jornalz de vigne, an iii pesses, ke geisent en bans d'Airey, et sus ii steires et demaie de vin de cens ke geisent sus une pesse de vigne an Ancelmeis, k'il ait aquasteit a Jaikemin Galoppin d'Airey, permei xx steires de vin de cens, et a. c. l. e. an l'a. l. dv.

205 Thierias Grenelz p. b. sus lai maxon et sus ceu ki apant ke fut lou Baihignon, ke siet outre Saille, ancoste l'osteit Keutelawe, k'il ait aquasteit a signor Hanrit, lou prestre de S. Eukaire, permei viii s. de mt. de cens, et a. c. l. e. an l'a. l. dv.

206 [1]) Thiebans, li filz Nicolle Gemel ki fut, p. b. sus les cent sodaies [2]) de terre a mescen ke Poincignons, li filz Jaikemin lai Peirche, avoit ou grant tonneu de Mes, k'il ait a lui aquasteit, a. c. l. e. an l'ai. l. dv.

207 Pieresons de Gernei li boulangiers p. b. sus lai merchasie ke siet daier son osteit meymes k'il ait a Porte Serpenoize, k'il ait aquasteit a Mariate de lai Porte, lai femme Symonin Vienon ki fut, permei vi d. mt. de cens, et a. c. l. e. an l'ai. l. dv.

208 a) Colins Cuerdefer p. ban sus une partie et sus ceu ki apant ke Merguerate et Lorate, les ii filles Blangrenon ki fut, avoient en lai nueve halle des draipiers an Vesignues, k'il ait a elles aquasteit, permei x s. de mt. de cens, ke Colins desus dis puet raicheteir, a. c. l. e. an l'ai. l. dv.

b) Et se p. ancor b. sus une partie et sus ceu ki apant ke Perrins li vieseirs et Yzaibels, sai femme, avoient an lai nueve halle des draipiers an Vesignuelz, k'il ait a oulz aquasteit, permei x s. de met. de cens, ke Colins desour dis puet raicheteir, a. c. l. e. an l'ai. l. dv.

209 Jehans, li filz Forkignon Mourat, p. b. sus lai maxon et sus tout ceu ki apant ou il meymes maint, ke siet an Vesignuelz, ke fut lou signour Thiebaut Fakenel, k'il ait aquasteit a Jehan lou fil lou signor Thiebaut desor dit, permei iiii lb. et v s. de mt. de cens, et a. c. l. e. an l'ai. l. dv.

[1]) v. 1288, 109 und 229. - [2]) Vorlage dosaies, *verschrieben für* sodaies.

210 ¹) a) Hanrias de Noweroit, li maires de l'ospital S. Nicolais ou Nuefborc, p. b. por l'ospital desour dite sus lai maixiere et sus ceu ki apant ke siet an Maizelles, ancoste lou chakeur S. Laidre, ke li maistre et li freire de l'ospital desus dite ont aquasteit an alluet a Forkignon dou Pont, a. con l. e. an l'ai. l. dv.

b) Et se p. ancor b. por l'ospital desour dite sus lai maxon et sus tout lou resaige ki apant ke siet outre Saille, ancoste l'osteit dame Lorate Chabosse ki fut, ke li maistre et li freire de l'ospital desus dit ont aquasteit a Jennat Armantrut, permei teil cens com li maxon et ceu ki apant doit, et a. c. l. e. an l'ai. l. dv.

211 Li sires Jehans de Laibrie, chanones de S. Thiebaut, p. b. sus teil partie d'eritaige ke li est encheus de pair peire et de pair meire, k'il ait espartit ancontre ces oirs, a. c. l. e. des parsons ke geist an l'ai. l. dv.

212 Jaikemins Plaitelz p. b. sus les LX s. de mt. et VI d. de cens ke Contasse, li femme Lukin Chaimeure, tenoit por les LX lb. de mt. ke Jaikemins desour dis et Lowias Chaimeure, ces freires, et Yzambairs Xanins, lour cerorges, dovoient a Contesse desour dite, por les sotes des parsons de litaige des aquas ke furent Lukin desour dit, k'il ait a lei raicheteit, a. c. l. e. an l'ai. l. dv.

213 a) Dame Collate, li femme Howignon l'aman ki fut, p. b. sus III pesses de preit ke geisent a Flurey, ou ban Sainte Glosenne, ke partent a lei meymes, s'an geist une davant lou molin et une an Cloies et une an Gilbertpreit, ke furent Colignon Mertignon, k'elle ait aquasteit a Jaikemin Cunin de Flurey, lou maior l'abbasse de Sainte Glosenne, permei II d. une angevine moins de cens, et a. c. l. e. an l'a. l. dv.

b) Et se p. ancor b. sus II jornalz de terre ke geisent a lai Pale outre Saille, ancoste lai terre Perrin Baguairt, k'elle ait aquasteit a Sebeliate, la feme Jennat Gontier ki fut, permei II s. de mt. de cens k'il doient as signours de S. Piere a Uoulz, et a. c. l. e. an l'ai. l. dv.

214 Jaikemins Jallee p. b. sus V s. et demei de mt. de cens ke geisent sus lai maxon et sus ceu ki apant ke siet an Sanerie, antre l'osteit Corcelles et l'osteit Thieriat Bawier, k'il ait aquasteit a Jennat Mercelin de Sanerie, apres XVII s. et demei

¹) *Mit 210 fängt Blatt* VII *an, in kleiner Schrift steht oben am Rande* de mei awast.

de mt. de premier cens ke li maxon doit a l'ospital S. Nicolais
ou Nuefborc, et a. c. l. e. an l'ai. l. dv.
215 Li sires Jehans c'on dist li chanceliers, chanones de l'Eglixe
de Mes, p. b. sus VII s. et demei de mt. de cens ke geisent
sus une pesse de vigne an lai Dousawe outre Saille, et sus
lou contrewaige, k'il ait aquastei a Sebeliate, lai feme Jaike-
min de Mercei ki fut, et a. c. l. escrit an l'a. l. dv.
216 Li sires Renalz dou Nuefchaistel et Joffrois, li filz Poincin¹)
Bellegree, p. b., chescuns por teil avenant com il i ait, sus lai
grant maxon c'on dist as Estans et sus tous les resaiges ki
apandent, ke fut lou signor Jehan des Estans, filz lou [signor]
5 Jaike dou Nnefchaistel, et sus lou molin ke siet davant lai
maxon desus dite, et sus lou molin c'on dist a Bonfaijs, et sus
les II estans et sus can ki apant ke sieent davant lai grant
maxon as Estans, et sus lai grainge c'on dist a lai Bruwiere
et sus tous les resaiges ki apandent, et sus toutes les terres
10 arreures et sus tous les preis et sus tous les bolz ki apandent
a lai grainge davant dite, et sus tout l'eritaige ke li sires
Jehans desus dis avoit et poit et dovoit avoir a Retonfaijs et
an tous les bans, an signeries, an voweries, an bans, an justices,
an grainges, an maxons, an chakeurs, an gerdins, an vignes,
15 an terres, an preis, an bolz, an fours, an molins, an awes,
ans estans, an homes, an femmes, ans afans, an rantes, an
droitures de bleif, de vin et de deniers, an chapons, an gelines,
an forfais, an amandes, an fies, an homaige, keilz il soient,
c'on tient dou signor Jehan ou il d'atrui, et sus lou preit c'on dist
20 Armangelpreit, et sus lou boix c'on dist an Haies de Roupeney,
et sus tout can ke li sires Jehans desor dis ait et poit et dovoit
avoir des lou pont c'on dist de Niet jusc'a rut de Vallieres,
et sus can ke li sires Jehans desus dis avoit et poit et dovoit
avoir des Lybauille jusc'ai Silleirs, et sus can ke li sires Jehans
25 desor nommeis avoit et poit et dovoit avoir des Landonvilleirs
jusc'ai Heis, et sus can ke li sires Jehans desor dis avoit et
poit et dovoit avoir an tous ces leus et an tous ces bans davant
dis, an keil maniere ke se soit, sans riens a retenir, salf ceu
ke mes sires Jehans desor nommeis ait a Virey et ou ban et
30 as apandixes, an tous us, sans lou preit c'on dist Armangel-
preit, ki est de l'aquast desus dit, et salf les rantes et les
droitures ke li home de Virey doient por lou preit c'on dist

¹) Poinciu *übergeschrieben*, Jaikemin *durchgestrichen*.

Armangelpreit, dont li sires Renalz et Joffrois desus dis n'an pueent niant demandeir a signor Jehan desus dit ne a ces homes, ke li sires Renalz dou Nuefchaistel et Joffrois desour nommeis ont aquasteit a signor Jehan des Estans, filz lou signor Jaike dou Nuefchaistel ki fut, a. c. l. e. an l'a. l. dv.

217 a) Poincignons Pedanwille p. b. sus lai maxon et sus lou meis daier et sus tout ceu ki apant ke fut Thomessin lou huchour, ke siet a chief de Vies Bucherie, ke li sires Philippes Tiguienne ait aquasteit por lai chieze Deu des Proicherasses de lai cort de Vy de Mes a Clemansate, lai femme Thomessin desour dit, et a Jaikemate, sai fille, permey xvii s. de mt. et iiii d. et maille de cens, et a. c. l. e. an l'ai. l. dv.

b) Et se p. ancor b. sus lai maxon¹) et sus lou meis daier et sus tout ceu ki apant ke fut Enriat lou maignien, k'il ait aquasteit por les Proicherasses desour dites a signor Pieron lou Gros, coustour de S. Sanour, et a maistre Goubert, son freire, et a Colin Baron, lour cerorge, permei xx s. de mt. de cens, et a. c. l. e. an l'ai. l. dv.

c) Et se prant ancor b. sus lai maxon et sus ceu ki apant ke siet a chief de Vies Bucherie, davant l'osteit Colin Baron, k'il ait aquasteit por lai chieze Deu des Proicherasses desour dites a maistre Jaike lou clochenier et a Gehenne, sai femme, permei xx s. de mt. de cens, a. c. l. e. an l'ai. l. dv.

218 Colignons Poietelz p. b. sus lai maxon et sus ceu ki apant ke siet outre Saille, ancoste l'osteit Poincignon lou Trowant, k'il ait aquasteit a Burtignon Guepe, permei teil cens com elle doit, et a. c. l. e. an l'ai. l. dv.

219 Yngrans Goule et Jennas, ces freires, p. b. sus lai grainge et sus les maxons et sus ceu ki apant ke sieent sus lou tour, ancoste oulz meymes d'une pairt et lai nueve maxon Symon Paipemiate d'autre pairt, k'il ont aquasteit a Aileit, lai fille Colin Ruece ki fut, permei viiii d. de cens, et a. c. l. e. an l'ai. l. dv

220 Li sires Jehans Corbelz p. b. sus tout l'eritaige ke Aidenelz, li filz Mathiat de Chacey, ait ou ban de Chacey et de Corcelles et de Landonvilleirs, ou k'il soit, ke li est delivre, permei teil cens et teil droiture com tous li eritaiges doit, et por tant com Aidenelz ait a faire a lui, et dont li sires Jehans est tenans.

---

¹) dezour Viez Bucherie, v. 1285, 381ᵇ.

221 Symonins li Murle de Gorze p. b. sus II moies de vin de cens ke geisent sus lai vigne ke fut Weirion lou saney, et sus demey meu de vin de cens ke geist sus lai vigne Howenat, et sus lou quairt d'un meu de vin de cens ke geist sus lai vigne ke fut Thiebaut Mignorat, et sus tout l'eritaige ke Jehans, li filz Foillat ki fut, ait a Gorze et ou ban, sans l'eritaige ke fut Weirion lou saney, et sans l'eritaige ke fut Howenat, ki est encheus a Jehan davant dit de pair Collel de Gorze, son oncle, k'il ait aquasteit a Jehan desour dit, a. c. l. e. an l'ai. l. dv.

222 Matheus Grancolz p. b. sus teil partie com Jennas, ces freires, avoit en lai maxon et en tout lou resaige ki apant ou Matheus meymes maint, ke fut Colin Grancol, lour avieul, ke siet davant l'osteit Jaïkemin Bellegree ou Nuefborc, k'il ait aquasteit a Jennat desour [dit], permei teil cens com li partie de lai maxon doit, et a. c. l. e. an l'ai. l. dv.

223 Jaikemins, li filz lou signour Jehan de Raigecourt, et Thiebaus, ces freires, p. b. sus lai maxon et sus lou four dou Morier et sus tout lou resaige ki apant, ke lour est delivre en plait per droit et per jugemant, por les LX s. de mt. de cens k'elle doit à lai chaipelle lou signor Jehan desour dit, et por les estaies trespassees et por les adras, et dont il sont tenans.

224 Ailexate, li fille Ancel de Tainey ki fut, prant b. sus lai maxon et sus tout lou¹) resaige ki apant ke siet ou Waide, ancoste lai grainge Willame Mairasse, ke fut Abillate Keutepoire, k'elle ait aquasteit a Perrin Bagairt, permei teil cens com elle doit, et e. c. l. e. an l'ai. l. dv.

225 Burtrans, li filz Nicolle Gemel ki fut, p. b. sus tous l'eritaige ke Colignons Borrialz aquasteit a signor Cunon dou Nuefchaistel, chivelier, c'est a savoir la moitiet de tout ceu ke li sires Cunes desour dis ait a Cuvrey, et la moitiet dou molin et la
5 moitiet dou four et la moitiet de toutes les terres et la moitiet de tous les preis et la moitiet de toutes les censes et la moitiet de l'awe, et la moitiet de Quent et la moitiet de Prenoit et de tous les bans et de toutes les apandixes de ces III villes desour dites, an tous us et an tous prous, soit an homes, soit an
10 femmes, soit an fours, soit an molins, soit an preis, soit an chans, soit an awes, soit an blefs, soit an rantes de bleif et

---

¹) Ailexate *bis* lou *auf Rasur*.

de deniers, soit an deimme, soit an redeimmes, soit an boix, soit an droitures, soit an rantes grandes et petites, keiles k'elles soient, soit an estans, soit an vignes, soit an grainges,
15 soit an maxons, soit an prowaiges, soit an homaiges, soit an tous autres eritaiges, an keil maniere ke se soit, an tous les bans et an tous les leus de ces III villes desour dites et an toutes les apandixes, ke Burtrans desor dis ait aquasteit a Colignon Borrial desor nommeit, permei la moitiet de xxx s.
20 de mt. de cens ke tous li eritaiges de Quent et de Prenoit dovoit a. Maheu Jeuwet, et a. c. l. e. de l'aquast ke Burtrans desour dis ait fait a Colignon desour nommeit ke geist an l'airche S. Victour l. dv.

226 Stevenins, li filz Ferriat Troexin ki fut, p. b. sus la moitiet des XI s. de mt. de premier[1]) cens ke geisent sus lai maxon Mallefin ke fut ke siet a Porsaillis, ke li sont ancheus de pair Jehan, son freire, por tant com il li dovoit, et dont il est tenans.

227 Li abbasse et li covans de Sainte Marie as nonnains p. b. sus les L quartes de wayn de cens k'elles meymes dovoient a Jehan de Maigney, lou fil signor Jehan de Maigney ki fut, k'elles porrent raicheteir[2]) et k'elles ont raicheteit a Jehan, lou fil Jennat de Maigney ki fut, et a. c. l. e. an l'ai. l. dv.

228* Ce sont li bans de la mei awost. An la marie d'Outre Muselle:

228 Poinsignons li feivres p. b. sus une maixon ke siet defuers la Porte Serpenoise et sus cant ki apant, k'il ait aquasteit ai Ysabel de Port, permei XII s. de mt. de cens, et a. c. l. e. an l'a. l. d.

229 [3]) Thiebaus, li fils Nicolle Gemel ke fut, p. b. sus les C sodeies a mt. de terre, ke Poinsignons, li fils Jaikemin la Peirche, avoit ou grant tonneur de Mes, k'il ait a lui aquasteit, a. c. l. e. an l'a. l. d.

230 Collignons Honguerie li clers p. b. sus la moitiet de la maixon et de ceu ki apant ke part a Baduyn Mouchat, k'il ait aquasteit a Steuenin lou clerc, lou fil l'anlumenour, permei teil cens com ciste moitiet doit, et a. c. l. e. an l'a. l. d.

231 Lowis Papemiate p. b. sus toutes les cences et rantes et droitures de bleif, de deniers, de chapons, de gelines ke Lowis de

---

[1]) premier *übergeschrieben.*
[2]) *Vorlage* raicheteit.
[3]) *s. 1288, 109 und 206.*

Lucembor avoit ou ban de Mondelanges, ke Lowis Papemiate ait an waige, per escris an arche, et dont il est tenans.

232 Et ce p. b. ancor sus tout l'eritaige ke Jennas li Gronais ait ou ban de Siey et ou ban S. Pou de Chaizelles et ou ban S. Vincent, ke li est delivres per droit et per jugemant, et dont il est tenans, permei teil cens et teil droiture com toz li eritaiges doit.

233 Thiebaus Bataille p. b. sus une piece de vigne ke geist ou Parous ou ban de Nonviant, deleis Howin Migneron, k'il ait aquasteit a Guibert de Nonviant, lou janre signor Thierit, permei II sestieres de vin de cens, a. c. l. e. an l'a. l. d.

234 Steuenins de Croney, li fils signor Pieron lou Gros, p. b. sus les III pars des v moies de vin de cens ke Gillate et Loixate, sa suer, et Colignons et Poinsignons et Jaikemins, li enfant Garcerion Mauexin de Nonviant, et Jaikemins, lor serorges, li fils signor Jehan Paillat, ont ou ban de Nonviant sus pluxors pieces d'eritage, ke Steuenins desor dis ait ai ous aquasteit, a. c. l. e. an l'a. l. d.

235 Ancillas de Staixons p. b. sus VII s. et demei de mt. de cens ke geixent a Wapey, s'an geist IIII s. et demei sus une piece de vigne desor la fontainne an Felieres, et III s. sus une grainge a Wapey ke fut Chakaie, k'il ait aquasteit a Jennin, lou fil Jordenat, et a Steuenat Chaikaie, et a. com l. e. an l'a. l. div.

236 Jehans Raiepaxel p. b. sus une maixon et sus can ki apant ke siet an Chambieres, ke fut Jehan Moille, k'il ait a lui aquasteit, permei x s. de mt. de cens, et a. c. l. e. an l'a. l. d.

237 Jaikemins Baillons de Chambieres p. b. sus la maixon ke fut ′Abertin Huchetel ke siet an Chambieres, k'il ait aquasteit a signor Jaike Fakenel, permei XL s. de mt. de cens, et a. c. l. e. an l'a. l. d.

238 Renaldins, li fils la viez marasse d'Alixey, p. b. sus la maixon ke fut Thiebat Piereabay, ke siet an Chambieres, k'il ait aquasteit a Piereson Deuloufist lou vieseir, permei XIII s. de mt. de cens, et e. c. l. e. an l'a. l. d.

239 Lowias li taillieres de Penil p. b. sus une piece de vigne ou an contet demei jornal, ke geist an Genestroit, an Herbelrowelle, k'il ait aquasteit a Martin Crochart lou poxor et a Heiluyt, sa femme, permei II s. de mt. de cens k'elle doit a S. Vincent, e. c. l. e. an l'a. l. div.

240 Jennas Renmonas li taillieres p. b. an alluet sus une piece de terre davant lou pont des Mors, ancoste la terre Jaikemin Preuostel, ou ban S. Martin, ke fut Ancillon lou chavrei, lou janre Thiecelin Agaice, dont Jennas desor dis est tenans, permei ces boins esplois.

241 Dame Aileis li Vakenasse p. b. sus la maixon ke fut Hanelo lou feivre, ke siet daier S. Madart outre Muselle, ancoste l'osteil Symon lou feivre, ke Poinsate, li femme Hanelo desor dit, li ait aquiteit, por les IIII s. de mt. III d. moins de premier cens ke li maisons li doit.

242 Odiliate de Vy li Vadoize, p. b. sus une maixon et sus cant ki apant ke siet an la ruelle S. Alaire, ancoste Abert lou permantier, k'elle ait aquasteit a Pierexel lou frutier, permei v s. de mt. de cens, et a. c. l. e. an l'a. l. d.

243 Jennins Formeis de Chastels et Pierexels, ces freres, p. b. sus I jornal de vigne, an II pieces, s'an geist li une ou ban de Siey et li atre ou ban de Chastels, k'il ont aquasteit a Briate, la fille Steuenin de Chastels, a. c. l. e. an l'a. l. d.

244 Jaikemins Sollate p. b. sus une maixon ke siet otre Muselle, davant outre son osteil, k'il ait an waige de Jaikemat de Sulignei, et dont il est tenans, permei teil cens com elle doit.

245 Symonas Bellegreie p. b. sus la maixon et sus la grainge ancoste et sus toz les jardins daier et ancoste et sus toz les resaiges ki apandent et sus les bos et sus les terres et sus les preis et sus lou sestier de vin ke geixent an Vals, k'il ait aquasteit a dame Ysabel, la femme Symonat de Vals ke fut, et a Steuenin, son fil, permei VII d. de cens ke li preis et li bos doient, et permei I sestier de vin k'une piece dou jardin doit, et permei I d. de cens k'une des atres pieces doit, et a. c. l. e. an l'a. l. d.

246 Jofrois de Prays p. b. sus une maison ke siet an Viez Bucherie, ancoste l'osteil Abertin de Prays, k'il ait aquasteit a Collin Chawenel, permei XL s. de mt. de cens, et a. c. l. e. an l'a. l. d.

247 Jehans Bertals de Lorey p. b. por lui et por Jennin Goullee de Lorey sus tout l'eritage ke li doiens et li chapitres de S. Thiebat ont a Lorey et ou ban, an toz us, an censes, an vignes, an chans et an atre eritage, k'il ait ai ous aquasteit, permei teil cens et teil droiture com toz cist eritages doit, et permei XX s. de mt. de cens k'il lor an doit chac'an et c'om puet racheteir, a. c. l. e. an l'a. l. d.

248 Jaikemins li clers dou Pont a Mousons, ke fut clers signor Thierit Corpel, p. b. sus la maison et sus cant ki apant ke fut Jaikemate de Nansey, ke siet a pont des Mors, k'il ait pris a cens dou signor Jehan Nerlan et dou signor Willame, preste de S. Jehan de S. Clemant, les maistres de la frarie des prestes de Mes, permei xviii s. de mt. de cens, et a. c. l. e. an l'a. l. d.

249 Bertrans Malakins d'Ansey p. b. sus vi jornals de terre ke geixent ou ban d'Ansey, k'il ait aquasteit a Perrin, l'avelet Howart Jallee, permei teil cens et teil droiture com il doient, et a. c. l. e. an l'a. l. d.

250 Jehans Odierne d'Ansey p. b. sus ii jornals de vigne ke geisent an Boutonvignuele, k'il ait aquasteit a dame Heiluwit, la femme Jennin d'Auilleis, an alluet, et a. c. l. e. an l'a. l. d.

251 Li sires Jehans ke fut prevos de l'ospital des clers p. b. sus les ii pars de la maixon et dou resaige ki apant ke fut maistre Domange, ke siet an la rue S. Vy, k'il ait aquasteit a Roillon de la Wade, son janre, et a Collin, son serorge, permei les ii pars de v s. de mt. de cens et ii d., e. c. l. e. an l'a. l. div.

252 Waterins Morels de Chastels p. b. por la maison de Longeawe sus une piece de vigne ke geist a Longeawe, ancoste ous meimes, k'il ait aquasteit a Jennin Chaizelles, permei vi d. de cens, a. c. l. e. an l'a. l. d.

253 Jehans li cawesins, li janres Hanriat Gelin, p. b. sus une maixon et sus la marchacie daier et sus cant ki apant ke siet a Porte Serpenoize a pux, ke fut Pierart lou permantier, k'il ait aquasteit a Jakemin de Pargney, permei xv s. de mt. de cens, a. c. l. e. an l'a. l. d.

254 Pieresons Gigans de Chastels p. b. sus la moitiet de la maixiere et de ceu ki apant ke siet davant son osteil, et sus la moitiet des iii s. de cens ke Parixas li feivres doit sus sa grainge et sus lou meis daier, et sus la moitiet de la maixon et de ceu ki apant ke fut Gerart de Duese, ke sieent an Jeurue a Chastels, k'il ait aquasteit a Jehan et ai Alixandre et a Hawit, les anfans Poinsin Challon, permei teil cens et teil droiture com toz li eritaiges doit, et a. c. l. e. an l'a. l. d.

255 Andreus de Hampon, li janres maistre Guy, p. b. sus une piece de terre ou an contet ii jornals et demei, ke geisent ou ban de Wapey, k'il ait aquasteit a Symonin, lou fil Jaikemin Bellegreie ke fut, l'avelet Poinsin Bellegree, an alluet, a. c. l. e. an l'a. lo d.

256 Sefions, li femme Abertin dou Ruxel de Wapey, p. b. sus III jornals de terre ke geixent a Buerfosseit ou ban de Wapey, et sus lou jornal desoz lou molin lou Hongre, ke furent Aurart, lou fil Jordenat de Wapey, k'elle ait an wage d'Ancillat de Staxon, per escrit an arche, et s'an est tenans.

257 Gueremans de Dauant S. Ferruce p. b. sus tout l'eritage ke Lowis de Lucembor ait ou ban de Mondelanges et sus cant ki apant an cences, an droitures, an. toz us, k'il ait a lui aquasteit, a. c. l. e. an l'a. l. d.

258 Eurrias, li janres Odiliel, p. b. sus une maison et sus cant ki apant ke fut dame Sufie Agline, ke siet a la creux, davant l'osteil Wiennat, k'il ait aquasteit a Jaikemate, la fille Poinsin lou drapier, permei VI s. de mt. de cens, et a. c. l. e. an l'a. l. d.

259 Renaldins Mairetels p. b. sus la vigne et sus toz les jardins ke Jennas Fasars avoit ou ban de Lorey, k'il ait aquasteit a Symonat Willame, permei teil ceus et teil droiture com toz cist aquas doit, et a. c. l. e. an l'a. l. d.

260 Warins,¹) li janres Jennin Maretel, p. b. sus tout ceu ke li sires Willames de la Cort avoit an la piece de vigne an Aleualchamp, ke fut Jennin desor dit et Colate, sa femme, k'il ait aquasteit a signor Willame desor dit, permei teil rante et teil cens et teil droiture et teil assise com i[l] doit, e. c. l. e. an l'a. lo d.

261 Renadins et Wernesons et Jaikemins, li III fil Jennin Maretel, et Warins, lor serorges, p. b. sus tout ceu ke li sires Willames de la Cort avoit an tot l'eritage ke fut Jennin Maretel et Collate, sa femme, ke geist ou ban de Lorey et aillors, an toz us, k'il ont aquasteit a signor Willame desor dit, permei teil cens et teil rante et teil droiture et teile assise com il doit, et a. c. l. e. an l'a. l. d.

262 Wernesons et Jaikemins, li dui fil Jennin Maretel, p. b. sus tout ceu ke li sires Willames de la Cort avoit an III pieces de vigne a Lescey, ke furent Jennin Maretel et Colate, sa femme, et sus ceu k'il avoit an la piece de vigne daier Vignueles, ke fut Jennin et Collate desor dis, k'il ont aquasteit a signor Willame, permei teil cens, teil rante, teil droiture et teil assise com cist aquas doit, e. c. l. e. l. d.

---

¹) Waterius *ist durch Auslöschen von* te *geändert in* Warins.

263 Gerars Katerne li bollengiers p. b. sus une maison ke siet an la rue de Porte Serpenoize, k'il ait aquasteit a Thiebat Henmignon et a Nicolle Baron et a Ferriat Fessal et a Wiardin lou permantier et a Colignon de S. Alare et a Jennat Houdebran et a Jaikemin de Vigney et a Jennat, lou fil Howignon d'Oixey, permei teil cens com elle doit, et a. c. l. e. an l'a. l. d.

264 Weirias Werrels d'Ansey p. b. sus tout l'eritage ke Colignons de Gorze avoit ou ban d'Ansey et aillors, an toz us, k'il ait aquasteit ai Ailixon, sa femme, et a signor Thierit, lou preste d'Ansey, et a Jennat Chipot de Gorze, les mainbors Colignon desor dit, permei teil cens et teil droiture com toz li eritages doit, et a. c. l. e. an l'a. l. div.

265 Jehans Brehairs li clers p. b. sus une mason an la rue lou Voweit et sus can ki apant, k'il ait aquasteit a signor Alixandre, chanone de Nostre Dame, permei xvii s. de mt. de cens k'elle doit a la Grant Eglise de Mes, et a. c. l. e. en l'a. l. d.

266 Jaikemins li bollengiers de Franconrue p. b. sus une piece de vigne ke geist an Frieires, ancoste Jennat Howel, k'il ait aquasteit ai Abertin dou Marax, permei teil cens et teil droiture com elle doit, et a. c. l. e. an l'a. l. d.

267 Thiebas Bertadons p. b. sus ii s. de mt. de cens k'il meimes dovoit sus ii jornals de terre an Goubernowe desoz Frieires, k'il ait aquasteit a Colignon Merlo, e. c. l. e. an l'a. l. d.

268 Et ce p. b. ancor sus une piece de vigne ou an conteit i jornal ke geist ou Halt de Frieires, k'il ait aquasteit ai Abriat Raieboix, an alluet, et a. c. l. e. an l'a. l. d.

269 Jehans d'Ansey, li fils Mathion Malakin, p. b. sus v hommees de vigne et sus ii jornals de terre ke geixent ou ban d'Ansey et ou ban de Dornant, ke furent Gerardat Malclarc d'Ars, k'il ait a lui aquasteit, permei teil cens com cist eritages doit a ban, et dont il est tenans.

270 Jaikemins li Borgons et Thierias, li dui fil Mahout de Chastels, p. b. sus une piece de vigne ou an contet jor et demei, ke geist ou ban de Siey, k'il ont aquasteit a Roillenat de Longeuille. permei lou tier meu ke Willames de Chastels i eit, e. c. l. e. an l'a. l. d.

271 Jehans Bertadons et Jennas Fraillas p. b. sus une piece de preit ke geist an la fin de Noweroit, k'il ont aquasteit a Collate, la fille Maheu de Noweroit ke fut, e. c. l. e. an l'a. l. d.

272 Jehans Bertadons p. b. sus teils rantes et sus teils droitures com li abause et li convans de la Magdelainne de Tilley an Verdun avoient a Noweroit davant Mes et ou finage, an bleif, an foin, an argent, an gelines, an chapons et an atres rantes, keiles k'elles soient, k'il ait aquasteit a l'abause et a convant desor dis, e. c. les letres saielees de lors saiels lou divisent.

273 Warenas, li mares de Nonviant, p. b. sus une maixon ke siet a Nonviant, ancoste lui meimes, et sus la maison apres et sus lou meis davant et sus cant ki apant, ke furent Thiebat Baillat, k'il ait aquasteit a Lowiat, lou fil signor Jehan Paillat, permei teil cens et teil droiture com cist eritages doit, et a. c. l. e. an l'a. l. d.

274 [1]) Li sires Thiebas li Gronais, chiveliers, p. b. sus tout l'eritage ke Colignons Facols ait ai Ars et an toz les bans, et an toz les bans de Rixonville et de S. Martin davant Mes et de Lorey, et sus tot l'eritage k'il ait delai Muselle, por tant com il li doit, per escris an arche, et por tant com il doit a Filipin lou Gronaix, per escris an arche, ke sont delivre a signor Thiebat desor dit.

275 Nicolles Fakenels p. b. sus tout l'eritage ke Jennas Fakenels ait an tous les bans d'Ars, ke li est delivreis per droit et per jugemant, por tant com il li doit, per escris an arche, et por tant com il est ancombreis por lui, per escris an arche.

276 Collate, li femme Howignon Thomes ke fut, p. b. sus la piece de vigne ke geist a Rompont, et sus la piece de vigne an Hermeivigne, et sus la piece de vigne an la voie de Gorze, k'ille ait aquasteit a Jehan, lou fil Poince de Strabor, permei II sestieres de vin de cens, et a. c. l. e. an l'a. l. div.

277 Dame Marguerite, li fille Colin de S. Arnolt ke fut, p. b. sus tout l'eritage ke fut signor Howon de Chastels, son[2]) premier marit, ke geist an la marie d'Outre Muselle, dont elle est bien tenans, por tant com elle ait sus, et dont li escrit li sont delivreit, e. c. l. escrit an l'a. l. dient, et por son port k'elle aporteit deleis lui de son mariage ansi.

278 Renaldins li Merciers p. b. sus la moitiet de tout lou Halt preit ke geist a Plapeuille, c'on dist an Bramant, ke part a lui meimes, k'il ait aquasteit a Lowiat Chameure, a. c. l. e. an l'a. l. d.

---

[1]) *Durchgestrichen.*
[2]) *Vorlage* sus.

279 Hanris de l'Aitre p. b. sus lou meis ke siet antre son osteil et l'osteil Robin, lou prevost d'Onville, k'il ait aquasteit a Martin lou Louet, an alluet, et a. c. l. e. an l'a. l. d.

280 Thiebas li Mares p. b. sus III pieces de vigne et sus une piece terre et sus demei sestier de vin de cens ke geisent ou ban d'Ars sus Muselle, k'il ait aquasteit a Perrin Markout, a. c. l. e. an l'a. l. d.[1])

281 Fillipins li Merciers p. b. sous tous les hommes et sus toutes les femmes ke li sires Jofrois d'Aiest, ces oncles, avoit a Lescey et ou barrochaige, et a Rouserueles et ou parrochaige, k'il ait a lui aquasteit, a. c. l. e. an l'a. l. d.

282 Hanris, li fils Roillon de Strabor, p. b. sus XXII s. et demei de mt. de cens ke geisent an Franconrue sus l'osteil Howignon lou bollengier, et sus VI s. de mt. de premier cens ke geisent sus une maison sus lou Terme, daier l'osteil Barbe, k'il ait aquasteit a Richart, lou fil Jehan Soupe ke fut, a. c. l. e. an l'a. l. d.

283 Li sires Jofrois Aixiez, chanones de Mes, p. b. sus les V jornals de vigne ke Abers des Aruols avoit an toz vaus,[2]) et sus II jornals de vigne k'il avoit an Dailes, ke li sont delivreit per droit et per jugemant, por tant com Nicolles Aixiez, ces peires, les avoit an waige, per escris an arche, dont li sires Jofrois desor dis est mainbors.

284 Gillas li Bels p. b. sus meu et demei de vin de cens ke geist ai Ars, c'on dist dou plait Rainnier, k'il ait aquasteit a Collignon Poirel, an alluet, et a. c. l. e. an l'a. l. d.

285 Li sires Jehans Lowis, li prestes de S. Laizre, p. b. sus tout l'eritage ke Jennas Chapate ait ai Ansey et ou ban et aillors, an toz us, ke Jennas li ait aquiteit an plait, por les VII moies et demeie de vin k'il i avoit sa vie, por tant com il li doit et com il ait paiet por lui, per escris en arche, et permei teil cens et teil droiture com toz li eritages doit.

286 Jennas Aixiez p. b. sus IIII s. de mt. de cens et sus une piece de preit et sus meu et demei de vin de cens et II sestieres et sus toutes les vignes et sus toutes les censes ke Colins, li fils Bietrit de Dornant, avoit ou ban de Dornant, an toz us, k'il

---

[1]) *Urkunde erhalten, v. Teil I, Anhang II, 19. De Wailly 283.*

[2]) toz vaus *übergeschrieben*, vals *durchgestrichen. Soll es heissen* an toz les bans de Vals?

ait a lui aquasteit, permei teil cens et teil droiture com il doit,¹) et a. c. l. e. an l'a. l. d.

287 Et ce p. b. ancor sus une piece de vigne ke geist an Ferrecort an la fin de Lescey, k'il ait aquasteit ai Ysabel, la fille Piereson Billeron de Chastels, a. c. l. e. an l'a. l. d.

288 Thierias Bitenas li baillis p. b. sus tot l'eritage Hanriat Maillat de Techiemont, ke geist an bans dou Jarnexit, an preis, an chans, an maisons, an grainges, an jardins, ke Hanrias li ait delivreit an plait, por tant com li escrit an l'arche dient, ke li sont doneit et aquiteit.

289 Steuenins, li fils Ferriat Troixin ke fut, p. b. sus lou quart dou demme gros et menut et sus can ki apant ke geist daier Chambieres et outre Muselle, k'il ait aquasteit ai Ailixate, la fille Thiebat Contasse, a. c. l. e. an l'a. l. d.

290 Filiipes Tiguienne p. b. sus xxx s. de mt. de cens ke geisent sus II maisons et sus can ki apant, ke furent Martin lou Chet, ancoste l'osteil Hanrit Moutat, k'il ait aquasteit a Mariate, la fille Burtignon Harowain,²) apres les v s. de mt. de cens k'il i ait davanteriennemant, et a. c. l. e. an l'a. l. div.

291 Hanrias de Noweroit, li mares de l'ospital ou Nuefbor, p. b. por l'ospital sus xx s. de mt. de cens ke geisent [sus] lou molin a Longeawe et sus atre eritage, ke li maistre et li frere de l'ospital ont racheteit a Gerardin de Moielain, e. c. l. e. an l'a. l. d.

292 Symonas Hunguerie p. b. sus une piece de preit ke geist ou ban de Fremeicort an Ersebanne, et sus une piece de preit ou ban de Semeicort, et la piece de terre c'on dist an Werbevigne ou ban de Semeicort, et les III pars dou preit ke part a Waterin de Noweroit, ke Richous et Marguerons, les II filles Gerart Vairel, li ont aquiteit, por tant com elles li doient, l'escrit an l'arche.

293 Et ce p. b. ancor sus III pieces de vigne ou an contet I jornal, ke geisent ou ban de Plapeville, k'il ait aquasteit a Matiate, la femme Warin de Plapenille, permei teil cens com elles doient, et a. c. l. e. an l'a. l. d.

294* Ce sont li bans dou vintime jor de noyel, de la mairie de Porte Muzelle:

---

¹) teil cens *bis* doit *übergeschrieben*, II *moies* de vin et III sestieres une quarte moins de cens *durchgestrichen*.

²) Harowain *auf Rasur*.

294 Jennas Terteleis p. b. sus xx s. de mt. de cens k'il meimes devoit sus sa maxon ou il maint, k'il ait aquasteit a Jaikemin Faixin, et a. c. l. e. an l'ai. 1 d.

295 Et se p. b. ancor sus I stal ke siet en la halle des draipiers en Chanbres, k'il ait aquasteit a Jennin Petel, et a. c. l. e. an l'ai. l. d.

296 Vguignons Hunebour p. b. sus de cant ke Renals de Laibrie, ces janres, ait d'eritaige a Vallieres et ou ban et aillors, ou k'il l'ait ne ou k'il soit, en toz us, por tant com Vguignons desor dis l'ait en waige por lou signor Thierit de Laibrie ki fut, per escris en airche, et dont li escris sont delivres a Vguignon Hunebourc, et por tant com Renals desor dis ait a faire a Vguignon Hunebour, per escris en arche.[1])

297 Jennas Graisoie de Vigey p. b. sus une piese de terre arreure ou an contet IIII jornals, ke geixent en Chanres ou ban de Vigey, ancoste lou preit lou fil Henmerit de Virey, k'il ait aquasteit a Houwin, lou fil Henmerit desor dit, permey teil cens et teil droiture com li piece de terre doit, et a. c. l. e. en l'ai. l. d.

298 Symonas, li fis Jennin Navel de Chairley, p. b. sus une maxon et sus tout lou resaige ki apant ke siet a S. Julien, ancoste Coinrairt lou cherpantier, k'il ait aquasteit a Thieriat et a Renalt, les anfans Jennat Maiguetin de S. Julien, permey VIIII s. de mt. de cens ke li maxons et ceu ki apant doit, et a. c. l. e. en l'ai. l. d.

299 Jennas Melotins li muniers p. b. sus la maxon Robin lou munier, ke siet an Glaitigney, k'il ait aquasteit a Robin desor dit, permey x s. de mt. de cens ke ciste maxon doit, et a. c. l. e. en l'ai. l. d.

300 Hanris, li fis lou signor Poinson de Strabour ki fut, p. b. sus XLIIII s. de mt. de premier cens ke geixent sus maxons en Staixon, en la cort Raibustel, ke Poinsignons li Oie et Hanrias de Chacey et Hawelo li keuciere tiennent, k'il ait aquasteit a Thiebaut et a Badewin et a Colin, les III anfans Steuenin Hunebour ki fut, et a. c. l. e. en l'ai. l. d.

301 Arnous li permantiers et Jaikemate, sa suer, li anfans Herboix lou permantier ki fut, p. b. sus la maxon et sus tout lou resaige ki apant ke siet an Chievremont, ancoste la maxon Jennin lou

---

[1]) v. 1288, 384 a und 559.

permantier, k'il ont aquasteit a Sufiate la Vrowate de Porte Muzelle, permey xxii s. de mt. de cens ke li maxons doit chesc'an, et a. c. l. e. en l'ai. l. d.

302 Robins li muniers p. b. sus la moitiet de la maxon ke fut dame Aileit la tenerasse ki fut, ke siet an Chievremont, k'il ait aquasteit a Colin, lou fil dame Aileit desor dite, permey vi s. et ii d. et maille de cens ke li meite de la maxon doit, et a. c. l. e. en l'ai. l. d.

303 Waterins li Curle de Nowilley p. b. sus une piese de terre areure ou an contet ii jornals, ke geixent lon lou bief don Nuef moulin, deleis la terre Haibert, k'il ait aquasteit a Thiebant, lou fil Wernier lou maior de Vallieres, en alluet, et a. c. l. e. en l'ai. l. d.

304 Baicelins, li fis Goudefrin l'Alemant, p. b. sus la maxon et sus lou resaige ki apant ke siet devant les ormes en Chadeleiruwe, k'il ait aquasteit a dame Odelie de Strabour, permey xxiii s. de mt. de cens ke li maxons et tout li resaiges ki apant doit, et a. c. l. e. en l'ai. l. d.

305 Jehans Bertrans p. b. sus ii maxons ke furent Loransat lou draipier, dont li une siet an Chanbres, permey xxiiii s. de mt. de cens k'ille doit, et li atre siet as Roches, permey xl d. et maille de cens k'ille doit, k'il ait aquasteit a signor Estene l'ermite, et a. c. l. e. en l'ai. l. d.

306 Colignons Anchiers p. b. sus la maxon et sus tout lou resaige ki apant ke siet en Stoxey, k'il ait aquasteit a Colin Boucley lou taillor, permey teil cens com li maxons et toz li resaiges ki apant doit, et a. c. l. e. en l'ai. l. d.

307 Jehans Simairs et Pieresons Petideu de Nowilley p. b. sus i jornal de vigne ke geist ou rut de Vals, et sus demey jor de vigne et sus demey jor de terre areure an¹) Roveroit ou ban de Nowilley, k'il ont aquasteit a Jehan, lou fil Jaikemin l'ardor, permey teil cens con li eritaiges doit, et a. c. l. e. en l'ai. l. d.

308 Jaikemins Tavels de Coulanbiers p. b. sus la maxon et sus tout lou resaige ki apant ke siet a Vallieres, k'il ait aquasteit ai²) Avrewin et a Jehan, les ii anfans Symonin Monaire de Vallieres, permey ii d. de droiture, et a. c. l. e. en l'a. l. d.

---

¹) an *verbessert aus* ou ban do; *erst waren Punkte unter jeden der Buchstaben gesetzt, dann sind die Punkte und die verkehrten Buchstaben ausgekratzt.*

²) *Für* ai *ist dasselbe Abkürzungszeichen gebraucht wie für* et.

309 Gerairs et Jenas, ces freires, li anfans Clemignon de Chailey ki fut, p. b. sus demey jornal de vigne ke geist sus Muzelle, ancoste la vigne Bertran lou Buef, k'il ont aquasteit a maistre et a freires de l'opital S. Nicolais ou Nuefbor, permey v s. de mt. de cens ke li demey jornals de vigne doit a dames de Fristor, et a. c. l. e. en l'ai. l. d.

310 Coinrairs li olieirs et Tomessins, ces freires, p. b. sus la maxon et sus tout lou resaige ki apant ke siet en Stoxey, deleis Pairgnemaille, ke fut Thiecelin lou tuxerant, k'il ait aquasteit a Hanelo, lou fil Colin Pentes, permey xxvii d. de mt. de cens ke ciste maxon doit a Colin Teste, et a. c. l. e. en l'ai. l. d.

311 Lowias li Merciers de Visignuels p. b. sus iiii s. de mt. de cens ke geixent sus la maxon Hanrit lou berbier de Chanbres, ke li sont delivres en plait per lou crant de Jennin Gerairt, et dont Lowias est tenans.

312 Wirias Willechols, li janres Rikewin, et Aidelins, li fis Collairt Triche, p. b. sus teil partie de terre areure ke geist devant Grumont, ancoste la terre signor Remey, ke siet devers la grainge de Grumont, ou an contet iii jornals, k'il ont aquasteit a Jehan, lou fil Jaikemin l'ardor, permey une angevine de cens, et a. con l. e. en l'ai. l. d.

313 Vguignons Lovate p. b. sus teil partie com Perrins Heilaichair et Colignons Governe et Bertran, su ii freires, avoient en la maxon et ou resaige ki apant ke fut lou signor Jehan Governe ki fut, ke siet en¹) Eest, ke li est delivres per droit et per jugemant, tant com an controus, por les estaies trespaisaies dou cens k'il ait sus, et a. c. l. e. en l'ai. l. devizet.

314 Guercirions d'Anerey, ke maint en Stoxey, p. b. sus ii pieces de vigne ou an contet ii jornals, ke geixent en Martelvigne en la Donnowe sus Muzelle, ancoste dame Merguerite, la fille Doignon, et ancoste Maitheu de Mons, k'il ait aquasteit a Filipin, lou fil Jehan lou Mercier ki fut, permey xxxi d. et maille de cens chesc'an, et a. c. l. e. en l'ai. l. d.

315 Dame Odelie, li feme Gillat lou draipier d'Aiest ki fut, p. b. sus la maxon et sus lou meis daier et sus tot lou resaige ki apant ke fut Jennat Sennate, ke siet an Rinport, en coste la maxon ke fut Waterin lou Boirgne, k'il ait aquasteit a Formey de la Cort lou draipier, permey teil cens com li maxons et li meis et ceu ki apant doit chesc'an, et a. c. l. e. en l'ai. l. d.

---

¹) *Hinter* en *sind 2 Buchstaben gelöscht.*

316 Colignons, li fis Nicole de Weivre ki fut, p. b. sus toute la terre areure et sus les preis et sus les II pieces de vigne ke Steuenins Vizons ait ou ban d'Ercancey et ou ban d'Antilley, permey teil cens et teil droiture com toz cist eritaiges doit, por tant com Steuenins li doit, per escris en airche, et dont ces eritaiges en geist en waige, ke li est delivres per droit et per lou plait dou ban.[1]

317 Houwignons dou Tro de Nowesseville p. b. sus une piese de vigne ke geist antre Howignon et Jehnat Renbaut, et sus une piese de terre ou an conte jor et demey, ke geist permey la voie de Flanville, ou ban S. Lorant, k'il ait aquasteit a Colin Covaie de Nowesseville, et permey III d. de droiture ke li piese de terre doit, et li vigne est en alluet, et a. c. l. e. en l'ai. l. d.

318 Hanrias Hainchelos li muniers p. b. sus la moitiet de la maxon et dou resaige ki apant ke siet an Chievremont, devant la maxon Baicelin lou boulangier, k'il ait aquasteit a Poinsate, la femme Herbo lou tanor de Curlandal dou Chanpel, permey VI s. et II d. et maille de mt. de cens ke li moities de la maxon doit chesc'an, et a. c. l. e. en l'ai. l. d.

319 Jehans, li fis Colin lou cherpantier de Rinport ki fut, et Abertins, li fis Hanelo de Thiekestor, p. b. sus la maxon et sus tout lou resaige ki apant ke siet ancoste l'osteit Maiheu Vogenel, ke fut Poinsignon Grenon, k'il ont aquasteit a Bertran Clairanbaut, permey LVIII s. de mt. de cens ke li maxons et toz li resaiges ki apant doit chesc'an, et a. c. l. e. en l'ai. l. d.

320 Burtignons, li fis dame Florie de Vantous ki fut, p. b. sus une piese de vigne ou an contet jor et demey, ke geist en lai Challaide ou ban de Vallieres, ancoste la vigne Heilowate, la femme Jennat Sairraizin, ke fut Garsat de Mons, k'il ait aquasteit a Hanrit et a Jehan et a Colignon, les anfans Perrin lou Vake ki fut, en alluet, et a. c. l. e. en l'a. l. d.

321 Colins li permantiers, li fis Baicelin Maistillon ki fut, p. b. sus la maxon et sus lou resaige ki apant ke siet en Rinport, en coste la maxon Borcairt l'arsenor, k'il ait aquasteit ai[2] Aibillate de Chaistels la couzerasse, ke maint en Rinport, permey VIIII s. de mt. et I chapon de cens de devantrien cens, et permey XII d. de cens ke Colins en doit chesc'an ai[2] Aibillate desordite, et a. c. l. e. en l'ai. l. d.

---

[1] *Vor* ban *ist* leu *durchgestrichen.*
[2] *Für* ai *ist dasselbe Abkürzungszeichen gebraucht wie für* et.

322 Jennas li pairieires de Stoxey et Poinsignons, ces freires, p. b. sus demey jor de vigne ke geist enz Allues¹) sus Muzelle, k'il ont aquasteit a Burtignon de Vantous, permey xviii d. de cens, et a. c. l. e. en l'ai. l. d.

323 Tomessins Richelas p. b. sus i chakeur ke siet an la cort a Vallieres et sus tout lou resaige ki apant et sus lou meis daier, k'il ait aquasteit a Steuenat, lou fil signor Vgon de Vallieres ke fut, en werance, et a. c. l. e. en l'ai. l. d.

324 Ancillons Grawe li clers p. b. sus une maxon et sus tout lou resaige ki apant ke siet daier S. Ilaire a pont Renmont, ancoste la maxon Ancillon Preuostel ki fut, k'il ait aquasteit a Jehan Kainelle, lou janre Xanderin ki fut, permey x s. et ii chapons et vi d. de mt. de cens ke li maxons et tous li resaiges ki apant doit chesc'an, et a. c. l. e. en l'ai. l. d.

325 Abillate, li femme Thieriat Grenel de Vantous ki fut, p. b. sus une piese de terre areure ou an contet i jornal ke geist an Grosale, ancoste la terre sous les Bordes, ou ban S. Vincent en la fin de Borney, k'il ait aquasteit a Clemignon c'on dist lou preste de Vallieres, permey i d. de cens ke li piese desor dite doit a maior de S. Julien, et a. c. l. e. en l'ai. l. d.

326 Burtemins Drowas de Vantous p. b. sus une piese de vigne ou an contet demey jor ke geist a la fontainne defuers Vantous, encoste la vigne les Saints, k'il ait aquasteit a Ancel la Waigne et a Symonin Monaire, ke sont de Vallieres, permey iii d. d'amone ke li piese de vigne doit, et a. c. l. e. en l'ai. l. d.

327 Ancels li Waigne de Vallieres et Symónin Monaire p. b. sus iii jornals et demey de terre areure ke geixent a chamin a Sal, et sus demey jor de vigne ke geist desor Senainval ou ban de Vallieres, et sus demey jor de vigne a chamenel a la Longe Roie ou ban de S. Julien, por tant com Perrate li Vadoize de Vallieres lor doit et ait a faire a ous, et dont li eritaiges lor en geist en waige, et dont il sont tenans si com de waigeire.

328 Rengniers li permantiers, li fis Symont lou tanor ki fut, p. b. sus la maxon et sus lou resaige ki apant ke siet en Aiest ancoste l'osteit Gairciriat Wesselin, k'il ait aquasteit a Jehan et a Merguerate, les ii anfans Wairin Cherruwe, permey iiii d. et maille de devantrien cens, et permey xx s. de mt. de cens ke Renniers lor en doit chesc'an, et a. c. l. e. en l'ai. l. d.

---

¹) *Vorlage* en zallues.

329 Gillas Maicaire p. b. por lai chiese Deu de Chaistillon l'abbie sus x s. de mt. de cens ke geixent sus une maxon a la rive en Rinport, ancoste la maxon Symelo lou faixier, ou li femme Weirit lou meutier ki fut maint, ke dame Alixate, li fille lou signor Pieron Tomes ki fut, lor ait doneit por Deu et en amone, et a. c. l. e. de la devize ke geist en l'ai. l. d.

330 Colins li paireires de Deuant S. Jorge p. b. sus III s. et demey de mt. de cens ke geixent sus une maxon et sus lou meis daier et sus lou resaige ki apant et sus une vigne ke sieent ou ban S. Felix a Ruxit, k'il ait aquasteit a Renbaut Mouxin, lou til Burtemin de Ruxit ki fut, et a. con l. e. en l'ai. l. d.

331 Colins li paireires de Deuant S. Jorge p. b. sus II jornals et demey de terre areure ke geixent ou ban d'Ercancey, ancoste les crowaies l'Aivaike, k'il ait aquasteit a Odeliate d'Ercancey, la meire Steuenat Cochat, et a. c. l. e. en l'ai. l. d.

332 Jaikemins Pouraie et Jennas, ces freires, p. b. sus teille [1]) partie com il est escheus a Weirit de Thionville, lou janre Jaikemin Bonnechose ki fut, k'il ont aquasteit a Weirit desor dit, et a. con l. e. en l'ai. l. d.

333 Abertins li Chais dou pont Rengmont p. b. sus une piese de vigne ke geist a chief de la Paisture a S. Julien, an coste Merlo, k'il ait aquasteit a Vguenat Doreit de S. Julien, permey I meu de vin en l'aixe et VI s. de mt. de cens ke li piese de vigne doit chesc'an, et a. c. l. e. en l'ai. l. d.

334 Poinsignons Pedanwille p. b. por lai chiece Deu des Proicherasse de Mes sus V s. de mt. de cens ke geixent sus l'osteit Perrin Joute a Porte Muzelle, k'il ait aquasteit a Izaibel et a Jehan Tomes, son freire, ke sont mainbors Ailixate Tomes, lor suer, et a. con l. e. en l'ai. l. d.

335 Roillons Licherie de Vallieres p. b. sus une piese de vigne ou an contet demey jor, ke geist an la Longe Roie a chamenel ou ban de S. Julien, ancoste la vigne la fille Bertadon d'Outre Muzelle ki fut, k'il ait aquasteit a Ancel la Waigne et a Symonin Monaire, ke sont de Vallieres, permey III mailles de cens ke li piese de vigne doit, et a. c. l. e. en l'ai. l. d.

336 Jehans Abrions p. b. sus la maxon et sus lou resaige ki apant ke fut Gairciriat Poterel, ke siet ancoste l'osteit lou preste de S. Ferruce, k'il ait aquasteit a Merguerite, la fille Gairciriat

---

[1]) teille *verbessert aus* teil.

Poterel, permey L s. de mt. de cens ke li maxons doit a lai chiece Deu de Mormont, et a. con l. e. en l'ai. l. d.

337 Jennas li Bagues, li fis Aidelate de Vallieres, p. b. sus une piese de vigne ou an contet demey jor, ke geist an Bustalterme ou ban de S. Julien, ancoste les anfans Thiebaut Maroit, k'il ait aquasteit ai[1]) Ancel la Waigne et a Symonin Monaire, ke sont de Vallieres, permey m d. d'amone ke li piese de vigne doit, et a. c. l. e. en l'ai. l. d.

338 Pieresons Wallans et Poinsignons Dorelos, ke sont de S. Julien, p. b. sus la piese de vigne ke fut Garsat de Mons, ke geist ancoste la vigne Filipin Grancol an Sourels ou ban de S. Julien, k'il ont pris a quairt meu a signor Jehan Forcon et a signor Joiffroit Aixiet et a signor Humbert lou Lonbairt et a signor Symont d'Ernaville, ke sont chanones de la Grant Eglixe de Mes, et a. c. l. e. en l'ai. l. d.

339 Houwesons Buras li chadeliers p. b. sus une maxon et sus lou resaige ki apant ke siet an Chadeleiruwe, ke siet antre l'osteit Goudefrin l'Alemant et lou pux, k'il ait asancit a Thiebaut Joute, permey xxx s. de mt. de cens ke li maxons et tous li resaiges ki apant doit chesc'an, et a. c. l. e. en l'ai. l. d.

340 Yngrans Goule et Jennecas, ces freires, p. b. sus une maxon ke siet a pont Rengmont, arreis la baixe porte sus la greive, k'il ont aquasteit a Jehan, lou fil Joiffroit Sauegrain ki fut, permey teil cens com li maxons dovoit a Yngrant et a Jennecat desor nommeis, et a. c. l. e. en l'ai. l. d.

341 Yngrans Goule et Jennecas, ces freires, p. b. sus une piese de terre areure ou an contet jor et demey, ke geist a Bafontenne, ancoste Hanriat, lou maior de S. Julien, et ancoste Yngrant et Jennecat desor nommeis, k'il ont aquasteit a Colignon Begois, en alluet, et a. c. l. e. en l'ai. l. d.

342 Jennas Boulaise, li maires d'Ercancey, p. b. sus tout l'eritaige ke fut Mertin Meche, ke geist ou ban d'Antilley et ou ban de Strapes, c'est a savoir en preis, en chans, en vignes, en maxons, en meizes, en gerdignes, en cences, en keille maniere ke se soit, an toz us et an tous prous, k'il ait aquasteit a Mertin Meche d'Outre Saille, permey teil cens et teil droiture com tous cist eritaiges doit a ban d'Ercancey, et a. c. l. e. en l'ai. l. d.

343 Garsals d'Auancey, li fis Jennin de Mercey ki fut, p. b. sus tout l'eritaige ke fut Mergueron, la femme Jennat Paikier de

---

[1]) Für ai ist dasselbe Abkürzungszeichen gebraucht wie für et.

S. Julien, ke geist en la fin de Sanrey, en preis, en chans, en
gerdingnes, en grainges, en maixeires, en bols et en tout lou
remenant de l'eritaige ke fut Bouxon, an tous us et en tous
prous, en queille maniere ke se soit, k'il ait aquasteit a main-
bors la femme Jennat Paikier, permey teil cens et teil droiture
com toz cist eritaiges doit, et a. c. l. e. en l'ai. l. d.

344 Thomessins, li fis Rechairt de S. Julien, p. b. sus demey jor
de vigne ke fut Garsat de Mons, ke geist ou Fontenis ou ban
de S. Julien, ancoste Jenat Paikier, k'il ait aquasteit a Hanrit
et a Jehan et a Colignon, les III fis Perrin lou Vake ki fut,
en alluet, et a. con l. e. en l'ai. l. d.

345 Kenegate, li fille Burtignon lou boulangier de Stoxey ki fut,
p. b. sus teil partie com Jehans li boulangiers de Stoxey, ces
serorges, ait en la maxon Burtignon lou boulangier, son seur,
ke siet an Stoxey, ancoste la maxon Hawit de Chailley, et en
5 tout ceu ki apant, et sus teil partie com il ait en la maxon
devant outre et en la maxon daier et ou meis et en tout ceu
ki apant ke siet en Stoxey ancoste la grainge Gaircirion
d'Anerey, et sus teil partie com Jehans desor dis ait en tot
l'eritaige ke fut Burtignon, son seur, et Abillate, sa femme, sa
10 seure, et sus la maxon ke siet en Stoxey en coste la maxon
ke fut Petre de Rinanges, k'elle ait a lui aquasteit, permey
teil cens com tous cist eritaiges doit, et a. c. l. e. en l'ai. l. d.

346 Jehans, li fis Arnolt lou masson, p. b. sus teille partie d'eritaige
com il est escheus a Heilowit, la fille Hanriat lou masson ki
fut, de pairt Arnolt lou masson et de pairt Heilowit, sa femme,
partout ou k'il soit et keilz k'il soit, k'il ait aquasteit a Heilo-
wit, la fille Hanriat desor dit, permey teil cens et teil droiture
com sa partie doit, et a. c. l. e. en l'ai. l. d.

347 Colins Cuerdefer et Hanrias, li maires de S. Julien, p. b. por
Jennat de S. Julien et por Mairiate, sa femme, la fille Jaikemin
Merchandel ki fut, sus la piese de vigne ke geist encoste la
Paisture a S. Julien, deleis la vigne la femme Jennin Mourekin
ki fut, k'il ont aquasteit a Sufiate, la fille Jaikemin Merchandel
ki fut, et a. c. l. e. en l'ai. l. d.

348 Odiliate, li fille Jehan Bairbel d'Aiest ki fut, p. b. sus la
grant maxon et sus lou resaige devant et daier, tout anthiere-
mant, et decant ki apant a la maxon desus dite, ke fut dame
Colate la Beugnerasse, ke siet en Aiest, k'elle ait aquasteit

ai¹) Abertin, lou fil Jehan Baitaille, permey II d. et maille ke ciste maxons doit a lai chiese Deu de S. Clemant, san trovoit ke li maxons les dust, et permey xxx s. de mt. de cens ke Odeliate l'an doit chesc'an, a. c. l. e. en l'a. lo d.

349 Wairins, li fis Richairt Croillairt de Ripigney, p. b. sus XI pieces de terre areure ke geixent ou ban de Retonfaix, ou an contet xv jornals, et sus II jornals de vigne et sus II pieces de preit et sus la maxon et sus lou resaige ki apant ke sieent a Retonfaix, k'il ait aquasteit a Renbaut et a Jaikemat et a Mertin et a Clodat et a Colignon, les anfans Perrin lou permantier de Retonfaix ki fut, permey teil cens et teil droiture com cist eritaiges doit, et a. c. l. e. en l'ai. l. d.

350 Izanbairs li potiers p. b. sus une maxon ke siet an Chadeleiruwe devant les ormes et sus lou resaige ki apant, k'il ait asaucit a Jennat Cowerel, permey VI d. et II chapons de devantrien cens ke li maxons doit a Hanriat Burnekin, et permey IIII s. de mt. de cens ke li maxons doit a Lowiat lou clerc de Sanerie, et permey x s. de mt. de cens k'il en doit a Jennat Cowerel, et a. c. l. e. en l'ai. l. d.

351 Perrins, li fis Fransoit de Ruxit, p. b. sus une piese de preit ke geist en Burnonpreit, ancoste lou preit Hanriat, lou serorge Jennat Baicel, k'il ait aquasteit a Jennat Besse, lou fil Bessel d'Ercancey ki fut, en alluet, et a. c. l. e. en l'ai. l. d.

352 Pieresons Chaitals et Thierias Wesselz, ke sont de Vantous, p. b. sus II pieces de vigne et sus une piese de terre areure dont li une piese geist encoste la vigne Clemant, lou fil Renbadin, et li atre piese geist encoste la vigne Jaikemin de Borney, et li piese de terre geist ancoste la terre Thieriou de Villeirs, ke sont ou ban S. Martin en la fin de Vantous, k'il ont aquasteit a Thiebaut lou Petit de la Fontenne, en alluet, et a. c. l. e. en l'ai. l. d.

353 Maitheus et Ancillons, ces freires, li anfans Aicelin de Vallieres ki fut, p. b. sus la maxon et sus lou meis daier et sus lou resaige ki apant ke siet daier S. Ilaire a pont Renmont ancoste Colin de Chailey ki fut, k'il ont aquasteit a Howignon lou Roucel lou bouchier de Porte Muzelle et a Piereson et a Heilowit et a Hanriat et a Idate et a Gerairdin, ces v anfans, permey v s. et demey et II chapons de cens ke li maxons et ceu ki apant doit chesc'an, et a. c. l. e. en l'ai. l. d.

¹) Für ai ist dasselbe Abkürzungszeichen gebraucht wie für et.

354 Ancillons et Pieresons, ces freires, li II fis lou signor Thierit
d'Oxey ki fut, p. b. sus la maxon et sus lou meis daier et sus
lou meis ancoste et sus lou resaige ki apant et sus lou preit
daier la maxon desor dite, et sus la piese de terre areure ou
⁵ an contet jor et demey sus Ste Creuxpreit, et sus la piese de
terre areure a Mavaixport ou an contet jor et demey, et sus
la piese de terre areure ou an contet III jornals a la ruwelle,
et sus la piese de terre sus S. preit¹) ou an contet I jornal, et
sus la piese de terre areure ou an contet les III pairs d'un jornal
10 en Baironchamp, et sus la piese de terre a Poncel ou an contet
jor et demey, et sus la piese de terre a Paistural ou an
contet I jornal, et sus la piese de terre a lai Chievreruwe ou an
contet I jornal, et sus lai piese de terre a Poncel ou an contet
les III pairs d'un jornal, et sus la piese de terre a Sacis ou an
15 contet IIII jornals, et sus la piese de terre sus la Cumenele ou
an contet III jornals, et sus la piese de terre outre lou boix
ou an contet III jornals sus lou preit Poinsignon Lucie, et sus
la piese de terre an Gerairtchamp ou an contet II jornals, et
sus la piese de terre sus la fontainne a Lexeires ou an contet
20 demey jor, ke geixent en bans d'Oxey, k'il ont aquasteit a
Jehan et a Hanrit, son freire, les II fis Renadin Poignel, et a
Poinsignon Choibelo, son janre, permey teil cens et teil droiture
com toz cist eritaiges doit, et a. c. l. e. en l'ai. l. d.
355 Hanrias, li maires de S. Julien, p. b. por lai chiese Deu de S.
Vincent sus une piese de vigne ou an contet I jornal ke geist
a Meurpaireit, ancoste la vigne Renadin lou Mercier, por teil
cens com elle doit a S. Vincent et por les estaies trespaisnies²)
et por les adras.
356 Thiebaus li Maires de Chanbres p. b. sus une maxon ke siet
ou Vivier, ke fut les oirs Aurowin dou Vivier ki fut, k'il ait
aquasteit a Perrin lou visier et a Perrin lou berbier et a
Richairt lou permantier et a Ailixate et a Abillate, ces II serours,
les oirs Avrowin desor dit, et a. c. l. e. en l'ai. l. d.
357 Howairs Groignas p. b. sus teil partie com Colignons, li fis
Jennate Crote, avoit en lai piese de vigne ke geist an Chenals,
encoste la vigne ke fut lou signor Thierit de Labrie, ke li vint
de pairt Mertenate, sa femme, k'il ait aquasteit a Colignon
desor dit, a. c. l. e. an l'ai. l. d.
358 Howairs Groignas p. b. sus teil avenant com dame Merguerite,

---
¹) Ste Creuxpreit? c. 1288, 326 la vigne les Saints. ²) Vorlage trespaies.

li femme Herbin Wachier ki fut, avoit en la piese de vigne ke geist en Chenalz encoste la vigne lou signor Thierit de Laibrie, k'il ait a ley aquasteit, a. c. l. e. en l'ai. l. dv.

359 Howairs Groignas p. b. sus lou quairt de la maixeire ke siet devant l'osteit Thiebaut Lanbert, ou Houwairs meimes ait la moitiet, k'il ait aquasteit a dame Merguerite, la femme Badewin Wichairt ki fut, en alluet, et a. c. l. e. en l'ai. l. d.

360 Howairs Groignas p. b. sus la maxon et sus tout lou resaige ki apant ke siet devant l'osteit Thiebaut Lanbert, ke fut lou signor Gerairt lou preste, lou freire Jehan Boilo, k'il ait aquasteit a Jehan Boilo desor dit, lou fil Xanderin Coinrairt ki fut, et a Steuenin, son serorge, lou fil Howillon de Maixeires ki fut, permey teil cens com ille doit, et a. c. l. e. en l'ai. l. d.

361 Colignons Topas li boulangiers p. b. sus les maxons ke furent Renbaut Wase lou boulangier et sus toz les resaiges ki apandent, et sus les eires de meis ke sieent daier les dites maxons daier S. Ilaire a pont Renmont, permey XVI d. de cens ke les
5 II eires de meis doient a Deuamin, lou fil Waterat Kaitelie ki fut, et permey XV d. et V chapons de cens ke li maxons devers Saille doit a signor Poinson de Couloigne, et permey VI d. et II chapons ke li maxons doit a Vguignon Roucel, et permey XL s. de mt. de cens ke Colignons desor dis en doit chesc'an a signor
10 Willame de la Cort et a Kaitelinne et a Merguerite, les II filles lou signor Jehan de la Cort ki fut, k'il ait aquasteit a signor Willame de la Cort, et a. c. l. e. en l'ai. l. d.

362 Steuenins, li fis Ferriat Troiexin ki fut, p. b. sus teil partie com Jehans, ces freires, [avoit] ou deyme dou boix et de ceu ki apant, et sus une piese de vigne qu an contet I jornal ke siet a Chene ou ban de S. Julien, por tant com Jehans, ces freires, li doit, per escris en arche, dont toz ces eritaiges en geist en waige, et ke li est escheus com oirs et dont il est tenans.

363 ¹) Arnous de Porsaillis p. b. sus tout l'eritaige ki est escheus a Jaikemate, sa femme, de pairt lou signor Thiebaut Fakenel, son peire, et de pairt dame Anel, sa meire, k'elle ait espartit ancoutre ces freires et sa serour, a. c. l. e. des parsons ke geist en l'ai l. dv., et permey teil cens et teil droiture com li eritaiges doit a bans et a leus dont il muet.

364 Baicelins, li fis Howairt de Vigey ki fut, p. b. sus lou tiers de lai grainge et de ceu ki apant daier et devant ke siet a

---
¹) = 1288, 479 und 568, v. 478.

Baitelenville ancoste Grillat, k'il ait aquasteit a Domangin l'aipesier et a Colate, sa serorge, et a. c. l. e. en l'ai. l. d.

365 Jehans, li fis Ferriat Jeuwet, p. b. sus IIII jornals de vigne ke geixent ou ban de S. Julien, dont il en geist III jornals a Chanponfontainne et li atres jornals geist ens Allues, k'il ait aquasteit a Jehan, lou fil Jennat Wernier ki fut, permey teil raute com les vignes doient a la vie Jehan Wernier, et a. c. l. e. en l'ai. l. d.

366 Jaikemins, li fis Tomessin Sauaige, p. b. sus les II maxons et sus les resaiges ki apandent ke furent Rengnier¹) Wacemoit, ke sieent en la ruelle a l'ux don pux, daier les Bandeis, et sus tot l'eritaige ke [geist]²) a Fristor, ke fut Rengnier Wacemoit, por tant com Rengniers Wacemoit doit a Goudefroit de la Tor, per escris en arche, dont li escris sont delivres a Jaikemin desor dit.

367 Poinsignons li clers et Jennetels, ces freires, li anfans Lowit Wesselin d'Aiest ki fut, p. b. sus teil partie com Jehans, li fis Waicelin d'Outre lou pont Renmont, ait et puet avoir³) en tout l'eritaige ke li est escheus de pairt Bietrexate, sa meire, et de
5 pairt Wesselin, son peire, an sances, en maxons et en tous atres eritaiges, par tout ou k'il soit et keilz k'il soit, et sus teil partie com il ait et puet avoir en la maxon ou il maint et en tout lou resaige ki apant ke siet an Stoxey, ancoste la maxon Aincelo lou bouchier, et sus tot l'eritaige k'il ait ou ban de
10 Vairney et ou ban de Ropeney et ou ban de Xueles et ou ban de Failley et ou ban de Sanrey et ou ban de Vigey et partot ou k'il soit et keil k'il soit, k'il ont aquasteit a Jehan, lou fil Waicelin d'Outre lou pont Rengmont ki fut, permey teil cens et teil droiture com toz cist eritaiges doit chesc'an, et a. c. l. e. en l'ai. l. d.

368 Gaircirias Faixins p. b. sus lou seixeme de la maxon ke siet encoste lui meimes,⁴) ke fut Guerekin lou cherpantier, k'il ait aquasteit a Goudefrin, lou fil Guerekin devant dit, permey lou seixemme de XXVI s. de mt. de cens ke toute ciste maxon doit, et a. c. l. e. en l'ai. l. d.

369 Hanrias de Noweroit, li maires de l'opital S. Nicolais ou Nuebour, p. b. por l'opital devant dit sus IIII jornals de vigne ke

---

¹) *Vorlage* Rengniet.
²) *Zwischen* ke *und* a *ist eine Lücke mit den Spuren eines ausgelöschten Wortes.*
³) *Vorlage* avoit.
⁴) en Chieuremont. v. 1290. 313.

geixent ou ban de S. Julien, s'an geist I jornal an Haistes ke
doit xii d. de cens, et I jornal an¹) Chenals, et demey jor an
Weitro, et jor et demey en Esselinvigne, et sus v s. de cens
ke geixent sus une [vigne?] ancoste la vigne Xillanguel, et sus
une maxon ke siet a S. Julien, ancoste l'osteit Filipin, l'avelet
lou maior, ke li maistres et li freires de l'ospital devant dit
ont aquasteit a Hanriat de Cuxey, permey xvi s. de mt. de cens
ke li maxons doit, et a. c. l. e. en l'ai. l. d.

370 Li sires Pieres Graisecher p. b. sus xviii s. de mt. ke geixent
sus une piese de vigne en Hawitvigne et sus une piese de vigne
a Poncel, k'il ait aquasteit a Merguerite de Weivre, et a. c.
l. e. en l'ai. l. d.

371* Se sont li ban dou vintisme jor de noiel. An lai mairie de
Porsaillis:

371 Li sires Thiebaus, li moinnes de S. Symphorien, p. b. sus une
pesse de vigne ke geist an Puluchegeline, antre lai vigne
signor Jehan et lai vigne Jennat lou Xaibe, k'il ait aquasteit
a Burtignon de Sulligney, permei xii d. de cens ke li pesse de
vigne doit a la chieze Deu de S. Laidre, a. c. l. e. an l'a. l. d.

372 Vrbains li clers, li escrivains, p. b. sus lai maxon et sus ceu
ki apant ke siet davant S. Gengoult antre l'osteit Ancillon lou
parmantier d'une pairt et Abertin lou masson d'autre pairt,
k'il ait aquasteit a Jaikemate et a Steuenin, son freire, les
enfans Howin de Preis, permei teil cens com li maxon et ceu
ki apant doit, et a. c. l. e. an l'ai. l. dv.

373 Maistres Pieres li escolliers, ke maint an Chaipeleirue, p. b. sus
lai maxon et sus tont lou resaige ki apant ke siet an Chaipe-
leirue davant lai court des freires des Sais, ancoste lai grainge
de l'osteit lai dame de lai Bairre ki fut, k'il ait aquasteit a
dame Contesse, lai femme Lukin Chaimeure ki fut, permei xx
s. de mt. de cens, et a. c. l. e. an l'ai. l. dv.

374 Ailexate, li fille Matheu lou Conte ki fut, p. b. sus lai maxon
et sus tout lou resaige ki apant ke siet ancoste l'osteit Jennat
Noiron, outre Saille, k'elle ait aquasteit a Jaikemin Faixin,
permei xxv s. de mt. de cens, et a. c. l. e. an l'ai. l. dv.

375 Roillons, li filz Berrel de Maigney ki fut, p. b. sus tout l'eri-
taige ke Poinsate, sai suer, avoit ou ban de Maigney, an keil

---

¹) *Vor* an Chenals *steht* an chans, *wovon nur* chans *durchgestrichen ist.*

maniere ke se soit et keilz il soit, k'il ait a lei aquasteit, permei teil cens et teil droiture com il doit, et a. ·c. l. e. an l'ai. l. dv.

376 Hanrias li taillieres de Ticheicort p. b. sus lai maxon et sus ceu ki apant ke siet a l'antree dou Champel, ancoste l'osteit Leudin lou taillour, k'il ait aquasteit a Philippin, lou fil Guerairt lou taillour ki fut, permei xx s. de mt. de cens, et a. c. l. e. an l'a. l. dv.

377 Steuenins, li filz Ydate, p. b. sus la moitiet de lai pesse de vigne ke fut Jennate de Badrecourt, ke siet outre Saille an Rollanmont, celle partie ancoste Mergueron lai Valleree, et sus la moitiet dou demei jornal de vigne ke siet outre Saille an lai Corte Roie, celle partie ancoste les enfans Deuloufist, k'il ait aquasteit a Symonat Sancenat, lou fil Adan lai Vaille, permei teil cens con ces II partie doient, et a. c. l. e. an l'ai. l. dv.

378 Jehans, li filz Brun lou maior de S. Wafroit, p. b. sus teil partie com Symonins Xaderos li cordeweneirs de Staixons avoit an lai pesse de preit ke geist sus lou rut ou ban de Crunes devar S. Wafroit, k'il ait aquasteit a Symonin desus dit, permei VII d. de cens ke ceste partie doit, et. a. c. l. e. an l'ai. l. dv.

379 Ruecelins de Maigney p. b. sus une pesse de vigne ke geist ou clo de Maignei, ancoste lui meymes, et les censes ki a lai vigne apandent, et sus une pesse de meis ancoste lui meymes, permei I d. de cens, et sus une pesse de terre an Herdoustoc, antre lai terre Poinsat lou taivernier, an alluet, k'il ait aquasteit a Odelie de Maigney, lai fille Jaikemin Boukel ki fut, a. con l.·e. an l'ai. l. dv.

380 Joffrois Cuerdefer p. b. sus lai maxon et sus ceu ki apant ke siet ou Champ a Saille ancoste l'osteit Abert lou corretier, k'il ait aquasteit a Thieriat Crokel, permei L s. de mt. de cens, et a. con l. e. an l'ai. l. dv.

381 Abertins Boufas p. b. sus stal et demei et sus ceu ki apant ke siet an lai halle an Vesignuelz, apres l'osteit Philippe Xaiuing, et sus demei stal an lai halle an Chambres apres les boulangiers, permei teil cens com il afiert a stal et demei, et permei VI s. de mt. de cens a Robert de Sanerie chesc'an, k'il ait aquasteit a Robert desus dit, a. c. l. e. an l'ai. l. dv.

382 Mergueron Blanche p. b. sus I jornal de vigne an alluet ke geist outre Saille an Herberclo, ancoste Weirion Burtout, et sus x s. de mt. de cens ke geisent sus l'osteit Thomessin Cune-

vaille, ke siet ou Grant Waide, k'elle ait aquasteit a Ailexate, lai femme Renmouin de Malleroit ki fut, a. c. l. e. an l'ai. l. dv.

383 Colius Dowaires p. b. sus tout l'eritaige ke li sires Thieris de Laibrie avoit ou ban de Cilleirs et ou ban d'Ansins, an keil maniere ke se soit et keilz il soit, k'il ait aquasteit por lai chieze Deu de S. Symphorien a Renalt, lou fil signor Thierit desus dit, permei teil cens et teil droiture com tous li eritaiges doit, et a. con l. e. an l'ai. l. dv.

384 a) Vguignons Hennebours p. b. sus kan ke Renalz de Laibrie, ces janres, ait d'eritaige a Crepey et aillours, ou k'il l'ait ne ou k'il soit, an tous us, por tant com Vguignons desour dis l'ait an waige por lou signor Thierit de Laibrie ke fut, per escrit an airche, et dont li escris sont delivre a Vguignon Hennebour, et por tant com Renalz desour dis ait a faire a Vguignon desour nommeit, per escris an airche.[1]

b) Et se prant ancor ban sus tout l'eritaige ke fut Colin Xallebouton, ke li vint de pair Lorant Moute, son seur, et sus tout l'eritaige ke li vint de pair lui, por tant com Colins desour dis ait a faire a lui, per escrit an airche, et dont Vguignons desour dis est tenans.

385 Jennas Grancolz et Burtrans Facons p. b. sus lai maxon et sus lai grainge et sus tout lou resaige ki apant ke fut Symonin Robert, ke siet davant les Agustins, ke li vient de pair Collel de Gorze, son freire ki fut, ke lour est delivre an plait per droit et per jugemant, et dont il sont tenant.

386 a) Waterins de Croney p. b. sus III homees de vigne ke geisent an Blaceruel ou ban de Nonviant, anson lai vigne ke fut Piereson Gallopin, k'il ait aquasteit a Burtemin d'Onville, an alluet, a. c. l. e. an l'ai. l. dv.

b) Et se prant ancor b. sus lai maixiere et sus ceu ki apant ke siet an lai Nueue rowe daier son osteit meymes, ancoste l'osteit Thiebaut Caibaie, k'il ait aquasteit a signor Nicolle, lou prestre de S. Seplixe, permei II d. de cens, et a. c. l. e. an l'ai. l. dv.

c) Et se p. ancor b. sus II pesses de terre arreure ke geisent an lai fin de Chaimenat, c'on dist an Charmois, k'il ait aquasteit a Gelin Guerbode, permei teil cens et teil droiture com elles doient, et a. c. l. e. an l'ai. l. dv.

---

[1] v. 1288, 296 und 559.

387 Li sires Willames de lai Cort et li sires Symons li prestres, ke fut chaipelains lou signor Nicolle dou Nuefchaistel, p. b. sus les VIII s. de mt. de cens ke geisent sus lai maxon et sus tout lou resaige ki apant ke fut Hanriat, lou fil Jehan lou poxour, ke siet an lai rowelle a Poncel, ancoste lai stuve Yngrant Forcon, k'il ont aquasteit por lai frairie des prestres et des clars dou cuer dou Grant Mostier a Jennat Guiselate, ke maint an Aiest, a. c. l. e. an l'ai. l. dv.

388 Dame Merguerite, li femme Jennin Baron ki fut, p. b. sus lai maxon et sus lou meis daier et sus tout lou resaige ki apant ke siet ancoste l'osteit signour Soifroit ki fut, k'elle ait pris a cens dou doien et dou chaipistre de S. Thiebaut, permei x s. de mt. de cens k'elle an doit a lai chaipelerie S. Jehan[1]) de S. Thiebaut, et permei XVIII d. de cens k'elle an doit a l'aiglixe de S. Martin an Curtis, et a. c. l. e. an l'ai. l. dv.

389 Gererdins li tenneires, li filz Matheu de Ville sus Iron, p. ban sus lai maxon et sus ceu ki apant ke siet an Chaponrue ancoste Meutenaire ki fut, k'il ait aquasteit a Aburtin Conchion dou Quertal, permei XVI s. de mt. de cens, et a. c. l. e. an l'ai. l. d.

390 Hermans, li fis Bruneco de S. Julien ki fut, p. b. sus lai maxon et sus tout lou resaige ki apant ke fut Otte de Porsaillis, ke siet atour de Sanerie davant les degreis, k'il ait pris a cens de Thiebaut Bugle, lou janre Otte desus dit, permei XLVIII s. de met. de premier cens et permei XXXII s. de mt. de cens k'il an doit, et a. c. l. e. an l'ai. l. dv.

391 Richairs de Bourney p. b. sus une pesse de vigne ke geist an Bietrirowelle ou ban de Borney, ancoste lai vigne ke fut Jaikemin Willebour, k'il ait aquasteit a Jennat Xillekeur d'Outre Saille, permei une maille de cens, et a. c. l. e. an l'ai. l. d.

392 Howignons, li filz Ernelin de S. Arnout, p. b. sus I jornal de vigne ou ban [de....?][2]) ke geist ancoste Pierexel de Valz, k'il ait aquasteit a maistres et a freires de l'ospital S. Nicolais ou Nuefborc, permei VI s. de mt. de cens, et a. c. l. e. an l'ai. l. dv.

393 Symonas de Lorey et Steuenins de S. Clemant p. b. sus une pesse de vigne ke geist an IIII Quelles ou ban S. Clemant, ancoste lai vigne Richerdin, lou fil Philippin de Molins, k'il ont aquasteit a Richerdin, lou fil Lorate, por Gerairt, lou fil Weiriat de S. Clemant, permei XV d. de cens, et a. c. l. e. an l'ai. l. dv.

---

[1]) *Vor* S. Jehan *ist* de *durch untergesetzte Punkte als ungültig bezeichnet.*

[2]) *Der Name ist vom Schreiber ausgelassen.*

394 Gerairs, li filz Weiriat de S. Clement, p. b. sus une pesse de vigne ke geist ou champ Lowit ou ban de S. Clemant, ancoste lai vigne Steuenat Cuerdefer, k'il ait aquasteit a maistres et a freires de l'ospital ou Nuefborc et de S. Laidre, permei VIII s. de met. de cens, et a. con l. e. an l'ai. l. dv.

395 Wiborate et Hawiate, les II suers Philippin Filio ki fut, p. b. sus une pesse de preit ke partet a elles, ke geist an lai Peirche lonc lou molin c'on dist a Bonfayt, antre lour preit meymes, k'elles ont aquasteit a Lukin Descours de Retonfayt, lou fil Guerceriat de l'Orme, permei I d. de cens, et a. con l. e. an l'ai. l. dv.

396 Lowions li marchans, ke maint daier S. Eukaire, p. b. sus lai maxon et sus tout ki apant ke siet daier S. Eukaire ancoste l'osteit Yzambairt lou parmantier, k'il ait aquasteit a Odeliate, lai fille Guersat Maisuwe ki fut, permei XI s. de met. de cens, et a. com l. e. an l'ai. l. dv.

397 Cunins, li maires de Perjeu, p. b. sus I jornal de terre arreure ke geist ou ban de Perjeu, ancoste lui meymes d'une pairt et lai terre Armanjairt, lai femme Weiriat Peuchat, d'autre pairt, k'il ait aquasteit a Steuenin et a Thieriat, les II janres Burtran Maignelot d'Orgney, permei I d. de cens, et a. con l. e. an l'ai. l. dv.

398 Howins li clers de Sainte Glosenne p. b. sus lai maxon et sus tout ceu ki apant ke siet an lai ruwe dou Preit ancoste l'osteit Weiriat lou masson, k'il ait aquasteit a Colignon Merlo, ke maint ou Nuefborc, permei XIIII s. de mt. de cens, et a. c. l. e. an l'ai. l. dv.

399 Jacos d'Airei p. b. sus lai maxon et sus tout lou resaige ki apant ke siet a Airei ancoste l'osteit Jacob meymes, ke fut Jennin lou voweit, k'il ait aquasteit a Vguin, lou fil Jennin desus dit, et a Jennat de Pairgney, son cerorge, et a Heilewit, sai femme, lai suer Vguin desour nommeit, permei III angevines de cens, et a. c. l. e. an l'ai. l. dv.

400 Ancillas li voweis de Staixons p. b. sus X s. de mt. de cens des L s. de mt. de cens k'il meymes doit a Sebeliate, lai femme Symonin Cheualleir ki fut, sus sai maxon ke siet an Staixons, ancoste l'osteit ke fut Guerceriat de Prenoit, k'il ait aquasteit a Sebeliate desour dite, a. c. l. e. an l'ai. l. dv.

401 a) Colignons Merlolz, li filz Weirit de S. Arnout ki fut, p. b. sus XX livraies de terre ke li sires Renalz li Sauaiges, ces seurs,

1288, 402—412

li ait chesc'an essis lou jor de feste S. Remey sus can k'il ait a Louveney et on ban, a. c. l. e. an l'a. l. dv.

b) Et se p. ancor b. sus la moitiet des LX s. de mt. de cens ke geisent sus l'osteit Drowin lou berbier et sus ceu ki apant, ke siet a Quertal, ancoste l'osteit Berbion, k'il ait aquasteit a Abertin, lou fil¹) Abert de Champelz ki fut, apres x s. de mt. et I men de vin en l'axe de cens ke toute li maxon doit davan terienemant, et a. c. l. e. an l'ai. l. dv.

402 Maistres Jaikes li clocheniers p. b. sus la moitiet de lai maxon et de ceu ki apant ke fut Euriat lou maignien, ke siet defuers Vies Bucherie, ancoste l'osteit Toupat de Faijs, k'il ait aquasteit a Jehan lou clerc, lou fil Euriat davant dit, permei VIII s. de mt. I d. moins de cens, et a. c. l. e. an l'ai. l. dv.

403 Lowias li Merciers de Vesignuelz p. b. sus les XXXII s. de mt. de cens ke geisent sus l'osteit ke fut Colin dou Puix, ancoste l'osteit Lukin Chaimeure, et sus les v s. de mt. de cens ke geisent sus I stal ke siet an lai halle des parmantiers an
5 Vesignuelz, et sus les VI s. de mt. et II chapons de cens ke geisent sus I stal ke siet an Vesignuelz davant lai halle des parmantiers, dont on redoit aier XVIII d. de cens a S. Arnout, et sus XXVI s. de mt. de cens ke geisent sus II demaies maxons ke sieent an Chainreirue, dont on redoit aier a Vguignon Henne-
10 bour XII s. de cens, et sus lai maxon et sus ceu ki apant ke siet ou Champel ancoste l'osteit Domangin de Belleville, permei teil cens com li maxon doit, ke li sont delivre en plait per lou crant de Jennin Gerairt, et dont Lowias est tenans.

404 Goudefrins de lai Porte p. b. sus teil partie com Jehans, li filz Jaikemin l'ardour ki fut, avoit an VII jornalz de terre ke geisent deisai Benoir a lai mairs, et sus teil partie com il avoit on jornal de terre ke geist desous lai terre Boukerel ou ban de Maignei, k'il ait aquasteit a Jehan desus dit, an alluet, a. c. l. e. an l'ai. l. dv.

405 ²) Renadins li Bagues p. b. sus les XXII³) s. de mt. de cens ke geisent sus lai maxon ke siet an lai rowelle Perrin de Cligney, ke Alerdins de Cligney ait espartit ancontre Lowit, son freire, chanone de Monfacon, k'il ait aquasteit a Alerdin desus dit, apres les XVI s. de mt. de cens ke li maxon doit davanterienemant, et a. c. l. e. an l'ai. l. dv.

¹) *Vorlage* lou filz. ²) *Durchgestrichen.*
³) XXII *übergeschrieben*, XXVI *durchgestrichen.*

406 Li prious et li covans des Augustins prannent b. sus lou gerdin ke fut Jaikemin Baizin, ke siet daier lour maxon meymes, antre lai porte S. Thiebaut et lai porte de Chaiureirue, k'il ont aquasteit a Jaikemin desus dit, permei IIII lb. de mt. de cens, et a. c. l. e. an l'a. l. d.

407 Li sires Abers, li prestres des pucelles de lai Vigne, p. b sus la moitiet de lai maxon et de ceu ki apant ke fut Thieriat Hurel, ke siet outre Saille, ancoste l'osteit Symonin de Retonfaijs, ke Renalz li chamberlains ait aquasteit por les pucelles desus dite, permei teil cens com li moitiet de lai maxon et de ceu ki apant doit as enfans Jennat Teste ki fut, et a. c. l. e. an l'ai. l. dv.

408 Guercires Monins de Maiselles, li filz[1]) Colignon Bellegoule, p. b. sus lou gerdenel et sus lai pesse de terre anson ke siet a Maiclive antre lai terre Guercire Monin d'une pairt et lou gerdin Berte d'autre pairt, permei I d. de cens, et sus teil partie com Thomes li Roucelz d'Orgney avoit an lai pesse de preit an Burut, permei I d. de cens, k'il ait aquasteit a Thomes desour dit, et a. c. l. e. an l'ai. l. dv.

409 Poincignons li Trowans p. b. sus tout l'eritaige ke Louvate, sai suer, avoit ou ban de Rauille et de Beeuville et ans apandixes, an keil maniere ke se soit et ou k'il soit, k'il ait a lei aquasteit, a. c. l. e. an l'ai. l. dv.

410 Li sires Jaikes li Gornais p. b. sus une tavle ke geist an Nues Chainges an Vesignues, k'il ait aquasteit a Werrion, lou fil lou signor Abert de Virey ki fut, permei teil cens com li tavle doit, et a. c. l. e. an l'ai. l. dv.

411 Forkignons, li filz Jaikemin Bellegree, p. b. sus lai maxon et sus tout lou resaige ki apant ke fut Nicolle Grancol, ke siet ancoste l'osteit Jaikemin desour dit,[2]) k'il ait aquasteit a Symonat Gnevadre, l'aivelet Nicolle desus dit, permei XXV s. de mt. IIII d. moins de cens, et a. c. l. e. an l'ai. l. dv.

412 Arnoulz, li keus lou prestre de S. Martin, p. b. sus lai maxon et sus tout ceu ki apant ke fut Wernier lou Gros, ke siet an lai rowelle ancoste S. Martin, k'il ait aquasteit a Burtran, lou fil Thiebaut Guelin, permei XV s. et demei de mt. de cens et permei XII d. de cens k'il an doit a Burtran desour dit, et a. c. l. e. an l'ai. l. dv.

---

[1]) v. 1288, 56 Guercires Monins, li seurs Colignon Bellegoule.
[2]) ou Nuefbour, v. 1285, 227, 228.

413 Symonins de Chaizelles p. b. sus XIII steires de vin de cens ke
geisent sus une pesse de vigne ke geist a Chene a Airey, ou
ban Sainte Marie de Verdun, ke Thierias, li filz signor Ancel,
tient, et sus demei meu de vin de cens ke geist sus une pesse
de vigne ou ban de Waizaiges, ke Morans tient, et sus III
homees de vigne ke geisent ou ban de Waizaiges, ancoste
Hanriou lou Lumeson, k'il ait aquasteit as oirs Guerceriou
Mauexin de Nonuiant, permei teil cens com cist eritaiges doit,
et a. c. l. e. an l'a. l. d.

414 Vguignons Pettairs p. ban por lai chieze Deu de Villeirs sus
XII s. de mt. de cens ke Jaikemin Mairasse et Goudefrins de
lai Porte doient a Cherdat Mennegout, sus lai maxon ke fut
Besselin Rainetel, ke siet outre Saille davant S. Eukaire, k'il
ait aquasteit a Cherdat desus dit, a. c. l. e. an l'a. l. dv.

415 Jaikemins, li filz Willemin lou chaponier ki fut, p. b. sus tout
l'eritaige ke Willemins, ces peires, avoit ou ban de Bameis et
d'Abes et de Mons et aillours, ou k'il soit et keilz il soit, k'il
ait aquasteit a Colignon et a Thierion et a Mertenate et a
Abillate, les IIII enfans Willemin desus dit, permeit teil cens
et teil droiture com tous li eritaiges doit, et a. con l. e. an l'ai. l. dv.

416 Colins lai Rouse p. b. sus teil partie com Jaikemins, li filz
Colin Haibert ki fut, avoit an lai pesse de vigne ou on contet
les III pairs d'un jornal ke geist a Saneratchaimin, ke partet
a Colin desus dit, k'il ait aquasteit a Jaikemin desus dit, per-
mei teil cens com li partie doit, et a. c. l. e. an l'ai. l. dv.

417 Colins lai Rousse et Steuenins, ces freires, p. b. sus une pesse
de vigne ou on contet les III pairs d'un jornal ke geist an
Cortes vignes ou ban de Borney, ancoste lai vigne Colin desour
dit, ke lour est delivre en plait ancontre Willemin Gurdin et
Katerine, sai femme, por tant com il ont paieit por Hanrit de
l'Aitre, lou fil Pierexel, et dont il sont tenans.

418 Anguenelz, li femme Hanrit lou Boistous, p. b. sus lai maxon
et sus tout lou resaige ki apant ke siet daier S. Eukaire au
lai rowelle Thierjat Yzambairt, ancoste l'osteit Aburtin Jallee,
k'elle ait aquasteit a Aburtin Mancoutel et a Gueperate, sai
femme, permei II s. et demei de mt. de cens, et a. c. l. e. an
l'ai. l. dv.

419 Colignons Guercelz p. b. sus lai maxon et sus ceu ki apant ke
siet an lai Vigne S Auol ancoste l'osteit Jennin Rohairt, k'il

ait aquasteit a Perrate, lai femme Clemignon de Vesignuelz ki fut, permei xvi s. de mt. de cens, et a. c. l. e. an l'ai. l. dv.

420 Jennas li Trowans p. b. sus lai maxon et sus ceu ki apant ke siet an lai Vigne S. Auol ancoste Thomes lou corretier, k'il ait aquasteit a Perrin Baguairt, permei xxxi s. de mt. de cens, et a. c. l. e. an l'ai. l. dv.

421 a) Regnillons li Bagues p. b. sus lai maxon et sus ceu ki apant ke sient ou Nuefborc ancoste lui meymes, k'il ait aquasteit a Thiebaut, lou fil Nicolle Gemel ki fut, permei xxx s. de met. de cens, k'il puet raicheteir, et a. c. l. e. an l'ai. l. dv.

b) Et se p. ancor b. sus xv s. de mt. de cens des xxx s. de mt. de cens k'il meymes doit a Thiebaut, lou fil Nicolle Gemel, sus la maxon desour dite, k'il ait raicheteit ancontre Thiebaut desus dit, a. c. l. e. an l'ai. l. dv.

422 Jehans, li filz Renadin lou Mercier, p. b. sus les x s. de mt. de cens ke geisent an Vesignuelz sus l'osteit Howeson Noxe, ke siet ancoste l'osteit Badewin l'escuwier, k'il ait aquasteit a Maheu Malekin, a. c. l. e. an l'ai. l. dv.

423 Howins li feivres de Racort p. b. sus lai maxon et sus ceu ki apant ke siet an lai rowelle S. Arnout ancoste l'osteit Weirit lou roweir, k'il ait aquasteit a Jennat Cugnat lou roweir, permei xiiii s. de mt. de cens et ii chapons, et a. c. l. e. an l'ai. l. dv.

424 Goudefrins Brusate p. b. sus lai pesse de vigne moiterasse ke geist outre Saille an Planteires antre lai vigne Symonat Sanshuve et Jaikemin Tenoire, k'il ait aquasteit a Jennat Syuerel de Chaponrue, a. c. l. e. an l'ai. l. dv.

425 Symelolz Tronc li tixerans p. b. sus lai maxon et sus ceu ki apant ke siet an lai rowe de lai Craste ancoste l'osteit lou Petit Guerebode, k'il ait aquasteit a Peccate, l'avelete dame Aileit lai Tirande ki fut, permei teil cens com elle doit, et a. c. l. e. an l'a. l. d.

426 Symonins li boulangiers, li nies Perrin lou boulangier de Chaponrue, p. b. sus lai maxon et sus ceu ki apant ke siet daier S. Eukaire antre l'osteit Yzambairt lou parmantier et l'osteit Henneman lou vignour, k'il ait aquasteit a Badewin lou Flamant, permei xiiii s. ii d. de mt. de cens, et a. c. l. e. an l'ai. l. dv.

427 Weirias Guidaie de Bouxieres p. b. sus lai maxon et sus ceu ki apant ke siet a Montigney ancoste l'osteit Weiriat lou Grant,

k'il ait aquasteit a Jennat, son cerorge, lou fil Jaikemate de Montigney, permei III s. de cens, et a. c. l. e. an l'a. l. d.

428 Steuenins, li filz Burtemin Cunin d'Abigney p. b. sus lai pesse de preit ke geist an lai jonkeire sus lou rut d'Abigney, ancoste lui meymes, et sus lai pesse de terre arreure ke geist deleis lou preit davant [dit], k'il ait aquasteit a Thieriat, lou freire Clemignon d'Airs, permei II d. de cens, et se doit Steuenins desour dis aidier de l'awe dou rut, a. c. l. e. an l'ai. l. dv.

429 Aburtins, li cerorges Symonat lou Four, p. b. sus lai maxon et sus ceu ki apant ke siet an Chaponrue ancoste l'osteit Howin de Herney, k'il ait aquasteit a Jehan et a Joffroit, les II filz Aburtin Murie don Quertal ki fut, permei X s. de cens, et a. c. l. e. an l'a. l. d.

430 Goibles li marchans de lai rue des Allemans p. b. por lui et por Burtemin et por Guertrut, ces enfans de sai premiere femme, sus lai maxon et sus tout lou resaige ki apant ke siet davant l'ospital an lai rowe des Allemans, k'il ait aquasteit a Hennelo, lou maior de Guenanges, permei teil cens com li maxon et ceu ki apant doit, et a. c. l. e. an l'ai. l. dv.

431 a) Renadelz Soiture p. b. sus une pesse de vigne ke geist a Saneratchamin, ancoste lai vigne Jaike Roucel ki fut, k'il ait aquasteit a Jeinat, lou fil Gererdin lou cherreir, permei I d. de cens, et a. c. l. e. an l'a. l. dv.

b) Et se p. ancor b. sus I jornal de terre arreure ke geist ou ban de Verkilley ancoste Thieriat de Mercey, et sus I jornal de terre arreure ke geist ou ban de Verkilley ancoste Symonat Panseron, k'il ait aquasteit a Jennat Wairin lou cherreir, permei teil cens et teil droiture com tous cist eritaiges doit, et a. c. l. e. an l'ai. l. dv.

432 Burtrans Deuloufist p. b. sus une pesse de vigne ke geist an Mallemairs, ancoste lai vigne Joffroit Roucel, k'il ait aquasteit a Jennat, lou fil Gererdin lou cherreir, permei V s. de mt. de cens, et a. c. l. e. an l'ai. l. dv.

433 a) Pierexelz Boutedeu p. b. sus une pesse de terre arreure ke geist sus lou rut de Maizelle, ancoste lui meymes, k'il ait aquasteit a Morexat, lou freire Bertelo de Hulouf, permei I d. de cens, et a. c. l. e. an l'ai. l. dv.

b) Et se p. ancor b. sus une pesse de vigne ke geist an Saneratchamin an Corte Roie, ancoste Thieriat Burtelo, k'il ait aquasteit a Colignon Raibairt de Hulouf, permei IIII s. de mt. de cens, et a. c. l. e. an l'ai. l. dv.

434 Gererdins Mollate p. b. sus la maxon et sus ceu ki apant ke siet an Maizelles ancoste [l'oste]it¹) Colignon Meffroit, k'il ait aquasteit a Colignon Marchan, permei teil cens com li maxon et ceu ki apant doit, et a. c. l. e. an l'ai. l. dv.

435 Li sires Thiebaus li Gornais, chiveliers, p. b. sus VI lb. de met. de cens k'il ait aquasteit a signor Werrit Bairbe, sus decan ke li sires Werris desus dis ait an tous les bans d'Airey, an keil maniere ke se soit, a. c. l. e. ke geisent an l'a. l. devisent.

436 Jaikemins Bernaiges li clers p. b. sus XVIII s. de mt. de cens et sus V maxons ke sieent an lai rowe S. Thiebaut, davant les Augustins, ancoste lai grainge Symon Paipemiate, k'il ait aquasteit a Poincignon Faconuers, an allnet, a. c. l. e. an l'ai. l. dv.

437 Gererdins de Badrecourt p. b. sus lai maxon et sus ceu ki apant ke siet an Maizelles ancoste lou chakeur S. Pol, k'il ait aquasteit a Colignon, lou fil Jennat Guzure, permei teil cens com elle doit, et a. c. l. e. an l'ai. l dv.

438 Jennas Menneit p. b. sus lai pesse de vigne ke geist an lai rowelle de Pertes ancoste lai vigne Steuenin Ydate, k'il ait aquasteit a Burtadon, lou fil Wairade, et a Gererdin Hairenaie de Lioucort, permei teil cens com elle doit, et a. c. l. e. an l'a. l. dv.

439 Symonas Menneit p. b. sus lai maxon et sus ceu ki apant ke siet an lai Vigne S. Auol ancoste l'osteit Jennin Rohairt, k'il ait aquasteit a maistres et as freires de l'ospital ou Nuefborc, permei XV s. et demei de cens, et a. c. l. e. an l'ai. l. dv.

440 Haibelins, li filz Jennat Alairt, p. b. sus une pesse de vigne ke geist ans Abouwes outre Saille, ancoste Jennin Xawecotte, k'il ait aquasteit a Jehan Louve l'eschaving, permei teil cens com elle doit, et a. c. l. e. an l'ai. l. dv.

441 Niuelins de S. Arnout p. b. por lui et por Maithiat, lou fil Howin Crochairt, sus IIII pesses de vigne ke geisent ou ban de Montigney, k'il ait aquasteit a maistres et as freires de l'ospital ou Nuefborc, permei X s. de mt. de cens, et a. c. l. e. an l'ai. l. dv.

442 Berte li Vadoize p. b., sus lai maxon et sus ceu ki apant ke siet ou Petit Waide ancoste l'osteit Godairt, k'elle ait aquasteit a Symonin lou boulangier, lou janre Howin lou masson, permei XVII s. de mt. de cens, et a. c. l. e. an l'ai. l. dv.

¹) *Vorlage* ancosteit.

443 Maithias de S. Arnout p. b. sus II pesses de vigne ke geisent ou ban de Montigney, s'an geist une a pairier et une a pumier, k'il ait aquasteit a Jehan Maithelie, permei teil cens com elles doient, et a. c. l. e. an l'ai. l. dv.

444 Arnoulz dou Nuefchaistel p. b. sus lai maxon et sus ceu ki apant ke siet outre Maizelle ancoste Regnier de Sairley, k'il ait aquasteit a Yzaibel, lai femme Weirion Walleran ki fut, permei IIII s. et demei de mt. de cens, et a. c. l. e. an l'ai. l. dv.

445 Morizas ke maint an Hulouf p. b. sus II pesses de vigne ou on contet IIII jornalz ke geisent outre Saille, ancoste Symonat Bellegree d'une part et d'autre, k'il ait aquasteit a Colignon Mertignon, permei XIIII s. de cens, et a. c. l. e. an l'ai. l. dv.

446 Otignons, li xavins de S. Clemant, p. b. sus demei jornal de vigne ke geist an planteit davant lai Horgne, ancoste dame Lucate, lai femme Colin Tiehairt, k'il ait aquasteit a Jennat Kaira de S. Arnout, permei teil cens com elles doient, et a. c. l. e. an l'ai. l. dv.

447 Jaikemate Berlixe de S. Clemant p. b. sus XX d. mt. et maille de cens k'elle et Colins, ces freires, dovoient sus une pesse de vigne ke geist daier S. Andreu, ancoste Watier Poterel, k'elle ait aquasteit a Enriat lou vieseir dou Quertal, lou janre Rondel, a. c. l. e. an l'a. l. dv.

448 Steuenins li Sauaiges p. b. sus une pesse de vigne tier meu S. Clemant, ke geist ou clo S. Jehan, arreis Ottignon, k'il ait aquasteit a Colin, lou fil lai marliere de S. Clemant, a. c. l. e. an l'a. l. dv.

449 Jehans, li filz Ottignon Burtille de S. Clemant, p. b. sus lai grainge et sus ceu ki apant ke siet a S. Clemant ancoste lai vigne Weiriat lou maior, k'il ait aquasteit a Clemignon, lou fil Waterin Witon, an alluet, a. c. l. e. an l'ai. l. dv.

450 a) Renadelz li Petis de S. Clemant p. b. sus demei jornal de vigne ke geist a. S. Clemant an chan Lowit, k'il ait aquasteit a maistres et as freires de l'ospital ou Nuefborc, permei IIII s. de mt. de cens, et a. c. l. e. an l'ai. l. dv.

b) Et se p. ancor b. sus I jornal de terre arreure ke geist an Wacon, devar Blorut, ancoste Thiebaut Hennignon, k'il ait aquasteit a Jaikemenat, lou fil Jennin lou Roncel, an alluet, a. c. l. e an l'ai. l. dv.

c) Et se p. ancor b. sus lai maxon et sus ceu ki apant ke siet a S. Clemant davant Nostre Dame a Martres, k'il ait aqua-

steit a Pierairt et a Thieriat et a Colignon, les enfans Thie-
baut Puteveuwe, permei IIII s. de mt. de cens, et a. c. l. e.
an l'ai. l. dv.

451 Hanrias li Velz et Jehans, ces janres, et Renadas li Petis et
Steuenins, li filz Weiriat lou vies maior, ke sont de S. Clemant,
et Goudefrins Bouteden de lai Vigne S. Anol p. b. sus lai
pesse de vigne ke geist an Planteis d'Ernauille ou ban S. Cle-
mant antre lai vigne Thomessin Mallebeste et lou champ Weiriat
lou vies maior, k'il ont aquasteit a Perrin Jacob, lou janre
Roillon Morel, an alluet, a. c. l. e. an l'ai. l. dv.

452 Gerairs, li filz Melesant de Maiselle, p. b. sus lai maxon et
sus ceu ki apant ke siet an Maizelles ancoste Howignon lou
feivre, k'il ait aquasteit a Rembalt Reullairt de Remilley et a
Troexin, lou fil lou Louf de Baixei, permei VI s. de mt. de cens,
et a. c. l. e. an l'a. l. dv.

453 Jehans, li filz Jennat Sargent, p. b. sus demei jornal de vigne
ke geist a Saneratchamin, ancoste Hanriat Venien, k'il ait
aquasteit a Jaikemin Chenal dou Waide, permei V s. et [?d.]
de met. de cens, et a. c. l. e. an l'a. l. dv.

454 Jennas Guersons p. b. sus lai maxon et sus ceu ki apant et
sus tout lou meis an jusc'a vignes S. Eukaire ke siet an
Chaponrue ancoste Philippin de S. Eivre, k'il ait aquasteit a
Bietrexate, lai femme Waterin lou Four, permei X s. de mt.
de cens, et a. c. l. e. an l'a. l. dv.

455 Thierias, li filz Steuenin lou Borgon, p. b. sus lai maxon et
sus ceu ki apant ke siet an Chaureiruwe antre l'osteit signor
Jehan lou prestre et l'osteit Colin de S. Thiebaut, k'il ait
aquasteit a Rikewin lou quertier d'Ucanges, ke maint an
Chaureirue, permei XXXII s. de mt. IIII d. moins de cens, et a.
c. l. e. an l'ai. l. dv.

456 Weirias, li filz Gehenne de S. Clemant, p. b. sus III jornalz
et demei de terre arreure ke geisent an IIII pesses ou ban de
Pumeruet, k'il [1]) ait aquasteit a Lorate, lai femme Richelat de
Pumeruet ki fut, permei teil cens et teil droiture com cist
eritaiges doit, et a. c. l. e. an l'a. l. dv.

457 Thomes, li filz Richairt de Nowilley ki fut, p. b. sus IIII jor-
nalz et demei de terre arreure ke geisent an V pesses et sus
III pesses de preit ke geisent ou ban de Puix, k'il ait aqua-
steit a Piereson et a Matheu et a Martin, les III filz Weraie

---

[1]) un *bis* k'il *auf Rasur*.

permei vi d. de cens ke tous cist eritaiges doit, et a. c. l. e. an l'ai. l. dv.

458 Bertrans li Moinnes de Chalons p. b. sus lai maxon et sus ceu ki apant ke siet an lai rue S. Eukaire ke fut Philippin Mennegout, ke siet ancoste l'osteit Anel de Flanville, k'il ait pris a cens de Philippin, lou fil Philippin de Vy ki fut, permei vii s. de mt. et iii angevines de cens et permei xxiiii s. de mt. de cens k'il an doit a Philippin davant dit, et a. c. l. e. an l'a. l. dv.

459 Jennas, li filz Renalt lou feivre de Maigney ki fut, p. b. sus une pesse de vigne ke geist an Cornuclo ou ban de Maigney, ke geist antre lai vigne Ruecelin et les enfans Bellegoule, k'il ait aquasteit a Gererdat Geuancel, son cerorge, permei iiii s. de mt. de cens, et a. c. l. e. an l'ai. l. dv.

460 Hanrekelz Naie p. b. sus i jornal de vigne ke geist a Borney, desous lou chavol a Glairuelles, ancoste Thieriat Derdel, k'il ait aquasteit a Jaikemate, lai femme Burtemin Remillei de Maizelles ki fut, permei xii d. de cens, et a. c. l. e. an l'a. l. dv.

461 a) Jaikemins de Pairgnei p. b. sus les xxiiii s. de met. de cens ke geisent sus l'osteit ke fut Aidelin lou taillour et sus ceu ki apant, ke siet atour desour l'osteit Jaikemin desus dit, k'il ait aquasteit a Gillebert et a Colignon, son freire, les ii filz Colin Grinel ki fut, apres les xviii s. de mt. de premier cens ke li maxon et ceu ki apant doit a Cordelieres, et a. c. l. e. an l'ai. l. dv. b) Et se prant ancor ban sus lou celier et sus. ceu ki apant ke siet an l'aitre d'Aipilley, ke fiert[1]) a mur de lai grainge Jaikemin davant dit, k'il ait aquasteit a Symonin de Chieuestraie d'Aipilley, permei une maille de cens ke li celiers et ceu ki apant doit a l'aiglixe d'Aipilley, et a. c. l. e. an l'ai. l. dv.

462 Hanris et Guercerias, li dui fil Deu de Furnerue ki fut, p. b. sus lai maxon et sus ceu ki apant ke fut Werneson lou varrier, ke siet an Furneirue, davant l'osteit Wichairt de lai Cort, ancoste lai porte Hanriat Burnekin, k'il ont aquasteit a ceulz dou Preit a Uerdun, permei xxviii s. de mt. de cens, et a. c. l. e. an l'ai. l. dv.

463 Jehans, li filz Renadin lou Mercier, p. b. sus les maxons ke furent Adan lou bouchier et sus tous les resaiges ki apandent daier et davant, ke sieent antre l'osteit Jennat Chermat et l'osteit Steuenin, lo maior de Gorze[2]), k'il ait aquastait a Symo-

---

[1]) fiert *verbessert aus* fut.

[2]) Steuenin, lo maior de Gorze, *auf Rasur*.

nat Bellegree, permei L s. de mt. de cens, et a. con l. e. an l'ai. l. dv.

464 Jennas Cornas p. b. sus II pesses de vigne ke geisent outre Saille, dont li une geist an Culloit, ancoste ceulz de l'ospital, et li autre an Mallemairs, ancoste ceulz de l'ospital, k'il ait aquasteit a Debonaire et a Amaie, les II filles Crestenate d'Outre Moselle, permei IIII d. et maille de cens ke les II pesses de vigne doient, et a. con l. e. an l'ai. l. dv.

465 Jehans Ottignons de S. Clemant et Gererdas de S. Piere p. b. sus tout l'eritaige ke fut Burtemin, lou fil lou chaistelen de S. Piere ou k'il soit et keilz il soit, ke lour est delivre en plait, permei tout ceu ke li eritaiges doit, et dont il sont tenant.

466 Suffiate, li femme Perrin Mairasse, p. b. sus XL s. de mt. de cens ke li hospitalz de S. Thiebaut avoit sus lai grant maxon ke fut Hanri de Bunaies, ke siet a Porsaillis, k'elle ait aquasteit a doien et a chaipistre de S. Thiebaut, a. c. les lettres ke geisent an l'ai. l. devisent.

467 Wilames, li filz Thiebaut Henmignon, p. b. sus jor et demei de vigne et sus ceu ki apant ke geist desour Mallemairs, ancoste Jennat Semion, k'il ait aquasteit a lai femme Waterel lou cherpantier de Maignei et a ces enfans, permei teil cens com li vigne doit, et a. c. l. e. an l'a. l. dv.

468 Willames li boulangiers de Maicline p. b. sus lai maxon et sus ceu ki apant ke siet an Maizelles ancoste l'osteit Jennat Callefairt, k'il ait pris a cens de Jehan Jallee, permei II d. ke li maxon doit de premier cens et permei XII s. de met. de cens k'il an doit chesc'an paier a Jehan desour dit, et a. c. l. e. an l'ai. l. dv.

469 Othins d'Awigney p. b. sus lai maxon et sus ceu ki apant ke fut Thieriat de Molins, ke siet an lai rowe de Porte Serpenoise, ancoste lai grainge maistre Jehan lou mentier, k'il ait aquasteit a Bademaire, permei teil cens com elle doit, et a. c. l. e. an l'ai. l. d.

470 Li sires Jehans Corbelz p. ban sus lai maxon et sus lou resaige ki apant ke siet outre Saille ancoste lui meymes, k'il ait aquasteit a Joffroit Boilawe, permei II d. de premier cens et permei XL s. de mt. de cens ke li sires Jehans an doit, k'il puet raicheteir, et a. c. l. e. an l'a. l. dv.

471 Poincignons Pedanwille p. b. por lai chieze Dan des Proicherasse de lai cort de Vy de Mes sus les XXIIII s. de mt. de cens ke geisent sus une maxon ke siet an Chaipeleirue, ancoste lai

16*

grainge Jaikemin Vilain, ou Burtrans li chaipeliers maint, k'il at aquasteit a Jehan et a Yzaibel, sai suer, les II enfans Piere Thomes ki fut, et a. c. l. e. an l'ai. l. dv.

b) Et se p. ancor b. por lai chieze Deu davant dite sus les LX s. de mt. de cens ke Badewins li escuwier doit sus sai maxon ke siet an Vesignuelz, ancoste l'osteit Howeson Noxe, k'il ait aquasteit a Jehan Thomes et a Yzaibel, sai suer, a. con l. e. an l'ai. l. dv.

472 Li sires Thiebaus de Moielain p. b. sus une tavle ke siet an Nues Chainges an Vesignues, k'il ait aquasteit a signor Werrit Bairbe, permei XXXII d. de cens, et a. c. l. e. an l'ai. l. dv.

473 Jaikemins Mouretelz p. b. sus lai maxon Symonin lou pottier et sus ceu ki apant, ke siet ancoste l'aitre de S. Simplice, et sus les XVIII s. de mt. de cens ke Burtemins Babolz li doit sus lou celier desous, k'il ait aquasteit a Symonin desus dit, permei teil cens com tous cist eritaiges doit as pucelles de lai Vigne, et a. c. l. e. an l'a. l., dv.

474 Li sires Gerairs, li prestres de lai chaipelle outre Saille, p. b. sus lou solier daier et sus tous les murs entour et sus tout ceu ki apant ke siet an l'osteit Thieriat d'Ardenne, an lai rowelle davant l'osteit Yzambairt Burley, ancoste l'osteit lou signor Gerairt meymes, et sus lai court et sus lou meis daier tout antieremant sans XII piet de terre ke Thierias desour dis an retient maintenant apres l'uxerie daier, k'il ait aquasteit a Thieriat desour dit, an alluet, et a. c. l. e. an l'ai. l. dv.

475 Howins Paiperelz p. b. sus I meu de vin de cens ke geist sus I jornal de vigne a Retonfaijs, ke Othins de Gerairtrue et sui enfant tienent. ke geist ancoste lai vigne Richerdin lou prevost, k'il ait aquasteit a Thieriat de Molins, lou janre Waterin Maltampreit, a. c. l. e. an l'ai. l. dv., et dont il est tenans [1]).

476 Jehans Paipemiate p. b. sus une tavle ke siet an Nues [2]) Chainges an Vesignuelz, k'il ait aquasteit a Maheu Mouguel, permei XXXII d. de cens, et a. c. l. e. an l'ai. l. dv.

477 a) Li sires Jaikes Fakenelz p. b. sus les XL s. de mt. de cens k'il et Symonins, ces freires, dovoient a signor Nicolle, lour freire, sus lour II pairs des fiez ke furent lou signor Thiebaut Fakenel, lour peire, k'il ont espartit ancontre lour freire, et c'on poit raicheteir, a. c. l. e. des parsons lou dient, ke li sires

---

[1]) et dont il tenans *ist nachträglich hinzugesetzt*.

[2]) Nues *ist übergeschrieben*.

Jaikes Fakenelz ait raicheteit por lui en chief, et a. c. l. e. an l'ai. l. dv.

b) Et se p. ancor b. sus x s. de mt. de cens k'il ait raicheteit encontre Jehan, son freire, des LX s. de mt. de cens ke Jehans et Perrins avoient sus lai pairt des fiez ke furent lou signor Thiebaut Fakenel, lour peire, k'il ait espartit ancontre ces freires, et c'on poit raicheteir, a. c. l. e. des parsons l. dv., ke li sires Jaikes Fakenelz [1]) ait raicheteit, a. c. l. e. an l'ai. l. dv.

478 Jehans Fakenelz p. b. sus les LX s. de mt. de cens k'il meymes dovoit a Jaikemate, sai suer, sus sai maxon a Porsaillis, ke fut lou signor Thiebaut Fakenel, son peire, k'il poit raicheteir et k'il ait raicheteit a Jaikemate, sai suer, a. c. l. e. an l'a. l. dv.

479 [2]) Arnoulz de Porsaillis p. b. sus tout l'eritaige ki est encheus a Jaikemate, sai femme, de pair lou signor Thiebaut Fakenel, son peire, et de pair dame Anel, sai meire, k'elle ait espartit ancontre ces freires et sai serour, a. c. l. e. des parsons ke geist an l'ai. l. dv., et permei teil cens et teilz droitures com li eritaige doit a bans et as leus dont il muet.

480 Li sires Werris Bairbe p. b. sus tout l'eritaige ke Perrins Cheualleirs ait a Burlixe et a Frenoit et an tous les bans de ces leus desour dis, 'ke li est venus consuant de pair Howin lou clerc de Nekesierne et de pair Oliue et Clemance, ces II serours, et de pair Thieriole de Wittoncort, lour cerorge, k'il ait aquasteit a Perrin desour dit, permei teil cens et teil droiture com tous li eritaiges doit, et a. c. l. e. an l'ai. l. dv.

481 Howairs Groignas p. b. sus VI jornalz de terre arreure ke geisent a Morinville, daier lai grainge Alexandre, lou fil signor Mainechiet de Forchiet ki fut, k'il ait aquasteit a Symonin, lou freire Bonechose de Morinville, permei II d. de cens ke li VI jornalz de terre doient a Alexandre desour dit, et a. c. l. e. an l'ai. l. dv.

482 Jaikemins Porree p. b. sus les xx s. de mt. de premier cens ke dame Contasse, li femme Lukin Chameure, doit sus lai nueve stuve ke siet an lai Nueve rue, ke li sont venus consuant de pair Collate, sai femme, lai fille Maheu Moguel, dont Jaikemins desour [dis] est tenans.

483 Jaikemins Romesale p. b. sus lai maxon et sus ceu ki apant ke fut Mathen lou maistre, ke siet davant l'osteit Jennat Ner-

---
[1] Fakenelz übergeschrieben.
[2]) = 1288, 363 und 568, v. 478.

lant, k'il ait aquasteit a Rembalt Desformes, permei xxv s. de mt. de cens k'il an doit a Guerceriat Faixin, et permei III s. de mt. de cens k'il an doit a Rembalt desour dit, et a. c. l. e. an l'ai. l. dv.

484 Pierexelz li Effichies p. b. sus jor et demei de vigne ke geist a Haute Rive, ancoste lai vigne lou signor Cunon d'Airs, davant lai grainge Jehan, son freire, k'il ait aquasteit a Perrin, lou janre Roillon Morel, en alluet, et a. c. l. e. an l'ai. l. d.

485 Badewins Robins p. b. sus les xxxi s. de mt. de cens ke Burtrans Facons avoit en tous les bans d'Airey, k'il ait a lui aquasteit, a. c. l. e. an l'ai. l. dv.

486 Gillas li vieseirs p. b. sus xlv s. de mt. de cens k'il ait aquasteit a Lietal Merchan lou parmantier, ke Gillas meymes li dovoit sus lai plaice de terre ke siet daier les Chainges et davant l'osteit Colignon Merchandat, ou on contet xvi estalz, permei teil cens com li plaice doit davanteriennemant, et a. c. l. e. ke geist an l'ai. l. dv.

487 Hanrias Thomessins p. b. sus III jornalz et demei de terre arreure ke geisent a Maicliue, c'on dist ou ban de Chailley, ancoste lui meymes, k'il ait aquasteit a Thierion de Maiclive, an alluet, a. c. l. e. an l'a. l. dv.

488 a) Ferrias Chielairon p. b. sus I meu de vin et IIII steires de vin de cens ke geisent sus vi homees de vigne an Bromeis, et sus VI steires de vin de cens ke geissent a Lorey, et sus une pesse de vigne ke geist an Fousseis, ke Thierias, li filz Bellenee, tient, k'il ait aquasteit a Drowin, lou fil Burtemin Rogier de Lorey, et a. c. l. e. an l'a. l. dv.

b) Et se p. ancor b. sus II pesses de preit et sus III homees de vigne ke geisent en Bromeis, et sus IIII pesses de terre ke geisent ou ban de Lorey, k'il ait aquasteit a Poincignon, lou fil Gerairt Mellairt de Lorey ki fut, et k'il li ait relaiet permei teil cens et teil droiture com tous cist eritaiges [doit] et permei demei meu de vin a moustaige de cens k'il an doit a Ferriat desor dit,[1]) et a. c. l. e. an l'a. l. dv.

c) Et se p. ancor b. sus les x s. de cens k'il meymes dovoit sus lai petite maxon ke fut Arnout lou vieseir et sus lai tour daier,[2]) ke siet ancoste lui meymes, ke furent Ailexate et Poin-

---

[1]) k'il *bis* dit *übergeschrieben.*
[2]) *v. 1285, 446a.*

sate, les II filles Aburtin Portabay, k'il ait raicheteit a signor Willame de lai Cort, a. c. l. e. an l'ai. l. dv.

d) Et se p. ancor b. sus lai pesse de terre arreure [ou] on contet IIII jornalz ke geisent arreis lai crowaie Werneson, et sus I jornal de terre ke geist sus lou rut daier les meises, et sus I jornal sus lou chamin davant Groxues, et sus I jornal desour Clopreit, et sus I jornal desous lai crowaie signor Nicolle lou Gronaix, et sus lai pesse de preit an Clopreit, ke geisent ou ban d'Awigney, k'il ait aquasteit a Thieriat Renairt, lou janre Waterin Maltempreit, an alluet, et a. c. l. e. an l'ai. l. dv.

e) Et se prant ancor b. sus demey meu de vin de cens k'il ait aquasteit a Aidelate, lai femme Piereson Grannies de Lorey ki fut, et a. c. l. e. an l'ai. l. dv.

489 Steuenins, li filz Perrin de Waixey, p. b. sus lai maxon et sus ceu ki apant ke siet an Sanerie ancoste Jennat Hertewit, k'il ait aquasteit a Perrot lou ploiour, permei XXV s. de cens, et a. c. l. e. en l'a. l. dv.

490 [1]) Poincignons li Gornais et Steuenins de Chaistelz p. b. sus tout l'eritaige ke Colignons Ferrions ait an lai mairie de Porsaillis, por tant com Colignons lour doit et por tant com il sont randors por lui et com il ait a faire a oulz, per escris en airche, permei teil cens et teil droiture com tous li eritaiges doit, et dont il sont tenant.

491 a) Hennelolz li boulangiers, li cerorges maistre Poince lou fisicien, p. b. sus III jornalz de terre arreure ke geisent a weit a Maigney, ancoste lai terre Perrin Lohier, k'il ait aquasteit a Jennat Cornat d'Outre Saille, permei III d. de cens, et a. c. l. e. an lai. l. dv.

b) Et se p. ancor b. sus lai pesse de vigne ke geist an Baixe Mallemairs, desous [2]) lai vigne Vogenel, var Mes, k'il ait aquasteit a Jehan Poinsairt, permei V s. de mt. de cens, et a. c. l. e. an l'ai. l. dv.

492 Li sires Jehans, li prestres de S. Martin an Curtis, p. b. sus lai maxon et sus tout lou resaige ki apant ke siet an Chaiureirue ke fut Lucate lai vieseire, ke li est escheute por II estaies trespassees ke li sont demoraies a paier por les XXI s. de mt. de cens ke li maxon doit.

---

[1]) *Durchgestrichen, v. 1288, 578.*
[2]) desous *übergeschrieben*, ancoste *durchgestrichen*.

493 ¹) Hanrias de Champelz et Rainnillons li Bagues p. b. sus XIIII
s. de mt. de cens ke Morisas de Hulof, li freires Burtelo, doit
sus II pieces de vignes ke geixent outre Saille au Powillonchamp.
ancoste la ville Simonat Bellegree, k'il ont aquasteit por Abert
Bradeu et por Tiguienne, sa feme, a Colignon Martignon, et a.
com l. e. an l'ai. l. dv.

494 ¹) Forkignons Xanins p. b. sus IIII jornalz de vigne ke furent
Jehan Warnier, ke geixent au Ruffinclo, ancoste sous de l'ospital,
et sus lou chakeur ke siet devant S. Maimin, et sus XXX s. de
mt. ke geixent sus les fers de la Menoie, ke furent Jcinat
Warnier, ki li est delivres an plait por tant com Jehans Warniers
li doit, per escrit an airche, et por tant com Forkignons desor
dis ait paiet por lui, et dont il est tenans.

495* Ce sont li bans dou vintime jor de noiel. En la marie d'Outre
Muselle :

495 Jennins, li filz Berdin d'Ansey, prant bans sus une piece de
vigne ke geist an Abertterme, ou ban signor Alixandre, k'il ait
aquasteit a Poinsart Agigant, permei I d. de cens, e. c. l. e.
an l'a. l. d.

496 Colignons Pichons et Colignons li Pointe d'Ansey p. b. sus tot
l'eritage ke fut Roze d'Ansey et Colignon de Joiey, son janre,
ke geist an bans d'Ansey et de Dornant, por tant com il ont
paiet por ous, per escris an arche, et dont il sont tenans.

497 Colins de Dornant, li janres Garsant, p. b. sus la moitiet de
la maixon et de ceu ki apant ke siet a Dornant ke fut Cha-
maigne, et sus lou meu de vin de cens ke li anfant lou Crochart
doient sus l'atre partie de la maison desor dite, k'il ait aqua-
steit a Jennatt Arnalt d'Ansey, permei une quarte de vin de
cens ke li maisons doit, et a. c. l. e. an l'a. l. d.

498 Jaikemins Barons li clers p. b. sus teil eritaige com il est
escheus a Heiluyt et a Sibiliate et a Mateu et a Clemant et
ai Arambor, les anfans Burtemin Chaizee de Plapeuille, de part
Alixate, la femme Poinsignon Chaneviere d'Ars, por la raixon de
son dowaire k'elle tenoit de part Hanriat Cocherel, son premier
marit, et ke Jaikemins ait aquasteit as anfans desor dis, c'est
a savoir ou boix, ou molin, et an vignes, et an maixons, et au
totes atres choses ke geixent ai Ansey, a. c. l. e. an l'a. l. d.

¹) *493 und 494 sind eingetragen von Schreiber 18.*

499 Prions d'Ansey p. b. sus II pieces de terre ke geixent ou ban d'Ansey, k'il ait aquasteit a Perrin, l'avelet Howart Jalleie, permei teil cens com elles doient, et a. c. l. e. an l'a. l. d.

500 Burtemins Chaizeie de Dornant p. b. sus tout l'eritaige ke Colignons, li fils Martin lou Chien de Dornant, avoit ou ban de Dornant et ou ban de Nonviant, k'il ait a lui aquasteit, permei teil cens et teil droiture com toz li eritages doit, a. c. l. e. an l'a. lo d.

501 Millas li clars p. b. sus la maixon ke siet davant l'osteil de Cleirlen, ancoste l'osteil Howignon lou clerc, k'il ait aquasteit a Symonat lou taillour, lou fil Peuchat, permei XIIII s. et demei de mt. de cens, et a. c. l. e. an l'a. l. d.

502 Yssabels, li fille Jaikemin Jalleie, p. b. sus les L s. de mt. de cens k'elle ait aquasteit ai Yssabel Thomes et a Jehan, son frere, ke sont mainbors de la divise Ailixate, sa suer, ke vienent de part Ailixate, ke geisent sus la partie de l'eritage Jehan desor dit, c'on puet racheteir, et a. c. l. e. lo d.

503 Jaikemas Bichas de Juxey p. b. sus une piece de vigne ke geist antre Vals et Juxey, k'il ait aquasteit a Domangin, lou fil Lambillon, et a ces serors, permei teil cens et teil droiture com li vigne doit a ban, et a. c. l. e. an l'a. l. d.

504 Vgnignons li clers de Bioncort p. b. sus teil partie com Jaikemins Talons de Malencort avoit an la maison et ou resaige ke fut Ruecelin lou cherpantier, ke siet an la rue de Porte Serpenoize, k'il ait a lui aquasteit, permei teil cens com cille pars doit, et a. c. l. e. an l'a. l. d.

505 Et ce p. b. ancor sus teil partie com Colignons de la Porte li vieceirs avoit an la maixon et ou resaige ke fut Rucelin lou cherpantier de Porte Serpenoize, k'il ait aquasteit a Colignon desor dit, permei teil cens com cille pars doit, et a. c. l. e. an l'a. l. d.

506 Abertins li Hougues de Chazelles et Fraillins Granneis p. b. sus II pieces de vigne ke geisent an Ripel, ou ban signor Abrit ke fut, k'il ont aquasteit a Frankin, lou fil Yderate de Molins, permei teil cens et teil droiture com elle doient a ban, et e. c. l. e. an l'a. lo d.

507 Et ce prannent bans ancor sus II pieces de vigne ke geixent an Flastrainvigne, et sus une atre piece an Colieut, k'il ont aquasteit a Howignon dou Tour, lou fil Filipin de Molins, permei teil cens com elles doient, et a. c. l. e. an l'a. l. d.

508 Wiars, li janres Waterin Grozelle, p. b. sus une piece de vigne
an Briey, ancoste Pierexel Marasse, tiercerasse S. Pou, k'il ait
aquasteit a dame Poince, la femme Wiennat lou feivre, a. c.
l. e. an l'a. l. d.
509 Thiebas Gemels p. b. sus tout l'eritaige ke fut Jofroit, lou
janre Howart Jallee, ke geist ai Amanvilleirs et ou ban et a
Chastels et an toz les bans, an keil maniere ce soit, dont
Thiebas est tenans, por totes les dates ke Jofrois desor dis
doit a Bertran Gemel, son frere, et ke Bertrans ait paiet
por Jofroit, et por toutes les dates ke Abertius Gallios ait
doneit a Bertran desor dit, ke Bertrans ait doneit et aquiteit
a Thiebat davant dit, ansi com li escrit ans arches lou dient,
permei teil cens et teil droiture, com tut li eritage doient a
bans et as leus dont il muevent.
510 Thomessins Lambers d'Ars p. b. sus lou meis ke geist daier
son osteil jusc'a pux, k'il ait aquasteit a Jennat Blanchart
d'Ars, permei III d. de cens, e. c. l. e. an l'a. l. d.
511 [1]) Li sires Weiris Ranille li prestes p. b. sus XII d. de cens,
s'an geist III d. a Valieres sus l'osteil Jennat lou Bague, et VIII
d. a Valieres sus lou meis Otin, et I d. sus I jor de terre an
Grosaule, k'il ait aquasteit a Colate, la fille Richier, de Cham-
pels, e. c. l. e. lo d.
512 Roillons Maille li messecleis p. b. sus une maixon ke siet an
Franconrue, ke fut Doignon, ke Jehans Claradine li ait laiet,
permei XII s. de mt. de cens k'il l'an doit, et XVIII d. et II
chapons [2]) de cens k'elle doit davant, et a. c. l. e. an l'a. l. d.
513 Coenrars Foucherius de Lucembor, li janres Abert des Aruols,
p. b. sus teil partie com dame Anels, li femme signor Ancel de
Ste Marie a Chene, avoit ou demme de Richiermont et an ceu
ki apant, ke part a Renalt de Laibrie, k'il ait a ley aquasteit,
e. c. l. e. an l'a. lo d.
514 Eurrias li convers de Dornant p. b. sus une piece de vigne ke
geist ou fons de Belorut, et sus une piece an Hodemenangle
ou ban de Dornant, k'il ait aquasteit a Jennel, lou fil Arnalt [3])
d'Ansey, permei V sestieres et demeie de vin et la droiture et
les chateis, e. c. l. e. l. d.
515 Lowias li Merciers p. b. sus les IIII s. de mt. et II d. et I chapon
de cens ke geisent otre Muselle sus la maixon ke fut Parroche.

---

[1]) *511 hätte in der Mairie Porte Moselle eingetragen werden sollen.*
[2]) et II chapons *übergeschrieben.* [3]) Arnalt *ist aus* Arnolt *verbessert.*

dont an redoit aier II d. et lou chapon a S. Thiebat, et sus
VIII s. de mt. et VI d. et II chapons de cens ke geisent sus la
5 maison Leucart la Vadoize daier S. Marc, dont an redoit aier
VI d. et II chapons, et sus VII s. de mt. de cens ke geisent sus
l'osteil Jaikemin de Gorze an la rue lou Uoweit, et sus XIIII s.
de mt. et VI d. et II chapons de cens ke geisent an Franconrue
sus l'osteil ke fut Lambelat Folat, dont an redoit aier VI d. et
10 II chapons, ke li sont delivreit an plait per lou crant de Jennin
Gerart, et dont Lowias est tenans.

516 Arnols, li fils[1]) Poinsignon Chaneuiere d'Airs, p. b. sus tout
l'eritage ke Jehans, li filz Weiriat de la Pargiee, ait a Airs
et ou ban, an tous us, sans la piece de boix an Plaigne, k'il
ait a lui aquasteit, permey teil cens com toz li eritages doit,
et a. c. l. e. an l'a. l. d.

517 Jehans Burtadons et Jennas Fraillas p. b. sus l'eutime partie
de la piece de preit ke geist dezous Noweroit, k'il ont aquasteit
a Thieriat, lou fil Burtadon de Noweroit, et a. c. l. e. an l'a. l. d.

518 Jaikemins Olliuiers p. b. sus demey jornal de vigne ke geist
an Genestroit, ancoste la vigne Mercerion lou munier, k'il ait
aquasteit a Clemant et a Thieriat Patairt, permey IIII s. et
demei de cens ke li vigne doit, et a. c. l. e. an l'a. lo d.

519 Jennas, li filz Lambelin lou Gemel, p. b. sus une piece de terre
ke geist an la Salz an la fin de Lessey, deleis la vigne les signors
dou Grant Moustier, k'il ait aquasteit a Colin Cottelatte de
Chastelz, an aluet, a. c. l. e. an l'a. l. d.

520 Watterins li taneires de Noweroit p. b. sus tout l'eritage ke
Pieresons Poirelz de Roncort ait ou ban de Roncort et de S.
Priveit et aillors, an toz us, an grainges, an maxons, an meizes,
an terres arreures, an preis et an tot autre eritage, k'il ait a
lui aquasteit, permey VII d. de cens ke rante ke droiture ke
tout li eritages doit, et a. c. l. e. an l'a. l. d.

521 Howins, li filz Garceriat lou Grant de Plapeville, p. b. por lui
et por Mathiatte, sa femme, sus une grainge ke siet a Plapeville
et sus ceu ki apant, et sus jor et demei de terre ke geist an
Wakan ou ban de Plapeuille, k'il ait aquasteit a Colignon Brezee,
permey teil cens com il an doit, et a. c. l. e. an l'a. l. d.

522 Burtignons Wiels et Sebiliate Contasse, sa fille, p. b. sus XXV
s. de mt. de premier cens ke geixent outre Muselle sus la maixon

[1]) Arnols li fils *ist übergeschrieben, das Schluss-s bei* Poinsignon *ist durch untergesetzten Punkt als verkehrt bezeichnet.*

et sus ceu ki apant ke fut Bonate, k'il ait aquasteit ai Arnolt, lou fil signor Cunon dou Nuefchastel, et dont an redoit xii d. a S. Arnolt, et e. c. l. e. an l'a. l. d.

523 Martins li Barrois p. b. sus lou tiers de la maison ke fut son pere, ke siet otre Muselle, k'il ait aquasteit a Mastout, sa suer, et a Jehan, son marit, permei iiii s. et iiii d. k'il doit de cens, et a. c. l. e. an l'a. lo d.

524 Jennas Xordels, li freres Jaikemin lou prevost, p. b. sus la maixon ke fut Odelie la Meade et sus cant ki apant, ke siet davant S. Vincent, et sus i jornal de vigne an Dailes an la Fortterre, et sus demei jor davant lou chakeur les Rines, et sus iiii pieces de jarding a Plapenille, permei teil cens com toz cist eritages doit, ke li est delivreis contre Colignon Morel, per escrit an arche, portant com Odilie doit a l'aibeit et a couvant de S. Pieremont, dont li escrit sont delivre a Colignon Morel, et a. c. l. escrit an l'a. l. dient.

525 Odas li bollengiers d'Ars p. b. sus une maison et sus cant ki apant ke siet ai Ars, ancoste lui meimes, k'il ait aquasteit a Buenin d'Ars, permei vii s. de mt. de cens, et a. c. l. e. an l'a. l. d.

526 Baduyns Barekels p. b. sus la moitiet des vii s. et demei de mt. de cens k'il meimes dovoit sus vignes et sus atre eritaige k'il ait a Juxey, k'il ait aquasteit a Colignon lou Flaman, a. c. l. e. an l'a. l. d.

527 Collignons Roubelas d'Ars p. b. sus une piece de vigne ke geist an Braies, ancoste la vigne Facol, k'il ait aquasteit a Hanriat, lou fil Floriate d'Ars, an alluet, et a. c. l. e. an l'a. l. d.

528 Jennas Cuignas de S. Arnolt p. b. sus une maison et sus can ki apant ke siet a S. Arnolt, ancoste Lowiat Geliat, k'il ait aquasteit a Howin, lou maior de Racort, permei teil cens com elle doit, et a. c. l. e. en l'a. l. d.

529 Howignons dou Tour p. b. sus une maison ke siet an la rue lou Uoweit ator de Rommesale, k'il ait aquasteit a Jennat Friandel et a Matelie, la fille Gerart lou bolengier, et ai Ermangete, la fille Lowiat d'Abes, permei xx s. de mt. de cens, e. c. l. e. lo d.

530 Hanris Cuerdefer p. b. sus teil partie com Arnols, li fils Symonin Chapebloe, avoit an tout l'eritaige Symonin, son peire,[1]) k'il ait a lui aquasteit, permei teil cens et teil droiture com elle doit, et e. c. l. e. an l'a. l. d.

[1]) *Vor* peire *sind 2—3 Buchstaben ausgekratzt.*

531 Arnols Jossels p. b. sus la moitiet des XLIII s. de mt. de cens
k'il et li sires Jehans de S. Pocort, ces seurs, dovoient a Filipin
Filio, por les II pars de la maixon ke fut Jaikemin lou Doien,
k'il ait aquasteit a Wiberate et a Hawiate, ces suers. e. c. l.
e. an l'a. l. d.

532 Mahons de Chastels, ke maint a Siey, p. b. sus une maixon ke
siet a Parou a Siey et sus cant ki apant, k'elle ait aquasteit
a Pieresate de Siey, permei teil cens com elle doit. et a. c. l.
e. an l'a. l. d.

533 Richars Rokans de Siey et Pieresons, ces freres, p. b. sus une
piece de vigne ke geist an Ste Alance, ancoste la vigne l'Eueke,
moiterasse S. Alance, k'il ont aquasteit as oirs Hanrion Marlot,
et a. c. l. e. an l'a. l. d.

534 Howignons li cawecenes de Longeuille p. b. sus une piece de
vigne ke geist ou ban de Longeuille, ancoste Jofroit Boukin,
tiercerasse S. Pou, k'il ait aquasteit a Goudefrin Moutat de
Longeuille, e. c. l. e an l'a. l. d.

535 Li sires Willames li prestes, li fils Colin Gratepaille, p. b. sus
la maixon et sus cant ki apant ke fut Colin, son peire, ke siet
antre l'osteil Gniot et Poinsignon lou taillor, k'il ait aquasteit
a Wiberate, sa tante, ke tenans en estoit, sauf teil contrewage
com Jakemins Gratepaille i eit[1]) et e. c. l. e. en l'a. lo d.

536 Jennas de l'Aitre d'Ars p. b. por lui et por Sebiliate, sa femme,
sus les III pars d'un jornal de vigne a Terme, permei les III pars
de III sestieres et demeie de vin et I d. de cens, et sus les III
pars dou demei jor de vigne an la Fosse, an alluet, k'il ait
aquasteit a Poinsignon lou preste de Porte Muselle, et a. c. l.
e. an l'a. l. d.

537 Howignons, li fils Jennat de l'Aitre d'Ars, p. b. sus lou quars
dou jornal de vigne a Terme, permei lou quart de III sestieres
et demeie de vin et I d. de cens, et sus lou quart dou demei jor
de vigne an la Fosse, an alluet, k'il ait aquasteit a Poinsignon
lou preste de Porte Muselle, et a. c. l. e. an l'a. l. div.

538 Burtemins Borrels p. b. sus une piece de terre ke geist an
Weidriex ou ban de Maranges, ancoste lui meimes, et[2]) sus I
jornal de terre au Eskois, k'il ait an waige de Herbin, lou maior
de Maranges, et de Thiele, son frere, per escrit en arche, et
dont il est tenans.

---

[1]) sauf bis eit übergeschrieben.
[2]) et bis Eskois übergeschrieben.

539 Domangins Bouas de Longeuille p. b. sus une piece de vigne ke geist deleis les malades de Longeawe, k'il ait aquasteit a Symonat Polin, son serorge, permei lou tier meu ke S. Vincens i ait, et a. c. l. e. an l'a. l. d.
540 Houdiate de Longenille, li femme Goudefrin Berlou, p. b. sus les vi s. et demei de mt. de cens ke Goudefrins, ces maris, dovoit a Jakemin Rabowan, ke Godefrins ait aquasteit a lui, permei vii d. de cens c'on an doit a. S. Vicent, e. c. l. e. lo d.
541 Hanrias Burewars de Lorey p. b. sus lou tiers de la maison et de ceu ki apant ke fut Poinsin Steuenel de Lorey, et sus lou tiers de la maixiere ansom, et sus i jornal de vigne an ii pieces, et sus une piece de preit ou ban de Vignueles, k'il ait aquasteit a Perrin et a Poinsignon, les ii fils Garceriat Fouterel de Wapey, et a Colin Donat, son janre, et sus tot l'eritage ke lor est escheus de part Poinsin desus dit, permei teil cens et teil droiture com il doit, et a. c. l. e. an l'a. l. d.
542 Colins Doware p. b. por l'aibeit et por lou convant de S. Simforien sus iiii jornals de vigne an iii pieces ou ban de Plapeuille, et sus tout l'eritage ke Bertrans Pietdeschals avoit ou ban de Plapeuille, k'il ait a lui aquasteit, a. c. l. e. an l'a. l. d.
543 Perrins Gratepaille li permantiers p. b. sus une piece de vigne a Chene, ou an contet iii jornals, et sus ceu ki apant, k'il ait aquasteit a signor Jake, preste de S. Madart, et a Jakemin Gratepaille et a Willemin de Sorbey, les mainbors signor Willame de Marranges, an aluet, et a. c. l. e. an l'a. l. d.
544 Mateus, li fillaistres Willermin de Sorbey, p. b. sus une piece de vigne an Cumenelle ou ban de Lorey, k'il ait aquasteit a Mateu Bertadon, perme[i] demei meu de vin de cens, et a. c. l. e. an l'a. l. d.
545 Jennins de Nonviant, li fils Groignat, p. b. sus ii maison ke sieent a Nonviant an Clastre, k'il ait aquasteit a Ferriat lou bolengier de Nonuiant, permei v s. de mt. de cens ke li masons a pux doit et i fort de cens ke li atre masons doit, et a. c. l. e. an l'a. l. d.
546 Richars, li fils Colin de S. Martin, p. b. sus vi s. de mt. de cens ke geisent sus une piece de preit an Weifontainne, et sus iii pieces an Frankillonchamp, et sus iii quartiers de terre an Richartchamp, et sus lou contrewaige, k'il ait aquasteit ai Ancillon lou clerc, lou fil Howillon de Felieres, et a. c. l. e. an l'a. l. d.

547 Richars, li fils Bietrit de S. Martin, p. b. sus v s. de mt. de cens ke geisent sus II jornals de terre ou champ Alart daier Ste Creux, et sus demei jornal an Longe pesse, et sus demei jor an Lineires ou ban d'Escey, et sus lou contrewaige, k'il ait aquasteit ai Ancillon, lou fil Howillon de Felieres, et a. c. l. e. an l'a. l. div.

548 Pieresons Raibiere de Siey p. b. sus I jornal de vigne ke geist daier lou mostier a Siey, moiterasse S. Alance, k'il ait aquasteit a Pieresate, son serorge, e. c. l. e. an l'a. l. d.

549 Maistres Wesses d'Ars li fuzesiens p. b. sus une piece de vigne ke geist an Malterme, k'il ait aquasteit a Jaikemin, lou janre Rolat d'Ars, et ai Ailixon, sa femme, et a Jaikemin, lou fil Rolat, permei teil cens et teil droiture com elle doit, et a. c. l. e. l. d.

550 Poinsignons Pietdeschals p. b. sus la maison et sus cant ki apant ke fut Martin lou Xume, ke siet a Siey, k'il ait aquasteit ai Ailixon, sa fille, et ai Ydate de Bomont, sa serorge, permei une quarte d'oile k'elle doit de cens a l'eglise de Siey, e. c. l. e. an l'a. lo d.

551 Abertins li massons de la rue S. Vy p. b. sus une maison an la rue lou Uoweit et sus ceu ki apant, ke siet ancoste l'osteil Godefrin lou permantier, k'il ait aquasteit a Jennat Jacob lou drapier, permei XXI s. et demei de mt. de cens, e. c. l. e. lo d.

552 Colins Yderate de Molins p. b. sus une piece de vigne an la planteire ancoste Fraillin, son frere, k'il ait aquasteit a Bietrit, la fille Maheu Noiron de Molins, permei une maille de cens, et a. c. l. e. an l'a. l. d.

553 Jehans, li aveles Jehan Soupe, et Jehans Soibers de Plapeuille p. b. sus tout l'eritaige k'il ont aquasteit a Colignon Brizee, ke geist a Plapeuille et ou ban an pluxors leus, an maisons, an grainges, an vignes, an meizes, an jardignes, an terr[e]s areures, permei teil cens et teil droiture com tous li eritages doit, et a. c. l. e. an l'a. l. d.

554 Poinsignons Troixins de Ste Rafine p. b. sus lou tiers de II jornals de terre an Bordes, et sus lou planteit sus Muselle, et sus la vigne an Willerelmont, et sus la vigne an Fromejon, et sus lou tiers dou champ an La Folie, k'il ait aquasteit a Domangin, son serorge, permei teil cens et teil droiture com toz cist eritages doit, et a. com li escrit an l'a. l. divisent.

555 Jaikemas de Wauille p. b. sus la piece de vigne an Andreuals, ancoste Burtignon de Suligney, k'il ait aquasteit a Conrart Piat et a Jennat lou Xaibe et a Jaikemin Marcousel de Montignei, permei teil cens com elle doit, et a. c. l. e. an l'a. l. d.

556 Jennas, li fils Martin lou Xume de Siey, p. b. sus une piece de vigne ke fut Garsat Donekin, ke li vint de part Jaikemin Baret, ke siet an c lb., k'il ait aquasteit a Jehan Chauerson et a Colin Bacal, permei une tierce d'oile k'elle doit a S. Alare a Xauleur, e. c. l. e. an l'a. l. d.

557 Jofrois Joute p. b. sus une piece de vigne an Frieires, ancoste la vigne l'ospital, k'il ait aquasteit a Howignon, lou fil Richart lou bolengier, permei II sestieres de vin an l'axe ke li vigne doit, et a. c. l. e. an l'a. l. d.

558 Ferrias Fessals p. b. sus une piece de terre an Goudrutchamp, ou an contet jor et demei, et sus la foureire ansom, ke geist ou ban de Droitamont, k'il ait aquasteit a Symonin lou Louet de Droitamont, an aluet, e. c. l. e. an l'a. l. d.

559 Vguignons Hunebors p. b. sus tout l'eritaige ke Renals de Laibrie, ces janres, ait a Richiermont et ou ban et aillors, an toz us, por tant com il l'ait an wage por signor Thierit de Laibrie, per escris an arche, et dont li escrit sont delivre ai Vguignon Hunebor, por tant com Renals ait a fare ai Vguignon desor dit, per escris an arche.¹)

560 Renals, li fils Jehan dou Sap de Rozeruelles, p. b. por lui et por Howenat et por Remiat, ces II freres, sus une maison a Rouzeruelles et sus can ki apant davant et daier, ke siet ou ban S. Pou, k'il ait aquasteit a Jennat, lou fil Robin Malegraice de Rouzerueles, et a Matheu, son frere, permei VIII d. de cens, et a. c. l. e. an l'a. l. div.

561 Li sires Willames de la Court p. b. por lui et por les signors de Lorey sus les XX s. de mt. ke Poinsignons li Trowans avoit chac'an an chateils les signors de Lorey, ke li sires Willames desor dis ait aquasteit por lui et por les signors de Lorey a Poinsignon desor dit, a. c. l. e. an l'a. l. div.

562 Thiebas Hainmignons p. b. sus la maison ke fut Jehan lou Liejois, ke siet defuers Porte Serpenoise, k'il ait aquasteit a maistre Jehan l'Aleman lou bollengier de S. Arnolt, permei teil cens com elle doit, et a. c. l. e. an l'a. l. d.

---

¹) *v. 1288, 296 und 384a.*

563 Jehans, li fils Renadin lou Mercier, p. b. sus une piece de vigne ou an contet IIII jornals ke geist an Weritmont, ancoste la femme Howart Jallee, k'il ait aquasteit a Colin Chamuxit, lou janre Gratepaille, permei II s. et demei de cens ce li vigne les doit, et a. c. l. e. an l'a. l. div.

564 Colins li pareires de Davant S. Jorge p. b. sus V quartes de wayn moitange et sus demeie quarte de blan pois, k'il ait aquasteit a Willame de Saney, a la vie Gerardin, son fil, et a. c. l. e. an l'a. l. d.

565 Jaikiers de Nonviant li amans p. b. sus tot l'eritage k'il ait aquasteit a signor Renmont, lou preste de Jopertcort, et a Jehan, son frere, et a Perrignon, lor serorge, ke geist a Nonviant et ou ban, e. c. l. e. an l'a. l. d.

566 Felipins li Merciers p. b. sus III s. de mt. de cens k'il ait aquasteit a Jaikemate, la femme Jennin Pesut de Longeuille, sus sa maison et sus lou meis et sus la vigne daier et sus tout l'eritage k'elle ait de part Jennat, son marit, e. c. l. e. an l'a. l. d.

567 Poinsignons Bolande p. b. sus une piece de terre ou an contet III jornals ke geist an la fin de Wernainville, c'on dist an Grant preit, ancoste lui meimes, k'il ait aquasteit a Gerardin lou Borgon de Chastels, an alluet, et a. c. l. e. an l'a. l. d.

568 [1]) Arnols de Porsaillis p. b. sus tout l'eritaige ki est escheus a Jaikemate, sa femme, de part signor Thiebat Fakenel, son peire, et de part dame Anel, sa meire, k'elle ait espartit contre ces freres et ces serors,[2]) e. c. l. e. an l'a. l. d., permei teil cens com i[l] doit.

569 Jennins Clemins de Siey p. b. sus tot l'eritage ke li sires Willames de Marranges avoit ou ban de Siey, an chans, an vignes, an maixons, an chakeurs, k'il ait a lui aquasteit, permei teil cens et teil droiture com il doit, et a. c. l. e. an l'a. l. d.

570 Li sires Poinces de Coloigne p. b. sus la grainge et sus lou colambier et sus tot lou resaige ki apant et sus toutes les vignes et les terres areures et sus tout l'eritaige keils k'i[l] soit ke Jaikemins, li fils Remion de Coloigne, avoit a Wapey et an toz les bans, k'il ait aquasteit a Katerine, a Collate, a Jaikemate, a Remion et a Poinsignon, les anfans Jaikemin desor dit, permei teil cens et teil droiture com toz cist eritages doit, et a. c. l. e. an l'a. l. d.

---

[1]) = 1288, 363 und 479, nur ist hier der Schlusssatz abgekürzt. v. 478.
[2]) 1282, 363 und 479 sai seronr.

571 Garserias, li fils signor Thiebat de Moielain, p. b. sus les III jornals de vigne ke furent Arnolt de Porsaillis, ke geisent a Longeuille, k'il ait aquasteit a signor Werrit Barbe, a. c. l. e. an l'a. l. d.

572 Poinsignons de Chastels p. b. sus tout l'eritaige ke Garenas, li fils Forkat de Ste Marie, ait desai Orne, an chans, an preis, an bos, an maisons, an grainges, an maixieres, k'il ait a lui aquasteit, et k'il li ait relaiet permei XXX quartes de wayn moitange et XX quartes d'avoine et X s. de mt. de cens, et a. c. l. escrit an l'a. l. dient.

573 Thiebas Chaneuiere li clers p. b. sus V s. de mt. de cens ke Howars d'Arnauille doit sus sa grainge a Porte Serpenoize, et sus IIII s. de mt. de cens ke li femme Mation de Commercey doit sus une maison davant Ste Marie as nonains, k'il ait aquasteit a Peskate, sa suer, et a Poinsignon la Bosse de Briey, son marit.

574 Li sires Thiebas de Moielain p. b. sus tout l'eritaige ke li sires Werris Barbe avoit an toz les bans de Longeuille davant Mes, an maisons, an chakeurs, an grainges, an collambiers, an maixieres, an sances, an vignes et an tout atre eritaige, k'il ait a lui aquasteit, permei teil cens et teil droiture com tous li eritages doit, et a. c. l. e. an l'a. l. div.

575 [1]) Li sires Pieres Graicecher p. b. sus XVIII s. de mt. de cens ke geisent sus une piece de vigne an Hawitvigne et sus une piece de vigne a Poncel, k'il ait aquasteit a Marguerite de Weinre, a. c. l. e. an l'a. l. d.

576 Maheus Hessons p. b. sus VIII quartes de soile ke geisent [2]) sus [tout l']eritage ke Jennins et Bertins de Wapeitienent de Ferriat Chiere, ou ban de Wapei, k'il ait aquasteit a Ferriat Chiere, a. c. l. e. an l'a. l. d.

577 Hainmonas li feivres d'Otre Muselle p. b. sus la maixon Arnolt de Lieges, ke siet ancoste l'osteil Martin lou Barrois, otre Muselle, permei XII s. de mt. de cens ke li maisons doit a Poinsignon Symon, et a. c. l. e. an l'a. l. d.

578 [3]) Poinsignons li Gronais et Steuenins de Chastels p. b. sus tout l'eritage ke Colignons Ferrions ait an la marie d'Otre Muselle, por tant com Colignons lor doit et por tant com il sont randors por lui et com il ait a fare ai ous, per escris an arche,

---

[1]) 575 = 370, hier aus Versehen wiederholt und dann durchgestrichen.

[2]) geisent übergeschrieben. [3]) Durchgestrichen, v. 1288, 490.

et permei teil cens et teil droiture com toz li eritages doit, et dont il sont tenant.

579 [1]) [Cist sont] forjugiet:
[Othi]ns[2]) de Deuant Saint Alaire, ki maint a Conflans,
[How]ins[3]) Chadeawe, ki maint ou molin desor Montois,
Jaikemins, li filz Drowin de Suligney ki fut.

---

[1]) *579 ist von Schreiber 18 auf die Rückseite von Blatt I geschrieben.*

[2]) *1251, 85* Othin, lou fil Jehan de Conflans, *gehört ein Haus* en Glatineirue daier S. Yllaire.

[3]) *v. 1290, 394* Roze, lai femme Howin Chadawe lou munier ki fut.

1290

1* Ce sont li bans de paikes en lai mairie de Porte Moselle, a tans ke li sir[es Poinces li Gronais estoit maistres eschavins de Mes, Ferris,¹) li] filz Colin lou Grant d'Outre Saille, maires de Porte Moselle, Howignons, li filz lou signor Alexandre de Sus lou Mur, maires de Porsaillis, et Thiebaus, li filz Ancel de lai Tour ki fut, maires d'[Outre Moselle], kant li miliaires corroit per [м et cc et] $\overset{xx}{\text{iiii}}$ et x ans.²)

1 Thierias Raifalz d'Outre Moselle prant ban sus une pesse de vigne ou on contet I jornal, ke geist sus Moselle desous Lambertfosse, ancoste lai vigne Craimadel, k'il ait aquasteit a Painiate, lai fille Colin lou Vadois ki fut, permei I d. met. de cens ke li pesse de vigne doit, et c'on doit porteir et paier sus lai moienne airche dou pont a Moselle, et e. c. l. e. [en l'ai]rche l. dv.³)

2 Euris li oliers, li janres Guersat Maisue ki fut, p. b. sus lai maxon et sus ceu ki apant ke fut Colin Banst[e lou poxour],⁴) ke siet en Stoxey, ancoste l'osteit Weirit lou tennour de Burtoncort, k'il ait aquasteit as hoirs Colin desour dit, permei xx s. de mt. et II chapons de cens, et e. [c.]⁵) l. e. en l'ai. l. dv.

3 Rembalz, li filz Bietrit de Burey, ke maint a Nowesseuille, p. b. sus lai pesse de vigne ke geist ou ban de Nowesse[uille ancoste lai vi]gne ke fut lou signor Jehan Corbel, permei II d. de cens, et sus lai pesse de vigne ke geist ou ban de Nowesseuille ancoste lai vigne ke fut Jennat lou quertier, en alluet, et sus lai pesse de vigne que geist ou ban de Nowesseuille ancoste lai vigne lou prestre de Nowesseuille, en all[uet, k']il ait aquasteit a Otthin, lou fil Aurowin de S. Julien ki fut, et a Yderon, sai suer, et a. con l. e. an l'ai. l. dv.

4 Goudefrins Longuelz de Nowilley p. b. sus lou champ et sus lou preit desous ke geist en lai fin de Nowilley, k'il ait aquasteit a lai femme Jennat Watier de Nowilley ki fut, permei teil cens et teil droiture com li eritaiges doit, et e. c. l. e. an l'ai. l. dv.

---

¹) *v. 1290, 384, 385 c; 1298, 263.*

²) *Vom oberen Rand des Pergaments fehlt ein Stück; daher die Lücken in 1*.*

³) e. c. l. e. en l'ai. l. dv. = ensi com li escris en l'airche lou deviset. *Weiter unten ist* a. = ansi, l'a. = l'arche, div. = diviset, d. = dist, c. *ist abgekürztes* com *oder* con.

⁴) *v. 1290, 11. Das Pergament hat unter der oberen Randbeschädigung in der Mitte der Zeilen ein Loch, das den Verlust der Silben und Wörter bei 1—3 erklärt.*

⁵) *Auch am rechten Rande ist ein Stück des Pergaments abgerissen.*

5 Domangins Bairanjons li poxieres p. b. sus les II s. de met. de cens
ke Ancillons, li filz Eurit ki fut, et Jennas Gadremelz, ces cerorges, doient, c'est a savoir chescuns XII d. sus teil partie d'eritaige
com il lour est escheus de pair Eurit davant dit, k'il ait aquasteit
a Colignon, lou fil Eurit desour dit, et e. c. l. e. an l'ai. l. dv.

6 Thiebaus Guelins p. b. sus lai pesse de vigne ke geist en Cuignes
ou ban S. Pol, encoste lai vigne Pierel de Vallieres, et sus une
pesse de champ ke geist davant les Bourdes, ancoste lai vigne
Burtemin Mairiate, k'il ait aquasteit a Steuignon Bellegree, permei
teil droiture com cist eritaiges doit as signors de S. Pol, et e. c.
l. e. an l'ai. l. dv.

7 a) Poincignons, li filz Colin de Haikelanges ki fut, p. b. sus lai
maxon et sus lou meis daier et sus tout ceu ki apant ke siet a
Haisanges ancoste l'osteit Otthelo, lou fil Gerairt, ke fut Colin
de Haisanges, et sus teil partie de boix com il avoit en lai
Heyde, et sus teil partie de boix com Robins avoit en lai Heyde,
et sus lou jornal de terre arreis lou chafour, et sus les II jornalz
de terre ke geisent entre Dous chamins de deilai Haisanges, k'il
ait aquasteit a Colin de Haisanges desour dit et a Gerairt et a
Yzaibel, ces II enfans, en alluet, arreis ke III d. ke li maxon
desour dite et li meis daier doient.

b) Et se p. ancor b. sus tout l'eritaige ke Colins et Gerairs et
Yzaibelz desour dis ont, [per tout]¹) ou k'il soit, [ki est] contrewaige a Poincignon desour dit, et e. c. l. e. en l'ai. l. dv.

8 Colignons Marcous, li filz Richelin Remacle ki fut, p. b. sus
tout l'eritaige k[i est] escheus et venus consuant a Jaikemin, son
freire, de pair peire et de pair meire, ou k'il soit et keilz il soit,
k'il ait aquasteit a Jaikemin desour dit, en allues, et e. c. l. e.
en l'ai. l. dv.

9 Aburtins, li filz Yzambairt Xaiving ki fut, p. b. sus teil partie
d'eritaige [com il est esché]us et venus consuant a Poincignon
Xicot, son freire, de pair peire et de pair meire, ou k'il soit et
keilz il soit, ki est delivre en plait a Aburtin desour dit, por
tant com il li doit, l'escrit an l'airche, et por teil avenant com
Poincignons desor dis doit des dates ke Yzambairs desor dis dovoit
et por tant com Poincignons davant dis dovoit a Yzambairt, son
peire, per escrit an airche, dont Aburtins desour dis est mainbors,

---

¹) Die Lücken von 7b bis 10 sind entstanden, weil ein grosser Wasserfleck die
Schrift zum Teil ausgelöscht hat.

et dont il est tenans, permei teil cens et teil droiture com tous li eritaiges doit.

10 Ferrjas de Chailley p. b. sus tout l'eritaige ke fut Hennelo et Choible, les II [fil ....]ekin [1]) Loppairt ki fut, ke geist ou ban d'Ostelencort et aillors, an tous us, ou k'il soit, ke Jaikemins, li filz Gueleman de Danant S. Ferruse, li ait doneit et aquiteit, per escrit an airche, et dont Ferrias est tenans.

11 Lowias et Symonas, ces freires, li dui enfant Jennat Lambert l'oxelour ki fut, p. b. sus une pesse de vigne ou on contet les III pairs d'un jornal, ke geist en Deseirmont, anson lai vigne les dames de Sainte Glosenne, k'il ont aquasteit as hoirs Colin Banste lou poxour ki fut, permei v s. de met. de cens, et e. c. l. e. en l'ai. l. dv.

12 Colins c'on dist de Chieuremont, ke maint ou Champel, p. b. sus une pesse de vigne ke geist as Chans desour Vallieres, ancoste sai vigne meymes, k'il ait aquasteit a Jaikemin Raboan, an alluet, et e. c. l. e. an l'ai. l. dv.

13 Arnoulz, li filz Thomessin Richelat ki fut, p. b. sus lai maxon et sus lai grainge encoste et sus lou jerdin daier ke fut lou signor Abert, ke siet a lai court a Vallieres, k'il ait aquasteit a Steuenat de lai Court de Vallieres, et e. c. l. e. an l'ai. l. dv.

14 Jennas Bruillairs et Thomes li Tawons de S. Julien p. b. sus lai pesse de terre ke geist[2]) en Arafouseit, ou on contet IIII jornalz, et sus lai pesse de terre ke geist desous Meirvalz, ou on contet IIII jornalz, et sus lai pesse de terre ke geist lonc les hoirs Wassel de Vantous, ou on contet IIII jornalz, et sus lai pesse de terre en Wacons, ancoste signor Abrit, ou on contet I jornal, et sus lai pesse de terre en Genivalz, ou on contet I jornal, et sus lai pesse de terre desour Vallieres, ou on contet I jornal, k'il ont aquasteit a Abillate, lai fille Lukin d'Aiest ki fut, permei XII d. met. de cens ke tous cist eritaiges doit, et e. c. l. e. en l'a. l. dv.

15 Jaikemins, li filz lou signor Jehan de S. Polcourt ki fut, p. b. sus XVI d. met. de cens ke geixent sus une pesse de vigne a Ruxit, ke fut Colin lou Grant lou poxour, k'il ait aquasteit a Forkignon, lou fil signor Poinson d'Erkansei ki fut, et e. c. l. e. an l'ai. l. dv.

---

[1]) Burnekin, Donekin, Guerckin, Hennekin etc.
[2]) *Vorlage* geixent.

16 Colignons, li filz Jaikemate Bresaie, p. b. sus lai maxon et sus
tout ceu ki apant ke siet en lai rowelle¹) davant l'osteit Poin-
cignou de Metris, k'il ait pris a cens des maistres et des freires
de l'ospital S. Nicolais ou Nuefborc, permei VIII s. de mt. de
cens chesc'an, et e. c. l. e. en l'ai. l. dv.

17 a) Colins Beccalz, li filz Mathion Marroit ki fut, p. b. sus teil
partie com Colignons de lai Court avoit en lai maxon ke fut
lou signor Pieron lou chaipelain, k'il aquasteit a signor Willame,
son oncle, ke siet davant l'osteit Forkignon Xaiving, k'il ait
aquasteit a Colignon desour dit, permei teil cens com celle partie
doit, et e. c. l. e. en l'ai. l. dv.

b) Et se p. ancor b. sus teil partie com Poinsate, li femme
Fransois Burlevaiche ki fut, avoit en lai maxon ke fut lou signor
Pieron lou chaipelain desour dit, ke li vint de pair lou signor
Jehan de lai Court, son peire, permei son avenant de XXX s. de
mt. de cens ke toute li maxon doit chesc'an, k'il ait aquasteit
a Poinsate desour dite, et e. c. l. e. an l'ai. l. dv.

c) Et se p. ancor b. sus teil partie con Poinsate, li femme Jennin
l'Alleman ki fut, et Jehans, ces filz, et Collate, sai fille, avoient
en lai maxon ke fut lou signor Pieron lou chaipelain desour dit,
ke lour est venus consuant de pair Mergueron, lai femme Thie-
bant de lai Court, k'il ait aquasteit a Poinsate et a Jehan et
a Collate desor nommeis, permei son avenant de XXX s. de mt.
de cens ke toute [li maxon] desour dite doit chesc'an, et e. c.
l. e. en l'ai. l. dv.

18 ....²) d'Aiest et Symonas de Virey li draipiers, ke maint
en Stoxey, p. b. sus tout l'eritaige ke fut Painiate, lai fille
Colin lou Vadois ki fut, ke geist ou ban de Vigey, sus les XV
jornalz de terre ke geixent an Peseires, k'il ont a lei aquasteit,
permei teil cens et [teil droiture com to]us cist eritaiges doit,
et e. c. l. e. en l'ai. l. dv.

19 [Dame Lorate, li femme]³) Poincignon de lai Paillole ki fut, p.
b. sus lai maxon et sus ceu ki apant ke fut Poincignon lou

---

¹) *wahrscheinlich* en Rimport *v. 1279, 172; 1285, 177a.*

²) *Von der fünften Zeile des 17. bis zum 269. Eintrag machen sich am An-
fang vieler Zeilen Lücken unangenehm bemerkbar. An diesen Stellen hat Feuchtig-
keit das Pergament zerstört. Vom I. bis zum VIII. Blatt ist sie durch 14 Lagen
der Rolle durchgedrungen und hat so 14 anfangs sehr grosse, dann immer kleiner
werdende Löcher von dreieckiger Form in das Pergament hineingefressen.*

³) *v. 1290, 338.*

Roge, ke siet en Bucherie a monteir de Chieuremont, ke li est delivre en plait per droit et per jugemant et per les Trezes por les xx s. de mt. de cens k'elle li doit [et por les estaies trespassees et] por les esdras, et dont elle est tenans, permei xxvii d. mt. de cens k'elle doit a S. Vincent, et e. c. l. plais l. d.

20 [Li sires Abers d'Espainges [1]) p. b. por] les Grans pucelles de lai Vigne S. Marcel sus les vii s. de mt. de cens ke geixent sus une maxon ke siet en lai Halte Sanerie, ke Wichairs Groignas tient,[2]) ancoste Jennin Clairaidine,[3]) k'il ait aquasteit por les pucelles desour dites, apres les ....
.... te i out, a Katherine, lai feme Jennat Ferrit ki fut, et e. c. l. e. an l'ai. l. dv.

21 [Li sires Nicolles li Gornais p. b. por lai chieze Deu des Cordelieres[4]) de Mes sus une pesse de vigne ke geist en Hawitvigne sus Moselle, k'il ait aquasteit por lai chieze Deu des Cordelieres desour dites[5]) a signor Pieron Graicecher, permei xxx s. de mt. de cens, et e. c. l. e. an l'ai. l. dv.

22 .... p. b. sus les ... de mt. de cens ke geixent sus] sai maxon ou il maint, k'il ait raicheteit a dame Bietrit, lai femme Jaike Roucel ki fut, por lx lb. de mt., et a. c. l. e. an l'a. l. dv.

23 ....
... A]billate, sai suer ki fut, sus tout l'eritaige ke geist ou ban d'Oxei et de Colignei et de Maixerei et de Quencei, c'est a savoir en maxon, en grainges, en preis, en chans et en tous autres eri[taiges, en keil maniere ke se soit ....
aquasteit, permei te]il cens et teil rante et teil droiture com tous cist eritaiges doit[6]), et dont il est tenans.

24 [Steuenins, li filz Ferriat Troexin ki fut, p. b. sus i stal?[7]) en lai halle des dr]aipiers an Chambres, dont Steuenins desour dis est tenans, por tant com Jennas Mouxins li doit, per escris an airche.

---

[1]) *v. 1290, 72, 73,*
[2]) tient *übergeschrieben,* maint *durchgestrichen.*
[3]) *Vorlage* Chairaidine.
[4]) *v. 1290, 75.*
[5]) *Vorlage* dit.
[6]) *Hinter* doit *ist* et e. c. l. e. an l'ai. l. dv. *durchgestrichen.*
[7]) *v. 1290, 136.*

25 ....
.... de met. de cens ke Goudefrins de Vallieres doit sus II jornalz de vigne ke geixent desour Vallieres, dont on redoit xxviii d. aier, et sus une maxon ke siet a pont des Mors, an[coste...
.... aquastei]t a dame Mergueron, lai femme Frankignon ki fut, et a Sebeliate Clairiee, les maimbors dame Merguerite de Weiure ki fut, et e. c. l. e. an l'ai. l. dv.

26 [Colignons Remions[1]) p. b. ....
....] sus la moitiet de lai maxon et de lai grainge et de tout lou resaige ki apant ke fut Remion, son peire, ke siet en Chieuremont, ancoste lai maxon lou signor Pieron l'uxies, et sus la moitiet ....
maxon desour dite, ke partet a Colignon meymes, k'il ait aquasteit a Poinsate, sai suer, et e. c. l. e. an l'ai. l. dv.

27 [Jennas .... p. b. sus tout l'eritaige ke Willemins......]te de Chaipeleirue avoit a Guamelanges et a Hairewainville et en tous les bans, c'est a savoir en maxons, en grainge, en chans, en preis, en bolz, en censes et en tous autres eritaiges, ou k'il [soit.....
....] et por tant com Willemins desour dis li doit, per escris an airche, et por tant com Jennas desour dis ait paieit[2]) por lui, per escris an airche.

28* Ce sont li bans de paikes. En lai mairie de Porsaillis:
28 a) Bertelolz de l'osteit S. Martin a lai Glaudiere p. b. sus lai maxon et sus lou resaige ki apant ke fut Gallopin, ke siet ou Champel outre Saille, ancoste l'osteit ke fut Merguerate Baron, k'il ait aquasteit a Symonat, lou fil Mentenaire ki fut, et a Yzaibel, sa femme, permei teil cens et teil amone com li maxon et ceu ki apant doit, et e. c. l. e. an l'ai. l. dv.
b) Et se p. ancor b. sus lai maixiere et sus lou meis daier et sus lai court davant et sus tout lou resaige ki apant ke siet a Collambeir ancoste l'osteit Gerairt Chadawe, k'il ait aquasteit a Gerairt desour dit, permei teil cens com tous cist eritaiges doit, e. c. l. e. an l'ai. l. dv.

29 Ydate li Traiande p. b. sus lai maxon et sus tout ceu ki apant ke siet ou Champel ancoste l'osteit Leudin,[3]) k'elle ait aquasteit

---
[1]) *v. 1290, 146; 1298, 227.*
[2]) *Hinter* paieit *ist* et est ancor an poinne *durchgestrichen.*
[3]) Leudin lou taillour *1288, 376; 1298, 54a.*

a Hanrit Guerairt et a Maiche, sai femme, permei xx s. de mt. de cens k'elle doit a signor Willame de lai Court, et permei viii s. de met. de cens k'elle doit a Hanrit desour dit, et e. c. l. e. an l'ai. l. dv.

30 Jehans,[1]) li filz Pierexel de Valz ki fut, p. b. sus tout l'eritaige ke Arnoulz, li aveles Ruese d'Airey ki fut, avoit a Airey et en tous les bans, c'est a savoir en chans, an preis, en rantes, an censes, an vignes et en tous autres eritaige keilz k'il soit, ke li est delivres per droit et per jugemant, por tant com Arnoulz desour dis li doit et ait a faire a lui, per escris an airches, et dont Jehans davant dis est tenans, permei teil cens com tous li eritaiges doit.

31 Lukins li espiciers p. b. sus les iiii quartes de vayn moitainge ke Mathias, li filz Jehan de Perieu, doit sus tout son eritaige, ke Lukins desor dis ait aquasteit a plux vickant de lui et de Jaikemate. sai femme, a Mathiat desour dit, et e. c. l. e. an l'a. l. dv.

32 Thierias, li filz Hawit de Bemont,²) ke maint en lai rue des Allemans, p. b. sus lai maxon et sus ceu ki apant ke siet en lai rue des Allemans ancoste l'osteit Jennat Amblevaille, k'il ait aquasteit a Abillate. lai femme Thieriat Malbailliet ki fut, permei viii s. de mt. de cens, et e. c. l. e. an l'ai. l. dv.

33 [Th]omessins li tixerans p. b. sus lai maxon et sus ceu ki apant ke siet en Chaponrue ancoste l'osteit Burtran Dowaire, k'il ait aquasteit a Abillate, lai fille Cunin Xobin, permei vii s. et demei de mt. de cens, et e. c. l. e. an l'ai. l. dv.

34 [Li] sires Jaikes, li prestres de S. Medairt, et li sires Willames. li prestres de S. Jehan a S. Clemant, ke sont maistres de lai frairie des prestres parrochalz de Mes. p. b. por lai frairie desour dite sus les xviii s. de mt. de cens ke geixent sus lai maxon et sus ceu ki a[pan]t ke siet davant S. Mamin, k'il ont aquasteit a signor Jehan Berbate, lou prestre de S. Mamin, apres xii d. de premier cens ke li maxon doit a Renalt lou clerc d'Outre Saille, et e. c. l. e. an l'ai. l. dv.

---

¹) *Prost, Régime ancien S. 213, liest Chans und gibt dazu eine erklärende Anmerkung. Er hat aber das auf dem beschädigten Rande des Pergaments noch zum Teil vorhandene J übersehen und dann das e für c genommen.*

²) = *Baremont? v. 1298, 39 en lai rue des Allemans, ancoste l'osteit Thieriat, lou fil Hawit de Baremont.*

35 [...]rias¹) li cherreirs de lai rue des Allemans p. b. sus lai maxon et sus lou meis daier et sus ceu ki apant ke siet en lai rue des Allemans ancoste l'osteit Abriat Moien, k'il ait aquasteit a Martin de Ville sus Oron, permei vii s. de mt. de cens, et e. c. l. e. an l'ai. l. dv.

36 [Will]emins Guios p. b. sus teil partie com Howairs Groignas avoit en lai maxon ke siet daier Sainte Creux, ke partet a Willemin meymes, k'il ait aquasteit a Howairt desour dit, per[mei]²) ix d. de premier cens et permey xxviii s. de mt. de cens c'on puet raicheteir, [et e.] c. l. e. an l'ai. l. dv.

37 [Sym]onas, li janres Jaikier de Nonviant, p. b. sus les iii pairs de lai pesse de vigne ke geist en lai Tairte ou ban Sainte Marie de Verdun a Airey, k'il ait aquasteit a Colin Noieleit d'Airey, permei i steir de vin de cens, et e. c. l. e. an l'ai. l. dv.

38 [How]ignons Vaillairs et Poincins li forniers, ke sont de S. Arnout, p. b. por la frairie Nostre Dame de S. Denix de S. Arnout, por les ii confrairies desour dites, sus les iiii s. de mt. de cens ke Howignons desour dis doit sus ii pesses de terre ke geixent [an] Hem, k'il ont aquasteit a Colin Bouton d'Outre Saille, et e. c. l. e. an l'ai. l. dv.

39 [Colig]nons³) Lucie li clers p. b. sus les ii jornalz de terre ke geixent desour lai grainge Collenat de Vy, an Arreilliees, k'il ait enchaingiet a Poinsate, lai femme Thomessin lou Blanc ki fut, en alluet, et sans ban et sans frostraige, et e. c. l. e. an l'a. l. d.

40 [Burte]mins⁴) c'on dist de Gernei li celliers de Furneirue et Colins, ces freires, p. b. sus iii s. de mt. de cens des x s. de mt. de cens k'il meymes doient a Thiebaut, lou fil Hanriat Herbin, sus lour maxon ke siet an Furneirue, ou il mainnent, k'il ont [aqua-]steit a Thiebaut desour dit, et e. con l. e. an l'ai. l. dv.

41 [Pierons li par]mentiers⁵) de Porte Serpenoize p. b. sus lai pesse de vigne ke fut Aburtin lou taillour, ke geist arreis Montigney, permei teil cens com elle doit, et e. c. l. e. an l'ai. l. dv.

42 .... p.] b. sus lai maxon et sus ceu ki apant ke fut maistre Vinien lou clerc, ke siet en lai Nueue rue, ancoste l'osteit

---

¹) Hanrias *oder* Thierias?
²) mei *ist vom Schreiber vergessen.*
³) *v. 1298, 417—421.*
⁴) *v. 1285, 477.*
⁵) *v. 1298, 650.*

Lowion lou boulangier, k'il ait aquasteit a maistre Viuien desour dit, permei xx s. de mt. de cens, et e. c. l. e. an l'ai. l. d.

43 .... de S. Clem]ant¹) p. b. sus lou demei jornal de vigne ke geist en Haieu, k'il ait aquasteit a Piereson,¹) son freire, permei tier meu S. Clemant. et e. c. l. e. an l'ai. l. dv.

44 [Li sires Willames, li prestres de S. Jehan a S. Clem]ant, p. b. sus les ıı maixieres et sus lou meis daier et sus ceu ki apant ke sieent a S. Clemant ancoste l'osteit lou signor Willame meymes. ke furent Clemansate. lai fille Wairin Gemel, et dame Aileit lai Baistelate, k'il ait aquasteit a l'abbeit [et a convant ....
................] chesc'an, et e. c. l. e. an l'ai. l. dv.

45 .... p. b. sus lai Grainge? lou] Mercier ke siet an lai Horgne ai²) Maigney et sus can ki apant. an chans, an preis, an bolz, en awes, en rantes et en toutes autres choses ke geisent deisai Saille et deilai, k'il ait aquasteit a Jennat Aixiet, per[mei ...., et. e. c. l.] e. an l'ai. l. dv.

46 .... antre les ıı votes Jaike Roncel ki fut, k'il ait pris a cens de dame Bietrit, lai femme Jaike Roncel desor dit, permei xxv s. de mt. de cens, et. e. c. l. e. an l'ai. l. dv.

47 .... p. b. sus les v s. de mt. de cens ke Thiebaus Mouffle doit sus lai maxon ke siet en lai ruwelle Repigney, k'il ait aquasteit a Guenordin, lou fil Hanrit de Bunaies, et a. c. l. e. an l'ai. l. dv.

48 .... maxons et sus une grainge ke sieent ancoste l'osteit Matheu de Pertes, k'il ait aquasteit a lai priouze et a covant des Cordelieres de Vy, permei teil cens com elles doient, et e. c. l. e. an l'ai. l. dv.

49 .... p. b. sus la moitiet de lai maxon et de cen ki apant ke fut dame Odelie, sai seure, ke siet ancoste l'osteit Guernier Poinsairt, k'il ait aquasteit a dame Pantecoste. lai fille Jaikemin lou Gornaix, permei teil cens com elle doit, et. e. c. l. e. an l'a. lo d.

50 .... p. b.] sus une tavle et sus ceu ki apant ke siet an Vesignuelz an Vies Chainges. k'il ait aquasteit

---

¹) Pieresons, li fis Jennin lo mairleir de S. Clemant, (1285, 190), *hat einen Bruder mit Namen* Colin. *r. 1288, 448* Colin. lou fil lai martiere de S. Clemant.

²) *Für* ai *steht dasselbe Abkürzungszeichen wie für* et.

a Thomessin Richelat, permei III s. de mt. de cens, et e. c. l. e. an l'ai. l. dv.

51 a) . . . . p. b. sus] une pesse de vigne moiterasse S. Pol, ke geist ancoste lai vigne Guerceriat lou recuvrour, k'il ait aquasteit a Thieriat lou Perdut de Chaiureirue, a. c. l. e. an l'ai. l. dv.

b) Et se p. ancor b. sus lai pesse de vigne en Rollan[mont ke fut Ernelin de lai] Chenal, ke li est delivre en plait, por tant com il ait paieit por Ernelin de lai Chenal, per escrit an airche, et dont il est tenans, permei teil cens com cist eritaiges doit.

52 C. . . . . p. b. sus lai pesse de vigne ou on contet jor et demei, ke geist ou ban S. Arnout, a Puix, amey Colignon Nerlan, k'il ait aquasteit a Colignon Godeire,[1]) permei XII d. de cens, et e. c. l. e. an l'a. l. div.

53 M[aistres . . . . . .]s[2]) li clers p. b. sus lai maxon et sus ceu ki apant ke siet ancoste l'osteit Colignon Chameure, k'il ait aquasteit a Ancillon Chopairt lou chandelier, permei XXVIIII s. et demei de mt. de cens, et e. c. l. e. an l'ai. l. dv.

54 Aburtins Penas p. b. sus une pesse de vigne ke geist ou clo S. Jehan a S. Clemant, ancoste lai vigne Gillat Maikaire, k'il ait pris en mairiaige, a welz Alexon, sai femme, la fille Symonin Crichat, a. c. l. e. an l'ai. l. dv.

55 Willames ke fut valas Nicolle lou Gornaix p. b. sus lai maxon et sus ceu ki apant ke siet arreis lou puix ancoste l'osteit lou signor Poinson lou Gornaix, davant l'osteit lou signor Vgue Colon ki fut, k'il ait aquasteit a Symonat dou Pairier, permei XXV s. de mt. de cens, et e. con l. e. en l'a. l. d.

56 Pieresons Millas li boulangiers, li jaunes Hanrecon, p. b. sus lai maxon et sus ceu ki apant ke siet sus lai rowelle daier S. Eukaire, k'il ait aquasteit a Steuenin lou boulangier, permei XIII s. de mt. et maille de cens, et e. c. l. e. en l'ai. l. dv.

57 Thierias Tagolz p. b. sus de can ke Domangins, li filz Mathen de Bameis, et Jennas, ces freires, avoient d'eritaige ou ban et en lai fin de Bameis, k'il ait a oulz aquasteit, permei teil cens com li eritaiges doit, et e. c. l. e. an l'ai. l. dv.

58 Aburtins li corretiers p. b. sus lai grainge et sus ceu ki apant ke siet ou Nuefborc davant l'osteit Thiebaut Baitaille, k'il ait

---

[1]) a Colignon Godeire *übergeschrieben*, et e. *bis* div. *hinzugefügt von Schreiber 7.*
[2]) maistres Ferris li clers *1290, 514;* maistres Gerairs li clers *1290, 286;* maistres Renals li clers *1293, 616;* maistre Vinien lou clerc *1290, 42.*

aquasteit a Jehan lou Moinne de Strabour et a Yzaibel, sai
femme, permei xxx s. de mt. de cens, et e. c. l. e. an l'ai. l. dv.
59 Ancillons Chopairs li chandeliers et Poinsate, sai femme, p. b.
sus lai maxon et sus ceu ki apant ke siet a Porte Serpenoise
ancoste l'osteit S. Symphorien, k'il ait aquasteit a Colignon lou
Bague lou boulangier, permei xxxv s. de mt. et II d. de cens,
et e. c. l. e. an l'ai. l. dv.
60 Abrias li corvexiers, li janres Symonin Brehel, p. b. sus tout
l'eritaige k'il et Leudins, li janres Symonln desor dit, ont aqua-
steit a Jehan, lou[r] serorge, lou fil Symonin Brehel, permei teil
cens com il doit, et e. c. l. e. an l'ai. l. dv.
61 Pieresons d'Airei de lai Vigne S. Auol p. b. sus lai pesse de
vigne ou on contet les III pairs d'un jornal ke siet en Montain,
ancoste lai vigne Poincelo, k'il ait aquasteit a Aingebert lou
Bague de Maignei, permei teil cens com elle doit, et e. c. l. e.
an l'ai. l. dv.
62 Pantecouste, li fille Jaike lou Gornaix ki fut, p. b. sus les LX
s. de mt. de cens ke geixent sus l'osteit Jaikemin Minne¹) ke siet
ancoste l'osteit signor Nicolle lou Gornaix, k'elle ait aquasteit a
Merguerate et a Lorate, sai suer, les II filles Vguin Blangrenon,
et e. c. l. e. an l'ai. l. dv.
63 Lorate, li fille Vguin Blangrenon ki fut, p. b. sus teil partie com
Merguerite, sai suer, avoit en lai pesse de vigne ke geist daier
lai Follie, ke partet a lei meymes, k'elle ait aquasteit a Mergue-
rite desour dite, et e. c. l. e. an l'ai. l. dv.
64 Villains Hennebour p. b. por lai chieze Deu de lai Belle Stainche
sus les VIII s. de mt. ke li Belle Stainche meymes dovoit, ke li
abbes et li priours de Sallinvalz ont aquasteit por lai Belle
Stainche desor dite a Eurit de Wittoncort, et e. c. l. e. en
l'ai. l. dv.
65 Roiris dou Champel p. b. sus lai maxon et sus ceu ki apant ke
fut Herbo lou tennour, ke siet ou Baix Champel, ancoste l'osteit
ke fut signor Mercire, k'il ait aquasteit a Clemansate, lai femme
Lowiat lou Mercier de Vesignuelz ki fut, permei xxvii s. et
demei de mt. de cens, c'on doit a Forkignon dou Pont,²) et e.
c. l. e. an l'ai. l. d.
66 Hermans Coppons p. b. sus lou grant champ ke geist a chief
dou Champ a Pannes, daier les maxon de lai rue S. Arnout,

---

¹) = Jaikemin, lou fil Jaikemin Jallee, *v. 1290, 82*.
²) c'on doit *bis* Pont *übergeschrieben von Schreiber 7*.

tout ensi com li closure dou mur et de lai haie se portet, k'il ait aquasteit a Vguignon Roucel, permei L s. de mt. et VIII d. de cens, et e. c. l. e. an l'ai. l. dv.

67 a) Richiers Bellegree p. b. sus les IIII s. de mt. et III d. de cens ke Colignons Pierexolz ait an L s. de mt. de cens ke geixent an Vesignuelz, ke li sont venus de pair dame Anel Chameure, sai meire, k'il ait a lui aquasteit, a. c. l. e. an l'ai. l. dv.

b) Et se p. ancor b. sus les XXVII d. mt. de cens ke Gererdins Abbeiville ait an L s. de mt. de cens ke geixent an Vesignuelz, ke li sont venus de pair dame Anel, sai seure desour dite, k'il ait a lui aquasteit, a. c. l. e. an l'ai. l. dv.

c) Et se p. ancor b. sus les V s. de mt. et III d. de cens ke Colignons Chameure avoit en L s. de mt. de cens ke geixent en Vesignuelz, ke li vienent de pair dame Anel, sa meire, k'il ait a lui aquasteit, et e. c. l. e. an l'ai. l. dv.

d) Et se p. ancor b. sus les VI s. de mt. III d. moins de cens ke Goudefrois de lai Tour avoit sus les XXII s. de mt. de cens des L s. de mt. de cens ke geixent an Vesignuelz, k'il ait espartit por lui et por Jehan Graineis et por lour hoirs, k'il ait raicheteit a Goudefroit desour dit, et e. c. l. e. an l'ai. l. dv.

68 Colignons Berrois de Vesignuelz p. b. sus les IIII lb. de mt. de cens k'il meymes dovoit sus sai maxon ou il maint, ke fut Olliuier des Airuolz, ke siet an Vesignues, ancoste l'osteit Colignon meymes et l'osteit Vguignon Bairekel, k'il ait raicheteit a Jaikemin Jallee et a Yzaibel, sai suer, et a [Perrin et a][1]) Mathiate, les II enfans Jaike lou Gornaix, et e. con l. e. an l'ai. l. dv.

69 a) [Jaikemins Qua]re[m]elz[2]) p. b. sus les XXXV s. de mt. de cens ke geixent sus lai maxon ou Joffroit Eurielz maint et sus tout lou resaige ki apant, ke siet an Vesignuelz, k'il ait aquasteit a Andreu lou clerc, lou fil Poincignon Minne ki fut, et e. con l. e. an l'ai. l. dv.

b) Et se [p. ancor b. sus les] LX s. de mt. de cens ke Jordains Marrois li massons doit sus sai maxon ou il maint, ke siet en S. Nicolaisrue, dont on redoit aier IIII s. de mt. de cens a ceulz de l'ospital S. Nicolais ou Nuefborc, k'il ait aquasteit a Vguignon Bellegree, et ke Vguignons [puet raicheteir?], e. c. l. e. an l'ai. l. dv.

70 [Poinsate, li fille Colin Burtadon ki fut[3]), p. b. sus la moitiet

---

[1]) v. 1290, 81, 87.
[2]) v. 1285. 79, re übergeschrieben und noch erhalten. Der Name Jennas Gadremelz (1290, 5) füllt den Raum nicht aus. [3]) v. 1279, 454.

de lai pesse de vigne ke fut Merguerate, lai fille Colin lou
Hungre, ou on contet ɪ jornal, ke siet outre Saille en Bachieterme,
ancoste lai vigne Lowiat Paillat, ke dame Yzaibelz, li feme
5 Colin lou Hungre, et Xandrins¹) et. . . . . ns,
li janres dame Yzaibel desour dite, et Lorate, sai femme, et
Pieresons Wallans de S. Julien et Merguerate, sai femme, et
Gerairs Cocanlorge de S. Julien et Thierias Mallebouche d'Outre
Saille ont aquiteit a Poinsate desour dite et a Aileit, sai [tante,
10 . . . . por . . . . . . Mer]guerate desor dite doit a Jehan Boix
et a Jennat Ferrit, l'escrit an l'airche, sus lou jornal de vigne
desour dit, et dont li escris est delivres a Poinsate desour dite
et a Aileit, sai tante, et e. c. l. e. an l'ai. l. dv.

71 . . . . ke Hanrias, li filz Clodin de
Chenney,²) ait an lai fin de Frontigney, an keil maniere ke se
soit, ke li vient de pair Lorate, sai femme, k'il ait a lui aqua-
steit, et e. c. l. e. an l'ai. l. dv.

72 [Li sires Abers d'Espainges p. b. po]r³) les Grans pucelles de lai
Vigne S. Marcel sus lai maxon et sus lai grainge et sus lai
bergerie et sus lai court davant et sus lou leu daier et sus touz⁴)
les resaiges ki apandent ke sieent a Collambeirs, et sus de can
5 ke Goudefrins, [li filz Ansel Boil]awe⁵) de Collambeirs ki fut,
ait d'eritaige en lai fin de Collambeirs et en bans et en lai fin
de Quencey et en bans et en lai fin d'Abigney et en bans, et
sus can ke Goudefrins desour dis ait ou ban S. Vincent a Val-
lieres, c'est [a savoir an maxo]ns, an grainges, en bergeries, en
10 manandies, en chans, an preis, en bolz, an trexes⁶) et en tous
autres heritaiges, ou k'il soit et keilz il soit, ke geist en fins
et en bans de ces lens desour nommeis, k'il ait aquasteit por les
pucelles [desour dites a] Goudefrin desour nommeit, permei xx d.
de cens, et e. con l. e. an l'ai. l. dv.

73 Li sires Abers d'Espainges li prestres p. b. por les Grans
pucelles de lai Vigne S. Marcel sus les lx et x s. de mt. de
cens ke geisent sus l'osteit Joffroit Euriel, ke siet an Vesignuelz,
ancoste l'osteit Colignon Berrois, k'il ait aquasteit a Jaikemin
Mouretel, et e. c. l. e. an l'ai. l. dv.

74 Li sires Nicolles, li prestres de S. Seplixe, p. b. sus tout l'eri-
taige antieremant de can ke Hanrias, li filz Clodin de Chenney

---

¹) *v. 1298, 62*, Xandrin, lou fil Nicolle lou Hungre ki fut. ²) *v. 1290, 74*.
³) *v. 1290, 73*. ⁴) *Vorlage* tout *mit einem angehängten z-ähnlichen Strich*.
⁵) *v. 1267, 35; 1278, 47*. ⁶) x aus z *verbessert*.

ki fut, avoit ou ban et en lai fin de Chenney, ke li est escheus
de pair Clodin, son peire, et de pair sai meire, k'il ait aquasteit
a Hanriat desour dit, permei teil cens et teil droiture, com tous
li eritaiges doit, et e. con l. e. an l'ai. l. dv.

75 Li sires Nicolles li Gornais p. b. por lai chieze Deu des Cordelieres de Mes sus lai pesse de vigne ou on contet viii jornalz
ke geist en Mallemairs, ancoste lai vigne les hoirs Herman dou
Waide, et sus lai pesse de vigne ou on contet jor et demei ke
geist en Ospreis, ancoste lai vigne Hanrit de Strabour, ke Collate, li fille Thomessin de Champelz ki fut, ait doneit por Deu
et en amone a lai chieze Deu des Cordelieres desour dites, et
e. con l. e. an l'ai. l. dv.

76 Colignons Chaimeure p. b. sus les xx s. de mt. de cens ke geixent
sus lai maxon et sus ceu ki apant ke fut Colignon Chowenel
lou bouchier, ke siet ancoste l'osteit Hanriat Haikerel an Vies
Bucherie, k'il ait aquasteit a Gillebert, lou fil Colin Griuel ki
fut, et a Colignon, son freire, et e. c. l. e. an l'ai. l. dv.

77 Steuenins, li filz Poincignon Billeron de Chaistelz ki fut, p. b.
sus xii s de met. de cens ke Burtignons Paillas dovoit sus lai
terre d'Espainges, k'il ait aquasteit a Colignon Remion, et e. c.
l. e. an l'a. l. dv.

78 Li sires Thiebaus de Moielain p. b. sus vi lb. de met. de premier
cens ke geixent sus lai maxon ke fut Renadin lou Bague, et
sus tout lou resaige ki apant a lai maxon davant dite, ke siet
en lai court de lai plaice a Porsaillis, ancoste l'osteit Maheu
Malekin, k'il ait aquasteit a lai priouze et a covant des Proicherasses de Mes, et e. c l. e. an l'ai. l. dv.

79 Thiebaus Gerairs, li janres Vguignon Pettairt, p. b. sus x s. de
mt. de premier cens ke geixent sus la pesse de vigne amont lou
terme a Maigney, antre lai vigne Howignon Graiceoie et lai
vigne Lorin, k'il ait aquasteit a Poinsat lou Mouchous de Maigney,
et e. c. l. e. an l'ai. l dv.

80 Jehans, li filz signor Thiebaut de Moielain, p. b. sus lai maxon
et sus tout lou resaige ki apant ke fut signor Lowit de Cligney,
chanone de Montfacon, ke siet daier S. Sauour, ancoste l'osteit
Hanriat lou tellier, ou li sires Gerairs Barons, chanones de S.
Sauour, maint, et ke li sires Gerairs Barons doit tenir toute sai
vie, permei lx et x s. de mt de cens, ke li sires Gerairs desour
nommeis en doit chesc'an paier a Jehan desour dit, tant com li
sires Gerairs desour dis vivereit, ke li est delivre en plait, por

tant com li sires Willames de Mollaincort, chanones de S. Sauour, li doit, per escris en airche, et e. c. li plais l. dv.

81 Jaikemins, li filz Jaikemin Jallee ki fut, p. b. sus les c. s. de mt. de cens ke li sires Thiebaus, li filz Collenat de Vy ki fut, doit, ke geixent sus lai maxon ke fut Jaikemin lou Jal, lou freire signor Thiebaut desour dit, et sus tout lou resaige ki apant, ke siet an Vesignuelz, ancoste l'osteit ke fut Vguignon Bairekel, k'il ait aquasteit por lui et por Perrin et por Mathiate, sai suer, les II enfans Jaike lou Gornaix, a Jehan, lou fil Collenat de Vy desour dit, et e. c. l. e. an l'ai. l. dv.

82 Jaikemins, li filz [J]aikemin¹) Jallee ki fut, et Perrins et Mathiate, sai suer, les II enfans Jaike lou Gornaix, p. b. sus les LX s. de mt. de cens ke Pantecoste, li fille Jaike lou Gornaix, aquasteit a Mergueron et a Lorate, sai suer, les II filles Vguin Blangrenon ki fut, ke geixent sus lai maxon Jaikemin desour dit meymes et sus tout lou resaige²) ki apant, ke siet an coste l'osteit ki fut signor Nicolle lou Gornaix, k'il ont aquasteit a Pantecoste desour dite, et e. con l. e. an l'ai. l. dv.

83 Li sires Symons Bellegree, chanones de l'aiglixe de Verdun, p. b. sus de can ke Steuignons, ces freires, avoit a Pawilley et en tous les bans, k'il ait aquasteit a Steuignon desour dit, et e. c. l. e. an l'ai. l. dv.

84 a) Re]nnillons li Bagues p. b. sus teil eritaige com Maheus, li filz Renadin lou Mercier, ait aquasteit a Poincignon et a Maheu et a Joffroit, les III enfans signor Huon lou Bague ki fut, si com de l'eutisme des strucey de Marsal et des strus deniers, ke lour est escheus de pair Ale[rdin, lour]³) serorge, ke Rennillons ait en waige de Maheu desour dit, per escris en airche, et dont il est tenans.
b) Et se p. ancor b. sus teil cens com ces II maxons⁴) ke sieent ou Nuefborc dovoient a Jennat [de]⁵) lai Bairre, lou janre Chielairon,⁶) k'il ait aqua[steit a Jennat de]sour dit, et e. con l. e. an l'ai. l. dv.

---

¹) *Der Schreiber hat das J vergessen.*

²) lou resaige *ist als ein Wort geschrieben, aber durch einen senkrechten Strich in seine zwei Teile zerlegt; ebenso 1290, 133* ou resaige.

³) *v. 1278, 88.*

⁴) *Hinter* maxons *ist* doient *durchgestrichen.*

⁵) de *vom Schreiber ausgelassen.*

⁶) *Vor* Chiclairon *ist* Ferriat *durchgestrichen.* Ferrias Ch. *ist Schwager von* Jennat de lai Bairre *(1281, 226),* Jennas d. l. B. *also Schwiegersohn von dessen Vater* Chielairon.

85 a) [Yngrans Borgons]¹) p. b. sus lai grant maxon ke fut Colin Ruese, son seur, et sus tout lou resaige ki apant, ke siet en Jeurue, ancoste l'osteit ke fut Jehan Truillairt, k'il ait aquasteit a Merguerite Amaie, sai cerorge, lai fille Colin [Ruese.]

b) [Et se p. ancor b. sus ...] lb. de mt. de cens ke li maxon desour dite et tout ceu ki apant doit a Philippin, son conserorge, lou fil Symonin de Chaistelz ki fut, et c'on puet raicheteir, et e. con l. e. an l'ai. l. dv.

86 .... de Nommene?]y p. b. sus une pesse de preit ke geist en lai Bonevixe ou ban de Nommeney, ke partet a l'abbeit de S. Clement, k'il ait aquasteit a Ancillon et a Eurion, les enfans Symonin de Rouvre ki fut, en alluet, et e. c. l. e. an l'ai. l. d.

87 ....]XII s. de met. de cens ke geixent sus lai grainge et sus lou meis et sus ceu ki apant ke fut Gerairt lou fornier de lai Creuxate, ke siet daier Nostre Dame as Chans, defuers lai porte de Chainreirue, dont on redoit ...., k'il ait aquasteit a Renalt lou chamberlain, et e. c l. e. an l'ai. l. dv.

88 [Jaikiers de Nonuiant²) li]amans de [S.]³) Vy p. b. sus lai pesse de vigne ke geist deleis Waizaiges, ancoste lai vigne Melat lou munier, k'il ait aquasteit en alluet a Aburtin Boon et a Jennat Chaimenaie, son freire, et e. c. l. e. an l'ai. l. dv.

89 .... li] Vakenasse d'Outre Saille p. b. sus teil partie com Arnoulz avoit en lai maxon ke siet ancoste Raiesoche, k'elle ait aquasteit a Burtemin de Mercillei, et e. c. l. e an l'ai. l. dv.

90 ....s p. b. por lui et por ces freires et por ces serours sus tout l'eritaige ke lour est escheus de pair peire et de pair meire, ke geist en lai mairie de Porsaillis, dont il sont tenans, permei teil cens et teil droiture com tous li heritaiges doit.

91 [Hanrias⁴) Tho]messins et Merguerite Amaie, sai serorge, et Jaikemins, li filz Yngrant Goule, p. b. sus lai grant maxon ke fut Thomessin de Champelz et sus tout ceu ki apant, ke siet outre Saille davant l'osteit ke fut lou sig[nor d'Es]painges, permei xv s. de mt. de cens k'elle doit a Lietal, et sus l'osteit ke fut Geradon, ke siet ancoste celle maxon meymes, permei XIIII s. de mt. de cens k'elle doit a l'ospital ou Nuefborc, ke lour sont⁵) escheutes [de] pair lour suer, et dont il sont tenans.

---

¹) v. 1290, 568. ²) v. 1279. 325, 582.
³) S ist vom Schreiber ausgelassen.
⁴) v. 1285, 40; 1293, 42. ⁵) sont ist aus ost verbessert.

92* Ce sont li bans de pakes. En la marie d'Outre Muselle :
92 Badesons li chandeliers prant bans sus la maison et sus cant ki apant ke siet en Romesale, k'il ait pris a cens de dame Poince, la femme Garceriat Poterel, permei xvi s. de mt. chac'an, et e. c. l. e. an l'a. lo d.
93 Jennas Fuzels d'Ars p. b. sus une piece de vigne ke geist desour Mercilley ou ban d'Ars, ancoste lui meimes, k'il ait aquasteit a Jennat, lou fil Poinsignon Chaneviere, an alluet, et e. c. l. e. an l'a. l. d.
94 Jennas Renmonins de Plapeuille p. b. sus III pieces de preit ke geisent ou ban de Plapeuille, s'an geist une piece ancoste Jofroit de Chastels et li atre ancoste lui meimes et li atre an la Bouleire, k'il ait aquasteit a Thiebat Kabaie, en alluet, et e. c. l. e. l. d.
95 Poinsignons de Chastels p. b. sus II pieces de vigne ke geisent ou ban de Nonviant, s'an geist une an Jouenat et li atre an Mouchamp, k'il ait aquasteit a Jaikemin de Pargney, permei III sestieres de vin de cens k'elles doient a la cort de Nonviant, et e. c. l. e. en l'a. l. d.
96 Perrins Gratepaille p. b. sus jor et demei de vigne ke geist davant lou chakeur les Rines, k'il ait aquasteit ai Yngrant Goule et a frere Jehan de l'ospital, les mainbors Matheu de Plapeuille, permei vi s. de mt. et IIII d. de cens, et e. c. l. e. an l'a. l. d.
97 Jennins de Porcheis p. b. sus une piece de vigne ke geist an Ferrecort ou ban de Siey, k'il ait aquasteit a Waterin Morel de Chastels, an alluet, et e. c. l. e. en l'a. l. d.
98 Hanris li ollieirs p. b. sus une maison ke siet davant les Grans pucelles en la Vigne S. Marcel et sus cant ki apant, k'il ait aquasteit a Collin Godereie lou chandelier, permei x s. de mt. et II chappons de cens, et e. c. l. e. en l'a. l. d.
99 Jehans Jerney li muniers p. b. sus I jornal de terre ke geist an II pieces ou ban Makare, k'il ait aquasteit a Frankin de Jerney, permei I fort de cens, et e. c. l. e. en l'a. l. d.
100 Poinsignons Custantins p. b. sus une maixiere ke siet en la rowelle an Chambieres et sus cant ki apant, antre l'osteil Jaikelo et lou mur de la citeit, k'il ait aquasteit a Colignon de la Cort et a Jennin Piedeschals, permei II s. de cens, et e. c. l. e. en l'a. lo d.
101 Jennas dou Mont d'Ars p. b. sus II pieces de vigne ke geisent ou ban d'Ars, k'il ait aquasteit a Poinsignon lou preste Graice-

cher, permei I sestier de vin de cens ke li une des pieces dé vigne doit, et e. c. l. e. an l'a. l. d

102 Vguignons li clers de Bioncort p. b. sus la moitiet de la maison et de decant ki apant ke siet en la rue de Porte Serpenoize, davant l'osteil Jaikemin de Pargney, k'il ait aquasteit a Perrin lou berbier, permei IIII s. III d. moins de cens, et e. c. l. e. en l'a. l. d.

103 Li sires Jehans Bataille p. b. por la chiese Deu de Ste Creux as signors sus la moitiet dou Bouxerat molin, ke siet desous Mances, et sus lou boxat davant, et sus cant ki apant a molin, k'il ait aquasteit a Louate, la fille signor Jehan lou Trowant, en aluet, et e. c. l. e. l. d.

104 Jennas Blanchars d'Ars p. b. sus une piece de vigne ke geist daier la Sale, ou an contet jor et demei, et sus une piece an Bordes, ou an contet une quarte, k'il ait aquasteit a Jaikemate, la femme Coiat, permei teil cens com elles doient, et e. c. l. e. an l'a. l. d.

105 Li sires Weiris Raville [1]) et Collate, sa niesse, de Valieres p. b. sus tot l'eritage ke Matheus Baicheleis ait en la marie d'Otre Muselle, k'il ont a lui aquasteit, permei teil cens et teil droiture com il doit, et e. c. l. e. an l'a. l. d.

106 Abertins de Juxei li taneires p. b. sus une mason et sus cant ki apant ke siet otre Muselle, ancosté Vigout, k'il ait aquasteit a Heiluyt, la femme Thiefroit lou corvexier, permei VIII s. de mt. et II chapons de cens, k'elle doit a S. Vincent, et e. c. l. e. an l'a. lo d.

107 Li sires Allexandres, chanones de Nostre Dame de Mes, p. b. por la chiese Deu desus dite sus VI s. de mt. de cens, ke li prevos et li chanone de Nostre Dame ont aquasteit a Hanriat Muzart lou wastelier, sus sa maison ke siet ansom Viez Bucherie, apres les XXIIII s. de mt. de cens k'elle doit davant, II s. de mt. a S. Jaike et XXII s. de mt. dou cens Baizin, et e. c. l. e. an la. l. d.

108 Jehans Papemiate p. b. sus II s. et demei de mt. de cens k'il ait aquasteit a Rainnier, lou fil Gerart lou cherpantier, sus sa maison ke siet sus lou tour davant la porte S. Vincent, apres les IIII s. et demei de mt. de cens k'elle doit davant, et e. c. l. e. l. d.

---

[1]) *Hinter* Raville *sind etwa drei Buchstaben ausgekratzt.*

109 [Jennas Lam]belins de Lescey¹) p. b. sus IIII pieces de terre ou an contet VII jornals et sus une piece de preit, ke geisent ou ban d'Eurecort, k'il ait aquasteit a Thieriat Houzat, l'avelet signor Gerart de Brunville, an alluet, et e. c. l. e. an l'a. l. d.

110 .... Po]insat de Vallieres²) p. b. sus une maison ke siet davant l'osteil l'arcediacre Watier, k'il ait en waige de maistre Matheu d'Aransey, et dont il est tenans, permei teil cens com elle doit, et e. c. l. e. an l'a. l. d.

111 [Poincignons li prestes Grai]cecher³) p. b. por les Grans pucelles de la Vigne S. Marcel sus une piece de terre ou an contet x jornals, ke geist davant Wapey, k'il ait aquasteit a Steuignon Bellegreie, et e. c. l. e. an l'a. l. d.

112 .... Ger]ardat de Juxey ke fut, p. b. sus une piece de vigne ke geist en la moienne sante ou ban de Juxey, k'elle ait aquasteit a Domangin, lou fil Thiefroit de Juxey, et e. c. l. e. an l'a. l. d.

113 .... de Juxey p. b. sus la maison et sus lou meis daier et sus la cort davant et sus cant ki apant ke siet a Juxey, ancoste la Fowenasse, k'il ait aquasteit a Domangin, lou fil Thiefroit de Juxey, permei III d. de cens, k'i[l] doit ai Arnolt Axiet, et permei teil droiture [com li maison doit, et] e. c. l. e. an l'a. l. d.

114 .... dou pont des Mors et Thierias, li fils Robin de Lorey, p. b. por Jennat Robin et por Abillon, sa femme, sus une piece de vigne de II jornals ke siet an Fasairtvigne ou ban de Lorey, k'il ont aquasteit a Thieriat Pixat de Lorey, permei II moies de vin de cens, k'elle doit a la chiese Deu de S. Martin, et e. c. l. e. an l'a. l. div.

115 [Poinsas, li fils A]bertel d'Ars⁴), p. b. sus une piece de vigne ou an contet les III pars d'un jornal, ke geist an la Fosse desous les vignes les Marcouzes, k'il ait aquasteit a Waterel et a Hatin et a Jehan, les III fils Werneson de l'Alluet d'Ars, permei III sestieres de [vin de cens] k'elle doit a la court Ste Marie, et e. c. l. e. an l'a. l. d.

116 Jennas de Mart, ke maint ai Ars, p. b. sus une piece de vigne a Pofontenne, deleis les vignes Ste Marie de Verdun, k'il ait

---

¹) v. *1298, 169.*
²) v. *1269, 182* Colate, la suer la fame Poinsat de Valierez.
³) v. *1290, 101.*
⁴) v. *1293, 136.*

aquasteit a Jennat lou Viel Ribat d'Ars, permei II [sestieres] de vin de cens, et e. c. l. e. en l'a. l. d.

117 Collins Bacals p. b. sus une maison et sus cant ki apant ke siet ai Ansey, encoste l'osteil Viuion lou Grenet, k'il ait aquasteit a Hawit, la femme Symonin dou Chene d'Ansey, et ai Escelin et a Gerardin, ces II fils, permei IIII sestieres et une quarte de vin de cens, et e. c. l. e. an l'a. l. d.

118 Thiebas Forcons p. b. sus une piece de vigne ke geist en la Fortterre ou ban de Plapeuille, k'il ait aquasteit ai Ysambart de Plapeuille et a Heiluyt, sa femme, permei I d. de cens k'elle doit a S. Simforien, et e. c. l. e. en l'a. l. d.

119 Jennas Brolairs d'Ars p. b. sus une piece de vigne an Bordes, et sus une piece a Malterme deleis S. Pieremont, et sus la piece a Ruxel, k'il ait aquasteit a Jennat, l'anneil fil Rainnier lou prevost d'Ars, permei I sestier de vin de cens ke li piece a Ruxel doit a Ste Marie de Verdun, et e. c. l. e. en l'a. l. div.

120 ¹) ....

121 Bertelos de Daier S. Sauor p. b. sus la maison et sus ceu ki apant ke siet en Anglemur, sus lou tour de la rowelle, ke li abbes et li convans de S. Martin a la Glandeire li ont laiet a tous jors maix, permei VIII d. de cens, et ensi com lor letres lou dient.

122 Lowis, li fils Willermin Clariet, p. b. sus une piece de preit ke geist en preis de Chambieres, daier Staples, ou an conte une faciee, ancoste lou preit Willemin desor dit, k'il ait aquasteit ai Abertin, lou fil Forkignon de la Place, en alluet, et e. c. l. e. en l'a. l. d.

123 Jehans Barbe p. b. sus IIII s. de mt. de cens ke geisent sus une maison en la rue lou Uoweit, ancoste Perrin de Noweroit, k'il ait aquasteit a Collin de Racort et a Sibiliate, sa femme, et a Jehan, son fil, et e. c. l. e. en l'a. l. d.

124 Jehans li Merciers li amans p. b. sus demei jornal de vigne ke geist en Weirimont et sus cant ki apant, ancoste la vigne Charmat, k'il ait aquasteit a Remiat lou parfeit, et e. c. l. e. en l'a. l. d.

125 Et ce p. b. ancor sus les XX s. de mt. de cens ke geisent sus une maison et sus cant ki apant ke siet en Putierrowelle, ansom Viez Bucherie, k'il ait aquasteit a Burtignon de Suligney, e. c. l. e. en l'a. l. d.

---

¹) *Der Eintrag ist so ausgekratzt, dass nichts mehr zu lesen ist.*

126 Jehans, li fils signor Poinson lou Gronaix, p. b. por lui et por ces freres et por ces serors sus une piece de vigne ke geist an Ste Creuxvigne, ou an contet la moitiet de demei jornal, k'il ait aquasteit a Bietrit, la femme Ollivier de Longeuille, permei vii quartes de vin de cens, et e. c. l. e. en l'a. l. d.

127 Yngrans Goulle p. b. sus lou gros demme de Greheires et sus kant ki apant, et sus ii moies de bleif, moitiet wayn, moitiet tramois, c'on doit sus la maison de Tantelainville et des terres ki apandent a l'aibeit et a convant de Gorze, et sus ii moies de bleif ke li sires Willames, cureis de Jarnei, an doit chac'an a l'abeit et a convant de Gorze, et sus cant ke li abbes et li convans de Gorze ont a Xonville an ban et en justice, an toz us, k'il ait aquasteit a la vie Abriat, son fil, e. c. les letres an l'a. saielees l. dient.

128 Collignons de la Cort p. b. sus une piece de boix ke geist an Erpalhaie, antre lou boix de Jamont et de S. Pieremont, k'il ait aquasteit a Mariate de Roncort, la femme Abertin Alainne, permei xviii d. de droiture, et e. c. l. e. en l'a. l. d.

129 Maistres Thieris, ke fut officials l'arcediacre Watier, p. b. sus une maison et sus cant ki apant ke siet outre lou pont des Mors, ancoste Abrion lou feivre, k'il ait aquasteit a Poinsignon l'Oie, permei xiiii s. de cens, et e. c. l. e. en l'a. lo d.

130 Poinsignons Bollande p. b. sus tout l'eritage k'il ait aquasteit a Jaikemate, la fille Warin de la Vigne, ke geist en la fin de Juxey et de Graviers et en la fin de Molins, en terres areures, en vignes et en censes, et sus tout ceu ki a cestui eritage apant, permei teil cens com il doit, et e. c. l. e en l'a. l. d.

131 [Thie]bas Gemels p. b. sus tout l'eritaige ke Bietris, li fille Piereson lou munier, ait ou ban d'Amanvilleirs, an toz us, k'il ait a ley aquasteit, permei teil cens et teil droiture com il doit, et e. c. l. e. en l'a. l. d.

132 [Li sires Nico]lles[1]) Otins, doiens de S. Sauor, p. b. sus la maison et sus cant ki apant ke siet en la rue de Porte Serpenoize, ancoste l'osteil Harecort, k'il ait aquasteit ai Abertin lou bollengier, lou fil Jaikemin lou Rauat, permei xxxv s. de [mt. de cens, et e.] c. l. e. an l'a. l. d.

133* [Ce sont li bans dou m]ei awast, en lai mairie de Porte Moselle, a tans ke Burtignons, li filz signor Hanrit Baitaille, estoit

---

¹) *v. 1290, 165 und 273.*

maires de Porte Mozelle, Burtrans Gemelz maires de Porsaillis, et Aburtins Gallios maires d'Outre Moselle:

133 [Li sires Joffrois,¹) chano]nes de S. Piere as Uoulz, p. b. por lai chieze Deu S. Piere desour dit sus III s. de mt. de cens ke muevent de lai chaipelle de Chenney, ke siet ou resaige de lai maxon Maheu Lowit, ke geixent sus lai maxon Robin lou munier a dexandre de Chieuremont, k'il ait aquasteit [a Robin desour di]t, a. c. l. e. an l'ai. l. dv.

134 [Jehans li chaver]tiers de Chambres ²) p. b. sus lai maxon et sus tout lou resaige ki apant ke fut dame Clemance, ke siet ancoste lai halle de S. Victour et encoste lou nuef hosteit Jehan de Berains, k'il ait aquasteit a Colin Beccal, permei XVII s. de mt. de cens, et e. c. l. e. an l'ai. l. dv.

135 [Li sires] Willames de lai Court, chanones de S. Piere a Uous, et li sires Symons, chaipelains en lai Grant Eglixe de Mes, p. b. por lai frairie des clers dou Cuer de l'aiglixe davant dite sus les II s. de mt. de cens ke li frairie desour dite meymes dovoit a Guerceriat Poterel, lou fil Hanrit Lukin ki fut, sus lai maxon ke fut Burtran Graivisse, ke siet en Chambre davant l'ospital S. Jehan, k'il ont aquasteit a Guerceriat desour dit, et e. c. l. e. an l'ai. l. dv.

136 Maistres Ferris li advocas, li freires Xandrin Boinvallat, p. b. sus lai maxon et sus tout lou resaige ki apant davant et daier ke fut maistre Jehan lou masson, ke siet as Roches sus Moselle, daier l'osteit Pierat de Chambres, k'il ait aquasteit a Steuenin, lou fil Ferriat Troexin ki fut, permei XXIII s. de met. et III mailles de cens k'elle doit chesc'an a signor Willame de lai Court davanteriennemant, et permei XVI s. de mt. de cens c'on puet raicheteir, k'elle doit a Steuenin desour dit, et e. c. l. e. an l'ai. l. dv.

137 Odeliate li Faiuerasse p. b. sus lai maxon et sus tout lou resaige ki apant ke siet daier l'osteit Pierat de Chambres, sus lou tour as Roches, davant l'osteit ke fut maistre Jehan lou masson, k'elle ait aquasteit a Mairc Verton lou poindor, permei VII s. de mt. de premier cens k'elle doit a Steuignon Bellegree, et permei VII s. de mt. de cens k'elle doit a Mairc Verton desor dit, et e. c. l. e. en l'ai. l. dv.

---

¹) *v. 1293, 466. Der Name 1290, 135 ist für diese Stelle zu lang.*

²) *v. 1285, 21* Jehans li Alemans li chaverteires p. b. sus une maixon ke siet en Chambres. *Von den vielen parmantiers wohnt keiner en Chambres.*

138 Li sires Poinces de Colloigne et Colins, li filz Jennin Chacemal ki fut, p. b. sus les xlv s. de mt. de cens ke li sires Poinces desour dis et Thierias Brufadelz¹) ki fut dovoient a Heilewit, lai fille Thiebaut Mairasse ki fut, ke gexent sus la moitiet dou molin ke fut Heilewit desour dite, ke siet sus Moselle en lai premiere teire, ke partivet a signor Poinson et a Thieriat desour dit, c'on poit raicheteir, et ke li sires Poinces desour dis et Colins desor nommeis com hoirs de pair Aileit, sai femme, ont raicheteit a Heilewit desour dite, et e. c. l. e. en l'ai. l. dv.
139 Besselas de Vermiey p. b. sus les ii jornalz de terre arreure ke geixent a molin a vant, ancoste lai terre Besselat meymes, k'il ait aquasteit a Renadin, lou janre Burtemin dou Puix ki fut, permei ii d. de cens, et e. c. l. e. an l'ai. l. dv.
140 Wirias li cordeweniers, li filz de lai suer lou Huchat de Bui, p. b. sus lai maxon et sus tout ceu ki apant ke siet sus lai pousterne en Chambres, ke fut Gererdin lou Bague de Maigney, k'il ait aquasteit as enfans Aingebert de Maigney, permei teil cens com cist eritaiges doit, et e. c. l. e. en l'ai. l. dv.
141 Boinvallas li Merciers de Vesignuelz p. b. sus lai pesse de vigne ou on contet ii jornalz ke geixent a Vallieres an Nenmeritplanteit, ke fut Colin Ruese, et sus lai maxon et sus tout lou resaige ki apant ke fut Colin Ruese ke siet a Vallieres, ancoste lou chakeur S. Vincent, ke Colignons de lai Cort et Amee, li fille Colin Ruese, li ont aquiteit en plait por les xx s. de mt. de cens ke tous cist eritaiges doit a Boinvallat desour dit, et e. c. li plais l. dv.
142 Philippins li Vackes p. b. sus les xxxv s. de mt. de cens ke geixent sus lai maxon Jennin Bonin et sus tout lou resaige ki apant, ke siet davant l'orme Sainte Creux en Jeurue, dont on redoit aier iii d. de cens as signors de S. Pol, k'il ait aquasteit a dame Aileit lai Vadoise, sai suer, c'on dist lai Vackenasse, et e. c. l. e. en l'ai. l. dv.
143 Petres Haivelins de S. Julien p. b. sus lai pesse de terre ou on contet v quertelles ke geist daier les vignes de Haisanges, et sus lai pesse de terre ou on contet i jornal ke geist a lai Tornelle sus lou chamin de Baitelenville, et sus une pesse de terre ou on contet i jornal ke geist ancoste lou champ Colin, lou fil Burton de Haisanges ki fut, et sus lai pesse de terre ou on contet ii jornalz ke geixent encoste lou champ Thiele de

---

¹) f *in der Vorlage deutlich, verschrieben für* Brusadelz?

Haisanges, k'il ait aquasteit a Hauriat de Vallieres et a Perrin, lou fil lou Verret, et a Colin, lou fil Burton desor dit, et e. c. l. e. an l'ai. l. dv.

144 Toullouse, li suer Renmonat lou taillour, p. b. sus lai maxon et sus tout lou resaige ki apant ke fut Arambor, lai femme Xandrin Chianaistre, ke siet en Aiest, antre l'osteit Remonat desour dit et lai grainge Lukin, k'elle ait pris a cens de l'abbeit Nicolle de Chaiherei et dou covant, permei III mailles et II chapons de premiers cens k'elle doit a Yngrant Borgon, et permei teil pitance com elle doit as Bordes desour Vallieres, et permei xv s. de mt. k'elle doit a l'abbeit [et] a covant desour dit, et a. c. les lettres ke geixent an l'ai. l. devisent.

145 Li sires Jaikes li Gornais p. b. sus une pesse de vigne ou on contet demei jornal, ke geist en Abeson, ancoste lou signor Jaike meymes, k'il ait aquasteit a Matheu et a Arnout et a Colignon et a Merguerite, les IIII enfans Burtran de Nowillei ki fut, et e. c. l. e. en l'ai. l. dv.

146 Guercerias Noxe p. b. por lai chieze Deu de S. Arnout sus les v s. de mt. de premier cens ke geixent sus IIII maxons et sus ceu ki apant, ke sieent en Chieuremont, antre lai grainge Perrin lou Moinne et l'osteit Colignon Remion, k'il ait aquasteit por lai chieze Deu desour dite a Maheu Lowit, permei ceu ke dame Richerdate, li femme Renalt de Porsaillis ki fut, les doit tenir toute sai vie, et e. c. l. e. an l'ai. l. dv.

147 Li sires Nicolles, li prestres de S. Seplixe, et li sires Jaikes, li prestres de Sainte Seguelenne, p. b. sus les II s. de mt. de cens ke furent Lowiat lou clerc de Sanerie, ke geixent sus lai maxon Abriat lou munier, ke siet davant les molins a Saille, ke li sires Jehans, li prestres de S. Martin, et Yngrans Goule, ke sont mainbors de lai devise Lowiat desour dit, lor ont doneit por Deu et en amone, et e. c. l. e. an l'ai. l. dv.

148 [Li sires] Jaikes, li prestres de Sainte Seguelenne, et cil de l'ospital ou Nuefborc p. b. sus les IIII s. de mt. de cens ke furent Lowiat lou clerc de Sanerie, ke Yzambairs li pottiers de Chadeleirue doit, ke geixent sus lai maxon ke fut Luckin lou munier et ces serours, ke li sires Jehans, li pres[tres de S. Ma]rtin, et Yngrans Goule, ke sont mainbor de lai devise Lowiat desour dit, lour ont doneit por Deu et en amone, et e. c. l. e. an l'ai. l. dv.

149 [Colins Beccalz,[1]) li filz M]athion Marroi ki fut, p. b. sus lou

---

[1]) v. 1290. 17.

deixime de lai maxon ke fut lou signor Pieron lou chaipelain, ke siet davant l'osteit Forkignon Xaiving, k'il ait aquasteit a Suffiate, lai femme Perrin Mairasse ki fut, permei son avenant de xxx s. de mt. de cens ke toute [li maxon doit chesc'an,][1]) et e. c. l. e. an l'ai. l. dv.

150 [Jennetels, li fils Wesselin,[2]) et Poin]cignons, ces freires, p. b. sus lai maxon et sus tout lou resaige ki apant ke siet defuers Pairnemaille, ancoste l'osteit Jennat Roucel, k'il ait aquasteit a Crestenne, lai femme Lieuerit de Chaponrue, et a ces enfans, permei vi s. de mt. de cens, et e. c. l. e. [en l'a. l. dv.]

151 ....ieres[3]) de Stoxey p. b. sus lai maxon et sus tout ceu ki apant ke fut Richairt, lou maior de Werrixe, ke siet en Stoxey, k'il ait pris a cens dou religious home Rennier, abbeit de S. Vincent, permei xii s. de mt. de cens, k'il l'an doit, et e. c. l. e. en l'ai. l. d.

152 [Poincignons Pedanwille,[4]) p.] b. por lai chieze Deu des Proicherasse de Mes sus les xv s. de mt. de premier cens ke geixent sus lai maxon et sus ceu ki apant ke siet en lai rowelle en Chambres, deleis lai porte ou on aboivret les chevalz, ancoste lai maxon Poinsate lai forniere ...., k'il ait aquasteit por lai chieze Deu desour dite a maistre Jehan Dolosignor, et e. c. l. e. an l'ai. l. dv.

153 [Remeis, li filz Symon Ma]llegoule[5]) de Vigey, p. ban sus lai pesse de terre arreure ou on contet i jornal ke geist an Corroit ou ban de Vigey, ancoste lai terre Philippin de lai Nueueville, et sus lou contrewaige ki apant, k'il ait aquasteit a Colignon Vairnetel, en alluet, et e. c. l. e. en l'ai. l. dv.

154 [Maistres Cunes li su]rurgiens,[6]) li janres Hanriat de Chacei, p. b. sus lai grant maxon et sus tout lou resaige ki apant ke fut Hanriat de Chacei, son seur, ke siet en Staixons davant l'osteit Waterin Wessel, k'il ait aquasteit a Colignon lou parmantier, lou fil Jennat lou Gouge, permei xxv [s. de mt. d]e cens, et e. c. l. e. an l'ai. l. dv.

155 Ferris, li filz Lowit de S. Auol ki fut, p. b. sus lai maxon et sus tout ceu ki apant ke siet a Stintefontenne, ou Hanris li

---

[1]) *v. 1290, 17.* [2]) *v. 1288, 367. Die Ergänzung ist unsicher, doch hat die Familie Wesselin in Pairnemaille und Stoxey noch mehr Besitz.*
[3]) *v. 1288, 322* Jennas li pairieires de Stoxey, *aber auch* poxieres *ist möglich.*
[4]) *v. 1288, 471; 1290, 420.*
[5]) *v. 1290, 300.* [6]) *v. 1293, 524.*

boulangiers maint, k'il ait aquasteit a Lowiat, lou janre Colin d'Airs ki fut, permei x s. de mt. de cens, et a. c. l. e. an l'ai. l. dv.

156 Hanrias de Noweroit p. b. por lai chieze Deu des Cordelieres de Mes sus la moitiet des XLV s. de mt. de premier cens ke geixent sus l'osteit Gueleman, davant S. Ferruce, et sus la moitiet des xxx s. de mt. de cens ke geixent sus l'osteit Goudefroit lou Stout, k'il ait aquasteit por lai chieze Deu desor dite a Symonin, lou fil Jaikemin Bellegree[1]) et e. con l. e. en l'ai. l. dv.

157 Pierelz li Effichies p. b. sus xv jornalz de terre arreure ke geixent en une pesse ou ban de Vigey, ke furent Perrin Marcout, k'il ait aquasteit a Jehan, son freire, permei teil droiture com cist eritaiges doit, et e. c. l. e. an l'ai. l. dv.

158 Perrins, li filz Anchie Mague ki fut, p. b. sus lai maxon ke fut dame Mathelie et sus lou meis daier et sus tout lou resaige ki apant ke siet en Aiest, ancoste l'osteit ke fut Thierion lou mairexal, k'il ait aquasteit a Mathelie, lai fille Colin Herral ki fut, et a Yzaibel, lai fille Thierion de Boullay ki fut, ke maint outre Saille, et a Thomessin Sauaige,[2]) ke maint an Chieuremont, et a Jaikemin, lou janre Alexandre lou boulangier, ke maint outre Saille, et a Jaikemate, lai femme Burtran Gouliairt ki fut, et a Colin et a Burtran, les II filz Petre de Rinanges, et a Hensceman, lou fil Gerairt de Stucanges, et a Guerairt Guele de Wollestor, les II janres Petre de Rinanges, permei VIII s. de mt. et III mailles de cens, et e. c. l. e. an l'ai. l. devisent.

159 [3]) Howignons, li aveles Richairt[4]) lou maior de Werrixe ki fut, p. b. sus tout l'eritaige ke Burtemins Craimalz, li aveles Richairt desour dit, ait ke geist en lai mairie de Porte Moselle, ke li est escheus de pair Richairt desour dit et de pair Odelie, sai femme, ke li est delivre en plait per droit et per jugemant, por tant com Burtemins desour dis li doit, per escris an airche, et dont Howignons desour dis est tenans, permei teil cens et teil droiture com tous li eritaiges doit.

160 Hanrias de Noweroit, li maires de l'ospital S. Nicolais ou Nuefbourch, p. b. por l'ospital desour dit sus lou quairt dou molin

---

[1]) *Von* a Symonin *an übergeschrieben.*
[2]) *Von* Mathelie *bis* Thomessin Sau *auf Rasur.*
[3]) *v. 1290, 234, 280.*
[4]) Richairt *übergeschrieben.*

et de ceu ki apant ke partet a l'ospital meymes ke siet a Nowilley, ke li maistre et li freire de l'ospital desour dit ont aquasteit en alluet a Ailexate, lai femme Rembalt lou tondour de Rimport ki fut, et e. con l. e. an l'ai. l. dv.

161 a) Wichairs Lorans p. b sus une pesse de terre ou on contet II jornalz, ke geist an Trexes ou ban de Malleroit, ancoste laj terre ke fut signour Poinson Troexin, et sus demei jornal de terre ke geist en Fontenelles ou ban d'Erkancey, ancoste lai terre Weiriat Gaielat de Malleroit, k'il ait aquasteit en alluet a Jennat Murlin de Malleroit et a Violate, lai femme [1]) Sennat lou poxour ki fut, [2]) et e. c. l. e. an l'ai. l. dv.

b) Et se p. ancor b. sus III jornalz de terre ke geixent ou ban de Malleroit, s'an geist I jornal an Bugnons an coste Wichairt meymes, et I jornal deleis Nonsoit a paireir ancoste Rennier de Malleroit, et I jornal ancoste lou champ S. Morixe, ke Renniers desus dis tient, k'il ait aquasteit en alluet a Thiebaut de lai Fontenne [3]) de Vantous, et e. con l. e. an l'a. l. dv.

162 Matheus, li filz Burtran de Nowillei ki fut, p. b. por lui et por ces freires et por ces serours sus IIII jornalz et demei de terre ke geixent ou ban de Nowilley, en IIII pesses, en lai fin de de Maiey, k'il ait aquasteit a Matheu, lou fil Jennat Menneit, et e. c. l. e. an l'a. lo d.

163 Li sires Poinces de Colloigne p. b. sus lai maxon et sus ceu ki apant ke siet a Pairnemaille ke fut Hullanguel, k'il ait releveit encontre Hanriat, lou maior de S. Julien, por les v s. de cens ke li maxon dovoit a signor Poinson meymes, permei teil cens com li maxon doit davanterieunemant a ceulz de S. Vincent.

164 Goudefrins Bouchas p. b. sus une pesse de vigne ke geist a lai barre, ancoste Alexand [4])

165* Ce sont li bans dou mey awast. En lai mairie de Porsaillis:
165 [Li sires Nicolles Ot]hins, [5]) doiens de S. Sauour de Mes. p. b. sus les XII lb. de mt. de premier cens ke geixent sus tout l'eri-

---

[1]) *Vor* lai femme *ist* sai suer *durchgestrichen.*

[2]) Sennat lou poxour ki fut *übergeschrieben,* Rennonin de Malleroit *durchgestrichen,* ki fut *hinter* Malleroit *ist stehen geblieben.*

[3]) de lai Fontenne *übergeschrieben,* de Franconrue *durchgestrichen.*

[4]) So weit hatte Schreiber 16 geschrieben, als er merkte, dass der Eintrag nicht zu denen von Porte Moselle, sondern zu denen von Porsaillis gehörte. Er löschte und kratzte dann das Geschriebene aus. v. 1290, 238.

[5]) v. 1290, 132 und 273.

taige antieremant de can ke dame Symonate, li femme lou
signor Poinson lou Trowant ki fut, et Jehans et Ferris et
Joffrois, sui troi fil, an tienent a Mair[ley et ou ban] et en lai
fin de Mairley et de Maigney et de Powilley, tout ceu ke fut
lou signor Poinson lou Trowant desour dit, soit en chans, soit
en preis, soit en bolz, soit en sances, soit en rantes, soit en
droitures de bleis et de deniers et de gelines, soit en awe, soit
en maxons, soit en grainges, soit en toutes autres manieres, an
keil ki onkes maniere ke se soit, sans niant a retenir, an tous
us et en tous prous et an toutes vaillances, ke li sires Nicolles
desour dis ait aquasteit a dame Symonate[1]) et a Jehan et a
Ferrit et a Joffroit, ces III filz desour nommeit, et e. c. l. e.
an l'ai. l. dv.

166 Odins li espiciers, ke maint an Furneirue, p. b. sus les xv s.
de mt. de cens ke geixent sus lai maxon ke siet sus lou tour
de Goubertcourt, ke fut Alairt lou gaieneir, k'il ait aquasteit
a Arnout, lou fil Alairt desour dit, et a Gillat, son freire,[2])
por Odin, lou fil Jacob dou Pont, et por ces freires et por ces
serours, et e. con l. e. an l'ai. l. dv.

167 Perrins, li filz Aburtel de Vairney, p. b. sus lai maxon et sus
ceu ki apant et sus lou meis daier ke siet en Chaponrue, an-
coste les II maxons Bertelo, k'il ait aquasteit a maistre Regnier
de S. Auol, lou freire Bertelo desour dit, permei VII s. et demei
de mt. de cens, et e. c. l. e. an l'ai. l. dv.

168 Jennins li Pickairs p. b. sus lai maxon et sus can ki apant ke
siet ou Waide davant l'osteit Keutelawe, k'il ait aquasteit a
Yzaibel lai Grosse dou Champel, permei IIII s. de mt. de cens,
et e. c l. e. an l'ai. l. dv.

169 Mergueron dou Nuefchaistel, li fille Poincignon Quairemel, et
Yzaibelz, sai fille, p. b. sus lai maxon et sus ceu ki apant ke
siet davant lai court de Villeirs,[3]) k'elles ont pris a cens a
lour douz vies de freire Nicolle, lou convers de Villeirs, permei
xxv s. de mt. de cens, et e. con l. e. an l'ai. l. dv.

170 Matheus d'Abocourt, ke maint an Vesignuelz, p. b. sus lai maxon
et sus ceu ki apant ke siet davant S. Gengout, antre l'osteit
Collat lou tonnelier et lai maxon lai femme Poincignon Billeron,

---

[1]) Symonate *steht auf einem mit P anfangenden ausgelöschten und ausge-
kratzten Namen.*

[2]) et a Gillat, son freire, *übergeschrieben mit heller Tinte.*

[3]) v *verbessert aus* w.

k'il ait aquasteit a Thieriat d'Abocort lou masson, perme[i] vIII s. de mt. de cens, et e. c. l. e. an l'ai. l. dv.

171 Symonas li boulangiers de Davant S. Eukaire p. b. sus lai maxon et sus [ceu] ki apant ke siet defuers lai porte des Allemans, et sus les vɪ d. de cens c'on doit sus les voies daier lou meis de celle maxon, k'il ait aquasteit a Thieriat lou boulangier, permei xxɪɪɪ s. et demei de mt. de cens, et e. c. l. e. an l'ai. l. dv.

172 Thierias, li freires Bueuelat de Hulouf, p, b. sus lai pesse de terre ke geist en Blanchepesse ancoste lai terre Jennat Chaureson, ou ban de Bornei, k'il ait aquasteit a Lucate, lai fille Lowiat lou waistelier, permei II d. de cens, et e. c. l. e. an l'ai. l. dv.

173 Lowis d'Exem, li freires signor Thierit Rogier, p. b. sus LV jornalz de terre arreure et sus xxvIII fasiees de preit ke geixent en bans de Brehem, de Til, de Villeirs, de Nuevechief, de Chaistelz, et sus les v quartes de wayn de cens ke geixent sus lou moulin a teil de Til, ke geist en mei lai ville de Til, et sus lai maxon a Brehem et sus lai maxon ancoste et sus lou gerdin daier, et sus lou meis an Friborne ou ban de Brehem, et sus can ki apant a tout cest eritaige desour dit, k'il ait aquasteit en alluet a Symonat Bouvel, et e. c. l. e. an l'a. l. dv.

174 Thierias Brixelaite p. b. sus lai maxon et sus ceu ki apant ke siet ou Waide, ancoste l'osteit Symonel de Bacort, k'il ait aquasteit a Symonat Menel de Fremerei, permei vɪ s. de met. de cens, et e. con l. e. an l'ai. l. dv.

175 Jehans, li filz Jacob de Prouins ki fut, p. b. sus lai maxon et sus tout ceu ki apant ke siet an S. Martinrue, davant l'osteit Guercire de Gorze ki fut, et sus lai petite maxon ke siet en lai rowelle davant l'osteit Lietal, daier ceste maxon meymes, k'il ait aquasteit a Coinse lou vieseir de Sanerie, permei XL s. de mt. et II d. de cens ke tous cist eritaiges doit, et e. con l. e. an l'ai. l. dv.

176 Gontiers li wanteirs et Waterins, ces freires, p. b. sus lai vote et sus ceu ki apant ke siet en Sanerie ancoste lai vote Petitvacke, davant l'osteit lai Kairetade, k'il ont pris a cens de Jehan Petitvacke, permei xxɪɪɪɪ s. de mt. de cens, et e. c. l. e. an l'ai. l. dv.

177 Li sires Jehans Chaiuerles, li prestres de Port, p. b. sus lai maxon et sus ceu ki apant ke fut Jacob, ke siet a Morville, k'il ait aquasteit a Jehan lou Moinne de Montois, permei teil

cens et teil drouture et teil servise com elle doit, et e. con l.
e. an l'a. l. dv.

178 Jaikemins de Montois p. b. sus lai maxon et sus ceu ki apant
ke siet ou Waide Bugle ancoste l'osteit Viel, k'il ait aquasteit
a Collate, lai meire Bikelat lou tondour, permei xi s. de met.
de cens, et e. c. l. e. an l'ai. l. dv.

179 Jaikemins Mouretelz p. b. sus les IIII lb. de mt. v s. moins de
cens k'il meymes lour dovoit sus les II maxons ke sieent daier
les Chainges, antre son osteit meymes et l'aitre S. Sepluce,
k'il ait aquasteit a lai priouse et a covant des Grans pucelles
de lai Vigne S. Marcel de l'ordre [S. Au]gustin, et e. con l. e.
an l'ai. l. dv.

180 [...... de] Hans p. b. sus lai maxon et sus ceu ki apant
ke siet en S. Martinrue ancoste lai grainge dame Yzaibel
Denielate ki fut, ki fut Colin Fagon, lou seur Colignon Tristan
lou parmantier, k'il ait aquasteit a Colignon Tristan desor dit,
permei xxv s. et demei de mt. de cens, et e. c. l. e. an l'ai. l. d.

181 [............ Sy]monin de Pertes et Yzaibelz, li fille Thieriat
de Chaistelz ki fut, p. b. sus lai maxon et sus tout ceu ki
apant ke siet antre lai maxon lou signor Guercire de Gorze ki
fut et lai maxon Badewin dou Quertal, k'elles ont pris a cens
de Jennat lou Gouge lou parman[tier, permei .... d]e premier
cens k'elle doit a Nostre Dame as Chans, et permei xx s. de
mt. de cens k'elles an doient a Jennat desour dit, et e. c. l. e.
an l'ai. l. dv.

182 .... p. b. sus lai maxon et sus ceu ki apant ke
siet ancoste les hoirs Bredairt, k'il ait aquasteit a Badewin,
lou fil Ailexon de Lucey, permey x s. de mt. de cens, et e. con
l. e. an l'ai. l. dv.

183 [Li sires Alexandres de Sor]bey¹) chiveliers, p. b. sus une pesse
de preit ke Perrins chiveliers ait a Anceruille, ke Perrins li
ait mis en contrewaige por les xx s. de mt. de cens k'i[l] li
doit sus une pesse de preit, ke fut lou Grant senexal, ke geist
a Anceruille, et a. con l. e. an l'ai. l. dv.

184 .... Thier]iat Louves de Pontois, et Domangelz, li freires
Petit d'Aubes, p. b. sus tout l'eritaige ke Burtemins, li filz
Thieriat Louves de Pontois, avoit, per tout ou k'il soit, ke li
vient de pair peire et de pair meire, k'il ont aquasteit a Burte-
min meymes, et e. c. l. e. an l'a. l. dv.

---

[1] *v. 1290, 212.*

185 [Wiborate]¹), li fille Jehan Winoble de Sanerie ki fut, p. b. sus tout l'eritaige ke Jehans li Effichies ait a Badrecort et en tous les bans, et sus teil partie com il avoit en lai maxon et en seu ki apant ke fut Jehan Winoble, k'elle ait aquasteit a Jehan desor dit, et e. c. l. e. an l'a. l. d.

186 [Li sires Abers]²) d'Espainges li prestres p. b. por les pucelles de lai Vigne S. Marcel sus les v s. de mt. de cens ke geixent sus lai maxon Piereson d'Anglemur ki fut³), ke siet ancoste l'osteit Herrecourt a Porte Serpenoize, ke Jennas li Haie doit, k'il ait aquasteit a Jaikemin Mouretel, et e. con l. e. an l'ai. l. dv. ⁴)

187 a) Thierias Bouchat⁵) p. b. sus les II s. de met. de cens ke geixent sus lai maxon et sus tout ceu ki apant ke siet en Maizelle antre l'osteit Willame lou boulangier et lai maxon lai femme Lambelat Marroit, k'il ait aquasteit a Jennat Callefairt lou corvexier, ke maint an Maiselles,⁶) apres v s. de mt. et VII d. de cens⁷) ke li maxon doit davanteriennemant, et e. con l. e. an l'ai. l. dv.

b) Et se p. ancor b. sus les II s. de mt. de cens ke geixent sus lai maxon et sus ceu ki apant ke fut maistre Esselin l'escollier, ke siet ou Waide, k'il ait aquasteit a Hanriat, lou fil Gerairt de Porsaillis, et a Anel, sai femme, apres les III s. et demei de mt. de cens ke li maxon doit davanteriennemant, et e. con l. e. an l'ai. l. dv.

188 a) Steuenins li Hallois de Flurey p. b. sus la moitiet de tous les querteirs ke Jaikemate, li femme Thieriat lou radour d'Orgney ki fut, et Doignous, ces serorges, avoient ou ban de Flurey et ou ban de Powilley, ke lour est escheus de pair Plaixansate lai meire Jaikemate.

b) Et se p. ancor b. sus teil partie com elle avoit an l'andain de preit ke geist desous Pawilley, ke partet a Richier, son serorge, k'il ait aquasteit a Jaikemate desour dite, permei teil cens com tous cist eritaiges doit, et e. c. l. e. an l'ai. l. dv.

189 Burtrans Fakignons li bouchiers p. b. sus lai maxon ke siet davant l'orme a Grixey et sus lou jornal de terre arreure ke

---

¹) v. 1293, 273. ²) v. 1290, 73.
³) ki fut übergeschrieben.
⁴) Der Rest der Zeile zeigt Rasur.
⁵) Hinter t ist ein Buchstabe ausgekratzt, wohl e (Bouchate).
⁶) Das erste s von Maiselles ist aus x verbessert; vorher und gewöhnlich steht Maizelles. v. Anm. zu 1290, 194.
⁷) de cens am Anfang und am Schluss von 187 a übergeschrieben.

geist daier et sus ceu ki apant, et sus II pesses de terre ke geixent a Grixey, et sus II d. de cens ke geixent sus une pesse de terre a Grixey, k'il ait aquasteit a Burtran Deuloufist de Maizelle, permei II. d. de cens ke tous cist eritaiges doit, et e. c. l. e. an l'ai. l. dv.

190 Jaikemins, li filz Jennin Raidenel ki fut, p. b. sus la moitiet de lai maxon et de ceu ki apant ke fut Lowit lou tennour, son awel, ke siet en lai Vigne S Auol, ancoste l'osteit Yzambairt Xobairt, k'il ait aquasteit a Lowiat, son freire, permei teil cens com li moitiet desor dite doit, et e. c. l. e. an l'ai. l dv.

191 Arnous Colons p. b. sus lai maxon et sus ceu ki apant ke siet an Chaiureirue ancoste lui meymes, k'il ait pris a cens dou signor Jehan, lou grant prestre de S. Martin, permei XVI s. de mt. de cens k'elle doit a Burtignon Paillat, et permei v s. k'ele doit a S. Martin en Curtis, et e. c. l. e. an l'ai. l. dv.

192 Otthignons de Xuocort, ke maint en Maizelles, p. b. sus demei jornal de vigne ke siet sus lou ruit de Maizelles, ancoste lai vigne Thomessin Cunevaille, k'il ait aquasteit a Jennin Noiroil, permei v s. de mt. de cens; et e. c. l. e. an l'ai. l. dv.

193 Jennas, li nevous Domenjat Lohier, p. b. sus lai maxon et sus ceu ki apant ke fut Badewin, lou fil lai dame de Pertes, ke siet ancoste l'osteit Domeniat Lohier, k'il ait aquasteit a Badewin desour dit, permei x s. de mt. de cens, et e. c. l. e. an l'ai. l. dv.

194 Ferrias Fessalz et Roillons Louse p. b. sus lai pesse de vigne ke geist en Rollanmont antre lai vigne Domeniat Lohier et lai vigne Jaikemin Berrel, k'il ont aquasteit a Colignon, lou fil Lowiat Paillat de Maizelles¹) ki fut, permei I d. de cens, et e. c. l. e. an l'a l. d.

195 Gererdins Berbastres dou Waide p. b. sus lai pesse de vigne an Challocit outre Saille, k'il ait aquasteit a Otenat, lou fil Thierion Moysel, permei III s. et demei de mt. de cens, et e. con l. e. an l'ai. l. dv.

196 Poincignons Faconvers p. b. por lai chieze Deu dou Preit de Mes sus III s. de mt. de cens ke geixent en Maizelles sus lai maxon Jennat Callefairt, ke li prious dou Preit desour dit ait aquasteit a Colignon lou Vacke lou cordewenier, apres XXXI d. de cens ke li maxon doit davanteriennemant, et e. c. l. e. an l'ai. l. dv.

---

¹) z verbessert aus s. v. Anm. zu 1290, 187 a.

197 Lorate, li fille Jennin Cowe, p. b. sus lai maxon et sus ceu ki apant ke siet ou Halt Champel ancoste l'osteit Hermenat, k'elle ait aquasteit a Thiebaut de Murewal, permei xv s. de met. de cens, et e. c. l. e. an l'ai. l. dv.

198 Thierions Fagos li cordiers p. b. sus lai maxon et sus ceu ki apant ke siet a Quertal, k'il ait aquasteit a Ailexon lai telleire dou Quertal, lai fille Jennat Bouchat, permei LX s. de mt. de cens, et e. c. l. e. an l'ai. l. dv.

199 [Vgui]gnons Pettairs, li filz Joffroit Aixiet ki fut, p. b sus lai maxon et sus lou meis daier et sus tout lou resaige ki apant ke siet a Montigney[1]) antre lai maxon Hawit, lai femme Mathiat, et Weiriat lou Grant, ke Vguignons [desor dis] ait aquasteit a Weiriat Guidaie, permei III s. de mt. de cens ke tous cist eritaiges doit a Jaikemin[2]) Bellegree, et e. c. l. e. an l'ai. l. dv.

200 ....s de S. Arnout p. b. sus les xv s. de mt. de cens ke geixent sus lai maxon Hanriat lou boulangier, ke siet davant l'ospital des Allemans, k'il ait aquasteit a Hawiate,[3]) lai fille Abillon lai Bouxenerasse, permei IIII s. et demei [de mt. de cens dont on redoit ...d. aie]r, et e. c. l. e. an l'ai. l. dv.

201 .... de Thicheicourt p. b. sus lai maxon et sus ceu ki apant ke siet an lai Vigne S. Auol ancoste l'osteit Remiat Menneil, k'il ait aquasteit a Colignon Guercel, permei XII s. de mt. de cens, et e. con l. e. an l'ai. l. dv.

202 .... li] feivres p. b. sus lai maxon et sus ceu ki apant ke siet a Porsaillis ancoste l'osteit Jennat Aurait, k'il ait aquasteit a Beliairt et a Merguerite, les II filles Poincignon de Laibrie ki fut, permei XLIIII s. de mt. k'elle doit a Tample, et [permei ...... de m]t. de cens k'elle doit a II serours desour dites, et e. con l. e. an l'ai. l. dv.

203 .... Besselin Jarrant p. b. sus lai maxon et sus ceu ki apant ke siet ou Waide ancoste l'osteit Jaikemin Potier, k'il ait aquasteit a Gererdat Cornaille, permei VI s. de met. de cens k'elle doit a Henneborget, et permei VI s de mt. de cens k'elle doit a Colignon Peuchat, et e. con l. e. an l'ai. l. dv.

204 [Aburtins][4]) Gallios p. b. sus une tavle ke siet en Nues Chainges davant S. Seplixe, ke fut Jennolle Mallebouche, ke li est

---

[1]) *Vor* a Montigney *ist* a Maigney *durchgestrichen.*
[2]) Jaikemin *steht auf einem ausgelöschten und ausgekratzten Namen.*
[3]) Hawiate *steht auf einem ausgelöschten und ausgekratzten Namen.*
[4]) *Die unteren Enden der Buchstaben sind zum Teil erhalten.*

delivre per droit et per jugemant ancontre Colignon, lou fil
Jennolle desour dit, ki an est hoirs et mainbors, por tant com
Jennolle desour dis li doit per escrit an airche, et por x lb.
de mt. k'il li doit sans escrit, et dont Aburtins est tenans.

205 Poinsate, li femme Burtel de Vesignuelz ki fut, p. b. sus lai
maxon et sus lou resaige ki apant ke siet an Vesignuelz an-
coste l'osteit Burtel ki fut, ke Collelz Gomerelz de Vesignuelz
li ait laieit a cens, a lei et a ces hoirs, permei IIII lb. et demaie
de mt. de cens k'elle doit a Luciate, lai femme Domanget lou
cellier ki fut, et permei xx s. de mt. de cens k'elle doit a Collel
desor dit, et e. con l. e. an l'ai. l. dv.

206 a) Steuenins, li filz Ydate dou Waide, p. b. sus lai pesse de vigne
ke siet outre Saille en Rollanmont, ancoste lai vigne Colignon
Peuchat, k'il ait aquasteit a l'abbeit et a covant de Sainte
Creux davant Mes, permei III mailles de cens, et e c. l. e. an
l'ai. l. dv.

b) Et se p. ancor b. sus lai maxon et sus ceu ki apant ke fut
Colignon Ferrion, son cerorge, ke siet antre l'osteit chivelier¹)
d'Espainges ki fut et l'osteit Steuenin meymes, permei xxv s.
de mt. de cens, c'est a savoir VIIII s. a S. Thiebalt et VIIII s.
a lai femme Cunin Willebor et VII s. a Thiebaut de Florehanges,
et sus III s. de mt. de cens ke geixent sus lai maxon ke siet
ancoste lui meymes ou Waide, ou Hanrias li boulangiers maint,
k'il ait aquasteit a Colignon Ferrion, et e. c. l. e. an l'ai. l. dv.

207 Perrate, li fille dame Collate lai Symairde ki fut, p. b. sus
XVI s. et demei de mt. de cens ke geixent sus lai maxon et
sus ceu ki apant ke siet davant lai court dou Morier en Chaipe-
leirue, ou dame Collate manut, k'elle ait aquasteit a Jaikemin
Mairasse, et e. c. l. e. an l'ai. l. dv.

208 Burtemins, li filz lou Bague de S. Clemant, p. b. sus lai pesse
de vigne ke siet daier lou chakeur S. Clemant, ancoste lai
vigne ke fut Mariate de S. Arnout, k'il ait aquasteit a Pairexat
de Loueney, permei tiers meu S. Clemant, et e. c. l. e. an l'a. l. dv.

209 Steuenins, li maires de S. Clemant, p. b. sus II s. de mt. de cens
ke Humbers de Nostre Dame as Chans li ait essis sus ces II
eires de meis ke sieent sus lai fontenne Armantrut, antre lou
meis Hanriat Nockaire et lou meis lai femme Bouwel, k'il ait
aquasteit a Humbert desour dit, apres XVI d. de cens ke les II
eires de meis doient davanteriennemant, et e. c. l. e. an l'ai. l. dv.

---

¹) *Vor* chivelier *ist* lou *durchgestrichen.*

210 Cunelz ke maint an l'osteit lou signor Thiebaut lou Gornaix lou chivelier p. b. sus lai mason et sus tout ceu ki apant ke siet davant lou Preit a Mes,¹) ancoste l'osteit signor Jehan lou prestre maistre Abrit, ke Cunelz desour dis ait aquasteit as signors dou Preit a Verdun, permei xvii s. de mt. de cens, et e. c. l. e. ke geist en l'a. et les lettres k'il en ait l. devisent.
211 Hanrias de Noweroit p. b. por lai chieze Deu des Cordelieres de Mes sus la moitiet des xxxi d. de cens ke geixent sus ii maxons an Vesignuelz, ke Richiers Bellegree rekeut, k'il ait aquasteit por lai chieze Deu des Cordelieres desour dites a Symonin, lou fil Jaikemin Bellegree ki fut, et e. con l. e. an l'ai. l. dv.
212 Perrins Cheualleirs p. b. sus la moitiet dou broil ke geist a pont a Ancerville, ke fut lou senexal, ke partet a lui meymes, k'il ait aquasteit a signor Alexandre de Sorbey chivelier, permei xx s. de mt. de cens, et c'on puet raicheteir, et e. c. l. e. an l'ai. l. d.
213 Mathions Guerebode p. b. sus lai maxon et sus ceu ki apant ke siet sus lou tour de lai rowelle de S. Martinrue, ancoste lai maxon dame Moustoile, et sus lai petite maxon ke siet en lai rowelle daier lai maxon davant dite meymes, ke vait jusc'ai lai maxon Jaikemin Roucel lou vieseir, k'il ait aquasteit a Gillat lou vieseir, permei xxv s. de mt. de cens k'elle doit a ceulz de Moremont, et v s. a Sainte Glosenne, et xxx s. a Jaikemin de S. Arnout, et e. con l. e. an l'ai. l. dv.
214 Li sires Weiris li prestres, li filz Thieriat Rauille ki fut, p. b. sus iiii s. de mt. de cens ke geixent sus lai maxon et sus ceu ki apant ke siet en Chaponrue ancoste l'osteit ke fut Pawenel, k'il ait aquasteit a Symon, lou fillaistre Perrin lou boulangier, apres vi s. de mt. de cens [ke li maxo]n doit davanteriennemant, et e. con l. e. an l'ai. l. dv.
215 a) [Li sires Regals,]²) coustres de lai Grant Eglixe de Mes, et li sires Gerairs li Lombairs, ces conchanones, p. b. sus les xiii s. de mt. de cens ke geixent sus l'osteit Gereirt Ruxe lou tenour et sus tout lou resaige ki apant, ke siet en lai Vigne S. Auol davant lou pux, dont [on redoit aier] iii s. de cens a S. Auol, k'il ont aquasteit a Lorate, lai fille Vguin Blangrenon ki fut, et e. con l. e. an l'ai. l. dv.

---

¹) siet davant lou 'Preit a Mes *auf Rasur*.
²) *v.* 1290, 272.

b) Et se p. ancor b. sus les XVI s. de mt. de cens ke geixent
sus une maxon ke siet ou Paire, davant l'osteit ....
a]ncoste l'osteit ke. fut Thieriat de Molins, et sus lai chambrate
davant et sus lou resaige ki apant, k'il ont aquasteit a Jaike-
mat lou Boudre et a Bellenee, sai femme, apres VIII s. de cens
et II steires et demaie d'ole ke ceste maxon doit, et e. c. l. e.
an l'a. l. dv.

216 [Jehans,¹) li filz Re]nadin lou Mercier, p. b. sus les x s. de mt.
de cens ke geixent sus une maxon ke siet ancoste l'ospital des
Allemans, ke fut Symon de Maixeroit, ke cil de l'ospital meymes
doient, k'il ait aquasteit a Gerairt lou Gornaix de Chadeleirue,
lou fil Colin lou poxour [de Chame]nat ki fut, et a Cunegate,
sai femme, et e. con l. e. an l'ai. l. dv.

217 a) Stenenins, li filz Poincignon Billeron de Chaistelz ki fut, p.
b. sus les XLVII s. et demey de mt. de cens dont il en geist
XXXVII s. et demey sus l'osteit ke fut Colignon Poierel, ke siet
a Quertal, et x s. a Espainges, k'il ait aquasteit, a signor Pieron
Luxies a²) a sai fille, et e. c. l. e. an l'ai l. dv.

b) Et p. ancor b. sus les XXXVII s. et demei de mt. de cens ke
geixent sus lai maxon ke fut Colignon Poirel, ke siet a Quer-
tal, k'il ait aquasteit a Collate, lai fille signor Pieron desour
dit, et e. con l. e. an l'ai. l. dv.

218 Jaikemins, li filz signor Jehan de S. Pocort ki fut, p. b. sus
lai tour et lou meis et sus ceu ki apant ke siet defuers lou
mur de lai citeit, antre lou pont a Maizelles et lou pont a lai
Chenal, dont Jaikemins est tenans.

219 Jaikemins, li filz Jaikemin Jallee ki fut, p. b. sus III s. et demei
de mt. de cens ke Jennas Mercerions de Sanerie li ait essis sus
sai maxon et sus ceu ki apant, ke siet an Sanerie, ancoste
l'osteit Jennat c'on dist de Corcelles, apres XVII s. de mt. de
cens k'elle doit a l'ospital S. Nicolais ou Nuefborc, et apres V s.
et demei de mt. de cens k'elle doit a Jaikemin desour dit, k'il
ait aquasteit a Jennat Mercerion desour nommeit, et e. con l.
e. an l'ai. l. dv.

220 Andrewas Burnas p. b. sus teil partie d'eritaige com il li est
escheus de pair Willame de Luppei, son seur ki fut, ke geist
a Luppei et a Pontois et en tous les bans et aillours, ou k'il
soit et keilz il soit, k'il ait espartit ancontre les hoirs Willame

---

¹) v. *1288, 422, 463, 563.*
²) a = et.

desour dit, permei teil cens et teil droiture com sai partie de l'eritaige doit, et a. c. l. e. an l'ai. l. dv.

221 a) Aburtins Burnas p. b. sus teil partie d'eritaige com il li est escheus de pair Willame de Luppei, son seur ki fut, ke geist a Luppei et ou ban et aillours, an tous us, ou k'il soit et keilz il soit, k'il ait espartit ancontre les hoirs Willame desour dit, permei teil cens et teil droiture com sai partie doit, et e. c. l. e. an l'ai. l. dv.

b) Et se p. ancor b. sus lai pesse de vigne ou on contet II jornalz ke geist en Aivr, ancoste lui meymes, k'il ait aquasteit en alluet a Colignon, son cerorge, lou fil Willame desour dit, et e. c. l. e. an l'a. l. d.

222 Jennas Aixies p. b. sus lou tiers de lai maxon[1]) et de ceu ki apant ke fut Jaikemin[2]) l'erdour, ke siet sus lou Mur, ancoste l'osteit Petitvaike, k'il ait aquasteit a Jehan, lou fil Jaikemin l'erdour, permei lou tiers de XXVII s. de cens, et e. c. l. e. an l'ai. l. dv.

223 Jaikemins Saterelz li taillieres p. b. sus lai maxon et sus tout ceu ki apant ke siet a pont a Saille ancoste lui meymes, k'il ait aquasteit as maistres et as freires de l'ospital S. Nicolais ou Nuefborc, permei xxxv s. de mt. de cens, e. c. l. e. an l'ai. l. dv.

224 Mathias li clers, li filz Symon de Pontois, p. b. sus lai maxon et sus tout ceu ki apant ke siet a Pontois antre l'osteit Jehan et Poinsat, ces II freires, ke Weirias, ces freires, li ait doneit et atorneit, e. c. ces testamans ke geist en l'ai l. dv.

225 Howignons li feivres de Maizelles p. b. sus I jornal de terre arreure ke geist ou ban de Sorbey, sus lai haie de lairis, ancoste Philippin Perrenel, k'il ait aquasteit a Aburtin, lou fil signor Poinson d'Espainges, permei I d. de cens, et e. c. l. e. an l'a. l. dv.

226 Lambelins li berbiers, ke maint sus lou pont a Saille, p. b. sus lai maxon et sus ceu ki apant ke fut maistre Goudefroit de Conflans, ke siet a Porsaillis, antre l'osteit maistre Watier et lai maxon Arnout lou taillour, k'il ait aquasteit a Piereson, lou fil maistre Goudefroit desour dit, permei xxx s. de mt. de cens, et e. con l. e. an l'ai. l. dv.

---

[1]) *Der Eintrag steht von* maxon *bis* ensi *auf Rasur.*

[2]) *Vorlage* Jehan, *aber* Jehan, *der Sohn, wird erst nachher als Verkäufer genannt. v. 1290, 395 a, wo es sich um ein anderes Drittel desselben Hauses handelt.*

227 Jennas Corcelles, ke maint en Sanerie, p. b. sus les VIII s. de
mt. de cens k'il meymes dovoit sus sai maxon ou il maint, ke
siet en Sanerie, et sus les XII s. de mt. et v d. de cens ke
Jennas de Sanerie doit sus sai maxon, ke siet ancoste lai maxon
Jennat desour dit, k'il ait aquasteit a Jehan l'Effichiet, et a:
con l. e. an l'ai. l. dv.

228 Jennas, li janres Jennat Otthignon, p. b. sus une pesse de terre
arreure ou on contet 1 jornal, ke geist a lai Fontenelle, ancoste
lai terre dame Lucate, lai femme Colin Thiehairt ki fut, k'il
ait aquasteit a Burtemin, lou fil Symonin de S. Piere, permei
I d. de cens, et e. con l. e. an l'ai. l. d.

229 Gillas li Belz dou Quertal p. b. por lai chieze Deu de Cleirvalz
sus lai maxon ke siet sus lou tour de lai rue de Pawillon,[1])
k'il ait aquasteit a Burtadon lou permantier, permei x s. de mt.
de cens, et e. c. l. e. an l'ai. l. dv.

230 Jaikemins de Pairgney p. b. sus lai maxon et sus ceu ki apant
ke siet en lai rowelle an coste lai grainge Colignon Nerlant,
k'il ait aquasteit a Colignon Doutout[2]) lou cordewenier de
Staixons, permei x s. de mt. de cens, et e. con l. e. an l'ai. l. d.

231 Li sires Alexandres de Sus lou Mur et li sires Pieres, li filz
dame Nicolle de Sanerie ki fut, et Jennas Aixies p. b. sus XXX
s. de mt. de cens ke geixent sus l'osteit Maiheu Mouguel, ke
siet davant lai maxon Hanriat Roucel, k'il ont aquasteit a
Ma[heu] desour dit, et e. c. l. e. an l'ai. l. dv.

232 .... p. b. sus VI d. de premier cens ke geixent sus lai
vies halle de draipiers en Vesignues, k'il ait aquasteit a l'abbeit
et a covant de S. Martin a lai Glandiere, et ansi com les lettres
ke sont saiellees de lours saielz lou devisent.[3])

233 [Poinsignon]s[4]) Troexins de Sainte Raifine p. b. sus XVIII d. de
mt. de cens ke Jaikemas de Sainte Rafine doit sus II jornalz
de terre ke geixent a l'Ormexe, an lai voie de Joiey, k'il ait
aquasteit a Badewat,[5]) et a. c. l. e. an l'ai. l. dv.

234 [6]) [Howignon]s, li aveles Richairt lou maior de Werrixe ki fut,
p. b. sus tout l'eritaige ke Burtemins Craimalz, li aveles Ri-

---

[1]) Pawillon *auf Rasur.*
[2]) *Vorlage* dou tout. *Soll es heissen* dou Tour *(vom Eck, von der Ecke)?*
[3]) *Vorlage* deviset.
[4]) *v. 1290, 275.*
[5]) *Das zweite* a *ist geändert aus* i.
[6]) *v. 1290, 159, 280.*

chairt desour dit, ait ke geist en lai mairie de Porsaillis, ke
li est escheus de pair Richairt desour dit et de pair Odelie,
sai femme, [ke li est] delivre en plait per droit et per jugemant,
por tant com Burtemins desour dis li doit, per escris an airche,
et dont Howignons desour dis est tenans, permei teil cens et
teil droiture com li eritaiges doit.

235 [Jaikem]ins¹) li filz signor Jehan de S. Polcourt ki fut, p. b.
sus xxx s. de mt. de cens ke geixent sus lai maxon Chastron,
ke siet ou Champ a Saille, antre l'osteit Poincin lou bouchier
et l'osteit Steule, ke li vienent de pair sai femme, a. c. l. e.
an l'ai. l. dv.

236 [Jehan]s²) Burtrans p. b. sus III s. de mt. de cens k'il meymes
dovoit sus une maxon ke siet sus lou Mur, daier son osteit,
k'il ait raicheteit³) a Vguignon Denielate, a. c. l. e. an l'ai. l. dv.

237 Poincignons, li filz Colin de Champelz ki fut, et Goudefrins de
lai Porte p. b. sus I jornal de vigne ke geist en Mallemairs,
k'il ont aquasteit a Hanriat Borron et a Lucate, sai serorge,
permei IIII s. de mt. de cens, et e. c. l. e. an l'ai. l. dv.

238 ⁴) a) Goudefrins Bouchas p. b. sus lai pesse de vigne ke geist
a lai barre ancoste Alexandre lou boulangeir, k'il ait aquasteit
a Domate, lai suer Lowiat Burtignon, en alluet, et e. c. l. e.
an l'ai. l. dv.
b) Et se p. b. ancor sus une pesse de vigne ke fut Melat lou
Brais, ke geist an Herberclos, permei⁵) II s. de cens, et sus VI
d. et maille de cens ke geissent sus lai maxon Melat lou Brais,
k'il ait aquasteit a Melatl ou Brais, et e. con l. e. an l'ai. l. dv.

239 Renaldins li boulangiers, li fillaistres Ancillon Saillenbien de
Montois, p. b. sus lai maxon et sus tout lou resaige ki apant
ke siet en Chaponrue antre lai maxon Guebour et lai maxon
Adan l'Alleman, k'il ait aquasteit a Gerairt Gregot, permei v s.
de met. et VII d. une angevine moins de cens, et e. c. l. e. an
l'ai. l. dv.

240* Ce sont li bans de la mey awost. An la marie d'Outre Muselle:
240 Mabeliate, li serorge Vguignon Harral, p. b. sus la maison et
sus cant ki apant ke fut Thiecelin lou munier, ke siet ansom

---
¹) *v. 1290, 218.*
²) *v. 1288, 305.*
³) raicheteit *übergeschrieben,* aquasteit *durchgestrichen.*
⁴) *v. 1290, 164.*
⁵) *Vor* permei *ist* et sus *durchgestrichen, das folgende* sus *ist übergeschrieben.*

l'osteil Hesson otre Muselle, k'elle ait aquasteit a Hanriat lou
Rocel, permei vIII s. de mt. de cens, et e. c. l. e. an l'a. l. d.

241 Li sires Robers, li prestes l'arcediacre Lowit, p. b. sus une
maison et sus cant ki apant ke siet en Anglemur, ancoste l'osteil
Colemel, k'il ait aquasteit a Jaikemate, la fille Gerart lou
bollengier, et a Gerart, son nevout, permei xx s. de mt. et II d.
de cens, et e. c. l. e. lo. d.

242 Li sires Martins de Gorze p. b. sus la grainge et sus lou meis
daier et sus cant ki apant ke siet otre Muselle ancoste l'osteil
Vguin lou corbillier, k'il ait aquasteit a signor Jaike de Gorze,
chanone de S. Piere a Vout, permei x s. de mt. de cens et II
chappons k'il an doit a la chiese Deu de S. Vincent, et e. c. l.
e. an l'a. l. d.

243 Thiebaus Morins p. b. sus une piece de terre ke geist as Van-
tals, ancoste lui meimes, k'il ait aquasteit a Richardin, lou fil
Wiart de Wapey, en alluet, et e. c. l. e. an l'a. l. d.

244 Matheus li vieceirs p. b. sus une maison et sus cant ki apant
ke siet en Anglemur, ancoste l'osteil Pieron, k'il ait aquasteit
a Domangin Grixel, permei vIIII s. de mt, et IIII d. et maille
de cens, et a. com l. e. en l'a. l. d.

245 Gillas de Vals p. b. sus les xx s. de mt. k'il ait aquasteit ai
Ancel, lou fil signor Pieron de Siey ke fut, sus sa [1]) partie, k'il
ait en premiers chateis de Rouzerueles, a. c. l. e. an l'a. l. d.

246 [Jen]nas Boulesse, li mares d'Arcansey, p. b. sus une maison
et sus cant ki apant ke siet davant S. Jorge, ke fut Jehan
Soupe, k'il ait aquasteit a Jehan Rafalt, permei x s. de mt. de
cens, et e. c. l. e. an l'a. l. d.

247 [Hawi?]s, li femme Jennat de Briey, p. b. sus la maison et sus
cant ki apant ke Renaldins de Bertranmeis avoit outre Muselle,
antre l'osteil Mahowat et Domangin de Rommebair, permei xxv
s. de cens k'elle doit a Ferriat Jeuwet, ke Renaldins ait
[esch]engiet encontre la maison ke Jennas desor dis avoit a
Mongagnier, permei xv s. et demei et I chapon de cens k'elle
doit, vIII d. a S. Marcel et vI s. et demei et I chapon a Jennat
Aixiet et vIII s. et IIII d. a Hawiate, la fille Jakemin [de Bert]-
ranmeis, et e. c. l. e. de l'eschainge ke geist en l'a. l. div.

248 Colins, li fils Bietrit de S. Martin, p. b. sus une piece de vigne
an Grant champ, ou an contet demei jornal, k'il ait aquasteit

---

[1]) sa *verbessert aus* la.

a Poinsate, la femme Herbo lou tanor de Curlandac, en alluet, et e. c. l. e. en l'a. l. d.

249 Ferr]ias¹) Fessals p. b. sus tout l'eritage k'il ait aquasteit a Domangin Xurlin, ke geist a Techiemont et ou ban, an grainge, an preis, en terres areures, permei teil cens et teil droiture com toz li eritages doit, et e. c. l. e. en l'a. l. d.

250 Et ce p. b ancor sus II s. de mt. de cens ke geisent sus la moitiet de la maison ke siet en la rue S. Vy arreis l'osteil Steuenin de Thiemonville, k'il ait aquasteit ai Odiliate, la femme Thieriat lou trezelour de S. Vy ke fut, et e. c. l. e. en l'a. l. d.

251 Steuenas Trejals de Wappey p. b. sus une maison ke siet a Wapey, ancoste lui meimes, k'il ait aquasteit a Forkignon, lou maior de Wapey, permei II s. et demei de mt. de cens, et e. c. l. e. an l'a. l. d.

252 Jaikemins de Champignueles p. b. sus une maison ke siet en Anglemur et sus cant ki apant, k'il ait aquasteit ai Ailixon, la femme Thomessin Restoreit, permei teil cens com elle doit, et e. c. l. e. an l'a. l. d.

253 Et ce p. b. ancor sus une atre maison ke siet en Anglemur et sus cant ki apant, k'il ait aquasteit a Jehan Barbe d'Outre Muselle, permei teil cens com elle doit.

254 Symonas li cherpentiers de l'ospital p. b. sus lou molin ke siet desour Wapey et sus cant ki apant, et sus de cant ke Thiebas, li fils Matheu Migomart, ait en tout lou ban de Wapey ke li est venus de part sa femme, k'il ait pris a cens de Thiebat desor dit, por c s. de mt. chac'an, et e. c. l. e. en l'a. l. div.

255 Ancillons Amions p. b. sus une maison et sus lou meis daier ke siet defuers Chambieres, ancoste l'osteil Wijon, k'il ait aquasteit a Hanriat, lou fil Colin lou cherpentier, permei teil cens com il doient, et e. c. l. e. en l'a. l. d.

256 Jennas, li janres Goible d'Allegranges, p. b. sus une maxiere et sus cant ki apant ke siet a monteir de la rue dou Benivont, k'il ait aquasteit a Germain, lou fil Lowiat de Racort, permei II s. et demei de cens k'elle doit a Ste Creux davant Mes, et e. c. l. e. an l'a. lo d.

257 Pieresons li Rocels de Nonuiant et Vguins, ces freres, p. b. sus II pieces de vigne ke geisent ou ban de Nonviant, ce geist li une a la Sals et li atre a Hermanfontainne, ke furent Tieriat

---
¹) v. *1290, 194.*

lou patour, k'il ont aquasteit a Jaikemin de Pairgnei, e. c. l. e. lo d.

258 Poinsignons Mauexins p. b. sus la maixon Perrin a Cul lou bouchier et sus cant ki apant, ke siet en la rowelle amsom Viez Bucherie, ke li est delivree an plait et per lou crant de Perrin desor dit, por tant com il ait a lui a fare, per escris an arche et sans escrit, et dont il est tenans, permei teil cens com elle doit.

259 [1]) Gellias et Hanris, li dui fil Renalt de Porsaillis, p. b. sus une maison et sus cant ki apant ke siet en la rue lou Uoweit, ke fut Vguin d'Airey, k'il ait aquasteit a signor Poujoize, lou preste de Siey, et a Jaikemin, son frere, les II fils Poujoize Coulon ke fut, permei xx s. de mt. de cens, et e. c. l. e. an l'a. l. d.

260 Jennins Jacob p. b. sus teil droit et sus teil raison com Marguerate, li fille Collin Mainnegout, ait en la moitiet de la maison et de ceu ki apant ke siet otre Muselle antre son osteil meimes et l'osteil Geradon, k'il ait a lei aquasteit, permei xi s. de mt. III d. moins de cens, et [2]) e. c. l. e. en l'a. l. div.

261 Renaldins Geruaixe p. b sus une maixiere et sus cant ki apant ke siet a Lescey, antre l'aitre et l'osteil Messat, k'il ait aquasteit a Poinsignon l'Oie, an alluet, et e. c. l. e. an l'a. l. d.

262 Waterins de Noweroit et Jehans Maclars de S. Priveit p. b. sus tot l'eritage ke Jennas li Bues ait ou ban de S. Priveit et de Roncort et de Valinpreit, an grainges en terres areures, en preis, en bols et en tout atre eritage, k'il ont a lui aquasteit, permei teil cens et teil droiture com il doit, et e. c. l. e. l. d.

263 Waterins de Noweroit p. b. ancor sus II s. et demei de mt. de cens ke geisent a Roncort sus l'osteil ke fut Jehan lou feivre, et sus II jornals et demei de terre ke geisent en Waynpreit, ancoste lui meimes, k'il ait aquasteit ai Abertin Chafolat, permei III mailles de droiture ke li terre doit a la cort S. Pou, et e. c. l. escrit en l'a. l. dient.

264 Jennas Rainmonins de Plapeuille p. b. sus une maison ke siet ou clo S. Marcel, ke fut preste Gerart, k'il ait aquasteit a Werneson, lou vallat Jaikemin lou prevost, permei VIII s. de mt. de cens, et e. c. l. e. en l'a. l. d.

---

[1]) *Durchgestrichen.*
[2]) et *bis* div. *aus Versehen mit 259 durchgestrichen.*

265 Warins de Longeuille, li fils Colin de Malleroit, p. b. sus une pieee de terre ke geist an Preires, davant lou chakeur l'Eveke, ou an contet demei jornal, k'il ait aquasteit a Boinvallat, lou fil Jaikemin Cokan de Ste Rafine, e. c. l. e. en l'a. l. d.
266 Jennas Lambelins p. b. sus la maison Colignon de S. Martin et sus can ki apant, ke li vient de part Lowiat, son seur, k'il ait aquasteit a Colignon desor dit, en alluet, et e. c. l. e. en l'a. l. d.
267 Et ce p. b. ancor sus une facie de preit ke geist desous Eurecort, c'on dist en lou Preit, k'il ait aquasteit a Poinsate, la fille Symonin Bokel, en alluet, et e. c. l. e. en l'a. l. div.
268 [Cuni]ns[1]) d'Onville p. b. sus II s. de mt. de cens k'il ait aquasteit a Jehan, lou fil Jehan de S. Vy, sus la moitiet de la maison ke siet antre Pierart et Steuenin Thiemonville,[2]) et e. c. l. e. an l'a. l. div.
269 [Ha]nrias de Noweroit p. b. por l'abause et por lou convant des Cordelieres de Mes sus la moitiet de III s. de mt. de cens ke Hanrias Burnekins doit sus sa vigne ke geist a Longeuille, ke fut lou Vadois, k'il ait aquasteit a Symonin, lou fil Jaikemin Bellegreie ke fut, et e. c. l. e. en l'a. l. d.
270 Drowins, li fils Gerart de Rouwes d'Ars, p. b. sus une maison et sus cant ki apant ke siet ai Airs, k'il ait aquasteit a Gillat lou Bel dou Nuefbourc, et e. c. l. e. en l'a. l. d.
271 Perrins Badoche p. b. sus une maison ke siet en la rue lou Uoweit, ke fut Symonat lou permantier, ke li est delivree per droit et per jugemant contre les prestes parrochals, permei XVI s. de mt. de cens ke li maisons doit.
272 Li sires Regals, coustres de Mes, et li sires Gerars li Lombars, chanones de Mes, p. b. sus les XV s de mt. de cens ke geisent sus une maison en Anglemur et sus cant ki apant, ke fut Jennin de la Folie, k'il ont aquasteit a Geliat et a Hanrit, les II fils dame Richardate, et e. c. l. e. en l'a. lo d.
273 Jehans, li fils signor Poinson lou Gronaix, p. b. por lui et por ces freres et por ces serors sus une maison ke siet a Longeuille, et sus lou jardin ancoste, et sus la vigne ancoste lou jardin, et sus la vigne an petite ruelle, k'il ait aquasteit a signor Nicolle Otin, doien de S. Sauor, permei teil cens et teil droiture com

---

[1]) v. 1288, 82, 88.
[2]) en la rue S. Vy, v. 1290, 250.

tous cist eritages doit, et permei teil moiterasse et teil droit com
Werias, li fils Piereson de Rozeruelles, i ait, et e. c. l. e. en l'a. l. d.
274 Et ce p. b. ancor Jehans desor dis por lui et por ces freres et
por ces serors sus la piece de vigne ke geist a Maguse a Lon-
geuille, c'on dist an Jehanvigne, ou an contet I jornal, k'il ait
aquasteit a dame Ysabel, la femme Howart Jallee ke fut, en
alluet, et e. c. l. e. an l'a. l. div.
275 Yngrans Goulle et Jennas, ces freres, p. b. sus lou einkime de
la maison et de ceu ki apant ke fut Jakier l'espicier, ke siet
davant lou Grant Mostier, k'il ont aquasteit a Collel, la femme
Abertin lou berbier ke fut, permei LXI s. de mt. et II chapons
de cens ke li maisons doit, et e. c. l. e. an l'a. l. div.
276 Gillas Haike p. b. por la chiese Deu de Fristor sus une piece
de boix ke geist ou ban de Maranges, c'on dist en la Viez
halle, k'il ait aquasteit a Jennin lou Degoutal de Noweroit et
a Werion Briey de Maranges et a Fillipin de Noweroit et ai
Abillate, sa suer, et a Gigant lou tanour de Noweroit et a Piere-
sin lou corvexier de Noweroit, et e. c. l. escrit an l'a. l. dient.
277 Poinsignons Troixins de Ste Rafine p. b. sus une piece de preit
ke geist a Graviers, desous lou chamin, k'il ait aquasteit a
Rainnier et a Piereson, les II fils Roubelat lou maior d'Airs,
en alluet, et e. c. l. e. en l'a. l. d.
278 Li abbes Rainniers de S. Vincent p. b. sus tout lou signeraige
de la santainne de Maixieres et de Leirs, et de cant ki apant
a signeraige de la santainne, et sus toz les bois gros et menus
ke geisent ou ban de Maixieres et de Leirs, et sus toz les
hommes et les femmes ke Ferrias Jeuwes et Deuamins et Vio-
late, sa femme, avoient ou ban de Maxieres et de Leirs, ke lor
est venus conseuwant de part signor Werrit Troixin et de part
dame Parixe, sa premiere femme, k'il ait aquasteit a Ferriat et
a Deuamin et a Violate desor dis, e. c. l. e. en l'a. l. d.
279 Maheus Bertadons et Ferris Cokenels p. b. sus I molin et sus
cant ki apant ke siet daier S. Jehan, k'il ont aquasteit a
Jennin Brulleville, et e c. l. e. en l'a. l. d.
280 ²) Howignons, li avelais Richart lou maior de Werrixe, p. b.
sus tout l'eritage ke Burtemins Cramals, li avelais Richart desor
dit, ait an la marie d'Outre Muselle, ke li est escheus de part
Richart desor dit, son aveul, et de part Odilie, sa femme, ke li

---

¹) *v. 1290, 576.*
²) *v. 1290, 159, 234.*

est delivreis per droit et per jugemant, por tant com Burtemins li doit, per escris en arche, et dont Howignons est tenans, permei teil cens et teil droiture com li eritages doit.

281 [1]) Steuenins, li filz Piereson Billeron de Chaistelz ki fut, p. b. sus une pesse de vigne ke geist arreis lai vigne lou Bel ou ban de Chaistelz, et sus can ke li sires Poinces d'Espainges avoit ou ban de Chaistelz, an tous us, k'il ait aquasteit a signour Poinson d'Espainges, en alluet, apres les sances ke Burtignon Paillas i ait, et e. c. l. e. an l'ai. l. dv.

282* Se sont li bans dou vintisme jor de noiel. En lai mairie de Porte Moselle:

282 Burtrans li Petis de lai Fontenne de Vallieres p. ban sus lou xamel de vigne ke geist a Vallieres, an Seneivalz, ou ban Renalt de Laibrie, ancoste lai vigne Burtemin Mairiate, k'il ait aquasteit a Rembalt de Vallieres, lou maior Renalt desor dit, permei[2]) teil rante et teile essise et permei III d. d'amone, et e. c. l. e. en l'ai. l. d.

283 Jehans Tacons li clers p. b. sus lai maxon et sus tout lou resaige ki apant ke siet daier l'osteit Haltroigniet, davant l'ospital en Chambres et davant l'osteit Jehan Tacon meymes, k'il ait aquasteit a Goudefrin, ke fut valat lou signor Thierit Corpel, et a Jaikemate, sai femme, permey XII s. de met. de cens k'elle doit a dame Jaikemate lai telliere, et e. c. l. e. an l'ai. l. dv.

284 Renalz et Thiebaus et Wesselz et Matheus et Jennas, li v fil Weiriat de Villeirs a l'Orme ki fut, et Bietrit lour serour, et Philippins, lour serorges, et Thierias, li filz de lour serour, ke sont de Villeirs a l'Orme, p. b. sus VI quartes de wayn et sus III quaixtes d'avoine, et sus IIII s. de mt. et III d. de cens k'il meymes dovoient a Collate, lai fille Philippin Ostexel ki fut, k'il ont aquasteit a Collate desour dite, por XX quaiites de wayn moitainge k'il l'an doient chesc'an, tant com elle vivereit, et e. c. l. e. an l'ai. l. dv.

285 Collignons Drowat d'Aiest p. b. sus lou tiers de lai maxon[3]) et de tout ceu ki apant ke fut Drowat, son avieul, ke siet ancoste[4]) Guerceriat Poterel, davant l'osteit Gueleman[5]), k'il ait

---

[1]) *Eilig eingetragen von Schreiber 16. Für* les sances *ist geschrieben* les ances. *zwischen* escris *und* an l'airche *steht noch einmal* ansi.

[2]) permei *bis* essise et *übergeschrieben.*

[3]) sus lou tiers de lai maxon *auf Rasur.*

[4]) *Vorlage* ke ancoste ke fut. [5]) davant S. Ferruce, *v. 1290, 156.*

pris a cens¹) de Badewin Bairekel, lou fil signor Huon Graicecher ki fut, permei vIII s. de mt. de cens k'il lan doit chesc'-an et c'om puet raicheteir, et e. con l. e. an l'ai. l. d.

286 Maistres Gerairs li clers li anlumineires p. b. sus lai maxon ke fut Simonin²) Bokel et sus tout lou resaige ki apant, ke siet antre les loies de lai halle des parmantiers en Chambres et l'osteit ke fut Symonin Gaillairt, et sus lai maxonate daier ke vait fuers an lai rowelle daier et sus tout lou resaige ki apant, k'il ait aquasteit a dame Yzaibel, lai feme Poincignon Peuchat ki fut, permei teil cens con³) tous cist eritaiges doit chesc'an a dame Yzaibel desour dite, et e. c. l. e. an l'ai. l. dv.

287 Guercerias Wesselins p. b. sus III pesses de vigne ke geixent ou ban S. Martin, en lai fin de Vantous, dont li une des pesses geist an Tramblois, ancoste lai vigne Guerceriat meymes, et les autres II pesses outre l'awe, dont li une des pesses geist ancoste lai vigne Guerceriat davant dit, et li autre pesse ancoste lai vigne Roillon, lou fil Willame de Vantous, k'il ait aquasteit a Weiriat, lou fil Hanriat⁴) Bideroc de Vantous, en alluet, et e. con l. e. an l'ai. l. dv.

288 Ancillons li boulangiers, li freires signor Goudefroit Xoltesse ki fut, p. b. sus lai maxon et sus lou meis daier et sus tout ceu ki apant ou il meymes maint, ke siet a Pairnemaille, ancoste l'osteit Renadin lou parmantier, k'il ait aquasteit a Jehan, lou janre Burtignon lou boulangier de Stoxey ki fut, permei teil cens com elle doit, et e. con l. e. an l'ai. l. dv.

289 Petres Haivelins li boulangiers de S. Julien p. b. sus tout l'eritaige ke Hennelolz Robins de Haisanges et Abillate, sai suer, ont [ou] ban de Haisanges et aillors, per tout ou k'il soit, ke li est delivres en plait per droit et per jugemant, por tant com Hanelolz et Abillate desour dis li doient, per escrit an airche, et dont Petres est tenans, permei teil cens et teil droiture com tous cist eritaiges doit.

290 Jehans li muniers, ke maint ou Vinier, p. b. sus lai maxon et sus ceu ki apant ke siet ou Venier ancoste l'osteit Rolin lou clerc, k'il ait aquasteit a Colignon Faccol, permei vIII s. de

---

¹) k'il ait pris a cens *auf Rasur, ebenso* c'om puet raicheteir, ensi con li.

²) Simonin *ist geändert in* Sjmonin, *wie* Ferrias (1290, 10) *in* Ferrjas.

³) teil cens con *auf Rasur, dahinter Rasur von etwa 10 Buchstaben unbeschrieben.*

⁴) Weiriat, lou fil Hanriat *auf Rasur.*

mt. de premier cens, c'est a savoir v s. a ceulz dou Grant Mostier, et IIII s. a Burtignon Wiel, et permei x s. de mt. de cens k'il an doit a Colignon desour dit, et e. c. l. e. an l'ai. l. dv.

291 Jehans de Humbercourt, li mairis Richout, p. b. sus lai maxon et sus ceu ki apant ke fut Thieriat, son fillaistre,[1]) ke siet an Humbecort, antre l'osteit Jennin lou Troueit et Colignon l'oxelour, k'il ait aquasteit a Thieriat desour dit, permei XII s. de mt. de cens, et e. c. l. e. an l'ai. l. d.

292 Gererdins Morelz et Richerdins, ces serorges, p. b. sus tout l'eritaige ke dame Collate li Vadoize, li fille Willemin Berdin ki fut, avoit ou ban et en lai fin de Failley, c'est a savoir en chans, en preis, en bolz, an rantes, en censes, an menandies et an tous autres eritaiges, keilz il soit, k'il ont[2]) aquasteit a dame Collate davant dite, en alluet, et e. c. l. e. an l'ai. l. dv.

293 Mathias Cainche de S. Julien p. b. sus lai pesse de vigne ou on contet I jornal ke siet a lai creux a S. Julien, k'il ait aquasteit a Goible lou cherpantier de S. Julien, permei VIII s. de mt. de cens, et e. con l. e. an l'ai. l. dv.

294 Colignons Goubillons de S. Julien p. b. sus lai maxon et sus tout ceu ki apant ke siet a S. Julien ancoste l'osteit Aileit de Mons, k'il ait aquasteit a Guizelate, lai feme Jehan lou cordier ki fut, permei VII s. de mt. de cens, et e. c. l. e. en l'ai. l. dv.

295 Pieresons Petisdeu de Nowillei p. b. sus lai maxon et sus tout ceu ki apant ke siet a Nowillei, et sus lou champ c'on dist ou ruit de Zeles, ke geist ou ban de Nowilley, k'il ait aquasteit a Matheu, lou fil Jennat Menneit, et e. con l. e. an l'ai. l. dv.

296 Yzaibelz, li fille Piereson Blanchairt d'Outre Saille ki fut, p. b. sus lai pesse de vigne ke geist sus Moselle[3]) ancoste lai vigne ceulz de Sainte Creux, k'elle ait aquasteit en alluet a Adenat et a Aurowin, son freire, les II filz Jennin Walleran ki fut, et e. c. l. e. an l'ai. l. dv.

297 Coinces, li prevos de Holdanges, p. b. sus lai maxon ke fut Formeir Vermeco et sus ceu ki apant, ke siet daier S. Hylaire, ancoste l'osteit Ancillon Grawe lou clerc, k'il ait aquasteit a Jehan, lou fil Ancillon Preuostel ki fut, permei VI s. de mt. et VII d. et maille de cens, et e. c. l. e. an l'a. l. d.

---

[1]) *Vor* fillaistre *ist* serorge *durchgestrichen.*
[2]) ont *verbessert aus* at.
[3]) sus Moselle *auf Rasur.*

298 Jennas, li filz Lowit Wesselin d'Aiest ki fut, p. b. sus lai
pesse de terre ou on contet v quertelles ke geist an Milleures
ou ban de Mons ancoste lai terre Burtran Gaielat, et sus lai
pesse de terre ou on contet demei jornal ke geist a lai creux
ou ban de Mons ancoste lai terre lai dame de Chairlei, permei
xv d. et II bichas[1]) de wayn et II bichas de tramois de cens
ke ces II pesses de terre doient, et sus les xIIII d. mt. de
cens ke geixent sus lou preit en Prawons, ke furent Jennin
Haike, et sus lai pesse de terre ke geist en Monsieres ancoste
lai terre Colin Ruese, ou on contet I jornal, et sus lai pesse
de terre ke geist a Pairuel ancoste lai terre les convers, et
sus lai pesse de terre ke geist sus lou Paixit ancoste lai terre
Aburtel de Vairney, et sus lai pesse de terre ke geist sus lou
Paixit ancoste lai terre Ferriat, lou fil lou Praige, et sus la
moitiet dou preit ke geist en lai Fixelle ancoste lou preit
Martenat, et sus la moitiet de lai mailliee de preit ke geist ou
Grant preit a lai Fixelle, ke partet a Poinsate, lai femme
Goudefroit ki fut, ke sont ou ban de Vairnei, k'il ait aquasteit
a Jaikemin, lou fil lou Roucel lou boulangier d'Aiest ki fut,
et e. c. l. e. an l'ai. l. dv.

299 a) Pieresons de Romebair li tenneires, ke maint a Stintefon-
tenne, p. b. sus lai maxon et sus tout ceu ki apant ke siet a
Stintefontenne ancoste l'osteit Burtran de Herney, k'il ait aqua-
steit a Wernier, lou fil Nicolle lou meutier de Stoxey, et a
Yzaibel, sai femme, permei xvII s. de mt. de cens, et e. c. l. e.
an l'ai. l. dv.

b) Et se p. ancor b. sus la moitiet de lai maxon et de ceu ki
apant ke siet antre lai grainge signor Nicolle Fakenel et lai
maxon ke fut Poincignon de lai Bairre, ki est venue consuwant
a Hanriat lou clerc, lou fil signor Richairt lou prestre, de pair
Aileit sai meire, ou Pieresons meymes ait la moitiet de pair
Collate, sai femme, ke Hanrias desour dis ait doneit et aquiteit
a Piereson, son cerorge desour dit, permei teil cens com li moitiet
de lai maxon desour dit doit, et e. c. l. e. an l'ai. l. dv.

300 Hawiate li Vadoize li escolliere et Odeliate li Vadoize, li fille
Colin Coinrairt lou parmantier ki fut, p. b. sus xv jornalz de
terre arreure et sus la maxon Jennat Helleit, ke siet en Stoxei,
k'elles ont aquasteit an alluet [2]) a Remey, lou fil Symon Malle-

---

[1]) bichas *in dünner Schrift mit heller Tinte übergeschrieben*, chapons *durch-
gestrichen.* [2]) an alluet *mit heller Tinte übergeschrieben.*

goule de Vigey, et a Jennat Helleit d'Antillei,¹) et e. c. l. e. an l'ai. l. dv.

301 Fakignons li chadeliers p. b. sus lai maxon et sus tout ceu ki apant ke siet en Humbecort ancoste l'osteit Jennat Chamorsel, k'il ait aquasteit a Jennat Gueusel de Lescei, permei vii s. de mt. de cens, et e. c. l. e. an l'ai. l. dv.

302 Ancillons, li filz signor Thierit d'Oxey ki fut, p. b. sus tout l'eritaige ke Anelz, li brus Poincignon Lucie ki fut, avoit a Oxey et a Quencey et a Mercillei et en tous les bans de ces iii leus desour dis, permei teil cens com tous cist eritaiges doit, et sus les ii s. de mt. de cens ke Anelz desour dite avoit a Maixerei, k'il ait aquasteit a Anel desour dite, et e. c. l. e. an l'ai. l. dv.

303 Jehans, li filz Arnout lou masson ki fut, et Mertins, ces cerorges, li filz Lorin de Mercey, p. b. sus une pesse de vigne ou on contet les iii pairs d'un jornal, ke geist en lai Donnowe, ancoste lai vigne ke fut Wicherdin Berbel,²) k'il ont aquasteit a Colignon, lou fil Howignon de Maicliue ki fut, et a Lowiat, et a Aileit et a Merguerite, les enfans Bietrit, lai femme Colin desour dit, permei xxv [s. de] mt. de cens, et e. c. l. e. an l'ai. l. dv.

304 Colignons Rewairs li poxieres, ke maint en Chambeires, li filz Rembalt ke fut, p. b. sus lai pesse de vigne ke geist a Meurpaireir ou ban de S. Julien, ancoste lai vigne Aidelin lai Vaiche, k'il ait aquasteit en alluet a Jennat, lou fil Matheu Wernaire de S. Julien, et e. c. l. e. an l'ai l. dv.

305 Jehans, li filz Gibon, li erchillieres de Chadeleiruwe p. b. sus lai maxon et sus lou meis daier et sus tout ceu ki apant ke siet davant les molins en Chadeleirue, ancoste l'osteit Jennat Cowerel, k'il ait aquasteit a Abriat lou munier de Saille, lou fil maistre Abrit ki fut, permei xi s. de mt. de cens, et e. c. l. e. an l'ai. l. dv.

306 Merguerate d'Ansei li beguine, li nesse signor Guercire de Gorze ki fut, ke maint a Mes, p. b. sus les xvi quairtes de fromant de clostre ke geixent sus la moitiet dou molin ke siet sus Moselle, ke fut Jaikemin Pallerin, k'elle ait aquasteit a Mercerion, lou janre Colignon de Merdeney, lou nevout signor Ferrit de Porte Serpenoize ki fut, tant com Mergueron desour dite vivereit, et e. c. l. e. an l'ai. l. dv.

---
¹) *Hinter* d'Antillei *ist* permei teil cens com tous cist eritaiges doit *durchgestrichen.*
²) din Berbel *auf Rasur.*

307 Poincins Jornee, ke maint en Stoxey, p. b. sus une pesse de vigne ke geist an Deseirmont, ancoste lai vigne Thiebaut Caibaie, k'il ait aquasteit a Ancel lai Waigne de Vallieres, an alluet, et e. con l. e. an l'ai. l. dv.

308 Jaikemins Challemes de Vallieres p. b. sus lai pesse de vigne ke geist sus lou preit en lai Prele ancoste lou champ Waterin lou Saive de Vallieres ki fut, k'il ait aquasteit a Thiebaut, lou fil signor Poinson de Strabour ki fut, permei IIII s. de mt. de cens, et e. c. l. e. an l'ai. l. d.

309 Lambers li chadeliers p. b. sus lai maxon et sus ceu ki apant ke siet en Chadeleirue, ancoste l'osteit Jennat Wateron, k'il ait aquasteit a Jennat, lou fil Aburtin Vaichate, permei v s. et demei de mt. et I chapon de cens, et e. c. l. e. an l'ai. l. dv.

310 Arnoulz li boulangiers, li filz Greillat de Vairney ki fut, et Willames, ces freires, p. b. sus tout l'eritaige ke Jaikemins, li filz Steuenin lou Rouçel ki fut, ait, per tout ou k'il soit et keilz il soit, ke lour est delivres en plait, por xxx lb. de mt. ke Jaikemins desour dis lour doit, per escrit an airche, et por tant com il ont paieit por lui, per escrit et sans escrit, et por tant com il lour doit et ait a faire a oulz, et dont il sont tenant, permei teil cens et teil droiture com tous cist eritaiges doit.

311 Hanrias de Noweroit p. b. por l'ospital S. Nicolais ou Nuefbourc sus les xv s. de mt. de cens ke geixent sus lai maxon ke fut Piereson Creueit et sus ceu ki apant, ke siet davant l'ospital en Chambres, k'il ait aquasteit a Sebeliate, lai fille Piereson desor dit, por l'ospital desour nommeit, et e. c. l. e. an l'ai. l. dv.

312 Perrins, li filz Nenmeriat Lohier ki fut, p. b. sus lai pesse de vigne ke geist an Sourelz ou ban de S. Julien antre lai vigne ceulz de S. Thiebaut et ceulz de Villeirs, k'il ait aquasteit a Piereson Rochefort, lou fil Jehan[1]) l'Alleman ki fut, et e. c. l. e. an l'ai. l. dv.

313 Jennas Guerairs, li aveles Peccate, p. b. sus lai maxon et sus ceu ki apant ke siet en Chieuremont davant lai porte Guerceriat Faixin, k'il ait aquasteit a Jennat Belpaigniet lou masson, permei v s. de mt. de cens, et e. con l. e. an l'ai. l. dv.

314 Steuenins, li filz Arambor de Virei, p. b. sus lai maxon et sus lou meis daier et sus ceu ki apant ke siet en Stoxey ancoste l'osteit Steuenat Grejollat, k'il ait aquasteit a Coinrait lou

---

[1]) fil Jehan *auf Rasur*.

boulangier de Stoxei, permei teil cens com sist eritaiges doit, et e. c. l. e. an l'ai. l. dv.

315 Domangins de Lucunexit li corriers, ke maint en Sanerie, p. b. sus lai maxon et sus ceu ki apant ke siet sus lou Mur ancoste l'osteit Weirit lou feivre, k'il ait aquasteit a Wendremate, lai femme Jennin Foille ki fut, permei teil cens com elle doit, et e. c. l. e. an l'ai. l. dv.

316 Coinrairs de Destrei li boulangiers, ke maint en Stoxey, p. b. sus lai maxon et sus ceu ki apant et sus lou meis daier ke siet antre lai porte sus Pairnemaille et l'osteit ke fut Poincin, lou fil Othe, k'il ait pris a cens de Colin Teste, permei XVI s. de mt. de cens, et e. c. l. e. an l'ai. l. dv.

317 Colignons de lai Court et Hanrias, li maires de S. Julien, p. b. por Steuenat Miche de S. Julien et por Ailexon, sai femme, lai fille Hanriat desour dit, sus lai pesse de vigne ke geist en Sourelz ancoste lai vigne Colignon Louveus, davant lou moulin a S. Julien, ke fut Vguignon Cuneman, k'il ont aquasteit en alluet por Steuenat et por Ailexon, sai femme, desour nommeit a Pierexel Lohier et a Nenmeriat, son freire, et a Abert, lou fil Colin Xalle de S. Julien ki fut, et a Katerine et a Jaikemate, les II filles Piereson Rochefort, et e. c. l. e. an l'ai. l. dv.

318 Pieresons, li filz Hanriat Salaidin de S. Julien ki fut, p. b. sus lai maxon et sus lou meis daier et sus ceu ki apant ke siet a S. Julien ancoste l'osteit Jacob lou Tawon ki fut, k'il ait aquasteit a Maithelo lou feivre de Stoxei, permei XIII s. de mt. et III d. de cens, et e. c. l. e. an l'ai. l. dv.

319 Burtemins Handeleure li vignieres p. b. sus lai pesse de vigne ou on contet I jornal ke fut Symonin Begois de S. Julien, ke muet de l'amonerie S. Vincent, ke geist a Meurpaireir ou ban de S. Julien, antre lai vigne les enfans Chalon et lai vigne Jennin Graivier, k'il ait pris a cens de l'abbeit et dou sallerier de S. Vincent, permei XI s. de mt. de cens ke Burtemins desour dis en doit chesc'an a sallerier de S. Vincent, et e. con l. e. an l'ai. l. dv.

320 Poincignons de Haikelanges p. b. sus lai maxon et sus ceu ki apant ke fut Joffroit lou feivre, ke siet ancoste lai stuve ke fut[1]) Willemat davant les molins a Longeteire, k'il ait aquasteit a Poincignon Noirart et a Ancillon lou cherpantier, lou fil Lienairt de Sanei, permei IIII s. et demei de mt. de premier

---
[1]) lai stuve ke fut *auf ausgelöschter Schrift*.

cens k'elle doit a lai fille Thiebaut Bernaige, et permei IIII s. de mt. de cens k'elle doit a Jennin Gernei lou munier, et e. c. l. e. an l'ai. l. dv.

321 [1]) Li sires Willames de lai Court, chanones de S. Piere a Uoulz, p. b. sus c s. de mt. de cens ke geixent sus tout l'eritaige ke Maheus Lowit ait a Champelz sus Mozelle et ou ban, en tous us, et sus les II pairs dou [2]) chennel de lai ville de Mes, et sus can k'il ait an vignes lou Conte sus Moselle et en l'awe de lai Mairs, k'il ait aquasteit a Maheu Lowit desour dit, et ke Maheus desus dis puet raicheteir, et e. c. l. e. an l'ai. l. dv.

322 a) Thiebaus Guelins p. b. sus lai pesse de vigne ou on contet jor et demei ke geist en Querteirs ou ban de Vallieres, a Gros pairier, k'il ait aquasteit en alluet a Wiborate,[3]) lai fille Jehan Bruenne, et e. c. l. e. an l'ai. l. dv.

b) Et se p. ancor b. sus lou plantei de vigne ke geist ou ban S. Pol, ancoste lou champ[4]) Thiebaut desour dit meymes, k'il ait aquasteit, permei une maille de droiture a Burtemin Mairiate de Vallieres, et e. c. l. e. an l'ai. l. dv.

323 Philippins de Vallieres p. b. sus lai pesse de vigne ou on contet I jornal ke geist ans Ansangues ancoste lou fil Vguat de S. Julien, et sus lou demei jornal ans Abouwes ancoste lou maior de Vallieres, k'il ait aquasteit a Badewin, son freire, permei II s. et demei de droiture, et e. c. l. e. an l'ai. l. dv.

324 Odeliate, li feme Colignon Ceruel de S. Julien ki fut, p. b. sus les III s. de mt. de cens ke Hermans et Pieresons, li dui fil Howin de Wacremont ki fut, li ont essis sus lour maxon, ke siet en Burei a S. Julien, ancoste lai maxon Eudelate, k'elle ait a oulz aquasteit, et e. c. l. e. an l'ai. l d.

325 Merguerate, li fille Colin Xalle de S. Julien ki fut, p. b. sus les VIIII s. et demei de mt. de cens k'elle meymes dovoit des sotes de sai partie de son eritaige, k'elle ait raicheteit a Perrin, son cerorge, lou fil Nenmeriat Lohier, et, e. c. l. e. an l'ai. l. dv.

326 Colins Beccalz, li filz Mathion Marroit ki fut, p. b. sus de can ke Perrins, li freires lou signor Jehan Gouerne ki fut, avoit a Bui et ou ban et ens apandixes antour, soit en lai fort maxon, soit en lai bergerie, soit en grainges, soit en buveries, soit en
5 gerdins, soit en vignes, soit en signeraiges, soit en ban, soit

---

[1]) = 1290, 402; v. 1290. 567.
[2]) les II pairs dou *auf ausgelöschter Schrift.*
[3]) a Wi *auf ausgelöschtem* et ensi.   [4]) lou champ *auf Rasur.*

en lai justice, soit en terres, soit en preis, soit en awe, soit en rantes, soit en droitures de bleis et de deniers, soit en forfais, soit en amandes, soit an tous autres heritaiges, an keil maniere ke se soit, an tous us et en tous prous, et an toutes
10 vaillances, sans niant a retenir, k'il ait aquasteit a Perrin desour dit, et a. c. l. e. an l'ai. l. dv.
327 a) Jaikemins li clers, li maistres de lai frairie de l'ospital S. Nicolais des clers, p. b. por lai frairie desour dite sus x s. de mt. de cens ke geixent sus les II pairs ke Roillons li taillieres¹) de lai Wade ait en lai maxon et en ceu ki apant ke siet en Chambres arreis lai halle des vieseirs,²) k'il ait aquasteit a Roillon desour dit, apres XXXII d. de cens ke les II parties desour dites doient, et e. con l. e. an l'ai. l. dv.
b) Et se p. ancor b. por lui meymes sus XX d. met. de cens ke³) geixent sus lou tiers ke Jennas Broiefort li vieseirs ait en lai maxon et en ceu ki apant ke siet ancoste lai halle des vieseirs en Chambres, ke partet a Roillon de lai Wade, k'il ait aquasteit a Jennat desour dit, apres IIII d. de cens ke li tiers desour dis doit a Villeirs l'abbie, et e. c. l. e. an l'ai. l. dv.
328 Maistres Jehans Jeuwes li clers p. b. sus lai pesse de vigne ou on contet III jornalz ke geist an Pullugne ancoste Ancillon, permei III d. de cens, et sus une pesse de vigne ou on contet I jornal ke geist ancoste les hoirs Colin Ruese ki fut, permei
5 II s. de mt. de cens, et sus une pesse de vigne ou on contet demei jornal ke geist ancoste lai vigne Abert, lou fil lou vies maior de S. Julien ki fut, permei IIII s. et demei de mt. de cens, et sus lai maxon et sus ceu ki apant et sus lou meis daier et sus lai maixiere ke siet ancoste Thiebaut Maikaire, permey VII
10 s. de mt. de cens ke tous cist eritaiges doit, et sus toutes les moiterasse ke Weirias Vogenelz de S. Julien tient de ceulz de Nostre Dame as Chans et de ceulz de Villeirs, k'il ait aquasteit a Weiriat desour dit, et e. c. l. e. an l'a. l. d.
329 Jehans, li filz Nicolle Fakenel, p. b. sus les XLV s. de mt. de cens ke Colignons de Weiure doit sus toute lai sousvouwerie d'Erkancey, k'il ait aquasteit a Erairt, lou fil signor Nicolle de Weiure ki fut, et e. con l. e. an l'ai. l. dv.
330 Lowias Chaimeure p. b. sus lai maxon et sus ceu ki apant ke fut Perrin de Seruigney, ke siet davant lou pont a S. Julien,

---
¹) li taillieres *übergeschrieben.* ²) *v. 1293, 430* devar S. Vitour.
³) por lui *bis* ke *auf ausgelöschter Schrift.*

permey xx s. de mt. de cens, et sus les III jornalz de vigne ke furent Perrin desour dit, en alluet, k'il ait aquasteit a Willemin Brehel, et e. c.. l. e. an l'ai. l. dv.

331 Symonas, li filz Ailexate de Champillons, p. b. sus les v pesses de terre arreure ke geixent ou ban de Champillons, k'il ait aquasteit a Symonat, lou fil Colin des Ruwes de Chaillei, permei XIIII painaies de wayn, et e. con l. e. an l'ai. l. dv.

332 Gillas Maikaires p. b. por lai chieze Deu de Chaistillons l'abbie sus VI s. de mt. de cens ke geixent sus demei jornal de vigne ke geist sus Moselle, ancoste lai vigne Gererdat Dator, k'il ait aquasteit a Poincignon, lou fil Collairt Pairtecher ki fut, apres I d. met. de cens ke li vigne doit, et e. c. l. e. an l'a. l. dv.

333 Colignons de Weiure p. b. sus les[1]) XXVIII s. de met. de cens ke geixent sus teil partie d'eritaige com Erairs, ces freires, ait a Rouvre et a Montigney et en tous les bans de ces II leus desour dis, a. c. l. e. des parsons ke geist en l'a.[1]) l. dv.

334 Steuenins,[2]) li filz Poincignon Billeron de Chaistelz ki fut, p. b. sus lai pesse de boix c'on apelle Symonboix, ke geist antre Coligney et Greive, k'il ait aquasteit a Guersat Rabowan, lou janre Nicolle Mairasse ki fut, et e. con l. e. an l'ai. l. dv.

335 Colignons Cunemans p. b. sus XIII quairtes de wayn moitainge ke Richerdins li chaivreirs de Chambres li doit, sus sai maxon ke siet a lai porte en Chambres, et sus son demei molin ke siet sus Moselle, apres XXVII s. de cens ke li maxon doit davanteriennema[n]t, et apres C et X s. de cens ke li demei molins doit davanterienemant, et e. con l. e. an l'ai. l. dv.

336 Hanrias Burnekins p. [b.] sus lou chakeur et sus ceu ki apant ke fut Poincignon de lai Bairre, ke siet an Rimport sus lai rowelle davant l'osteit Nicolle Fakenel, k'il ait aquasteit a Jehan et a Richerdin et a Thomessin, ces II freires, et a Afelix, lour suer, les IIII enfans Poincignon desour dit, permei XL s. de mt. de cens c'on puet raicheteir, et e. con. l. e. an l'ai. l. dv.

337 Howins, li filz lai Roine de Vallieres, p. b. sus lai grainge ke siet a Vallieres et sus lai vigne daier ke fut Thomessin Richelat, k'il ait aquasteit a Arnout, lou fil Thomessin desour dit, permei III s.[3]) de mt. de cens c'on en doit a lai chieze Deu de Chaistillon l'abbie, et e. c. l. e. an l'ai. l. dv.

338 Vguignons de l'Aitre et dame Lorate, li femme Poincignon de

---

[1]) *Fast der ganze Eintrag, von* les *bis* l'arche, *steht auf Rasur.*
[2]) *Vorlage* Seuenins. [3]) III *verbessert aus* IIII.

lai Paillole ki fut, p. b. si com por waigeire sus de can ke Jennas, li filz Thiebaut de l'Aitre ki fut, ait a Leuwes et ou ban, an tous us, c'est a savoir an bolz, an preis, an chans, an censes, an rantes, an deimmes, an droitures et an tous autres eritaiges, ou k'il soit et keilz il soit, et sus teil pairtie com il ait ou deimme de Grais et de Glaitigney, por [1] tant com il lour doit, per escris an airche, et dont il sont tenant, permei teil cens et teil droiture com tous cist eritaiges doit. [2])

339 Lambelins li berbiers p. b. sus ɪ jornal de vigne ke geist ou ban de Vallieres, ancoste lou champ ke fut Vguignon Renoiedeu, k'il ait aquasteit a Steuenat, lou fil Perrin de Waixei, permei teil cens et teil droiture com elle doit, et e. c. l. e. an l'ai. l. dv.

340 a) Jaikemins Faixins p. b. sus lou quairt dou molin a Rive ke siet sus Moselle, a la pousterne davant l'osteit Thiebaut Renairt, ke partet a Richairt de Sus lou Mur, k'il ait aquasteit a Lietal lou boulangier, ke maint a monteir de Bucherie, permei xxɪɪ quairtes de bleif ke cil quairs doit de cens, et e. c. l. e. an l'ai. l. dv.

b) Et se prant ancor b. sus les x quairtes de fromant ke li hoir Colin des Rowes doient a Lietal desour dit, k'il ait raicheteit a Colignon Cuneman per droit, et dont il est tenans.

c) Et se p. ancor b. sus lai maxon et sus lai grainge et sus lou gerdin daier et sus tout lou resaige ki apant ke siet a Chailley, k'il ait aquasteit a Arambalt Mouxin, permei ɴ quertelles de bleif, une de wayn et une d'avoine [3]) c'on en doit a ban de Chaillei, et permei ɪɪɪ d. d'amone a prestre de Chailley, et e. con l. e. an l'ai. l. dv. [4])

341 Guercerias Faixins p. b. por lui et por Philippin et por Vguignon et por Jehan, ces ɪɪɪ freires, sus lai maxon et sus tout ceu ki apant ke siet as Roches en Chambres daier lour maxon meymes, ke fut Symonin Gaillairt, k'il ait aquasteit a Thieriat Boudat lou munier, permei xvɪ s. de mt. de cens, et e. con l. e. an l'ai. l. dv.

342 Gilles li Belz dou Quertal p. b. por l'abbeit et por lou covant de Cleirvalz sus lou moulin et sus lou port et sus tout ceu ki apant ke siet sus Moselle an Baweteiteire ancoste lou molin Gillet Haike, k'il ait aquasteit an alluet [5]) a Andrewat et a Jehan et a Joffroi et a Bietri, les enfans Howairt Jallee ki fut, et a

---

[1]) *Vorlage* per. [2]) *v. 1290, 458 und 565.*
[3]) d *geändert aus* tr, *dem Anfang von* tramois; *vor* d'avoine *ist de stehen geblieben.*
[4]) *v. 1285, 175.* [5]) an alluet *übergeschrieben.*

maistre Henri Jordain, lour serorge, et a Tiguienne, sai femme, et a Perrin, lour nevout, lou fil Poincignon Jallee ki fut, et a Howignon et a Colignon et a Jehan et a Yzaibel et a Bietrexate, les enfans Jaikemin lou Jal ki fut, et tout e. c. l. e. an l'ai. l. dv.

343 Arnoulz Aixies p. b. si con por waigeire sus les LX s.[1]) de mt. de cens ke dame Bietris, li femme Wicherdin Berbel ki fut, doit a Yngrant Borgon, por tant com Yngrans desour dis doit a Arnout Aixiet, l'escrit an l'airche, et dont Arnoulz Aixies et tenans.

344 Steuenins Scas p. b. sus lai maxon et sus lou meis daier et sus tout ceu ki apant ke siet en Stoxey antre l'osteit Perral et l'osteit Adan lou meutier, k'il ait aquasteit a Burtemin Berrel l'ercenour, permei x s. et demei de cens ke cist eritaiges doit a l'ospital en Chambres, et permei III s. de mt. de cens k'il doit a Villeirs l'abbie, et e. c. l. e. an l'ai. l. dv.

345 Jehans de Vandeires, li maires S. Sauour, p. b. por lou doien et por lou chaipistre de l'aiglixe de S. Sauour de Mes, sus les XL s. de mt. de cens ke geixent sus l'osteit lai femme Lowiat de Chailley en Aiest, et sus les XXXII s. de mt. de cens ke geixent [sus] l'osteit Werneson lou waistelier, ke siet a pont Rainmont, et sus les XIII s. IIII d. moins de mt. de cens ke geixent sus les II hosteit Perral lou cherreton an Stoxei, k'il ait aquasteit a Ferrit Cokenel, et ke Ferris ait donneit por Deu et en amone a doien et a chapistre desour dit, et e. c. l. e. an l'ai. l. devisent.

346 Poincignons Bolande p. b. por lai chieze Deu de Nostre Dame de Fristor sus les XII s. de mt. de cens ke Lowias li clers de Sanerie ki fut avoit sus l'osteit Euriat d'Aipilley, ke siet a lai Salz, et sus les XII s. de mt. de cens ke Lowias desour dis
5 avoit sus lai grainge Jehan Chadron, ke siet davant lai stuve an Chadeleirue, et sus les VII s. de mt. de cens ke Lowias desour dis avoit sus lai maxon ke Geliate, li feme Herman ki fut, tient, ke siet ou Veueir, et sus les VIII s. et demei de mt. de cens ke Lowias desour dis avoit sus lai maxon Bueuelat, lou
10 janre Bueuelat lou munier, ke siet ou Veueir, k'il ait aquasteit por lai chieze Deu desour dite a signor Jehan, lou prestre de S. Martin, et a Yngrant Goule, les mainbors Lowiat desor dit, et a. c. l. e. an l'a. l. dv.

---

[1]) si con por waigeire sus les LX s. *auf Rasur*.

347 Besselins, li filz Howairt de Vigei ki fut, p. b. sus x jornalz de terre arreure ke geixent ou ban de Baitelenville et de Haisanges, et sus teil partie com Domangins li espiciers et Collate, sai serorge, avoient en tous les preis et les gerdins ke geixent en tous les bans desour dis, k'il ait aquasteit a Domangin et a Collate desour dis, permei III mailles de cens, et e. con l. e. an l'ai. l. dv.

348 Colignons d'Allexey, ke maint davant S. Jorge, p. b. sus I quertal de wayn moitainge ke Jehans, li filz lou Vel de Ruxit li ait essis sus sai maxon ke siet a Ruxit ancoste Cherdat et sus ceu ki apant, et sus II homees de vigne ke geixent ou clo sus Beuart, et sus II homees de vigne ke geixent ou ban de S. Felix ancoste Perrenat, et sus demei jornal de terre ke geist ou ban de Ruxit ancoste Hawit, et sus une pesse de preit ke geist sus Beuart ans Angles ou ban de S. Felix, et sus tout l'eritaige ke Jehans desour dis ait aquasteit a Poinsate lai Cafferasse d'Allexey, et e. c. l. e. an l'ai. l. dv.

349 Domate, li fille Burtignon de lai Tour ki fut, p. b. sus lai maxon et sus tout lou resaige ki apant ke siet an Rimport a lai porte a lai Salz ancoste l'osteit ke fut les Bandeis, ke li est delivre en plait per droit et per jugemant, ancontre Jennat Mallerbe, lou fil Thiebaut Anguenel ki fut, por les VI s. de mt. de cens ke li maxon li doit et por les estaies trespassees et por les adras, et dont Domate¹) est tenans, a. c. li delivrance l. dv.

350 Heilewis li Vadoize, li fille Viuien de Raimanges ki fut, p. b. sus lai maxon et sus ceu ki apant ke siet a lai porte a Saille davant lou chakeur Yngrant, k'ille ait pris a cens permei XV s. de met. chesc'an de Yngrant Goule et de Jennat, son freire, et e. c. l. e. an l'ai. l. d.

351 Thiebaus Ancelz p. b. sus tout l'eritaige ke Jehans²) Rabowans, li filz Burtran Domal ki fut, avoit ou ban de Mercei et de Sanrei et de Vigey et d'Antilley, ke li est delivre en plait per droit et per jugemant, por tant com il li doit, per escris an airche, et dont il est tenans, permei teil cens et teil droiture com tous li eritaiges doit, et e. c. li delivrance l. d.

352* Ce sont li ban dou vintisme jor de noiel. En lai mairie de Porsaillis:

---

¹) *Vorlage* Damate. ²) Jehans *geändert aus angefangenem* Jennas *oder* Jennins.

352 Perrins li waisteliers, li filz Euriat ki fut, p. b. sus lai maxon et sus lou four et sus lou trefons et sus tout ceu ki apant ke siet a pont a Porsaillis ancoste l'osteit Loudewit Weingnemaille et les ıı maxons Hanriat lou waistelier, k'il ait aquasteit a Hanriat desour dit, permei ıııı lb. de mt. de cens, et e. con l. e. an l'ai. l. dv.

353 Aburtins li parmantiers,¹) li freires Badewin, ke maint en lai rowelle Kainelle, p. b. sus lai maxon et sus tout ceu ki apant ke siet ou Waide ancoste l'osteit Jennin lou Picairt, k'il ait aquasteit a Yzaibel lai Grosse dou Champel, permei vııı s. de mt. de cens, et e. c. l. e. an l'ai. l. d.

354 a) Haibelins, li filz Jennat Alairt, p. b. sus une pesse de vigne ke geist sus Maizelles, antre lai vigne Colin Kakeron et lai vigne Colignon Noiroil, et sus lai maxon et sus ceu ki apant ke siet en lai Chenal' ancoste l'osteit Thieriat Soibalt, k'il ait aquasteit a Colignon Noiroil, permei teil cens com tous cist eritaiges doit, et, e. c. l. e. an l'ai. l. dv.

b) Et se p. ancor b. sus les ıı pesses de vigne ke sont quair meu S. Pol et ke se tienent ensamble, ou on contet ıı jornalz, ke furent Colin Boielawe, ke geixent en Martinchamp, k'il ait pris a cens de Vguignon Hennebour, permei xvı s. de mt. de cens ke Haibelins en doit a Vguignon Hennebor chesc'an, et c'on doit porteir et c'on puet raicheteir, et e. c. l. e. an l'ai. l. dv.

355 Willames li boulangiers, ke maint an Maizelles, p. b. sus lai pesse de terre ke geist ou ban de Maicliue antre lai terre lai frairie et lou prevost, et sus lai pesse de terre ke geist ou ban S. Vincent desour lai fontainne a lai Xeraule, antre lai terre Guersat et Aiate, k'il ait aquasteit a Hanriat, lou fil Clodin de Chenney, permei ıı d. de cens, et e. c. l. e. an l'ai. l. dv.

356 Willames, li freires Badewin lou parmantier, et Thielemans, ces freires, p. b. sus tout l'eritaige ke Collairs, li filz Hanriat Roucel de Mairuelles,²) ait de pair peire et de pair meire, ke geist a Mairuelles et aillours ou k'il soit, k'il ont a lui aquasteit et k'il li ont relaieit, permei teil cens et teil droiture com tous cist eritaiges doit, et permei ıı moies et demaie de vin a moustaige, et permei ıııı quairtes de wayn moitainge, k'il an doit chesc'an a Willame et a Thieleman desour dit, a lour ıı vies, et e. c. l. e. an l'ai. l. dv.

---

¹) *Vorlage* parmantins.
²) Mairuelles *auf ausgelöschter und ausgekratzter Schrift.*

357 Guertrus li saniere de Sanerie p. b. sus lai vote ke fut.Collel
de Vesignues et sus tout ceu ki apant, ke siet en Sanerie, ancoste
lai petite vote ke fut signor Richairt, k'elle ait aquasteit a
Collel desor dit, permei xxv s. de mt. de cens, et e. c. l. e.
an l'ai. l. dv.

358 Weirias Heilesalz p. b. sus lai maxon et sus tout ceu ki apant
ke fut Badewin Chaipal, ke siet en Maizelles, ancoste l'osteit
Clemignon de Pertes, k'il ait aquasteit a Pierexel Mogue et a
Abillate, sai serorge, permei x s. de mt. et v d. de cens, et e.
c. l. e. an l'ai. l. dv.

359 Pieresons de Rommebair li tenneires p. b. sus lou stal ke fut
Domangin Fruxure et sus ceu ki apant, ke siet an lai halle des
tennours ou Champ a Saille, k'il ait aquasteit a Goudefroit lou
cler, lou fil Domangin desour dit, en alluet, et e. con l. e. an
l'ai. l. dv.

360 Thiebaus, li filz Aideline de Mercey, p. b. sus une pesse de
vigne ke geist outre Saille en Pawillonchamp, ancoste lai vigne
Morexat de Hulouf, k'il ait aquasteit a Robert de Lioncourt,
lou janre Colin Gallien d'Outre Saille ki fut, permei xxi d. de
cens, et e. c. l. e. an l'ai. l. dv.

361 Et se p. ancor b. sus une pesse de terre ke geist ou ban de
Mercei, ancoste lai vigne Adeline, sai meire, k'il ait aquasteit
a Joffroit Hurel, permei teil cens com li pesse de terre doit,
et e. c. l. e. an l'ai. l. dv.

362 Hanrias Raiguelenelz p. b. sus lai pesse de vigne ke geist en
Corchebuef ancoste sai vigne meymes et lai vigne Thieriat de
Mercey ki fut, k'il ait aquasteit a Poincignon lou Duchat, permei
v s. de mt. de cens, et e. con l. e. en l'ai. l. dv.

363 Willemins Pestalz de S. Clemant p. b. sus lai pesse de vigne
moiterasse S. Clemant ou on contet demei jornal ke geist ou
clo S. Jehan a S. Clemant, ancoste lui meymes, k'il ait aquasteit a Yzabel, lai femme Abrion Mokin, et a Thomessin, son
fil, et e. c. l. e. an l'a. l. dv.

364 Jaikemins li clers et Oliue, sai femme, p. b. sus lai maxon et
sus lou selier desous et sus tout lou resaige ki apant ke siet
a Nuef pont a Saille antre lai maxon Jennat lou masson et lai
maxon Sebeliate, lai femme Viat de Morville ki fut, k'il ait
aquasteit a Jennat lou Grais lou tennour et a Sebile, sai femme,
permei xxxviii s. de mt. de cens, et e. c. l. e. an l'ai. l. dv.

365 a) Goudefrins de lai Porte p. b. sus lou jornal de vigne ke geist en Vaironvigne ke fut Jennecat Dandaine, permei teil cens com elle doit, et sus lou demei jornal de terre ke geist en Bemont ancoste lai terre lai femme Cairetal, en alluet, k'il ait aquasteit a Mertignon, lou freire Colignon Lucate, et e. c. l. e. en l'ai. l. dv.[1]
b) Et se p. ancor b. sus demey jornal de terre ke geist a Borney ou ban S. Vincent, antre lai terre Goudefrin meymes et lai terre Gererdat, k'il ait aquasteit en alluet a Matheu de Borney, lou janre Drowin ki fut, et e. c. l. e. an l'ai. l. dv.

366 Thiebaus Bugles p. b. sus les vii s. de mt. de cens ke geixent sus lai maxon ke fut Jennin Winoble, ke siet desous pairt l'osteit Erfe de Sanerie, ancoste l'osteit Colin Pusin, ou Ferris li corriers maint, k'il ait aquasteit a Jote, lai femme Jallat lou bouchier ki fut, et e. c. l. e. en l'ai. l. dv.[2]

367 Willemins li Hungres p. b. sus lai maxon ke fut Collel de Gorze et sus lou meis et sus lai grainge daier et sus tous les resaiges ki apandent, ke siet sus lou tour davant les Augustins, k'il ait aquasteit a Jennat Grancol et a Burtran Facon, permei LX et X s. de mt. de cens k'il en doit a signors de S. Thiebalt, et e. c. l. e. an l'ai. l. dv.

368 a) Jennins Bonins, ke maint davant Sainte Creux, p. b. sus lai maxon et sus la moitiet dou meis daier et sus tout ceu ki apant ke siet a Lorey desous Froimont davant l'osteit Lietal Bordon, ke Jennas dou Pont, ke maint a Lorey, et Yzaibelz, sai femme, ont cranteit ke teil vandaige con Jennins Bonins en vorreit faire, k'il siecet, et a. c. l. e. en l'ai. l. dv.

b) Et se p. ancor b. sus les XIIII s. de mt. de cens ke geixent sus lai grainge et sus lou meis daier ke siet a Lorey desous Froimont ancoste lai maxon Domangin lou vies maior, et sus IIII jornalz de terre arreure ke geixent sus lou chamin en Mopreit, ancoste lai terre lai femme Lowit de Noweroit, et sus lai pesse de vigne a Dansenat, k'il ait aquasteit a Domangin lou Cornut de Lorey, et e. c. l. e. an l'ai. l. dv.

369 Forkignons dou Pont p. b. sus les xx s. de mt. de cens k'il ait raicheteit ancontre Abriat Xaiving des IIII lb. de mt. de cens

---

[1] *Mit dem Eintrag 365 a wollte der Schreiber am Ende der Zeile abschliessen, er hatte schon* che lou d *über die letzten Worte gesetzt, hat es aber dann ausgelöscht und mit den Schlussworten die 2. Zeile begonnen, so dass* Et se p. ancor b. *jetzt nicht am Anfang von dieser steht und 365 a und b als ein Eintrag gelten.*

[2] *v. 1285, 216.*

k'il li doit sus sai maxon ke siet en S. Polcourt, dont Forkignons en ait jai raicheteit xx s. de mt. de cens, et e. c. l. e. an l'ai. l. dv.

370 Jennas li clers, li filz Eurecho de lai Vigne S. Auol ki fut, p. b. sus tout l'eritaige ke Joffrois Bairekelz ait aquasteit a Waterin lou clerc, lou fil Hanriat lou cordewenier ki fut, sans lai pesse de preit ke geist a Landonville, k'il ait aquasteit a Waterin et a Joffroit desour nommeit, an alluet, et e. c. l. e. an l'a. l. dv.

371 Dame Poince, li fille signor Matheu de Chambres ki fut, p. b. sus lai pesse de vigne ke geist a Grant chamin en lai Courte Roie, ancoste lai vigne Jennat lou Vacke, k'elle ait aquasteit en alluet a Bueuelat de Hulouf, lou freire Morexat, et e. c. l. e. an l'ai. l. dv.

372 Weirions de Noweroit li cordeweniers, ke maint en Staixons, p. b. sus lai maxon ke fut Jennin Gurdin et sus tout lou resaige ki apant, ke siet en Staixons, ancoste l'osteit ke fut Waterin Wessel, k'il ait pris a cens a tous jors maix por lui et por ces oirs ancontre Colignon, lou til Matheu Drowat ki fut, permei xxi d. de premier cens k'il an doit as signors de S. Sauour de Mes, et permei xx s. de mt. de cens k'il en doit chesc'an a Colignon desour dit, et e. c. l. e. an l'ai. l. dv.¹)

373 Thomessins Cornille de lai Chenal p. b. sus lai chambre et sus ceu ki apant ke siet en lai Chenal ancoste l'osteit Lowiat Raifal, k'il ait aquasteit a Thieriat²) Seruin, lou janre Besselin Gerrant, permei xxvii d. mt. de cens, et e. c. l. e. an l'ai. l. dv.

374 Aburtins, li freires Borjois, et Renadins, ces cerorges, et Besselins Mallevaiche et Heilewis, li femme lai Griue, p. b. sus une pesse de vigne ki est tiers meu S. Clemant, ke geist a lai Foire S. Clemant, ancoste lai vigne Steuenin lou maior, k'il ont aquasteit por Howignon, lou fil lai Griue, et por Jaikemate, sai femme, a Piereson Couvai de S. Clemant, et e. con l. e. an l'ai. l. dv.

375 Jaikemins de Croney, li filz dame Poince ki fut, p. b. sus tout l'eritaige ke fut Jehan, lou fil Henmerit de Mairuelles ki fut, ke geist a Mairuelles et ou ban, ou k'il soit et keilz il soit, permei ii moies de vin en axe et ii sestieres de cens, et permei les menues droitures ke cist eritaiges doit a ban de Mairuelles, et sus de can ke Jehans desour dis avoit de preis et de chans ke geixent ou ban de Lorey, ke muevent dou cens S. Hylaire

---

¹) v. 1288, 67.
²) Thieriat übergeschrieben, Lowiat durchgestrichen, v. 1290, 389.

et des trescens, permei teil cens et teil droiture com il doit,
k'il ait aquasteit a Jennat desour dit, et e. c. l. e. an l'ai. l. dv.

376 Jehans li cordeirs li Allemans p. b. sus teil partie com Colig-
nons, li filz Thierion lou cordier de Porte Moselle ki fut, avoit
en lai maxon et en ceu ki apant ke siet a Quertal ancoste
l'osteit Roillon, k'il ait aquasteit a Colin desour dit, permei
lou quairt de xl s. de mt. de cens ke toute li maxon doit, et
e. c. l. e. an l'ai. l. dv.

377 Jennas li maires et Andrewas li xauins, ke sont de Mercillei,
p. b. sus une pesse de boix ke geist ou ban de Chaignoi d'Airs,
ancoste lou boix Jennat desour dit, k'il ont aquasteit a Jennat
de Nowesseuille, lou janre Burtemin lou maior d'Airs, permei
IIII d. de cens, et e. c. l. e. an l'ai. l. dv.

378 Alexandres Hergualz li boulangiers, li filz Jennin de Demes,
p. ban sus lai maxon et sus tout ceu ki apant ke siet a Nuef
pont ancoste l'osteit Jennat de Grixei lou cherreir, k'il ait
aquasteit a Thiebaut lou boulangier, lou janre Domangin de
Grixei ki fut, permei xxx s. de mt. de cens, et e. c. l. e. an l'ai. l. dv.

379 Gerairs li tenneires, li filz Wairin Besant de Treingnuet, p. b.
sus lai maxon ke fut Domangin lou tenour de Sairlei et sus
tout ceu ki apant, ke siet en lai Vigne S. Auol, ancoste l'osteit
Vguignon Rembalt lou tennour, et sus i stal ke fut Domangin
desour dit, ke siet en lai halle des tennours ou Champ a Saille,
k'il ait aquasteit a Jaikemin et a Yzaibel et a Kaiterine, les
enfans Domangin desour nommeit, permei xxxv s. de mt. de
cens ke tous cist eritaiges doit, et e. c. l. e an l'a. l. dv.

380 Fakignons de Praijs li tenneires, ke maint en lai Vigne S.
Auol, p. b. sus lai maxon et sus tout ceu ki apant ke siet en
lai Vigne S. Auol ancoste l'osteit ke fut Domangin de Sairlei,
k'il ait aquasteit a Mertignon de Gorze lou tennour, permei
xxxiii s. de mt. de cens, et e. c. l. e. an l'ai. l. dv.

381 Symonins de Gorze li tenneires, ke maint ou Champel, p. b. sus
lai maxon et sus tout ceu ki apant ke siet ou Champel antre
l'osteit Jaikemin et la maxon Jennat lou Gornaix ki fut, k'il
ait aquasteit a Jaikemin lou tennour de Gorze, ke maint ou
Champel, et a Mariate, sai suer, permei x s. de mt. de cens
k'elle doit a lai femme Greillat de lai Pousterne, et permei viii
s. de mt. de cens k'elle doit a Thiebaut Bugle, et e. con l. e.
an l'ai. l. dv.

382 Jehans, li filz Ancillon Gaietel de Taixey ki fut, p. b. sus tout
l'eritaige ke Mairiate, li fille Bueuelat de Taixei ki fut, avoit
a Taixei, deisai lou ruit de Vaicheire devar Taixei, k'il ait
aquasteit a Mairiate desour dite, permei teil cens et teil droi-
ture com cist eritaiges doit, et e. c. l. e. an l'a. l. d.
383 Lowias, li filz Colignon Vienon ki fut, p. b. sus les III s. de mt.
de cens ke Colignons de Paireirs doit a Richier lou courdeir,
ke geixent sus lou solier ke Richiers li ait asansit, ke sont
delivre a Lowiat desour dit en plait, et dont Lowias est tenans.
384 Colins Dowaire p. b. por lai chieze Deu de S. Symphorien sus
de can ke Colins li Grans d'Outre Saille et Ferris, ces filz, ont
et pueent avoir a Sillei et a Ancin et en bans ki apandent, en
tous us et en tous prous, an justices, en chans, en preis, an
⁵ bolz, an homes, an femmes, an keil maniere k'il i aient, c'est a
savoir des homes et des femmes ke Colins et Ferris desour dis
i avoient: Odelie, lai¹) femme Weirion lou Preixiet, et sui enfant,
et Pairexate, lai femme Symon lou Bague, ke maint a Vigney,
et les enfans Sebeliate d'Ansin ki fut, et Pierexel, lou fil Gerairt
¹⁰ d'Ansin ki fut, et tous et toutes les porgennes ke de tous ceulz
desour nommeis sont issus, et en toutes autres manieres keiles
k'elles soient, sans niant a osteir ne a retenir, k'il ait aqua-
steit a Collin et a Ferrit desour nommeit por lai chieze Deu
desor dite, et e. c. l. e. an l'ai. l. dv.
385 a) Burtignons Caienas, li filz Steuenin Burnat, p. b. sus lai
maxon et sus ceu ki apant ke fut Jennin Lucie, ke siet ancoste
l'osteit ke fut Poincignon Lucie, k'il ait aquasteit a Gillat, lou
fil Burtemin Hertewin, permei XXI d. mt. de cens, et e. c. l.
e. an l'ai. l. dv.

b) Et se p. ancor b. sus lai pesse de vigne ke geist en Burne-
champ an la rowelle de Pertes, an coste lai vigne Richairt
Wairenel, k'il ait aquasteit en alluet a Thiebaut Becouainne,
et e. c. l. e. an l'ai. l. dv.

c) Et se prant ancor b. sus les II jornalz de vigne ke li sont
escheus de pair Thieriat de Mercei, son seur, ke geixent en
Cherdenoi, ancoste lai vigne Pierel Melat, et k'il ait espartit
ancontre ces hoirs, et dont il est tenans, permei III mailles de
cens k'elle doit a Ferrit, lou fil Colin lou Grant, et a. c. les
parsons l. devisent.

¹) *Vorlage hier* li, *in der folgenden Zeile* lai.

386 Waterins, li filz Adeline de Mercei, p. b. sus tout l'eritaige ke li est escheus de pair Thieriat de Mercei, son seur, ou k'il soit et keilz il soit, k'il ait espartit ancontre ces hoirs, permei xi d. de cens ke sai pairt doit, et dont il est tenans, a. c. les parsons ke geixent en l'ai. l. devisent.

387 Colignons, li filz Benoit Becouainne, p. b. sus lai maxon et sus ceu ki apant ke siet ou Waide Bugle ancoste l'osteit ke fut Cobin, k'il ait aquasteit a Arambor, lai femme Hercon ki fut, permei vi s. de mt. de premier cens k'elle doit a Villain Hennebor, et permei xvi s. de mt. de cens k'elle doit a Arambor desor dite. et e. con l. e. an l'ai. l. dv.

388 Jaikemins li Xours p. b. sus une pesse de vigne ke geist en Andreualz, ancoste lai vigne lou prestre de S. Medairt, k'il ait aquasteit a Roillon, lou fil Colleson de lai Chenal ki fut, permei vi s. de mt. de cens, et e. c. l. e. an l'ai. l. dv.

389 Jehans li Gornais, li nies Burtoul, p. b. sus lou demei jornal de vigne moiterasse S. Clemant ke geist ou clo S. Clemant, ancoste lai vigne Lowiat Raifal, k'il ait aquasteit a Lowiat Seruin, lou janre Besselin Jarrant, et e. c. l. e. an l'ai. l. dv.

390 Clemansate, li femme Thomessin lou huchour ki fut, p. b. sus lai pesse de terre ke geist a chief dou champ S. Arnout, ancoste lai vigne ke fut Jaikemin Pallerin et lai vigne Howairt d'Ernauille, k'elle ait aquasteit a Symonat, lou fil Jaikemin desour dit, permei vi s. et demei de cens, et e. c. l. e. an l'ai. l. dv.

391 Soifrois, li filz Adan l'Alleman, p. b. sus lai maxon et sus ceu ki apant ke fut Besowe et sus lou meis daier, ke siet en Chaponrue, ancoste l'osteit Symonin lou boulangier, k'il ait aquasteit a Howignon, c'on dist Hugo, et a Poinsate, sai femme, permei teil cens com elle doit, et e. c. l. e. an l'ai. l. dv.

392 Thierias Solas p. b. sus lai maxon et sus ceu ki apant ke siet daier S. Mamin, ancoste l'osteit Witier Torche, k'il ait aquasteit a Humbert, lou fil Badewin Chaingnairt de Lemoncort, et a Humbert, lou fil Yzambairt de Lemoncort, et a Colignon, son freire, et a Lorate, sai suer, et a Goubert, lour serorge, permei iii mailles de cens, et e. c. l. e. an l'ai. l. dv.

393 Badewins li Flamans p. b. sus les vi s. et demei de mt. de cens ke geixent sus les ii pesses de vigne ke Roillons Repignei tient, s'an geist une pesse an Planteires et une pesse an Deseirmont, k'il ait aquasteit a Gererdin Repigney, et e. c. l. e. en l'ai. l. dv.

394 Formeis li cherpantiers, ke maint en lai rue des Allemans, p. b. sus lai maxon[1]) et sus tout ceu ki apant ke siet en lai rue des Allemans ancoste lai maxon Jennate, lai femme Matheu lou Gros, k'il ait aquasteit a Roze, lai femme Howin Chadawe lou munier ki fut, permei vı s. de mt. de cens,[2]) et e. c l. e. an l'ai. l. dv.

395 a) Jehans Symairs li clers et Remias Menneit p. b. sus lou tiers de lai maxon et de ceu ki apant ke fut Jaikemin l'erdour, ke siet sus lou Mur, ancoste l'osteit Jehan Petitvacke, et sus xv s. de mt. de cens ke geixent per pesses, kil ont aquasteit a Matheu[3]) Menneit, permei teil cens com li tiers de lai maxon desour dite doit, et e. con l. e. an l'ai. l. dv.

b) Et se p. ancor b. sus lai pesse de vigne ke geist outre Saille en lai rowelle de Pertes, ancoste lai vigne Richairt Wairenel, k'il ont aquasteit en alluet a Jennin Morat, et e. c. l. e. an l'a. l. d.

396 Jaikemins, li janres Hanriat de Sulligney, p. b. sus lai maxon et sus ceu ki apant et sus lai court daier ke siet antre l'osteit Colignon Nerlant et lai maxon Ferriat de Montois, et sus les xv d. de cens ke geixent sus lou meis ke siet daier lai maxon desour dite, k'il ait aquasteit a Philippin Guele lou vieseir, permei xxi s. de mt. et ııı d. de cens, et e. con l. e. an l'ai. l. dv.

397 Goudefrins li vieseirs et Yzaibels, sai femme, p. b. sus lai maxon et sus tout ceu ki apant ke siet sus lou tour de lai Grant rue ke tornet ver lou pont a Saille, k'il ait pris a cens de Odelie d'Espinalz, lai maistrasse de lai maxon des Beguines de Vy, et de Burtignon, lou janre Thieriat de Mercei, permei xıı d. mt. et ıııı chapons de premier cens ke li dite maxon doit a Hanrit de Riste, et permei xlııı s. de mt. de cens ke Goudefrins et Yzaibelz desour nommeis en doient chesc'an, et e. c. l. e. an l'ai. l. dv.

398 Poincignons li cherpantiers p. b. sus lai maxon et sus ceu ki apant ke fut Robenat lou parmantier, ke siet davant lou cours an lai Nueue rue, k'il ait aquasteit a dame Saire, lai meire Symonat Cheuallat, permei xıı s. de mt. de cens, et e. c. l. e. an l'ai. l. dv.

---

[1]) *Zwischen* sus *und* la maixon *war* lou tiers de *übergeschrieben (v. 395), es ist aber wieder ausgelöscht und ausgekratzt.*

[2]) maxon Jennate *bis* cens *auf Rasur.*

[3]) Matheu *flüchtig übergeschrieben,* Jennat *durchgestrichen.*

399 Maheus Morelz p. b. por Hanriat l'orfeivre, ke maint an Furnei-
rue, et por Merguerate, sai femme, sus II stalz ke geixent an
Vesignuelz en lai halle des boulangiers, k'il ait aquasteit por
Hanriat et por Merguerite desour nommeis a Clemignon lou
boulangier, permei teil cens com li dui stal doient, et a. c. l.
e. an l'ai. l. dv.
400 Li sires Jaikes, li prestres de Gorze, li filz Matheu lou feivre,
prant b. sus I meu[1]) de vin a moustaige ke geist sus lai maxon
et sus ceu ki apant ke siet a Faijs, ancoste lai grainge Burte-
min Toupat, et sus lai pesse de vigne ke geist en lai planteire
arreis lai vigne les Proicherasses, et sus une pesse de champ
ke geist ou ban de Groxues, arreis lou champ Jaikemin Turillon,
k'il ait aquasteit a Richerdin lou Piccois de Faiis, et e. c. l.
e. an l'ai. l. dv.
401 Perrins, li filz Nenmeriat Lohier, p. b. sus lai pesse de vigne
ou on contet demei jornal ke geist an Thiebertcommine[2]) ou
ban de Maigney, ancoste lai vigne Poincignon de S. Clemant,
k'il ait aquasteit a Yzambairt et a Pierat et a Poinsat, les III
filz Aingebert de Maignei, et a Jennin[3]) Bonsuelle, lour serorge,
et a Poincignon, lou fil Domange lou Laffrait de Maigney,
permei IIII d. m̄t. de cens, et e. c. l. e. an l'ai. l. dv.
402 [4]) Li sires Willames de lai Court, chanones de S. Piere[5]) a
Uous, p. b. sus C s. de mt. de cens ke geixent sus tout l'eritaige
ke Maheu Lowis[6]) ait a Champelz sus Moselle et ou ban, en tous
us, et sus les II pairs dou chennel de lai ville de Mes, et sus
can k'il ait an vignes lou Conte sus Moselle et en l'awe de lai
Mairs, k'il ait aquasteit a Maheu Lowit desour dit, et ke Maheus
desour dis puet raicheteir, et e. con l. e. an l'ai. l. dv.
403 Arnoulz Jaikiers li clers p. b. sus lai maxon et sus tout ceu
ki apant ke siet anson lai stuve Stokairt, sus lai voie dou weit,
k'il ait aquasteit a Colignon Chaizaie, permei XII s. de mt. de
premier cens et permei IIII s. de mt. de cens, et e. c. l. e. an
l'ai. l. dv.
404 Colignons li feivres, li filz Waterin ki fut, p. b. sus lai maxon
et sus ceu ki apant ke siet ancoste l'osteit Watreman lou
mairexal ou Champ a Saille, k'il ait aquasteit a Philippin, lou fil

---

[1]) *Vorlage* mei.
[2]) demei *bis* Thiebert *auf Rasur.*
[3]) et a Jennin *auf Rasur.*   [4]) = *1290, 321; v. 1290, 567.*
[5]) *Vorlage* Pieres.   [6]) Maheus Lowis *st.* Maheus Lowit.

Bawier lou feivre ki fut, permei IIII lb. de mt. de cens, et e.
c. l. e. an l'ai. l. dv.

405 Pierexelz, li filz Richerdin Lohier ki fut, p. b. sus une pesse
de vigne ou on contet II jornalz, ke geist an Mainbervalz ou
ban de Mairuelles, ancoste lai vigne Burtran Gouverne, permei
VII angevines de cens, et sus I meu de vin a moustaige de
cens ke Jehans de Meirvalz avoit sus lai vigne Burtran Gouerne,
ke fut Lorate de Prenoit, k'il ait aquasteit a Jehan de Meirvalz,
lou fil Piereson Louveus de S. Julien ki fut, et e. con l. e. an
l'ai. l. dv.

406 Matheus, li filz Jennat Choflier de S. Clemant ki fut, p. b. sus
lai maxon et sus tout ceu ki apant ke siet a S. Clemant antre
l'osteit Jennat Penat et l'osteit Thieriat Thomessin, k'il ait
aquasteit a Thieriat, lou fil Howat de S. Clemant ki fut, et a
Peckin, son freire, permei VI s. de met. et VII d. de cens, et e.
c. l. e. an l'ai. l. dv.

407 Willames, li filz Cunin de Beseicourt, p. b. sus la moitiet de
lai maxon et de tout [ceu] ki apant ke partet a Burtignon Guer-
cire, ke siet ancoste l'osteit Regnier de Sairley, k'il ait aqua-
steit a Gererdat, lou fil Werneson Visaie, permei IIII s. et demei
de mt. de cens, et e. con l. e. an l'ai. l. dv.

408 Burtrans Deuloufist de Maizelles p. b. sus les II pesses de
vigne ke geixent an Abouwes ancoste Martin lou Vadois d'une
pairt et d'autre, k'il ait aquasteit en alluet a Guerceriat Poterel,
lou fil Hanrit Lukin ki fut, et e. con l. e. an l'ai. l. dv.

409 Hanrias li telliers, ke maint daier S. Sauour, p. b. sus les VI s.
de mt. de cens ke geixent sus lai maxon ou il maint ke siet
daier S. Sauour, ke Hanrias desour dis meymes dovoit, ke sont
escheus et venus consuant a Alerdin, lou fil Burtadon de Nowe-
roit ki fut, et a Poinsate et a Heilewit, ces II serors, de pair
lou signor Lowit de Cligney ki fut, k'il ait aquasteit a Alerdin
et a Poinsate et a Helewit desour nommeit, et e. con l. e. an
l'ai. l. dv.

410 Li sires Richiers Facon, li doiens de S. Thiebaut, p. b. sus les
XL s. de mt. de pension ke Pieresons de S. Clemant, li filz
Jennin lou mairlier ki fut, li ait essis sus sai maxon ou il maint
et sus ceu ki apant ke siet a S. Clemant, ancoste l'osteit Cle-
5 mansate, lai feme Wairin ki fut, et sus ces IIII jornalz de terre
arreure ke geixent en lai Grustelle, antre lai terre Gerairt, lou
fil Weiriat lou vies maior, et lai terrre Thomessat, lou fil

Burtemin lou masson, et sus son jornal de terre arreure ke geist desour lai Horgne, antre lai terre Weiriat lou vies maior et lai terre Lorin, ke li sires Richiers desour dis ait aquasteit a sai vie a Piereson desour dit, et e. con l. e. an l'ai. l. dv.

411 Odins li espiciers de Furneirue et Clemans, ces nevous, p. b. sus lai maxon et sus tout lou resaige ki apant ke siet an Furneirue ke fut Vguignon de Lieons, k'il ont aquasteit a Odin de Rains l'armoiour de Furneirue, permei c s. de mt. ke ceste maxon doit, et permei xvi s. de mt. de cens k'elle doit ancor as hoirs Badewin Yzambairt, c'om puet raicheteir por xvi lb., et e. c. l. e. an l'a. l. dv.

412 Burtrans Facons p. b. sus la moitiet de lai maxon et de ceu ki apant ke siet an S. Thiebautrue ancoste l'osteit Burtran desour dit, permei v s. de mt. de cens, et sus la moitiet de lai maixiere et de ceu ki apant apres ceste maxon meymes et lai maxon maistre Guercire lou masson, permei iiii s. de mt. de cens, k'il ait aquasteit a Lorate, lai fille Vguin Blangrenon, et e. con l. e. an l'ai. l. dv.

413 Li sires Jehans, li prestres de S. Mamin, p. b. sus iiii s. et demei de mt. de cens ke geixent sus lai pesse de vigne ke geist en Hate Rive outre Saille, ke Jennas li cherreirs de Grixey tient, k'il ait aquasteit a Anel de Bacort, lai brus Poincignon Lucie ki fut, et e. c. l. e. an l'ai. l. dv.

414 a) Renalz li clers d'Outre Saille p. b. sus les ii masons et sus tous les resaiges ki apandent ke sieent ou Waide, davant et daier, ke furent Jennat Cornal, et sus xi s. de mt. de cens ke geixent sus lai maxon Jaikemin de Ticheicourt, et sus v s. et demei de mt. de cens ke geixent sus l'osteit Howat, lou valat Jennat Fakenel ki fut, k'il ait aquasteit a Jennat Cornal desour dit, et e. c. l. e. an l'ai. l. dv.

b) Et se p. ancor b. sus vi s. de mt. de cens ke geixent sus lai pesse de preit ke geist ou ban de Chaigney, et sus lai pesse de preit ke geist en lai Goute ou ban de Corcelles, ke partent a Colin, lou freire Poincignon Poulain d'Airs, et a Aurowin dou Puix, k'il ait aquasteit a Poincignon Poulain desour dit, et e. con l. e. an l'ai. l. dv.

c) Et se prant ancor b. sus x jornalz et i quairt de terre arreure et i pesse de preit et i pesse de boix ke geixent en lai fin d'Airs ou ban de Chaigney, s'an geixent iii jornalz ou Sairt davant les iii ruwes, et demei jornal en Allues a lai tornelle per enson lai terre Luciate, et demei jornal outre Jaileschans et ɪ jornal en Buxi ancoste lai terre Abillate Fusaiee, et ɪ jornal sus lou rele a la jonkiere, et ɪ jornal an Faixelchamp sus lai fontainne d'Abignei, et jor et demei an ɪɪ pesses sus lai fontainne en Domeronpreit, et ɪ quairt a paireir a Wendillon, et demei jornal sus lou broil, et demei jornal sus lai crowaie, et demei jornal en lai Goute, et li preis geist en Gellanoy, et li bolz geist per lonc S. Lorant nol, et sus tout l'eritaige Jaikemin Nauel d'Airs,[1]) pertout ou k'il soit, k'il ait aquasteit a Jaikemin Naivel desour dit, permei vɪ s. de mt. et vɪɪɪ d. et ɪɪ quertelles et demaie, moitiet wayn moitiet avoinne, de droiture et vɪɪ d. et maille d'amone, et e. c. l. e. an l'ai. l. dv.

d) Et se p. ancor b. sus la moitiet des xɪ s. de mt. ɪ d. moins de cens, s'an geixent vɪɪɪɪ s. ɪɪɪ d. moins sus lai maxon Jennel de Beseicort, et xx d. sus lai pesse de vigne ke Gererdins Mollas tient, et vɪ d. sus lou quairel de meis ke li femme Cunin Wixel tient, k'il ait aquasteit a Merguerate, la fille Colin Herbel ki fut, permei la moitiet de xxɪɪ d. et maille et la moitiet de ɪɪ chapons, ke li xɪ s. ɪ d. moins doient, et e. c. l. e. an l'ai. l. dv.

415 Olliniers, li filz Bonerdat de Sainte Rafine, p. b. sus lai pesse de terre ke geist ancoste Weiriat lou Roucel, et sus lai pesse de terre ancoste l'Orme, ke geist en mei lai voie de Joiei, et sus lai pesse de terre desous Ollerei, et sus lai pesse de terre ancoste lai femme Burtignon de Sulligney, et sus lai pesse de terre lonc lou chamin d'Awigney, ke geixent toutes ou ban de Mairley, k'il ait aquasteit a Perrin, lou janre Aburtin Boufat, permei xɪɪ d. de cens ke tous cist eritaiges doit a ban de Mairley. et e. c. l. e. an l'ai. l. dv.

416 Jennas Cherriande de Chaponrue p. b. sus lou meis ke siet en Chaponrue et sus ceu ki apant ke siet a chief dou meis Jennat meymes, k'il ait aquasteit en alluet a Merguerate, lai femme Jehan de Dompiere ki fut, et e. c. l. e. an l'ai. l. dv.

417 Joffrignons li draipiers, li nies Roillon de lai Porte, p. b. sus lai maxon et sus tout ceu ki apant ke fut Pierexel lou formeir, ke siet davant l'osteit Roillon desour dit, k'il ait aquasteit a Watreman, lou fil Syuerel de Chaponrue, permei xx s. de mt. et v d. et maille de cens, et e. c. l. e. an l'ai. l. dv.

418 Lietalz, li freires Colignon Lucate, p. b. sus jor et demei de vigne tier meu S. Pol, ke geist en Wederanvigne, ancoste lai

---
[1]) d'Airs *übergeschrieben.*

vigne Mertignon, k'il· ait aquasteit a Clemant, lou fil Geradon de Bornei, et e. c. l. e. an l'ai. l. dv.

419 Willames li conreires dou Champel, li maris Ozelie, p. b. sus lai maxon et sus tout ceu ki apant ke siet ou Champel ancoste l'osteit Lucat Pain de Mes, k'il ait aquasteit a Jaikemin, lou fil Aburtin Boufat, et a Colignon, son freire, et a Perrin, lour serorge, permei XL s. de mt. de cens, et e. c. l. e. an l'ai. l. dv.

420 Poincignons Pedanwille p. b. por lai chieze Deu des Proicherasses de Mes sus les II s. de mt. de cens ke geixent sus lai maxon ou Jennas Gawain maint, c'on dist en lai court S. Sauour, ke siet ou Champel, k'il ait aquasteit por les Proicherasse desor dites a Jennat desor dit, et e. c. l. e. an l'ai. l. dv.

421 Poincignons Pedanwille p. b. sus les v parties ke Colignons et Bietris, sai suer, et Abertins, lour freires, li enfant Weiriat dou Waide ki fut, et Jaikemins Hawis et Jennas Symairs, lour II serorges, avoient en toute lai maxon et en ceu ki apant ke fut Weiriat dou Waide, ke siet ou Waide, ancoste l'osteit Raiesoche,¹) permei teil cens com ces v parties doient, et sus teil v parties com il avoient en II s. de mt. de cens ke geixent sus lou meis ke geist daier ceste maxon meymes, k'il ait aquasteit as hoirs desor nommeis, et e. c. l. e. an l'a. l. d.

422 Ferris de Destrey²) li corriers, ke maint en Sanerie, p. b. sus les VII s. de mt. IIII d. moins de cens k'il meymes dovoit sus sai maxon ou il maint, ke siet desous pairt l'osteit Erfe en Sanerie. k'il ait aquasteit a maistre Symon l'armoiour et a Abillate, sai femme, et e. c. l. e. an l'ai. l. dv.

423 Vguignons Pettairs, li filz Joffroit Aixiet ki fut, p. b. sus lai maxon et sus lai grainge ancoste et sus tous les resaiges ki apandent ke sieent en S. Martinrue ancoste lai maxon les Vaichates et l'osteit Jaikemat Lohier, k'il ait aquasteit a Ennin, lai femme Colin l'Alleman ki fut, permei IIII lb. et XI s. et demei de mt. de cens, et e. con l. e. an l'ai. l. dv.

424 Colignons Boizemels li clers, li filz Jennat d'Erkancei ki fut, p. b. sus toute lai pesse de boix ke fut dame Aileit, ke geist en S. Jehanboix,³) k'il ait aquasteit en alluet a Colignon, lou fil Waterel de l'Aitre d'Awignei ki fut, et e. c. l. e. en l'ai. l. dv.

425 Burtemins li bouchiers, li filz Domangin Berrois de Vies Bucherie ki fut, p. b. sus lai maxon et sus ceu ki apant ke siet an Vies

---

¹) *Vor* Raiesoche *ist* Rikesate *durchgestrichen.*
²) r *aus* e *verbessert.* ³) daier Awigney, *v. 1288, 88.*

Bucherie antre l'osteit Rennekaire et lai maxon Jaikemin Hawit, k'il ait aquasteit a Sebeliate, lai femme Matheu Forreilliet ki fut, permei xxxiiii s. de mt. de cens ke li maxon et ceu ki apant doit chesc'an, et e. c. l. e. an l'ai. l. dv.

426 Giles, li filz Burtemin Hertewit de Stoxey, p. b. sus les xxi s. et demei de mt. de cens ke geixent sus l'osteit ke fut Gererdat lou berbier, ke siet atour dou Waide, ancoste l'osteit Bietrit Poujoize, k'il ait aquasteit a Burtignon Caienat, lou fil Steuenin Burnat ki fut, et e. con l. e. an l'ai. l. dv.

427 Gerairs Braideu p. b. sus lai maxon et sus tout ceu ki apant ke siet a Porte Serpenoize sus lou tour davant l'osteit Jennat Rollan l'olier, k'il ait aquasteit a Arnout de Criencourt lou tonnelier, permei v s. et demei de mt. et iii chapons de cens, et e. c. l. e. an l'a. l. d.

428 Richiers Bellegree prant b. sus les vi s. de mt. de cens ke geixent sus lai maxon Piereson Bronvalz, ke siet ou Baix Champel ancoste l'osteit Howignon, lou fil lou Traiant, k'il ait aquasteit a Jennat Xairol lou tennour de lai Vigne S. Auol, et e. c. l. e. an l'ai. l. dv.

429 Steuenins, li maires de S. Clemant, p. b. sus ii maxons ke sieent a Maigney ancoste lou chakeur lou voweit de Maigney, k'il ait aquasteit a Gererdat Jouancel, ke maint en lai grainge S. Piere, permei viii s. de mt. de cens, et e. c. l. e. an l'ai. l. dv.

430 Vguignons Roucelz p. b. sus lai dairienne maxon et sus lou meis encoste ke siet daier S. Thiebaut, ver lou champ a Pannes, [1]) k'il ait aquasteit a Jennat lou Xaibe, et ke Vguignons desour dis li ait relaieit, permei xiiii s. de mt. de cens ke cist eritaiges doit davanteriennemant, et permei x s. de mt. k'il an doit a Vguignon desour dit, et e. c. l. e. an l'ai. l. dv.

431 a) Jaikemins Mouretelz de Vesignuelz p. b. sus c s. de mt. de cens ke Guenordins, li filz Hanrit de Bunaies ki fut, li ait essis et essigneit sus sai grant maxon, ke fut son peire, ke siet en Sanerie, et sus lai vote desous et sus lou praiel daier et
5 sus tous les resaiges ki apandent, desour et desous et daier et davant, et sus sai grainge ke siet ou Champel, et sus lai chambrate ki est de lai grainge ke fut son peire, et sus tous les resaiges ki apandent davant et daier, apres xlv de mt. ke li maxon davant dite doit de cens davanterienemant a lai chieze

---

[1]) a Pannes *auf ausgelöschter und ausgekratzter Schrift.*

10 Deu de S. Arnual,[1]) et apres xv s. de mt. ke li grainge davant
dite doit de cens davanterienemant a l'ospital ou Nuefborc,
k'il ait aquasteit a Guenordin desour dit, et ke Guenordins puet
raicheteir de noiel ki or vient en I an por C lb. de mt.[2])

b) Et se p. ancor ban sus les XI d. et maille ke Guenordins
desor dis dist k'il ait de premier cens, ke geixent per menues
pesses en Rollanmont et en Mallemairs, k'il ait aquasteit a
Guenordin desour dit, et e. c. l. e. an l'ai. l. devisent.

432 Gerairs, li filz Weiriat lou vies maior de S. Clemant, p. b. sus
III s. de mt. de cens ke geixent sus II pesses de vigne ke geixent
en planteis Aleinme ou ban S. Clemant, k'il ait aquasteit a
Jennat Waterel de S. Clemant, et e. c. l. e. an l'ai. l. dv.

433 Besselins, li filz Jaikemin lou Cousson d'Orseualz, et Jennas, ces
freires, p. b. sus lai maxon et sus [ceu] ki apant ke siet ancoste
l'osteit Adan Herlin a S. Clemant, et sus lai vigne a lai bairre,
et sus les pesses de vigne ke geixent en planteis Alenme, k'il
ont aquasteit a Waterel de S. Clemant, permei teil cens et teil
droiture com tous cist eritaiges doit, et e. c. l. e. an l'ai. l. dv.

434 Jennas, li maires de Mercilley, et Andrewas, li xavins de Mercilley,
p. b. sus les II pairs dou boix c'on dist lou boix Jehan de
Quensey, ke siet ou ban de Chaigney, et sus lou preit et sus
lou traix k'il ont ancoste lou boix davant dit, k'il ont aquasteit
a Poincignon et a Adan, les II filz Thieriat Paillat d'Airs ki
fut, permei les II pairs de IIII d. de cens ke li bolz doit, et
permei III mailles de cens ke li preis et li traix doient, et e.
c. l. e. an l'ai. l. dv.

435 a) Li sires Abers d'Espainges li prestres p. b. por les pucelles
de lai Vigne S. Marcel sus tout l'eritaige ke Collairs Corneuelz
de Colambeirs et Abertins, ces filz, et Wiborate, sai fille, ont
et avoient, an tous us, ou k'il soit et keilz il soit, ke Collairs
et Abertins et Wiborate desour nommeit ont doneit et aquiteit
por Deu et en amone a lai chieze Deu des pucelles desour dites,
permei teil cens et teil droiture com tous li eritaiges doit, et
e. c. les lettres ke geixent en l'ai. l. devisent.[3])

b) Et se p. ancor b. por les pucelles desour dites sus les III s.
de mt. de cens ke geixent sus lai maxon Jehan Cal, ke siet a
Quertal, k'il ait aquasteit a Maheu Lowit, apres LI s. de met. de
cens ke li maxon doit davanterienemant, et e. c. l. e. an l'ai. l. dv.

---

[1]) Arnual *steht auf den ausgelöschten Buchstaben* Arnal.
[2]) de noiel *bis* mt. *übergeschrieben.* [3]) *Vorlage* deviset.

436 Li sires Abers d'Espainges, li prestres des Grans pucelles de lai
Vigne S. Marcel, p. b. sus tout l'eritaige ke Collairs Cornevelz
et Abertins, ces filz, et Wiborate, sai fille, ont et avoient, per
tout ou k'il soit, ke Vguignons Hennebors et Lukelz de Borney
et Matheu Gueperate avoient.[1]) en waige por tant com Collairs
et Abertins et Wiborate desour dit lour doient, l'escrit en l'airche,
et dont li sires Abers desour dis est tenans, permei teil cens
et teil droiture com li eritaiges doit.

437 Thierias Bouchas p. b. sus lai pesse[2]) de vigne ou on contet
demei jornal ke fut Matheu Maiguelot, ke geist outre Saille an
Culloit, ancoste lai vigne Jennat Menneit, k'il ait aquasteit
permei une maille de cens a Jennat de Sullignei, ke maint a
Maizelles, et e. c. l. e. an l'ai. l. dv.

438 Roienate, li fille Aurowin Bokel ki fut, p. b. pour sai
waigeire sus toutes les censes ke li abbes et li covans de S.
Auol ont en Mes[3]) et en bors de Mes, c'est a savoir en lai
Vigne S. Auol et outre Moselle et aillours, per tout ou k'elles
soient, et sus toutes lour vignes k'il ont d'autre pairt Maizelles,
ou clo S. Auol, an lai plante c'on dist a Paixelz, et lou jornal
et demei de vigne ke geist[4]) en Forchies deleis lai fontenne,
et sus lou chakeur k'il ont a tour de lai rowelle[4]) de lai Vigne
S. Auol, et sus can ke li abbes et li covans ont d'eritaige en
Mes et en bans de Mes, an tous us et en tous prous, an keil
maniere ke se soit, por les x lb. de mt. de pension ke li abbes
et li covans doient chesc'an a Roienate desour dite, toute sai
vie, et ke Roienate ait a oulz aquasteit, et e. c. les lettres ke
geixent en l'airche Jehan lou Mercier a S. Jaike l. devisent.

439 Matheus Vogenelz, li filz Abert Clairiet ki fut, p. b. por lai
chieze Deu des Cordelieres de Mes sus xxx s. de mt. de cens
ke geixent sus lai maxon ke fut Fransois lou corrier, ke Jaike-
min de Dompiere doit, dont on redoit aier vi s. de mt. de cens
a Colin Baron por ceulz de Murewal, et sus les xxx s. de mt.
de cens ke geixent sus lai maxon Chapon lou[5]) corriers doit,
dont on redoit aier viii s. de mt. de cens a prestre de S. Marcel,

---

[1]) *Vorlage* ke l'avoient, ke l'a *auf Rasur*.
[2]) Thierias *bis* pesse *auf Rasur*.
[3]) sus toutes *bis* Mes *und in Zeile* 5 Maizelles *auf Rasur*.
[4]) geist *auf Rasur, vorher ist* nous *durchgestrichen*, rowelle *auf Rasur*.
[5]) *Vorlage* lou corriers doit, *der Schreiber hat aber mehrere Wörter ausge-
lassen. Zu* Chapon lou *ist eine nähere Bezeichnung, zu* corriets *ein Name zu er-
gänzen, also* Chapon lou . . . . . ke . . . . . li corriers doit.

et sus les XXVIII s. de mt. de cens ke Jennas Drudelz doit sus
sai maxon, et sus les XII s. de mt. de cens ke Howins li cher-
pantiers de Sanerie doit sus sai maxon ke fut Matheu lou
paignour, et sus les VIIII s. de met. de cens ke Otthins li por-
pignieres doit sus sai maxon ke siet davant S. Gengoult, et
sus les IIII s. de mt. et I d. de cens ke Colignons de Vertons
doit sus sai maxon ke siet davant S. Gengout, et des VIII s.
et des IIII s. et I d. de cens desour dis redoit on aier III s. et
demei de mt. de cens a prestre de S. Medairt, ke Lowias li
clars de Sanerie comandeit a doneir en sai devise as Cordelieres
desour dites, et k[e l]i sires Jehans, li prestre¹) de S. Martin
en Curtis, et Yngrans Goule, ke sont mainbors de lai devise
Lowiat desour dit, lour ont assigneit sus ces leus desour dis,
et e. con l. e. an l'ai. l. dv.

440 Burtrans Fakignons li bouchiers p. b. sus lai pesse de terre ke
geist a Grixey antre l'osteit Fakignon meymes et l'osteit
Poincignon, lou fil Wibor de Grixey, k'il ait aquasteit en alluet
a Jaikemin Chenal, et e. c. l. e. an l'ai. l. dv.

441 Jaikemins li clers dou Pont, li filz Ponperin ki fut, p. b. sus
tout l'eritaige ke fut Herman lou furbour de Furneirue, ke geist
a Airey et en tous les bans²) d'Airey, c'est a savoir en maxons,
en grainges, an chans, an preis, en bolz, en vignes et en tous
autres eritaiges, an tous us et en tous prous, permei teil cens
et teil droiture com tous cist eritaiges doit, k'il ait aquasteit
a Poinsate, lai fille Herman desour dit, et a Jehan, son serorge,
et a Lorate, sai femme, et a Jaikemin de Cillei, son autre
serorge, et a Ailexon, sai femme, et e. c. l. e. an l'ai. l. devisent.

442 Jaicas de Waigney p. b. sus lai maxon et sus ceu ki apant
ke siet sus lou cours a Porsaillis ancoste l'osteit maistre Watier
lou sururgien, k'il ait aquasteit a Guenordin de Bunees, permei
XL s. de mt. de premier cens k'elle doit a Nostre Dame lai
Ronde, et permei LX et X s. de mt. de cens k'elle doit a Gue-
nordin desor dit, et e. c. l. e. an l'ai. l. dv.

443 Thiebaus Chaineviere li clers p. b. sus tout l'eritaige ke Boie-
mons li cherpantiers de Flurey ait a Flurey³) et ou ban de
Flurei et aillours, en tous us, ou k'il soit, ke Thiebaus desour
dis ait a lui aquasteit, et ke Thiebaus desour dis li ait relaieit,

---

¹) li prestre *auf Rasur.*
²) ke geist *bis* bans *auf ausgelöschter und ausgekratzter Schrift.*
³) ait a Flurey *ebenso.*

permei teil cens et teil droiture com tous li eritaiges doit, et permei vi quairtes de boin wayn moitainge a dit de boulangier, ke Boiemons desour dis an doit a lai vie Thiebaus[1]) Chaineuiere desour dit et a lai vie Joffroit, son freire, a plus viscant d'ou[2]) douz, et e. c. l. e. an l'ai. l. dv.

444 Jaikemins Chenalz p. b. sus lai nueve mason ke fut Herman, ke siet ou Waide,[3]) ancoste l'osteit Chopin, k'il ait aquasteit a Hanriat Raiguelenel, permei xxv s. de mt. de cens, et e. c. l. e. an l'ai. l. dv.

445 Gerairs de Belleuille, li maris Gueperate dou Champel, p. b. sus lai maxon et sus ceu ki apant ke siet ou Halt Champel ancoste l'osteit Aburtin Boufat, k'il ait pris a cens de dame Jaikemate, lai femme Maheu Cokenel ki fut, permei xv s. de met. de cens, et e. c. l. e. an l'ai. l. dv.

446 Li sires Weiris li prestres, li filz Thieriat Rauille ki fut, p. b. sus toutes les cences de vin, de deniers, de chapons et de preis et an toutes autres censes, keiles k'elles soient, ke li abbes et li covans de S. Auol ont a Lorey desous Froimont, k'il ait a oulz acheteit[4]) toute sai vie, et e. c. l. e. an l'ai. l. dv.

447 Poincignons Symons p. b. sus lai maxon et sus tout ceu ki apant ke fut Mariate lai Vadoise,[5]) ke siet en Chaipeleirue, ancoste l'osteit Ancillon de Venixe, por tant com Lorate, sai serorge, li doit, per escrit an airche, dont Poincignons[5]) desour dis en ait lai maxon desour dite et ceu ki apant en waige, et dont il est tenans.

448 a) Arnoulz, li filz Poincignon Billeron de Chaistelz ki fut, p. b. sus xxx s. de mt. de cens ke geixent sus l'osteit ke fut Steule lou corretier, ke siet ou Champ a Saille, ancoste l'osteit Poincin lou bouchier, k'il ait aquasteit a Jaikemin, lou fil Jehan de S. Pocort, et e. c. l. e. an l'ai. l. dv.

b) Et se p. ancor b. sus lai maxon et sus tout lou resaige ki apant ke siet ou Champ a Saille ancoste lai maxon Steuenat[6]) Cuerdefer, k'il ait aquasteit a Maheu Lowit, permei iiii s. de mt. de cens k'elle doit a l'ospital ou Nuefborc, et permei viiii lb. de met. de cens k'elle doit as filles signor Jehan de lai Court, c'on puet raicheteir, et a. c. l. e. an l'ai. l. dv.

---

[1]) Thiebaus *statt* Thiebaut.
[2]) *Vorlage* dou douz, *ebenso 1290, 466 a und b,* ou = eux.
[3]) mason *bis* Waide *auf Rasur.*   [4]) achete *auf ausgelöschter Schrift.*
[5]) *Ebenso* Vadoize *und* dont Poincignons.   [6]) Steuenat *ist geändert aus* Steuenin.

449 Vguignons Pettairs p. b. por lai chieze Deu de Villeirs l'abbie sus une maxon et sus ceu ki apant ke siet en lai Nueue rue, ki est escheute a lai chieze Deu desour dite, por les XVII s. de met. de cens ke li maxon desour dite lour doit, et dont il sont tenant.

450 a) Goudefrins Boutedeu li tenneires de lai Vigne S. Auol p. b. sus lai maxon et sus ceu ki apant et sus lou meis daier ke siet outre Maizelles ancoste l'osteit Jennat Wetier, k'il ait aquasteit a Jennat Melesant, permei VII s. et demei de mt. et II d. et I chapon de cens, et e. con l. e. an l'ai. l. dv.

b) Et se p. ancor b. sus lai maxon et sus lou meis daier et sus tout lou resaige ki apant ke siet outre Maizelles ancoste l'osteit Goudefrin meymes et lai maxon Weiriat, lou fil Adan lou clerc de Basoncort[1]) ki fut, k'il ait aquasteit a Badewin, lou fil Weiriat Witier d'Outre Maizelles ki fut, permei XI s. de mt. de cens, et e. c. l. e. an l'ai. l. dv.

451 Heilewate, li fille Symonin de Montois, p. b. sus lai maxon et sus ceu ki apant ke siet ou Grant Waide ancoste l'osteit Waterin Burtelo, k'elle ait aquasteit a Jaikemin Chenal[2]) dou Waide, permei V s. de mt. III d. moins de cens, et e. c. l. e. an l'ai. l. dv.

452 Li sires Pieres, li prestres de Saint Aman deleis Saint Clement, p. b.[3]) sus XXV s. de mt. de cens ke Arnoulz Callewins li ait essis sus ces II maxons ke sieent en Furnerue, l'une ancoste l'autre, apres L s. de cens k'elles doient davanterienemant, c'est a savoir a S. Sauour[4]) XXV s. et a Philippin lou Mercier XXV s., ke li sires Pieres[3]) desour dis ait a lui aquasteit, et e. c. l. e. an l'ai. l. dv.

453 Li sires Jehans li Gornais p. b. sus teil partie com Wernesons de Wauille, li filz Wairin ki fut, avoit en lai maxon et en lai grainge encoste et en tous les resaiges ki apandent ke siet en lai rue de Porte Serpenoize, permei teil cens com ceste partie doit, et sus teil partie com Wernesons desur dis avoit en X s. de met. de cens ke geixent sus lai maxon desour dite meymes, ke Pierelz li boulangiers tient, k'il ait aquasteit a Werneson desour dit, et e. c. l. e. an l'ai. l. dv.

454 Gererdins Mouxins li cherpantiers p. b. sus lou tiers de lai maxon et de ceu ki apant ke siet davant lou Preit, et sus lou

---

[1]) s aus x verbessert. [2]) Chenal übergeschrieben.
[3]) Li sires bis p. b. auf Rasur, ebenso nachher li sires Pieres.
[4]) Bei Sauour ist S aus X verbessert.

tiers de lai maxon et de ceu ki apant ke siet ou meis Philippe Coulon, k'il ait aquasteit a Colignon, son serorge, et a. c. l. e. an l'ai. l. dv.

455 Weirias li naiteniers de Maizelles p. b. sus lou jornal de vigne tiers meu ke geist an Hate Riue sus Saille ancoste lai vigne Jennat Pietel, k'il ait aquasteit a Goudefrin lou cordewenier de Dairangerue, permei I d. de cens, et a. c. l. e. an l'ai. l. dv.

456 Richairs Wairenelz p. b. sus lai pesse de vigne et sus ceu ki apant ke geist en Cherdenoit ancoste lai vigne Colignon Lucie, k'il ait aquasteit a Symonat, lou fil Jennin Collairt ki fut, permei II d. de cens, et e. con l. e. an l'ai. l. dv.

457 a) Renadelz Soture de Maizelles p. b. sus lai pesse de vigne ke fut Maglaive, ke geist en Rollanmont, ancoste lai vigne Vguenel de Sairlei, k'il ait aquasteit a signor Hanrit, lou grant prestre de S. Eukaire, permei IIII s. de mt. de cens, et e. con l. e. an l'ai. l. dv.

b) Et se p. ancor b. por lui et por Gererdat, son freire, et por Lowiat Noiron sus tout l'eritaige ke Jennate, li femme Lambelin Briate ki fut, avoit ou ban de Borney, k'il ont releveit ancontre Vguignon Hennebor, ki est por l'abbasse de S. Piere as nonnains, permei teil cens et teil droiture com tous li eritaige doit, et e. con li plais l. dv.

458 ¹) Vguignons de l'Aitre et dame Lorate, li feme Poincignon de lai Paillolle ki fut, p. b. si con por waigeire sus tout l'eritaige Jennat, lou fil Thiebaut de l'Aitre ki fut, k'il ait en lai mairie de Porsaillis, por tant con Jennas desour dis lour doit, per escris an airche, ke lour est delivres en plait per droit et per jugemant, et dont il sont tenans, permei teil cens et teil droiture com tous cist eritaiges doit. ²)

459 Lowias li cherpantiers d'Aubes p. b. sus lai maxon et sus lai grainge daier et sus tout ceu ki apant ke siet ancoste l'osteit lai femme Poincignon Lucie, k'il ait aquasteit a Guercire Monin, permei XII s. de mt. et III angevines de cens, et a. con l. e. an l'ai. l. dv.

460 Adenas Badas p. b. sus lai maxon et sus ceu ki apant ke siet an Hulouf ancoste l'osteit Thieriat l'aman, k'il ait aquasteit a Goudefrin Boutedeu de lai Vigne S. Auol, permei VIII s. de mt. de cens, et e. con l. e. en l'ai. l. dv.

---
¹) *Die drei ersten Einträge auf Blatt* XIII, *458—460, stehen auf Rasur.*
²) *v. 1290, 338 und 565.*

461 Jaikemins de Pairgney p. b. sus lou selier et sus tout lou resaige ki apant ke siet ancoste Jaikemin meymes et l'aitre d'Aipilley, k'il ait aquasteit a Thieriat, lou fil Weiriat de lai Valz d'Aipilley, permei une maille de cens, et e. con l. e. an l'ai. l. dv.

462 Joiffrois, li filz Howairt Jallee ki fut, p. b. sus les XXXVI s. de mt. de cens, dont on redoit aier VI d. de cens a maior de Montigney, ke geixent sus toute lai terre arreure ke Andrewas Jallee ait an Hem, k'il ait aquasteit a Arnoult, lou fil signor Cunon d'Airs, et e. c. l. e. an l'ai. l. dv.

463 Howins li vieseirs de Herney p. b. sus lai maxon et sus ceu ki apant ke siet davant lou Preit ancoste l'osteit Odin dou Pont lou vieseir, k'il ait aquasteit a dame Mathelie, lai femme Pierexel Chaineviere ki fut, permei XX s. de mt. de cens, et e. c. l. e. an l'ai. l. dv.

464 a) Aburtins Burnas p. b. sus lai pesse de terre arreure ke geist an Virkilley antre lai terre Jennat l'Erbier et Jennat Boukerey, k'il ait aquasteit a Mathiat, lou fil Adan lai Vaille, permei I d. de cens ke Aburtins meymes, i avoit, et e. con l. e. an l'ai. l. dv.

b) Et se p. ancor b. sus une pesse de preit ke geist en Gremesonsalve ou ban de Luppei, k'il ait aquasteit en alluet a Rekisse, lai fille Burteran Bukehor de Luppei, et a Collin, son janre, et a. c. l. e. an l'ai. l. dv.

c) Et se p. ancor b. sus une pesse de preit ke geist ou ban de Luppey antre Sambaing et lai bourde ancoste lou champ Lambert, et sus lai pesse de preit en Millonpaipi ancoste Herman. et sus XVIII chapons et II gelines de cens c'on doit a Abriat Traivaille de Luppei, et sus lai maxon et sus lou meis daier et sus tout ceu ki apant ke siet an Belou ancoste lai maxon Jaikemin, lou freire [1] Abriat davant dit, et sus lai pesse de terre ke geist en Venon ancoste lai terre Alexandre, lou fil Felixe de Luppei, k'il ait aquasteit en alluet a Abriat Traivaille desour dit, et e. c. l. e. an l'ai. l. dv.

d) Et se p. ancor b. sus une pesse de preit ke geist en lai Porcherie, et sus une pesse de preit ke geist an Sourain ou ban de Luppei, ke partent a Alexandre, lou filz [2] Felixe de Luppei, k'il ait aquasteit en alluet a Clemignon et a Hanrion, les II filz Anel lai Vadoize de Luppei, et e. c. l. e. an l'a. l. dv.

---

[1]) Jaikemin lou freire *auf ausgelöschter Schrift*. [2]) filz *statt* fil.

465 Hanrias Burnekins p. b. sus lai grant maxon ke siet en Jeurue ke fut sai meire et sus ceu ki apant, ke siet antre l'osteit ke fut signor Remey et lai maxon ke fut Poujoize Truillairt, k'il ait aquasteit a Jaikemate¹) lai Vadoize, sai suer, permei teil cens com elle doit, et c'on puet raicheteir, et e. c. l. e. an l'ai. l. dv.

466 a) Rennillons li Bagues et Hanrias Roucelz et Jehans Burtous et Thierias Brixelate p. b. sus lai pesse de vigne ou on contet IIII jornalz ke fut lai vowerasse, ke geist ou ban de Maigney,²) desous lai vigne Philippe Faixin ki fut, k'il ont aquasteit en alluet et sans ban tenir a Poinsate et a Thiebaut et a Poujoize et a Clemansate, les enfans Willemin lou voweit de Maigney ki fut, por Thieriat, lou fil Weirion Burtout, et por Perrate, sai femme, lai fille Hanriat de Champelz, a plux vickant d'ou³) douz, et e. c. l. e. an l'ai. l. dv.

b) Et se p. ancor b. sus lai pesse de vigne ou on contet IIII jornalz ke geist an Ospreis⁴) outre Saille, ancoste lai vigne Thiebaut de Strabor, permei XXXI d. et maille, k'il ont aquasteit a Thieriat de Mercey et a Merguerate, sai suer, por Thieriat, lou fil Weirion Burtout, et por Perrate, sai femme, lai fille Hanriat de Champelz, a plux viscant d'ou³) douz, et e. con l. e. an l'ai. l. dv.

467 Jehans Blanche p. b. sus x s. de mt. de cens k'il meymes dovoit sus une pesse de vigne ke geist en Rollanmont, et se p. ban sus I jornal de terre ke geist en lai fin de Borney, ancoste les enfans Mouffle, permei I d. de cens, k'il ait aquasteit a Merguerel, lai fille Colin Blanche ki fut, et e. c. l. e. an l'ai. l. dv.

468 Jaikemins, li filz Jennat Gontier ki fut, p. b. sus lai maxon ke fut Thieriat Boutefeu et sus tout ceu ki apant, ke siet a Pontois, ancoste l'osteit Jehan lou Vadois, lou fil Symon de Pontois, k'il ait aquasteit a Matheu lou cler, lou fil Symon desor dit, permei ceu ke li maxon doit, et e. con l. e. an l'ai. l. d.

469 a) Colignons Cunemans p. b. sus lai pesse de preit ke fut Renadat de Lorey, ke geist an Hairansairt ou ban de Lorey, k'il ait aquasteit a Androwin lou vintre de Mairuelles, permei IIII d. de cens k'elle doit a prestre de Lorey, et e.⁵) con l. e. an l'ai. l. dv.

---

¹) Jaikemate *verbessert aus* Jaikemin.
²) Maigney *auf ausgelöschter und ausgekratzter Schrift.*
³) *v. 1290, 443,* ou = eux. ⁴) *Vorlage* an nospreis.
⁵) Lorey *auf ausgelöschter und ausgekratzter Schrift.*

b) Et se p. ancor b. sus lai pesse de vigne ke geist anson lou planteit ancoste lai vigne Martin lai Bowe, k'il ait aquasteit a Jaikemate, lai femme Burtemin Blanchairt de Mairuelle ki fut, permei demei meu de vin et III d. de cens, et e. c. l. e. an l'ai. l. dv.

470 Colignons Porree li clers p. b. sus les VIII s. de mt. de cens ke sont escheus a Lorate, lai fille Jennin Cowe, de païr peire et de pair meire, ke geixent sus l'osteit ke fut Jennin Cowe, son peire, k'il ait a lei aquasteit, et e. c. l. e. an l'ai. l. dv.

471 Colignons li boulangiers, ke maint an Vesignuelz, p. b. sus une maxon et sus lou meis daier et sus tout lou resaige ki apant ke siet en la rowelle S. Piere as Arennes, k'il ait aquasteit as hoirs Jaikemin l'oxelour, permei III s. de cens c'on doit a Hanriat de l'Aitre, et e. c. l. e. an l'ai. l. dv.

472 Jehans li Merciers p. b. por lou prior et por les freires de Cleirvalz de lai maxon de Mes[1]) sus tout l'eritaige entieremant, per tout ou k'il soit, ke Waterins li clers, li filz Hanriat lou cordewenier de Porsaillis ki fut, ait donneit et aquiteit por Deu et en amone a prior et as freires de lai mason de Cleirvalz de Mes, permei teil cens com tous li eritaiges doit, et e. c. l. e. an l'ai. l. dv.

473 Remions Burnekins p. b. sus lai maxon et sus ceu ki apant ke fut lai Burdine, ke siet ancoste l'osteit ke fut Fransois lou mairexal, ke li est delivre en plait per droit et per jugemant, por tant com Drudins li mairexalz doit a Jaikemin, lou cellerier l'abbeit de S. Vincent,[2]) et dont li escris sont delivre a Remion desor dit, per escrit an airche, et dont il est tenans, permei teil cens com cist eritaiges doit.

474 Li sires Jehans li prestres et Colignons, ces freires, li enfant Maiguetin ki fut, p. b. sus lai maxon et sus ceu ki apant ke siet ancoste l'osteit ke fut Guercire de Gorze, k'il ont aquasteit a Bairangin de S. Martinrue, permei XXX s. de mt. de cens, et e. c. l. e. an l'ai. l. dv.

475 Li sires Thomes, chanones de S. Thiebaut, p. b. sus lai maxon et sus ceu ki apant ke fut Alexandre lou boulangier, ke siet outre Saille, ke li est[3]) delivre en plait per droit et per jugemant, por les XXV s. de mt. de cens k'elle li doit et por les

---

[1]) lou prior *bis* maxon de *auf Rasur*, Mes *übergeschrieben*. [2]) *Vorlage* S. Vincens.
[3]) ke li est *auf ausgelöschter Schrift, ebenso in 473, unter dem* k *ist beide Male ein* p *zu erkennen, der Anfang des folgenden* por; ke *bis* jugement *ist also eingeschoben*.

estaies trespassees et por les adras, et dont li sires Thomes desour dis est tenans.

476 Nicolles Fakenelz p. b. sus lai maixiere et sus lou meis daier ke siet ancoste son chakeur a Quensei, k'il ait aquasteit en alluet a Heilewate, lai femme Xorat de Quensei ki fut, et e. c. l. e. an l'ai. l. dv.

477 Maheus, li filz signor Jehan de Vergney, p. b. sus xxii quairtes de bleif ke geixent sus lou molin a Orceualz, ki est signor Jehan de Vergney et Hanrit de Riste, k'il ait aquasteit a Jehan et a Ferrit et a Joffroit, les iii filz lou signor Poinson lou Trowant ki fut, et e. c. l. e. an l'ai. l. dv.

478 Mergueron, li fille Steuignon de Mairis ki fut, et Clemansate et Wiborate, ces ii filles, p. b. sus une maxon ke siet a monteir de Jeurue, ancoste l'osteit Roillon de Strabour ki fut, k'elles ont aquasteit a Vguignon Roucel, permei xii s. de mt. de cens, et e. con l. e. an l'ai. l. dv.

479 Pierexelz Gomerelz li merciers de Vesignuelz p. b. sus lai maxon ke fut Jennin Gerairt et sus tout ceu ki apant, ke siet en Vesignuelz, antre l'osteit Joffroit Bellegree et Yzaibel Luckin, k'il ait pris a cens de Poincignon de Metris, permei iiii lb. et demaie¹) de mt. de cens ke li maxon et ceu ki apant doit, et e. c. l. e. an l'ai. l. dv.

480 Li sires Jehans, li prestres salleriers de S. Piere as nonnains de Mes, p. b. por lai chieze Deu de S. Piere desour dit sus une grainge ke siet a Sanrei et sus ceu ki apant, k'il ait aquasteit por lai chieze Deu desour dite an alluet a Borcairt, lou fil lai Roine de Sanrei ki fut, et e. c. l. e. an l'ai. l. dv.

481 Jehans de Vandieres, li maires S. Sauour, p. b. por lou doien et por lou chaipistre de S. Sauour de Mes sus xxx s. de met. de cens ke geixent en premiers chaiteis les signors dou ban de Chaignei a Airs deleis Abignei, k'il ait aquasteit a Ferrit Cokenel, et ke Ferris ait donneit por Deu et en amone a doien et a chaipistre desour dit, e. c. l. e. an l'ai. l. devisent.

482 Thiebaus Henmignons p. b. sus jor et demei [de] terre ke geist ou ban de Maigney, ancoste la terre lai femme Adan et ancoste Sezenate, lai femme Thieriat Tureulle d'Outre Saille ki fut, k'il ait aquasteit a Sezenate desour dite et a Aburtin, lou fil lou maior de Maignei ki fut, permei i d. de cens, et e. c. l. e. an l'ai. l. dv.

---
¹) et demaie *übergeschrieben.*

483 Willames, li filz Thiebaut Henmignon, p. b. sus lai pesse de preit ke geist an Parfontpreit ou· ban d'Awigney, ke partet a Colin, lou fil Waterel, k'il ait aquasteit a Colin Cobert, et e. c. l. e. an l'ai. l. dv.

484 a) Badewins Robins p. b. sus les VI s. de mt. de cens ke geixent a Airey sus lai maxon Jacob d'Airei, k'il ait aquasteit¹) a Jacob d'Airey meymes, et e. c. l. e. an l'ai. l. dv.

b) Et se p. ancor b. sus les XL s. de mt. de cens ke geixent a Awignei sus tout l'eritaige Mathiat lou feivre d'Awigney, ke geist an bans et en fenaiges d'Awigney, k'il ait aquasteit a Mathiat desour dit meymes, et e. c. l. e. an l'ai. l. dv.

485 Goudefrins Goibles, li bergiers Jennat de Grixei, p. b. sus lai maxon et sus ceu ki apant ke siet a Grixey ancoste l'osteit Jennat Wairin, k'il ait aquasteit en alluet a Gererdat lou Bossut lou chafornier de Grixey, et e. c. l. e. an l'ai. l. dv.

486 Philippins li Gornais p. b. sus tout l'eritaige ke Sebeliate de Nommeney, li femme Thiebaut lou Chien ki fut, et Colignons et Jaikemins et Matheu, seu III fil, ont a Rouvre deleis Nommeney et en tous les bans et an tous les apandixes de Rouvre,
5 c'est a savoir en chans, en preis, an bolz, en awes, en fours, en moulins, an grainges, an maxons, an buveries, en bergeries, en bans, en justices, an signeraiges, en homes, en femmes, en rantes, en droitures de bleis de vins et de deniers, en chapons, en gelines, ²) an oies et an tous autres heritaige et an toutes
10 autres uxuwes et en tous autres prowaiges, an keil maniere ke se soit,³) ke Philippins desour dis ait a oulz acheteit a XX ans, et e. c. l. e. an l'ai. l. dv.

487 Poincignons, li maires de Joiey, p. b. sus demei jornal de vigne ke geist ou Clo, k'il ait aquasteit a Ydate lai Vadoize, lai feme Thiebaut de Chaistelz ki fut, et e. c. l. e. an l'ai. l. dv.

488 a) Li sires Poinces de Colloigne p. b. sus XX s. de mt. de cens ke Katerine, li fille Pierexel Bouchat, avoit sus lai maxon a Porsaillis ke fut Jennat lou chaponier, ke siet ancoste Godignon, dont on redoit aier IIII s. as pucelles de lai Vigne S. Marcel, a lai fille Preuostel, k'il ait aquasteit a Kaiterine desour dite, et e. con l. e. an l'ai. l. dv.

b) Et se p. ancor b. si com por son trefons sus lou quairt de lai maxon et dou resaige ki apant ke siet a Porsaillis ke fut

---

¹) k'il ait aquasteit *auf ausgelöschter und ausgekratzter Schrift.*
²) *Vorlage* gelixes. ³) ke se soit *übergeschrieben.*

Godignon l'espicier, ke Mathions, li serorges Godignon, ait en waige por lai date des x lb. k'il ait paiet por Godignon, ke Mathions ait doneit a Hanriat, lou fil Colin de Champelz. et ke Hanrias ait doneit a signor Poinson desour dit, permei teil cens com li quairs de lai maxon desour dite doit, et e. con l. e. an l'ai. l. dv.

c) Et se p. ancor b. sus l'autre quairt de lai maxon desour dite meymes, k'il ait aquasteit a Willame lou Lombairt, lou janre Jennat lou Roi, permei teil cens com li quairs doit, et e. c. l. e. an l'ai. l. dv.

d) Et se p. ancor b. sus l'autre quairt de ceste maxon desour dite meymes, k'il ait aquasteit a Colin lou Grant d'Outre Saille, permei teil cens com li quairs doit, e. c. l. e. an l'ai. l. dv.

489 a) Hanrias Thomessins p. b. sus IIII jornalz de terre arreure et sus une fasiee de preit ke geixent ou fenaige de Maiclive, k'il ait aquasteit a Hanriat Clodin ke fut de Chennei, et e. con l. e. an l'ai. l. dv.

b) Et se p. ancor b. sus IIII jornalz de terre ke geisent on fenaige de Maicliue, et sus III querterons de vigne ke geixent ou fenaige de Maicliue, ancoste lui meymes, k'il ait aquasteit a Thierion Symon, lou vies maior de Maicliue, et e. c. l. e. an l'ai. l. d.

490 a) Ferrias Chielairon p. b. sus tout l'eritaige ke Renalz de Lorey¹) ait ou ban de Lorey desous Fromont, et ke Ferrias li ait relaieit, permei teil cens et teil droiture com tous li eritaiges doit, et permei xxv s. de mt. de cens chesc'an k'il an doit a Ferriat desour dit, et e. con l. e. en l'ai. l. dv.

b) Et se p. ancor b. sus lai grainge et sus lou paire davant ke siet a Awigney ancoste l'osteit Ferriat meymes, k'il ait aquasteit a Facon, lou fil Waterin Kaithelie ki fut, permei xi s. de met. de cens, et ke Ferrias desus dis puet raicheteir,²) et e. c. l. e. an l'ai. l. dv.

491 Steuenins³) de Mairueles, li filz Weiriat de Mairuelles ki fut, p. b. sus une pesse de preit ke geist an Soivigne⁴) ou ban de Mairuelles, antre lou preit Symonat et Jaikemat, k'il ait aquasteit a Aburtin, lou fil Hanriat lou Roucel de Mairueles ki fut, permei I steir de vin de cens, et e. con l. e. an l'ai. l. dv.

---

¹) *Zwischen* Lorey *und* ait *ist* k'il *übergeschrieben, aus Versehen.*

²) *Vorlage* raicheteit. ³) *Vorlage* Seuenins.

⁴) *Vorlage* Souvigne *mit einem Punkt unter dem zweiten u-Strich.*

492 a) Howins li clers de Sainte Glosenne p. b. por lai chieze [Deu] desour dite sus lou chakeur ke siet a lai porte a Maizelles ancoste l'osteit Goudefrin Bouchate, k'il ait aquasteit a l'abbeit et a covant de S. Clemant, permei XL s. de cens, et e. con l. e. an l'a. l. dv.

b) Et se p. b. ancor por lai chieze Deu desus dite sus VI s. de mt. de cens ke geisent sus lai maxon ou Symonas Pallerins maint, k'il ait aquasteit a Symonat desour dit, et e. con l. e. an l'ai. l. dv.

c) Et p. ancor b. por lai chieze Deu desour dite sus lai maxon ke fut Gueperon lai Vadoize, et ke Gueperon lor ait donneit por Deu et en amone, permei x s. de cens k'elle doit a ceulz de S. Sauour, et e. c. l. e. an l'a. l. dv.

493 Steuenins li cherretons de Sainte Glosenne [1]) p. b. sus lai maxon et sus ceu ki apant ke siet ancoste l'osteit signor Richairt, lou prestre de S. Gengoult, k'il ait aquasteit a Jennin Marcowairt et a Borjoize, sai suer, et a Thieleman, son marit, permei x s. de cens, et e. con l. e. an l'ai. l. dv.

494 Ancillons Chopairs li chandeliers p. b. sus une pesse de vigne ke geist ou clo S. Laidre, antre [2]) lai vigne Jehan Werrel et lai vigne S. Laidre, k'il ait aquasteit a Jehan Ottignon de S. Clemant, permei XVIII d. de cens, et e. c. l. e. an l'ai. l. dv.

495 Howairs Groignas p. b. sus IIII chapons paiavles de cens ke geixent sus lai maxon Burtemin Cherrue d'Airs deleis Colambeir, k'il ait aquasteit a Burtemin desour dit, apres III d. de premier cens ke li maxon doit, et e. c. l. e. an l'ai. l. dv.

496 Philippes Tiguienne li xavins p. b. sus LX s. de mt. de cens k'i[l] ait aquasteit a Pierexel l'Effichiet, ke geixent sus son osteit et sus ceu ki apant, ke siet an S. Martinrue davant lou cours, apres XVI s. de met. de cens, et e. c. l. e. an l'ai. l. dv.

497* Ce sont li bans dou vintime jor de noiel. En la marie d'Outre Moselle:

497 Bertrans Huchetels prant bans sūs de cant ke Jehans Gaife, ces freres, ait en vignes, ke partent a lui meimes, ke geisent ou ban de Wapei ou Rowal et sus la Chaveie, k'il ait a lui aquasteit, permei teil cens et teil droiture com elle doit, et e. c. l. e. en l'a. lo d.

---
[1]) Glosenne *auf Rasur*.
[2]) *Vorlage* an.

498 Marguerite li Vadoize, li fille Colin Fransois, p. b. sus la maison et sus lou resaige daier et sus can ki apant ke fut signor Lowit lou preste, ke siet en S. Vincentrue, k'elle ait aquasteit a signor Maheu Clariet, permei x s. de mt. et i d. de cens k'elle doit davant, et viii s. de mt. de cens a Maheu desor dit, et e. c. l. e. en l'a. l. div.

499 Bescelins de Nonviant, li fils Watier la Poire, et Colignons, ces freres, p. b. sus xi pieces de vigne et sus ii pieces de terre ke geisent ou ban de Nonviant, ke furent Piereson Galepin, k'il ont aquasteit a Thiebat Hainmignon, permei teil cens et teil droiture com toz cist eritages doit, et e. c. l. e. an l'a. l. div.

500 Li sires Nicolles, li prestes de S. Alare, et li sires Jehans Nerlans, ke sont maistre de la frarie des prestes de Mes, p. b. sus iii s. de mt. de cens k'il ont aquasteit a Steuenin Watier, sus sa maison a Siey et sus cant ki apant, et e. c. l. e. en l'a. l. d

501 Warins li fromegiers de Valeroit p. b. sus une maison et sus cant ki apant ke siet a pont des Mors, ke fut Tireabay, k'il ait aquasteit a Bueuelat lou corduenier, permei xvi s. de mt. de cens,[1]) et e. c. l. e. en l'a. l. d.

502 Domangins li soieres p. b. sus une maison et sus cant ki apant ke siet an Couperelrue, arreis l'osteil Garcelat Noixe, ke dame Marie, li abause de Ste Glosanne, li ait laiet, permei viiii s. de mt. de cens chac'an, et e. c. l. e. en l'a. l. d.

503 Loransas li tixerans, li janres Jaikemin dou Paire, p. b. sus une maison et sus cant ki apant ke siet an Couperelruelle, k'il ait aquasteit a Roillon de Macres, permei xiiii s. de mt. de cens, et e. c. l. e. en l'a. l. d.

504 Gerardins li Penans de Lescey p. b. sus iii pieces de vigne ke geisent ou ban de Lescey, k'il ait aquasteit a Jennat Geucel de Lescey, en alluet, et e. c. l. e. en l'a. l. d.

505 Lowias Proueis de Franconrue p. b. sus une piece de terre ke geist sus lou broil ou ban d'Escey, ancoste lui meimes, k'il ait aquasteit a Jennat de Frieires, en alluet, et e. c. l. e. en l'a. l. d.

506 Warenas, li mares de Nonviant, p. b. sus v hommees de vigne ke geisent en la voie de Gorze, desous la creux, k'il ait aquasteit a Collignon, lou fil signor Thierit de Nonviant, permei iii sestieres de vin de cens, et e. c. l. e. en l'a. l. d.

---

[1]) de cens *übergeschrieben.*

507 Chardas de Maixieres li bouchiers p. b. sus une maison et sus cant ki apant ke siet a Maixieres, ancoste l'osteil Eurriat, lou fil Florate, k'il ait aquasteit a Collin, lou fil Werit de Maixieres, permei IIII s. et IIII d. mt. de cens, et e. c. l. e. en l'a. lo d.

508 Jennas, li maris Poxenate la vieceire, p. b. sus une maison et sus cant ki apant ke siet en Anglemur, ke li sires Nicolles, li prestes de S. Alare a Xauleur, li ait aquiteit, per escris en arche, permei XII d. de cens k'elle doit a S. Alare desor dit.

509 Ailixate, li fille Sebiliate la femme Collin Goudefroit, p. b. sus II s. et demei de mt. de cens ke geisent sus la maison lou grawour a Molins lou Duc, ke li arcediacres Jehans doit, k'elle ait aquasteit a Jennat Xordel, lou frere lou prevostel, et e. c. l. e. en l'a. l. d.

510 Poinsate Belleron, li fille Colin Godefroit, p. b. sus II maisons et sus III meis et sus cant ki apant ke sieent a Molin lou Duc, k'elle ait aquasteit a l'arcediacre Jehan de Sus lou Mur, permei teil cens com les maisons et li meis doient, et e. c. l. e. en l'a. l. d.

511 Symonins, li fils Thomessat de Lescey, p. b. sus une maison et sus lou maizel davant et sus cant ki apant ke siet a Lescey, anmei la ville, k'il ait aquasteit a Jennat Geucel, permei VI d. de cens k'elle doit¹) a l'ospital ou Nuefborc, et une pinte d'ole ke li mazels doit a S. Gergone de Lescey, et e. c. l. e. en l'a. l. d.

512 Jaikemas li massons de Lescei p. b. sus une piece de vigne ke geist ou ban Renadin Geruaixe, ou Duluxe, k'il ait aquasteit a Jennin Waro de Siey, permei une angevine de cens, et e. c. l. e. en l'a. l. d.

513 Steuenins Watiers et Marguerite, sa serorge, p. b. sus une piece de vigne ke geist en Chans ou ban de Siey, ancoste Papemiate, k'il ait aquasteit a Baduyn Barekel, et e. c. l. e. en l'a. l. d.

514 Maistres Ferris li clers p. b. sus une maison ke siet en la Vigne S. Marcel, ke fut Ranvaillechien, k'il ait aquasteit a Jakelo, lou marit la Bossuwe, permei XII s. de mt. de cens, et e. c. l. e. en l'a. l. d.

515 Jennas, li fils Wichart d'Ansey, p. b. sus une piece de terre ke geist ai Ancey, ancoste sa maison meimes, k'il ait aquasteit a Hawit la Vaue, permei III sestieres de vin de cens, et e. c. l. e. en l'a. l. d.

¹) k'elle doit *übergeschrieben*.

516 Richardins li Vauais p. b. sus une piece de terre de IIII jornals ke geisent ancoste Jehan Bruainne, k'il ait aquasteit a Perrin l'Apostole, permei VIII s. de mt. de cens, et c'on puet racheteir, e. c. l. e. en l'a. l. d.

517 Jennas Lambelins de Lescey p. b. sus jor et demei de terre a l'Espine, et sus I jornal en Jehanchamp, et sus I jornal en la Rowe, k'il ait aquasteit a Symonin, lou janre Heilowit de Burtecort, en alluet, et e. c. l. e. en l'a. l. d.

518 Et ce p. b. ancor sus I meis ke siet a Lescey, ancoste la vigne Thieriat lou baillit, k'il ait aquasteit a Collate, la fille Rollan de Lescey, en alluet, et e. c. l. e. en l'a. l. d.

519 Abertins, li fils Gerart lou Borgne de Lescey, p. b. sus la maison ke fut Weriat Kaynat, ke siet a Lescey, et sus teil avenant com li maisons ait en la cort davant, k'il ait aquasteit a Margueron, la fille Weriat desor dit, et ai Yderon, la femme Gerart Kaynat, en alluet, et e. c. l. e. en l'a. l. d.

520 Poinsignons de Champignueles p. b. si com sus son trefons sus II maisons et sus cant ki apant ke furent Domangin Bosserel, ke sieent en Anglemur, dont il est tenans, permei teil cens com elles doient.

521 Jennins, li fils Anchier d'Ansey, p. b. sus une piece de terre ke siet ou Cuing, desous lou laris de Juxey, k'il ait aquasteit a Martin de Troies, lou janre¹) Lorel, permei teil cens et teil droiture com elle doit, et e. c. l. e. en l'a. l. d.

522 Jehans, li fils Pieresate de Siey, p. b. sus une maixiere ke siet a Siey, k'il ait aquasteit a Garsat Boutefeu de Siey, permei II chapons de cens, et e. c. l. e. en l'a. l. d.

523 Thierias li permantiers de Sanrey p. b. sus la maison et sus la marchacie et sus cant ki apant ke siet en la rowelle de Ste Marie as nonains ke fut Renadin lou tixeran, ke Thiebas de Strabor li ait laiet, permei XII s. de mt. de cens chac'an, et e. c. l. e. en l'a. l. d.

524 Collignons Raifes de Chazelles p. b. sus teil droit et sus teil raixon com Jennas li Gronais de Chazelles avoit an III jornals de vigne ke geisent a Siey, ou clo S. Pou, ki est tiercerasse S. Pou, k'il ait a lui aquasteit, e. c. l. e. en l'a. l. d.

525 Jennas Gouleie de Lorey p. b. sus II jornals et demey de vigne an Cumenelle et sus la terre ansom, ou ban de Lorey, k'il ait

---

¹) *Vorlage* janres,

aquasteit a Jennat et a Jaikemin, les II aveles Jehan Soupe, permei teil cens com il doient, et e. c. l. e. en l'a. l. d.

526 Fillipins de Mahweit p. b. sus la moitiet¹) de la maison²) et de cant ki apant ke siet a Chazelles arreis lou chakeur S. Eivre, k'il ait aquasteit a Jennat lou Gronaix de Chazellês, permei teil cens et teil droiture com elle doit, et e. c. l. e. en l'a. l. d.

527 Abertins li bollengiers, li fils lou Crabus, p. b. sus une maison et sus cant ki apant ke siet a S. Arnolt, ancoste l'osteil ke fut Gerart Bomont, k'il ait aquasteit a Jennat Gouenel de S. Arnolt, permei x s. de mt. de cens, et e. c. l. e. en l'a. l. d.

528 Jaikemins Gratepaillé p. b. sus la maixiere ke siet en la Vigne S. Marcel, en la ruelle mastre Garcire, k'il ait aquasteit a Lorate, la brus Waterin lou berbier, permei III chapons de cens k'elle doit a S. Vincent, et e. c. l. e. en l'a. l. d.

529 Perrins Gratepaille p. b. sus les XVIII d.³) de mt. de cens k'il meimes dovoit a Jaikemin Maillate lou poxour, sus la piece de vigne k'il aquasteit as mainbors Matheu de Plapeuille, et k'il ait aquasteit a Jakemin desor dit, e. c. l. e. en l'a. l. d.

530 Lowias Ricars p. b. sus demei jornal de vigne ke geist en Frieires, k'il ait aquasteit a Gueperate, la fille Lowit lou parfeit ke fut, et e. c. l. e. en l'a. l. d.

531 Li sires Nicolles de Preney, chanones de Mes, p. b. sus x s. de mt. de cens k'il ait aquasteit a Baduyn Mouchat lou permantier, sus sa mason en Nikesierue et sus ceu ki apant, apres les v s. et demei de cens k'elle doit davant, et e. c. l. e. en l'a. l. d.

532 Vguignons, li fils Poujoize Coulon, p. b. sus la moitiet⁴) d'une maison et de cant ki apant ke siet a Chazelles, arreis lou chakeur S. Eivre, k'il ait aquasteit a Jennat lou Gronaix de Chazelles, permei teil cens et teil droiture com elle doit, et e. c. l. e. en l'a. l. d.

533 Abertins Gallios p. b. sus x s. de mt. de cens k'il ait aquasteit a Collignon Rommebac, ke Jakemins, li fils Ancillon Bertal de Franconrue, li dovoit sus sa maison en Pousalrue et sus can ki apant, ancoste Howenat dou Pux, et e. c. l. e. en l'a. l. d.

---

¹) *v. 1290, 532.*
²) de la maison *übergeschrieben.*
³) d. *geändert aus* s.
⁴) *v. 1290, 526.*

534 Jofrois Boinvallas p. b. sus ɪ meis ke siet otre Muselle, k'il ait aquasteit a mastre Symon de Veranges l'avocat, permei teil cens com il doit, et e. c. l. e. en l'a. l. d.

535 Collins et Jehans et Howins et Jaikemins, li ɪɪɪɪ fil Marguerite de Nonviant, ke maint a Chastels, p. b. sus une maison et sus can ki apant ke siet en Geurue a Chastels, k'il ont aquasteit a Hanrekel, lou fil lou prevost de Chastels, permei ɪɪ d. une angevine moins de cens, et e. c. l. e. en l'a. l. d.

536 Androwas Quaremels p. b. sus vɪɪɪ jornals de terre ke geisent deleis lou boix S. Jorge, k'il ait aquasteit a Poinsate la Vadoize, la fille Abertat ke fut, permei ɪɪɪɪ d. de cens, et e. c. l. e. en l'a. l. d.

537 Collignons Raifes et Colignons, li freres Xipotel, et Colignoñs Foutas et Gerardins Berniers de Chaizelles p. b. por la frarie Nostre Dame de Chazelles sus une piece de vigne en Ferrecort ou ban de Siey, k'il ont aquasteit a Poinsignon, lou fil Jennin de Chastels lou wastelier, en alluet, et e. c. l. e. en l'a. l. d.

538 Gerardins Berniers de Chaizelles et Collignons Ruillemaille de Siey p. b. sus un jornal de vigne ke geist sus la Ruwe, tiercerasse S. Pou, k'il ont aquasteit a Garsat Kaienat de Siey, et e. c. l. e. en l'a. l. d.

539 Richelas li hardeis de Franconrue p. b. sus une maison et sus cant ki apant ke siet en Franconrue, ke fut Hanriat lou hardeir, k'il ait aquasteit a Lowiat Proueit, permei v s. de mt. de cens et ɪ chapon a S. Vincent, et e. c. l. e. en l'a. lo d.

540 Cunins d'Onville p. b. sus vɪɪ s. de mt. et ɪɪɪ d. de cens ke geisent sus l'osteil Willemin Bouetel, ke part a Thieriat, lou fil Jaikemin de Jerney, apres xxxɪɪɪ d. de cens k'elle doit a S. Eivre, k'il ait aquasteit a Thieriat de Jernei lou feivre,[1]) e. c. l. e. l. d.

541 Symonins Langue p. b. sus ɪɪɪɪ jornals de terre ke geisent ou ban de Turey, et sus v jornals de terre ou ban d'Escey, k'il ait aquasteit a Mariate, la femme Colin de Turey, et e. c. l. e. en l'a. l. d.

542 Clemignons de Chaizelles p. b. sus ɪɪ pieces de vigne c'on dist a Terme et en la Planteire ou ban S. Pou, k'il ait aquasteit a Piereson Gigant de Chastels, permei teil cens com elles doient, et e. c. l. e. en l'a. l. d.

---

[1]) Jernei lou feivre *übergeschrieben;* desor dit *mit Ausnahme der ersten Silbe durchgestrichen.*

543 Jehans Jerney li muniers p. b. sus tout l'eritaige ke Gerardins et Poinsate et Aierons, li enfant de sa suer, ont ou ban de Gerney, an chans, en maisons, en meizes et en atre maniere, k'il ait ai ous aquasteit, permei teil cens et teil droiture com il doit, et e. c. l. e. lo d.

544 Sefiate, li femme Thiebat de Champels ke fut, p. b. sus ı planteit de vigne davant Hanamesnit, et sus une vigne an Varennes desoz Lescey, et sus la maxiere et sus lou jardin ancoste lou chakeur de la Fosse, et sus la vigne an Ferrecort ancoste Waterin d'Oixey, et sus tout l'eritage ke fut Morel de Lescey, ke li est delivreis per droit et per jugemant, por les dates ke Morels doit a Thiebat, son marit, per escris an arche, et dont Sefiate est tenans, permei teil cens com li eritaiges doit.[1])

545 Pieresons li Petis de Chastels p. b. sus ıı quartes de fromant, k'il ait aquasteit ai Abertin, lou fil Herman de Batilley, sus lou jor de terre ke geist sus Souinepiere, et sus tot l'eritage ke li est escheus de part Ancillon, son frere, ke geist ou ban de Haboinville et de Ste Marie, sans l'eritage ke geist dedans Haboinville, et e. c. l. e. lo d.

546 Et ce p. b. ancor sus la maison et la grainge et cant ki apant ke sieent a Hastrixe, et sus tout l'eritage ke Androwins de Hastrixe ait, an toz us, k'il ait a lui aquasteit, permei teil cens com il doit, et e. c. l. e. en l'a. l. d.

547 Jehans, li charretons lou grant doien, p. b. sus une maison et sus cant ki apant ke siet otre Muselle, ancoste Crestien lou feivre, ke mastres Ferris li clars li ait laiet a cens, permei xıı s. de mt. de premier cens k'elle doit a Howin Taillefer, et vı s. a mastre Ferrit, et e. c. l. e. en l'a. l. d.

548 Hermans li clers de S. Geure p. b. sus une mason et sus can ki apant ke siet en la rue lou Voweit, ancoste lui meimes, k'il ait aquasteit a signor Poinson Chadiere, lou preste de S. Vy, permei vı s. de mt. de cens ııı d. moins, et e. c. l. e. en l'a. l. d.

549 Thierias Quatremaille, li janres Androwat Quaremel, p. b. sus une maison et sus cant ki apant ke siet en la rowelle Flore an Franconrue, k'il ait aquasteit a Jennat, lou janre Jalleie, et a Margueron, sa serorge, permei ıııı s. ııı d. moins et ıı chapons de cens, et e. c. l. e. lo d.

550 Poinsignons Saterels et Allexandres, li freres Jaikemin de Vigney, p. b. por Jakemin desus dit et por Katerine, sa femme,

---

[1]) permei *bis* doit *übergeschrieben*.

sus demei jor de vigne dou jor et demei de vigne an Maretelclo, k'il ont aquasteit a Burtemin Froimont, en aluet, et e. c. l. e. en l'a. lo d.

551 Lowias li tixerans, li fils Jaikemin de Nommeney, p. b. sus une mason et sus can ki apant ke siet a tour de S. Vy, k'il ait aquasteit a signor Poinson, lou preste de S. Vy, et a Thieriat, lou frere Otin de Contures, permei x s. de mt. de cens, et e. c. l. e. en l'a. lo d.

552 Dame Anels, li abase de Ste Marie as nonains, p. b. sus v s. de mt. de cens k'elle ait aquasteit a Collignon lou clarc, lou fil Piereson lou masson, sus sa mason ke siet davant lou meis Thiebat Hainmignon, apres les IIII s. et II d. de cens k'elle doit davant a Tanple, et e. c. l. e. en l'a. l. d.

553 Collignons Boutons d'Otre Muselle p. b. sus une maison et sus cant ki apant ke siet a la creux otre Moselle, ancoste Jennat Eurrion, k'il ait aquasteit a Sibiliate, la femme Gerardin de Moielain, permei xxv s. de cens k'elle doit a Wiel, et e. c. l. e. en l'a. l. d.

554 Pieresons li taneires de Rommebar p. b. sus la mason et sus cant ki apant ke fut Domangin Frixure en S. Vicentrue, et sus I stal ke siet en la halle des tanors en Chambres, k'il ait aquasteit a Godefroit, lou fil Domangin desor dit, permei teil cens com il doient, et e. c. l. e. en l'a. l. d.

555 Hanris li charretons d'Anglemur p. b. sus une maixiere ke siet an Anglemur, davant sa grainge meimes, k'il ait en waige de Jehan lou feivre dou pont des Mors, per escrit en arche, et dont il est tenans, permei teil cens com elle doit.

556 Jehans de Helfedanges et Maheus Hessons p. b. sus Forconmolin et sus lou Nuef molin deleis Maxieres et sus cant ki apant, et sus tout l'eritage ke Jehans et Collate, li anfant Gerardon ke fut, avoient ou ban de Maxieres, k'il ont ai ous aquasteit, permei teil cens[1]) com toz cist eritages doit, et e. c. l. e. en l'a. l. div.

557 Et ce p. b. ancor sus les IIII s. et demei de mt. de cens ke Symonins Kayfés et Steuenins, ces freres, avoient sus Forconmolin, et sus les XVI d. de cens k'il avoient sus lou jornal de terre davant Forconmolin, et sus lou preit ancoste Yderon d'Espinals, k'il ont aquasteit a Semonin et a Steuenin desor dis, et e. c. l. e. en l'a. l. d.

---

[1]) *Hinter* cens *ist* et teil droiture *durchgestrichen.*

558 Et ce p. b. ancor Jehans et Maheus desor dit sus les xvIII d.
de cens ke Jaikemate, li femme Jaikemin de Maxieres ke fut,
avoit sus Forconmolin, et sus I jornal de terre, et sus teil
avenant com elle ait ans¹) arbres ke i sont, ke geisent daier
Forconmollin, k'il ont a ley aquasteit, en alluet, et e. c. l.
escrit en l'a. l. dient.

559 Et ce p. b. ancor sus I jornal de terre et sus teil avenant com
Symonins Kayfes ait ens arbes ki i sont, ke geist daier Forcon-
mollin, k'il ont a lui aquasteit, et e. c. l. e. en l'a. l. d.

560 Et ce p. b. ancor Jehans et Maheus desor dit sus une quarte
de soile et III chapons de cens, k'il meimes dovoient a Colin
d'Alixey lou paronr, sus lou preit davant Forconmolin, k'il ont
a lui aquasteit, et e. c. l. e. en l'a. l. d.

561 Maheus Hessons p. b. sus xxII jornals et demei de terre areure
ke geisent ou ban de Maxieres, per pluxors pesses, k'il ait
aquasteit a Steuenin, lou frere Symonin Kayfas de Maxieres,
en alluet, et e. c. l. e. en l'a. l. d.

562 Thiebas de la Cort, li janres Maheu Hesson, p. b. sus VI jornals
et demei de terre ke geisent ou ban de Turey, per pieces, k'il
ait aquasteit a Steuenat lou Bague, lou serorge Thiebat Gar-
cerion, en alluet, et e. c. l. e. en l'a. l. d.

563 Jennins Brulleville p. b. sus une piece de vigne ou an contet
demei jornal, ke geist ancoste sous de S. Thiebat an Champ
ou ban de Siey, k'il ait aquasteit a Symonin Godel et a Gerar-
din, son serorge, de Chazelles, permei XII d. de cens k'elle doit
a S. Thiebat, et e. c. l. e. en l'a. l. d.

564 Jehans de Bleno p. b. sus une piece de vigne ke geist ou ban
de Plapeuille, ancoste lui meimes, et sus xIII d. de cens ke
geisent sus lou planteit de vigne a la Piere,²) k'il ait aquasteit
a Cunegate de Plapeuille, la femme Watier ke fut, et e. c. l.
e. en l'a. l. dient.

565 Vguignons de l'Aitre et dame Lorate de la Paillole p. b. si
com por waigiere sus teil partie com Jennas de l'Aitre ait a
Lorey et ou ban, an toz us, en signeraige et en vowerie, an
censes, en rantes, en vignes et en tout atre eritage, et sus teil
partie com il ait daier lou mostier a Siey, ke lor est delivreis
per droit et per jugemant, et dont il sont tenant por waigiere,
permei teil cens et teil droiture com toz cist eritages doit.³)

¹) et sus I jornal *bis* ans *auf Rasur*.
²) et sus xIII d. *bis* Piere *übergeschrieben*. ³) *v. 1290, 338 und 458.*

566 Collins Cuerdefer p. b. sus xii d. de cens k'il meimes dovoit sus sa piece de vigne an Montain ancoste lui meimes ou ban de Rozerueles, k'il ait aquasteit a Gillat, lou fil Jakemin Bertran ke fut, et e. c. l. e. en l'a. l. d.
567 ¹) Li sires Willames de la Cort p. b. sus c s. de mt. de cens ke geisent sus tout l'eritage ke Maheus Lowis ait a Champels, et sus can k'il ait en vignes lou Conte, et en l'awe de la Mars, et ou chanel de Mes, k'il ait a lui aquasteit, et c'on puet racheteir, e. c. l. e. en l'a. l. d.
568 Yngrans Borgons p. b. sus teil partie d'eritage com il est escheus de part Collin Ruece, son seur, et e. c. l. e. des parsons en l'a. l. div.
569 Li sires Abers li Xanins et Maheus Hessons et Perrins de la Cort p. b. sus tot l'eritage signor Watier lou Louf, per tout ou k'i[l] soit, ke lor est delivres an plait, por tant com il lor doit et com il ait a fare ai ous, per escris an arche, et dont il sont tenant.
570 Jennas Fraillas p. b. sus les c s. de mt. de cens k'il ait aquasteit ai Alardin de Noweroit, sus tout son eritage, ou k'i[l] soit, an tous us, et e. c. l. e. an l'a. l. d.
571 Et ce p. b. ancor sus tout l'eritaige k'il ait aquasteit a Jennin de Wapey, lou fil Collin ke fut, ke geist ou ban de Noweroit, et e. c. l. e. en l'a. l. d.
572 Poinsignons Saterels li celliers p. b. sus tout l'eritaige k'il ait aquasteit a Baduyn, lou fil Jennat de Rozerueles ke fut, an toz us, ou k'i[l] soit et keils k'i[l] soit, permei teil cens et teil droiture com il doit, et e. c. l. e. en l'a. l. d.
573 Poinsignons Troixins de Ste Rafine p. b. sus toute la terre areure k'il ait aquasteit a Collate, la femme Abertin de Pontois ke fut, ke geist ou ban de Graviers, permei teils chateis com li terre doit, et e. c. l. e. en l'a. l. d.
574 Thiebas Kabaie p. b. sus les ii pars de la vigne an Cravigne, ke geist ou ban S. Martin, ou il meimes ait lou tiers, k'il ait aquasteit a Pieresin, lou fil Thieriat ²) Abel, et a Marguerite, la fille de sa suer, et a Jakemin, son marit, permei xviii d. de cens, et e. c. l. e. en l'a. l. d.
575 Steuenins, li fils Ferriat Troixin, p. b. sus tout l'eritage Perrin Bacal, ke geist an bans de Gorze et en bans de Nonviant,

---
¹) *Nicht in der Form, aber in der Sache* = 1290, 321, 402.
¹) Thieriat *verbessert aus* Thiebat.

ke li est delivreis per droit et per jugemant, por tant com Perrins li doit, per escris en arche, et dont Steuenins est tenans.

576 Yngrans Goule et Jennas, ces freres, p. b. sus lou cinkime de la maison et de ceu ki apant ke fut Jaikier l'espicier, ke siet davant lou Grant Mostier, k'il ont aquasteit a Thiebat Guiot l'espicier, permei LXI s. de mt. et II chapons de cens, et e. c. l. e. an l'a. lo d.[1])

577 Lowis Papemiate p. b. sus demei jornal de vigne ke geist en Planteres ou ban S. Pou, et sus teil droit et sus teil raison com Jennas li Gronais de Chazelles avoit ou demei jornal de vigne ke geist a Tro, ki est moterasse S. Vincent, k'il ait a lui aquasteit, e. c. l. e. l. d.

578 Waterins de Noweroit p. b. sus la terre ke Jennas Wichars de S. Priveit ait en Flaimmeit ou ban de Valinpreit, ou an contet VIII jornals et plux, k'il ait a lui aquasteit, en alluet, et ke Waterins li ait relaiet, permei x s. de mt. de cens, et e. c. l. escrit lo dient.

579 Douce, li fille Jaikemel Chiere, p. b. sus tot l'eritage ke Colins Wandars ait ou ban de Lescey et de Doncort, et ou ban de Doncort et d'Eurecort et de Warnainville, an maisons, en grainges, en jardins, en vignes, en preis, en terres areures, en molins, ke li est delivreis au plait ancontre Colin Wandart, et dont elle est tenans, permei teil cens et teil droiture com toz li eritages doit.

580 Jehans de Vandeires, li mares de S. Sauor, p. b. por lou doien et por lou chapitre de S. Sauor sus les V jornals de terre ke geisent davant lou pont Thiefroit, et sus la moitiet d'un molin et de decant ki apant ke siet daier S. Jehan, et sus la moitiet dou molin a chene sus Muselle, et sus la maison ou Ferris Cokenels maint, otre Muselle, permei XII s. de mt. de cens ke li maisons doit, et permei II s. de mt. de cens ke li moitiet dou molin a chenne doit, k'il ait aquasteit a Ferrit desor dit, et ke Ferris ait doneit por Deu et en amone a doien et a chapitre desor dis, et e. c. l. escrit en l'a. l. dient.

581 Collignons li Mares de Dauant S. Vincent p. b. sus la maison et sus lou meis daier jusc'a murs de la citeit et sus ceu ki apant ke siet ancoste Poinsignon lou bollengier en la Vigne S. Marcel, ke fut Jaikemin, son peire, k'il ait aquasteit ai

---

[1]) v. 1290, 275.

Abriat Burtignon, son serorge, permei teil cens com elle doit, et e. c. l. e. en l'a. l. div.

582 Poinsignons Bolande, li mares de Fristor, p. b. por la chiese Deu de Fristor sus les xviiii s. de mt. de cens ke Lowias li clars de Sanerie avoit sus la maison Symonat d'Oixey, ke siet davant S. Vy, dont an redoit as Proicherasses de Salebor iii s. et a S. Piere a Vout iii s. et a S. Vy xii d., k'il ait aquasteit a signor Jehan, lou preste de S. Martin, et ai Yngrant Goule, les mainbors Lowiat desor dit, et e. c. l. e. en l'a. l. d.

583 Jaikemins de Heu p. b. sus la moitiet dou molin a coupels ke siet sus lou rut de Longeawe, ke part a Thieriat lou baillit, et sus la moitiet de la grainge et dou preit et de cant ki apant a la meite dou molin, k'il ait aquasteit a Colignon Wandart, en alluet, et e. c. l. e. an l'a. l. d.

584 Anels, li fille signor Jaike Boilawe, p. b. sus tout l'eritage k'elle ait aquasteit a Jaikemin Chabornat d'Ancey, en vignes, en molins, en chakeurs, en maisons, en meis et an tout atre eritage, keils k'i[l] soit, permei teil cens et teil droiture com il doit, et k'elle li ait relaiet, permei teil cens et teil droiture com li eritages doit, et por v moies de vin chac'an de cens, et e. c. l. e. en l'a. l. d.

585 Vguignons Burnekins p. b. sus les xxi d. de cens k'il ait aquasteit ai Androwat, lou fil Jennin lou Conte de Saney, ke Abilluele, sa tante, doit a lui et a Sibiliate, sa suer, et e. c. l. e. en l'a. l. d.

586 Ysabels, li femme Poinsignon Peuchat, p. b. sus lou quart dou boix davant Chanterainne, ke part a sous de Champenois, k'elle ait aquasteit a Jaikemin, lou janre Sebeliate dou Mont de Molins, en alluet, et e. c. l. e. en l'a. l. d.

587 Thierias, li fils Baduyn de Flocort, p. b. por lui et por Jaikemate et por Odiliate et por Lucate, ces iii serors, sus les v s. de mt. de cens ke geisent sus la maison Baduyn desor dit, en la rue de Porte Serpenoize, k'il ait aquasteit a prior et a con. vant des Augustins de Mes, et e. c. l. e. en l'a. l. d.

588 Jehans, li fils Warin la Heie, p. b. sus lou deixime de la maison et de ceu ki apant ke siet en la rue de Porte Serpenoize ke fut Lowiat d'Abes, k'il ait aquasteit a Matheu, son frere, permei teil cens com il doit, et e. c. l. e. en l'a. l. d.

589 Howins li clars de Ste Glosanne p. b. por la chiese Deu desus dite sus xii d. de cens ke li abase et li convans ont aquasteit

a Piereson Boinsemel, sus sa maison ke siet arreis la porte dou pont des Mors, et e. c. l. e. en l'a. l. d.

590 Jehans Thomes p. b. sus une piece de preit an Lixeires, ke geist ou ban de Staples, et sus demei jor de vigne ou ban de Wapey, arreis lou Borguignet, k'il ait aquasteit a Hawit, la suer Gerart lou viez doien de Wapei, permei teil cens et teil droiture com il doient, et e. c. l. e. en l'a. l. d.

591 [1]) Dou cens lou signor Poince lou Gronais Lambelas li taillieres, li niez lou signor Willame de Hombor.

[1]) *591 steht auf der Rückseite von Blatt XV und ist geschrieben von Schreiber 18.*

1293

1* Ce sont li bans de paikes, en lai mairie de Porte Moselle, a tans ke li sires Jehans Piedechaus estoit maistres eschavins de Mes, Maiheus Vogenelz maires de Porte Moselle, Gillas Poujoizes maires de Porsaillis, et [Joffrois Boin]uallas[1]) maires d'Outre Moselle, kant li miliaires corroit per M CC $\overset{XX}{IIII}$ et XIII ans.

1 Jehans li clers, li filz Symonat Leudin ki fut, prant bans sus III pesses de terre arreure et sus une pesse de vigne et sus une pesse de preit ke geixent ou ban de Chairley et de Roupeney, k'il ait aquasteit a signor Richier, lou prestre de Chairley, permei teil cens et teil droiture com tous cist heritaiges doit a l'aiglixe de Chairley, et e. c. l. e. an l'ai. l. dv. [2])

2 Li sires [3]) Jaikes li Gornais p. b. sus II pesses de vigne ou on contet jor et demei, ke geixent ou ban de Vantous, ancoste sai vigne meymes, k'il ait aquasteit en alluet a Wichairt Lorant, et e. c. l. e. an l'ai. l. dv.

3 Li sires Willames de lai Court, chanones de S. Piere a Uous, p. b. sus les VII s. de mt. de cens ke Lowias li stuveires de Chambres doit, ke geixent sus lai maxon ke fut Thieselin lou chaivreir, ke siet ancoste lai maxon Lowiat meymes ke li sires Willames desour dis ait aquasteit por lui et por Kaitherine et por Merguerite, ces II nessiens, les filles signor Jehan de lai Court ki fut, a Poincignon l'Oie, apres XVII s. de mt. de cens ke li maxon desour dite doit davanterienemant a signor Willame et a Kaitherine et a Merguerite desour nommeit, et e. c. l. e. an l'ai. l. dv.

4 Domangins Bairangins li poxieres p. b. sus IIII s. de mt. de cens ke Colignous, li filz Eurit des Roches ki fut, li ait essis sus can k'il ait d'eritaige as Roches et aillors, an tous us, ou k'il soit, ke Domangins desour dis ait a lui aquasteit, apres XII d. de cens ke tous li heritaiges li doit davanterienemant, et e. c. l. e. an l'ai. l. dv.

5 Godefrois, li filz Godefroit de Maigney ki fut, p. b. sus II stalz ke sieent en lai halle des draipiers en Chambres, k'il ait aquasteit en alluet a Colignon Poirel, et e. c. l. e. an l'ai. l. dv.

---

[1]) v. 1279, 518; 1290, 534; 1293, 147. Lücke im Pergament, ebenso in 6, 7 u. 8.
[2]) e. c. l. e. an l'ai l. dv. = ensi com li escris an l'airche lou deviset. Weiter unten ist a. = ansi, l'a. = l'arche, d. = dist, div. = diviset, c ist abgekürztes com oder con. [3]) sires übergeschrieben.

6 Vrowelate, li fille Guersant, p. b. sus teil pertie et sus teil droit com Hensemans li clers, li filz Claimela de Braitenakes, ait et puet et doit avoir en lai maxon ke fut Houdebrant de Braitenakes et ou meis daier et en tout ceu ki apant, ke siet a S. Julien, ancoste l ...... Hanrekel Museraigne, k'elle ait aquasteit a Henseman desour dit, per son avenant de v d. de cens ke toute li maxon doit, et e. c. l. e. an l'ai. l. dv.

7 Jaikemate, li nesse Suffiate lai Vrowate de Pormoselle ki fut, p. b. sus lai maxon et sus ceu ki apant ke siet ancoste l'osteit lai tuppeneire, davant l'osteit Witier Lambert ki fut, k'elle ait aquasteit, permei x s. de mt. de cens, a Jehan Thomes et a Yzai[bel, sai suer], ke sont mainbor des devises Ailexate et Ydate, lour douz serours, et e. c. l. e. an l'ai. l. dv.

8 Jaikemins Mennas d'Erkancey et Lorate, sai femme, p. b. sus une pesse de vigne ou on contet II jornalz et demei, ke siet sus Moselle, antre lai vigne ke fut signor Burtal et lai vigne Perrin Raibue, ke li abbes Gerairs de Sainte Creux et tous li covans lo[ur ait] laieit a lour dous vies, et e. c. les lettres saiellees ke geixent an l'ai. l. devisent.

9 Colignons Willambalz li draipiers p. b. sus une pesse de vigne ke geist an Orsain, en l'anvercosteit, permei XVIII d. de cens, et sus une pesse de vigne ke geist en Borgonplanteit, permei II s. de mt. de cens, ke siet antre lai vigne Wiriat Mawain et lai vigne Poincignon lou cherreir, et sus III s. et demei de mt. de cens dont on redoit aier XXI d. a ceulz de Villeirs, ke geixent sus lai maxon Wiriat Mawain, ke Jennas, li filz Ancillon Baikillon de S. Julien ki fut, li ait mis en contrewaige a toz jors por lai pesse de vigne ke geist en Jeuchamp ou ban de Plaipeuille, ke Colignons desour dis ait aquasteit a Jennat desour nommeit, et e. c. l. e. an l'ai. l. dv.

10 a) Perrins Raibues et Hanrias, li maires de S. Julien, p. b. sus lai pesse de vigne ke geist en Geronchamp ancoste lai vigne Jennat dou Weit, en alluet, k'il ont aquasteit a Jehan, lou fil Androwat Morat d'Outre Saille, por Abertin, lou nevout Abert Coupat, et por Yzaibel, sai femme, lai fille Jennat dou Weit de S. Julien, et e. c. l. e. an l'ai. l. dv.

b) Et se p. ancor b. sus une pesse de vigne ke geist sus Moselle, ancoste lai vigne Thieriat de Grais, permei I d. de cens, k'il ont aquasteit por Abertin desour nommeit et por Yzaibel, sai femme, a Jehan Raifal, et e. c. l. e. an l'ai. l. dv.

11 Merguerate, li femme Piereson Wallant de S. Julien ki fut, p.
b. sus lai maxon et sus ceu ki apant ke fut Piereson Wallant.
son mairit, ke siet a S. Julien, ancoste sai grainge meymes, et
sus lai pesse de vigne a pont a S. Julien, ke geist ancoste les
hoirs lou signor Nicolle Fakenel, et sus les III pairs d'un jornal
de vigne ki est quair meu S. Pol, ke geist en Sourelz, k'elle
ait aquasteit a Mairiate, lai femme Badewin Wallant de S. Julien
ki fut, permei IIII s. de mt. de cens ke tous cist heritaiges dovoit
a ley meymes, et permei teil cens et teil droiture com tous cist
heritaiges doit, et e. c. l. e. an l'ai. l. dv.
12 Maigate, li femme Jennin Ponrenmont lou cordewenier ki fut,
p. b. sus les VIII s. et demei de mt. de cens ke Abeis li olieirs
doit sus sai maxon ke siet en Stoxey et sus lou meis daier
et sus ceu ki apant, ke siet ancoste l'osteit Burtran lou Buef,
k'elle ait aquasteit a Colignon, lou fil Perrin de Retonfayt ki
fut, et a Mergueron, sai femme, et e. c. l. e. an l'ai. l. dv.
13 Jennins Brullairs et Godefrins, li filz Cherdel de Nowilley¹) ki
fut, p. b. sus lai maxon et sus lai grainge en coste et sus lai
court davant et sus tout lou meis daier ke siet a S. Julien
antre l'osteit Rennier lou poxour et lai maxon Jennat dou Weit,
k'il ont aquasteit por Thieriat Wessel et por Merguerite, sai
femme, a Merguerate de lai Grainge de S. Julien, permei XIIII
s. de mt. de cens [ke li maxon?]²) et li meis doient, et e. c. l. e.
an l'ai. l. dv.
14 a) Li sires Joffrois Boullate, chanones de S. Piere a Uous, p. b.
sus les XX s. de mt. de cens ke Thierias Copeipiet doit sus sai
maxon et sus tout ceu ki apant ke siet en Rimport, davant
l'osteit ke fut Effrignon, k'il ait aquasteit por lai chieze Deu
de S. Piere desour dit as hoirs Godefroit de lai Tour ki fut,
et e. c. l. e. an l'ai. l. dv.
b) Et se p. ancor b. sus XII s. de mt. de premier cens ke geixent
sus II petites maxons et sus tout ceu ki apant ke sieent en lai
rowelle davant S. Ferruce, ancoste l'osteit Maiheu, lou fil Jennat
ki fut, k'il ait aquasteit por lai chieze Deu de S. Piere a Uous
a Maiheu desour nommeit, et e. c. l. e. an l'ai. l. dv.
15 a) Guercerias, li filz Jennin Wesselin ki fut, p. b. sus lai maxon
ke fut Jehan Bruenne et sus tout ceu ki apant, ke siet en Aiest,
an coste l'osteit dame Mergueruelle de Chailley, et sus lou grant
meis daier ke fut les signors de Senones, k'il ait aquasteit a

¹) w geändert aus u. ²) Vom Schreiber ausgelassen.

Wiborate lai Vadoize, lai fille Jehan desour dit, permei vi d
et ii chapons de cens ke li maxon doit, et permei lv s. de mt.
de cens ke li meis doit.

b) Et se p. ancor bans sus lai pesse de vigne ke geist en Wacons
ancoste lai vigne ke fut Piereson Cairetal, ki est contrewaige
a meis et lai maxon desour nommee, et e. c. l. e. an l'ai. l. dv.

16 Toulemans, li filz Rembalt de Macres, p. b. sus teil pertie et
teil droit et teil raixon con Renadins, ces freires, et Weiris de
Xuffledanges, ces serorges, et Merguerite, sai femme, et Arnoulz
de Pepinville, ces cerorges, et Yzaibelz, sai femme, avoient en
lai maxon et en ceu ki apant ke siet en Rimport davant l'osteit
ke fut Weirit Xourdel, k'il ait a oulz aquasteit, permei teil
cens com elle doit, et e. c. l. e. an l'ai. l. dv.

17 Lowias, li filz Jennetel Wesselin, ke maint en Aiest, p. b. sus
tout l'eritaige entieremant ke Colignons et Lowias et Thielemans
et Aileis et Merguerite, li enfant Wesselin d'Outre lou pont
Renmont ki fut, et Poincignons, lor freires, avoient en bans de
Vairney et de Roupeney et de Xueles et de Villeirs a l'Orme,
en chans, en preis, en vignes, en greinges, en maxons, en meises,
en gerdins, en censes et en tous autres heritaiges, en keil maniere
ke se soit, k'il ait aquasteit a Colignon et a Lowiat et a
Thieleman et a Aileit et a Merguerite desour nommeit, permei
teil cens et teil droiture com tous cist heritaiges doit, et e. c.
l. e. an l'ai. l. dv.

18 Thiebaus Guelins p. b. sus une pesse de vigne ou on contet jor
et demei, ke geist ens Allues, deisai Chaistillons, arreis lai
vigne Poincin Jornaie, k'il ait aquasteit en alluet a Wiborate,
lai fille Jehan Bruenne ki fut, et e. c. l. e. an l'ai. l. dv.

19 Colignons Goubillons de S. Julien p. b. sus teil droit et teil
raixon com Luckins, li cerorges Perrin[1] Aieron, avoit et poit
avoir en lai pesse de vigne ke geist antre Douz chamins, ancoste lai
vigne Vguignon Perrenat, ke Luckins desour dis faixoit a moitiet
de lai frairie de S. Julien, k'il ait aquasteit por lai frairie
desour dite a Luckin desour nommeit, et e. c. l. e. an l'ai. l. dv.

20 Jehans de Meirvalz p. b. sus ii s. de mt. de cens ke geixent
sus une pesse de vigne an Morillon, desous lai vigne Aburtel,
k'il ait aquasteit a Ferriat, lou fil Jennin lou Praigue de Villeirs
a l'Orme, et e. c. l. e. an l'ai. l. dv.

---

[1] *Vorlage* Perrins.

21 Poincignons, li filz Thiebaut Lambert ki fut, p. b. sus lai maxon et sus tout ceu ki apant ke siet en Sanerie, davant l'osteit Jennat Groignat, ke Mergueron, li femme Vignelat lou pottier ki fut, li ait delivreit en plait, et dont Poincignons est tenans, a. c. l. plais l. d.
22 Hanris de l'Aitre et Hanrias Roucelz p. b. sus lai pesse de vigne ou on contet II jornalz ke geixent en Sorelz ancoste lai vigne Perrin Raibue, et sus lai pesse de vigne ou on contet I jornal ke geist ou Fontenis ancoste les pucelles de lai Vigne, k'il ont aquasteit en alluet, [1]) sans lou deime, a Sebeliate, lai femme Symonin Cheualleir ki fut, et a Collate, sai tante, lai femme Colin de lai Rowelle ki fut, por Wairin, lou fil Cunin d'Onville, et por Merguerite, sai femme, et e. c. l. e. an l'ai. l. dv.
23 Colins Beccalz li amans p. b. sus lai sorvowerie d'Erkancey et sus tout ceu ki a lai sorvowerie apant, an keil maniere ke se soit, k'il ait aquasteit a Colignon de Weinre, permey XLV s. de mt. de cens k'elle doit, et c'on puet raicheteir, et e. c. l. e. an l'ai. l. dv.
24 Colins Beccalz li amans p. b. sus tout l'eritaige ke Colignons de Weiure avoit a Ancilley et a Mercey et a Erkancey et a Alexey, et en toutes les apandixes et en tous les bans de tous ces leus desour dis, k'il ait aquasteit a Colignon desour dit, permei teil cens et teil droiture com li eritaiges doit, et e. c. l. e. an l'ai. l. dv.
25 Pierexelz de Thionville p. b. sus les XII s. de mt. de cens ke Renadins, ke fut valas Nicolles Fakenel, doit sus sai maxon et sus ceu ki apant ke siet a Bous, k'il ait aquasteit a Jehan l'Effichiet, et e. c. l. e. an l'ai. l. dv.
26 Dame Bietris, li femme Jaike Roucel ki fut, p. b. en leu de waigeire por lei et por les mainbor lou signor Jaike desour dit sus de can ke li sires Joffrois de Bertranges avoit a Guenanges et ou ban, en tous us, en keil maniere ke se soit, por toutes les dates ke li sires Joffrois de Bertranges ki fut et li sires Joffrois, ces filz, ont a faire a dame Bietrit et a dis maimbors, et per escris an airche. [2])
27 [3]) Symonins, li filz signor Thiebaut Fakenel ki fut, p. b. sus II pesses de vigne ou on contet demey jornal ke geixent sus Moselle ancoste lai vigne dame Lorate de lai Paillole, et sus demey jornal de vigne ke geist a Rampant sus Mozelle an coste lai

---
[1]) t *verbessert aus* s.
[2]) et per escris an airche *später hinzugefügt.* [3]) *1293 = 175.*

5 vigne dame Lorate de lai Paillole, et sus une pesse de vigne
ou on contet demey jornal ke geist an Collombes ou ban de S.
Julien ancoste lai vigne Thomes lou Tawon ki fut, et sus une
pesse de vigne ou on contet demei jornal ke geist en Chenalz
ancoste lai vigne les hoirs Colin Xalle ki fut. et sus une pesse
10 de vigne ou on contet demey jornal ke geist a Meurpaireir an
coste lai vigne Badewin Robin, et sus I gerdin an Burey, les queiles
vignes desus dites Aburtins li Ches fait a moitiet, et sus une
pesse de vigne ou on contet jor et demey ke geist a Rait¹) sus
Moselle ancoste lai vigne Colignon Maglaive lou poxour, et sus
15 une pesse de vigne ou on contet I jornal ke geist en Goulairt-
planteit, et sus une pesse de terre ou on contet XII jornalz ke
geixent davant lai creux outre Moselle davant lou pont Thiefroit,
ancoste les terres l'abbeit de S. Vincent, et sus une maxon ou
Jennas Rennolz maint, ke siet en Rimport, sus lai rowelle davant
20 lou chakeur Jaike Fakenel, k'il ait aquasteit a dame Poince,
lai femme Nicolle Fakenel ki fut, permei LXII s. de mt. et VI d.
de cens ke tous cist heritaiges davant nommeis doit, et tout e.
c. l. e. de l'aquast ke geist en l'ai. l. dv.

28 Dame Bietris, li femme Jaike Roucel ki fut, p. b. en leu de
waigeire sus lai maxon Aburtin Richairt de S. Julien, ke geist
an lai court a S. Julien, ancoste l'osteit Hanriat, et sus lai pesse
de vigne ke geist antre Dous chamins ou ban de S. Julien, ancoste
ceulz de Villeirs, por lai date des XX lb. de mt. ke Aburtins doit
a dame Bietrit²) desour dite, et dont Aburtins en ait mis l'eri-
taige desus dit en waige por lai dite date, per escrit en airche,
et dont dame Bietris est tenans.

29 a) [M]aiheus Merlolz p. b. sus LX et X s. de met. de cens k'il
meymes dovoit a Wiborate, sai suer, sus VII jornalz de vigne ke
geixent en l'Awillon sus Mozelle.
b) Et se p. ancor b. sus IIII lb. et demaie de mt. de cens k'il
dovoit a lai dite Wiborate sus lai remenance de tout son heri-
taige, k'il ait raicheteit a Wiborate, sai suer, et a Hanriat
Herral, son serorge, lou mairit Wiborate desour nommee, et e.
c. l. e. an l'ai. l. dv.

30 ³) [G]everdins Morelz, li maires de Sainte Creux davant Mes, et
Poincignons Pedanwille, li maires les⁴) dames de lai Belle Stenche

---

¹) *Vorlage* u. a Rait. ²) *Vorlage* Bietrin.
³) *Urkunde erhalten, v. Teil I, Einl. Anhang II, 20.*
⁴) *Vorlage* las. *Zwischen* Belle *und* Stenche *ist ein Buchstabe ausgekratzt.*

p. b. sus II s. de mt. de cens ke geixent sus lai maxon ou Symonins Pallate li vignieres maint et sus ceu ki apant, ke siet davant les molins a Saille, k'il ont aquasteit por les II chiezes Deu desour dites, apres XIIII s. de cens ke li maxon doit, et e. c. l. e. an l'ai. l. d.

31 Colignons Cunemans p. b. sus lou quairt d'un molin ke siet an Longeteire sus Moselle, permei teil avenant com a quairt dou molin avient de xxv s. de mt. de cens ke tous li molins doit a Colignon meymes, et sus l'eutisme de lai maxon ke siet davant lai posterne des molins a Longeteire, permei teil avenant com a l'eutisme de lai maxon vient des XIIII s. et v d. et I chapon de cens ke toute li maxon doit, k'il ait aquasteit a Hemmbelat, lou fil Remion lou boulangier ki fut,[1]) et e. c. l. e. an l'ai. l. dv.

32 Thierias Xallewis[2]) p. b. sus une pesse de vigne ke geist desor Vallieres, ancoste Colignon Pioree, por tant com Thierias desour dis ait paiet por Jaikemate, lai feme Philipin de Malleroit ki fut,[3]) l'escrit an l'arche, et dont il est tenans.

33* Ce sont li bans de paikes. En lai mairie de Porsaillis:

33 Li sires Willames de lai Court, chanones de S. Piere a Uoulz, prant bans sus lai maxon ke fut Lamprest lou cherpantier et sus ceu ki apant, ke siet sus lou Mur, davant lai court de Fristorf, ke li est [4]) [de]livre en plait per droit et per jugemant. por les VIII s. de mt. de cens ke li maxon li doit, et por les estaies trespassees, et por les aidras, et dont li sires Willames desour dis est tenans.

34 Jehans li clers, c'on dist li Rois des Jalz, prant b. sus lai pesse de vigne ke siet a lai bairre outre Saille antre lai vigne Clemignon de Pertes et lai moiterasse Nostre Dame as Chans. k'il ait aquasteit a Colignon de Lioucourt, permei IIII s. et demei de mt. de cens, et e. c. l. e. an l'ai. l. dv.

35 Hanrias, li filz Lucate d'Oxey, p. b. sus les II pairs[5]) de lai maxon et de ceu ki apant daier et davant ke siet a Oxey ancoste

---

[1]) k'il *bis* ki fut *übergeschrieben.*
[2]) *Der Eintrag 32 ist der letzte auf Blatt I, er ist erst geschrieben, nachdem die Blätter I und II schon zusammengenäht waren. Der Name* Thierias Xallewis *war eingetragen aber ist wieder ausgelöscht hinter 115. am Schluss der Rolle von Porsaillis.*
[3]) ki fut *übergeschrieben.*
[4]) li est *übergeschrieben, de vor* livre *ist dabei vergessen.*
[5]) les II pairs *auf Rasur,* pairs *ausnahmsweise zu* ps *abgekürzt.*

Remion, son freire, k'il ait aquasteit en alluet a Burtemin et a Werrit, les II filz dame Poince d'Oxey ki fut, et e. c. l. e. en l'a.¹) l. devisent.

36 Li prious d'Abes p. b. sus can ke Howins²) Nerlans avoit a Silleirs et en tous les bans de Silleirs, k'il ait ai lui aquasteit, et e. c. l. e. an l'ai. l. dv.

37 Perrins li vieseirs p. b. sus lou sexime de lai maxon ou il meymes maint, k'il ait aquasteit a Domangin Xondac, permei teil cens com cil seiximes doit, et e. c. l. e. an l'ai. l. dv.

38 Colignons, li filz Philippe Tiguienne, p. b. sus lai maxon et sus ceu ki apant ke fut Wirion lou mairexal, ke siet ou Champ a Saille, antre lai grainge Philippe desour dit et lai maxon Jennat Menne, k'il ait aquasteit a Pierexel Bouchate lou tellier et a Jaikemate, sai cerorge, lai fille Wirion lou mairexal ki fut, et a Wiriat, lou fil Roiriat lou mairexal ki fut, et a Ydate, lai fille Jehan lou Borgne ki fut, et a Ailexon et a Yzaibel et a Jaikemate Damaie et a Lorate, les IIII filles Drowin lou telleir dou Quertal ki fut, permei III d. de cens, et e. c. l. e. an l'ai. l. d.

39 Jaikemins Jallee p. b. sus une pesse de vigne ou on contet II jornalz et demei, ke geixent sus Saille deilai lai Follie, ancoste lai vigne ke fut Vguin Blangrenon, k'il ait aquasteit an alluet a dame Pantecoste lai Gornaixe, et e. c. l. e. an l'ai. l. d.

40 Vguignons Griuelz p. b. sus XXX s. de mt. de cens ke geixent sus II maxons et sus tout ceu ki apant ke sieent an Chaponruè, l'une ancoste l'autre, antre lai maxon Weirit Coustantinoble et l'osteit ou Colins li Glatous maint, k'il ait aquasteit a Colin Boukel lou tennour de Chaponrue por les pucelles de Mance. apres XV s. et demei de mt. de davantrien cens ke li une des II maxons desour nommaie doit, et e. c. l. e. an l'ai. l. dv.

41 Vguignons Griuelz p. b. por les pucelles de Manse sus lai maxon et sus ceu ki apant ke siet ou Champel, ke Colignons Peses li ait delivreit en plait. por IIII estaies trespassees. chescune de XVI s. et III d. des XXXII s. et demei de mt. de cens ke li maxon desour dite doit a pucelles desour nommees, et por les aidras. et dont il est tenans.

42 a) Hanrias Thomessins p. b. sus tout l'eritaige ke Lorate, li fille lou signor Poinson d'Espainges, avoit en tous les bans de Sorbey et en toutes les apandixes, en chans, an preis, en bolz,

---

¹) et a Werrit *bis* l'arche *auf Rasur.*
²) Li prious *bis* Howins *auf Rasur.*

en homes, en femmes,[1]) en rantes, en censes et en toutes autres choses, k'il ait a lei aquasteit, et tout a. c. l. e. en l'ai. l. dv.
b) Et se p. ancor b. sus II jornalz de terre ke geixent ou Cuing et sus lou resaige dou coulambier et sus lou gerdin an tour, ke geixent en bans de Sorbei, k'il ait aquasteit a Abertin, lou fil signor Poinson d'Espainges, et e. c. l. e. an l'ai. l. dv.

43 Abertins de Champelz p. b. por lai chieze Deu des Cordelieres sus vɪ s. de mt. de premier cens ke geixent sus lai maxon Mertignon Repigney et sus lai demaie maxon ancoste et sus lou meis daier, ke siet en lai rue des Allemans, c'on dist en lai rowelle Repigney, ancoste l'osteit Jehan c'on dist l'orfeivre; k'il ait aquasteit a Mertignon desour dit, et e. c. l. e. en l'ai. l. dv.

44 a) Symonins, li filz Colignon Choibelo de Sanerie ki fut, p. b. por lui et por tous ces freires sus les vɪɪɪ s. de mt. de cens k'il meymes dovoient a Jaikemate, lai femme Colignon Poignel, et a Poinsate, sai fille, sus lour maxon ke siet en Sanerie. ke fut Colignon Choibelo, lor peire, k'il ont aquasteit a Jaikemate et a Poinsate desour nommees, et e. c. l. e. an l'ai. l. dv.
b) Et se p. ancor b. sus lai maxon et sus tout ceu ki apant ke siet en Sanerie antre l'osteit Colignon Choibelo, son peire ki fut, et lai maxon ke fut Hanrit de Bunaies, k'il ont aquasteit a Waterin lou hainepier et a Jaikemate, sai femme, permei xxxvi s. de mt. de cens. et e. c. l. e. en l'ai. l. dv.

45 [G]odefrins li furbeires p. b. sus lai maxon et sus tout ceu ki apant ke siet a Porte Serpenoize ancoste l'osteit ke fut Mairiate lai Grosse, k'il ait aquasteit a Richairt de lai Porte, permei xɪɪ s. et demey de mt. de cens, et e. c. l. e. an l'ai. l. dv.

46 [J]offrois Jonte p. b. sus les ɪɪɪɪ s. de mt. et vɪɪ d. et maille de cens ke geixent sus demei jornal de vigne en ɪɪɪɪ Queles ou ban S. Clemant, ke Watrins li Pollus et Jehans Bikelas et Watiers Poutrelz de S. Clemant tienent, k'il ait aquasteit a Jehan, lou fil Poincignon de lai Bairre ki fut, permei ɪɪɪ mailles de cens c'on en redoit, et e. c. l. e. an l'ai. l. dv.

47 [Gue]rtrus li Vadoize, li fille Coinse lou cherpantier de lai rue des Allemans ki fut, p. b. sus teil pertie com Sybodes li permantiers avoit en lai maxon et en ceu ki apant ke siet daier S. Eukaire, ancoste l'osteit Yzambairt Bruleit, k'elle ait aquasteit a Sybode desour dit, permei v s. de mt. et ɪɪɪ d. de cens ke li moitiet de lai maxon doit, et e. c. l. e. an l'ai. l. dv.

[1]) *Vorlage* femmes.

48 [C]olins, li filz Thieriat lou Roucel d'Orgney ki fut, p. b. sus lai maxon et sus ceu ki apant ke fut Gererdin de Flurey, ke siet a Flurey, ancoste l'osteit Boiemont et Loransat, k'il ait aquasteit a Jennat lou cherpantier de Flurey, permei vi d. et maille et demei chapon de cens, et e. c. l. e. an l'ai. l. dv.

49 [J]aikemins Guercelz p. b. sus lai maxon et sus ceu ki apant ke siet en lai Vigne S. Auol ancoste l'osteit Lowiat, lou fil Jaikemin lou tennour ki fut, k'il ait aquasteit a Odeliate, lai meire Maiteu lou permantier de lai Vigne S. Auol, permei xvi 's. de mt. de cens, et e. c. l. e. an l'ai. l. dv.

50 [L]i sires Jehans Sanguewins, cureirs de S. Estene lou Despaineit, p. b. sus les xii d. de met. de cens ke geixent sus lai maxon ke siet a Nuef pont ke Sebeliate, li¹) femme Viat ki fut, tient, ke siet ancoste lai maxon Ermanjairt lai hairangueire, k'il ait aquasteit a Jennin lou Grais lou tennour et a Sebeliate, sai femme, et a. c. l. e. an l'ai. l. dv.

51 Poincignons, li filz Jennin dou Quertal ki fut, p. b. sus lai maxon ke fut Jehan de Bair et sus tout ceu ki apant, ke siet an Furneirue, antre l'osteit Maixefer et lai maxon ke fut Lambert lou couteir, k'il ait aquasteit a Howeson Blanpain lou loremier, permei xliii s. de mt. de cens, et a. c. l. e. an l'ai. l. dv.

52 Goudefrins Bouchas p. b. sus une pesse de vigne ou on contet jor et demey, ke geist en lai Bretelle, anson lai vigne signor Jaike Fakenel, k'il ait aquasteit a Mertignon, lou fil Godefroit Repigney d'Atrerowe, permei v d. et maille de cens, et e. c. l. e. an l'ai. l. dv.

53 a) Vguignons Pettairs p. b. por lai chieze Deu de Villeirs l'abbie sus les xi s. de met. de cens ke geixent sus lai maixiere et sus ceu ki apant ke siet davant lai court de Villeirs, et sus tout ceu ke Wiairs li Borgons avoit an ceste maixiere meymes, an keil maniere ke se soit, k'il ait aquasteit a Wiairt desour nommeit, et e. c. l. e. an l'ai. l. dv.²)

b) Et se p. ancor b. por lai chieze Deu desour dite sus les ii s. de mt. de cens ke li eglixe de Sainte Creux avoit sus lai maixiere ke fut Baicelate, ke siet davant lai court de Uilleirs, k'il ait aquasteit a signor Thomes, lou prestre de Sainte Creux, et e. c. l. e. an l'ai. l. dv.

54 Wirias de Vantous, li janres Ailexate de Mercilley, p. b. sus ii s. de mt. de cens ke geixent sus lai vigne en Planteires, de

---
¹) *Vorlage* lai. ²) *Urkunde erhalten, v. Teil I, Einl. Anhang II, 21.*

coste lai vigne Colignon lou Vadois, ke Jennate, li femme Thiebaut Borgant, tient. k'il ait aquasteit a Clemant, lou fil Geradon de Borney, et e. c. l. e. an l'ai. l. dv.

55 Colignons Lucie li clers p. b. sus VIII s. et demei de met. de cens des XVII s. de mt. de cens k'il dovoit a Pierexel l'Effichiet et a Poincignon, lou fil Colin lou Vadois, k'il ait aquasteit a Pierexel desour dit, et e. c. l. e. an l'ai. l. dv.

56 Merguerate, li femme Perrin lou Lombairt ki fut, p. b. sus XL s. de mt. de cens ke Maihens, li filz Jehan Petitvacke de Sus lou Mur ki fut, li ait essis sus sai grainge ke siet sus lou Mur, ke fut Jehan, son peire desour dit, et sus lai vote desous, ke siet daier devar lai court, et sus lai chaimenaie desour lai grainge et sus ceu ki a lai chaimenaie apant, et sus lou soleir desour lai chaimenaie, et sus les degreis daier ke vont en lai vote, et sus lou tant de corcelle ke vait des lou stallon de lai grainge an jusc'a stallon de lai cuxine, sans lou desour, ke Merguerate desour dite ait aquasteit a Maiheu desour nommeit, et e. c. l. e. an l'ai. l. dv.

57 Jennas li Caimus p. b. sus lou querteron de vigne ke geist en Rollanmont ancoste lai vigne Colignon Peuchat, k'il ait aquasteit a Yderon, lai femme Besselin Jarrant ki fut, et a tous les hoirs Besselin desour dit, permei IIII s. de mt. de cens III d. moins, et e. c. l. e. an l'a. l. dv.

58 Lorans li tenneires de lai Vigne S. Auol, li janres Symonat de Maizelles, et Colins de S. Jeure li tenneires de lai Vigne S. Auol p. b. sus lai maxon et sus tout ceu ki apant ke fut Hanrekel de Pairgney lou tennour de lai Vigne S. Auol, ke siet ancoste l'osteit Jennat Ransebacon en lai Vigne S. Auol, an lai teire var Saille, permei XVI s. de mt. de cens ke li maxon doit a Cordelieres de Mes, et por tant com il ont paieit por Hanrekel desour dit, per escris an airche, et dont li dite maxon lour en est delivre per droit et per jugemant, et dont il sont tenant.

59 Symonas, li filz Jennin Kaillerdel de lai Vigne S. Auol, p. b. sus lai maxon Jehan de Sambaing lou chaivreir¹) et sus tout ceu ki apant, ke siet en lai Vigne S. Auol, ancoste l'osteit Esselin lou chaivreir, ke li est delivre per droit et per jugemant, por lai date des XII lb. de mt. ke Jehans de Sambaing doit a Poinsate, lai fille signor Abert de Champelz ki fut, et dont li

---

¹) chaivreir *auf ausgelöschter und ausgekratzter Schrift.*

dis Symonas est randeires, et dont il c'est livreis, et permei teil cens com li maxon doit, et dont il est tenans.

60. Steuenins, li filz Ydate dou Waide ki fut, p. b. sus une pesse de vigne ke siet sus Saille, ancoste lui meymes, k'il ait aquasteit a Cunin, lou fillaistre Ferrion Keutelawe, permei vi d. de cens, et e. c. l. e. an l'ai. l. dv.

61. Jaikemins Morelz de Maigney p. b. sut tout l'eritaige ke Arnoulz, li filz Hanriat de Pairgney, ait et avoit en bans de Maigney et de Pawilley, k'il ait a lui aquasteit, permei teil cens com tous li heritaiges doit, et e. c. l. e. an l'ai. l. dv.

62. Li sires Symons Warans p. b. por lui et por ces compaignons, ke sont chanones de Sainte Glosenne, sus II s. de mt. de cens ke geixent sus lai maxon et sus ceu ki apant ke siet en Vies Bucherie ancoste l'osteit Rennecaire, k'il ait aquasteit a Burtemin, lou fil Domangin Berrois de Vies Bucherie, apres XXXIIII s. de cens ke li maxon doit davanteriennemant, et e. c. l. e. an l'ai. l. dv.

63. Poincignons, li filz Steuenin de Chaistelz, p. b. sus tout l'eritaige ke Thiebaus Pobelle tient, ke geist en tous les bans et en tous les fenaiges de Pontois, c'est a savoir en maxons, en grainges, en chans, en preis, en bolz, en vignes, en sances, en rantes et en tous autres heritaiges, an keil maniere ke se soit, k'il ait a lui aquasteit, et ke Poincignons desour dis li ait relaieit, permei teil cens et teil droiture com tous cist heritaiges doit, et por XXX s. de mt. ke Thiebaus desour dis l'an doit chesc'an, et e. c. l. e. an l'ai. l. dv.

64. [S]ymonas, li filz Wiriat de Mairuelles ki fut, p. b. sus la moitiet de la maxon et de ceu ki apant, davant et daier, ke siet a Mairuelles ancoste l'osteit Jaikemat lou Porrel, k'il ait aquasteit a Euriat,[1]) son nevout, lou fil Mettelie d'Aipillei ki fut, permei teil cens com cille moitiet doit, et e. c. l. e. an l'ai. l. dv.

65. a) Wirias de Heu p. b. sus lai pesse de terre et sus lou mur an tour et sus can ki apant ke geist antre lou mur de lai grainge Abert Sewindac et lou nuef mur, ki est trais fuers de terre davant les molins ou Champ a Saille, k'il ait aquasteit a Jennat Peuchat dou Champ a Saille, permei XVIII s. de mt. de cens c'on puet raicheteir.

b) Et se p. ancor b. sus toutes les menandies ke Jennas desour dis ait, ke sieent en lai rowelle davant lai xuppe, et sus ceu

---

¹) Euriat *auf ausgelöschter und ausgekratzter Schrift.*

ki apant, ke Jennas desour dis li ait mis an contrewaige por lai pesse de terre desour nommaie, et e. c. l. e. an l'ai. l. dv.

66 [J]ehans, li filz Wirion Burtout, p. b. sus tout l'eritaige ke Steuenins li corvexiers de Luppey ait et avoit a Luppey et en tous les bans de Luppei, ou k'il soit et keilz il soit, ke li est delivres en plait, por tant com Steuenin desor dis li doit, per escris en airche, permei teil cens et teil droiture com¹) li heritaiges doit a ban, et dont Jehans est tenans.

67 [L]i sires Joffrois Aixies, chanones de Mes, prant b. sus les II pairs de lai maxon ke siet a Gerey devar lai maxon Mergueron, et sus lou tiers de l'autre pertie tout apres, et sus tout lou resaige ki apant davant et daier, et sus lai pesse de terre c'on dist ou Maisel, et sus lai pesse de terre c'on dist en Arsure, et sus lou tiers dou champ desous Beleu, et sus lou tiers dou jornal en lai Cumine, et sus lou tiers dou champ a Poncel, et sus teil pertie de boix com Jennas li clars, li filz Goidelo ki fut, avoit ou ban de Gerey, k'il ait aquasteit a Jennat desour dit, permei teil cens et teil droiture com tous cist heritaiges doit, et e. c. l. e. an l'ai. l. dv.

68 Renalz li clars d'Outre Saille p. b. sus XIII s. de mt. et IIII d. de cens ke geixent sus lai maxon ke fut Jennin Gerairt, ke Pierexelz Gomerelz tient, ke siet en Vesignuelz antre l'osteit Joffroit Bellegree et Yzaibel de Cons, k'il ait aquasteit por lai Grant Eglixe de Mes a Wicherdin Groignat de Porte Moselle, et e. c. l. e. an l'ai. l. dv.

69 Jennins Andreus li clers d'Outre Saille p. b. sus lai maxon et sus lai court daier et sus tout ceu ki apant ke siet en lai Vigne S. Anol antre lai maxon ke fut Euriat de Villeirs et lai maxon Joffroit de lai Tour, k'il ait aquasteit a Berte Domeron, lai meire Godefrin Bouteden, permei VI s. de mt. de cens, et e. c. l. e. an l'ai. l. dv.

70 Symonas li Bagues li tonneliers p. b. sus une pesse de vigne ke geist en Andreualz ou ban de Montigney, ancoste lai vigne Pallerin, k'il ait aquasteit a Lambelin, lou fil Jennat Raivat, et a Gerairt, lou fil Howignon Vaillairt de S. Arnout, permei VI s. de mt. et v d. de cens, et e. c. l. e. an l'ai. l. d.

71 Jaikemate, li femme Thieriat de Lieons ki fut, p. b. sus lai maxon et sus tout ceu ki apant ke siet an S. Martinrue antre l'osteit Poincignon Cotterel et lai maxon Poincignon de Nancey, k'elle

---

¹) com *bis* Jehans *auf Rasur*.

ait aquasteit a Daniel, lou fil Heliat lou boulangier ki fut, permei xx s. de mt. de premier cens et permei x s. de mt. de cens k'elle en doit a Daniel desour nommeit, et e. c.l. e. an l'ai. l. dv.

72 a) Pierexelz Bouchate li telliers, ke maint a Quertal, p. b. sus v s. de mt. de cens des xxv s. de mt. de cens ke Wirias, li filz Roiriat lou mairexal ki fut, avoit sus lai maxon et sus ceu ki apant ke siet a Quertal antre l'osteit Colin lou Vadois et l'osteit Colin Poirel, k'il ait aquasteit a Wiriat desour dit, et e. c. l. e. an l'ai. l. dv.

b) Et se p. ancor b. sus v s de mt. de cens des xxv s. de mt. de cens ke geixent sus ceste maxon desour nommee meymes, k'il ait aquasteit a Jaikemate lai Uadoize, lai fille Wirion lou mairexal dou Champ a Saille ki fut, et e. c. l. e. an l'ai. l. dv.

c) Et se p. an[cor] b. sus v s. de mt. de cens des xxv s. de mt. de cens ke geixent sus ceste maxon desour dite meymes, k'il ait aquasteit a Colignon, lou fil Philippe Tiguienne l'eschaving, et e. c. l. e. an l'ai. l. dv.

73 a) Ruecelins de Maigney p. b. sus iii jornalz de terre ke geixent sus lou rut ou ban de Maigney, ancoste lai terre Jennat Budin k'il ait aquasteit a Jaikemin Borjois lou masson, permei v d. de cens, et e. c. l. e. an l'ai. l. dv.

b) Et se p. ancor b. sus i jornal de terre ke geist ou ban de Pawilley, ancoste lai terre Burtignon Paillat, permei une maille de cens, k'il ait aquasteit a Symonat, lou fil Howignon de Pawilley, et sus iiii jornalz de terre ke furent Willame Naire, ke Symonas desour dis li ait mis en contrewaige por lou jornal de terre desour nommeit, et e. con l. e. an l'ai. l. dv.

74 Jaikemins li mairexalz, ke maint davant lai xuppe, p. b. sus de can ke Jennate, sai suer, ait d'eritaige, en tous us, ou k'il soit, k'il ait a lei aquasteit, permei teil cens com tous li heritaiges doit, et e. c. l. e. an l'ai. l. dv.

75 Ferrias Fessalz li draipiers p. b. sus ii s. de mt. de cens ke Maitheus, li fillaistres Colin de Hennacort, li ait essis sus les ii pairs de lai maxou ou il maint, ke siet en lai Vigne S. Auol, antre lai maxon Pallerin et lai maxon les enfans Waterin de S. Polcourt, et sus l'autre tiers de celle maxon meymes ke li doit enchoir de pair Mergueron, sai meire, k'il ait aquasteit a Maitheu desour dit, apres xxxiii d. de cens ke li maxon doit, et e. c. l. e. an l'ai. l. dv.

76 Thierions li Vadois li tenneires p. b. sus lai maxon et sus ceu ki apant ke siet en lai Vigne S. Auol ancoste l'osteit Abriat lou Bague, k'il ait aquasteit a Jennin Xairol lou tennour de lai Vigne S. Auol, permei xv s. de mt. de cens, et e. c. l. e. an l'a. l. dv.

77 Dame Yzaibelz, li suer lou signor Gerairt de Sairley ki fut, p. b. sus lai pesse de terre, ki est allues, ke geist en Abeson ancoste lai terre lou signor Joffroit Aixiet, k'elle ait anchaingiet a Gerairt, lou fil Thierion Roucel de Maicliue, por lai pesse de terre ke geist en Montoischamp ancoste lai terre Renalt de Perjeu, et e. c. l. e. ke geist en l'ai. l. dv.

78 Poincignons Xairolz li massons p. b. sus lai maxon et sus ceu ki apant ke siet daier S. Eukaire ancoste lai porte dame Collate, k'il ait aquasteit a signor Thomes, cureir de Sainte Creux, permey[1]) xiii s. et demei de mt. de cens, et e. c. l. e. an l'ai. l. dv.

79 a) Thierias Hurelz d'Outre Saille p. b. sus iii pesses de vigne ke geixent daier l'ospital des Allemans, ke Symonas li Fours tenoit a tiers meu, k'il ait aquasteit en alluet a signor Hanrit de Montois, chivelier, et e. c. l. e. an l'ai. l. dv.

b) Et se p. ancor b. sus jor et demei de terre ke geist en Clinchamp, c'on dist en Montainroie, en lai fin de Grixey, k'il ait anchaingiet a Poincignon Lucie lou clerc, permei v d. et maille de cens ke li pesse de terre doit a lai cort de Grixey, et e. c. l. e. an l'a. l. dv.

80 Dame Ydate, li suer l'abbeit de S. Vincent, p. b. sus les xxx s. de mt. de premier cens ke geixent sus lai maxon ke fut Joffroit Macheual, ke Boielolz de Lieons tient, et sus tout lou resaige ki apant, ke siet a Porsaillis davant l'osteit Jaike Fakenel, k'elle ait aquasteit a Hanrit, lou fil Hanriat Baizin ki fut, et e. c. l. e. an l'ai. l. dv.[2])

81 Symonas Morillons et Jehans dou Veuier, ke sont recovatour, p. b. sus lai maxon ke fut Vguignon de Moustiers et sus ceu ki apant, ke siet ancoste lai grainge ke fut lou signor Jehan lou Mercier, k'il ont aquasteit a Blancheron Paiemal, permei xl s. de mt. de cens, et e. c. l. e. an l'ai. l. dv.

82 Maitheus li Vadois, li filz Wesselin lou waisteleir ki fut, et Perrins, li filz Burtemin Mouretel ki fut, p. b. sus lai maxon ke fut Jehan Greillat et sus ceu ki apant, ke siet a lai Pousterne,

---
[1]) Creux permey auf Rasur.
[2]) v. 1281. 59, 253.

antre l'osteit lou signor Thiebaut lou Gornaix et lai maxon ke fut Colin dou Puix, k'il ont aquasteit a Perrin lou clerc et a Jehan, son freire, les II filz Jehan Greillat desour dit, permei IIII lb. de mt. de cens v s. moins, et e. c. l. e. an l'ai. l. dv.

83 Pieresons, li filz Gillat lou draipier ki fut, p. b. sus VI s. de mt. de cens ke geixent sus lai maxon et sus ceu ki apant ke siet en Sanerie ancoste l'osteit Jennat lou Gornaix, k'il ait aquasteit a Viuion lou corrier de Sanerie, apres XXIIII s. de cens ke li maxon doit, et e. c. l. e. an l'ai. l. dv.

84 Perrins, li filz Jehan Petitvacke de Sus lou Mur ki fut, p. b. sus les X s. de mt. de cens k'il meymes dovoit sus toute sai pertie d'eritaige, ke li est encheus de pair peire et de pair meire, k'il ait raicheteit a Wiborate, sai suer, et e. c. l. e. an l'ai. l. dv.

85 Contasse li espiciere, ke maint davant S. Sauour, p. b. sus XX s. de mt. de cens ke geixent sus l'osteit Coinrairt lou poxour,¹) ke siet ou Champ a Saille, ancoste l'osteit ke fut Guersat Donekin, k'elle ait aquasteit a signor Jehan, chancelier de Mes, et e. c. l. e. an l'ai. l. dv.

86 Guebours de Lescey, ke maint an Furneirue, et Gererdins et Thierions et Lorate, seu troi enfant, p. b. sus VIII quairtes de wayn moitainge ke Symonelz et Borcairs et Odelielz et Odelions, lor dous femmes, lor ont essis sus can k'il ont d'eritaige, an tous us, ou k'il soit, apres v chapons de cens ke Richairs li furbeires ait sus lai maxon Symonel lou Nain de Sanrey et sus ceu²) ki apant, ke Guebour et seu enfant desour dit ont a oulz aquasteit, et e. c. l. e. an l'ai. l. dv.

87 Jehans, li filz Nicolle Wachier ki fut, p. b. sus lai maxon et sus lai grainge ke fut Odeliate, lai femme Thiebaut Baitaille, et sus tout ceu ki apant, ke siet ou Nuefbourc, ancoste lai grainge Jaikemin Bellegree, ke freires Jehans, c'on dist de Mairs en Borgoigne, et freires Renalz, comandeires de lai maxon dou Temple de Mes, li ont vandut, permei XXXVI s. de mt. de cens, et e. c. les lettres ke geixent en l'ai. l. devisent.

88 Jennas Chose li cordeweniers de Staixons p. b. sus lai maxon et sus tout ceu ki apant ke siet en Staixons antre l'osteit Ancillat et lai maxon ke fut Heilewit Touzate, k'il ait aquasteit a Ancillat de Staixon desour nommeit, permei XXIII s. de cens k'elle doit a Abert Xauing, et permei v s. de cens k'elle doit a dit Ancillat, c'on puet raicheteir, et e. con l. e. an l'ai. l. dv.

---
¹) x *aus* s *verbessert*. ²) v chapons *bis* ceu *auf Rasur*.

89 Li sires Thomes, li prestres de Sainte Creux, p. b. sus III s. de mt. de cens ke Jehans Belpaignies li massons 'li ait essis sus sai maxon et sus ceu ki apant, ke siet sus lou Mur, ancoste l'osteit Wernier lou feivre ki fut, apres xv s. de cens ke li maxon doit davanteriennemant, k'il ait aquasteit por l'aiglixe de Sainte Creux a Jennat desour nommeit, et e. c. l. e. an l'ai. l. dv.

90 a) Poincignon Pedanwille p. b. por lai chieze Deu des Proicherasses sus les IIII lb. et v s. de mt. de cens ke geixent sus lai maxon ke fut lou signor Thiebaut Fakenel et sus tout ceu ki apant, ke siet en Vesignuelz, ancoste l'osteit Mergueron Fernaigut, k'il ait aquasteit a Jehan Fakenel, lou fil signor Thiebaut desour nommeit, et e. c. l. e. an l'ai. l. dv.

b) Et se prant ancor b. por lai chieze Deu desour dite sus VI s. de mt. de cens ke geixent sus lai maxon Thieriat Besselin et sus tout ceu ki apant, ke siet ou Waide, antre l'osteit Jaikemin Potier et lai maxon Hanriat lou boulangier, k'il ait aquasteit a Colin Peuchat dou Champ a Saille, apres v s. ke li maxon doit de premier cens, et e. c. l. e. an l'ai. l. dv.

c) Et se p. ancor b. sus II s. de mt. de cens k'il ait aquasteit a Mergueron Guepe, et ke Mergueron li ait essis sus sai maxon et sus ceu ki apant, ke siet atour dou Waide, ancoste l'osteit Raiesoche, apres VII s. et demei ke li maxon doit davanterienemant, et e. c. l. e. an l'ai. l. dv.

91 Hanris li hainepiers de Sanerie p. b. sus la moitiet de lai maxon et de ceu ki apant ke siet en Sanerie ancoste l'osteit Otthe, k'il ait aquasteit por Waterin, son fil, et por Ailexon, sai femme, a Jennat Herro de Sanerie, permei XXV s. de mt. de cens, et e. c. l. e. an l'ai. l. d.

92 Dame Odelie, li femme Joffroit Bellegree ki fut, p. b. sus tout ceu de court k'elle ait aquasteit a Colignon Xocourt lou permantier, ke siet daier l'osteit dame Odelie desour dite, permei x s. de met. de cens k'elle en doit a Colignon desour dit, et e. c. l. e. an l'ai. l. d.

93 Andrewas Jallee p. b. sus v s. et demei de mt. de cens ke geixent sus une pesse de vigne en lai rowelle de Pertes, ke li sires Jehans Goule ait aquasteit por les malaides de S. Laidre, permei une maille de cens c'on en doit aier, et e. c. l. e. an l'ai. l. dv.

94 Maistres Watiers li surgiens p. b. sus lou xaimel et demei de vigne ke geist en lai Nowe a Awigney, a lai plante Faicairt, k'il ait aquasteit a Jennat Corbel d'Awigney, et e. c. l. e. en l'a. l. dv.

95 Pierexelz li Effichies p. b. sus les VIII s. de mt. de cens ke geixent
sus lai maxon Daniel, lou fil Eliat lou boulangier ki fut, et sus
tout ceu ki apant, ke siet¹) antre lai maxon Poincignon Cotte-
rel et lai maxon Poincignon de Nancey, k'il ait aquasteit a
Arnoudat, lou fil Mathion Maithelo ki fut, et a Herman lou
tennour, son cerorge, apres XII s. de mt. de premier cens ke li
maxon doit a dame Aileit Facol, et e. c. l. e. an l'ai. l. dv.

96 Bertrans et Renalz, ces freires, li enfant Poinsairt de Groxuelz,
p. b. sus une pesse de terre ke geist davant lai grainge les
dames de Fristor, k'il ont aquasteit a Kaitherine, lai feme
Howignon Vaillairt de S. Arnout ki fut, permei III d. de cens
ke li pesse de terre doit a ban de Mairlei, et e. c l. e. an
l'ai. l. dv.

97 Merguerite, li fille Colignon Berrois, et Jaikemins Moretelz p.
b. sus de can ke dame Poince, li femme Nicolle Fakenel ki fut,
avoit ou grant pois de Porsaillis, ke partet a signors dou Grant
Mostier, ke li vient de pair son peire, k'il ont a lei aquasteit,
a. c. l. e. an l'ai. l. d.

98 Pierairs Bouchas p. b. sus tout l'eritaige ke Pierelins, li filz
Yzambairt de Xueles, ke maint a Stintefontenne, ait, avoit et
poit avoir, ke geist ou ban de Pertes, ke li est venus consuwant
de pair Arambor, lai fille Crairin ki fut, k'il ait aquasteit a
Pierelin desour dit, permei teil cens com li heritaiges doit, et
e. c. l. e. an l'ai. l. dv.²)

99 ³) Symonas Facolz, li filz dame Brie, p. b. sus lai maxon et sus
lai grainge ancoste et sus tout ceu ki a lai maxon et a lai
grainge apant ke siet en S. Martinrue ke fut Poincignon lou
Mercier, k'il ait aquasteit a Gerairt, son cerorge, lou fil Poin-
cignon davant dit, permei XX s. de mt. de cens ke tous cist
heritaiges doit, et e. c. l. e. an l'ai. l. dv.

100 Colignons, li filz Maiheu⁴) Paillat ki fut, p. b. sus les IIII lb.
de mt. de cens ke gisoient sus lai maxon ke fut Maiheu Paillat,
[k'il] dovoit a Xandrin, lou fil signor Pieron Thomes ki fut,
ke Colignons desour dis ait a lui raicheteit, et e. con l. e. an
l'ai. l. dv.

---

¹) an S. Martinrue, v. 1293, 71.
²) v. 1293, 277.
³) *Durchgestrichen.*
⁴) Colignons *bis* Maiheu *auf Rasur.*

101 Joffrois Jallee p. b. sus une pesse de terre ou on contet xviii jornalz, ke geist deleis Corbuefouseit, k'il ait aquasteit a maistre et a lai communiteit des malaides de S. Priueit, permei xviii d. une angevine moins de cens k'elle doit a ban de Mairley, et e. c. l. e. en l'ai. l. d.
102 Maitheus Grancolz p. b. sus lou gerdin ke geist a Fayt, k'il ait aquasteit a signor Abert, lou prestre de Sainte Geneviere, en alluet, et e. c. l. e. an l'ai. l. dv.
103 Li sires Poinces li Gornais des Chainges [1]) p. b. sus lai maxon et sus tout lou resaige ki apant ke siet daier S. Seplixe ancoste lai rowelle a Poncel, k'il ait aquasteit a Thiebaut c'on dist Strabour, lou fil dame Mertenate Jallee ki fut, permei lxx s. de cens, et e. c. l. e. an l'ai. l. dv.
104 Perrins Jallee p. b. sus xviii jornalz de terre ke geixent an Hem, an vi pesses, k'il ait aquasteit a Jennat Eurairt et a Troexin et a Thiebaut, les ii filz Jacob Perraixon, permei xxviiii s. iii mailles moins de cens, et e. c. l. e. an l'ai. l. dv.
105 Watrins li Haiche li chaivreirs de Chambres p. b. sus teil pertie com Wirias et Cherdas de Wacremont, ke maint an Maizelles, ke sont cordeweneirs, avoient en lai pesse de vigne ke geist en coste lou mostier de Maicliue, permei vii d. et maille de cens, k'il ait a oulz aquasteit, et sus lai maxon ou Cherdas desour dis maint, ke siet en Maizelles, ancoste l'osteit Couaie ki fut, ki est contrewaige a lai vigne desour nommee, et e. c. l. e. an l'ai. l. dv.
106 Hennekins et Hanris, ces freires, ke sont cordewencir, p. b. sus lai maxon et sus ceu ki apant ke siet ancoste les querteirs a Porsaillis, k'il ont aquasteit a Ailexon lai Graice, lai seure Hanriat Chermat, permei xlv s. de mt. de cens k'elle doit[2]) a signor Willame de lai Court, et permei xv s. de cens c'on en doit a Ailexon desour dite, et e. c. l. e. an l'a. l. dv.
107 Colignons Gouions p. b. sus demei meu de vin de cens ke geist sus lai vigne S. Julien ou ban de Mairuelles, et ke Bertrans Gouerne tient, k'il ait aquasteit a Yzambairt de Burey, et e. c. l. e. an l'ai. l. dv.
108 Steuenins, li filz Wiriat de Mairuelles ki fut, p. b. sus une pesse de vigne ke geist en Menbelvalz, antre lai vigne Steuenin meymes et lai vigne Colignon Mertenate, et sus i jornal de

---

[1]) *v. 1293. 298,*
[2]) permei *bis* doit *auf Rasur.*

terre sus Strankillon, deleis Blanchairt, son serorge ki fut, ke geist sus lai crowaie de Burey, et sus I gerdenat en Watiermeis, et sus II jornalz de terre ke geixent sus lou preit de Chaistelz ou ban de Mairuelles, k'il ait aquasteit a Jennat Kaiterne de Mairuelles, permei teil cens et teil droiture com tous cist heritaiges doit, et e. c. l. e. an l'ai. l. dv.

109 Dame Bietris, li femme Jaike Roucel ki fut, p. b. sus lou tiers de lai maxon ke fut Clemant lou clerc, lou fil Colin l'olier, et Aileit, sai suer, et Vion, lor serorge, ke siet daier lai maxon dame Bietrit desour dite, k'elle ait a oulz aquasteit, permei lou tiers de xxxv s. de met. de cens ke toute li maxon doit, et e. c. l. e. an l'ai. l. dv., et dont elle est tenans.

110 Thiebaus Chaneuiere li clers p. b. sus tout l'eritaige ke Jaikemins Borgons, ces serorges, ait, per tout ou kil soit et keilz il soit, ke li est delivres en plait, per les maiors [1]) dont li heritaiges muet, por tant com li dis Jaikemins li doit, per escris an airche, et por tant com il ait a faire a lui, et dont Thiebaus desour nommeis est tenans, permei teil cens et teil droiture com tous li heritaiges doit a bans et a leus dont il muet.

111 Poincignons Saterelz li celliers p. b. sus lai maxon et sus tout ceu ki apant ke siet en Furneirue ancoste l'osteit Merguerate lai celleire, k'il ait aquasteit a Jehan Pawillon dou Pont lou loremier, permei teil cens com elle doit, et e. c. l. e. en l'a. l. dv.

112 Li sires Philippes li Gornais p. b. sus xxvIIII s. de met. de cens k'il meymes dovoit sus sai maxon et sus ceu ki apant, ke siet daier S. Martin en Curtis, k'il ait aquasteit as pucelles de Mances encoste S. Marcel, et e. c. l. e. an l'ai. l. dv.

113 Ferrias Chielairon p. b. sus les II pesses de preit et de boix ke geixent en Hermanlexeires [2]) et en lai Sourainnelixeires antre les II preis Ferriat meymes d'une pairt et d'autre, et sus lai pesse de preit ke geist en Abapreit, ke geixent ou ban de Merdeney, k'il ait aquasteit a Renadel de Merdeney, permei teil cens et teil droiture com tous cist heritaige doit, et e. c. l. e. an l'ai. l. dv.

114 Ferrias Chielairon p. b. sus les II pesses de vigne ke geixent ou ban d'Awignei ke furent Jennat Thiebaudat d'Awigney, et dont il est tenans, permei teil cens et teil droiture com tous cis heritaiges doit.

---

[1]) les maiors *verbessert aus* lou maior.
[2]) et de boix *bis* Hermanlexeires *auf Rasur*.

115 Xandrins Paipemiate p. b. sus lai pesse de vigne ke geist ou Famairt a Airey, antre lai vigne Lowion d'Airey et lai vigne Perrin Semurdie, k'il ait aquasteit a Abillate, lai femme Waterin Xufflat d'Airey ki fut, permei I meu de vin a moustaige de cens, et e. c. l. e. an l'ai. l. dv.[1])

116* Ce sont li bans de pasques. En la marie d'Outre Muselle:
116 Jaikemins Gratepaille prant bans sus XII d. de cens k'il ait aquasteit a Clemant, lou janre Buenelat, sus sa maison otre Muselle, deleis Mongaguier, apres v s. et une maille de cens, et e. c. l. e. lo d.
117 Jehans Ferrias p. b. por la chiese Deu de Justemont sus VI pieces de terre et sus une tornaille, k'il ait aquasteit a Hanriat d'Aianges, lou fil Eurrit, permei teil cens et teil droiture com cist eritages dovoit a la chiece Deu desor dite, et e. c. l. e. en l'a. lo d.
118 Colins li clers, li fils Cunin d'Onville, p. b. sus XXV hommees de vigne ke geisent per pieces ou ban d'Onville, k'il ait aquasteit a Richart lou feivre d'Onville, permei teil cens et teil droiture com li eritages doit, et e. c. l. e. en l'a. l. d.
119 Androwas Quaremels p. b. sus une piece de terre ke geist antre la chapelle S. Remei et la teulerie, k'il ait aquasteit a Steuenat Chakaie de Wapei, en alluet, et e. c. l. e. en l'a. l. d.
120 Ferrias Fessals p. b. sus tout l'eritage ke Jennins Hocherels, li fils Frankin lou Chet, ait a Brunville et en bans, en toz us, k'il ait a lui aquasteit, permei teil cens et teil droiture com il doit as bans dont il muet, et k'il li ait relaiet por XXV quartes de wayn moitange de cens chac'an, sauf la rante des VIII quartes de wayn ke Berte, li femme Adelin Coulon, i ait sa vie,[2]) et e. c. l. e. en l'a. l. d.
121 Xandrins li Hongres p. b. sus IIII s. de mt. de cens k'il meimes dovoit ai Allexandrin lou Stout, sus une piece de vigne en Tignomont, k'il ait a lui aquasteit, e. c. l. e. en l'a. l. d.
122 Willemins Guios de Porte Muselle p. b. sus une piece de jardin ke geist en Franconrue, ancoste sa grainge meimes, k'il ait aquasteit a Jennat de Felieres, en alluet, et e. c. l. e. en l'a. l. d
123 Jaikemins de Pargney p. b. sus les XI s. de mt. de cens ke

---

[1]) *Es folgt der Name* Thierias Xallewis, *der Schreiber hat ihn aber ausgelöscht, als er erkannte, dass der Eintrag zu Porte Moselle gehöre. v. Anm. zu 1293, 32.*

[2]) sauf *bis* vie *mit heller Tinte später zwischengeschrieben.*

Gerardins Abeiville doit a Jehan, lou fil Jaikemin Chameure, sus sa maison ke siet otre Muselle et sus can ki apant, ke fut Raimbadin lou bollengier, k'il ait aquasteit a Jehan desor dit, et e. c. l. e. en l'a. l. d.

124 Symonas, li fils Lowiat d'Abes, p. b. sus la maison ke fut Colin a l'Awe, ke siet a S. Arnolt, ancoste l'osteil Champignueles, ke li est delivree per droit et per jugemant, por lou cens ke li maisons li doit c'on li ont laiet a paier, et por l'adras et por la vesture, et dont il est tenans.

125 Symonins Kayns d'Ars p. b. sus I jornal de vigne ke geist en la voie de Mances, k'il ait aquasteit a Formeit de Joiey, lou fil Oliuier de Chaizelles, permei IX sestieres une tierce moins de vin de cens, et e. c. l. e. en l'a. l. d.

126 Doignons Pillas d'Ars p. b. sus une maison ke siet ai Airs et sus tout lou meis daier et sus can ki apant, ke siet davant l'osteil Larriveit, k'il ait aquasteit a Formeit de Joiey, lou fil Oliuier de Chazelles, permei demei sestier de vin de cens ke li meis doit, et e. c. l. e. en l'a. l. d.

127 Symonins Kayns et Doignons Pillas p. b. sus une piece de vigne ke geist a Tro en Bordes, deleis sous d'Orvalz, k'il ont aquasteit a Baduyn et a Gerardat, les II fils Hanrit dou Pont, en alluet, et e. c. l. e. en l'a. l. d.

128 Wiars li recuvreres et Perrins, ces fils, p. b. sus II maisons et sus cant ki apant ke sieent en Anglemur, encoste l'osteil Colignon Lieborjon, k'il ait aquasteit a Symonat lou mostardier d'Anglemur, permei XVIII s. de mt. de cens, et e. c. l. e. en l'a. l. div.

129 Li sires Alexandres, chanones de Nostre Dame, p. b. sus une piece de vigne ke geist deleis sous de la Chalaide ou ban d'Ars, c'on dist en III Quartes, k'il ait aquasteit a Baduyn et a Gerardin, les II fils Hanrit dou Pont d'Ars, et e. c. l. e. en l'a. l. d.

130 Ferris Cokenels p. b. sus une maison et sus can ki apant ke siet a Moncels, k'il ait aquasteit a Jennat, lou fil Abertin de Moncels, permei teil droiture com elle doit as signors, et e. c. l. e. en l'a. l. d.

131 Li abbes et li convans de S. Martin davant Mes p. b. por la pitance dou general a convant de S. Martin sus X s. de mt. de cens, ke geisent sus II maisons en Anglemur, ancoste la maison ke fut Drowin, k'il ont aquasteit a Jehan et a Luciate

et a Marguerite, les enfans Colin lou maistre xaving de S. Martin, et e. c. l. e. en l'a. lo d.

132 Thierions, li fils Hawit dou Mont de Molins, et Jakemenels et Jennins, sui dui frere,[1]) p. b. sus une maison et sus can ki apant ke siet ou Mont a Molins, arreis Symonin, k'il ont aquasteit ai Ysabel, la fille Gerart Chadiere, permei I d. de cens, et e. c. l. e. en l'a. l. d.

133 Marions, li femme Abrion lou feivre, p. b. sus une maison et sus cant ki apant ke siet outre Muselle, antre l'osteil Thieriat lou clarc et Jehan lou feivre, k'elle ait aquasteit a Wernier lou Rocel lou cherreton, permei XI s. de mt. de cens, et e. c. l. e. en l'a. l. d.

134 Waterins, li fils Hawion de Juxey, p. b. por lui et por Abertin et Jennat, ces II freres, sus une piece de vigne en la Montaingne, et sus III pieces de vigne et sus I triex ke geisent ou ban de Juxei, k'il ait aquasteit a Poinsignon lou preste Gracecher, en alluet, et e. c. l. e. en l'a. l. d.

135 Jennas li Boix de Juxei p. b. sus une piece de vigne a Satro ou ban de Juxey, et sus une atre piece a jardin deleis les convers de Chaherey, k'il ait aquasteit a Poinsignon lou preste Graicecher, permei teil cens et teil droiture com elles doient, et e. c. l. e. en l'a. l. d.

136 Poinsas, li fils Abertel d'Ars, p. b. sus une hommee de vigne ke geist en Varennes daier Bomont, desor la pareire, k'il ait aquasteit a Formeit, lou fil Ollivier d'Ars, en alluet, et e. c. l. e. en l'a. l. d.

137 Matheus li loremiers p. b. sus tout l'eritage Perrin lou Moinne, lou fil signor Bertran de Montois ke fut, partout ou k'i[l] soit, por tant com Perrins li doit, per escris en arche, et por tant com Matheus ait paiet por lui, per escris en arche, dont li escrit li sont delivre, et dont il est tenans.

138 Hawis, li fille Gerart Gerdel d'Alenmont, p. b. sus III s. de mt. de cens k'elle ait aquasteit a Sefiate, la femme Lowiat d'Abes, sus sa maison ke siet en Anglemur, antre l'osteil Brehier et maistre Gatier lou feivre, apres XXII s. de cens k'elle doit, et e. c. l. e. en l'a. lo d.

139 Jennas de Moncels, li janres Jakemin de Jerney, p. b. sus une grainge ke siet a Jerney, deleis la sale, k'il ait aquasteit a

---

[1]) v. 1285, 486.

Frankin de Jerney, lou janre Colin Fransois, permei teil droiture com elle doit as signors, et e. c. l. e. an l'a. l. d.

140 Jehans Brezeie p. b. sus une piece de vigne ou an contet I jorral et sus cant ki apant, ki est moiterasse dame Marguerite, la femme signor Abrit Yngrant, et sus II pieces de vigne ou an contet II jornals, ki est moiterasse Poinsate, la femme Fransois Brulevaiche, k'il ait aquasteit a Poinsignon lou Hougue de Chazelles, permei la moiterasse et permei teil droiture com cist aquas doient, et e. c. l. escrit en l'a. l. dient.

141 Poinsignons li drapiers, ke maint davant lou Grant Mostier, p. b. sus la chambre ke siet apres l'ux[1]) de la maison ou Jaikemins Gratepaille maint,[2]) an decai la meite dou mur desous et desor, k'il ait aquasteit a Jaikemin desor dit, permei XXX s. de mt. de cens ke li dis Poinsignons l'an doit paier chac'an, et e. c. l. e. an l'a. l. d.

142 Chardas de Maixieres et Herbols de Viez Bucherie p. b. sus une piece de terre ou an contet V jornals, ke geist a Behulle ou ban de Maixieres, ancoste la terre l'aibeit de S. Vincent, k'il ont aquasteit a Jennat Xilleromans, en alluet, et e. c. l. e. en l'a. l. d.

143 Jennas, li fils Lowit Wescelin, et Lowias, ces fils, p. b. sus II moies et demee de vin ke Jennins Jolenas d'Ars et Rollans, ces fils, lor doient chac'an, sus tot l'eritage ke Jennas et Lowias desor dit lor ont laiet a cens, ke geist ou ban et en la fin d'Ars, et e. c. l. e. en l'a. l. d.

144 Marguerite et Armanjars, les II filles Hanrit de Strabor ke fut, p. b. sus II moies et demee de vin de cens a mostaige, k'elles ont aquasteit a Poinsate la Noire de Nonviant, sus cant k'elle ait d'eritage a Nonviant et aillors, en toz us, et e. c. l. e. en l'a. l. d.

145 Et ce p. b. ancor sus II moies et demee de vin a mostaige de cens, k'elles ont aquasteit a Jofroit d'Ansey, lou fil Martin Blanchate, sus cant k'il ait d'eritage, en toz us, et e. c. l. e. en l'a. l. d.

146 Li sires Jehans c'on dist li sarchieres, chanones d'e Mes, p. b. sus XXVII s. de mt. de premier cens, s'an geist X s. de mt. sus la maison ou Arnols Jossels maint, davant S. Sauor, et VII s. de mt. sus l'osteil les Moretelles davant les Proichors, et X s. de mt. sus lou jardin Ferrit Cokenel, ke siet a pont Thiefroit, k'il ait aquasteit a Jennat l'Erbier, et e. c. l. e. en l'a. l. d.

---

[1]) *Vorlage* luj. [2]) *v. 1267, 499* en la ruelle deleis lo Grant Mostier.

147 Jehans, li fils Roillon de Strabor ke fut, p. b. sus toutes les menandies et sus tout lou meis et sus toz les resaiges entieremant et sus cant ki apant ke Jofrois Boinvallas avoit outre Muselle, ancoste lou chakeur Ste Glosanne, k'il ait aquasteit a Jofroit desor dit, permei xxv s. de mt. de cens, et e. com l. e. en l'a. l. div.
148 Dame Poince et dame Ysabels, les II filles Jacob de Jeurue, p. b. sus tout lou meis et sus cant ki apant ke siet en Nikesierue ancoste lou meis l'eveke Fillipe,[1]) k'elles ont aquasteit a Jennat l'Erbier, permei v s. de mt. de cens a la frarie des feivres, et e. c. l. e. en l'a. lo d.
149 Poinsignons Troixins de Ste Rafine p. b. sus une piece de preit ke geist en Genivals, antre les II bols, k'il ait aquasteit ai Vguignon Louate, en alluet, et e. c. l. e. en l'a. l. d.
150 Arnols li Mouxe de Juxei p. b. sus une maison et sus la cort et sus can ki apant ke siet a Juxey, ancoste l'osteil Collate la Fowenasse, k'il ait aquasteit ai Ydate, la femme Drowin de Juxei, permei III d. et III angevines de cens, et e. c. l. e. en l'a. l. d.
151 Marguerons, li femme Warin Costantinoble, et Sebiliate, sa fille, p. b. sus la maison et sus cant ki apant ke siet en la place ator de S. Alare arreis l'osteil Ydate, k'elles ont aquasteit a Waterin ke fut vallas signor Jofroit Aixiet, permei XVIII s. de cens, et e. c. l. e. en l'a. lo d.
152 Jaikemins de Vignei li bollengiers p. b. sus xx s. de mt. de cens k'il ait aquasteit a Alexandre, son frere, sus sa maison et sus can ki apant ke siet sus lou tor de Rommesale, apres les xx s. de cens k'elle doit davanterieunemant, et e. c. l. e. en l'a. l. d.
153 Mahous li Vadoize, li fille Jennin Gropain de Malencort, p. b. por lei et por Aileit et por Heiluyt, ces II serors, sus une maison et sus cant ki apant ke siet en la rue des Proichors, k'elle ait aquasteit a Jehan lo Grant, permei xv s. de cens, et e. c. l. e. en l'a. lo d.
154 Colignons de Rozerueles, ke maint en Chambieres, p. b. sus une piece de vigne ke geist ancoste Winardin, ou ban de Lorey ou de Wapei, k'il ait aquasteit a Lambelin, lou fil Willame de Lorei, permei lou cinkime de III angevines de cens, et e. c. l. e. en l'a. l. d.
155 Colins Rays et Bertrans, li freres Perrin lou berbier, p. b. sus xv s. de mt. de cens k'il ont aquasteit a Ferriat de

---

[1]) v. 1269, 522; 1298, 347.

Goens lou vieseir, sus ces II maisons et sus cant ki apant ke sieent en la rue de Porte Serpenoize, apres xxxIII s. de cens k'elles doient, et e. c. l. e. en l'a. l. d.

156 Escelins li chavreis et Yderate, sa femme, p. b. sus une piece de vigne ke geist en Dailes, ancoste lor vigne meimes, k'il ont aquasteit a Colin Paien lou corrieir de Sanerie, permei VI d. de cens, et e. c. l. e. en l'a. l. d.

157 Sebiliate, li fille Fraillin de S. Martin, p. b. sus une piece de vigne ke geist en Quarteis a S. Martin, k'elle ait aquasteit a Jofroit, l'avelait Chiot de S. Martin, permei IIII sestieres de vin de cens et II d. d'amone k'elle doit a S. Martin, et e. c. l. e. en l'a. l. div.

158 Colignons li Coperels de Longeville et Fillipins, li fils Thiefroit de Juxey, p. b. por Symonin Malletrasse et por Ysabel, sa femme, sus une maison et sus cant ki apant ke siet a Longeuille, ancoste l'osteil Symonin lou Soignet, k'il ont aquasteit a Roillenat de Longeuille, permei V s. de mt. de cens, et e. c. l. e. en l'a. l. d.

159 Thierias, li baillis dou Val, et Arnols Belamins p. b. sus une piece de vigne ke siet a Longeuille, daier lou chakeur Paillat, k'il ont aquasteit a Symonat lou mostardeir d'Anglemur, permei V s. de mt. de cens k'elle doit as prestes parrochals de Mes, et e. c. l. e. en l'a. l. d.

160 Collate, li fille Jennin Blanche, p. b. sus la maison et sus cant ki apant ke siet davant la cort des Proichors, ke fut Odeliate la Bicheire, k'elle ait aquasteit a signor Arnolt Tiguienne, lou mainbor Odiliate desor dite, permei XX s. de mt. de cens, et e. c. l. e. en l'a. l. d.

161 Jofrois Cuerdefer p. b. sus II quartes de bleif de cens k'il ait aquasteit ai Abertin Chafolat de Roncort, sus tot l'eritage ke li dis Abertins ait aquasteit ai Ysabel, sa suer, et e. c. l. e. en l'a. l. d.

162 Bietris, li fille signor Jehan lou Gronaix, p. b. sus V moies de vin a mostaige ke li sires Jehans, li prestes de Juxey, et Howins et Adelins, ke sont menestreit de l'eglise desus dite, et lor conpaignon li ont vendut, tant com elle viverait, dou crut des vignes de la frarie de Juxey, et e. c. l. e. en l'a. l. d.

163 Pierons li permantiers p. b. sus une maison et sus can ki apant ke siet entre sa maison et l'abeit de S. Mihier, k'il ait aqua-

steit a maistre Jehan lou cherpentier, permei xvii s. de mt. de cens, et e. c. l. e. en l'a. l. d.

164 Vguignons, li fils Poinsignon lou Mercier, p. b. sus une piece de vigne ke geist desour Rohartvigne, c'on dist Outre rue, k'il ait aquasteit a Rennier lou clerc, lou fil Pichon d'Ars, permei II sestieres de vin de cens, et e. c. l. e. en l'a. l. d.

165 Et ce p. b. ancor sus II sestieres de vin de cens k'il meimes dovoit sus sa piece de vigne ke geist desor Rohartvigne, k'il ait aquasteit a Piereson Gonat, lou fil Robelat d'Ars, et e. c. l. e. en l'a. l. d.

166 Jennins Jacob p. b. sus une piece de terre ke geist en Veirewide ou ban de Maxieres, et sus lou contrewaige, k'il ait aquasteit a Jennat Xilleromans de Leirs, en alluet, et e. c. l. e. en l'a. l. d.

167 Jennas li permantiers, li maris Pouxenate, p. b. sus une maison ke siet en Anglemur, arreis la maison Agate, k'il ait aquasteit a Poirel l'aillier, permei XII s. de mt. de cens, et e. c. l. e. en l'a. l. d.

168 Jaikemins Mifolas li poxieres p. b. sus une maison et sus l'estainche daier, et sus ceu ki apant ke siet en Chambieres, ancoste l'osteil Jaikelo dou Rait, k'il ait aquasteit a Colin Muchewal lou poxor, permei XVI s. et I d. de mt. de cens, et e. c. l. e. en l'a. l. d.

169 Mathions Guerbode p. b. por son trefons sus la maison ke fut Ysabel Rossin, ke siet ancoste l'osteil signor Jofroit lou Gronaix, lou chanone, dont Mathions est tenans, permei XV s. de mt. de cens k'elle doit.

170 Jakemins, li fils Howignon l'aman, p. b. sus la grainge et sus les chakeurs et sus ceu ki apant ke sieent en Vals encoste la maison c'on dist lou Prodomme, et sus une piece de vigne ou an contet I jornal et demei ke geist en Cons ancoste la vigne
5 Abertin Bofat, et sus lou quart d'un jornal de vigne ke geist ou lairis ancoste la vigne ke fut Gillat de Vals, et sus la piece de terre et de jardin c'on dist ou Biez ke siet desoz la piece de vigne ke fut Abert de Vals, et sus demei meu de vin de cens en l'axe ke geist sus une piece de vigne et sus I jardin
10 ke geist en la Chaponnere [1]) en Vals, et sus demei meu de vin de cens en l'axe ke geist sus la maixon Steuenin lou bolengier et sus la maixon Poinsignon de la Cort et sus can ki as II maxons apant, ke geisent en Vals, k'il ait aquasteit a Colignon,

---

[1]) *Vorlage* Chaponnerie *mit einem Punkt unter dem* i.

lou fil Abert Brasdeu, permei demei meu de vin de cens en
15 l'axe ke li piece de vigne de jor et demei desor dite doit, et
e. c. l. e. en l'a. l. d.

171 Jehans, li fils Arnolt Aixiet, p. b. sus une piece de vigne ke
geist a la fontainne a Joiey, et sus la piece en Vals deleis
Howeson, et sus la piece desoz Bucherie, et sus II hommees en
Dales, k'il ait aquasteit a Colin, lou fil Jakemat Rogier d'Ar-
naville, et k'il li ait relaiet, permei teil cens com li eritages
doit, et por II moies de vin de cens k'il en doit chac'an a Jehan
desor dit, et e. c. l. e. en l'a. l. d.

172 Li sires Jofrois Aixiez, chanones de Mes, p. b. sus les VIII s.
de mt. de cens ke Jehans Barbe doit sus une maison ke siet
a la porte en Anglemur, k'il ait aquasteit a Boinvallat lou
Mercier et a Jehan, lou fil Pierexel de Vals, les II janres Arnolt
lou Roi, et e. com l. e. en l'a. l. d.

173 Waterins li Haiche p. b. sus tout l'eritage ke Adans de Haboin-
ville tenoit de lui a cens, ke geist ou ban de Haboinville, dont
Waterins est tenans, permei teil cens com li eritages doit.

174 Gerars Herdeleis de Nonviant p. b. sus la piece de vigne ke
geist a Tro de la Nowe, et sus la piece arreis Velowel, et sus
une piece a Pareir a la Nowe ou ban de Nonviant, k'il ait aqua-
steit a Colignon, lou fil signor Thierit de Nonviant, permei
V sestieres de vin de cens, et e. c. l. e. en l'a. l. d.

175 [1]) Symonins, li fils signor Thiebaut Fakenel [ki fut], p. b. sus
II pieces de vigne ou an contet demei jornal ke geisent sus
Muselle ancoste dame Lorate de la Paillole, et sus demei jornal
de vigne a Rampant sus Muselle ancoste [lai vigne] dame Lorate
5 desor dite, et sus une piece [2]) de vigne ou an contet demei
jornal ke geist en Colombes ou ban de S. Julien ancoste la
vigne Thomes lou Tawon [ki fut], et sus une piece de vigne
ou an contet demei jornal ke geist en Chenal ancoste [lai vigne]
les oirs Colin Xalle [ki fut], et sus une piece de vigne ou an contet
10 demei jornal [ke geist] a Meurpareir ancoste [lai vigne] Baduyn
Robin, et sus I jardin en Burey, les keiles vignes desus dites
Abertins li Chais fait a moitiet, et sus une piece de vigne ou
an contet jor et demei ke geist a Rait sus Muselle ancoste
la vigne Colignon Malglaue [lou poxour], et sus une piece de

---

[1]) = 1293, 27. Das von eckigen Klammern Eingeschlossene steht in 27, fehlt in 175.

[2]) Von Symonins bis piece auf Rasur.

15 vigne ou an contet I jornal ke geist en Goulartplanteit, et sus
une piece de terre ou an contet XII jornals ke geisent davant
la creux outre Muselle davant lou pont Thiefroit, ancoste les
terres l'aibeit de S. Vincent, et sus une maison ou Jennas
Rennous maint, [ke siet] en Rimport [sus lai rowelle] davant lou
20 chakeur Jaike Fakenel, k'il ait aquasteit a dame Poince, la
femme Nicolle Fakenel ke fut, permei LXII s. de mt. et VI d.
de cens ke toz cist eritages doit, et e. c. l. e. de l'aquast ke
geist en l'a. l. div.
176 Blancherons, li fille Thomessin Paiemal, p. b. sus la grainge
ke siet otre Muselle, permei VI d. de cens, et sus les XX jornals
de terre ke geisent antor Turey et antor la Grainge as dames,
et sus lou jornal de vigne et lou jornal de terre ke geisent a
S. Martin davant Mes, k'elle ait aquasteit a Wichart, son frere,
permei II sestieres de vin et XII d. et I reis d'avoinne de cens,
et e. c. l. e. en l'a. lo d.
177 [1]) Symonins Fakenels p. b. sus I preit ke geist ou ban de Ma-
ranges, antre lou preit Poirel et Hercenon, k'il ait aquasteit a
Hanriat Haradon de Maranges, et e. c. l. e. en l'a. l. d.
178 Maheus Hessons p. b. sus II jornals de terre ke geisent ancoste
sa terre davant lou Nuef molin, et sus lou quart dou jardin
deleis lou molin a Maxieres, et sus lou preit ke geist en preis
de Leirs sus lou rut, et sus lou preit ke part ai Yderon d'Es-
pinals, k'il ait aquastey a Jennat Xilleromans, en alluet,[2])
et e. c. l. e. en l'a. l. d.
179 Gillas li Bels dou Nuefborc p. b. por la chiese Deu de Cleir-
vals[3]) de la maison de Mes sus XXXII d., s'an geisent XV d. sus
une maison ke siet en la rue lou Uoweit, et XVII d. sus I preit ke
geist ou ban de Plapeuille, k'il ait aquasteit a Willemin Brehel,
et e. c. l. e. en l'a. lo d.
180 Fillipes li Gronais p. b. sus tout l'eritage ke Collignon d'Estain
avoit ou ban de Mowauille et de Belchamp, en toz us, k'il ait
aquasteit a Josselin et a Marcat et a Thierit, ces II freres, et
a Gillat de Meramont, lor serorge, permei teil cens et teil
droiture com toz li eritages doit, et e. c. l. e. en l'a. l. d.
181 Jaikelo dou Rait p. b. sus les VII quartes de wayn moitange
k'il dovoit a Ferriat Jeuwet, sus l'eritage de Gandelanges, k'il

---

[1]) *Der ganze Eintrag steht auf Rasur.*

[2]) a Jennat *bis* alluet *auf Rasur, in einer Zeile mit 177.*

[3]) Cleirvals *auf Rasur.*

ait racheteit¹) as mainbors Ferriat desor dit, et e. c. l. e. en l'a. l. d.

182 Ancillons li clers d'Otre Muselle p. b. por waigiere sus tout l'eritage k'il ait en waige de Jaikemin, lou fil Eurriat de Lorey ke fut, per escrit en arche, et dont il est tenans, permei teil cens et teil droiture com li eritages doit.

183* Ce sont li bans dou mey awast, en lai marie de Porte Moselle, ²) a tans ke Colignons Mertignons estoit maires de Porte Moselle, Forkignons dou Pont maires de Porsaillis, et Jaikemins Jallee maires d'Outre Moselle:

183 ³) Li sires Thomes, li prestres de Sainte Creux, p. b. sus v s. de met. de cens ke Waterins Bulecolz li feivres li ait essis sus ces II maxons k'il ait, dont li une siet sus lou Mur sus lou cours an coste l'osteit Richerdin lou feivre, et li autre maxon en lai Baixe Sanerie desous ceste maxon meimes ancoste lou cours, ke li sires Thomes ait a lui aquasteit, apres XXIII s. de cens ke les II maxons doient davanteriennemant, et e. c. l. e. an l'ai. l. dv.

184 Vguenas Aierons et Hanrias li Tawons et Jacos, ces freires, et Colignons Pircepiere, ke sont de S. Julien, p. b. sus x s. de mt. de cens k'il meymes dovoient ke muevent de lai chaipelle de Chenney, ke siet ou resaige de lai maxon Maiheu Lowit, ke gisoient sus lai pesse de vigne a lai barre ke Vguenas tient, et sus lai pesse de vigne ke Hanrias tient ke geist ancoste lai vigne dame Wilant, et sus lai pesse de vigne ke Jacos tient ke geist ancoste ceste vigne meymes, et sus lai pesse de vigne ke Colignons tient ke geist an Orsain, ancoste lai vigne ke fut Colignon Ceruel, k'il ont aquasteit a Maiheu Lowit, et e. c. l. e. an l'ai. l. dv.

185 Jaikemate, li nesse Suffiate lai Vrowate de Porte Moselle ki fut, p. b. sus les XL s. de mt. de cens ke Jennas Guizelate li ait essigneit sus sai maxon, ke fut Gererdin, son peire, et sus tout ceu ki apant, ke siet en Aiest, k'il ait aquasteit a Jennat desour dit, apres xv s. et demei ke li maxon doit de cens davanteriennemant, et e. c. l. e. an l'ai. l. dv.

186 Poincignons li cherreirs p. b. sus lai pesse de vigne ou on contet jor et demey ke geist en Borgonplanteit antre lai vigne

---
¹) racheteit *auf Rasur.*
²) en lai marie de Porte Moselle *übergeschrieben.* ³) = *1293, 264.*

Poincignon Dorelot et lai vigne Jennat, lou fil Ancillon Baikillon ki fut, k'il ait aquasteit a Gillat, lou fil Burtemin de Stoxey ki fut, permei IIII s. de met. I de moins de cens, et e. c. l. e. an l'ai. l. d.

187 Ancillons, li cerorges Gillat lou draipier ki fut, p. b. sus lai maxon et sus lou meis daier et sus tout ceu ki apant ke siet en Gran Meises ancoste l'osteit Hulo lou tixeran ki fut, ke Thomessins, li filz lou signor Roul de Theheicort, li ait laieit a tous jors, permei v s. et demey de davantrien cens k'elle doit a Gillat Blanchairt, et permei III s. et demey k'elle doit a Lorate, lai femme Erairt de Weiure ki fut, et a ces enfans, et e. c. l. e. an l'ai. l. dv.

188 Jaikemins de Pairgney p. b. sus tout l'eritaige antieremant ke Willemins, li filz Poincignon Brehel ki fut, avoit a Choibey et ou ban et en lai fin et as apandixes de lai ville de Choibey, c'est a savoir en bans, en justices, en signeraiges, en chans, an preis, en bolz, en rantes, en sances, en droitures de bleis, de vins, de deniers, d'oies, de chapons et de gelines, en awe et fuers d'awe, en maxons, en grainges, en homes, en femmes, en prevandes et en toutes autres manieres, en tous us et en tous prous et en toutes vaillances, sans niant a retenir, ke li est escheus et venus consuant de pair Perrin de Seruigney ki fut, ke Jaikemins de Pairgney ait aquasteit a Willemin desour nommeit, et tout e. c. l. e. an l'ai. l. dv.

189 [1]) Jennas, li filz Jennin Burtemate ki fut, et Wirias de Burtoncort, ke sont clerc, p. b. por lai frairie des clerc de S. Nicolais de lai parroche de S. Hylaire a pont Renmont sus les v s. de mt. de cens ke geixent sus lai maxon Hennelo de Cusamborc, lou janre Weirit de Burtoncort, et sus tout ceu ki apant, ke siet a Stintefontenne, antre lai maxon Burtemin de Virey lou tennor et lai maxon Jehan Maillate, k'il ont aquasteit a Jaikemin et a Guerceriat, son freire, lou clerc, les enfans Watier de Wairc lou boulangier ki fut, et e. c. l. e. an l'ai. l. dv.

190 Besselas, li freires Eurit, et Abers li maires, ke sont de Vermiey, p. b. sus tout l'eritaige ke Jehans Bruenne, chanones de Nostre Dame lai Ronde, avoit a Uermiey et ou ban, c'est a savoir en maxons, en grainges, en gerdins, en chans, en preis, en vignes, en meises, en bolz et en tous autres heritaiges, keilz il soit, sans les v s. et demey de cens ke Euris et Besselas desour dis

---

[1]) Am Rande links von Jennas steht b, bei 195 links von Jaikemins a, das heisst, der Eintrag 195 hätte vor dem Eintrag 189 eingeschrieben werden sollen.

li doient, k'il ont a lui aquasteit, permei teil cens et teil droiture com tous li heritaiges doit, et e. c. l. e. an l'ai. l. dv. .

191 Jehans Cokillate de S. Julien p. b. sus lai maxon et sus ceu ki apant ke siet a lai salz a S. Julien ancoste lai maxon Hanriat Romexin, k'il ait aquasteit a Anguenel, lai femme Hanriat Miche de S. Julien, permei v s. de mt. de cens, et e. c. l. e. an l'ai. l. dv.

192 Amelielz li taillieres p. b. sus lai maxon et sus ceu ki apant ke siet sus lou tour en lai plaice en Rimport ancoste l'osteit Godefroit de lai Tour ki fut, k'il ait aquasteit a Jehan lou tonnelier, lou fil Guerceriat lou meuter, permei XLIII s. de mt. de cens, et e. c. l. e. an l'a. l. dv.

193 Hanrias, li maires d'Oxey, p. b. sus de can ke Andrewelz, li xavins de Mercilley, avoit de preit ke geist en lai Cumenelle ou ban d'Oxey, c'on dist en Amienrut, k'il ait a lui aquasteit, permei II d. et 1 bichat de bleis, teil com on lou doit a lai court, et e. c. l. e. an l'ai. l. dv.

194 Symonas Blondelz, li freires Guersat d'Auancey, p. b. sus lai maxon ke siet a Nowesseuille et sus lai court davant et sus lou meis daier ke fut les hoirs Roillon Taibay de Burey, k'il ait aquasteit en alluet a Thieriat, lou fil Jennat de Mercilley ki fut, et e. c. l. e. an l'ai. l. dv.

195 ¹) Jaikemins et Guercerias, ces freires, li enfant Poinsate Mennegout ki fut, p. b. sus les v s. de met. de cens ke geisent sus maxon Hennelo de Cusamborc et sus tout ceu ki apant, ke siet en lai rue de Stintefontenne, antre lai maxon Burtemin de Virey lou tennor et lai maxon Jehan Maillate, ke lour sont encheus de pair Poinsate, lor meire, et dont il sont tenant.

196 Lowias, li filz Jennetel Wesselin d'Aiest, p. b. sus tout l'eritaige ke Poincignons Wesselins li clers, ces oncles, avoit et poit avoir a Uairney et a Roupeney et a Xueles et a Villeirs a l'Orme, et en tous les bans et en toutes les fins de ces IIII villes desour nommees, ou k'il soit et keilz il soit, sans niant a retenir, k'il ait aquasteit a Poincignon desour dit, permei teil cens et teil droiture com tous li heritaige doit, et e. c. l. e. an l'ai. l. dv.

197 Hawela li huveire, li domexalle dame Poince, p. b. sus lai maxon ke fut Colin Mainjairt lou permantier, ke siet en Aiest, ancoste l'osteit Jehan Paineguel, k'il ait aquasteit a dame Poince desour dite, lai feme Colin desor nommeit, permei teil cens com elle doit, et e. c. l. e. an l'ai. l. dv.

---
¹) *r. Anm. zn 189.*

198 Hanris, li janres Coinsce de Chaponrue, p. b. sus lai demaie maxon et sus ceu ki apant ke siet a lai barre a Stintefontenne ancoste l'osteit Jennat Chaital, k'il ait aquasteit a Henneman, lou fil Jaikelo des Rowes de S. Julien ki fut, permei la moitiet de x s. de mt. de cens et III d., et e. c. l. e. an l'ai. l. d.

199 Jehans et Hanris, ces freires, li dui fil Renadin Poignel, et Poincignons Choibelolz, lor serorges, [p. b.] sus XVI quairtes de wayn moitainge, k'il ont aquasteit a Mergueron, lai femme Jennin Henmexon de Sanrey ki fut, et ke Mergueron desour
5 dite lor ait essis sus jor et demei de vigne ke geist an IIII pesses, s'an geist une pesse ancoste lai vigne Burtal, et une pesse ancoste lai vigne ke fut Yngrant Forcon, et une pesse ancoste lai vigne Poincignon lou Vadois, et une pesse ancoste lai vigne Burtal, et sus VI pesses de terre ou on contet V jornalz et
10 demei ke geixent en Arowainchamp, et sus IIII jornalz de terre ke geixent en Houdewalpreit ancoste lai terre Burtal et en coste lai terre Baizin, et sus jor et demey de terre ke geist en l'Awillon desour les vignes ancoste Burtal et en coste Poincignon lou Vadois, et sus IIII pesses de terre arreure ou on
15 contet II jornalz ke geisent desour Beuart, s'an geist une pesse an coste lai terre Rembalt, et une pesse lonc lai terre Clemant, et une pesse lonc Goudefroit de Poirs, et une pesse lonc lai terre Willame de Sanrey, et sus jor et demey de terre en Morchamp deleis lai terre Abriat Forcon, et sus jor et demey
20 de terre an Pullin ancoste lai terre Abriat Forcon, et sus I jornal de terre ke geist sus Bowelz ancoste Colin l'Esclaive de Vigey, et sus I jornal en Morainpreit an coste lai terre Burtal, et sus III jornalz de terre en Lompreit ancoste lai terre Symonat de Virey, et sus III jornalz de terre an Fontenelles
25 ancoste lai terre Baizin, et sus jor et demei de terre en Rompreit an coste Jennat Roze, et sus II jornalz a lai borde de Sanrey an coste lai terre Burtal et en coste lai terre Lorate lai d'Odenowe, et sus demei jor de terre k'elle ait en lai voie de Mercey ancoste lai terre Jaikemin Roze, et sus II pesses de
30 terre en la voie de Mes ou on contet I jornal ancoste lai terre Abriat Forcon et en coste lai terre Jehan l'Alleman, et sus I jornal de terre sus preit Diemange an coste lai terre Burtal, et sus I jornal an Bouxon Damainpreit an coste lai terre Burtal, et sus jor et demei de terre en II pesses k'elle ait desour lou
35 moustier ancoste lai terre Burtal et ancoste lai terre Jacob, et

sus demei jornal en l'Awillon desour les vignes et arreis les
vignes, et sus lai pesse ou on contet III jornalz k'elle ait desour
lou molin ancoste lai terre Burtal, et sus IIII pesses de terre en
Lompreit ou on contet v jornalz et demey, ke toutes geixent
40 ancoste lai terre Poincignon lou Vadois, et sus demey jornal de
terre sus lou molin ancoste lai terre Baizin, et sus I jornal en
Waigniechamp an coste lai crowaie Symonin de Virey, et sus
III pesses de terre ou on contet jor et demey k'elle ait en Waignie-
champ ancoste lai terre ke fut Yngrant Forcon et encoste Jehan
45 l'Alleman, apres teil cens et teil droiture com tous heritaiges
doit davanteriennemant, et e. c. l. e. an l'ai. l. dv., saulf [1]) lou
contrewaige et sauf la rante et sauf la warantixe ke Colins li
Esclaives i ait sus l'eritaige devant dit.

200 Jennas Guercerions li cordeweneirs de Rimport p. b. sus lai
maxon et sus ceu ki apant ke siet en Rimport ancoste lou
chakeur de Chaistillons, ke Xandrins Paipemiate li ait laieit
a tous jor maix, permei xxv s. de mt. de cens, et e. c. l. e.
an l'ai. l. dv.

201 Hanrias Lambers p. b. sus x s. de mt. de cens ke geixent sus
les II pairs de lai maxon et de ceu ki apant ke siet a pont a
Moselle ancoste l'osteit Jehan de Haisanges, k'il ait aquasteit
a Colignon, lou fil Burtemin Leudanguer ki fut, apres xxx s.
de cens ke toute li maxon doit, et e. c. l. e. an l'ai. l. d.

202 Thiebans Caibaie p. b. sus lai maxon et sus lai maixeire ancoste
et sus lou meis daier ke siet an Rowes a S. Julien, k'il ait
aquasteit a Pairixe, lai femme Colin lou boulangier d'Anancey
ki fut, permei IIII s. et demei de cens ke cist heritaiges doit,
et e. c. l. e. an l'ai. l. dv.

203 Steuenas Cuerdefer p. b. sus les xx s. de mt. de cens ke
Maithias, ces freires, li ait essis sus can k'il ait d'eritaige ou
ban de Mercey et de Vermiey, ke Steuenas ait a lui aquasteit,
et e. c. l. e. an l'ai. l. dv.

204 [2]) Jaikemins Wallekins, li genres dame Lorate de lai Paillole,
p. b. sus les XIII lb. et VIIII s. de mt. et VIIII d. de cens ke sont
venus consuwant a Howignon, lou fil signor Alexandre de Sus
lou Mur, de pair Afelix, sai meire, lai fille signor Huon lou
5 Bague ki fut, et ke li dis Howignons ait espertit ancontre Aileit,
sai suer, dont il en geist LXII s. de mt. sus lai halle des drai-

[1]) *Von* saulf lou contrewaige *an hinzugefügt vom Schreiber 3.*
[2]) = *1293, 284 und 349.*

piers ke siet encoste Philippe Tiguienne, et LX s. de mt. sus lai
maxon Steule lou corretier et sus ceu ki apant ke siet ou Champ
a Saille, et XL s. de mt. sus lai maxon Jennat Eurairt et sus
10 ceu ki apant ke siet a Porsaillis, et XV s. de mt. sus lai maxon
Roillon lou cordier et sus ceu ki apant ke siet a Quertal, et
XII s. de mt. sus lai maxon Hawiate, lai femme Eurecol, et
sus ceu ki apant ke siet de var[1]) lou puix en Chaponrue, et
XII d. ke Ferrias doit sus sai maxon ke fut lou Sanexien ke
15 siet en Chaponrue an coste l'osteit Suffiate Guezont, et XII d.
ke Burtemas Brochas doit sus sai maxon ke fut lou Sanexien
ke siet antre[2]) Geroudel et Waterel, et VIII s. de mt. ke Do-
mangins Hairons doit sus sai maxon et sus ceu ki apant ke siet
en Chaponrue an coste l'osteit Suffiate Guezont, et II s. de mt.
20 ke Aidelolz li tenneires doit sus sai maxon et sus ceu ki apant
ke siet en Chaponrue ancoste l'osteit Boilo, lou nevout Gui-
zambor,[3]) et III s. de mt. et II d. ke Domangins Hairons doit
sus sai maxon et sus ceu ki apant ke siet en Chaponrue an coste
Thomessin lou vieseir, et XVIII d. ke Cunins, li mairis lai
25 meierasse, doit sus sai maxon ke fut Willemin Andreu et sus
ceu ki apant ke siet en Chaponrue ancoste Olleuier, et III s. de
mt. ke Andreus li boulangiers doit sus sai maxon ke fut Ancillon
et sus ceu ki apant ke siet en Chaponrue an coste Thiele de
lai Haie, et VII s. de mt. sus lai maxon Thiele lou corvexier et
30 sus ceu ki apant ke siet en Chaponrue ancoste l'osteit Andreu
lou boulangier, et III s. de mt. ke Guerecolz, li filz lou maior
de Xouces, doit sus sai maxon ke fut Aburtin[4]) lou clerc et sus
ceu ki apant ke siet en Chaponrue ancoste l'osteit Goidelo de
Guinewirle, et VI s. de mt. ke Jote doit sus sai maxon et sus
35 ceu ki apant ke siet en Chaponrue ancoste l'osteit Hennesate,
et V s. de mt. et III d. ke Philippins de S. Eivre doit sus sai
maxon et sus ceu ki apant ke siet ancoste l'osteit[5]) lai femme
Guezont, et XVIII d. ke Olleuiers doit sus sai maxon ke fut
Pieresat Cheual et sus ceu ki apant ke siet en Chaponrue an-
40 coste l'osteit lai feme[6]) Guezont, et VII s. de mt. ke li femme
Guezont doit sus sai maxon ke fut Symonin Sanshuve et sus

---

[1]) *1293, 349* davant. [2]) *1293, 284* entre.
[3]) *1293, 284* Guizambour.
[4]) *1293, 349* Bertran *statt* Aburtin.
[5]) l'osteit *fehlt 1293, 284.*
[6]) *1293, 284* femme.

ceu ki apant ke siet en Chaponrue ancoste lai maxon lai femme
Howin ke Herney, et III s. de mt. ke li femme Guezont doit
por Rougeuel¹) sus sai maxon ke fut Symonat lou Four et sus
⁴⁵ ceu ki apant ke siet en Chaponrue ancoste l'osteit ke fut Olleuier,
et XVIII d. ke Burtemas Brochas doit sus sai maxon et sus ceu
ki apant ke siet en Chaponrue ancoste Waterel, et III s. de mt.
ke Perrins, li filz Aburtel de Vairney, doit sus sai maxon ke
fut maistre Rennier ke siet en Chaponrue ancoste l'osteit Berthelo,
⁵⁰ et XVIII d. ke Ferrias d'Ostelencort²) doit sus sai maxon ke fut
lai suer lou Sanexien et sus ceu ki apant ke siet en Chaponrue
ancoste l'osteit Jennat Gerol, et IIII s. de mt.³) ke Thiebaus
Borgans doit sus sai maxon et sus ceu ki apant ke siet en
Chaponrue an coste l'osteit Lowiat Cherrue, et III s. de mt. ke
⁵⁵ Goidelolz⁴) de Guinewirle doit sus sai maxon et sus ceu ki
apant ke siet en Chaponrue ancoste l'osteit Coince lou tennour,
et V s. de mt. ke Pieresons Aberons doit sus sai maxon et sus
ceu ki apant ke siet en Chaponrue ancoste l'osteit Arambor
de Rouveroit, et IIII s. de mt. et IIII d. ke li eglixe de S. Eukaire
⁶⁰ doit sus lai⁵) maxon et sus ceu ki apant ke siet en Chaponrue
ancoste lai grainge Howignon de Werrixe, et III s. de mt. ke
Lorate de Prenoit doit sus sai maxon ke siet en Chaponrue
ancoste Cunel Xobin, et III s. de mt. ke Coinces li tenneires
doit sus sai maxon ke fut Coinrairt et sus ceu ki apant ke siet
⁶⁵ ancoste l'osteit Goidelo de Guinewirle,⁶) ke Jaikemins Wallekins
desour dis ait aquastteit a Howignon, lou fil signor Alexandre
de Sus lou Mur, et tout e. c. l. e. an l'ai. l. dv.

205 Merguerate de lai Grainge de S. Julien p. b. sus demey jornal
de vigne ke geist en lai close a Failley arreis Ancel de Poirs,
et sus I jornal de terre a l'orme arreit Thiebaut, lou fil Wiriat
de Villeirs, ki est ces contrewaiges por les XIII s. de mt. et
por les XIII quartes de wayn' moitainge ke Yzaibelz, li femme
Jennat lou Tawon de Failley ki fut, li doit por l'eritaige ke
Merguerate li ait laieit, et e. c. l. e. an l'ai. l. dv.

206 Li sires Jehans Meute p. b. sus tout l'eritaige ke fut Poincignon⁷)
Gondal, ke geist ou ban de Vigey, an chans, en preis, an terres

---

¹) *1293, 284* Rougevel. ²) *1293, 284* Ostelencourt. ³) Jennat *bis* mt. *auf Rasur.*
⁴) *Vorlage hier und 1293, 284* Hennelolz, *richtig ist* Goidelolz *1293, 349, Zeile
54, wie auch 204, Zeile 33 und 65, und 284 ebenda. v. 1281, 463.*
⁵) *Vorlage richtig* lai, *nicht* sai, *1293, 284 ist* sai *durch Rasur in* lai *geändert.*
⁶) *1293, 284* Guenewirle, ⁷) Poincignon *übergeschrieben.*

arreures, k'il ait aquasteit a Poincignon desour dit, permei teil droiture com tous li heritaiges doit, et e. c. l. e. an l'ai. l. dv.

207 Joffrois Jailee p. b. sus xv s. de mt. de cens ke geixent sus lai stuve ke Herbins tient, ke siet davant lai porte en Chambres, k'il ait aquasteit a signor Estene c'on dist l'Ermite, et e. c. l. e. an l'ai. l. dv.[1])

208 Burtrans Clairambalz et Jaikemins Mennas d'Erkancey p. b. sus une pesse de vigne ke geist a Alexey, en Corroit ancoste lai vigne Jenneson Coueit, k'il ont aquasteit en alluet a Aburtin Niclodin d'Erkancey por Burtran, lou fil Jenneson desor dit, et por Ozenate, sai femme, lai fille Jennin Ruterel de Chailley, et e. c. l. e. an l'ai. l. dv.

209 Bonefille, li fille Nicolle de Weiure ki fut, p. b. sus lai pesse de vigne ke geist a mur a S. Julien ancoste lai vigne ceulz de Villeirs, k'elle ait aquasteit a Colignon Freire,[2]) en alluet et sans deimme, et e. c. l. e. an l'ai. l. dv.

210 Li sires Abers, li prestres des pucelles de lai Vigne S. Marcel, p. b. por les pucelles desour dite sus lai maxon ke fut Remion lou boulangier, ke siet a Porte Moselle, ki est delivre a lai chieze Deu des pucelles desour dite en plait por II estaies trespassees, chescune de xxv s. de mt. de cens, et por les aidras, et dont li chieze Deu desour dite est tenans.

211 [3]) Li sires Jehans Piedechalz et Werrias, ces freires, p. b. sus lai maxon ke fut Joffroit Piedechalz, ke siet en Jeurue, et sus tout lou resaige ki apant, et sus Piereson [4]) Pairenon et sus Howin, son freire, et sus lai femme Pieresat de Siey, lor suer,
5 et sus ceu ke li sires Burtalz Piedechalz avoit en lor enfans, et sus teil pertie com li sires Burtalz Piedechalz avoit ens afans Jaikemat de Siey ki fut et ens afans Jennat de lai Barre de Syei et sus maistre Jehan lou clerc, ke maint a Rains, et sus sai suer, et sus lou jornal de vigne en Nomenat en coste
10 lai vigne Caienat, et sus lou jornal de vigne ke Jaikemins Godelz de Chaizelles fait a moitiet, et sus les II maxon a Siey [ke furent lou signor Bertal Piedechals] ke doient II s. de cens, et sus les xv s. de cens ke Jaikemins de Lescey doit sus vigne[s] ke geixent a Lescey, et sus les VI s. de cens ke Waterins li per-
15 manteir de Siey doit sus une maxon a Siey, et sus tous les

---

[1]) *Urkunde erhalten, v. Teil I, Einl. Anhang II, 22.* [2]) *Vielleicht ist ein Name ausgefallen und zu lesen* a Colignon et a ...., son freire. [3]) = *1293, 358. Das in eckige Klammern Eingeschlossene fehlt in 211, steht in 358.* [4]) Piereson *auf Rasur.*

censalz et sus tous les allues ke sont encheus et venus consuwant a Bietrit, lor suer, de pair lou signor Burtal desour dit[1]) et de pair dame Cunegont, sai femme, k'il ont aquasteit a Bietrit, lor[2]) suer desour dite, permei xxv lb. de mt. de cens k'il l'an doient,
20 [chac'an] toute lai vie Bietrit desour dite, sans plux, et e. c. l. e. de l'aquast ke geist en l'ai. l. dv.
212 Perrins Raibues p. b. por waigeire sus les LIII s. de mt. II d. et maille moins de cens ke geixent sus lai maxon Burtemin des Roches, por tant com Poincignons desour dis[3]) li doit, per escrit an airche, et dont il est tenans.
213 Domate li Vadoize,[4]) li fille Burtignon de lai Tour ki fut, prant bans sus xxv s. de mt. de cens ke geixent sus lai maxon a lai tour en Rimport, an coste l'osteit Lowiat Burtignon ki fut, k'elle[5]) ait aquasteit a Hawiate, lai fille Lowit de Lucembor, et e. c. l. e. an l'a. l. dv.

214* Ce sont li bans dou mei awast. En lai mairie de Porsaillis:
214 Nicoles li Gornais p. b. sus xxv s. de mt. de cens ke geixent sus lai maxon Guerceriat lou tonnelier et sus tout lou resaige ki apant, ke siet ancoste lai maxon Thieriat lou chasour ke fut, ke siet en lai plaice davant l'osteit Jaikemin Grandeu ki fut, dont on redoit VIIII s. de premier cens a S. Laidre, k'il ait aquasteit a Thieriat, lou fil Colin Chamuxit ki fut, et e. c. l. e. an l'ai. l. dv.
215 Nicolles li Gornais p. b. sus une tavle et sus tout lou resaige ki apant ke siet en Vies Chainges, a lai tranchiee ke siet davant lai halle des parmantiers, k'il ait aquasteit a Vguignon de l'Aitre, lou fil Thiebant de l'Aitre ki fut, permei v s. de mt. de premier cens ke li tavle doit chesc'an a lai priorey de Nostre Dame a Chans deleis Mes, et permei teil cens com elle doit a Vguignon desus dit, et e. c. l. e. an l'ai. l. dv.
216 Li sires Otthes, li prestres de S. Girgone, p. b. sus II s. de mt. de cens des XLII s. de mt. de cens ke Coinrairs li peseires doit sus sai maxon ke siet ou Champ a Saille, ki[l] ait aquasteit a Poinsate, lai fille Maitheu de Chambres ki fut, por l'aiglixe de S. Girgone desour nommee, et e. c. l. e. an l'ai. l. dv.

---

[1]) *Statt* signor Burtal desour dit *hat 358* signor Bertal Piedechalt, son peire.
[2]) *Vorlage* lou, *358 richtig* lor. [3]) Poincignors *ist vorher nicht genannt,* por waigeire *bis* II *steht auf Rasur.*
[4]) li Vadoize *übergeschrieben.* [5]) k'elle *verbessert aus* ke elle.

217 Burtignons Caienas p. b. sus une pesse de vigne ke geist en Corchebuef, antre sai vigne meymes et lai vigne Clemignon de Pertes, k'il ait anchaingiet ancontre Thieriat, lou fil Jehan Aberon d'Outre Maizelles, et e. c. l. e. an l'ai. l. dv.
218 Richerdins, li serorges Wiriat lou maior de S. Clemant, p. b. sus lou meis ke siet daier lai tour en Genestroit, ancoste lui meymes, k'il ait aquasteit a Richerdin, son serorge, lou fil dame Lorate ki fut, permei teil cens com il doit, et e. c. l. e. an l'ai. l. dv.
219 Aburtins li taillieres, ke maint davant lai Craste, p. b. sus une pesse de vigne ke geist ou ban de Montigney, ancoste lui meymes, k'il ait aquasteit a Jennat Gouenel de S. Arnout, permei I steir de vin en axe, et permei III d. d'anaversaire c'on doit a prestre de S. Benin, et e. c. l. e. an l'ai. l. dv.
220 Yderate, li femme Esselin lou chaivreir ki fut, p. b. sus lai maxon et sus tout ceu ki apant ke siet en lai Vigne S. Auol ancoste lai maxon ke fut Esselin desour nommeit, k'elle et Esselins, ces maris desour nommeis ki fut, ont aquasteit a Jehan Sambaig[1]) et a Badewin, son freire, et e. c. l. e. an l'ai. l. dv.
221 Colins li Gornais de S. Thiebaut p. b. sus lai maxon ke fut lou signor Jehan Miesade et sus tout ceu ki apant, ke siet an coste l'escolle de S. Thiebaut, ke li est delivre en plait per droit et per jugemant ancontre Domangin, lou freire signor Jehan desour nommeit, por les VIII s. et demei de mt. de cens ke li maxon li doit de VI estaies trespassees, et por les adras et por tant com Colins desour dis ait sus lai maxon desour nommee, et dont il est tenans.
222 Colignons Soifrois p. b. sus XII d. de cens ke geixent sus une maxon ke siet davant S. Gengoult, ancoste l'osteit ke fut Aburtel, davant l'osteit lai Rancluse, k'il ait aquasteit a Jehan, l'avelet Henmesate, et a Merguerate, sai femme, apres VIIII s. de mt. ke li maxon doit de davantrien cens, et e. c. l. e. an l'ai. l. dv.
223 Perrins et Andrewins, li enfant Maitheu de Pertes, p. b. sus une pesse de vigne ke fut Otthin de Pertes, ke geist ou ban de Pertes, ancoste lai vigne Vguignon Borgujere, k'il ont aquasteit a Clemignon Germain, lor oncle, et a Gererdin Soture, ke mainnent en Maizelles, permei I d. de cens, et e. c. l. e. an l'a. l. dv.

---

[1]) *1293, 59,* Jehan de Sambaing.

224 Renadins li muniers, li filz Roillon Graidoubuef, p. b. sus lai maxon et sus ceu ki apant ke siet en la Vigne S. Auol ancoste lou chakeur Sainte Glosenne, k'il ait aquasteit a Ydate, lai femme Guercin Pesta ki fut, permei IIII s. et demei de met. de cens, et e. c. l. e. an l'ai. l. dv.

225 Hanrias li orfeivres p. b. sus VI s. de mt. de cens ke geixent sus III maxons, l'une apres l'autre, ke sieent en Goubecort et sus tout ceu ki apant, k'il ait aquasteit a Arnout Alairt, apres XXI s. de mt. et III d. de cens ke les maxons doient, et e. c. l. e. an l'ai. l. d.

226 Jennas, li filz Jennin Burtemate ki fut, et Wirias de Burtoncort, ke sont clerc, p. b. por lai frairie des clers de S. Nicolais en lai parroche de S. Hylaire a pont Renmont sus les III s. et demey de mt. de cens ke geisent sus lai maxon ki est pertie en douz ke fut Rembalt Fusaie et sus tout ceu ki apant, ke siet davant l'osteit Jaikemin de Pairgney, antre lai maxon Mertin de Bomont et lai maxon Sigairt lou boulangier, k'il ont aquasteit a Jaikemin et a Guerceriat, son freire, lou clerc, les enfans Watier de Wairc lou boulangier ki fut, et e. c. l. e. an l'ai. l. dv.

227 Jaikemins de Pairgney p. b. sus les II maxons ke furent Jennat de S. Julien et sus tous les resaiges ki apandent, ke sieent en Borguignonrowelle, daier lou meis Jaikemin meymes, k'il ait aquasteit a Jennat Maigus de Nostre Dame a Chans, permei VIII s. et demei de mt. de cens, et e. c. l. e. an l'ai. l. d.

228 Guercerias Wesselins, li amans, p. b. sus XV s. de mt. de cens k'il ait aquasteit a Clemansate, lai femme Renadin Bramant ki fut, por Thiebaut Creature et por Heilewit, sai femme, et ke Clemansate desour dite lour ait essis sus sai maxon et sus tout ceu ki apant, ke siet en Sanerie, ancoste l'osteit lai dame de Bunaies ki fut, apres XL s. de mt. ke li maxon doit de davantrien cens, et e. c. l. e. an l'ai. l. dv.

229 Martins de Bomont li boulangiers p. b. sus jor et demey de terre ke geist ou ban de Mairley c'on dist ou ban de Maixieres.

230 Bertrans, li filz Gererdin lou berbier ki fut, et Colins Rays prannent b. por Perrin, lou fil Gererdin desour dit, et por Collate, sai femme, sus XVIII s. de mt. de cens ke geixent sus lai maxon Lowion lou permantier ki fut et sus tout ceu ki apant, ke siet en lai Nueue rue, davant lai stuve, k'il ont aquasteit a Jennat, lou fil Hanriat de Fraine ki fut, apres VI s.

de mét. ke li maxon doit de davantrien cens, et e. c. l. e. an l'ai. l. dv.

231 Bertrans, li filz Gererdin lou berbier ki fut, et Colins Rays p. b. por Perrin, lou fil Gererdin desour dit, et por Collate, sai femme, sus les x s. 'de mt. de premier cens ke geixent sus lai grainge et sus ceu ki apant ke siet daier lai maxon lai femme Thieriat de Lieons ki fut, k'il ont aquasteit a Poincignon Cotterel lou vieseir, et e. c. l. e. an l'ai. l. dv.

232 Steuenas de Bellawe p. b. sus lai maxon et sus ceu ki apant ke siet en lai Nueve rue an coste l'osteit ke fut Yzoreit, k'il ait aquasteit a mainbor Lowiat Blondel ki fut, permei xiiii s. de cens, et e. c. l. e. an l'ai. l. dv.

233 Li sires Jehans li prestres, li filz Lowiat Maiguetin ki fut, p. b. sus iiii s. de met. de cens ke geixent sus lai maxon Jaikemin Roucel lou vieseir et sus tout ceu ki apant, ke siet an S. Martinrue, davant l'osteit Jennat Othignon lou permantier, k'il ait aquasteit a Jaikemin desour dit, apres xvii s. ke li maxon doit de davantrien cens, et e. c. l. e. an l'ai. l. dv.

234 Jehans li cordiers, li filz Colin dou Quertal, p. b. sus tout l'eritaige et sus tous les menoirs ke sont escheus a Jennat, lou fil Watrin Chastron ki fut, de pair peire et de pair meire, ke sieent a Quertal, ke Alexandres li cordeirs tient, toute sai vie, k'il ait aquasteit a Jennat desour dit, permey xx s. de premier cens, et permei xxx s. de met. de cens k'il an dovereit a Jennat desour dit apres lou decet Alexandre, et e. c. l. e. en l'a. lo d.

235 Hanrias Sucre li bouchiers p. b. sus la maxon ke fut Jaikemin Chaneuiere lou bouchier et sus ceu ki apant, ke siet en Bucherie a Porsaillis, ancoste l'osteit Jacob Perraixon, k'il ait aquasteit a Ailexel, lai femme Jaikemin, et a ces enfans, permei iiii lb. de mt. de cens, et e. c. l. e. an l'ai. l. d.

236 Steuenins, li maires de S. Clemant, p. b. por l'abbeit et por lou covant de S. Clemant sus lai maxon ke fut Jennat Waterel et sus tout ceu qui¹) apant, ke siet a S. Clemant, davant l'osteit Gerairt, ke lor est delivre por tant com Jennas Waterelz ait a faire a l'abbeit et a covant desour nommeit, et dont il sont tenant.

237 Colignons Jennole p. b. sus tout l'eritaige ke Cunins, li fillastres Ferrion Keutelawe, ait ou ban de Borney, ou k'il soit, et sus tout l'eritaige k'il ait a Theheicort, ou k'il soit, k'il ait

¹) qui *verbessert aus* ceu.

aquasteit a Cunin desus dit, permei teil cens et teil droiture com il doit, et a. c. l. e. an l'a. l. dv.

238 Lietalz, li freires Mertignon Lucate, p. b. sus une andange de vigne ke geist a Sorbey, apres lai vigne Clemignon lou Mercier ki fut, k'il ait aquasteit a Clemant, lou fil Geradon de Borney, permei vii s. de mt. de cens, et e. c. l. e. an l'ai. l. dv.

239 Mertignons Repigney p. b. sus lou meis et sus ceu ki apant ke geist en lai rowelle Repigney antre lai grainge Godefrin de lai Porte et lou resaige Michiel Cherrue, k'il ait aquasteit a Bertran Dowaire, permei v s. de mt. de cens, et e. c. l. e. an l'ai. l. dv.

240 Jaikemins Boielawe p. b. sus v s. et demey de mt. de cens ke geixent sus une pesse de vigne en Bernairtfontenne, ancoste[1]) lai vigne Howignon lou feivre, k'il ait aquasteit a Merguerate lai Vadoize, lai suer Thiebaut de Mercey, et e. c. l. e. an l'ai. l. dv.

241 Waterins de Hulouf, li freires Bueuelat, p. b. sus tout l'eritaige k'il ait aquasteit a Luciate, lai fille Jaikemin Boielawe, permei teil cens et teil droiture com tous li heritaiges doit, et e. c. l. e. an l'ai. l. dv.

242 Lowias Raifalz de lai Chenal p. b. sus lai pesse de vigne ou on contet jor et demey ke geist en Waistenoy ancoste lai vigne dame Merguerite Paipemiate, k'il ait aquasteit a Jehan Aberon d'Outre Maizelles et a Thieriat, son fil, permey x s. de mt. de cens, et e. c. l. e. an l'ai. l. dv.

243 Domanjas de Vergney li boulangiers p. b. sus lai maxon et sus ceu ki apant ke siet en lai Nueue rue, ancoste lai stuve Domangin Neckerdat, k'il ait aquasteit a Abertin, lou janre Helyat ki fut, permei xxiiii s. et demey de met. de cens, et e. c. l. e. an l'ai. l. dv.

244 Burtemins Chapons p. b. sus lou meis ke siet en Chadeleirue davant l'osteit Maitheu Chadron, defuers les murs de lai citeit, et sus tout ceu ki apant, k'il ait aquasteit a Thieriat Bawier lou corrier, permei vii s. et demei de mt. de cens, et e. c. l. e. an l'ai. l. dv.

245 Jaikemins et Guercerias, ces freires, li enfant Poinsate Mennegout ki fut, p. b. sus une pesse de vigne ou on contet v querterons, ke geixent ou Gerdenel, ke partet a lai vigne Jehan Maillate, ke lor est encheute de pair Poinsate, lor meire, permei une maille de cens, et dont il sont tenant.

---

[1]) en Bernairtfontenne ancoste *auf Rasur*.

246 Waterins Gremolz li corriers de Sanerie p. b. sus lai maxon
Viuiat lou corrier de Sanerie et sus tout ceu ki apant, ke siet
en Sanerie, antre l'osteit Stefo et lai maxon Jennat de Corcelles,
ke li est delivre en plait, por tant com Waterins ait paieit por
lui, per escris an airche, et por tant com Viuias ait a faire a
lui, et dont Waterins est tenans, permei xxiiii s. de mt. de
cens ke li maxon doit.

247 Steuenas et Jehans, ces freires, li enfant Howat lou Vadois
lou bouchier de Porsaillis, p. b. sus lai maxon ke fut Jennat
Jallat et sus ceu ki apant, ke siet a Porsaillis, encoste l'osteit
Hanriat Chermat, k'il ont aquasteit, permei lx et x s. de mt.
de cens, et e. c. l. e. an l'ai [l. dv.]

248 Ailexate d'Oxey li vieseire p. b. sus lai maxon ke fut Maiheu
Cowerel et sus tout ceu ki apant, ke siet sus lou Mur, ancoste
l'osteit Jennat Belpaingniet lou masson, k'elle ait aquasteit a
Maithelie, lai fille Gerairt lou Vadois ki fut, permei xvi s. de
met. ke li maxon doit as Cordelieres, c'on doit porteir, et permey
iiii s. de cens c'on en doit a S. Sauour, c'on doit venir kerre,
et e. c. l. e. an l'ai. l. dv.

249 Hennelolz, li filz Bronval de Hencanges, p. b. sus lai maxon
et sus ceu ki apant kè siet en lai Nueue rue ancoste l'osteit
Portemandeu lou recovatour, k'il ait aquasteit a Watrin de
Flurey et a Merguerate, sa femme, permei viiii s. de cens, et
e. c. l. e. an l'ai. l. dv.

250 Colignons, li filz Godefrin de Hui ki fut, p. b. sus les xxv s.
de mt. de cens ke Alexandres li boulangiers doit, ke geixent
sus une pesse de vigne ou on contet iii jors, ke geist en Waistenoi,
ancoste lai vigne les signors de S. Thiebaut, et sus demei jornal
de vigne a lai Barre, ancoste les resaiges ke furent Poincignon
Lucie, k'il ait aquasteit a Arnout, lou fil signor Cunon d'Airs,
permei xiiii d. de cens c'on en redoit, et e. c. l. e. an l'ai. l. dv.

251 Symelolz, li freires Guerceriat de Lietremanges, p. b. sus les
v quartes de fromant de cens k'il meymes dovoit, sus tout
l'eritaige ke Hanrias li corvexiers de Porsaillis ki fut avoit a
Lietremanges, k'il ait aquasteit a Waterin, lou fil Hanriat
desour dit, et e. c. l. e. an l'ai. l. dv.

252 Jennas Goubers de Flurey p. b. sus une pesse de terre ke geist
en lai mairs ou ban de Flurey, ancoste lai terre Odeliate, lai
femme Remey, k'il ait aquasteit a Jehan lou cherpantier, lou
janre Jehan c'on dist de Verdun, de Flurey, permei teil cens

et teil droiture com li terre doit a signors, et e. c. l. e. an l'a. l. d.

253 Martins de Bomont li boulangiers p. b. sus une pesse de terre ou on contet jor et demey, ke geist desous les maixieres ou ban de Mairley, antre ceulz de S. Preueit et Jehan de Genestroit, k'il ait aquasteit a Jennat Sarrazin de Molins, permei III mailles de cens, et e. c. l. e. an l'ai. l. dv.

254 Ailexate, li femme Jaikemin Chaneviere ki fut, p. b. sus lai maxon et sus ceu ki apant ke siet an Bucherie[1]) a Porsaillis antre l'osteit les chainjours et lai maxon[2]) lai femme Jallat, k'elle ait aquasteit a Hanriat Succre, permei teil cens com elle doit, et e. c. l. e. an l'ai. l. dv.

255 Hermans de Noweroit li tenneires, ke maint en lai Vigne S. Auol, p. b. sus tout l'eritaige ki est escheus a Jaikemin, lou fil Mathion[3]) Maithelo ki fut, et ke li est venus consuant de pair peire et de pair meire, per tout ou k'il soit, k'il ait aquasteit a Jaikemin desour dit, por lui et por Arnoudat et por Perrin et Colignon et por Merguerite, lor seror, les enfans Mathion Maithelo ki fut, permey teil cens et teil droiture com tous li heritaiges doit, et e. c. l. e. an l'ai. l. dv.

256 Li sires Hanris de Pairgney, chanones de S. Thiebaut, p. b. sus III pesses de terre arreure ke geisent en lai fin de Moinse, et sus une pesse de terre en lai voie dou boix, et sus II pesses a chafour, et sus une pesse daier lou Jarranmeis, ancoste Coustan, et sus une pesse anson lou mont, et sus une pesse an Ualleires, k'il ait aquasteit a Heilewit, lai femme Salemon de Prays[4]) ki fut, et a Jehan, son fil, et a Yzaibel et a Hawiate, ces II filles, permei teil cens et teil droiture com li terre doit, et e. c. l. e. an l'ai. l. dv.

257 Poincignons Pedanwille p. b. sus III s. de mt. ke geisent sus lai maxon et sus tout ceu ki apant ke siet outre Saille apres lai maxon Colin Meudevin, k'il ait aquasteit por les Proicherasse de Mes a Suffiate, lai femme Millekin d'Outre Saille ki fut, apres v s. et demei de cens ke li mason doit de premier cens, et e. c. l. e. an l'ai. l. d.

258 Perrins, li filz Jennat ki fut freires signor Thiebaut lou Maior,

---

[1]) *Vorl.* Burcherie. [2]) maxon *bis* Succre *auf Rasur.* [3]) Mathion *übergeschrieben.*
[4]) *An dem Wort ist geändert; das* r *war ausgelassen und ist nachher ungeschickt hineingebracht, so dass man* Paays *zu lesen meint. Es muss aber* Prays *heissen, denn* Prays *liegt nahe bei* Moince.

p. b. sus lai maxon ke fut Andrewat Guepe et sus lai petite maxon ancoste, ke sieent sus lou tour de lai rowelle davant les Proicherasses, k'il ait aquasteit a Colignon, lou fil Andrewat desour dit, permey XLIII s. de mt. de cens III d. moins ke ces II maxons doient, en pluxours leus, et e. c. l. e. an l'ai. l. dv.

259 Pieresons, li filz Symonin de Chaizelles, p. b. sus tout l'eritaige ke Symonins, li filz signor Pieron lou Gros de Croney ki fut, avoit a Croney et en tous les bans et a Airey et en tous les bans, ou k'il soit et keilz il soit, sans lai pesse de vigne ke geist ou ban d'Airey, k'il ait aquasteit a Symonin desor dit, permei v steires et demaie de vin de cens et permei III s. et demei de mt. d'anniversai[r]e, et e. c. l. e. an l'ai. l. dv.

260 Jaikemate, li nesse Suffiate lai Urowate de Porte Moselle ki fut, p. b. sus XI s. de mt. de cens ke Steuignons Panserons li massons li ait essis sus sai maxon et sus ceu ki apant, ke siet outre Saille, davant l'osteit Poincignon Chalon ki fut, k'elle ait aquasteit a Steuignon desour dit, apres XI s. ke li maxon doit de davantrien cens, et e. c. l. e. an l'ai. l. dv.

261 Thiebaus, li filz Colin Lowit ki fut, p. b. sus teil pertie com Hanris, li filz Joiat de Romont ki fut, avoit en lai maxon et en ceu ki apant ke Colins desour nommeis laieit a cens a dit Hanrit et a Jaikemin, son freire, ke siet ou Halt Champel, ancoste l'osteit Thiebaut Contasse, c'est a savoir li pertie devar lou Halt Champel, ke li est escheute de pair Colin Lowit, son peire desour nommeit, et dont Thiebaus desour dis est tenans.

262 Sebeliate li Vadoize et Merguerite et Aileit, ces II serours, p. b. sus lai gran vote ke siet en Sanerie ke fut Jehan Petitvacke de Sus lou Mur, k'elles ont pris a cens a lor vies de Thiebaut lou clerc, lou fil Jehan Petitvacke desour nommeit, permei L s. de mt. de cens k'elles an doient, et e. c. l. e. an l'ai. l. dv.

263 ¹) Jennas, li filz Remion l'olier ki fut, p. b. sus lai maxon et sus ceu ki apant ke siet au S. Martinrue ancoste lou puix, k'il ait aquasteit a Pierexel, lou fil Rollan l'olier, permei XXXI s. de met. de cens, et e. c. l. e. an l'ai. l. dv.

264 ²) Li sires Thomes, li prestres³) de Sainte Creux, p. b. sus v s. de mt. de cens ke Watrins Bulecolz li feivre li ait essis sus ces II maxons k'il ait, dont li une siet sus lou cours de sus lou

---
¹) *Durchgestrichen.*
²) = *1293, 183.*
³) Li sires Thomes li prestres *auf Rasur.*

Mur ancoste Richerdin lou feivre, et li autre maxon en lai Baix$_e$
Sanerie desous¹) ceste maxon meymes ancoste lou cours, ke li
sires Thomes ait a lui aquasteit, apres xxiii s. de cens ke les
ii maxons doient davanteriennemant, et e. c. l. e. an l'ai. l. dv.

265 Dame Jaikemate, li femme Maitheu Migomairt ki fut, p. b. sus
l s. de mt. de cens ke geixent sus tout l'eritaige ke Guercins,
ces filz, ait a Chaimenat et en tous les bans de Chaimenat, ou
k'il soit, ke li est encheus de pair Maitheu, son peire, k'elle ait
a lui aquasteit, et c'on puet raicheteir, et e. c. l. e. an l'a. l. dv.

266 Waterins li wanteirs et Wendremate, sai femme, p. b. sus lai
vote ke fut Jehan Petitvacke et sus ceu ki apant, ke siet en
Sanerie, ancoste lai vote Jennat Wateron, k'il ont aquasteit a
Gillat, lou fil Colin Drowat ki fut, permei xxx s. de mt. de
cens, et e. c. l. e. an l'ai. l. dv.

267 ²)

268 Troexins de Flocourt p. b. sus lai maxon et sus lai chambre
daier ke siet a Flocourt ancoste lui meymes et sus ceu ki a lai
chambre et a lai maxon apant, davant et daier, k'il ait aquasteit a Drowat de Flocort, lou fil Jehan Begrant ki fut, permei
i d. de cens, et e. c. l. e. an l'ai. l. dv.

269 Watras ³) de Bacourt, li filz Maitheu de Morville ki fut, p. b.
sus lai pesse de boix ke geist en Sairneyfayt et sus lai pesse
de preit ke geist an Mertinchene, k'il ait [aquasteit] a Merguerate
lai Vadoize, lai suer Thieriat de Mercey, permei teil cens et
teil droiture com cist heritaiges doit a lai court de Thiemonville,
et e. c. l. e. an l'ai. l. dv.

270 Gerairs de S. Clemant, li filz Wiriat lou vies maior, p. b. sus
tout l'eritaige ke fut [Jennat]⁴) Waterel de S. Clemant, ke li est
delivre en plait, por tant com Jennas desour dis ait a faire a
lui, et dont Gerairs est tenans, permei xiiii s. de cens ke tous
cist heritaiges doit.

271 Jennas li Goussas p. b. sus lai maxon et sus ceu ki apant ke
siet daier S. Mamin ancoste les Harardes, k'il ait aquasteit a
Thiebaut Bessat, per[mei] iiii s. et demei de mt. et iii mailles de
cens, et e. c. l. e. an l'ai. l. dv.

272 Dame Poince et dame Yzaibel, les ii filles Jacob de Jeurue ki

---

¹) desous *verbessert aus* desour.

²) *Der Eintrag, der zwei Drittel der Zeile einnahm, so viel wie bei 266 bis* aquasteit, *ist ganz und gar ausgekratzt.*

³) Watras *verbessert aus* Watrins. ⁴) *v. 1293, 236.*

fut, p. b. sus les iiii lb. de mt. de cens ke Yzaibelz et Merguerite, les ii filles Domangin Zondac ki fut, lor ont essis sus lor maxon et sus ceu ki apant, ke siet daier S. Nicolais, antre l'osteit ke fut Gillon de Hui et lai maxon Symonat Hunguerie, k'elles ont aquasteit a Yzaibel et a Merguerite desour dites, apres vi s. ke li maxon doit de davantrien cens, et dont on puet raicheteir les iiii lb. desour dites, et e. c. l. e. an l'ai. l. dv.

273 [T]hierias li awilleirs de Sanerie p. b. sus vii s. de met. iiii d. moins de cens ke Ferris li corriers doit sus sai maxon ou il maint et sus ceu ki apant, ke siet an Sanerie, ancoste l'osteit Stefo, k'il ait aquasteit por lai frairie des awilleirs a dame Wiborate, lai fille Jennin Winoble de Sanerie ki fut, et e. c. l. e. an l'ai. l. dv.

274 a) Li sires Symons Bellegree, chanones de Verdun, p. b. sus lai maxon et sus lai grainge et sus[1]) lou chakeur et sus lai court et sus les resaiges et sus les usuwaires ki apandent ke sieent en lai plaice a Porsaillis ke furent Renadin lou Bague, permei vi lb. de mt. de premier cens ke li maxon et ceu ki apant doit a signor Thiebaut de Moielain.

b) Et se p. ancor b. sus lai petite maxon ke fut Renadin lou Bague, ke siet davant l'osteit ke fut Abert des Airuolz, permei xviiii s. et demei de mt. de cens, k'il ait aquasteit a Thiebaut, lou til Renadin lou Bague, et e. c. l. e. an l'ai. l. dv.

275 Stenignons Bellegree p. b. sus xlviiii s. de mt. de cens des lx et x s. de mt. de cens k'il meymes dovoit a Poinsate, sai suer, sus sai maxon ou il maint, ke siet a Porsaillis, k'il ait aquasteit et raicheteit a Poinsate desor dite, et dont on puet ancor raicheteir les xxi s., et e. c. l. e. an l'a. l. dv.

276 a) Jaikemins de Croney, li filz dame Poince ki fut, p. b. sus ii pesses de vigne ke geixent ou ban de Sommey, ke furent Symonin Boillairt et Gerairt, son freire, et sus teil pertie com Anchiers de Croney et Richous et Collate, sai fille, avoient ou boix ke geist davant Burtamont, ke fut Symonin et Gerairt desour nommeit, ke partet a Jennat Macors, k'il ait aquasteit a Anchier et a Richout et a Collate desour nommeit, permei demei meu de vin de cens ke les ii pesses de vigne doient, et ke Anchiers et Richous et Collate doient paier a Jennin de Champillons.

---

[1]) lai grainge et sus *auf Rasur.*

b) Et se prant ancor ban sus lai pesse de champ ke geist desour lai fontenne Anchole, ki[1]) est contrewaige a demey meu de vin desour dit, et e. c. l. an l'ai. l. dv.

277 Pierairs Bouchas p. b. sus tout l'eritaige ke Yzambairs de Xuelles ait et avoit ou ban de Pertes, ke li vient de pair Arambor, lai fille Crairin ki fut, k'il ait a lui aquasteit, et tout e. c. l. e. an l'ai. l. dv.[2])

278 Bertrans Fakignons li bouchiers de Vies Bucherie p. b. sus lai pesse de terre ou on contet demei jornal ke siet antre lai terre Paillat et lai terre dame Lorate Baizin, et sus lai pesse de terre ou on [con]tet demei jornal ke geist sus Vguignonrut
5 ancoste lai terre dame Lorate Baizin et Richairt Wairenel, et sus lai pesse de terre ou on contet II jornalz ke siet daier Grixey antre lai terre Paillat et dame Lorate Baizin, et sus lai pesse[3]) de terre ou on contet II jornalz ke siet daier Grixey antre lai terre Paillat et Jennat Wairin, et sus lai pesse[4]) de
10 terre ou on contet I jornal ke geist an Leueires ancoste lai terre Paillat, et sus lai pesse de terre ou on contet I jornal ke geist en Monclinchamp antre lai terre Paillat et Badewin Bugle, et sus lai pesse de terre ou on contet I jornal ke geist a l'Abespine antre lai terre Jaikemin Chenal et Colin lai Rouse, et sus lai
15 pesse de terre ou on contet demei jornal ke siet ancoste lai terre les signors de Nostre Dame as Chans et lai terre Symonin Paitin, lou maior de Grixey, et sus lai pesse de terre ou on contet demey jornal ke siet ancoste lai terre Howignon de Nowilley, et sus lai pesse de terre ou on contet I jornal ke siet
20 antre lai terre Thieriat Hurel et Symonin Paitin desour nommeit, permei VII d. de cens ke tous cist heritaiges doit a maior de Grixey et II d. as hoirs Symonin Paitin desour dit, k'il ait aquasteit a dame Gillate, lai fille dame Lorate Pobelle ki fut, et e. c. l. e. an l'ai. l. dv.

279 Bertrans Fakignons li bouchiers de Vies Bucherie p. b. sus lai pesse de terre ou on contet demey jornal ke geist ou ban de Grixey ancoste lui meymes, anson les preis de Grixey, k'il ait aquasteit en alluet a Poincignon, lou fil dame Wibour de Grixey, et e. c. l. e. an l'a. l. dv.

---

[1]) *Vorlage* kil.
[2]) *v. 1293, 98*, [3]) *Vorlage* pesses.
[4]) sus lai pesse *auf Rasur*.

280 Colignons Merchandas, ke maint daier les Chainges,¹) p. b. sus tout l'eritaige antieremant ke Houdiairs, li femme Doignon de Nonviant ki fut, ait, avoit et puet avoir, per tout ou k'il soit et keilz il soit, k'il ait aquasteit a Houdiairt davant dite, permei teil cens et teil droiture com tous cist heritaiges doit a ban et a leu dont il muet, et e. c. l. e. an l'ai. l. dv.

281 Guersas, li filz Symonat Bellegree, p. b. sus lai maxon ke fut Petre lou Buef²) et sus tout ceu ki apant, ke siet ou Nuefborc, antre l'osteit lou signor Cunon d'Airs et lai maxon lai Hairewainne, k'il ait aquasteit a Howin de Gorze, permei LX s. de mt. de cens [ke] li³) maxon et ceu ki apant doit a signor Thiebaut de Moielain, et e. c. l. e. an l'ai. l. dv.

282 Dame Poince, li femme Colin Poietel ki fut, p. b. sus lai maxon ke fut Armanjate lai gypperasse, ke siet an lai Nueue rue, an coste l'osteit Capon, et sus tout ceu ki apant, et sus tout l'autre heritaige ki est encheus a dame Poince desour dite de pair peire et de pair meire, et dont dame Poince desour dite est tenans.

283 Hanris de l'Aitre et Hanrias Roucelz p. b. sus les XXV s. de mt. de cens ke geixent sus lai maxon ke fut Vguignon de Lieqn et sus tout ceu ki apant, ke siet en Furneyrue, ke Odins li espiciers tient, et sus les XVIIII s. et demey de mt. de cens ke geixent sus lai grainge ke fut Poincignon lou Mercier, ke siet en S. Martinrue, ancoste lai maxon Poincignon lou Mercier meymes ki fut, k'il ont aquasteit por Wairin, lou fil Cunin d'Onville et por Merguerite, sai femme, a signor Raul de Wermeranges, et e. c. l. e. an l'a. l. d.

284 ⁴) Jaikemins Wallekins *etc.* ⁵)

285 Godefrins, li filz Lorant lou cherpantier ki fut, p. b. sus lai maxon ke fut Piereson lou taillour et sus lai maxon ke fut Helyat lou boulangier et sus tout ceu ki a ces II maxons apant,

---

¹) Colignons *bis* Chainges *auf Rasur.*
²) ke fut Petre lou Buef *übergeschrieben.*
³) ke *fehlt,* li *ist verbessert aus der Abkürzung von* et.
⁴) *284 ist der erste Eintrag auf Blatt VIII. In der Mitte des oberen Randes steht* dou mei awast de Porsaillis.
⁵) *284 entspricht in Wort und Schrift fast genau 204. Das erklärt sich daraus, dass beide Einträge von dem Schreiber 16, der bei der Rolle 1293 für die Mairien Porte Moselle und Porsaillis gearbeitet hat, fast gleichzeitig eingetragen sind. Die geringen Abweichungen sind bei 204 angegeben. Der Schreiber 7, der den entsprechenden Eintrag (349) für die Mairie Outre Moselle geschrieben hat, weicht in der Schreibung der Wörter wesentlich ab.*

ke sieent, l'une ancoste l'autre, antre l'osteit ceulz de Belpreit
et l'osteit Howin Nerlant, k'il ait aquasteit a signor Jehan lou
prestre, lou fil Piereson lou taillor ki fut, et a Abertin, lou
genre Helyat desour dit, permei xxxi s. de met. et vi d. de
cens ke les ii maxons doient, et e. c. l. e. an l'a. l. dv.

286 Li sires Nicolles, li prestres de lai cymetiere, p. b. sus ii s. de
mt. de cens ke Hanrias [1]) Nockas de S. Piere li ait essis sus
ii eires de meis ke geixent a lai fontenne a S. Piere a Serpant,
apres ii s. de cens k'elles doient, et sus ii eires de meis ke
geixent daier lai Procession, apres v s. et iiii d. k'elles doient,
k'il ait aquasteit a Hanriat desour dit, et e. c. l. e. an l'ai. l. dv.

287 Burtignons Paillas p. b. sus iiii lb. de mt. de cens des viii lb.
et vii s. iiii d. moins de cens ke sont venus conxuwant a Gerairt,
lou fil signor Cunon d'Airs, de pair Jaike Baizin, son ajuel
ki fut, ke geixent sus tout l'eritaige ke li hoir Poincignon
Chalon tienent a Praielz et sus tout ceu ki apant, k'il ait aquasteit a Gerairt desour dit, et e. con l. e. an l'ai. l. dv.

288 Poincignons Bolande, li maires de lai chieze Deu de Fristor,
p. b. sus lai maxon Jacob Perraixon ki fut, ke siet a Porsaillis,
ke li est delivre per droit et per jugemant, por lou cens ke li
chieze Deu davant dite i ait, et e. c. l. perchamins dou plait l. d.

289 Jaikemins de Heu p. b. sus viii s. de mt. de cens ke Poinsate,
li fille Colin Jaikier dou Champ a Saille, avoit en iiii lb. de
mt. de cens ke li maxon ke fut [2]) Jennat Blondelat ke siet en
Chaipeleirue doit, k'il ait a lei aquasteit an ces vaveis, et e.
c. l. e. an l'ai. l. dv.

290 Yzaibelz et Merguerite, sai suer, les ii filles Domangin [3]) Zondac
ki fut, p. b. sus tout l'eritaige ke Jennas, lour freire, avoit en
Mes et fuers de Mes, per tout ou k'il soit et keilz il soit, sans
l'eritaige k'il ait a Heu, k'elles ont aquasteit a Jennat desour
dit, permei teil cens et teil droiture com toz cist heritaiges
doit, et e. c. l. e. an l'ai. l. dv.

291 Hanrias Roucelz,[4]) li filz Colin de Champelz ki fut, p. b. sus
tout l'eritaige ke Nenmerias Bellegoule avoit a Beuoir, c'est
a savoir en maxons, en grainges, en gerdins, en chans, en preis,
en terres arreures et en tous autres heritaiges, keilz k'il soit,

---

[1]) Hanrias *auf Rasur*.
[2]) ke fut *übergeschrieben*.
[3]) *Vorlage* Domangins, s *durch einen Punkt als ungültig bezeichnet*.
[4]) *Zwischen* Hanrias *und* Roucelz *ist* li *ausgekratzt*.

k'il avoit en lai fin de Beuoir et ou¹) ban de Maigney, k'il ait aquasteit a Nenmeriat desour dit, permei xvııı d. et maille de cens²) ke tous cist heritaiges doit, et e. c. l. e. an l'ai. l. dv.

292 [J]aikemins Jallee p. b. sus lai maxon c'on dist lou Four et sus tout ceu ki apant, ke siet daier S. Nicolais lou Petit, ke li est delivre en plait an contre Jennat³) lou forneir, por ıııı estaies trespassees, chescune de xxıı s. de mt. de cens, k'il li ait laieit a paier, et por les adras, et dont Jaikemins est tenans.

293 [J]aikemins Jallee p. b. sus tout l'eritaige ke Thierias Tago avoit an tous les bans de Bameis et de Geuancey et de Lymeu, ke li est delivre en plait per droit et per jugemant an contre Thieriat desour dit, permei teil cens et teil droiture com tous li heritaiges doit, por tant com Thierias desour dis li doit, per escris an⁴) airche, et ait a faire a lui, et dont Jaikemins est tenans.

294 Andrewas Jallee p. b. sus xıııı s. de mt. de cens ke geixent sus la maxon ke fut Colin Caitin, ke siet an coste l'osteit Perrin lou berbier, k'il ait aquasteit a Guerceriat Poterel, lou fil Hanri Lukin, permei ıııı s. de cens c'on en doit as enfans Philippin Faixin, et e. c. l. e. an l'ai. l. dv.

295 Thierias Buglelz p. b. sus lai maxon ke fut Thiebaut, lou fil Arnout d'Airs, et sus ceu ki apant, ke siet ou Waide davant l'osteit Colin Meudevin, k'il ait aquasteit a Peccate, lai femme Thiebaut desour dit, permei vııı s. de cens, et e. c. l. e. an l'ai. l. d.

296 Jehans li Merciers p. b. por lou doien et por lou chaipistre de S. Sauour sus toute lai pesse de terre ke geist en Cornilloit ou ban de Sanrey, ke Symonins de Sorbey ki fut tenoit a gerbaige dou chaipistre desour dit, et sus tout ceu ki a lai pesse
5 de terre apant, ou on contet c jornalz, sans lai sinquime pertie de ceste pesse desour dite ke Maiheus li Blans en tient de pair Yzaibel, sai femme, l'avelete Symonin desour dit, ke li doiens et li chaipistres desour dit ont aquasteit a Gerairt lou clerc et a Renadin et a Jaikemin et a Ferriat, les ıııı filz Symonin
10 desor dit, et a Jaikemate et a Suffiate et a Clemansate et a Merguerite, lor ıııı serours, et a Clemignon, lou fil Godefrin de Villeirs, et a Symonin, son cerorge, lou genre Godefrin desour dit, et e. c. l. e. an l'ai. l. dv.

---
¹) *Vor* ou *steht* et en, *das o ist verbessert aus* b. ²) de cens *übergeschrieben.*
³) *Vorlage* Jennas. ⁴) tant *bis an auf Rasur.*

297 Li sires Joffrois Aixies, chanones de Mes, p. b. sus les VII
quertelles de seil ke cil de S. Sauour doient ke geixent sus lai
halle daier les Chainges, et sus les v s. et demei de cens ke
geixent ou Champel ¹) sus lai maxon Jennin Werrel ki fut, et
sus la moitiet dou molin a Limeu, ke partet a Heilewit, lai
fille signor Jaike dou Pont, et sus I jornal de vigne ke geist
a Anceruille, an IIII pesses, et sus v pesses de preit ke geixent
a Anceruille, et sus IIII chapons et une geline de cens ke geixent
a Anceruille, et sus XVI jornalz de terre arreure en pluxours
pesses ke geixent a Anceruille ou ban l'Avecke, k'il ait aquasteit a Boinvallat lou Mercier et a Jehan, lou fil Pierexel de
Valz ki fut, permei III s. ke li terre doit a l'Avecke, et e. c.
l. e. an l'ai. l. dv.
298 Li sires Poinces li Gornais, li eschavins, ²) p. b. sus L s. de mt.
de cens des LX et x s. de cens k'il mèymes doit sus lai maxon
et sus ceu ki apant ke siet daier lou mostier a S. Seplixe, ancoste lai rowelle a Poncel, k'il ait aquasteit a Burtignon Paillat,
et e. c. l. escrit an l'a. l. dv.
299 ³) Li sires Poinces li Gornais, li eschavins, p. b. en leu de
waigeire sus lai meite de l'eritaige ke fut Arnout lou Roi, teil
pertie com Jehans de Valz, li genres Arnout lou Roi, i ait, por
les dates ke Arnous li Rois doit a Arnout Aixiet, et ke Arnous
Aixies ait donneit et aquiteit a Poince lou Gornaix, per escrit
an airche, permei teil cens et teil droiture com ceste pertie
d'eritaige doit, et e. c. l. e. an l'ai. l. dv.
300 Vguignons Bellegree p. b. sus lai grainge et sus lai maxon et
sus tous les resaiges ki apandent ke sieent a Awigney an coste
l'osteit ke fut Jaikemin Bertran de Jeurue, ke li est delivre
en plait per droit et per jugemant ancontre les hoirs Willemat
d'Awigney ki fut, por tant com Willemas desour dis li doit,
per escris an airche, et permey XI s. de mt. de cens ke Vguignons desour dis en doit a Vguignon Hennebour, et dont il
est tenans.
301 Colignons Gouvions p. b. sus demey meu de vin de cens ke geist
sus lai vigne Vollate, et sus demey meu de vin de cens ke
geist sus lai vigne Anchelin, k'il ait aquasteit a Jaikemin de
Verchole et a Jennat, son freire, ke sont de Mairuelles, et e.
c. l. e. an l'ai. l. dv.

---

¹) ke geixent ou Champel *auf Rasur*. ²) *v. 1293, 103.*
³) = *1293, 352, v. 1293, 302.*

302 [1]) Thiebaus Gerairs p. b. sus la moitiet de l'eritaige ke fut Arnout lou Roi, teil pertie com Boinvallas li Merciers, li genres Arnout lou Roi, i ait, por les dates ke Arnous li Rois doit a Arnout Aixiet, et ke Arnoulz Aixies ait doneit et aquiteit a Thiebaut Gerairt, per escrit an airche, permei teil cens et teil droiture com ceste pertie doit, et dont il est tenans, [2]) e. c. l. e. an l'ai. l. dv.

303 Jehans Louve p. b. sus x s. de mt. de cens ke Colignons, li filz Aburtin de Vy ki fut, avoit, ke geixent sus l'osteit Jennin Culletel ki fut, ke siet en Vesignuelz, et sus teil droit et sus teil raixon com Colignons desour dis avoit en lai voie ke vait permei lai maxon davant dite, ke Jehans Louve ait aquasteit a Colignon desour nommeit, et e. c. l. e. an l'ai. l. dv.

304 Perrins li vieseirs, li filz dame Jaikemate ki fut, p. b. sus teil pertie com Odelie de Strabor, li femme Ottle de Frankenain ki fut, avoit en lai maxon ke fut Poinsat Mengo, son peire, et sus ceu ki apant, ke siet en S. Martinrue, k'il ait a lei aquasteit, permei teil cens com celle pertie doit, et e. c. l. e. en l'ai. l. dv.

305 Colignons, li filz signor Jehan lou Gornaix, p. b. sus lai moitiet de lai cherree de foin et sus ceu ki apant ke geist sus lou broil et sus lou preit les signors de Loueney, k'il ait aquasteit a Colignon Gouvion, e. c. l. e. an l'ai. l. dv.

306 Bertrans Gemelz p. b. por son trefons [3]) sus toute lai meite de Saibrie et dou ban, et sus toute lai meite des terres arreures et des preis et de bolz et des awes, et sus toute lai meite ki apant, an tous us et en tous prous, an keil maniere ke se soit, et dont Bertrans est tenans, por toutes les dates ke mes sires Cunes dou Nuefchaistel ait doneit et aquiteit a Colignon Borrial, por les dates ke mes sires Cunes li doit, e. c. l. e. ke geixent en l'ai. l. devisent, et dont li amans feroient des escris lai volanteit Burtran davant dit.

307 Li sires Abers, li prestres de[s] pucelles de lai Vigne S. Marcel, p. b. sus lai grainge et sus lai terre daier et sus lai court davant, ensi com li grainge portet jusc'a chamin, et sus tout lou resaige ki apant, ke fut Jaike Roucel, ke li priouse et li covans des pucelles desus dites ont aquasteit a dame Bietrit, lai femme Jaike Roucel desus dit, permei xxx s. de mt. de

---

[1]) = *1293, 357, v. 1293, 299.*

[2]) dont il est tenans *übergeschrieben.*

[3]) por son trefons *übergeschrieben.*

cens ke li priouse et li covans desus dis an doient chesc'an a dame Bietrit desour dite, et e. c. l. e. an l'ai. l. dv.

308 Gererdins li Gornexas p. b. sus lai maxon et sus tout lou resaige ki apant ke fut Thieriat Crokelat, ke siet ou Champ a Saille, davant la voie dou Weit, k'il ait aquasteit a Joffroit, lou fil Steuenat Cuerdefer, permei L s. de mt. de cens, et e. c. l. e. an l'ai. l. dv.

309 Gillas li Belz p. b. sus les LX s. de mt. de cens ke Lowias Chameure avoit sus lai grainge et sus ceu ki apant ke siet en Chapeleirue ancoste lai maxon de Cleirvalz, et sus les X s. de cens ke Lowias avoit sus les II maxons ke sieent daier lai grainge desour dite, k'il ait raicheteit a Lowiat¹) Chameure desour nommeit por lai chieze Deu de Cleirvalz, et e. c. l. e. an l'ai. l. dv.

310 Vguignons Hennebours p. b. sus les X s. de met. de cens ke geixent sus une pesse de terre c'on dist en lai Croweire, deleis lai terre ke fut dame Poince lai Malcheuallerouse, et sus teil droit et teil raixon com Perrins Lohiers ait et avoit en lai pesse de terre desour dite, k'il ait aquasteit a Perrin desour dit, et e. c. l. e. an l'ai. l. dv.

311 Eurias, li genres Symonat lou clerc de Lorey, p. b. sus la pesse de preit a Weit et sus lou preit en Sairt deleis Wessat, et sus lou champ en Fouseit, et sus la pesse de boix en Charree ke partet as hoirs Symonat de Bouxieres, k'il ait aquasteit a Collate, lai femme Abriat d'Anmeilaiville,²) permey teil cens et teil droiture com tous cist heritaiges doit, et e. c. l. e. en l'ai. l. dv.

312 Thiebaus Chaneviere li clers p. b. sus lai maxon ke fut Abillate Dediest et sus ceu ki apant, ke siet en Chaipeleirue, ancoste l'osteit ke fut Pierexel de Valz, davant Sainte Marie a Boix, k'il ait aquasteit a lai fille Abillate desour dite, permei teil cens com li maxon doit as hoirs Thiebaut Bernaige, et e. c. l. e. en l'ai. l. dv.

313 Xandrins Paipemiate p. b. sus I meu de vin de cens, dont il en geist demei meu sus lai pesse de vigne desous lou Dowaire lou Prestre, ke Gueperons, li femme Watrin Amarriat ki fut, tient, et demei meu sus lai pesse de vigne ke geist desous lai voie de Jaze, ke Ailexate, li femme Richerdin lou feivre d'Airey

---
¹) desour dite *bis* Lowiat *auf Rasur.*
²) danmei *übergeschrieben,* danson *durchgestrichen.*

ki fut, tient, k'il ait aquasteit a Lowiat, lou fil Amarriat d'Airey ki fut, et e. c. l. e. an l'ai. l. dv.
314 Berte, li femme Cherdat lou chaivreir ki fut, p. b. sus v s. de mt. de cens¹) ke Hanrias Raiguelenelz doit sus une pesse de vigne ke geist an Corchebuef, an coste lai vigne Thieriat Burtoul, k'elle ait aquasteit a Nenmeriat Bellegoule, et e. c. l. e. an l'a. l. dv. ²)

315* Ce sont li bans de la mei awast. En la marie d'Outre Muselle:
315 Li sires Symons li prestes de la rue lou Uoweit prant bans sus VIII s. de mt. de cens k'il ait aquasteit a Domangin lou corduenier sus sa maison et sus cant ki apant, ke siet otre Muselle, antre l'osteil l'arcediacre Lowit et Steuenat Vigout lou chavreir, apres les VIII s. et II chapons de cens k'elle doit davant a S. Vincent, et e. c. l. e. en l'a. l. div. ³)
316 Li sires Thiebas li Mares p. b. sus v s. de mt. de cens k'il meimes dovoit sus I boix ke geist ou ban d'Ars sus Muselle, ke fut Poinsignon Chaneiviere, k'il ait aquasteit a Colignon Coiat d'Ars, et e. c. l. e. en l'a. l. d.
317 Heiluwis, li suer Piereson de Fuligney, p. b. sus une maison ke siet en la ruelle ke vait ver les Proichors, ke fut Yzabel Rozin, et sus cant ki apant, k'elle ait aquasteit a Mathion Guerbode, permei xv s. de mt. et III d. de cens, et e. c. l. e. en l'a. l. d.
318 Aidelins de Juxey et Colignons, ces freres, li dui fil Bueuelat d'Amelles, p. b. sus une maixiere ke siet davant lou four a Juxey, ke fut signor Poinson d'Espenges, k'il ont aquasteit a Symonat Bellegree, et e. c. l. e. en l'a. l. d.
319 Jofrois dou Preit li vieceirs p. b. sus une maison et sus cant ki apant ke siet a S. Arnolt, antre l'osteil Floriate et Arnolt lou bollengier, k'il ait aquasteit a maistre Richart lou fusizien, permei VII s. et demei de mt. de cens, et e. c. l. e. en l'a. l. d.
320 Mariate li telleire, li fille Lowit lou meutier, p. b. sus XVIII d. de cens k'elle ait aquasteit a Poinsignon lou feivre et a Clemanson, sa femme, sus lor mason et sus lou meis daier et sus cant ki apant, ke siet davant lou Benivout, apres x s. de mt. de premier cens, et e. c. l. e. en l'a. l. d.

---
¹) de cens *übergeschriehen*.
²) *v. 1298, 441.*
³) *v. 1298, 327.*

321 Jennas de Landes, ke maint a Lorey, p. b. sus une maison et sus ceu ki apant ke siet a Lorey, davant lou chakeur Willame de la Cort, k'il ait aquasteit a Hawion, sa suer, la femme Jennat lou Rocel, permei teil cens et teil droiture com elle doit, et e. c. l. e. en l'a. l. d.

322 Poinsairs li charretons de S. Suplat p. b. sus une maison et sus can ki apant ke siet otre Muselle, ancoste l'osteil Abertin lou bollengier, k'il ait aquasteit a maistre Ferrit l'avocat, permei teil cens com elle doit, et e. c. l. e. en l'a. l. d.

323 Thierias li Horces de Molins p. b. sus une piece de vigne ke geist en Vakevigne, ki est tier meu lou maior de Chastels, k'il ait aquasteit a Roubelat, lou fil Symonat lou maior de Chamant, et e. c. l. e. en l'a. l. d.

324 Ameline li couserasse p. b. sus une maison et sus cant ki apant ke siet en l'aitre daier S. Sauor, antre son osteil et Odiliate la fromegiere, k'elle ait aquasteit a signor Jehan a Grant neis, lou preste, permei x s. de mt. de cens, et e. c. l. e. en l'a. l. d.

325 Lambers de Rembuecort li cherpentiers p. b. sus une piece de vigne ke geist ou ban de Rouzeruelles, ke fut Brixebras, ke li est delivree per droit et per jugemant ancontre Humbert de Longeawe et Boree, sa serorge, por tant com il eit paiet por ous, per escris en arche, et dont il est tenans.

326 Warins, li filz Sefiate de Lorey, p. b. sus une piece de boix ke geist en Chaiples ou ban de Saney, arreis Vuermont, k'il ait [aquasteit] a Fakignon, son oncle, permei III mailles de cens, et e. c. l. e. en l'a. l. d.

327 Thierias et Baduyns, li dui fil Jennate de Gerey, p. b. sus une maison et sus cant ki apant ke siet ou bourc S. Arnolt, antre l'osteil Goulart et l'osteil Petite, k'il ont aquasteit ai Abertin lou bollengier, lou fil Jacob de Cons, permei x s. de mt. de cens, et e. c. l. e. en l'a. l. d.

328 Jehans Corbels li clers p. b. sus une piece de vigne ke geist en Genestroit ou ban de Plapeuille, ancoste sa vigne, k'il ait aquasteit a Bertran lou clerc, lou fil Colin de S. Priveit, permei IIII d. de cens une angevine moins, et e. c. l. e. en l'a. l. d.

329 Jennins et Richardins, li dui fil Formeit de Chastels, p. b. sus III jornals de vigne ke geisent daier lou mostier a Lescey, ancoste la vigne Peuchat, k'il ont en waige d'Ydate et d'Yssabel, les II filles Lowit de Lucembor, et dont il sont tenant.

330 Et ce p. b. ancor sus la moitiet d'une maison ke siet a Chastels, ancoste les enfans Morel, k'il ont aquasteit ai Odiliate, la femme Lambelin lou Gemel de Lescey ke fut, permei teil cens com elle doit, et e. c. l. e. en l'a. l. d.

331 Pierexels, li fils Formeit de Chastels, p. b. sus I jornal de vigne ke geist en Vazelles a Chastels, k'il ait aquasteit a Jehan Malcors, et e. c. l. e. en l'a. l. d.

332 Garniers, li fils Wiart lou Borgon, p. b. sus une maison et sus cant ki apant ke siet en la rue lou Uoweit, arreis Sebilie des Loies, et sus la moitiet de la maison encoste et de ceu ki apant, k'il ait aquasteit a Warenat de Bouaus et a Vguenin, son nevout, permei teil cens com cist eritages doit davant, et permei x s. de mt. de cens k'i[l] lor en doit, et e. c. l. e. en l'a. l. d.

333 Allexandres li bollengiers p. b. sus une maison et sus can ki apant ke siet en Anglemur, ke li abbes et li convans d'Orualz li ont laixiet por xx s. de mt. de cens chac'an, et ensi com lor letres saielees lou dient.

334 Jaikemins Gratepaille p. b. sus teil droit et sus teil raison com Renadins, li freres signor Oton lou preste de S. Gergone, avoit en la piece de vigne de III jornals ke geist ancoste lou chakeur les Rines et ou chakeur et en la terre davant, k'il ait aquasteit a signor Oton desor dit et a Ysabel, sa serorge, et e. c. l. e. en l'a. l. d.

335 Jennas li Prouancels de Seuerey p. b. sus une maison ke siet davant les pucelles en la Vigne, k'il et Buevillons li corvexiers ont aquasteit a Hanrit l'olieir, permei x s. de mt. et II chapons de cens, et e. c. l. e. en l'a. l. d.

336 Jehans li feivres d'Ars p. b. sus une maison ke siet ai Airs, davant l'orme, et sus can ki apant, ancoste l'osteil Jakemin Morel, k'il ait aquasteit a Robelat lou feivre d'Ars, permei teil cens com elle doit, et e. c. l. e. en l'a. l. d.

337 Warenas, li fils Cunin de Nonviant, p. b. sus II moies de vin et xviii d. et II gelines de cens, ke furent Gerardin Wacancel, ke geisent sus vignes et sus terres et sus maisons ou ban de Nonviant, et sus une hommee de vigne ke geist ou Fraitel ou ban de Nonviant, k'il ait aquasteit a Perrot lou maizuwier et a Jennate, sa femme, et a Symonin Parlate et ai Abillate, sa femme, et e. c. l. e. en l'a. l. d.

338 Jennas Lambelins de Lescey p. b. sus une piece de vigne ke geist en la Nueve vigne en la Sore, ki est moiterasse S. Germain,

k'il ait aquasteit a Lowiat de la Chenal de Chastels, permei teil droit et teil raison com S. Germain i eit, et e. c. l. e. en l'a. l. d.

339 Odiliate, li femme Lambelin lou Gemel ke fut, p. b. sus une piece de vigne ke geist desor lou chanal desor Lescey, ke part a Drowin, son frere, k'elle ait aquasteit a Lowiat de la Chenal de Chastels, permei III mailles de cens, et e. c. l. e. en l'a. l. d.

340 Jaikemins, li fils Jaikemin Gratepaille, p. b. sus une maison ke siet sus lou Terme outre Muselle, arreis l'osteil Wixol, k'il ait aquasteit a Matheu Bacheleir et a Perrin, son frere, permei xv s. de mt. de cens, et e. c. l. e. en l'a. l. d.

341 Jehans Groignas p. b. sus une piece de vigne ke geist en Alouvigne ou ban de Lorey, antre sa vigne et la vigne Jofroit Domate, k'il ait aquasteit a Robin, lou fil Hanriat Burewart, permei VIIII d. de cens, et e. c. l. e. en l'a. l. d.

342 Clemansate, li femme Lowit de Noweroit ke fut, p. b. sus tout l'eritaige ke fut Thieriat de Noweroit, son serorge, ke geist en bans d'Ars, por tant com Clemansate ait paiet por lui, per escris en arche, ke li sont delivre, et permei teil cens et teil droiture com li eritages doit.

343 Colignons, li fils Jennat Marchant, p. b. sus une piece de vigne ke geist en Champelle, arreis Jennin Pargeire et Colin d'Aisey, k'il ait aquasteit a Symonin d'Essey, lou janre signor Paillat de Nonviant, permei v sestieres de vin de cens, et e. c. l. e. en l'a. l. d.

344 Et ce p. b. ancor sus tout l'eritage ke Houdiars, li femme Doignon de Nonviant, avoit ou ban de Nonviant, keils k'i[l] soit, en toz us, k'il ait a lei aquasteit, permei teil cens et teil droiture com il doit, et e. c. l. e. en l'a. l. d.

345 Li sires Werris, li prestes de S. Seplice, p. b. por la chiese Deu desus dite sus VIII s. de mt. de cens, k'il ait aquasteit a Wiberate, la femme Roillon de la Wade, et a Domangin, son fil, sus lor maixon, ke siet davant l'uxelat des Proichors, apres VII s. de mt. de cens k'elle doit davant, et e. c. l. e. en l'a. l. d.

346 Howins Paperels p. b. por trefons sus la maison et sus cant ki apant ke siet ancoste lui meimes, ke fut Goudefrin, lou fil Raimbat Deformes, et sus III jornals de terre en Hem, et sus can k'il ait d'eritage, en toz us, dont Howins est tenans, por tant com il est tenus a lui, per escris en arche.

347 Contasse, li fille signor Jehan de la Cort ke fut, p. b. sus la piece de jarding ke geist a Vignueles daier son osteil meimes,

k'elle ait aquasteit en alluet a Gerardin, lou fil Wenardat de Vignueles, et e. c. l. e. en l'a. l. d.

348 Jaikemins, li fils Nicolle lou Gronaix, p. b. sus une maison ke siet en la rue lou Uoweit, davant l'osteil signor Jofroit lou Gronaix, ke Jofrois, li fils signor Jofroit Axiet, li ait delivreit en plait, por tant com il li doit, per escris en arche, et permei teil cens com elle doit.

349 [1]) Jaikemins Wallekins, li janres dame Lorate de la Paillole, p. b. sus les xiii lb. de mt. et viiii s. de mt. et viiii d. de cens ke sont venut conseuwant a Howignon, lou fil signor Allexandre de Sus lou Mur, de part Afelix, sa meire, la fille signor Howon
5 lou Bague ke fut, et ke li dis Howignons ait espertit contre Aileit, sa suer, dont il en geist LXII s. de mt. sus la halle des drapiers encoste l'osteil Fillipe Tiguienne, et LX s. de mt. sus la maison Steule lou corretier et sus ceu ki apant ke siet ou Champ a Saille, et XL s. de mt. sus la maison Jennat Aurart
10 et sus ceu ki apant ke siet a Porsaillis, et xv s. de mt. sus la maison Roillon lou cordeir et sus ceu ki apant ke siet a Quartal, et xii s. de mt. sus la maison Hawiate, la femme Eurecol, et sus ceu ki apant ke siet davant lou puix en Chaponrue, et xii d. ke Ferrias doit sus sa maison ke fut lou Sanexien ke
15 siet en Chaponrue ancoste l'osteil Sefiate Guezont, et xii d. ke Burtemas Brochas doit sus sa maison ke fut lou Sanexien ke siet antre Geroudel et Waterel, et viii s. de mt. ke Domangins Hairons doit sus sa maison et sus ceu ki apant ke siet en Chaponrue ancoste l'osteil Sefiate Guezont, et ii s. de mt. ke
20 Aidelos li taneires doit sus sa maison et sus ceu ki apant ke siet en Chaponrue ancoste l'osteil Boillo, lou nevout Guizambor, et iii s. de mt. et ii d. ke Domangins Harons doit sus sa maison et sus ceu ki apant ke siet en Chaponrue ancoste Thomessin lou vieceir, et xviii d. ke Cunins, li maris la meierasse, doit
25 sus sa maison ke fut Willemin Andreu et sus ceu ki apant ke siet en Chaponrue ancoste Ollivier, et iii s. de mt. ke Andreus li bollengiers doit sus sa maison ke fut Ancillon et sus ceu ki apant ke siet en Chaponrue ancoste Thiele de la Haie, et vii s. de mt. sus la maison Thiele lou corvexier et sus ceu ki apant
30 ke siet en Chaponrue ancoste l'osteil Andreu lou bollengier, et iii s. de mt. ke Guerecols, li fils lou maior de Xouses, doit sus

---

[1]) = *1293, 204 und 284.*

sa maixon, ke fut Bertran lou clerc et sus ceu ki apant ke
siet en Chaponrue ancoste l'osteil Goidelo de Guinewirle, et vi
s. de mt. ke Jote doit sus sa maison et sus ceu ki apant ke
35 siet en Chaponrue ancoste l'osteil Henmesate, et v s. de mt.
et iii d. ke Fillipins de S. Eivre doit sus sa maison et sus ceu
ki apant ke siet ancoste l'osteil la femme Guezont, et xviii d.
ke Olliviers doit sus sa maison ke fut Pieresat Cheual et sus
ceu ki apant ke siet en Chaponrue ancoste l'osteil la femme
40 Guezont, et vii s. de mt. ke li femme Guezon doit sus sa maison
ke fut Symonin Sanshuve et sus ceu ki apant ke siet an Chapon-
rue ancoste la maison la [1]) femme Howin de Hernei, et iii s.
de mt. ke li femme Guezont doit por Rogueuel sus sa maison
ke fut Symonat lou Four et sus ceu ki apant ke siet en Cha-
45 ponrue ancoste l'osteil Olivier, et xviii d. ke Burtemas Brochas
doit sus sa maison et sus ceu ki apant ke siet en Chaponrue
ancoste Waterel, et iii s. de mt. ke Perrins li fils Abertel de
Varney, doit sus sa maison ke fut maistre Rainnier ke siet en
Chaponrue ancoste l'osteil Bertelo, et xviii d. ke Ferrias d'Oste-
50 laincort doit sus sa maison ke fut la suer lou Sanexien et sus
ceu ki apant ke siet en Chaponrue ancoste l'osteil Jennat Gerol,
et iiii s. de mt. ke Thiebas Borgans doit sus sa maison et sus
ceu ki apant ke siet en Chaponrue ancoste l'osteil Lowiat
Charrue, et iii s. de mt. ke Goidelolz de Guinewirle doit sus
55 sa maison et sus ceu ki apant ke siet en Chaponrue ancoste
l'osteil Coence lou tanor, et v s. de mt. ke Pieresons Aberons
doit sus sa maison et sus ceu ki apant ke siet en Chaponrue
ancoste l'osteil Arambor de Roueroit, et iiii s. de mt. et iiii d.
ke li eglise de S. Eucare doit sus la maison et sus ceu ki apant
60 ke siet en Chaponrue ancoste la grainge Howignon de Werrixe,
et iii s. de mt. ke Lorate de Prenoit doit sus sa maison ke
siet en Chaponrue ancoste Cunel Xoibin, et iii s. de mt. ke
Coences li taneires doit sus sa maison ke fut Coenrart et sus
ceu ki apant ke siet ancoste l'osteil Goidelo de Guinewirle, ke
65 Jaikemins Wallekins desor dis ait aquasteit a Howignon, lou
fil signor Alexandre de Sus lou Mur, et tot e. c. l. e. en l'a. l. d.

350 Jehans Barbe p. b. sus l'osteil Jennat Tortehuve, ke siet en la
rue lou Uoweit, ancoste Verton, por tant com il ait a fare a
lui et com il ait paiet por lui, per escris en arche, et dont il

---

[1]) *Vorlage* ancosteil, l *ausgekratzt*, la maison la *auf Rasur*.

est tenans, et sus III s. de cens, k'il ait aquasteit a Clemignon lou bolengier, ke geisent sus l'osteil Jehan lou grenetier davant S. Vy, permei teil sens com toz cist eritages doit, et e. c. l. escrit en l'a. l. dient.

351 Gillas Haike p. b. por la chiese Deu de Nostre Dame de Fristor sus une piece de terre et sus cen ki apant ke geist dedans lou jardin de la chiese Deu desor dite a Maranges, k'il ait aquasteit a Domangin Maichegart de Maranges, en alluet, et e. c. l. e. en l'a. l. d.

352 [1]) Poinces li Gronais p. b. en leu de wagiere sus la meite de l'eritage ke fut Arnolt lou Roi, teil pertie com Jehans de Vals, ces janres, i ait, por les dates ke Arnols li Rois doit ai Arnolt Aixiet, ke Arnols Aixiez ait doneit et aquiteit a Poince lou Gronaix, per escris en arche, permei teil cens et teil droiture com ciste pertie doit, et e. c. l. escrit en l'a. l. dient.

353 Thierias Buglels p. b. por la chiese Deu de S. Benoit en Weiure sus la moitiet de la maison et de decant ki apant ke siet daier la maison ke cil de S. Benoit ont en la rue S. Vy, k'il ait aquasteit ai Abillate, la fille Hanriat lou feivre, et a Roze et a Perrate, les II filles Bertran lou feivre, permei VI s. de mt. de cens, et e. c. l. e. en l'a. l. d.

354 Colignons Morels p. b. sus cant ke Hanris de Uaives ait ou ban de Noweroit, en maisons, en jardignes, en vignes, en censes, et sus la moitiet dou preit en Raibroil, antre Hameicort et Haboinville, k'il ait en wage de Hanrit desor dit, per escris en arche et per letres saielees, et dont il est tenans.

355 Jaikes li Gronais p. b. sus teil droit et sus teil raixon com Colins, li fils Abertin Kaienat de Siey, ait en la piece de vigne ou an contet jor et demei ke fut signor Jofroit lou Gronaix, chivelier, ke Colins faixoit a tier meu de Jaike desor dit, k'il ait a lui aquasteit, e. c. l. e. an l'a. l. d.

356 Li sires Thiebas de Moielain p. b. sus II moies et demee de vin a mostaige de cens k'il meimes dovoit sus ces vignes de Longeuille, k'il ait aquasteit a Hanriat Roucel, et e. c. l. e. en l'a. l. d.

357 [2]) Thiebaus Gerars p. b. sus la moitiet de tout l'eritage ke fut Arnolt lou Roi, teil pertie com Boinvallas li Merciers, li janres Arnolt lou Roi, i ait, por les dates ke Arnols li Rois doit ai Arnolt Aixiet, et ke Arnols Aixiez ait doneit et aquiteit a

---

[1]) = *1293, 299, v. 1293, 357.*
[2]) = *1293, 302, v. 1293, 352.*

Thiebat Gerart, per escrit en arche, permei teil cens et teil droiture com ciste pertic doit, et dont il est tenans, e. c. l. e. en l'a. l. d.

358 ¹) Li sires Jehans Piedechals et Werrias, ²) ces freires, p. b. sus la maison ke fut Jofroit Piedeschals, ke siet en Jeurue, et sus tot lou resaige ki apant, et sus Piereson Pairenon et sus Howin, son freire, et sus la femme Pieresat ³) de Siey, lor suer, et sus ceu ke li sires Bertals Piedechals avoit en lor enfans, et sus teil pertie com li sires Bertals Piedechals avoit ens enfans Jaikemat de Siey ⁴) et ens enfans Jennat de la Barre de Siey et sus maistre Jehan lou clarc, ke maint a Rains, et sus sa seure, ⁵) et sus lou jornal de vigne en Nommenat ancoste la vigne Kaienat, et sus lou jornal de vigne ke Jaikemins Godels de Chaizelles fait a moitiet, et sus les II maisons a Siey ke furent lou signor Bertal Piedechals, ke doient II s. de cens, et [sus] les xv s. de cens ke Jaikemins de Lescey doit sus vignes a Lescey, et sus les vi s. de cens ke Waterins li permantiers de Siey doit sus une maison a Siey, et sus tous les censals et sus toz les allues ke sont escheus et venut conxeuwant ⁶) a Bietrit, lor suer, de part signor Bertal Piedechalt, son peire, et de part dame Cunegon, sa femme, k'il ont aquasteit a Bietrit, lor suer desor dite, permei xxv lb. de mt. de cens, k'il l'an doient chac'an, tote la vie Bietrit desor dite, sans plux, et e. c. l. e. en l'a. l. d.

359 Colins Bacals et Jehans, li fils lou Louf d'Ars, p. b. sus tout l'eritage ke Agate, li fille Vguin lou Patart d'Ansey, tient en doware de part Leudin, son premier marit, et sus tout l'eritage ke l'Ailixons li muniere d'Ansey tient en doware de part Escelin, lou fil Pantecoste d'Ancey, son premier marit, en vignes, en chans, en preis et en censes, k'il ont aquasteit a Collin Paien de Sanerie et a Symonin de Gorre lou tanor, les mainbors Ailixon, la femme Watier de Puxuels ke fut, et e. c. l. e. en l'a. l. d.

360 Ferrias Chielaron p. b. sus tout l'eritage Perrin de Villeirs ke fut, ke muet de S. Eivre, por la defate des chateis Ferriat desor dit, et dont Ferrias est tenans.

---

¹) = 1293, 211. ²) Werrias *übergeschrieben*.
³) *Vorlage* Pieresate, *211 richtig* Pieresat.
⁴) *211* Siey ki fut. ⁵) *211* suer.
⁶) *Vorlage* conxeuxant.

361 Ancillons li clers d'Otre Muselle p. b. sus xviii d. de cens k'il
ait aquasteit a Abillate, la femme Jaikemin, lou fil Eurriat de
Lorey ke fut, sus i meis ke siet a l'antree de la ville de Lorey,
et e. c. l. e. en l'a. l. d.

362 Gerardins li massons, li fillaistres Hanriat lou masson, p. b.
sus une maison ke siet en la Vigne S. Marcel, ancoste l'osteil
Jehan de Vy, k'il ait pris a cens d'Ancillon lou clerc d'Otre
Muselle, por x s. de mt. de cens chac'an, apres les v s. de mt.
et i chapon de cens k'elle doit davanteriennemant a S. Vincent,
et e. c. l. e. en l'a. l. d.

363* Ce sont li bans dou vintisme jor de noiel. En lai mairie de
Porte Moselle :

363 a) Haibers, li filz Thieriat Gollies de Nowesseuille ki fut, p. b.
sus lou chakeur et sus toute lai menandie ke dame Poince, li
femme signor Jehan Corbel ki fut, avoit, ke siet a Nowesseuille,
et sus teil uzuwaire con li chakeurs davant dis ait an lai court
davant, ke dame Poince desour dite li ait laieit, permei xx s.
de mt. ke li chakeurs et ceu ki apant doit de cens a Thieriat,
lon fil Guercerion Bouchat d'Outre Saille ki fut, c'on puet
raicheteir, et permei iiii s. de met. de cens c'on en doit a dame
Poince desour dite, et e. c. l. e. en l'a. l. dv.

b) Et se p. ancor b. sus lai pesse de vigne ke geist ou ban S.
Pol a Nowilley antre lai vigne Burtel de Seruigney et lai vigne
Jaikemin Eckairt, et sus lai pesse de terre desour Roveroit ke
geist antre lou chamin et lou champ Arnoult lai Caigne, k'il
ait aquasteit en alluet a Poincignon et a Waterin et a Guersat
et a Collate et a Yzaibel, les v enfans Goudefrin lou maior de
Nowilley ki fut, et e. c. l. e. en l'ai. l. dv.

364 Godefrins, li filz Richairt de Nowilley ki fut, et Jaikemins, li
filz Watrel lou Sauaige de Retonfayt, p. b. sus lai pesse de
terre ou on contet jor et demey ke geist en Morchamp en lai
fin de Flanville, et sus lai pesse enson ke siet en celui champ
meymes an coste lai terre lai dame de Flanville, k'il ont aqua-
steit an alluet a Roillon de Montois, lou seur Aburtin Richier,
et e. c. l. e. an l'ai. l. dv.

365 Jennas Boutons, li filz Besselate de Ruxit, p. b. sus une pesse
de terre ou on contet i jornal, ke geist en Druillons davant
Ruxit ou ban de Borray, ancoste lai terre Jehan, lou fil Colin

des Rues, k'il ait aquasteit en alluet a Vguin, lou fil Symonin de Generey, et e. c. l. e an l'a. l. dv.

366 Besselins li recuvreires p. b. sus une pesse de vigne ou on contet les III pairs d'un jornal, ke geist en lai Donnowe, ancoste lai vigne Maitheu Maicaire, k'il ait aquasteit a Ancillon, lou fil Hanrion Baitois, permei I meu de vin a moustaige de cens, et e. c. l. e. an l'ai. l. dv.

367 Thierias Crepate de Nowesseuille p. bans sus lai maxon et sus ceu ki apant ke siet a Nowesseuille ancoste l'osteit Odeliate, lai suer Guersat, k'il ait aquasteit a VI enfans Godefrel lou chaforneir de Nowesseuille ki fut, permei teil cens et teil droiture com elle doit, et e. c. l. e. an l'ai. l. d.

368 Watrins Grignons de Vermiey et Symonas Guizelate li boulangiers, ke maint davant S. Sauour, p. b. sus tout l'eritaige ke Wibor, li femme Symonat de Repigney, et Jaikemins, ces genres, li filz Perrin de Retonfayt, ont en bans de Repigney et de Choibey et de Grais, ou k'il soit et keilz il soit, k'i[l] ont aquasteit por Jennat Foillat de Repigney et por Suffiate, sai femme, lai fille Willemat de Vermiey, a Wibour et a Jaikemin desour nommeit, et e. c. l. e. an l'ai. l. dv.

369 Herbins li stuveires de Chambres p. b. sus teil pertie entierement con Pieresons, ces cerorges, li filz Howairt lou stuvour ki fut, avoit en lai maxon et en lai stuve ou Herbins meymes maint et sus tout ceu ki apant, ke siet davant lai porte en Chambres, k'il ait aquasteit a Piereson desor dit, permei teil cens com cille pertie doit, et e. c. l. e. en l'ai. l. dv.

370 Yzambairs de Xueles, ke maint a Stintefontenne, p. b. sus lai pesse de vigne ou on contet I jornal ke geist a lai creux a S. Julien, a Chauol, antre lai vigne ceulz de Villeirs et lai vigne Hanriat Paien, k'il ait aquasteit a Colignon Pioraie de S. Julien, et e. c. l. e. an l'a. l. d.

371 Pieresons, li filz Gererdat d'Allexey, et Colignons Caitelz, li filz Jennin Frankelin ki fut, p. b. sus II jornalz de vigne des moiterasses lou Conte, ke geixent sus Moselle, ancoste lai vigne Adenat Walleran, k'il ait aquasteit a Goideman et a Petreman, son freire, les II enfans lai mairasse d'Ukange, et e. c. l. e. an l'ai. l. dv.

372 Jennas, li filz Ancel Maillairt de Seruigney ki fut, p. b. sus la moitiet de lai pesse de vigne ke geist en Rouweul[1]) ou ban

---

[1]) Rouweul *übergeschrieben, zwischen* en *und* ou *Rasur, die kürzer ist als* Rouweul.

de Vairney ancoste lai vigne Aburtel, k'il ait aquasteit a Wiriat Willike de Vairney, et e. c. l. e. an l'ai. l. dv.

373 Jaikemins, li filz Jennin Oson de S. Julien, p. b. sus lai maxon et sus̄lou meis daier et sus ceu ki apant ke siet defuers lai porte a Pairgnemaille ancoste lai maxon Hanriat d'Auancey, permei ¹) teil cens com cist heritaiges doit, et sus lai pesse de vigne ou on contet les III pairs d'un jornal ke geist ou ban de S. Julien ou Rowal ancoste ²) lai vigne Colignon Louveus, en alluet, et sus lai pesse de vigne ou on contet I jornal ke geist an Orsain ancoste lai vigne ke fut Perrin Mallerbe, permei teil cens com elle doit, k'il ait aquasteit a Colignon Lucie lou clerc, et e. c. l. e. an l'ai. l. dv.

374 Hanrias d'Airs li fromegeirs, ke maint a pont des Mors, p. b. sus lai chambre ki est daier lai maxon ou Yzambairs maint, per dever lai cort dame Jaikemate, ke siet daier l'ospital en Chambres, et sus lai vote ki est desous lai chambre et desous l'autre chambre davant, k'il ait aquasteit a Yzambairt, lou nevout Jaikemin Humbelat, en alluet, et e. c. l. e. an l'ai. l. dv.

375 Jehans et Thiebaus et Godefrins, li enfant Otthin de Nowilley ki fut, p. b. sus une pesse de vigne ou on contet VIII homaies, ke geist en Landriouze ou ban S. Pol a Nowilley, desous lai vigne Colignon dou Tro, k'il ait aquasteit en alluet a Arnout lou fornier de Nowillei, et e. c. l. e. an l'ai. l. dv.

376 Watrins, li filz lai Curle, p. b. sus une pesse de terre arreure ke geist desour Praielles ou ban de Nowesseuille, ke partet as hoirs Fakenel, k'il ait aquasteit a Arnout Watier de Nowilley, ke maint a Nowesseuille, en alluet, et e. c. l. e. an l'ai. l. dv.

377 Howignons dou Tro de Nowesseuille p. b. sus v jornalz et demey de terre ke [geixent] ou ban S. Martin a Retonfayt, k'il ait aquasteit a Thiebaut Naizo de Flanville et a Odeliate, sai femme, et a Jehan, lou fillaistre Aurowel, et a Agline, sai suer, et a Steuenin, lou fil Aurowel, permei III mailles de droiture ke cist heritaiges doit, et e. c. l. e. an l'ai. l. dv.

378 Li sires Rigalz li coustres et li sires Gerairs li Lombairs, ke sont chanone de l'aiglixe de Mes, p. b. sus IIII s. de mt. de cens ke Steuenins Werrate li clers lour ait essis sus sai maxon ke fut Jennat Official lou clerc et sus ceu ki apant, ke siet en Rimport, ancoste l'osteit Petreman, k'il ont aquasteit a

---
¹) permei *auf Rasur*.
²) *Ein* l *ist hinter* coste *ausgekratzt*.

Steuenin desour nommeit, apres vııı s. et vıı d. et maille et ıı chapons de cens, et e. c. l. e. an l'ai. l. dv.

379 Jaikemins Befilz li aboulestriers de Chambres p. b. sus lai maxon ke fut Roillon lou coutelier[1]) de Chambres et sus tout ceu ki apant, ke siet en Chambres, sus lou tour daier·lai halle des draipiers, k'il ait aquasteit a Colignon Banderienme et a Merguerite, sai femme, permei xııı s. de mt. de cens c'on doit a ceulz de S. Pieremont, et permei ıı s. de cens k'elle dovoit a Jaikemin desour dit, et e. c. l. e. an l'ai. l. dv.

380 Jennas Waterons de Sanerie p. b. sus les x s. de mt. de cens ke Besselins, li filz Godefrin l'Alleman lou chadeleir, li ait essis sus ces ıı maxons, k'il ait a lui aquasteit, et e. c. l. e. an l'ai. l. dv.

381 Dame Jaikemate Bresaie et Lowias, ces filz, prannent b. sus xvı quairtes de fromant ke Cherdelz de Faillei lor doit chesc'an, toute lor vie, et dont li dis Cherdelz lor en ait mis en waige can k'il ait d'eritaige, an tous us,[2]) ou k'il soit, ke dame Jaikemate ait a lui aquasteit, et e. c. l. e. an l'ai. l. dv.

382 Gillas Hertewis de Stoxey p. b. sus jor et demey de vigne ke geist en Corte vigne ancoste lai vigne ke fut Colignon Boilawe, et sus les ııı s. de mt. de cens ke geixent sus lai pesse de vigne ke li hoir Abert Thomes de S. Julien tienent ke geist
5 en Lambelinchamp, et sus les ıı s. de mt. de cens ke geixent sus lou demei jor de vigne ke fut Burtemin Roucel ke geist de coste Jennat lou pairiour, ke Lowions, li serorges Abert lou corvexier, tient, et sus les x s. de mt. de cens ke geixent sus lai maxon et sus ceu ki apant ke Jaikemins Bouchas et Lowions,
10 li filz Coincelo de Coumes, tienent ke siet ancoste l'osteit ke fut Lucheman, et sus les vııı s. de mt. de cens ke geixent sus l'osteit Colin Pioche de coste l'osteit Colignon Blanchairt, et sus les vıı s. de mt. de cens ke geixent sus l'osteit Lieurecho lou cherpantier de coste Gerairt lou cherpantier, ke maint en
15 Rues, et sus les v s. de mt. de cens ke geixent sus l'osteit Jennat Trotel, ke maint en Rues, de coste l'osteit Colin[3]) Pioche, et sus les v s. de mt. de cens ke geixent sus lai maxon Abert lou cordewenier, lou fil de lai suer Symonat de Virey, ke siet en Stoxey defuers lai porte de Pargnemaille, et sus les ıı s.

---
[1]) lou coutelier *auf Rasur.*
[2]) et dont *bis* us *auf Rasur.*
[3]) Colin *übergeschrieben,* Jennin *durchgestrichen.*

20 de mt. de cens ke geixent sus lai maxon Steuenat Werrate lou
clerc en lai ruwelle de Pargnemaille de coste Gerairt Eudeline,
et sus les IIII s. et demey de mt. de cens ke geixent sus l'osteit
Gerairt Eudeline ancoste Steuenat Werrate, et sus les III s. et
demei de mt. de cens ke geixent sus l'osteit Jennat Tro[tel] de
25 coste Gerairt Eudeline, et sus lai pesse de vigne ke geist enz
Allues, ke fut Ancillon Baikillon, de coste Symonat l'olier, et
sus lai pesse de vigne ke fut Ancillon[1]) Baikillon et Colignon,
son freire, ke geist ens Aboues ancoste Aburtin Richairt de S.
Julien, k'il ait aquasteit a Colignon Lucie lou clerc, son serorge,
ke maint outre Saille, et e. c. l. e. ke geisent en l'ai. l. devisent.

383 Bertrans Xoxoc li recuvreires p. b. sus une pesse de vigne ke
geist sus Moselle, ancoste lai vigne Jennat Ricairt, ke Perrate,[2])
li femme Clemignon lou Mercier ki fut, li ait laieit a moitiet
a tous jors, et e. c. l. e. an l'ai. l. dv.

384 Dame Poince, li femme Colin Poietel ki fut, p. b. sus teil pertie
com Colignons li vieseirs et Yzaibelz, sai femme, et Merguerate,
li serorge Colignon desour nommeit, avoient ou preit c'on dist
en Neives, et sus teil pertie com il avoient ou preit ens Allues,
ke partet a dame Poince meymes, k'elle ait aquasteit a Colignon
et a Yzaibel, sai femme, et a Merguerate, et e. c. l. e. ke
geixent en l'ai. l. devisent.

385 Hennelolz, li genres Mercerion lou corvexier de Stoxey, p. b.
sus tout l'eritaige ke fut Aburtin Maithelie, ke geist ou ban
de Haldanges, ou k'il soit et keilz il soit, k'il ait aquasteit a
signor Jehan Baitaille, permei teil cens et teil droiture com
tous li heritaiges doit, et e. c. l. e. an l'ai. l. dv.

386 Colignons Caitelz de Vallieres p. b. sus lai pesse de vigne ke
geist en Noirevigne lonc lai vigne l'abbeit, permei XVIII d. de
cens, et sus lai pesse de vigne ke geist an Nainmeritplanteit
ancoste lai vigne Jehan, permei XIII d. et maille de cens, et
sus teil pertie com Jehans, li filz Jehan l'ymaigeneir, ait ou
cens a Uantous, k'il ait aquasteit a Jehan desour dit, et e. c.
l. e. an l'ai. l. dv.

387 Wibour, li femme Symonat de Repigney, et Jaikemins, ces janres,
p. b. sus lai maxon et sus ceu ki apant et sus lou meis daier
ke siet en Stoxey ancoste l'osteit Steuenat Werrate lou clerc,
et sus les X s. de cens ke Hanrias de Montois doit, et sus les

---

[1]) et sus lai pesse de vigne ke geist enz Allues *bis* Ancillon *auf Rasur*.
[2]) *Vor* Perrate *ist* dam, *abgebrochenes* dame, *durchgestrichen*.

VIII s. de cens ke Ydate, li femme maistre Piere Chailley ki fut, doit, k'il ont aquasteit a Hanriat Hertewit de Stoxey, et e. c. l. e. an l'ai. l. dv.

388 Colins Colue li cordeweneirs p. b. sus lai maxon ke fut Hennelo lou mortelier et sus ceu ki apant, ke siet an lai rowelle ou Tomboit, ancoste lai maxon Jaikemin Xadaigaisse lou cherbonier, k'il ait aquasteit a signor Jaike, lou prestre de Sainte Segolenne, permei III s. et demei de cens c'on en doit a Jaikemin, l'avelet lou prevostel, et permei XIII s. de [1]) cens c'on en doit a prestre de Sainte Segolenne, et e. c. l. e. an l'ai. l. dv.

389 Li sires Gerairs, li prestres d'Erkancey, p. b. sus lai maxon ke siet en l'aitre a Arkancey et sus lou meis daier et sus lai court davant et sus tout ceu ki apant, k'il ait aquasteit a Forkignon, lou fil signor Poinson d'Erkancey ki fut, permei II d. de cens ke li maxon doit a l'aiglixe d'Erkancey, et e. c. l. e. an l'ai. l. dv.

390 Lorins, li filz Henmonel ki fut, p. b. sus I jornal de vigne ke geist en Chainoit ou ban d'Antilley ancoste lai vigne Adenat de Chailley, et sus II jornalz et demei de terre arreure ke geixent en Champaigne ancoste lai terre les signors de S. Pieremont, et sus II jornalz et demei de terre arreure an coste Wicherdin Groignat, et sus I jornal et demei de terre en II pesses ke geist en Vallerie ancoste les signors de S. Pieremont, et sus III jornalz de terre arreure en Chainoit ancoste les signors de S. Pieremont, et sus I jornal et demey de terre arreure an Sertelles ke geist ancoste Jaikemin lou Doien, et sus I jornal de terre arreure en lai Rowelle ancoste lou fil lai Hellee d'Antilley, et sus lai maxon ke siet en Dairangerue ancoste l'osteit Roillon de Macres, permei VI s. de cens ke li maxon doit, k'il ait aquasteit a Burtignon, lou fil Willemin d'Antilley ki fut, et a Gueperate et a Suffiate, ces II serours, et ke Lorins desour dis lor ait relaieit, [2]) permei VII quartes et demaie de wayn et permei II moies et demaie de vin k'il l'an doient chesc'an, tant com Lorins vivereit, et e. c. l. e. ke geixent en l'ai. l. devisent.

391 Renalz li chamberlains, li maires de Moremont, p. b. sus les XX s. de met. de cens ke Thiebaus Renairs li feivre doit sus sai maxon ou il maint et sus tout ceu ki apant, ke siet en Chambres,[3]) ancoste l'osteit signor Maitheu de Chambres ki fut, k'il ait

---

[1]) a Jaikemin bis XIII s. de *auf Rasur.*
[2]) ke Lorins bis relaieit *auf Rasur.*
[3]) et sus tout bis Chambres *auf Rasur.*

aquasteit a Thiebaut desour dit por lai chieze Deu de Moremont, apres x s. de mt. et II d. et maille de cens ke li maxon desour dite doit a lai chieze [Deu] desour nommee, et e. c. l. e. an l'ai. l. dv.

392 Merguerite, li fille Vion lou vieseir ki fut, p. b. sus VI quartes de wayn moitainge ke Jennas [1]) Gatremelz li muniers li doit chesc'an, tant [com] elle vivereit, et dont Jennas l'an ait mis en waige [2]) sai moitiet de son molin k'il ait, ke siet sus Moselle, c'on dist en Sourainneteire, ke Merguerite desour dite ait a lui aquasteit, et e. c. l. e. an l'ai. l. dv.

393 Ancillons Baitois de S. Julien [p. b.] sus lai pesse de vigne ou on contet demey jornal ke geist en lai Donnowe ancoste lai vigne Perrin Fakenel, k'il ait aquasteit a Thieriat Xallewit de S. Julien, permei. VIII s. de mt. de cens, et e. c. l. e. an l'ai. l. dv.

394 Mairiate, li femme Burtemin Hertewit ki fut, p. b. sus lai maxon et sus ceu ki apant ke siet en Stoxey antre l'osteit Murlat [3]) et Thomessin l'olier, k'elle ait aquasteit a Colignon Lucie lou clerc, permei XXXIII d. de cens, et sus lou gerdin ke siet antre dous [4]) meizes, entre lou meis les enfans Bruenne et Symonin Mercire, k'elle ait aquasteit a Colignon desor dit, permei VI s. de mt. de cens, et e. c. l. e. an l'ai. l. dv.

395 Colins Mustelz de Montois, ke maint an Burey a S. Julien, p. b. sus lou xaimel de vigne ke geist en Lambelinchamp ancoste lai vigne Colin meymes, k'il ait aquasteit a Steuenat Werrate lou clerc, permey teil cens et teil droiture com il doit a maior S. Vincent de S. Julien, et e. c. l. e. an l'ai. l. dv.

396 Gererdas Faiuerelz de Stoxey p. b. sus les II pairs dou tiers de lai maxon et dou meis daier et de tout ceu ki apant ke siet en Stoxey ancoste l'osteit Colin de Burtoncort, k'il ait aquasteit a Jaikemin, lou fil Mangin, et a Jennat, son serorge, lou fil Poincin lou paignor, permei teil cens com cist aquast doit, et e. c. l. e. an l'ai. l. dv.

397 Merguerite, li fille Ancillon lou bouchier dou pont Renmont, p. b. sus la moitie de lai maxon et de ceu ki apant ke siet a pont Renmont ancoste lei meymes, k'elle ait aquasteit a Aileit, lai fille Winterel ki fut, permey XIII s. et demei de mt. de cens, et e. c. l. e. an l'ai. l. dv.

---

[1]) ke Jennas *auf Rasur.*
[2]) dont Jennas *bis* mis *auf Rasur,* en waige *übergeschrieben.*
[3]) r *aus* l *verbessert.*
[4]) et sus lou gerdin *bis* dous *auf Rasur.*

398 Adans, li filz Rueselin d'Angoudanges, p. b. sus lai maxon et sus ceu ki apant ke siet en Rimport davant lou Vies Cairme, ancoste l'osteit Lowiat l'ercenor, et sus lai voie de lai cortoize davant l'ux outre jusc'ai lou fousseit, ancoste lai maxon Colignon Crollat, k'il ait aquasteit a Jennat Mallerbe, lou fil Thiebaut Anguenel ki fut, permei XII s. de mt. et IIII[1]) chapons de cens, et e. c. l. e. an l'ai. l. dv.

399 Freires Jehans, li convers des Cordelieres de Mes, p. b. por lai chieze Deu des Cordelieres de Mes sus lai petite maxon ke siet davant l'osteit ke fut Perrin lou Vacke, ke fut Merguerite Roillon, et sus les VI jornalz de vigne et sus lai maxon encoste ke geixent a Malleroit ke furent Merguerite davant dite, et sus tout l'eritaige ke li dite Merguerite avoit, ou k'il soit, et ke li dite Merguerite ait espertit ancontre ces freires, et e. c. l. e. an l'ai. l. d., et ke Merguerite ait doneit por Deu et en amone a lai chieze Deu des Cordelieres de Mes, et e. con l. e. dou don ke geist en l'ai. l. dv.

400. Freires Jehans, li convers des Cordelieres de Mes, p. b. sus tout ceu ke Kaitherine, li fille Gerairt lou Vadois lou boulangier[2]) ki fut, avoit en lai maxon ke fut Gerairt, son peire, et en ceu ki apant ke siet en Aiest, et sus can ke Katherine avoit d'eritaige, en tous us, per tout ou k'i[l] soit, et ke Kaitherine desour dite ait donneit por Deu et en amone a lai chieze Deu des Cordelieres de Mes, et e. c. l. dou don[3]) ke geist en l'ai. l. dv., et dont les Cordelieres sont tenans.

401 Thierias, li filz Colin lou Conte de Valliere ki fut, et Jaikemins, ces freires, p. b. sus lai pesse de vigne ke geist an Burnelrowal a Vallieres c'on dist an Longe Roie, et sus lai terre ki apant ou on contet I jornal ke geist an coste lai vigne Ancel lai Waigne, k'il ont aquasteit a Jehan Creature de Sanerie, permei V s. de cens ke li vigne doit a maior de Vallieres, et e. c. l. e. an l'ai. l. dv.

402 Bertemins Mairiate de Vallieres p. bans sus lai maxon ou il maint, et sus I jornal de vigne ke geist en Domanges, ki est tercerasse S. Vincent, et sus jor et demey de terre a chamin a Salz, k'il ait aquasteit a Rembalt, son freire, permei teil cens et teil droiture com tous cist heritaiges doit, et e. c. l. e. an l'ai. l. dv.

---

[1]) et IIII *auf Rasur.*
[2]) *Vorlage* boulangiers.
[3]) dou don *auf Rasur.*

403 Ancillons li clers, li filz Colignon Gerairt ki fut, p. b. sus lai maxon et sus ceu ki apant ke fut Thiebaut Xillekeur, ke siet davant lai court lou princier, k'il ait aquasteit a Colignon Centmairs lou clerc, permei xxxiii s. de mt. de cens, et e. c. l. e. an l'ai. l. dv.
404 Kaitherine, li femme Lietal Merchant ki fut, p. b. sus i stal ke geist en lai halle des permantiers en Chambres, et sus xii d. de cens ke Symonins de Jallacort doit sus i stal ke geist en lai halle des permantiers en Chambres, k'elle ait aquasteit a Colignon Tristan lou permantier, et e. c. l. e. an l'ai. l. d.
405 Burtrans Fakignons de Vies Bucherie p. b. sus ii pesses de vigne en Sourelzvalz ou ban de Vallieres, et sus lai pesse de terre en lai voie de Vallieres davant les Bourdes, ancoste Jaikemin Poierel, k'il ait aquasteit a Paiviate, lai femme Aburtin Bureton de lai rue des Allemans, permei xxxiiii d. de cens ke tous cist heritaiges doit, et e. c. l. e. an l'ai. l. dv.
406 Gerairs et Jennas, ces freires, li enfant Clemignon ki fut, p. b. sus lai pesse de vigne ou on contet demey jornal ke geist en lai Donnowe ancoste lai vigne ke fut Wecherdin Berbel, k'il ont aquasteit a Jaikemin, lou fil Arnout lou masson ki fut, permey xxv s. de cens, et e. c. l. e. an l'a. l. dv.
407 Symonins li berbiers, li filz Willemat de lai Stuve ki fut, p. b. sus lai maxon et sus ceu ki apant ke siet en lai rowelle a monteir de Bucherie ke fut Jaikemin, son freire, k'il ait en waige de Jaikemin desor dit, per escrit an airche, et dont Jaikemins est tenans, permey teil cens com li maxon doit.
408 Burtignons Wielz p. b. sus xv s. de mt. de cens k'il ait aquasteit a Jaikemin lou Borgon de Chambres, sus sai maxon ou il maint et sus ceu ki apant, ke siet a lai porte en Chambres, apres xxxi s. de mt. de cens ke li maxon doit, et e. c. l. e. an l'ai. l. dv.
409 Jehans, li filz Aburtin lou Sauaige de Valliere, p. b. sus teil¹) eritaige com il est escheus a Aileit, sai femme, de pair peire et de pair meire, et ke Jehans ait espertit ancontre Geliat, son serorge, et Yzaibel, sai suer, li enfant Jaikemel de lai Fontenne de Nowesseuille, et en contre Guersat, lou[r] serorge, lou fil Roillon lou corvexier, permei teil cens et teil droiture com cil heritaiges doit a ban, et dont il est tenans.

---

¹) teil eritaige *ist verbessert aus* tout l'eritaige; *das* l *vor* eritaige *ist stehen geblieben.*

410 Colignons Hairons de Nowesseuille p. b. sus II pesses de vigne ke geixent en lai Lantilleire ou ban S. Lorant a Nowesseuille, k'il ait aquasteit a Thieriat, son freire, permei teil cens com elles doient, et e. c. l. e. an l'ai. l. dv.

411 ¹) Jehans Burtrans p. b. sus tout l'eritaige ke fut Anel, sai suer, ke li est venus consuwant de pair peire et de pair meire, k'il ait a lei aquasteit, permei teil cens et teil droiture com tous li heritaiges doit, et e. c. l. e. an l'ai. l. dv.

412 Wichairs Groignas p. b. sus la moitiet de lai maxon et de ceu ki apant ke siet en Chadeleirue ancoste l'osteit Godefrin l'Alleman, k'il ait aquasteit a Symonat lou Gornaix de Chambeires et a Jaikemate et a Yzaibel et a Merguerite, ces III filles, permei xv s. de cens ke celle moitiet doit, et e. c. l. e. an l'ai. l. d.

413 Li sires Willames li prestres et Symonas li clers, ces freires, li dui fil Colignon Graitepaille ki fut, p. b. sus une pension de VI quartes de wayn moitainge et de II moies et demaie de vin a moistaige chesc'an, k'il ont aquasteit a Jennat, lou fil Lukin de Flanville ki fut, et dont Jennas lor en ait mis en waige por lai pension desour dit[e] kan k'il ait d'eritaige, an tous [us], per tout ou k'il soit, et e. c. l. e. an l'ai. l. dv.

414 Hennelolz, li filz Herman de Guerselanges. p. b. sus une piese de vigne ke gist en Orsain, encoste sai vigne meymes, k'il ait aquasteit a Symonel, lou fil Robert lou munier de S. Julien, permei IIII s. de mt. de cens, et e. c. l. e. an l'ai. l. dv.

415 Li abbes et li covans de S. Martin davant Mes p. b. sus tout l'eritaige ke Bonefille li Vadoize, li fille Nicolle de Weiure ki fut, et Anelz, sai suer, ont a Condeit et a Nortain et en tous les bans et outre lou rut, sans les v jornalz et demei de terre ke geixent davant lai vigne signor Raul de Wermeranges, k'il ont aquasteit a Bonnefille davant dite, et e. c. l. e. an l'ai. l dv.

416 ²) Jaikes Bernaiges li clers p. b. sus tout l'eritaige ke Xandrins li Vadois li taillieres de Rimport ait, avoit et poit avoir, ke geist en lai mairie de Porte Moselle et aillors, per tout ou k'il soit, ke li est delivres en plait, por tant com Xandrins desour dis li doit, per escris en airche, et por tant com il ait a faire a lui, et dont Jaikes desour nommeis est tenans, a. c. l. perchamins de lai delivrance l. dv.

---

¹) = 1293, 526 und 650.
²) v. 1293, 537 b.

417 Dame Pantecoste Menne p. b. por¹) lei et por Ydate, lai fille
Jennin Houzairt d'Ancey ki fut, sus les xiii quartes de wayn
moitainge de pension ke dame Yzaibelz, li femme Jennin lou
Tawon de Failley ki fut, et Godefrins et Jaikemins et Maithions
et Colins et Perrins, seu v fil. et Odeliate et Sebeliate et Bietris
et Aileis, ces iiii filles, lor ont vandut, tant com dame Pante-
coste et Ydate desour nommees viveront, et essis sus can ke
dame Yzaibelz et seu enfant desour nommeit ont d'eritaige, an
tous us, apres teil cens et teil droiture com tous li heritaiges
doit, et e. c. l. e. de lai pension ke geist en l'a. l. d.

418 Perrins Aierons de S. Julien p. b. sus lai pesse de vigne ke
geist a Meurpaireir ancoste lai vigne S. Julien, k'il ait aqua-
steit a Symonin Befil de S. Julien, et e. c. l. e. an l'ai. l. dv.

419 Jaikemins et Joffrois, ces freires, p. b. sus lai pesse de vigne
ke geist amont davant les molins a Alexey, ke Jennins Daigairs
d'Allexey lor ait aquiteit en plait por les v s. et demei²) de
cens ke li vigne lor dovoit, et sus demei jornal de vigne ke
geist a pont de piere a Alexey, permei iii s. de cens, et sus une
maxon a Alexey davant l'osteit Maiheu Poietel, permei i d. de
cens, ke Jennins desour dis lor ait delivreit en plait, por tant
com Jennins desour dis lor doit et est randeires, per escris an
airche, et dont il sont tenans.

420 Jaikemins Faixins p. b. sus lou quairt dou molin ke siet sus
Mozelle ke partet a lui meymes et a Rechairt de Sus lou Mur,
k'il ait aquasteit a Thiebaut Renairt, permey xxii quairtes de
bleif ke cil quairs doit a signor Willame de lai Cort, et e. c.
l. e. an l'a. l. dv.

421 Odeliate Ceruel et Thiebans Mouffaire p. b. sus la maxon ke
fut Pierexel, lou fil Steuenin de lai Court ki fut, et sus tout
ceu ki apant, ke siet a S. Julien, an coste l'osteit Thomes de
lai Grainge ki fut, ke lor est delivre en plait, por tant com
Pierexelz desour dis lour doit, per escris an airche et sans escris,
et dont il sont tenans, permei teil cens et teil droiture com li
maxon doit.

422 Bertrans Clairambalz p. b. sus une pesse de terre arreure ke
geist ou ban d'Ercancey, ancoste lai crowaie Wicherdin Groignat,
k'il ait aquasteit en alluet a Jennat Gaielat de Malleroit, et e.
c. l. e. an l'ai. l. dv.

---

¹) *Von* por *an steht der ganze Eintrag auf Rasur.*

²) et demei *übergeschrieben.*

423 Dame Contasse, li fille Jennin Cuneman ki fut, p. b. sus xx s. de met. de pension ke Afelix, li fille Burtemeu d'Odenowe ki fut, li doit chesc'an, tant com dame Contasse desour dite vivereit, et ke Afelix desour dite li ait essis sus lai grant maxon et sus tout ceu ki apant ke fut Burtemin, son peire, likeile maxon siet en Stoxey, ancoste l'osteit dame Denielate, la meire Marcelion lou corvexier ki fut, apres VII s. et demey de met. de cens ke ceste maxon et ceu ki apant doit, et e. c. l. e. de l'achet de lai pension ke geist en l'ai. l. dv.

424 Hanrias, il maires de S. Julien, p. b. sus les III pairs d'un jornal de vigne ke geist desour Vallieres, ancoste lui meymes, k'il ait aquasteit a dame Bietrit lai Faillerasse d'Aiest, permey II¹) s. et demei ke cens ke droiture, et e. c. l. e. an l'ai. l. dv.

425 Richairs, li filz Burtemin Lorance de S. Julien, p. b. sus lai pesse de vigne ke geist an Vignuelles ou ban de Failley ancoste lai vigne Jennat Caienel, k'il ait aquasteit en alluet a Wiriat, lou fil Jaikemat lou Strasous de Failley ki fut, et k'il li ait relaieit, permei I meu de vin a moustaige de cens chesc'an, et e. c. l. e. an l'ai. l. dv.

426 Li sires Ralz de Wermeranges, chiveliers, p. b. sus lai maxon et sus les maixiere ke Bonefille²) et Anelz, sai suer, avoient a Wermeranges, et sus can k'elles oront d'aritaige³) a Wermeranges et en tous les bans, k'il ait aquasteit a Bonefille desour dite, et tout e. c. l. e. an l'a. l. dv.

427 Colignons li filz Willemin Clairiet, p. b. sus lai maxon ke fut Gerairt lou quertier et sus ceu ki apant, ke siet en lai rowelle davant Pairgnemaille, ancoste l'osteit Godefrin Raieboix, k'il ait releveit ancontre lou prestre de S. Ferruce et en contre Poincignon Pedanwille, lou maior des prestre parrochalz de Mes, permei teil cens com elle doit, et dont il est tenans.

428 Andreus Menne, chanones de Mes, p. b. sus lai grant maxon ke fut lou signor Thierit Corpel et sus tout lou resaige ki apant, ke siet a lai Herdie Piere, k'il ait aquasteit a signor Regalt lou coustour et a signor Jehan c'on dist lou cerchour et a signor Nemmerit Badoche, ke sont chanone de Mes, et a signor Poinson de Colloigne et a Perrin Badoche, ke sont mainbor de lai devise lou signor Thierit desor dit, permei XII s. et demei de mt. de cens, et e. c. l. e. an l'ai. l. dv.

---

¹) II *verbessert aus* III.   ²) fille Nicolle de Weiure, *v. 1293, 415.*
³)*Hinter* d'aritaige *ist* avoient *durchgestrichen.*

429 Thiebaus Chaineviere li clers p. b. sus vi s. de mt. de cens
k'il ait acheteit a Jehan Haltroigniet lou clerc et a Mairion,
sai femme, sus lor maxon et sus ceu ki apant, ke siet en
Chambres davant lai halle des tennours, apres xx s. de mt.¹)
de cens ke li maxon doit davanteriennemant a dame Jaikemate
lai telleire, et e. c. l. e. an l'a. l. dv.
430 Perrins li vieseirs p. b. sus les II pairs de lai maxon et de ceu
ki apant ke siet ancoste lai halle des vieseirs en Chambres, en
lai pertie devar S. Vitour,²) k'il ait aquasteit a Wiborate, lai
fille Roillon de lai Wade, permey xxxii d. de cens ke celles II
pairs doient a Perrin meymes, et permey x s. de mt. de cens
ke celles II pairs doient a l'ospital des clers, et e. c. l. e. an
l'ai. l. dv.
431 Jennas Terteleis p. b. sus tout l'eritaige ki est escheus a Jennat,
son serorge, lou fil Wiriat lou feivre ki fut, et a Suffiate, sai
femme, de pair peire et de pair meire, ou k'il soit et keilz il
soit, ke Jennas ait a oulz aquasteit, permei teil droiture com
tous li heritaiges doit, et e. c. l. e. an l'ai. l. d.
432 Symonins Befilz de S. Julien p. b. sus IIII s. de mt. de cens ke
geixent sus demaie maxon et sus lou meis daier et sus ceu ki
apant ke siet a S. Julien davant l'osteit lou prestre, ke partet
a Burtemin Lairdeu, apres teil cens com li maxon doit, et sus
lai demaie maxon ke siet en coste ceste demaie maxon meymes,
ki est contrewaige a cest cens desour nommeit, k'il ait aquasteit
a Luckin, lou fil Besselin de Quencey, ke maint a S. Julien,
et e. c. l. e. an l'ai. l. dv.
433 Bairangiers Bule p. b. sus vi pesses de terre et sus III pesses
de preit ke geixent ou ban d'Aix, k'il ait aquasteit a Jehan,
lou fil Joffroit Sauegrain, et a Wiriat, son freire, permei teil
cens com cist heritaiges doit, et e. c. l e. an l'ai. l. dv.
434 Hermans de Metris p. b. sus lai maxon Freiderit³) lou corvexier,
ke siet a Loignes, et sus lai grainge en coste et sus tout ceu
ki apant et sus lai vigne daier et sus ceu ki apant, permei teil
cens et teil droiture com toz li heritage doit, et dont il est
tenans, et e. c. l. e. an l'ai. l. dv.
435 Perrins Anchiers p. b. sus les x s. de mt. de cens ke Perrins
Joute avoit sus lai maxon Loranguel, ke siet [en] Aiest, ki est

---

¹) xx s. *auf Rasur*, de mt. *übergeschrieben*.
²) *v. 1290, 327 a* arreis lai halle des vieseirs.
³) Freid *ist aus* Freu *verbessert*.

Perrin meymes, c'on poit raicheteir por x lb. de mt., et k'il ait raicheteit, e. c. l. e. an l'ai. l. dv.

436* Ce sont li bans dou vintisme jor de noiel. En lai mairie de Porsaillis :

436 Li sires Otthes, li prestres de S. Girgone, p. b. sus les ii s. de mt. de cens ke geixent sus lai maxon Hanriat lou feivre, ke siet sus lou Mur, k'il ait aquasteit por l'aiglixe de S. Girgone a Poinsate, lai fille signor Maitheu de Chambres ki fut, et e. c. l. e. an l'a. l. dv.

437 Jehans Moutas li clars p. b. sus tout l'eritaige antieremant ke Ferrias Moutas, ces freires, avoit ou ban et en lai fin de Moruille, sans les iii s. de mt. de cens ke li prestres de Morville lor doit, k'il ait aquasteit a Ferriat desour dit, et e. c. l. e. an l'ai. l. dv.

438 Richairs de Fays, li fillaistres Rolat ki fut, p. b. sus une pesse de vigne ke geist ou ban de Sommey, au coste sai vigne meymes, k'il ait aquasteit a Anel, lai femme Hanrit l'Alleman ki fut, permei meu et demei de vin de cens ke li vigne doit a l'abbasse de Sainte Marie, et e. c. l. e. an l'ai. l. dv.

439 Colins li cordeweniers, li filz Aurowin de Rossele ki fut, p. b. sus lai maxon et sus ceu ki apant ke siet davant l'ospital des Allemans antre lai maxon Goible lou merchan et l'osteit ke fut Jennat lou Noir, k'il ait aquasteit a Crestenne, lai femme Bertran de Memberfontene ki fut, et a Lowion, son fil, permei xx s. de mt. iii d. moins de cens, et e. c. l. e. an l'ai. l. dv.

440 Josselins de S. Clemant p. b. sus une pesse de terre arreure ke geist davant S. Laidre, antre lai terre S. Laidre meymes et lai terre S. Clemant, k'il ait aquasteit a Jaikemin, lou fil Philippin Godin de S. Clemant, et a Steuenat, son serorge, et a Hawiate, sai suer, permei ii s. de mt. de cens, et e. c. l. e. an l'a. l. dv.

441 Howignons li haburgieres p. b. sus lai maxon et sus tout ceu ki apant ke siet ou Champel en lai court S. Sauour, an coste l'osteit dame Wilant, k'il ait aquasteit a Jehan, lou fil Olleuier d'Outre Saille, permei vi d. et i chapon de cens k'elle doit a S. Sauour, et permei viii s. de cens k'elle doit a S. Seplixe, et e. c. l. e. an l'ai. l. dv.

442 Gerairs Troche de Flurey p. b. sus tout l'eritaige ke Watrins Hanrions ait, avoit et poit avoir a Flurey et en tous les bans

de Flurey, ou k'il soit et keilz il soit, k'i[l] ait aquasteit a Watrin desor dit, permei teil cens et teil droiture com il doit a lai cort de S. Laidre,[1]) et e. c. l. e. an l'ai. l. d.

443 Werrions, li freires Thieriat, lou maior de Chapoi, p. b. sus toute lai terre arreure ke Jennas, li filz Adenat Friandel d'Anseruille ki fut, avoit en Malleichamp ou ban S. Piere, k'il ait a lui aquasteit, a. c. l. e. an l'ai. l. dv.

444 Burtemas, li xavins de Quencey, ke maint en Mazelles, p. b. sus lai maxon et sus ceu ki apant ke siet en Maizelles an coste lou chakeur ceulz de Nostre Dame as Chans, k'il ait aquasteit a Jehan Lorate lou clerc, permei teil cens com elle doit, et e. c. l. e. an l'ai. l. dv.

445 Alexons li Vadoize, ke maint an l'osteit signor Thiebaut lou Gornaix, p. b. sus lai maxon ke fut Watrin Henmignon et sus tout ceu ki apant, ke siet an Chaiureirue, an coste Rolat lou corvexier, k'elle ait aquasteit a Abertin de Rembevilleirs, permei XXI s. de met. II d. moins de cens, et e. c. l. e. an l'ai. l. dv.

446 Hanrias et Godefrins et Odeliate, li enfant Thiebaut Viey ki fut, p. b. sus lai grainge et sus tout ceu ki apant ke siet outre Saille en lai rue Repigney an coste l'osteit Lowiat Werrokier, k'il ont aquasteit a signor Weirit Rauille lou prestre, permei teil cens com elle doit, et e. c. l. e. an l'ai. l. dv.

447 Wirias li vignieres, li filz Badewin de Theheicort ki fut, p. b. sus lai maxon et sus tout ceu ki apant ke siet ou Waide antre lai maxon Jennate d'Anwerey et lai maxon Jennetel, lou fil Symonin de Montois, k'il ait aquasteit a Herman et a Weiriat, les II filz Weirit de Theheicort ki fut, permei XII s. de mt. III d. moins de cens, et e. c. l. e. an l'ai. l. dv.

448 Ailexate, li femme Clodat de Borney ki fut, p. b. sus lou demei jor de terre ke geist ou ban S. Piere a Borney an coste lai terre signor Jaike Fakenel, k'elle ait aquasteit a Jennat Joiat, permei une maille de cens, et e. c. l. e. an l'ai. l. dv.

449 Gererdins, li filz Thieriat Ferrandel de Domangeuille ki fut, p. b. sus une pesse de vigne moiterasse S. Pol, ke geist sus Maizelles, ancoste Symonat, l'aivelet Chopin dou Waide, k'il ait aquasteit a Ottheman, lou mairit Roze, et e. c. l. e. an l'ai. l. dv.

450 Colignons Nerlans p. b. sus lai pesse de vigne c'on dist lai vigne a Puix, ke geist davant lai porte S. Arnout, ancoste lai

---

[1]) u lai cort de S. Laidre *übergeschrieben.*

vigne lai frairie Nostre Dame, k'il ait aquasteit a signor Willame de Gorze, permei VII d. de cens, et e. c. l. e. an l'ai. l. dv.

451 Yzambairs de Maigney p. b. sus lou demei jornal de vigne ke geist ou Terme desor Maigney ancoste lai vigne Willemin Wesse, k'il ait aquasteit en alluet a Aburtin, lou maior de Maigney, et e. c. l. e. an l'ai. l. dv.

452 Soifrois, li filz[1]) Adan l'Alleman de Chaponrue, p. b. sus lai pesse de vigne ou on contet jor et demei ke geist an Corte vigne [2]) an coste lai vigne Coinrairt lai Rousse, k'il ait aquasteit a Jennate, lai fille Jennat Dantdaine, permei VI s. de mt. et I d. de cens, et e. c. l. e. an l'ai. l. dv.

453 Peckas, li filz Jennat Guis, et Gererdas, ces freires, p. b. sus demei jornal de vigne ke geist en lai Baixe [3]) Bertelle, ancoste lou chaimenel lou signor Jaike Fakenel, k'il ait aquasteit a Burtemat de Quencey, ke maint a Rouseruelles, et e. c. l. e. an l'ai. l. dv.

454 Cunegons, li femme Poirel d'Ajoncort ki fut, p. b. sus une pesse de vigne tiermeu S. Clemant, ke fiert a chauol S. Clemant, sus lai crowaie, ancoste lai vigne ke fut Awilluelle, k'elle ait aquasteit a Jaike de S. Clemant, et e. c. l. e. an l'ai. l. dv.

455 Jaikemins Bonins p. b. sus lai maxon et sus tout ceu ki apant ke siet en Vesignuelz antre lai maxon Jaikemin meymes et lai maxon Maiheu lou queleir, k'il ait aquasteit a Collairt Morel, permei XXX s. de mt. de premier cens c'on en doit a Arnout Aixiet et II s. a prestre de S. Seplixe et XXX s. a Colairt Morel desour dit, et e. c. l. e. an l'ai. l. dv.

456 a) Poincignons Boukelz de Maigney p. b. sus une pesse de vigne ke geist amon Terme ou ban de Maigney, antre lai vigne Cortebraie et Chaltpouxon, k'il ait aquasteit a Roubert lou Gros, permei teil cens com elle doit, et e. c. l. e. an l'ai. l. dv.

b) Et se p. ancor b. sus VI jornalz de terre arreure ke geixent en Bowillon, et sus lou jornal de terre arreure ke geist anson lai vigne Robert, et sus lou jornal de terre arreure en Beuoir anson lai terre Perrin Lohier, et sus lou gerdin ke siet a Maigney antre l'osteit Graiceoie et Xaigal, k'il ait aquasteit a Jaikemin Borjois lou masson, permei teil cens et teil droiture com tous cist heritaiges doit, et e. c. l. e. en l'ai. l. dv.

---

[1]) *Vorlage* fil. [2]) ou on contet jor et demei ke *auf Rasur,* an Corte vigne *übergeschrieben.* [3]) en lai Baixe *auf Rasur.*

457 Colignons, li filz Aburtin Xourdel, p. b. sus une pesse de terre ou on contet III jornalz, ke geist daier S. Andreu, k'il ait aquasteit a Lowiat Raifal, ke maint a lai Chenal outre Saille, permei x s. de mt. de cens, et e. c. l. e. an l'ai. l. dv.

458 Colignons Saillambien p. b. sus II pesses de vigne ke geixent en lai fin de Montois, ou clo dou Chafour, k'il ait aquasteit a Besselin lou recovatour, en alluet, et e. c. l. e. an l'ai. l. dv.

459 Mergueron, li femme Waterin lou Saive de Vallieres ki fut, p. b. sus lai pesse de terre arreure ou on contet v quertelles ke geist an coste lai terre Colin Merchan, et sus lai pesse de terre ou on contet I jornal ke geist an coste lai terre Poincin Jornaie, k'elle ait aquasteit a Jennat Joiat de Borney, permei II d. de cens ke les II pesses de terre doient, et e. c. l. e. an l'ai. l. dv.

460 Colins d'Abigney, ke maint a S. Martin, p. b. sus tout l'eritaige ke Maitheus de Flurey et Anel d'Abigney, sai femme, avoient ou ban de Quencey et ou ban d'Abigney et ou ban d'Airs deleis Collambeirs, permei teil cens et teil droiture com il doit, et sus II d. de cens ke Burtrans li Allemans lor doit sus tot son heritaige ke geist a Abigney, k'il ait aquasteit a Maitheu et a Anel, sai femme, et e. c. l. e. an l'ai. l. dv.

461 Bertrans, li filz lou chaistelain de S. Piere, p. b. sus une pesse de vigne, tiers meu S. Clemant, ke geist en lai crowaie arreis lai vigne Jennat, lou janre Jennat Othignon, k'il ait aquasteit a Domangin, lou fil Watrin lou Cornut de S. Clemant ki fut, et e. c. l. e. an l'ai. l. dv.

462 Colins li Vaille de S. Clemant p. b. sus lai maxon et sus tout ceu ki apant ke siet a S. Clemant ancoste l'osteit Hawiate, lai femme Borin, k'il ait aquasteit a Thomessin Mallebeste de S. Clemant, permei v s. de mt. de cens, et e. c. l. e. an l'a. l. dv.

463 Thierias, li filz Jehan Aberon de Maizelles, p. b. sus lai pesse de vigne ke geist an Peuenelles et sus lai terre ki apant, ou on contet jor et demey, ke geist an coste lai vigne Jaikemin Mustel, k'il ait aquasteit a Odeliate, lai feme Colignon lou permantier ki fut, permei x s. de met. de cens, et e. c. l. e. an l'ai. l. dv.

464 Symonas, li filz Jennin Boullande ki fut, p. b. sus une pesse de terre ou on contet jor et demey, ke geist sus lou rut de Maizelles, deleis lai terre les dames de lai Belle Stainche, k'il ait aquasteit a Burtemat, lou xaving de Quencey, lou genre

Jennin Deuloufist ki fut, permei xvIIII d. une angevine moins de cens, et e. c. l. e. an l'ai. l. dv.

465 Heilewis li escolliere, ke maint as Bordes, p. b. sus les x s., de mt. de cens ke geixent sus lai maxon et sus tout ceu ki apant ke siet defuers lai porte des Allemans apres lai maxon Leucairt ke vant lou mairien, k'elle ait aquasteit a Pierexel Chabosse, et e. c. l. e. an l'ai. l. dv.

466 Li sires Joffrois, chanones de S. Piere a Uous, p. b. sus II s. de mt. de premier cens ke Domangins li Cruche¹) de Noweroit li tenneires, ke maint outre Moselle, li ait essis sus son stal k'il ait, ke siet en lai halle des tennours ou Champ a Saille k'il ait aquasteit por l'aiglixe desour dite a Domangin desor nommeit, et e. c. l. e. an l'ai. l. dv.

467 Jennas Gondebers et Yderon, sai femme, p. b. sus lai maxon et sus ceu ki apant ke siet sus lou cours de lai Nueue rue an coste lai stuve, k'il ont aquasteit a Wiriat, lou fil Colin Borjois, permei VII s. et deme[i] de cens, et e. c. l. e. an l'ai. l. dv.

468 Gontiers li wantiers de Sanerie p. b. sus lou chais de lai²) vote, sans lai vote desous dedans terre, ke siet en Sanerie ancoste lai vote ke fut Jehan Petitvacke, ke Jennas Waterons li ait laieit a toz jors, permey xxx s. de mt. de cens ke Gontiers l'an doit, et e. c. l. e. an l'ai. l. dv.

469 Thiebaus Bugles p. b. sus lai maxon Lodewit lou Mowel et sus lou meis en coste, ke siet ou meis Philippe Collon, ke li est delivre en plait por III estaies trespassees, chescune de xvIIII s., et por les aidras, por les xxxvIII s. de cens ke li maxon et li meis li doient chesc'an, et dont il est tenans.

470 Gerairs, li filz Maithelie de Sambaing, p. b. sus demei jornal de vigne ke geist en Pawillonchamp, ancoste lai vigne Thieriat Solat, k'il ait aquasteit a Afelix, lai femme Lambelin Chabontel ki fut, permei III s. et demei de cens, et e c. l. e. an l'ai. l. dv.

471 Richelas, li filz Omont de Mairley ki fut, et Aburtins, ces freires, p. b. sus lai pesse de terre ke geist en Perdut Pawilley ancoste lai vigne Naire, et sus lai pesse de terre a Bouteneir ancoste lai terre lai vowerasse, et sus II pesses de terre ke geixent en Palleroit, an coste Armengete, sai serorge, k'il ait aquasteit a Piereson Gaiat de Flurey, permei II d. de cens ke tous cist heritaiges doit, et e. [c. l. e.] an l'ai. l. dv., et sus lai pesse

---
¹) Cruche *übergeschrieben*, criche *durchgestrichen*.
²) lou chais de lai *auf Rasur*.

de terre ke geist en Mioville deleis lai haie de Mairlei, k'il ait a lui aquasteit sans escrit.

472 Merguerate, li femme Thomessin Bouvairt de Maizelles ki fut, p. b. sus lai pesse de vigne ke geist an la¹) Corte Roie de Rollanmont ancoste lei meymes, k'elle ait aquasteit, permei III s. et III d. de cens a Burtemat, lou xaving de Quencey, et e. c. l. e. an l'a. lo d.

473 Li sires Pieres, li prestres d'Awigney, et Watrins d'Awigney li clers p. b. sus lai maxon et sus ceu ki apant ke siet a Awigney ancoste lai maxon ke fut lou prestre d'Airs, permei IIII s. de²) cens, et sus teil pertie com Hanris Remaicle et Geliate, sai suer, avoient en lai vigne a Chauol, et sus teil pertie com il avoient ou meis ke fut Lowiat, lou fil Peckate, k'il ont aquasteit a Hanrit et a Geliate desour nommeit, et e. c. l. e. an l'ai. l. dv.

474 Wesselins Serjans li permantiers p. b. sus teil droit et³) sus teil raixon com Berte de Hergairde et Jennas, li filz Mignos, avoient en lai maxon et en ceu ki apant ke fut Mignot de S. Nicolaisrue, et en IIII s. de cens ke geixent en S. Nicolaisrue, ke furent Mignot, por tant com Berte et Jennas desour nommeit ont a faire a lui, per escrit et per raport, et dont il est tenans.

475 Hawiate, li nesse Guertrut de Sanerie, p. b. sus lai petite vote ke siet en Sanerie antre l'angleir de lai grant vote ke fut signor Richairt et lai vote Guertrut desour nommee, ke li sires Alexandres de Sus lou Mur li ait laieit, permey xxx s. ke li dite Hawiate l'an doit chesc'an de cens, et e. c. l. e. an l'ai. l. dv.

476 Badewins Marois de Vallieres p. b. sus lai pesse de terre ou on contet jor et demey ke geist ou ban S. Vincent a Borney ancoste lai terre Yzambairt, lou fil Aburtin de Glaitigney, k'il ait aquasteit a Burtemin, lou fil Jaikemin Vantous,⁴) et e. c. l. e. an l'ai. l. dv.

477 Ferrias, li filz Aberon, p. b. sus lai pesse de vigne ke fut⁵) Hanriat Pillorit, ke geist outre Saille, c'on dist en Peuenelle, k'il ait aquasteit a Colignon lou Maigre, lou fil Waterin Matampreit ki fut, permei XII d. de cens c'on en doit a S. Estene lou Despaineit, et permei VIII s. de cens c'on en doit a Vguignon Hennebor, et e. c. l. e. an l'ai. l. dv.

---

¹) la *übergeschrieben*. ²) permei IIII s. de *auf Rasur*.
³) teil droit et *auf Rasur*.
⁴) *Hinter* Vantous *ist* permei XII d. de cens *durchgestrichen*. ⁵) fut *auf Rasur*.

478 Jennas li cherreirs de Ranconvalz p. b. sus lai maxon et sus tout ceu ki apant ke siet en lai rue dou Nuef pont antre lai maixon¹) maistre Ferrit lou clerc et lai maxon Colin de Luoncourt, k'il ait aquasteit a Sebeliäte, lai femme Badewin lou cherreir ki fut, permei xl s. de mt. de cens, et e. con l. e. an l'ai. l. dv.

479 Maistres Viuiens²) de Bouxieres li avocas, p. b. sus lai maxon et sus lou meis daier et sus tout ceu ki apant davant et daier ke fut Jennin Budin, ke siet a S. Clemant, antre lai grainge Wiriat lou maior et l'osteit Gerairt, son fil, k'il ait aquasteit a Colignon, lou fil Jennin Budin de S. Clemant ki fut, permei xviii d. de cens, et e. c. l. e. an l'ai. l. dv.

480 Pierelz, li filz Roillon d'Abes, p. b. sus la moitiet de lai pesse de vigne ke geist an Corchebuef, celle pertie devar Burtignon Caienat, k'il ait aquasteit a Jennat Watier de Maizelles et a Badewin, son freire, permei iii s. de cens ke ceste moitiet doit, et e. c. l. e. an l'ai. l. dv.

481 Aburtins, li freires Borjois, et Besselins Mallevaiche et Heilewit li Grive, ke sont de S. Clemant, p. b. sus la moitiet³) de lai pesse de terre ke geist en S. Jehancumenelle antre lai terre Gerairt et lai terre lai femme Borin, k'il ont aquasteit por Howignon, lou fil lai Grive, et por Jaikemate, sai femme, a Jehan Othignon de S. Clemant, permei viii⁴) d. et une angevine de cens ke li moitiet doit, et e. c. l. e. an l'ai. l. dv.

482 Pieresons, li filz Jennin lou mairlier de S. Clemant ki fut, et Howignons, li filz lai Griue, p. b. sus la moitiet de lai pesse [de terre] ke geist en S. Jehancommune antre lai terre Gerairt et Hawiate, lai femme Borrin, k'il ont aquasteit por Wairin, lou fil lai Griue, et por Hawit, sai femme, a Jennat Othignon de S. Clement, permey viii d. et une angevine de cens ke celle moitiet doit, et e. c. l. e. an l'ai. l. dv.

483 Colignons li cordeirs, ke maint a S. Clemant, p. b. sus lai maxon ke fut Marrion et sus ceu ki apant, ke siet antre lai maxon Maitheu Bouzaie et l'osteit Maitheu Monel, k'il ait aquasteit a Jennat⁵) Gelo de S. Clemant, permei vi s. de met. iii d. moins de cens, et e. c. l. e. an l'ai. l. dv.

¹) *Vor* maixon *ist* maxon *durchgestrichen.* ²) Maistres Viuiens *auf Rasur.*
³) la moitiet *auf Rasur.*
⁴) viii *verbessert aus* xviii.
⁵) a Jennat *auf Rasur.*

484 Jennas li cherreirs p. b. sus lai maxon et sus ceu ki apant ke siet a Grixey ancoste lui meymes, k'il ait aquasteit en alluet a Godefrin Goible, et e. c. l. e. an l'ai. l. dv.

485 Jaikemins Potiers p. b. sus une pesse de vigne ke geist en Corchebuef, ancoste lai vigne Besselin Jarrant, et sus lou champ ancoste, k'il ait aquasteit a Jaikemin Mustel, permei IIII s. de mt. de cens, et e. c. l. e. an l'ai. l. dv.

486 Othins li clers de Molins p. b. sus kan ke Renadins, li freires Hanriat d'Abocort, l'eschaving de Nommeney, ait d'eritaige a Abocort et en tous les bans, k'il ait aquasteit a Renadin desus dit, permei teil cens et teil droiture com il doit, e. c. l. e. an. l'a. l. dv.

487 Jehans li Allemans li cordiers p. b. sus lai maxon et sus ceu ki apant ke siet ancoste lai maxon Jaikemin Baizin a lai Posterne, k'il ait aquasteit a Yzaibel, lai fille Godefrin de S. Pocort ki fut, permei teil cens com elle doit, et e. c. l. e. an l'ai. l. dv.

488 Steuenins li Mowelz de S. Clemant p. b. sus lai maxon et sus lai maixiere an coste et sus tout ceu ki apant davant et daier ke siet ancoste l'osteit Jennat Penat, k'il ait aquasteit a Ameraie, lai femme Willemin Pestal de S. Clemant ki fut, permei VIIII s. et demei de met. de cens, et e. c. l. e. an l'ai. l. dv.

489 Renalz li chamberlains, li maires de Moremont, p. b. sus IIII s. de mt. de cens ke geixent sus lai maxon ou¹) Philippin Guele lou vieseir maint et sus lou meis daier et sus ceu ki apant, ke siet davant l'osteit²) Lorate d'Essei et encoste lai maxon lou Pollut, k'il ait aquasteit por lai chieze Deu desour dite a Philippin desour nommeit, apres XII s. de mt. ke li chieze Deu desour dite i ait de davanterien cens, et dont on on³) redoit II s. aier, et e. c. l. e. an l'a. l. d.

490 Adenas de Villeirs, li genres Guercile, p. b. sus les IIII homees de vigne et sus lou deimme k'elles doient a lui meymes ke geixent en lai fin de Montois antre Dous santes, ancoste lui meymes, et sus lou deimme de son jornal de vigne ke geist ancoste les IIII homees de vigne desour dites, k'il ait aquasteit a Roillon de Montois, et e. c. l. e. an l'ai. l. dv.

---

¹) ou *übergeschrieben, das* m *von* maint *verbessert aus dem Abkürzungszeichen für* et, *der von* maxon *abhängig gewesene oblique Casus* Philippin Guele lou vieseir *ist stehen geblieben.*

²) et sus lou meis *bis* l'osteit *auf Rasur.*

³) *Das zweite* on = en, *v. 1288, 48.*

491 Jehans de Maigney p. b. sus vIIII jornalz de terre ke geixent
en Chaicey, deleis les enfans Chalon, a Awigney, et sus demey
jornal de vigne ke geist a Awigney sus lou preit Jaikemin de
Pairgney, ke sont contrewaige por les xxvIIII s. et demey de
met. de cens ke Thierion, li filz Gererdin Plaixance d'Awigney,
li doit, et e. c. l. e. an l'ai. l. dv.

492 Jehans et Colins, li enfant Abert Deumont,[1]) p. b. por lor seror
et por lour freires sus lai pesse de terre ke geist ou ban de
Maigney en Hardoustap an coste Perrin Lohier, et sus lai pesse
de terre ke geist ancoste lai terre Gererdat lou Louvignon, k'il
ont aquasteit a Poinsat Mouchous de Maigney, permei teil cens
com il doient, et e. c. l. e. an l'ai. l. dv.

493 Jaikemins Porree, li filz Wairin de S. Clemant, p. b. sus lai
pesse de terre arreure ke geist daier S. Andreu antre lai terre
Philippin, lou fil Godin, et lai terre Domangin, lou fil Cheual,
k'il ait aquasteit a Arnout Cotelone de S. Clemant, permei IIII
s. et IIII d. et maille de cens, et e. c. l. e. an l'ai. l. dv.

494 Colignons Lucie li clerc[2]) p. b. sus lai maxon Jennin lou Traiant
et sus ceu ki apant, ke siet a l'antree dou Champel, por tant[3])
com Ydate, li femme Jennin desour dit, ait a faire[4]) a lui, et
dont Colignons est tenans.

495 Thierias Murlins de Bacort p. b. sus lai maxon et sus lai
grainge daier et sus lou meis et sus tout ceu ki apant davant
et daier ke siet antre l'osteit Lambert lou boulangier et lai
maxon Waterin lou Xourt, k'il ait aquasteit a Merguerate lai
Vadoize, lai fille Jaikemin de Mercey ki fut, permey xxxII s.
et demey de met. de cens, et e. c. l. e. an l'ai. l. dv.

496 Perrins, li filz[5]) Jennat ke fut freires signor Thiebaut lou Maior,
p. b. sus les xx s. de mt. de cens ke Symonins Bote de Bouxie-
res, li filz Wiairt de l'Aitre ki fut, li ait essis[6]) sus can k'il ait
d'eritaige a Bouxieres et en toz les bans, et e. c. l. e. an l'a. l. dv.

497 Poincignons Fakenelz p. b. sus tout l'eritaige k'il tient de pair
Steuenin Fakenel, son peire, et de pair dame Clairaidine, sai
meire, por les dates ke Steuenins et dame Clairaidine dovoient,
per escris an airche et sans escris, et dont li heritaige estoit en
waige, ke Poincignons Fakenelz ait paieit, et dont li escris li
sont delivres, et e. c. l. e. an l'ai. l. dient.

---

[1]) = dou Mont? [2]) li clerc *statt* li clers.
[3]) por tant *und* et dont Colignons est *auf Rasur*.
[4]) *Vorlage* alaifaire alui. [5]) *Vor* filz *ist* nevo *durchgestrichen*. [6]) *Vorl.* essus.

498 Kaitherine, li femme Lietal Marchant ki fut, p. b. sus lai maxon et sus ceu ki apant ke siet en S. Martinrue ancoste l'osteit ke fut Symon Faccol, permei xxvIIII s. de mt. de cens, et sus ĭ stal ke geist en lai halle des permantiers en Vesignuelz, an coste lou signor Poinson lou Gornaix l'eschaving, permei vII s. de mt. de cens, k'elle ait aquasteit a Colignon Tristan lou permantler, et e. c. l. e. an l'ai. l. dv.

499 Bichelas de Taixey, ke maint a S. Clemant, p. b. sus la moitiet de lai pesse de planteit ke geist ou ban S. Clemant, k'il ait aquasteit a Thieriat, lou fil Thomessin Mallebeste de S. Clemant, permei III s. de cens III mailles moins, et e. c. l. e. an l'a. l. d.

500 Jehans Foureis, li filz Willame de Luppei ki fut, et Aburtins Burnas, ces cerorges, p. b. sus lai maxon et sus lai grainge et sus les II maxons apres lai grainge ke vont an jusc'a mur de lai maxon¹) Requisse, et sus lou paire davant et sus tout lou meis et sus lou gerdin et sus lou preit daier ki apant ke vait ou jusc'a preit de Mollainpreit, k'il ont aquasteit a signor Jehan, lou prestre de Luppey, permei vIII d. de cens ke les menandies desour dites doient a l'aiglixe de Luppey, et e. c. l. e. an l'ai. l. dv.

501 Aburtins Burnas p. b. sus les v s. de mt. de cens IIII d. moins ke geixent [sus] la maxon Jaikemin Raipine a Luppey et sus sai grainge ancoste et sus lou meis daier et sus tout ceu [ki] apant, ke sieent ancoste Sebelel, k'il ait aquasteit a Jaikemin desor dit, et e. c. l. e. an l'a. l. d.

502 Freires Jehans, li convers des Cordelieres de Mes, p. b. por lai chieze Deu des Cordelieres de Mes sus tout l'eritaige ke Kaitherine, li fille Gerairt lou Vadois ki fut, avoit ou ban de Flurey, ke Kaitherine desour dite ait doneit por Deu et en amone a lai chieze Deu des Cordelieres desour dites, et e. c. l. e. dou don ke geist en l'ai. l. dv., et dont les Cordelieres desor dites sont²) tenans.

503 Renalz li clers d'Outre Saille p. b. sus lou tiers ke Perrins, li filz Lowiat Bagairt ki fut, avoit en lai pesse de vigne ou on contet III jornalz ke fut Lowiat Bagairt devant dit, ke geist a Grant chamin davant lai ruelle c'on dist a Lieures, k'il ait aquasteit a Perrin desor dit, et e. c. l. e. an l'ai. l. dv.

504 Jennas, li genres Alexandre lou cherpantier ki fut, p. b. sus lai maxon et sus ceu ki apant ke siet a Porte Serpenoize ancoste

---
¹) maxon *auf Rasur.*
²) et dont *bis* sont *auf Rasur.*

l'osteit ke fut Faixin d'Aipilley, k'il ait aquasteit a Herbin, son serorge, permey VIII s. de cens, et e. c. l. e. an l'ai. l. dv.

505 Roillons, li filz Berrel de Maigney ki fut, p. b. sus une pesse de preit ke geist en Pons desous Pawilley, ke partet a Willame, et sus II jornalz de terre ke geixent en Gousantvoie ancoste lai vowerasse, et sus lai pesse de terre ke geist en lai Tornelle, k'il ait aquasteit a Steuenin Kuillart de Pawilley, permei lou tiers d'une forche ke li preis doit, et permei IIII d. de cens ke li autres heritaiges doit, et e. c. l. e. an l'ai. l. dv.

506 Jennas li sallereirs de Maigney p. b. sus les II pairs de lai vigne et dou fousseit a chief et sus lai voie k'il doit avoir[1]) ke siet ou Petit clo de Maigney antre lai vigne Graiceoie et lai vigne Dodin, celle pertie devar Dodin, k'il ait aquasteit a Howignon[2]) lou Gornay lou taillor, lou fil Gererdin Wesse de Maigney ki fut, permey VIII d. de cens, et e. c. l. e. an l'ai. l. dv.

507 Jennas li sallereirs de Maigney p. b. sus les II jornalz de terre arreure ke geixent en lai fin de Pawilley, dont il an geist I jornal a Paikit an coste lai terre S. Thiebaut, permei III d. de cens, et li autre jornalz geist a pont a Laiveire ancoste lai terre Jennat lou feivre de Maigney, permei II d. de cens, k'il ait aquasteit a Arnout, lou fil Hanrekel lou tennour de Pairgney ki fut, et e. c. l. e. an l'ai. l. dv.

508 Bertrans Fakignons li bouchiers p. b. sus la moitiet dou preit ke fut dame Maithiate,[3]) lai femme Jennin Bellegoule ki fut, c'on dist en Chaderonpreit, celle pertie ke geist var Pertes, et sus la moitiet dou preit ke fut dame Mathiate desour dite c'on dist an Rouvaboix, et sus lai pesse de terre ou on contet VI jornalz et demey ke geixent en lai crowaie en lai fin de Maigney apres les III premieres pairs, et sus lai pesse de terre ou on contet VI jornalz ke geixent en Fantoischamp en lai fin de Pertes davant lai grainge Collenat de Vy, et sus lai pesse de terre ou on contet I jornal ke geist en Rouvalboix an coste lai fosse en lai fin de Maigney, et sus lai pesse de terre ou on contet VI jornalz ke geixent en lai crowaie c'on dist S. Laidre en lai fin de Mes, k'il ait aquasteit a dame Bietrit Poujoize, lai fille Jehan Hennebour ki fut, permei II s. de mt. ke cens

---
[1]) et sus lai voie k'il doit avoir *übergeschrieben.* [2]) a Howignon *auf Rasur.*
[3]) *Die Witwe von* Jennin Bellegoule *heisst 1267, 379, 400 und sonst* Martenate, *nicht* Maithiate.

15 ke droiture ke li pesse de terre c'on dist en lai crowaie S. Laidre doit, et e. c. l. e. an l'ai. l. dv.
509 Badewins li Flaimans p. b. sus lai pesse de terre ke geist en Testemerrie antre lai terre les hoirs Fauel et lai terre S. Clemant. k'il ait aquasteit a Jaikemin, lou fil Hawiate de S. Arnout, permei I d. de cens k'elle doit, et e. c. l. e. an l'ai. l. dv.
510 Burtrans Chabosse¹) li clers p. b. sus II jornalz ke chans ke preis ke geixent en Chainoit ou ban d'Abigney, k'il ait aquasteit a Jaikemin Chardon d'Airs et a Maitheu, son freire, permei III d. de cens ke cist heritaiges doit a lai court d'Abigney, et e. c. l. e. an l'ai. l. d.
511 Li doiens et li chaipistres de S. Thiebaut p. b. sus V s. de mt. de cens, k'il ont aquasteit a Colignon lou Gornaix, lou fil Drowignon de [S.] Thiebaut ki fut,²) ke geixent sus II maxon ke sieent ancoste l'escolle de S. Thiebaut, apres VI s. et VI d. ke les II maxons doient, et e. c. l. e. an l'a. lo d.
512 Jaikemins, li filz Howignon l'aman ki fut, p. b. sus lai pesse de terre ou on contet IIII jornalz ke geixent³) sus lai Pexate ou ban de Virkilley, k'il ait aquasteit a Symonat, lou fil Jennin Coillairt de lai Vigne S. Auol ki fut, permei teil cens et teil droiture com elle doit a ban de Verkillei, et e. c. l. e. an l'a. l. dv.
513 Poincignons Pedanwille p. b. sus III s. et demey de mt. de cens ke geixent sus I preit a Pairuel ou ban de Mairuelles, an coste lou preit les Proicherasses, k'il ait aquasteit por lai chieze [Deu] des Proicherasses desour dites a Piereson Ailexate de Mairuelles, et e. c. l. e. en l'ai. l. d.
514 Jehans, li genres Poincignon Chaimaigne de S. Clemant, p. b. sus la moitiet de lai maxon ke fut Ermangete, sai meire, et sus tout ceu ki apant, ke partet a lui meymes, k'il ait aquasteit a Philippin, lou fil Jaikemin Godin de S. Clemant, permei V s. de mt. et I chapon de cens, et e. c. l. e. an l'ai. l. dv.
515 Pieresons Putaires de S. Clemant p. b. sus lai maxon ke fut Lambelat et sus tout ceu ki apant, ke siet en S. Jehanrue, k'il ait aquasteit a Wiriat, lou vies maior de S. Clemant, permei I d. ainal et permey VII s. de mt. de cens, et e. c. l. e. an l'ai. l. dv.
516 Jaikemins de Briey, li mairis dame Jehenne, p. b. sus lai maxon et sus ceu ki apant ke siet ou Champel, daier l'osteit lou signor

---

¹) Burtrans Chabosse *auf Rasur.*

²) *Vorlage* lou filz Drowignon de Thiebaut ki fus, *über dem z von* filz *ein Punkt.* ³) geixent *übergeschrieben.*

Jaike Boilawe ki fut, k'il ait aquasteit a Gerairt d'Oxey, permey xxv d. de cens, et e. c. l. e. an l'ai. l. dv.

517 Pairexas Grain de chaineveire p. b. sus v s. de mt. de cens ke geixent sus lai maxon ke siet a S. Clemant et sus une¹) pesse de vigne, moiterasse S. Clemant, ke geist a lai barre a S. Clemant, k'il ait aquasteit a Pieresat Couairt de S. Clemant, et e. c. l. ke. an l'a. l. d.

518 Gerairs de S. Clemant p. b. sus teil heritaige com il li est escheus de pair Jaikemin d'Orseualz, son seur, ke geist en bans d'Orceualz, de Prenoit et de Vergney, et dont il est tenans et dont Jaikemins c'est ademis, permei teil cens et teil droiture com li heritaiges doit.

519 Steuenas de Lorey, ke maint a S. Clemant, p. b. sus demey jornal de vigne, terserasse S. Clemant, ke geist ou ban Hairowain a S. Clemant, ancoste lai vigne Wairenel, k'il ait aquasteit a Pieresat Couairt de S. Clemant, et e. c. l. e. an l'ai. l. dv.

520 Hanrias Blorus p. b. sus demey jornal de vigne ke geist en Quaitre Queres, an coste lui meymes, ki est tier meu,²) k'il ait aquasteit a Steuenin Blorut, son freire, et e. c. l. e. en l'ai. l. dv.

521 a) Lukelz, li filz Colin lou maior de Borney ki fut, p. b. sus xx s. de mt. de cens k'il ait³) aquasteit a sai vie a'Cunin, lou fillaistre Ferrion Keutelawe, et ke Cunins li ait essis sus tout l'eritaige ke Colignons Jennolles ait a lui aquasteit, et tout e. c. l. e. an l'ai. l. dv.

b) Et se p. ancor b. sus II pesses de vigne, quair meu S. Pol, ke geixent en Waistenoi, k'il ait aquasteit a Renier de Sairley, ke maint outre Saille, et e. c. l. e. an l'ai. l. dv.

522 Collas li Villains et Colignons Raiguelenelz, ke sont d'Outre Saille, p. b. sus lou chakeur et sus ceu ki apant ke siet outre Saille arreis lai porte a lai Chenal, ke li abbasse de Sainte Glosenne lour ait laieit, a toz jors, permei XL s. de met. de cens, et e. c. l. e. an l'ai. l. dv.

523 a) Steuenins, li maires de S. Clemant, p. b. sus lai pesse de vigne ke geist defuers lai porte a S. Clemant arreis lai vigne Poincignon Chamaigne, k'il ait aquasteit a Philippin, lou fil Godin de S. Clemant ki fut, permey VIII d. de cens, et e. c. l. e. an l'ai. l. dv.

---

¹) une *übergeschrieben*,
²) *Hinter* meu *ist* S. Clemant *durchgestrichen*.
³) ait *und nachher* Cunins *auf Rasur*.

b) Et se p. ancor b. sus une pesse de vigne ke geist ou champ Lowit, ancoste lai vigne Jehan, lou genre Poincignon Chaimaigne, permei v s. de met. de cens k'elle doit, et sus les IIII s. de met. de cens ke Domangins, li filz lou Cheual de S. Clemant, doit sus sai maxon ou il maint, k'il ait aquasteit a Steuenat Laffrairt de S. Clemant, et e. c. l. e. an l'ai. l. dv.

c) Et se p. ancor b. sus II s. de mt. de cens des v s. de mt. de cens ke Lorins, li genres Domangin Murguenit ki fut, ait sus lai maxon ke fut Domangin, son seur desour dit, ke siet a S. Clemant, ancoste l'osteit Armengete, lai serorge lou dit Lorin, k'il ait aquasteit a Lorin desour nommeit, et e. c. l. e. an l'a. l. devisent.

524 Maistres Cunes li surgiens p. b. sus teil pertie com Rabowans et Merguerite et Aileit, li III enfant Hanriat de Chacey, avoient en xx s. de mt. de cens ke furent Hanriat de Chacey desour dit, k'il ait a oulz aquasteit, et e. c. l. e. an l'a. l. dv.

525 Colignons Boizemelz li clers p. b. sus I jornal de terre ke geist daier Awigney, var lou chaistel, ancoste Thieriat de Clemerey, k'il ait aquasteit a Gererdin, lou fil Waterel de l'Aitre ki fut, et e. c. l. e. an l'ai. l. dv.

526 [1]) Jehans Burtrans p. b. sus tout l'eritaige ke fut Anel, sai suer, ke li est venus consuwant de pair peire et de pair meire, k'il ait a lei aquasteit, permei teil cens et teil droiture com tous li heritaiges doit, et e. c. l. e. an l'ai. l. dv.

527 Jehans Burtrans p. b. sus les II pairs des II pairs de lai maxon ke fut Remion l'olier et de ceu ki apant, ke siet daier la Monoie, k'il ait aquasteit a Jennat, lou fil Remion desour dit, permei teil cens com les II pairs des II pairs doient, et e. c. l. e. an l'ai. l. dv.

528 a) Thiebaus Baizins p. b. sus lai maxon Poincignon, lou fil Wibour de Grixey ki fut, et sus lou gerdin et sus lai vigne daier ke siet a Grixey, ke li est delivre en plait per droit et per jugemant, permei teil cens com cist heritaiges doit, et dont Thiebaus est tenans.

b) Et se p. ancor b. sus une pesse de preit ke geist an Chapelle, ancoste signor Jaike Fakenel, k'il ait aquasteit a Mertenate, lai suer Burtemin de Valleres, permei III d. ke li pesse de preit doit, et e. c. l. e. an l'a. l. dv.

---

[1]) = 1293, 411 und 650.

529 Howignons li clers de Werrixe p. b. sus lai grainge et sus ceu ki apant ke siet en lai petite Chaponrue daier son osteit meymes, k'il ait aquasteit a Thieriat, lou fil Lowiat Cherrue, permey III s. de mt. de cens ke li grainge dovoit a Howignon desour nommeit, et e. c. l. e. an l'ai. l. dv.

530 Thiebaus, li filz signor Poinson de Strabour ki fut, p. b. sus lai grant maxon ke fut Jacob de Jeurue et sus tous les resaiges ki apandent, ke siet en Jeurue, an coste lai maxon ke fut signor Remey de Jeurue ki fut, k'il ait aquasteit a signor Nicole de Strabor et a Hanris de Strabour, ces II freires, permei x d. et une maille de cens ke ceste maxon doit a lai chieze Deu de lai Grant Eglixe de Mes, et e. c. l. e. an l'ai. l. dv.

531 Steuenins, li filz Poincignon[1]) Billeron de Chaistelz ki fut, p. b. sus tout l'eritaige ke li abbes Badewins de Senones et li covant avoient et pueent avoir[2]) a Colambeirs et a Montois et a Abigney et a Borney et a Airs deleis Collambeirs et a Quensey et en tous les bans et en toutes les apandixes de tous ces leus desour nommeis, ke li abbes et li covans desour dis li ont vandut, permei teil cens et teil droiture com tous li heritaige doit, sauf les rantes ke les filles Nicolle Marcout ki fut i ont, et ensi com les lettres do vandaige, ke sont saiellees dou saiel l'abbeit et dou sael lou covant desour nommeit, ke geixent en l'ai. l. devisent.

532 Steuenins, li filz Poincignon Billeron de Chaistelz ki fut, p. b. sus lai pesse de terre arreure ou on contet III jornalz ke geixent a Chene ou ban de Virkilley, k'il ait aquasteit a Jennate, lai femme Jennat Croitre ki fut, permei II d. de cens, et e. c. l. e. an l'ai. l. dv.

533 Steuenins, li filz Poincignon Billeron de Chaistelz ki fut, p. b. sus les IIII s. et demei de mt. de cens ke Collignons Mallebouche doit, sus I preit ke geist en lai Jonkiere ancoste lou champ Jennin, lou maior de Montois, k'il ait aquasteit a signor Jehan, lou prestre de Failley, et a Godefrin lou Duc de Failley, et e. c. l. e. an l'ai. l. dv.

534 Jaikemins Morelas de Maigney p. b. sus lai maxon et sus tout ceu ki apant ke siet a Maigney an coste lou chakeur lou voweit de Maigney, k'il ait aquasteit a Gererdat Jouancel de Maigney et a Colin Cortebraie et a Aurowin, ces II freires, et a Hanriat

---
[1]) *Hier und ebenso in 532 und 533* Poincignon *auf Rasur.*
[2]) et pueent avoir *übergeschrieben.*

de Sorbey, permei v s. de mt. de cens ke toz cist heritaiges doit, et e. c. l. e. an l'ai. l. dv.

535 Jennas Wiborate et Robers et Symonins, seu dui freire, ke sont de Maigney, p. b. sus ɪ jornal de vigne ke geist en Besselinchamp, k'il ait aquasteit a Aberon Bonat de Maigney, permei teil cens com elle doit, et e. c. l. e. an l'ai. l. dv.

536 Jennas, li filz Philippin Jaigin ki fut, p. b. sus ɪ stal ke geist en lai grant halle des tennours ou Champ a Saille et sus tout ceu ki a stal apant, k'il ait aquasteit a Colin lou tennour de Chieuremont, permei ɪɪ s.[1]) de mt. de cens ke li stalz doit a lui meymes,[2]) et e. c. l. e. an l'ai. l. dv.

537 a) Jaikes Bernaiges li clers p. b. sus x s. de mt. de cens ke geixent sus lai maxon et sus ceu ki apant ke siet ou Waide ancoste lai maxon Burtemin de Moiveron, k'il ait aquasteit a dame Odelie, lai femme Monin de Maicliue ki fut, apres xɪɪ d.[3]) de premier cens ke li maxon et ceu ki apant doit, et e. c. l. e. an l'ai. l. dv.

b) Et se prant ancor b. sus tout l'eritaige ke Xandrins li Vadois li taillieres de Rimport ait, avoit et poit avoir, ke geist en lai mairie de Porsaillis et aillors, per tout ou k'il soit, ke li est delivres en plait, por tant com Xandrins desour dis li doit, per escris an airche, et por tant com il ait a faire a lui, et dont Jaikes desour nommeis est tenans, ansi com li perchamins de lai delivrance l. dv.[4])

538 Poincignons, li filz Wiriat lou vies maior de S. Clemant, p. b. sus lai maxon et sus ceu ki apant ke siet a S. Clemant, ancoste l'osteit Renadel lou taillor, k'il ait aquasteit a Anel, lai fille Wiairt lou Fransois ki fut, et e. c. l. e. an l'ai. l. dv.

539 Aburtins Bailerelz de S. Clemant p. b. sus ɪɪɪ eires de meis ke geixent ou meis en lai vigne davant S. Andreu, k'il ait aquasteit a Benoiton de S. Clemant, permei xxvɪɪ d. de cens ke S. Clemans i ait, et e. c. l. e. an l'ai. l. dv.

540 Luckins, li filz Besselin de Quensey, ke maint a S. Julien, p. b. sus une maixiere et sus ceu ki apant ke siet a Quensey, ancoste lai maxon Watrin, lou fil Sygairt, k'il ait aquasteit en alluet a Hanriat, lou fil Fillon de Quensey, et e. c. l. e. an l'ai. l. dv.

---

[1]) ɪɪ s. *auf Rasur.*
[2]) a lui meymes *übergeschrieben und mit einem zweiten* doit *davor irrtümlich vor* ke *eingeschaltet.* [3]) xɪɪ d. *auf Rasur.* [4]) *v. 1293, 416.*

541 Bueuins de Sainte Rafine p. b. sus lai pesse de terre arreure
ke geist lonc lai terre Colignon Yderate desor lou sansouweir,
k'il ait aquasteit a Jennin Seriate de Molins, permei III mailles
de cens, et e. c. l. e. an l'ai. l. dv.

542 Anelz Mairasse p. b. sus lai grant maxon ke fut Thierit Hurel
et sus tout ceu ki apant davant et daier, ke siet outre Saille
davant lou chakeur S. Sauour, ke li priouze et li covans de lai
Vigne S. Marcel et Colins Teste d'Aiest li ont vandut, permei
teil cens com li maxon et ceu ki apant doit, et e. c. les lettres
et l. e. ke geixent en l'ai. l. dv.

543 a) Godefrins Bouchate p. b. sus une pesse de vigne ke geist
en Mallemairs, ou clo de Maigney. an coste lai vigne Rueselin
de Maigney, k'il ait aquasteit a Jennat lou feivre de Maigney,
permey IIII s. de mt. de cens, et e. con l. e. an l'ai. l. dv.

b) Et se p. ancor ban sus lai pesse de vigne ke fut Maitheu
Pocherise, ke geist ou Cuignat an Culloit, permei teil cens com
li pesse de vigne doit, et dont il est tenans.

544 Colignons Pelesenelz li orfeivres p. b. sus teil pertie com Burte-
mins[1]) li Bailis li chaponiers ait et avoit ou mur[1]) ke siet
antre l'osteit Colignon meymes et l'osteit lou Bailit, k'il ait
aquasteit a Bailit desour dit, et e. c. l. e. an l'ai. l. dv.

545 a) Roillons, li filz Steuenin lou Gornaix de Vallieres ki fut, p.
b. sus II s. de mt. de cens ke geixent sus une pesse de vigne
an Corchebuef, ancoste les Mairetelz, k'il ait aquasteit a Jennat
et a Maitheu, les enfans Jaikemel lou bouchier de Porsaillis
ki fut, et e. c. l. e. an l'a. l. dv.

b) Et se p. ancor b. sus lou jornal de terre ke geist a Borney[2])
sus lou Paistural en lai Weiure, ou ban S. Vincent, an coste
lai terre lou signor Philippe lou Gornaix, k'il ait aquasteit a
Jennat Chawetel de Borney, permei I d. de cens, et e. c. l. e.
an l'ai. l. dv.

546 Gerairs et Martins, li enfant lai preseire[3]) de Frontigney, p. b.
sus une pesse de terre ke geist davant lai Horgne an coste
Lowiat, lou fil Chaireteit, k'il ait aquasteit a Gererdel de Mai-
cliue, lou fil Thieriat Noudeset ki fut, permei II d. de cens,
et e. c. l. e. an l'ai. l. dv.

547 Pantecouste, li fille Poincignon Minne ki fut, p. b. sus les XVIII
s. de mt. de cens ke geixent sus lai maxon ke siet a Quertal

---

[1]) Burtemins *und* ou mur *übergeschrieben*.   [2]) a Borney *auf Rasur*.
[3]) *v. 1298, 557* Merguerate lai prinsiere de Frontigney.

ancoste l'osteit Howeson lou berbier, k'elle ait aquasteit a Merguerite Morel, lai suer Collairt Morel, apres teil cens com li maxon¹) doit davanterienemant, et e. c. l. e. an l'ai. l. dv.

548 Ancillons li oliers de Fremerey p. b. sus I jornal de vigne, quair meu S. Pol, ke geist sus Mazelles, an coste Contasse Mallebouche, k'il ait aquasteit a Haibelin, lou fil Jennat Alairt, permei une maille de cens, et e. c. l. e. an l'a. l. d.

549 Aburtins, li filz Arnout Malletraixe, et Howignons, li filz lai Rouce, ke sont de Sainte Raifine, p. b. sus VI pesses de terre ou²) on contet v jornalz et demey, ke geixent ou ban de Mairley, k'il ont aquasteit a Jennin Sairiate de Molins, permei v d. et maille de cens, et e. c. l. e. en l'ai. l. dv.

550 Badewins et Colins, li dui fil Hanriat Sallebruche de Borney, p. b. sus une maxon ke siet ou ban S. Vincent a Borney, ancoste l'osteit Howignon Beudat, k'il ont aquasteit a Pierel lai Gaisse, permei teil cens com elle doit, et e. c. l. e. an l'ai. l. dv.

551 Aburtins de Taixey et Gerairs de Secours li boulangiers³) p. b. sus lou jornal de vigne ke geist ou ban de Retonfayt ou Paireir ou Mont ancoste Roillon de Montois, k'il ont aquasteit a Colignon, lou doien de Montois, permei XIIII d. de cens, et e. c. l. e. an l'ai. l. dv.

552 Thierias Bawiers de Sanerie p. b. sus lai maxon et sus ceu ki apant ke siet en Sanerie an coste lui meymes, por tant com Pieresons Pigourt li doit, per escris an airche, et dont il est tenans, permei teil cens com li maxon doit.

553 Jennas Gillolz de S. Clemant p. b. sus les VIII d. de cens ke geixent sus teil pertie com Suffiate, li fille Hawit de lai Fontenne de S. Clemant, avoit en lai maxon et en ceu ki apant ke siet daier S. Aman a S. Clemant, k'il ait a lei aquasteit por lai frairie dou saicretaire de Nostre Dame de S. Clemant, apres I pairexit de cens ke toute li maxon doit, et e. c. l. e. an l'ai. l. dv.

554 Jennas Cokenas p. b. sus lai pesse de vigne, tiers meu Sainte Glosenne, ke geist en Rollanmont, an coste lai vigne ke fut Gererdat lou chaistelain de S. Piere, k'il ait aquasteit a Thieriat, lou fil Rennier de Sairlei, ke maint en Maizelles, permei une maille de cens, et e. c. l. e. an l'ai. l. dv.

---

¹) apres teil cens com li maxon *auf Rasur*.
²) *Vorlage* terres dou *mit einem Punkt unter dem* d.
³) *Vorlage* boulantiers, *v. 1298*, 494 Abertius de Taixey li boulangiers.

555 a) Richairs, li filz Roubelin de Montois, p. b. sus I jornal de
terre ke geist antre Montois et Flanville, de coste lai terre ke
fut Anel de Flanville, k'il ait aquasteit a Lowiat Waistel de
Flanville, permei I d. de cens, et e. c. l. e. an l'ai. l. dv.
b) Et se p. ancor b. sus lai pesse de terre ke geist en Gelbe-
gienhaige ancoste lai terre dame Yzaibel de Montois, k'il ait
aquasteit en alluet a Roillon de Montois, et e. c. l. e. an l'ai. l. dv.

556 Godefrins, li filz Ameline de Montois,[1]) p. b. sus demei jornal
de vigne ke geist ancoste lai vigne Hanrit de Strabour et sus
lai pesse de vigne ke geist a Montois d'autre pairt lai vigne
Hanrit de Strabor, k'il ait aquasteit en alluet a Abillate, lai
féme Robelin lou cherpantier de Montois ki fut, et e. c. l. e.
an l'ai. l. dv.

557 Steuenins, li filz Poincignon Billeron de Chaistelz ki fut, p. b.
sus de can ke Colignons Fransois avoit a Pon de Niet, an keil
maniere ke se soit, k'il ait a lui aquasteit, permei XIII lb. de
mt. et XII s. de cens chesc'an, c'on puet raicheteir, et e. c. l. e.
an l'a. l. d.

558 Jaikemins, li filz signor Jehan de Raigecourt, p. b. por sai wai-
geire sus teil pertie com [2]) Thiebaus, ces freires, ait en lai
pesse de vigne ke geist en Chantecleirruelle sus lou Saneratchamin, ke lour est venus conxuwant de pair dame Merguerite,
lor meire, et ke partet a Jaikemin desour dit meymes, ke li est
delivre en plait per droit [2]) et per jugemant, por tant com
Thiebaus desour dis li doit, per escrit an airche, et por tant
com il ait a faire a lui, per escrit an airche et sans escrit, et[3])
dont li escris li sont delivres, et dont il est tenans.

559 Arnous li Gornais p. b. sus tout ceu ke Werniers de Port ait
an l'awe de Morville, k'il ait a lui acheteit, e. c. l. e. an l'a. l. dv.

560 Li sires Pieres li prestres, li filz Alexandre lou permantier ki
fut, p. b. sus XX s. de mt. de cens ke geixent sus tout l'eritaige ke Waiselas de Fayt, ces serorges, ait, per tout-ou k'il
soit, k'il ait a lui aquasteit, a. c. l. e. an l'ai. l. dv.

561 a) Merguerite, li femme Thieriat Faixin d'Aipilley ki fut, p. b.
sus tout l'eritaige k'elle ait aquasteit a Symonin, lou fil Jennin
lou Guerre [4]) d'Aipilley ki fut, permei teil cens et teil droiture
com tous cist heritaiges doit, et e. c. l. e. an l'ai. l. dv.

---

[1]) Godefrins, li filz Ameline de Montois *auf Rasur*.
[2]) teil pertie com *und weiter unten* en plait per droit *auf Rasur*.
[3]) et sans escrit et *übergeschrieben*. [4]) Guerre *auf Rasur*.

b) Et se p. ancor b. sus tout l'eritaige ke Thierias Faixins d'Aipilley, ces mairis ki fut, ait aquasteit a Richelat de Prays, lou fil Thieriat Raipine ki fut, c'est a savoir en preis, an chans, en vignes, an bolz, en grainges, an keil maniere ke se soit, et ke Thierias Faixins li ait relaieit, permei teil cens et teil droiture com tous cist heritaiges doit a bans et a cors dont il muet, et aillours se point en doit, et permei xxx s. de mt. de cens ke Richelas desour dis en doit chesc'an a Thieriat desour nommeit et a Merguerite, sai femme, et e. c. l. e. an l'ai. l. dv.

562 Joffrois Jallee p. b. sus II jornalz de terre arreure ke geixent desous les preis de Montigne, an coste lai terre Andrewat, son freire, k'il ait aquasteit a Anchelat de S. Arnoult, permey II d. de cens, et e. c. l. e. an l'a. l. dv.

563 Jehans li Merciers p. b. por lou doien et por lou chaipistre de S. Sauour sus III s. de mt. de cens ke geixent sus lai maxon Benoitin lou poxour et sus ceu ki apant, ke siet en lai rowelle a Poncel, ancoste l'osteit Colignon Tiguienne, ke li doiens[1]) et li chaipistres de S. Sauour ont aquasteit a Ailexate, lai femme Benoitin lou poxour ki fut, et a Jennate et a Jehan et a Philippin, ces III enfans,[2]) apres v s. de cens k'elle doit por Nostre Dame lai Tiaxe, et apres IIII s. de cens k'elle doit a chaipistre desour dit, et e. c. l. e. an l'ai. l. dv.

564 Jaikemins et Joffrois, ces freires, p. b. sus une grainge ke fut Pairixe et sus ceu ki apant davant et daier, ke siet a Airs deleis Abigney, k'il ont aquasteit a Renalt, lou fil de lai suer Thieriat Mailin, permei I d. de cens, et e. c. l. e. an l'ai. l. dv.

565 Burtrans, li genres Jennat Othignon, p. b. sus lai grant maxon ke fut Lietal lou permantier et sus ceu ki apant, ke siet en S. Martinrue, ancoste l'osteit Symon Facol, k'il ait aquasteit a Clemansate, l'avelette Lietal desor dit, permei XL s. de premier cens, et permei LV s. de cens k'il en doit a Clemansate desour dite, c'on puet raicheteir, et e. c. l. e. an l'ai. l. dv.

566 Poinsate, li fille signor Abert de Champelz ki fut, p. b. por lai chieze Deu des freires Menours dou covant de Mes sus lai maxon ke fut Maiheu Cowerel et sus tous les resaiges ki apandent, ke siet sus lou Mur, ancoste l'osteit ke fut Nicolle Marcout, k'elle ait aquasteit por lai chieze Deu des freires Menours davant dis a Maiheu Cowerel[3]) desour nommeit, permei XL s.

---

[1]) *Von* Jehans li Merciers p. b. *bis* doiens *auf Rasur.*
[2]) et a Jennate *bis* enfans *übergeschrieben.* [3]) Cowerel *übergeschrieben.*

de met. et vi d. de cens, et e. c. l. e. de l'aquast ke geist an l'ai. l. dv.

567 Symonas Hunguerie p. b. sus teil pertie d'eritaige com Thierions d'Orgney ait en sai pairt de l'eritaige Jacob lou [1]) Cousson d'Orsevalz, por tant com Symonas desour dis l'ait en waige, per escris an airche, et dont Symonas desour dis est tenans, permei teil cens et teil droiture com cille part doit.

568 Colignons, li filz Roillon de lai Porte ki fut, p. b. sus teil pertie d'eritaige com il li est encheus de pair peire et de pair meire, dont il est tenans, permei teil cens et teil droiture com tous li heritaiges doit, et e. c l. e. des persons ke geist en l'ai l. dv.

569 Wirias de l'Aitre p. b. sus de can ke Howins li Pages ait de vigne et d'eritaige en lai chaineviere desous lai Maistrie ou ban de Merdeney, an coste l'eritaige Wiriat meyme, k'il ait aquasteit a Howin desour dit, permei teil cens et teil droiture com li heritaige doit a ban, et e. c. l. e. an l'a. l. dv.

570 Colignons Cunemans p. b. sus lai pesse de vigne ke geist a Flaiel an coste lai vigne ke fut Saicat, k'il ait aquasteit a Thieriat, lou fil lou Roucel de Mairuelles ki fut, permei i steir de vin de cens, et e. c. l. e. on l'ai. l. dv.

571 Colignons de lai Court p. b. sus de can ke li sires Raulz de Wermeranges avoit et poit avoir a Geuancey et a Lymeu et a Bameis, an keil maniere ke se soit, et ke li sires Jehans Corbelz avoit en waige dou signor Ral davant dit, [2]) k'il ait a lui aquasteit, et tout e. c. l. e. an l'ai. l. dv.

572 Li sires Jaikes li Gornais p. b. sus une pesse de vigne ou on contet I jornal, ke geist an Puluche Geline, an coste lai vigne Herbin lou meuteir, ke Anchelins, li filz Rembalt lou boulangier ki fut, li ait laieit a xxv ans, et sus vi s. de met. chesc'an [3]) ke Anchelins desour dis li doit sus ceste vigne meymes, et sus toutes les vignes k'il ait ou ban de Montigney, sans lai pesse de vigne k'il ait en Testemerrie, et e. c. l. e. an l'ai. l. dv.

573 a) Steuenins, li filz Wiriat de Mairuelles ki fut, p. b. sus I jornal de terre ke geist en Faueruelles ou ban de Mairuelles, ancoste Jaikemat lou Porrel, k'il ait aquasteit a Aidelenate, lai femme Orban de Mairuelles ki fut, permei teil cens et teil droiture com li pesse de terre doit a ban et a leu dont elle muet, et e. c. l. e. an l'ai. l. dv.

---

[1]) Jacob lou *auf Rasur*. [2]) et ke li sires *bis* davant dit *übergeschrieben*.
[3]) chesc'an *übergeschrieben*, de cens *durchgestrichen*.

b) Et se p. ancor bans sus toute lai terre aireure ke Merguerite, li fille Poincignon de Laibrie ki fut, avoit en Hem, k'il ait a lei aquasteit, permei teil cens et teil droiture com li terre doit, et e. c. l. e. an l'ai. l. dv.

574 ¹) Remions Burnekins p. b. sus lai grant maxon a Crepey et sus lou meis daier et sus tout lou resaige ki apant entieremant, et sus tout l'eritaige antieremant ke Colignons, li filz Poincignon de Laibrie ki fut, avoit a Crepey et ou ban et a Pertes et ou ban et a Chainney et ou ban et a Maigney et ou ban, en tous us et en tous prous, en keil maniere ke se soit, ke Remions davant dis ait aquasteit a Colignon desour nommeit por les enfans ke li sires Thiebaus li Gornais ait et aveireit de dame Yzaibel, sai femme, lai fille Hanriat Burnekin, ²) permei III s. de mt. et VII d. ke de cens ke de droiture ke tous cist heritaiges doit, et e. c. l. e. de l'aquast ke geist en l'ai. l. dv.

575 Li sires Poinces de Colloigne p. b. sus V s. de mt. de cens ke geixent sus lai maxon et sus ceu ki apant ke siet a Porsaillis ancoste l'osteit ke fut Godignon l'espicier, k'il ait aquasteit a Jennat Poirel lou chaponier et a Steuenin et a Colin, ces II freires, apres les XX s. de cens ke li sires Poinces i ait davanteriennemant, et e. c. l. e. an l'ai. l. d.

576 Li sires Jehans Piedechalz et Werrias, ces freires, p. b. sus III jornal de vigne ke geixent en lai coste de Chaistillons, antre Sairley et Venemont, k'il ont aquasteit a Rennier de Sairley, ke maint en Maizelles, et a Thieriat, son fil, permei III d. de cens k'ille doit a lai court de Sairley, et e. c. l. e. an l'ai. l. dv.

577 Aileis, li fille Colin Ruese ki fut, p. b. sus lai maxon et sus ceu ki apant ke siet sus lou tour de l'aitre de Sainte Creux davant l'osteit signor Jehan Goule, ke Joffrois Abris li ait laieit a toz jors, permei XL s. de met. de cens k'elle l'an doit chesc'an, et e. c. l. e. en l'ai. l. dv.

578 a) Hanrias Thomessins p. b. sus tout l'eritaige ke Collairs Morelz avoit ou ban de Morinville, ke fut Colignon lou Saueget, ke geist entre Abes et Sanrey, c'est a [sa]voir ³) en preis, en chans, en bolz, en rantes, en cens et en tous autres heritaiges, keilz il soit, k'il ait a lui aquasteit, en alluet, et e. c. l. e. an l'ai. l. dv., et dont Hanrias est tenans.

---

¹) *Urkunde erhalten, v. Teil I, Einl. Anhang II, 23.*

²) *Am Ende von* Burnekin *ist ein s ausgekratzt.*

³) c'est avoir *übergeschrieben,* soit *durchgestrichen.*

b) Et se p. ancor b. sus ı jornal de terre ke geist en Buigney en lai fin de Maicliue, et sus une fasiee de preit ke geist en Lexeires desous Maicliue, et sus ı querteir et demei de preit ke geist en Munel, et sus ı jornal de terre ke geist en Mugnel, ancoste Hanriat meymes, en lai fin de Champelz, k'il ait aquasteit a Symonat Grillat de Maicliue, et e. c. l. e. en l'ai. l. d.

c) Et se p. ancor bans sus lai maixiere ke geist a Sorbey, k'il ait aquasteit a Colin lou clerc de Corcelles, et e. c. l. e. an l'ai. l. dv.

579 a) Jehans Chadrons p. b. sus lai maxon et sus ceu ki apant ke siet davant l'osteit lou Bel [1]) antre l'osteit Cherdat lou huvier et lai grainge Lowiat Chaimeure, k'il ait aquasteit a Collairt Morel, permei xvıı s. et demei de mt. de cens, et e. c. l. e. an l'ai. l. dv.

b) Et se p. ancor b. sus jor et demei de terre ke geist en Genestroit, ancoste lai terre Wiairt lou Borgon, k'il ait aquasteit a Steuenat Baneis, permei ııı mailles de cens, et e. c. l. e. an l'ai. l. dv.

580 Li sires Philippes li Gornais p. b. sus lai maxon et sus tout ceu ki apant ke siet entre sai maxon meymes et lai grainge Colignon Merchant, k'il ait aquasteit a Jehan lou saibleir et Yzaibel, lai fille Domangin Zondac ki fut, permei x s. de met. de cens, et e. c. l. e. an l'ai. l. d.

581 a) Vguignons Hennebours p. b. sus xxvıı s. de mt. de cens, dont il en geist xxıı s. sus une maxon en lai rowelle de Goubercort en Furneirue, ke fut Ottenat lou boulangier, et vı s. sus lai maxon Hanriat lou telleir, ke siet daier S. Sauour, sus lai rowelle des Barons, k'il ait aquasteit a Collate, lai feme Jaikemin lou Roi ki fut, et e. c. l. e. an l'ai. l. dv.

b) Et se p. ancor b. sus ıı jornal de terre ke furent dame Poince lai Macheuallerouse, ke geixent en Bowillon, deleis lou champ Roillon lou xaving de Maigney, permei xx d. de cens, et sus une pesse de terre ke geist en lai Crowaie, deleis lai terre ke fut dame Poince lai Malcheuallerouse, permei x s. de mt. de cens ke selle pesse de terre doit a Vguignon meymes, k'il ait [aquasteit] a Gererdat Jouancel, lou fil Aburtin Grillat de Maigney ki fut,[2]) et e. c. l. e. an l'a. l. dv.

---

[1]) a Quertal v. *1298, 238.*
[2]) ki fut *übergeschrieben.*

582 Ferrias Chielairon p. b. sus lai pesse de preit ke geist davant
Arsures, et sus lai pesse de preit en lai Nowe, et sus lai pesse
de terre ke geist en Chaizalz, k'il ait aquasteit a Thierion, lou
fil lou Paitenat ki fut, permei teil cens et teil droiture com
tous cist heritaiges doit, et e. c. l. e. an l'ai. l. dv.

583 Jehans li Roucelz de Merdeney p. b. sus la moitiet de tout
l'eritaige ke Jehans, [1]) ces freires, ait aquasteit a Symonat
Hunguerie, ke geist ou ban de Lorey et de Merdeney, et dont
Jehans l'an ait acumeneit de celle moitiet, tout e. c. l. e. an
l'ai. l. dv., permey teil cens et teil droiture com celle moitiet doit.

584 Ancillons li cherpanteirs, ke maint davant l'osteit Abert des
Airuolz, p. b. sus lai maxon et sus ceu ki apant ke fut Thiebaut
de Syei, ke siet antre l'osteit l'Auallois et Boiemon lou boulan-
gier, k'il ait aquasteit a signor Thiebaut de Moielain, permei
LX s. de met. de cens k'il an doit a signor Thiebaut davant
dit, et e. c. l. e. an l'ai. l. dv.

585 Li sires Abers de Laices, chanones de lai Grant Eglixe de Mes,
et Colins li boulangiers de Maizelles p. b. sus lai maxon ke fut
Jehan Rohairt, ke siet en lai Vigne S. Auol, et sus can ki
apant davant et daier, et sus les VIII s. de mt. de cens ke
Aurowins, ces nies, li dovoit sus I jornal de vigne en Planteires
ancoste lai vigne Thiebaut Mouffle, por tant com Jehans Rohairs
lor doit, per escris an airche, et dont il sont tenans, permei teil
cens com li maxon doit.

586* Ce sont li bans dou vintime jor de noiel. En la marie d'Otre
Muselle:

586 Jennas Fraillas prant bans sus les II pars d'une grainge ke siet
a Noweroit davant la maison Pieroche, et sus une piece de
terre ancoste et sus une piece de jardin en Ordineitvignuele,
k'il ait aquasteit a Pieroche desor dit, et e. c. l. e. en l'a. l. d.

587 Et ce p. b. ancor sus lou quart dou molin ke siet a Preit, et
sus lou champ ancoste, et sus lou jardin daier, et sus la piece
de vigne desous lou molin, et sus la piece de champ ancoste
la vigne, et sus la piece de champ desour lou molin, et sus can
ki apant en tous ces leus desor dis, k'il ait aquasteit ai Alardin
de Noweroit, l'avelait signor Jehan la Quaile, en alluet, et e.
c. l. e. en l'a. l. d.

---

[1]) *Vorlage* Jehans li Roucelz *und* Jehans, ces freires. *v. 1298, 218 zu*
Sufiate.

588 Poinsignons de Chastels p. b. sus la maixon et sus lou meis
daier, dedans closure et fors de closure, et sus cant ki apant
ke fut Gerart Chaiveit, ke siet arreis l'osteil Garsin la pezeire[1])
a Nonniant, k'il ait aquasteit a Jennin Pixart, lou fil Bugnat
de Longeawe, permei viii s. de mt. de cens, et e. c. l. e. en
l'a. l. div.

589 Et ce p. b. ancor sus ii sestieres de vin de cens ke li enfant
Jakemate la Malle doient a Hanrion, lou fil Warin Gregore,
sus une piece de vigne en Harichamp ou ban de Nonviant, k'il
ait aquasteit a Hanrion desus dit, et e. c. l. e. en l'a. l. d.

590 Marguerite et Armanjars, les ii filles Hanrit de Strabor ke fut,
p. b. sus v moies de vin a mostaige de cens, k'elles ont aquasteit a Colignon Burelat de Gorze, sus tout son eritage, k'il ait
ai Arnaville et ou ban, et e. c. l. e. en l'a. l. d.

591 Et ce prannent bans ancor sus ii moies et demee de vin a
mostaige de cens, k'elles ont aquasteit a Symonin, lou fil dame
Aingebor dou Terme d'Ancey, sus cant k'il ait d'eritage, en toz
us, ou k'i[l] soit, et e. c. l. e. en l'a. l. d.

592 Crestiens li feivres p. b. sus une piece de vigne ke geist ou
Halt Genestroit davant lou chakeur les Rines, k'il ait aquasteit
a Marcerion Heilachar lou munier, permei viii s. et demei de
mt. de cens, et e. c. l. e. en l'a. l. d.

593 Wernesons Petisboins de Vignueles p. b. sus toutes les vignes
ke Symonins, li fils la marliere de Lorey, ait en Cumenelle ou
ban de Lorey, ou an contet iii xamels, k'il ait a lui aquasteit,
permei viii d. d'assise, et e. c. l. e. en l'a. l. d.

594 Li sires Nainmeris Badoche, chanones de Mes, p. b. sus les ii
pars de la vigne et de ceu ki apant ke siet en Briey ancoste
Pierexel Marasse, ou li sires Nainmeris ait lou tiers, k'il ait
aquasteit a Wiart, lou janre Watrin Grosselle, et e. c. l. e en l'a. l. d.

595 Willemas, li fils Jennat Cowion de Ste Rafine, p. b. sus vi
pieces de terre ke geisent ou ban de Flavigney [2]) et de Wionville et de Rixonville, k'il ait aquasteit a Cunin Dancort, permei
iiii d. et maille de chateis, et e. c. l. e. en l'a. l. d.

596 Poinsignons, li fils Jennin lou wastelier de Chastels, p. b. sus
la moitiet de la piece de terre ou an contet vi jornals ke geist
ancoste la terre Colin lou Jolif ou ban S. Estene de Villeirs,
k'il ait aquasteit ai Abertin, lou fil Eurriat de Xueles, permei

---

[1]) *Man sollte crwarten* Garsin lou pezor. *v.* 1293, 623 Garsins li pezeires.
[2]) Flavigney *auf Rasur.*

teil cens et teil droiture com ciste moities doit, et e. c. l. e. en l'a. l. d.

597 Et ce p. b. ancor sus une piece de vigne ke geist ensom Corroit, et sus lou meis ensom Chape, ke fut Waterat, k'il ait aquasteit a Howin lou clerc de Malencort, permei teil cens et teil droiture com cist eritages doit, et e. c. l. e. en l'a. l. d.

598 Et ce p. b. ancor sus une piece de vigne ke geist en Vazelles et sus I jornal de moitange daier lou chakeur S. Sauor en Vazelles, k'il ait aquasteit as enfans Buevelat Bradel d'Ammanvilleirs, et e. c. l. e. en l'a. lo d.

599 Weirias li Quallais de Vals et Colignons, ces freres, p. b. sus I jornal de vigne ke geist ou Faiverit ou ban de Juxey, k'il ont aquasteit a Jehan Gouerne, permei VII s. de mt. de cens, et c'on puet racheteir, et e. c. l. e. en l'a. l. d.

600 Maistres Jehans li feivres de III Fontainnes p. b. sus une maison et sus la grainge daier et sus ceu ki apant ke sieent en Franconrue a pux, k'il ait aquasteit a Howenat, lou fil Poinsignon dou Pux, permei une angevine de premier cens, et XIII s. et I d. as oirs Cunemant, et XI s. I d. moins a Howenat desor dit, et e. c. l. e. en l'a. l. d.

601 Jennins, li fils Coweit de Siey, p. b. sus une maison et sus cant ki apant ke siet a Siey, ou ban l'Eveke, k'il ait aquasteit a Steuenin Watier de Siey, en alluet, et e. c. l. e. en l'a. l. d.

602 Colins d'Abigney, li fils Jennat de S. Martin, p. b. sus une piece de vigne ke geist en la Petite close, ancoste Bonart de S. Martin, k'il ait aquasteit a Mathiat, lou frere Rollan de S. Martin, permei II sestieres de vin de cens et terre de quartier, et e. c. l. e. en l'a. l. d.

603 Li sires Poinces Chadiere, li prestes de S. Vy, p. b. sus IIII s. de mt. de cens k'il ait aquasteit ai Ysambart lou corvexier sus sa maison et sus cant ki apant, ke siet en Franconrue, arreis l'osteil Chane, apres X s. de premier cens k'elle doit, et e. c. l. e. en l'a. l. d.

604 Jennas, li anneis fils Rainnier lou prevost d'Ars, p. b. sus une piece de vigne ke geist otre rue, a Cuignatpareit, k'il ait aquasteit a Formeit, lou fil Olivier d'Ars, permei I meu de vin en l'axe de cens k'elle doit a S. Arnolt, et e. c. l. e. en l'a. l. d.

605 Martins de Doncort p. b. sus une faciee de preit ke geist en la riviere en Duelines, k'il ait aquasteit a Thieriat Houzat, en alluet, et e. c. l. e. en l'a. l. d.

606 Poinsignons Pedanwille p. b. por les pucelles de Sus lou Mur sus XI s. de mt. I d. moins de cens, k'il ait aquasteit a Howenat dou Pux de Franconrue, des XII s. de cens ke Jehans li feivres de Trois Fontainnes li doit, sus sa maison et sus cant ki apant ke siet a pux en Franconrue, et e. com l. e. en l'a. l. d.

607 Andreus de Hampons p. b. sus II jornals de terre an II pieces, s'ans geist une a la creux et li atre ancoste Hanriat Harral, k'il ait aquasteit a Mathiat, lou frere Rollan de S. Martin, permei VI d. de cens ke li piece a la creux doit a S. Martin, et li atre en alluet, et e. c. l. e. en l'a. l. d.

608 Jennas li Lous d'Ars p. b. sus XX s. de mt. de cens k'il ait aquasteit a Fillipin Meffroit de Nonviant, sus ces II maixons et sus lou meis et sus cant ki apant et sus vignes et sus jardignes ke geisent ou ban de Nonviant, et e. c. l. e. en l'a. l. d.

609 Symons li Geus de Plapeville p. b. sus la moitiet d'une maison et de decant ki apant ke siet a Plapeuille, ke part a lui meimes, k'il ait aquasteit a Thiebat et a Jehan, les II fils Colin Judes de S. Priveit, permei I chapon de cens, et e. c. l. e. en l'a. l. d.

610 Et ce p. b. ancor sus une maison et sus lou meis et sus cant ki apant ke siet en la rue a Plapeville, k'il ait aquasteit a Thiebat lou Sanexien, permei I chapon de cens, et e. c. l. e. en l'a. l. d.

611 Jaikemins Mennas d'Arcansey p. b. sus une maison et sus cant ki apant ke siet en Chambieres, ancoste lui meimes, k'il ait aquasteit a signor Jehan, lou preste de S. Jorge, et a Richart Clemant, les mainbors Parixate la Vadoize, permei VI d. de cens, et e. c. l. e. en l'a. l. d.

612 Et ce p. b. ancor por l'eglixe de S. Jorge sus les XXXIII d. de cens ke Parixate li Vadoize avoit en VI s. et demei de cens, ke geisent sus la maison Rorit daier S. Madart, k'il ait a ley aquasteit, e. c. l. e. en l'a. l. d.

613 Marguerite d'Ansey, li niecesse signor Garcire de Gorze, p. b. sus II moies et demee de vin a mostaige chac'an, k'elle ait aquasteit a Jehan lou Fransois d'Ansey, sus cant k'il ait d'eritage, pertout ou k'i[l] soit, de part lui et de part sa femme, et e. c. l. e. en l'a. l. d.

614 Jehans li Vogiens de la Vigne S. Marcel p. b. sus une maison et sus cant ki apant ke siet otre Muselle, ancoste l'osteil lou

cors,[1]) k'il ait aquasteit a Jaikemin Bachin, permei xvi s. de mt. et I chapon de cens, et e. c. l. e. en l'a. l. d.

615 Jehans li Ynglois li potiers p. b. sus une maison et sus la chaminee et sus ceu ki apant ke siet en Franconrue, ancoste lui meimes, k'il ait aquasteit a Jaikemin et a Howignon, les II fils Jehan lou Bague lou bollengier, permei xvIII s. de mt. et II chapons de cens, et e. c. l. e. en l'a. lo d.

616 Maistres Renals li clers p. b. por l'eglixe de S. Mamin sus xII d. de cens, k'il ait aquasteit a Marguerite, la fille Pierat lou bollengier, sus sa maison ke siet en Couperelrue, ke fut Palerin, et e. c. l. e. en l'a. l. d.

617 Et ce p. b. ancor sus vi s. de mt. de cens ke geisent sus la maison et sus la grainge Jennat Doucechose lou natenier, ke sient en Anglemur, k'il ait aquasteit a Coenrart d'Anglemur lou bollengier, et e. c. l. e. en l'a. l. d.

618 Symonas Honguerie p. b. sus une piece de terre ke geist ou ban de Semeicort, ancoste la Tyrande, k'il ait aquasteit a Sezainne de Feivres et a Colignon, son janre, en alluet, et e. c. l. e. en l'a. l. d.

619 Et ce p. b. ancor sus vi jornals et demei de terre en III pesses, ke geisent ou ban de Semeicort et aillors, k'il ait aquasteit a Jehan Randon et a Mathiat de Semeicort, et e. c. l. e. en l'a. l. d.

620 Et ce p. b. ancor Symonas desor dis sus vIII jornals de terre ke geisent ou ban de Semeicort et aillors, en pluxors pesses, k'il ait aquasteit ai Andreu de Feivres, lou fil Barignon, et e. c. l. escrit en l'a. l. dient.

621 Hanrias li vieceirs, li janres Vion, p. b. sus la moitiet de la maison et de ceu ki apant ke siet ancoste l'osteil Jehan de Vandeires en Nikesierue, ke fut Colignon Pome, et sus teil pertie com Marguerite, li fille Vion, ait en la maison et en ceu ki apant ke siet a tour de Nikesierue, ke li est escheute de part peire et de part meire, et sus cant k'elle ait d'eritage, en toz us, k'il ait a ley aquasteit, permei teil cens et teil droiture com toz cist critages doit, et e. c. l. e. en l'a. l. d.

622 Marguerite, li fille Vion lou vieceir, p. b. sus x quartes de fromant de rante ke Perrins li tondeires li doit, sa vie, dont il li ait mis en waige sa moitiet k'il ait ou molin et ou port[2])

---

[1]) *v. 1262, 401* daier l'ostel ou li cors corrut (OM); *1281, 605* maison ke siet en Chambieres, desor lou cours.

[2]) *Vorlage* porc.

et en cant ki apant, ke siet sus Muselle, ke part a Waterin Fovy, et e. c. l. e. en l'a. l. d.

623 Garsins li pezeires de Nonviant p. b. sus une piece de vigne ke geist a Forchietchamin, en la voie de Gorze, deleis les oirs Malie, k'il ait aquasteit a Parixate, la femme lou Paige, et a Jakemin, son fil, permei ii sestieres de vin de cens, et e. c. l. e. en l'a. l. d.

624 Poinsignons Bellenee de Juxey p. b. sus une piece de vigne ke geist a Veuier et sus can ki apant, k'il ait aquasteit a Poinsignon lou preste de Porte Muselle, permei i meu de vin en l'axe de cens et i sestier, et e. c. l. e. en l'a. l. d.

625 Jennins de Porcheis et Jennas Lambelins p. b. sus tout l'eritage ke Domangins Hochas ait espartit contre Jennin desor dit, k'il ont a lui aquasteit, permei teil cens et teil droiture com li eritages doit, et e. c. l. e. en l'a. l. d.

626 Thomessins li forniers, ke maint davant S. Marcel, p. b. sus vii s. et demei de mt. de cens, k'il ait racheteit a Jaikemin Gratepaille, des xvii s. et demei de cens, k'il li dovoit sus son osteil ou il maint, et e. c. l. e. en l'a. l. d.

627 Jehans, li keus l'aibeit de S. Vincent, p. b. sus lou meis et sus can ki apant ke siet daier l'osteil Thomessin lou fornier, tant com li murs de l'ostel portet tout contreval jusc'a mur de la citeit, k'il ait aquasteit a Jaikemin Gratepaille, permei ii chapons de cens, et e. c. l. e. en l'a. l. d.

628 Ysabels, li bruis la Tyrande, et Pekate, sa fille, p. b. sus une maison et sus la vigne et sus lou meis daier et sus can ki apant, k'elles ont aquasteit a Poinsignon de Rommebar, lou serorge lou Noir de Semeicort, permei ii s. et demei de mt. de cens, e. c. l. e. en l'a. l. d.

629 Jehans Ancels p. b. sus les vii s. et demei de mt. de cens k'il meimes dovoit sus les vii jornals de terre k'il ait ou ban de Wapey, davant la borde, k'il ait aquasteit a Matheu Pesnit, lou fil Thierit Domate, et e. c. l. e. en l'a. l. d.

630 Jehans li Kairs d'Otre Moselle p. b sus une piece de vigne c'on dist en la Plante, ancoste lui meimes, sans demme et sans ban tenir, k'il ait aquasteit a Thieriat, lou fil Bertran lou masson, et e. c. l. e. en l'a. l. d.

631 Jennins Jacob p. b. sus une piece de vigne ke geist davant lou chakeur les Rines, ancoste Colignon Tornat, et sus lou

contrewaige, k'il ait aquasteit a Perral lou taillor, permei II s. de mt. de cens, et e. c. l. e. en l'a. l. d.

632 Et ce p. b. ancor sus une piece de terre ke geist en Kacenacle, ancoste lui meimes, ou ban de Maixieres, k'il ait aquasteit a Hawiate Hassebolle de Maxieres, en alluet, et e. c. l. e. en l'a. l. d.

633 Fillipins Belchamp li bollengiers p. b. sus III s. et demei de mt. de cens k'il ait aquasteit a Colignon lou trezelor, sus sa maison et sus cant ki apant ke siet arreis l'aitre S. Vy, apres les x s. de mt. de cens k'elle doit davant, et e. c. l. e. en l'a. l. d.

634 Steuenins li bollengiers de Vals p. b. sus une piece de vigne ke geist ens Orkes ou ban de Vexins, k'il ait aquasteit a Rainnillon, lou fil Rainnier, permei III sestieres de vin de cens k'elle doit a S. Simforien, et e. c. l. e. en l'a. l. d.

635 Ailixate, li femme Thieriat Joute, p. b. sus demei jornal de vigne ke geist en Chanoit ou ban de Wapey, k'elle ait aquasteit a Jennin Rocel de Wapey, en alluet, et e. c. l. e. en l'a. l. d.

636 Jaikemins, li fils Colignon Gratepaille, p. b. sus une piece de boix ke geist en Lineires, ke fnt Pierat de Haboinville, k'il ait aquasteit a Willame Gillebert de Chastels, permei une maille de droiture, et e. c. l. e. en l'a. l. d.

637 Et ce p. b. ancor sus une atre piece de boix ke geist en Lineires, et sus lou tiers de la piece de preit ke geist entre lou preit les oirs Gerardat et lou boix de Champenois, celui tiers desoz, k'il ait aquasteit a Jennin lou Jolif de Haboinville, et e. c. l. e. en l'a. lo d.

638 Jennas, li fils Jennin Wescelin d'Aiest ke fut, p. b. sus une piece de vigne ou an contet III jornals, ke geist en Genestroit, k'il ait aquasteit a Jennat, lou fil Remonin de Plapeuille, permei XL d. de cens, et e. c. l. e. en l'a. l. d.

639 Jaikemins, li fils Colin S. Quentin, p. b. sus une maison et sus lou meis daier et sus cant ki apant ke siet a Longeuille, ancoste Steuenin lou Poivre, k'il ait aquasteit a Borjoize, la fille Jaikemenel de Chambres, permei VII s. de mt. IIII d. moins de cens, et e. c. l. e. en l'a. l. d.

640 Jennas li massons de Siey p. b. sus lou reclane de vigne ke geist a la Mars, ancoste sa vigne meimes, k'il ait aquasteit a Robert de Chazelles, lou fil Symonat Chaman, et e. c. l. e. en l'a. l. d.

641 Jennas, li janres Jakemin lou baillit de Jerney, p. b. sus tout l'eritage ke Marguerite et Anels, les II filles Lowiat Sauegrain, avoient ou ban de Jerney, en chans, en preis, en maison, en boix, en molins, en meizes, k'il ait ai elles aquasteit, permei teil cens et teil droiture com toz li eritages doit.

642 Jennas, li janres Gobert de Lorey, p. b. sus une piece de vigne ke geist en Fontenoit ou ban de Lorey, k'il ait aquasteit a Symonin, lou fil Willame de la Cort de Lorey, permei demei sestier de vin de cens et VI d. d'assise, et e. c. l. e. en l'a. l. d.

643 Gerardins li forniers de Lorey p. b. sus une maxiere ke siet a Lorey, antre l'osteil ke fut Werneson lou Rocel et Symonin Willame, k'il ait aquasteit a Robin, lou fil Hanriat Burewart, permei II s. de mt. de cens et teil droiture com elle doit, et e. c. l. e. en l'a. l. d.

644 Clemignons, li fils Burtignon de Chastels, p. b. sus II pieces de vigne et sus II d. et maille de cens ke geisent ou ban de Chastels, k'il ait aquasteit a Colignon, lou fil Regalt de Chastels, permei teil cens et teil droiture com elles doient, et e. c. l. e. en l'a. l. d.

645 Gerardins de Nonviant, li janres Doignon la Noire, p. b. sus une piece de vigne et sus lou tiers d'un meu de vin de cens ke geisent ou ban de Nonviant, k'il ait aquasteit a Jaikemin lou clerc, son serorge, permei teil cens et teil droiture com elle doit, et e. c. l. e. l. d.

646 Li sires Jehans, priors de Ferrates, chanones de S. Bernart de Monjeu, p. b. por lou prevost et por lou chapitre de S. Bernart desus dit sus II maisons ke sieent en la rowelle Sergent davant lou Grant Mostier, ke furent Margueron l'espiciere, et sus tot l'eritage k'elle ait en la marie d'Otre Muselle, k'elle ait doneit por Deu et en amone a la chiese Deu desor dite, ensi com les letres saielees dou saiel lou Grant official de Mes lou dient.

647 Jehans li Brichelz de Longeuille p. b. sus II pieces de vigne ke geisent en la fin de Longeuille, s'an geist li une a Ste Creuxvigne, et li atre en Champel Jonc Vakerue, k'il ait aquasteit a Bietrit, la femme Ollivier de Longeville, permei teil cens com elles doient, et e. c. l. e. en l'a. l. d.

648 Remias, li fils Malerbe de Noweroit, p. b. sus une maison et sus ceu de meis ki apant ke sieent davant S. Marcel, ancoste Thomessin, k'il ait aquasteit a Jakemin Gratepalle, permei VIII s. et II chapons de cens a S. Vicent et XX s. a Jakemin, et e. c. l. e. en l'a. l. d.

649 Drowas li cherpentiers, li fils Richart de Macliue, p. b. sus une maison ke siet otre Muselle, ancoste S. Jehan lou Petit, k'il ait aquasteit a Jennin Brulleville, permei xviii s. de mt. de cens k'il an doit chac'an, et e. c. l. e. en l'a. l. d.

650 [1]) Jehans Bertrans p. b. sus tout l'eritage ke fut Anel, sa suer, ke li est escheus de part peire et de part meire, k'il ait a lei aquasteit, permei teil cens et teil droiture com il doit, et e. c. l. e. en l'a. l. d.

651 Poinsignons Bolande p. b. sus une piece de vigne ke geist a Juxey, ens Orkes, ou an contet I jornal, et sus la petite maxenate a Juxei ancoste lui meimes, k'il ait aquasteit a Baduyn Barekel, permei IIII sestieres de vin de cens, et permey xlv d. c'on an doit a Behaignon, de part sa femme, et permey III sestieres de vin de cens c'on doit a S. Arnoult,[2]) et e. c. l. e. en l'a. l. d.

652 Aurowins et Drowins, li dui fil Gerart des Rowes d'Ars, p. b. sus une piece de vigne ke geist sus lou rut en Aienchamp ou ban d'Ars, ou an contet 1 jornal, k'il ont en waige de Jennat, lou fil Poinsignon Chaneviere d'Ars, per escrit en arche, et dont il sont tenans.

653 Lorins, li fils Henmonel, p. b. sus une maison ke siet a Rouzerueles, et sus les vignes et sus les terres areuses ke geisent ou ban de Rouzerueles, k'il ait aquasteit a Burtemat, lou fil Jennon de Rozerueles, permei I meu et III sestieres et demei de vin et une geline et IX d. de cens, et e. c. l. e. en l'a. l. d.

654 Dame Odilie, li femme Lambelin lou Gemel ke fut, p. b. sus la moitiet d'une piece de vigne ke geist en Vraies, lonc lou santier, a chief desoz, k'elle ait aquasteit a Lowiat et a Jennat, les II fils Drowin de la Chenal, en aluet, et e. c. l. e. en l'a. l. d.

655 Jennas Lambelins de Lescey p. b. sus une piece de vigne ke geist en Vraies, ke part a lui meimes, k'il ait aquasteit a Pieron, lou fil Drowin de la Chenal, en alluet, et e. c. l. e. en l'a. l. d.

656 Thiebas Gemels p. b. sus les IIII eires de meis ke geisent arreis lou chamin dou Champ a Pannes ancoste lou fil la Qualle, k'il ait aquasteit a Drowignon, lou fil Bescelin de S. Thiebat, permei teil cens com elles doient, et e. c. l. e. en l'a. l. d.

657 Werniers, li fils Jakemat lou Nain de Vals, p. b. sus une piece de vigne ke fut Jehan de Vals, ke siet a la Montaingne, ancoste

---

[1]) = *1293, 411 nnd 526*.

[2]) et permey XLV bis S. Arnoult *übergeschrieben von Schreiber 19*.

la vigne Hawit, k'il ait aquasteit a Rainnillon de Vals, permei vii sestieres et demei de vin et vii d. et maille de cens, et ke doit la taille, et e. c. l. e. en l'a. l. d.

658 Renaldins, li fils Rembat de Lessey, p. b. sus une maxon et sus la grainge ancoste et sus cant ki apant davant et daier et sus v s. de mt. de cens ke geisent a Lescey, k'il ait aquasteit a dame Ysabel, la femme Peuchat, permei teil droiture com elles doient, et e. c. l. e. en l'a. l. d.

659 Colignons Nietenrowe de S. Martin p. b. sus i quarel de vigne ke geist en Preis, et sus lou champ desoz la vigne, k'il ait aquasteit a Borjoise, la fille Jaikemenel de Chambres, permei iii sestieres de vin en l'axe de cens une saisse moins, et e. c. l. e. en l'a. l. d.

660 Colignons Pichons d'Ancey p. b. sus une piece de vigne ke geist daier lou moulin ai Ansey, et sus la piece de vigne en Erbier, k'il ait aquasteit a Piereson lou clerc d'Ancey et a Mation, son fil, et a Jehan, son janre, et ai Alixon Jozienne, sa fille, permei teil cens com elle doient, et e. c. l. e. en l'a. lo d.

661 Jehans, li fils Arnolt Willekin de Richiermont, p. b. sus tot l'eritage ke Rainnous, li fils Roillon de Guinanges, ait ou ban de Richiermont et de Mondelanges, de part son peire, k'il ait a lui aquasteit, permei teil cens et teil droiture com il doit, et e. c. l. e. en l'a. l. d.

662 Jehans, li niez signor Thiebat lou Maior, p. b. sus iii s. de mt. de cens ke geisent sus l'osteil ke fut Lowiat d'Abes, ancoste Harecort, k'il ait aquasteit a Jakemin, lou fil Steuenin Rocel d'Aiest, et a Katerine, sa femme, et e. c. l. e. en l'a. l. dient.[1])

663 Habrans de Leirs p. b. sus ii jornals de terre en une piece ke geisent davant Plaigne ou ban de Maixieres, ancoste Hanriat Grosmoinne, k'il ait aquasteit a Domangin Milotin, permei une quarte de soile, et e. c. l. e. en l'a. l. d.

664 Et ce p. b. ancor sus une piece de terre de iii jornals ke geist en Noireweide ou ban de Maxieres, ancoste les enfans Ferriat Jeuwet, k'il ait aquasteit a Sinowate, la femme Piereson Roxe de Solleuanges, en alluet, et e. c. l. e. en l'a. l. d.

665 Et ce p. b. ancor sus une piece de terre ke geist davant Plaigne, ancoste Ysambart Xilleromans, k'il ait aquasteit a Hawiate Hassebolle de Leirs,[2]) en alluet, et e. c. l. e. en l'a. l. d.

---

[1]) *Vor* dient *ist* dist *durchgestrichen.*
[2]) *v. 1293, 632* Hawiate Hassebolle de Maxieres.

666 Symonins, li fils Burtignon de Molins, p. b. sus ɪ jornal de vigne ke geist en Ferrecoɪt ou ban de Siey, k'il ait aquasteit a Waterin Morel de Chastels, en alluet, et e. c. l. e. en l'a. l. d.

667 Symonins Langue p. b. sus ɪɪɪ jornals de terre, s'an geist ɪ en Weirewide et li atre a Milloncort et li atre en Cacenacle, k'il ait aquasteit a Thieleman Wixol de Maixieres, en alluet, et e. c. l. e. en l'a. l. d.

668 Poinces li Gronais prant bans sus la piece de terre ke geist desous les vignes ancoste la terre lou marlier de Longeuille, et sus la piece de terre deleis les convers de Longeawe, et sus la piece de terre ke geist antre la terre Renalt lou Bague et la terre Warin, et sus la piece de terre ancoste la terre Perrin de la Cort, et sus la piece de terre a l'Ormexel, ancoste Colignon Couperel, k'il ait aquasteit a Borjoize, la fille Jaikemenel de Chambres, en alluet, et e. c. l. e. en l'a. l. d.

669 Et ce p. b. ancor sus ɪɪ s. de mt. de cens k'il meimes dovoit a Thiebat Bazin, sus lou chakeur ke fut signor Watier lou Louf, ke siet a Longeuille, k'il ait aquasteit a Thiebat desor dit, et e. c. l. e. en l'a. l. d.

670 Thieriotels, li fils Baduyn d'Aixey de Wapey, p. b. sus teil droit et sus teil raison et sus teil avenant com Thierias Malleboche avoit por lui et por son frere en la maison Thieriotel desor dit meimes, ke siet a Wapey, en Aixey, k'il ait en waige de Thieriat desor dit, per escrit en arche, et dont il est tenans.

671 Pieresenels Poiestels ¹) de Wapey p. b. sus la grainge et sus lou meis daier et sus cant ki apant ke siet a Wapey antre la grainge Maheu Hesson et Jennin Rocel, k'il ait aquasteit a Steuenat Chaikaie de Wapey et a Jennat, son frere, permei ɪɪɪɪ sestieres et demei de vin de cens, et e. c. l. e. en l'a. l. d.

672 Jehans Brezeie p. b. sus ɪ manbre de vigne ke geist arreis la vigne Nostre Dame de Chazelles, et sus la piece de vigne desoz, k'il ait aquasteit a Poinsignon lou Hugue de Chazelles, permei teil cens et teil droiture com elles doient, et e. c. l. e. en l'a. l. d.

673 Milesant de Vals p. b. sus les ɪɪɪ pars de la maison et de decant ki apant ke siet en Vals, k'il ait aquasteit a Steuenin lou bollengier de Vals, permei teil cens et teil droiture com celles ɪɪɪ pars doient, et e. c. l. e. en l'a. l. d.

674 Jennas li Lous d'Ars p. b. sus tout l'eritage ke Drowas de Dornant, li fils Warin de Joiey, ait ou ban de Dornant et

---

¹) *1298, 138* Pieresenels Poietels de Wapey.

d'Ancey, et aillors delai Muselle, k'il ait a lui aquasteit, permei teil cens et teil droiture com il doit, et e. c. l. e. en l'a. l. d.

675 Freres Jehans, li convers des Cordelieres de Mes, p. b. por les Cordeleires sus la maixiere ke siet desoz S. Alare a Xauleur sus lou tor d'Anglemur, ki est delivre a la chiese Deu desus dite per droit et per jugemant, por les VI s. de mt. de cens ke li maixiere lor doit, c'on lor ont laieit a paier de III ans, et por les adras, et dont elles sont tenans.[1]

676 Poinsignons Troixins de Ste Rafine p. b. sus VI s. et demei de mt. de cens ke geisent sus la vigne en Orkes, et sus une maison a Juxey, k'il ait aquasteit a Waleran lou Flaman, et e. c. l. e. en l'a. l. d.

677 Colignons Lambers p. b. sus les VII s. et demei de mt. de cens k'il meimes dovoit a Matheu Pesnit, lou fil Thierit Domate, sus VI jornals de terre ke geisent en Willamechamp, devers lou poncel de Wapey, k'il ait a lui aquasteit, et e. c. l. e. en l'a. l. d.

678 Poinsignons Symons p. b. sus une maison ke siet a la creux otre Muselle, ke fut Robin lou berbier, ke li est escheute por les XX s. de mt. de cens ke li maisons li doit et por les estaies trespassees et por les adras, et dont il est tenans.

679 Jehans Bertadons et Jehans Ferrias et Jaikemate, sa tante, li[2]) mainbor maistre Jehan Jeuwet, p. b. sus II s. de mt. de cens k'il ont aquasteit a Jorgenat, l'avelait Colleman, sus sa maison otre Muselle, ke siet ancoste l'osteil Colignon Lambert, et e. c. l. e. en l'a. l. div.

680 Waterins de Noweroit p. b. sus II quartes de fromant, k'il ait aquasteit a Thiebat, lou fil Colin Judes de S. Priveit, sus la maison et sus lou meis ke fut Colin, son peire, et sus lou tiers dou champ en Maruelville, et sus la moitiet des II pieces de preit en Flamei, et sus I jornal a Verdenois chamin, et e. c. l. e. en l'a. l. d.

681 Gerardins, li fils Waterin de Noweroit, p. b. sus XII quartes de wayn moitange et sus une quarte de blans pois, k'il ait acheteit a Leudignon et a Lucate, sa femme, a lor II vies, et k'il li ont assis sus la grainge ke fut Thiebat lou Louf ou
5 Quaravle, et sus lou preit ou Fons deleis sous de S. Pieremont, et sus une piece de preit en la Faixe deleis l'aibeit de S. Vincent, et sus une piece de vigne ke geist a Nos deleis Seruel, et sus

---

[1]) v. *1298, 326*.
[2]) li *auf ausgelöschtem* p. b.

ɪ preit en preis Werit ke part a veuls les Convers, et sus ɪ jornal de terre as Forches, et sus jor et demei deleis Godart,
10 son frere, deleis Gobertchamp, et sus sa piece de preit lonc lou parteit ke fut Varel, deleis sous de S. Vincent, et sus ɪɪɪɪ jornals de terre en ɪɪ pieces ke geisent en Penouchamp lonc Waterin de Noweroit et ai Alouchamp, et sus son champ a Daigart lonc son frere Godart, et e. c. l. e. en l'a. l. d.
682 Et ce p. b. ancor sus ɪɪ jornals de terre ke geisent deleis¹) les ɪɪ pumiers a fiez ancoste Maheu Bertadon ou ban de Semeicort, k'il ait aquasteit a Howignon lou Chaverlor de Noweroit, en alluet, et e. c. l. e. en l'a. lo d.
683 Waterins de Noweroit p. b. sus tout l'eritage ke Jennas²) Wichars de S. Prineit tenoit, ke dovoit a Waterin desor dit xx s. de mt. de cens et xxx quartes de wayn moitange, ke Jennas desor dis li ait aquiteit, per escrit en arche, et dont Waterins est tenans.
684 Maheus Hessons p. b. sus ɪɪɪ s. et demei de mt. de cens ke geisent sus la maison et sus lou meis daier et sus cant ki apant ke siet a Wapei, en Airsey, ou Colins Bruee et Thiebas, ces freres, mainnent, k'il ait aquasteit a Werneson de la Cort de Lorey et a Jakemate Damerel, sa suer, et e. c. l. e. en l'a. l. d.
685 Et ce p. b. ancor sus une piece de preit ke geist davant Forconmolin, ancoste lui meimes, k'il ait aquasteit a Jennat Boukel de Maixieres, permei vɪɪɪ d. de cens, et e. c. l. e. en l'a. l. d.
686 Et ce p. b. ancor sus ɪ jornal de boix as Forches, et sus jor et demei antre lou boix l'aibeit de S. Vincent et Ydate, la femme lou Nial, et sus lou quart des vɪɪɪ jornals de boix en la Brouweire ke fut les oirs de Pierevilleirs,³) et sus lou quart de ɪɪ jornals ou Cuignat ancoste Faroitboix, k'il ait aquasteit a Symonat Kaibelin de Leirs, en alluet, et e. c. l. e. en l'a. l. d.
687 Poinsignons li Oie p. b. sus la maison et sus la vigne daier et sus cant ki apant ke fut maistre Simon Chalemel, ke siet en Franconrue, ancoste la grainge Jehan Bertadon, k'il ait aquasteit a Thierion, lou fil Hawelo la keuceire, permei teil cens com cist eritages doit, et e. c. l. e. en l'a. l. d.
688 Li sires Poinces de Coloigne p. b. sus la maixiere et sus lou jardin daier ke sieent ancoste sa maison a Wapey, davant sa

---

¹) deleis *übergeschrieben*.
²) Waterins *bis* Jennas *auf Rasur*.
³) *Vorlage* les oirs de Pierevilleirs. *Der Personenname ist ausgefallen.*

grant maison, k'il ait aquasteit a Werneson c'on dist Boinsemel, permei xviii d. de cens, et e. c. l. e. en l'a. l. d.

689 Willemins, li fils Willemin lou feivre de Chastels, et Jennas, li fils Abert Godexal, p. b. sus une piece de vigne ke geist desour lou mostier de Lescey, ancoste Waterel, k'il ont aquasteit a Jennat Vazelles, permei teil cens et teil droiture com elle doit, et e. c. l. e. en l'a. l. d.

690 Jennas Friandels p. b. sus III jornals de terre ke geisent ou ban d'Essey, et sus une piece de vigne ke geist en Barnaixamaille, k'il ait aquasteit a Colignon dou Fosseit, son serorge, permei xviii d. de cens et les III pars d'un meu de vin de cens, et e. c. l. e. en l'a. lo d.

691 Jehans de la Barre p. b. sus la grainge et sus tout ceu ki apant ke siet en la ruelle Flore en Franconrue, k'il ait aquasteit a Steuenat Triborin, permei v s. et demei de cens, et e. c. l. e. en l'a. l. d.

692 Collate, li femme Howignon Thomes, p. b. sus lou quart dou cellier ke siet an l'aitre S. Genoit a Nonviant et sus cant ki apant, ke fut Josselat, k'elle ait aquasteit a Symonin la Murle de Gorre, permei I fort de cens, et e. c. l. e. en l'a. l. d.

693 Chardas de Maixieres et Ysabels, sa femme, et Herbols li bochiers p. b. sus II pieces de terre ke geisent ou ban de Maixieres, s'an geist une en Behulle et li atre en Contrancort, k'il ont aquasteit a Chielamain, lou fil Xandrin de Maixieres, en alluet, [1]) et e. c. l. e. lo d.

694 Chardas de Maixieres et Herbols de Viez Bucherie p. b. sus une piece de terre ke geist en Contrancort ou ban de Maixieres, k'il ont aquasteit a Thieleman, lou fil Waterin Wixol, en alluet, et e. c. l. e. en l'a. l. d.

695 Symonas Honguerie p. b. sus tot l'eritage ke Garcerions, li fils Tierion Teste d'Arnaville, ait en bans d'Ancey en censes et en moiterasses, por tant com il l'ait en wage, per escris en arche, et ke li est delivres, et dont il est tenans.

696 Et ce p. b. ancor sus I chapon de cens ke Rogiers de Feivres doit sus I jornal de terre an Coc ou ban de Semeicort, k'il ait aquasteit a Steuenin de Maxieres, lou fil Howillon, et sus xiii d. de cens sus I jornal de terre en II pieces, k'il meimes dovoit, k'il ait aquasteit a Jakemate, la femme Jakemin de Maxieres, et e. c. l. e. en l'a. l. d.

---

[1]) *Vorlage* en lalluet.

697 Xandrins Papemiate p. b. por Anel, sa femme, et por Poincerel, sa fille, sus les v moies de vin a mostaige ke Cunins li Xors de Nonviant et Yderons, sa femme, et Bertrans, lor fils, lor ont vendut a plux vikant d'alles ii, et k'il lor ont assis sus cant k'il ont d'eritage en toz us, permei teil cens et teil droiture com toz li eritages doit, et e. c. l. e. en l'a. l. d.

698 [1]) Ce sont li for[ju]giet de ceste anee:
Colignons, li filz Wiriat de Goens,
Perrins Hairtenpiet li muniers,
Jehans, li fils Vguignon Rembalt de lai Vigne S. Anol,
Humbelas, li filz Remion de Porte Moselle,
Colignons Sodas li boweirs,
Maitheus, li filz Philippin de Malleroit,
Pierexelz li frutiers, li genres Watrin lou frutier ki fut.

---

[1]) *Oben auf die Rückseite von Blatt XVI geschrieben von Schreiber 16.*

1298

1* Ce sont li bans de paikes, en la mairie de Porte Muzelle, kant li sires Jaikes Goule fut maistres eschevins de Mes, et Hanrias Bellegoule maire de Porte Muzelle, et Jaikemins, li fis lou signor Jehan lou Gornais, maires de Porsaillis, et Perrins, li fis Jennat lou Maior ki fut, maires d'Outre Muzelle, en l'an ke li miliares corroit per M et CC et $\frac{XX}{IIII}$ et XVIII ans.

1 ¹) Gillas Maikaire prant bans por la chiece Deu de Chaistillons l'abbie sus LX et X s. et demey de mt. de cens ke geixent sus II maxons ke sieent a la rive a Kaiste an Rinport, l'une deleis l'atre, et sus V s. de mt. de cens ke Rennillons, li fis Rennier
5 de Vals, doit, et sus XVIII d. de mt. de cens ke Thiebaus Kaibaie doit sus lou tiers d'un jornal de vigne ke geist ou ban de Ropeney et sus III quartes et demee de wayn de cens et sus III quartes et demee de tramois et II d. de cens ke geixent ou ban de Semeicort, et sus III s. de mt. de cens ke geixent sus une vigne
10 ou ban de Semeicort, et sus une tavle an Nuez Chainges ke fut Thiebaut Bernaige, et sus de kant ke Thiebaus, li fis Poinsignon ²) Domate ki fut, ait, an touz us, ou k'il soit, ke li dis Thiebaus ait doneit por Deu et an amone a la chiece Deu de Chaistillons, et a. con li devise ke geist en l'ai. l. d.

2 Ferris, li escuwiers lou signor Rigal, p. b. sus la maxon et sus tout lou resaige ki apant ke siet a Erkancey ke fut Forkignon d'Erkancey, k'il ait aquasteit a signor Gerairt, lou preste d'Erkancey, permey II d. de cens ke ceste maxon doit a l'eglize d'Erkancey, et a. c. l. e. de l'aq. k. g. en l'ai. l. dv. ³)

3 Ferrias Go p. b. sus la maxon et sus tout lou resaige ki apant ke siet an Chanbres ancoste la posterne, keil pairt c'on vet as Roches, et sus la maxon et sus tout lou resaige ki apant ke siet an Chanbres ancoste l'osteil Waterin lou berbier, k'il ait aqua-
5 steit a Jehan, lou fil Pierat de Chanbres ki fut, et a Abillate et a Merguerate, les II filles Pierat desor dit, et a Ancillon, lou mairit Abillate desor dite, permey XXVI s. de mt. de cens ke li

---

¹) = 1298, 110 und 183.

²) Thiebaus, li fis Poinsignon *auf Rasur*.

³) a. c. l. e. de l'aq. k. g. en l'ai. l. dv. = ansi com li escris de l'aquast ke geist en l'airche lou deviset. *Bei anderen Einträgen ist* e. = ensi, l'a. = l'arche, d. = dist, div. = diviset, c. *ist abgekürztes* com *oder* con.

maxons a la posterne doit, et permey xII s. et demey de mt. de cens ke li atre maxons doit, et a. con l. e. de l'aq. k. g. en l'ai. l. dv.

4 Dame Iderons, li feme Guizelin de Sanerie ki fut, p. b. sus lou cillier de la maxon Colin Maithelo lou tonnelier de Sanerie, et sus la vote dezous les degreis, et sus la grainge daier ke vet an Chadeleiruwe, et sus les II estaiges desor, k'elle ait aquasteit a Colin Maithelo lou tonnelier de Sanerie et a Mairiate, sa feme, permey IIII s. de mt. de cens chesc'an, et a. con l. e. de l'aq. k. g. en l'ai. l. dv.

5 Colignons Drowas p. b. sus II jornals de vigne ke geixent an Orsaint et sus I gerding ke siet an Burey a S. Julien, ki est contrewaiges a II jornals desor dis, ke Izanbairs Bandelz de S. Julien li ait delivreit an plait, et a. c. li perchamins de la delivrance l. d., et dont il est tenans.

6 Thiebaus, li fis Vylain de Chanbres ki fut, p. b. sus la maxon ke fut son peire, ke siet an Chanbres, ancoste l'osteit Burtignon Wiel et ancoste la halle des permantiers, k'il ait aquasteit a Gerardin d'Awigney, son serorge, permey c et v s. de mt. de cens k'il an doit a Gerardin desor dit, et permey xx s. de mt. de cens k'il an doit ancor a Maithelo, son freire, et a. con l. e. de l'aq. k. g. en l'ai. l. dv.

7 Jennas, li fis Colin Vailat de Failley, p. b. sus une maxon et sus la grainge et sus lou meis et sus la cort et sus ceu ki apant ke sieent a Failley ancoste la maxon Bellenee, k'il ait aquasteit a Houwin, lou fil Izanbairt de Malleroit ki fut, et a Jaikemin, lou fil Richairt dou Pux de Malleroit ki fut, et a Jennat Gaielat de Malleroit, permey vI s. de mt. et I d. et II chapons de cens ke li maxons et li grainge et ceu ki apant doient chesc'an, et a. c. l. e. en l'ai. l. d.

8 Dame Anel, li feme Jaikemin Faixin ki fut, p. b. sus tot l'eritaige ke Jehans Lorate li clers avoit ou ban de Chailley et ou ban de Chanpillons et ou ban de Stropes et ou ban de Generey, et a une lue pres d'antor ces bans desus dis, queis k'il soit, sans niant a retenir, permey teil cens et teil droiture con touz cest eritaiges doit, k'elle ait aquasteit a Jehan Lorate lou clerc, et a. con l. e. de l'aq. k. g. en l'ai. l. dv.

9 a) Thiebaus Petismaiheu, li maires de la chiece Deu des Cordelieres dou covent de Mes, p. b. sus la maxon Waterin lou bergier et sus tot lou resaige ki apant, ke siet an Sanerie, ke li est

delivre per droit et per jugemant, et a. c. li perchamins de la
delivrance lo d.

b) ¹) Et se prant ancor bans por la chiece Deu des Cordelieres
sus xiii s. de mt. de cens chesc'an, dont il an geist vi s. sus
la grainge daier la halle an Chanbres, ancoste l'osteit Symonat
de Rouvre, et iii s. an iiii lb. de mt. de cens ke geixent a la
rive a Kaiste, ke furent Thierion Domate, et v s. sus une
maxon daier S. Hilaire a pont Renmont, 'k'il ait aquasteit a
Jehan, lou fil Thiebaut Kaibaie, et a Abertin, son freire, et a
Alixate et a Lorate, lor ii serors, et a. c. l. e. de l'aq. k. g.
en l'ai. l. dv.

10 Garsas, li fis Hanrion lou Maiansois de Vallieres, p. b. sus une
piece de vigne ke geist an Moces daier lou mostier a Vallieres,
k'il ait aquasteit a Izaibel et a Merguerite et a Poinsate et a
Mairiate, les iiii filles Jaicop lou Tawon de S. Julien ki fut,
en alluet, et a. con l. e. de l'aq. k. g. en l'ai. l. dv.

11 Jennins Pillebone p. b. sus xvi s. de mt. de cens ke geixent
sus la maxon Frizant, ke siet an Dairangeruwe, et sus vii s.
de mt. de cens ke Fakignons li feivres de Chailley doit sus la
piese de vigne et sus la terre ke geist an Chairmois, ou an
contet ii jornalz, ke geixent ou ban de Chailley, k'il ait aqua-
steit a maistre Jehan,²) lou fil Colin Chasemal, et a Merguerite,
la fille la maistrase de Chailley, ke sont mainbors lou signor
Jehan Burtemate lou preste, et a. c. l. e. en l'a. l. d.

12 Bonesuer li Vadoise, li fille Burtignon de la Tor ki fut, p. b.
sus teile escheute d'eritaige com il li est escheus de pairt peire
et de pairt meire, k'elle ait espartit contre ces hoirs et a. con
l. e. des persons k. g. en l'a. l. dv.

13 Colignons Raienavel de S. Julien p. b. sus i jornal de terre
arreuce ke geist ou ban Richerdin, lou prevost des Astans, a
Retonfayt, arreis Haibert Goulies, k'il ait aquasteit a Ideron la
boulangiere de Nowaiseville et a Gerardin Boulepouxon, permey
v angevines de droiture et les plais, et a. con l. e. de l'aq. k.
g. en l'ai. l. dv.

14 Jehans Papemiate li amans p. b. sus x s. de mt. de cens chesc'an,
k'il ait aquasteit a Cherdat Manegout de Stoxey, et k'il li ait
aicis sus sa maxon ou il maint, et a. con l. e. de l'aq. k. g.
en l'ai. l. dv.

---

¹) *Urkunde erhalten, v. Teil I, Einl. Anhang II, 24.*
²) Jehan *auf Rasur.*

15 Bellenee, li feme Forkignon Denielate ki fut, p. b. sus la moitiet de la piece de vigne ke geist ou Rowal de Failley, celey moitiet devers Failley, k'elle ait aquasteit a Ferriat Clairiet de Failley, et a. con l. e. de l'aq. k. g. en l'ai. l. dv.

16 Renaldins, li freires Colin lou pairor de Deuant S. Jorge, p. b. sus la moitiet de la piece de vigne ke geist ancoste Thiebaut Mailheu ou ban d'Erkancey, k'il ait aquasteit a Lowiat d'Erkancey, lou fil Lowiat Corchat ki fut, permey II s. et demey de mt. de cens ke ceste moitiet doit, et a. con l. e. de l'aq. k. g. en l'ai. l. dv.

17 Burtignons Wielz p. b. sus la maxon et sus tout lou resaige ki apant ke fut Jenin Pierairt, ke siet as Roches an Chanbres, ancoste la maxon Hanrit, lou fil Waterin la Haiche ki fut, k'il ait aquasteit a Vion lou viesier de Chanbres et a Hawiate, sa feme, et a Jaikemate, la feme Houwignon lou cherpantier de Chanbres ki fut, liqueile Jaikemate desor dite est mainbors de la devise Jennin Pierairt ke fut premiers mairis Hawiate desor dite, permey xx s. et III mailles de cens ke li maxons doit, et a. c. l. e. en l'a. l. d.

18 Arnous li boulangiers p. b. sus v s. et demey de mt. de cens des XI s. de mt. de cens ke dame Colate de S. Julien, ke maint daier S. Girgone, li feme Colin de la Rouwelle ki fut, et Luciate, li feme Domanjat lou cellier ki fut, ont sus une maxon ke siet an Staixon et sus tot lou resaige ki apant, ke siet antre la maxon les signors de S. Pol et la maxon Clairaidine, la feme Witier Lanbert ki fut, ke Arnous ait aquasteit a dame Colate davant nommee, apres v d. de premier cens ke li maxon doit devantriennemant, et a. c. l. e. de l'aq. k. g. en l'ai. l. dv.

19 Perrins Graitepaille et Arnols Herbo li permantiers, li II maistres de la frairie S. Girgone, p. b. sus III s. de mt. de cens chesc'an k'il ont aquasteit por la frairie desor dite a Jennat Guerairt lou munier, ke geixent sus sa maxon k'il ait an Chievremont et sus tout lou resaige ki apant, ke siet devant la porte Gairciriat Faixin, apres VI s. de mt. de cens ke li maxons doit devantriennemant a S. Thiebant, et a. con l. e. de l'aq. k. g. en l'ai. l. dv.

20 Goudefrins Cherdelz de Nowilley et Jaikemins, li fis Waterel lou Sauaige de Retonfayt, p. b. sus une piese de vigne ou an contet IIII homees, ke geist a Flanville, daier la maxon Lowion Wastel, k'il ont aquasteit a Jennat Ruillat de Flanville, per-

mey III mailles de cens ke li piese de vigne doit chesc'an, et a. c. l. e. de l'aq. k. g. en l'ai. l. dv.

21 Jenas, li fis Jenin Waicelin d'Aiest ki fut, p. b. sus xv s. de mt. de cens chesc'an ke geixent sus la maxon Symonin, lou fil Jennin Mersire ke fut, ke siet an Dairangerue, et sus lou meis daier et sus tot ceu ki apant, apres XII d. et IIII chapons de cens ke li maxons doit devantriennemant, k'il ait aquasteit a Symonin Mersire, et a. c. l. e. de l'aq. k. g. en l'ai. l. dv.

22 Poinsate, li feme Hanriat lou Tawon de S. Julien ke fut, p. b. sus la maxon et sus tout lou resaige ki apant ke siet a Vantous ancoste la maxon Steuenat Oson, k'elle ait aquasteit ai ¹) Aranbor, la fille Thomessin Bacon ke fut, permey XII d. de cens ke ceste maxons doit, et a. c. l. e. en l'a. l. d.

23 Colignons, li fis Jenin Chasemal d'Aiest, et Symonas, li fis Ailixate de Chanpillons, p. b. sus tot l'eritaige k'il ont aquasteit a Jennin Paneguel, lou fil Adant d'Anerey ke fut, ke maint an Aiest, ke geist ou ban de Vigey, an chans, an preis, an boix, an maxons, an maixeires, partout ou k'il soit et queis k'il soit, permey teil cens et teil droiture con touz cist eritaiges doit, et a con l. e. de l'aq. k. g. en l'ai. l. dv.

24 Maitheus, li fis Houwin de Malleroit ki fut, p. b. sus une piece de terre arreuce ke geist a la creuxate a Mons ou ban de Malleroit, k'il ait aquasteit a Jenat, lou fil Renbaut de Mons ki fut, en alluet, et a. c. l. e. de l'aq. k. g. en l'a. l. d.

25 Maistres Richairs de Nancey, ke maint an Aiest, p. b. sus la maxon et sus tot lou resaige ki apant ke siet an Dairangerue antre la maxon Colin lou Vadois et la maxon Anel Marsire, k'il ait aquasteit a dame Lucate, la feme Garsat Rouse ki fut, et a maistre Forke l'avokat, son fil, permey XVIII s. de mt. de cens ke li maxons doit a l'abbase de Fristor, et permey XX s. de mt. de cens k'il an doit ancor a dame Lucate desor dite et a maistre Forke, son fil, et a. c. l. e. de l'aq. k. g. en l'a. l. dv.

26 Jennas Corcelles et Symonas, li fis Lanbelin dou Waide, et Haibers, li fis Thieriat Goulies, et Jaikemins, li fis Watier lou Sauaige de Retonfayt, p. b. sus II pieces de terre ou an contet III jornals, ke geixent ou ban de Retonfayt, k'il ont aquasteit a Wiriat, lou fil Thieriat lou xaivig de Nowaiseville, et a Houwat, son freire, an alluet, por Domangin, lou fil Richier de Montois, et por Pairixate, sa feme, et a. c. l. e. en l'ai. l. d.

---

¹) *Für* ai *ist dasselbe Abkürzungszeichen gebraucht wie für* et.

27 Boinvallas li clers d'Outre Muzelle p. b. sus teil eritaige com
il ait aquasteit a Lowiat, lou fil Rennier d'Antilley ke fut, ke
geist ou ban et en la fin d'Antilley et ou ban de Stropes et en
la fin de Xertelle, an preis, an chans, an vignes, et a. c. l. e.
en l'a. l. d.
28 Arnous, li fis Jehan Bairbe d'Outre Muzelle ki fut, p. b. sus les
VIII d. de mt. de cens k'il ait raicheteit ancontre Lowiat, lou fil
Jaikemin Truillairt ki fut, ke li dis Arnols li devoit sus ceu k'il
ait an sa partie de l'awe de Malleroit, et a. c. l. e. en l'a. l. d.
29 Facons Kaitelie p. b. sus touz les preis ke Vguignons Louate
ait ou ban de Bu et ou ban d'Erkancey, ke li dis Vguignons li
ait delivreit an plait, por tant com il li doit, per escris en
airche, et a. c. li perchamins de la delivrance l. d.
30 Maistres Forkes li avokas prant bans sus la maxon et sus tout
lou resaige ki apant ke fut Willame de Mervals, ke siet an
Aiest dezous S. Ferruce, k'il ait aquasteit a Jehan c'on dist
Mervals, lou fil Piereson Louveus de S. Julien ki fut, permey L
s. de mt. de cens ke maistres Forkes desor dis l'an doit chesc'an,
et a. c. l. e. en l'ai. l. d.
31 Izaibels, li fille Heilowit la Roiene de Vallieres, p. b. sus une
maxon et sus lou meis et sus la vigne daier et sus ceu ki apant
ke siet a Vallieres ancoste la maxon Howignon Gerairt, k'elle
ait aquasteit a Thiebaut lou Maiansoit de Vallieres, en alluet,
et a. c. l. e. de l'aq. k. g. en l'ai. l. dv.
32 Thiebaus, li fis Heilowit la Roiene de Vallieres, p. b. sus une
piese de vigne ke geist an Cugnes ou ban S. Pol, k'il ait aqua-
steit a Izaibel et a Merguerite et a Poinsate et a Mairiate, les
IIII filles Jaicop lou Tawon de S. Julien ki fut, en alluet, et a.
c. l. e. en l'a. l. d.
33 Jehans Brizaie p. b. sus les XL s. de mt. de pancion ke Burtrans
Gaielas li clers doit ai ¹) Arnolt Bellamin, tote sa vie, a. c. l. e.
k. g. en l'ai. l. dv., ke li dis Arnous li ait vandut, et a. c. l. e.
en l'ai. l. d.
34 Et se prant ancor bans sus une piese de preit ke geist dezous
lou boix de Chaistillons, et sus une piese de preit ke geist an-
coste ceste piese de preit meymes, k'il ait aquasteit a Jenat
Gaielat et a Wiriat, son freire, et a. c. l. e. en l'a. l. d.
35 Ancels, li fis Jehan Ancel, p. b. sus une piece de vigne ou an
contet I jornal ke geist an Wenainchamp, per devers Mes, ou

---

¹) *Für* ai *ist dasselbe Abkürzungszeichen gebraucht wie für* et.

ban de Nowaisse[ville], et sus la moitiet de la nowe anson la vigne, k'il ait aquasteit a Gerardin, lou fil Richerdin Boulepoxon, en alluet, [1]) et a. c. l. e. en l'ai. l. dv.

36 Ancelz, li fis Jehan Ancel, p. b. sus IIII homees de vigne ke geixent deleis Thieriat Watier ou ban de Nowaiseville, k'il ait aquasteit a Goudefrin Chaipelain, permey XII d. de cens ke li vigne doit a ban lou sanexal, et a. c. l. e. en l'a. l. d.

37 Colate, li feme Androwat Poinsin ki fut, p. b. sus les VI jornals de terre ke geixent en la fin d'Oxey, ke Eudelate, li feme Burtemin Maillairt de Mercilley, et Jaikemins et Steuenins et Thiebaus et Lowias, ces IIII fis, li ont mis en contrewaige por les x quartes de wayn moitainge k'il li doient por estaies dont il l'an ont defaillit de paiemant, et a. c. l. e. en l'a. l. d.

38 Steuenins Cretons p. b. sus les III s. et III d. de mt. de cens ke geixent sus la maxon Renbadin lou berbier et sus tout lou resaige ki apant, ke siet an Chanbres devant Longeteire, dont on redoit arrier les III d. a preste de Ste Seguelenne, et sus les IIII s. de mt. de cens ke geixent sus la maxon et sus tout lou resaige ki apant ki est Waterin, lou fil Giliat lou munier, ke maint devant Longeteire, et sus les v s. et demey de mt. de cens ke geixent sus la maxon Rikewin lou covrexier, ke maint devant Longeteire, dont on redoit arrier VII d. et maille, c'est a savoir III d. a S. Girgone et III d. a S. Clemant et III mailles a Colignon Remion, ke Steuenins desor dis ait aquasteit a Izaibel, la fille la Roiene de Vallieres ki fut, et a. c. l. e. en l'ai. l. d.

39* Ce sont li bans de paikes. En lai mairie de Porsaillis:

39 Li sires Regalz, li coustres de lai Grant Eglixe de Mes, prant bans sus les x s. de mt. de cens ke Jennas Ambleuaille de lai ruwe des Allemans doit sus sai maxon et sus ceu ki apant ke siet en lai rue des Allemans, ancoste l'osteit Thieriat, lou fil [2]) Hawit de Baremont, et sus une pesse de vigne ke geist a Grant Chauol desous les Bourdes, ou chamin des Allemans, k'il ait aquasteit a Clemance, lai fille Guersat Bellegree ki fut, por lai chieze Deu desour dite, et e. c. l. e. an l'a. l. d.

40 Renalz li clers d'Outre Saille p. b. sus les III s. de mt. de cens ke Watrins Humesate doit sus sai vigne ke geist en lai Corte Roie a Grant chamin de lai rowelle as Lieure, ancoste lai vigne

---

[1]) en alluet *übergeschrieben*.
[2]) *Vorlage* fil fil *mit ausgekratztem z hinter dem zweiten* fil, *v. 1298, 41 b.*

ke fut signor Jaike Rousel ki fut, k'il ait aquasteit a Hanriat, lou fil Jennat Menneit ki fut, et e. c. l. e. an l'ai. l. dv.

41 a) Li sires Viuiens de Bouxieres, li prestres, p. b. sus une pesse [de] vigne a Chauol en Poullieut, antre lai terre lai Griue et Steuenin Buget de S. Clemant, k'il ait aquasteit a Bietrit, lai fille Colin Thiehairt de S. Clemant ki fut, permei xxvi d. de cens, et e. c. l. e. an l'a. l. d.

b) Et se p. ancor b. sus les[1]) II pairs dou champ ke geist a Rowal en lai fin de Bouxieres, k'il ait aquasteit a Wairin de Morville, lou fil[2]) Jennin lou Bague, et a Steuenin, lou fil Cakin lou poxour de Mairlei, permei teil cens com cist aquas doit, et e. c. l. e. an l'a. l. dv.

c) Et se prant ancor bans por son contrewaige sus lai maxon Jennat lou feivre de Maigney, ke siet a Maigney, et sus lai maxon Wiriat lou feivre de Mairley, son freire,[3]) et sus lour pesse de vigne ke geist ou Grant clo de Maigney, ki est contrewaiges a IIII quairtes de soile, ke li sires Viuiens ait a oulz aquasteit, toute sai vie et a lai vie Arambour, sai nesse,[4]) et e. c. l. e. an l'ai. l. dv.

42 Jehans, li filz Maiheu des Airuolz ki fut, p. b. sus une pesse de terre arreure ou on contet v jornalz, ke geist an Rouvel daier Lai Nueueville, k'il ait aquasteit a Jaicate, lai femme Willemin Paien de Lai Nueueville ki fut, permei teil cens et teil droiture com il doient, et e. c. l. e. an l'ai. l. dv.

43 Li sires Wiairs li prestres, li filz Jehan Bobert de Wauille ki fut, p. b. sus une pesse de preit ke geist en lai Fallaixe ou ban de Vesons, k'il ait aquasteit a Leucherin de Lorey, permei I d de cens, et e. c. l. e. an l'ai. l. dv.

44 Joffrois Jallee p. b. sus lai maxon et sus ceu ki apant ke siet a S. Arnoult ancoste sai grainge meymes, k'il ait aquasteit a Steuenin, lou mairit Benoiton de S. Arnoult ki fut, permei v s. et demei de cens, et e. c. l. e. an l'ai. l. dv.

45 Colignons, li filz Ancillon Saillambien de Montois, p. b. sus jor et demei de terre ke geist sus Praile, ancoste Ancillon desour dit, k'il ait aquasteit a Hanriat et a Steuenin et a Ailexate, les III enfans Jennat Raixewin de Montois, et e. c. l. e. an l'ai. l. d.

46 Lowias Tallons, li genres dame Poince Muelle de lai rue des Allemans, p. b. sus lai maxon et sus lou meis daier et sus tout

---

[1]) *Vorlage* li II pairs. [2]) *Vorlage* filz.
[3]) *Vorlage* feivre. [4]) *Vorlage* ne nesse.

ceu ki apant ke siet an lai ruwe des Allemans ancoste lai maxon
Goible, k'il ait aquasteit a Jehan, lou fil Jaikemin Poirel ki
fut, permei xv s. de cens k'elle doit, et e. c. l. e. an l'ai. l. dv.

47 Lowias Tallons et Burthemas, li filz Wairenel d'Abigney, et
Jennas Chenes de Coullambeirs, li filz Berthemin lou Verderet,
p. b. sus une pesse de preit ke geist an Geleichamp an lai fin
de Chaigney, k'il ont aquasteit a Thieriat et a Goudefrin, les II
filz Jennat lou vies maior de Mercilley ki fut, permei VIII d. de
cens, et e. con l. e. an l'ai. l. dv.

48 Thierias Seruins p. b. sus lai maxon et sus tout ceu ki apant
et sus lou meis daier ke siet en lai Chenal an coste Lowiat
Raifal, k'il ait aquasteit a Lorate et a Yzaibel, ces II serours,
permei VIII s. de cens, et e. c. l. e. an l'ai. l. dv.

49 Dame Mertenate, li femme Jennat de Croney ki fut, p. b. por
son contrewaige sus lou meu de vin de cens ke li femme Jennat
lou Roge doit sus sai pesse de vigne ke geist en Saibrie, et lou
meu de vin de cens ke Cunegons doit sus sai vigne ke geist an
Collambelle, ancoste lai vigne Jennat Bonehaiche, leskeiles II
moies de cens sont contrewaige a xx s. de cens I d. moins ke
Pieresons de Croney, li filz Symonin de Chaizelles, li doit por lai
maxon k'elle li ait laieit, et e. c. l. e. an l'ai. l. d.

50 a) Jaikemins de Pairgney p. b. sus I jornal de terre ke geist
ou Juriet, ancoste lui meymes, k'il ait aquasteit a Domangin,
lou fil Cunegate de Sairley, permei teil cens et teil droiture
com il doit as signors, et e. c. l. e. an l'ai. l. dv.

b) Et se prant ancor bans sus les xx d. de cens ke Sebeliate,
li femme Howel, doit sus une pesse de vigne ke geist an Benair
a Apilley, k'il ait aquasteit a Odelie, lai femme Maitheu de
Praijs ki fut, et e. c. l. e. an l'ai. l. dv.

51 a) Jennas Baikelz li boulangiers p. b. sus la moitiet des IIII lb.
et II s. de mt. et une geline de cens ke sont escheus a Jehan,
lou fil Guersat Bairekel ki fut, et a Jaikemin, son freire, et a
Marguerite, lour suer, de pair Joffroit Bairekel, lour oncle ki
fut, ke Jennas Baikelz desour dis ait a oulz aquasteit, et e. c.
l. e. an l'ai. l. dv.

b) Et se p. ancor b. sus les XIIII s. de mt. IIII d. moins de cens
et sus teil avenant com Perros li merciers et Lorate, sai femme,
ont an IIII lb. de met. et II s. et une geline de cens ke furent
Joffroit Bairekel, ke Perros et Lorate desour dis ont espertit
ancontre Jennat Baikel desour dit et encontre Wiriat lou lodier

de Nowillei, et ke Jennas Baikelz desour dis ait a oulz aquasteit, et a. c. l. e. an l'ai. l. d.
52 Colignons Guercelz p. b. sus une pesse de vigne ke geist an Montain desous Sainte Glosenne, k'il ait aquasteit a Clemansate Mogue, permei xi s. de cens, et e. c. l. e. an l'ai. l. dv.
53 a) Jehans li Merciers, li amans, p. b. sus les vi pesses de terre arreure ou on contet xi jornalz ke furent Vguignons de Liehons, ke geixent an Hem, k'il ait aquasteit a Collate, lai femme Pierat de Chambres ki fut, et e. c. l. e. an l'a. l. dv.
b) Et se prant ancor bans sus les xv jornalz de terre arreure ke geixent an Hem ke Colignons de Luppei ait eut en sai pairt de pair dame Bietrit, lai femme Steuignon Bellegree ki fut, ke Jehan desour dis ait aquasteit a Colignon de Luppey, et a. c. l. e. an l'ai. l. dv.
54 a) Bertignons Wielz, li amans, p. b. sus xxii s. et demei de mt. de premier cens ke geixent sus lai maxon ke fut Leudin lou taillour et sus tout lou resaige ki apant, ke siet a l'antreir dou Champel outre Saille, ke furent lou signor Willame de lai Court, k'il ait aquasteit a Jehan, lou fil Wichairt de lai Court ki fut, et e. con l. e. an l'ai. l. dv.
b) Et se prant ancor bans sus viiii s. de mt. de cens des lx s. de met. de cens ke li sires Willames de lai Court avoit sus iii maxons ke sieent en Furneirue, l'une ancoste l'atre, ke Ferris li celliers tient, ke Bertignons Wielz ait aquasteit a Perrin, lou fil Boielo de Lieons, apreis teil cens com Burtignons desour dis ait en lx s. de cens desour nommeis, et e. c. l. e. an l'ai. l. dv.
55 Jehans Trauaille, li filz Eurriat de Wittoncourt, p. b. sus les xvi s. de mt. de cens ke Jehans davant dis et Marguerite, sai meire, dovoient sus lai pesse de vigne ke geist a Grant chamin, et sus les xi s. de mt. de cens k'il dovoient sus lai[1]) maxon Odeliate de Chasey, ke siet en lai rowelle Yzambairt, ancoste lai grainge Jehan meymes, ke Jehans desour dis ait raicheteit a Jennat Traivaille, son oncle, et e. c. l. e. an l'ai. l. dv.
56 Nikelolz li tonneleirs p. b. sus lai maxon et sus ceu ki apant ke siet daier S. Eukaire ancoste l'osteil Hesselat Hurel ki fut, k'il ait aquasteit a Henneman lou tonnelier, son maistre, permei xx s. de cens, et e. c. l. e. an l'ai. l. dv.
57 Maistres Abris li arcedyaicres p. b. sus les xx s. de mt. de cens ke Colins Bonins doit sus sai maixon ou il maint, ke siet desous

---
[1]) lai verbessert aus sai.

l'orme a Sainte Creux, an coste l'osteit Colignon lou Godour, k'il ait aquasteit a Jennat Rennier, ke maint an Jeurue, et e. c. l. e. an l'ai. l. dv.

58 Poincignons Symairs p. b. sus teil pertie com Colignons Doignons et Willemins Gameis et Jehans li Roucelz et Thiebaus, ces III freires, ont en lai maxon et en tout ceu ki apant ke siet en lai court de Pawillon, et en lai maxon et en tout ceu ki apant ke siet sus lou tour de lai rowelle ou li taboureires maint, ke lour est encheus de pair Aieron, lour tante, ke Poincignons desour dis ait a oulz aquasteit, permei teil cens com les pairs doient, et e. c. l. e. an l'ai. l. dv.

59 Jaikemins, li filz Lowiat lou tennour de lai Vigne S. Auol, p. b. sus lai maxon et sus tout ceu ki apant ke siet en lai Vigne S. Auol an coste l'osteit Domangin Marchandel, k'il ait aquasteit a Rekisse, lai femme Jennin Oxey, permei IIII s. et demei de cens, et e. c. l. e. an l'ai. l. dv.

60 Rembalz, li filz Waterin Witon de S. Clemant ki fut, p. b. sus lai pesse de terre ke gist ou Fontenis ancoste lai terre Wiriat lou vies maior, permei III angevines de cens, et sus la pesse de terre en alluet ke geist sus Bresey ancoste lui meymes, k'il ait aquasteit a Bietrit, lai fille Colin Tiehairt de S. Clemant ki fut, et e. com l. e. an l'ai. l. dv.

61 Maithias Rabowans p. b. sus lai maxon ke fut Hanrion Pottier et sus tout ceu ki apant, ke siet ou Waide, ancoste l'osteit Hanriat Ferrion, k'il ait aquasteit a Maitheu Mainneit, lou fil Jennat Menneit ki fut, permei XII d. de cens, et e. c. l. e. an l'ai. l. dv.

62 Li sires Symons, li prestres de S. Ferrusse, p. b. sus XII d. de cens ke Steuenins, li filz Perrin de Waixey ki fut, doit sus II stalz ke geixent an Vesignuelz, an lai plaice daier les Nues Chainges, k'il ait aquasteit por l'eglixe desor dite a Xandrin, lou fil Nicolle lou Hungre ki fut, et e. com l. e. an l'ai. l. dv.

63 Li sires Jehans Maiguetins, li prestres, et li sires Jehans de Perpont p. b. sus XII d. de mt. de cens ke geixent sus lai maxon Rembour, lai femme Colin Xourdel de Maizelles ki fut, et sus lou meis daier et sus tout ceu ki apant, k'il ont aquasteit por lai compaignie des VII prestre ai Rembour desor dite, apres v s. II d. moins et I chapon de cens k'elle doit, et e. c. l. e. an l'a. l. d.

64 a) Li sires Jehans Maiguetins et li sires Thieris Poles p. b. sus XII d. de cens ke Jennas Putefins de S. Piere lor ait essis [sus]

sai maxon ou il maint, k'il ont a lui aquasteit, apres IIII s. de cens k'elle doit, et e. com l. e. an l'ai. l. dv.

b) Et se p. ancor b. sus XII d. mt. de cens ke geixent sus lai maxon et sus ceu ki apant ou Colins li Maires li olieirs de S. Martinruwe et Yzambairs, li filz Rollan l'olier ki fut, mainnent, ke Colignons desor dis ait doneit por Deu et en amone a lai conpaignie des VII prestres, et e. c. l. e. an l'a. l. dv.

65 Goudefrins li taillieres, li filz Guepe de Colligney, p. b. sus II fasiees de preit ke geixent a lai fontenne en l'Anoi de Coligney, et sus demei jornal de terre en lai Louveire, ancoste Thieriat Becol, k'il ait aquasteit a Ailexate lai Vackenasse, lai femme Steuenin de Colligney ki fut, permei teil cens com cist heritaiges doit a ban dont il muet, et e. c. l. e. an l'ai. l. dv.

66 Li sires Weiris de Nonviant, li prestres de lai chaipelle Bairbe, p. b. sus II s. de mt. de cens des IIII s. de cens ke Willames Bisseicourt de Hulouf doit sus sai pesse de vigne ke geist ou leu c'on dist ou Palle, ancoste lai vigne Gererdat Cornaille, k'il ait aquasteit [a] Remiat Menneit de lai Vigne S. Auol, et e. c. l. e. an l'ai. l. dv.

67 Colins li Gornais li cherpantiers de S. Clemant p. b. sus lou praiel ke siet en lai rowelle ai S. Clemant antre lai grainge Gerairt et Clemanse et sus tout ceu ki apant, sans les loies ke Colins puet stoupeir, k'il ait aquasteit a Waterin, lou fil Colin Thiebairt de S. Clemant ki fut, permei IIII s. et V d. ke li praielz doit a Wiriat lou vies maior, et e. c. l. e. an l'ai. l. dv.

68 Jaikemins Frankignons p. b. por l'abbasse de Sainte Glosenne sus VI s. et demei de mt. de cens ke Clemansate, li femme Thomessin lou huchour ki fut, doit sus son meĩs ke geist a chief dou champ S. Arnoult, ke li abbasse desour dite ait aquasteit a Symonat, lou fil Jaikemin Pallerin ki fut, et e. c. l. e. an l'a. l. dv.

69 Bertrans li clers de Croney, li maires Sainte Glosenne, p. b. por suer Marguerite, lai fille signor Joffroit lou Gornaix ki fut, qui est nonain de Sainte Glosenne, sus lai maxon et sus lai grainge et sus lou gerdin daier et sus tout ceu ki apant ke Perrins, li filz Nenmeriat Lohier qui fut, avoit, ke siet a Maigney; likeile maxon et li grainge et li gerdin sont contrewaige por les XX s. de mt. de pension ke Bertrans desour dis ait ai lui aquasteit por dame Marguerite desour dite, chescun an tant com elle vivereit, et e. c. l. e. an l'ai. l. dv.

70 Maiheus,¹) li filz Jennat Noiron ki fut, et Hawiate et Collate, ces II serours, p. b. sus lai pesse de vigne an Corchebuef, an coste lai vigne Jehan Cornal, k'il ont aquasteit a Roubelin Gallien, ke maint an Maizelles, permei VI s. et I d. de cens, et e. com l. e. an l'ai. l. dv.

71 Ferrias Fessalz et Bertrans, li filz Jehan lou Borgon, ke maint defuers lai porte des Allemans, p. b. sus XIIII s. de mt. de cens ke geixent²) sus les VIIII s. et demei de mt. de cens ke Wirias, li filz Jennat, doit sus sai maxon³) ke siet ou Halt Champel, et sus les VIIII s. et demei de cens ke Lambelins de Morinville doit sus sai maxon ke siet ou Baix Champel, k'il ont aquasteit por Maitheu Gueperate et por Margueron, sai femme, ai Jehan, lou fil Euriat Traivaille ki fut, et e. c. l. e. an l'ai. l. dv.

72 Jennas Syuerelz p. b. sus II s. de mt. de cens ke geixent sus teil pertie com Thomessins li tixerans ait en lai maxon et en ceu ki apant ke siet en Chaponrue ancoste l'osteit Merguerate Gerode, k'il ait aquasteit a Thomessin desour dit, et e. c. l. e. an l'ai. l. dv.

73 Thierias, li filz Jennin lou Saive de Maizelles ki fut, p. b. sus une pesse de vigne tiers meu S. Pol, ke geist en Ospreit, ancoste lai vigne Anel Robin, et sus une pesse de vigne ke geist a Chene, ancoste lai vigne Burtran Deuloufist, permei II s. de cens ke li vigne a Chene doit, et sus une pesse ke vigne ke champ ke geist an Corchebuef, desous lai vigne Bonemeire, permei II s. de cens ke ceste pesse doit, k'il ait aquasteit a Bertran, lou fil Aidenat de Quencey ki fut, et e. c. l. e. an l'ai. l. dv.

74 Eurrias de Tinkerey de lai Vigne S. Auol p. b. sus une pesse de vigne ke geist ou Rowal, ancoste lai vigne Colignon lou Tignous, k'il ait aquasteit a Clemansatte, lai femme Pierexel Mogue de Maizelles qui fut, permei VII s. et demei de cens, et e. c. l. e. an l'ai l. dv.

75 Godefrins Godairs de lai rue des Allemans p. b. sus jor et demei de terre ke geist en lai Baixe Burtelle, ancoste lai terre Colin lai Rousse, k'il ait aquasteit a Mertignon Repigney, son oncle, permei XI d. et une angevine de cens, et e. c. l. e. an l'ai. l. dv.

---

¹) t vor h *ausgekratzt und so* Maitheus *in* Maiheus *geändert.*
²) *Vorlage* geixens.
³) Wirias *bis* maxon *auf Rasur.*

76 Abertins Sauegrain p. b. sus II jornalz de vigne, quair meu
S. Pol, ke geixent an Herbeclo, ancoste lai vigne Maitheu
Maiguelot, k'il ait aquasteit a Perrin, son serorge, lou fil Thieriat
Fouille ki fut, et e. c. l. e. an l'ai. l. dv.

77 Bonesuer, li fille Burtignon de lai Tour ki fut, p. b. sus teil
pertie d'eritaige com il li est escheus de pair peire et de pair
meire et de pair Lowiat, son freire, et de pair Domate, sai suer,
permei teil cens et teil droiture [com] celle pairt doit, k'elle ait
espertit ancontre ces hoirs, et e. c. l. e. des persons ke geixent
an l'ai. l. devisent.¹)

78 Jennas d'Orceualz, ke maint a Maicliue, p. b. sus la moitiet
dou champ ke geist an Lonchamp et sus lou tiers de l'atre
moitiet, ke geist ou ban de Maicliue, k'il ait aquasteit a Rembaut, lou fil Ailexon de Luscey ki fut, permei III angevines de
cens, et e. c. l. e. an l'ai. l. dv.

79 a) Luckins li espiciers p. b. sus lai pesse de terre ke geist en
Blairenchamp an coste lui meymes, k'il ait aquasteit en alluet
a Jennat Xerdat lou boulangier, et e. c. l. e. an l'ai. l. dv.

b) Et se p. ancor b. sus lai²) pesse de terre ke geist a lai
Tornelle an Girbertchamp an coste lui meymes, k'il ait aquasteit en alluet a Guersat, lou fil Lowit de Maicliue, et e. c. l.
e. an l'ai. l. dv.

80 Jaikemins, li fillaistres Quertal de Chaistelz ki fut, p. b. por sai
waigeire sus lai maxon Brocairt lou corvexier d'Orons et sus
ceu ki apant, ke siet a Orons, ancoste Ancillon Couaple, et sus
son rosoi ke geist deleis Colin Hennebour, et sus une pesse de
terre sus Humberge, apres Goudefroit lou maior, et sus I jornal
en lai Macre, et sus I jornal en Flaixairt, ancoste Colin Hennebor, et sus une pesse de preit an Bouverel, ancoste Hanrit, et
sus ceu k'il ait ou Nuef preit an II leus, et sus I jornal amont
Raiflinchamp, ancoste lai frairie, et sus tout l'eritaige k'il ait,
per tout ou k'il soit, ki³) est contrewaiges por les II quairtes
de bleif de rante ke Jaikemins desour dis ait aquasteit a Borcairt desour dit, et e. c. l. e. an l'ai. l. dv.

81 Lorate, li fille Lietal Gougenel de S. Arnoult ki fut, p. b. sus
lai maxon et sus ceu ki apant ke siet a S. Arnoult ancoste l'osteit

---
¹) v. *1298, 158.*
²) lai *verbessert aus* sai.
³) *Hinter* ki *ist* l *ausgekratzt.*

Jaikemin Blanchairt, k'elle ait aquasteit a Thiebaut, lou fil Cardate ki fut, permei vıııı s. de cens, et e. c. l. e. an l'ai. l. dv.

82 Hanrias et Ferrions, li dui fil Richairt Wajrenel, p. b. sus ı querteron de vigne ke geist an S. Niclochamp, ancoste lai vigne lai meire Jehan Bice, k'il ont aquasteit as ıııı enfans Jehan Frixure, permei ıııı d. une angevine moins de cens, et e. c. l. e. an l'ai. l. dv.

83 a) Jehans, li filz Poincin Bellegree ki fut, p. b. por lou prestre et por les malaides de S. Laidre sus les x s. de mt. de cens ke geixent sus lai maxon ke siet a l'antree de Sanerie ancoste les osteis S. Clemant, ke Steuenins, li filz Clowat, tient, et e. con l. e. an l'ai. l. dv.

b) Et se prant ancor bans por les malaides desour dis [sus]¹) les v s. de mt. de cens ke Poinsas Aingebers doit sus sai maxon et sus son meis daier ke siet a Maigney, arreis lai maxon Gererdat lou maior, et sus les ııı s. et demei de cens ke geixent sus lai pesse de vigne outre lou terme a Maigney, ancoste lai vigne Mairiate, lai femme Steuenin Budin, et sus les ııı s. et demei de cens ke Arnoulz, li filz Graisoie, doit sus son demei jornal de vigne ke geist ou Petit clo a Maigney, k'il ait aquasteit a Odeliate de Maizelles, lai femme Maitheu de Pertes ki fut, et e. c. l. e. an l'ai. l. dv.

84 Li sires Jehans, li prestres de S. Estene lou Depaineit, p. b. sus xıı d. de cens ke geixent sus teil pertie com Jehans, li filz Wiriat Crestine ki fut, ait ou closel de vigne a lai Chenal ke partet a Symonat, son freire, k'il ait aquasteit a Jehan desour dit, apres xvııı d. de cens ke cille pertie doit, et e. c. l. e. an l'ai. l. dv.

85 Guersas, li genres Abertin Xourdel de S. Clemant ki fut, p. b. sus ıı pesses de vigne ke geixent en planteir Allenne ou ban S. Clemant, ke partent a Lambelat lou convers, k'il ait aquasteit a Jehan de Valz, permei xxvıı d. de cens, et e. c. l. e. an l'ai. l. d.

86 Jennas li Gronais de Fremerey, p. b. sus une pesse de vigne ke geist sus Culloit, ancoste lai vigne Aurowin, lou fil Chabosse, k'il ait aquasteit a Jehan, lou fil Rembalt Morville ki fut, permei ıııı s. de cens, et e. c. l. e. an l'ai. l. dv.

87 Burtemins, li filz Thomessin d'Airs ki fut, p. b. sus lai maxon ke fut Haibelin et sus tout ceu ki apant, ke siet a tour dou

---

¹) *Vor* por *ist* sus *durchgestrichen und vor* les *vergessen.*

Waide, ancoste l'osteit Jaikemin Willebour, k'il ait aquasteit a Margueron Blanche, permei xxvii s. et maille de cens, et e. c. l. e. an l'a. l. d.

88 Dame Aileis, li femme Colignon Lorate ki fut, p. b. sus une pesse de vigne ke geist en Mallemairs, an coste lai vigne Mertin Meche, k'elle ait aquasteit a Jehan, lou fil Jennin[1]) l'Alleman ki fut, permei une maille de cens, et e. c. l. e. an l'ai. l. dv.

89 Joffrois Groignas, li filz Xandrin Mourekin ki fut, p. b. sus xi jornalz de terre arreure et sus lou preit ke geist an Seuerei et sus la moitiet dou gerdin as ampes et sus de can ke Domangins, li filz Burtran lou gros maior d'Airs ki fut, ait de rantes et d'eritaige, per tout ou k'il soit et keilz il soit, sans niant ai retenir, ke fut Burtran lou gros maior, son peire desour dit, ke li dis Joffrois ait aquasteit a Domangin desour nommeit, permei teil cens et teil droiture com cist heritaiges doit a leu dont il muet, et e. c. l. e. an l'ai. l. d.

90 Bertrans, li genres Jennat Otthignon lou permantier, p. b. sus lai maxon ke fut Lietal lou permantier et sus tout ceu ki apant, ke siet an S. Martinrue, et sus tout lou cens ke Burtrans desour dis dovoit a Clemansate, lai fille Jennat Blondelat ki fut, por lai maxon desor nommee et por ceu ki apant, ke Bertrans desour dis ait aquastait a Clemansate desour nommee, permei XL s. de mt. de cens ke cist heritaiges doit, et e. c. l. e. an l'ai. l. dv.

91 Li sires Jehans, li prestres de S. Jehan lou Petit, p. b. por l'aiglixe desour dite sus les ii s. de mt. de cens ke geixent sus l'osteit ki fut Hanriat de Fraine, ke siet antre les ii stuves en lai Nueve rue, k'il ait aquasteit a Hanriat, lou fil Philippin Bouchate ki fut, et a Sebeliate, sai suer, apres x s. de cens ke li maxon doit, et e. c. l. e. an l'ai. l. dv.

92 Perrins Corbelz p. b. sus viii bichas de soile et sus viii bichas d'avoinne et sus viii gelines et sus iii d. mt.,[2]) k'il ait aquasteit a Florate, lai femme Piereson dou chaimin de Chacey ki fut, et e. c. l. e. an l'ai. l. dv.

93 Jaikemins Jaillee p. b. sus teil pertie com Colignons, li filz signor Joffroit lou Gornaix ki fut, avoit en c s. de mt. de cens ke Jaikemins meymes doit de sai maxon ou il maint, et sus teil pertie com Colignons davant dis ait an XLIIII s. de mt. de cens ke geixent sus lai maxon et sus ceu ki apant ke fut lou signor

---

[1]) Jennin *übergeschrieben*, Jaikemin *durchgestrichen*.
[2]) *Hinter* mt *ist* de cens *durchgestrichen*.

Joffroit davant dit, ou Colignons, li filz signor Jehan lou Gornaix, maint, et sus teil pertie com Colignons davant dis ait en ıı stalz ke geixent en lai halle desour l'escolle an Chainges et sus tout ceu ki apant, k'il ait aquasteit a Colignon, lou fil signor Joffroit desor nommeit, et e. c. l. e. an l'ai. l. dv.

94 [1]) Abertins li Caimus d'Eurecourt p. b. sus tout l'eritaige ke Abillons, li femme Howat d'Eurecourt ki fut, et Howignons, ces filz, ont a Eurecourt et en tous les bans, en tous us, k'il ait a oulz aquasteit, permei teil cens et teil droiture com il doit a ban, et e. c. l. e. an l'ai. l. dv.

95 a) Jennas Jeuwerelz li boulangiers p. b. sus les vııı s. de mt. et ıııı d. de cens ke Jennas Berterias et Wiborate, sai femme, ont en xv s. de mt. de cens ke Jennas Jeuwerelz meymes doit sus lai maxon ke fut Rembalt lou traifillier et sus ceu ki apant, ke siet en Sanerie, ancoste lai maxon Goideman l'awilleir, ke Jennas Jeuwerelz ait aquasteit a Jennat et a Wiborate, sai femme, et e. c. l. e. an l'ai. l. dv.

b) Et se p. ancor b. sus les v s. de mt. et ııı d. de cens ke geixent sus lai maxon ke fut Guizelin, ke siet ancoste l'osteit Jennat Creature en Sanerie, et sus x d. de cens ke geixent sus lai maxon Steuenel en Sanerie, ancoste l'osteit ke fut Jennat Craffillon, k'il ait aquasteit a Merguerate, lai femme Steuenin de Chieuremont ki fut, et e. c. l. e. an l'ai. l. dv.

96 Thiebaus, li filz signor Jehan de Raigecourt ki fut, p. b. sus lai pesse de terre ke geist en Granvigne ancoste lai vigne ke fut Jennole Mallebouche, et sus les ıı pesses de terre ke geixent en Orpesse [2]) ou ban de Joiei, antre les vignes S. Arnoult d'une pairt et d'atre, et sus v steires et demaie de vin de cens ke Hanrias Cayns de Joiei doit, k'il ait aquasteit a Poincignon lai Peirche et Arnoult, son freire, et a Poinsate et a Clemansate, lor ıı serors, et a Jehan, lou fil Ancillon Mainchelo, et a Badewin Piero, lor ıı serorges, et e. c. l. e. an l'ai. l. dv.

97 Colignons Merchandate de Vesignuelz p. b. sus ııı pesses de preit ke geixent ou ban de Nonviant, dont il an geist une pesse anson lai mairs Godin, et une pesse an Retonpreit, ancoste Thieriat, lou fil signor Ancel, et une pesse desous Gerairtnowe, an coste Thiebaut d'Airs, et sus lou meis en Glorieu a Nonviant, desous

---

[1]) *Der Eintrag 94. der nach OM. gehört, ist aus Versehen zwischen die Einträge der Mairie PS. geraten.*

[2]) Orpesse *auf Rasur.*

lou meis Gillate, lai fille Guercerion Mauexin, et sus les xviii d.
de cens ke geixent a Nonviant sus lai maxon Cherdat lou Staige,
k'il ait aquasteit a Wirion et a Jaikemin, son freire, les enfans
dame Afelix de Pairgney, et e. c. l. e. an l'ai. l. dv. [1])

98 Steuenins, li maires de S. Clemant, p. b. sus iii s. de mt. de
cens ke geixent sus lai maxon Wiairt lou keu de S. Clemant
et sus ceu ki apant, ke siet a S. Clemant, ancoste l'osteit
Poincignon Chaimaigne, apres iii s. de cens ii d. moins ke li
maxon doit, et sus une pesse de vigne, tier meu S. Clemant, ke
geist davant S. Laidre, ancoste lai vigne Lambillon, k'il ait
aquasteit a Wiairt desour dit, et e. con l. e. an l'ai. l. dv.

99 Roillons Repigney, ke maint en lai rue des Allemans p. b. sus
lai maxon ke fut Goudefroit, son peire, et sus ceu ki apant,
ke siet en lai ruwe Repigney, ancoste lai maxon Jehan lou
feivre, permei viii s. de mt. iiii d. moins de cens, et sus celei
moitiet de meis ke fut aquastee a Colignon Dowaire, ke siet
en lai rowelle Repigney, ancoste Thiebaut Moffle ki fut, permei
ii s. et demei de cens, k'il ait aquasteit a Mertignon Repigney,
son freire, et e. c. l. e. an l'ai. l. dv.

100 Symonas Boudas li tenneires d'Outre Moselle p. b. sus ii s. de
mt. de cens ke geixent sus la moitiet de lai maxon et de ceu
ki apant ke siet en Chaponrue davant lou puix, ancoste lai
maxon Deulouseit, k'il ait aquasteit a Jaikemin Boelo, lou fil
Thomessin de Pierevilleirs, et e. con l. e. an l'ai. l. dv.

101 Perrins, li filz Jehan Petitvake ki fut, p. b. sus les iiii s. de
mt. de cens k'il meymes dovoit sus ces ii jornalz de terre ke
geixent an Hem, sus Wadrimnowe, k'il ait aquasteit a signor
Willame, lou prestre de S. Jehan a S. Clemant, et a signor
Jehan, [lou prestre] de S. Gengoult, les ii maistres de lai frairie
des prestres parrochalz de Mes, et e. c. l. e. an l'ai. l. dv.

102 Freires Clemans, li convers de lai Vigne S. Marcel, p. b. sus
une pesse de vigne ou on contet demei jornal, ke geist an lai
Baixe Burtelle, ancoste lai vigne Gererdat, lou fil Kise, ke
Peccas, li filz Kise de lai ruwe des Allemans, li ait delivreit
en plait, por iii estaies trespassees des ii s. et demei ke li
pesse de vigne doit as pucelles davant dites, et por les aidras,
et dont les pucelles desour dites son tenant.

103 Poincignons Faconvers p. b. por lai chieze Deu des Proicherasses
de Mes sus les xxx s. de mt. de cens ke dame Marguerite, li

---
[1]) v. 1298, 142. Das Haus liegt in der mairie OM.

femme Drowat Guepe ki fut, lor ait essis sus sai maxon et sus les masenate ke sieent en Chaipeleirue ancoste lai maxon Sainte Marie a Boix et sus tous les resaiges ki apandent, ke Poincignons desour dis ait a lei aquasteit, apres x d. de cens ke li maxon desour dite et ceu ki apant doit, et e. c. l. e. an l'ai. l. dv.

104 Jennas li celleriers de Maigney p. b. sus lou demei jornal de vigne ke geist an Greives ou ban de Maigney ancoste Jehan Wiborate, k'il ait aquasteit a Jaikemin lou Jeuwet de Maigney, permei II s. et demei de cens, et e. c. l. e. an l'ai. l. dv.

105 Louvatte, li fille lou signor Jehan lou Trowant ki fut, p. b. sus les LX s. et x s.[1]) de mt. de cens ke geixent sus lai maxon ke fut lou signor Poinson lou Trowant et sus tont ki apant, ke siet ancoste lou puix outre Saille, ou Abertins Boufas maint, k'elle ait aquasteit toute sai vie a Ferrit, son nevout, lou fil signor Poinson desour dit, et e. c. l. e. an l'ai. l. dv.

106 Renalz li chamberlains p. b. por lai chieze Deu de Moremont sus les LX s. de mt. de premier cens ke geixent sus lai maxon ke fut Baizin et sus les resaiges ki apandent, ke siet a lai Pousterne, k'il ait aquasteit a Perrin, lou fil signor Thiebaut de Moielain, et a. c. l. e. an l'ai. l. dv.

107 Colignons, li filz Goudefrin de Heu, p. b. sus lai maxon et sus tous les resaiges ki apandent ke siet a Quertal antre l'osteit les II filles Drowin dou Quertal ki fut et l'osteil Jennat lou mairexal, k'il ait aquasteit a Colin lou Vadois, lou fil Odelie dou Quertal ki fut, permei II d. de cens k'elle doit as hoirs Jennat lai Baire, et e. con l. e. an l'ai. l. dv.

108 Jehans, li filz Jaikemin Bellegoule ki fut, p. b. sus les XII d. et maille de cens ke Thieris Burtous doit sus une pesse de vigne ke geist an Ospreis,[2]) ke fut Thieriat de Mercey, k'il ait aquasteit a Hanriat, lou fil Jennat Menneit ki fut, por lai frairie des clers de lai frairie S. Nicolais de S. Mamin, et e. c. l. e. an l'a. l. d.

109 Jaikemins Mouretelz p. b. sus lai grant maxon ke fut Steuignon Bellegree et sus tout ceu ki apant, ke siet a Porsaillis, k'il ait aquasteit a Jaikemate, lai fille Steuignon desour dit, permei teil cens com cist heritaiges doit, et a. c. l. e. an l'ai. l. dv.

110 [3]) Gillas Maikaire p. b. por lai chieze Deu de Chaistillons l'abbie sus LXX s. et demei de mt. de cens ke geixent sus II maxons

---

[1]) et x s. *übergeschrieben.* [2]) *Vorlage* an nospreis. [3]) = *1298, 1 und 183.*

ke sieent a lai rive a Caistes an Rimport, l'une an coste l'atre, et sus v s. de mt. de cens ke Rennillons, li filz Rennier de Valz, doit, et sus xviii d. de cens ke Thiebaus Caibaie doit sus lou tiers d'un jornal de vigne ke geist ou ban de Roupeney, et sus iii quairtes et demaie de wayn de cens et sus iii quairtes et demaie de tramois et ii d. de cens ke geixent ou ban de Semeicourt, et sus iii s. de mt. de cens ke geixent sus une [vigne] ou ban de Semeicourt, et sus une tavle ke geist an Nues Chainges ke fut Thiebaut Bernaige, et sus de can ke Thiebaus, li filz Poincignon Domate ki fut, ait, an tous us, ou k'il soit, ke li dis Thiebaus ait donneit por Deu et en amone a lai chieze Deu desour dite, et e. c. l. e. an l'ai. l. dv.

111 Maiheus, li filz Renadin lou Mercier, p. b. sus tout l'eritaige ke Thierias Judes li bouchiers ait, per tout ou k'il soit, ke li est delivres en plait, por tant com Thierias desor dis li doit et ait a faire ai lui, per escris an airche et sans escris, et dont Maiheus desor dis est tenans.

112 a) Jehans Xairolz li tenneires de lai Vigne S. Auol p. b. sus lai pesse de vigne ke geist en Challosit ancoste lai vigne Euriat de Tinkerey, k'il ait aquasteit a Gererdin Berbaiste, permei iii s. et demei de cens, et e. c. l. e. an l'ai. l. dv.

b) Et se prant ancor bans sus lai maxon ke fut Thieriat lou Vel de lai Vigne S. Auol et sus ceu ki apant, ke siet ancoste l'osteit Joffroit l'arcenour, k'il ait aquasteit a Maitheu, lou fil Thieriat desour dit, permei x s. de mt. de cens, et a. c. l. e. an l'ai. l. dv.

113 Boinvallas, li filz Symonin Facon ki fut, p. b. sus lai vigne et sus lai grainge et sus lou gerdin et sus lou preit ke geist, tout en i tenant, ou ban de Mairuelles, c'on dist a Pairuel, ancoste les Proicherasses, ke li dis Boinvallas ait aquasteit a Poincignon, lou vies maior de Vesons, permei meu et demei de vin et iii s. et demei de mt. de cens ke tous cist heritaiges doit, et e. c. l. e. an l'ai. l. dv.

114 a) Perrins Louve p. b. sus les xx s. de mt. de cens ke geixent sus lou closel de vigne en Halte Riue, sus lou weit a Maigney, dont il en geixent xi s. sus ii pesses de vigne ke Jehans Otthignons tenoit ou closel desour dit, ke Perrins meymes tient, et viiii s. sus les ii pesses de vigne ke furent Bourjoize de S. Arnoult, ke Perrins meymes tient, k'il ait aquasteit a signor Jehan d'Airs, chanone de S. Thiebaut, et e. c. l. e. an l'ai. l. dv.

b) Et se prant ancor bans sus lai pesse de terre ke geist davant lou gerdin de lai Horgne, antre lai terre Jaike de S. Clemant et Goudefrin Moutat, k'il ait aquasteit a Jehan Othignon de S. Clemant, permei I d. de cens, et e. c. l. e. an l'ai. l. dv.

c) Et se p. b. sus II pesses de vigne ke geixent ou closel sus Halte Rive, sus lou rut de Maigney, dont li une geist ancoste lai vigne lou prestre de S. Jehan et li atre ancoste lai vigne ke fut Borjoize, k'il ait aquasteit a Jehan Othignon de S. Clemant, permei x s. de cens, et a. c. l. e. an l'ai. l. dv.

115 Thiebaus Gerairs p. b. sus II s. de mt. de cens ke geixent sus lai maxon Jaikemin lou Jeuwet de Maigney et sus ceu ki apant, ke siet a Maigney, ancoste Jaikemate lai Watrelle, et sus les II s. de mt. de cens ke geixent sus lai maxon et sus ceu ki apant ke siet a Maigney an coste Cabrit,[1]) k'il ait aquasteit a Jaikemate desour dite, et a. c. l. e. an l'ai. l. dv.

116 a) Thiebaus Gerairs p. b. sus IIII s. de mt. de cens ke geixent sus lai maxon et sus lou meis daier et sus tous les resaiges ki apandent ke siet a Maigney ancoste l'ostoit Nenmerit Saicat, et sus une pesse de vigne ke geist sus Laiveires, ancoste Pierat Aingebert, k'il ait aquasteit a Abriat Cabrit de Maigney, apres XVIII d. de cens ke li maxon et ceu ki apant doit a Thiebaut desour nommeit, et e. c. l. e. an l'ai. l. dv.

b) Et se prant ancor bans sus II s. de mt. de cens ke geixent a Maigney, ancoste l'osteit Jaikemate lai Watrelle, k'il ait aquasteit a Jaikemin lou Jeuwet de Maigney, apres II s. de cens ke li maxon desor dite li doit, et e. con l. e. an l'ai. l. dv.

117 Thiebaus Gerairs p. b. sus I jornal de terre ke geist amont lou terme a Maigney, ancoste lui meymes, permei III s. de cens, et sus les XII d. de cens ke Abertins, li maires de Corcelles, li genres Eliat lou boulangier ki fut, doit sus une pesse de vigne ke geist desour lai pesse de terre desus dite, k'il ait aquasteit a Howignon lou Gornaix lou taillour de Maigney, et e. c. l. e. an l'ai. l. dv.

118 Hanris de l'Aitre p. b. sus lai maxon et sus ceu ki apant davant et daier et sus lou resaige dou fomeroit ke siet arreis l'osteit Lowiat Amariat, et sus lai pesse de champ ke geist arreis Piereson Pettairt, et sus lai pesse de terre ke geist devar Waizaiges arreis Hanriat lai Strassouze, et sus lai pesse de vigne ke geist en lai Cluse, et sus lai pesse arreis Hanriat[2])

---

[1]) et sus les II s. bis Cbarit *auf Rasur*. [2]) Hanriat *übergeschrieben*.

lai Strassouze, et sus lai pesse de vigne ke geist arreis lou clo de Mes ancoste Wesselat, k'il ait aquasteit a Bertran Baron, permei xxii steires de vin de cens ke cist heritaige doit, et e. c. l. e. an l'ai. l. dv.

119 Thierias Bouchas p. b. sus les viiii s. de mt. de cens ke geixent sus ii jornalz de vigne, quair meu S. Pol, ke geixent sus Maizelles, ancoste lai vigne Pichon ki [1]) fut, k'il ait aquasteit a Gererdin Repignei, son cerorge, et e. c. l. e. an l'ai. l. dv.

120 Li sires Philippes li Gornais p. b. sus xii lb. de mt. de cens ke geixent sus tout l'eritaige ke Thiebaus Pierolz ait a Anceruille et en tous les bans et allors, per tout ou k'il soit et en kel ban ke se soit, c'est a savoir en chans, en preis, en bolz, en maxons, en vignes, en censes, en gerdins, en awes, en molins, en fours, et sus lai senexaserie d'Anseruille et sus tous atres heritaiges, an keil maniere ke se soit et ou k'il soit, sans niant a retenir, k'il ait aquasteit a Thiebaut desour dit, et e. com l. e. an l'ai. l. dv.

121 Thiebaus Gemelz p. b. sus lai pesse de vigne ou on contet demei jornal ke geist daier S. Andreu, k'il ait aquasteit a Collate, lai femme [2]) Arnoult Caithelone de S. Clemant ki fut, permei teil cens com li pesse de vigne doit, et e. c. l. e. an l'a. l. d.

122 Thiebaus Gemelz p. b. sus lai pesse de vigne ou on contet demei jornal ke geist ou champ c'on dist Lowit ou ban S. Clemant, k'il ait aquasteit a Ozenate, lai fille Burtemin Cafaire de S. Piere ki fut, permei une maille de cens, et e. c. l. e. an l'ai. l. d.

123 Goudefrins Bouchate p. b. sus tout l'eritaige ke Thierias et Aidans, li enfant Paillat d'Airs, avoient,[3]) ke geist ou ban d'Airs et ou ban de Chaigney, en [4]) preis, en chans, k'il ait a oulz aquasteit, permei teil cens et teil droiture com il doit a ban dont il muet, et e. c. l. e. an l'a. l. dv.

124 Joffrois Roucelz et Andrewas Jallee p. b. por Hanrekel de Seruignei et por Marguerite, sai femme, lai fille Willemin Licherie, sus lai maxon et sus ceu ki apant ke siet en lai ruwe des Allemans an coste Symonat Chacey, k'il ont aquasteit as hoirs Luckignon Wade de lai ruwe des Allemans, permei xv s. iii d. moins de cens, et e. c. l. e. an l'ai. l. dv.

---

[1]) *Vorlage* kil.

[2]) femme *war durchgestrichen und* fil *darüber geschrieben, die Aenderung ist aber wieder ausgelöscht.* [3]) avoient *übergeschrieben.* [4]) e *verbessert aus* k.

125 Colignons, li filz signor Thiebaut lou Gornaix, lou [1]) chivelier, p. b. sus tout l'eritaige k'il ait aquasteit a Huweson d'Ernauille, k'il ait ou ban de Luppey et a une luwe tont en tour, a. c. l. e. de l'aquast ke geist en l'a. l. d.

126* Ce sont li bans de paisques. En la marie d'Outre Moselle:
126 [2]) Thierias, li baillis dou Val, prant bans sus lou quars de la piece de terre ke geist antre Molins et Longeawe, k'il ait aquasteit a Collignon, lou fil signor Jofroit lou Gronaix ke fut, apres lou quars ke li sires Thiebas li Gronais i ait davant, et e. com l. e. en l'a. l. div.

127 Ailixons li muniere, li femme Colignon de Gorze ke fut, p. b. sus la piece de vigne ke geist en Erbiey ancoste lei meimes, en alluet, et sus la piece de vigne ou Halt Erbiey,[3]) permei I sestier et demei de vin de tresans k'elle doit a ban de Chastels, k'elle ait aquasteit a Poinsignon Baillat d'Ansey, et e. c. l. e. an l'a. l. d.

128 Jaikemins li amans, li fils Tieriat de Maizelles ke fut, p. b. sus la piece de vigne ke geist en la Vanne, et sus la piece de vigne ancoste Tieriat Paien, et sus II pieces de vigne ancoste Paien, lou freire Pieron la Ruste, et sus la piece de vigne a lai Chenal, k'il ait eschengiet a Jaikemin Chaburnat d'Ansey encontre III pieces de vigne k'il avoit ou ban d'Ansey, et e. c. l. e. an l'a. l. div.

129 Et ce p. b. ancor sus la moitiet d'une maison ke siet a Dornant et sus toute la court daier et davant, et sus III sestieres de vin de cens ke geisent sus l'atre meite de ceste maison, k'il ait aquasteit a Custignon Raibor de Dornant, en alluet, et e. c. l. e. l. d.

130 Thierias, li fils signor Ancel de Nonviant ke fut, p. b. sus une piece de boix ke geist ancoste lou boix de Nonviant, k'il ait aquasteit a Forkignon, lou janre Bertree d'Ansey, et e. c. l. e. en l'a. l. d.

131 Colignons, li fils Steuenin lou marlier de Longeuille, p. b. sus III pieces de vigne ke geisent ou ban de Longeuille, en III leus, k'il ait aquasteit a Mariate, la femme Gerardin lou Borgancel, permei teil cens com elles doient, et e. c. l. e. en l'a. l. d.

---

[1]) l *verbessert aus* p.
[2]) *v. 1298, 335 und 336.*
[3]) ou ban d'Ansey, *v. 1298, 617.*

132 Jennins Houzars d'Ansey p. b. sus la piece de vigne k'il ait de part Bietrit, sa femme, ke geist desour Chenal ou ban d'Ansey, k'il ait aquasteit a Tieriat Benoite d'Ansey, permei teil cens et teil droiture com elle doit, et e. c. l. e. en l'a. l. d.

133 Et ce p. b. ancor sus III pieces de vigne ke geisent ou ban d'Ansey ancoste lui meimes, k'il ait aquasteit a Jennin Morel et a Colin Donat et a Ydate la Grande, ke sont d'Ansey, et e. c. l. e. en l'a. l. d.

134 Frankins d'Ars et Robers, ces freres, p. b. sus III pieces de vigne ke geisent ou ban S. Vincent ai Airs, delai la Roche, k'il ont aquasteit a Tieriat Benoite, et a Hanrit, lou fil Vguin Patart d'Ansei, et a Jennin, lou frere Tieriat desor dit, permei III angevines de tresans, et e. c. l. e. en l'a. lo d.

135 Jaikemins de Pargney p. b. sus une piece de terre¹) ou an contet I jornal, ke geist otre Muselle en la voie de Ste Creux, antre sa terre et la terre Clariet Domate, k'il ait aquasteit a Perrin l'Apostole, en alluet, et e. c. l. e. en l'a. l. d.

136 Mateus Garcires de Chanbieres p. b. sus les XXI d. de cens ke Colignons, li fils Jaikemin Somier, ait en VII s. de mt. de cens ke li maisons Jennat Harignon sus lou Rone doit a lui et a Poinsignon Rocel, k'il ait aquasteit a Colignon desor dit, e. c. l. e. en l'a. l. d.

137 Alardins, li fils signor Bertal de Noweroit, p. b. sus XVIII d. de cens, k'il ait acheteit a Howignon Bajo de Vals, sus une piece de vigne et sus II pieces de gerdin et sus une piece de terre ke geist en Nowe, et e. c. l. e. en l'a. l. d.

138 Vguignons Patairs p. b. por la chiese Deu de Nostre Dame de Villeirs l'abie sus IIII s. de mt. de cens ke Pieresenels Poietels de Wapey doit sus son jornal de terre ke fut dame Bietrit, la femme Jehan Belamin, ke geist sus la rue ou ban de Wapey, k'elle lor ait doneit por Deu et en amone, et e. c. l. e. en l'a. l. d.

139 Et ce p. b. ancor por la chiese Deu desor dite sus IIII pieces de vigne ke geisent ou ban de Wapey en IIII leus, ke li sires Pieres li prestes, li fils Tieriat lou Gronaix de Wapey, lor ait doneit por Deu et en amone, permei teil cens et teil droiture com elles doient, et e. c. l. e. en l'a. l. div.

140 Jehans li saieleires, li freres signor Simon de Sallebor, p. b. sus une maison et sus ceu ki apant ke fut Jennat Molin, ke siet sus la rowelle en Chanbieres, k'il ait aquasteit a Jennat

---

¹) terre *auf Rasur.*

la Chane de Doncort, permei x s. de mt. et ɪ d. et ɪ chapon de cens, e. c. l. e. lo d.

141 Jaikemins Talons de Malencort p. b. sus ɪɪ pieces de terre ke geisent en la Muerre en Hanritbouxon, k'il ait aquasteit a Pierel, lou fil la dame de Malencort, permei teil rantes com elles doient, et e. c. l. e. en l'a. l. d.

142 Colignons Marchandate p. b. sus ɪɪɪ pieces de preit ke geisent ou ban de Nonviant, et sus xvɪɪɪ d. de cens ke geisent a Nonviant sus la maison Chardat lou Staige, k'il ait aquasteit a Weirion lou Grant et a Jaikemin, son frere, les ɪɪ fils dame Afelix de Pargney, et e. c. l. e. en l'a. l. d. [1])

143 Burtemins, li xavins mares de S. Martin, et Richars, ces niez, li fis Bietrit de S. Martin, p. b. sus ɪɪ pieces de terre ke geisent ou ban de S. Martin, s'an geist une ou Cuing, permei vɪɪɪ d. de cens, et li atre en Coupreit, en alluet, et sus une piece de vigne ou Broil, permei xvɪɪɪ d., et les ɪɪ pars de ɪɪɪɪ sestieres de vin de cens et terre de meis et de quartier, k'il ont aquasteit a Matiat, lou frere Rollan, et e. c. l. e. en l'a. l. d.

144 Jehans, li fils Piereson Malcors de Chastels, p. b. sus vɪ jornals de terre ke geisent en ɪɪ pieces ou ban de Chastels, k'il ait aquasteit a Drowignon et a Colin et a Hawiate, les enfans Lowiat de la Chenal, en aluet, et e. c. l. e. en l'a. l. d.

145 Colars li forniers de Plapeville, p. b. sus une maison ke siet a pont des Mors, ancoste Abertin lou bollengier, k'il ait aquasteit a Mahout, la femme Poinsart Mallegraice de S. Souplat, permei xxɪɪ s. de mt. de cens, et e. c. l. e. en l'a. l. d.

146 Ferrias Fessals p. b. sus ɪɪ maisons et sus can ki apant ke Tierias Lowis, li amans, ait aquasteit a Colignon Fessal, ke li dis Tierias li ait mis en waige, per escrit en arche, et dont Ferrias est tenans.

147 Renadins Raieboix p. b. sus tout l'eritage k'il ait aquasteit a dame Marguerite, la femme Mateu de Plapeuille, ke geist a Plapeuille et ou ban, en pluxors leus, en masons, en jardins, en vignes, en terres, en cences, permei teil cens com il doit, et e. c. l. e. en l'a. l. d.

148 Jehans, li fils Liejart de Bomont, et Robins,[2]) ces serorges, li cherpentiers de S. Arnolt, ke sont oir Liejart desor dite, p. b. por ous et por les oirs Richardin et por les oirs Domanjat, ke

---

[1]) *v. 1298, 97. Die Wiesen liegen in der Mairie PS.*
[2]) de Bomont, et Robins *auf Rasur.*

furent fil Liejart desor dite, sus¹) tout de cant ke Jennins
Pierars avoit et poit avoir ens VIII quartes de bleif, ke Liejars
de Bomont dovoit a Piereson Convers, lou peire Jennin desor
dit, jusc'ai v quartes et demee et I quarteron ce tant i avoit,
moitiet fromant moitiet avoinne, k'il ont aquasteit a Vion lou
taillor et a Hawiate, sa femme, et a Jakemate, la femme
Howignon lou cherpentier, likeile Jaikemate est mainbors
Jennin Pierart, ke fut premiers maris Howiate desor dite, et
e. c. l. e. en l'a. l. d.

149 Roillons de Macres p. b. sus une piece de vigne ke geist a
Rozerueles, ou leu c'on dist en Wakenois, antre lui et Poinsig-
non Saterel, k'il ait aquasteit a Gelin, lou fil Guerbode, en
alluet, et e. c. l. e. en l'a. l. d.

150 Maheus, li fils Jennat Noiron, p. b. sus une maison et sus cant
ki apant ke siet a Molins, antre Symonin Goudree et la grainge
Sarrazin de Molins, k'il ait aquasteit a Jaikemenel, lou fil
Hawit la Tiemerasse de Molins, permei I d. de cens, et e. c.
l. e. en l'a. l. d.

151 Andreus de Hanpons p. b. sus une piece de vigne ke geist sus
Muselle ou ban S. Martin, ke part a lui meimes, permei demei
men de vin et VI d de cens, et sus VIII s. de mt. de cens ke
geisent sus une maison et sus ceu ki apant ke siet defuers la
darienne porte dou pont des Mors, k'il ait aquasteit a Jaikemate,
la femme Howignon Taillefer de S. Martin, et e. c. l. e. en l'a. l. d.

152 Et ce p. b. ancor sus une piece de terre ou an contet demei
jornal, ke geist outre Muselle ou ban S. Martin, antre sa terre
et la terre les pucelles de la Vigne, k'il ait aquasteit a Yderon,
la femme Colin d'Espinals ke fut, et e. c. l. e. en l'a. l. div.

153 Symõnas Boudas li taneires p. b. sus la maison et sus tout ceu
ki apant ke siet en S. Vincentrue ancoste lui meimes, ke fut
la Touse, k'il ait aquasteit a Jaikemin Bachin et a Jaikemin
Raitexel lou munier et a Steuenin lou Bague de S. Vincentrue
et a Margueron, sa femme, et a Katelie et a Heiluwit, ces II
enfans, et a Domangin, lou fil la Touse, a chacun lou quart,
permei II s. de mt. de cens et lou quart d'une angevine ke
chacuns quars doit, et e. c. l. escrit en l'a. lo dient.

154 Jehans li feivres d'Ars p. b. sus une piece de terre ke geist a
la Piere, ou an contet demei jornal, k'il ait aquasteit a Mar-

---

¹) *Vorlage* dite et sus.

gueron, la femme Jennin la Paie d'Ansey, en alluet, et e. c. l. e. en l'a. l. d.

155 Et ce p. b. ancor sus une piece de terre ou an contet demei jornal, ke geist en Longe Roie ancoste Margueron, la suer lou Louf d'Ars, k'il ait aquasteit a Jaikemin l'Espaignois d'Ansey, en aluet, et e. c. l. e. en l'a. l. d.

156 Pieresons li Treue de Siey p. b. sus I jornal de vigne et sus I meu de vin et x s. de mt. de cens et sus jor et demei de terre et sus une pessate de vigne ke geisent ou ban de Siey, k'il ait aquasteit a Jennin, lou fil Renmonin de Plapeuille, permei les x s. de mt. ke li sires Willames de la Court i ait a anees, et e. c. l. e. en l'a. l. d.

157 Colins Yderate de Chazelles p. b. sus tout l'eritaige k'il ait aquasteit a Poinsignon, lou fil Jaikemin lou maior¹) S. Pou de Siey, keils k'i[l] soit, ke geist ou ban de Siey, permei IIII d. et maille d'anniversare et permei v s. de mt. de cens, et e. c. l. e. en l'a. l. div.

158 Bonesuer, li fille Burtignon de la Tour, p. b. sus tout l'eritage ke li est escheus de part peire et de part meire et de part Lowiat, son frere, et de part Domate, sa suer, ke geist en la marie d'Otre Muselle, k'elle ait espartit contre ces freres et ces serors, permei teil cens et teil droiture com il doit, et e. c. les parsons en l'a. l. dient. ²)

159 Pieresons Forcons p. b. sus tout l'eritage k'il ait aquasteit a Marion de la Fontainne de Bronville, ke geist ou ban de Bronville et aillors, en vignes, en chans, en arbres, en meis, en celliers, en maisons, en chanevieres, permei teil cens et teil droiture com il doit, et e. c. l. e. en l'a. l. d.

160 Collignons de Heu, li fils Goudefrin de Heu ke fut, p. b. sus la piece de vigne ou an contet II jornals ke geist en Broil ou ban S. Martin outre Muselle, desour lou clo l'aibeit, ke fut signor Poinson de Strabor, ancoste la vigne Burtemin, lou fil dame Collate de la Porte d'une part et ancoste la vigne Howignon Raivel d'atre part, k'il ait aquasteit a Hanrit, lou fil Jehan lou Moinne de Strabor ke fut, en alluet, et e. c. l. e. en l'a. l. d.

161 ³) Aurowins, li fils Weiriat d'Abocort, p. b. sus tout l'eritage ke Katerine, li femme Herman de S. Geure, ait aquasteit a

---

¹) Poinsignon *bis* maior *auf Rasur.*
²) *v. 1298 77.*
³) = *1298, 246. Dort bei PS. richtig, hier bei OM. verkehrt eingeordnet.*

Jaikemin Ganechon d'Abocort et a Ailixon, sa femme, en chans, en preis, ke geist en pluxors leus ou ban d'Abocort, k'il ait aquasteit a la dite Katerine, permei teil cens et teil droiture com il doit, et e. c. l. e. en l'a. l. d.

162 Li sires Richars, chanones de Ste Marie as nonains, p. b. sus une maison et sus cant ki apant et sus lou meis daier ke siet en l'Angle, ancoste Jakemin de Vigney, k'il ait aquasteit a Ysabel, la femme Jennat Hodebran, permei xv s. mt. de cens, et e. c. l. e. en l'a. l. d.

163 Hanrias de Noweroit et Marguerite, sa suer, p. b. sus la maison et la grainge et lou meis daier et ceu ki apant ke sient an coste les Grans pucelles de la Vigne, et sus les VIII s. mt. de cens ke geisent sus la maison Jakemin Olivier ancoste la dite mason, k'il ont aquasteit a mastre Piere de la Vigne et a signor Pieron de Nonuiant et Androwat Jallee, les mainbors signor Werrit de Nonviant, permei XI s. de mt. et II d. de cens, et e. c. l. e. en l'a. l. d.

164 Li abbes Nicolles et li convens de S. Martin davant Mes p. b. sus une piece de vigne ou an contet VI jornals, c'on dist a la Montaingne, ou ban S. Martin, et sus lou chakeur et lou meis et ceu ki apant ke furent Hanriat l'Amiral, k'il ont aquasteit a Aileit, la femme Hanriat desor dit, permei teil cens com toz cist eritages doit, et e. c. l. e. en l'a. l. div.

165 Abertins, li-janres Gloudant de Lescey, p. b. sus une piece de vigne ke geist en Varennes desour Lescey, k'il ait aquasteit a Poinsignon, lou fil Drowin de la Chenal, permei III mailles de cens k'elle doit a Nostre Dame as Chans, et e. c. l. e. en l'a. l. d.

166 Steuenins, li escuers l'arcediacre Lowit, p. b. sus une piece de vigne ke geist en la Prele ancoste la viez marasse, et sus une maison ke siet a S. Martin ancoste les enfans Roillon, ke Jofrois, li avelais Chiot de S. Martin ke fut, li ait delivreit et aquiteit en plait, por tant com li dis Jofrois li doit, et por tant com Steuenins ait paiet por lui, per escris en arche, et dont Steuenins est tenans, permei teil cens et teil droiture com cist eritages doit a la chiese Deu de S. Martin.

167 Jaikemins li taneires, li fillastres Quartal de Chastels, p. b. por lui et por Sebiliate, sa femme, sus une quarte de bleif trecenavle chac'an, k'il ait acheteit a Domangin, lou fil Aurowin de S. Steule, a lor II vies, et k'i[l] li ait assis sus une piece de terre

ke geist sus preis ancoste Howignon de S. Steule et Oliuate, sa tante, ou ban de S. Steule, et e. c. l. e. en l'a. l. d.

168 Sebiliate, li femme Jennat Friandel ke fut, p. b. sus la moitiet de la maison et de ceu ki apant ke fut Jennat Friandel, ke siet en Chanbieres, k'elle ait aquasteit a Perrin et a Colignon, ces II serorges, et a Colignon dou Fosseit et a Jehan et a Colignon c'on dist Cornal, les II fils Katerine, la suer Jennat Friandel, permei teil cens com elle doit, et e. c. l. e. en l'a. l. div.

169 Jennas Lanbelins de Lescey p. b. sus la place de terre et sus lou four et sus lou jardin et sus lou meis et sus cant ki apant jusc'a chamin et jusc'a preit daier ke geisent a Eurecort ancoste lui meimes, k'il ait aquasteit a Wafroit d'Eurecourt, permei I d. de cens, et e. c. l. e. en l'a. l. d.

170 Thiebas Petismaheus, li mares des Cordelieres, p. b. por les Cordelieres de Mes sus une piece de vigne ou an contet jor et demei, ke geist desour Longeuille, ke li est delivree per droit et per jugemant ancontre Colignon lou Roucel et Steuenin Bietrixate, por les II s. et demei de mt. de cens ke li vigne lor doit, et k'il li ont laiet a paier, et pour les adras.

171 Howignons li Coillus de Lescey p. b. sus la grans maison et sus lou meis daier et sus cant ki apant, davant et daier, ke siet a Lescey, k'il ait aquasteit a Howin lou Roucel de Lescey, permei demei meu de vin de cens, et e. c. l. e. en l'a. l. d.

172 Sebiliate de Puxuels p. b. sus une piece de vigne ke geist en Bordes et sus une vignate ke geist daier la maison de Gorze a Airs, k'elle ait eschengiet ancontre Rainnier lou clerc d'Ars, permei II sestieres et demei de vin et XIII d. et maille de cens, et e. e. l. e. lo d.

173 Ailixons, li femme Hunbelat l'olieir, p. b. sus une maison et sus ceu ki apant ke siet sus lou tour de la Wade en Anglemur, ke fut Hunbelat, son marit, k'elle ait aquasteit a Perrenat, lou fil la Blanche de Sanpigneicort, et a Bietrit, sa femme, la fille Hunbelat desor dit, et a Burtemin Cuignefestut lou cherpentier et a Yderate, sa femme, la fille Hunbelat desor dit, permei XXVIII s. de mt. de cens, et e. c. l. e. en l'a. l. d.

174 Poinsignons Peldanwille p. b. por les dames de Cleirvals des Repanties sus II s. de mt. de cens, k'il ait aquasteit a Poinsignon lou feivre et a Clemansate, sa femme, des V s. de mt. de cens ke Contasse li espiciere lor doit sus I meis davant Ste Marie as nonains, et e. c. l. e. en l'a. l. d.

175 Poinsignons Vaillans p. b. sus la moitiet de la piece de vigne ke geist a la sals desous la Roche ancoste Longeeawe, k'il ait aquasteit a Colignon, lou fil Piereson Mussat, et e. c. l. e. en l'a. l. d.
176 Gerardins, li fis Waterin de Noweroit, p. b. sus une quarte de wain moitange k'il ait acheteit a Rainnier Garite de S. Priveit et a Jennate, sa femme, a lors II vies, et k'il li ont assis sus lor maison et sus lor grainge ke siet a S. Priveit et sus can ki apant et sus jor et demei de terre daier la chapelle et sus lou preit a Flamei, et e. c. l. e. en l'a. l. d.
177 Maistres Jehans de Vilameis p. b. sus lou meis ke siet daier la grainge Jennat Tortehuve en Anglemur, ancoste lui meimes, k'il ait aquasteit a Drude, la fille Goudefroit de la Tor, et a Ailixate, sa fille, permei XII d. de cens, et e. c. l. en l'a. l. div.
178 Ferrias Chielaron p. b. sus II pieces de vigne ke geisent en Gardezac, arreis Domanjat de Villeirs, et sus une piece de preit ke geist en Medelonpreit, ke muet de S. Eivre, k'il ait aquasteit a Domangin Marehandel de Ste Marie, et e. c. l. e. en l'a. l. d.
179 Jennas Lowias li espiciers p. b. sus les X s. de mt. de cens k'il ait aquasteit a Bietrit et a Sebiliate, les II serours maistre Nicolle Morel ke fut, k'elles ont sus la maison ke fut Perrin Gratepaille,[1] des XX s. de mt. de cens ke li oir maistre Nicolle Morel i ont, ke li sires Estenes li Ermites doit tenir sa vie, et e. com l. e. en l'a. l. div.
180 Colignons li clers, li fils Cunin d'Onville, p. b. sus teil pertie com Eudelate, li femme Colignon Hesselenat d'Onville, avoit ou cellier en l'aitre a Onville, ke part a Jennin Rosin, k'il ait a lei aquasteit, permei I d. de cens, et e. c. l. e. en l'a. l. d.
181 Fransois et Steuenins, ces freres, li dui fil Hanrion l'espicier, et Jaikemins, lor serorges, li maris Contasse, p. b. sus X s. de mt. de cens ke geisent sus lour maison meimes, ke siet davant S. Sauor, k'il ont aquasteit a dame Heiluyt la Vadoize, la fille Gerart lou cellier, et e. c. l. e. en l'a. l. div.
182 Howins Paperels p. b. por la chiese Deu de S. Piere as nonains sus X s. de mt. de cens k'il ait aquasteit a Jaikemate, la fille Jennat de Goens, sus sa maison ke siet en la rue S. Laizre davant l'osteil Colignon Chameure, apres XX s. de

---

[1] davant S. Sauor, v. 1298, 676.

mt. et ı d. de cens k'elle doit davanteriennemant, et e. com
l. e. en l'a. l. div.

183 ¹) Gillas Macare p. b. por la chiese Deu de Chastillons l'abie
sus LXX s. et demei de mt. de cens ke geisent sus II maisons
ke sieent a la rive as Caistres en Rinport, l'une deleis l'atre,
et sus v s. de mt. de cens ke Rainnillons, li filz Rainnier de
⁵ Vals, doit, et sus XVIII d. de cens ke Tiebas Kabaie doit sus
lou tiers d'un jornal de vigne ke geist ou ban de Roupeney,
et sus III quartes et demee de wain de cens et sus III quartes
et demee de tramois et II d. de cens ke geisent ou ban de
Semeicort, et sus III s. de mt. de cens ke geisent sus une vigne
¹⁰ ou ban de Semeicort, et sus une tavle en Nues Chainges ke
fut Tiebat Bernage, et sus can ke Tiebas, li fis Poinsignon
Domate, ait d'eritage, en toz us, k'il ait doneit por Deu et
en amone a la chiese Deu desor dite, et e. c. l. divise en l'a. l. d.

184 Perrins Badoche p. b. sus la chaneviere et sus les v nowiers,
ke siet davant lou molin a Onville, k'il ait aquasteit a Jennat,
lou fil signor Tierit de Nonuiant, en alluet, et e. c. l. e. en
l'a. l. d.

185 Marguerate, li fille Roillon Morel, p. b. sus XV s. de mt. de
cens ke geisent sus sa maison et sus ceu ki apant, k[e s]iet
davant les Proichors en la Wade, ou elle maint, k'elle ait
aquasteit a prior et a convent des freres Proichors de Mes, et
e. c. l. e. en l'a. l. d.

186 Collate, li femme Colin lou bollengier de Chieuremont ke fut,
p. b. sus tout l'eritage ke fut Tomessat de Laigneiville, ke
geist ou ban de Laigneiville et aillors, ki est waigiere por
la date des XXX lb. de mt. ke Tomessas doit a Steuenin, son
frere, et a Howignon lou bollengier, et ke Steuenins ait doneit
et aquiteit a Howignon desor dit, per escrit en arche, ki est
delivreis a Colate desus dite, et dont elle est tenans.

187 Remions Burnekins, li mares S. Vincent, p. b. por l'abeit et
por lou convent de S. Vincent sus XII s. de mt. de cens ke
geisent sus la piece de terre et de preit en Valz,²) et sus la
vigne a Ste Marievigne ou ban de Chastelz, k'il ait aquasteit
a Poinsignon Morel de Chastels, et e. c. l. e. en l'a. l. d.

188 Howars Groignas p. b. sus une maison et sus ceu ki apant ke
siet a Chastels, ke fut signor Wernier lou preste, k'il ait aqua-

---

¹) = 1298 1 und 110.
²) en Valz auf Rasur.

steit a Piereson Gigant de Chastelz et a Hanrit lou braieleir, permei teil dens com elle doit, et e. c. l. e. en l'a. l. d.

189 Et ce p. b. ancor sus XII d. de cens ke geisent sus la maison ke fut signor Robert, frere l'abeit Jake de S. Pieremont, otre Moselle davant les molins a Longeteire, k'il ait aquasteit a Thiebat Kabaie, et e. c. l. e. en l'a. l. d.

190 Pieresons Chastelas p. b. sus demei jornal de vigne ke geist a Chene ou ban de Lorey, ancoste lui meimes, k'il ait aquasteit a Ancillon Wessel et a Guertrut, sa suer, permei XI d. une angevine moins de cens, et e. c. l. e. en l'a. l. d.

191 Thiebas Bertadons p. b. sus une maison et sus cant ki apant ke siet en S. Vincentrue, ancoste l'osteil Hesson, ke fut signor Lowit lou preste, ke li abbes Rainniers de S. Vincent li ait mis en waige, per letres saielees¹) en arche, et dont Thiebas est tenans.

192 Maheus Hessons p. b. sus une maison et sus ceu ki apant davant et daier ke siet a Leirs, et sus II jornals de terre davant Notanbrou, et sus teil pertie de preit com Domangins Hurillons avoit en Aironcort, k'il ait a lui aquasteit, et e. c. l. e. en l'a. l. d.

193 Et ce p. b. ancor sus I meu de vin de cens k'il meimes dovoit a la frarie des chadeliers sus jor et demei de vigne ou ban de Wapei, k'il ait aquasteit a Burson et a Jehan Wateron et a Goudefrin l'Aleman et a Lukin²) de Chanpels, et a Renadin Raieboix et a Jenneson lou potier et a Colin lou Boukel, les confreres de la frarie des chadeleirs de Mes, et e. c. l. e. en l'a. l. d.

194 Poinsignons Bolande p. b. por la chiese Deu de Nostre Dame de Fristor sus XX s. de mt. de cens ke Garcerias, li freres signor Thiebat de Moielain, ait doneit por Deu et en amone a la chiese Deu desor dite, et k'i[l] lor ait assis sus III pieces de vigne k'il ait ou ban de Tignomont, daier lou chakeur S. Pieremont, et c'on puet racheteir, et e. c. l. e. en l'a. l. d.

195 Tiebas Bertadons p. b. sus demee parchiee de preit ke geist en Longepree daier Staples, ancoste lui meimes, k'il ait aquasteit a Jehan lou Proudomme de Franconrue, permei I d. de demme, et e. c. l. e. en l'a. l. d.

---

¹) *Vorlage erst* saiees, *dann geändert in* saieelees.

²) *Vor* Lukin *ist* Go *durchgestrichen.*

196 Abrions Domate li drapiers p. b. sus III s. de mt. de cens k'il
ait aquasteit a Alardin lou tanor d'Outre Muselle sus sa maison
ou il maint, ke siet entre l'osteil Chafolat et Jennat Buerneit,
apres XVIIII s. de mt. de cens k'elle doit davant, ou Abrions
meimes ait III s., et e. c. l. e. en l'a. l. d.

197 Ancillons li clers d'Otre Muselle p. b. sus une quarte et demee
de wayn moitange de cens, k'il ait aquasteit a Hanriat lou
Bossut lou masson et a Armangete, sa femme, ke Mahillons, li
fille Burtalt de Brunville ke fut, lor doit chac'an sus demei
jor de terre ke geist ens Yllons, et sus I jornal de terre en
Louwainmars, et sus I jornal en Rollenmars, et sus II pieces
de terre en Leiville, et les foreires encontre, et sus une pessate
a pux daier la ville de Brunville, et sus les terres communavles
et sus les bolz, et e. c. l. e. en l'a. l. d.

198 Thiebas Gemels p. b. sus les VI s. et demei de mt. de cens
ke cil de Ste Alance doient a Colignon lou Jal, lou fil signor
Jofroit lou Gronaix, et sus les V moies de vin en Burleivigne
ke cil de Gorze li doient chac'an, et sus la moitiet de jor et
demei de vigne ke geist ou ban de Siey, k'il ait aquasteit a
Colignon lou Jal davant dit, et e. com l. e. en l'a. l. div.

199 Thiebas Gemels p. b. ancor sus les II s. de mt. de cens ke li
eglise de S. Jehan avoit sus l'osteil ke fut Colin¹) Centmars,
ke siet a Porte Serpenoise, k'il ait aquasteit a signor Bertran,
lou preste de S. Jehan, et e. c. l. e. en l'a. l. d.

200 Jehans Rekeus p. b. sus tout l'eritage ke li est escheus et
venus conxeuwant de part Steuignon Bellegree, son seur, k'il
ait espartit encontre ces oirs, et e. c. l. e. des parsons en
l'a. l. dient.

201 Jennas Chermas p. b. sus une piece de vigne ke geist en
Weiritmont, ancoste lui meimes, k'il ait aquasteit a Renadin
Poignel et a Jakemin lou bolengier, lou janre Waterin Marion,
permei XVIII d. de cens, et e. c. l. e. en l'a. l. d.

202 Li sires Poinces li Gronais, li eschevins, p. b. sus tout l'eritage
Poinsignon, lou fil Steuenin Billeron de Chastels ke fut, per-
tout ou k'i[l] soit, ke li dis Poinsignons li ait delivreit et
aquiteit en plait, por tant com il li doit et com il ait a fare
a lui, per escris en arche, et dont il est tenans, permei teil
cens et teil droiture com li eritages doit.

---

¹) sus les II s. *bis* Colin *auf Rasur*.

203 Li sires Weiris Piedechalz p. b. sus la piece de vigne ou an contet IIII jornals ke geist daier lou mostier a Siey antre la vigne ke fut signor Thiebat lou Maior et la vigne Jennat Simeon, k'il ait aquasteit en alluet a Ferriat de Florehanges, lou fil signor Maheu lou Mercier ke fut, et e. c. l. e. en l'a. l. div.

204* Ce sont li bans de la mey awast. En la mairie de Porte Muzelle:

204 Maistres Jehans li perchameniers p. b. sus la maxon et sus tout lou resaige ki apant ke siet atour devant la maxon lou signor Jehan Forcon, doien¹) de la Grant Eglize de Mes, k'il ait aquasteit a Merguerite, la fille Jennat l'Erbier ki fut, et a Maitheu,
5 son freire, et a Maitheu, lor serorge, lou fil Bouairt de Vesignuelz ki fut, permey xxx s. de mt. de cens ke maistres Jehans desor dis lor an doit chesc'an, et permey les IIII lb. de mt. de cens ke Willemins Clairies ait sus ceste maxon desor dite et sus toutes les maxons ke furent Jennat l'Erbier; ke sieent
10 devant lou Grant Moustier, davantriennemant, k'il doient paier et an doient porteir bone paix maistre Jehan, et permey les XL s. de mt. de cens ke Jehans Papemiate ait sus ceste maxon desor dite et sus les atres II maxons ancoste, k'il doient paier et an doient porteir bone paix maistre Jehan, et permey les
15 XVIII d. d'amone ke ceste maxons et les II maxons ancoste et ancor li maxons apres doient a S. Piere a Voult, k'il doient paieir et an doient porteir bone paix maistre Jehan, et permey les XII d. de mt. de cens ke Sibiliate, li fille Jennat l'Erbier ki fut, ait doneit por Deu et an amone˙ a l'eglize de S. Girgone,
20 sus les II maxons devant dites, por faire son anniversaire chesc'an, k'il doient paier et an doient porteir bone paix maistre Jehan, et a. con l. e. de l'aq. k. g. en l'ai. l. dv.

205 Haibers, li fis Thieriat Goulies de Nowaisseville, p. b. sus III pieces de terre arreuce,²) dont il an geist une piece outre chamin deilai la nowe anson la terre Jenat Cheualeir, et li atre piese geist sus lou chamin de Grais ancoste la terre lou signor Filipe lou Gornais, ou ban de Retonfayt, en alluet, k'il ait aquasteit a Poinserel, la fille Thieriat lou xaivig de Nowaisseuille, et a. con l. e. de l'aq. k. g. en l'ai. l. dv.

---

¹) *Vorlage* doiens. ²) *Vorlage* arreuces.

206 Ancillons li tonneliers, li janres Jehan de Haisange lou boulangier prant bans sus la maxon ke siet an Sanerie antre l'osteit Colin, Dousat et l'osteit Houwin lou cherpantier, k'il ait pris a cens de Izaibel, la brus la Tirande de Sanerie ke fut, et a Paicate, sa fille, permey xxiii s. de mt. de cens k'il lor an doit chesc'an, et a. con l. e. de l'aq. k. g. en l'ai. l. dv.

207 Pieresons Morels, li fis Gillat lou draipier d'Aiest ki fut, prant bans sus tout l'eritaige ke fut Richairt d'Abes lou cherpantier, ke geist en la mairie de Porte Muzelle, ke Symonins li Roucelz, li janres Richairt desor dit, li ait delivreit an plait, et a. c. li perchamins de la delivrance l. d.

208 Houwignons, li fis Gerairt de Vallieres ki fut, p. b. sus une piese de terre arreuce ou an contet i jornal, ke geist sus Grosavle ancoste Burtignon Paillat, k'il ait aquasteit a Colin Beral de Borney, permey xiii d. chesc'an, et a. c. l. e. en l'a. l. d.

209 Jennas, li fis Burtemat de Generey, p. b. sus la maxon et sus tout lou resaige ki apant ke siet dezous la porte a Pairgnemaille, k'il ait aquasteit a Coinrairt lou bolangier de Stoxey, permey xvi s. de mt. de cens k'il an doit chesc'an, et a. c. l. e. en l'ai. l. d.

210 Jehans, li janres Menel lou bouchier ki fut, et Izabel, sa feme, p. b. sus la maxon et sus ceu ki apant ke siet an Bucherie c'on dist an Froimont, k'il ont pris a cens de Perrin de la Cort, permey xx s. de mt. de cens k'il l'an doient chesc'an, et a. c. l. e. en l'a. l. d.

211 Perrins, li fis Hanriat Vylain de Chanbres ki fut, p. b. sus la maxon et sus tout lou resaige ki apant ke fut Waterel de Chanbres, ke siet ancoste l'osteit Rolin lou clerc, k'il ait aquasteit ai[1]) Ermanjate, la feme Waterel desor dit, permey xl s. de mt. de cens, et a. c. l. e. en l'a. lo d.

212 Mathias li poxieres de Sus Saille p. b. sus teil partie com Mathions, li fis Thieriat Hermant de Stoxey ki fut, avoit en la maxon et an tout lou resaige ki apant ke siet an Stoxey ancoste l'osteit Perral lou feivre, c'est a savoir la moitiet permey la moitiet des x s. de mt. de cens ke tote li maxons doit chesc'an, k'il ait aquasteit a Maithion desor dit, et a. c. l. e. de l'aq. k. g. en l'ai. l. dv.

213 Houwignons dou Tro et Renbaus, li fis Bieterit de Burey ke fut, ke sont de Nowaiseville, p. b. sus la moitiet dou planteit

---

[1]) Für ai ist dasselbe Abkürzungszeichen gebraucht wie für et.

ke pairt a Howignon devant dit, et sus I jornal de terre devant l'aitre a Nowaisseville, et sus lou preit an Prele ke geist deleis la maniee Trode, k'il ont aquasteit a Gerardin lou boulangier de Nowaisseville, et a. c. l. e. de l'aq. k. g. en l'ai. l. dv.

214 [1]) Thiebaus Petismaiheus prant bans por la chiese Deu des Cordelieres dou covant de Mes sus les II stals ke Maithiate, li fille Burchiet lou tanor d'Outre Muzelle ki fut, avoit en la halle des tanors en Chanbres, et sus de kant ke Maithiate devant dite ait d'eritaige en la mairie de Porte Muzelle, ke Maithiate devant dite lor ait doneit et aquiteit por Deu et en amone, et a c. l. e. k. g. en l'ai. l. dv.

215 Ferris Cokenelz p. b. sus la maxon et sus la grainge ancoste et sus toz les resaiges ki apandent ke sieent an Stoxey, ke Perralz li cherretons de Stoxey li ait delivreit et aquiteit an plait, por lou cens k'il l'an doit, k'il li ait laieit a paier, et a. c. l. perchamins de la delivrance l. dv.

216 Forkignons d'Ollacort li draipiers, ke maint an Rinport, p. b. sus la maxon et sus tout lou resaige ki apant ke siet an Rinport ancoste la maxon Perrin la Baille, k'il ait aquasteit ai [2]) Abillate, la feme Brokairt l'arsenor de Rinport ki fut, permey teil cens com li maxons et ceu ki apant doit chesc'an, et a. c. l. e. de l'aq. k. g. en l'ai. l. dv.

217 Jaikemins Jallee p. b. sus les III maxons et sus toz les resaiges ki apandent ke sieent an Chanbres, l'une apres l'atre, et sus les XV s. de mt. de cens ke li fis Jennin Bonin doit sus I stal devant, ke Perrins, li fis dame Jaikemate la viesiere, li ait delivreit et aquiteit an plait, por les LX et X s. de mt. de cens ke Perrins an devoit a Jaikemin devant dit por les III maxons desor dites, et a. c. l. e. en l'ai. l. dv.

218 Sufiate Merchandel li Vadoise p. b. sus la maxon ke fut son peire, ke siet an Jeurue devant Ste Creux, et sus les VIII s. de mt. de cens ke geixent sus la maxon ke fut Sufiate,[3]) sa suer, et sus tot lou resaige ki est dou sansal Sufiate devant dite, ke Xanderins, li fis Jaikemin Merchandel ki fut, li ait delivreit et aquiteit an plait, por les LV s. et VI d. de mt. de cens k'il li doit chesc'an, et a. c. l. perchamins de la delivrance l. d.

---

[1]) v. 1298, 239.
[2]) Für ai ist dasselbe Abkürzungszeichen gebraucht wie für et, ebenso in 228.
[3]) Vorlage Sufiate Merchandel li Vadoise und Sufiate, sa suer, v. 1293, 583 zu Jehans.

219 Jaikemins de Pairgney p. b. sus lou seiximme de la maxon et
de la grainge ancoste ke fut Jennin l'Afichiet, et sus de kan
ki apant ke siet a Porte Muzelle, k'il ait aquasteit a Fransoit,
lou fil Pierexel l'Afichiet ki fut, permey teil cens com li sei-
ximmes doit chesc'an, et a. c. l. e. de l'aq. k. g. en l'ai. l. dv.

220 Thierions li Vadois li taneires, ke maint en la Vigne S. Avol,
p. b. por Wiberate, sa suer, sus la maxon et sus lou resaige
ki apant ke siet a pux a Porte Muzelle, k'il ait aquasteit a
Jennat lou berbier de Porte Muzelle, permey xxiiii s. de mt.
de cens ke li maxons doit a Colignon Cunemant, et a. c. l. e.
en l'a. lo d.

221 [1]) Thiebaus Petismaiheu p. b. por la chiese Deu des Cordelieres
dou covent de Mes sus les xv s. de mt. de cens ke dame Con-
tasse, li feme Luckin Chameure ki fut, avoit sus la maxon ke
fut Pierexel Maseneit, ke siet defuers la posterne as Roches,
5 et sus les xv s. de mt. de cens k'elle avoit sus la maxon an-
coste la halle an Chanbres, ke Vylains de Chanbres devoit, et
sus les xv s. de mt. de cens k'elle avoit sus la maxon Renbaut
lou boulangier ke siet an Gran Meizes, et sus les viii s. et demey
de mt. de cens k'elle avoit sus la maxon an Chadeleirue ke fut
10 Mahout, la femme Baiselin lou lavour, et sus les xii s. de mt.
de cens k'elle avoit sus la maxon ke fut Ferrion lou bolangier
an Stoxey, et sus les iiii s. de mt. de cens k'elle avoit sus la
vigne a Poncel a S. Julien, et sus les ii s. de mt. de cens
k'elle avoit sus une piese de vigne ke geist a Poncel a S. Julien
15 ke fut **Hanriat Baston**, ke li dis Thiebaus ait aquasteit por la
chiese Deu des Cordelieres desor dites a dame Contasse devant
nommee, permey teil cens com ans an redoit arrier, et a. con
l. e. de l'aq. k. g. en l'ai. l. dv.

222 Maitheus Waicelins et Jennas Rikairs p. b. sus une maxon ke
siet a la salz an Rinport, ke Goidemans, li fis la mairasse
d'Ukanges, et Petremans, ces freires, lor ont delivreit et aquiteit
an plait, por tant com il ont paieit por ous, per escris, et a.
c. li perchamins de la delivrance l. dv.

223 Maistres Denixes p. b. por l'uevre de la Grant Eglixe de Mes
sus la maxon et sus tot lou resaige ki apant ke siet ou Vivier,
k'il ait aquasteit a dame Merguerite, la feme Colin Namur ki
fut, permey viii s. de mt. de cens, et a. c. l. e. en l'ai. l. d.

---

[1]) *Urkunde erhalten, v. Teil I, Einl. Anhang II, 25. v. 1298, 238, 301.*

224 Hawiate, li fille Rolin lou clerc de Chanbres ki fut, p. b. sus xxxviiii s. de mt. de cens k'elle meymes devoit a Burtran, son freire, sus sa partie de son eritaige ke li vient de pairt son peire, k'elle ait racheteit a Burtran, son freire, et a. c. l. e. en l'a. l. d.

225 Jehans Papemiate li amans p. b. sus les viiii s. de mt. de devantrien cens k'il ait aquasteit a Jehan Rovat, lou fil Aburtin lou Sauaige de Vallieres, ke li dis Jehans Rovas li ait acis sus sa maxon ke siet a Vallieres, ancoste lou chakeur S. Vincent devant lou moustier, et sus tout lou resaige ki apant, et sus une piese de vigne ke geist ou Bernierrowat, ancoste la vigne Colin lou corrieir de Sanerie, et dont li dis Jehans Papemiate est tenans.

226 Et se prant ancor bans li dis Jehans Papemiate sus les vij s. de mt. de premier cens ke geixent sus la maxon ke Gerardelz de Couligney tient, ke siet en la rouwe de la Salz a S. Julien, k'il ait aquasteit a Izaibel et a Merguerite et a Poinsate et a Mairiate, les iiii filles Jaicop lou Tawon de S. Julien ki fut, et dont li dis Jehans est tenans.

227 Colignons Remions p. b. sus les maixeires et sus tous les resaiges ki apandent ke li eglize de Nostre Dame la Ronde ait an Chievremont, k'il ait pris a cens dou signor Jaike lou chancillier de la Grant Eglize de Mes, ki est an leu dou prevost de Nostre Dame la Ronde, et a touz les chanones de Nostre Dame la Ronde, permey iiii s. et demey de mt. de cens k'il lor an doit chesc'an, et a. c. les letres saiellees ke geixent en l'ai. l. devisent.

228 Nainmeris li draipiers, ke maint au la rouwelle devant Ste Creux, p. b. sus la maxon ke fut Jaikemin Xairol et sus ceu ki apant, ke siet sus la rowelle devant l'orme de Ste Creux, k'il ait aquasteit ai Anel, la suer Jaikemin Xairol, ki est mainbors de la devise lou dit Jaikemin, permey teil cens com li maxons doit, et a. c. l. e. en l'ai. l. d.

229 Mahous, li fille Nainmerit lou draipier, ke maint en la rouwelle devant Ste Creux, p. b. sus une piese de terre ke geist devant la grainge c'on dist de Chaistillons, k'elle ait aquasteit a Jenat Rennier, lou janre Jaikemin Merchandel, en alluet, et a. c. l. e. en l'a. l. d.

230 Ferrias de Chailley p. b. sus kant ke li sires Renniers de Vals, chiveliers, ke maint a Moncleir, ait d'eritaige a Ostelaincort et

a Baitelainville et a Mancey et a Haisanges et a Raikesanges, an chans, an preis, an boix, en rantes, an sances, an droitures, en tailles, en homes, an femes, en fours et an toz atres eritaiges, queiz k'il soient et peuxent estre en bans et en villes desor dites, ke fut monsignor Jaike de Houstaf, k'il ait aquasteit a signor Rennier desor dit, et a. c. l. e. en l'ai. l. d.

231 Li sires Symons, li cureis de Bazoncort, li fis Thierion lou cordier de Porte Muzelle ki fut, et Poinsate li Vadoise, li fille lou Wixol de Chadeleirue ki fut, p. b. sus la maxon et sus ceu ki apant ke siet an Sanerie ke fut Steuenin lou bergier, k'il ont aquasteit a dame Mergueron, la feme Steuenin lou bergier ki fut, permey xxiii s. de mt. de cens k'il an doient a dame Clairaidine, la feme Witier Lanbert ki fut, et a. c. l. e. en l'ai. l. d.

232 Bonefille, li fille Nicolle de Weyvre ki fut, p. b. sus tout l'eritaige ke Izaibels, li fille Colin Watier de Nowilley ki fut, ait a Nowilley et ou ban, et aillors ou k'il soit, an toz us, por tant com Izaibels li doit, per escris en airche, et ke li est delivres an plait, et dont elle est tenans.

233 Jaikemins Lonbairs, ke maint an Rinport, p. b. sus la maxon ke fut Nicolle Marcout, ke siet a Porte Muzelle, et sus la maixeire ancoste, ou li tour fut, et sus la grainge daier et sus toz les resaiges ki apandent, k'il ait aquasteit a Colignon, lou fil Filipin Marcout ki fut, en alluet, et a. c. l. e. de l'aq. k. g. en l'ai. l. dv.

234 Perrins, li fis lou signor Poinse de Ragecort, p. b. sus la piese de vigne ke geist an Mabelionvigne, ke fut Waterin Xallewit, et ke li est delivre per droit por lou cens et por les amandes de iiii ans, et dont Perrins est tenans.

235 Facons Kaitelie p. b. sus une piese de vigne ke geist sus Muzelle, ancoste la vigne la feme Bertelo de Chaponrue, ke fut Richairt, le vailet les signors de Chaistillons, por tant com Richairs li doit, l'escrit en l'arche, et por tant com il doit a Gerardat Cramadel, per escris en arche, dont li escris li sont delivres.

236* Ce sont li bans dou mei awast. En lai mairie de Porsaillis:
236 Li sires Rigalz, li coustres de lai Grant Eglixe de Mes, prant bans por l'eglixe desour dite sus les xx s. de mt. de cens ke geixent sus lai maxon et sus lou meis daier et sus tout ceu ki apant ke siet daier S. Eukaire ancoste l'osteit Thieriat Hurel,

k'il ait aquasteit a Jehan, lou fil Euriat Traivaille ki fut, apres III s. et demei de cens ke cist heritaiges doit, et e. c. l. e. an l'ai. l. dv.

237 Li sires Regalz, li coustres de lai Grant Eglixe de Mes, p. b. por l'eglixe desour dite sus les xx s. de mt. de cens ke geixent sus lai maxon et sus ceu ki apant ke fut dame Marguerite, lai femme signor Hanri de Montois, chivellier, ki fut, ke siet pres de lai porte de Chaponrue, deleis lai maxon Willame de Rauille, k'il ait aquasteit a Jennat Roiriat lou masson c'on dist lou maior de Borney, apres IIII d. de cens ke li maxon doit a S. Pol, et e. c. l. e. an l'ai. l. dv.[1])

238 [2]) Thiebaus Petismaiheus p. b. por lai chieze Deu des Cordelieres dou covant de Mes sus xxvi s. de mt. et I d. de cens ke dame Contasse, li femme Lukin Chaimeure ki fut, avoit, ke geixent sus lai maxon ke fut Abrion lou boulangier et sus l'atre maxon
5 daier celle[3]) maxon meymes, ke sieent davant Sainte Glosenne, et sus les III s. et demei de cens k'elle avoit sus lai maxon Cozemoze, et sus les xviii s. de cens ke Arnoulz de Criencourt doit sus lai maxon en lai rowe Sainte Glosenne, et les x s. de cens k'elle avoit sus lai grainge Symon lou meuteir en lai rowe
10 Sainte Glosenne, et sus les xv s. de cens k'elle avoit sus lai maxon Howairt d'Ernaville ki fut, ke siet en lai rowe Sainte Glosenne, et sus les xii s. de mt. de cens k'elle avoit sus lai maxon ke fut Maitheu Muelle, en lai rue des Allemans, et sus les xxiiii s. de mt. de cens k'elle ait sus lai maxon ke fut
15 Herman lou feivre, en lai rowe des Allemans, et sus les xvii s. et demei de cens k'elle ait sus une maxon ke fut Chadron, ke siet a Quertal, et sus les xii s. et demei de cens ke Durans li boulangiers li dovoit sus sai maxon an S. Martinrue, et sus les xxi s. et demei de cens k'elle avoit sus lai maxon Jennat
20 Bruke, ke siet ancoste lai stuve an lai Nueue rue, et sus les xxxi s. de cens k'elle avoit sus lai maxon ke fut Cuignat l'olieir, an S. Martinrue, et sus les xL s. de cens k'elle avoit sus lai maxon ke fut Colin l'Alleman, an lai parroche S. Martin an Curtis, et sus les Lx et x s. de cens k'elle avoit sus lai stuve
25 en lai Nueve rue, et sus les xii s. de cens k'elle avoit sus lai

---

[1]) *v. 1298, 243.*
[2]) *Urkunde erhalten, v. Teil I, Einl. Anhang II, 25. v. 1298, 221, 301.*
[3]) *Vorlage* celles.

maxon defuers Porte Serpenoize ke li femme ¹) Bertran lou feivre
tient, et sus les xvii s. et demei de cens k'elle avoit sus une
maxon a Quertal, ke Cherdas tient, et sus les lii d. et maille
de cens k'elle avoit sus lai maxon ke fut Mallefin, a Porsaillis,
30 et sus les xv s. de cens k'elle avoit sus l'eritaige Domangin
de Lorey, et sus les xxi s. de cens k'elle avoit ke Othins d'Awignei
doit por lai terre d'Awigney, et sus les x s. de cens k'elle
avoit sus lai maxon a Quertal ke fut Perraixon, et sus lou
denier de cens k'elle avoit sus une eire de meis ou champ lou
35 senexal, ke fut Hanriat Pelorit, et sus les vii d. de cens k'elle
avoit sus une pesse de vigne c'on dist ou champ lou senexal,
ke fut Jennin Xawecotte, et sus les vi s. de cens k'elle avoit
sus les maixeires ²) a Montigney, ke cil de S. Thiebaut doient,
et sus les x s. de cens k'elle avoit sus iii jornalz et demei de
40 vigne ke furent Guerceriat Noxe a Awigney, et sus la moitiet
des xiiii s. de cens k'elle avoit sus lai maxon desour l'ospital
des Allemans, et sus i jornal de vigne ke geist en iiii rowelles,
ke li femme Howin de Chaivillons doit, ke li dis Thiebaus ait
aquasteit por lai chieze Deu des Cordelieres desour dites a
45 dame Contasse davant nommee, permei teil cens com en redoit
aier, et e. c. l. e. de l'aiq. k. g. an l'ai. l. dv.

239 ³) Thiëbaus Petismaiheus p. b. por lai chieze Deu des Cordelieres
don covant de Mes sus ii stalz ke Maithiate, li fille Berchiet
lou tennor d'Outre Moselle ki fut, avoit an lai halle des
tennors a Quertal, et sus de can ke Maithiate davant dite ait
d'eritaige en lai mairie de Porsaillis, ke Maithiate davant dite lor
ait doneit et aquiteit por Deu et en amone, a. c. l. e. an l'ai. l. dv.

240 Forkignons Xauins p. b. por lai chieze Deu des pucelles de lai
Vigne S. Marcel sus la moitiet de lai maxon ou Hanrias Hai-
kerelz li bouchier maint, ke siet an Vies Bucherie, celle pertie
ver Porte Serpenoise, ke li est delivre en plait, por les xii s.
et demei de cens de l'estaie de feste S. Jehan trespassee, et
dont les pucelles desour dites sont tenant.

241 Li sires Werris de Virey, chivelliers, p. b. sus iii s. de mt. de
cens k'il ait aquasteit a ⁴) Howignon, lou fil Jennat Xillepaiste,

---

¹) *Vorlage* ki est lai femme. *Dann ist aber* tient *überflüssig; es muss heissen* ki est lai femme Bertran lou feivre *oder* ke li femme Bertran lou feivre tient, *oder es ist vor* tient *noch ein Name ausgefallen.*
²) maixeires *ist verbessert aus* maixous. ³) *v. 1298, 214.*
⁴) *Vor* Howignon *ist* a Jenn *durchgestrichen.*

sus ces II maxons ke furent son peire, ke sieent davant lou Preit, apres xx s. de cens k'elles doient, et e. c. l. e. an l'ai. l. dv.

242 a) Jehans li Merciers li amans p. b. sus les xxx s. de mt. de cens k'il meymes dovoit a Bietrexate, lai femme Colignon de Luppei ki fut, sus les xv jornalz de terre arreure ke geixent en Hem, ke furent Colignon de Luppey, son mairit, k'il ait aquasteit a Bietrexate desour dite, et e. c. l. e. an l'ai. l. dv.
b) Et se p. ancor b. sus lai maxon ke fut Gererdel lou boulangier et sus tout ceu ki apant, ke siet sus lou cours anson Vies Bucherie, ke Jehans desour dis ait aquasteit a Rosin et a Collin et a Pierairt et a Domangin, les IIII freires Gererdel desour dit, et a Gererdin, lou freire de lour seror, et a Arnoult, son serorge, lou fil Paingnairt ki fut, permei xx s. et demei de mt. de cens ke cist heritaiges doit, et e. c. l. e. an l'ai. l. dv.

243 Jennas Roirias li massons, c'on dist li maires de Borney, p. b. sus lai maxon et sus tout ceu ki apant ke siet en Chaponrue ancoste l'osteit Willame de Rauille, k'il ait aquasteit a dame Marguerite, lai femme signor Hanrit de Montois ki fut, permei IIII d. de cens k'elle doit, et e. c. l. e. an l'ai. l. d.¹)

244 Li sires Weiris, li prestres de S. Maimin, p. b. por son eglixe desour dite sus XII d. de cens ke geixent sus une pesse de vigne an Groiweit, ancoste lai vigne Vguignon Burnekin, k'il ait aquasteit a Steuenin lou Roucel, apres I meu de vin de cens k'elle doit, et e. c. l. e. an l'ai. l. dv.

245 Suffiatte, li femme Maitheu Bousaie ki fut, et Mairiate, li femme Jaikemenel ki fut, ke sont de S. Clemant, p. b. sus tout l'eritaige ke Pantecoste, li femme Domangin Merlin ki fut, avoit, pertout ou k'il soit, k'elles ont ai lei aquasteit, permei teil cens com li heritaiges doit, et e. c. l. e. an l'ai. l. dv.

246 ²) Arowins, li filz Wiriat d'Abocourt ki fut, p. b. sus tout l'eritaige ke Kaitherine, li femme Herman de S. Jeure ki fut, aquasteit a Jaikemin Garnechon d'Abocourt et ai Ailexon, sai femme, en chans, an preis, ke geixent en pluxours leus ou ban d'Abocourt, k'il ait aquasteit a Kaitherine desour dite, permei teil cens et teil droiture com tous li heritaiges doit, et e. con l. e. an l'ai. l. dv.

247 Mertignons Liebaus de Maizelles p. b. sus lou tiers de lai pesse de vigne desour devar haie³) ke geist devar Culloit, k'il ait

---

¹) v. 1298, 237. ²) = 1298, 161.
³) Soll es heissen desour lai haie? v. 1290, 225 sus lai haie.

aquasteit a Colignon Guersel, permei II s. de cens ke cil tiers doit, et e. c. l. e. an l'ai. l. dv.

248 Odeliate, li femme Lambert lou boulangier ki fut, p. b. sus I stal en lai halle des boulangiers an Vesignuelz, ancoste Jennat Jeuwerel, k'elle ait aquasteit a Daniel, lou fil Heliat lou boulangier ki fut, permei teil cens com li stalz doit, et e. c. l. e. an l'a. l. dv.

249 Bertrans, li fillaistres Abrit dou Champel, p. b. sus les x s. de mt. de cens ke geixent sus lai maxon Ailexate, lai femme Lowiat lou mennestreir, et sus tout ceu ki apant, ke siet ou Halt Champel, ancoste l'osteit Jennat Growelaire, k'il ait aquasteit a Jennat Traivaille, lou fil Euriat de Wittoncourt ki fut, et e. c. l. e. an l'a. l. dv.

250 Lowias, li filz Jennin Cairin lou tennour ki fut, p. b. sus lai maxon et sus tout ceu ki apant ke siet en lai Vigne S. Auol an coste l'osteit Hanrit, lou genre Xobairt ki fut, k'il ait aquasteit a Fakignon de Prais lou tennour, permei XXXIII s. de cens, et a. c. l. e. en l'ai. l. dv.

251 Pieresons li tenneires de lai Vigne S. Auol p. b. sus lai maxon et sus tout ceu ki apant ke siet en lai Vigne S. Auol ancoste l'osteit Badewin de Luscey, k'il ait aquasteit a Roubert lou tennour de lai Vigne S. Auol et a Roubert, son nevout, permei XL s. de cens, et e. con l. e. an l'ai. l. dv.

252 Li sires Jehans Corbelz li prestres p. b. sus lai maxon ke fut Abert Braisdeu et sus tout ceu ki apant davant et daier, ke siet en lai rowelle a Poncel, ancoste lai stuve ke fut Yngrant Forcon, k'il ait aquasteit a Yzaibel, lai fille Thieriat de Chaistelz ki fut, permei XXV s. de mt. de cens, et e. c. l. e. an l'ai. l. dv.

253 Goudefrins li Vadois li permantiers p. b. sus I stal ke siet en lai halle des permantiers an Vesignuel, ancoste l'osteil signor Poinson,[1]) k'il ait aquasteit a Clemansate, lai fille Jennat Blondelat lou permantier ki fut, permei III s. de cens, et e. c. l. e. an l'ai. l. dv.

254 a) Ferrias Fessalz p. b. sus II s. de mt. de cens k'il ait aquasteit a Goudefrin de Bazoncourt lou cordeweneir et a Yzaibel, sai femme, sus lou seixime de lai maxon ke siet davant les Boins enfans, apres XII d. de cens ke cil seiximes doit, et e. c. l. e. an l'ai. l. dv.

---

[1]) signor Poinson lou Gornaix l'eschaving, v. 1293, 498.

b) Et se prant ancor bans sus ıı s. de mt. de cens k'il ait aquasteit a Jennat lou Goussat, sus son seixime de lai maxon ki fut Pierexel de l'Aitre, son aijuel, ke siet sus lou tour davant les Boins enfans, apres ııı d. de cens ke cist seiximes doit, et e. c. l. e. an l'ai. l. dv.

255 Martins de Troies p. b. sus lai maxon et sus ceu ki apant ke siet a S. Piere ancoste sai grainge meymes, k'il ait aquasteit a Ozenate, lai femme Thieriat Xufflairt de S. Piere ki fut, permei vıı s. et demei de cens, et. e. c. l. e. an l'ai. l. dv.

256 Jaikemins Jaillee p. b. sus les xvıı s. de mt. de cens ke Jaikemins Bonins doit sus ı stal de draipier, ke siet en lai plaice davant les degreis de lai halle des draipiers an Vesignuelz; k'il ait aquasteit a Collairt Morel, et e. c. l. e. an l'ai. l. dv.

257 Dame Poince et dame Yzaibelz, les ıı filles Jacob de Jeurne[1]) ki fut, p. b. sus les xx s. de mt. de cens ke geixent sus lai maxon Steuol, lou mairit Clairisse, ke siet en Sanerie, k'elles ont aquasteit por les Proicherasses dou Vinier davant Sallebour a Contasse et a Ydate, les ıı serors maistre Poince Chalongel ki fut, apres vıı s. et demei ke dame Poince et dame Yzaibel i ont, et e. c. l. e. an l'ai. l. dv.

258 Wirias, li vies maires de S. Clemant, p. b. sus une pesse de preit ke geist an Preires desous Orceualz, sus lou weit de Cons, k'il ait aquasteit a Jaikemin Daigairt de Cons, an alluet, et sans deimme paier, et a. c. l. e. an l'ai. l. dv.

259 Jehans Paipemiate li amans p. b. sus une pesse de vigne ou on contet ı jornal, ke geist an lai Baixe Bertelle, an coste lui meymes, k'il ait aquasteit a Mertignon Liebaut de Maizelles, lou genre Colignon l'olier, permei ı d. de cens, et dont il est tenans.

260 Cunins de Perjeu p. b. sus une pesse de terre c'on dist a lai Palle, ke geist ancoste Lowiat lou prevost, et sus toutes les censes ke Howignons de Rogieville avoit a Maicline et on ban, k'il ait aquasteit a Howignon desour dit, et e. con l. e. an l'a. l. dv.

261 Li sires Maikaires li prestres p. b. por lai compaignie de vıı prestres sus xıı d. de cens ke geixent sus ı stal en lai nueve halle des tennours ou Champ a Saille, k'il ait aquasteit a Symonin de Gorse lou tennor, et e. c. l. e. an l'ai. l. dv.

262 Burthemins, li filz Richier de Montois, p. b. sus lai maxon et sus lou meis daier et sus tout ceu ki apant ke siet a Montois,

---

[1]) *Die Vorlage hat bei dem zweiten* u *statt der zwei Striche nur einen Strich.*

et sus lou preit ke siet deilai lou rut a Montois, an coste Steuenin Bailluet, k'il ait aquasteit a Steuenin, lou fil Burtemel Bailluet de Montois ki fut, et a Jehan, son freire, et a Yzaibel, lour serour, et a Jaikemat, lour serorge, permei teil cens et teil droiture com cist heritaiges doit, et e. c. l. e. an l'ai. l. dv.

263 Jaikemins de Pairgney p. b. sus lai pesse de vigne ke fut Vguin Blangrenon, ou on contet VIII jornalz, ke geist a Bouxeires ou cousteit de Fraixe, et sus lai pesse de vigne ou on contet II jornalz ke geist an Quairte, et sus lai pesse de preit ou on contet III fasiees, et sus lai pesse de terre ou on contet II jornalz, et sus une maxon ke siet a Bouxieres, ke doit v s. de cens a Jaikemin meymes, et permei III s. et demei de droiture ke tous cist heritaige doit, k'il ait aquasteit a Maiheu, lou fillaistre Ferrit lou Grant d'Outre Saille, et e. con l. e. an l'ai. l. dv.

264 Li sires Renniers, chanones de S. Thiebaut, p. b. sus les v s. de mt. de cens ke geixent sus lai maxon ou li suer Gerairt lou boursier de S. Thiebaut maint, ke muevent de pair lou signor Richier Facon, doien de S. Thiebaut ki fut, ke li signor de S. Thiebaut desour dit ont aquasteit a Jehan, chanone de S. Thiebaut desor nommeit, et e. c. l. e. an l'ai. l. d.

265 Willemins Guios p. b. por sai waigeire sus tout l'eritaige ke fut Watrin Chaiureson, son cerorge, per tout ou k'il soit, por tant com Watrins desour dis li doit et ait a faire ai lui, per escris an airche et sans escris, et dont Willemins est tenans, permei teil cens et teil droiture com tous li heritaiges doit.

266 a) Lukelz de Bourney, li filz Colin lou maior ki fut, p. b. sus I jornal de terre ke geist ou ban de Borney, an coste lui meymes, k'il ait aquasteit a Andrewat Burnat et a Burtignon Caienat, permei III d. d'anniversare,[1]) et e. c. l. e. an l'ai. l. dv.
b) Et se prant ancor bans sus une pesse de terre ke geist sus Glairuelles, ancoste lai terre Colignon Chabosse de Borney, et sus lai pesse de preit ke geist sus Vguignonrut, k'il ait aquasteit a dame Poince Muele et a Roienate, sai fille, permei III s. et demei de cens, et a. c. l. e. an l'ai. l. dv.

267 Colignons, li genres signor Jehan Corbel ki fut, p. b. sus x s. de mt. de cens ke geixent sus lai maxon et sus ceu ki apant ke siet a Porsaillis antre lai maxon Waterin Bigode et lai maxon Colignon Petitvacke, k'il ait aquasteit a Symonin Morel

---

[1]) *Vorlage* anniversate.

l'orfeivre de Uesignuelz, apres LXIIII s. et demei de cens ke cist heritaiges doit, et e. c. l. e. an l'ai. l. dv.

268 Li priours de lai maxon de Cleirualz de Mes p. b. sus II s. de mt. de cens ke Jennas Merelz de S. Piere doit sus sai maxon ke siet a S. Piere, arreis lai fontenne a Serpant, et sus II eires de meis ke furent Symonin Chaistelain, ancoste Thieriat Boudat, ke li sires Jehans Maiguetins li prestres lour ait doneit por Deu et en amone, apres teil cens com cist heritaiges doit, et e. c. l. e. an l'ai. l. dv.

269 Richiers Bellegree p. b. sus les x.xxIIII s. de mt. de cens k'il meymes dovoit sus lai maxon ke fut Poincignon lou Mercier, ke siet an S. Martinrue, ke li dis Richiers ait raicheteit a Maiheu lai Quaile, et e. c. l. e. en l'ai. l. d.

270 Thiebaus de Heu p. b. sus lou demei meu de vin de cens k'il meymes dovoit sus sai plante de vigne ke fut Symonin Fimon, ke geist ou ban d'Airey, k'il ait aquasteit a Mergueron, lai femme Velowel ki fut, et e. c. l. e an l'ai. l. dv.

271 Kaitherine, li femme Herman de S. Jeure ki fut, p. b. sus les XVI s. de mt. de cens IIII d. et maille moins ke Gererdins, li filz Piereson de Corcelles, ait an LX et x s. de mt. de cens ke geixent sus lai maxon ou on ont fait une stuve, ke siet sus lou cours ancoste lai Bucherie a Porsaillis, k'elle ait aquasteit a Gererdin davant dit, et e. c. l. e. an l'ai. l. dv.

272 Gererdins li permantiers, li filz Renadel ki fut, p. b. sus lai maxon et sus ceu ki apant ou il meymes maint, ke siet sus lou Mur, ke les pucelles de Sus lou Mur ont laieit a dit Gererdin et a Ameline, sai femme, et a Piereson, lor fil, a lor vies, permei XVIII s. de mt. de cens, et e. c. l. e. an l'ai. l. dv.

273 Colignons, li filz Aburtel de S. Clemant ki fut, p. b. sus une eire de meis ke geist en lai vigne ou Meis, ancoste Germain, permei XII d. de cens, et sus lai pesse de terre ansom lou plantei ancoste Clemignon Witton, permei XV d. de cens, k'il ait aquasteit a Mairiate, lai femme Jaikemenel de S. Clemant ki fut, et a Suffiate, lai femme Maitheu de S. Clemant ki fut, et e. c. l. e. an l'ai. l. dv.

274 Colignons, li filz Jehan Petitvacke ki fut, p. b. sus les LX s. de mt. de cens ke geixent sus lai maxon ou Hanrias de Noweroit maint, ke siet daier S. Sauour, et sus les xx s. de mt. de cens ke geixent sus lai maxon Arnoult lou poindour daier S. Sauour,

ke Colignons desor dis ait aquasteit a Lorate dou Quertal, lai femme Herman ki fut, et e. c. l. e. an l'a. l. d.

275 Jaikemins et Poinsins, li dui fil Thomessat Danallaiglixe, p. b. sus II jornalz de terre ke geixent ou ban de Mairley, ancoste Ruese, lai femme Herbin lou meuteir ki fut, k'il ont aquasteit a Colin de Racourt lou boulangier, permei II d. de cens, et e. c. l. e. an l'a. l. dv.

276 Jaikemins, li filz dame Poince de Croney¹) ki fut, p. b. sus les II homaies de vigne ke geixent an S. Arnoultvigne ou bam²) Sainte Marie de Mes, an coste lui meymes, k'il ait aquasteit a Geliat Maibelion d'Airei, permei teil cens com elles doient, et e. c. l. e. an l'a. l. dv.

277 Burtrans Fakignons p. b. sus II jornalz de terre et sus les foureires ki apandent ke geixent an Desertecommune, desous lai terre Fakignon meymes, k'il ait aquasteit en alluet a Lukel d'Outre Saille, et e. con l. e. an l'ai. l. dv.

278 Perrate, li femme Jaikemin Rekeut ki fut, p. b. sus tout l'eritaige ki est escheus a Wiriat, lou fil dame Guepe de lai Laike de Luppei, de pair peire et de pair meire, ke geist a Luppei et en tous les bans, ke Jaikemins desour dis ait aquasteit a dit Wiriat, permei teil cens et teil droiture com li heritaiges doit, et e. c. l. e. an l'ai. l. dv.

279 Goudefrins de lai Porte p. b. sus II s. de mt. de cens ke geixent sus lou gerdin daier l'ospital des Allemans, k'il ait aquasteit a Symonat lou Four, apres VIII s. de cens ke li gerdins doit, et e. c. l. e. an l'ai. l. dv.

280 Poincignons Pedanville p. b. por lai chieze Deu de S. Auol sus teil pertie con li sires Gerairs, li prestres de lai chaipelle ki fut, avoit en lai maxon ke fut Perrin Yzambairt et ou resaige ki apant, ke siet en lai rowelle Yzambairt, et sus teil aquast com li sires Gerairs desor dis ait fait a Thieriel d'Ardenne, si com des resaiges daier et de coste ceste maxon meymes, ke li sires Formeirs li prestres et Rollons li clers de Bunaies, li mainbor signor Gerairt desus dit, ont doneit por Deu et en amone a lai chieze Deu desour dite, et e. c. l. e. an l'ai. l. dv.

281 ³) Jaikemins Moretelz p. b. sus les LIII s. et demei de mt. de cens ke geixent sus lai grant maxon ke fut Steuignon Bellegree,

---

¹) Croney *auf ausgelöschter und ausgekratzter Schrift.*
²) *Die Vorlage hat* bam.
³) *v. 1298, 298.*

ke siet a Porsaillis, k'il ait aquasteit et raicheteit [1]) a Badewin, [lou fil Steuignon] [2]) desour dit, et e. c. l. e. an l'ai. l. dv.

282 Maiheus, li filz Renadin lou Mercier, p. b. sus les x s. de mt. de cens ke Steuenins Pourrate li boulangiers doit sus sai maxon ou il maint, ke Clemansate, li femme Lowiat lou hairangueir, li ait mis an waige, et dont Maiheus desour dis est tenans.

283 Li sires Poinces de Raigecourt p. b. sus tout l'eritaige ke Joffrois Chaineveire tenoit a Joiey, ke muet des querteirs lou signour Poinson, ke li sires Poinces ait en waige, et ke li est delivres por les chateis, et e. c. l. e. an l'ai. l. dv.

284 Nenmeris li draipiers, ke maint davant Sainte Creux, p. b. sus jor et demey de vigne ke fut Jaikemin Xairo, ke geist en Mallemairs, antre lai vigne ke fut Poincignon de lai Bairre et lai vigne les enfans Poincignon Chalon ke fut, k'il ait aquasteit a Ainel, ki est main[bors] [3]) de lai devise Jaikemin Xaro, son freire desour dit, permei III mailles de cens ke li pesse de vigne doit, et e. c. l. e. an l'ai. l. dv.

285 Bietrexate, li fille Poinsate lai xowerasse de keuverchies, p. b. sus teil pertie com Colignons, ces freire, avoit en lai maxon ke fut lor peire, ke siet ou Halt Champel, k'elle ait a lui aquasteit, permei teil cens com celle pertie doit, et e. c. l. e. an l'ai. l. dv.

286 Durans li boulangiers, li genres Marguerate Rogier, p. b. sus teil pertie com Durans, ces oncles, avoit en lai maxon et en ceu ki apant ke fut Rogier, son senr, et sus lou stal ke siet an lai halle des boulangiers an Vesigneus, ancoste Jennat Xerdat, k'il ait aquasteit as mainbours Durant lou boulangier ki fut, permei teil cens com cist aquast doit, et e. c. l. e. an l'ai. l. dv.

287 a) Steuenins Gouvions p. b. sus II pesses de terre ke geixent ou ban de Bor[n]ey ancoste lui meymes, k'il ait aquasteit en alluet a Colignon Chabosse de Bournei, et e. c. l. e. en l'ai. l. dv.
b) Et se prant ancor bans sus jor et demei de terre arreure ke geist ou ban S. Piere a Borney, ancoste ceulz des Bourdes, k'il ait aquasteit en alluet a Burtemin lou Roucel de Borney, lou fil Jaikemin de Vantous, et a. c. l. e. an l'ai. l. dv.

288 Thiebaus Gerairs p. b. sus IIII s. de mt. de cens ke geixent sus lai maxon Roillon Berrel de Maigney et sus tout ceu ki

---
[1]) et raicheteit *übergeschrieben. v. 1298, 298.*
[2]) *v. 1298, 298.* [3]) *Beim Abbruch der Zeile vergessen.*

apant, ke siet a Maigney, davant lou moulin, ancoste lou meis
S. Clemant, k'il ait aquasteit a Roillon davant dit, apres vIII d.
de cens k'elle doit, et a. c. l. e. an l'ai. l. dv.

289 Poincignons Bolande p. b. por lai chieze Deu de Fristor sus
une pesse de meis c'on dist an Sinc eires, ke geist sus lou chamin
de Montigney, ancoste lou meis S. Laidre, ke li est delivres
an plait ancontre Jennat, lou fillaistre Willemin lou Borgon
de Montigney ki fut, por lou cens de III estaies trespassees et
por les aidras, et dont li chieze Deu desour dite est tenans.

290 Li sires Jehans, li prestres de S. Martin en Curtis, p. b. por
l'aiglixe desour dite sus les v s. de cens ke geixent sus lai
maxon ke fut Willame lou Flamant lou permantier, ke siet a
tour de lai ruelle c'on dist de Pawillon en Chaipeleirue, k'il
ait aquasteit a Perrin Graitepaille lou permantier, et e. com l.
e. an l'ai. l. dv.

291 Collate et Poinsate et Maithiate, les III filles maistre Nicolle
Deudeneit ki fut, p. b. sus lou sinquime de lai maxon ke fut
maistre Nicolle desour dit et de tout ceu ki apant, ke siet davant
lou Preit, k'elles ont aquasteit a Goudefroit de Maigney, lou
genre Maitheu Grenon ki fut, et a Collate, lai fille Matheu
desour dit, permei v s. de cens k'elles lour en doient, et e. c.
l. e. an l'ai. l. dv.

292 Thiebaus Gemelz p. b. sus les xx s. de mt. de cens ke geixent
sus lai maxon et sus tout ceu ki apant ke siet a Quertal antre
lai maxon Lucate lai huveire et lai maxon Poinsate Berbion,
k'il ait aquasteit a Colignon, lou fil Jaikemin Berbion dou
Quertal ki fut, apres teil cens com li maxon desour dite et ceu
ki apant doit a Thiebaut desour dit, et e. c. l. e. an l'ai. l. dv.

293 Thiebaus Gemelz p. b. sus lou tiers meu de vin k'il meymes
dovoit sus sai pesse de vigne ke geist ou champ Lowit, ancoste
Steuenin, lou fil Wiriat lou vies maior, k'il ait aquasteit a
Steuenin desour dit, et e. c. l. e. an l'ai. l. d.

294 Arnoulz d'Abes, li valas Symonat l'eschaving de Chambres,
p. b. sus lai maxon et sus ceu ki apant ke siet en Chaponrue,
ke fut Olleuier lou saiveteir, ke li est delivre en plait, por
tant com Olleuiers desor dis li doit, per escris an airche, et
dont il est tenans.

295 Symonas Tagolz p. b. sus les VI homaies de vigne ke geixent
an coste lai vigne Piereson Chiorey, ou ban lou signor Renalt
dou Nuefchaistel a Fayt, k'il ait aquasteit a Piat, lou fil lai

Bone de Fayt, permei vi steires de vin de cens k'elle doient, et e. c. l. e. an l'ai. l. dv.

296 ¹) Symonas de Chambres et Burtignons Wielz et Guercirias Faixins et Colignons Cunemans p. b. sus les II pesses de terre arreures ke Joffrois Boukins avoit en Hem, et sus lai pesse de vigne ke Joffrois avoit en lai coste dou mont S. Quintin daier Longeuille, por tant com Joffrois desour dis lour doit, per escris an airche, et por tant com Jofrois ait a faire a oulz,²) per escris an airche.

297 Joffrois Jallee p. b. sus XVIII d. de cens k'il meymes dovoit sus une maxon ke siet daier S. Arnoult, ancoste sai grainge meymes, k'il ait aquasteit a Gererdin de Wionville, ke maint a Gorse, et e. c. l. e. an l'ai. l. dv.

298 ³) Jehans, li filz Gererdin de Moielain ki fut, p. b. sus LIII s. et demei de mt. de cens ke geisent sus lai grant maxon ke fut Steuignon Bellegree, ke siet a Porsaillis, ke li sont delivres ancontre Badewin, lou fil Steuignon desor dit, et dont il est tenans.

299* Ce sont li bans de la mey awost. En la marie d'Outre Muselle:
299 Dame Poince, li femme Wiennat lou feivre d'Otre Muselle ke fut, et Ysabels ⁴) li Vadoize, li suer maistre Nicolle Morel ke fut, prannent bans sus II jornals et demei de vigne, s'an geist
 I jornals deleis la vigne Wichardin Berbel, et demei jornals a
5 Viuier deleis la vigne la Hauarde, et demei jornals a Chauol a Montigney, et demei jornals davant la maison d'Andreuals, et sus VIII jornals de terre areuse, s'an geist I jornals deleis lai grainge Jofroit Bellegree desous lou Chene, et II jornals a l'Ormexel en la voie de Molins, et I jornals davant Longeuille
10 sus Muselle en II pieces, et I jornals ens Anois ancoste Howin Nerlant, et jor et demei en la Meize ancoste la femme Howignon l'aman, et I jornal en II pieces enmei la Fin, et I jornal enmei la Fin ancoste Patart, et sus IIII s. et demei de mt. de cens ke Gerardins de Montigney doit sus une piece de preit en la
15 voie de Molins, et sus V s. de mt. de cens ke Mateus, li fils Weriat lou Grant, doit sus sa maison ke siet desoz lou Chauol, et sus IIII s. de mt. de cens ke Remeis, li fils Domangin lou

---

¹) = *1298, 350.*

²) ait a faire a oulz *übergeschrieben,* lor doit *durchgestrichen.*

³) *Durchgestrichen. v. 1298, 281.* ⁴) et Ysabels *auf Rasur.*

doien de Montigney, doit sus une piece de vigne deleis sous de
Belpreit, et sus II s. et demei de mt. de cens ke Pieresons de
20 Montigney doit sus une piece de vigne ke geist en l'Angleson,
et sus XII d. de cens ke Tierias, li fis Ysanbart de Montigney,
doit sus une piece de terre deleis Testemarrie et sus III pieces
de preit, dont li une geist en parties deleis lou preit Lowiat
Chamure, et li atre deleis la fontainne desoz Montigney, et li
25 atre geist an coste cestei piece meimes, et sus les VIIII quartes
de wayn moitange et la charree de foin chac'an ke Arnols, li
serorges Nainmerit, lou fil Howat lou cherpentier de S. Arnolt,
doit sus son eritage ke geist ou ban de Montigney, et sus eri-
tage ke geist ou ban de Bouxieres, et sus de cant ke li dis
30 Nainmeris ait d'eritage, en toz us, k'elles ont a lui aquasteit
permei XX s. de mt. de cens et demei quarte de bleif et les II
pars de V d. et une angevine de cens et XII d. de cens a S.
Eivre ke cist eritages doit, et k'elles li ont relaiet a lor II
vies, permei XX quartes de wayn moitange et une charree de
35 vin et XX s. de mt. et II quartes de blans pois chac'an, ke li
dis Nainmeris lor en doit paier chac'an, et e. c. l. e. an l'a. l. div.
300 Katerine, li femme Herman de S. Geure, p. b. sus X s. de mt.
de cens k'elle ait aquasteit a Jehan, lou fil Cunin l'olieir, sus
sa maison ou il maint et sus can ki apant, ke siet davant
l'osteil l'aibeit de S. Mihier en la rue Ste Marie as nonains,
et sus les VIII s. de mt. de cens ke li oir Thiebat Borgancel
li doient, sus la maison ke siet davant Ste Marie as nonains,
apres XX s. de mt. de cens k'elle doit, et e. c. l. e. an l'a. l. d.
301 [1]) Thiebas Petismaheus p. b. por lai chiese Deu des Cordelieres
de Mes sus les XIIII s. de mt. de cens ke dame Contasse, li
femme Lukin Chameure, avoit sus une grainge ke siet davant
les pucelles a pont Tiefroit, ke fut Sebiliate Bardel, et sus les
IIII s.[2]) de mt. et II d. de cens k'elle avoit sus une piece de
vigne a Longeuille, ke Jennas Curladels doit, et sus les XX s.
de mt. de cens k'elle avoit sus la vigne Hanriat lou cherpentier
de Chanbres, ke geist ou ban de Plapeville, ancoste lou maior
S. Vincent, k'il ait aquasteit a dame Contasse desor dite, per-
mei teil cens com on en redoit aier, et e. c. l. e. an l'a. l. d.
302 Et ce p. b. ancor por la chiese Deu desor dite sus II maisons,
l'une ancoste l'atre, et sus cant ki apant ke furent Matiate, la

---

[1]) *Urkunde erhalten, v. Teil I. Einl. Anhang II 25. v. 1298, 221, 238.*
[2]) *De Wailly 363 (1298) hat III s.*

fille Burchiet, en S. Vincentrue, et sus tot l'eritage k'elle ait en la marie d'Otre Muselle, k'elle lor ait doneit por Deu et en amone, permei teil cens com li eritages doit, et e. c. l. e. an l'a. l. d.

303 Gerardins Morelas de Lorey p. b. sus une piece de vigne ke geist ou ban de Lorey, sus lou chamin davant la Loge, k'il ait aquasteit a Jehan c'on dist de Bair, permei demei meu de vin et IIII sestieres de vin de cens et vi d. d'assise, et e. c. l. e. en l'a. l. d.

304 Li sires Willames Gratepaille li prestes p. b. sus vi s. de mt. de cens ke geisent sus l'osteil Guerbode a Ars sus Muselle, k'il ait aquasteit a Fillipin et a Perrin et a Mateu, les enfans Perrin Marcout, et e. c. l. e. en l'a. l. d.

305 Benoite, li femme Herman lou bochier de Chastels, p. b. sus III jornals de terre ke geisent ou ban de Geramont en IIII leus, k'elle ait aquasteit a Michiel de Geramont, permei teil cens et teil droiture com il doient, et e. c. l. e. en l'a. l. d.

306 Li sires Nicolles, li prestes de Juef, p. b. sus une piece de vigne ke geist a la Loke ou ban de Maranges, k'il ait aquasteit a Waterin, a Mahout et a Lorate, les enfans Gerart de Maranges, et a Jehan Blammare de Richiermont et a Colin de Mairis et a Adan de Tionville, les III janres Gerart desor dit, en alluet, et e. c. l. e. en l'a. l. d.

307 Anels, li fille Steuenat Cuerdefer, p. b. sus la moitiet d'un molin ke siet en Seu[er]ainneteire et dou resaige ki apant et de la poxerie ke part a Steuenat desor dit, k'elle ait aquasteit a Steuenat, son peire, et a Poinsignon Noirart, les mainbors Lorate, la femme Poinsignon desus dit, permei teil cens com ciste moities doit, et e. c. l. e. en l'a. l. div.

308 Jennas li Gronais li bollengiers p. b. sus teil partie com Jaikemins Cheuals li taneires, li janres Robin Passeit, ait en x s. de mt. de cens ke geisent sus la maison Perrin Gratepaille davant S. Sauor, k'il ait a lui aquasteit, et e. c. l. e. en l'a. l. d.

309 Jaikemins, li mares de Ville sus Yron, li fis Piereson dou Terme, p. b. sus une mason et sus cant ki apant davant et daier ke siet a Ville sor Yron, k'il ait aquasteit a Veuion et a Jakemat, les II filz Jennat Maton, en alluet, et e. c. l. e. en l'a. l. d.

310 Willemins Guios et Arnols Barbe p. b. sus tout l'eritage ke mastres Marcires li feivres, li janre Willame lou feivre ke fut, ait en la marie d'Otre Moselle, k'i[l] lor ait delivreit en plait,

por tant com il lor doit, l'escrit en l'arche, et dont il sont tenans, permei teil cens com li eritaiges doit. [1])

311 Maistres Pieres li massons de Chanbres, p. b. sus la maison Jaikemin, lou fil Jaikemin Gratepaille, ke siet sus lou Terme otre Moselle, ke fut Mateu Bacheleir, ke li est delivree en plait, por IIII estaies trespassees, chacune de VII s. et demei, et por les adras.

312 Howins Paperels p. b. por la chiese Deu de S. Piere as nonains sus XXI s. de mt. de cens k'il ait aquasteit a Jehan lou clerc, lou fil Steuenin lou maiour de Fèlix, et a Odiliate, sa femme, et a Marguerite, a Lorate, a Thiebat et a Ailixon, les IIII enfans Odiliate desor dite, sus lor maison ke siet en Franconrue et sus can ki apant, apres V s. de mt. k'elle doit de davanterien cens, et e. c. l. e. en l'a. l. d.

313 Forkignons Xavins p. b. por les pucelles de la Vigne S. Marcel sus XI s. de mt. de cens ke geisent sus la maison Jaikemin lou Bel, ke siet a Gorze a pont Arnalt, ke li sires Willames de Gorze, chanones de S. Sauor, lor ait doneit por Deu et en amone, et e. c. l. divise en l'a. l. d.

314 Jehans Abrions p. b. sus la moitiet [2]) d'une piece de terre ou an contet IIII jornals, ke geist a la Marcelle ou ban de Turey, k'il ait aquasteit a Waterin lou cherpentier, lou fil Chiotel, en alluet, et e. c. l. e. en l'a. l. d.

315 Jaikemins Moretels p. b. sus lou tiers de la maison et de ceu ki apant ke siet en Chanbieres ke fut lou peire Jakemin Puignant, k'il ait aquasteit a Jakemin Puignant, permei teil avenant com il vient a cestui tiers des XVII s. de mt. de cens ke toute li maisons doit, et sus son tiers de la piece de vigne ke geist ou ban de Wapei, ke part a Colignon, son frere, et a Ysabel, sa suer, en aluet, et e. c. l. e. en l'a. l. d.

316 Et ce p. b. ancor sus les II pars ke Colignons Blancars et Ysabels, sa suer, avoient en la mason et en ceu ki apant ke siet en Chanbieres ke fut lor peire, permei teil avenant com il vient as ces II pars des XVII s. de cens ke tote li masons doit, et sus lor II pars k'il avoient en la piece de vigne ke geist ou ban de Wapei, en alluet, k'il ait a ous aquasteit, et e. c. l. e. en l'a. l. d.

---

[1]) *permei bis* doit *ist ein zwischen die Zeile von 310 und die von 311 geschriebener Zusatz.*

[2]) *In der Zeile steht* sus une piece, *darüber* la moitiet *de.*

317 Isabels Blancars li Vadoize p. b. sus la maison et sus can ki
apant ke fut Jakemin Puignant, son frere, ke siet en Chanbieres,
ke Weberate, li femme Jaikemin desor dit, li ait aquiteit en
plait, por tant com li dis Jaikemins li doit, l'escrit en l'arche,
et dont Ysabels est tenans, permei teil cens com elle doit.
318 Ferrias Fessal p. b. sus v s. de mt. de cens k'il ait aquasteit
a Chardat Muzart de Gorze, sus la maison ke fut Hanrit lou
masson, son seur, ke siet en Rommesale, davant lou puix, et e.
c. l. e. en l'a. l. d.
319 Et ce p. b. ancor sus demei jornal de vigne ke geist ou ban
de Montigney, ancoste Tieriat Buglel, k'il ait aquasteit a Jennat
et a Jaikemin, les II fis Jennat lou taborour, et a Fransois, lor
serorge, permei v s. de mt. de cens, et e. c. l. e. en l'a. l. d.
320 Ferrias Fessals p. b. ancor sus IIII s. de mt. de cens k'il ait
aquasteit a Vguignon lou cherpentier de la rue S. Vy sus sa
maison ou il maint, ancoste lou puix, apres x s. et demei de
cens k'elle doit davant, et e. c. l. e. en l'a. l. d.
321 Jaikemins, li fils Jennate de Lorey, p. b. sus II pieces de terre
ke geisent ou ban de Lorey, s'an geist une daier lou mostier,
en alluet, et li atre en Longe Roie, permei IX d. ke taille ke
cens, k'il ait aquasteit a Danielate de Lorei, et e. c. l. e. en
l'a. l. d.
322 Jaikemins de Pargney p. b. sus teil partie com Colignons
Chameure et Jehans, ces freres, ont en v s. de fors de cens ke
Arnols doit por la terre Colin de Dornant, ke muet de l'eritage
Wahin, et sus teil partie com il ont en v s. de fors de cens
5 ke Tierias li cruwiers doit per l'eritage Wahin, et sus teil partie
com il ont en XXVI s. de mt. de cens ke Lanbers de Dornant
doit por lou preit Wahin, et sus teil partie com il ont en XIIII
d.[1]) de mt. de cens ke Alixons de Gorze doit por lou preit
Wahin, et sus teil partie com il ont en III s. de mt. de cens
10 ke Alixons, lifemme Jakier Bouchart, doit por l'eritage Willame
l'oxelour, likeils eritages lor est escheus de part Ailixate, lor
tante, la femme Willame de Gorze, et sus can k'il ont a Dornant
ke muet de ces parsons, k'il ait ai ons aquasteit, et e. c. l. e.
en l'a. l. d.
323 Jennas Formeis de Chastels et Richardins, ces freres, et Jaike-
mins, lor niez, p. b. sus tout l'eritage ki est escheus a Jehan,
lou fil Tierion d'Airey, de part Wiberate, sa femme, ke geist

---

[1]) d. verbessert aus s.

a Chastels et a Amanvilleirs et a Wernainville et en bans, en
chans, en preis, en bolz, en vignes, en awe, en censes, en rantes,
en drotures, en tailles, en prises, k'il ont a lui aquasteit, et
e. c. l. e. en l'a. l. d.

324 Jennas li Lous et Colignons li Rocels d'Ars p. b. por Jennat
Richart d'Ars et por Marguerite, sa femme, sus la vigne deleis
lou pileir as Roches, en alluet, et sus la vigne a Mapartux,
permei III sestieres de vin k'elle doit a ban S. Arnolt, k'il ont
aquasteit a Jennin Houzart d'Ansey, et e. c. l. e. en l'a. l. d.

325 Jennate, li femme Marcire lou feivre, p. b. sus la maison Lan-
belin lou permantier, lou janre maistre Willame lou feivre, et
sus cant ki apant, ke siet en Couperelrue, ke li dis Lanbelins
li ait delivreit en plait por les VIII lb. de mt. ke Ysabel, li
suer mastre Nicolle Morel, ait doneit a Jennate, des dates ke
Lanbelins doit a Jennat Rekeut et a sa meire, dont li escris
sont delivre a Ysabel, et dont Jennate est tenans, permei teil
cens com elle doit.

326 Jehans Lukins li espiciers p. b. sus une maixiere ke siet sus
lou tor[1]) desoz S. Hylaire a Xauleur, k'il ait aquasteit a
Waterin lou chantor, permei III s. de mt. de cens k'elle doit
a l'abase et a convent des Cordelieres, et e. c. l. e. en l'a. l. d.

327 Li sires Simons li prestes de la rue lou Uoweit p. b. sus une
maison et sus cant ki apant ke siet otre Moselle, antre l'osteil
l'archediacre Lowit et Steuenat Vigout, ke fut Domangin lou
corduenir por lou cens de l'estaie de feste S. Jehan Baptiste
ke passee est, dont Domangins li ait defaillit de paiement, et
por les adras, et dont li sires Simons est tenans, permei teil
cens com elle doit davant.[2])

328 Li sires Nicolles, li chapelains lou costor de la Grant Eglise
de Mes, p. b. por les confreres de Nostre Dame la Tiaxe sus
VI s. de mt. de cens, k'il ait aquasteit a Colignon Chierelate,
des X s. de mt. de cens k'il ait sus lou four ke siet davant
l'osteil Jennat Louguel en Chanbieres, et e. c. l. e. en l'a. l. div.

329 Pieresons Forcons p. b. sus une piece de vigne ke geist en
Planteis sus Muselle, antre la vigne Chenaleir et Poinsignon
la Bolle, ke fut Symonat Polin de Longeville, ke Baduyns
Badoche li ait delivreit en plait, por tant com li dis Simonas
doit a Willame Chardevel et a Ysabel, sa femme, l'escrit en

---

[1]) sus lou tor d'Anglemur v. *1293, 675.*
[2]) v. *1293, 315.*

l'arche, ki est delivres a Piereson desor dit, et dont il est tenans, permei xviii d. de cens k'elle doit.

330 Jennas, li fis Wichart d'Ansey, p. b. sus une maison et sus can ki apant ke siet a Dornant, et sus i jornal de vigne ke geist ou ban de Dornant, en pluxors leus, k'il ait aquasteit a Poinsate Poxerelle et a Colate, sa suer, les mainbours Ameruele, la femme Graiceoie de Dornant, et e. c. l. e. en l'a. l. d.

331 Jehans et Simonins et Lieborate et Heiluwate, li enfant Poinsate de Molins, p. b. sus une pessate de vigne ke geist en la Bonevize l'Eveke desoz Chazelles, ancoste ous meimes, k'il ont aquasteit a Cunin, lou fil Jennat de Chazelles, et a Floriate, sa femme, et e. c. l. e. en l'a. l. d.

332 Drowins Ruke de Viez Bucherie p. b. sus la grainge et sus la court et sus lou meis daier et sus cant ki apant ke siet en la Vigne S. Marcel, ancoste Howat lou charreton, k'il ait aquasteit a Abriat de Rocheranges, ke maint a Turey, permei vii s. de mt. de cens, et e. com l. e. en l'a. l. div.

333 Abertins de Remilley, li janres Aurowin de Chanbieres, p. b. sus une maison et sus ceu ki apant, ceu ke maistres Jehans en tenoit, ke siet en Chanbieres, ke Colignons Chierelate li ait laiet a cens, permei vii s. de mt. chac'an, et e. c. l. e. en l'a. l. div.

334 Jennas Murlins li bouchiers et Marguerate, sa femme, p. b. sus une maison et sus ceu ki apant ke siet en Viez Bucherie, ke fut Weriat lou masson, ke Thiebas Joute lor ait laiet a cens, permei xxi s. de mt. ii d. moins de cens k'elle doit a S. Benoit, et xiiii s. et iiii d. de mt. de cens a Ysabel, la fille Thiebat desor dit, et e. c. l. e. en l'a. l. d.

335 [1]) Tierias, li baillis dou Val, p. b. sus lou quars de la piece de terre ke geist antre Molins et Longeawe, k'il ait aquasteit a Jehan, lou fil signor Jofroit lou Gronaix ke fut, en alluet, apres lou quars ke li sires Thiebas li Gronais, chiveliers, i ait davant, et e. c. l. e. en l'a. l. d.

336 [1]) Et ce p. b. ancor sus lou quars de toute la piece de terre ke geist antre Molins et Longeawe, k'il ait aquasteit a Colignon, lou fil signor Jofroit lou Gronais, en aluet, apres lou quart ke li sires Tiebas li Gronais i ait, et e. c. l. e. en l'a. lo d.

337 Hanrias Burnekins p. b. sus une maison et sus can ki apant ke siet en Pousalruelle, k'il ait aquasteit a Waterin, lou fil Bertran lou maior de Mondelanges, et a Simelo et a Jehan et

---

[1]) v. 1298, 126.

a. Nikela, ces III freres, et a Ydate, la fille de lor frere, permei x s. de mt. de cens, et e. c. l. e. en l'a. l. div.

338 Colignons Cunemans li amans p. b. sus VII moies et demee de vin de cens en l'axe et sus II s. de mt. de cens et une angevine ke geisent sus eritage ke geist ou ban de Longeuille et ou ban de Molins, k'il ait aquasteit a Mateu lou loremier et a Katerine, sa femme, et e. c. l. e. en l'a. l. d., et dont li dis Colignons est terrans.

339 Remions Burnekins, li mares S. Vincent, p. b. por l'abeit et por lou convent de S. Vincent sus XIII s. de mt. de cens ke geisent sus la maison Anel d'Abigney en Chaponrue[1]) dont il en redoient III s. de mt. de cens a Willekin dou Champ a Saille, ke li dis Remions ait aquasteit a dame Lorate de Prenoit de Staixons, et e. c. l. e. en l'a. l. d.

340 Jofrois, li fils Gerardin Jallee ki fut, p. b. sus la moitiet de jor et demei de vigne ke geist ou ban de Siey, et sus les VI s. et demei de mt. de cens ke geisent sus III moies de vin de cens c'on doit a Ste Alance, k'il ait aquasteit a Jehan, lou fil lou signor Jofroit lou Gronaix ke fut, et e. c. l. e. en l'a. l. div.

341 Jehans Ancels p. b. sus une piece de terre ou an contet VI jornals, et sus la mars a chief ke geist daier lou chastel a Turey, k'il ait aquasteit a Perrin Maglaue, permei I sestier d'oile, et e. c. l. e. en l'a. l. d.

342 Maistres Abris, arcediacres de Marsal en l'eglise de Mes, p. b. sus la moitiet dou gros demme de bleif de Menville et dou ban et dou finage et des apandixes, et sus une grainge et sus ceu ki apant ke siet a Menville, k'il ait aquasteit a sa vie, sans plux, a Jehan de Bleno, lou fil signor Burnike, et e. c. l. e. en l'a. l. d.

343 Danielate, li femme Garriat lou cordueneir, et Ysabels et Poinsate, ces II filles, p. b. sus une maison et sus ceu ki apant ke siet a tour de Rommesale, ke fut Colin lou clerc de Liehons, k'elles ont aquasteit a Maheu et a Bietrit, les enfans Colin desour dit, permei teil cens com li maisons desus dite doit, et e. com l. e. en l'a. l. div.

344 Tomessins Filixate p. b. sus une maison et sus ceu ki apant ke siet en Viez Bucherie, antre l'osteil Fakignon et Jennat Murlin, k'il ait aquasteit a Poinsignon Gueudat, permei XXX s. et VI d. de mt. de cens, et e. c. l. e. en l'a. l. d.

---

[1]) Chaponrue *in der Mairie PS, Eintrag in der Mairie OM.*

345 Abrions, li fis Burtignon de la Tor, p. b. sus lou tiers de la piece de vigne et dou preit desous et de ceu ki apant ke [siet] a Chene, ou clos les Rines, k'il ait aquasteit a Jofroit de Siey, permei ıı moies et demei de vin de cens, et e. c. l. e. en l'a. l. d.

346 Maistres Willames, li saieleires de la grant court de Mes, prant bans sus la maison et sus lou meis daier et sus tout lou resaige ki apant ke siet en Nikesieruwe, jusc'a mur daier antre la maison maistre Willame meimes et la maison Gillebert, k'il ait aquasteit a Simonin, lou serorge Hanriat l'uxier, permei xvııı s. de mt. de cens ke ceste maisons doit a l'eglise de S. Sauour, et e. c. l. e. en l'ai. l. div.

347 Maistres Willames, li saieleres de la grant court de Mes, p. b. ancor sus la maison et sus tout lou resaige ki apant ke fut signor Jofroit Aixiet, chanone de Mes, ke siet antre la maison ke fut l'eveke Fillipe et la maison maistre Jehan Dowon, k'il ait aquasteit a signor Jehan, chapelain de l'ateit S. Vincent a Grant Mostier, et a mastre Jehan Dowon, les mainbors Tomessin lou clerc, permei xv s. ııı d. moins de mt. de cens, et e. c. l. e. en l'a. l. d.

348 Burtignons Paillas p. b. por wagiere sus tout l'eritage ke fut Colignon Facol et Wiberate, sa femme, ke geist a Airs et en bans d'Ars, et aillors ou ki[l] soit et en keils bans ki[l] soit, ki est dou censal des xxv lb. de mt. de cens et des v moies
5 de vin ke li sires Nicolles Otins, doiens de S. Sauor, aquasteit a Colignon Facol sus l'eritage devant dit, e. c. l. e. en l'a. l. d., les xxv lb. et v moies de vin davant dites, ke Steuenins, li fis Poinsignon Billeron de Chastels ke fut, aquasteit a signor Nicolle Otin desor dit, e. c. l. e. en l'a. l. d., et ke Steuenins
10 ait mis en waige a Burtignon devant dit, e. c. l. e. en l'a. l. d., ki est delivres a Burtignon desor dit en plait por L lb. de mt. et por une charree de [vin]¹) por ıı estaies trespassees, chacune de xxv lb. et de v moies de vin, et por les adras de chacune estaie, c'on en doit kant on en defat de paiemant, e.
15 c. l. e. en l'a. l. d., dont Colignons desor dis en ait defaillit de paiemant, et por xx lb. de mt. ke Burtignons ait paiet por l'eritage, a releveir de cens et des droitures ke li eritages doit, et dont li eritages en estoit enbanis, et permei teil cens et teil droiture com il doit as bans et as leus dont il muet.

---

¹) vin *ist beim Abbruch der Zeile vergessen.*

349 Hermans li taneres de Noweroit p. b. sus tout l'eritage ki est escheus a Howin, lou fil Colin Judes de S. Priveit, de part peire et de part meire, k'il ait aquasteit a Colin, lou fil Witon, et a Piereson Guerelat, ke sont de Noweroit, et a Jennin, lou fil Colin de Roncort, permei teil cens et teil droiture com il doit, et e. c. l. e. en l'a. l. d.

350 [1]) Symonas de Chambres et Burtignons Wielz et Garcerias Faixins et Colignons Cunemans p. b. sus les II pieces de terre areure ke Joiffrois Boukins avoit an Hem, et sus la piece de vigne ke Joiffrois avoit an la coste dou mont S. Quentin daier Longeville, por tant com Joiffrois Boukins lor doit, per escris en airche, et por tant com il [ait] a faire a ous, per escris an airche.

351* Ce sont li bans des XX jors de noiel. En la mairie de Porte Muzelle:

351 Gillas Maikaire p. b. por la chieze Deu de Chaistillons l'abbie sus III s. de mt. de cens ke geixent sus une piese de vigne sus Muzelle, ancoste la vigne de Chaistillons meymes, k'il ait aquasteit a Hodiate Poirate, et a. c. l. e. en l'ai. l. d.

352 Colate, li fille Clairiet Domate, p. b. sus IIII jornals de vigne, an II pesses, ke geixent a Poncel sus Muzelle, ke furent la dite Colate de part sa meire, ke li dis Clairies li ait randut a [2]) delivreit, et a. con l. e. k. g. en l'a. l. d.

353 Richairs de Poirs p. b. por waigeire sus tout l'eritaige ke Godefrins li cordeweniers de Dairangerue ait an la mairie de Porte Muzelle, partout ou k'il soit, k'il ait en waige, per escrit en arche, et dont il est tenans.

354 Thiebaus Petismaiheu p. b. por la chiece Deu des Cordelieres sus la maxon et sus ceu ki apant ke siet an Stoxey ke fut Piereson Xate, ke li est delivre per droit et per jugemant por les IIII s. de mt. de cens ke li maxons doit a la chiece Deu desor dite, k'il li ait laieit paier de l'estaie de noiel, et por l'aidras, et ansi con li perchamins de la delivrance lou deviset, et dont il est tenans.

355 Maistres Jehans d'Avignons li clers, li fis Godefrin de Chadeleirue, p. b. sus les VII s. et demey de mt. de cens k'il ait aquasteit a Piereson Bronvals lou chaivrier et a Izaibel, sa

---

[1]) *350 ist eingetragen von Schreiber 3. 350 = 296.*

[2]) a = et.

feme, et a Colignon, lou freire Izaibel desor dite, ke geixent sus la maxon ke siet an Chadeleirue ancoste l'osteit son peire, et sus teil cens et sus teil escheute com il est escheus a Guereval lou corrieir de Sanerie et a Lorate, sa feme, de part Thomessin lou clerc, lou fil Poinsate Melie, k'il ait a ous aquasteit, et a. c. l. e. en l'a. l. d.

356 Colins, li fis Badouwin Chairle de Mercey ki fut, p. b. sus la moitiet de la maxon et dou chakeur et do meis et de ceu ki apant ke siet ai[1]) Antilley, et sus une piese de vigne ke geist an Chanoit, ou an contet demei jor, et sus une piece de terre arreuce ke geist an Chanpaigne, et sus une piese de terre ke geist a Corres, et sus une piece de terre ke geist sus Orinpreit, et sus une piese de terre ke geist en la fin de Stropes, k'il ait aquasteit a Odelie, la feme Jennat Helleit ki fut, et a. c. l. e. en l'a. l. d.

357 a) Jehans li Vakes p. b. sus jor et demey de terre arreuce ke geist ou ban et en la fin de Malleroit, ancoste lou champ Arnolt Poujoize ki fut, k'il ait aquasteit a Jaikemin Richairt de Malleroit, en alluet, et a. c. l. e. de l'aq. k. g. en l'a. l. d.
b) Et se prant ancor bans sus jor et demey de terre ke geist en la fin de Malleroit ancoste la terre Deuamin, k'il ait aquasteit a Hawiate, la fille Richairt dou Pux de Malleroit ki fut, en alluet, et a. c. l. e. en l'ai. l. d.

358 Merguerite, li fille Colignon Barroit lou draipier de Uesignuez, prant bans sus IIII s. de mt. de cens chesc'an, k'elle ait aquasteit a Euriat lou cherpantier de Sanerie et a Colin, son freire, et a Poinsate, lor suer, ke geixent sus lor maxon ou il mainnent et sus tout lou resaige ki apant, ke siet an la Halte Sanerie, davant la maxon les Cordelieres et devant lou pux, apres VI s. de mt. de cens ke Merguerite devant dite ait sus ceste maxon devantriennemant, et a. c. l. e. en l'a. l. d.

359 Burtrans Papemiate p. b. sus une piece de vigne ou an contet jor et demey, ke geist a Mons, ancoste la vigne Steuenat Miche et ancoste la vigne Odeliate, la suer Gairciriat Berbel, k'il ait aquasteit a Jennat Rennier, lou fil Renbaut de Mons, et a. c. l. e. en l'a. l. d.

360 Perrins Mouretelz et Matheus li Vadois, ces conpans, p. b. sus tot l'eritaige ke Jehans, li fis Maheu Moretel ki fut, ait en la mairie de Porte Muzelle, por la date des c lb. de mt. ke

---

[1]) *Für* ai *ist dasselbe Abkürzungszeichen gebraucht wie für* et, *ebenso 362, 363, 364, 373, 375, 377, 380, 388 und 391.*

Jehans desor dis lor doit, l'escrit en l'arche, dont il lor ait delivreit tot son eritaige, et dont il son[t] tenans.[1]

361 Colignons, li fis Jenin Chasemal ki fut, p. b. sus une piese de vigne ou an contet demey jor ke geist an Chanoit ou ban d'Antilley, k'il ait aquasteit a Maitheu Helleit, en alluet, et a. con l. e. en l'ai. l. d.

362 Renbaus, li fis Bieterit de Burey de Nowaiseville, p. b. sus II xamelz de vigne ke geixent ou ban S. Pol en la fin de Nowilley, k'il ait aquasteit ai Aranbor, la feme Jaikemin de Nowaiseville ki fut, en alluet, et a. c. l. e. en l'ai. l. d.

363 Howignons dou Tro et Renbaus, li fis Bieterit de Burey, ke sont de Nowaiseville, p. b. sus une piece de terre ke geist on ban de Nowaiseville, ancoste la terre Heilowit, la feme Covaie, et sus lou demey jor de vigne ke geist ancoste Renbaut devant dit, permey IIII d. de droiture ke li demey jor de vigne doit a ban S. Pol, k'il ont aquasteit ai Abillate, la suer Colin Garsat de Nowaiseville, et a. c. l. e. en l'ai. l. d.

364 Merguerons, li feme Colignon dou Tro de Nowaiseville ki fut, p. b. sus la maxon et sus lou meis daier et sus la cort et sus tot ceu ki apant ke siet a Nowaiseville ancoste ley meymes, k'elle ait aquasteit ai Aranbor, la feme Jaikemin Gohier ki fut, en alluet, et a. c. l. e. en l'a. l. d.

365 Elies et Colignons, ces freires, li II filz Mabelie de Villeirs a l'Orme, p. b. sus II pieces de terre arreuces ou an contet III jornals, ke fierent sus les vignes de Villeirs ou ban de Failley, k'il ont aquasteit a Wiriat, lou fil la dame de Failley, et a Burtemin, son freire, an alluet, et a. con l. e. en l'ai. l. d.

366 Et se prannent ancor bans sus une piese de preit ke geist an Saces ou ban de Villeirs a l'Orme, et sus la piese de vigne ke geist a Sorbey ancoste lou clo S. Vincent, et sus la piese de vigne ke geist daier la ville, et sus une piese de vigne ke geist ancor daier la ville, et sus une piese de terre ke geist desor la ville, et sus une piese de terre ke geist ancoste la terre Symonaire de Villeirs, et sus une piese de terre ke geist ou ban de Vairney, k'il ont aquasteit a Howignon de Villeirs, ke maint a Vallieres, permey teil cens et teil droiture com touz cist eritaiges doit chesc'an, et a. c. l. e. en l'ai. l. d.

367 Euris de Stoxey, li janres Guersat Maisue ki fut, et Baiselas de Uermiey, ces freires, p. b. sus une maxon et sus ceu ki

---

[1] v. 1298, 416, 651.

apant et sus lou meis daier et sus la cort devant ke siet a
Failley, et sus une piese de terre ke geist ou ban de Failley,
ou an contet II jornals, de coste Gerardin Morel, et sus II pieces
de vigne ke geixent ou ban de Failley, k'il ont aquasteit a
Jennat de Failley, lou fil Thiebaut lou Borgon, et a. c. l. e.
en l'ai. l. d.

368 Jehans Groignas p. b. sus III pieces de terre arreuce [1]) ou an
contet III jornals, ke geixent ou ban d'Erkancey, k'il ait aqua-
steit a Colignon lou vieseir, lou fil Domangin de la Porte ki
fut, en alluet, et a. c. l. e. en l'ai. l. d.

369 Symonins, li fis Thieriat Blanchairt de Nowaisseville, p. b. sus
I jornal de terre ke geist an Paroit ou ban de Morinville,
deleis lou champ Thieriat Goulies, k'il ait aquasteit a Jenat,
lou fil Lukignon de Flanville, et a. c. l. e. en l'a. l. d.

370 Wirias Morelz de Vermiey p. b. sus teil partie com Poinsignons,
li fis Sufie de Failley ki fut, et Thierias, ces fis, ont en la
piese de preit ke geist an Weivre, et sus lou champ ke fiert
sus, ke geixent ou ban de Failley, k'il ait aquasteit a Poin-
signon et a Thieriat [2]) desor nommeit, permey I d. d'amone
ke cest eritaiges doit a S. Tron de Failley, et a. c. l. e. en
l'a. l. d.

371 Pieresons, li fis lou signor Thierit d'Oxey ki fut, p. b. sus tot
l'eritaige anthieremant ke Idate, li fille lou signor Hanrit de
Montois ki fut, ait ou ban et en la fin de la ville de Montois,
ke dame Merguerite, sa meire, li ait aquiteit et otroieit per
devant reverain peire Gerairt, per la graice de Deu eveskes
de Mes, soit an maxons, soit an grainges, soit an waignaiges,
soit an vignes, soit an rantes, soit an sances, soit an signerages,
an queil maniere ke se soit, k'il ait aquasteit a Idate desor
dite, et a. c. l. e. en l'ai. l. d.

372 Burtrans Clairanbaus et Jenas Boulaice, li II maistres de la
frairie de l'ospital d'Erkancey, p. b. sus une piese de terre
arreuce ke geist an Crowes, ou an contet jor et demey, ou ban
d'Erkancey, et sus la chaneveire ke siet ancoste la chaneveire
Jaikemin Mainnat, k'il ont aquasteit por l'ospital desor dit a
Poinsate, la feme Richier d'Erkancey ki fut, en alluet, et a. c.
l. e. en l'ai. l. d.

---

[1]) *Vorlage* arreuces.

[2]) *Vorlage* Thiebaut.

373 ¹) Martins li apesiers, ke maint devant lon Grant Mostier, p. b. sus VI s. de mt. de cens ke geixent sus la maxon et sus ceu ki apant ke siet a Chaizelles ou ban S. Pol, k'il ait aquasteit ai Abillate, la feme Piereson Clarteit de Chaizelles ki fut, et a. c. l. e. en l'a. l. d.

374 Domangins de Lukenexit lou corrier, ²) ke maint an Sanerie, prant bans por waigeire sus tot l'eritaige ke Symonas li Creuxies ait en la mairie de Porte Muzelle, k'il ait en waige, per escrit en airche, et dont il est tenans.

375 Howignons, li fis Collairt d'Oxey ki fut, p. b. sus la maxon et sus touz les resaiges ki apandent devant et daier et ancoste ke siet a Oxey ancoste l'osteit S. Laidre, k'il ait aquasteit ai Colate et a Ermanjon, les II filles Kardeire d'Oxey, en alluet, et a. c. l. e. en l'a. l. d.

376 Hanrias, li maires de Flanville, p. b. sus la maxon et sus tot lou resaige ki apant ke Hawis, li feme Lowion Waistel de Flanville ki fut, ait a Flanville ancoste la grainge la Converse, k'il ait aquasteit a Hawit desor dite, et a. c. l. e. en l'a. l. d.

377 Symonins Befis de S. Julien p. b. sus une piese de vigne ke geist a Meurpaireit, ou an contet les III pairs d'un jornal, ke geist ou ban de S. Julien, ancoste la vigne les signors de Chaistillons, k'il ait aquasteit ai Adelin la Vaiche de S. Julien, permey demey meu de vin an l'aixe de cens ke li piese de vigne doit chesc'an, et a. c. l. e. en l'ai. l. d.

378 Jaikemins Mainnas d'Erkancey p. b. sus III jornals de terre arreuce ke geist ou ban d'Erkancey, dont il an geist jor et demey anson les vignes d'Erkancey, et jor et demey dezous Ruxit, k'il ait aquasteit a dame Merguerite, la suer lou signor Hanrit Motat, chanones de la Grant Eglixe de Mes, et a Hanrit et a Izaibel, ces II anfans, an alluet, et a. c. l. e. en l'ai. l. d.

379 Sybiliate Boukaice de Franconrue p. b. sus la maxon Waterin Grozelle lou bolangier et sus ceu ki apant, ke siet a pont a Muzelle, ancoste la maxon Fakignon, k'elle ait aquasteit a Waterin desor dit, permey XXVIII s. de mt. de cens ke li maxons doit, et a. c. l. e. en l'a. l. d.

380 Guios, li nies l'ersediaicre Abrit, p. b. sus une maxon ke siet ator devant l'osteit l'ersediaicre Abrit, k'il ait aquasteit

---

¹) = *1298, 683.*
²) *Die Vorlage hat nicht* li, *sondern* lou corrier.

ai Aranbor, la feme Petre lou keu l'avaike Filipe ki fut, permey teil cens com li maxons doit, et a. c. l. e. en l'ai. l. d.
381 Poinsignons li cherriers de S. Julien p. b. sus une piese de terre arreuce ou an contet les III pairs d'un jor, ke geist dezous lou boix de Chailley, et sus lou meis ke geist a Chanpillons ancoste Poinsignon meymes, k'il ait aquasteit a Hanelo Credelaire et a Thiebat lou cherpantier de Dairangerue, an werance, et a. c. l. e. en l'ai. l. d.
382 Thielemans, li fis Willame de Rezanges ki fut, ke maint an Rowes, p. b. sus la maxon et sus tot lou resaige ki apant ke siet an Rowes a S. Julien ancoste la maxon Handeleure, k'il ait aquasteit a Pairexate, la feme Colin d'Avancey ki fut, et a Perrate et a Sibiliate, ces III filles[1]) et a Jehan, son fil, et a Pairixe, son avelaite, permey teil cens com li maxons et ceu ki apant doit chesc'an, et a. c. l. e. en l'ai. l. d.
383 Jennas Terteley d'Aiest p. b. sus une piese de preit ke geist an Grant preit, antre lou preit Symonat de Vairney et lou preit Jennetel Waiselin, k'il ait aquasteit a Wiriat Wilike, lou fil Euriel de Wairney, an werance, et a. c. l. e. en l'ai. l. d.
384 Facons Kaitelie p. b. sus VI s. de mt. de cens ke Clemansate, li fille Waterin lou berbier de Chanbres ki fut, li ait delivreit an plait, ke Marions, sa suer, li doit, ke geixent sus la maxon Waterin desor dit, sus la partie Marion, et a. c. l. delivrance l. d.
385 Colins li chandeliers p. b. sus tout l'eritaige ke Jehans li retondeires, li fis Pierexel lou Boistous, ait en la mairie de Porte Muzelle, ke li dis Jehans li ait delivreit an plait, por tant com il li doit, les escris en l'airche, et a. c. li delivrance l. d.
386 Willemins, li fis Baiselin Grillat ki fut, p. b. sus les V s. et demey de mt. de cens ke geixent sus la maxon Thiebaut Badel ke fut, ke siet an Burey a S. Julien, k'il ait aquasteit a Symonin Pajat, lou fil dame Wilant ki fut, et a. c. l. e. en l'a. l. d.
387 Colins, li fis Jenin Bonin ki fut, p. b. sus XL s. de mt. de cens k'il ait aquasteit a Willemin lou Hungre, lou fillaistre Baiairt ke fut, sus de kant ke li dis Willemins ait et puet avoir en la ville et ou ban de Uermiey, et a. c. l. e. en l'a. l. d.

---

[1]) *Entweder muss es* II filles *heissen, oder der Name einer Tochter ist ausgefallen.*

388 Colignons de la Cort p. b. sus xxiii s. de mt. et iii mailles de
cens ke geixent sus l'osteit Burtemin Peuchetel, dont on redoit
les iii mailles arrier a S. Seforien, et sus xii d. et iiii chapons
de cens ke geixent sus la grainge Colin Teste, k'il ait aqua-
steit ai Aburtin, son nevout, lou fil Jennat Bellamin ki fut,
et a. c. l. e. en l'ai. l. d.

389 Garsas li Petis de Malleroit, li maires de la chiese Deu de
S. Morixe de Malleroit, p. b. sus viiii s. de mt. de cens k'il
ait aquasteit a Wiriat Gaielat de Malleroit por la chiece Deu
desor dite, k'il li ait acis sus ii pieces de preit, k'il ait an
Willeronpreit en la fin de Malleroit, et sus son champ c'on
dist a Trois fouceis en la fin de Malleroit, et a. c. l. e. de
l'aq. k. g. en l'ai. l. dv.

390 [1]) Symonas Bodas li taneires de S. Vincentrue p. b. sus i stal
ke siet en la halle des tanors en Chanbres, permey teil cens
com li stals doit, k'il ait aquasteit a Piereson et a Colin, les
ii filz Gerardat d'Allexey ki fut, et a. c. l. e. en l'a. l. d.

391 Colignons Raienavel de S. Julien p. b. sus demey jornal de
vigne ke geist en la Lantilleire ou ban S. Pol a Nowaiseville,
k'il ait aquasteit ai Aburtin, lou fil Colin lou Gornaix de
Nowaiseville ki fut, permey xiii d. de cens ke li piese de vigne
doit chesc'an, et a. c. l. e. de l'aq. k. g. en l'ai. l. dv.

392 [2]) Li doiens et li chaipistres de S. Thiebaut p. b. sus les vi s.
de mt. de cens ke geixent sus la maxon ke fut Jennin Blanche,
ke siet an Chievremont devant l'osteit Lietal lou boulangier,
et sus v s. de mt. de cens des x s. et demey de mt. de cens
ke geixent sus la maxon Pilate an S. Martinrue, et sus les
v s. et ii d. de mt. de cens ke geixent sus la maxon Lietal
lou boulangier, ke siet devant les moulins de Longeteire, et
sus les iiii s. de mt. et sus les xvi chapons de cens ke geixent
sus pluxors maxons ke sieent ou Halt Chanpels, et sus vi d.
de cens ke geixent sus une maxon ke siet ou Halt Chanpelz,
ke Jehans, li fis Wiriat Traivaille, doit, et sus v s. de mt. de
cens des xxv s. de mt. de cens ke geixent sus v jornals de
planteis S. Aleine a S. Clemant, et sus lou contrewaige, ke li
doiens et li chaipistres desor dis ont aquasteit a Bertran Gemel
et a Maithion la Peirche et a Gerairt lou clerc, lou fil Symonin

---

[1]) v. 1298, 488.
[2]) = 1298, 428.

de Sorbey ki fut, ke sont mainbors de la devise lou signor Jehan d'Airs, ke fut chanones de S. Thiebaut desor dit, et a. c. l. e. de l'aq. k. g. en l'ai. l. d.

393 ¹) Li sires Thiebaus de Moielain p. b. sus vIIII lb. et vIII d. de mt. de cens, dont il an geist vIII lb. et vII s. IIII d. moins ou tiers des xxv lb. de mt. de cens ke geixent sus la grainge de Praielz, ke fut Poinsignon Chalons, et sus tout l'atre eritaige ki apant,
5 ansi con li escris de l'aquast ke Jaikes Baizins an fist des L lb. de mt. de cens ke geixent sus Praielz et sus tot l'eritaige ki apant lou deviset, ke dame Merguerite, li fille lou signor Cunon d'Airs, ait apartit ancontre ces hoirs, ansi com li escris des parsons ke geist en l'airche Ste Creux lou deviset, et li atre
10 xIIII s. de cens geixent sus teil partie d'eritaige com Guersas, li fis Symonat Bellegree, ait aquasteit a dame Merguerite desus dite, ke geixent sus teil partie d'airitaige com il li est escheus de pairt Jaike Baizin, son ajuel, c'est a savoir sus lou treszime de la maxon ke fut Jaike Baizin desor dit, ke siet ou Nuefborc,
15 ke li sires Thiebaus desor dis ait aquasteit a dame Merguerite desor dite, et a. c. l. e. en l'a. l. d.

394 Wichairs Groignas li amans prant bans sus xII s. de mt. de cens chesc'an ke geixent sus l'osteit Renaldin de Bous et sus tout l'eritaige ki apant, ke siet ou ban de Blaibueville, et sus les xxII s. et vIII d. de mt. de cens ke geixent sus l'osteit ke siet sus la rowelle an Rinport ancoste lou chakeur Hanriat Burnekin, k'il ait aquasteit a Jehan, lou fil Pierexel de Thionville ki fut, et a. c. l. e. de l'aq. k. g. en l'ai. l. dv.

395 Et se prant ancor bans sus xI s. et IIII d. de mt. de cens ke geixent sus la maxon Renaldin de Bous an Rinport, ke siet ancoste la rouwelle ke vet sus Muzelle, ke furent dame Claire, la feme Pierexel de Thionville ki fut, k'il ait aquasteit a Houwignon Gerairt de Vallieres, et sus sa maxon ke siet ancoste lou mostier a Vallieres, k'il li ait mis an contrewaige, et a. c. l. e. de l'aq. k. g. en l'ai. l. dv.

396 Colignons Xordel p. b. sus une piese de vigne ke geist ou ban de Ropeney, ancoste lui meymes, k'il ait aquasteit a Richerdin Chaigaie de Chairley, en alluet, et a. c. l. e. en l'ai. l. d.

397 Bonesuer, li fille Burtignon de la Tor ki fut, p. b. sus II s. de mt. de cens chesc'an, k'elle ait aquasteit a Guertrut, la fille

---

¹) = *1298, 503 und 656.*

Evrecol de Stoxey ki fut, ke Guelemans et Lowions, seu II freires, li doient, ke geixent sus lor maxon et sus tot lou resaige ki apant, ke siet an Stoxey, et a. c. l. e. en l'ai. l. d.

398 Li sires Nicolles Gouverne li prestes prant bans sus teil partie com Symonas Chivallas et Izaibels, sa serorge, ont et avoient en l'osteit ke fut lou signor Jehan Gouverne, ke siet an Aiest, ke lor est escheus de pairt lou signor Jehan desor dit, k'il ait aquasteit a Symonat et a Izaibel desor nommeis, permey teil cens com li partie doit, et a. con l. e. de l'aq. k. g. en l'ai. l. dv.

399 Jehans Ancelz p. b. sus les xv s. de mt. de cens k'il ait aquasteit a Thieriat et a Burtemin et a Hawiate et a Ermanjate, les IIII anfans Colin Watier ki fut, lesqueiz xv s. de mt. de cens il li ont acis sus une piese de preit et sus tot lou resaige ki apant ke geist sus Vallieres, antre lou preit Arnolt Watier et Jennat Chevaleir, et sus les II jornals et demey de terre k'il li ont mis an contrewaige, et tot a. c. l. e. de l'aq. k. g. en l'ai. l. dv.

400 Dame Poince, li feme Badowin Robin ki fut, p. b. sus la maxon et sus tout lou resaige ki apant ke siet a monteir de Porte Muzelle antre l'osteit lou signor Jehan Baitaille et la maxon ke fut Poinsignon lou preste, k'elle ait aquasteit a Jehan, lou fil Poinsignon de la Bairre ki fut, permey VI d. et II chapons ke li maxons doit de premier cens a Nostre Dame as Chans, et permey IIII lb. de mt. de cens ke li dite maxon doit ancor a l'abbase et a covant de Fristor, c'on puet racheteir, et a. c. l. e. en l'a. l. d.

401 Li sires Bertrans, li prestes de S. Victor, p. b. sus x s. de mt. de cens ke geixent sus la maxon et sus tout lou resaige ki apant ke siet as Roches, k'il ait aquasteit por l'eglize de S. Victor a Hawiate la bouwerasse, la feme Hanriat lou Vadois de Chanbres, ke siet ancoste la maxon Lowiat lou waignemaille, apres xvi s. et II d. de mt. de cens ke ceste maxons doit devantriennemant, et a. con l. e. de l'aq. k. g. en l'ai. l. dv.

402 Vynas, li fis Lorin de Mercey, p. b. sus IIII pieces de vigne ou an contet III jornals, ke geixent ou ban de Vantous, et sus v pieces de terre ke geixent ou ban de Maiey, ou an contet XII jornalz, teil eritaige com dame Perrate, li fille Willame Naire, tenoit, k'il ait aquasteit a dame Izaibel, la feme Steuenin Forcon ki fut, ki est mainbors de la devise dame Perrate, desor dite, et a. c. l. e. de l'aq. k. g. en l'ai. l. dv.

403 Jehans, li fis lou signor Pieron Thomes ki fut, prant bans
sus la maxon et sus la grainge ancoste ke fut Jehan
l'Afichiet et sus touz les resaiges ki apandent, ke sieent a
Porte Muzelle, devant l'osteit lou signor Jehan Baitaille et
5 devant S. Ferruce, ancoste la grainge Gerairdin Guelemant,
k'il ait aquasteit a Colignon lou taillor et a Lanbert, son freire,
et a Mairiate, lor seror, les anfans Pierexel l'Afichiet ki fut,
et a Jehan, lou fil Jouwate la queleire, et a Jaikemin Oson,
ke sont janre Pierexel desor nommeit, et a Jaikemin ke Pairgney,
10 permey xvii d. et maille de premier cens ke touz cest eritaiges
doit a Jaikemin de Pairgney desor dit, et permey vi lb. de mt.
de cens ke toz cist eritaiges desor dis doit as hoirs lou signor
Filipe Tiguienne ki fut, et dont on puet racheteir les vi lb. de
mt. de cens desor dites, et a. c. l. e. ke geixent en l'ai. l. devisent.
404 Wichairs Lorans prant bans sus iii pieces de vigne ou an contet
ii jornals et demey, ke geixent outre rut ou ban d'Erkancey,
k'il ait aquasteit a Vguignon Louvate, en alluet, et a. c. l. e.
de l'aq. k. g. en l'a. l. dv.
405 Martins, li fis Allixandre lou permantier de S. Julien ki fut,
p. b. sus une piese de vigne ke geist a la posterne daier lou
mostier a S. Julien, et sus xx d. de mt. de cens ke geixent
sus iii pieces de vigne en Lanbelinchamp ou ban de S. Julien,
l'une ancoste l'atre, k'il ait aquasteit a Poinsate, la feme Colin
Persepiere de S. Julien ki fut, et a Maiselin d'Airey, son mairit,
et a Jehan et a Sufiate, les ii anfans Poinsate desor dite, et
a. c. l. e. en l'ai. l. d.
406 Joiffrois Anchies prant bans[1]) sus tout l'eritage ke Symonelz
Meutenaire de Chanbeires ki fut ait et avoit en la mairie de
Porte Muzelle, an queil maniere ke se soit, por tant com li dis
Symonelz li doit, per escris en arche, dont il ait l'eritaige en
waige, permey teil cens com li eritaiges doit, et dont il est tenans.
407 Gaircirias et Gillas, ces freires, li dui fil Colin Ruese ki fut,
prannent bans sus les iiii maxons et sus les iiii resaiges ki
apandent ke sieent an Gran Meizes, ke lor sont delivres per
droit et per jugemant, ke lor doient xxvi s. de mt. de cens,
et a. c. l. perchamins de la delivrance l. d.
408 a) Jehans Symairs li clers p. b. sus les iii s. de mt. de cens
k'il meymes devoit a Odeliate, la feme Ferrit l'ardor ki fut,

---

[1]) *Hinter* prant bans *ist durch Rasur eine Lücke entstanden von etwa 12
Buchstaben, deren erster* p *war (also* por). *Die Worte hinter* arche *stehen auf Rasur.*

sus une piese de vigne ke geist an Rouveroithaut a Nowilley, k'il ait a ley racheteit por LX s. de mt., et a. c. l. e. dou rachet k. g. en l'a. lo d.

b) Et se prant bans ancor sus teile partie d'eritaige com il est escheus a Martenate, sa femme, de pairt Colignon Pioraie et de pairt Lowiat, ces II oncles, ke geist ou ban de Xueles et ou ban de S. Julien et aillors, ou k'il soit, an toz us, et dont il est tenans, permey tot ceu ke li eritaiges doit.

409 Jenas, li fis Jennin Waiselin d'Aiest ki fut, p. b. sus VIII s. et demey de mt. de cens ke geixent sus la maxon Maithion de Xueles et sus ceu ki apant, ke siet daier S. Hilaire, ancoste la maxon Clodin lou boulangier ki fut, apres VI d. et IIII chapons de cens ke li maxons davant dite doit a Mairiate, la fille lou signor Estene lou Roy ki fut, k'il ait aquasteit a Jaikemate, la feme Burtemin Jornee de Stoxey ki fut, et a. c. l. e. de l'aq. k. g. en l'ai. l. d.

410* Ce sont li bans dou vintisme jor de noiel. En lai mairie de Porsaillis :

410 a) Li chaipistres de lai Grant Eglixe de Mes p. b. sus II jornalz de vigne ke geixent outre Saille ou clo S. Pol, ke li sires Jehans Forcons li doiens ki fut lor ait doneit en sai devise, et dont il sont tenant.

b) Et se prant ancor bans sus les XL s. de mt. de cens ke dame Poince Gouvion lour ait doneit en sai devise, et dont il sont tenant.

411 Li sires Symons, li prestres de S. Ferruce, p. b. por l'eglixe desour dite sus les IIII s. de premier cens ke geixent sus l'osteit Cristien lou corvexier, ke siet outre Saille davant l'osteit Alexandre lou boulangier, sus lou tour de lai rowelle S. Estene lou Despaineit, k'il ait aquasteit a Alexandre, lou fil Nicolle lou Hungre ki fut, et e. c. l. e. an l'ai. l. dv.

412 a) Jehans Gallios p. b. sus tout l'eritaige ke Arnouls, li filz Guersat Rabowan ki fut, ait et puet avoir ai Bamey et en tous les bans, en tous us, por tant com Arnoulz desor dis li doit, et dont Jehans est tenans.

b) Et se prant ancor bans sus tout l'eritaige ke Jehans, li filz Guersat Rabowan ki fut, ait et puet avoir a Bamey et en tous les bans, en tous us, por tant com Jehans, li filz Guersat desour dit, li doit, et dont Jehans Gallios est tenans.

413 Rennolz li escaillieres p. b. sus lai maxon et sus ceu ki apant ke siet en Chaponrue ancoste lai maxon Burtran Dowaire, k'il ait aquasteit a Jehan, son freire, permei teil cens com elle doit, et e. c. l. e. an l'ai. l. dv.

414 Jehans li Merciers li amans p. b. sus lou preit c'on dist lou Gros broil et sus lou preit c'on dist Asellonpreit, ke geixent ou ban de Sorbey, k'il ait aquasteit an alluet a Abertin, lou fil signor Poinson d'Espainges, et a. c. l. e. an l'ai. l. dv.

415 a) Vguignons Pettairs, li filz Joffroit Aixiet ki fut, p. b. sus les II maxons et tous les resaiges ki apandent ke sieent an S. Martinrue davant lai maxon Vguignon meymes, antre lai maxon Poincignon lou Mercier et lai maxon signor Thierit Brixepain, ke furent maistre Poince Chalongel, k'il ait aquasteit en alluet a Jehan Burtadon et a Vguignon de l'Aitre ¹) et a Ydate, lai suer maistre Poince desour dit, et e. c. l. e. an l'ai. l. dv. b) Et se prant ancor bans sus VIII s. IIII d. moins de mt. de cens et sus lou tiers d'un bichat de seil, k'il ait aquasteit a Perrin lou clerc, et e. c. l. e. an l'ai. l. dv.

416 Perrins Mouretelz et Maitheus li Vadois, ces compains, p. b. sus tout l'eritaige ke Jehans, li filz Maiheu Moretel ki fut, ait en lai mairie de Porsaillis, por lai datte des c lb. de mt. ke Jehans desour dis lour doit, l'escrit an l'airche, et dont il lor en ait delivreit tout son heritaige, et dont il sont tenans. ²)

417 Colignons Lucie li clerc ³) p. b. sus une pesse de terre ke geist sus les preis de Grixey, desous lou boix S. Piere, ancoste lai terre Nostre Dame as Chans, k'il ait aquasteit a Colignon Chabosse de Borney et a Gerairt, son nevout, lou fil Maithelie, permei un d. de cens, et e. con l. e. an l'ai. l. dv.

418 Colignons Lucie li clers p. b. sus III pesses de terre ke Odeliate, li femme Jaikemin Xolaire ki fut, avoit, ke geixent en lai fin de Borney et de Collambei, k'il ait aquasteit an alluet a Odeliate desour dite, et e. c. l. e. an l'ai. l. dv.

419 Colignons Lucie li clers p. b. sus les II s. de cens ke geixent sus une maxon ke siet a Grixey, ancoste lai grainge Jaikemin Chenal, k'il ait aquasteit a Gererdat lou Bossut, apres demaie geline de cens ke cist heritaiges doit, et e. c. l. e. an l'ai. l. d.

420 Colignons Lucie li clers p. b. II pesses de terre ou on contet IIII jornalz, ke geixent en Mallemairs, an coste lai terre Burtignon

---

¹) v. *1298, 679* les mainbors Contasse la Chalongelle.
²) v. *1298, 360, 651.* ³) *Die Vorlage hat deutlich* li clerc.

Caienat, k'il ait aquasteit a Hanriat, lou fil Jennat Menneit ki fut, permei IIII s. II d. et maille moins de cens, et e. c. l. e. an l'a. l. d.

421 Colignons Lucie li clers p. b. sus XII d. de cens ke geixent sus une maxon ke siet ou Waide, ancoste l'osteit Waterin Burtelo, k'il ait aquasteit a Thomessin Cainevelle, apres X s. de cens, et e. con l. e. an l'ai. l. d.

422 a) Maithias Rabowans p. b. sus XII s. et demei de cens k'il ait aquasteit a Odeliate, lai femme Jennat Menneit ki fut, et a. c. l. e. an l'ai. l. dv.

b) Et se prant ancor bans sus III jornalz de terre arreure ke geixent an lai rowelle as Lieures, an coste lai terre Ancillon Chabosse, k'il ait aquasteit a Afelix lai Vadoize, lai fillaistre Colin dou Fousseit de Chambeires, permei III d. de cens, et a. con l. e. en l'ai. l. dv.

423 Poincignons Faconvers p. b. por lai chieze Deu des Proicherasse de Mes sus XXXV s. et demei de mt. de cens, dont il en geist XXIIII s. sus lai maxon Hanriat Haikerel an Vies Bucherie et XI s. et demei sus II maxons ke sieent en lai rue S. Gengoult, ke Poinsate, li fille signor Nicolle Gouvion ki fut, ait doneit por Deu et en amone a lai chieze Deu des pucelles desour dite, et dont elles sont tenant.

424 Colignons li habergieres et Yzaibelz, sai suer, p. b. por lour waigeire sus lai maxon Ogier, lou fil Ernalt de Maigney, et sus tout[1]) ceu ki apant, ke siet a Maigney, davant lai maxon S. Clemant, et sus sai pesse de vigne ke geist an lai crowaie S. Piere ancoste lai vigne Domange, ke Ogiers desour dis lour ait mis en waige por les II moies et demaie de vin a moustaige,[2]) ke li dis Ogiers doit chesc'an[3]) a Colignon et a Yzaibel desour dit, et e. c. l. e. an l'ai. l. dv.

425 Goudefrins, li filz Jehan de lai Porte ki fut, et Margueron, sai suer, p. b. sus tout l'eritaige ke Sebeliate, lour suer, li femme Jennin Gracia ki fut, ait, per tout ou k'il soit et keilz il soit, k'il ont a lei aquasteit, permei teil cens et teil droiture com tous li heritaiges doit, et permei XXI d. de rante ke Goudefrins et Mergueron desour dit an doient chescune semainne a Sebeliate desour dite, tant com li dite Sebeliate vivereit, sans plux, et a. c. l. e. an l'ai. l. dv.

---

[1]) por *bis* tout *auf Rasur*. [2]) a moustaige *auf Rasur*.
[3]) chesc'an *übergeschrieben*.

426 Dame Margueron, li fille Jehan de lai Porte ki fut, p. b. sus lai maxon ke fut Thieriat Burtelo et sus tout ceu ki apant, ke siet en Hulouf, ke Ailexate, li femme Thieriat desour dit, li ait delivreit en plait por II estaies trespassees, chescune de v s. de mt. dou cens, ke li maxon li doit, et por les aidras, et dont dame Margueron est tenans.

427 Dame Margueron, li fille Jehan de lai Porte ki fut, p. b. sus lai maxon et sus tout ceu ki apant ke fut Bueuelat lou vignour, ke siet an Hulouf, por les VIII s. de mt. de cens ke li maxon li doit de II ans trespasseis, et por les aidras, et dont elle est tenans.

428 [1]) Li doiens et li chaipistres de S. Thiebaut p. b. sus les VI s. de mt. de cens ke geixent sus lai maxon ke fut Jennin Blanche, ke siet an Chieuremont davant l'osteit Lietal lou boulangier, et sus v s. de mt. de cens des x s. et demei de mt. de cens
5 ke geixent sus lai maxon Pilate, ke siet an S. Martinrue, et sus les v s. et II d. de mt. de cens ke geixent sus lai maxon Lietal lou boulangier, ke siet davant les molins de Longeteire, et sus les IIII s. de mt. et sus les XVI chapons de cens ke geixent sus pluxours masons ke sieent ou Halt Champel, et
10 sus les VI d. de cens ke geixent sus une maxon ke siet ou Halt Champel, ke Jehans, li filz Wiriat Trauaille, doit, et sus v s. de mt. de cens des xxv s. de mt. de cens ke geixent sus v jornalz des planteis Ste Aleine a S. Clemant, et sus lou contrewaige, ke li doiens et li chaipistres desour dis ont aquasteit
15 a Bertran Gemel et a Maithion lai Peirche et a Gerairt lou clerc, lou fil Symonin de Sorbey ke fut, ke sont mainbors de lai devise signor Jehan d'Airs, ki fut chanones de S. Thiebaut desour dit, et e. c. l. e. an l'ai. l. dv.

429 Thiebaus de Heu p. b. sus XII d. de cens ke Goudefrins, li freires Jennat Menneit, doit sus une lairge eire [2]) de meis ke geist ou meis Rembalt Desformes, davant lai creuxate daier S. Piere, antre lou meis Jennat Wessel et lou meis Jennat Merel, ke Thiebaus ait aquasteit a Colin Panpelune et a Cardate, sai femme, et a. c. l. e. an l'ai. l. dv.

430 Jennas Paillas d'Airs p. b. sus une grainge et une maxon et sus lou meis daier et sus tout ceu ki apant ke siet a Ars, ancoste lai grainge Collate Braidaie, k'il ait aquasteit a Howig-

---
[1]) = 1298, 392.
[2]) lairge eire auf Rasur.

non Foillat de Mercey, permei teil cens com cist heritaige doit, et a. c. l. e. **an** l'ai. l. dv.

431 Jehans, li filz Jaikemin Poierel de Stoxey, p. b. sus tout l'eritaige ke Jaikemate, li fille Burtemin de Mercilley, ait ou ban de Mercey[1]) et de Chenney, an chans, an preis, an bolz, ke partet a lui meymes, k'il ait a lei aquasteit, permei v d. de cens, et e. c. l. e. an l'ai. l. dv.

432 a) Perrins Corbelz p. b. sus teil pertie com Jehans, li filz Ancillon lou cellier dou Waide ki fut, avoit en lai pesse de preit ke fut Ancillon, son peire, ke geist an Ellepreit ou ban S. Remei, deleis lou pont ai Chacey, c'est a savoir la moitiet ke pairtet a Maitheu, son freire, k'il ait aquasteit a Jehan desour dit, permei I d. de cens ke ceste meite doit, et e. c. l. e. an l'ai. l. dv.

b) Et se prant ancor bans sus XII d. de cens ke geixent sus une pesse de vigne en Hate Riue, ancoste Wiriat lou naiteneir, k'il ait aquasteit a Watrin, lou freire Morexat de Hulouf, apres VIIII s. de cens ke li pesse de vigne doit, et e. c. l. e. an l'ai. l. dv.

433 Burtrans Fakignons p. b. sus I jornal de terre ke geist an Desertecommune ou ban S. Piere, ancoste lui meymes, k'il ait aquasteit a lai femme Nowilley de Grixey, permei VIIII d. de cens, et e. c. l. e. an. l'ai. l. dv.

434 Gerairs, li filz Maithelie de Sambaing, p. b. sus une pesse de vigne ke geist en Waistenoi, ancoste lai vigne Jehan Paipemiate, k'il ait aquasteit a Yzaibel, lai femme Ferriat Aberon de Maizelles ki fut, permei v s. de mt. de cens, et e. com l. e. an l'ai. l. dv.

435 Gerairs, li filz Wiriat lou vies maior de S. Clemant, et Thierias Aberons de Maizelles p. b. sus lai maxon et sus ceu ki apant ke fut Burthemeu Blanchairt, ke siet an lai Grant rue outre Saille, k'il ont aquasteit a Abertin Murdepain lou masson, permei XXI s. de cens, por Gerairt, lou fil Lambert lou Gros d'Alencourt ki fut, et por Sebeliate, sai femme, et a. c. l. e. an l'ai. l. dv.

436 Bertrans li feivres, li genres Jehan Aberon de Maizelles, p. b. sus une pesse de vigne ke geist an Waistenoi, deleis lai vigne S. Pieremont, k'il ait aquasteit a Thieriat Aberon, son cerorge, permei v s. de cens, et e. c. l. e. an l'ai. l. dv.

---

[1]) Mercey *auf Rasur*.

437 Richairs Wairenelz p. b. sus lai pesse de vigne tier meu Ste Glosenne ke geist en Rollanmont ancoste lai vigne Joffroit Hurel, k'il ait aquasteit a Richairt lou clerc, lou fil Lambelin lou boullangier de Burlixe ki fut, permei teil cens com elle doit, et e. c. l. e. an l'ai. l. dv.

438 Jennas Courcelles et Symonins, li filz Lambelin dou Waide, et Haibers, li filz Thieriat Goullies, et Jaikemins, li filz Watier lou Sauaige de Retonfayt, p. b. por Domangin, lou fil Richier de Montois, et por Pairexate, sai femme, sus une pesse de terre ke geist an Fourelz, an coste lai terre dame Yzaibel, lai femme lou Borgon, permei une maille de cens, et sus lou demei jor de vigne ke geist ou clo de Granvigne, an coste lai vigne Burtignon Paillat, k'il ont aquasteit a Symonin lou maior, lou fil Florate de Montois, et a. c. l. e. an l'ai. l. dv.

439 Renalz Pouxenas p. b. sus une pesse de vigne ke geist en lai rowelle de Pertes, ancoste lai vigne Richairt Wairenel, k'il ait aquasteit en alluet a Maitheu, lou fil Jennat Menneit de Maizelles ki fut, et e. c. l. e. an l'ai. l. dv.

440 Hanrias Ferrions p. b. sus tout l'eritaige ke Jaikemins, li filz Piereson de Ticheicourt ki fut, ait, per tout ou k'il soit, por tant com Jaikemins desour dis li doit, et dont Hanrias desour dis est tenans.

441 Hanrias Raiguelenelz p. b. sus les v s. de mt. de cens k'il meymes dovoit sus sai pesse de vigne ke geist an Corchebuef ancoste Thieriat Burtout, k'il ait aquasteit a Berte, lai femme Cherdat lou chaivreir qui fut, permei xxxi d. de cens ke li dis Hanrias en doit, et e. com l. e. an l'ai. l. dv.[1])

442 Maistres Richairs li clers de Nancey, li escolliers, p. b. sus tout l'eritaige ke dame Jennate, li femme Jehan Crotte ki fut, ait ou ban et en lai fin de Grixey, per tout ou k'il soit, k'il ait a lei aquasteit, permei teil cens et teil droiture com li heritaiges doit, et e. c. l. e. an l'ai. l. d.

443 Li sires Herbes, li prestres de Flurey, p. b. sus ı jornal de vigne ke geist a Flurey, ou ban l'abbasse de Ste Glosenne, ancoste Pierexel Permanselle, k'il ait aquasteit a Abert et a Jehan, les ıı filz Howignon Coillute de Flurey, permei ıı s. de cens et vı d., et e. c. l. e. an l'ai. l. dv.

444 a) Abertins, li filz Roubelin de Maixerey, p. b. sus [la moitiet de] lai maxon et sus ceu ki apant ke siet daier S. Eukaire

---
[1]) v. *1293, 314.*

an coste l'osteit Henneman lou tonnelier, k'il ait aquasteit a
Jehan, son nevout, lou fil Hesselat Hurel, permei v s. de cens,
et e. c. l. e. en l'ai. l. dv.

b) Et se p. ancor b. sus l'atre moitiet de celei maxon
meymes, k'il ait aquasteit a Arnoult, lou fil Guersat Rabowan
ki fut, et a Kaitherine, sai femme, permei v s. de cens, et e.
c. l. e. an l'ai. l. dv.

445 a) Maiheus, li filz Renadin lou Mercier, p. b. sus lai maxon
et sus ceu ki apant ke siet a S. Clemant, ancoste l'osteit
Ailexate lai bowerasse, k'il ait aquasteit a Piereson Putaire
de S. Clemant, permei teil cens com elle doit, et e. c. l. e.
an l'ai. l. dv.

b) Et se prant ancor bans sus tout l'eritaige ke Pieresons
de S. Clemant ait, per tout ou k'il soit, por tant com Pieresons
desour dis doit a Jennin, lou fil Wairin de S. Clemant, et a
Jaikemin, son freire, et a Thomessat lou doien, dont li escris
est delivres a Maiheu desor dit, et dont li dis Maiheus est tenans,
permei teil cens et teil droiture com tous li heritaiges doit.

446 Poincignons Mauexins p. b. por Jehan, son fil, sus tout l'eritaige
ke Deudeneis, li filz Odat de Merdeney, ait, pertout ou k'il
soit, qui est contrewaiges a frus et as chaiteis ke vanront sus
les IIII pesses de preit et sus les salz ke sont en tour ke
geixent ou ban de Merdeney, ke Jehans desour dis ait aiche-
teit a xx ans ai Deudeneit desour nommeit, et e. c. l. e. an
l'ai. l. dv.

447 Gerairs, li filz Jennat Penat de S. Clemant ki fut, p. b. por
Sebelion, lai femme Colignon lai Vaille de S. Clemant, et por
Mairiate, sai fille, sus lai pesse de vigne ou on contet I quer-
teron ke siet davant S. Laidre ancoste lai vigne Steuenin,
lou maior de S. Clemant, k'il ait aquasteit a Colignon Mer-
meran de S. Clemant, permei xxvii d. de cens, et e. c. l. e.
an l'ai. l. dv.

448 Li sires Jehans Maiguetins li prestres p. b. sus une grainge
ke siet en Chaivreirue, davant lai maxon des Repanties, k'il
ait aquasteit a dame Mergueron Fernaigue, permei vi s. de mt.
de cens, et e. con l. e. an l'ai. l. dv.

449 Jaikemins de Vantous, ke maint a S. Arnoult, p. b. sus une
pesse de vigne ke geist ou ban de Montigney, c'on dist a
l'Ormexel, ancoste lai vigne Bertran Gemel, k'il ait aquasteit

a Jehan, lou fil[1]) Burtemel de S. Arnoult ki fut, permei III s. et II d. de cens, et e. c. l. e. an l'ai. l. dv.

450 Mertins Meche p. b. sus demei jornal de vigne ke geist en lai Bertelle, ancoste Jennat Boukerel, k'il ait aquasteit a Symonin Corssainsarme, son cerorge, permei I d. de cens, et e. c. l. e. an l'ai. l. dv.

451 Colignons, li filz Goudefrin de Heu ki fut, p. b. sus les XX s. de mt. de cens ke geixent sus lai maxon Jennat Boukerel, ke siet outre Saille, ancoste l'osteit Steuignon Panseron, et sus les V s. de mt. de cens ke Contasse, li fille signor Jehan de lai Court ki fut, doit sus une maxon ke siet en Jeurue, ancoste Ste Creux, daier l'osteit ke fut Hanrit de Strabour, et sus lai maxon et sus ceu ki apant ke siet davant lai cort de Fristor ancoste l'osteit Humbert lou clerc, k'il ait aquasteit a Perrin Bellamin, son cerorge, et e. c. l. e. an l'a. l. d.

452 Jehans et Symons, ces freires, li enfant Jennat Menneit ki fut, p. b. sus XII s. de mt. de cens ke geixent sus une pesse de vigne sus Maizelles, ancoste lai vigne Maiserin,[2]) k'il ont aquasteit a Maitheu lou feivre, et e. c. l. e. an l'ai. l. dv.

453 Jehans li courdeirs, li filz Colin de Secours, p. b. sus lai maxon et sus tout ceu ki apant ke siet a Quertal ancoste Aidan lou waisteleir, k'il ait aquasteit a Alexandre lou cordeir et a Sebeliate, sai femme, permei XXVIII s. de mt. de cens, et e. c. l. e. an l'ai. l. dv.

454 Thiebaus Creature de Sanerie p. b. sus VIII s. de cens ke geixent sus II pesses de vigne ans Abouwes, lonc lai rowelle d'Aivr, ancoste Jehan Martin, ke Guercerias Wesselins ait aquasteit por Thiebaut desour dit et por Heilewit, sai femme, et e. c. l. e. an l'ai. l. dv.

455 Poinsate, li fille Thiebaut Creature de Sanerie p. b. sus X s. de mt. de cens, per menues pesses, k'elle ait aquasteit a Odeliate, lai fille Richairt Moffle ki fut, et a Guersat, son freire, et e. c. l. e. an l'ai. l. dv.

456 Wairins, li filz Seroudate de Flurey ki fut, p. b. sus lai maxon et sus lou meis daier et sus tout ceu ki apant ke siet a Flurey ancoste l'osteit Jehan Boubance, k'il ait aquasteit a VI enfans Wairin lou taverneir de Flurey ki fut, permei II d. de cens, et e. c. l. e. an l'ai. l. dv.

---

[1]) a Jehan, lou fil *übergeschrieben*.
[2]) s *aus* x *verbessert*.

457 Lucate, li fille Arnoult Marron de S. Nicolaisrue ki fut, p. b. sus une pesse de vigne ke geist ou clo S. Symphorien, ancoste lai vigne signor Maikaire lou prestre, ke Domangins Tumelouf fait a moitiet, k'elle ait aquasteit a Poinsate, lai fille Pairexat ki fut, permei vııı s. vıı angevines moins de cens, et a. c. l. e. an l'ai. l. dv.

458 Thomessins, li filz Jennat Menneit, p. b. sus lai maxon et sus tout ceu ki apant ke siet ou Waide ancoste l'osteit Jennat Menneit ki fut, k'il ait aquasteit a Maitheu, son freire, permei x s. de cens, et e. c. l. e. an l'ai. l. dv.

459 Izaibelz de Nancey, li fille Jennat Brocairt ki fut, et Aileis, li fille Maiheu Cowerel, p. b. sus lai maxon et sus lai vote et sus can ki apant desour et desous ke siet sus lou Mur ancoste l'osteit Rikewin lou cherboneir, k'elles ont aquasteit a Rikewin davant dit, permei x s. de cens, et e. c. l. e. an l'ai. l. dv.

460 Pieresons Forcons p. b. sus ı jornal de vigne ke fut Poince de Chaigneirue de Nonviant, ke geist an Letainnowe ou ban de Nonviant, ancoste Willemat lou Borgon, por tant com Poince desor dite li doit et ait a faire ai lui, per escris an airche et sans escris, et dont Pieresons desour dis est tenans, permei teil cens com elle doit.

461 Eurias Cuerdefer p. b. sus teil droit et teil raixon com Thiegerate, li femme Jehan Viuien ki fut, avoit en lai pesse de vigne ke Jehans desour dis tenoit de Euriat desour nommeit, ke geist ancoste lai vigne les enfans Poincignon Chalon ki fut, k'il ait ai lei aquasteit, et e. c. l. e. an l'ai. l. dv.

462 a) Jehans, li filz Jaikemin Lombairt de Rimport, p. b. sus lai pesse de vigne ke geist sus Laiveires ancoste lai vigne Margueron des Bordes, k'il ait aquasteit a Jehan lou Glatous de Maigney, permei xvııı d. de cens, et e. com l. e. an l'ai. l. dv. b) Et se prant ancor bans sus lai pesse de vigne ke geist a Chene ancoste lui meymes, k'il ait aquasteit a Symonat, lou fil Jennin Coillairt, permei ıı s. de cens, et e. com l. e. an l'ai. l. dv.

463 Jaikemins Jallee p. b. sus les lv s. de mt. de cens ke geixent sus l'osteit Jaikemin Bonin, ke siet an Vesignuelz, ancoste l'osteit Jaikemin Clemignon, k'il ait aquasteit a Collairt Morel, et c'on puet raicheteir, et e. c. l. e. an l'ai. l. dv.

464 Li sires Pieres, li chaipelains de S. Sauour, p. b. sus lai maxon et sus ceu ki apant ke siet ou Champel antre l'osteil Renadin Malchasiet et lai maxon Symonat Tago, k'il ait aquasteit a

Symonin de Gorse lou tennour, permei xviii s. de cens, et e. c. l. e. an l'ai. l. dv.

465 Perrins, li filz Richairt de Montigney ki fut, p. b. sus une pesse de terre ke geist sus Moselle ou ban de Montigney, ancoste Arnoult, son cerorge, k'il ait aquasteit en alluet a Odeliate, lai fille Colin de S. Thiebaut ki fut, et e. c. l. e. en l'ai. l. dv.

466 Androwins, li filz Maitheu Germain[1]) de Pertes ki fut, p. b. sus une pesse de vigne ke geist an Cherdenoi, ancoste lai vigne Chaiureson, k'il ait aquasteit a Jaikemat lou Vadois, lou fil Howin Florit de Lorey, permei vii d. de cens, et e. c. l. e. an l'ai. l. dv.

467 Wirias Rowelenne p. b. sus lai maxon et sus ceu ki apant et sus lou meis, et sus lai vigne daier ke siet en Chaponrue apres lai maxon Jehan Rembeuilleirs, k'il ait aquasteit a Hanrit Bellenee, permei viii s. iii d. moins de cens, et e. c. l. e. an l'ai. l. dv.

468 a) Yzaibelz li Grosse dou Champel p. b. sus vi s. de cens ke geixent sus iii homaies de vigne desour lai vigne Joffroit Hurel et iii homaies de vigne en lai Corte pesse, ancoste lai vigne Symonin Berate, k'elle ait aquasteit a Symonin Florance de Montois, et e. c. l. e. an l'ai. l. dv.

b) Et ce prant ancor bans sus les xiii s. et demei de premier cens ke geixent sus lai maxon ou Jennas Chermas maint, ke siet[2]) an Vies Bucherie, k'elle ait aquasteit a Andrewin, lou fil Maitheu Germain de Pertes ki fut, et e. c. l. e. an l'ai. l. dv.

469 Jennas Godelz de S. Julien et Marguerite, sai femme, p. b. sus xx d. et i chapon de cens ke li fille Suffiate Mendreuille doit sus sai maxon ou elle maint, ke siet en Maizelles, k'il ont aquasteit a Gerairt Cocanlorge de S. Julien, et e. c. l. e. an l'a. l. dv.

470 Jennas Hairecours li berbiers, ke main[t] ou Champ a Saille, p. b. sus lai maxon et sus tout ceu ki apant ke siet a Quertal antre l'osteit Andrewat lou corvexeir et lai maxon Forkignon lou corvexeir, k'il ait aquasteit a Aingebour, lai femme Howeson lou berbier ki fut, et ai ces v enfans, permei lx s. de mt. de cens, et e. c. l. e. an l'ai. l. dv.

---

[1]) Vor G ist ein Buchstabe ausgekratzt.
[2]) s verbessert aus g.

471 Jennas Trichas et Lucate, sai suer, p. b. sus lai maxon et sus les ıı chambres ke furent Thiebaut, lou genre Humbert de S. Piere, et Hawiate, sai femme, ke li sires Jehans, li prestres de S. Martin en Curtis, lour ait laieit, permei xxvı s. et demei de cens k'il l'an doient, et e. c. l. e. an l'ai. l. d.

472 Jaikemate Steuol p. b. sus lai maxon. et sus ceu ki apant ke siet ou. Petit Waide davant l'osteit maistre Esselin, k'elle ait aquasteit a Jennat Paignol, permei vı s. de cens ke li maxon doit, et e. c. l. e. an l'ai. l. dv.

473 Abertins, li filz Arnoult Malletraisse de Ste Raifine, p. b. por lui et por Hanriat et por Jehan, ces ıı freires, sus lai pesse de terre ou on contet ıı jornalz et demei ke geist ou ban de Mairlei ancoste lai terre Steuenat Bernier, k'il ait aquasteit a Pieron et a Jehan et a Hanriat, ces ıı filz, permei ıı d. et maille k'elle doit a ban de Mairlei, et e. c. l. e. an l'ai. l. dv.

474 Wirias Heilesalz p. b. sus lai maxon et sus ceu ki apant ke siet an Maizelles, ancoste l'osteit Steuenin Panceron, k'il ait aquasteit as[1]) hoirs Hermantrut, sai femme, permei v s. de cens, et e. c. l. e. an l'ai. l. dv.

475 Jennate, li fille Guersat Bouxon, p. b. sus lai maxon et sus ceu ki apant ke fut Symonel Codel, ke siet ou Waide, ancoste l'osteit Thiebaut de Mercey, k'elle ait aquasteit a Lucat PaindeMes, permei vıııı s. et demei de cens, et e. c. l. e. an l'ai. l. dv.

476 Jennas Corcelles, ke maint an Sanerie, p. b. sus ıı s. de mt. de cens des xvıı s. de cens k'il meymes doit sus lai maxon ke fut Jehan Winoble, ke siet en Sanerie, k'il ait aquasteit a Jennat, lou fil Lowion lou sodour de Chadeleirue,[2]) et e. c. l. e. an l'ai. l. dv.

477 Abertins d'Alanges, ke maint en Chaponrue, et Mahous, sai femme, p. b. sus lai maxon et sus ceu ki apant ke siet en Chaponrue ancoste l'osteit dame Suffie, k'il ont aquasteit a Alairt, lou genre Xonville dou Champel, permei ııı s. de cens, et e. c. l. e. an l'ai. l. dv.

478 Odeliate, li fille dame Collate d'Oxey ki fut, p. b. sus lai maxon ke fut Domangin Merlin, et sus lou meis daier et sus lai court davant et sus tout ceu ki apant, ke siet a S. Clemant, davant Nostre Dame a Mairtres, k'elle ait aquasteit a Suffiate, la

---

[1]) s *verbessert aus* i.
[2]) de Chadeleirue *auf ausgelöschter und ausgekratzter Schrift.*

femme Maitheu Bouzaie, et a Mairiate, lai femme Jaikemenel, ke sont de S. Clemant, permei vii s. et i d. de cens, et a. con l. e. an l'ai. l. dv.

479 Jaikemins li clers, li filz Pompelin dou Pont a Monsons, et Ailexon li Vadoize, li suer Bair lou taillour, p. b. sus lai pesse de vigne ke geist ou ban d'Airey en lai voie de Jaze ancoste lai vigne Succurrat, k'il ont aquasteit a Piereson Putaire d'Airei, permei i meu de vin de cens, et e. c. l. e. en l'ai. l. d.

480 Bertrans Chabosse p. b. por lai Grant Eglixe de Mes sus lai pesse de vigne ke geist an Cherdenoit, et sus lai pesse de vigne an Montain ancoste lou champ de l'ospital, et sus lai pesse de vigne a Chene ancoste Symelo, ke li sont delivres por ii estaies trespassees, chescune de xi s. des xxii s. de cens k'elle doit a l'aiglixe desour dite, et por les aidras, et dont li signor sont tenant.

481 Gererdins li tripiers, ke maint sus Saille, p. b. sus lai maxon ke fut Willemin et sus ceu ki apant ke siet sus Saille, k'il ait aquasteit a Guenordin, lou fil Bietrexate lai hairangueire, permei xvi s. de cens, e. c. l. e. an l'ai. l. dv.

482 Poincignons Challemelz p. b. sus i jornal de vigne tier meu Ste Glosenne, ke geist an Cherdenoit, ancoste lai vigne Guerriat, lou fil Poincignon Lucie, k'il ait aquasteit a Lambert, lou fil Collat de Maigney, permei une maille de cens, et e. c. l. e. an l'ai. l. dv.

483 a) Ferrias Fessalz p. b. sus xii d. de cens ke geixent sus lou tiers de lai maxon ke siet davant les Boins enfans et sus ceu ki apant, k'il[1]) ait aquasteit a Ailexon, lai femme Jennat lou Goussut ki fut, apres ii s. de cens ke cil tiers doit, et e. c. l. e. an l'ai. l. dv.

b) Et se prant ancor bans sus iiii s. de cens ke geixent sus lou tiers de lai maxon ke siet sus lou tour en lai Nueue rue, k'il ait aquasteit a Jehan Morel lou boulangier, apres xl s. de cens ke li maxon doit, et e. c. l. e. an l'ai. l. dv.

484 Thiebaus Petismaiheus p. b. por les Cordelieres de Mes sus une pesse de vigne ke geist ens Abouwes en Maizelles, ke li est delivre en plait an contre Jennat lou Trowant et Haibelin, lou fil Alairt, por lou cens de ii estaies trespassees, chescune de xiiii s., et por les aidras, et dont elles sont tenans.

---

[1]) il *auf Rasur*.

485 Bertrans, li filz lou Borgon de Montois ki fut, p. b. sus demei jornal de terre ke geist a Lonc Pairteil, deleis lai terre Saillambien, k'il ait aquasteit a Hanriat et a Steuenin, les ıı filz Jennat Raixewin de Montois ki fut, permei une maille de cens, et e. c. l. e. an l'ai. l. dv.

486 Wernesons, li genres Lambelat lou chaponier, et Lorans, li filz Arnoult¹) dou Four dou Morier ki fut, p. b. sus les ıı maxons et sus ceu ki apant ke sieent an Vesignuelz ancoste l'osteit Thiebaut Mourin, k'il ont aquasteit a Kaitherine et a Collate et a Jaikemate, les ııı filles Jaikemin de Colloigne ki fut, permei vı lb. et ııı mailles de cens k'elles doient, et e. c. l. e. an l'ai. l. dv.

487 Lambelins, li filz Maitheu de Vairney, p. b. sus tout l'eritaige k'il meymes et Jehans, ces freires, vandont a Marguerite Blanche d'Outre Saille, et a Lowiat, lou fil Jennetel Wesselin, ke geist a Lucunexit et ou ban et en lai fin antre Niet et Airs deleis Coullambei, et a demei luwe tout en tour Lucunexit et Villeirs et en bans, k'il ait aquasteit a Margueron desour dite, permei teil cens et teil droiture com il doit, et e. c. l. e. an l'ai. l. dv.

488 ²) Symonas Boudas li tenneires de S. Vincentrue p. b. sus ı stal ke siet en lai grant halle des tennours ou Champ a Saille, k'il ait aquasteit en alluet a Piereson et a Colin, les ıı filz Gererdat d'Allexey ki fut, et e. con l. e. an l'ai. l. dv.

489 Steuenins Ydate dou Waide p. b. sus lai pesse de vigne ke geist en lai Bertelle ancoste lai vigne Goudefrin de lai Porte, k'il ait aquasteit en alluet a Thiegerate, lai femme Jehan Viuien ki fut, et e. c. l. e. an l'ai. l. dv.

490 Jaikemins, li filz Jehenne de S. Clemant, p. b. sus les ııı querterons de terre ke geixent a Blorut ancoste lui meymes, k'il ait aquasteit a Piereson Putaire de S. Clemant, permei vııı d. de cens k'elle doit, et e. c. l. e. an l'ai. l. dv.

491 Sebelie, li fille Perrin lou Mercier ki fut, et Maibelie, li suer signor Arnoult lou prestre, p. b. sus tout l'eritaige ke Thierias, li filz Mergueron de Gerey, et Abillate, sai femme, avoient, per tout ou k'il soit, ke lor est delivres por les v quartes de wayn ke Thierias desor dis et sai femme lor doient, et dont elle sont tenans.

---

¹) Lorans, li filz Arnoult *auf Rasur*.
²) *v. 1298, 390*.

492 a) Wairins, li filz lai Grive de S. Clemant ki fut, p. b. sus
une pesse de vigne ke geist ou champ Lowit, ancoste lai
vigne Rembalt Witton, k'il ait aquasteit a Mairiate, lai fille[1])
Jaikemenel ki fut, permei xxiii d. de cens, et e. c. l. e. an
l'ai. l. dv.

b) Et se prant ancor bans sus la moitiet de lai pesse de vigne
ke geist an iiii Queles, celle moitiet devar Hanriat lou Vel,
et sus lai voie ke li atre moitiet li doit signier, k'il ait aquasteit ai Suffiate, lai femme Maitheu Bouzaie, permei xii d. de
cens, et e. c. l. e. an l'ai. l. d.

493 Renadins Poignelz de Vesignuelz p. b. sus tout l'eritaige ke
Jennas Grillas li bouchier ait, per tout ou k'il soit, soit de
pair lui, soit de pair Jennate, sai femme, ke li est delivres en
plait, por tant com Jennas et Jennate, sai femme, li doient,
per escris an airche, et dont il est tenans.

494 Lowis, li filz Colin Panceron, p. b. sus la moitiet dou jornal
de vigne ke geist a lai paireire sus Maizelles, celei pertie ki
est a lai roie devar Borney, k'il ait aquasteit a Waterin
Burthelo dou Waide, permei iiii s. de cens k'elle doit, e. c. l.
e. an l'ai. l. d.

495 Abertins de Taixey li boulangiers p. b. sus tout l'eritaige ke
Abertins, li filz Collairt de lai Court de Fayt, ait, pertout ou
k'il soit, ke li est delivres, permei teil cens com li heritaiges
doit, et e. c. l. e. an l'ai. l. dv.

496 Remias, li filz Domeniat l'olier ki fut, et Thierias, li filz
Mairiate de Xuocourt, p. b. sus ii pesses de vigne ke li abbes
Garcires de S. Simphorien lor ait laieit ai tous jors, permei vi
s. de cens k'il l'an doient, et e. con l. e. an l'ai. l. dv.

497 Marguerite, li fille Formeron Rose ki fut, et Jehans, ces filz,
p. b. sus lai maxon et sus lai grainge ke fut Jehan Otthignon
et sus tout ceu ki apant, ke siet a S. Clemant, permei vi s. et ii
d. de cens ke li maxon et li grainge doit, et sus sai maxon et
5 sus ceu ki apant ke fut Waistel, ke siet a. S. Clemant, permei
iii s. et demei de cens ke li maxon doit, et sus sai pesse de
vigne ke geist daier lai ville, ou en contet demei jornal, permei
xxvii d. de cens k'elle doit, et sus son jornal de vigne ke geist
a S. Lorant, permei xii s. et iiii d. de cens k'il[2]) doit, et sus
10 sai pesse de vigne tier meu S. Clemant ke geist ou clo S. Jehan,

---

[1]) *1298, 478* Mairiate, lai femme Jaikemenel.

[2]) k'il *verbessert aus* k'elle.

ke lour est delivres en plait por vii estaies trespassees, ches-
cune de xxx s. de mt. des lx s. de cens ke cist heritaiges
desour dis lour doit, et por les aidras, a. c. l. e. an l'ai. l. d.,
et dont Marguerite et Jehans desor dis sont tenans, permei
teil cens com li heritaiges doit.

498 Jaikemins li amans, li filz Thieriat de Maizelles ki fut, p. b.
sus les xvi s. de cens ke geixent sus lai maxon Odeliate, lai
fille Ailexon de Luscey ki fut, et sus lou meis et sus tout ceu
ki apant, ke siet en Maizelles, ancoste l'osteit Jennat Frexure,
k'il ait aquasteit a Jennate, lai femme Richairt lou feivre de
Maizelles ki fut, et e. c. l. e. an l'ai. l. dv.

499 Watrins li paignieres, li mairis Mairiate, ke maint an Sanerie,
p. b. sus lai maxon ke fut dame Hawit, lai femme Goideman
lou braieleir de Sanerie ki fut, et sus ceu ki apant, ke siet an
Sanerie, an coste l'osteit Burthelo de Pairix ki fut, k'il ait
aquasteit a Steuenel lou corrier de Sanerie, ki est mainbors de
lai devise dame Hawit desour dite, permei xx s. de cens ke
ciste maxon doit, c'est a savoir xv s. a Boinvallat lou Mercier
et v s. a l'aiglixe de S. Seplixe, et e. c. l. e. an l'ai. l. dv.

500 Li sires Werris Piedechalz p. b. sus xxx s. de mt. de cens ke
Watrins li paignieres, ke maint an Sanerie, li mairis Mairiate,
li doit sus sai maxon k'il ait, ke siet en Sanerie, ancoste l'osteit
Burthelo de Pairix ki fut, et sus ceu ki apant, ke fut dame
Hawit, lai femme Goideman lou braieleir de Sanerie ki fut,
ke li sires Werris desour dis ait aquasteit a Watrin desour
nommeit, apres xv s. de cens ke ceste maxon doit a Boinvallat
lou Mercier et apres v s. k'elle doit a l'aiglixe de S. Seplixe,
et e. c. l. e. an l'a. l. dv.

501 Li sires Jehans Goule p. b. sus lai maxon et sus ceu ki apant
ke fut Bertran de Quensey, ke siet antre les ii pons de Maizelle,
por les x s. de mt. de cens de l'estaie de feste S. Jehan ke
passee est des xx s. de mt. de cens ke li maxon li doit, li-
keile maxon li est delivre en plait por les x s. de cens desour
dis[1]) et por les aidras, et dont li sires Jehans desour dis est
tenans.

502 Domanges, li filz Jehan lou Hotton de Pumeruelz ki fut, p. b.
sus tout l'eritaige ke Andrewas, ces oncles, li filz Domangin
de Pumeruelz, avoit a Pumeruelz et ou ban et ou fenaige de

---

[1]) likeile bis dis *auf ausgelöschter und ausgekratzter Schrift.*

Pumeruelz, k'il ait ai lui aquasteit, permei teil cens et teil droiture com tous li heritaiges doit, et a. com l. e. an l'ai. l. dv.

503 ¹) Li sires Thiebaus de Moielain p. b. sus vIIII lb. et vIII ²) d. de mt. de cens, dont il en geist vIII lb. et vII s. IIII d. moins de mt. de cens ou tiers des xxv lb. de mt. de cens ke geixent sus lai grainge a Praielz, ke fut Poincignon Chalons, et sus
5 tout l'atre heritaige ki apant, ansi com li escris ke Jaikes Baizins en fist des L lb. de mt. de cens ke geixent sus Praielz et sus tout l'eritaige ki apant lou deviset, ke dame Marguerite, li fille signor Cunon d'Airs, ait espertit ancontre ces hoirs, ansi com li escris des persons ke geist an l'airche Sainte Creux lou
10 deviset, et li atre xIIII s. de mt. de cens geixent sus teil pertie d'eritaige com Guersas, li filz Symonat Bellegree, ait aquasteit a dame Marguerite desour dite, ke geixent sus teil pertie d'eritaige com il li est escheus de pair Jaike Baizin, son aijuel, c'est a savoir sus lou trazime de lai maxon ke fut Jaike Baizin
15 desor dit, ke siet ou Nuefbourc, ke li sires Thiebaus desor dis ait aquasteit a dame Marguerite desor nommee, et e. c. l. e. an l'a. l. d.

504 Li sires Thiebaus de Moielain p. b. sus les xxxIII s. de mt. de cens k'il meymes dovoit sus son gerdin ke siet davant Nostre Dame as Chans, k'il ait aquasteit a Jaikemin ³) Petreman de Vesignuelz, et e. c. l. e. an l'ai. l. dv.

505 Odeliate Fouille p. b. sus la moitiet de lai pesse de vigne ke geist an Peuenelles ancoste lai vigne Maitheu lou masson, ke Abertins Sauegrain, ces mairis ki fut, ait aquasteit a Colignon, lou fil Wiriat Crestenne ki fut, permei xvIII d. de cens, et e. c. l. e. an l'a. lo dv.

506 Watrins li Poullus de S. Clemant p. b. sus lai maxon et sus ceu ki apant ke siet daier lai fontenne S. Aman a S. Clemant, ancoste lui meymes, k'il ait aquasteit a Gerairt Chaiurate, permei II s. et demei et maille [de cens], et e. c. l. e. an l'ai. l. dv.

507 Abrias li permantiers p. b. sus tout l'eritaige ke Wirions de Wittonville li vieseirs de lai Nueue ruwe ait an lai mairie de Porsaillis, per tout ou k'il soit, ke li dis Wirions li ait delivreit en plait, por tant com il li doit et ait a faire a lui, per escris

---

¹) = *1298, 393 und 656.*
²) *Vorlage* vII, *richtig* vIII, *wie die Berechnung ergibt und in 393 und 656 steht.*
³) *Jaikemin übergeschrieben,* Jehan *durchgestrichen.*

an airche et sans escris, et dont Abrias desour dis est tenans, permei teil cens et teil droiture com tous li heritaiges doit.

508 Richiers Bellegree p. b. sus ɪ jornal de terre ke geist en Rollanmont, et sus une tavle an Chainges, et sus tout l'eritaige ke Steuignons Bellegree ki fut avoit a Pawilley et ou ban, k'il ait aquasteit a Collate, lai fille Steuignon desour dit, et e. c. l. e. an l'ai. l. dv.

509 Poinsins de Ste Raifine, li filz Thomessat Danalaiglixe, p. b. sus ɪ jornal de terre ke geist en lai fin de Molins ou ban de Mairley, an coste lui meymes, k'il ait aquasteit a Piereson Rokan de Siey, permei ɪ d. de cens, et e. c. l. e. an l'ai. l. dv.

510 Jennas Chaines et Thierias, ces freires, li dui fil Burthemin lou Verderet de Collambeir ki fut, p. b. sus tout ceu de preit ke Odeliate et Contasse et Ailexate, li ɪɪɪɪ[1]) enfant Euriat, lou freire Richairt de Baieuville, ont an Geleichamp, et sus lou quairel de terre ke geist desor ou ban de Chaigney, ke lour vient de pair Odeliate, lour aijuelle, k'il ont a oulz aquasteit, permei une angevine de cens, et e. c. l. e. an l'ai. l. dv.

511 Jaikemins de Pairgney p. b. sus vɪ homaies de vigne ke geixent ou ban de Bouxieres en lai Fraice, an ɪɪɪ pesses, ancoste lui meymes, k'il ait aquasteit ai Donat, lou fil Poirel de lai Porte de Champelz, et e. c. l. e. an l'ai. l. dv.

512 Forkignons et Jehans, li dui fil signour Richairt de Serieres, p. b. sus xxɪɪɪ jornalz de terre ke geixent en lai fin et ou ban de Luoncourt et ou ban de S. Martin et de Fouille, et sus teil pertie com maistre Adans li terrillons de lai Vigne S. Auol ait an lai maixeire a Luoncourt, et sus lai chaineveire k'il avoit a Luoncourt, k'il ont aquasteit a maistre Adan desour dit, et e. c. l. e. an l'ai. l. dv.

513 Maitheus Gueperate et Yzaibelz, sai cerorge, p. b. sus tout l'eritaige ke fut Thieriat de Seruigney, per tout ou k'il soit, ke lour est delivres an plait, permei teil cens com tous li heritaiges doit, et dont il sont tenant.

514 a) Bertrans li clers de Croney p. b. por lai chieze Deu de Sainte Glosenne sus xx s. de mt. de cens ke geixent sus lai maxon Wernier lou tennour dou Champel et sus ceu ki apant, ke siet ou Champel, ancoste Jaikemin lou corrier, ke dame Poince et dame Yzaibel, les ɪɪ filles Jacob de Jeurue ki fut,

---

[1]) Vorlage ɪɪɪɪ, entweder muss es ɪɪɪ heissen, oder es fehlt ein Name.

ont aquasteit a Wernier desor dit, apres xiiii s. de cens ke li maxon doit, et e. c. l. e. an l'ai. l. dv.

b) Et se prant ancor bans por lai chieze Deu desour dite sus x s. de cens ke li abbàsse de lai chieze Deu desor dite ait aicheteit a Richairt de Flurey, et e. c. l. e. an l'ai. l. dv.

515 Hanrias li Velz de S. Clemant p. b. sus une pesse de terre ou on contet v querterons, ke geist a Collambeir en lai fin de S. Clemant, ancoste Jehan, son genre, k'il ait aquasteit a Abillate, lai femme Symonin Monel de S. Clemant ki fut, permei vii d. et maille de cens, et e. c. l. e. an l'ai. l. dv.

516 Jennas Fernaixe d'Airey p. b. sus une pesse de vigne ke geist ou Desert ou ban d'Airey, ke partet as enfans Jaikemin Muerdaixe, k'il ait aquasteit a Piereson Xallat d'Airey, permei ii steires de vin de cens, et e. c. l. e. an l'ai. l. dv.

517 Thiebaus, li filz Mahout de Flurey, p. b. sus une pesse de preit et sus lai cowe enson ke geist en Randelatpreit ou ban de Flurey, k'il ait aquasteit en alluet a Jennat Nichat de Flurey, et e. c. l. e. an l'ai. l. dv.

518 Colignons de lai Court p. b. sus xxiii s. de mt. de cens ke Thiebaus dou Champel doit, k'il ait aquasteit a Abertin, son nevout, lou fil Jennat Bellamin ki fut, et a. c. l. e. an l'ai. l. dv.

519 Jehans Burtous p. b. sus teil heritaige com il est escheus a Herman et a Hawiate, sai fille, et a Ruecelate et a Ancillon et a Jennate, les hoirs Colin Bruee, de pair Colin desour dit, k'il ait a oulz aquasteit, et a. c. l. e. an l'ai. l. dv.

520 Herbins, li filz Howin Nerlan, p. b. sus une pesse de vigne ke geist ou ban de Montigney, k'il ait aquasteit a Piereson, lou genre Symonat lou Bague lou tonnelier ki fut, et a Mairiate, sai cerorge, permei vi s. de mt. et v d. de cens, et e. c. l. e. an l'ai. l. dv.

521 Symonins li tenneires c'on dist de Gorze p. b. sus lai maxon et sus ceu ki apant ke siet sus Saille ou Baix Champel ancoste Gerairt lou tennour, ke li abbasse de Ste Glosenne li ait laieit, permei xviii s. de cens, et e. con l. e. an l'ai. l. dv.

522 Jehans Xairolz de lai Vigne S. Auol p. b. sus une pesse de vigne ke geist en Chalousit, an coste lui meymes, k'il ait aquasteit a Euriat Pennon de Tikerei, permei ii s. et demei de cens, et a. c. l. e. an l'aî. l. dv.

523 Gererdins Berniers p. b. sus ii jornalz de terre ke geixent desous les maixeires ou ban de Mairlei, antre Colin Yderate

et Guersat Chaingne, k'il ait aquasteit a Lieborate de Chaizelles et a Thieriat Jallee, permei II d. de cens, et e. c. l. e. an l'ai. l. dv.

524 Howins Nerlans p. b. sus teil heritaige con Colignons de Maigney, li genres Odeliate, lai femme Burson de Flurey ki fut, avoit de pair Odeliate, sai seure davant dite, ke geist ou ban Sainte Glosenne a Flurey, ke li est delivres en plait, por lai date ke Odeliate desus dite li doit, et dont il est tenans.

525 a) Perrins Louve p. b. sus II d. de cens k'il meymes dovoit sus II eires de meis, ke geixent dedans lai closure de lai Horgne, k'il ait aquasteit a Wiriat, lou vies maior de S. Clemant, et e. c. l. e. an l'ai. l. dv.

b) Et se prant ancor bans sus une pesse de terre ou on contet demei jornal, ke geist davant lai Horgne, en mei lai terre Perrin meymes, k'il ait aquasteit a Colignon lai Vielle et a Steuenin lou Mowel, son freire, permei I d. de cens, et e. c. l. e. an l'ai. l. dv.

526 Jaikemins, li filz dame Poinse de Croney ki fut, p. b. sus lou quairt dou preit ke geist ou ban d'Airei ou Grant Graivier, ke partet a lui meymes, k'il ait aquasteit a Piereson Pettairt d'Airey, permei I steir de vin de cens k'il l'an doit, et a. c. l. e. an l'ai. l. dv.

527 Jaikemins, li filz dame Poince de Cronney ki fut, p. b. sus II homaies de vigne ke geixent deleis Richerdin lou clerc, et sus III homaies de vigne an Bourdelmaxon deleis Watrin d'Awigney, et sus II homaies de vigne deleis Josselin en lai Chenal, et
5 sus une homaie de vigne an Redowinvigne deleis Geliat, et sus II homaies de vigne an lai Chenal deleis Geliat meymes, et sus III homaies de vigne an Ouches deleis Lorate de Prenoit, et sus une homaie et demaie de vigne sus Lairowes deleis les enfans[1]) de Waizaiges, et sus II homaies de vigne an Menu
10 leu deleis Geliat, et sus VII homaies de vigne a lai Roche deleis lai plante ke fut Hercenin, et sus I jornal de terre an Longe Roie deleis Jaikemin davant dit meymes, et sus demei jornal de terre an Haizille deleis Lorate de Prenoit, et sus I jornal de terre en Thiebautsairt sus lai vigne lou signor Werrit
15 Bairbe, et sus I jornal de terre en lai Vies ruwe deleis Jacob de Lorey, et sus une pesse de terre deleis lou veveir ancoste Perrin Badoche, et sus demei jornal de terre desour l'aitre

---

[1]) *Es fehlt ein Name.*

deleis Thieriat Vellowel, et sus ı jornal de terre deleis Succurrat, et sus une pesse de preit[1]) a rut de Xour[2]) deleis
20 Wiriat de l'Aitre, et sus une pesse de preit a Sacelblowel deleis Thieriat Vellowel, et sus une pesse de preit an Caimenelles deleis Piereson Paitairt, et sus lai pesse de preit a Sacelblowel, et sus les xv steires et demaie de vin de cens ke Watrins Succurras doit sus lai vigne a rut de Xour et sus
25 celle an Desert et sus celle an Menu leu et sus celle an Bourdelmaxon, et sus les xıı steires de vin de cens ke Lowias de lai Porte doit sus lai vigne an lai voie de Jaze deleis Blowel de Merdeney, et sus les xıı steires de vin de cens ke Renalz li chamberlain dovoit sus lai vigne an Passienvalz deleis Lowiat
30 Amarriat, et sus ıı[3]) steires et demaie de vin de cens ke Pieresons et Jaikemins, li hoir Collenat, doient sus lai plante an Desert et sus lai vigne an lai voie de Jaze, et les ııı steires de vin de cens ke Lowias Amarrias doit sus lai vigne a Vies molin deleis Symonin lou fornier, et sus lou demei meu de vin
35 a moustaige de cens ke Otthignons d'Airey doit sus lou preit an lai Praielle, ke pairtet[4]) a Poujoize Truillairt, et sus lai vigne a Serexeir ke li hoir Berneson tienent, et sus lai vigne a Serexeir ke Humelas li Boiestous tient et sus can k'il tient d'eritaige ou ban Ste Mairie de Mes a Airey, et sus les ıı steires
40 de vin de cens ke Watrins Amarrias doit sus ıı pesses de terre a meis Alaire deleis Jennin Bullie et deleis Thieriat Vellowel, et sus les ıı steires et demaie de vin de cens ke Howesons, li mairis Bellesuer, li doit, ou on redoit ı steir de vin de cens aier, et sus les vı d. mt. de cens ke Hanris de l'Aitre doit
45 sus une pesse de vigne an Monrelchamp deleis Vguignon Poujoize, et sus lai maille de cens ke Jaikemins li Prune doit sus une pesse de terre an Nonainvilleirs, et sus les ıı s. de mt. de cens ke Arnollins doit sus une pesse de preit an Verchole et sus une pesse de preit an Jaze, ke partet a Jaikemin meymes, ke
50 Jaikemin desour dis ait aquasteit a Jaikemin lou clerc, lou fil Pompeliń dou Pont a Monsons ki fut, permei xxvıııı steires et une pinte de vin et permei les menus chaiteis ki apendent ke cist heritaiges doit an pluxours leus, et a. c. l. e. an l'ai. l. d.

---

[1]) *Vor* preit *ist* terre *durchgestrichen.*

[2]) x *aus* s *verbessert.*

[3]) *An der Ziffer ist geändert, vielleicht ist* xı *statt* ıı *zu lesen.*

[4]) *Vorlage* pairtes.

528 Arnoulz Noirons de Vesignuelz p. b. sus demei jornal de vigne ke geist ou ban S. Arnoult, ancoste lai vigne Jehan Louve, permei III s. de cens k'elle doit a S. Symphorien, et sus lou jornal de meis ke geist ancoste lai vigne desour dite, permei IIII s. et demei de cens k'il doit a prestre de S. Benin, k'il ait aquasteit a Goudefrin Jambedepaixel de S. Arnoult, et e. con l. e. an l'ai. l. dv.

529 Steuenins, li maires de S. Clemant, p. b. sus lai maxon et sus tout ceu ki apant ke siet a S. Clemant ancoste lai grainge Steuenin meymes, k'il ait aquasteit a Colignon lai Vaille et a Steuenin lou Mowel, son freire, ke sont de S. Clemant, permei v s. de cens, et e. c. l. e. an l'ai. l. d.

530 Jehans, li filz Steuenin lou maior de S. Clemant [1]) p. b. sus les xx s. de mt. de cens ke geixent sus une pesse de terre davant Blorut, ancoste lai terre ke fut Wiriat lou vies maior, apres III d. de cens k'elle doit, et sus lai pesse de terre ke geist daier lai grainge Cunin d'Onville, ancoste les hoirs Thiebaut Henmignon, apres III s. et demei de cens k'elle doit, ke Jehans desour dis ait aquasteit a Piereson, lou fil Jennin Laicholle de S. Clemant ki fut, et e. con l. e. an l'ai. l. dv.

531 Steuenins, li maires de S. Clemant, p. b. sus x s. de mt. de cens, ke geixent sus II maxons ke sieent a S. Clemant, ancoste lai maxon Richelat de Taixey, dont on redoit aier v s. et IIII d. et maille, k'il ait aquasteit a Waterin Tiehairt de S. Clemant, et a Bietrexate, sai suer, et a. c. l. e. an l'ai. l. dv.

532 Perrins Badoche p. b. sus I jornal de terre ke geist an Genestroit, ancoste lui meymes, k'il ait aquasteit a Alexandre, lou fil Rossin Dawin ki fut, et e. c. l. e. an l'ai. l. dv.

533 Thierias Buglelz p. b. sus une pesse de vigne ke geist an Balonvigne ou ban de Bouxieres desous Froimont, k'il ait aquasteit a Renadin, lou fil Esselin, permei teil droiture com li vigne doit, et e. c. l. e. an l'ai. l. dv.

534 Maistres Thieris ki fut officialz l'arcedyaicre Wathier p. b. sus les xxv s. de mt. de cens ke Arnoulz Callewins li furbeires li ait essis sus sai maxon, ke siet an Furneirue, k'il ait aquasteit a Arnoult desour dit, et e. c. l. e. an l'ai. l. dv.

---

[1]) Jehans li filz Steuenin lou *auf Rasur*, maior de S. Clemant *übergeschrieben. Der Platz der Rasur ist genau so gross, dass* Steuenins, li maires de S. Clemant *(529) dort gestanden haben könnte.*

535 a) Thiebaus Gerairs p. b. sus vIII s. de mt. de cens ke geixent sus lou gerdin a Maigney ancoste Poinsat Aingebert, apres xvIII d. de cens ke Thiebaus i ait, et sus une pesse de vigne ke geist a lai Fosse ou ban de Maigney, ancoste Jehan Fakenel, apres xII d. k'elle doit a S. Clemant, k'il ait aquasteit a Domange, lou freire Graisoie de Maigney, et e. c. l. e. an l'ai. l. dv.

b) Et se prant ancor bans sus xx s. de mt. de cens ke geixent sus une pesse ke vigne ke terre amont lou Terme a Maigney, ancoste Sezenate, et sus lou tiers des IIII jornalz de terre an Howignonchamp ke doit III mailles de cens, et sus lou jornal de terre an Benoir ancoste Yzambairt lou Bague ke doit I d. de cens, et sus lai maxon et sus lou resaige ki apant ke siet desous l'Orme a Flurey ancoste Faconvers, apres xII d. de cens, k'il ait aquasteit a Jaikemin Gonay de Maigney, et e. c. l. e. an l'ai. l. dv.

536 Thiebaus Gerairs p. b. sus une pesse de terre ke geist an Besselinchamp ou ban de Maigney, ancoste S. Clemant, an alluet, et sus les xxx s. de mt. de premier cens ke geixent sus lai maxon Roillon, lou fil Berrel de Maigney, et sus lou meis daier et sus tout lou resaige ki apant, ke siet a Maigney, ancoste Heilewate, sai cerorge, et sus IIII jornalz de terre an lai Queire sus Bowillon, ancoste lai terre S. Piere, et sus II jornal ke vigne ke terre ke geixent en l'Alluet arreis S. Clemant ou ban de Maignei, k'il ait aquasteit a Roillon desor dit, et e. c. l. e. an l'ai. l. dv.[1])

537 Thiebaus Gerairs p. b. sus xxxII s. de mt. de cens ke geixent sus III jornalz et demei de terre deilai Laiveires an Houdreitchamp, an II pesses, apres II s. de cens k'elle doient, et sus lou demei jor de vigne ke geist ou Terme ancoste Nenmerit Saicat apres xx d. de cens k'il doit, et sus demei jornal de vigne ou Terme arreis Maron, et sus lai pesse de terre ou Terme arreis Thiebaut meymes, et apres III d. de cens ke li demei jornal de vigne et li pesse de terre[2]) ke geixent ou Terme doient, k'il ait aquasteit a Lowiat Gregelin de Maigney, et a. c. l. e. an l'ai. l. dv.

538 a) Thiebaus Gerairs p. b. sus xvI s. de mt. de cens ke geixent sus lou demei jornal de vigne sus Laiveire[3]) ancoste Pierat

---

[1]) et ensi *bis* deviset *auf Rasur.*
[2]) et li pesse de terre *auf Rasur.*
[3]) *Vor* Laiveire *ist* lai *durchgestrichen.*

Aingebert, apres xviii d. de cens, et sus lou jornal de vigne an Besselinchamp ancoste Thiebaut meymes, apres xii d. de cens, et sus lou demei jornal de vigne en Mallemairs arreis Lowiat Gregelin, apres vi d. et maille de cens, et sus lai maxon et sus lou meis daier et sus ceu ki apant ke siet a Maigney ancoste Jehan, apres xv d. de cens k'elle doit, k'il ait aquasteit a Pierel Remiat de Maigney, et e. c. l. e. an l'ai. l. dv.

b) Et se prant ancor bans sus ii s. et demei et sus ii chapons paiavles¹) de cens ke geixent sus demei jornal de vigne an Thiebertcommune, ancoste Jennat Brucelet, apres ii s. et demei de cens k'il doit a Hanriat de Champelz, k'il ait aquasteit a Roillon Badewenel²) de Maigney, et e. c. l. e. an l'ai. l. dv.

539 a) Thiebaus Gerairs p. b. sus xvi s. de mt. de cens ke geixent sus lai grainge et sus ceu ki apant ke siet a Maigney ancoste l'osteit Xaigal lou Gros, apres xviii d. de cens k'elle doit, et sus lou demei jornal an Thiebertcommune, apres iii d. de cens k'il doit, et sus lai pesse de vigne an lai Fose an coste Morel, apres viiii d. de cens, k'il ait aquasteit a Colignon Adan de Maigney, et e. c. l. e. an l'ai. l. dv.

b) Et se prant ancor bans sus lai pesse de vigne ke geist ou Terme a Maigney ancoste lui meymes, k'il ait aquasteit a Lorin Xadeit de Maignei, et e. c. l. e. an l'ai. l. dv.

540 Thiebaus Gerairs p. b. sus teil pertie con Jaikemins, li filz Colin Gonai de Maigney, ait en lai pesse de terre ke geist ou ban de Maignei en Hawillonchamp, ou en contet iiii jornalz, et sus lou jornal de terre an Tornelles ancoste Yzambairt Berreit, k'il ait aquasteit a Jaikemin desour dit, permei iii mailles de cens ke li pesse de terre an Houwillonchamp doit, et li atre an alluet, et e. c. l. e. an l'ai. l. dv.

541 Thiebaus Gerairs p. b. sus xvi s. de mt. de cens ke geixent sus lai pesse de vigne ou Terme a Maigney ancoste Lowiat Gregelin, apres iii s. de cens k'elle doit, et sus lai pesse de vigne an Thiebertcommune ancoste lou sallereir, apres ii s. et demei de cens k'elle doit, et sus lai maixiere ke siet a Maigney ancoste l'osteit lou maior, apres iii d. et maille k'elle doit, k'il ait aquasteit a Maitheu, lou freire Ruecelin Boukel de Maignei, et e. c. l. e. an l'ai. l. dv.

---

¹) et sus ii *auf Rasur, vor* paiavles *ist* paules *durchgestrichen.*
²) *Vor* Badewenel *ist* Badedewe *durchgestrichen.*

542 a) Thiebaus Gerairs p. b. sus xxxii s. de mt. de cens ke geixent sus i jornal de vigne an Mallemairs, ancoste Jehan Roillon, apres xxv d. de cens k'il doit, et sus iiii jornalz de terre an iii pesses ke geixent ou ban de Maigney, apres xiii d. de cens ke fut Fransois lou corier [k'il] doit, k'il ait aquasteit a Andrewat Sallemon lou boulangier, et e. c. l. e. an l'ai. l. dv.

b) Et se prant ancor bans sus xxxii s. de mt. de premier cens ke geixent sus iii jornalz de terre an Beuoir, arreis Ruecelin, et sus i jornal de terre an Beuoir, ancoste Andrewat Sallemon, et sus ii jornalz de terre sus lou weit a Maigney, ancoste Hanriat de Champelz, et sus les ii pesses de terre ou on contet ii jornalz ke geixent sus Chainoit, et sus jor et demei de terre an Hondreitchamp, ancoste Andrewat Sallemon, k'il ait aquasteit a Jennin Xaiving de Maigney, et e. c. l. e. an l'ai. l. dv.

543 Pierexelz Lohiers p. b. sus teil pertie com Colignons de Chaistelz, li mairis Merguerate, avoit en lai pesse de terre ke fut Jehan Nockat de S. Clemant, k'il ait aquasteit a Colignon desour dit, permei vii d. et maille de cens, et e. c. l. e. en l'ai. l. dv.

544 Jennins, li filz Domangin de Pertes, p. b. sus lai pesse de vigne ke geist ou Terme ou ban de Maignei an coste Colin Xadeit, qu'il ait aquasteit a Domange, lou freire Graisoie de Maignei, permei xxi d. de cens, et e. c. l. e. en l'ai. l. dv.

545 Jaikemins, li filz Howignon l'aman ki fut, p. b. sus les xvi s. de mt. de cens ke geixent sus lai maxon ke fut Jaikemin Gontier, et sus les v s. et v angevines de cens ke geixent sus lai vigne Hawit dou Preit de Pertes, et sus les xii d. de cens ke Steuenins li boulangiers de Valz doit, et sus les x d. de cens ke Jennas de Valz doit, k'il ait aquasteit a Anel et a Clemansate et a Colignon, les iii enfans Colignon Brixepain ki fut, et a. c. l. e. an l'ai. l. dv.

546 Jaikemins, li filz Howignon l'aman ki fut, et Suffiate Sauegrain p b. sus lai pesse de vigne ke geist ou ban de Crepei ke Jennas li Glatous de Pertes lor ait delivreit an plait, por iii estaies trespassees, chescune de v s. et v angevines de cens, et por les aidras, et dont il sont tenant.

547 Garcirias Ruese et Beliairs, sai femme, p. b. sus lai maxon et sus tout ceu ki apant ke siet davant les freires Menors, ke li ..abbes Hanris de Hatesalne et li covans ont laieit [1]) a Gar-

---

[1]) ont laieit *übergeschrieben.*

ciriat et a Beliairt desor nommeit, a plux vickant de Guerciriat et de Beliairt, sai femme, desour dit, permei lx et x s. de mt. k'il an doient chesc'an a l'abbeit et a covant desour dit, et e. c. l. e. et les lettres ke geixent an l'ai. l. devisent.

548 Gillas Blanchairs p. b. sus lai maxon et sus lai court davant et sus lou meis daier et sus can ki apant ke siet a Quensey, et sus demei jornal de vigne ke geist ancoste Aileit, lai fille Collate d'Oxey ki fut, et sus lou querteron de vigne ancoste Maltampreit ou ban de Quensey, k'il ait aquasteit en alluet a Yderon, lai femme Godefrin Xourat de Quense, et e. c. l. e. an l'ai. l. d.

549 Vguignons, li xavins de Mairuelles, p. b. sus lai pesse de terre ke geist an Grainxievalz, an coste lai terre Lambelin Trauaille, et sus lai pesse de terre et sus la moitiet dou paireir ke geist an Jeurue, k'il ait aquasteit a Margueron, lai femme Domangin Guillerin de Vesons ki fut, permei i steir de vin et ii d. et maille de cens, et e. com l. e. an l'ai l. dv.

550 Thierias Bouchas p. b. sus les viii s. de mt. de cens k'il meymes dovoit sus son jornal de vigne ke geist en lai Corte Roie, ancoste lai vigne Vguenel de Sairlei, k'il ait anchaingiet a confreires de lai frairie S. Mamin, et e. c. l. e. an l'ai. l. dv.

551 Li sires Jehans, li prestres de S. Martin en Curtis, p. b. por l'aiglixe desour dite sus les v s. et demei de mt. de cens ke furent signor Jehan d'Airs, chanone de S. Thiebaut ki fut, ke geixent sus lai maxon Humbert et sus ceu ki apant, ke siet davant S. Martin, k'il ait aquasteit a mainbours signor Jehan d'Airs desour dit, et e. con l. e. an l'ai. l. dv.

552 a) Li sires Philippes li Gornais p. b. sus la moitiet dou preit ke geist daier lou molin d'Alenmont, ke partet a lui meymes, k'il ait aquasteit en alluet a Wiriat lou cherreton d'Alenmont, et e. c. l. e. an l'ai. l. dv.
b) Et se prant ancor bans sus une maxon ke siet a Alenmont et sus lou resaige ki apant davant et daier, k'il ait aquasteit en alluet a Wairin Maisue d'Alenmont, et e. c. l. e. an l'ai. l. dv.

553 Goudefrins Gairuaiche, ke maint en Sanerie, p. b. sus lai vote ke siet en Sanerie ancoste lai vote Sebeliate lai Vadoise, k'il ait aquasteit a signor Thiebaut Petitvacke, chanone de S. Thiebaut, permei xxvi s. de cens, et e. con l. e. an l'ai. l. dv.

554 Sebeliate li Vadoize de Sanerie et Merguerate et Aileit, ces ii serors, p. b. sus lai vote ke siet ancoste Sebeliate desour dite,

k'elles ont aquasteit a signor Thiebaut Petitvacke, chanone de
S. Thiebaut, permei xxv s. de mt. de cens, et e. c. l. e. an l'ai. l. dv.
555 Ferrias Chielairon p. b. sus la moitiet dou chakeur et sus la
moitiet dou four ke siet a Merdenei, et sus la moitiet de lai
chaineveire et de tout ceu ki apant ke partet a Mercilion de
Merdeney, et sus ıı jornalz de terre ke geixent an Louves, k'il
ait aquasteit a Pierel, l'eschaving de Merdenei, permei teil cens
et teil droiture com tous cist heritaiges doit, et e. c. l. e. an
l'ai. l. dv.
556 Gererdins Chacei li bouchiers p. b. sus ı stal de bouchiers ke
siet a Quertal ancoste lui meymes, k'il ait aquasteit a Gererdin
lou Gornexat, permei teil cens com li stalz doit, et e. com l.
e. an l'ai. l. dv.
557 Gerairs, li filz Merguerate lai prinsiere de Frontigney, p. b.
sus lai pesse de terre arreure ke geist an Greives an lai fin
de Frontigney, ke muet de Nowilley, k'il ait aquasteit a Coli-
gnon, lou fil Jennin Gusure de Maiselles, permei ı d. de cens
c'on en doit a maior de Nowilley, et permey ııı d. d'anniver-
saire c'on en doit a l'aiglixe de S. Mamin, et e. con l. e. an
l'ai. l. dv.
558 Colignons, li filz Jennin Petitvacke ki fut, p. b. sus lai maxon
et sus tout lou resaige ki apant ke siet a Porsaillis ke fut
Jennat Eurairt, k'il ait aquasteit a Watrin Bigode et a Bie-
trexate, sai femme, permei ııı lb. de mt. de cens, et e. c. l. e.
an l'ai. l. dv.

559* Ce sont li bans dou vintime jour de noiel. En la marie d'Outre
Muselle:
559 Li sires Jehans, li prestes de Longeawe, prant bans sus les
ııı s. de mt. de cens ke Perrins, li fils Liedriat, doit sus v
pieces ke vigne ke terre, s'an geist une piece de vigne en Cor-
roi, et une piece en Partes ou ban de Siey, et ı jornals en
Allevals, et ı jors de terre en Mochamp, et ı jornalz ou Trait
en Longaingnes, k'il ait aquasteit a Rainnier lou portier por
la frarie S. Jake de Chastelz, et e. c. l. e. en l'a. lo d.
560 Poinsins li berbiers de Juxey p. b. sus une piece de vigne ke
geist ancoste lui meimes daier sa maison a Juxei, k'il ait
aquasteit a Domangin, son serorge, permei ı sestier de vin
de cens, et e. c. l. e. en l'a. l. d.
561 Formeis, li fils Howin lou corvexier de S. Martin, p. b. sus

une piece de vigne ke geist en Sadonvigne ou ban de S. Martin, k'il ait aquasteit a Lowiat Bacheleir de S. Martin, permei II s. de mt. de cens, et e. c. l. e. en l'a. l. d.

562 Jehans li Louais d'Ars p. b. sus IIII s. de mt. de premier cens k'il ait aquasteit a maistre Gerart lou cherpentier de Gorze, sus ces II maisons et sus can ki apant ke sieent en la Nueve rue, et e. c. l. e. en l'a. l. d.

563 Steuenins, li janres Roubelat dou Mont d'Ars, p. b. sus une piece de vigne ke geist deleis les pilleirs as Roches en la fin d'Ars, k'il ait aquasteit a Simonin, lou fil l'Espaignois d'Ansey, en aluet, et e. c. l. e. en l'a. l. d.

564 Steuenins, li fis Jennat lou prevost d'Ars, p. b. sus la mason et sus lou meis daier et sus can ki apant ke siet en la rue lou Uoweit ke fut mastre Wesse lou fusezien, k'il ait aquasteit a Clemant, lou serorge Odin l'espicier, lou mainbor mastre Wesse, permei teil cens com elle doit, et e. c. l. e. l. d.

565 Colins, li fis Jennat lou prevost d'Ars, p. b. sus la moitiet de la maison ke fut Jennat Pichon d'Ars et sus lou meis daier et sus can ki apant, ke siet a Ars, k'il ait aquasteit a Simonat, lou fil Jennat Pichon, et e. c. l. e. en l'a. l. d.

566 Li princiers, li doiens et li chapitres de Nostre Dame de Verdun p. b. sus une charree de vin a mostage de premier cens, k'il ont aquasteit a Drowin d'Ars, lou fil Gerart de Rowe, et a Clemansate, sa femme, sus VI jornals de vigne k'il ont ou ban d'Ars, et e. c. l. e. lo d.

567 Gerardins Berniers p. b. sus demei jornal de terre ke geist en Preires, ancoste lui meimes, k'il ait aquasteit a Abertin de Rouzerueles, lou janre Jennin lou grehier, permei XV d. de cens, et e. c. l. e. en l'a. l. d.

568 Jennas Howas de Noweroit p. b. sus tout l'eritage ke Eudate dou Mont de Noweroit ait, en toz ùs, ou k'i[l] soit, k'il ait en waige, per escrit en arche, et dont il est tenans.

569 Et ce p. b. ancor sus une piece de terre ke geist a Milloncort, ou an contet II jornals ou plux, ou ban de Maixieres, k'il ait aquasteit a Marguerite et a Jehan, les enfans Jaikemin de Maixieres, en alluet, et e. c. l. e. en l'a. l. d.

570 Jennins Steuolz de Gorze p. b. sus une maison et sus can ki apant ke siet a Gorze, en la rue a Belleawe, k'il ait aquasteit a Gerardin la Masange de Nonviant, permei teils chateils com il en doit, et e. c. l. e. en l'a. l. d.

571 Renadins de Wionville, li fis Paichat, p. b. sus tout l'eritage ke Jaikemate, li fille Colin lou wastelier, ait ou ban de Wionville et de Flavignei, k'il ait a lei aquasteit, permei teil cens et teil droiture com il doit, et e. c. l. e. en l'a. l. d.

572 Burtemins, li janres Jennin Jacob, p. b. sus demei meu de vin a mostaige chac'an, k'il ait aquasteit a Escelin de Vignueles et a Jennin, son fillastre, sus I jornal de vigne k'il ont a Gros Planteit ancoste lou Murlait, et e. c. l. e. en l'a. l. d.

573 Et ce p. b. ancor sus II s. de mt. de cens k'il ait aquasteit a Escelin de Vignueles, sus sa maison ke siet a Vignueles ou il maint, et e. c l. e. en l'a. l. d.

574 Roillins Aillas li clers p. b. sus une maison et sus tout ceu ki apant ke siet ou marchiet a Gorze, k'il ait aquasteit a Escelin, lou fil Howart d'Arnaville, permei I lavour k'elle doit a l'eglise de Gorze lou grant juedi davant paikes chac'an, et e. com l. e. en l'a. l. div.

575 Benoitins, li fis Abertel de Wapei, p. b. sus une piece de preit ke geist en Alartpreit ou ban de Lorey, et sus ceu ke Ydate, li femme Jennat Alart de Lorei, ait ou jardin en l'Anoy, permei IIII d. de droiture, et sus teil partie com Alars de Lorey ait ou preit ke geist en Alartpreit ou ban de Lorey, en alluet, k'il ait a ous aquasteit, et e. c. l. escrit en l'a. l. dient.

576 Jehans, li fis Poinsignon lou preste Graicecher, p. b. sus la maison et sus lou meis et sus la court davant et can ki apant ke siet a S. Marcel, antre l'osteil Ailixate la Claite et Jennin Awedeux, k'il ait aquasteit a Gerardin, lou fil Henmignon de S. Marcel, permei une pinte d'oile chac'an, et e. c. l. e. en l'a. l. div.

577 Et ce p. b. ancor sus une piece de terre et sus lou preit ki apant ke geist en Lanbertvalz, antre Richart et Abertat d'Eurecort, k'il ait aquasteit a Bertran lou Vieil chien, lou fil Hawit d'Aspremont, et a Hawiate, sa seure, en aluet, et e. c. l. e. en l'a. l. d.

578 Willames li bollengiers, li fillastres Jennat Poxerainne, p. b. sus une maison et sus ceu ki apant ke siet en Anglemur, ancoste Colignon Lieborjon, ke Mariate, li fille Alexandre lou bollengier, li ait laiet, permei XX s. de mt. de cens k'elle doit a sous d'Orualz et VI d. de cens a S. Hylaire a Xauleur et VIIII s. et demei de mt. de cens a Mariate desor dite, et e. c. l. e. en l'a. d.

579 Jaikemins Praielz de Rixonville p. b. sus une piece de terre ke geist a Chaminat, ancoste lui meimes, et sus une piece de terre a Xillon, et sus demei jornal en Angonmeis ou ban de Rixonville, k'il ait aquasteit a Wibour, la femme Lanbert de Rixonville, permei teil droiture com toz cist eritages doit, et e. c. l. e. en l'a. l. d.

580 Et ce p. b. ancor sus ı jornal de terre ke geist en Angonmeis, et sus ı jornal en la voie de S. Marcel, k'il ait aquasteit a Gerart, lou fil Richart lou Gossut de Rixonville, permei ıııı d. de chateis, et e. c. l. e. en l'a. l. d.

581 Et ce p. b. ancor Jakemins desor dis sus demei jornal de terre ke geist en Angonmeis, ancoste lui meimes, k'il ait aquasteit a Poinsat, lou nevout l'arcediacre Abrit, permei ı d. de chateis, et e. c. l. e. en l'a. l. d.

582 Jennas Fezels d'Ars p. b. sus ıı pieces de terre ou an contet ı jornal, ke geisent as Roches en la fin d'Ars, k'il ait aquasteit a Abertin, lou fil Barbe d'Ars, et e. c. l. e. en l'a. l. d.

583 Et ce p. b. ancor sus demei jornal de terre ke geist en Witenowe, ancoste les signors d'Orualz, k'il ait aquasteit a Ysabel, la fillaistre Gerardat Malclarc d'Ars, et e. c. l. e. en l'a. l. d.

584 Perrins Liedrias de Chastels p. b. sus une maison ke siet a Chastels et sus lou meis ancoste et sus can ki apant, k'il ait aquasteit a Tieriat, lou fil Piereson lou Peule de Chastels, permei ıı s de mt. de cens, et e. c. l. e. en l'a. l. d.

585 Androwas, li fils Howignon lou Poscant de Lescei, p. b. sus une piece de vigne ke geist ou Dulixe a Lescey, ou ban Renadin Gervaixe, k'il ait aquasteit a Gerardat, lou fil Colate de Lescey, permei teil cens com elle doit, et e. c. l. e. l. d.

586 Symonins, li fis Jennat Trestel, p. b. sus une maison et sus can ki apant ke siet a Howauille, antre les ıı fontainnes, k'il ait eschengiet a Abertin Marchant de Howauille, et e. c. l. e. en l'a. l. d.

587 Drowins d'Ars, li janres Jennat Fakenel, p. b. sus ı jornal de vigne ke geist en Aienchamp, sus la fontainne, ke fut Jennat Chaneviere d'Ars, por son trefons, permei teil cens com il doit, et dont il est tenans.

588 Jennins Cowions de Ste Rafine p. b. sus une piece de vigne ke geist en Chermel, ancoste lui meimes, k'il ait aquasteit a Jehan Berlo de Ste Rafine, permei ıııı d. d'anniversare, et permei teil droiture com elle doit a ban, et e. c. l. e. en l'a. l. d.

589 Colins Bruillars de Lorey p. b. sus une piece de terre ou an contet ii jornals, ke geist sus Gremapreit, k'il ait aquasteit a Forkignon dou Ruxel de Wapey, permei xviii d. de cens, ke li uns doit, et l'atre en aluet, et e. c. l. e. en l'a. l. d.

590 Et ce p. b. ancor sus demei jornal de vigne et sus lou preit ensom ke geisent a Chene otre Muselle, k'il ait aquasteit a Sefiate, sa suer, permei xviii d. d'assize et lou cinkime de iii angevines de cens, et e. c. l. e. en l'a. l. d.

591 Katerine, li femme Herman lou clarc de S. Geure, p. b. sus iiii s. de mt. de cens ke geisent sus la maison ke fut Garsat lou masson et sus ceu ki apant, ke siet en la rue S. Vy, k'il ait aquasteit a Werion lou bollengier, lou fil Clemant d'Ansey, apres xiii s. et demei de mt. de cens k'elle doit davanterienne-mant, et e. c. l. e. en l'a. l. d.

592 Jennas, li fils Richardin Chanpion de S. Martin, et Lowias et Jaikemins, sui dui frere, et Guebor, lor suer, p. b. sus une piece de vigne ke geist en Mons, ancoste Nainmerit, k'il ait aquasteit a Abillate, la femme Renadin Bouchart, permei vi d. d'amone a l'amonier de S. Martin et une maille a maior, et e. c. l. e. en l'a. l. d.

593 Liedrias Marrois de Chastels p. b. sus tout l'eritage ke fut Jennat Steuelat, ke geist ou ban de Chastels et aillors, ke li est delivreis en plait, por tant com il ait a fare a lui, per escris en arche, et dont Liedrias est tenans.

594 Colignons li clers de Chastels p. b. sus une maison ke siet a Chastels et sus ceu ki apant davant et daier, et sus lou meis ensom et sus la vigne a chief dou meis davant, k'il ait aqua-steit a Rainbat lou masson de Lescey,[1]) permei ii sestieres de vin en l'axe de cens et iii mailles, et e. c. l. e. l. d.

595 Li sires Jehans, li prestes de Juxei, p. b. sus une piece de vigne ke geist a Mesnit, ancoste Baduyn, lou fil Leucart de Juxei, et sus la piece de vigne a la Fortterre, k'il ait aquasteit a Drowat, lou fillastre Romon de Juxey, permei i meu de vin et iii poujoizes de cens et xii d. de cens, et e. c. l. e. en l'a. l. d.

596 Herbillons, li fils Burtemate de Chastels, p. b. sus ii pieces de vigne ke geisent a Chastels ou ban S. Sauour, et sus lou jar-denat en la Hastelle, et sus la maixiere et sus lou meis ke geist lonc Chardat Heilout ou ban desor dit, k'il ait aquasteit

---

¹) Lescey *auf Rasur*.

a Drowat, lou fil Warin lou poxor de Chambieres, permei teil cens et teil droiture com cist eritages doit, et e. c. l. e. en l'a. l. d.

597 Et ce p. b. ancor sus xviii d. de cens ke Willames Botars de Chastels doit sus sa foureire, ke siet eu Trols de Chastels, k'il ait aquasteit a Anel, la femme Thiebat Lanprest, et e. c. l. e. en l'a. l. d.

598 Et ce p. b. ancor Herbillons desor dis sus iiii jornals de terre ke geisent ou ban de Labrie, en pluxors leus, k'il ait aquasteit a Steuenin lou mercier de Laibrie, permei teil cens et teil droiture com li terre doit, et e. c. l. e. en l'a. lo d.

599 Li sires Jaikes c'on dist d'Onville, li prestes, p. b. sus tout l'eritage ke Jaikemins, li fis Richardin de Chans, ait, en toz us, k'il ait a lui aquasteit, permei teil cens et teil droiture com il doit, et k'i[l] li ait relaiet por vi quartes de fromant chac'an, et e. c. l. e. en l'a. lo d.

600 Li sires Martins, li prestes d'Eurecort, p. b. sus une piece de terre ke geist en Alartchanp ou ban d'Eurecort, k'il ait aquasteit a Steuenat, lou fil Poinsin de Doncort, en aluet, et e. c. l. e. en l'a. l. d.

601 Colignons li clers, li fis Cunin d'Onville, p. b. sus iii hommees de vigne ke geisent ens Allues ou ban d'Onville, en ii pieces, ancoste lui meimes, k'il ait aquasteit a Poinsate, la femme Jehan Rondat, permei teil cens et teil droiture com elles doient, et e. c. l. e. en l'a. l. d.

602 Thiebas Petismaheus p. b. sus iii s. de mt. de cens k'il ait aquasteit a Colignon, lou fil Gerardat lou Bague de S. Vincent-rue, sus sa vigne ke geist en Poulexieu, et e. c. l. e. en l'a. l. d.

603 Thiebas Petismaheus p. b. por les Cordelieres dou convent de Mes sus xl s. de mt. de cens, s'an geist xxvii s. de mt. sus la maison et sus ceu ki apant ou li fours est a la Hardie Piere, apres viii s. de cens k'elle doit davant a Nostre Dame la Ronde, et s'an geist xiii s. de mt. sus la maison ancoste, apres iii d. et i chapon de cens k'elle doit a S. Pou et ii s. d'anniversare, k'il ait aquasteit a Colin Cotelle lou bollengier, et e. c. l. e. en l'a. l. d.

604 Et ce p. b. ancor por les Cordelieres desor dites sus une piece de terre ou an contet ii jornals, ke geist a la Grainge as Dames, ancoste elles meimes, k'il ait aquasteit a Pierexel, lou fil Waterin Grozelle, en alluet, et e. c. l. e. en l'a. l. d.

605 Anels, li femme Abertin Kaienat, p. b. sus ɪ jornal de vigne ke geist en Chanp ou ban de Siey, ke Abertins desor dis ait aquasteit a Jennat l'Apostole de Siey, permei 1 meu de vin de cens c'on doit a S. Eivre, et e. c. l. e. en l'a. l. d.

606 Jehans, li avelais Hawit de Vals, p. b. sus ɪɪ pieces de vigne ke geisent ou ban S. Simforien en Vals, k'il ait aquasteit a Simonin Baxowate de Valz, permei ɪɪɪɪ sestieres de vin et une quarte et ɪɪɪɪ d. de cens, et e. c. l. e. en l'a. l. d.

607 Petres li muniers et Ydate, sa femme, p. b. sus une maison et sus ceu ki apant ke siet otre Muselle daier S. Jehan, k'il ont aquasteit a Jennate, la fille Colin Kairin, permei vɪɪɪ s. de mt. et une maille de cens, et e. c. l. e. en l'a. l. d.

608 [1]) Tierias, li fils Jennin Chopart d'Ansey, p. b. sus la piece de vigne ou Broil a Ansey, et sus la piece de vigne en Auarchanp, k'il ait aquasteit a Poinsignon Baillat d'Ansey, permei teil cens et teils chateis com elles doient, et e. c. l. e. en l'a. l. d.

609 Jehans Macors de Chastels p. b. sus ɪɪɪ jornals de terre en ɪɪɪ pieces et sus ceu ki apant ke geisent ou ban Ste Marie a Haboinville, k'il ait aquasteit a Euriat Ballerie, permei teil cens et teil droiture com il doient, et e. c. l. e. en l'a. l. d.

610 Rainniers, li fils Clemansin d'Aibeiville, p. b. sus une maison et sus ceu ki apant ke siet a S. Martin, ancoste Parixate, k'il ait aquasteit a Abillate, la fille Gerart lou doien de S. Martin, permei vɪɪ s. et ɪɪɪ d. de cens, et e. c. l. e. en l'a. lo d.

611 Jennins li Ruillais de Longeuille p. b. sus une piece de vigne ou an contet demei jornal, ke geist a Termel, ki est tier meu les dames de S. Piere a nonains, k'il ait aquasteit a Mariate, la femme Gerardin lou Borgancel, et e. c. l. e. en l'a. l. d.

612 Perrins, li mares de S. Marcel, et Adelins, li fis Fraillart de Moncels, p. b. sus tout l'eritage Jennat, lou fil Abertin de Moncels, pertout ou k'i[l] soit, k'il ont a lui aquasteit, et e. c. l. e. en l'a. l. d.

613 Jaikemins Prouancels de Chastels p. b. sus la maison et sus les meizes et sus can ki apant ke sieent a Chastels ancoste lui meimes, k'il ait aquasteit a Colignon, a Jakemin, a Jehan et a Howin, les enfans Margueron de Nonviant, permei une tierce de vin de cens, et e. c. l. e. en l'a. l. d.

614 Pieresons Gigans de Chastels p. b. sus vɪ pieces de terre ke geisent ou ban de Chastels, en pluxors leus, k'il ait aquasteit

---

[1]) *Durchgestrichen.*

a Lowiat et a Jennerel, les enfans Drowin de la Chenal, en alluet, et e. c. l. e. en l'a. l. d.

615 Howins, li fis Ysanbart de Maleroit, p. b. sus III jornals de terre ke geisent ancoste la Pesture S. Badeire ou ban d'Escey, k'il ait aquasteit a Ailixate, la femme Tieriat Joute ke fut, et e. c. l. e. en l'a. l. d.

616 Jaikemins, li fils Jennate de Lorey, p. b. sus une piece de vigne ou an contet demei jornal, ke geist en Peires, ancoste Fakignon, lou fil Gobert, k'il ait aquasteit a Rollan, lou fil Tieriat lou corvezier, permei demei meu de vin de cens et XII d. d'amone, et e. c. l. e. en l'a. l. d.

617 Jennas Semetone d'Ansey p. b. sus V hommees de vigne ke geisent en Erbier en II pieces ou ban d'Ansey, k'il ait aquasteit a Escelin, lou fil Jehan de la Chaminee d'Ansey, permei III quartes de vin de tresans, et e. c. l. e. en l'a. l. d.

618 Warins, li fils Cunin d'Onville, p. b. sus I cellier ke siet an l'aitre a Onville, ancoste lou cellier Cunin desor dit, k'il ait aquasteit a Colat, lou fil Ailixate de Charei, permei I d. de cens, et e. c. l. e. en l'a. l. d.

619 Et ce p. b. ancor sus lou quart dou cellier ke fut signor Cunon d'Onville, ke siet en l'aitre d'Onville, ou Cunins d'Onville ait lou quart, k'il ait aquasteit a Warin, lou fil Gerardin lou Gros, permei teil cens et teil droiture com il doit, et e. c. l. e. en l'a. l. d.

620 Colignons Drowas p. b. sus demei meu de vin a moustaige chac'an, k'il ait aquasteit a Gerardin Bunee, lou janre Lanbillon de Juxey, a la vie Mateu et Wiberate, les enfans Colignon desor dit, sus sa vigne en Velleire, et sus sa vigne a Jardin, et sus sa vigne en Sauelon, et sus sa vigne en Aperchanp, et sus sa maison a Juxei, et sus can k'il ait d'eritage, en toz us, et e. c. l. e. en l'a. l. d.

621 Li sires Jehans, li prestes de S. Jorge, p. b. por lui et por ces conpaignons sus la maison Adenat lou menestreir, ke siet en Chanbieres, ke li est delivree per droit et per jugemant por III estaies trespassees, chacune de IIII s. et demei de mt., et por les adras, et dont li sires Jehans desor dis est tenans.

622 Colignons, li fils Goudefroit de Heu ke fut, p. b. sus une piece de terre ou an contet XI jornals, ke geist en Abertchanp ou ban de Wapey, k'il ait aquasteit a Perrin Belamin, son serorge, en aluet, et e. c. l. e. en l'a. l. d.

623 Poinsas, li niez l'arcediacre Abrit, p. b. sus une piece de terre ou an contet ɪ jornal, ke geist en la Maixeruele, k'il ait aquasteit a Cunin, lou janre Poinsat de Rixonville, permei ɪ d. de cens a la court de Flavignei, et e. c. l. e. en l'a. l. d.

624 Jehans, li fils Rolat[1]) de Molins, p. b. sus une maison ke siet ou bourc S. Arnolt, sus lou tour de la rowelle S. Simforien, k'il ait aquasteit a Hawit, la fille Lowiat Karital, permei xɪɪɪ s. de mt. de cens, et e. c. l. e. en l'a. l. d.

625 Colins d'Abigney de S. Martin p. b. sus ɪ jornal de terre ke geist ou ban c'on dist signor Wichart, permei vɪ d. d'amone,[2]) et sus demei jornal en la rowelle daier S. Martin, permei ɪɪɪɪ d. d'amone, k'il ait aquasteit a Matiat de S. Martin, et e. c. l. e. en l'a. l. d.

626 Poinsignons Fakenels p. b. sus l'eutime de tout l'eritage ki est venus conxeuwant a Jofroit, lou fil Guibert de Gorze, de part son peire, ke geist en toz les bans d'Ansey et de Dornant, et sus tout l'eritage k'il ait en bans desor dis, k'il ait a lui aquasteit, permei teil cens et teil droiture com il doit, et e. c. l. e. en l'a. l. d.

627 Li sires Simons li prestes de la rue lou Uoweit p. b. sus vɪɪɪ s. de mt. de cens ke Poinsignons, li fils Abriat de Turey, doit sus sa maison et sus can ki apant, ke siet daier S. Madart, k'il ait aquasteit a Ysabel, la femme Colin Grozel ke fut, apres vɪ d. et ɪ chapon de premier cens ke li maisons desor dite doit, et e. c. l. e. en l'a. l. div.

628 Colignons Marcerions li clers p. b. sus une maison et sus can ki apant ke siet antre les ɪɪ maisons Houdebran lou feivre, davant l'osteil Cunin d'Onville, k'il ait aquasteit a signor Jehan lou preste c'on dist lou Roi de Galles, permei xxɪɪ s. et ɪɪ d. de mt. de cens, et e. c. l. e. en l'a. l. d.

629 Marguerite, li fille Collignon Barroit lou drapier, p. b. sus v s. de mt. de cens chac'an k'elle ait aquasteit a Jennin lou Porcelat de Siey, sus sa maison a Siey et sus la vigne daier et sus can ki apant ke siet ou ban l'Eveke a Siey, apres ɪɪɪ s. de cens ke cist eritages doit davanteriennemant, et sus sa piece de vigne ou an contet demei jornal en Planteis, apres ɪɪɪɪ sestieres de vin de cens k'elle doit, et e. c. l. e. en l'a. l. d.

---

[1]) *Vor* Rolat *sind zwei Buchstaben ausgekratzt.*

[2]) *Vor* d'amone *ist* de cens *durchgestrichen.*

630 Tierias, li baillis dou Val, p. b. sus une piece de preit ke geist daier Warnainville, desoz Bourainboix, k'il ait aquasteit a Willame Gillebert de Chastels, en aluet, et e. c. l. e. en l'a. l. d.

631 Xandrins Galdewalle p. b. por son trefons[1]) sus tout l'eritaige ke fut Lowiat Paillat de Nonuiant, ke li est delivreis per droit et per jugemant, por 11 estaies trespassees ke li sont demorees a paier, chacune de L s. de mt., et por les adras et por les poinnes, et dont Xandrins est tenans.

632 Jehans Abrions p. b. sus une piece de terre ou an contet 11 jornals, ke geist en Richartchanp, k'il ait aquasteit a Colignon, lou fil Clariet Domate, permei teil demme com elle doit, et e. c. l. e. en l'a. l. d.

633 Gerardins, li fis Waterin de Noweroit, p. b. sus une quarte de fromant de cens, k'il ait aquasteit a Pantecoste, la femme Chardat de S. Priveit, et a Jennat, son fil, sus lor maison ke siet a S. Priveit et sus lou meis ancoste et sus ceu ki apant, et sus lou jornal a Renaville, et sus lor piece de terre an Matonville, et e. c. l. e. en l'a. l. d.

634 Et ce p. b. ancor sus la piece de preit et de terre ke geist ancoste lou joncrit et la terre les enfans Ferriat Jeuwet ou ban de Fremeicort, et sus lou jornal de terre en Rowalcholz ou ban de Noweroit, k'il ait aquasteit a Mahillon, la fille Andreu de Feivres, et a Androwin, son fil, en alluet, et e. c. l. e. en l'a. l. div.

635 Et ce p. b. ancor li dis Gerardins sus tout l'eritage ke Jennas Fraillas aquasteit a Jennat la Houpate de Noweroit ke geist ou ban de Bronvalz, k'il ait aquasteit a Jennat Fraillat, permei teil cens et teil droiture com il doit, et e. c. l. e. en l'a. l. d.

636 Jehans, li fils Ferriat Jeuwait, p. b. sus 1 jornal de terre ke geist ou Viez ruit ou ban de Maxieres, k'il ait aquasteit a Andreu Bache de Sueleuanges, en aluet, et e. c. l. e. en l'a. l. d.

637 Et ce p. b. ancor sus tout l'eritage ke Tielemans, li janres Vernat de Feivres, et Claresons, sa femme, ont en Hariclo[2]) ou ban de Fremeicort, et can k'il ont ens arbres et entre les haies de Hariclo et dou sorbey, k'il ait a ous aquasteit, en alluet, et e. c. l. e. en l'a. l. div.

638 Et ce p. b. ancor Jehans desor dis sus une grainge et sus lou meis daier et sus can ki apant ke siet en Poulexon, daier S.

---

[1]) por son trefous *übergeschrieben*.
[2]) clo *übergeschrieben*, chanp *durchgestrichen*.

Vincent, k'il ait aquasteit a Tierion lou Rocel lou cherpentier de Franconrue et a Hawelo, sa femme, permei xx s. de mt. de cens, et c'om puet racheteir, x s. de mt. de cens por viiii lb. de mt., et e. c. l. e. en l'a. l. div.

639 Thiebas Bertadons et Colins Ferrias et Jehans, li fis Ferriat Jeuwait, p. b. sus tout l'eritage ke Hanris et Colins et Jehans et Marions, li enfans Waterin Faikier de Rommebar, lor ont aquiteit, ke geist ou ban de Rommebar, en terres, en vignes, en meize, en grainges, en court et en tout ceu ki apant, et dont il sont tenant, et e. c. l. e. en l'a. l. div.

640 Colignons de la Court p. b. sus vii jornals de terre, dont il en geist iiii jornalz davant les Bordes, et iii jornals daier la Grainge as Dames, k'il ait aquasteit a Colignon, lou fil Willemin Clariet, en alluet, et e. c. l. e. en l'a. l. d.

641 Howignons li Bagues de Rouzerueles p. b. sus une maison et sus la maixiere encoste et sus cant ki apant ke siet a Rouzerueles, k'il ait aquasteit a Howenat lou Louf de Rozerueles, permei teil droiture com elles doient as signors, et e. c. l. e. en l'a. l. d.

642 Jofrois Beiars p. b. sus xx s. de mt. de cens k'il ait aquasteit a Jennat lou Prince d'Arnaville, sus tout l'eritage k'il ait ou ban d'Arnaville, et e. c. l. e. en l'a. l. d.

643 Burtemins, li mares de S. Martin, et Colignons, li maistres eschevins de S. Martin, p. b. sus une maison et sus ceu ki apant ke siet a S. Martin, et sus iii pieces de vigne ke geisent ou ban de S. Martin, en iii leus, k'il ont aquasteit a Gerardin Mapolat de S. Martin, permei teil cens com toz cist eritages doit, et e. c. l. e. en l'a. l. d.

644 Jennins Jacob d'Otre Moselle p. b. sus ii s. de mt. de cens k'il ait aquasteit a Steuenin, lou fil Poinsignon Belosse, sus sa maison ke siet en Rowes a Plapeville, et e. c. l. e. en l'a. l. d.

645 Jennins Jacob et Goubillons de Lorey et Matias, li fils Simonin de Lescey, p. b. sus tout l'eritage ke Simonins, li fils Willame de la Cort de Lorey, et Loransate, sa femme, ont ou ban de Lorey, keilz k'i[l] soit, k'il ont a ous aquasteit, permei teil cens et teil droiture com il doit, et e. c. l. e. en l'a. l. div.

646 Thiebas Bertadons p. b. por la chiese Deu dou Tanple sus tout l'eritage ke fut Mateu Pellebarte et Colate, sa femme, en maisons, en grainges, en chans, en vignes et en tot atre eritage ke Ysabelz, lor fille, [li] femme Ralat lou prevost de

Briey, lor ait doneit por Deu et en amone, et e. c. l. e. en l'a. l. div.

647 Et ce p. b. ancor por la chiese Deu dou Tanple desor dit sus les v s. de mt. de cens ke li chiese Deu desor dite dovoit a Anel, la fille Tieriat Rafalt ke fut, sus la maison Huweson Blanpain, ke siet en Furneirue, k'il ait aquasteit a Anel devant dite, et e. c. l. e. en l'a. l. div.

648 Thiebas Bertadons p. b. por la chiese Deu de Ste Creux davant Mes sus II s. et demei de mt. de cens k'il ait aquasteit a Sedenate, la femme Wenardin de Lorey, sus ces III masons a Lorei, apres teil cens com elles doient davant, et e. c. l. e. en l'a. l. d.

649 Forkignons Xavins p. b. por les Grans pucelles de la Vigne S. Marcel sus la maison que fut Piereson Bouke, ke Werias de Goens li bollengiers tient, ke li est delivree per droit et per jugemant por II estaies trespassees, chacune de VI s. de mt., et les adras, et dont il est tenans.

650 Pierons li permantiers de Porte Serpenoize p. b. sus IIII s. de mt. de cens k'il ait aquasteit a Lanbelin lou permantier de Couperelrue, sus [la] maison ou il maint, apres XVIII s. de mt. de cens k'elle doit davant, et e. c. l. e. en l'a. l. d.

651 Perrins Moretelz et Mateus li Vadois, ces conpans, p. b. sus tot l'eritage ke Jehans, li fis Maheu Moretel, ait en la marie d'Otre Muselle, por la date des c lb. de mt. ke li dis Jehans lor doit, l'escrit en l'arche, et dont il lor an ait delivreit tout son eritage, et dont il sont tenans.[1]

652 Et ce p. b. ancor sus la moitiet d'une maison et dou resaige ki apant ke siet a Dornant, ancoste la mason dame Poince la Poxerelle, k'il ont aquasteit a Lanbert, lou fil Clemance de Dornant, en aluet, et e. c. l. e. en l'a. l. d.

653 Jehans, li fis Gerardin de Moielain, p. b. sus I jornal de vigne en II pieces ke geisent en Braies a Chastelz, k'il ait aquasteit a Hawion, la femme Jennat lou wastelier, en aluet, et e. c. l. e. an l'a. l. d.

654 Et ce p. b. ancor sus une maison et sus ceu ki apant ke siet en Chapes a Chastels, et sus I jor de vigne desor, k'il ait aquasteit a Heiluate, la fille Drowignon de Chapes, permei teil cens com cist aquas doit, et e. c. l. e. an l'a. l. d.

---

[1] v. 1298, 360, 416.

655 Marguerite, li fille Roillon Morel, p. b. sus teil partie com li
sires Robers, li freres l'abeit Jake de S. Pieremont, ait en la
maison et en la marchacie et en ceu ki apant, ke siet en la
Wade, k'elle ait a lui aquasteit, tant com elle viverit, permei
xv s. de mt. de cens, et e. c. l. e. lo d.

656 [1]) Li sires Thiebas de Moielain p. b. sus viiii lb. et viii d. de
mt. de cens, dont il en geist viii lb. et vii s. iiii d. moins ou tiers
des xxv lb. de mt. de cens ke geisent sus la grainge de Praelz,
ke fut Poinsignon Chalons, et sus tout l'atre eritage ki apant,
5 ensi com li escris de l'aquast ke Jaikes Baizins en fist des L lb.
de mt. de cens ke geisent sus Praelz et sus tout l'eritage ki
apant lou diviset, ke dame Marguerite, li fille signor Cunon
d'Ars, ait espartit contre ces oirs, ensi com li escris des par-
sons ke geist en l'arche Ste Creux lou diviset, et li atre xiiii
10 s. de cens geisent sus teil partie d'eritage com Garsas, li fis
Simonat Bellegree, ait aquasteit a dame Marguerite desor dite,
ke geisent sus teil partie d'eritage com il li est escheus de
part Jaike Baizin, son ajuel, c'est a savoir sus lou trazime
de la maison ke fut Jake Baizin desor dit, ke siet ou Nuef-
15 borc, ke li sires Thiebas ait aquasteit a dame Marguerite de-
sor dite, et e. c. l. e. en l'a. l. d.

657 Li sires Gilles Haike et li sires Thiebas de Moielain p. b. sus
v moies de vin de cens des ii cherres de vin de cens ke li
sires Jofrois li Gronais, chiveliers, avoit a toz jors sus les
vignes de Burleivigne, k'il ont aquasteit a Jehan, lou fil sig-
nour Jofroit desor [dit], et e. c. l. e. en l'a. l. d.

658 Ysabels, li fille Arnolt lou drapier de Davant S. Sauour ke fut,
p. b. sus tout l'eritage ki est escheus a Contasse et a Marion,
ces ii serors, de part peire et de part meire et de part
Geliat, lor frere, partout ou k'i[l] soit, k'elle ait aquasteit a
Contasse et a Marion davant nommees et a maistre Jehan, lou
marit la dite Marion, et e. c. l. e. en l'a. l. div.

659 Ailixate, li femme Tieriat Joute ke fut, p. b. sus ii s. de mt.
de cens k'elle meimes dovoit a Jennat Howignon de Lorey,
sus son jornal de vigne a la Folie ou ban de Wapei, k'ille ait
a lui aquasteit, et e. c. l. e. en l'a. l. d.

660 Baduyns Badoche p. b. sus une piece de vigne et sus iii pieces
de terre ke geisent ou ban de Longeuille et de Siey, en plu-

---

[1]) = *1298, 393 und 503.*

xors leus, k'il ait aquasteit a Thiebat et a Jehan, les II filz
Fakignon de Longeuille, en alluet, et e. c. l. e. an l'a. l. d.

661 Maheus Hessons p. b. sus III varges de boix ke geisent en
Tailleurs de Wapey, ancoste lui meimes, k'il ait aquasteit a
Ysabel, la fille Steuenat Chakaie de Wapey, en alluet, et e. c.
l. e. en l'a. l. d.

662 Et ce p. b. ancor sus une piece de terre ke geist antre lui et
Hanriat Grosmoinne, et sus la piece de terre ke geist desoz
lou Jurietboix, et sus la piece de preit a Aroncort, k'il ait
aquasteit a Martenate, la femme Jehan la Huge de S. Martin
ke fut, et e. c. l. e. en l'a. l. d.

663 Perrins li berbiers p. b. sus une piece de vigne ke geist en
Radowit et sus lou jardin ki apant, desor Longeville, k'il ait
aquasteit a Simonat lou Soignet et a Jennat Curladel de Lon-
geuille, permei xx s. de mt. de cens a S. Vincent, et e. c. l.
e. l. d.

664 Maistres Abris, arcediacres de Marsal en l'eglise de Mes, p. b.
sus tout l'eritage ke Hanrias de Noweroit avoit a Villeirs et
a Flavigney et a Graiviers et a Rixonville et a S. Marsel et
en toz les bans et ens¹) apandixes, et sus de cant k'il avoit
delai Genivals, en preis, en bolz, en rantes et en tout atre
eritage, keilz k'i[l] soit, k'il ait a lui aquasteit, et e. c. l. e.
en l'a. l. d.

665 Poinsignons Bolande p. b. sus les II pars de la maison ke siet
a Talanges, ancoste Simelo lou doien, et sus les II pars de la
chaneviere daier la maison Rixemant de Talanges, k'il ait
aquasteit a Simonin, lou fil Menon de Talanges, permei les II
pars de teil cens com li maisons et li chaneviere doient chac'an,
et e. c. l. e. en l'a. l. d.

666 Poinsignons Bolande p. b. sus les XVIII s. de mt. de cens ke
Martins, li fis Howe de Talanges, dovoit a Ancillon, lou fil
Steuenat Miche de S. Julien, ke geisent sus une piece de terre
ou an contet IIII jornalz et demei ke geisent en Yngracre an-
coste la terre Rainbat, lou fil Howe, et sus une piece de terre
arreis lou boix ancoste Abertin Rabowan ou an contet II jor-
nals, et susᵉ une piece de terre a Giron ancoste lou chamin ou
an contet les III pars d'un jornal, et sus une piece de terre
sus Vixegroine ancoste Aburtin Rabowan ou an contet I jornal,
et sus II pieces de terre ke geisent en Lixre, dont li une geist

---

¹) Das s ist nachträglich zwischen en und apandixes eingefügt.

ancoste Colin Rabowan ou an contet ɪ jornal, et li atre ancoste Waterin Page ou an contet les ɪɪɪ pars d'un jornal, et sus une piece de preit ke geist en Brueke ancoste lou preit Rainbat, lou fil Howe, et sus une piece de preit en Vasenat
15 ancoste Ailixon, la femme Baduyn, et sus ɪɪɪ pieces de preit sus Willerey, dont li une geist ancoste lou preit Tieriat Rafalt, et les atres ɪɪ geisent ancoste Guerart, lou janre Robeuaiche de Talanges, ke sont ou ban de Talanges, k'il ait aquasteit a Ancillon, lou fil Steuenat Miche de S. Julien, et e. c. l. e.
20 de l'aq. k. g. en l'a. l. div.
667 Et ce p. b. ancor sus une piece de terre areuse ou an conteit ɪɪɪɪ jornals et demei, ke geisent ou ban de Talanges en Yngracre ancoste Rainbat, lou fil Howe, et sus une piece de terre ke geist arreis lou boix an coste Abertin Rabowan ou an contet
5 ɪɪ jornals, et sus une piece de terre ancoste lou chamin ou an contet les ɪɪɪ pars d'un jornal, et sus une piece de terre ke geist sus Vixegroine ancoste Abertin Rabowan ou an contet ɪ jornal, et sus ɪɪ pieces de terre en Lixre¹), dont li une geist ancoste Colin Rabowan ou an contet ɪ jornal, et li atre ancoste
10 la terre Waterin Paige ou an contet les ɪɪɪ pars d'un jornal, et sus une piece de preit ke geist en Brueke ancoste lou preit Rainbat, lou fil Howe, et sus une piece de preit en Vasenat ancoste Ailixon, la femme Baduyn, et sus ɪɪɪ pieces de preit sus Willerey, dont li une geist ancoste lou preit Tieriat Rafal,
15 et les atres ɪɪ ancoste Guerart, lou janre Robevaiche de Talanges, ke sont ou ban de Talanges, ke li est delivres per droit et per jugemant ancontre Rainbat, lou fil Martin Roucel de Talanges, por xɪɪ [s. de] mt. de premier cens, et por xvɪɪɪ s. de mt. de cens, k'i[l] li doit de cest eritage desor dit, et por les adras, et
20 por l'adras lou maior d'estaies trespassees, e. c. l. delivrance lo d.
668 Colignons Lanbers p. b. sus ɪɪɪ jornals de terre ke geisent outre Muselle, daier les Dames, sus lou chamin, k'il ait aquasteit a Perrin l'Apostole de Franconrue, permei ɪɪɪɪ d. et maille de cens a maior de Turey, et e. c. l. e. en l'a. l. d.
669 Jakemas Floris de Lorey p. b. sus une piece de vigne ke geist ou Quarel, et sus la moitiet dou chanp en la Crobenowe ou ban de Lorey, k'il ait aquasteit a Herman, lou nevout lou viel preste de Wapey, permei ɪ sestier de vin et ɪɪ s. d'asise et une maille de cens, et e. c. l. e. en l'a. lo d.

---

¹) *Vor* Lixre *ist* Lixeire *durchgestrichen.*

670 Abrions, li fis Burtignon de la Tour, p. b. sus II pieces de terre ke geisent ou ban d'Escey, ou an contet VII jornalz, k'il ait aquasteit a Androwat Quaremel, permei 1 d. de cens, et e. c. l. e. en l'a. l. d.

671 Mahous, li femme Piereson lou recuvrour de Ste Rafine, p. b. sus tout l'eritage Buevin, lou fil Richier de la Chenal de Ste Rafine, por tant com il li doit et por tant com elle ait paiet por lui, per escris en arche, dont li escris li sont delivre, et dont elle est tenans, permei teil cens et teil droiture com il doit.

672 Li chapitres de la Grant Eglise de Mes p. b. sus XL s. et VI d. de mt. de cens ke dame Poince Govion lor ait doneit por Deu et en amone a l'uevre de l'eglise desus dite, e. c. sa divise en l'a. l. d.

673 Drowins Ruke de Viez Bucherie p. b. sus tout l'eritage ke Chardas li bochiers ait ou ban de Maxieres, ke li dis Chardas li ait delivreit et aquiteit en plait, por tant com il ait a fare a lui, per escris en arche, et dont li dis Drowins est tenans, permei teil cens com li eritages doit.

674 Lowias Chameure p. b. sus une maison et sus la moitiet de la grainge ancoste ke sieent a Longeville, k'il ait aquasteit a Mariate, la femme Geradin de Longeuille, permei teil cens com elles doient, et e. c. l. e. en l'a. l. d.

675 Colignons Morelz p. b. sus II jornalz de terre et sus une piece de preit ke geist en Meriville, k'il ait aquasteit en aluet a Wichart, lou fil Colin Judes de S. Priueit, et e. c. l. e. en l'a. l. d.

676 Jennas Lowias li espiciers p. b. sus les V s. de mt. de cens ke geisent sus l'osteil ke fut Perrin Gratepaille, davant S. Sauor, des XX s. de mt. de cens ke li oir maistre Nicolle[1]) Morel ont sus la mason desor dite, k'il ait aquasteit a Poinsate Roienate, la fille frere Jehan Morel, et e. c. l. e. en l'a. lo d.

677 Ferrias de Colloigne p. b. sus une piece de vigne ke geist en Herberclos en Hondrivigne ou ban de Vignueles, k'il ait aquasteit a Lucate, sa suer, la femme Jennat Bon ke fut, en aluet, et e. c. l. e. en l'a. l. d.

678 Jehans, li fis Gueudat, li poxieres, p. b. sus la maison et sus ceu ki apant ke siet en Chanbieres, ke fut Colemin, k'il ait aquasteit a Jaikemin Baillon, permei une maille de premier cens, et X s. de cens a Contasse Doignon, et V s. et III d. a Jakemin, et e. c. l. e. en l'a. lo d.

---

[1]) Nicolle *auf Rasur*.

679 Dame Ysabels, li femme Poinsignon Peuchat ke fut, p. b. sus les x quartes de bleif de rante ke mastres Poinces Chalongels et Contasse et Ydate, ces II suers, avoient sus lou molin de Longeawe et sus ceu ki apant, k'elle ait aquasteit ai Ydate Chalongelle et a Jehan Bertadon et a Vguignon de l'Aitre, les mainbors Contasse la Chalongelle, et e. c. l. e. en l'a. l. d.

680 Li sires Fillipes li Gronais p. b. sus xxx lb. de petis tornois de cens ke geisent sus tout l'eritage Escelin, lou fil Howart d'Arnaville, k'il ait en toz les bans d'Arnaville et aillors, partout ou k'i[l] soit ne en keil ban ke ce soit, c'est a savoir en chans, en preis, en bolz, en maisons, en vignes, en sances, en jardins, en awe, en molins, en fours et en tout atre eritage en keil maniere k'i[l] l'ait, [1]) sans niant a retenir, k'il ait aquasteit a Escelin desor dit, et e. c. l. e. en l'a. l. d.

681 Et ce p. b. ancor sus une piece de vigne ou an contet III jornals, et sus toute la terre ki apant desous jusc'a ruit, et sus tous les arbres et sus can ki apant desai lou petit anoy en la fin d'Ars, antre la terre Arnolt Chaneviere et la vigne Katerine, sa suer, k'il ait aquasteit a Ysabel, la femme Aurowin des Rowes d'Ars, permei I meu de vin de bestart cens en l'axe ke cist eritages doit a S. Pou, et e. c. l. e. en l'a. l. d.

682 Jehans Bepaingnies li massons p. b. sus une maison et sus ceu ki apant ke siet en la Wade desoz les Proichors, ke fut Roillon lou vieceir, ke Bertrans Chabosse li clers li ait laiet por lou doien et por lou chapitre de Mes, permei XVIII s. de mt. de cens ke li signor i ont et XII d. de cens a maistre Renalt lou clerc, et e. c. l. e. en l'a. l. d.

683 [2]) Martins li espiciers p. b. sus VI s. de mt. de cens k'il ait aquasteit a Abillate, la femme Piereson Clarteit de Chazelles, sus sa maison et sus ceu ki apant davant et daier, ke siet a Chazelles ou ban S. Pou, et e. c. l. e. en l'a. l. d.

684 Symonas Bellegree p. b. sus tout l'eritage ke Hanrias li Moinnes d'Ansey ait en toz les bans d'Ansey, ke li dis Hanrias li ait delivreit et aquiteit en plait, por tant com il li doit, les escris en l'arche, et dont il est tenans, permei teil cens et teil droiture com il doit.

685 Li sires Poinces li Gronais li eschevins p. b. sus xx lb. de boins petis tornois de cens ke geisent sus tot l'eritage Tierion,

---

[1]) *Die Vorlage hat hier und 685 ki lait.*
[2]) *v. 1298, 373.*

lou fil signor Poinson de Cons, k'il ait en toz les bans de
Nonviant et de Gorze et de Tronville et de Rixonville et aillors,
partout ou k'i[l] soit ne en keil ban ke ce soit, c'est a savoir
en chans, en preis, en bolz, en maisons, en vignes, en sances,
en jardins, en awe, en molins, en fours et en tout atre eritage,
en keil maniere k'i[l] l'ait, sans niant a retenir, k'il ait aquasteit a Tierion desor dit, et e. c. l. e. en l'a. l. d.

686 [1]) Ce sont li forjugiet de ceste anee por la paix:
Lowias Pestee li taneires, li vallas Ferrit de Curlandac,
Matheus li permantiers, li fils Renaldin lou masson,
Pieresons Harowels de Buxieres,
Richiers li arceneires de Xonville,
Symonas, li fils Colin de Wapey,
Collignons, li fils Werneson Vizee.

---

[1]) *Auf die Rückseite von Blatt* xviii *geschrieben von Schreiber 7.*

www.ingramcontent.com/pod-product-compliance
Lightning Source LLC
Chambersburg PA
CBHW050127240426
43673CB00043B/1588